U0639060

中 东 史 610—2000

A History of the Middle East Since the Birth of Islam 610-2000

教育部"新世纪优秀人才支持计划"研究项目

中东史

610—2000

哈全安 著

A History of the Middle East Since the Birth of Islam 610-2000

天津出版传媒集团
天津人民出版社

上

图书在版编目(CIP)数据

中东史：610~2000 / 哈全安著. -- 天津：天津
人民出版社, 2010.1(2016.6 重印)
　ISBN 978-7-201-06233-4

Ⅰ.①中… Ⅱ.①哈… Ⅲ.①中东-历史-610~
2000 Ⅳ.①K370.0

中国版本图书馆 CIP 数据核字(2009)第 101253 号

中东史
ZHONGDONG SHI

哈全安 著

出　　版	天津人民出版社
出版人	黄　沛
地　　址	天津市和平区西康路 35 号康岳大厦
邮政编码	300051
邮购电话	(022)23332469
网　　址	http://www.tjrmcbs.com
电子信箱	tjrmcbs@126.com

责任编辑　任　洁
装帧设计　王伟毅

制版印刷　山东德州新华印务有限责任公司
经　　销　新华书店
开　　本　787×1092 毫米　1/16
印　　张　61.25
字　　数　1100 千字
版次印次　2010 年 1 月第 1 版　2016 年 6 月第 3 次印刷
定　　价　148.00元(上、下册)

版权所有　侵权必究
图书如出现印装质量问题,请致电联系调换(022-23332469)

目　录

上

下

前　　言

　　"中东"一词源于西方殖民扩张的时代背景,原本具有"欧洲中心论"的历史痕迹和政治色彩。自 19 世纪 50 年代开始,英属印度殖民当局将介于所谓"欧洲病夫"奥斯曼帝国与英属印度殖民地之间的伊朗以及与其毗邻的中亚和波斯湾沿岸称作中东,用于区别奥斯曼帝国统治下的近东和包括东亚诸国在内的远东。[①] 1900 年,"中东"一词正式出现在英国的官方文件中,进而为西方列强普遍采用。第一次世界大战结束后,奥斯曼帝国退出历史舞台,所谓近东与中东之间的政治界限不复存在,中东逐渐成为泛指西亚北非诸多区域的地缘政治学称谓,包括埃及、肥沃的新月地带、阿拉伯半岛在内的阿拉伯世界以及土耳其和伊朗则是中东的核心所在。

　　中东地区幅员辽阔,自然环境复杂多样,高原、山脉与大河流域构成基本的地貌形态。高原、山脉与大河流域错综相间的地貌分布,导致截然不同的经济活动与生活方式长期并存。高原和山区大都地广人稀,适合牧养牲畜的经济活动。幼发拉底河、底格里斯河和尼罗河水流量充沛,河水流经之处形成人口分布相对稠密的定居社会。游牧群体与定居社会之间的矛盾冲突,贯穿着中东历史的进程。

　　安纳托利亚高原位于中东的北部,地处小亚细亚半岛,亦称小亚细亚高原,为黑海、爱琴海和地中海所环绕,地势自东向西倾斜。"安纳托利亚"一词似乎源于希腊语,本意为"日出之处",特指希腊人眼中的日出之处即爱琴海东岸。安纳托利亚高原腹地,平均海拔 900 米,地表崎岖,峡谷纵横,气候干燥,降雨匮乏,季节变化明显,农业与畜牧业错综分布。庞廷山位于安纳托利亚高原的北侧,长约 1000 公里,呈东西走向;庞廷山与黑海之间的狭长区域,地势低平,森林茂密。陶鲁斯山位于安纳托利亚高原的南侧,亦呈东西走向,长约 1200 公里,构成小亚细亚半岛与阿拉伯世界之间的天然分界线。陶鲁斯山与地中海沿

---

　　① Wagstaff, J. M. , *The Evolution of the Middle East Landscapes*, New Jersey 1985, p. 1.

岸之间称西里西亚,土质肥沃,物产丰富。安纳托利亚高原西侧的爱琴海沿岸平原,气候潮湿,盛产谷物。安纳托利亚高原东部,欧洲人称之为土耳其的亚美尼亚,群山纵横,经济生活以游牧为主,穆什、凡湖周围和厄尔祖鲁姆一带的平原和峡谷亦有少量的农业区域。克孜勒河源于安纳托利亚高原中部,长约1200公里,穿越庞廷山,在土耳其北部城市萨姆松附近注入黑海。萨卡里亚河亦源于安纳托利亚高原中部,长约800公里,流经土耳其西北部城市伊兹米特,注入黑海。幼发拉底河源于安纳托利亚高原东部,土耳其人称之为非拉特河,突厥语中意为"希望之河"。著名的凡湖位于安纳托利亚高原东部,水域面积约3700平方公里,湖面海拔超过1600米,是土耳其境内最大的内陆咸水湖。

阿拉伯高原位于中东的南部,地处阿拉伯半岛,为红海、阿拉伯海和波斯湾所环绕,地势自西北向东南倾斜。赛拉特山位于阿拉伯高原的西侧,北起亚喀巴湾东岸,南至也门,绵亘1800公里;赛拉特山南端的哈杜尔舒艾卜峰海拔3760米,是整个半岛的最高点。"帖哈麦"在阿拉伯语中意为"临海的土地",特指赛拉特山西侧与红海之间起伏不平的狭长地带。赛拉特山与帖哈麦合称希贾兹,干枯的荒原覆盖着希贾兹的绝大部分地表,稀少的地下水源周围零星点缀着面积不等的绿洲。也门位于希贾兹南侧,受印度洋季风的影响,雨水较为充沛,气候相对潮湿,土地肥沃,植被丰富,人口稠密。自也门向东,经过著名的香料海岸哈德拉毛和单峰骆驼的故乡麦赫拉,直到阿曼,海拔1000米以上的山脉沿海岸线逶迤1600公里,其中阿曼湾西侧的绿峰高达3300米。赛拉特山和南部群山仿佛是一道天然的屏障,阻挡着潮湿的海风的吹拂,从而形成半岛内陆干旱少雨的气候环境。"纳季德"在阿拉伯语中意为"高原",位于阿拉伯半岛的中央地带,平均海拔高度约为800米,如同经过烈焰焚烧的黑色熔岩覆盖地表,沟壑纵横。纳季德以南名为鲁卜哈利,土质坚硬,红沙遍野,沙纹荡漾,如同水波一般。位于纳季德以北的努夫德亦是著名的沙漠区域,沙质细软,随风向变幻不定,形成红白相间的流动沙丘。纳季德、鲁卜哈利和努夫德的季节变化极为明显,每逢冬春时节,暴雨滂沱,绿草如茵的牧场随处可见。雨季过后,草木枯萎,浩瀚的旷野遂为人迹罕至的不毛之地。阿拉伯半岛内陆缺乏常年通航的河流,却有称作瓦迪的季节性河谷遍布各地,可供行走。南部的瓦迪哈德拉毛、瓦迪达瓦希尔和北部的瓦迪鲁麦、瓦迪希尔罕,乃是联结半岛内陆各个区域和通往外部的重要路线。也门以南的海域称作亚丁湾,系联结阿拉伯海与红海的海上通道。阿曼以东的海域称作阿曼湾,系联结阿拉伯海与波斯湾的海上通道。阿拉伯半岛周围缺乏适于停泊船只的天然港湾,邻近的岛屿寥寥无几,加之珊瑚礁等各种暗礁密布于周围水域,海上航行极其困难,交通闭塞。因此,阿拉伯人常常将自己的故乡称作"阿拉伯人的岛屿"。

伊朗高原位于中东的东部，北邻里海，南濒波斯湾，呈高原与山脉纵横相间的自然环境，地势自北向南倾斜。"伊朗"一词源于古波斯语，意为雅利安人的土地，泛指西起底格里斯河、东至阿姆河的广大区域。伊朗内陆地区属高原地貌，气候干旱，降水匮乏。卡维尔沙漠和卢特沙漠位于伊朗高原的腹地，盐泽广布，人迹罕至。扎格罗斯山位于伊朗高原与美索不达米亚平原之间，呈西北—东南走向，长约 2000 公里，是波斯人的家园与阿拉伯世界的天然分界线，山脉两侧的文化氛围风格各异。扎格罗斯山区分布着众多的盆地，土质肥沃，植被茂盛。厄尔布尔士山位于伊朗高原的北侧，呈东西走向，长约 900 公里。厄尔布尔士山与里海之间的狭长平原，地势平坦，气候温暖湿润。胡齐斯坦平原系美索不达米亚平原的延伸，构成伊朗西南部最重要的农业区域。卡伦河长约 800 公里，是伊朗唯一的可通航河流，自扎格罗斯山穿越胡齐斯坦平原，在阿巴丹附近与阿拉伯河汇合，流入波斯湾。伊朗高原的大部分地区只有季节性的河流，雨季河水暴涨，雨季过后河水渗入地表，地下水成为主要的淡水来源，称作卡纳特的暗渠系统四通八达。里海位于伊朗高原的北侧，水域面积约 37 万平方公里，是世界上最大的咸水湖。镶嵌于伊朗高原与阿拉伯半岛之间的狭长水域，伊朗人称之为波斯湾，阿拉伯人则将该水域称作阿拉伯湾。

肥沃的新月地带指地中海东岸与波斯湾北岸之间的狭长区域，呈西北—东南走向，毗邻安纳托利亚高原、阿拉伯半岛和伊朗高原，既是中东世界的心脏，亦由于四通八达的地理位置而形成明显的开放状态。肥沃的新月地带西北部不同于尼罗河流域，亦不同于幼发拉底河和底格里斯河流域，缺乏贯穿广大地区的自然纽带，地貌复杂，地势崎岖，山脉与平原错综交织。地中海东岸系低平和狭长的平原地貌，构成安纳托利亚高原与尼罗河流域之间的传统陆路走廊。叙利亚—巴勒斯坦山地位于沿海平原的东侧，呈南北走向，北起陶鲁斯山，南至西奈半岛。叙利亚—巴勒斯坦山地东侧的内陆平原降雨充沛，土质肥沃，人口稠密，农业发达。叙利亚沙漠位于内陆平原的东侧，系阿拉伯大沙漠的自然延伸，地势开阔，气候干旱。约旦河发源于黎巴嫩山，自北向南流经太巴列湖，注入死海，长约 360 公里，是肥沃的新月地带最重要的内陆河，亦是约旦地区的主要淡水来源。死海位于约旦河南端，水域面积约 1000 平方公里，是含盐度极高的内陆咸水湖。约旦位于约旦河东侧，系阿拉伯高原的自然延伸，谷地、山区和沙漠自西向东呈平行和错落的地貌状态。巴勒斯坦位于约旦河西侧，"巴勒斯坦"在阿拉伯语中称作腓力斯丁，原本指腓力斯丁人生活的土地，《圣经·旧约》称之为迦南和以色列人的土地。

肥沃的新月地带东南部系幼发拉底河和底格里斯河的流经区域。幼发拉底河和底格里斯河发源于安纳托利亚高原东部，穿越阿拉伯高原与扎格罗斯山之间的狭长地带,至古尔奈后汇合,名为阿拉伯河;阿拉伯河是伊拉克与伊朗的界河,经伊拉克城市巴士拉和伊朗城市阿巴丹流入波斯湾。幼发拉底河与底格里斯河的中下游沿岸地势平坦开阔,亦称美索不达米亚。美索不达米亚以巴格达为界形成两大区域:巴格达以北称作上美索不达米亚,亦称贾吉拉,特指幼发拉底河与底格里斯河环绕的陆地,系古代亚述文明的发源地和亚述古城尼尼微的所在地;巴格达至古尔奈之间称作下美索不达米亚,亦称幼发拉底河—底格里斯河三角洲,系古代苏美尔文明和巴比伦文明的所在地。伊拉克的农业生产主要依赖幼发拉底河和底格里斯河定期泛滥所形成的自然灌溉,幼发拉底河和底格里斯河的流量变化决定着伊拉克农业的收成。幼发拉底河和底格里斯河亦是联结伊拉克各地的交通纽带和主要的贸易通道。如果说埃及人是尼罗河的子孙,那么伊拉克人则是幼发拉底河和底格里斯河养育的儿女。然而,幼发拉底河和底格里斯河不同于埃及的尼罗河,河水泛滥没有规律,水量极不稳定,甚至达到难以预测的程度,水运条件亦远不及尼罗河。

埃及位于中东的西部,地处阿拉伯东方(马什里格)与阿拉伯西方(马格里布)之间,可谓阿拉伯世界的核心所在。埃及的自然区域包括尼罗河流域、尼罗河流域西侧的利比亚沙漠、尼罗河流域东侧的阿拉伯沙漠以及亚洲西端的西奈半岛。埃及人称尼罗河流域为"黑色的土地",而将尼罗河流域周围的利比亚沙漠、阿拉伯沙漠和西奈半岛称作"红色的土地"。"埃及"(Egypt)一词系古代科普特语的希腊语变体,原指尼罗河三角洲地区。在阿拉伯语中,埃及的正式称谓是"米绥尔"(Misr),本意为"界限",引申含义为人烟稠密的去处。尼罗河上游包括白尼罗河和青尼罗河,分别发源于中非腹地的布隆迪和东非高原的埃塞俄比亚;白尼罗河与青尼罗河在苏丹境内汇合,自南向北穿越埃及,流入地中海。埃及境内的尼罗河流域以开罗为界划分为上埃及和下埃及,上埃及指开罗以南至边境城市阿斯旺之间的狭长河谷,下埃及指自开罗至尼罗河出海口之间的冲积平原。埃及与尼罗河具有特殊的关系,尼罗河流量的变化直接影响着埃及的经济社会生活;水位的升高预示着耕地的充分灌溉和丰收的到来,水位的下降意味着耕地的荒芜、粮价的上涨和瘟疫的流行。埃及是尼罗河的恩赐,亦是尼罗河的囚徒,而尼罗河堪称埃及人的生命线。

中东作为东半球的地理中心所在,地跨亚非欧三洲,处于地中海、黑海、里海、红海、阿拉伯海以及波斯湾、阿曼湾、亚丁湾、亚喀巴湾、苏伊士湾诸多水域的环绕之中,是联结印度洋与大西洋的桥梁和纽带,堪称"两洋三洲五海之地",自古以来便是东方与西方之间相互交往的重要通道。黑海与爱琴海之间的达达尼尔海峡和博斯普鲁斯海峡、地中海与红海之间的苏伊士运河、红海与亚丁湾之间的曼德海峡、阿曼湾与波斯湾之间的霍尔木兹海峡,具有举足轻重的战略地位。

中东诸地不仅在自然环境方面差异甚大,其人口构成亦极为复杂。四通八达的地理位置导致中东人口分布的复合结构和多元色彩,"两洋三洲五海的世界"可谓闪米特—含米特语系、印欧语系和阿尔泰语系诸多分支的共同家园。闪米特—含米特语系、印欧语系和阿尔泰语系的不同分支皆曾生活在"两洋三洲五海的世界",在中东漫长的历史进程中留下各自的印记。不同文明的汇聚与冲突,构成中东历史的鲜明特征。统治民族的交替出现,无疑是中东历史长河的突出现象。伴随着诸多统治民族的相继兴衰,统一与分裂的政治格局频繁更替,向心倾向与离心倾向长期处于激烈抗争的状态,政治疆域经历剧烈的变动过程。

中东地区的文明具有十分久远的历史传统,幼发拉底河—底格里斯河流域中下游即美索不达米亚堪称人类文明的重要发祥地。美索不达米亚的北部称作亚述,南部称作巴比伦尼亚;巴比伦尼亚的北部称作阿卡德,南部称作苏美尔。欧贝德人亦称原始幼发拉底人,是巴比伦尼亚地区的早期居民。

大约自公元前 4300 年起,苏美尔人进入巴比伦尼亚南部地区,建造住房,从事灌溉农业,形成定居村落。公元前 3500 年开始,以神庙为核心建筑和具有浓厚神权色彩的苏美尔人城邦渐露端倪,美索不达米亚文明的序幕由此徐徐拉开。此后千余年间,苏美尔人在美索不达米亚文明的舞台上扮演重要的角色,包括埃利都、乌鲁克、拉格什、乌尔、基什、乌玛在内的诸多苏美尔人城邦遗址至今犹存。苏美尔人在科学领域成就斐然,首创阴历纪年和闰月制,采用十进位和六十进位计数法,发明陶轮和耕犁。苏美尔人的神话传说内容丰富,长篇史诗《吉尔伽美什》见证了苏美尔人辉煌灿烂的文学成就。苏美尔人崇拜多神,注重今生而忽略来世,相信诸多神灵具有人的形体和属性。苏美尔神话中关于洪水淹没世界的内容,似乎与《圣经·旧约》所提及的诺亚方舟具有某种程度的联系。苏美尔文字是迄今所知最古老的文字,采用泥板作为书写材料,形成楔形文字的书写形式,公元前 3000—前 2000 年间盛行于巴比伦尼亚南部地区。然而,苏美尔文字属于何种语系至今不详,苏美尔人从何而来亦不得而知。

继苏美尔人之后,阿卡德人于公元前 24 世纪登上美索不达米亚文明的舞台。阿卡德人兴起于巴比伦尼亚北部,所操语言名为阿卡德语,属于闪米特语系,后演变为亚述语和巴比伦语,是公元前 3000—前 1000 年间美索不达米亚的重要语言。萨尔贡(约公元前 2371—前 2316 年在位)当政期间,阿卡德王国征服苏美尔人诸城邦,统治美索不达米亚南部的广大地区。阿卡德王国时期,桔槔作为中东地区典型的汲水工具开始出现于王室印章之上,反映出两河流域灌溉农业的长足进步。公元前 2191 年,来自扎格罗斯山区的库提人攻占巴比伦尼亚,阿卡德王国灭亡。此后,苏美尔人的势力逐渐恢复。公元前 2120 年,库提人返回扎格罗斯山区,巴比伦尼亚地区处于乌尔第三王朝的统治之下。乌尔第三王朝时期,两河流域南部进入青铜时代,手工业繁荣。乌尔纳姆(约公元前 2113—前 2096 年在位)是乌尔第三王朝最著名的统治者,乌尔纳姆法典则是现存最古老的成文法典。公元前 2006 年乌尔第三王朝灭亡后,苏美尔人逐渐退出历史舞台,两河流域进入闪米特化的时代。

古巴比伦王国的建立者是阿摩利人。阿摩利人似乎是来自阿拉伯半岛的游牧群体,所操语言属于闪米特语系。乌尔第三王朝灭亡后,阿摩利人城邦伊新和拉尔萨统治苏美尔地区长达两个世纪。巴比伦城位于幼发拉底河中游,始建于公元前 19 世纪初;"巴比伦"一词出自阿卡德语,意为神灵之门。国王汉谟拉比(约公元前 1792—前 1750 年在位)当政期间,巴比伦王国的疆域囊括整个巴比伦尼亚地区。著名的汉谟拉比法典包括前言、正文 282 款和结语,涉及王权、兵役、财产关系、经济制度、社会秩序和家庭生活的诸多内容,是后人研究古巴比伦王国政治制度和经济社会生活的重要史料。巴比伦主神马尔都克位居众神之首,被视作创世之神。巴比伦城内马尔都克神庙内的黑色岩柱之上刻有阿卡德文的汉谟拉比法典,出土于 1901 年,现存法国巴黎的卢浮宫。公元前 1595 年,来自小亚细亚半岛的赫梯人入侵两河流域,古巴比伦王国灭亡。

亚述地处美索不达米亚的北部山区,亚述人所操的语言属于闪米特语系。亚述城邦大约形成于公元前 2000 年,亚述人建立的商业据点曾经遍布小亚细亚半岛、地中海东岸、巴比伦尼亚、扎格罗斯山区和亚美尼亚高原的诸多地区。公元前 1000 年代前期是亚述历史的鼎盛阶段,疆域的拓展构成此间亚述历史的核心内容。国王提格拉特·帕拉沙尔三世(约公元前 744—前 727 年在位)当政期间,亚述人统治着北起乌拉尔图(小亚细亚半岛东部)、南至巴比伦尼亚、西起地中海东岸、东至扎格罗斯山西麓的广大地区。亚述帝国首都尼尼微位于底格里斯河东岸今伊拉克城市摩苏尔附近,面积约 700 公顷,设城门 15 座。尼尼微图书馆收藏刻有楔形文字的泥板两万余块,内容涉及文学、宗教、政治和科学诸多领域。

公元前 7 世纪,伽勒底人兴起于巴比伦尼亚,进而取代亚述人成为美索不达米亚的统治者。伽勒底人所操的语言亦属闪米特语系,伽勒底人建立的政权称作新巴比伦王国,是为古代西亚闪米特人文明的最后阶段。国王尼布甲尼撒二世(约公元前 605—前 562 年在位)当政期间,征服巴勒斯坦,摧毁耶路撒冷的圣殿,将巴勒斯坦的犹太人迁至巴比伦尼亚,是为"巴比伦之囚"。尼布甲尼撒二世大兴土木,扩建后的巴比伦占地 1 万公顷,幼发拉底河穿城而过,城内的通天塔高达 7 层 91 米。尼布甲尼撒二世为取悦米底王妃阿密斯提而在巴比伦城中修建的所谓"空中花园",位于多级塔庙之上,引幼发拉底河水浇灌林木,堪称古代世界的建筑奇迹。

腓尼基位于地中海东岸,地处黎巴嫩山西侧、陶鲁斯山与巴勒斯坦之间的狭长区域。公元前 3000 年,闪米特语系的分支迦南人移入腓尼基,希腊人称之为腓尼基人。公元前 2000 年,文明的曙光在地中海东岸逐渐显现,包括推罗、西顿和乌伽里特在内的诸多城邦相继建立。腓尼基人是古代世界的著名商人,腓尼基人的商船航行于地中海、爱琴海和黑海的广大水域。北非城市迦太基是腓尼基人最重要的海外贸易殖民地,公元前 2 世纪布匿战争之后被罗马人夷为平地。公元前 1 世纪,罗马人征服地中海东岸诸地,腓尼基被纳入罗马人统治的叙利亚行省。腓尼基人曾经在古代埃及象形文字的基础上创立字母文字,腓尼基文包括 22 个辅音字母。腓尼基字母首开人类字母文字的先河,对于其后出现的希腊字母和阿拉马字母皆有重要的影响。

巴勒斯坦位于腓尼基南侧,包括地中海东岸与约旦河之间的狭长区域。巴勒斯坦的早期居民是迦南人和喜克索斯人;喜克索斯人曾经入侵尼罗河三角洲,建立埃及历史上的第 15 王朝和第 16 王朝。公元前 2000 年后期,闪米特语的分支希伯莱人移居巴勒斯坦。然而,希伯莱人从何处进入巴勒斯坦,缺乏信史的明确记载,目前尚不得而知。希伯莱人移居巴勒斯坦初期,史称"士师时代"。"士师时代"的希伯莱人分为十二个部落,相传源于希伯莱人祖先亚伯拉罕嫡孙雅各的十二子,其中生活在巴勒斯坦北部的希伯莱人部落联盟名为以色列,生活在巴勒斯坦南部的希伯莱人部落联盟名为犹太。扫罗是希伯莱人的第一位国王,来自以色列部落联盟。扫罗死后,来自犹太部落联盟的大卫统一巴勒斯坦的希伯莱人,定都耶路撒冷。大卫之子所罗门当政期间,在耶路撒冷建造圣殿,史称"第一圣殿",亦称"所罗门圣殿",耶路撒冷由此成为希伯莱人的宗教中心。所罗门死后,巴勒斯坦分裂为北部的以色列国和南部的犹太国,分别都于撒玛利亚和耶路撒冷。公元前 8 世纪,亚述帝国的军队攻陷撒玛利亚,以色列国灭亡,以色列居民流散各地,史称"失踪的以色列十部落"。公元前 6 世纪,新巴比伦王国的军队占领耶路撒冷,犹太国灭亡;尼布甲尼撒二世迁犹太人于巴比伦尼亚,即"巴比伦之囚"。此后,巴勒斯坦相继处于波斯人和希腊人的统治之下。公元 1 世纪,罗马人占领巴勒斯坦,摧毁犹太人在大流士当政期间获准返回家园后在耶路撒冷重建的第二圣殿。公元 2 世纪,罗马人将犹太人逐出巴勒斯坦,在耶路撒冷犹太教圣殿的原址建造朱庇特神庙,耶路撒冷改称埃利亚·卡匹托利亚。祖居巴勒斯坦的犹太人由此开始进入所谓"大流散"的历史时代。

位于北非东部的尼罗河流域亦是人类文明的重要发祥地;定期泛滥的尼罗河水灌溉着周边的区域,承载着古老的埃及文明。埃及早期居民所操的语言兼有闪米特语系与含米特语系的双重要素,尼罗河流域的定居文化早在公元前4000—前3500年的阿姆拉时期业已成熟。在公元前3500—前3100年的格尔塞时期,尼罗河流域逐渐形成被称作斯帕特的诸多城邦。希腊化时代的埃及祭司曼涅托曾经将古代埃及的历史划分为31个王朝,第1王朝的历史则可追溯到公元前3100年的统治者美尼斯当政期间。古王国(公元前2686—前2181年)包括第3—6王朝,都于尼罗河三角洲南端的白城(第6王朝时改称孟斐斯,今埃及首都开罗附近),是古代埃及文明的鼎盛阶段。金字塔位于白城附近的吉萨高地,是古王国时期的法老陵墓,现存80余座,其中第4王朝时建造的胡夫金字塔、哈弗拉金字塔和门卡拉金字塔最为壮观。金字塔不仅是古埃及人智慧和建筑艺术的标志,而且象征着法老至高无上的统治权力。新王国(公元前1570—前1085年)包括第18—20王朝,都于上埃及的底比斯(底比斯亦称诺威,意为主神阿蒙的城市,位于今开罗以南670公里处),是古代埃及文明的另一鼎盛阶段。新王国的历代法老致力于开拓疆土的扩张战争,在南方溯尼罗河而上征服努比亚,在东部越过西奈半岛攻入巴勒斯坦和叙利亚。新王国时期,僧侣势力呈上升的趋势,僧侣与法老之间的权力角逐日渐激烈。底比斯城位于尼罗河东岸,占地面积约15平方公里,闻名遐迩的帝王谷与底比斯城隔河相望。底比斯城内的卢克索神庙和卡尔纳克神庙不仅是古代埃及建筑艺术的杰作,而且标志着僧侣阶层权力和财富的膨胀。第18王朝法老阿蒙霍特普四世(约公元前1379—前1362年在位)当政期间,宣布废黜包括底比斯主神阿蒙神在内的诸多神祇,封闭阿蒙神庙,没收阿蒙神庙财产,独尊太阳神阿吞作为埃及的唯一神祇,自称埃赫那吞,广建阿吞神庙,迁都阿马尔纳。阿蒙霍特普四世死后,图坦哈蒙即位,恢复阿蒙神的原有地位。新王国结束之后,利比亚人和努比亚人相继入侵尼罗河流域,古代埃及文明日渐衰落。古代埃及的象形文字起源于公元前4000年末期,是目前所知人类最早出现的象形文字。古代埃及的象形文字包括表意符号、表音符号和部首符号,经历从圣书体、祭司体到世俗体的演变过程,书写形式日渐简化。希腊化时代,古埃及语借用希腊字母作为书写形式,辅之以象形文字的世俗体符号,是为科普特语。古埃及人的历法,初为阴历纪年,后采用阳历纪年,将一年划分为3季、12个月和365天。古埃及人在解剖学方面可谓独树一帜,木乃伊的制作技术反映出古埃及人在医学领域的卓越成就。

公元前6世纪,称雄中东的闪米特—含米特语系诸多分支日渐衰微,印欧语系的重要分支波斯人异军突起,成为主宰中东命运的统治民族。波斯人系欧罗巴人种地中海类型,波斯语属于印欧语系伊朗语族的分支。"波斯"一词在波斯语中读作"法尔斯",源于伊朗高原西南部的地域名称法尔斯,希腊人称之为波息斯。法尔斯是伊朗古代文明的发源地之所在,阿黑门尼德王朝和萨珊王朝皆由此崛起,波斯帝国和波斯语亦由此得名。① 波斯帝国的创立者是居鲁士(约公元前558—前529年在位),后人称之为"波斯之父"。居鲁士属于波斯人的阿黑门尼德氏族,居鲁士创立的政权故称阿黑门尼德王朝。居鲁士自称"巴比伦王、苏美尔和阿卡德王、四方之王",沿袭两河流域的宗教和习俗,允准巴比伦尼亚的犹太人返回巴勒斯坦,重建耶路撒冷的圣殿。居鲁士当政期间,波斯人灭亡伊朗高原西北部的米底王国、小亚细亚半岛的吕底亚王国和美索不达米亚的新巴比伦王国,征服小亚细亚西部沿海的希腊人城邦,占领中亚的巴克特里亚(中国史书称之为大夏和吐火罗),兵抵锡尔河流域。居鲁士之子冈比西斯(约公元前529—前522年在位)曾经远征尼罗河流域,建立埃及历史上的第27王朝。冈比西斯在位末期,琐罗亚斯德教祭司高墨达发动叛乱,冈比西斯死于自埃及返回的途中;阿黑门尼德贵族大流士平定高墨达叛乱,继承王位。古代波斯的著名古迹贝希斯敦铭文系大流士建立的记功石刻,位于伊朗南部城市克尔曼附近的山岩之上,1835年由英国人罗林生发现,包括古波斯文、阿卡德文和埃兰文,记述此间经历的政治动荡。大流士(约公元前522—前486年在位)当政期间,波斯人越过中亚,占领印度河流域,巴尔干半岛南部的色雷斯亦被纳入阿黑门尼德王朝的版图。大流士创立行省制、军区制、驿政制和贡赋制,统一币制和衡制,初步形成中央集权的政府体系,有效巩固了波斯帝国的统治基础。在阿黑门尼德王朝的鼎盛阶段,波斯帝国统治着西起尼罗河、东至印度河的辽阔疆域。波斯文化与希腊文化交相辉映,曾经是古代世界的靓丽风景。阿黑门尼德王朝的都城波斯波利斯,古波斯语中称作帕尔萨,位于伊朗西南部法尔斯省的设拉子附近,始建于国王大流士当政期间,历时半个世纪,兼有波斯、美索不达米亚、埃及和希腊的建筑风格,堪称古代波斯帝国的象征;宫廷殿堂号称"百柱之殿",柱高7米,柱头饰以动物和人面形状,其精湛建筑艺术与宏大气势于断壁残垣之间依稀可见。大流士之子薛西斯(约公元前486—前465年在位)当政期间,波斯帝国与希腊人之间爆发战争。此后,波斯人退出爱琴海水域,波斯帝国逐渐衰落。

公元前4世纪初,马其顿国王亚历山大自希腊起兵,东征波斯帝国,攻陷波斯波利斯,阿黑门尼德王朝寿终正寝,中东地区进入希腊化的时代。亚历山大

---

① 1935年,礼萨汗将巴列维王朝统治的国家正式更名为伊朗,"波斯"一词仅仅作为伊朗人的语言称谓。

死后,尼罗河流域、地中海东岸、两河流域和小亚细亚半岛分别处于托勒密王国、塞琉古王国和帕加马王国的统治之下。托勒密和塞琉古皆为亚历山大的部将,亚历山大死后自立称王,分别都于尼罗河入海处的亚历山大里亚和奥伦特河畔的安条克。帕加马王国位于小亚细亚半岛的西北部,都城为帕加马。公元前2世纪,罗马人灭亡托勒密王国、塞琉古王国和帕加马王国,尼罗河流域、地中海东岸和小亚细亚半岛成为罗马人的属地。

公元前3世纪,与波斯人同属印欧语系伊朗语族的帕奈人建立阿尔萨息王朝,中国史书称之为安息王朝。安息王朝兴起于伊朗东部的帕提亚,最初都于尼萨(位于土库曼斯坦首都阿什哈巴德附近),继而迁都埃克巴坦那(位于伊朗西北部城市哈马丹附近),直至定都泰西封(位于伊拉克首都巴格达附近)。安息王朝都城泰西封与希腊化时代的著名城市塞琉西亚隔底格里斯河遥相呼应,合称麦达因,阿拉伯语中意为两座城市。安息王朝鼎盛时期,领有伊朗高原和美索不达米亚诸地,进而在中东地区与罗马人分庭抗礼。曾经因平息斯巴达克斯起义而名噪一时的罗马将领克拉苏,公元前53年毙命于征讨安息王朝的战场。安息王朝扼守古代丝绸之路的必经之地,曾经与中国的两汉互通使节。

公元3世纪,萨珊王朝兴起于阿黑门尼德王朝的发祥地法尔斯。萨珊王朝的创立者阿尔达希尔(224—241年在位)出身于琐罗亚斯德教祭司的家庭,224年灭亡安息王朝,226年在泰西封自称"诸王之王"。萨珊王朝尊奉琐罗亚斯德教为国教,领有伊朗高原和美索不达米亚的广大地区。此后四百年间,波斯帝国重振雄风,尤其是萨珊王朝与罗马帝国及拜占廷帝国交战频繁,中东地区形成东西对峙的政治格局。260年,萨珊王朝军队在地中海东岸的埃德萨俘获罗马皇帝瓦列里安;萨珊国王沙普尔一世(241—272年在位)曾经将瓦列里安俯首称臣的画面刻于山岩之上,用以炫耀波斯的强盛。7世纪初,波斯帝国与拜占廷帝国之间战事再起。萨珊王朝军队一度占领叙利亚和小亚细亚大部,直至攻入尼罗河流域。622—628年,拜占廷军队发动反攻,收复叙利亚、小亚细亚和尼罗河流域,兵抵底格里斯河流域。

中东地区是诸多宗教的摇篮。人类历史的早期阶段普遍存在多神崇拜的宗教形式,而一神信仰排斥多神崇拜的漫长历程则是古代中东历史进程的突出现象和显著特征。

古代埃及人笃信诸多神灵,其中称作拉神和阿蒙神的太阳神以及称作奥西里斯的冥神最负盛名。早在公元前14世纪,埃及第18王朝的著名法老阿蒙霍特普四世废止多神崇拜,独尊阿吞神作为主宰尼罗河流域直至整个世界的神灵,首开一神信仰的先河。

希伯来人原本信奉多神教,主神耶和华被希伯来人视作诸多神灵中地位最高的神灵。自公元前 10 世纪初开始,希伯来人逐渐放弃多神崇拜的宗教传统,独尊耶和华的犹太教始露端倪。至公元前 6 世纪"巴比伦之囚"期间,希伯来人将摆脱现实苦难的希望寄托于耶和华的拯救,耶和华亦由希伯来人的佑护神演变为主宰世界的唯一超自然力量,犹太教的神学体系随之日臻成熟。犹太教的经典包括《摩西五经》、《先知书》和《圣录》,内容涉及创世说、希伯来人古代历史、宗教戒律和赞颂词,是为《圣经·旧约》。

继犹太教之后,琐罗亚斯德教在伊朗高原逐渐兴起,进而取代波斯人原本信奉的多神教。琐罗亚斯德教相传系公元前 6 世纪的波斯人查拉图士特拉(希腊人称其为"琐罗亚斯德")创立,亦称"拜火教",中国史书称之为"祆教",是古代波斯的主要宗教。琐罗亚斯德教徒信奉阿胡拉·马兹达为物质世界和精神世界的创作者,圣火是阿胡拉·马兹达的象征,而崇拜圣火构成琐罗亚斯德教最重要的祭祀仪式。琐罗亚斯德教认为,阿胡拉·马兹达是赐予人类幸福的智慧之神和光明之神,安格拉·曼纽则是与阿胡拉·马兹达对立的邪恶之神和黑暗之神,阿胡拉·马兹达最终必将战胜安格拉·曼纽,拯救世界于黑暗之中,而阿胡拉·马兹达战胜安格拉·曼纽之日即为世界末日到来之时。琐罗亚斯德教的经典名为《阿维斯塔》,亦称《波斯古经》,包括律法、赞颂词和神话传说。大流士当政期间,尊奉琐罗亚斯德教作为阿黑门尼德王朝的国教。萨珊王朝建立后,琐罗亚斯德教俨然成为波斯传统文化的标志和象征。琐罗亚斯德教之关于阿胡拉·马兹达创造世界、琐罗亚斯德作为救世主在世界末日到来之际重返人间以及灵魂复活、末日审判、永恒天国的神学思想,在中东诸地影响甚广。

公元初年,基督教兴起于罗马帝国统治下的地中海东岸。基督教的经典《圣经》包括《旧约》和《新约》,其中《新约》包括《马可福音》、《马太福音》、《约翰福音》和《路加福音》以及《使徒行传》、《使徒书信集》和《启示录》。相传,基督教的创立者耶稣出生于巴勒斯坦的伯利恒,30 岁时接受洗礼,开始传教生涯,直至在耶路撒冷被罗马统治者钉死于十字架上,死后三日复活升天。基督徒信奉上帝是天地的创造者、尘世的主宰者和末日的审判者,恶魔撒旦原本亦为上帝所造;耶稣系上帝所遣,负有拯救世人于苦难之中的神圣使命,将在世界末日来临的前夕以救世主的身份重返人间;世界末日之际亦是灵魂复活之时,芸芸众生将依其善恶之举而分别升入天国和降至地狱。"基督"一词在希腊语中意为救世主,基督徒视耶稣为救世主,基督教故而得名。基督教沿袭犹太教的诸多宗教信条,犹太教法利赛派的神学思想对于基督教的影响尤为明显。基督教诞生的初期,罗马帝国统治者视之为犹太教的分支,迫害基督徒。公元 4 世纪以后,基督教成为拜占廷帝国最具影响的意识形态,尊奉所谓尼西亚信条即圣父、圣子、圣灵三位一体说的官方信仰盛行于爱琴海地区。基督教的异端派别阿里乌斯派以及其后出现的科普特派、雅各派和聂斯脱里派在埃及、叙利亚和美索不达米亚广泛传播。

犹太教、琐罗亚斯德教和基督教的共同之处在于所崇拜的神灵均超越作为局部区域或个别群体之佑护神的狭隘界限，耶和华、阿胡拉·马兹达和上帝皆被视作宇宙万物的创造者、主宰者和毁灭者，具有普世性的超自然力量。然而，犹太教、琐罗亚斯德教和基督教的神学观念不尽相同，各具特色。犹太教追求纯粹的一神信仰，将耶和华视作独一无偶的神灵。琐罗亚斯德教具有浓厚的二元色彩，邪恶之神安格拉·曼纽的存在以及光明与黑暗的抗争构成琐罗亚斯德教神学思想的重要组成部分。相比之下，基督教尽管沿袭犹太教的诸多宗教理念，然而其官方信条强调圣父、圣子、圣灵的三位一体，缺乏严格意义上的一神教内涵。

公元 7 世纪初，地处阿拉伯半岛西部荒漠的麦加和麦地那犹如两颗冉冉升起的新星，照耀着"两洋三洲五海"世界的古老大地。伴随着伊斯兰教的诞生，阿拉伯人悄然崛起于仿佛被喧嚣的文明社会所遗忘的角落，进而通过大规模的对外扩张走出贫瘠的家园，作为崭新的统治民族登上中东的历史舞台。阿拉伯人创立的庞大帝国囊括西起伊比利亚半岛和马格里布、东到阿姆河和锡尔河流域的辽阔疆域，伊斯兰教取代基督教和琐罗亚斯德教而成为中东地区占统治地位的意识形态。麦地那时代和倭马亚时代，阿拉伯人垄断伊斯兰世界的军政要职，非阿拉伯人尚无缘分享国家权力。阿拔斯时代，包括波斯人、突厥人、柏柏尔人、库尔德人、塞加西亚人在内的非阿拉伯人中皈依伊斯兰教者日渐增多，尤其是波斯人和突厥人的政治势力迅速膨胀，中东伊斯兰世界随之出现群雄逐鹿的分裂局面。11 世纪末开始，伊斯兰世界相继经历十字军东征和蒙古西征的浩劫，日趋衰落。自 14 世纪起，尊奉逊尼派伊斯兰教的奥斯曼土耳其人借助于圣战的形式在小亚细亚半岛和巴尔干半岛攻城略地，结束拜占廷帝国的千年历史，降服阿拉伯世界，成为中东地区举足轻重的政治力量。伊斯坦布尔的苏丹以麦加和麦地那两座伊斯兰教圣城的监护者自居，东西方之间的传统商路处于奥斯曼帝国的控制之下，尼罗河以及底格里斯河、幼发拉底河成为奥斯曼帝国的内河，红海和黑海俨然是奥斯曼帝国的内湖。

伊斯兰国家脱胎于阿拉伯半岛濒临崩溃的野蛮秩序，先知穆罕默德在麦地那创立的温麦可谓伊斯兰国家的原生形态，伊斯兰教法至高无上的神圣地位和教俗合一的政治体制构成传统时代伊斯兰国家的显著特征。信仰的差异深刻影响着传统伊斯兰时代的中东社会，穆斯林与异教徒之间的尖锐对立贯穿传统伊斯兰时代的中东历史进程。自给自足的农本经济长期占据主导地位,构成传统伊斯兰文明的物质基础。哈里发时代无疑是伊斯兰传统政治秩序广泛实践的重要阶段,奥斯曼帝国的统治集中体现伊斯兰传统政治秩序的历史延伸。

自 19 世纪开始,西方的冲击挑战着伊斯兰世界的传统政治秩序,奥斯曼帝国日渐没落。进入 20 世纪,奥斯曼帝国寿终正寝,诸多新兴的民族国家崛起于奥斯曼帝国的废墟之上,中东现代化进程随之艰难启动。民族矛盾与宗教矛盾的错综交织、世俗主义与伊斯兰主义的此消彼长、民主与专制的激烈抗争、农本社会的衰落、工业化与城市化的长足发展以及国有化改革与非国有化运动,构成中东现代化进程的基本内容。政治的动荡和经济社会领域的深刻变革,贯穿20 世纪的中东历史。

伊朗的古代文明可以追溯到公元前 27 世纪的埃兰文明和公元前 8 世纪的米底王国。阿黑门尼德王朝的鼎盛时期,波斯帝国统治着尼罗河与印度河之间的辽阔疆域。波斯文化与希腊文化交相辉映,曾经是古代世界的靓丽风景。萨珊王朝建立后,波斯帝国重振雄风,与拜占廷帝国分庭抗礼。伊斯兰教兴起后,阿拉伯人长驱东进,延续千年的波斯帝国寿终正寝,伊朗高原被纳入哈里发国家的版图,波斯帝国的传统信仰琐罗亚斯德教随之退出历史舞台。此后数百年间,伊朗历经突厥人迁徙浪潮的冲击和蒙古铁骑的践踏,游牧势力膨胀,部落政治泛滥,经济凋敝,社会动荡。16 世纪初,萨法维王朝兴起于伊朗高原,尊奉什叶派伊斯兰教为官方信仰,与奥斯曼帝国分庭抗礼。萨法维王朝的建立,标志着伊朗逐渐走上复兴的道路。萨法维王朝的都城伊斯法罕位于扎格罗斯山西麓,阿拔斯一世当政期间大兴土木,市区规模扩大,人口剧增,商贾云集,巴扎店铺鳞次栉比。伊斯法罕大清真寺亦称伊玛目霍梅尼清真寺,最初由塞尔柱苏丹国的名相尼查姆·穆勒克主持兴建,萨法维王朝时期扩建,圆柱、拱门、尖塔和瓷砖镶嵌具有浓厚的波斯传统风格,可谓伊朗伊斯兰建筑艺术的杰作。自恺伽王朝开始,地处厄尔布尔士山南麓的德黑兰成为新的都城所在。德黑兰以南百余公里处的宗教圣城库姆,俨然是什叶派穆斯林的精神家园。殖民主义时代,西方的冲击瓦解着伊朗传统社会的基础。20 世纪的宪政革命、白色革命和伊斯兰革命,构成伊朗现代化进程的重要历史坐标。

伊朗与埃及、土耳其同为中东人口最多的国家,然而波斯人、阿拉伯人和土耳其人却分别属于印欧语系、塞含语系和阿尔泰语系的不同分支。波斯人系欧罗巴人种地中海类型,是伊朗人口的主体成分,主要分布于伊朗的中部和南部地区。古波斯语在阿黑门尼德王朝时期采用楔形字体,萨珊王朝时期采用阿拉马字母的书写形式,均已失传。现代波斯语借用阿拉伯字母的书写形式,是伊朗的官方语言。伊朗最重要的少数民族是阿塞拜疆人和库尔德人,分别操阿塞拜疆语和库尔德语,亦采用阿拉伯字母的书写形式。伊朗盛行什叶派伊斯兰教;伊朗穆斯林大都系什叶派主流派别十二伊马目派的信徒,尊奉欧苏里教法学派和阿赫巴尔教法学派。伊朗境内的阿拉伯人、库尔德人和土库曼人属于逊尼派穆斯林,尊奉沙菲仪教法学派和哈奈菲教法学派。

埃及具有十分悠久的历史传统,是人类文明的重要发源地。另一方面,埃及介于非洲内陆、地中海与亚洲之间,在不同的层面上与非洲内陆、地中海世界和亚洲文明具有密切的内在联系,兼有非洲文明、地中海文明和亚洲文明的明显印记。奔腾的尼罗河水见证了埃及文明的沧桑历史,吉萨的金字塔和卢克索的神庙群浓缩着古埃及人的卓越智慧和辉煌成就。自马其顿国王亚历山大东征开始,希腊人主宰着埃及的命运。"埃及艳后"克列奥帕特拉死后,尼罗河流域俨然是罗马元首的私人地产。古埃及人原本崇拜多神,渴望灵魂不灭,追求死后复活,而躯干的完好保存则是死者得以复活的必要载体。罗马帝国后期,埃及人改奉基督教,地中海的港口城市亚历山大一度成为罗马基督教世界的神学中心。随着阿拉伯人的到来,清真寺的宣礼取代教堂的钟声,回荡在尼罗河流淌的土地之上。开罗的阿慕尔清真寺、伊本·土伦清真寺和爱资哈尔清真寺在尼罗河畔耸立千年之久,堪称埃及伊斯兰教的灯塔。希腊人和罗马人统治时期,埃及处于欧洲文明的边缘地带。阿拉伯人的征服,则使埃及成为东方伊斯兰世界的重要组成部分。奥斯曼帝国的鼎盛阶段,埃及的穆斯林在聚礼时刻祝福着伊斯坦布尔的苏丹。殖民主义时代,埃及沦为西方列强的棉花种植园和工业品市场。第一次世界大战结束后,埃及重新走上独立的道路。1952年自由军官发动的"七月革命",掀开了埃及历史的崭新篇章。

埃及在漫长的历史发展进程中形成了特有的政治传统,法老的专制主义遗产、阿拉伯人的民族主义倾向和伊斯兰教的信仰构成埃及政治生活的基本要素。在不同的历史条件下,专制主义、阿拉伯民族主义和伊斯兰主义经历了此消彼长和相互制衡的过程。1952年革命前,专制主义无疑在埃及政治生活中占据主导地位。1952年革命以后,阿拉伯民族主义成为影响埃及社会各个层面的首要因素,埃及自居为阿拉伯世界的领袖,纳赛尔则被视作阿拉伯世界的旗手和阿拉伯民族尊严的象征。自20世纪70年代开始,阿拉伯民族主义日渐衰微,现代伊斯兰主义呈明显上升的趋势,埃及进入民主与专制激烈抗争的崭新阶段。

倭马亚王朝和阿拔斯王朝时期,肥沃的新月地带曾经是哈里发国家和伊斯兰世界的政治重心。自16世纪起,肥沃的新月地带被纳入奥斯曼帝国的版图,隶属于伊斯坦布尔的苏丹。第一次世界大战爆发前夕,肥沃的新月地带包括不同的行政区域,其中北部的沙姆划分为阿勒颇、大马士革和贝鲁特三省,南部的美索不达米亚划分为摩苏尔、巴格达和巴士拉三省。第一次世界大战结束后,肥沃的新月地带脱离奥斯曼帝国的统治,处于协约国的保护之下,其中伊拉克、巴勒斯坦和约旦构成英国的委任统治区域,叙利亚和黎巴嫩构成法国的委任统治区域。第二次世界大战结束后,委任统治制度退出历史舞台,伊拉克、叙利亚、黎巴嫩、约旦相继独立。肥沃的新月地带诸国尽管是诞生于奥斯曼帝国的废墟之上并普遍经历西方殖民主义委任统治的新兴国家,却具有悠久的文明传统。伊拉克的历史可以追溯到苏美尔和巴比伦的时代,叙利亚和以色列的历史可以追溯到《圣经·旧约》的时代,黎巴嫩的历史可以追溯到腓尼基人的时代,约旦的历史可以追溯到奈伯特人的时代。肥沃的新月地带诸国的社会结构大都具有明显的多元色彩,民族矛盾与教派对立错综交织,政治局势长期处于动荡状态。

　　伊拉克位于肥沃的新月地带南部,地处伊朗高原、安纳托利亚高原、阿拉伯半岛和波斯湾之间,是肥沃的新月地带面积最大和人口最多的国家。伊拉克的人口构成呈三足鼎立状态,具有明显的多元性。伊拉克系阿拉伯世界的重要组成部分;阿拉伯人作为伊拉克的主要民族,生活在摩苏尔以南的幼发拉底河和底格里斯河中下游地区以及幼发拉底河以西的沙漠旷野,分别属于逊尼派穆斯林和什叶派穆斯林。逊尼派阿拉伯人大都分布在伊拉克的中部和西北部,城市人口居多,南部城市巴士拉亦有一定数量的逊尼派阿拉伯人。伊斯兰教的什叶派发源于伊拉克,位于巴格达以南、幼发拉底河西侧的纳杰夫和卡尔巴拉是什叶派最重要的宗教圣城。什叶派阿拉伯人的分布范围,北起巴格达和底格里斯河支流迪亚拉河流域,南至阿拉伯河,伊拉克人口最稠密的地区俨然是什叶派的天下。在首都巴格达,什叶派阿拉伯人分布于底格里斯河左岸,逊尼派阿拉伯人分布于底格里斯河右岸,数量上可谓平分秋色,而什叶派圣地卡兹米耶清真寺却位于逊尼派聚居的底格里斯河右岸。库尔德人是数量上仅次于阿拉伯人的伊拉克第二大民族,信奉伊斯兰教。库尔德语属于印欧语系伊朗语族,与波斯语具有较近的亲缘关系。库尔德人的起源不详,多数库尔德人自称是古代米底人的后裔。库尔德人祖居伊拉克东北部山区;近代以来,库尔德人逐渐移居摩苏尔周围和迪亚拉河流域。苏莱曼尼耶是伊拉克最重要的库尔德人城市,伊拉克北部的重要城市阿尔比勒和基尔库克亦有为数较多的库尔德人。伊拉克境内的库尔德人分布范围相对集中,部族传统根深蒂固,与土耳其、伊朗、叙利亚境内的库尔德人联系密切,挑战阿拉伯人的统治地位,具有明显的离心倾向。民族和教派的明显差异和尖锐对立,是导致伊拉克政治动荡的重要社会原因。以色列建国之前,约 15 万的犹太人生活在伊拉克,构成伊拉克人口最多的非穆斯林群体。1948年第一次中东战争以后，伊拉克出现排犹的民众浪潮，迫使犹太人移居以色列。此后，伊拉克境内的犹太人逐渐销声匿迹。

叙利亚位于肥沃的新月地带北部，地处陶鲁斯山南麓和地中海东岸，是新月地带国土面积和人口数量仅次于伊拉克的重要国家。叙利亚并非完整意义的地理单元，包括差异明显的诸多自然区域，缺乏明确的自然疆界，地貌呈明显的多元状态。叙利亚西部系地中海沿岸平原，呈南北走向，地势狭长，构成安纳托利亚高原与尼罗河流域之间的传统陆路走廊，港口城市拉塔基亚、巴尼亚斯和塔尔图斯则是地中海东岸的贸易枢纽。沿海平原的东侧是南北走向的中西部山区，安萨里耶山北起陶鲁斯山，南连外黎巴嫩山；霍姆斯位于努赛里耶山与外黎巴嫩山之间的奥伦特河谷，构成沿海平原与内陆地区之间的重要通道。中西部山区以东是南北走向的内陆平原，降雨充沛，农业发达，大马士革和阿勒颇分别构成内陆平原南部和北部的中心城市。东部广袤的叙利亚沙漠，系阿拉伯大沙漠的自然延伸，地势开阔，气候干旱。

叙利亚不同于尼罗河流经的埃及，亦不同于幼发拉底河和底格里斯河流经的伊拉克，缺乏贯穿广大地区的自然纽带。由于特定的自然环境，叙利亚的经济社会生活具有明显的多元性和离心性，诸多相对独立的经济社会区域长期并存。途径叙利亚的东西方传统商路大都处于商人的控制之下，城市俨然是商人的世界，南部城市大马士革与北部城市阿勒颇的商业贵族尤其具有举足轻重的势力和影响。东部的叙利亚沙漠处于游牧部落控制之下，贩运货物和抢劫定居人口是贝都因人的重要财富来源。内陆乡村通常处于商业城市与游牧部落的夹缝之中，农民构成传统的弱势群体。另一方面，叙利亚位于亚非欧三洲的十字路口，地处安纳托利亚高原、幼发拉底河和底格里斯河流域与尼罗河流域之间，构成定居世界与游牧世界的交会地带，地理位置四通八达，经济社会生活具有明显的开放色彩，频繁的战争尤其贯穿叙利亚地区的历史进程。

叙利亚是阿拉伯世界的重要组成部分，叙利亚人大都操阿拉伯语，超过85％的叙利亚人信奉伊斯兰教，分别属于逊尼派以及什叶派分支阿拉维派、德鲁兹派、伊斯马仪派。逊尼派穆斯林约占叙利亚穆斯林总数的五分之四，主要分布在城市和内陆平原，长期活跃于叙利亚社会的核心舞台。什叶派穆斯林约占叙利亚穆斯林总数的五分之一，大都分布在乡村和山区，构成传统的边缘社会群体。阿拉维派是叙利亚最重要的什叶派分支，阿拉维派成员的人数约占叙利亚什叶派穆斯林总数的四分之三，主要分布在西部城市拉塔基亚附近的安萨里耶山区以及霍姆斯、哈马、大马士革和阿勒颇周边地区，多为农民。德鲁兹派和伊斯马仪派人数较少，分别生活在南部的豪兰山区以及中部城市哈马附近的山区。分布在叙利亚的非穆斯林人口主要是基督徒，包括天主教和东正教的诸多分支,其中希腊东正教徒人数最多。占人口多数的逊尼派穆斯林以及基督徒分布广泛,阿拉维派、德鲁兹派和伊斯马仪派尽管人数较少,却呈相对集中的分布状态,构成局部地区的多数人口,进而形成封闭和自治的传统。努赛里耶山区和豪兰山区长期处于阿拉维派和德鲁兹派的控制之下,俨然是叙利亚的国中之国。诸多教派之间的明显差异长期影响着叙利亚的历史进程,阿拉伯语则是联结不同教派的重要纽带。

黎巴嫩共和国位于地中海东岸,地处叙利亚和以色列之间,是阿拉伯世界国土面积最小的国家之一。黎巴嫩国土狭长,呈南北走向的黎巴嫩山贯穿黎巴嫩全境。黎巴嫩山与外黎巴嫩山之间称贝卡谷地,是黎巴嫩的主要农业区。利塔尼河发源于黎巴嫩山,经贝卡谷地流入地中海,是黎巴嫩境内的主要河流。黎巴嫩的主要民族是阿拉伯人,信奉伊斯兰教和基督教,分别属于逊尼派、什叶派分支十二伊玛目派、德鲁兹派、阿拉维派、天主教、东正教、新教,其中逊尼派、什叶派分支十二伊玛目派和天主教马龙派人数居多。黎巴嫩是伊斯兰教化程度最低和非穆斯林在总人口中所占比例最高的阿拉伯国家,非穆斯林与穆斯林的平分秋色则是黎巴嫩区别于其他诸多阿拉伯国家的明显特征。黎巴嫩可谓阿拉伯世界与西方世界的桥梁,兼有阿拉伯和欧洲以及伊斯兰教和基督教的双重色彩。首都贝鲁特具有罗马古典文化和中世纪伊斯兰文化的深厚历史积淀,近代以来受法国文化影响甚大,东西方文化水乳交融,素有"东方巴黎"的美誉;穆斯林主要分布于贝鲁特西区,基督徒大都聚居于贝鲁特东区,清真寺与教堂交相辉映。由于特定的地理位置和长期动荡的政治局势,黎巴嫩人移居海外者甚多,散居世界各地的黎巴嫩人数量远远超过留居本土的黎巴嫩人。黎巴嫩国内的外籍人口,主要是巴勒斯坦难民和叙利亚移民。

约旦位于肥沃的新月地带西部和阿拉伯半岛北侧,在地理上构成阿拉伯高原的自然延伸,谷地、山区和沙漠呈南北走向,自西向东呈平行和错落的地貌状态。约旦谷地北起约旦河支流雅姆克河,南至亚喀巴湾,水源充足,人口稠密,农业发达,城市众多。东部沙漠位于阿拉伯沙漠与伊拉克沙漠之间,水源匮乏,地广人稀,贝都因人居多。约旦哈希姆王国的领土原本包括约旦河西岸和约旦河东岸两部分,其中约旦河东岸旧称外约旦,约旦河西岸位于巴勒斯坦的东部。1967年第三次中东战争期间,以色列占领约旦河西岸。1988年,约旦国王侯赛因宣布中断与约旦河西岸地区的法律和行政联系。1994年,约旦河西岸成为巴勒斯坦民族权力机构的管辖区域。目前,约旦哈希姆王国的领土局限于约旦河东岸。约旦位于阿拉伯世界的腹地,绝大多数人口为信奉伊斯兰教的阿拉伯人,少数民族包括塞加西亚人、车臣人、亚美尼亚人和土库曼人。

地理意义上的巴勒斯坦位于地中海与约旦河之间,地处肥沃的新月地带西端,与埃及的西奈半岛、约旦、黎巴嫩、叙利亚相邻。巴勒斯坦西部的地中海沿岸地势低平,气候温和,土地肥沃,人口稠密。加列利山、撒玛利亚山和朱迪亚山位于巴勒斯坦的北部,山间谷地构成巴勒斯坦重要的农业区域。约旦河西岸位于巴勒斯坦东部,《圣经·旧约》称之为朱迪亚,水源充沛,农业发达。南部的内格夫沙漠气候炎热,水源匮乏,人烟稀少。以色列国位于巴勒斯坦;以色列国的居民绝大多数为犹太人,亦有少量阿拉伯人。"耶路撒冷"系希伯莱语,意为和平的去处,阿拉伯人称之为古德斯,意为圣城。萨赫莱清真寺和阿克萨清真寺以及哭墙和圣墓大教堂,浓缩着耶路撒冷悠久的历史和宗教传统。

沙特阿拉伯是阿拉伯半岛人口最多的国家,国土面积约占整个半岛面积的80%,地貌呈自西北向东南倾斜的阶梯形状,气候炎热干旱,降水匮乏,植被稀少。由于特定的自然环境,追逐水草和居无定所的生活方式长期占据主导地位,贝都因人常年与骆驼和羊群相伴为生。在寥若晨星的地下水源周围,分布着面积不等的定居绿洲。沙特阿拉伯西部的崎岖山谷和沿海低地称希贾兹,系伊斯兰教的发源地,亦是宗教圣城麦加和麦地那的所在;希贾兹南部的塔伊夫是沙特阿拉伯的著名避暑胜地,毗邻麦加的吉达则是红海沿岸最重要的港口城市。阿西尔地处希贾兹与也门之间,雨量相对充沛,农业发达,人烟稠密,人口构成复杂,兼有阿拉伯半岛土著族群两大分支阿德南人和盖哈丹人的后裔,亦有众多的非洲裔黑人,系逊尼派以及什叶派分支十二伊玛目派和伊斯马仪派杂居之处,阿布哈、吉赞和纳季兰是阿西尔地区的主要城市。纳季德位于阿拉伯半岛的内陆区域,是瓦哈比派的故乡和沙特国家的摇篮;直至 20 世纪石油开采之前,纳季德与外部世界交往甚少,是阿拉伯半岛最闭塞的去处,社会组织和人口构成颇显单一。利雅得位于纳季德东部的哈尼法谷地,既是沙特阿拉伯的首都,亦是瓦哈比派穆斯林的宗教中心。利雅得西北的卡西姆包括布赖代绿洲和欧纳宰绿洲,是纳季德最重要的农业区。哈萨位于阿拉伯半岛的东部,濒临波斯湾,具有较为丰富的地下水源,胡富夫和盖提夫是沙特阿拉伯最重要的农业绿洲,什叶派穆斯林人数众多。沙特阿拉伯的油田大都位于哈萨一带,达曼、朱拜勒和胡巴尔是哈萨的主要城市,宰赫兰则是国家石油公司即阿拉伯美国石油公司的总部所在地。由于特定的自然环境、居无定所的游牧经济和根深蒂固的部落习俗以及奥斯曼帝国和英国统治的历史传统,沙特阿拉伯与其邻国之间的边境线相对模糊,诸多地区的边界划分长期以来存在争议,形成所谓的中立地带,进而构成影响国际关系的潜在政治隐患。20 世纪 20 年代,英国作为约旦、伊拉克和科威特的宗主国,强迫沙特王国接受英国划定的北部边境线。20 世纪后期,沙特阿拉伯与其南部邻国之间的边境线通过谈判亦逐渐确定。

沙特阿拉伯的本国人口几乎是清一色的阿拉伯人,操阿拉伯语,分为希贾兹、纳季德、阿西尔和哈萨四大方言区,信奉伊斯兰教,大都属于逊尼派穆斯林,少量人口属于什叶派穆斯林。外籍人口约占沙特阿拉伯常住人口总数的四分之一,绝大多数来自周边的阿拉伯国家以及其他的亚非国家。沙特阿拉伯的人口分布极不均衡,红海沿岸的希贾兹和波斯湾沿岸的哈萨以及西南部的阿西尔地区人烟相对稠密,广袤的内陆腹地人烟稀少。沙特阿拉伯的社会生活具有浓厚的部族色彩,沙特阿拉伯人普遍沿袭着部族传统的社会习俗,部族关系根深蒂固。"沙特"一词出现于国家的正式称谓之中,反映了部族传统在沙特阿拉伯的广泛影响。沙特阿拉伯的第一代国王是沙特家族的阿卜杜勒·阿齐兹;其后即位的历代国王,包括已故国王沙特、费萨尔、哈立德、法赫德和现任国王阿卜杜拉以及王储苏尔坦,皆系阿卜杜勒·阿齐兹的嫡子。沙特阿拉伯亦有十分悠久的伊斯兰教传统,麦加的克尔白清真寺是穆斯林礼拜的朝向和朝觐的目的地,麦地那则是先知穆罕默德的陵墓所在。在前石油时代,穆斯林年复一年的朝觐活动构成沙特阿拉伯与外部世界之间的主要交往方式。进入石油时代以后,无数的淘金者从四面八方涌入油田的所在地,沙特阿拉伯与国际社会的交往逐渐扩大。在首都利雅得以及波斯湾沿岸的新兴石油城市,现代建筑鳞次栉比,西方文化的痕迹随处可见。

所谓的海湾即波斯湾,阿拉伯人称之为阿拉伯湾,地处阿拉伯半岛、两河流域南部与伊朗高原之间,水域面积约 26 万平方公里,霍尔木兹海峡是海湾与印度洋之间的唯一通道。海湾地区是阿拉伯人和波斯人的共同家园,阿拉伯人与波斯人以及逊尼派穆斯林与什叶派穆斯林的错综相间构成海湾地区人口分布的突出特征。海湾东侧自阿巴丹至阿巴斯港地区,波斯人和什叶派穆斯林居多。海湾西侧自法奥至哈伊马角地区,阿拉伯人和逊尼派穆斯林居多。广义上的海湾国家,包括伊朗、伊拉克、沙特阿拉伯、科威特、卡塔尔、巴林、阿联酋和阿曼。狭义上的海湾国家,特指科威特、卡塔尔、巴林、阿联酋和阿曼五个海湾小国,不包括伊朗、伊拉克和沙特阿拉伯三个海湾大国。

也门位于阿拉伯半岛西南部,北邻沙特阿拉伯,东邻阿曼,南邻阿拉伯海和亚丁湾,西邻红海,扼守印度洋与红海之间的曼德海峡。也门西部沿海和南部沿海地势低平,气候炎热,降水匮乏,植被稀少。也门中部系内陆山区,山谷地带气候温和,土地肥沃,植被丰富,人口稠密。也门东部的哈德拉毛地区位于鲁卜哈利沙漠的南侧边缘,幅员辽阔,人迹罕至。也门是阿拉伯半岛最重要的农业区,农业是也门主要的经济部门。大多数的也门人在内陆的高地山谷修建梯田,耕种土地,亦有少量的也门人依靠游牧和捕鱼为生。也门雨季短暂,降雨主要分布在内陆山区,由此形成内陆山区发达的农业和稠密的人口。也门的穆斯林分别属于逊尼派和什叶派分支宰德派,逊尼派穆斯林主要分布于沿海平原,宰德派穆斯林大都生活在内陆山区。也门共和国是迄今为止阿拉伯半岛唯一采用共和制政体和实行多党选举制的国家,是为也门区别于阿拉伯半岛诸君主国的明显特征。然而,如同阿拉伯半岛的诸君主国一样,也门社会具有根深蒂固的血缘传统,部落为数众多,分布广泛。诸多部落各有排他性的活动范围和生存空间,部落之间处于相对隔绝的状态。国家与部落组织以及血缘关系与地域关系的长期并存,构成也门政治和社会生活的突出现象。随着国家权力的强化、市场化和城市化的进程,也门传统的血缘观念和部落组织无疑呈逐渐衰落的趋势。

土耳其位于中东的北部,包括小亚细亚半岛以及巴尔干半岛南部的色雷斯地区。安纳托利亚高原亦称小亚细亚高原,在地理上构成土耳其共和国的主体区域。安纳托利亚高原具有悠久的历史传统。古代赫梯人创造的文化遗存以及"荷马史诗"中关于特洛伊战争的动人故事,诉说着安纳托利亚高原的尘封往事。透过古典建筑的断壁残垣,不难发现希腊罗马文化在安纳托利亚高原的斑斑痕迹。拜占廷帝国统治时期,安纳托利亚高原构成基督教世界的东部边缘,安纳托利亚高原南侧的陶鲁斯山则是穆斯林对基督徒发动圣战的理想去处。11 世纪塞尔柱突厥人兴起后,伊斯兰教自东向西逐渐传入安纳托利亚高原,基督教的信仰随之销声匿迹。伊斯坦布尔横跨博斯普鲁斯海峡,是奥斯曼帝国的首都和土耳其共和国最大的城市,其前身是古代希腊移民城市拜占廷和东罗马帝国首都君士坦丁堡,古城多处遗址至今犹存,拜占廷帝国时期建造的圣索菲亚教堂与奥斯曼帝国时期建造的蓝色清真寺以及托普卡帕宫交相辉映。首都安卡拉位于安纳托利亚高原中部,地处古代商路要冲,赫梯城市、罗马神庙和拜占廷城堡的遗迹以及塞尔柱时期建造的阿拉丁清真寺浓缩着往日的辉煌。伊兹密尔位于爱琴海东岸,其前身是古代希腊移民城市士麦那,《圣经·新约》之"启示录"亦曾提及此处,现存古代世界七大奇迹之一的阿耳忒弥神庙遗址。

土耳其共和国的主体民族是土耳其人,系欧罗巴人种地中海类型。库尔德人是土耳其共和国最重要的少数民族,亦属欧罗巴人种地中海类型。"土耳其"一词源于西方人的称谓。"几乎远自 11 世纪土耳其人最初征服安纳托利亚那个时候起,欧洲人便一直把这块说土耳其语的地方称作土耳其。"①土耳其人的祖先,是游牧于中亚草原的突厥部落。奥斯曼帝国时期,统治阶层自称奥斯曼人,以示具有高贵的血统,至于土耳其人则泛指分布在安纳托利亚高原诸地和操突厥语的下层村民。土耳其语属于阿尔泰语系突厥语族的分支,奥斯曼帝国时期采用阿拉伯字母,凯末尔时代改用拉丁字母。土耳其具有伊斯兰教的浓厚

---

① B. 路易斯:《现代土耳其的兴起》,范中廉译,商务印书馆 1982 年,第 7 页。

氛围,盛行逊尼派伊斯兰教。现代意义上的土耳其人特指操土耳其语和信仰伊斯兰教的土耳其国民。尽管土耳其共和国宪法明确区分国籍与宗教信仰的差别,然而土耳其共和国的非穆斯林国民中自称土耳其人者寥寥无几。

1798 年,拿破仑率领法军入侵埃及,首开西方基督教世界对于中东伊斯兰世界殖民侵略和殖民统治的先例。进入 19 世纪,奥斯曼帝国的辽阔疆域成为西方殖民列强蚕食和瓜分的"东方遗产",恺伽王朝统治的伊朗则是英国与沙皇俄国的势力范围。二战以后,中东在国际舞台的地位明显提高。

1945 年,伊拉克、叙利亚、黎巴嫩、外约旦、沙特阿拉伯和埃及在开罗签署协议,成立阿拉伯国家联盟。随后加入阿拉伯国家联盟的国家,包括北也门(1945年)、利比亚(1953 年)、苏丹(1956 年)、摩洛哥(1958 年)、突尼斯(1958 年)、科威特(1961 年)、阿尔及利亚(1962 年)、南也门(1967 年)、巴林(1971 年)、卡塔尔(1971 年)、阿曼(1971 年)、阿联酋(1971 年)、毛里塔尼亚(1973 年)、索马里(1974 年)、巴勒斯坦解放组织(1976 年)、吉布提(1977 年)、科摩罗(1993 年)。阿拉伯国家联盟设有成员国组成的议会和秘书长,总部设在开罗。1960 年,联合国承认阿拉伯国家联盟作为地区性国际组织。阿拉伯国家联盟的目的是寻求成员国在卫生、经济、文化、社会事务、交通等领域的广泛合作,协调成员国的外交政策,不干涉成员国的主权和内政。1948 年第一次中东战争以后,阿拉伯国家联盟宣布共同抵制以色列,规定成员国不得与以色列媾和。与此同时,阿拉伯国家联盟支持摩洛哥和阿尔及利亚反对法国殖民统治的民族解放运动,支持埃及抗击英、法、以三国入侵和苏伊士运河国有化,支持北也门和沙特阿拉伯与英国进行斗争,尤其是支持巴勒斯坦的解放运动。然而,阿拉伯国家联盟成员国之间存在明显的贫富差异和尖锐的政体对立。冷战时代,阿拉伯国家联盟内部形成保守的亲美国家与激进的亲苏国家的矛盾。1979 年,阿拉伯国家联盟大多数成员国反对埃以单独达成和解,取消埃及的成员国资格,总部迁往突尼斯,中断与埃及的外交关系。1989 年,阿拉伯国家联盟重新接纳埃及作为成员国。1980—1988 年两伊战争期间,阿拉伯国家联盟大多数成员国支持伊拉克,叙利亚和利比亚却支持伊朗,阿拉伯国家联盟内部再度面临危机。90 年代,伊拉克的库尔德人、叙利亚的马龙派基督徒和苏丹南部达尔富尔地区出现非阿拉伯化的分离倾向。

20 世纪前期,英国和法国是在中东地区最具影响力的西方国家。中东地处英国与印度之间,构成连接英国与印度的生命线,是大英帝国王冠上的宝石。两次世界大战之间,英国长期控制埃及、巴勒斯坦、约旦、伊拉克和阿拉伯半岛的广大地区,叙利亚和黎巴嫩则是法国的势力范围。第二次世界大战结束后,阿拉伯世界诸国摆脱英国和法国的殖民统治,相继独立。与此同时,美国和苏联在中东地区激烈角逐,进而取代英国和法国成为操纵中东事务的超级大国。此间,美国与土耳其、伊朗建立密切的外交关系,并试图拉拢阿拉伯国家。然而,美国支持以色列的立场直接导致阿拉伯国家普遍持亲苏倾向。自 1955 年起,苏联不断向阿拉伯世界提供军事援助和经济援助,进而与诸多阿拉伯国家建立密切的外交关系,直至在阿以冲突中明确支持埃及和叙利亚,两伊战争期间同情伊拉克。1978 年戴维营会议以后,美苏两国在中东地区的力量对比发生明显变化;埃及成为美国在中东的重要盟友,苏联在中东的影响急剧下降。苏联解体后,俄罗斯与美国在包括巴以和谈、海湾战争、伊拉克武器核查诸多问题上开始采取合作态度。伊朗原本是美国在中东的重要战略盟友,1979 年巴列维王朝覆灭后,美国与伊朗的关系急转直下。1990 年伊拉克入侵科威特,将海湾国家推向美国的怀抱。随着诸多阿拉伯国家政府实行亲美外交政策,现代伊斯兰主义成为中东地区民间层面的主要反美势力。进入 90 年代,美国的势力和影响逐渐渗入苏联的中亚和高加索地区。与此同时,俄罗斯重新调整中东政策,尤其改善与土耳其和伊朗的外交关系,扩大经济和军事交往,试图遏制美国在中亚和高加索的渗透。

中东地区蕴藏着极其丰富的石油资源。目前中东地区的石油储藏量约占世界石油储藏量的三分之二以上,石油年产量和出口量分别占世界石油年产量和出口量的三分之一和三分之二。中东地区的石油资源主要分布在波斯湾沿岸的沙特阿拉伯、伊朗、科威特、伊拉克和阿拉伯联合酋长国,北非东部的利比亚和埃及以及里海水域亦有相当可观的石油资源。现代经济严重依赖石油资源,中东在国际舞台的战略地位日益凸显。冷战时代,国际形势主要表现为东西对峙的基本格局,中东处于东西对峙的边缘地带。冷战时代结束后,东西方之间的紧张形势明显缓解,中东逐渐成为国际政治舞台的焦点。波斯湾和里海水域的石油资源引起国际社会在中东地区的激烈角逐。海湾战争、伊拉克战争、伊朗核危机以及近来俄罗斯与格鲁吉亚之间发生的冲突,无不与争夺中东石油资源密切相关。

第一章　伊斯兰文明的诞生

一、阿拉伯人的古代历史

阿拉伯半岛与阿拉伯人

现代的阿拉伯半岛位于亚洲的西南部,北面与"肥沃的新月地带"①相连,西面、南面和东面环绕着红海、阿拉伯海和波斯湾,面积约为 270 万平方公里,是世界上最大的半岛。然而,阿拉伯半岛在远古时代曾经与非洲大陆和伊朗高原相连。那时的阿拉伯地区气候潮湿,林木茂密。② "阿曼沿海一带山脉构造的特点使人产生一种联想,即这里与波斯的陆地原为一个整体,只是到了后来的侏罗纪,才突然被印度洋的洪水冲断。阿拉比亚西部最早也与非洲大陆连成一片。第三纪时出现了红海和高耸的赛拉特群山,阿拉比亚遂与非洲大陆分开"③。在现代社会,海洋无疑为人类提供了相互交往的重要通道。但是,在古代社会的历史条件下,浩瀚无际的大海往往构成令人难以逾越的障碍,同时,阿拉伯半岛缺乏适于停泊船只的天然港湾,因此,阿拉伯人常常将自己的故乡称作"阿拉伯人的岛屿"。

阿拉伯半岛的地貌,呈现为自西北部向东南部逐渐倾斜至阿曼一带又复隆起的状态。赛拉特山位于阿拉伯半岛的西侧,北起亚喀巴湾东岸,南至也门,绵亘 1800 公里;赛拉特山南端的哈杜尔舒艾卜峰海拔 3760 米,是整个半岛的最

---

① "肥沃的新月地带"指现在的伊拉克、叙利亚、黎巴嫩、巴勒斯坦和约旦。

② 哈桑·穆阿尼斯:《古代中世纪的阿拉伯国家与文明》,科威特 1978 年,第 90 页。

③ H. 戈特沙尔克:《震撼世界的伊斯兰教》,阎瑞松译,陕西人民出版社 1987 年,第 1 页。

高点。"帖哈麦"在阿拉伯语中本意为"临海的土地",特指赛拉特山西侧与红海之间起伏不平的狭长地带。赛拉特山与帖哈麦合称"希贾兹"(旧译"汉志")。"希贾兹"在阿拉伯语中意为"阻隔",特指也门与叙利亚之间的地带。干枯的荒原覆盖着希贾兹的绝大部分地表,寥寥无几的地下水源周围零星点缀着面积不等的几处绿洲,其中以南部的塔伊夫和北部的叶斯里卜最为著名。"也门"一词在阿拉伯语中本意为"右边"和"南方",特指麦加和希贾兹以南地区。① 赛伯邑时期的铭文将西起曼德海峡、东至哈德拉毛的广阔地域称作也门,古希腊作家将也门称作"阿拉伯福地"②。也门受印度洋季风的影响,雨水较为充沛,气候相对潮湿。自也门向东,经过著名的香料海岸哈德拉毛和单峰骆驼的故乡麦赫拉,直到阿曼,海拔 1000 米以上的山脉沿海岸线逶迤 1600 公里,其中阿曼湾西侧的绿峰高达 3300 米。赛拉持山和南部群山仿佛是一道天然的屏障,阻挡着潮湿海风的吹拂,从而形成半岛内陆干旱少雨的气候环境。纳季德高原(旧译"内志")位于半岛内陆的中央地带,平均海拔高度约为 800 米,如同经过烈焰焚烧的黑色熔岩覆盖着纳季德的地表。纳季德高原以南名为鲁卜哈利,亦称达赫纳;这一区域土质坚硬,红沙遍野,沙纹荡漾,如同水波一般。位于纳季德高原以北的努夫德,是半岛内陆的另一沙漠区域,亦称塞玛瓦谷;这里沙质细软,随风向变幻不定,形成红白相间的流动沙丘。纳季德高原、鲁卜哈利和努夫德沙漠的季节变化极为明显,每逢冬春时节,暴雨滂沱,绿草如茵的牧场随处可见。雨季过后,草木枯萎,浩瀚的旷野遂为人迹罕至的不毛之地。阿拉伯半岛缺乏常年通航的河流,却有称作瓦迪的季节性河谷遍布各地,可供行走。南部的瓦迪哈德拉毛、瓦迪达瓦希尔和北部的瓦迪鲁麦、瓦迪希尔罕,乃是联接半岛内陆各个区域和通往外部的重要路线。

阿拉伯半岛是阿拉伯人的故乡,阿拉伯人自遥远的古代便生活在这样的环境之中。由于干枯的地表和干旱的气候,阿拉伯半岛植被稀少,资源匮乏,游牧的生活方式长期占据统治地位,贝都因人(阿拉伯语中意为游牧者)为数甚多,骆驼和羊群构成贝都因人赖以生存的基本财富。③ 骆驼大约自公元前 1200 年出现于阿拉伯半岛;在骆驼传入之前,驴曾经是阿拉伯人仅有的运输工具。据古代亚述铭文记载,贝都因人至迟在公元前 9 世纪已经成为骆驼的主人。④ 骆

---

① 马苏第:《黄金草原》,耿昇译,青海人民出版社 1998 年,第 542 页。
② 哈桑·穆阿尼斯:《古代中世纪的阿拉伯国家与文明》,第 91 页。
③ Lindsay,J. E. , *Daily Life in the Medieval Islamic World* , Westport 2005,p. 39.
④ Saunders,J. J. , *A History of Medieval Islam* , London 1978,pp. 4-5.

驼既可供人骑乘,亦可用于载货,其长途跋涉和负荷能力远非其他牲畜可比。贝都因人更以骆驼作为首要的生计来源,食其肉,饮其乳,衣其皮毛,将骆驼视作不可或缺的伙伴。骆驼的最大负载超过 250 公斤,最大日行路程达到 160 公里,可以在炎热的环境下连续行走 8 日而无需饮水。骆驼的牧养为贝都因人进入沙漠深处提供了必要的条件,"沙漠之舟"的出现使得贝都因人真正成为沙漠的主人。[①] 分布在半岛东北部的巴克尔部落、纳季德高原的泰伊部落、塔米姆部落、阿萨德部落以及希贾兹的穆宰纳部落、吉法尔部落,皆是牧养骆驼的著名群体。[②] 贝都因人不仅牧养骆驼,亦将牧羊作为重要的生计来源。与骆驼相比,羊群移动速度较为缓慢,而且不能远离水源。因此,羊群的牧养制约着贝都因人的活动范围;以牧养羊群为生的贝都因人难以进入沙漠深处,大都分布在沙漠的边缘和农耕区域的四周,其生活方式往往兼有游牧和定居的双重倾向。贝都因人无疑处于居无定所的游荡状态,但是却非毫无目的的随意迁徙。他们通常拥有属于各自部落的水源和相对稳定的游牧范围,沿着较为固定的路线追逐水草。雨季与旱季的明显更替导致贝都因人生存空间的周期性改变,进而使得他们对于自己的家园产生既期待离别又盼望返回的矛盾心理。在恶劣的自然环境中,贝都因人表现出顽强的生存能力,他们往往每天只需食几颗椰枣和饮少许驼乳便可维持生命。

除居无定所的游牧群体以外,阿拉伯半岛还生活着相当数量的定居人口。定居人口大都分布在阿拉伯半岛的周边地带。在半岛南部的沿海地带,较为充沛的降雨和相对潮湿的气候环境提供了发展农业的适宜条件。也门是整个半岛中最为重要的农业区域;古代的也门人在山区坡地修建梯田,在山谷之间修建水坝,用以储存雨水,灌溉土壤,种植小麦和大麦以及各种果蔬。[③] 也门以东的麦赫拉和哈德拉毛是乳香树的著名产地,阿曼一带盛产水稻,东部沿海的哈萨盛产谷物和椰枣。[④] 在半岛内陆,绿洲构成农业区域的另一种类型,地下水源则是绿洲农业赖以维持的首要前提。叶斯里卜、塔伊夫、泰马、海拜尔、法达克、杜麦持·詹达勒和瓦迪库拉是分布在希贾兹一带的主要绿洲,半岛东部的叶麻麦和盖提夫也有若干处面积较大的绿洲,甚至鲁卜哈利沙漠深处亦不乏绿洲的存在。[⑤] 枣椰树原生于两河流域南部,后来传入阿拉伯半岛,成为绿洲农业的主

① Grunebaum,G. E. , *Classical Islam* , London 1970,p. 16.

② Donner,F. M. , *The Early Islamic Conquest* , Princeton 1981,p. 16.

③ Lindsay,J. E. , *Daily Life in the Medieval Islamic World* , p. 35.

④ 穆罕默德·穆斯塔法·齐亚德:《阿拉伯世界的历史与文明:古代与伊斯兰时代》,开罗 1964 年,第 116 页。

⑤ Donner,F. M. , *The Early Islamic Conquest* , p. 14.

要作物。有些绿洲的居民除种植枣椰树外,亦种植大麦和小麦等谷类作物。希贾兹南部的塔伊夫盛产葡萄,甘美硕大,名闻遐迩。与南部沿海的灌溉农业相比,绿洲农业的耕作条件较为简陋;气候的干旱和水源的匮乏制约着耕地面积的扩大,定居的生活方式尚不稳定,牲畜的牧养往往构成绿洲农业的重要补充。

在广袤的阿拉伯半岛,游牧与定居两种生活方式并非孤立存在,而是处于相互依赖和彼此制约的状态。定居者由于自然环境的限制和生产水平的低下,往往需要游牧经济的诸多产品作为补充。贝都因人更加缺乏经济自给的能力,需要定居者提供各种农产品和手工制品。因此,定居者与贝都因人之间存在着相互交往的客观需要。在前伊斯兰时代的社会条件下,抢劫构成定居者与贝都因人之间相互交往的重要形式。"抢劫本是盗贼行径,但沙漠生活的经济情况和社会情况却使抢劫成为当地民族的风俗"①。绿洲由于人口稀少,分布散落,往往成为贝都因人抢劫的主要目标,定居地区的各种产品通过一系列的抢劫而落入游牧群体手中。游牧群体之间和定居者内部的相互抢劫时有发生。先知穆罕默德移居麦地那的初期穆斯林对于麦加商队的袭击,体现了古代阿拉伯人传统的抢劫习俗在伊斯兰时代的延续。定居者与贝都因人相互交往的另一种方式,是提供保护和征收贡品;这种交往大都存在于较为强大的游牧群体与地寡人稀的绿洲之间。贝都因人往往以提供保护作为条件,向绿洲的定居者征收所需要的各种产品。贝都因人与商队的合作亦屡见不鲜;分布在商路沿途的贝都因人向过往的商队提供骆驼和向导,保护商队的旅行安全,商队则向贝都因人交付一定数量的财物作为报酬。伊斯兰教诞生前夕,纳季德高原东侧的贝都因人塔米姆部落与麦加的古莱西部落之间曾经有过长期的贸易合作。② 在茫茫的荒漠之中,商旅驼队离开贝都因人的合作几乎寸步难行,而两者之间的合作对于阿拉伯半岛的经济生活具有至关重要的作用。在阿拉伯人相互交往的过程中,集市贸易占有重要的地位。阿拉伯人素有朝拜圣地的宗教习俗,人们在举行祭祀活动的同时,往往相互交换各种物品,宗教圣地随之成为定期贸易的集市所在。阿拔斯时代的历史家哈姆达尼(? —945 年)曾经提到公元 6 世纪阿拉伯半岛的十余处集市,其中最为著名的是欧卡兹集市。欧卡兹位于麦加以东100 公里的山谷,西南距塔伊夫 35 公里,每年 11 月举行集市,为期 20 天,来自半岛各地的阿拉伯人在这里交换各自的产品。③

① P. 希提:《阿拉伯通史》,马坚译,商务印书馆 1979 年,第 26 页。

② Kister,M. J. , *Mecca and Tamim*, *Journal of Economic and Social History of the Orient*,1965,p. 38.

③ Osborn,R. D. , *Islam Under the Arabs*, London 1876, p. 287.

在阿拉伯半岛,手工业的重要性无法与畜牧业、农业、商业相提并论;手工业活动为贝都因人所鄙视,手工业者社会地位低下。[①] 在也门,萨那、纳季兰、朱拉什是也门主要的皮革加工业中心,纺织业和酿酒业的中心是亚丁和萨那。在希贾兹,麦加是著名的手工业品制造中心,主要手工业品是刀剑、甲胄。叶斯里卜的手工业主要是农产品加工业,制作干椰枣,用枣椰树叶制作草席,用枣椰树干制作生活用品,各种装饰品和武器亦是叶斯里卜的重要手工业产品,犹太人则是叶斯里卜的主要手工业者。[②]

"阿拉伯"一词本意为沙漠,"阿拉伯人"则指生活在沙漠中的人。公元前853 年的亚述铭文中曾经提到"阿拉伯人金迪卜的一千只骆驼",这是迄今为止关于阿拉伯人的最早的记载。[③] 历史上第一个阿拉伯人的名字与"骆驼"一词的同时出现,足以说明阿拉伯人与游牧活动之间存在着密切的联系。继亚述铭文之后,古典作家上自希腊的埃斯库罗斯(公元前 525—前 456 年)下至罗马的普林尼(公元 23—79 年)亦屡屡提及阿拉伯人,泛指阿拉伯半岛及其周边区域直至埃及尼罗河以东的游牧人口。在阿拉伯半岛南部,关于阿拉伯人的文字记载,首先出现于公元前后也门一带的碑刻之中;这些碑刻中所提及的阿拉伯人,常常仅指追逐水草的贝都因人。在半岛的北部,公元 4 世纪的那马拉墓碑铭文中记述了"全阿拉伯人之王"伊姆鲁·凯斯的生平,而该人的权力似乎并未超出半岛北部和中部的游牧区域。[④] 从上述零散记载可以看出,古代阿拉伯人并非统一的社会群体,其内部存在着明显的差异。

古代阿拉伯半岛的传统谱系,将阿拉伯人区分为灭绝的阿拉伯人和尚存的阿拉伯人。[⑤]《古兰经》中提到的阿德人和赛莫德人,应当属于所谓灭绝的阿拉伯人。相传阿德人和赛莫德人居住在也门与阿曼之间的沙丘地区,亦传阿德人和赛莫德人生活在半岛西侧的希贾兹。据《古兰经》记载,安拉曾经先后使阿德人和赛莫德人成为其在大地上的"代治者",并使他们富庶兴旺;阿德人和赛莫德人后因弃善从恶,伤风败俗,相继遭到安拉"严厉的惩罚",直至全族灭绝。[⑥]

---

① Morony, M. G., *Manufacturing and Labour in the Classical Islamic World*, Hampshire 2003, p. 145.

② 赛义德·阿卜杜勒·阿齐兹·萨利姆:《阿拉伯史:从伊斯兰教的兴起到倭马亚王朝的衰落》,亚历山大 1973 年,第 16—17 页。

③ Saunders, J. J., *A History of Medieval Islam*, p. 4.

④ 伊本·阿希尔:《历史大全》,开罗 1884 年,第 1 卷,第 242 页。

⑤ 穆罕默德·穆斯塔法·齐亚德:《阿拉伯世界的历史与文明:古代与伊斯兰时代》,第 117 页。

⑥ 《古兰经》,马坚译,中国社会科学出版社 1978 年,7:69,41:16。

尚存的阿拉伯人,相传是努哈(即诺亚)的后裔和易卜拉欣(即亚伯拉罕)的子孙,分为盖哈丹人和阿德南人两支。盖哈丹人被视作纯种的阿拉伯人,阿德南人则被视作归化的阿拉伯人。① 盖哈丹人分为克黑兰族和希米叶尔族,包括泰伊、哈姆丹、巴吉拉、阿萨德、阿兹德、肯德、胡扎尔诸部落;他们大都祖居半岛南部,所操语言近似于两河流城南部的阿卡德语和东非的埃塞俄比亚语。阿德南人分为穆达尔族和拉比尔族,包括巴克尔、塔格里布、哈尼法、塔米姆、基纳奈(内含古莱西)诸部落;他们主要分布在希贾兹和纳季德一带,所操语言近似于希伯来语,后来逐渐演化为《古兰经》的语言。② 古老的传说并非完全出自虚构;传统的谱系划分反映出阿拉伯半岛内部自然环境和生活方式的差异,具有一定程度的历史真实性。盖哈丹人大都属于定居者,阿德南人则往往处于居无定所的游牧状态。定居地区与游牧群体之间的深刻对立,构成阿拉伯人划分为不同谱系的客观基础。在漫长的历史时期,绵延不断的迁徙浪潮改变着阿拉伯人的分布区域,使得分别属于不同谱系的血族群体往往交错杂居。然而,谱系的差异和由此产生的敌对观念根深蒂固,直至伊斯兰时代初期仍未完全消失。

古代阿拉伯人的文明雏形

阿拉伯半岛尽管地理位置相对闭塞,却非处于与世隔绝的状态。公元前3000年两河流域的泥版文书曾经将阿拉伯半岛东南部波斯湾沿岸诸地分别称作"迪尔蒙"、"麦干"和"麦鲁赫",公元前2000年的埃及人则将阿拉伯半岛西南部曼德海峡沿岸称作"篷特"。尼罗河流域、幼发拉底—底格里斯河流域以及印度河流域的古代文明通过各种形式影响着阿拉伯人的历史进程,在阿拉伯半岛南部沿海和北部沙漠边缘逐渐萌生着文明社会的雏形。

首先步入文明社会的是分布在半岛南部沿海区域的阿拉伯人,定居农业的生活方式是南方阿拉伯人中得以萌生文明雏形的物质基础。考古学家在半岛南部发现大量的古代碑铭,铭文的日期可以上溯到公元前 8 世纪。半岛南部最早的铭文,主要包括米奈体铭文和赛伯邑体铭文两类。米奈人属于灭绝的阿拉伯人一支,祖居阿拉伯半岛,曾经进入两河流域南部,与苏美尔人共同生活。后来,米奈人返回阿拉伯半岛,定居在纳季兰与哈德拉毛之间的焦夫一带,从事农业和贸易。③ 米奈人将苏美尔文明的诸多内容,包括祭祀仪式、楔形泥板的书写

① 穆罕默德·穆斯塔法·齐亚德:《阿拉伯世界的历史与文明:古代与伊斯兰时代》,第 117 页。

② 哈桑·穆阿尼斯:《古代中世纪的阿拉伯国家与文明》,第 90 页。

③ Ali Khan, M. , *Muhammad the Final Messenger*, Delhi 1980, p. 19.

中
东
史

形式和建筑艺术,传入阿拉伯半岛。也门的米奈人自公元前 13 世纪建立国家,都于盖尔诺(位于今也门首都萨那东北部),国王称作马立克,实行世袭制,传承 26 代。① 公元前 4 世纪希腊学者泰奥弗拉斯托斯、公元前 3 世纪希腊学者厄拉多塞和公元前 1 世纪希腊学者斯特拉波,均曾提及阿拉伯半岛南部的米奈人。②

赛伯邑人属于盖哈丹人的一支,其语言和习俗深受米奈人的影响,自公元前 6 世纪开始成为也门的统治者。记载赛伯邑人的铭文,可以追溯到公元前 8 世纪亚述国王提格拉特·帕拉沙尔三世和阿卡德国王萨尔贡二世的时代。③ 赛伯邑人的国家位于米奈国以南地区,最初都于绥尔瓦赫,后来迁都马里卜,国王称穆卡里卜。赛伯邑时期,也门经历了农业的繁荣。历代国王重视水利,用岩石建造堤坝,储存雨水,灌溉农田。赛伯邑时期最著名的水坝,始建于公元前 650 年国王苏姆胡·阿里·雅努弗当政期间,位于祖纳谷地出口处,名为马里卜水坝。马里卜水坝宽 550 米,高 15 米,截面呈金字塔形状,使用砖石精工砌成,设有闸门用来调节水流.兼有蓄洪和灌溉效用,堪称阿拉伯半岛南部古代文明的杰作,其遗址至今尚存。马里卜水坝的建造,扩大了赛伯邑人的耕作范围,农作物产量随之明显提高。④《古兰经》第三十四章即以赛伯邑作为章名,并且提及赛伯邑人因背弃安拉而遭马里卜水坝所泄急流的淹没。⑤

也门地处印度洋与地中海之间的贸易通道,扼守途经红海的水路和途经希贾兹的陆路,过境贸易发达,商旅驼队络绎不绝。印度的香料、海湾的珍珠、中国的丝绸以及东非的奴隶、象牙、黄金、珍禽异兽,在地中海世界具有广阔的市场。⑥ 阿拉伯半岛南部沿海以及邻近的索克特拉岛是古代著名的香料产地,盛产乳香和没药。乳香制成的焚香是祭祀神灵和朝廷典礼中不可缺少的物品,没药则是制作香水和诸多药品的重要原料,在地中海世界尤为畅销。⑦ 米奈—赛伯邑人是古代世界的杰出商人。根据《圣经》的记载,早在伊斯哈格和雅各时

① 哈桑·穆阿尼斯:《古代中世纪的阿拉伯国家与文明》,第 96—97 页。

② O'Leary,L. , *Arabia before Muhammed* , London 1927,p. 86.

③ 同上, p. 87.

④ 赛义德·阿卜杜勒·阿齐兹·萨利姆:《阿拉伯史:从伊斯兰教的兴起到倭马亚王朝的衰落》,第 7 页。

⑤《古兰经》,34:16。

⑥ 穆罕默德·穆斯塔法·齐亚德:《阿拉伯世界的历史与文明:古代与伊斯兰时代》,第 134—135 页。

⑦ Holt,P. M. , Lambton, A. K. S. &Lewis,B. , *The Cambridge History of Islam* , vol. 1A, Cambridge 1970,p. 10.

代,巴勒斯坦的市场上已经出现了来自阿拉伯半岛南部的商贾。[①] 香料的贩运是南方阿拉伯人的重要贸易内容。米奈—赛伯邑人贩运的香料,大都通过陆路销往地中海东岸。沿海一带和索克特拉岛出产的香料,首先汇集于哈德拉毛西部的沙卜瓦。贩运香料的商旅驼队自沙卜瓦出发,向西沿红海东岸的也门北行,经马里卜和萨那,穿过希贾兹,进入叙利亚和埃及。[②] 米奈—赛伯邑人利用印度洋季风的规律性变化,航行于阿拉伯半岛以南海域,贩运东非和波斯湾沿岸直至印度西部的各种物产。"他们或许还没有发现印度,但是已经将印度的物产展现给地中海世界"[③]。自也门经希贾兹至叙利亚的商路,在米奈—赛伯邑时期成为沟通印度洋沿岸与地中海世界的主要贸易桥梁。米奈—赛伯邑人控制着途经希贾兹的商业通道的南端,而他们在商路沿途建立的贸易据点一直延伸到希贾兹北部的乌拉、泰布克和约旦的马安。米奈—赛伯邑人拥有庞大的船队,游弋于印度洋与红海之间的辽阔水域。[④] 米奈—赛伯邑人的商业活动,遍及两河流域、叙利亚、埃及、非洲东岸和阿拉伯半岛北部边缘。[⑤] 古典作家曾经详细地记述了米奈—赛伯邑人的贸易活动,并且将他们誉为"南海的腓尼基人"。

希米叶尔人是赛伯邑人的分支,生活在阿拉伯半岛南部的沿海地区,自公元前 2 世纪开始成为也门的统治者,佐法尔则取代盖尔诺成为也门的政治中心。[⑥] 公元 1 世纪罗马学者普林尼曾经提及希米叶尔人,称佐法尔是希米叶尔人的都城。[⑦] 希米叶尔人兴起之初,国势昌盛,疆域延伸到哈德拉毛、纳季德、帖哈麦一带。[⑧] 萨那的雾木丹堡宫建于公元 1 世纪希米叶尔国王伊利·沙利哈当政时期,建筑材料采用花岗岩、斑岩和大理石,共 20 层高约百米,可谓古代世界的摩天大楼。雾木丹堡宫的顶层覆盖透明的石片,透过石片,可仰望空中景色。雾木丹堡宫四周的石墙,颜色各异;四角的隅石之上各有一只铜狮,风至狮吼,堪称奇观。雾木丹堡宫直至伊斯兰教诞生时期依然醒目,代表了希米叶尔人的文化成就。[⑨]

---

① Gilman, A., *The Saracens, from the Earliest Times to the Fall of Baghdad*, London 1988, p. 25.

② O'Leary, L., *Arabia before Muhammed*, p. 103.

③ Holt, P. M., *The Cambridge History of Islam*, vol. 1A, Cambridge 1970, p. 16.

④ 赛义德·阿卜杜勒·阿齐兹·萨利姆:《阿拉伯史:从伊斯兰教的兴起到倭马亚王朝的衰落》,第10 页。

⑤ 哈桑·穆阿尼斯:《古代中世纪的阿拉伯国家与文明》,第 97 页。

⑥ 同上,第 98 页。

⑦ O'Leary, L., *Arabia before Muhammed*, p. 102.

⑧ 哈桑·穆阿尼斯:《古代中世纪的阿拉伯国家与文明》,第 98 页。

⑨ Ali Khan, M., *Muhammad the Final Messenger*, p. 21.

希米叶尔人继承米奈—赛伯邑人的商业传统,控制途经红海和希贾兹的贸易通道,尤其是在希贾兹商路沿途设立商站,与阿拉伯半岛北部的奈伯特人、塔德木尔人建立密切的贸易关系,合作经营印度洋与地中海之间的过境贸易。[①]然而,托勒密王朝建立后,重新开通尼罗河与红海之间的古代运河,使埃及商船得以穿越红海和曼德海峡进入也门水域,威胁途经希贾兹的陆上贸易通道。公元前 24 年,罗马大将阿利乌斯·加拉斯率军自埃及出发,沿红海东岸攻入阿拉伯半岛,直至兵抵也门的麻里阿巴时攻势受挫,希米叶尔人方免于被罗马征服的厄运。[②] 公元 1 世纪罗马皇帝克劳迪乌斯在位时期,一艘罗马商船偶然被海风从曼德海峡吹到锡兰,随之发现南方阿拉伯人贩运的许多物品来自印度洋水域。不久,来自埃及的水手希帕拉斯了解到印度洋季风的变化规律。[③] 此后,罗马商人经海路定期往返于埃及与印度洋沿岸之间,绕开也门直接贩运东方物产。[④] 罗马商船日益排挤"沙漠之舟",红海逐渐取代希贾兹而成为连接地中海与印度洋的主要商路。"罗马商船进入印度洋,给阿拉伯南部的繁荣敲了丧钟"[⑤]。公元 3 世纪罗马帝国进入危机时代而萨珊王朝兴起于伊朗高原以后,两河流域成为沟通地中海与波斯湾之间的主要贸易通道,甚至红海商路亦日渐萧条。商路的转移给南方阿拉伯人传统的香料贸易带来灾难性的影响,也门一带的经济生活渐趋衰落。马里卜水坝曾经是阿拉伯半岛南部定居社会和古代文明雏形的象征,于 450 年和 542 年两次被毁,皆得以重修,至 570 年彻底坍塌。[⑥]马里卜水坝的坍塌,标志着阿拉伯半岛南部文明雏形的崩溃。此后,半岛南部的许多部落相继离开祖居的家园,告别定居的生活,迁往北方各地。

早在公元前 5 世纪,南方阿拉伯人的一支,离开也门,渡过曼德海峡,在东非的埃塞俄比亚建立国家,名为阿克苏姆国。阿克苏姆国与希米叶尔国隔海相望,在印度洋水域长期存在商业竞争。公元前 1 世纪,阿克苏姆国一度击败希米叶尔国,攻占也门南部沿海。[⑦] 公元初年,基督教传入阿克苏姆国,至 4 世纪国王埃扎纳当政时期成为国教。6 世纪初,希米叶尔国王祖·努瓦斯奉犹太教为国教,迫害基督徒。阿克苏姆国王以保护基督徒为名,于 525 年出兵攻入也

① 穆罕默德·穆斯塔法·齐亚德:《阿拉伯世界的历史与文明:古代与伊斯兰时代》,第 135 页。

② 赛义德·阿卜杜勒·阿齐兹·萨利姆:《阿拉伯史:从伊斯兰教的兴起到倭马亚王朝的衰落》,第 13 页。

③ O'Leary,L.,*Arabia before Muhammed*,p.79.

④ Saunders,J. J.,*A History of Medieval Islam*,p.8.

⑤ P. 希提:《阿拉伯通史》,第 66 页。

⑥ 贾瓦德·阿里:《前伊斯兰时代的阿拉伯史》,第 7 卷开罗 1965 年,第 243 页。

⑦ 哈桑·穆阿尼斯:《古代中世纪的阿拉伯国家与文明》,第 99 页。

门,杀祖·努瓦斯,灭亡希米叶尔国。统治也门的埃塞俄比亚人阿布拉哈曾经在萨那建造基督教堂,名为加里斯("加里斯"一词源于希腊语,意为教堂),采用大理石作为建筑材料,镶嵌黄金和珍珠,颇为壮丽。阿布拉哈企图以萨那的加里斯抗衡麦加的克尔白,确立萨那作为阿拉伯半岛宗教中心的地位,吸引阿拉伯人改奉基督教,但是影响甚微。大约在570年,阿布拉哈率军自也门攻入希贾兹,兵抵麦加附近的穆阿麦斯。由于阿布拉哈军中有象,阿拉伯人大为惊叹,故称之为"象军",并将该年称作"象年"。相传,阿布拉哈所率象军进攻麦加之际,天空中飞来无数麻雀,遮天蔽日,衔石俯冲,如暴雨般抛射在象军头上,致使象军头破血流,尸横遍野。阿布拉哈率残兵退出希贾兹,不久在萨那病亡。[1]《古兰经》曾提及此事,而先知穆罕默德便诞生于象年。[2] 大约在575年,希米叶尔王室后裔赛义夫前往萨珊王朝都城麦达因,请求波斯国王胡斯洛帮助也门人摆脱埃塞俄比亚人的统治。随后,波斯将领瓦赫里兹率军击败埃塞俄比亚人,也门成为萨珊王朝的属地。[3]

在阿拉伯半岛北部的沙漠边缘,北方阿拉伯人的一支奈伯特人自公元前6世纪初出现于约旦河东岸。奈伯特人兼并了《圣经》中提到的古代居民以东人,占据皮特拉。皮特拉位于今约旦境内的穆萨谷地,是一处开凿于山岩之中的要塞城市,四周环绕着悬崖峭壁,仅在北面有一条蜿蜒的狭路可以通行,颇为险峻。"皮特拉"一词在希腊语中意为岩石;古典作家往往将皮特拉及其邻近的区域称作"阿拉伯山岩",以区别于也门一带所谓"阿拉伯福地"和阿拉伯半岛内陆所谓"阿拉伯荒原"。皮特拉有一座神殿,名为克尔白,神殿之内有一块长方形黑石,称作杜舍拉。皮特拉地处加沙、布斯拉、埃拉(今亚喀巴)和大马士革之间,是自阿拉伯半岛南部经红海东岸至叙利亚的贸易通道。途经皮特拉的商品,包括也门出产的香料、大马士革和中国出产的丝绸、阿斯卡伦出产的染料以及非洲出产的金银。在希贾兹与约旦河之间,只有皮特拉具有充足和清洁的水源。[4] 南来北往的商人都要在这里歇息停留,筹措生活用品,寻找替换的骆驼和

中东史

---

① 穆罕默德·穆斯塔法·齐亚德:《阿拉伯世界的历史与文明:古代与伊斯兰时代》,第160—162页。

② 《古兰经》,105:1—5。

③ 穆罕默德·穆斯塔法·齐亚德:《阿拉伯世界的历史与文明:古代与伊斯兰时代》,第162—163页。

④ Ali Khan,M.,*Muhammad the Final Messenger*,p.16.

驼夫。①

　　奈伯特人扼守希贾兹商路的北端,曾经是米奈—赛伯邑人经营转运贸易的重要伙伴。来自阿拉伯半岛南部沿海的香料和其他各种物产大都在皮特拉卸货,再由奈伯特人贩运到地中海东岸各地。在广泛从事过境贸易的基础之上,奈伯特人逐渐崛起,成为地中海东岸介于定居区域与游牧群体之间的重要政治力量。公元前169年的铭文中,首次提到奈伯特人的国王哈里萨斯。公元前1世纪,奈伯特人开始进入鼎盛时期,并且一度击退罗马军队的攻击。公元初年,奈伯特人的疆域包括叙利亚南部和希贾兹北部的诸多地区。至帕尔米拉兴起以后,奈伯特人的势力日趋衰落。公元105年,罗马皇帝图拉真吞并所谓的"阿拉伯山岩",奈伯特人的国家沦为罗马帝国的行省,皮特拉亦从文献记载中消失。②

　　公元1世纪以后,帕尔米拉犹如一颗光彩夺目的明珠,出现在茫茫无际的叙利亚沙漠之中。"帕尔米拉"在希腊文中意为枣椰之城,阿拉伯人称之为塔德木尔,阿拉伯语中意为废墟。帕尔米拉原是北方阿拉伯人生活的绿洲,公元前1100年的亚述铭文曾经提及该地。波斯安息王朝兴起以后,两河流域成为沟通地中海世界与波斯湾沿岸的主要贸易通道。帕尔米拉位于大马士革与幼发拉底河之间,是联结叙利亚与两河流域的必经之路,占据得天独厚的地理位置,加之具有充足的水源,成为横贯沙漠的贸易枢纽和商贾辐辏的富庶之邦。③ 罗马帝国时期,帕尔米拉承认罗马皇帝的宗主权,并且一度以罗马帝国的名义统治叙利亚沙漠和阿拉伯半岛北部。260年,罗马皇帝瓦列里安在与波斯军队作战中兵败被俘,帕尔米拉国王伍得奈斯起兵援救,击溃波斯军队,攻至波斯首都泰西封城下。262年,罗马皇帝加列那斯赐封伍得奈斯为统治东方的副王,帕尔米拉的势力达到顶峰。267年,可能由于罗马人的策划,伍得奈斯在霍姆斯遭到暗杀。伍得奈斯死后,其妻齐诺比亚自称东方皇后,立幼子韦海卜·拉特为"凯撒·奥古斯都",起兵反抗罗马帝国,攻占埃及和小亚细亚。齐诺比亚发动的攻势咄咄逼人,罗马帝国朝野震动。272年,罗马皇帝奥列里安御驾亲征,击败帕尔米拉人。随后,奥列里安将帕尔米拉夷为平地,昙花一现的沙漠明珠从此被人遗忘。④

① 赛义德·阿卜杜勒·阿齐兹·萨利姆:《阿拉伯史:从伊斯兰教的兴起到倭马亚王朝的衰落》,第10页。

② Holt,P. M., Lambton,A. K. S. & Lewis,B., *The Cambridge History of Islam*, vol.1A,p. 21.

③ 赛义德·阿卜杜勒·阿齐兹·萨利姆:《阿拉伯史:从伊斯兰教的兴起到倭马亚王朝的衰落》,第11页。

④ Ali Khan,M., *Muhammad the Final Messenger*, p.17.

第一章　伊斯兰文明的诞生

大约在帕尔米拉国消失的同时,加萨尼部落和莱赫米部落相继出现于阿拉伯半岛北部和东北部的沙漠边缘,并且逐渐发展为定居区域与游牧群体之间的重要政治存在和拜占廷帝国与波斯帝国之间的缓冲势力。加萨尼部落属于南方阿拉伯人的分支,公元3世纪末离开也门,迁至叙利亚南部的豪兰和巴尔加一带,建立国家。加萨尼国似乎没有固定的都城,查比叶和吉里格曾经是加萨尼国的政治中心。从4世纪开始,加萨尼人逐渐放弃多神崇拜的原始宗教,改信基督教的分支一性派,成为拜占廷帝国的附庸,是为"罗马阿拉伯人"①。加萨尼人的第一位可信的国王,名为哈里斯·查白拉(529—569年),希腊人称之为阿利塔斯。529年,拜占廷皇帝查士丁尼赐封哈里斯·查白拉以"菲拉尔赫"(意为首领)和"帕特里齐亚"(意为贵族)的称号。② 544年,莱赫米国王孟迪尔三世俘获哈里斯·查白拉之子,并将其作为祭品供献于女神欧萨。十年以后,哈里斯·查白拉率加萨尼人在叙利亚北部的基奈斯林大败莱赫米人,斩杀莱赫米国王孟迪尔三世。③ 563年,哈里斯·查白拉前往君士坦丁堡谒见查士丁尼,获准任命爱德萨的基督教一性派传教士雅各·伯拉德伊斯作为叙利亚地区阿拉伯人的主教。此后,基督教一性派常被称作雅各派。哈里斯·查白拉死后,其子孟迪尔继任加萨尼国王。580年,加萨尼人再度击败莱赫米人,甚至攻占莱赫米国都城希拉。同年,孟迪尔前往君士坦丁堡,接受拜占廷皇帝提比留二世的加冕。然而,拜占廷帝国对加萨尼人素有戒心。582年,孟迪尔被拜占廷皇帝设谋拘捕,囚禁于西西里岛。孟迪尔之子努尔曼起兵反叛,亦身陷图圄。613—614年,波斯帝国发动反击,攻陷叙利亚诸地,加萨尼国遭到致命的打击,从此一蹶不振。④ 加萨尼国的末代国王查白拉·艾伊罕曾经追随拜占廷亲王希奥多洛斯,于636年在雅姆克河战役中与穆斯林兵戎相见。穆斯林征服叙利亚以后,查白拉·艾伊罕皈依伊斯兰教。⑤

莱赫米人与加萨尼人同为南方阿拉伯人的分支。3世纪初,莱赫米人离开也门,迁至幼发拉底河西岸,依附于波斯帝国,是为"波斯阿拉伯人"⑥。幼发拉底河流域土地肥沃,物产丰富,并且受到波斯文化的广泛影响。240年,莱赫米部落的首领阿姆尔·阿迪接受波斯皇帝沙普尔一世的册封,成为幼发拉底河流

① Grunebaum,G. E., *Classical Islam*, p. 17.

② O'Leary,L., *Arabia before Muhammed*, p. 164.

③ 同上,p. 165。

④ 同上,p. 166。

⑤ Levy,R., *The Social Structure of Islam*, Cambridge 1965, pp. 55-56.

⑥ Grunebaum,G. E., *Classical Islam*, p. 18.

域阿拉伯人的统治者。"希拉"一词本意为帐篷,后来演变为城市,莱赫米人便都于此处。波斯帝国曾经将大量的拜占廷战俘安置在幼发拉底河流域;莱赫米人移入以后,与这些拜占廷战俘的后裔交往较为频繁,于是逐渐放弃多神崇拜的原始宗教,改奉基督教的分支聂斯脱里派。然而,莱赫米人的王室成员或许出于政治利益的缘故,依旧保持原有的信仰。波斯皇帝叶兹德吉尔德一世(399—420 年在位)曾经遣其长子巴赫兰·古尔在希拉居住多年,以便学习猎艺和享受那里的温和气候。[1] 莱赫米国王努尔曼一世(400—418 年在位)曾在希拉附近营建宫堡,名为哈瓦尔纳克,供巴赫兰·古尔居住。418 年孟迪尔一世(418—462 年在位)出任莱赫米国王以后,被波斯皇帝赐封以"给叶兹德吉尔德增添欢乐者"和"最伟大者"的称号。6 世纪初,莱赫米人日渐强盛,与加萨尼国屡屡交锋,孟迪尔三世(505—554 年在位)当政时期甚至兵抵安条克城下。[2] 602 年,波斯皇帝胡斯洛二世在泰西封处死莱赫米国王努尔曼三世(580—602 年在位),并且剥夺莱赫米人出任国王的权利,任命泰伊部落首领伊雅斯取而代之。[3] 614 年伊雅斯死后,幼发拉底河流域的阿拉伯人改由波斯总督扎迪亚直接治理。[4] 努尔曼三世是莱赫米人中唯一信奉基督教的国王,他的妻子杏德曾经在希拉建立一处基督教修道院,名为杏德修道院,直至倭马亚王朝时期依然存在。[5]

公元以后,南方阿拉伯人的另外一支肯德部落离开祖居的家园,自哈德拉毛西部向北移动,进入纳季德高原。肯德部落似乎与希米叶尔人具有某种程度的亲缘关系,相传肯德部落的首领侯吉尔是希米叶尔国王哈萨尼的异母兄弟。480 年,侯吉尔接受哈萨尼的册封,成为阿拉伯半岛中部诸地的统治者,从而初步开创了肯德国家的基业。侯吉尔的孙子哈里斯·阿姆尔是颇为著名的肯德国王,一度击败莱赫米人,攻占希拉。同时,哈里斯·阿姆尔似乎将肯德人的都城迁至幼发拉底河畔的安巴尔。529 年,莱赫米国王孟迪尔三世发动反攻,收复希拉,哈里斯·阿姆尔兵败身亡,肯德人损失惨重。哈里斯·阿姆尔死后,诸子争权夺位,相互倾轧,肯德人内部分裂,国家灭亡,肯德部落的残余人口退回哈德拉毛。相传,肯德部落的著名诗人伊姆鲁·凯斯曾经跋涉千里,来到君士坦丁堡,乞求拜占廷皇帝查士丁尼帮助肯德人恢复国家,未能如愿。大约在 540

---

① O'Leary,L. , *Arabia before Muhammed* , p. 158.

② 同上, p. 160。

③ Ali Khan,M. , *Muhammad the Final Messenger* , p. 18.

④ O'Leary,L. , *Arabia before Muhammed* , p. 161.

⑤ P. 希提:《阿拉伯通史》,第 93—96 页。

年,伊姆鲁·凯斯在返乡途中,被查士丁尼遣使杀害。①

查希里叶时代

正如基督徒通常将耶稣基督的诞生作为划分人类历史进程的标志性事件,穆斯林亦将人类历史的进程划分为查希里叶时代和伊斯兰教诞生以来的时代。②"查希里叶"一词在阿拉伯语中意为无知。《古兰经》中曾经四次提到查希里叶时代,特指缺乏真正信仰的时期,用以区别其后的伊斯兰时代。③广义上的查希里叶时代,泛指从人类的始祖阿丹(即亚当)至先知穆罕默德奉安拉的使命传布启示的历史阶段。此处所说的查希里叶时代属于狭义的范畴,即伊斯兰教诞生前的百余年间,而查希里叶时代的阿拉伯人,在狭义上仅指生活在希贾兹和纳季德一带的北方阿拉伯人。

查希里叶时代的阿拉伯人处于原始社会的野蛮状态,血缘因素是维系社会成员的基本纽带,血缘组织决定社会成员的群体归属。阿拉伯人依据血缘关系的亲疏组成不同层次的社会群体,部落(qabilah)和氏族(qawm)是血缘群体的两种主要表现形式。阿拉伯人如若出自同一祖先,或者自认为是出自同一祖先,便会组成同一部落。每个部落包括若干氏族。例如,哈尼法部落包括阿米尔氏族、杜勒氏族、阿迪氏族等,其中哈尼法被视作该部落所有成员的共同祖先,阿米尔、杜勒、阿迪等则被视作各个民族成员的亚祖先。又如,舍伊班部落包括阿布·拉比尔氏族、穆哈里姆氏族、穆拉氏族等,其中舍伊班被视作该部落所有成员的共同祖先,阿布·拉比尔、穆哈里姆、穆拉等则被视作各个氏族成员的亚祖先。氏族之下是结构松散的家庭。"血缘的纽带决定家庭在氏族中的地位,决定氏族在部落中的地位,决定部落与部落之间的关系。"④

"在贝都因人中,每一顶帐篷组成一个家庭,每一处宿营地组成一个氏族,若干处宿营地组成一个部落。"⑤部落犹如一个小的国家,拥有相对稳定的活动区域。部落成员遵循传统的习俗,保卫水源和牧场是部落成员的共同职责。⑥"无论在绿洲还是在旷野,个人被视作其所属部落的成员。只有在部落之中,并

① P. 希提:《阿拉伯通史》,第 98—99 页。

② Lindsay, J. E. , *Daily Life in the Medieval Islamic World* , pp. 33-34.

③ 《古兰经》,3:154,5:50,33:33,48:26。

④ Lindsay, J. E. , *Daily Life in the Medieval Islamic World* , p. 46.

⑤ 穆罕默德·穆斯塔法·齐亚德:《阿拉伯世界的历史与文明:古代与伊斯兰时代》,第 121 页。

⑥ 赛义德·阿卜杜勒·阿齐兹·萨利姆:《阿拉伯史:从伊斯兰教的兴起到倭马亚王朝的衰落》,第 18 页。

且只有通过部落的形式，个人才有可能生存和获得保护……血亲复仇是约束部落之间暴力冲突的唯一手段。"[①]在游牧地区，部落具有明显的排他性，血缘关系根深蒂固，几乎构成联结部落成员的唯一纽带。至于定居地区，则存在不同程度的非血缘关系抑或地域关系；不同部落成员之间的通婚以及一个部落的成员依附于其他部落，是导致地域关系的主要原因。[②] 另一方面，部落成员由于人数众多，分布广泛，相互之间的联系不甚密切。同一部落的各个氏族往往只是在炎热的旱季聚首一处，待雨季来临，便分头迁至各自的牧场。相比之下，氏族成员相互之间亲缘关系密切，同居一处，更具完整意义，是阿拉伯血缘社会的核心单位。古莱西部落入主麦加以后，曾经以氏族为单位划分成"内古莱西人"和"外古莱西人"。先知穆罕默德早年，麦加出现的所谓香料集团和联盟集团，亦建立在氏族组合的基础之上。另据徙志初年的"麦地那宪章"，奥斯部落和哈兹拉只部落的成员以及来自麦加的迁士，皆以氏族为单位加入温麦。

人口的增长往往导致原有部落的分裂，进而形成所谓的亲缘部落。哈尼法部落和舍伊班部落曾经同属巴克尔部落，两个部落的成员均系巴克尔的后裔，至伊斯兰教诞生前夕，哈尼法人定居在叶麻麦一带，从事农耕，舍伊班人游牧于半岛东侧，追逐水草，分别形成各自的部落，而原有的巴克尔部落逐渐失去实际意义。因此，阿拉伯人的部落并非血缘联系的极限，许多部落在数代之前往往属于同一部落。根据摩尔根的《古代社会》，氏族的外婚制与部落的内婚制构成北美易洛魁人血缘社会的基础。然而，查希里叶时代的阿拉伯人尽管处于血缘社会的状态，但其婚姻形式与易洛魁人差异甚大，氏族部落的层次和界限往往模糊不清。

公有制财产关系是原始社会的重要标志，血缘群体对于土地的共同支配权构成氏族部落制度的基础。"每一个单个的人，只有作为这个共同体的一个肢体，作为这个共同体的成员，才能把自己看成所有者或占有者。"[③]在查希里叶时代的阿拉伯半岛，牧场和耕地是土地利用的基本形式；血缘群体的土地所有权，来源于其占有土地的现实状态。贝都因人的牧场称作"希玛"，阿拉伯语中意为保护或排他性的独占。氏族部落各有自己的希玛，属于其全体成员的共同财产。定居区域的某些公地亦称希玛，用于牧养牲畜。氏族部落将各自的希玛视作保护地，享有排他性的独占权，外来者及其牲畜不得入内。保卫各自的希玛

① Grunebaum,G. E., *Classical Islam*, pp. 14-15.

② 赛义德·阿卜杜勒·阿齐兹·萨利姆:《阿拉伯史:从伊斯兰教的兴起到倭马亚王朝的衰落》，第19页。

③ 《马克思恩格斯全集》，人民出版社 1973 年，第 46 卷，第 472 页。

不受侵犯,是氏族部落全体成员的共同责任。希玛的争夺,往往导致血缘群体之间的激烈厮杀。著名的白苏斯战争,便起因于塔格里布部落侵夺巴克尔部落之希玛的行为。即使在绿洲农居的条件下,土地亦大都属于氏族部落全体成员的共同财产,定居者往往处于集体耕种的农作状态。[①] 在徒志前夕的叶斯里卜,奥斯部落和哈兹拉只部落的各个氏族构成土地占有的基本单位,贾赫加巴氏族与萨利姆氏族、阿姆尔·奥夫氏族与哈里斯氏族、沃依勒氏族与麦金氏族、阿卜杜勒·阿什尔勒氏族与哈礼萨氏族、巴亚氏族与祖拉克氏族皆曾由于争夺耕地而激烈厮杀。[②] 特定的自然环境和生活方式明显排斥着个人对于土地的支配权力,私有土地的概念尚未形成。

氏族部落的首领称作"舍赫",阿拉伯语中意为长者。德高望重、仗义疏财和勇敢善战是出任舍赫的首要条件,根据传统习俗仲裁纠纷、寻找牧场和保护水源是舍赫的基本职责。[③] 舍赫只能代表氏族部落的公众意志,并无强制性的个人权力,不得独断专行和随意惩处其他成员。[④]"他遵循而不是引导部落的意见;他既不能强行摊派任务,也不能对其他人施加刑罚"[⑤]。当然,强有力的舍赫有时也会影响和改变公众意志。与氏族部落的其他成员相比,舍赫的出任意味着承担更多的社会义务。作为补偿,舍赫在分配战利品时享有特殊的份额,通常是全部战利品的五分之一或四分之一。[⑥] 另外,舍赫还可以在宿营时优先选择其帐篷的位置,等等。在某些地区,舍赫往往出自身世高贵的所谓舍赫家族,舍赫的职位甚至存在父子相袭的现象。然而,氏族部落全体成员的拥戴无疑构成确定舍赫人选的必要条件。阿拉伯人具有浓厚的平等观念,在诸多方面仅仅将舍赫视作他们当中的普通一员,而严格区分舍赫与马立克(君王),后者只被用来称呼外族的统治者。氏族部落的长老会议称作"麦吉里斯",行使协商的职责。[⑦] 祖先遗留的传统习俗称作"逊奈",是规范阿拉伯人社会行为的基本准则,麦吉里斯构成逊奈的外在形式。背离逊奈被视作极大的罪过,并将受到严厉的惩处。[⑧]

---

① Engineer, A. A., *The Origin and Development of Islam*, Bombay 1980, p. 33.

② Al-Baladhuri, *Kitab al-Buldan*, New York 1968, pp. 16-17.

③ 赛义德·阿卜杜勒·阿齐兹·萨利姆:《阿拉伯史:从伊斯兰教的兴起到倭马亚王朝的衰落》,第20页。

④ 穆罕默德·穆斯塔法·齐亚德:《阿拉伯世界的历史与文明:古代与伊斯兰时代》,第121页。

⑤ B. 路易斯:《历史上的阿拉伯人》,马贤等译,中国社会科学出版社1979年,第26页。

⑥ Grunebaum, G. E., *Classical Islam*, p. 15.

⑦ 赛义德·阿卜杜勒·阿齐兹·萨利姆:《阿拉伯史:从伊斯兰教的兴起到倭马亚王朝的衰落》,第20页。

⑧ 穆罕默德·穆斯塔法·齐亚德:《阿拉伯世界的历史与文明:古代与伊斯兰时代》,第121页。

松散的婚姻关系是氏族部落制度的外在形式。在查希里叶时代的阿拉伯半岛，男女之间的婚姻行为往往缺乏明确的限制，一名男子可以娶任意数量的女子为妻，若干男子同娶一女为妻的现象亦比比皆是。许多地区存在族内婚姻的习俗，男子常在父亲死后超越辈分的界限而娶继母为妻。① 《古兰经》曾经提及这种行为并予以禁止："你们不要娶你们的父亲娶过的妇女，但以往的不受惩罚。这确是一件丑事，确是一种可恨的行为，这种习俗真恶劣。"② 至于男子娶亲生母亲为妻的行为，则与习俗不符。③ 族内婚姻的另一种形式，是同族男女互为夫妻。据《乐府诗集》记载，一阿拉伯人曾因其女儿不肯嫁与同族兄弟而说道："他是你叔父的儿子，是所有的男人中最有资格娶你为妻的人。"④ 在叶斯里卜，奥斯部落与哈兹拉只部落的许多男女便曾互为夫妻。婚姻行为有时超越部落的界限；先知穆罕默德的曾祖父哈希姆系麦加古莱西部落的显贵，哈希姆之妻赛勒玛却来自叶斯里卜的哈兹拉只部落。⑤

由于自然环境和生活方式的差异，阿拉伯人氏族部落的内部结构不尽相同，婚姻形式亦多种多样，一些地区尚保留母系婚姻的痕迹。⑥ 在叶斯里卜，奥斯部落和哈兹拉只部落的成员被视作共同的女性祖先凯拉的后裔，穆阿德、穆阿维德和奥夫兄弟三人皆因其生母名为阿芙拉而名为穆阿德·乌姆·阿芙拉、穆阿维德·乌姆·阿芙拉和奥夫·乌姆·阿芙拉。⑦ "乌姆"一词在阿拉伯语中意为母亲；穆阿德·乌姆·阿芙拉即"名为阿芙拉的女子所占之子穆阿德"，穆阿维德·乌姆·阿芙拉即"名为阿芙拉的女子所占之子穆阿维德"，奥夫·乌姆·阿芙拉即"名为阿芙拉的女子所占之子奥夫"。哈里发欧默尔亦曾提及麦加与麦地那的婚俗差异："在古莱西部落，男人支配女人，而在麦地那，辅士却被他们的女人支配。"⑧ 先知穆罕默德曾经针对上述情形颁布如下启示："你们应当以他们的父亲的姓氏称呼他们，在安拉看来，这是更公平的。如果你们不知道他们的父亲是谁，那么，他们是你们的教胞和亲友。"⑨ 相比之下，父系婚姻似乎在更多的地区广泛存在。"在前伊斯兰时代的阿拉伯社会，家庭的基本单位是父系的氏族，同一氏族的成员源于共同的男性祖先，年长的男性成员是氏族家

① Levy,R., *The Social Structure of Islam*, p. 100, p. 103.

② 《古兰经》,4:22。

③ 《古兰经》,33:4。

④ Levy,R., *The Social Structure of Islam*, p. 102.

⑤ Grunebaum,G. E., *Classical Islam*, p. 15.

⑥ Lindsay,J. E., *Daily Life in the Medieval Islamic World*, p. 179.

⑦ Ibn Khaldun,*The Muqaddimah*,Princeton 1980,vol. 2, p. 264.

⑧ Watt,W. M., *Muhammed at Medina*,Oxford 1956, p. 378.

⑨ 《古兰经》,33:5。

庭的首领。父系的氏族是由几代人组成的大家庭……女性处于从属于男性的地位。"①氏族部落及其成员大都遵循男性祖先的谱系,权力的继承和身世的背景尤其体现了父系的原则。② 在麦加,古莱西部落的首领库赛伊死后,其子阿卜杜勒·达尔承袭父职;渗渗泉的监护者舍姆斯死后,其胞弟哈希姆和穆塔里布以及哈希姆之子阿卜杜勒·穆塔里布相继行使渗渗泉的监护权。③ 父系原则的另一体现,是血亲复仇的行为,在著名的白苏斯战争中,塔格里布部落首领库莱布之子曾经替父报仇,杀死自己的舅父贾萨斯。④ 无论是残存的母系婚姻还是日渐流行的父系婚姻,结为夫妻的男女双方皆属各自的氏族部落,夫妻均不得支配对方的财物或者继承对方的遗产。婚姻关系的松散状态和群婚的倾向,排斥着个体家庭的社会功能。

　　豪侠和慷慨是阿拉伯人伦理道德观念的最高境界。然而,原始社会的野蛮历史条件,决定了阿拉伯人的狭隘观念。在查希里叶时代的阿拉伯社会,个人不可能成为真正意义的独立个体,只能表现为血缘群体的"肢体"。个人与其所属的血缘群体同在,个人的命运与其氏族部落的命运息息相关。每个人仅仅顺从和忠实于自己的氏族部落,而往往将其他的部落视作仇敌。氏族部落的首要任务便是保护各自的成员,部落之间通常处于相互对立的状态。一个阿拉伯人如果在其所属部落的范围之外遭到攻击,便会被视作是整个部落的耻辱;部落的全体成员有义务为受害者雪耻复仇,至于是非曲直,则可一概不论。交战时舍身陷阵,获利时廉洁不取,便是豪侠之士,倍受拥戴。交战双方为了维护各自的荣誉,皆不甘示弱,使相互仇杀的行为往往延续数代之久。丧失氏族部落的保护意味着莫大的危险,甚至面临死亡的威胁。解除血缘关系而使之成为"不受保护的人",则是血缘群体制裁其成员的极端方式。此时,所谓阿拉伯人的民族意识尚不存在,至于阿拉伯民族的觉醒更是无从谈起。阿拉伯人有时也会表现出极度的慷慨,对于走进自己帐篷里的异乡者和生活拮据的贫困者解囊相助,直至奉献出最后的一只骆驼。阿拉伯人还常常以自己纯洁的血统和高贵的血统为骄傲,尤其珍视荣誉和尊严。遇到个人的尊严或部落的荣誉被损害时,立刻拔剑而起,牺牲性命也在所不惜。阿拉伯人的这种习俗直至今日似乎仍依稀可见。

　　查希里叶时代,部落之间的对立状态,制约着阿拉伯人的相互交往。不同

---

① Lapidus,M. A. , *A History of Islamic Societies* ,Cambridge 1988 , p. 29.

② Watt,W. M. , *Muhammed's Mecca* ,Edinburgh 1988 , p. 15.

③ Ali,A. , *A Short History of the Saracens, from the Earliest Times to the Destruction of Baghdad* , New Delhi 1977 ,p. 6.

④ Watt,W. M. , *Muhammed at Medina* , p. 374.

的部落在语言方面存在着明显的差异,词汇和语调不尽相同,日常用语尤其如此。然而,阿拉伯人具有卓越的语言天赋。一则阿拉伯谚语说:"人的优美,在他的口才之中。"另一则阿拉伯谚语说:"智慧寓于三件事物之中:法兰克人的头,中国人的手,阿拉伯人的舌头。"①阿拉伯人酷爱诗歌,在查希里叶时代,诗歌是最重要的文学形式,也是语言艺术的集中表现。诗歌在阿拉伯语中本意为知晓,诗人则被视作知识渊博的人。每个部落都有自己的诗人,诗人熟知部落的宗谱和往日的荣辱,他们的职责是夸耀自己的部落、凭吊死者和攻击敌人。铿锵有力的诗句足以唤醒和激励整个部落,诗人的才华则象征着部落的强盛。部落的争斗为诗人施展自己的才华提供了绝好的机会,相互交锋不仅在于战场的厮杀,诗人之间唇枪舌剑的诅咒讥讽更是令人生畏的攻击形式。② 阿拉伯人的《乐府诗集》曾经收录如下的诗句:"谁敢与我的部族抗衡,它有众多的人民,还有杰出的战士和诗人。"阿拉伯人还常在欧卡兹集市期间举行诗歌竞赛,获胜的诗句被记述于麦加克尔白神殿的墙壁之上,称作悬诗。③ 七篇悬诗流传至今,代表了查希里叶时代阿拉伯诗歌艺术的最高成就。因此,诗歌不同于各个部落所操的日常用语,而是超越了部落的界限,成为广为人知和沟通各个部落的通用语言形式。

"阿拉伯人的日子"

阿拉伯半岛虽然幅员辽阔,却十分贫瘠,沙漠荒原覆盖着绝大部分地表,植被稀少,牧场有限,绿洲寥寥无几,生活资源极度匮乏,无力负担过多的人口。因此,人口的增长或持续的干旱,往往迫使阿拉伯人离开祖居的家园,去寻找新的生存空间。至迟从公元前 3500 年开始,阿拉伯人便自半岛向周围地区迁徙,移入两河流域、叙利亚和埃及一带。此后,人口迁徙的浪潮接连不断,构成半岛生态环境的平衡得以维持的基本方式。阿拉伯人的迁徙表现为复杂的过程。"在某些时候,如'移民之年',他们暂避于埃及或叙利亚;或当旱灾持续的时候,他们移入伊拉克或法尔斯,从波斯人那里获取椰枣和谷物,然后重返自己的故乡,以免遭受外族的欺凌。"④但是,相当数量的阿拉伯人并未返回半岛,而留居于新的家园。

---

① 穆罕默德·穆斯塔法·齐亚德:《阿拉伯世界的历史与文明:古代与伊斯兰时代》,第 143 页。

② 赛义德·阿卜杜勒·阿齐兹·萨利姆:《阿拉伯史:从伊斯兰教的兴起到倭马亚王朝的衰落》,第 20 页。

③ 穆罕默德·穆斯塔法·齐亚德:《阿拉伯世界的历史与文明:古代与伊斯兰时代》,第 145 页。

④ Jaydan,J.,*History of Islamic Civilization*,New Delhi 1978,p.54.

公元以后,阿拉伯半岛南部的过境贸易渐趋衰落,许多部落相继离乡出走,迁往北方。其中,胡扎尔部落移入希贾兹南部的麦加附近,侯宰姆部落经希贾兹南部移入纳季德高原,泰姆部落和塔努赫部落经纳季德高原移入幼发拉底河流域,莱赫米部落和肯德部落移入哈德拉毛和鲁卜哈利东侧直至幼发拉底河西岸,欧兹拉部落、巴利部落、凯勒卜部落和加萨尼部落经希贾兹移入叙利亚沙漠。半岛南部诸部落向北方迁徙的浪潮,导致半岛内陆人口的相应移动,阿卜杜勒·凯斯部落自希贾兹移入巴林一带,塔格里布部落自纳季德高原移至半岛东北部,伊亚德部落、纳米尔部落和凯斯部落分别自纳季德、叶麻麦和希贾兹移入幼发拉底河流域。阿拉伯人的迁徙,严重威胁了半岛周边区域的社会生活。拜占廷帝国和波斯萨珊王朝遂分别册封加萨尼部落和莱赫米部落作为各自的藩属,在叙利亚南部和幼发拉底河西岸构筑起遏制半岛移民浪潮冲击的有效屏障。6 世纪,埃塞俄比亚人和波斯人相继攻入阿拉伯半岛南部,也门一带屡遭战祸,经济衰退,尤其是阿布拉哈统治期间马里卜水坝的坍塌给该地区农业生活带来灾难性的影响,土著部落被迫放弃耕作,流离四散,涌向北方。然而,拜占廷和波斯皆以强大的军事力量阻止阿拉伯人向其辖地的迁徙,加萨尼人和莱赫米人亦分别依靠两大帝国的支持遏制来自半岛的移民浪潮。半岛周边区域的政治存在,改变了阿拉伯人的传统流向。相对稠密的人口无路可走,拥挤在半岛内极其有限的牧场和绿洲,挣扎于恶劣的环境和死亡的边缘。

伊斯兰教诞生前夕的阿拉伯诗歌常常将所谓的查希里叶时代称作"阿拉伯人的日子",这是阿拉伯历史上的英雄时代。劫掠和仇杀原本是野蛮状态下的一种常见现象。在"阿拉伯人的日子",相互劫掠连绵不断,血族厮杀旷日持久,构成这个时代十分突出的历史内容。"部落之间的矛盾往往开始于少数人的冲突,逐渐演变为整个部落的厮杀,直至延续数年之久。"[①]部落战争遍及整个半岛,数量不可胜计,规模不尽相同。白苏斯战争是"阿拉伯人的日子"中最著名的战争,大约在 5 世纪末发生于半岛东北部的贝都因人巴克尔部落与塔格里布部落之间。根据传统的部落宗谱,巴克尔部落与塔格里布部落具有共同的祖先,均称自己是沃侬勒的子孙。导致这场战争的起因是一只母驼,这只母驼是巴克尔部落中一个名叫白苏斯的女人的财产,塔格里布部落的首领射杀了这只母驼,闯下了祸端。伯克尔部落兴师问罪,塔格里布部落亦不甘示弱,双方大动干戈,诗人们则极尽所能地推波助澜。两个部落相互厮杀长达四十余年,直至双方精疲力竭之时,于 525 年由莱赫米国王孟迪尔三世从中调解,结束战争。巴克尔部落的首领贾萨斯·穆拉和塔格里布部落的首领凯里卜·拉比尔以及

---

① 穆罕默德·穆斯塔法·齐亚德:《阿拉伯世界的历史与文明:古代与伊斯兰时代》,第 122 页。

他的弟弟穆海勒希勒由于在这场战争中表现十分勇敢,成为倍受称颂的传奇人物。[1] "阿拉伯人的日子"中另一场颇为著名的战争,是达希斯和加卜拉战争。这场战争于 6 世纪末至 7 世纪初发生在半岛中部的贝都因人阿布斯部落与祖布彦部落之间。如同巴克尔部落与塔格里布部落一样,阿布斯部落与祖布彦部落亦有共同的祖先,均称自己是盖特方的子孙。这场战争起因于一次赛马活动。阿布斯部落的首领有一匹公马,名为达希斯,祖布彦部落的首领有一匹母马,名为加卜拉,两马赛跑,达希斯获胜,祖布彦部落不服,从而引发争端。达希斯和加卜拉战争延续数年之久,直到伊斯兰教诞生时仍未结束。这场战争中的著名人物安泰莱原为奴隶,获得自由以后成为英勇的战士和杰出的诗人,其与情人阿卜莱相爱的诗句曾被悬记在麦加克尔白神殿的墙壁之上,成为流传百世的佳作。[2] 575—590 年,贝都因人海瓦精部落联合塔伊夫绿洲的定居者萨奇夫部落,与麦加的古莱西部落以及贝都因人基纳奈部落之间发生战争。相传,莱赫米国王努尔曼·孟迪尔欲派商队前往欧卡兹集市,并寻找阿拉伯人护送商队进入半岛,基纳奈部落的白拉德·加伊斯与海瓦精部落的乌尔韦·莱哈勒为此发生争执,白拉德·加伊斯杀死了乌尔韦·莱哈勒,导致双方的战争。这场战争由于双方曾经在所谓的禁月相互仇杀,并且践踏了麦加作为宗教圣地的尊严,被称作"罪恶的战争",亦称"菲加尔战争"("菲加尔"一词在阿拉伯语中意为违背和无耻)。[3] 在希贾兹北部的叶斯里卜绿洲,阿拉伯人奥斯部落与哈兹拉只部落尽管出自同宗,均称自己是凯拉的后裔,却长期处于对立和仇杀的状态,直至 7 世纪初达到高潮。在 617 年发生的布阿斯之战中,奥斯部落与哈兹拉只部落的所有氏族以及定居于叶斯里卜的犹太人纳迪尔部落、凯努卡部落、古莱宰部落和贝都因人朱海纳部落、穆宰纳部落皆卷入厮杀,交战双方损失惨重。[4]

　　许多研究者将这一时期的上述历史内容仅仅归结为阿拉伯人的野蛮和愚昧,将劫掠和仇杀视作阿拉伯人根深蒂固的陋习。然而,实际情况远非如此。从表面上看,部落的争斗往往只是起因于某些微不足道的偶然事件。但是,偶然现象并非孤立的存在,偶然与必然之间无疑具有密切相关而不可分割的内在联系,诸多偶然现象的背后隐含着某种必然的趋向。在"阿拉伯人的日子",部落战争大都具有复杂深刻的社会经济背景,争夺有限的生活资源和必要的生存空间构成部落间相互攻杀的核心内容。劫掠牲畜、抢夺水源和占据牧场耕地的

①　哈桑·穆阿尼斯:《古代中世纪的阿拉伯国家与文明》,第 116 页。
②　穆罕默德·穆斯塔法·齐亚德:《阿拉伯世界的历史与文明:古代与伊斯兰时代》,第 124 页。
③　赛义德·阿卜杜勒·阿齐兹·萨利姆:《阿拉伯史:从伊斯兰教的兴起到倭马亚王朝的衰落》,第 46 页。
④　Watt,W. M.，*Muhammed at Medina*，pp. 157-158.

行为,使胜利者得以繁衍生息,亦会导致失败者面临饥饿的威胁直至整个部族灭绝的悲惨命运。频繁的劫掠和激烈的仇杀淘汰着无路可走的过剩人口,成为当时特定的历史条件下阿拉伯半岛生态平衡赖以维持的必要形式。部落战争既是这个时期半岛历史发展的客观结果,亦是这个时期阿拉伯人经济和社会生活中不可或缺的组成部分。连绵不断的劫掠和旷日持久的厮杀,标志着阿拉伯社会内部矛盾冲突的日趋尖锐。正是这种日趋尖锐的矛盾冲突,构成推动整个半岛自野蛮状态向文明时代转变的社会动因。"阿拉伯人的日子",意味着整个半岛已经接近文明时代的边缘。

麦加与古莱西部落

麦加位于希贾兹南部,地处也门至叙利亚的古代商路沿线,四周群山环抱,气候酷热干旱,荒凉不毛。[①] 在《古兰经》中,麦加被誉为"诸城之母"[②]。"麦加"一词,有人认为源于古代两河流域的巴比伦语,意指房屋,亦有人认为源于古代也门的赛伯邑语,意指神庙。克尔白是麦加的核心建筑,阿拉伯语中意为立方体或方形房屋,我国清代学者刘智在所著《天方典礼》一书中称之为天房。自远古以来,阿拉伯人将克尔白视作神灵的所在,朝拜克尔白的人流从半岛各地不断涌入麦加这处"没有庄稼的山谷"[③]。相传,人类的始祖阿丹和哈娃从天国来到尘世以后一度失散,后来重逢于麦加以东约 40 公里处的阿拉法特山;克尔白始建于阿丹和哈娃的时代,后来由于山洪泛滥而遭到毁坏;大约在四千年前,伊卜拉欣和他的儿子伊斯玛仪重建克尔白。[④] 据《古兰经》亦称,安拉"为伊卜拉欣指定天房的地址","伊卜拉欣和伊斯玛仪树起天房的基础","为世人而创设的最古的清真寺,确是在麦加的那所吉祥的天房"[⑤]。

通常认为,麦加不仅是古代阿拉伯人的宗教圣地,而且是古代希贾兹地区的贸易重镇。实际情况并非如此。古代的希贾兹曾经是沟通地中海世界与印度洋沿岸的重要贸易通道。然而,麦加与途经希贾兹的古代过境贸易究竟有何直接联系,历史文献并无明确记载。即使古典学者托勒密在所著《地理学》一书中提到的麦库拉巴便是麦加,也只能证明这里曾经是一处举行祭祀活动的场所

① 哈桑·穆阿尼斯:《古代中世纪的阿拉伯国家与文明》,第 119 页。

② 《古兰经》,6:92,42:7。

③ 《古兰经》,14:37。

④ 穆罕默德·穆斯塔法·齐亚德:《阿拉伯世界的历史与文明:古代与伊斯兰时代》,第 148 页。

⑤ 《古兰经》,22:26,2:127,3:96。

而已。① 相传,在易卜拉欣和伊斯马仪重建克尔白之后,来自也门的贝都因人朱尔胡姆部落移至麦加周围追逐水草,牧养牲畜,并且成为克尔白的监护者。大约在公元 3 世纪,来自也门的贝都因人胡扎尔部落将朱尔胡姆部落赶出麦加周围的牧场,成为克尔白新的监护者。②

公元 5 世纪中叶,来自帖哈麦的古莱西部落击败胡扎尔部落,占据麦加。③ 古莱西部落原本是贝都因人基纳奈部落的分支,根据阿拉伯半岛的宗谱传说,属于归化的阿拉伯人,系阿德南的后裔。④ "古莱西"一词本意是聚敛财富。据《阿拉伯大辞书》解释:"称他们为古莱西人,是因为他们从事商业,没有从事畜牧和农业。"古莱西部落初入麦加的时候,部落首领库赛伊·凯拉卜·穆拉(约398—480 年)重新修筑克尔白,并且建起一处名为"达尔·奈得瓦"的议事厅。⑤ 库赛伊时期,古莱西部落大体上分为两个群体。哈希姆氏族等十个氏族分布在与克尔白相邻的地带,用石块建造住所,参与克尔白的监护和管理,经营朝圣之余的贸易活动,称为"内古莱西人"。古莱西部落的其余氏族分布在距克尔白较远的区域,追逐水草,牧养牲畜,称为"外古莱西人"⑥。尽管如此,古莱西人保留着完整的部落组织,氏族之间联系密切,共同崇奉克尔白的祭祀习俗构成维系古莱西部落的宗教基础。经营朝圣贸易是古莱西人入主麦加后的重要经济活动,亦有相当数量的古莱西人仍在不同程度上处于游牧状态。"内古莱西人"与"外古莱西人"的区分,似乎反映出麦加当时经济活动和生活方式的差异。H.肯尼迪由此认为:"麦加作为圣地由来已久,但是作为城市却非久远……古莱西时代的初期,麦加的大多数人仍然从事游牧活动,依靠畜群维持生计。"⑦

古莱西部落入主麦加以后,阿拉伯半岛周围的政治形势发生了明显的变化。自 6 世纪初开始,拜占廷帝国与波斯帝国频繁交战,两河流域和叙利亚成为双方厮杀的主要战场,连接波斯湾沿岸与地中海世界的国际商路几近中断。与此同时,拜占廷帝国在埃及的统治急剧衰落,无力继续控制红海水域,海盗随之四起。575 年,波斯军队击败拜占廷帝国的盟友埃塞俄比亚人,攻占也门,切断埃及商船经红海进入印度洋的通道。希贾兹尽管坎坷难行,旅途艰辛,但是

① Grunebaum,G. E., *Classical Islam*, p. 19.

② 穆罕默德·穆斯塔法·齐亚德:《阿拉伯世界的历史与文明:古代与伊斯兰时代》,第 126 页。

③ 哈桑·穆阿尼斯:《古代中世纪的阿拉伯国家与文明》,第 120 页。

④ Ibn Khaldun, *The Muqaddimah*, vol. 2, p. 251.

⑤ 穆罕默德·穆斯塔法·齐亚德:《阿拉伯世界的历史与文明:古代与伊斯兰时代》,第 126 页。

⑥ Rodinson, M., *Muhammed*, New York 1977, p. 39.

⑦ Kennedy, H., *The Prophet and the Age of the Caliphate*, London 1986, p. 25.

毕竟远离两大帝国厮杀的战场,处于相对平静的状态。周边区域政治形势的变化,为阿拉伯人重新控制地中海与印度洋之间的过境贸易提供了有利的契机。途经希贾兹的古代商路在历经数百年的衰落之后再度兴起,希贾兹成为连接印度洋与地中海的陆路纽带和阿拉伯半岛最活跃的商业地区。麦加具有得天独厚的地理条件,南通也门,北达叙利亚,并可向东沿鲁卜哈利沙漠边缘至幼发拉底河下游,向西经舒艾卜港穿越红海进入东非。[①] "麦加命运的改变产生于区域贸易向过境贸易的转化,这一转化的实现归功于穆罕默德的曾祖父哈希姆。"[②]哈希姆时的古莱西人,与拜占廷帝国和波斯萨珊王朝以及埃塞俄比亚人建立良好的合作关系,获准在其辖地贩运货物。[③] 古莱西人还与商路沿途的游牧群体缔约结盟,旨在获取必要的向导和载货的骆驼,保证商旅驼队的畅通无阻。[④] 所谓的麦加联盟以古莱西部落为核心,包括阿拉伯半岛北部和中部的诸多游牧部落;长途转运贸易无疑是麦加联盟赖以维系的基础,贝都因人和古莱西部落分享转运贸易的丰厚收入。"麦加贸易的繁荣意味着加入联盟的贝都因人的繁荣,而麦加贸易的损失同时也是这些贝都因人的损失。"[⑤]

先知穆罕默德时代,麦加的贸易活动得到了广泛的发展,贩运货物取代牧养牲畜几乎提供了麦加全部人口的生计来源。麦加作为希贾兹的贸易枢纽吸引着来自半岛各地直至拜占廷和东非的众多商人,古莱西部落的商旅驼队频繁往返于定居地区与沙漠牧场之间。在北起叙利亚和埃及、南至也门、东迄哈德拉毛和幼发拉底河下游、西达埃塞俄比亚的广大地区,遍布着古莱西商人的足迹。哈希姆经营与叙利亚的贸易,舍姆斯经营与埃塞俄比亚的贸易,穆塔里布经营与也门的贸易,诺法勒经营与波斯的贸易,是最著名的麦加商人。[⑥] 古莱西人经营冬夏两季的贸易。冬季,古莱西人的商队前往南部的也门,将来自印度和埃塞俄比亚的商品运至希贾兹。夏季,古莱西人的商队前往叙利亚,将来自也门的商品运至加沙和布什拉等地的市场出售。[⑦]《古兰经》中曾经提及古莱西

---

① 穆罕默德·穆斯塔法·齐亚德:《阿拉伯世界的历史与文明:古代与伊斯兰时代》,第 135 页,第 125 页。

② Shaban, M. A., *Islamic History*, *A New Interpretation 600-750*, Cambridge 1971, p. 6.

③ 赛义德·阿卜杜勒·阿齐兹·萨利姆:《阿拉伯史:从伊斯兰教的兴起到倭马亚王朝的衰落》,第 14 页。

④ 哈桑·穆阿尼斯:《古代中世纪的阿拉伯国家与文明》,第 120 页。

⑤ Watt, W. M., *Muhammed at Mecca*, Oxford 1953, p. 10.

⑥ 穆罕默德·穆斯塔法·齐亚德:《阿拉伯世界的历史与文明:古代与伊斯兰时代》,第 135 页。

⑦ 赛义德·阿卜杜勒·阿齐兹·萨利姆:《阿拉伯史:从伊斯兰教的兴起到倭马亚王朝的衰落》,第 22 页。

人每年冬夏两季的旅行,而经商无疑是旅行的目的。^① 古莱西人经营的贸易,一方面是转运印度洋沿岸的各种物产销往地中海世界,另一方面则是从事定居地区与沙漠牧场之间的产品交易,两种贸易相辅相成,互为补充。根据散见于各处的文献资料记载,古莱西人在也门和埃塞俄比亚出售牲畜和皮革,换取乳香、没药、肉桂、胡椒、奴隶、黄金、象牙和各种珍禽异兽,沿希贾兹商路销往北方的定居地区,再将叙利亚和埃及的农产品和手工制品如谷物、葡萄干、酒、油、棉布、亚麻布、武器甲胄等运回半岛内陆的沙漠牧场;或者,他们将游牧地区出产的乳酪、毛皮和奶油直接运往北方,换取定居地区的各种产品。^② 古莱西人在贩运货物时似乎采取合股的形式,首先由各方投资入股,赢利后按股分成。商旅大都择固定的时日,结队而行,规模很大。624 年 3 月从北方的加沙返回麦加的古莱西人商队,内有一千余峰骆驼,载运的货物价值约 5 万第纳尔(金币)。^③"在经营贸易中,实际上每个成员都参加了,甚至妇女也与贩运的货物利益攸关。"^④

苏联学者托卡列夫认为:"公元 6 世纪,阿拉伯境内的商队贸易开始趋于衰落——这是因为商道东移至萨珊王朝的伊朗。这样一来,保持若干世纪之久的经济平衡不复存在。游牧者失去从商队运输中有所获的可能,遂转入定居,以务农为生。土地的需求增大,部落之间的冲突加剧。"^⑤这种看法显然与史实不符。伊斯兰教诞生前夕阿拉伯半岛经济生活的变化,并非商队贸易的衰落;相反,阿拉伯半岛的过境贸易在经历若干世纪的中断之后重新兴起。600 年前后的麦加"经历着从游牧经济向商业贸易的转变"^⑥。"麦加经历着从未有过的贸易繁荣"^⑦。正是麦加贸易的繁荣给古老的阿拉伯社会带来了新的活力,促使阿拉伯人告别原始的野蛮状态而步入文明的时代。

6 世纪到 7 世纪初的麦加处于原始社会的末期,氏族部落构成维系麦加社会成员的基本组织,父系制度占主导地位。"麦加的居民大都属于古莱西部落

① 《古兰经》,106:2。

② Crone,P. , *Mecca Trade and the Rise of Islam*, Oxford 1987,pp. 149-153.

③ Kremer, A. F. , *The Orient Under the Caliphs*, London 1923,p. 30.

④ O'Leary,L. , *Arabia before Muhammed*, p183.

⑤ 谢·亚·托卡列夫:《世界各民族历史上的宗教》,魏庆征译,中国社会科学出版社 1985 年,第591 页。

⑥ Watt,W. M. , *Muhammed's Mecca*, p. 81.

⑦ Donner,F. M. , *The Early Islamic Conquest*, p. 52.

的成员,属于同一祖先的后裔。"①。生活在麦加的外来居民,或者作为古莱西人的奴隶,或者以麦瓦利的身份依附于古莱西部落的各个氏族。麦加的古莱西人保留着传统的氏族部落组织;称作麦拉尔的长老会议由氏族首领组成,是麦加唯一的"权力机构"②。文献资料曾经提及麦加的所谓公共职位,如负责规定闰月的纳希,负责管理水源的希卡亚,负责在朝圣期间管理香客的里法达,古莱西人出征时的旗手里瓦。③ 然而,长老会议并无强制性的公共权力;各个氏族处于相对独立的地位,氏族内部事务不受长老会议的干涉。血缘关系深刻地影响着麦加古莱西人的社会生活,氏族部落构成维持公共秩序和保护人身安全的必要组织形式。

众所周知,氏族部落制度建立在原始公有制财产关系的基础之上,物质财富和生活资料的极度匮乏是这种制度赖以存在的前提条件。古莱西人入主麦加以后,客观环境渐趋改变。这种改变不仅在于定居的生活方式,更重要的是贸易的兴起。广泛的贸易活动深刻地改变着麦加的客观环境,物质财富源源不断地流入古莱西人的手中。《古兰经》麦加篇极力倡导净化财产和完纳天课,表明剩余财富在当时麦加的大量存在。④ 剩余财富的增长不断侵蚀着原始公有制的财产关系,成为滋生私有观念的沃土。先知穆罕默德的祖父阿卜杜勒·穆塔里布与其叔父诺法勒虽属同一氏族,却曾由于划分家产而发生争执;这种现象意味着私有制财产关系在当时的麦加业已萌生。另一方面,贸易活动不同于传统的畜牧业和农业,具有浓厚的个体倾向,明显排斥着血缘社会的群体性。人们在贸易活动中形成的社会组合往往超越血缘群体的狭隘界限,甚至哈希姆、穆塔里布、舍姆斯、诺法勒兄弟四人亦分别在不同的地区各自经商。⑤ 贸易所得的分配原则,大都不是根据血缘关系的亲疏,而是取决于个人的才能和贡献。而且,贸易活动风险颇大,收益极不稳定,人们无法在贸易活动的过程中长期维持相对平等的经济地位。"少数人的财富不断增多,同族的其他成员却日益贫困。然而,富有者不愿再像往昔那样与其他人分享自己的贸易所得。"⑥麦加贸易的勃兴,明显地助长了私有制的滋生,冲击着原始公有制的财产关系,从

① Holt,P. M., Lambton, A. K. S. & Lewis, B., *The Cambridge History of Islam*, vol. 1A, p. 34.

② 哈桑·穆阿尼斯:《古代中世纪的阿拉伯国家与文明》,第120页。

③ Watt,W. M., *Muhammed at Mecca*, p. 8.

④ 《古兰经》,51:19,53:34,92:5,92:18。

⑤ 赛义德·阿卜杜勒·阿齐兹·萨利姆:《阿拉伯史:从伊斯兰教的兴起到倭马亚王朝的衰落》,第15页。

⑥ Engineer, A. A., *The Origin and Development of Islam*, p. 44.

而加剧了古莱西部落内部的社会分化。

剩余财富的增长和私有制财产关系的出现，冲击着原始公有制的财产关系，从而导致古莱西部落内部的剧烈分化。古莱西部落的分化，首先出现于不同的氏族之间。古莱西部落入主麦加的初期，便已分裂为"内古莱西人"和"外古莱西人"。后来，"内古莱西人"又分裂为相互对立的两个集团：所谓的香料集团包括哈希姆氏族、泰姆氏族、舍姆斯氏族、阿萨德氏族、祖赫拉氏族，所谓的联盟集团包括麦赫朱姆氏族、萨赫姆氏族、朱麦赫氏族、阿迪氏族。[①] 其中，香料集团控制麦加唯一的水源渗渗泉，联盟集团控制克尔白神殿和古莱西部落的议事厅。[②] 至于"外古莱西人"，则处于麦加经济社会活动的边缘。6世纪中叶以后，古莱西部落各个氏族之间的社会分化渐趋加剧，贫富差异相当明显。一些氏族由于贸易的成功而积累了较多的财富，其在麦加的社会地位得到相应的提高；亦有一些氏族因贸易失利而减少了致富的机会，甚至濒临破产的边缘，其在麦加的社会地位随之下降。香料集团中的舍姆斯氏族和联盟集团中的麦赫朱姆氏族分别在经营叙利亚和也门的货物贩运中接连获利，财富剧增，进而在麦加占据举足轻重的地位；舍姆斯氏族的富商阿布·苏福彦和麦赫朱姆氏族的富商阿布·贾赫勒俨然成为全体麦加人的首领。相比之下，对于麦加贸易的兴起颇具贡献的哈希姆氏族，此时日渐式微，其在麦加的地位和影响远远不及舍姆斯氏族和麦赫朱姆氏族。在不断加剧的社会分化过程中，氏族之间形成新的组合。580年，原属香料集团的哈希姆氏族、祖赫拉氏族、阿萨德氏族、泰姆氏族与原属联盟集团的阿迪氏族组成公正者联盟，旨在联合经营长途贩运，共同对抗财力雄厚的舍姆斯氏族和麦赫朱姆氏族。[③]

先知穆罕默德时代，古莱西部落的社会分化演变为氏族内部的贫富差异。富人穷奢极欲，贫者苦不堪言。"富有的商人用来经商的资金最初大都是氏族全体成员的共同财富，但是他们与有利可图的别族商人合伙贩运，而抛弃了同族的亲人。"[④]哈希姆氏族的首领阿布·塔里布家境贫寒，甚至无力抚养自己的子女，而由其弟阿拔斯和先知穆罕默德分别照料。阿布·塔里布的兄弟阿布·拉哈布却因与麦赫朱姆氏族商人合股贩运，颇为富有；《古兰经》麦加篇曾经提及此人，称其为"焰父"[⑤]。阿拔斯亦是当时麦加的著名富商，人们形容他的财产"分散在大众之中"（即放高利贷）。麦加商人穆塔里布·阿比·韦达尔曾经向

① Watt, W. M., *Muhammed at Mecca*, p. 5.

② Ali, A., *A Short History of the Saracens*, p. 6.

③ Engineer, A. A., *The Origin and Development of Islam*, p. 53.

④ Holt, P. M., Lambton, A. K. S. & Lewis, B., *The Cambridge History of Islam*, vol. 1A, p. 34.

⑤ 《古兰经》，111:1—4。

先知穆罕默德支付 4 万迪尔罕(银币),用来赎取于 624 年在巴德尔之战中被穆斯林俘虏的父亲。先知穆罕默德于 630 年征服麦加以后,向古莱西商人阿卜杜拉·阿比·拉比尔、胡韦塔布·阿卜杜勒·欧萨和萨福旺·欧默尔借款 14 万迪尔罕,分发给麦加的贫困者,每人平均得 50 迪尔罕。《古兰经》麦加篇多次提及富人排斥近戚贫人、欺凌孤儿弱者和拒绝履行传统义务的现象,屡屡抨击富人不择手段聚敛财富的行为,反映了贫富之间的深刻差异和激烈对抗。①

特定的经济活动决定着财产关系的变化,进而创造着相应的社会关系。贸易的勃兴不仅助长着私有制的滋生,而且冲击着氏族部落的传统秩序。贫富分化的加剧促使古莱西人内部血缘联系日渐松弛,不同的利益群体之间出现了血缘纽带无法沟通的堑壕。尖锐的社会矛盾不仅表现为氏族之间的对立,而且发展为氏族内部的激烈冲突。深刻的社会分化超越了传统秩序所能容纳的范围,古莱西人的氏族部落制度走到了尽头,麦加步入文明时代的物质条件日臻成熟。

前伊斯兰时代阿拉伯人的宗教习俗

在前伊斯兰时代的阿拉伯半岛,原始宗教占据统治地位,泛神思想和自然崇拜颇为盛行。阿拉伯人"敬事许多神灵"②,但是神灵的具体形象并不多见,亦无专门的祭司阶层。由于自然环境和生活方式的差异,阿拉伯人的原始宗教表现为不同的形式。在半岛南部的农业区域以及半岛北部边缘的皮特拉和塔德木尔,崇拜星辰是宗教生活的核心内容,月神被视作万神之首,日神是月神的配偶,其余天体则是月神与日神的子嗣。③ 米奈人将月神称作"阿斯台尔",赛伯邑人将月神称作"艾勒伊盖"。米奈人和赛伯邑人曾经建造许多华丽的庙宇,举行复杂的献祭仪式,而献祭的主要内容是在祭坛上焚烧香料。《古兰经》第二十七章曾经提及古代先知苏莱曼劝化赛伯邑女王拜勒吉斯放弃崇拜星辰和信奉安拉。④

相比之下,北方阿拉伯人的宗教观念较为淡薄。他们往往只是盲从传统的风习,尚无笃信神灵的意识。广袤的旷野之中,荒原满目,零星点缀的泉水象征着生命之源,罕为人见的岩石则常被视作玄妙之物,枝繁叶茂的树木更是足以

---

① 《古兰经》,17:34,89:17,93:9。

② 《古兰经》,36:74。

③ 穆罕默德·穆斯塔法·齐亚德:《阿拉伯世界的历史与文明:古代与伊斯兰时代》,第 147 页。

④ 《古兰经》,27:23。

唤起无穷的遐想。人们崇拜的对象大都集中在某些奇异的泉水、山岩和植物，神灵被认为栖居其内。[①] 在希贾兹和纳季德，原始宗教的主要形式是崇拜别季尔，即神灵的住所。"信仰别季尔的人们，定期排列成队，围着别季尔旋行，并且触摸它，以获得它所含有的一部分力量。"[②] 别季尔所在的地区称作哈拉姆，意为禁地，而在禁地祭祀神灵的时期称作禁月。有时，他们将别季尔安放于驼背之上，以求在追逐水草的过程中随时获得神灵的佑护。伊斯兰教诞生之前，对于欧萨、默那、拉特三女神的崇拜在阿拉伯半岛颇为盛行，欧萨、默那、拉特三女神被视作安拉的女儿。[③]《古兰经》第五十三章曾经提及三女神的名字。[④] 欧萨的祭坛位于麦加与塔伊夫之间纳赫拉的加卜加卜山洞之前，由三棵阿拉伯胶树组成，杀人献祭是其特点。默那的祭坛位于麦加以北的古戴德，是一块黑石。拉特的祭坛位于塔伊夫附近的瓦吉山谷，是一块方形的白石。伊斯兰教诞生前夕，南阿拉伯人的一些部落崇拜旺德、苏瓦尔、叶巫斯、叶欧格、奈斯尔五位神灵。[⑤] 相传，上述五神原是阿丹时代的著名人物，死后被塑成偶像并受到崇拜。[⑥]《古兰经》第七十一章曾经提及这五个神灵："努哈说：'我的主啊！他们确已违抗我，他们顺从那因财产和子嗣而更加亏折的人们，那等人曾定了一个重大的计谋，他们说：你们绝不要放弃你们的众神明，你们绝不要放弃旺德、素瓦尔、叶巫斯、叶欧格、奈斯尔。他们确已使许多人迷误，求你使不义的人们更加迷误。'"[⑦] 动物崇拜亦是北方阿拉伯人宗教生活的重要内容。《古兰经》说"安拉没有规定缺耳驼、逍遥驼、孪生羊、免役驼"，正是针对动物崇拜的传统风习而言。[⑧] 伊斯兰教诞生前夕，麦加是阿拉伯半岛最重要的禁地。麦加的渗渗泉极负盛名，克尔白的黑石更是人们朝拜的目标。然而，麦加的克尔白除嵌放黑石以外，还曾供奉易卜拉欣之像。后来，胡扎尔部落在克尔白增设许多崇拜物，其中月神胡巴勒甚至被赋予人的形象。605年古莱西部落重修克尔白时，又在其内增加耶稣像和圣母玛丽亚像。[⑨] 野蛮时代的社会条件，决定了阿拉伯人的原始宗教并非个人的信仰，而是群体的崇拜。血缘群体不仅表现为社会生活的组

---

① 穆罕默德·穆斯塔法·齐亚德：《阿拉伯世界的历史与文明：古代与伊斯兰时代》，第147页。

② H.马赛：《伊斯兰教简史》，王怀德、周祯祥译，商务印书馆1978年，第12页。

③ 穆罕默德·穆斯塔法·齐亚德：《阿拉伯世界的历史与文明：古代与伊斯兰时代》，第147页。

④ 《古兰经》，53：19—21。

⑤ Watt, W. M., *Muhammed's Mecca*, p.29.

⑥ 穆罕默德·穆斯塔法·齐亚德：《阿拉伯世界的历史与文明：古代与伊斯兰时代》，第147—148页。

⑦ 《古兰经》，71：21—24。

⑧ 《古兰经》，5：103。

⑨ 穆罕默德·穆斯塔法·齐亚德：《阿拉伯世界的历史与文明：古代与伊斯兰时代》，第148页。

织形式,而且构成原始崇拜的基本单位。献祭是原始崇拜的核心内容;部落通过供奉祭品的方式与神灵建立血缘联系,从而获得神灵的保护。"每一个部族都奉祀自己的神,但是同时也承认其他部族的神在各自管界里的权力……个别的氏族有时不用自己部族而用别的部族的神命名,同一个神也为不同的部族所敬奉"①。

在前伊斯兰时代的阿拉伯半岛,不仅盛行原始崇拜,而且在某种程度上存在着敬奉安拉的宗教意识。"除了众多男女诸神外,阿拉伯人和其他原始民族一样,也信奉一个上帝,这就是创世的安拉。"②安拉作为神灵的概念由来已久,早在公元前5世纪的列哈彦铭文以及出土于乌拉的米奈—赛伯邑铭文中,均已出现"安拉"的字样。公元初年的赛法铭文和叙利亚基督徒于6世纪刻写的铭文,亦将安拉作为上帝的名称。伊斯兰教诞生前夕,许多阿拉伯人部落将敬奉安拉作为其宗教生活的重要内容。在古莱西部落生活的麦加,安拉被视作造物主、最高的养育者、盟誓和契约的守护神、危急时刻的拯救之神。③ 然而,敬奉安拉并不排斥多神崇拜;安拉并没有被视作唯一的神灵,而仅仅在诸多的神灵中处于至高无上的地位。阿拉伯人往往将其他神灵视作安拉的子嗣,尤其是将著名的三女神欧萨、默那、拉特视作安拉的女儿。④ 在阿拉伯人看来,至高无上的安拉与尘世的距离过于遥远,地位低于安拉的其他神灵才是真正驾驭尘世的超自然力量。

罗马帝国前期,许多犹太人由于屡遭统治者的迫害,逃离巴勒斯坦,迁往南方,犹太教随之传入阿拉伯半岛。在也门一带,希米叶尔人大约自国王艾斯尔德·阿比·克里卜(385—420年在位)当政期间开始信奉犹太教。希米叶尔末代国王祖·努瓦斯曾经将犹太教尊为国教,并且排斥基督教。⑤ 525年,埃塞俄比亚人攻占也门,灭亡希米叶尔国,犹太教在也门逐渐衰落。希贾兹北部亦有许多犹太移民,他们占据叶斯里卜、海拜尔、法达克、泰马和瓦迪库拉等绿洲,成为重要的社会势力。⑥ 然而,犹太人聚群而居的生活方式和隔绝排外的思想倾向限制着犹太教的传播,希贾兹的阿拉伯人中改奉犹太教者寥寥无几。

基督教传入阿拉伯半岛的时间略晚于犹太教。356年,罗马皇帝君士坦丁派遣基督徒西奥菲拉斯前往也门南部传教,并在佐法尔建立主教区。继西奥菲

---

① C.布罗克尔曼:《伊斯兰各民族与国家史》,孙硕人等译,商务印书馆1985年,第10页。

② 同上,第11页。

③ 《古兰经》,29:61—65,31:25—32,39:38,43:9。

④ Watt,W.M.,*Muhammed's Mecca*,p.30.

⑤ 穆罕默德·穆斯塔法·齐亚德:《阿拉伯世界的历史与文明:古代与伊斯兰时代》,第159页。

⑥ O'Leary,L.,*Arabia before Muhammed*,p.173.

拉斯之后,圣徒菲米雍将基督教传入也门北部的纳季兰。① 纳季兰的基督徒曾经效仿麦加的克尔白建造一所教堂,名为"纳季兰的克尔白"②。雅古特(1179—1229年)的《地理辞书》称:"纳季兰的'克尔白'是一所基督教堂,系巴努·阿卜杜勒·麦纳尼效仿麦加克尔白的式样而建。纳季兰人敬重这所'克尔白',有心与麦加的克尔白争胜。"③埃塞俄比亚人统治时期,基督教在也门广泛传播,颇具势力。在半岛内陆,基督教隐修士遍及各地,雅各派和聂斯脱里派的神学思想广为人知。但是,分布在半岛内陆的基督教隐修士毕竟人数较少,而且尚未组织起具有一定规模的宗教社团,因此社会影响微乎其微。

伊斯兰教诞生前夕,原始崇拜逐渐难以满足阿拉伯人宗教生活的需要,多神信仰开始出现流于形式的衰落征兆,模糊的一神教思想初露端倪。哈尼夫派的兴起,反映了阿拉伯半岛原始宗教的危机和从多神崇拜向一神信仰的初步转变。"哈尼夫"在阿拉伯语中本意为真诚者,《古兰经》中曾经用"哈尼夫"一词称呼尊奉正教的易卜拉欣。④ 先知穆罕默德早年时代,一些阿拉伯人不再满足于传统的多神崇拜,同时又不愿接受外族传入的犹太教和基督教,主张恢复和遵循易卜拉欣时代的信仰,并且采取苦修的形式,以求寻找拯救灵魂的正确道路。这些人被称作哈尼夫。⑤ 伊本·伊斯哈格(704—768年)曾经提到麦加的四名哈尼夫,他们是阿萨德氏族的韦拉盖·诺法勒和奥斯曼·胡韦利斯,阿迪氏族的栽德·阿姆尔,舍姆斯氏族的麦瓦利阿卜杜勒·贾赫什。叶斯里卜人阿布·凯斯、阿布·阿米尔和塔伊夫人倭马亚·阿比·赛拉特亦是当时颇具名气的哈尼夫。⑥ 上述哈尼夫并未提出完整的宗教学说和信仰纲领,然而,他们倡导放弃原始崇拜和强调一神信仰的思想倾向,无疑预示了阿拉伯社会宗教变革的来临。

---

① 穆罕默德·穆斯塔法·齐亚德:《阿拉伯世界的历史与文明:古代与伊斯兰时代》,第159页。
② O'Leary, L. , *Arabia before Muhammed* , p. 144.
③ 艾哈迈德·爱敏:《阿拉伯伊斯兰文化史》,第1册,纳忠译,商务印书馆1982年,第28—29页。
④ 《古兰经》,2:136,3:67,6:161。
⑤ 哈桑·穆阿尼斯:《古代中世纪的阿拉伯国家与文明》,第141页。
⑥ Watt, W. M. , *Muhammed at Mecca* , pp. 162-163.

二、先知穆罕默德在麦加

先知穆罕默德的早年经历

7世纪初,阿拉伯社会经历深刻的社会变革,阿拉伯人告别原始社会的野蛮状态,步入崭新的文明时代,而这场变革的领导者便是伊斯兰教的先知穆罕默德。

不同于犹太教的摩西、基督教的耶稣和佛教的释迦牟尼,伊斯兰教的先知穆罕默德是一位处于史学昌明时代的宗教领袖,并且在生前作为凡人业已受到极度的尊崇。然而,关于先知穆罕默德的早年经历,文献资料记载甚少,而且大都真伪难辨,不足凭信,《古兰经》几乎是唯一不容置疑的文献依据,"圣训"亦提供了相当数量的补充内容。阿拉伯历史家伊本·伊斯哈格(704—768年)根据《古兰经》和"圣训"以及其他资料和传说,著有《先知传》(Sirat Rasul Allah),首次系统记述了先知穆罕默德的生平经历。但是,伊本·伊斯哈格的《先知传》失传已久。另一位阿拉伯历史家伊本·希沙姆(? —834年)根据伊本·伊斯哈格的记载,并参阅其他各种资料,写成《先知传》(Sirat al—Nabawiyah)一书,内容较前书更为完备翔实。上述传记或许存在某些虚构的内容和夸张的倾向,但是仍然不失为研究先知穆罕默德生平经历的权威资料。

先知穆罕默德是古莱西人库赛伊的后裔,属于古莱西部落的哈希姆氏族。先知穆罕默德的曾祖父哈希姆是古莱西部落的显赫人物,被视为麦加贸易的奠基者。先知穆罕默德的祖父阿卜杜勒·穆塔里布曾经掌管麦加的唯一水源渗渗泉,在古莱西部落中颇具势力。先知穆罕默德的父亲阿卜杜拉是阿卜杜勒·穆塔里布的第十个儿子。相传,阿卜杜勒·穆塔里布曾经在克尔白许愿,如若生有十个儿子,便效仿先人易卜拉欣,宰杀其中一人献祭于安拉,后经族人劝阻,改为宰杀一百峰骆驼替代,赎回者便是阿卜杜拉。然而,阿卜杜拉在世期间,哈希姆氏族的势力逐渐衰落,阿卜杜拉家境贫寒。阿卜杜拉在与古莱西部落祖赫拉氏族的女子阿米娜成婚后不久,便赴叙利亚贩运货物,自加沙返回途中不幸身染重病,客死于希贾兹北部的绿洲叶斯里卜。[①] 阿卜杜拉所遗家产颇

---

① Imamuddin,S. M. , *A Political History of the Muslims*, Dacca 1970,vol. 1,p. 1.

为微薄,仅有五峰骆驼、少量山羊和一个名叫乌姆·赛义玛的埃塞俄比亚女奴。①

阿卜杜拉死后,其子出生于麦加,取名穆罕默德,意为"受到称赞的人"。通常认为,先知穆罕默德出生在象年,即埃塞俄比亚人阿布拉哈兵败麦加之年,约为公元 570 年。在当时的麦加,古莱西人常将刚刚出生的孩子送到邻近的游牧部落抚养,让孩子在沙漠的环境中度过童年,使孩子有强壮的身体、聪明的头脑和宽广的胸怀。先知穆罕默德出生以后,由萨阿德部落的女子海丽麦带至家中抚养,5 岁时返回麦加。② 相传,在此期间,先知穆罕默德曾经被天使剖开胸膛,涤除邪魔。《古兰经》中有这样的经文:"难道我没使你胸襟坦荡? 我使你卸下重担——它本来压着你的脊梁。"③许多穆斯林根据上述经文,对剖胸之事深信不疑。亦有穆斯林认为剖胸之事仅具象征意义,并非确有其事。

先知穆罕默德 6 岁时,与其母阿米娜前往叶斯里卜祭奠亡父阿卜杜拉。在返回麦加的途中,阿米娜病故于阿布瓦,并且安葬在那里。阿米娜去世后,先知穆罕默德由祖父阿卜杜勒·穆塔里布和伯父阿布·塔里布相继抚养,并曾为他人牧羊以维持生计。先知穆罕默德 12 岁时,曾经跟随伯父阿布·塔里布前往叙利亚经商。相传,先知穆罕默德曾经与基督教隐修士贝希拉邂逅于叙利亚南部的贸易重镇布斯拉,贝希拉预言先知穆罕默德便是犹太人所期待的使者和基督徒所企盼的继耶稣之后的保惠师。④

先知穆罕默德 20 岁时,受雇于古莱西部落诺法勒氏族的富孀赫蒂彻,前往叙利亚经办商务。五年后,先知穆罕默德与赫蒂彻成婚。婚后,先知穆罕默德生活状况渐趋好转,家境殷实,并且生有两男四女。⑤《古兰经》曾经提及先知穆罕默德的早年经历:"难道他没有发现你伶仃孤苦,而使你有所归宿? 他曾发现你徘徊歧途,而把你引入正路;发现家境寒苦,而使你衣食丰足。"⑥后世的研究者普遍认为,上述启示乃是先知穆罕默德早年经历的真实写照。

———————————

① 赛义德·阿卜杜勒·阿齐兹·萨利姆:《阿拉伯史:从伊斯兰教的兴起到倭马亚王朝的衰落》,第 43 页。

② 同上,第 44 页。

③ 《古兰经》,94:1—3。

④ 赛义德·阿卜杜勒·阿齐兹·萨利姆:《阿拉伯史:从伊斯兰教的兴起到倭马亚王朝的衰落》,第 44 页,第 46 页。

⑤ 同上,第 44 页。

⑥ 《古兰经》,93:6—8。

麦加时期的启示

麦加以北约 10 公里处有一座山，名为希拉山，山的半腰有个狭窄的洞穴。先知穆罕默德在 40 岁前的若干年中，常于禁月（即后来的伊斯兰历 9 月，亦称莱埋丹月）期间到希拉山洞静居隐修，沉思冥想，寻求真正的信仰。[①] 大约在 610 年的一个夜晚，安拉的启示开始降临。[②] 据"圣训"记述，先知穆罕默德正在希拉山洞内沉睡，天使哲布勒伊莱出现在他的面前，要他宣读如下的启示："你应当奉你的创造主的名义而宣读，他曾用血块创造人。你应当宣读，你的主是最尊严的，他曾教人用笔写字，他曾教人知道自己所不知道的东西。"《古兰经》曾经提及当时的情景："他（应指天使）在东方的最高处，然后他渐渐接近而降低，他相距两张弓的长度，或更近一些。他把他所应启示的启示他（应指安拉）的仆人。"[③]《古兰经》将这个夜晚命名为"盖德尔之夜"，意为"高贵的夜晚"，后来的穆斯林则称这个夜晚为"受权之夜"，并在每年的这个夜晚举行纪念活动。然而，"盖德尔之夜"的具体日期在《古兰经》和"圣训"中并未提及，教法学家亦众说不一。由于"盖德尔之夜"一词包括 9 个阿拉伯文字母，并且在《古兰经》第九十七章中出现三次，合计 27 个字母，因此穆斯林普遍将伊斯兰历 9 月的第 27 个夜晚视作"盖德尔之夜"[④]。从"盖德尔之夜"起，先知穆罕默德开始了传布启示的生涯。

610 年至 622 年间，先知穆罕默德首先在麦加以安拉的名义传布启示。在《古兰经》的第一百一十四章经文中，有八十余章属于麦加时期的内容。麦加时期的启示，首先是阐述独尊安拉的宗教信条，强调安拉是万物的本原和唯一真实的永恒存在。"安拉"一词在阿拉伯语中本意为特指的神灵，中国穆斯林多将安拉称作真主。前伊斯兰时代的阿拉伯人往往将安拉视为诸神之首，麦加时期的启示则认为安拉是唯一的神灵，其余诸神皆系蒙昧者的虚构，并非真实的存在。《古兰经》第一百一十二章高度概括了安拉的独一性："你说，他是安拉，是独一的主；安拉是万物所仰赖的；他没有生产，也没有被生产；没有任何物可以做他的匹敌。"麦加时期的启示屡屡抨击多神崇拜的传统信仰，突出了安拉的独一性和至尊地位，明确了一神信仰的宗教观念。在强调安拉具有独一性的基础

---

① Ali Khan, M., *Muhammad the Final Messenger*, p. 68.

② 赛义德·阿卜杜勒·阿齐兹·萨利姆：《阿拉伯史：从伊斯兰教的兴起到倭马亚王朝的衰落》，第 47—48 页。参见《古兰经》10:16,46:15。

③ 《古兰经》，96:1—5,53:7—10。

④ Imamuddin, S. M., *A Political History of the Muslims*, vol. 1, p. 10.

之上，麦加时期的启示阐述了安拉的权威性。安拉的权威性，在于创造日月星辰和自然界的一切，赋予生命并且降临死亡。《古兰经》称："他凭真理创造了天地……他用精液创造了人……他创造了牲畜……他从云中降下雨水……他为你们而生产庄稼、油橄榄、椰枣、葡萄和各种果实……他为你们而制服了昼夜和日月……他在大地上安置许多山岳，以免大地动荡。"安拉的权威性，还在于安拉无不知晓，主宰尘世和天使的世界。"天地的国权归安拉所有，安拉对于万事是全能的。""他是宰制众仆的。他是至睿的，是彻知的。"麦加时期的启示，还阐述了安拉的仁慈性。安拉恩泽于人类，赐福于芸芸众生，世人无时无刻不在享受着安拉的恩惠。"他创造了牲畜，你们可以其毛和皮御寒，可以其乳和肉充饥，还有许多益处。你们把牲畜赶回家或放出去吃草的时候，牲畜对于你们都有光彩。牲畜把你们的货物驮运到你们须经困难才能到达的地方去。你们的主确是至仁的，确是至慈的……安拉负有指示正道的责任。有些道路是偏邪的，假若他意欲，他必将你们全体引入正道……他制服海洋，以便你们渔取其中的鲜肉，做你们的食品；或采取其中的珠宝，做你们的装饰……如果你们要计算安拉的恩惠，你们是无法统计的。"[1]《古兰经》中曾经提及安拉所特有的 99 种属性，其中出现次数最多的便是仁慈的属性；《古兰经》第一百一十四章经文，皆以"奉至仁至慈的安拉之名"作为开端。另外需要说明的，是关于安拉的形象问题。根据麦加时期的启示，安拉乃是无始无终和无形无象的唯一超自然存在。许多研究者似乎由于西方世界的神话传统和宗教理论的影响，往往依照"神人同形同性说"解释安拉的形象，认为安拉在创造世界的过程中曾经将自己的形象赋予人类。这种说法是毫无根据的，也是荒诞无稽的。

麦加时期的启示所着重阐述的另一项基本的宗教思想，是灵魂复活和末日审判。"他向那些留恋尘世富贵功名的同时代人预告了死者的复活，跟着而来的是严厉的惩罚。"[2]根据《古兰经》麦加篇，安拉不仅创造万物，而且具有毁灭世界的力量；现实的世界是短暂的和终将毁灭的，短暂的现实世界毁灭之后，便是永久的彼岸世界。现实世界的毁灭之际，便是末日到来的时刻。那时，苍穹破裂，群星飘堕，日月相会，海水倒流，大地震荡，山岳消失。随着世界的毁灭，死者的灵魂将悉数复活。"此后，你们必定死亡。然后你们在复活日必定要复活。""当穹苍破裂的时候，当众星飘堕的时候，当海洋混合的时候，当坟墓被揭开的时候，每个人都知道自己前前后后所做的一切事情。"灵魂复活是末日审判的条件，而末日审判则是灵魂复活的目的。"你们应当敬畏你们的主，你们应当

---

① 《古兰经》，112:1－4,16:3－15,3:189,6:18,16:5－18。

② H. 马赛：《伊斯兰教简史》，第 23 页。

畏惧那一日,父亲对于儿子毫无裨益,儿子对于父亲也毫无裨益。""行一个小蚂蚁重的善事者,将见其善报;做一个小蚂蚁重的恶事者,将见其恶报。"复活的灵魂经过末日的审判,分别在天园或地狱找到自己的永久归宿。遵行天命的人将在天园之中享受优厚的报酬,而漠视天命者的最终结局则是在地狱之内遭受刑罚的折磨。"敬畏者必定要住在安全的地方——住在乐园之中,住在泉源之滨,穿着绫罗绸缎,相向而坐……我将以白皙的、美目的女子,做他们的伴侣。他们在乐园中,将安全地索取各种水果。他们在乐园中,除初次的死亡外不再尝死的滋味。"地狱的情景则与天园形成鲜明的对比,乃是令人恐怖的去处。"不信道者,将一队一队地被赶入火狱。""他们的上面,有层层的火,他们的下面,也有层层的火。"烈火整日烧灼着他们的肌肤,烧过一层以后,另换一层再烧。另外,在天园与地狱之间,有一个不定的空间,名为"高处"。"他们中间将有一个屏障。在那个(屏障)的高处将有许多男人,他们借双方的仪表而认识双方的人,他们喊叫乐园的居民说:'祝你们平安!'他们羡慕乐园,但不得进去。当他们的眼光转向火狱的居民的时候,他们说:'我们的主啊!求你不要使我们与不义的民众同住。'"①

麦加时期的启示,除包括独尊安拉和末日审判两项核心内容以外,还阐述了信奉天使、信奉先知和信奉经典的宗教思想。根据《古兰经》麦加篇,安拉在创造人类之前,首先创造了天使的世界。天使作为安拉的创造物,按照安拉的旨意各司其职,其中最重要的四大天使分别是传授安拉启示的哲布勒伊莱、观察宇宙的米喀勒伊莱、掌管死亡的阿兹勒伊莱和在世界末日吹响号角的依斯勒伊莱,易卜利斯则是天使中的恶魔。天使数目繁多,遍布天上人间,但是不为世人所见。伊斯兰教虽然强调信奉天使的存在,但是绝无崇拜天使之意。天使如同世人一样,皆为受造之物,受崇拜者唯有安拉。另外,《古兰经》麦加篇曾经提及安拉要求众天使向人类的始祖阿丹叩头,只有易卜利斯抗命不遵,这说明先知的地位高于天使。②

根据《古兰经》麦加篇,安拉曾经派遣众多的先知,引领世人皈信真理。"我在每个民族中,确已派遣一个使者,说'你们当崇拜安拉,当远离恶魔'。""在你之前,我确已派遣许多使者,他们中有我已告诉你的,有我未告诉你的。"《古兰经》麦加篇曾经提到自有人类以来的二十五位先知,他们是阿丹、伊德利斯、呼德、萨利赫、鲁特、易卜拉欣、伊斯马仪、伊斯哈格、叶尔孤卜、尤素夫、舒艾卜、阿尤布、左勒吉福勒、哈鲁乃、达乌德、苏莱曼、伊勒雅斯、叶赛尔、尤努斯、宰凯里

---

① 《古兰经》,23:16,82:1—5,31:33,99:8,44:51—56,39:71;39:16,7:46—47。

② 《古兰经》,38:71,32:11,39:75,42:5,50:18—21,69:17,74:31,20:116。

亚、叶赫亚、努哈、穆萨、尔撒、穆罕默德。先知不同于天使,他们仅仅是肉体之躯的凡夫俗子,各有妻室儿女,不免于生老病死。因此,先知穆罕默德常将自己称作负有传布启示之使命的凡人。历代先知曾经多次显示奇迹,用以劝化世人。然而,奇迹的显示乃是出自安拉的意愿,并非证明先知具有超人的力量。"任何使者,不应昭示迹象,除非获得安拉的许可。"[①]诸多的先知或以行为树立楷模,或以启示传布众生,其地位不尽相同。阿丹、努哈、易卜拉欣、穆萨、尔撒、穆罕默德是上述二十五位先知中最重要的先知,穆罕默德更因负有教化全人类的神圣使命而被称作"封印的先知"。

在信奉先知的基础上,麦加时期的启示阐述了信奉经典的宗教思想。根据《古兰经》麦加篇,经典是安拉降示于先知的启示,这些启示并非先知编造的作品,而是出自安拉的语言,因此具有神圣的意义。《古兰经》麦加篇曾经提及4部经典的名称,即穆萨传布的经典"讨拉特"、达乌德传布的经典"宰布勒"、尔撒传布的经典"因支勒"和穆罕默德传布的经典《古兰经》。其中,"讨拉特"系《圣经·旧约》之"摩西五经"的原本,"宰布勒"系《圣经·旧约》之"诗篇"的原本,"因支勒"系《圣经·新约》之"福音书"的原本。然而,上述"讨拉特"、"宰布勒"、"因支勒"虽为经典,却已遭到后人的篡改,尚存的文本业已丧失原貌。因此,《圣经》中的"摩西五经"、"诗篇"和"福音书"并非伊斯兰教所尊奉的经典。与历代先知传布的经典相比,先知穆罕默德传布的《古兰经》是最为尊贵的经典,是"安拉降示来证实以前的天经"和"详述安拉所制定的律例的"经典。[②]

《古兰经》麦地那篇明确规定了伊斯兰教的五项基本信条,即信安拉、信天使、信先知、信经典、信末日,而这些信条在《古兰经》麦加篇中业已得到完整的阐述。[③] 由此可见,先知穆罕默德在麦加时期传布的启示,标志着伊斯兰教信仰体系的诞生。

伊斯兰教的皈依与古莱西人的抵制

突如其来的启示,赋予先知穆罕默德以劝化世人皈信真理的神圣使命。然而,在当时的麦加,先知穆罕默德并无显赫的地位,人微言轻。因此,启示的传布在麦加时期经历了十分艰难的过程。最初,先知穆罕默德只是向他的家人讲

---

① 《古兰经》,16:36,40:78,14:10,18:110,40:78。

② 《古兰经》,10:37。

③ 《古兰经》,2:285,4:136。

述启示的内容。① 赫蒂彻对于先知穆罕默德讲述的启示深信不疑,首先皈依伊斯兰教。② 不久,先知穆罕默德的义子栽德·哈里萨和他所抚养的堂弟阿里也加入了伊斯兰教皈依者的行列。③ 在先知穆罕默德的家室之外,第一个皈依伊斯兰教的人是古莱西部落泰姆氏族的阿布·伯克尔。阿布·伯克尔是先知穆罕默德受命传布启示以前的挚友,两人素来交往甚密。或许由于阿布·伯克尔的影响,古莱西部落菲赫尔氏族的阿布·欧拜德、祖赫拉氏族的赛耳德·阿比·瓦嘎斯和阿卜杜勒·拉赫曼·奥夫、阿萨德氏族的祖拜尔·阿沃姆、泰姆氏族的泰勒哈·欧拜杜拉、麦赫朱姆氏族的阿尔卡姆相继皈依伊斯兰教。先知穆罕默德经常与上述阿布·伯克尔等 7 人在阿尔卡姆的家中秘密聚会,史称"阿尔卡姆会"④。后来的穆斯林将"阿尔卡姆会"尊称为"伊斯兰之家"。

先知穆罕默德在最初的 3 年中只是采取秘密的方式,在极其有限的范围内传布启示,皈依伊斯兰教者寥若晨星。⑤ 大约在 612 年,先知穆罕默德颁布安拉的启示:"你应当公开宣布你所奉的命令,而且避开以物配主者。"⑥新的启示标志着先知穆罕默德开始改变最初的秘密方式,公开以安拉的名义要求世人放弃原有的信仰和皈依伊斯兰教。启示的传布由秘密到公开的转变,导致进一步的伊斯兰教皈依。先知穆罕默德曾经将哈希姆氏族的成员邀至家中,向他们讲述安拉的启示,希望哈希姆氏族率先皈依伊斯兰教,虽经几次努力,然而收效甚微。尽管如此,毕竟有一些人接受先知穆罕默德传布的启示,加入伊斯兰教皈依者的行列。⑦ 至 615 年前后,皈依伊斯兰教的人数已经相当可观。据一些西方学者的推测,此时的皈依者超过百人;⑧而据穆斯林学者萨尔沃的估计,此时的皈依者约四百人。⑨ 历史家伊本·赛耳德(? —845 年) 曾经提到麦加时期的184 名伊斯兰教皈依者,他们来自古莱西部落的所有氏族。⑩

① 哈桑·穆阿尼斯:《古代中世纪的阿拉伯国家与文明》,第 142 页。

② 《古兰经》麦加篇将伊斯兰教的皈依者称作"信士","穆斯林"一词出现于徙志以后。信士在《古兰经》中累计出现 179 次,穆斯林在《古兰经》中累计出现 37 次。见 Watt, W. M., *Early Islam*, Edinburgh 1990, p. 35.

③ Imamuddin, S. M., *A Political History of the Muslims*, vol. 1, p. 13.

④ 赛义德·阿卜杜勒·阿齐兹·萨利姆:《阿拉伯史:从伊斯兰教的兴起到倭马亚王朝的衰落》,第50 页。

⑤ Imamuddin, S. M., *A Political History of the Muslims*, vol. 1, p. 14.

⑥ 《古兰经》,15:94。

⑦ 赛义德·阿卜杜勒·阿齐兹·萨利姆:《阿拉伯史:从伊斯兰教的兴起到倭马亚王朝的衰落》,第51 页。

⑧ Lapidus, M. A., *A History of Islamic Societies*, p. 26.

⑨ Sarwar, H. G., *Origin and Development of Islam*, New Delhi 1988, p. 143.

⑩ Watt, W. M., *Muhammed at Mecca*, pp. 170-178.

伊斯兰教的早期皈依者来自麦加社会的各个阶层,内部构成复杂多样。早期皈依者的来源并不直接取决于古莱西部落内部氏族的地位。相当数量的早期皈依者系古莱西部落的下层,依附于古莱西部落的麦瓦利和生活在麦加的奴隶构成早期皈依者的另一重要来源。伊斯兰教的早期皈依者中亦不乏富贵权势之人,其中包括著名的圣门弟子阿布·伯克尔、奥斯曼、阿尔卡姆、赛耳德·阿比·瓦嘎斯、哈里德·赛耳德和阿卜杜勒·拉赫曼·奥夫。[①]

H. 肯尼迪认为:"多数的早期皈依者来自哈希姆氏族,另一些来自先知穆罕默德的母亲阿米娜所在的氏族——祖赫拉氏族。"[②]实际情况并非如此。诚然,哈希姆氏族和祖赫拉氏族由于与先知穆罕默德具有特殊的亲缘关系,出现较多的皈依者。但是,伊斯兰教的早期皈依者绝不仅仅局限于这两个氏族,而是来自古莱西部落的所有氏族。阿卜杜勒·舍姆斯氏族和麦赫朱姆氏族无疑构成反对先知穆罕默德的主要势力,然而来自这两个氏族的伊斯兰教皈依者在人数上甚至超过了哈希姆氏族和祖赫拉氏族。相比之下,穆塔里布氏族和泰姆氏族尽管在当时的麦加处于无足轻重的地位,皈依伊斯兰教者却分别只有 4 人和 7 人。[③] 在 624 年的巴德尔战斗中,兄弟之间、父子之间和同族之间相互攻击的现象比比皆是。

先知穆罕默德在麦加传布伊斯兰教,遭到一些人的反对。[④] 伊斯兰教的反对者大都属于麦加社会上层的富商巨贾和豪门显贵;麦加当时最有势力的麦赫朱姆氏族和舍姆斯氏族构成伊斯兰教反对者的主要来源。伊本·赛耳德曾经提到 143 名反对伊斯兰教的麦加人,其中约有半数来自麦赫朱姆氏族和舍姆斯氏族。麦赫朱姆氏族的首领韦立德·穆吉拉、阿布·贾赫勒和舍姆斯氏族的首领阿布·苏福彦更是抵制伊斯兰教的核心人物。[⑤]

先知穆罕默德在麦加时期传布的启示,最初的内容只是强调安拉的威严,并未提及独尊安拉和末日审判的宗教思想。如前所述,阿拉伯人早已把安拉视作宇宙万物的创造者,崇拜安拉的宗教概念并非先知穆罕默德首次提出。在伊斯兰教诞生前夕,麦加以及叶斯里卜和塔伊夫等地开始出现追求一神崇拜的宗教思想,哈尼夫的主张和行为已经被人们所熟知。因此,先知穆罕默德在麦加传布启示的初期,显然无需向人们解释造物者安拉的存在,文献资料也没有提

① Watt,W. M. , *Muhammed at Mecca* , pp. 88-94.

② Kennedy,H. , *The Prophet and the Age of the Caliphate* , p. 31.

③ Watt,W. M. , *Muhammed at Mecca* , p. 170.

④ 哈桑·穆阿尼斯:《古代中世纪的阿拉伯国家与文明》,第 142 页。

⑤ Watt,W. M. , *Muhammed at Mecca* , pp. 170-178.

及对于崇拜安拉的抵制行为。古莱西人伊本·希哈卜·祖赫里（？—742年）曾经记载："安拉的使者公开地或秘密地召唤（人们信奉）伊斯兰教，得到青年人和软弱者的响应。接受信仰的人逐渐增多，而不相信（伊斯兰教）的古莱西人并没有指责先知的言论。他们只是说：'这个人总是谈天说地。'这种状况持续了很长时间，直到安拉（在启示中）提到人们崇拜偶像而不崇拜安拉是可恶的行为，并且说到他们的祖先因为不崇拜安拉而在地狱中遭受惩罚。于是他们开始对他采取了敌视的态度。"泰伯里的编年史中保存了伊斯兰教初期的文献，其中有如下的记载："当安拉的使者召唤他的部落接受启示的时候，最初他们并没有反对他，而往往倾向于他（的宣传），直到他提到了他们（所崇拜）的偶像。"①显然，麦加时期的启示，通过攻击偶像崇拜而倡导独尊安拉的宗教思想，是许多古莱西人抵制先知穆罕默德的首要原因。②

麦加时期的启示中关于灵魂复活和末日审判的内容，是许多古莱西人抵制先知穆罕默德的另一个重要原因。在当时的麦加以至阿拉伯半岛的许多地区，尚未形成灵魂不朽和彼岸世界的宗教意识，阿拉伯人往往将人的躯体视作生命的本原，死亡意味着肉体与灵魂的同时消失。根据麦加时期的启示，死者的躯体在地下经过长久的腐烂而其灵魂却在未来得以复活，这种观念在大多数人看来是不可思议和无法接受的。因此，许多古莱西人否认和攻击先知穆罕默德关于灵魂复活和末日审判的宗教宣传。他们认为灵魂复活和末日审判的启示纯属蛊惑人心的鬼话，声称这些启示来自先知穆罕默德的幻觉。③

此外，许多古莱西人拒绝承认先知穆罕默德是安拉委派的使者，因此抵制先知穆罕默德所传布的启示。他们认为，先知穆罕默德只是一个伪先知，先知穆罕默德所传布的启示并不是出自安拉的语言，而是假借安拉的名义编造的谎话。在他们看来，先知穆罕默德并不具备接受启示和引领世人的圣贤才能，只不过是一个身世贫寒而微不足道的常人。④

"对于穆斯林的迫害，主要属于温和的性质。麦加的传统制度，即每个氏族保护自己的成员，意味着穆斯林不会受到其他氏族成员的过分骚扰，尽管他所在的氏族未必接受新的信仰。未能保护本氏族的成员免受其他人的攻击，被视作是整个氏族的耻辱。"⑤特定的社会环境决定着抵制伊斯兰教的相应方式，言

---

① Watt, W. M., *Muhammed's Mecca*, pp. 87-88, p. 100.

② 同上，p. 86。

③ 《古兰经》,37:13—17,52:15。

④ Rodinson, M., *Muhammed*, p. 104.

⑤ Watt, W. M., *Muhammed at Mecca*, p. 119.

辞攻击是抵制伊斯兰教的主要手段。[①] 古莱西人阿布·贾赫勒、阿布·苏福彦、阿慕尔·阿绥等经常嘲讽和诽谤先知穆罕默德，指责他是冒充圣贤的骗子、占卜的巫士、精灵附身的诗人、被恶魔迷惑的疯子，声称他传布的启示不过是古代神话传说的翻版，并且煽动其他人辱骂和恐吓先知穆罕默德及其追随者。[②]《古兰经》麦加篇曾经屡屡提及古莱西人的上述行为，并且予以相应的反驳。[③]

收买和利诱是古莱西人抵制伊斯兰教的另一方式。[④] 古莱西人韦立德·穆吉拉等曾经多次与先知穆罕默德私下协商，向先知穆罕默德许诺颇为可观的财富和相应的社会地位，劝说先知穆罕默德在传布启示的时候取消攻击偶像崇拜的内容，乞求先知穆罕默德在独尊安拉的信条方面作出让步，均遭先知穆罕默德的拒绝。[⑤]

暴力攻击的行为时有发生，但是大都用来迫害与古莱西部落没有血缘联系的伊斯兰教皈依者。奴隶出身的比拉勒和阿米尔曾经由于追随先知穆罕默德而备受主人的残酷折磨，哈帕尔部落成员阿布·泽尔亦曾由于皈依伊斯兰教而在麦加遭到古莱西人的袭击。[⑥] 然而，身为古莱西部落各个氏族成员的伊斯兰教皈依者，很少受到暴力攻击的威胁。血亲复仇的传统习俗，限制着氏族之间的暴力行为。古莱西人阿布·苏福彦等曾经要求哈希姆氏族的首领阿布·塔里布将先知穆罕默德交给他们处置。阿布·塔里布尽管并不信奉伊斯兰教，但是却将保护本族成员的安全视为己任，因而拒绝了阿布·苏福彦等人的无理要求。[⑦]

尽管如此，毕竟古莱西人的抵制日甚一日，先知穆罕默德及其追随者在麦加十分孤立，处境艰难。615 年，伊斯兰教皈依者中的 11 名男子和 4 名妇女弃家出走，渡海前往埃塞俄比亚，寻求那里的基督徒的庇护。617 年，伊斯兰教皈依者中的 83 名男子和 11 名妇女离开麦加，移居埃塞俄比亚。直至 622 年先知穆罕默德移居麦地那以后，这些人陆续回到他的身边。[⑧]

616 年，抵制伊斯兰教的古莱西人组成联盟，共同制裁哈希姆氏族，企图迫

① 哈桑·穆阿尼斯：《古代中世纪的阿拉伯国家与文明》，第 143 页。

② 赛义德·阿卜杜勒·阿齐兹·萨利姆：《阿拉伯史：从伊斯兰教的兴起到倭马亚王朝的衰落》，第 59 页。

③ 《古兰经》，81：22—25，68：2，69：42，52：29。

④ 《古兰经》，17：73—74。

⑤ Watt，W. M.，*Muhammed at Mecca*，pp. 122-123.

⑥ 同上，p. 118.

⑦ Imamuddin，S. M.，*A Political History of the Muslims*，vol. 1，p. 16.

⑧ 赛义德·阿卜杜勒·阿齐兹·萨利姆：《阿拉伯史：从伊斯兰教的兴起到倭马亚王朝的衰落》，第 54—59 页。

使以阿布·塔里布为首领的哈希姆氏族放弃对于先知穆罕默德的保护。联盟的成员包括舍姆斯氏族、祖赫拉氏族、诺法勒氏族、阿萨德氏族和泰姆氏族,制裁的方式是断绝与哈希姆氏族成员之间的通婚和贸易交往。对哈希姆氏族的制裁持续了3年之久。① 在此期间,哈希姆氏族被迫避于麦加一隅,处于极度窘困的境地。然而,哈希姆氏族顶住了制裁的压力,阿布·塔里布始终没有放弃对先知穆罕默德的保护。619年,制裁哈希姆氏族的联盟解体,抵制伊斯兰教的古莱西人策划的阴谋未能得逞。②

620年,先知穆罕默德痛失两位最重要的亲人,妻子赫蒂彻和伯父阿布·塔里布相继去世。哈希姆氏族的新首领阿布·拉哈布虽然是先知穆罕默德的叔父,却与抵制伊斯兰教的古莱西人交往甚密,对先知穆罕默德素怀敌意,屡屡恶语中伤穆罕默德。③《古兰经》麦加篇曾将阿布·拉哈布称作"焰父",诅咒他和他的妻子难逃火狱的惩罚。④ 阿布·拉哈布拒绝保护先知穆罕默德,迫使先知穆罕默德一度出走到希贾兹的另一城市塔伊夫,而后不得不求助于古莱西部落诺法勒氏族的暂时庇护。⑤ 形势的骤变,使先知穆罕默德在麦加几乎身陷绝境,初兴的伊斯兰教面临夭折的危险。

麦加时期伊斯兰教的社会性质

麦加时期伊斯兰教的皈依与抵制,无疑包含着尖锐的矛盾。然而,如何看待麦加时期伊斯兰教皈依者与抵制者之间的矛盾,学术界众说不一。许多穆斯林学者认为,麦加时期伊斯兰教的皈依与抵制体现了日渐式微的哈希姆氏族与新兴的商业权贵麦赫朱姆氏族和舍姆斯氏族之间的冲突。先知穆罕默德于612年开始公开传布启示之后,最初确曾试图争取哈希姆氏族率先皈依,虽经多次努力,但始终未能成功。诚然,哈希姆氏族成员除阿布·拉哈布以外,长期承担保护穆罕默德的责任,但是他们并非作为伊斯兰教的皈依者,只是遵循氏族社会的传统习俗而履行相应的义务。阿布·塔里布身为哈希姆氏族的首领和先知穆罕默德的主要保护人,直至临终时亦未皈依伊斯兰教。哈希姆氏族与麦赫

① Sarwar, H. G. , *The Origin and Development of Islam* , p. 131.
② 赛义德·阿卜杜勒·阿齐兹·萨利姆:《阿拉伯史:从伊斯兰教的兴起到倭马亚王朝的衰落》,第60页。
③ 同上,第61页,第53页。
④《古兰经》,111:1—5。
⑤ 赛义德·阿卜杜勒·阿齐兹·萨利姆:《阿拉伯史:从伊斯兰教的兴起到倭马亚王朝的衰落》,第62页。

朱姆氏族、舍姆斯氏族之间确有颇深的积怨,但是哈希姆氏族的许多成员并未因此追随先知穆罕默德和皈依伊斯兰教,而来自麦赫朱姆氏族和舍姆斯氏族族的伊斯兰教皈依者却大有人在。因此,麦加时期伊斯兰教的皈依与抵制,绝非氏族之间的斗争。

西方学者大都认为,伊斯兰教的传布在麦加之所以遭到抵制,是由于先知穆罕默德屡屡抨击偶像崇拜,削弱甚至否定麦加在阿拉伯半岛所处的神圣地位和相应的宗教特权,进而损害古莱西部落的特殊利益。目前国内许多著述亦持相似的看法。《古兰经》麦加篇表明,先知穆罕默德传布的启示极力反对崇拜偶像的行为,攻击的重点则是在当时的阿拉伯半岛颇有影响的欧萨、默那、拉特三女神。先知穆罕默德在 615 年公开否定三女神的特殊地位,明显加剧了伊斯兰教的皈依者与抵制者之间的冲突。然而,欧萨、默那、拉特三女神的祭坛均不在麦加。至于伊斯兰教对于克尔白内供奉的诸多偶像的攻击,在《古兰经》麦加篇中并无明显的体现。相反,先知穆罕默德传布的启示在某种程度上承认麦加作为禁房所在的神圣地位和古莱西人作为禁房的居民而享有的权利。伊斯兰教反对偶像崇拜,并不意味着否定麦加的神圣地位。先知穆罕默德对于欧萨、默那、拉特三女神的抨击,不仅无损于古莱西部落的利益,而且有助于提高克尔白的宗教地位和扩大麦加在整个半岛的宗教影响。伊斯兰教的早期皈依者中不乏富有的商人,而以克尔白为中心的朝圣贸易是其重要的财源;否定克尔白的神圣地位和剥夺麦加的财源,绝非先知穆罕默德的意愿所在,亦不可能成为皈依伊斯兰教的古莱西商人所追求的目标。

先知穆罕默德时代,麦加和阿拉伯半岛诸多地区的野蛮秩序尽管不同程度地出现衰落的征兆,然而氏族部落制度毕竟占据统治地位,血缘关系的广泛存在明显制约着社会成员的贫富分化,阶级对抗远未形成。贝利耶夫认为,伊斯兰教的兴起根源于公元 7 世纪初阿拉伯半岛内部的阶级对抗,先知穆罕默德代表麦加新兴的奴隶主阶级;伊斯兰教的皈依与抵制,既是古莱西部落内部贵族与平民之间矛盾的体现,亦包含定居人口与游牧群体之间的激烈冲突。"伊斯兰教作为新的意识形态,其在阿拉伯半岛的兴起,反映阿拉伯社会的深刻变革,即贫富分化、奴隶制和交换的发展。新的意识形态根源于原始社会的衰落和奴隶制的发展。"[①]上述观点显然忽视了当时特定的历史环境,缺乏基本的史实依据,纯属公式化的猜测和杜撰。

先知穆罕默德在麦加传布启示的初期,似乎无意创立全新的宗教,而仅仅是恢复易卜拉欣时代的信仰,呼唤世人追寻远古的前辈所崇奉的真理。"在这

---

① Belyaeve,E. A. , *Arabs, Islam and the Arab Caliphate*, London 1969,p. 115.

一时期，穆罕默德本人并不认为他是在创立一种新的宗教，而只认为是在唤起他的同道们对那些早被遗忘了的古老真理与职责的重新回忆"[①]。所谓"易卜拉欣的宗教"，在《古兰经》麦加篇的早期部分中占有十分重要的地位。"易卜拉欣原来是一个表率，他服从安拉，信奉正教，而且不是以物配主的。他原是感激主恩的，主挑选了他，并将他引上了正路。在今世，我曾以幸福赏赐他；在后世，他必定居于善人之列。然后，我启示你说：'你应当遵守信奉正教的易卜拉欣的宗教，他不是以物配主的。'"根据阿拉伯半岛的古代传说，易卜拉欣是阿拉伯人的祖先，麦加的克尔白便是易卜拉欣和其子伊斯马仪建造的神殿。伊斯兰教诞生前夕，麦加等地出现的哈尼夫已经对易卜拉欣时代的信仰推崇备至。因此，伊斯兰教兴起之初，在某种意义上体现了古代阿拉伯人宗教思想的延续。另一方面，阿拉伯半岛与周围区域之间的交往由来已久，犹太教和基督教已经为阿拉伯人所熟知。《古兰经》麦加篇的许多章节与《圣经》的相关内容颇为接近，《古兰经》麦加篇中所提及的先知大都是《圣经》中的重要人物。先知穆罕默德传布的启示，不仅强调"易卜拉欣的宗教"，而且承认初兴的伊斯兰教与犹太教和基督教之间存在一定的源流关系。"他已为你们制定正教，就是他所命令努哈的、他所启示你的、他命令易卜拉欣、穆萨和尔撒的宗教。""我们确信降示我们的经典，和降示你们的经典；我们所崇拜的和你们所崇拜的是同一个神明，我们是归顺它的。"[②]然而，上述倾向皆非麦加时期伊斯兰教的实质所在，不能据此将先知穆罕默德在麦加传布的启示视作古代宗教的翻版。"穆罕默德的宗教革命……是一种表面上的反动，是一种虚假的复古和返朴。"[③]穆罕默德在麦加时期传布的启示，至多不过是借助以往宗教的某些形式，而服务于全新的社会需要。单纯根据字面内容的相似而过于强调古代宗教对先知穆罕默德的影响，忽略麦加特定的社会环境与新兴伊斯兰教之间的内在联系，这样的看法是不正确的。

伊斯兰教诞生于麦加特定的历史环境之中，与麦加贸易的兴起以及财产关系的剧烈变化密切相关，集中反映了古莱西人氏族部落制度趋于解体的社会现实。"伊斯兰教的兴起，根源于麦加传统的秩序及观念与变动的物质环境之间的对立和冲突。"[④]麦加时期伊斯兰教的皈依与抵制，明显体现了平民阶层与氏族权贵之间的矛盾冲突。先知穆罕默德在麦加时期传布的启示，不仅强调宗教意义的平等，而且倡导现实生活的平等。伊斯兰教的皈依包含着社会分化过程

① J. M. 肯尼迪：《东方宗教与哲学》，董平译，浙江人民出版社 1988 年，第 75 页。

② 《古兰经》，16：120—123，42：13，29：46。

③ 《马克思恩格斯全集》，第 28 卷，第 250 页。

④ Watt，W. M. ，*Muhammad，Prophet and Statesman*，London 1961，p. 48.

中形成的平民阶层对于权贵势力的反抗意向,益趋加剧的社会分化和平民阶层普遍的不满情绪决定了皈依者的广泛来源。一方面,古莱西部落的分裂直接影响着各个氏族对于先知穆罕默德传布启示的态度和皈依者的多寡;大多数的皈依者来自境况寒微的中小氏族,表明这些氏族中存在着强烈的不满情绪。H.肯尼迪指出:众多的皈依者来自先知穆罕默德所在的哈希姆氏族和其母阿米娜所在的祖赫拉氏族①;这种现象与其说是由于这两个氏族与先知穆罕默德的亲缘关系,不如说是由于其每况愈下的社会处境。另一方面,随着氏族内部贫富差异的加剧,社会矛盾不再局限于氏族之间,氏族内部的对立冲突益趋发展。正因为如此,伊斯兰教的皈依者并非仅仅来自中小氏族,许多皈依者出身麦加的名门望族。尽管麦赫朱姆氏族和舍姆斯氏族构成伊斯兰教抵制者的主要来源和攻击先知穆罕默德的核心势力,然而来自这两个氏族的皈依者在人数上甚至超过了哈希姆氏族和祖赫拉氏族。社会冲突显然已经开始超越血缘群体的狭隘界限。

不唯如此,伊斯兰教在麦加的兴起以及皈依者与抵制者之间的矛盾冲突,体现了古莱西人在由氏族部落社会向文明时代转变的过程中新旧思想意识的尖锐对立,包含着文明倾向与野蛮势力激烈抗争的历史内容。先知穆罕默德在麦加时期传布的启示,尽管屡屡借助于古代宗教的某些形式劝化世人,其矛头所指却是盛行于整个阿拉伯半岛的多神崇拜。众所周知,氏族部落社会的显著特征在于与原始的宗教观念和祭祀活动相联系;多神信仰适应野蛮时代的无政府状态,是在氏族部落的"社会和政治条件下产生,并和它们一起成长"②。在当时的麦加,共同崇拜诸多的神灵和相应的祭祀仪式是维系古莱西人氏族制度和部落生活的重要基石。先知穆罕默德在麦加时期传布的启示,激烈抨击多神信仰和偶像崇拜,极力倡导独尊安拉的宗教信条,进而否定着氏族部落制度的信仰基础,表明新兴的伊斯兰教与麦加传统的宗教观念彻底决裂;皈依伊斯兰教意味着放弃祖先的信仰,进而背叛氏族社会的野蛮传统。其次,原始社会的宗教生活仅仅表现为群体的崇拜,并没有真正意义的个人信仰。个人并非独立存在的个体,只是血缘群体的肢体,个人的信仰存在于部落的永生之中。然而,麦加时期的启示所描述的末日审判,却是对个人行为的清算和裁决,血族成员相互之间不再承担传统的义务。"在那日天像熔铜,山像采绒,亲戚相见不相问。""一个负罪者,不再负别人的罪;一个负重罪者,如果叫别人来替他负罪,那么,别人虽是他的近亲,也不能替他担负一丝毫。"如此裁决的末日审判,显然与野

---

① Kennedy,H., *The Prophet and the Age of the Caliphate*, p. 31.
② 《马克思恩格斯全集》,第 19 卷,第 333 页。

蛮状态下的群体观念大相径庭,包含着文明时代的伦理原则。更为重要的是,麦加时期的启示不仅倡导独尊安拉的宗教信仰,而且初步阐述了顺从使者的政治原则。"我确是安拉的使者,他派我来教化你们全体;天地的主权只是安拉的,除他之外,绝无应受崇拜的。他能使死者生,能使生者死,故你们应当信仰安拉和他的使者,那个使者是信仰安拉及其言辞的、但不识字的先知——你们应当顺从他,以便你们遵循正道。""我只能传达从安拉降示的通知和使命。谁违抗安拉和使者,谁必受火狱的刑罚,而且永居其中。"①上述启示赋予先知穆罕默德以崭新的个人权威。这种权威在麦加时期虽然仅仅表现为宗教意义的顺从,但是毕竟凌驾于氏族部落之上,显然与野蛮状态下的原始民主制格格不入,也为古莱西人的传统社会所无法容纳。

由此可见,麦加时期的启示包含着文明社会的诸多要素,伊斯兰教在麦加的诞生顺应古莱西人以至整个阿拉伯半岛从原始社会向文明时代转变的历史趋势。伊斯兰教的皈依意味着背叛祖先的信仰和野蛮的宗教秩序,进而与传统的社会分道扬镳,势必遭到保守势力的激烈反对。抵制伊斯兰教的古莱西人大都是麦加的富商权贵,代表麦加传统的社会秩序,他们的权势和地位建立在氏族制度和部落习俗的基础之上,多神崇拜的原始信仰则是维护传统社会秩序的精神支柱。②"他们比穆罕默德更早地意识到,一旦他们接受穆罕默德的教义,势必会在由他们少数人操纵的社团中引入一种新的和令人生畏的政治权威。"③他们反对伊斯兰教的目的,在于维护业已动摇的传统社会秩序,进而维护他们自身的既得利益。

一种意见认为,先知穆罕默德在麦加时期传布的启示,意在阻止私有观念的滋生。然而,《古兰经》麦加篇并未显示出这样的倾向。对于贫富不均的谴责无疑构成《古兰经》麦加篇的重要内容;然而,这并不能证明先知穆罕默德具有维护原始公有制财产关系和反对财产私有制的意向,却恰好反映了麦加深刻的贫富分化和尖锐的社会对立,体现了麦加平民阶层反对氏族贵族的特权地位和要求改变传统社会秩序的强烈愿望。"迄今所发生的一切革命,都是为了保护一种所有制以反对另一种所有制的革命。"④伊斯兰教在麦加的诞生,无疑是一场隐蔽在宗教运动形式下的社会革命,这场革命必然而且只能是否定原始公有制的财产关系。尽管先知穆罕默德在麦加时期传布的启示由于客观环境的限

---

①　《古兰经》,70:8—10,35:18,7:158,72:23。

②　哈桑·穆阿尼斯:《古代中世纪的阿拉伯国家与文明》,第 142 页。

③　Gibb, H. A. R. , *The Muhammedism*, London 1949, p. 18.

④　《马克思恩格斯选集》,人民出版社 1972 年,第 4 卷,第 110—111 页。

制而未能直接攻击传统的财产关系,但是《古兰经》麦地那篇作为麦加篇的逻辑发展,极力保护财产的个人所有权,表明新兴的伊斯兰教不仅无意阻止私有观念的滋生,而且倡导私有制财产关系。麦加时期伊斯兰教的皈依与反对,不仅在于新旧社会意识的激烈角逐,而且蕴涵着两种社会制度和财产观念的尖锐冲突,体现了文明与野蛮的抗争。

亦有学者认为,麦加时期的伊斯兰教代表古莱西部落上层势力的利益,先知穆罕默德是麦加贵族的代言人。然而,《古兰经》麦加篇表明,先知穆罕默德无意维护古莱西部落上层势力的特殊地位。相反,先知穆罕默德在麦加传布的启示激烈抨击富商巨贾的种种不义行为,倡导抚弱济贫,充分体现了新兴伊斯兰教与麦加氏族权贵的尖锐对立。麦加时期伊斯兰教的皈依者大都来自中小氏族和平民阶层,而富商巨贾却构成抵制伊斯兰教和迫害先知穆罕默德的核心势力。伊斯兰教在麦加兴起的社会基础,在于力求摆脱困境的平民阶层对于古莱西部落上层势力的反抗和"被压迫生灵的叹息"。

三、先知穆罕默德在麦地那

徙　志

自麦加向北大约 450 公里,有一处枣椰树环绕的绿洲,名为叶斯里卜。[①] 犹太人曾经是叶斯里卜的主人,划分为纳迪尔部落、古莱宰部落和凯努卡部落。关于叶斯里卜的犹太人的来源,存在不同的说法。根据阿拉伯历史家雅库特的记载,叶斯里卜的犹太人系改奉犹太教的土著阿拉伯人,并非外来的移民。奥莱里认为,纳迪尔部落和古莱宰部落系罗马帝国初期逃离巴勒斯坦的犹太人,凯努卡部落则是改奉犹太教的土著阿拉伯人。[②] 继犹太人之后,南方阿拉伯人阿兹德部落的分支凯拉部落于 4 世纪中叶自也门移居叶斯里卜周围,依附于犹太人。大约在 5 世纪末,阿拉伯人战胜犹太人,成为叶斯里卜的主要社会势力。[③] 在伊斯兰教兴起的前夕,叶斯里卜的阿拉伯人凯拉部落分裂为奥斯部落和哈兹拉只部落;犹太人纳迪尔部落和古莱宰部落成员大都从事农业,依附于

---

① Grunebaum, G. E., *Classical Islam*, p. 20, p. 34.

② O'Leary, L., *Arabia before Muhammed*, p. 173.

③ Osborn, R. D., *Islam Under the Arabs*, p. 40.

奥斯部落,凯努卡部落成员大都从事手工业,处于哈兹拉只部落的保护之下。[①]

如同麦加的古莱西人一样,叶斯里卜的居民生活在氏族部落之中,血缘联系是社会组织的基本纽带,血族群体根据血亲复仇的原则保护自己的成员。另一方面,叶斯里卜与麦加之间存在明显的差别。麦加人大都属于古莱西部落,由各个氏族的首领组成的麦吉里斯通过协商的方式维护着整个麦加的共同利益,统一的部落组织行使着调解麦加内部社会冲突的职能,广泛的血缘联系深刻地影响着人们的生活,制约着社会成员之间的矛盾对抗。然而,叶斯里卜的居民分别属于不同的部落,每个部落只能在极其有限的范围内维护各自的利益和调解社会冲突,整个绿洲却没有能够为各个部落所共同接受的权力机构。各个部落都企图占有更多的耕地,获得更为有利的生存空间,相互的排斥导致了绿洲内部的尖锐对立。[②]

叶斯里卜的内部冲突最初只是个别氏族的争执,后来逐渐发展为部落之间的激烈仇杀,直至达到了漫无原则的程度。在 618 年发生的布阿斯战斗中,奥斯部落以及纳迪尔部落、古莱宰部落和贝都因人穆宰纳部落组成联盟,与哈兹拉只部落以及凯努卡部落和贝都因人阿什加尔部落、朱海纳部落组成的联盟展开厮杀,交战双方损失惨重。[③] 长期的争斗使奥斯部落和哈兹拉只部落两败俱伤,他们饱尝争斗的苦果,企盼和平的到来。然而,血族复仇的传统原则无法制止绿洲内部的相互厮杀。与貌似宁静的麦加相比,此时的叶斯里卜已是天昏地暗,人人自危。寻求超越血缘群体的狭隘界限以仲裁社会纠纷和制止相互厮杀的公共权力,在叶斯里卜绿洲成为迫切的客观需要。

620 年的禁月期间,先知穆罕默德与六名来自叶斯里卜的阿拉伯人在欧卡兹集市相遇,他们都是哈兹拉只部落的成员,苦于绿洲内部的相互仇杀,正欲寻找一位仲裁者前往叶斯里卜,调解纠纷,制止战祸。奥斯部落和哈兹拉只部落的阿拉伯人原本信奉原始宗教,崇拜女神拉特和默那。[④] 先知穆罕默德向他们传布安拉的启示,说服他们初步接受了伊斯兰教的信仰,并且讲述了自己在麦加的境况。他们约定下一年朝觐的时候与先知穆罕默德在麦加相会。621 年,哈兹拉只部落的十名成员和奥斯部落的八名成员如约而来,他们在麦加郊外的阿喀巴山谷与先知穆罕默德订立誓约,保证不以他物匹配安拉,不偷盗,不淫

① Rubin, U. , ed, *The Life of Muhammad*, Hampshire 1998, pp. 153-154.

② 哈桑·穆阿尼斯:《古代中世纪的阿拉伯国家与文明》,第 121—122 页。

③ Watt, W. M. , *Muhammed at Medina*, pp. 157-158.

④ Osborn, R. D. , *Islam Under the Arabs*, p. 40.

乱,不溺婴,不作伪证,不违背先知穆罕默德指引的善功;遵守上述誓言者将升入天园,违背者听凭安拉处置。是为首次阿喀巴誓约。随后,先知穆罕默德委派古莱西部落的穆斯林穆萨布·欧默尔前往叶斯里卜,向那里的居民传授伊斯兰教。①

622年朝觐期间,奥斯部落和哈兹拉只部落的七十五名皈依者来到麦加,在阿喀巴山谷与先知穆罕默德再次相会。陪同先知穆罕默德前往阿喀巴山谷的是他的叔父阿拔斯。阿拔斯此时并未皈依伊斯兰教,只是作为先知穆罕默德的长辈和哈希姆氏族的代表,要求这些皈依者必须像保护自己的亲人那样保护先知穆罕默德,否则先知穆罕默德将留在麦加。于是,他们与先知穆罕默德订立新的誓约,保证遵从他传布的启示,将为保卫安拉的使者进行战斗,甘愿与安拉的使者同生死、共患难。② 是为第二次阿喀巴誓约。③ 随后,奥斯部落和哈兹拉只部落的皈依者返回叶斯里卜,先知穆罕默德亦开始着手离开麦加的各种准备。

先知穆罕默德在与叶斯里卜的阿拉伯人接触期间,经历一次神奇的旅行,是为伊斯兰教中颇为引人注目的奇迹"升宵"。据说,在一个漆黑的夜晚,先知穆罕默德由天使哲布勒伊莱引领,骑乘长有翅膀的白马卜拉格,离开麦加,途经西奈山和伯利恒,来到耶路撒冷,从著名的"叶尔孤卜石"升入七层天中,见到阿丹、穆萨、尔撒等古代先知,并且目睹天园和火狱,直至黎明时分返回麦加。《古兰经》第十七章名为"夜游",其中一节曾经提及此事:"赞美安拉,超绝万物。他在一夜之间,使他的仆人,从禁寺行到远寺,他在远寺的四周降福,以便我昭示他我的一部分迹象。"④禁寺指麦加的克尔白,远寺则指耶路撒冷的阿克萨清真寺,距阿克萨清真寺300米处的萨赫莱清真寺便是叶尔孤卜石的所在。穆斯林因此将耶路撒冷视作圣地,并且一度将这里作为礼拜的朝向。伊斯兰教中的升宵节亦由此而来。穆斯林认为,"升宵"预示着先知穆罕默德即将摆脱窘困的境况和转机的到来。⑤

"徙志"是阿拉伯语"迁徙"一词的音译,亦称"希吉拉"。徙志作为历史名词,特指先知穆罕默德及其追随者离开麦加前往叶斯里卜的迁徙过程。第二次

① 赛义德·阿卜杜勒·阿齐兹·萨利姆:《阿拉伯史:从伊斯兰教的兴起到倭马亚王朝的衰落》,第64—66页。

② 同上,第66—68页。

③ Watt,W. M., *Muhammed at Mecca*, p. 144.

④ 《古兰经》,17:1。

⑤ 赛义德·阿卜杜勒·阿齐兹·萨利姆:《阿拉伯史:从伊斯兰教的兴起到倭马亚王朝的衰落》,第61页。

阿喀巴誓约订立以后，麦加的伊斯兰教皈依者百余人按照先知穆罕默德的吩咐，离开自己的亲人和祖居的家园，陆续踏上迁徙的征程。[①] 对于他们来说，叶斯里卜是一个陌生的去处。他们不知道等待自己的将是怎样的命运；抛弃麦加而选择叶斯里卜只是出于极度虔诚的宗教情感，只是为了追随先知穆罕默德的事业。这些人后来被誉为迁士，备受先知穆罕默德的青睐，并且大都成为早期穆斯林社会的核心成员。

622 年 9 月的一个夜晚，先知穆罕默德在阿布·伯克尔的陪伴下潜离麦加。消息不胫而走，古莱西人于是在麦加周围进行搜捕。[②] 据"圣训"记载，先知穆罕默德和阿布·伯克尔为逃脱古莱西人的搜捕，曾经在麦加郊外的骚尔山洞躲避三天；古莱西人一度发现骚尔山洞，却见洞口布满蜘蛛网，两只鸽子栖息在洞口的旁边，因而以为洞内无人，于是转身离去。[③]《古兰经》曾经提及此事："当时，不信道的人们把他驱逐出境，只有一个人与他同行。当时，他俩在山洞里，他对他的同伴说：'不要忧愁，安拉确是和我们在一起的。'安拉就把宁静降给他，而且以你们所看不见的军队扶助他，并且使不信道者的言词变成最卑贱的；而安拉的言词确是最高尚的。安拉是万能的，是至睿的。"[④]后来的穆斯林屡屡以神奇的色彩渲染当时的情景，将先知穆罕默德在骚尔山洞化险为夷的经历视作安拉的奇迹。古莱西人退走之后，先知穆罕默德和阿布·伯克尔离开骚尔山洞。他们分乘事先准备好的两峰骆驼，沿红海东岸向北方奔去。四天后，先知穆罕默德和阿布·伯克尔抵达叶斯里卜附近的库巴。先知穆罕默德在库巴逗留数日，召集众人修建清真寺。[⑤]《古兰经》称库巴清真寺是"从第一天起就以敬畏为地基的清真寺"[⑥]。库巴清真寺建成后，先知穆罕默德正式进入叶斯里卜。从此，叶斯里卜改名为麦地那·纳比，阿拉伯语中意为先知的城市，简称麦地那。

徙志是早期伊斯兰史的重大转折，标志着伊斯兰教麦加时期的结束和麦地那时期的开始。先知穆罕默德在自己的故乡曾经屡遭古莱西人的迫害，移居麦地那以后却成为备受景仰的领袖。伊斯兰教摆脱了濒临夭折的境地，文明的萌芽开始植根于麦地那绿洲的沃土之中。为了纪念神圣的徙志，伊斯兰国家的第

---

① Imamuddin, S. M. , *A Political History of the Muslims*, vol. 1, p. 26.

② 赛义德·阿卜杜勒·阿齐兹·萨利姆:《阿拉伯史:从伊斯兰教的兴起到倭马亚王朝的衰落》,第71页。

③ Imamuddin, S. M. , *A Political History of the Muslims*, vol. 1, p. 27.

④ 《古兰经》,9:40。

⑤ 赛义德·阿卜杜勒·阿齐兹·萨利姆:《阿拉伯史:从伊斯兰教的兴起到倭马亚王朝的衰落》,第73页。

⑥ 《古兰经》,9:108。

二任哈里发欧默尔于 639 年颁布法令,将徙志之年作为伊斯兰教历的纪元,以阿拉伯传统历法的该年岁首(即公历 622 年 7 月 16 日)作为伊斯兰教历元年的开端。①

徙志的发生,是叶斯里卜社会生活的客观需要,也是伊斯兰教传入叶斯里卜的直接结果。叶斯里卜的居民深受战祸之害,企盼安宁的生活,对先知穆罕默德的到来寄予厚望。因此,徙志以后,先知穆罕默德所面临的首要任务,便是在绿洲的范围内制止仇杀,缔造和平。② 为了实现这一目标,先知穆罕默德曾经与麦地那的居民订立一系列协议,采用协议的形式规定来自麦加的迁士与麦地那穆斯林的关系、麦地那穆斯林相互之间的关系以及全体穆斯林与土著犹太人的关系。伊本·伊斯哈格和伊本·希沙姆所著的《先知传》记载了上述协议的内容,史称"麦地那宪章"③。关于麦地那宪章订立的确切时间,目前尚无定论。多数研究者认为,麦地那宪章的各项条款分别订立于先知穆罕默德移居麦地那以后的不同年代。然而,就其内容来看,麦地那宪章主要反映 624 年巴德尔战斗之前麦地那的状况和先知穆罕默德的地位。

根据麦地那宪章,来自麦加的迁士与奥斯部落和哈兹拉只部落的穆斯林以及"跟随他们的人、依附他们的人和与他们一同作战的人"共同组成统一的社会群体,名为"安拉的温麦"④。"温麦"在阿拉伯语中本意为民族;《古兰经》多次提及温麦,特指安拉的臣民。新的温麦沿袭查希里叶时代阿拉伯人的传统,保留原有的血缘组织。来自麦加的迁士组成一个单独的氏族。无论是麦加的迁士还是麦地那的穆斯林均以氏族为单位加入温麦,麦地那土著的犹太人分别依附于奥斯部落和哈兹拉只部落的各个氏族。加入温麦的各个氏族依旧遵循血亲复仇的古老原则保护自己的成员,氏族首领在氏族内部仍然具有某些权力和相应的社会影响。尽管如此,温麦毕竟包含着崭新的内容,与查希里叶时代阿拉伯人的社会群体具有本质的区别。麦地那宪章严格禁止加入温麦的氏族之间漫无原则的仇杀行为,温麦的内部纠纷必须诉诸先知穆罕默德,由先知穆罕默德以安拉的名义予以裁决。⑤ 先知穆罕默德的仲裁具有无可争辩的绝对权威,

---

① 泰伯里:《历代先知与君王史》,开罗 1908 年,第 1 卷,第 1256 页。

② 哈桑·穆阿尼斯:《古代中世纪的阿拉伯国家与文明》,第 144 页。Rubin,U.,*The Life of Muhammad*,p.152.

③ 赛义德·阿卜杜勒·阿齐兹·萨利姆:《阿拉伯史:从伊斯兰教的兴起到倭马亚王朝的衰落》,第82—87 页。

④ Watt,W. M.,*Muhammed at Medina*,p.221.

⑤ 哈桑·穆阿尼斯:《古代中世纪的阿拉伯国家与文明》,第 144—147 页。

温麦的成员必须顺从安拉的意志而接受先知穆罕默德的仲裁结果。先知穆罕默德"对信徒们所行使的职权，并不是凭借着部落勉强授予而随时可以撤销的、有一定条件和必须通过各方同意的权力，而是凭借着绝对的宗教特权"①。先知穆罕默德作为安拉的使者，开始凌驾于氏族部落之上；先知穆罕默德所行使的仲裁权力，初步打破了血缘群体的狭隘界限。另一方面，温麦的范围诚然包括了生活在麦地那绿洲的所有居民，但是来自麦加的迁士与奥斯部落和哈兹拉只部落的穆斯林无疑构成温麦的主体。他们尽管属于不同的氏族，承担诸多传统的社会责任，然而必须顺从安拉及其使者，履行相应的宗教义务。奥斯部落和哈兹拉只部落的穆斯林通称辅士（即安萨尔），与来自麦加的穆斯林迁士（即穆哈吉尔）相互之间兄弟相称，兄弟相待。② 共同的信仰构筑起联接不同血缘群体的桥梁，麦地那绿洲开始出现渐趋聚合的社会倾向。加入温麦的氏族部落丧失原本独立的社会地位，诸多血缘群体之间开始形成相对稳定的地域联系。《古兰经》麦加篇阐述的政治概念及相关原则自徙志以后得以付诸实践，崭新的伊斯兰国家借助温麦的形式在阿拉伯半岛诞生。

征　战

先知穆罕默德来到麦地那以后，最初寄居于哈兹拉只部落纳加尔氏族成员阿布·阿尤布的家中，并且召集众人在纳加尔氏族的驻地建造新的清真寺，这就是名闻遐迩的先知清真寺。不久，先知穆罕默德和许多迁士的眷属相继移居麦地那。于是，先知穆罕默德在先知清真寺的东北侧建造简易的房舍，作为栖身之处。

徙志的初期，麦地那绿洲刚刚步入文明社会的门槛，新兴的伊斯兰国家尚无稳定的岁入来源。麦地那宪章仅仅规定了温麦成员的相互关系，并未提及缴纳贡税的义务。来自麦加的迁士大都不擅务农，亦无力经商，生活颇为拮据。许多迁士没有固定的住所，只好寄居在先知穆罕默德的房宅周围。③ 甚至先知穆罕默德及其眷属亦只能依靠他人的接济，境况贫寒。先知穆罕默德的妻子阿以莎说："曾经有整整一个月的时间，我们无法生火做饭，只靠椰枣和水充饥。偶尔有人送来少许的肉。我们从未能够连续两天得到粮食。"④为了维持迁士的

---

① B. 路易斯：《历史上的阿拉伯人》，第 41 页。
② 哈桑·穆阿尼斯：《古代中世纪的阿拉伯国家与文明》，第 143 页。
③ Osborn, R. D. , *Islam Under the Arabs* , p. 46.
④ Gilman, A. , *The Saracens* , p. 141.

生活,先知穆罕默德曾经吩咐麦地那土著的穆斯林即辅士与迁士结为教友,分别承担供养迁士的义务。① 欧默尔与供养他的教友欧特白·马立克商定,两人轮流耕种欧特白·马立克的土地,分享土地的收成。辅士萨阿德·拉比尔甚至慷慨许诺,将自己的全部家产和两个妻子与他所供养的迁士阿卜杜勒·拉赫曼·奥夫平分。但是,阿卜杜勒·拉赫曼·奥夫谢绝了萨阿德·拉比尔的好意,来到麦地那的市场经营生意,逐渐摆脱了困境。②《古兰经》曾经提及这一时期的教友关系:"在他们之前,安居故乡而且确信正道的人们,他们喜爱迁居来的教胞们,他们对于那些教胞所获的赏赐,不怀怨恨,他们虽有急需,也愿把自己所有的让给那些教胞。能戒除自身的贪吝者,才是成功的。"教友之间的关系颇为亲密,他们不仅彼此接济生计,而且相互继承财产,同胞兄弟那时却没有这样的权利。627 年,先知穆罕默德颁布新的启示,规定"血亲与血亲相互间的权利,依安拉的经典,是重于信士和迁士的权利的"③。至此,教友之间的继承权利被正式废除。④

然而,教友关系的规定只能暂时缓解迁士的境况。麦地那绿洲的生活资源和生存空间毕竟十分有限,难以长期供养众多的迁士。因此,开辟财源是新兴的伊斯兰国家亟待解决的问题。在当时阿拉伯半岛的社会条件下,抢劫几乎是开辟财源的唯一途径,而富有的麦加商队自然成为麦地那穆斯林抢劫的目标。另一方面,徙志以后的麦地那与麦加之间存在着深刻的社会对立。麦地那作为伊斯兰国家的摇篮,象征着阿拉伯半岛的新兴文明。麦加的保守势力恪守传统的宗教观念和社会秩序,并且在整个半岛占有举足轻重的地位,是伊斯兰文明进一步扩展的首要障碍。两者之间的对立,是麦加时期伊斯兰教的皈依者与抵制者矛盾冲突的延续。能否战胜麦加对于新兴伊斯兰文明的存在和发展至关重要,而抢劫商队是迫使麦加屈服的重要方式。

麦地那宪章明确规定,麦加的古莱西人是温麦的仇敌,禁止庇护古莱西人的生命财产。⑤ 在此基础之上,穆罕默德以安拉的名义颁降启示,赋予穆斯林以反抗的权利,而圣战则是反抗的形式。"被进攻者,已获得反抗的许可,因为他们是受迫害的。""你们当为主道而战斗","战争已成为你们的定制"。"你们在

① 赛义德·阿卜杜勒·阿齐兹·萨利姆:《阿拉伯史:从伊斯兰教的兴起到倭马亚王朝的衰落》,第81—83 页。

② Sarwar, H. G., *The Origin and Development of Islam*, pp. 104-105.

③《古兰经》,59:9,33:6。

④ 哈桑·穆阿尼斯:《古代中世纪的阿拉伯国家与文明》,第 146 页。

⑤ 同上,第 148 页。

战场上遇到不信道者的时候，应当斩杀他们，你们既战胜他们，就应当俘虏他们；以后或释放他们，或准许他们赎身，直到战争放下他的重担。"① 先知穆罕默德将圣战的矛头首先指向古莱西人的商队，来自麦加的迁士构成最初的圣战者。② 623 年初夏，先知穆罕默德的叔父哈姆宰率领 30 名迁士前往红海东岸拦截古莱西人的商队，由于朱海纳部落首领出面调解，双方不战而去。不久，数十名迁士再次拦截古莱西人的商队，双方经过短暂的交锋，均撤出战场。此后，先知穆罕默德亲自率领迁士三次出击，皆因古莱西人的商队已经过境，不战而归。624 年 1 月，阿卜杜勒·贾赫什率领数名迁士在纳赫拉山谷拦截古莱西人的商队。经过交战，穆斯林将商队的财物悉数劫获，并且杀死 1 人，俘虏 2 人。③ 这次交战发生在所谓的"禁月"期间，因此一度在麦地那遭到非议。《古兰经》曾经提及此事："禁月内作战是大罪；妨碍主道，不信安拉，妨碍（朝觐）禁寺，驱逐禁寺区的居民出境，这些行为，在安拉看来，其罪更大。迫害是比杀戮还残酷的。"④

624 年 3 月，古莱西人阿布·苏福彦率领一支庞大的商队离开叙利亚，返回麦加。这支商队由近千峰骆驼组成，载运价值约 5 万第纳尔的货物。先知穆罕默德获悉这个消息以后，率领 86 名迁士和 238 名辅士前去拦截。此时，麦加派出由九百余人组成的队伍接应阿布·苏福彦。阿布·苏福彦为了避开先知穆罕默德的拦截，改变路线，沿红海东岸疾行逃走，并且通知前来接应的队伍返回麦加。接应商队的麦加人由阿布·贾赫勒率领。阿布·贾赫勒没有听从阿布·苏福彦的建议，声称要在巴德尔屯兵三日，宰驼摆宴，饮酒行乐，以便显示麦加的力量，让穆斯林和所有的阿拉伯人感到畏惧。巴德尔位于麦地那西南约140 公里，是一处集市的所在，有充沛的泉水。尽管阿布·苏福彦率领的商队逃之夭夭，阿布·贾赫勒的汹汹来势仍然使两军的大战无法避免。麦加队伍貌似强大，却是一群乌合之众，缺乏必要的权威和统一的号令。许多麦加人不愿与穆斯林相互厮杀，尤其不愿与同族的迁士兵戎相见。古莱西部落中祖赫拉氏族和阿迪氏族的战士甚至尚未抵达巴德尔便先行撤走，致使麦加队伍明显减员。相比之下，穆斯林面对庞大的麦加队伍，毫不畏惧。他们埋伏在巴德尔的沙丘地带，待麦加队伍到来以后，出其不意地发动攻击。先知穆罕默德指挥若定，穆斯林奋力拼杀。炽热的宗教情感超越了狭隘的血缘观念，穆斯林即使与同族的

---

① 《古兰经》，22:39，2:244，2:216，47:4。

② Holt，P. M.，Lambton，A. K. S. & Lewis，B.，*The Cambridge History of Islam*，vol. 1A，p. 43.

③ Watt，W. M.，*Muhammed at Medina*，pp. 5-6.

④ 《古兰经》，2:217。

亲人刀兵相搏亦毫不手软。结果,麦加队伍阵脚大乱,溃不成军,阿布·贾赫勒等五十余人命丧黄泉,另有七十余人束手就擒。① 随后,先知穆罕默德以安拉的名义颁布启示:"你们应当知道:你们所获得的战利品,无论是什么,都应当以五分之一归安拉、使者、至亲、孤儿、赤贫、旅客,如果你们确信安拉和两军交锋而真伪判分之日,我所启示我的仆人的迹象。安拉对于万事确是全能的。"② 于是,先知穆罕默德将巴德尔之战所获战利品的五分之一留给自己支配,其余的五分之四分给参战者及相关的穆斯林。上述原则后来被伊斯兰国家长期沿用,成为分配战利品的固定制度。

巴德尔之战的胜利,使先知穆罕默德和穆斯林喜出望外,整个麦地那绿洲沉浸在欢乐的气氛之中。然而,消息传至麦加,古莱西人无不悲哀,他们发誓要为死去的亲人报仇雪恨,伺机与先知穆罕默德一决雌雄。625 年 3 月,阿布·苏福彦筹集 200 匹战马和 3000 峰骆驼,招募 3000 名古莱西战士,大举北上,来到麦地那东北 8 公里处的伍侯德山安营扎寨。先知穆罕默德面对强敌,最初准备以逸待劳,固守绿洲,后因许多穆斯林求战心切,于是改变初衷,率 700 名战士前往伍侯德山迎战。先知穆罕默德首先将 50 名弓箭手布置在后方作为掩护,继而率军冲向古莱西人。古莱西人一度溃退,丢弃随军眷属和大量辎重。奉命掩护后方的弓箭手于是大都擅离阵地,拥入战场,抢夺战利品。古莱西人哈立德·瓦里德发现穆斯林阵地露出破绽,率领麦加骑兵从侧翼迅速反击。穆斯林腹背受敌,阵脚动摇,全线溃败。先知穆罕默德率军奋力抵抗,但已无法扭转战局,被迫撤离伍侯德山。在交战的过程中,七十余名穆斯林阵亡,先知穆罕默德本人多处受伤。古莱西人在获胜之余,亦无心再战,返回麦加。③ 随后,先知穆罕默德以安拉的名义颁布启示,谴责穆斯林中违背军令和擅离职守的行为:"你们奉安拉的命令而歼灭敌军之初,安拉确已对你们实践他的约言;直到了他使你们看见你们所喜爱的战利品之后,你们竟示弱、内争、违抗(使者的)命令……当时,你们败北远遁,不敢回顾任何人;——而使者在你们的后面喊叫你们,安拉便以重重忧虑报答你们,以免你们为自己所丧失的战利品和所遭遇的惨败而惋惜。"④

伍侯德之战的结局,并没有平息麦加的古莱西人对于先知穆罕默德的愤恨。627 年 3 月,他们纠集来自盖特方部落、苏莱姆部落、阿萨德部落的贝都因

① Watt,W. M., *Muhammed at Medina*, pp. 10-11,pp. 12-13,p. 56.

② 《古兰经》,8:41。

③ Watt,W. M., *Muhammed at Medina*, p. 20,p. 21。

④ 《古兰经》,3:152-153。

人,组成庞大的万人联军,由阿布·苏福彦率领,浩浩荡荡地杀向麦地那。在强敌压境的形势下,先知穆罕默德采取据险固守的策略。麦地那的东面、西面和南面均有房屋和稠密的枣椰林相连,构成抵御外部攻击的天然屏障,唯有北面是开阔的荒滩,几乎无险可守。于是,赛勒曼·法里西建议先知穆罕默德在麦地那北面挖掘壕沟,用以抵御麦加联军的攻势。赛勒曼·法里西是波斯人,初信琐罗亚斯德教,曾经改奉基督教,徙志以后加入穆斯林的行列。先知穆罕默德采纳赛勒曼·法里西的建议,在麦地那北面自西向东挖掘壕沟,并率 3000 名穆斯林战士布防于壕沟的内侧,与麦加联军对峙。麦加联军从未见过如此御敌的壕沟,十分惊讶。步兵在壕沟边缘屡遭弓箭的射击,无法前进。麦加骑兵曾经是伍侯德之战中击败穆斯林的主要力量,但是此时面对壕沟却无计可施,只能望而止步。壕沟战术有效地遏制了麦加联军的攻势,双方在壕沟两侧形成对峙状态。麦加联军尽管貌似强大,但是组织松散,号令不一,原始的氏族部落制度和血缘关系的狭隘观念使得庞杂的队伍难以协调行动。先知穆罕默德则采取分化的策略,许诺支付麦地那绿洲椰枣收成的二分之一,诱惑盖特方部落先行撤离战场,使古莱西人失去最重要的支持者。最后,麦加联军遭到狂风袭击,辎重被毁,军心涣散,古莱西人星夜退兵,追随麦加的贝都因人也相继离去,旨在反对先知穆罕默德的联盟随之瓦解。"麦加联军的瓦解,标志着古莱西人反对穆罕默德的企图彻底破灭。他们与叙利亚之间的贸易被迫中止,他们在阿拉伯半岛的威望丧失殆尽。"[①]壕沟之战以后,古莱西人丧失了进攻麦地那的能力,穆斯林开始获得进攻麦加的主动权。

伴随着伊斯兰国家的兴起,先知穆罕默德与麦地那的犹太人之间的关系经历了由联合到排斥的转变过程。徙志前夕,居住在麦地那的犹太人纳迪尔部落、凯努卡部落和古莱宰部落,如同阿拉伯人奥斯部落和哈兹拉只部落一样,饱受漫无原则的仇杀之苦,企盼安宁的生活环境。他们并未拒绝先知穆罕默德的到来,徙志似乎使他们看到了和平的希望。先知穆罕默德移居麦地那以后,曾经与那里的犹太人建立了良好的合作关系。麦地那宪章将纳迪尔部落、凯努卡部落和古莱宰部落接纳为温麦的成员,并且规定:任何顺从先知穆罕默德的犹太人,如果行为端正,不帮助先知穆罕默德的敌人,都将得到与穆斯林相同的帮助和保护;犹太人享有信奉犹太教的权利,如同穆斯林信奉伊斯兰教那样。先知穆罕默德为了进一步争取犹太人的支持,在徙志初期似乎效仿犹太人的某些习俗,以求缩小犹太人与穆斯林的信仰差距,进而劝化犹太人改奉伊斯兰教。

① Watt, W. M., *Muhammed at Medina*, pp. 36-37, pp. 37-38, p. 38.

例如,先知穆罕默德曾经要求穆斯林在犹太人的赎罪日当予斋戒,在麦加时期业已规定的晨礼与宵礼之间增加晌礼,将达乌德和苏莱曼的家园耶路撒冷作为穆斯林礼拜的朝向。[①] 先知穆罕默德还多次提及一度恪守正教的古代犹太人,承认犹太人的古代先知穆萨(摩西)、达乌德(大卫)、苏莱曼(所罗门)皆为安拉的使者,声称犹太人崇奉的耶和华与穆斯林崇奉的安拉原本是同一个神明。"你说:'信奉天经的人啊!你们来吧,让我们共同遵守一种双方认为公平的信条:我们大家只崇拜安拉,不以任何物配他,除安拉外,不以同类为主宰。'""以色列的后裔啊!你们当铭记我所赐你们的恩惠,你们当履行对我的约言,我就履行对你们的约言;你们应当只畏惧我。"[②]然而,先知穆罕默德的上述举措未能消除犹太人与穆斯林之间的宗教对立。虽然个别的犹太人如凯努卡部落的阿卜杜勒·萨拉姆在徙志以后皈依伊斯兰教,但是绝大多数犹太人自恃是"上帝的选民",不屑于追随尚不识字的阿拉伯先知。他们仅仅承认穆萨和他的经典,否认先知穆罕默德是安拉的使者,诋毁先知穆罕默德传布的启示,进而拒绝接受先知穆罕默德作为温麦的领袖所代表的国家权力,成为新兴文明的潜在威胁。于是,先知穆罕默德逐渐放弃联合犹太人的努力,转而采取排斥犹太人的强硬态度。[③]

大约在 624 年 2 月,先知穆罕默德以安拉的名义颁布启示,规定以麦加的克尔白取代耶路撒冷的远寺作为穆斯林礼拜的朝向[④]:"我确已见你反复地仰视天空,故我必使你转向你所喜悦的朝向。你应当把你的脸转向禁寺。你们无论在哪里,都应当把你们的脸转向禁寺。""即使你以一切迹象昭示曾受天经者,他们必不顺从你的朝向,你也绝不顺从他们的朝向;他们各守自己的朝向,互不相从。"[⑤]新的启示和礼拜朝向的改变,标志着穆斯林与犹太人之间的关系逐渐破裂。先知穆罕默德在与麦加的古莱西人抗衡的同时,开始将圣战的矛头指向麦地那的犹太人。

巴德尔之战刚刚结束,一名穆斯林青年在凯努卡部落的住地与犹太人发生

①　徙志后的最初 16 个月中,先知穆罕默德曾经将耶路撒冷作为礼拜的朝向。然而,麦加时期穆斯林将何处作为礼拜的朝向,则众说不一。根据《古兰经》麦加篇,先知穆罕默德在传教初期着力强调恢复易卜拉欣时代的信仰,麦加的克尔白系易卜拉欣父子重建的最古的清真寺。由此推断,麦加时期穆斯林礼拜的朝向应是克尔白。著名穆斯林学者王静斋认为,先知穆罕默德原向克尔白礼拜,徙志后一度改向耶路撒冷,至徙志第十六个月时重以克尔白为朝向(见《古兰经译解》,上海永祥印书馆 1946 年版,第 28页),这种解释是有道理的。

②　《古兰经》,3:64,2:40。

③　Rodinson,M.,*Muhammed*,pp.159-160.

④　Osborn,R.D.,*Islam Under the Arabs*,p.57.

⑤　《古兰经》,2:144,2:145。

争执，并遭杀害。于是，先知穆罕默德按照麦地那宪章规定的血亲复仇原则，率领得胜之师包围凯努卡部落的住地。凯努卡部落与哈兹拉只部落在徙志之前曾经订有盟约。然而，宗教利益超越了传统的情感，哈兹拉只部落抛弃了原有的盟约，与奥斯部落一同围攻凯努卡部落。凯努卡部落虽有700名装备齐全的战士，仍未能逃脱失败的厄运。穆斯林经过15天的围攻，迫使凯努卡部落屈辱求和。他们被先知穆罕默德逐出麦地那绿洲，迁往北方的瓦迪库拉，后来移至叙利亚的阿兹拉亚特。凯努卡部落所遗的财物，成为麦地那穆斯林的战利品。[①]

625年伍侯德之战期间，犹太人纳迪尔部落似乎私通麦加的古莱西人，反对先知穆罕默德。麦加的古莱西人撤走以后，纳迪尔部落涉嫌谋害先知穆罕默德。于是，先知穆罕默德派人通知纳迪尔部落，要他们在十天内离开麦地那绿洲。纳迪尔部落不肯舍弃在麦地那绿洲的家园，拒绝离去。先知穆罕默德等待数日，不见回音，遂召集奥斯部落和哈兹拉只部落的穆斯林战士进攻纳迪尔部落的住地，并下令烧毁纳迪尔部落的枣椰林。纳迪尔部落战败投降，被迫携带600峰骆驼和所能运载的财物离开麦地那绿洲，分别迁往海拜尔和阿兹拉亚特。纳迪尔部落在麦地那绿洲遗留的耕地，由先知穆罕默德悉数占有，分配给生活拮据的迁士。[②]

627年，先知穆罕默德凭借壕沟退去麦加联军之后，征尘未洗，便率领3000名穆斯林战士对麦地那绿洲的犹太人发起最后的攻击。古莱宰部落的成员躲在自己的住地，负隅抵抗，二十余天后终被击败。他们祈求先知穆罕默德像对待凯努卡部落和纳迪尔部落那样，允许他们舍弃家园迁往他乡，并且幻想曾经与他们订有盟约的奥斯部落从中斡旋。先知穆罕默德于是将战败的古莱宰部落交给奥斯部落首领赛耳德·穆阿兹处置。结果，古莱宰部落的600名战士尽遭杀戮，余者悉数沦为奴隶。[③]

徙志以后，先知穆罕默德不仅致力于抗衡麦加的古莱西人和排斥麦地那绿洲的犹太人，而且与游牧在沙漠之中的贝都因人缔约结盟，借以扩大温麦的影响。徙志初期，先知穆罕默德首先与分布在麦地那以西至红海沿岸的贝都因人朱海纳部落、穆宰纳部落、扎姆拉部落、吉法尔部落、穆德里只部落、穆哈里布部落、阿斯拉姆部落结为联盟。[④] 壕沟之战以后，麦地那以东的贝都因人阿什加尔

---

①　Osborn，R. D. ，*Islam Under the Arabs*，pp. 61-62.

②　Watt，W. M. ，*Muhammed at Medina*，p. 212.

③　Osborn，R. D. ，*Islam Under the Arabs*，pp. 65-66.

④　Watt，W. M. ，*Muhammed at Medina*，p. 17.

部落和分布在半岛北部的朱扎姆部落、法扎拉部落相继加入麦地那联盟。① 然而,由于新兴的伊斯兰国家实力尚弱,先知穆罕默德无法向与穆斯林结盟的贝都因人提供有效的保护和加以相应的控制。因此,这个时期的麦地那联盟缺乏稳固的基础,处于较为松散的状态,相互之间所承担的义务大都局限于不进攻对方和不支持对方的敌人。先知穆罕默德在大多数情况下并未向加入联盟的贝都因人提出改变信仰的要求,贝都因人中皈依伊斯兰教者尚不多见。②

在与贝都因人交往的过程中,圣战是先知穆罕默德屡屡采用的重要方式。在徙志的最初 6 年,麦地那穆斯林先后出征 49 次,其中 31 次是以贝都因人作为讨伐的目标。624 年巴德尔之战结束以后,先知穆罕默德率军出征,讨伐分布在麦地那以东的贝都因人盖特方部落和苏莱姆部落,缴获 500 峰骆驼。627 年,先知穆罕默德率领穆斯林战士千余人,远征希贾兹北部靠近叙利亚边境的重镇杜麦特·詹达勒,迫使分布在该地的贝都因人纷纷溃逃。随后,先知穆罕默德再度出征,讨伐贝都因人穆斯台里克部落,大获全胜,夺得骆驼 2000 峰,羊 500 只。③

先知穆罕默德自从 622 年移居麦地那之时,便矢志以胜利者的身份重返麦加。巴德尔之战和壕沟之战的胜利,使先知穆罕默德逐渐看到了重返麦加的希望。驱逐犹太人的圣战巩固了穆斯林在麦地那的地位,解除了先知穆罕默德重返麦加的后顾之忧。与贝都因人的广泛交往,标志着温麦自麦地那绿洲向希贾兹游牧区域的初步延伸。另一方面,穆斯林的频繁骚扰使麦加与叙利亚之间的商队贸易几近中断,进攻麦地那的屡屡失败更使得古莱西人在阿拉伯半岛声名扫地。随着双方力量对比的改变,先知穆罕默德重返麦加的时机日渐成熟。④

627 年,先知穆罕默德以启示的形式向穆斯林颁布了朝觐克尔白的宗教法令:"为世人而创设的最古的清真寺,确是在麦加的那所吉祥的天房、全世界的向导……凡能旅行到天房的,人人都有为安拉而朝觐天房的义务。""你应当在众人中宣告朝觐,他们就从远道或徒步或乘着瘦驼,到你这里来,以便他们见证他们所有的许多利益,并且在规定的若干日内,纪念安拉之名而屠宰他赐给他们的牲畜。"⑤628 年,先知穆罕默德利用"禁月"的机会,以朝觐克尔白的名义前

---

① Kennedy, H., *The Prophet and the Age of the Caliphate*, p. 41.

② 哈桑·穆阿尼斯:《古代中世纪的阿拉伯国家与文明》,第 147 页。

③ Watt, W. M., *Muhammed at Medina*, p. 34.

④ 哈桑·穆阿尼斯:《古代中世纪的阿拉伯国家与文明》,第 149 页。

⑤ 《古兰经》,3:97,22:27。

往麦加,麦地那穆斯林约 1500 人随先知穆罕默德同行。[①] 他们驱赶作为祭牲的 70 峰骆驼,除随身所用的佩刀外,没有携带其他武器,表示无意与古莱西人兵戎相见,只为履行安拉规定的宗教义务。先知穆罕默德还曾约与麦地那结盟的游牧部落同去麦加。然而,贝都因人或许认为此行凶多吉少,大都托词拒绝。先知穆罕默德的队伍行至麦加以北的奥斯凡时,获悉古莱西人的骑兵驻扎在前方,于是穿越小径,绕到麦加以南 16 公里处的侯德比耶安营下寨。经过数日的对峙,古莱西人派苏海勒·阿姆尔前往侯德比耶与先知穆罕默德谈判,由阿里执笔,订立和约,规定:第一,双方休战 10 年;第二,休战期间,穆斯林不得庇护擅自投奔麦地那的麦加人,而背叛先知穆罕默德的人却可留居麦加;第三,先知穆罕默德放弃该次朝觐撤回麦地那,古莱西人保证在翌年朝觐期间撤出麦加三日,以便穆斯林在克尔白履行宗教义务。侯德比耶和约的订立,尽管没有使先知穆罕默德达到在该年朝觐克尔白的目的,但是毕竟标志着麦加的古莱西人对于先知穆罕默德及其宗教的初步承认,缓解了麦加与麦地那之间的敌对状态,从而为先知穆罕默德以胜利者的身份重返故乡铺平了道路。侯德比耶和约的订立可谓穆斯林克复麦加的重要起点,《古兰经》曾称此事是先知穆罕默德的"一种明显的胜利"[②]。

先知穆罕默德与古莱西人订立侯德比耶和约以后,自麦加挥师北上,兵抵希贾兹北部犹太人居住的绿洲海拜尔。海拜尔的犹太人龟缩在七座堡垒之内,殊死抵抗。穆斯林砍伐堡垒周围的四百棵枣椰树,断绝堡垒的水源供应,进而发起猛攻。犹太人据守的五座堡垒相继陷落,另外两座堡垒内的犹太人无力再战,向穆斯林投降,请求保留他们的性命。先知穆罕默德准许犹太人继续居住在海拜尔绿洲,规定犹太人每年缴纳农产品的二分之一。海拜尔附近的法达克、泰马、瓦迪库拉的犹太人,慑于穆斯林的威力,纷纷屈从于先知穆罕默德。他们如同海拜尔的犹太人一样,仍然生活在原有的家园,按照分成制的原则,每年向穆斯林缴纳一定数量的农产品。[③]

据阿拉伯历史家记载,侯德比耶和约订立以后,先知穆罕默德曾经遣使致书波斯、拜占廷、埃塞俄比亚的君主以及埃及、大马士革、巴林、阿曼、叶麦的统治者。[④] 诚然,先知穆罕默德遣使致书,未能使这些地区因此皈信伊斯兰教。但是,上述举措表明先知穆罕默德并没有将视野局限于阿拉伯半岛,他的目光

---

① Watt,W. M. , *Muhammed at Medina* , p. 85.

② 《古兰经》,48∶1。

③ Al-Baladhuri,*Futuh al-Buldan*, p. 24.

④ Schacht,J. , *The Legacy of Islam*,Oxford 1974, p. 181.

已经转向半岛周围的广大地区。

629年,先知穆罕默德率领两千余名穆斯林自麦地那出发,驱赶作为祭牲的60峰骆驼,前往麦加。古莱西人按照侯德比耶和约的规定,预先撤至麦加郊外。麦地那对于麦加的胜利已是大势所趋。

侯德比耶和约的订立,似乎妨碍先知穆罕默德对麦加采取进一步的军事行动。先知穆罕默德在寻找时机。不久,麦加的盟友巴克尔部落攻击曾与先知穆罕默德订有盟约的胡扎尔部落,古莱西人介入双方的冲突,因而触犯了侯德比耶和约。[1] 630年,先知穆罕默德兴师问罪,讨伐古莱西人。途中,希贾兹一带的贝都因人纷纷加入先知穆罕默德的队伍。先知穆罕默德兵抵麦加郊外时,穆斯林队伍已达万人之众。古莱西人首领阿布·苏福彦见大势已去,率先皈依伊斯兰教。先知穆罕默德晓谕其余古莱西人,凡闭门不出者、避于禁寺者和躲在阿布·苏福彦家中者,概不问罪,可保平安。随后,穆斯林兵分四路进攻麦加,古莱西人几乎不战而降,只有哈立德·瓦里德率领的队伍入城时遇到抵抗,略有伤亡,其余各路队伍均兵不血刃。先知穆罕默德再度来到克尔白神殿,绕行七周,触摸玄石,命令穆斯林捣毁神殿内所有的供奉之物,仅保留玄石作为圣物。[2] 先知穆罕默德向众人高呼:"真理已经来临,虚妄已经消灭;虚妄确是易灭的。"[3]这是先知穆罕默德一生中最为辉煌的时刻,伊斯兰教终于在他的故乡取得了彻底的胜利,古莱西人顽固恪守的多神崇拜从此荡然无存。

先知穆罕默德以胜利者的身份重返麦加的消息不胫而走,震动整个半岛,尚未归顺伊斯兰国家的阿拉伯人不寒而栗。然而,他们并没有立刻对先知穆罕默德俯首臣服,一场恶战在等待着穆斯林。海瓦精部落是分布在麦加东南的贝都因人。他们获悉先知穆罕默德克复麦加的消息之后,惶恐不安,担心穆斯林会闯进自己的家园。于是,他们联合塔伊夫绿洲的萨奇夫部落,组成两万余众的庞大队伍,集结在侯奈因山谷,准备进行顽抗。海瓦精部落采用阿拉伯半岛的传统战术,携带家眷,驱赶牲畜,誓与穆斯林决一死战。先知穆罕默德在麦加逗留十余天后亲自率领12000名战士,其中包括2000名古莱西人,奔赴侯奈因山谷。穆斯林自恃人多势众,信心十足。然而,交战伊始,哈立德·瓦里德率领的前锋部队遭到伏击,伤亡惨重,后续人马见状大骇,纷纷溃逃。跟随先知穆罕默德出征的队伍十分庞杂,许多贝都因人只求获取战利品,无心恋战,来自麦加

[1]　Shoufany,E.,*Al-Riddah and the Muslim Conquest of Arabia*,Toronto 1972,p.22.

[2]　Osborn,R.D.,*Islam Under the Arabs*,pp.67-68.

[3]　《古兰经》,17:81。

的古莱西人目睹穆斯林的败绩，甚至暗中幸灾乐祸。危急关头，先知穆罕默德泰然自若，毫不畏惧，率领迁士和辅士殊死拼杀，整个队伍士气大振，溃逃者重返战场，发动反攻，直至大获全胜，俘敌六千余人，并夺得骆驼2万峰，羊4万只，海瓦精部落的残余势力逃往塔伊夫。先知穆罕默德将战利品暂存于吉阿拉纳河谷，随后催动得胜之师，兵抵塔伊夫绿洲。萨奇夫部落及海瓦精部落的残余据城固守，穆斯林屡攻未克。最后，先知穆罕默德下令砍烧萨奇夫部落的葡萄园，迫使萨奇夫部落及海瓦精部落的残余弃城投降。[①] 先知穆罕默德班师返回麦地那。

伊斯兰历纪元9年（即630年4月到631年3月），阿拉伯半岛的诸多部落纷纷派遣所谓的沃弗德（阿拉伯语中意为代表团）前往麦地那谒见先知穆罕默德，史称"代表团之年"[②]。据阿拉伯历史家伊本·赛耳德的记载，来自阿拉伯半岛各地的七十余个代表团在麦地那谒见穆罕默德。[③] 自古以来，他们只是忠于自己的部落，从不听从其他人的摆布。此时，他们却长途跋涉，从遥远的阿曼、巴林、哈德拉毛、也门诸多区域来到麦地那，许多人甘愿抛弃祖辈的信仰，加入穆斯林的行列。伊斯兰文明的影响，至此已遍及整个半岛的各个角落。《古兰经》曾经提及当时的情景："当安拉的援助和胜利降临，而你看见众人成群结队地崇奉安拉的宗教时，你应当赞颂你的主超绝万物，并且向他求饶，他确是至宥的。"[④]当然，"代表团之年"并不意味着所有部落完全被纳入温麦的范围，更非说明伊斯兰教在整个半岛的最后胜利。所谓的代表团往往只是部落之中的一派势力，他们或许希望借助于先知穆罕默德的支持，战胜自己的对手，从而确立其在部落内部的优势地位。另一方面，并非所有的代表团皆向先知穆罕默德表达皈依伊斯兰教的愿望。许多代表团无意改奉伊斯兰教，仅仅承认先知穆罕默德的政治权力。纳季兰的基督徒曾经派出60人组成的使团，身着华丽的服饰，携带厚礼，谒见先知穆罕默德。先知穆罕默德指责他们崇拜十字架和奉行三位一体的教义，劝化他们改奉伊斯兰教，但未能如愿。他们恪守基督教的信仰，缴纳人丁税，直至哈里发欧默尔（634—644年在位）当政时期被逐往叙利亚。个别代表团甚至无意承认先知穆罕默德的政治权力。阿米尔部落的首领阿米尔·突法勒和哈尼法部落的首领穆赛里玛要求继承先知穆罕默德的圣位，或者与先知

---

① Watt, W. M., *Muhammed at Medina*, p. 72, p. 73.

② 哈桑·穆阿尼斯：《古代中世纪的阿拉伯国家与文明》，第150页。

③ Siddiqi, M. Y. M., *Organization of Government Under the Prophet*, Delhi 1987, p. 41.

④ 《古兰经》，110:1—3。

穆罕默德划地分治,遭到先知穆罕默德的拒绝。[1]

631年朝觐期间,阿拉伯人纷纷聚集在麦加。虽然克尔白神殿的供奉之物业已清除,但是仍有大量的阿拉伯人尚未皈依伊斯兰教,原有的献祭仪式依旧保留。先知穆罕默德出于抵制多神信仰的考虑,拒绝与尚未皈依伊斯兰教的阿拉伯人共同履行朝觐义务,只是委派阿布·伯克尔率领三百余名穆斯林前往麦加。随后,先知穆罕默德授权阿里赶赴麦加颁布新的启示:废止先知穆罕默德曾经与异教徒订立的盟约,禁止非穆斯林进入麦加和朝觐克尔白,进而阐述对多神崇拜者以及犹太人和基督徒全面圣战的思想原则。"当禁月逝去的时候,你们在哪里发现以物配主者,就在那里杀戮他们,俘虏他们,围攻他们,在各个要隘侦候他们。""当抵抗不信安拉和末日,不遵安拉及其使者的戒律,不奉真教的人,即曾受天经的人,你们要与他们战斗,直到他们依照自己的能力,规规矩矩地交纳丁税。"[2]与此同时,先知穆罕默德向分布在半岛各地的诸多部落派出使者,广泛传布伊斯兰教的信条,规定相应的宗教义务和行为准则,进而根据"安拉的法度"仲裁纠纷,募集兵员,征收天课贡赋。[3]

632年初,先知穆罕默德自麦地那启程,前往麦加主持朝觐仪式。这是自征服麦加以来先知穆罕默德首次朝觐克尔白,也是他在生前的最后一次朝觐,史称"辞朝"。此次朝觐与以往不同,参加者皆为穆斯林,人数近十万之众。[4] 先知穆罕默德抵达麦加,首先在克尔白绕行七周,亲吻玄石,继而在克尔白东侧的所谓易卜拉欣立足处履行拜功。然后,先知穆罕默德在赛法与麦尔沃两丘之间奔走七次,并在麦加郊外的米纳山留宿过夜。次日,先知穆罕默德登上阿拉法特山,向参加朝觐的穆斯林发表著名的"告别演讲",阐述伊斯兰教的社会准则:"众人哪,你们听着!我不知道今年过后还能不能和你们在此相聚,站立礼拜。众人哪,直到你们回到安拉御前为止,你们相互残杀生命,相互侵占财产,均在严禁之列,犹如在本月本日本地严禁的事一样……蒙昧时代的高利贷一律作废……蒙昧时期的血债一律不予清算……除克尔白和渗渗泉的看管照例以外,蒙昧时代的习俗一律废止。有意杀人者偿命……穆斯林都是弟兄,若非本人同意而霸占自己弟兄的财产对于任何人都是非法的……"[5]随后,先知穆罕默德颁布最后的启示:"今天,不信道的人,对于(消灭)你们的宗教已经绝望了,故你们

① Ekerman, D. F., *Al-Musaylima*, *Journal of Economic and Social History of the Orient*, 1967, p. 42.

② 《古兰经》,9:5,9:29。

③ 哈桑·穆阿尼斯:《古代中世纪的阿拉伯国家与文明》,第150页。

④ 同上,第151页。

⑤ 穆罕默德·胡泽里:《穆罕默德传》,秦德茂、田希宝译,宁夏人民出版社1983年,第265—267页。

不要畏惧他们,你们当畏惧我(应指安拉)。今天,我已为你们成全你们的宗教,我已完成我所赐你们的恩典,我已选择伊斯兰教做你们的宗教。"①听罢先知穆罕默德颁布的上述启示,阿布·伯克尔等人潜然泪下。他们意识到,先知穆罕默德已经完成了自己的神圣使命,恐将不久于人世。

先知穆罕默德在麦加逗留十天,返回麦地那后果然身染重病,卧床不起。632年6月8日,先知穆罕默德溘然长逝,葬于麦地那的先知寺内。

伊斯兰文明的初步确立

人类文明起源于深刻的社会矛盾,而社会矛盾往往表现为战争的形式。历史上的诸多民族在摆脱野蛮状态和步入文明时代的社会变革中皆曾经历过战争的过程,阿拉伯人亦在其列。另一方面,阿拉伯人自野蛮向文明的过渡与伊斯兰教的兴起以及信仰的转变密切相关,阿拉伯国家的形成具有浓厚的宗教色彩,社会矛盾包含着宗教对立的明显倾向。阿拉伯社会的矛盾运动无疑是导致阿拉伯人皈依伊斯兰教和步入文明时代的深层背景,文明与野蛮的抗争导致穆斯林与非穆斯林之间的激烈冲突。温麦的演进和国家的实践显然是《古兰经》阐述的政治概念和相关原则转化为社会现实的直接结果,而宗教对抗的客观环境决定了穆斯林诉诸圣战的思想倾向。

所谓的圣战并非伊斯兰教特有的现象,其他宗教亦曾具有崇尚圣战的思想倾向。然而,诸多宗教的圣战思想根源于不同的物质环境,体现不同的现实需要,性质各异。伊斯兰圣战思想形成于阿拉伯人自野蛮向文明过渡的时代,与温麦演进的社会现实密切相关,是特定历史条件下阿拉伯社会结构深刻变革和文明与野蛮激烈抗争的必然产物。在阿拉伯半岛的特定历史条件下,所谓的圣战既是文明否定野蛮的必要手段,亦是推动阿拉伯人步入文明时代之进程的历史杠杆。

先知穆罕默德在麦加时期传布启示,始终局限于言辞劝化的形式,尚未提及圣战。自徙志开始,启示的传布逐渐发展为国家的实践。穆斯林与非穆斯林之间频繁激烈的暴力冲突,构成麦地那时期的突出现象。与此同时,信仰的差异取代血缘关系的亲疏,构成社会对立的基础和划分敌我的标志。"你们的盟友,只是安拉和使者,和信士中谨守拜功,完纳天课,而且谦恭的人"。"不信道者,确是你们明显的仇敌"。"违抗安拉和使者的人,必属于最卑贱的民众之

---

① 《古兰经》,5:3。

列。"①漫无原则的血族仇杀处于宗教信条的严格约束之下；穆斯林与非穆斯林的对抗逐渐取代部族之间的冲突，成为阿拉伯半岛社会矛盾的主要形式。

麦地那时期，穆罕默德致力于领导对非穆斯林发动的圣战。据阿拉伯历史家瓦基迪（747—823年）记载，穆斯林在麦地那时期先后出战74次，圣战者的足迹遍及半岛的诸多地区。② 先知穆罕默德在麦地那的10年，可谓圣战的10年。《古兰经》麦地那篇明显贯穿着两个主题，一方面是在温麦的内部缔造文明的社会秩序，另一方面是阐述温麦与周边区域野蛮群体的相互关系，而后者的核心便是圣战的原则。穆罕默德颁布的圣战启示，既是《古兰经》阐述的政治概念及相关原则的逻辑延伸，亦是麦地那时期国家的实践和穆斯林与非穆斯林之间的矛盾冲突在意识形态领域的集中反映。《古兰经》中的圣战思想不同于伊斯兰教诞生前阿拉伯半岛的传统习俗，其社会实质在于强调暴力行为的宗教意义和地域原则，进而构成伊斯兰国家理论的重要组成部分。《古兰经》麦地那篇表明，穆斯林的圣战并非野蛮条件下的血族仇杀，而属于国家行为的范畴；穆斯林圣战的宗旨，是通过穆斯林对非穆斯林的暴力征服，以有序的文明否定无序的野蛮状态。

伊斯兰教诞生前的阿拉伯社会充斥着暴力行为和尚武倾向。相互攻杀发生于每年的若干月份，几乎构成部落生活的例行内容。血亲复仇是导致暴力行为的重要诱因，部落战争往往延续数代。麦地那时期穆斯林的圣战与野蛮状态下的血族仇杀不无相似之处，两者皆表现为暴力的过程。《古兰经》麦地那篇包含着沿袭传统的明显倾向，相关启示屡屡提及禁月期间避免暴力的习俗，甚至谴责禁月期间的暴力行为。"依安拉的判断，月数确是十二个月……其中有四个禁月，这确是正教。故你们在禁月里不要自欺。""禁月内作战是大罪。""（以物配主者啊！）你们可以在地面上漫游四个月"，直至禁月结束。③ 徙志初年的启示亦曾强调穆斯林圣战的复仇原则，穆斯林对麦加的圣战被视作报复古莱西部落保守势力的迫害和驱逐。"在哪里发现他们，就在哪里杀戮他们，并将他们逐出境外，犹如他们从前驱逐你们一样，迫害是比杀戮更残酷的。""禁月抵偿禁月，凡应当尊敬的事物，都是互相抵偿的。谁侵犯你们，你们可以同样的方法报复谁。"④尽管如此，《古兰经》麦地那篇阐述的征战思想无疑与伊斯兰教诞生前阿拉伯社会的传统习俗具有本质差别。

---

① 《古兰经》，5:55,4:101,58:20。

② Watt, W. M., *Muhammed at Medina*, p. 1.

③ 《古兰经》，9:36,2:217,9:2—5。

④ 《古兰经》，2:191,2:194。

其一，传统社会的血族仇杀往往表现为世俗的暴力行为，而穆斯林的战争却被伊斯兰教赋予神圣的色彩。《古兰经》麦地那篇的相关启示表明，穆斯林虽然在一定程度上沿袭传统习俗，但是传统习俗已经被纳入崭新的信仰体系之中，服从于至高无上的宗教利益。禁月期间的暴力行为因与传统习俗不符而属罪过，应予谴责，但是，"妨碍主道，不信安拉，妨碍（朝觐）禁寺，驱逐禁寺区的居民出境，这些行为，在安拉看来，其罪更大"。穆斯林的暴力行为具有明确的宗教目标，信仰的差异构成暴力冲突的前提条件。"信士不至于杀害信士……谁故意杀害一个信士，谁要受火狱的报酬。"暴力行为受到宗教规定的严格约束，对于异教徒的圣战被穆斯林视作唯一合法的战争形式。"信道者，为主道而战；不信道者，为魔道而战"，表明穆斯林圣战区别于血族仇杀的宗教特征。《古兰经》麦地那篇规定，穆斯林皆有履行圣战的宗教义务，圣战中的阵亡者将得到天国的丰厚报酬。"你们当轻装地，或重装地出征，你们当借你们的财产和生命为安拉而奋斗。""以后世生活出卖今世生活的人，教他们为主道而战吧！谁为主道而战，以至杀身成仁，或杀敌致果，我将赏赐谁重大的报酬。""为主道而阵亡者，你绝不要认为他们是死的，其实，他们是活着的，他们在安拉那里享受给养。"至于穆斯林逃避圣战，则被视作信仰的罪过，将受到宗教的惩罚。"没有残疾而安坐家中的信士，与凭自己的财产和生命为主道而奋斗的信士，彼此是不相等的。""麦地那人和他们四周的游牧的阿拉伯人，不该逗留在后方，而不随使者出征。""教你们为安拉而出征的时候，你们怎么依恋故乡，懒得出发呢……如果你们不出征，安拉就要痛惩你们。"①

其二，传统社会的暴力行为源于血缘群体之间的矛盾对抗，血亲复仇是诉诸暴力的首要准则，氏族部落构成暴力冲突的基本单位。相比之下，穆斯林的圣战源于信仰的差异和宗教的对抗，体现文明与野蛮的尖锐矛盾。《古兰经》麦地那篇阐述的圣战原则显然超越血缘群体的狭隘界限，强调暴力冲突的地域倾向。迁士与辅士虽无血缘联系，却当并肩作战。如若信仰不同，即使血族成员相互攻杀，甚至父子兄弟兵戎相见，亦属当然。"你们不会发现确信安拉和末日的民众，会与违抗安拉和使者的人相亲相爱，即使那等人是他们的父亲，或儿子，或兄弟，或亲戚。""你们不要以你们的父兄为保护人，如果他们弃正道而取迷信的话。你们中谁以他们为保护人，谁是不义者。"②

其三，穆斯林的圣战并非个人的随意行为，而是温麦的国家行为。穆罕默德作为安拉的使者和温麦的领袖所行使的绝对统率权，构成穆斯林圣战的先决

① 《古兰经》，4：92—93，4：92—93，4：76，9：41，4：74，3：169，4：95，9：120，9：38—39。
② 《古兰经》，58：22，9：23。

条件。根据麦地那宪章，温麦的成员未经穆罕默德允许不得擅自外出攻杀或与敌方媾和。①《古兰经》麦地那篇进一步规定："当使者号召你们去遵循那使你们获得生命（的教训）的时候，你们当响应安拉和使者。""你们当服从安拉及其使者，你们不要纷争。"625 年，穆罕默德针对伍侯德战斗颁布启示，谴责穆斯林违犯军令和临阵脱逃，阐述相应的军事原则，明确圣战的指挥权和群体性。"当你们遇着不信道的人向你们进攻的时候，你们不要以背向敌。除非因为转移阵地，或加入友军，在那日，谁以背向敌，谁要受安拉的谴怒，他们的归宿是火狱。"②

　　徙志初年，圣战者仅限于迁士和辅士的范围，穆斯林势单力薄，《古兰经》阐述的圣战思想亦主要表现为复仇的倾向和防御的原则。"你们当反抗他们，直到迫害消除，而宗教专为安拉；如果他们停战，那么，除不义者外，你们绝不要侵犯任何人。"③627 年壕沟之战结束后，特别是 630 年穆斯林入主麦加后，《古兰经》阐述的圣战思想明显改变，穆斯林的圣战不再局限于消极和被动的复仇和防御行为，全面的战争动员和广泛的强制顺从成为相关启示的核心内容。多神教徒必须皈依伊斯兰教并完纳天课，基督徒和犹太人必须通过缴纳丁税的形式换取温麦的保护，则是穆斯林终止征战的前提条件。伴随着穆斯林的全面征战，阿拉伯人逐渐摆脱野蛮状态，步入崭新的文明时代。

　　先知穆罕默德时代的阿拉伯半岛处于极度动荡的状态。频繁的劫掠和激烈的仇杀日益加剧着部落之间的矛盾冲突，从根本上决定着阿拉伯人告别野蛮状态而步入文明社会的演进趋势。国家是文明的集中体现，国家的建立是先知穆罕默德时代阿拉伯社会形态变革的重要组成部分。麦加贸易的兴起导致古莱西人财产关系的剧烈变化和社会秩序的深刻危机，在多神崇拜的旷野之中提供了伊斯兰教赖以植根的沃土。信仰的转变和伊斯兰教的诞生揭开了阿拉伯人建立国家和步入文明时代的帷幕，而公共权力由宗教生活向世俗领域的延伸则是这一过程的核心内容。先知穆罕默德在麦地那创立的国家，构成伊斯兰教所阐述的政治思想和社会原则得以逐步实践的逻辑结果。教俗合一的权力体制无疑是新兴伊斯兰国家的突出特征，宗教信条的约束和宗教意义的顺从则是伊斯兰国家公共权力的原生形态。

　　伊斯兰教自麦加时期便一反阿拉伯半岛的历史传统，极力强调安拉的威

　　①　《麦地那宪章》第 36 款，转引自 Rodinson, M., *Muhammed*, p. 153.

　　②　《古兰经》，8：24，8：27，3：152—153，8：15—16。

　　③　《古兰经》，2：193。

严。安拉的威严不仅表现为创造天地和毁灭万物,而且在于驾驭尘世和主宰芸芸众生。《古兰经》称:"天上、地下、天地之间以及地下的一切,全都归安拉治理";"只有安拉具有创造和命令的威力";"安拉是世人的主宰,世人的君王。"麦地那时期的启示进一步阐述了安拉至上的原则,强调安拉的意志是一切权力的源泉。"你要把国权赏赐谁,就赏赐谁;你要把国权从谁手中夺去,就从谁手中夺去"①。曾经有一名初奉伊斯兰教的部落首领将先知穆罕默德称作君王(即马立克),先知穆罕默德断然表示:"我只是使者,唯有安拉才是君王。"②另一方面,伊斯兰教在强调安拉至上的前提下,赋予穆罕默德作为安拉的使者以绝对的宗教权力。穆斯林不仅要敬畏安拉,而且必须无条件地顺从安拉的使者。《古兰经》屡屡将敬畏安拉与顺从使者相提并论,而敬畏安拉直接表现为顺从使者。"谁顺从使者,谁确已服从安拉。""谁违抗安拉和使者,谁必受火狱的刑罚,并且永居其中。"③伊斯兰教通过强调安拉至上和顺从使者的信条,渐趋否定原始民主制的传统原则,进而阐述了国家权力的政治理论。

伊斯兰教赋予先知穆罕默德的国家权力,首先表现为规定穆斯林必须履行的宗教义务。宗教方式的惩罚为宗教权力的实现提供了必要的约束手段,"取悦于安拉还是触犯安拉"构成衡量社会行为的首要准则。④ 穆斯林的宗教义务之一,是通过礼拜的形式表达对安拉的敬畏。先知穆罕默德在麦加时期传布的启示,初步规定了穆斯林的礼拜义务。"你们应当皈依安拉,应当敬畏他,应当谨守拜功。""应当谨守从晨时到黑夜的拜功;并应当谨守早晨的拜功。"麦加时期,伊斯兰教皈依者曾因履行拜功而屡遭反对者的袭击。麦地那时期,礼拜仪式渐趋完善,每日逐时的五次拜功和聚礼成为定制。斋戒是伊斯兰教规定的另一项基本的宗教义务。《古兰经》麦加篇曾经提及斋戒,但是尚无明确的规定。623 年,先知穆罕默德颁布启示,规定全体穆斯林在莱埋丹月(伊斯兰教历 9 月)实行斋戒的制度。"斋戒已成为你们的定制,犹如它曾为前人的定制一样,以便你们敬畏。"斋戒是"安拉的法度",凡因故未在规定日期斋戒者,必须在事后补足。627 年,先知穆罕默德以启示的形式颁布朝觐克尔白的宗教法令。"人人都有为安拉而朝觐天房的义务。""你应当在众人中宣告朝觐,他们就从远道或徒步或乘着瘦驼,到你这里来。"⑤632 年,穆斯林十万余众汇集麦加举行"辞朝",声势之大,前所未有。

① 《古兰经》,20:6,7:54,114:1—2,3:26。
② Grunebaum,G. E.,*Medieval Islam*,Chicago 1961,p. 154.
③ 《古兰经》,4:80,72:23。
④ N·库尔森:《伊斯兰教法律史》,吴云贵译,中国社会科学出版社 1986 年,第 4 页。
⑤ 《古兰经》,30:31,17:78,19:26,2:183;2:187;2:185,3:97,22:27。

先知穆罕默德所行使的权力并没有停留在单纯规定宗教义务的范畴,《古兰经》亦未局限于宗教信条的阐述。在宗教约束的基础之上,伊斯兰国家发展了相应的世俗权力。"你们当服从安拉,应当服从使者和你们中的主事人"①,反映了新兴的国家权力由宗教生活向世俗领域的延伸。安拉的启示和先知穆罕默德作为安拉使者的地位,则是新兴国家世俗权力的来源所在。显而易见,伊斯兰教通过强调安拉至上和顺从使者的信仰内容,将尚且鲜为人知的崭新政治概念引入阿拉伯半岛氏族部落的社会体系;穆罕默德作为安拉的使者凌驾于氏族部落之上,获得与原始民主制大相径庭的个人权威,安拉至上的信仰为穆罕默德行使绝对的个人权威提供了必要的宗教保证。

先知穆罕默德的世俗权力形成于麦地那时期,首先表现为对诸多纠纷的仲裁。麦地那宪章明确规定,先知穆罕默德作为安拉的使者,具有仲裁纠纷的权力。"温麦成员无论何事发生歧疑争执,皆须诉诸安拉和穆罕默德公断。"(第23款)"温麦内部无论何时出现可能导致严重后果之纠纷,皆须诉诸安拉和穆罕默德裁决。"(第42款)《古兰经》麦地那篇亦以启示的形式赋予先知穆罕默德以仲裁纠纷的权力。"我确已降示你包含真理的经典,以便你据安拉所昭示你的〔律例〕,而替众人判决。""你当依安拉所降示的经典而替他们判决,你不要顺从他们的私欲,你当谨防他们引诱你违背安拉所降示你的一部分经典。如果他们违背正道,那么,你须知安拉欲因他们的一部分罪过,而惩罚他们。"先知穆罕默德的仲裁具有无可争辩的绝对权威,温麦的成员必须顺从安拉的意志而接受先知穆罕默德的裁决结果。"当安拉及其使者判决一件事的时候,信道的男女对于他们的事,不宜有选择。谁违抗安拉及其使者,谁已陷入显著的迷误了。"在行使仲裁权力的过程中,先知穆罕默德以启示的形式阐述了社会成员在世俗领域的行为准则,从而发展了立法的权力。《古兰经》中规定:"我确已降示你包含真理的经典,以便你据安拉所昭示你的(律例),而替众人判决";"你当依安拉所降示的经典而替他们判决,你不要顺从他们的私欲,你当谨防他们引诱你违背安拉所降示你的一部分经典。"一方面,《古兰经》阐述了以个人作为社会责任之承担者的法律原则:"今以杀人者抵罪为你们的定制,公民抵偿公民,奴隶抵偿奴隶,妇女抵偿妇女。"凡误伤人命者,皆须向丧主赔偿赎金或"连续斋戒两个月代赎"。另一方面,《古兰经》强调同态复仇的惩罚方式:"禁月抵偿禁月,凡应当尊敬的事物,都是互相抵偿的。如果你们要报复,就应当依照你们所受的伤害而报复。"②《古兰经》明确区分故意杀人与过失杀人的责任差异,误伤人命者不受

①　《古兰经》,4:59。
②　《古兰经》,4:105,5:49,33:36,4:105;5:49,2:178;4:92,2:194。

同态复仇的惩罚,但是必须向死者一方赔偿赎金并释放一名信奉伊斯兰教的奴隶,或者"连续斋戒两个月"作为替代。血亲复仇尽管在形式上得以延续,但是已经受到宗教规定的严格约束,以往毫无限制和漫无原则的仇杀行为被废止。

御敌征战是世俗权力的重要内容,以安拉的名义领导圣战构成先知穆罕默德行使御敌征战权力的显著特征。麦地那宪章规定,抵御外部敌人的进攻是温麦成员共同的义务,温麦成员未经先知穆罕默德的允许不得擅自攻杀劫掠,御敌征战由漫无原则初步转变为服从安拉事业的需要。① 623 年初,先知穆罕默德宣布温麦成员与麦加敌对势力开始进入战争状态。624 年,先知穆罕默德率穆斯林出征,在巴德尔击败麦加敌对势力。此后,先知穆罕默德以安拉的名义发动一系列圣战,将犹太人凯努卡部落、纳迪尔部落和古莱宰部落相继逐出麦地那绿洲。630 年征服麦加以后,先知穆罕默德宣布进一步讨伐异教徒的启示。630 年底,先知穆罕默德对叙利亚边境重镇泰布克发动圣战,三万名穆斯林应召出征,声势之大,阿拉伯半岛前所未闻。

税收制度的演变,是先知穆罕默德时代国家权力自宗教生活向世俗领域延伸的典型过程。穆斯林缴纳天课作为虔敬安拉的表达方式,早在麦加时期的启示中已有所阐述。② 但是,缴纳天课最初只是一种自愿而为的善行,并无强制的规定和相应的征纳标准。徙志以后,天课由自愿而为的善行发展为所有穆斯林皆须履行的义务,进而构成国家税收的原型。627 年,先知穆罕默德规定了天课的具体数额:贝都因人每年缴纳畜牧产品(骆驼、牛、羊)的 2.5%,农民缴纳土地收获物(小麦、大麦、椰枣、葡萄干)的 5%—10%,商人缴纳相应数量的金银财帛。③ 在此基础上,《古兰经》规定了天课的八项用途,即"分配穷困者、赤贫者、为此操劳者、内心相投者、赎身者、欠债者、用于安拉之道者、离乡漂泊者"。631 年朝觐期间,先知穆罕默德委派阿里在麦加的克尔白颁布新的启示,规定所有的非穆斯林或者皈依伊斯兰教并完纳天课,或者以缴纳人丁税作为条件接受安拉和使者的保护,别无选择。④ 上述启示标志着国家税收的范围由穆斯林向非穆斯林的扩展,而从天课的规定到人丁税的征纳体现了国家税收制度的渐趋完善。

麦地那时代后期,先知穆罕默德相继委派诸多的瓦利前往半岛各地,旨在完善国家权力体系。"瓦利"一词在阿拉伯语中本意为主人,引申含义为长官。

---

① 哈桑·穆阿尼斯:《古代中世纪的阿拉伯国家与文明》,第 147 页。

② 《古兰经》,92:5;92:18;51:19。

③ Yahya b. Adam, *Kitab al-Kharaj*, Leiden 1967, p. 94.

④ 《古兰经》,9:60,9:5,9:29。

629年,瓦里德·欧格拜出任穆斯塔里格部落的瓦利。630年,阿塔布·阿绥德出任麦加的瓦利,穆阿兹·贾巴勒出任也门的瓦利,阿拉·哈达拉米出任巴林的瓦利,阿慕尔·阿绥出任阿曼的瓦利,阿布·欧拜德出任纳季兰的瓦利。先知穆罕默德还从各地的阿拉伯部落中选择虔诚的穆斯林出任瓦利,其中包括朱海纳部落的瓦利阿慕尔·穆拉赫、安斯部落的瓦利欧拜德·阿什亚布、胡扎尔部落的瓦利朱尔苏姆·纳希卡、萨奇夫部落的瓦利奥斯曼·阿比·阿绥、阿兹德部落的瓦利苏拉特·阿卡杜拉、哈姆丹部落的瓦利马立克·纳麦特、肯德部落的瓦利瓦基勒·侯吉尔。瓦利的职责是以先知穆罕默德的名义宣传伊斯兰教信条,规定相应的宗教义务和行为准则,进而根据"安拉的法度"仲裁纠纷、募集战士、征纳天课贡赋。穆阿兹·贾巴勒曾经表示,他在所辖区域治理臣民的原则,首先是根据《古兰经》的启示,其次是遵循先知穆罕默德的训示,最后是依照自己的判断。[1] 诸多瓦利的设置,标志着宗教权力向世俗领域的延伸和教俗合一的权力体制自麦地那绿洲向半岛各地的扩展。

新兴的国家权力脱胎于阿拉伯半岛氏族部落的社会结构。原始公社制度尽管在少数地区趋于解体,但是在整个半岛的范围内仍然根深蒂固。伊斯兰教诞生以后,确有一些阿拉伯人在皈依伊斯兰教以后脱离原有的血缘群体而移居麦地那绿洲,然而绝大多数的穆斯林依旧生活在各自的氏族部落之中;信仰的转变并没有使他们立即放弃传统的血缘联系和相应的社会义务,氏族部落继续构成温麦内部的重要组织形式。血缘关系的延续深刻地影响着温麦的政治生活,明显地制约着公共权力的发展。先知穆罕默德时代,国家机构极其简陋,官僚体系尚未形成。资深的迁士阿布·伯克尔、欧默尔、阿布·欧拜德、阿里以及辅士的首领赛耳德·欧拜德、赛耳德·穆阿兹等人无疑是温麦权力的核心成员,然而他们仅仅根据《古兰经》规定的原则并且遵循部落社会的传统形式履行咨议的职责,所谓"先知的内阁"只是在极其有限的范围内协助先知穆罕默德处理教俗事务。[2] 麦地那时期穆斯林征战频繁,却无常备的军事力量。《古兰经》倡导宗教意义的圣战,然而先知穆罕默德只能在战时从各个部落募集兵员;一旦战事结束,军队即告解散,人们返回各自的部落。文献资料曾经提及先知穆罕默德时代划分的若干行政区域(即维拉叶特),但是它们大都形同虚设,并无实际意义。诸多瓦利在行使教俗权力的过程中往往只是采取劝说和协商的方式,缺乏必要的强制手段。新兴的国家尚需借助血缘组织的传统形式支配臣民,公共权力的实现大都只是表现为宗教的约束,世俗的控制往往微乎其微。

---

[1] Siddiqi, M. Y. M., *Organization of Government Under the Prophet*, p. 262.

[2] Siddiqi, A. H., *The Origins and Development of Muslim Institutions*, Karachi 1962, pp. 24-25.

直到 632 年先知穆罕默德去世前夕,国家的税收在绝大多数地区仅限于要求而尚未成为现实。教俗合一的国家权力带有原始民主制的浓厚色彩,诸多方面有待完善。

　　私有制是文明社会的客观基础,财产关系由原始公有制向私有制的转变构成伊斯兰文明兴起的重要内容。麦地那时期,先知穆罕默德屡屡以安拉的名义颁布启示,着力通过立法手段肯定私有财产,保护私有制财产关系,强调个人对于财产的支配权力,禁止非法侵吞他人财产。"你们不要借诈术而侵蚀别人的财产,不要以别人的财产贿赂官吏,以便你们明知故犯地借罪行而侵蚀别人的一部分财产。""你们应当把孤儿的财产交还他们,不要以〔你们的〕恶劣的〔财产〕换取〔他们的〕佳美的财产;也不要把他们的财产并入你们的财产,而加以吞蚀。这确是大罪。""你们当试验孤儿,直到他们达到适婚年龄;当你们看见他们能处理财产的时候,应当把他们的财产交还他们;不要在他们还没有长大的时候,赶快浪费地消耗他们的财产。富裕的监护人,应当廉洁自持;贫穷的监护人,可以取合理的生活费。你们把他们的财产交还他们的时候,应当请人作见证。安拉足为监察者。"①

　　在强调个人财产支配权的基础之上,《古兰经》麦地那篇阐述了个人的遗产继承权。在当时的阿拉伯半岛,血族群体支配遗产继承的现象颇为盛行,许多部落排斥女性成员对于遗产的继承权利。针对这种情况,先知穆罕默德以启示的形式阐述了崭新的遗产继承原则,否定血族群体支配遗产继承的传统倾向,强调死者本人处置遗产的权利,并且规定了相应的法度。"你们当中,若有人在临死的时候,还有遗产,那么,应当为双亲和至亲而秉公遗嘱。这已成你们的定制,这是敬畏者应尽的义务。""我为男女所遗的每一份财产而规定继承人,即父母和至亲,以及你们曾与她们缔结婚约的人,你们应当把这些继承人的应继份额交给他们。""男子得享受父母和至亲所遗财产的一部分,女子也得享受父母和至亲所遗财产的一部分,无论他们所遗财产多寡,各人应得法定的部分。"遗产的继承权利,首先属于子女,配偶次之,父母再次之,兄弟姊妹居后。"安拉为你们的子女而命令你们。一个男子,得两个女子的分子。如果亡人有两个以上的女子,那么,她们共得遗产的三分之二;如果只有一个女子,那么,她得二分之一。如果亡人有子女,那么,亡人的父母各得遗产的六分之一。如果他没有子女,只有父母承受遗产,那么,他母亲得三分之一。如果他有几个兄弟姐妹,那么,他母亲得六分之一……如果你们的妻室没有子女,那么,你们得受她们的遗

────────────

　　① 《古兰经》,2∶188,4∶2,4∶6。

产的二分之一。如果她们有子女,那么,你们得受她们的遗产的四分之一……如果你们没有子女,那么,你们的妻室得你们遗产的四分之一。如果你们有子女,那么,她们得你们遗产的八分之一。"①

上述启示通过禁止非法侵吞他人财产和规定遗产继承权及其份额,排斥氏族成员的财产共占权,否定原始公有制的物化形式,体现了新兴的伊斯兰文明倡导私有制财产关系的积极倾向。

缺乏限制的婚姻关系是氏族部落制度赖以存在的社会条件,个体家庭的婚姻形态则是文明社会区别于野蛮社会的重要标志。伊斯兰文明兴起以前,阿拉伯人的婚姻形态十分混乱,对偶家庭在许多地区颇为盛行,某些部落甚至保留着母系制度的明显痕迹,男女之间通常处于松散结合的状态,婚姻关系缺乏必要的限制,诸如兄弟数人共娶一人为妻或超越血亲的界限而近乎乱伦的现象比比皆是,稳定的个体家庭仅仅处于朦胧的状态。② 针对查希里叶时代阿拉伯半岛的群婚倾向和内婚习俗,《古兰经》着力限制男女之间婚姻行为的随意性,即以限制娶妻数量的方式排斥群婚倾向,以限制通婚范围的方式排斥内婚习俗。

从表面上看,《古兰经》并未严格禁止多妻制的婚姻形式。"你们可以择娶你们爱悦的女人,各娶两妻、三妻、四妻;如果你们恐怕不能公平地待遇她们,那么,你们只可以各娶一妻,或以你们的女奴为满足。这是更近于公平的。"许多人据此认为,伊斯兰教实行多妻制度。然而,如果考虑到查希里叶时代阿拉伯半岛群婚盛行的特定状态,就会发现上述启示包含着限制多妻制的内在倾向,旨在约束阿拉伯人缺乏限制的婚姻行为,进而将一夫一妻制的个体家庭视作男女之间完美的结合形式。另一方面,《古兰经》明确废止传统的内婚习俗,严格规定男女之间的婚姻界限。"安拉严禁你们娶你们的母亲、女儿、姐妹、姑母、姨母、侄女、外甥女、乳母、同乳姐妹、岳母,以及你们所抚育的继女,即你们曾与她们的母亲同房的,如果你们与她们的母亲没有同房,那么,你们无妨娶她们。安拉还严禁你们娶你们亲生儿子的媳妇,和同时娶两姐妹……(他又严禁你们娶)有丈夫的妇女……安拉以此为你们的定制。"③

先知穆罕默德以启示的形式,强调缔结婚约的必要性,而聘仪构成其中的核心环节。查希里叶时代,求婚者亦常需向女方支付聘仪,然而接受聘仪者并非出嫁的女子,而是她的亲族。《古兰经》规定,聘仪必须支付给新娘本人,剥夺

---

① 《古兰经》,2:180,4:33,4:7,4:11—12。

② Lapidus,M. A. , *A History of Islamic Societies* , p. 29.

③ 《古兰经》,4:3,4:23—24。

其亲族收受聘仪的传统权利。"你们应当把妇女的聘仪,当做一份赠品,交给她们。""你们可以借自己的财产而谋与妇女结合,但你们应当是贞节的,不可是淫荡的。既与你们成婚的妇女,你们应当把已决定的聘仪交给她们。既决定聘仪之后,你们双方同意的事,对于你们是毫无罪过的。"《古兰经》还规定了男女之间解除婚约的法定程序,阐述了"待婚期"的概念。"盟誓不与妻子交接的人,当期待四个月。""当你们休妻的时候,你们当在她们的待婚期之前休她们,你们当计算待婚期,当敬畏安拉——你们的主。你们不要把她们从她们的房里驱逐出门,她们也不得自己出门,除非她们做了明显的丑事。这是安拉的法度。"[①]聘仪的强调和解除婚约的"法度",旨在否定任意的婚姻行为,限制婚姻关系的随意中止,进而保证个体家庭的相对稳定。

伴随着伊斯兰教的传布和国家权力的形成,阿拉伯社会结构发生了深刻的变革,变革的实质是在独尊安拉的宗教形式下血缘联系的削弱和地域联系的形成,而变革的起点便是先知穆罕默德的故乡麦加。先知穆罕默德在麦加时期传布的启示,固然承认麦加作为天房所在的神圣地位和古莱西人作为禁地居民的特殊权利。"我曾以他们的城市为安宁的禁地,而他们四周的居民被人劫掠。难道他们确信邪神,而辜负安拉的恩惠吗?""因为保护古莱氏,因为在冬季和夏季的旅行中保护他们,故教他们崇敬这天房的主,他曾为饥荒而赈济他们,曾为恐怖而保护他们?"但是,先知穆罕默德并没有将视野局限于生活在麦加的古莱西人,而是着眼于半岛各地的所有阿拉伯人,强调部落之间的相互联系和阿拉伯人作为整体的存在。《古兰经》麦加篇宣称,人类同出一源,本是一体,安拉并非只是麦加的神灵和阿拉伯人的保护者,而是所有地区和各个民族的主宰者。"他从一个人创造你们。""人们原来是一个民族。""你们的这个民族,确是一个统一的民族,我是你们的主,故你们应当崇拜我。""他是天地万物之主,是一切东方的主。""安拉的地面是宽广的。"《古兰经》麦加篇曾经提及以往的诸多先知,他们的使命大都局限于各自所在的部族,而先知穆罕默德的使命则是引导天地之间的全体生灵。"这部《古兰经》,被启示给我,以便我用它来警告你们,和它所达到的各民族。""我只派遣你为全人类的报喜者和警告者。"[②]上述启示显然区别于氏族部落的狭隘观念,与血缘群体的社会原则背道而驰,包含着倡导地域联系的思想倾向,而伊斯兰教自诞生之始便包含着世界性宗教的理论倾向。

---

① 《古兰经》,4:4;4:34,2:226,65:1。

② 《古兰经》,29:67,106:1—4,39:6,10:39,21:92,37:3,39:10,6:19,34:28。

麦加时期,伊斯兰教的皈依者并没有完全脱离与其氏族的联系,他们依旧接受各自氏族的保护,继续履行相应的社会义务。然而,独尊安拉的共同信仰无疑削弱了传统的血缘观念,成为超越氏族部落狭隘界限的联系纽带,使得来源各异的伊斯兰教皈依者渐趋聚合为颇显亲密的宗教社团。先知穆罕默德在麦加时期曾经实行教友制度,规定伊斯兰教的皈依者应超越血缘界限而结为教友。著名的圣门弟子泰勒哈·欧拜杜拉与祖拜尔·阿沃姆尽管分别属于古莱西部落的泰姆氏族和阿萨德氏族,却相互结为教友,交往甚密。教友关系并未取代血缘关系,但是无疑高于血缘关系。教友制度的实行,体现了信仰的纽带作用,预示着新型社会结构的萌芽。根据《古兰经》麦加篇,逐时礼拜、洁身自好和诵读启示的伊斯兰教皈依者组成的宗教社团在麦加时期初具雏形。著名的"阿尔卡姆会"始建于611年,最初包括先知穆罕默德以及阿布·伯克尔、阿布·欧拜德、赛耳德、阿比·瓦嘎斯、阿卜杜勒·拉赫曼·奥夫、祖拜尔·阿沃姆、泰勒哈·欧拜杜拉和阿尔卡姆数人,后来规模不断扩大,成为麦加时期伊斯兰教的核心组织和温麦演进历程的起点。"我们有我们的行为,你们有你们的行为。祝你们平安!我们不求愚人的友谊"[1],这意味着由伊斯兰教皈依者组成的宗教社团与麦加传统社会势力之间出现明显的差异和深刻的对立。穆罕默德以安拉的使者身份高居领袖地位,绝对的宗教顺从被视作全体穆斯林的共同义务,构成新的宗教群体与传统血缘社会之间的根本区别。615年和617年,先后有百余名皈依者遵从先知穆罕默德的吩咐,毅然告别久居的故乡,迁往埃塞俄比亚。622年,众多皈依者再度背叛自己的氏族部落,自麦加移居叶斯里卜。这些事实表明,在由皈依者组成的宗教社团中,安拉的利益高于一切;信仰的纽带和宗教的顺从超越血缘联系和传统义务,成为皈依者遵循的首要原则。

徙志的发生,无疑是伊斯兰教传入叶斯里卜的直接结果。温麦的建立,不仅提供了国家权力趋于成熟的政治基础,而且构成阿拉伯人实现社会聚合的重要外在形式。根据麦地那宪章,温麦沿袭了查希里叶时代的传统社会形式,保留了阿拉伯人原有的血缘组织。先知穆罕默德和来自麦加的迁士组成一个单独的氏族;无论是麦加的迁士还是麦地那的穆斯林,均以氏族为单位加入温麦,犹太人作为同盟者分别依附于奥斯部落和哈兹拉只部落的各个氏族。加入温麦的各个氏族依旧遵循血亲复仇的原则保护其成员的利益和安全,氏族首领在各自氏族的内部仍然具有相当的权力和影响。尽管如此,宗教的皈依和先知穆罕默德作为安拉使者的特殊地位,决定了温麦的社会结构包含着崭新的内容。穆斯林作为温麦的成员,不仅履行对于各自氏族的传统社会义务,而且承担顺

---

[1] 《古兰经》,28:55。

从安拉及其使者的神圣宗教责任。信仰的纽带高于血缘的联系,成为跨越血缘群体的界限和广泛沟通社会成员的重要桥梁。血缘群体的狭隘利益必须服从至高无上的宗教利益,安拉的事业成为约束社会行为的最高准则。"你们当全体坚持安拉的绳索,不要自己分裂。你们当铭记安拉所赐你们的恩典,当时,你们原是仇敌,而安拉联合你们的心,你们借他的恩典才变成教胞;你们原是在一个火坑的边缘上,是安拉使你们脱离那个火坑。""信士们皆为教胞,故你们应当排解教胞间的纠纷,你们应当敬畏安拉,以便你们蒙主的怜恤。"①630年穆斯林征服麦加以后,先知穆罕默德声威大震,伊斯兰教在整个半岛的范围内迅速传播。分布在半岛各地的阿拉伯部落纷纷遣使谒见先知穆罕默德,皈依伊斯兰教者甚多。伊斯兰教的传播打破了血族群体的狭隘界限,伊斯兰教的皈依使分别属于各个部落的阿拉伯人开始了社会聚合的进程。崇奉安拉的共同信仰,使阿拉伯人摒弃狭隘的血亲观念,忘却相互之间的宿怨。他们统一在伊斯兰教的旗帜之下,汇聚于温麦之中。在喧嚣已久的文明世界所遗忘的茫茫旷野,阿拉伯民族悄然崛起,进而成为中东地区举足轻重的社会势力。

　　先知穆罕默德时代的伊斯兰教,不仅提供了超越血缘群体狭隘界限的信仰纽带,使阿拉伯人汇聚于崭新的温麦,而且竭力削弱氏族部落的群体社会功能,积极倡导个体存在的伦理观念。根据《古兰经》麦加篇,责任和义务的承担对象并非氏族部落,而是个体的社会成员。"行善的人和作恶的人都各有若干等第,〔以报应〕他们所行的善恶,你的主并不忽视他们的行为。""一个负罪者,不再负别人的罪;一个负重罪者,如果叫别人来替他负罪,那么,别人虽是他的近亲,也不能替他担负一丝毫……洗涤身心者,只为自己而洗涤。"《古兰经》麦加篇所描述的末日审判,更是针对个人行为的清算和裁决;个人的责任不再被视作整个部族的群体责任,血亲成员之间亦不再相互承担对方的责任。"在那日天像熔铜,山像采绒。亲戚相见不相问。""火狱确是一个大难,可以警告人类,警告你们中欲前进者或欲后退者;各人将因自己的营谋而作抵押,唯幸福的人们除外。""我使每个人的行为附着在他的脖子上。在复活日,我要为每个人取出一个展开的本子,〔说:〕'你读你的本子吧!今天,你已足为自己的清算人'。谁遵循正道,谁自受其益;谁误入迷途,谁自受其害。一个负罪的人,不负他人的罪"②。

　　温麦沿袭氏族部落的传统形式,在一定程度上意味着血缘贵族传统的权力和地位得以延续。627年穆斯林击败犹太人古莱宰部落以后,先知穆罕默德曾

---

① 《古兰经》,3:103,49:10。

② 《古兰经》,6:132,35:18,70:8—10,74:35—39,17:13—15。

将处置战俘的权力交给奥斯部落的首领阿萨德·穆阿兹。630 年穆斯林征服麦加以后,先知穆罕默德亦曾在许多地区委派氏族首领和部落酋长出任瓦利。然而,氏族部落制度的瓦解无疑导致血缘贵族的衰落,信仰的纽带和地域性的聚合明显改变了阿拉伯人的传统观念。《古兰经》屡屡强调穆斯林皆为兄弟的原则,"信士们皆为教胞"①。"圣训"亦云:"伊斯兰教中没有身世的差别。"依据经训的基础,宗教资历逐渐取代身世的尊卑和财富的多寡,成为确定穆斯林社会地位的首要原则。②"我确已从一男一女创造你们,我使你们成为许多民族和宗教,以便你们互相认识。在安拉看来,你们中最尊贵者,是你们中最敬畏者。"③"信奉天经者和以物配主者,他们中不信道的人,必入火狱,而永居其中;这等人是最恶的人。信道而行善的人,是最善的人。""安拉将你们中的信道者升级,并将你们中有学问的人们提升若干级。安拉是彻知你们的行为的。"迁士于逆境之时皈依伊斯兰教,辅士在危难之际追随先知穆罕默德,他们备受穆斯林大众的崇敬,被誉为圣门弟子。《古兰经》麦地那篇多次提及圣门弟子,肯定他们的贡献和地位。"信道而且迁居,并且为安拉而奋斗的人和款留〔使者〕,赞助〔正道〕的人,这等人确是真实的信士,他们将获赦宥和优厚的给养。""迁士和辅士中的先进者,以及跟着他行善的人,安拉喜爱他们,他们也喜爱他,他已为他们预备了下临诸河的乐园,他们将永居其中。"古莱西部落的阿布·伯克尔、欧默尔、奥斯曼、阿里、阿布·欧拜德、赛耳德·阿比·瓦嘎斯、阿卜杜勒·拉赫曼·奥夫、祖拜尔·阿沃姆、泰勒哈·欧拜杜拉、赛伊德 10 名圣门弟子因长期追随先知穆罕默德,功绩卓著,被誉为"天园有位者"。比拉勒和宰德·哈里萨尽管身世卑微,亦因虔信伊斯兰教和忠实于先知穆罕默德,在穆斯林中颇具声望。他们或者身居麦地那,辅佐先知穆罕默德,参与重大决策,或者统兵攻战,传教征税,成为穆斯林社会的核心人物和温麦的中坚力量。631 年,阿布·伯克尔甚至代表先知穆罕默德,在麦加主持朝觐仪式。圣门弟子在温麦中的显赫地位,令传统的血缘贵族相形见绌。哈里发欧默尔当政期间,加萨尼部落的首领查白拉·艾伊罕曾赴麦加朝觐克尔白,在拥挤的朝觐者中,一个贝都因人无意间践踏了查白拉·艾伊罕的斗篷,自恃身世高贵的查白拉·艾伊罕怒不可遏,举手掴之。欧默尔获悉此事后,吩咐被打的贝都因人还以颜色。查白拉·艾伊罕大惑不解,说道:"他只是一个普通人,而我是酋长。"欧默尔答道:"伊斯兰教

---

① 《古兰经》,49:10。

② Levy,R. , *The Social Structure of Islam* , pp. 53-54.

③ 《古兰经》,49:13。著名的苏菲派学者艾哈迈德·巴达维(1200—1276 年)曾经对这段启示注释如下:"安拉通过一父一母创造你们中的每一个人。在身世方面,每个人都是平等的,不可夸耀自己的门第……每个生灵只能依靠虔诚的信仰达到完美的境界,每个生灵只能通过虔诚的信仰获得自己的荣誉。"

使你与他处于同样的地位,你与他相比并无丝毫的尊贵,除非虔诚和善行。"查白拉·艾伊罕说:"我原以为在伊斯兰教中我的地位比在蒙昧时代更加尊贵。"哈里发却说:"收起你那些陈旧的念头……"①查白拉·艾伊罕的遭遇,可谓血缘贵族地位衰落的真实写照。

伊斯兰文明兴起的过程,同时也是阿拉伯封建主义逐步形成的过程。如同其他的地区和民族一样,土地制度的演变构成阿拉伯封建主义形成过程的核心内容,土地的私有化则是阿拉伯封建主义得以形成的前提条件。

先知穆罕默德时代出现的温麦,作为伊斯兰国家的早期形态,脱胎于阿拉伯半岛的部落社会。部落社会特有的原始公社土地所有制,构成伊斯兰世界土地制度演变的起点。在部落社会的历史条件下,血缘关系占统治地位,支配着人们的生活,氏族公社是土地和其他财产的基本占有单位,部落则是血缘群体的极限。在阿拉伯半岛的多数区域,由于特定的自然环境,作为财产的土地主要是牧场。贝都因人大都生活在属于自己氏族和部落的牧场,沿着传统的迁徙路线,追逐水草,牧养牲畜。在也门一带和瀚海环绕的绿洲,作为财产的土地则是农田。那里的定居者依靠自然降雨和地下水的灌溉,耕种土地,从事农业生产。伊斯兰文明诞生前夕,阿拉伯半岛的一些地区在不同程度上出现了私有制财产关系的萌芽,但是土地尚属氏族公社全体成员的共同财产。贝都因人仍然以血缘群体的形式占据牧场,定居者依旧保持着集体耕作的传统形式。氏族部落无疑是拥有财产权利的共同体。"每一个单个的人,只有作为这个共同体的一个肢体,作为这个共同体的成员,才能把自己看成所有者或占有者。"②阿拉伯半岛特定的自然环境和生活方式,明显排斥着个人对土地的支配权利,土地私有制的财产观念尚未形成。

"一切文明民族都是从土地公有制开始的……这种公有制……经过了或长或短的中间阶段之后转变为私有制。"③先知穆罕默德时代,伊斯兰教自麦加兴起并向周围诸地广泛传播,国家权力日渐成熟,阿拉伯半岛的土地关系随之发生深刻的变化。先知穆罕默德以启示的形式规定,一切土地皆属安拉及其使者,进而阐述了国家土地所有制的权力原则。"天地万物都是安拉的,万事只归安拉。""我必定继承大地和大地上所有的一切,他们将归于我。"④上述启示的传

① Levy,R., *The Social Structure of Islam*, pp. 55-56.
② 《马克思恩格斯全集》,第 46 卷,第 472 页。
③ 同上,第 151 页。
④ 《古兰经》,3∶109,19∶40。

布,标志着土地关系的崭新概念通过宗教的形式被引入阿拉伯半岛的部落社会。部落社会所特有的原始公社土地所有制无疑是阿拉伯土地制度演变的起点,血缘群体诚然在绝大多数情况下依旧构成世袭占有土地的基本单位。但是,新兴的国家至少在理论上开始超越血缘群体的狭隘界限,获得支配土地的最高权力,进而作为"凌驾于所有这一切小的共同体之上的总和的统一体表现为更高的所有者或唯一的所有者"①。国家土地所有制的权力原则渐趋否定血缘群体支配土地的现实形态,构成阿拉伯半岛的土地关系从公有制向私有制转变的"中间阶段"。

先知穆罕默德时代国家土地所有制的权力原则,首先表现为征纳天课的宗教规定。伊斯兰教关于天课的概念,早在麦加时期业已初步形成。徙志以后,天课逐渐成为全体穆斯林必须承担的当然义务。自 628 年先知穆罕默德与古莱西人订立侯德比耶和约至 630 年穆斯林征服麦加期间,新兴的伊斯兰国家相继向分布在希贾兹一带的贝都因人朱海纳部落、穆宰纳部落、阿斯拉姆部落、阿什加尔部落、古法尔部落、莱斯部落、扎姆拉部落、凯尔布部落和苏莱姆部落规定了缴纳天课的宗教义务。到 632 年先知穆罕默德去世前夕,阿拉伯半岛绝大多数地区皆被纳入天课的征收范围。先知穆罕默德在委派穆阿兹·贾巴勒前往也门征纳天课时明确规定:征纳于耕地的天课包括小麦、大麦、椰枣和葡萄四种作物,凡年收成超过 5 瓦斯格(约折合 3 石)者皆须缴纳天课;自然灌溉的土地缴纳收成的十分之一,人工灌溉的土地缴纳数额减半。征纳于牧场的天课,主要是骆驼、牛、羊三种牲畜;凡拥有骆驼超过 5 峰、牛超过 6 头或羊超过 40 只者,皆须按照一定的比例缴纳天课。② 在当时教俗合一的社会历史条件下,天课的征纳不仅具有宗教意义,而且是国家权力得以实现的重要形式。"国家既作为土地所有者,同时又作为主权者而同直接生产者相对立。"③国家征纳的天课,其实质在于宗教形式下租税的合一。尽管如此,血缘群体支配土地的现实形态,毕竟从根本上制约着国家土地所有制的权力原则。先知穆罕默德时代,天课的征纳在阿拉伯半岛的多数地区往往局限于宗教的要求和"法律的虚构"状态,尚未完全成为社会现实。

先知穆罕默德时代国家土地所有制的权力原则,还表现为国家对于血缘群体土地占有权的确认。据文献资料记载,基拉卜部落自查希里叶时代长期占据达里亚一带的牧场;穆斯林征服麦加以后,基拉卜部落皈依伊斯兰教,先知穆罕

---

① 《马克思恩格斯全集》,第 46 卷,第 473 页。

② Yahya b. Adam, *Kitab al-Kharaj*, p. 78, p. 94.

③ 《马克思恩格斯全集》,第 25 卷,第 891 页。

默德确认该部落继续在达里亚一带牧养牲畜的合法权利。① 先知穆罕默德在致信泰伊部落首领阿米尔·艾斯沃德时，规定泰伊部落在其游牧区域享有独占权；先知穆罕默德在致阿萨德部落首领的信中，则明确禁止该部落成员随意进入泰伊部落的牧场。② 先知穆罕默德曾经将希贾兹北部杜麦特·詹达勒绿洲周围的水源、牧场和荒地划归国有。③ 也门北部朱拉什绿洲的居民皈依伊斯兰教以后，先知穆罕默德赐予他们独享在绿洲周围牧养马匹、骆驼、耕牛和羊群的权利，外来者不得侵权。④ 正是由于国家的确认，诸多血缘群体对于土地的传统占有由既成的事实发展为合法的权利。

先知穆罕默德曾经将若干牧场据为国有，名曰希玛，作为温麦全体成员的共同财产。拉巴扎距麦地那约 7 公里，纳基尔距麦地那约 30 公里，是当时两处著名的国有牧场。其中，拉巴扎主要用于牧养国家以天课的形式征纳的各种牲畜，纳基尔用于牧养国家的战马，民间牲畜禁止入内。欧默尔当政期间，曾经吩咐拉巴扎牧场的看管人侯奈伊，不得擅自允许他人在该处牧养牲畜，但是穷困的穆斯林如为生计所迫进入该处，可视为例外。赛耳德·阿比·瓦嘎斯曾经惩罚一名私自闯入国有牧场砍伐树木的贝都因人，夺去该人的斧头，后者向欧默尔申诉此事，赛耳德·阿比·瓦嘎斯据理驳斥，并援引"圣训"如下："你如果发现有人进入国家牧场砍伐树木，应予以制止，并没收他的财物。"⑤ 国有牧场对于个人权利的排斥倾向，由此可见一斑。

先知穆罕默德时代，斐伊作为土地关系的崭新形式在阿拉伯半岛始露端倪。"斐伊"在阿拉伯语中意为归还，特指安拉赐予其使者的土地，源于《古兰经》的如下启示："凡安拉收归使者的逆产，你们都没有汗马之劳；但安拉使众使者与制服他所意欲者；安拉对于万事，是全能的。城市的房民的逆产，凡安拉收归使者的，都归安拉、使者、至亲、孤儿、贫民和旅客，以免那些逆产，成为在你们中富豪之间周转的东西。凡使者给你们的，你们都应当接受；凡使者禁止你们的，你们都应当戒除。"⑥ 斐伊不同于前述的希玛，系国有耕地。625 年，穆斯林驱逐麦地那绿洲的犹太人纳迪尔部落；先知穆罕默德作为安拉的使者，代表新兴的国家占有纳迪尔部落在麦地那绿洲的原有耕地，是为斐伊之始。627 年，犹太人古莱宰部落被逐出麦地那绿洲，其原有耕地亦被纳入斐伊的范围。628 年

① Lokkegaard,F., *Islamic Taxation in the Classic Period*,Copenhagen 1950，p. 29.

② Watt,W. M.,*Muhammed at Medina*，p. 357.

③ Al-Baladhuri,*Kitab Futuh al-Buldan*，p. 61.

④ Lokkegaard,F.,*Islamic Taxation in the Classic Period*，p. 31.

⑤ Al-Baladhuri,*Kitab Futuh al-Buldan*，p. 24.

⑥ 《古兰经》，59:6—7.

穆斯林征服希贾兹北部诸地,海拜尔、法达克和瓦迪库拉等绿洲成为斐伊,由国家直接役使土著犹太人耕种,每年按照分成制的原则征纳农产品的二分之一。[①]不同于血缘群体对于土地的传统占有,穆斯林的征服导致地权的根本性转变,斐伊的形式使国家获得了支配土地的完整权力。斐伊的出现,标志着国家土地所有制的权力原则与现实状态得以初步吻合。

　　新兴的国家脱胎于阿拉伯半岛的部落社会,其对于土地的最初权力起源于传统的血缘群体土地所有权;换言之,先知穆罕默德时代的国家土地所有制,是传统的血缘群体土地所有制在文明历史条件下的折射。另一方面,先知穆罕默德时代,阿拉伯社会结构经历了深刻的变革,个体家庭渐趋确立,血缘群体的财产所有制丧失赖以存在的物质基础,地产的分裂势在必行。伴随着国家土地所有制的建立和斐伊的出现,伊克塔应运而生。在阿拉伯语中,"伊克塔"一词的原形是"克塔尔",本意为"整体之分割"。《古兰经》中有如下的启示:"大地上有许多邻近的区域,有葡萄园,有庄稼,有椰枣树,其中有二株同根生的,二株异根生的,〔这些都是〕用同样的水灌溉的。"[②]上引"邻近的区域",阿拉伯语中读作克塔尔·穆台加维拉;伊克塔是这一概念的延伸,特指整体地产之一部的赐封。国家土地所有制的权力原则构成地产赐封的前提条件,斐伊则是地产赐封的基本来源。所谓"邻近的区域",与葡萄园、庄稼、椰枣树以及水利灌溉相联系,表明伊克塔局限于农作物的耕作范围。

　　先知穆罕默德时代,伊克塔首先表现为宅地的赐封。徙志初期,先知穆罕默德曾经以伊斯兰国家的名义,将麦地那绿洲的一部分土地赐予来自麦加的迁士阿布·伯克尔、欧默尔、奥斯曼、祖拜尔·阿沃姆、泰勒哈·欧拜杜拉、赛耳德·阿比·瓦嘎斯、阿布·萨拉玛、阿玛尔等人,作为他们的宅地。是为最初形式的伊克塔。

　　先知穆罕默德时代另一种形式的伊克塔,是耕作权利的赐封。625年,先知穆罕默德将犹太人纳迪尔部落在麦地那绿洲的原有耕地据为斐伊,并将其中一部分赐予来自麦加的迁士以及希麦克·哈拉萨和萨赫勒·侯奈夫两名辅士。627年,先知穆罕默德再度将犹太人古莱宰部落在麦地那绿洲的耕地据为斐伊,赐予诸多穆斯林。先知穆罕默德晚年,伊克塔的分布范围逐渐扩大。据文献资料记载,先知穆罕默德曾经将位于福卡尔、比尔·凯斯和沙加拉的四处地产赐予阿里,将位于法伊德的地产赐予泰伊部落的宰德·哈伊勒,将巴赫尔与沙赫尔之间的地产赐予穆宰纳部落的比拉勒·哈里斯,将法勒吉的地产赐予凯勒卜

　　① Al-Baladhuri,*Futuh al-Buldan*, p. 24.

　　② 《古兰经》,13:4。

部落的一名穆斯林。上述赐封的土地，除麦地那绿洲犹太人原有的地产以外，均系无主地，其中荒地尤多，且面积较小。先知穆罕默德规定：所赐地产应由其主人亲自耕作和收割，不宜占地过多。[①] 这表明先知穆罕默德赐封的地产处于自耕状态，受封者即为直接生产者，而耕种土地构成受封者获取生活资料的基本方式。前述穆宰纳部落的比拉勒·哈里斯因为无力耕种先知穆罕默德赐封的全部地产，至欧默尔当政期间，其中一部分被国家收回，改由其他穆斯林耕种。

先知穆罕默德时代，更多的伊克塔表现为土地收成之份额的赐封。628 年穆斯林征服海拜尔以后，先知穆罕默德委派阿卜杜拉·拉瓦哈负责估算该地的农产品收成，征纳其中的二分之一，除留作己用部分外，分别赐给参加征战的1540 名穆斯林和自埃塞俄比亚返回的 40 名迁士，供他们享用。瓦迪库拉被征服以后，先知穆罕默德亦将土著犹太人每年缴纳的农产品中的五分之四赐予诸多穆斯林战士。[②] 不同于前述土地本身的赐封，土地收成之份额的赐封导致穆斯林战士与土著犹太人之间深刻的经济对立，体现受封者占有直接生产者之剩余劳动的封建剥削关系。

中

东

史

---

① Yahya b. Adam, *Kitab al-Kharaj*, p. 63.

② 同上，pp. 38-40。

第二章　哈里发国家的变迁

一、麦地那哈里发国家

阿布·伯克尔即位

先知穆罕默德作为伊斯兰文明的缔造者,是温麦中无可替代的唯一领袖。穆斯林敬畏安拉,景仰先知穆罕默德,从而接受伊斯兰国家权力的约束。先知穆罕默德溘然长逝,一度使穆斯林茫然无措。先知穆罕默德与其妻赫蒂彻曾经生有两个男孩,但均幼年夭折。他的几个女儿,除法蒂玛外,此时亦不在人世。严格意义的血亲世袭制度,对于当时的阿拉伯人来说,还是十分陌生的概念。况且,先知穆罕默德临终之际并没有明确指定继承人选。[①] 先知穆罕默德去世后,其权力的继承成为穆斯林关注的焦点。

作为麦地那绿洲的土著居民,众多辅士聚集在哈兹拉只部落赛耳德氏族的住处商讨先知继承者的人选,试图推举哈兹拉只部落的首领赛耳德·欧拜德出任温麦的领袖。迁士中的核心人物阿布·伯克尔、欧默尔和阿布·欧拜德闻讯赶来,与辅士竭力争辩。辅士认为,先知穆罕默德在麦加传教 12 年,屡遭迫害,未能得到应有的保护,徙志以后,正是由于奥斯部落和哈兹拉只部落成员的广泛皈依和有力支持,先知穆罕默德得以降服麦加,使半岛各地的阿拉伯人望风归顺,辅士劳苦功高,理应出任先知穆罕默德的继承人。阿布·伯克尔等人则认为,迁士率先皈依伊斯兰教,他们既与先知穆罕默德同出一族,又曾与先知穆罕默德患难与共,继先知穆罕默德之后领导温麦的神圣事业乃是天经地义的当

---

① 穆罕默德·穆斯塔法·齐亚德:《阿拉伯世界的历史与文明:古代与伊斯兰时代》,第 169 页。

然选择。于是,辅士中有人提议,由迁士和辅士各选一人共同出任温麦的领袖,遭到阿布·伯克尔等人的断然拒绝。欧默尔和阿布·欧拜德竭力推举阿布·伯克尔作为先知穆罕默德的继承人,并且劝说奥斯部落的辅士改变态度。最后,阿布·伯克尔被与会者共同拥戴为温麦的领袖,成为伊斯兰历史上的第一位哈里发。① 此次会议史称"赛基法会议"("赛基法"在阿拉伯语中意为有篷的场院),赛基法会议关于拥戴阿布·伯克尔出任哈里发的内容史称"特别誓约"②。翌日,在欧默尔的倡议下,麦地那的穆斯林来到先知寺,就先知穆罕默德的继承人选进行公开表态。他们接受了赛基法会议的结果,承认阿布·伯克尔作为先知穆罕默德的继承人,史称"公众誓约"③。赛基法会议实现了先知穆罕默德逝世后温麦权力的顺利过渡,掀开了伊斯兰历史的崭新一页。伊斯兰世界从此进入了哈里发国家的时代。

阿布·伯克尔(632—634 年在位)本名阿卜杜拉·奥斯曼·阿米尔,属于古莱西部落泰姆氏族,曾是麦加的布匹商,家境殷实,阅历丰富。阿布·伯克尔自 610 年起长期追随先知穆罕默德,是最早皈依伊斯兰教的成年男性自由人。阿布·伯克尔是先知穆罕默德的挚友,亦是先知穆罕默德的岳父,其女阿以莎是先知穆罕默德晚年最为宠爱的妻子。阿布·伯克尔曾经于 622 年只身陪伴先知穆罕默德从麦加移居麦地那,并且于 631 年受先知穆罕默德的委派在麦加主持朝觐仪式。先知穆罕默德临终之际,阿布·伯克尔奉命领导麦地那穆斯林的聚礼活动,从而在温麦中颇具殊荣。④ 因此,阿布·伯克尔在先知穆罕默德逝世后出任哈里发,不仅受到麦地那穆斯林的拥戴,而且为其他地区的穆斯林所广泛承认。

"哈里发"一词在阿拉伯语中系"在……之后"的名词形式,意为"继承人"。该词曾经两次出现于《古兰经》中,意为"安拉在大地设置的代理人"⑤。阿布·伯克尔出任之哈里发,特指"安拉的使者的继承人",即先知穆罕默德的继承人。⑥ 然而,这种继承只是有限度的继承。"哈里发并非先知,只是温麦的首领,而不是安拉的使者,亦不可能成为启示的传布者。"⑦《古兰经》明确规定先知穆

中东史

---

① Ibn Khaldun, *The Muqaddimah*, vol. 1, pp. 396-397.
② Engineer, A. A. , *The Origin and Development of Islam*, pp. 145-146.
③ 穆罕默德·穆斯塔法·齐亚德:《阿拉伯世界的历史与文明:古代与伊斯兰时代》,第 170 页。
④ Ibn Khaldun, *The Muqaddimah*, vol. 1, p. 418.
⑤ 《古兰经》,2:30,38:26。
⑥ Watt, W. M. , *Early Islam*, p. 60.
⑦ Hourani, A. , *A History of the Arab Peoples*, London 1991, p. 22.

罕默德是"封印的先知",其先知的身份和传布启示的使命绝非他人所能继承。[①]因此,阿布·伯克尔作为哈里发,并非继承先知穆罕默德的全部权力,亦不可能继承先知穆罕默德的全部权力,而只是继承先知穆罕默德的一部分权力,即作为先知和传布启示以外的其余权力。先知穆罕默德作为安拉的使者,在整个温麦拥有无可争辩的绝对权力,深受全体穆斯林的景仰。相比之下,阿布·伯克尔仅仅被视作穆斯林中的普通一员。阿布·伯克尔作为哈里发的权力和地位,来自其对于安拉的虔敬、对于伊斯兰事业的贡献和相应的威望。遵从《古兰经》和"圣训"是阿布·伯克尔行使权力的前提条件,其言行必须符合《古兰经》和"圣训"的规定。阿布·伯克尔在即位演说中向穆斯林宣布:"现在,我成为你们中的首领……如果我的言行是正确的,你们应当支持我;如果我的言行是错误的,你们务必纠正我……要是我遵从安拉和他的使者,那么,你们必须遵从我;要是我违背了安拉和他的使者,那么,你们有权力反对我。"[②]阿布·伯克尔经常由于他人称赞自己的言语而感到窘迫,表示:"主啊!你明察我的能力胜过我自己,我对自己的了解胜过他人的想象。你饶恕我的罪过吧!不要由于众人对我的不应有的称赞而责怪我。"他还曾经说过:"先知穆罕默德受到安拉的启示的引领,而我却只是一个微不足道的普通人。"[③]由此可见,阿布·伯克尔出任的哈里发职位具有特定的历史内涵。将阿布·伯克尔与西方的教皇或东方的君王相提并论,显然是不正确的。

"里达"的平息

阿布·伯克尔即位以后,面临着十分严峻的政治形势。当时的阿拉伯半岛充斥着诸多的敌对势力,危机四伏,狼烟遍野,哈里发国家大有摇摇欲坠之势,先知穆罕默德缔造的事业濒临夭折的边缘。这就是伊斯兰史上著名的"里达"。

首先发难的是分布在希贾兹东侧的贝都因人阿布斯部落和祖布彦部落。他们派出使团来到麦地那进行谈判,要求阿布·伯克尔放弃向他们征纳天课的权力。[④] 在纳季德高原,阿萨德部落首领图莱哈曾于 631 年赴麦地那谒见先知穆罕默德,佯言皈依伊斯兰教,不久却自诩"先知",讹传自己得到天使哲布勒伊莱颁降的启示,鼓动骚乱。先知穆罕默德去世后,图莱哈攻击阿布·伯克尔,拒

① 《古兰经》,33:40。
② 泰伯里:《历代先知与君王史》,第 1 卷,第 1845—1846 页。
③ Husain,S. A. , *The Glorious Caliphate*,Lucknow 1974, p. 39.
④ Glubb,J. , *The Great Arab Conqust*, London 1963, p. 109.

绝向麦地那缴纳天课。塔米姆部落与阿萨德部落相邻,该部落的女首领赛查哈原奉基督教,先知穆罕默德去世后伪称"先知",追随者人数颇多。① 哈尼法部落是纳季德高原东部叶麻麦一带的农耕群体,其首领穆赛里玛曾于 631 年随该部落使团来到麦地那,试图继承先知穆罕默德的圣位。穆赛里玛返回叶麻麦后,声称与先知穆罕默德同为"安拉的使者",甚至模仿《古兰经》的文辞风格伪造启示,宣布叶麻麦为朝觐圣地,企图以叶麻麦为中心控制纳季德高原的贝都因人,进而与麦地那国家分庭抗礼。② 半岛南部沿海地区的政治形势错综复杂。在也门,安斯部落首领艾斯沃德于 631 年自命"先知",采用"拉赫曼"的称号,占据纳季兰和萨那,驱逐来自麦地那的穆斯林传教师,杀害麦地那国家支持的波斯血统王公舍赫尔·巴赞,控制也门的大部分地区。数月以后,艾斯沃德被部属暗杀,穆斯林支持的波斯血统王公菲罗泽·戴勒米成为也门的统治者。不久,菲罗泽·戴勒米被赶出也门,祖拜德部落首领凯斯·阿卜杜勒·雅古斯取而代之,占据萨那。③ 在阿曼,阿兹德部落的首领拉其特·马立克在先知穆罕默德去世后伪称"先知",驱逐该部落中的穆斯林成员。在巴林,巴克尔部落首领侯塔姆·杜拜阿聚众占据盖提夫和哈贾尔,驱赶皈依伊斯兰教的阿卜杜勒·凯斯部落。④

此时,阿布·伯克尔刚刚即位,立足未稳。尤其严重的是,希贾兹一带忠于伊斯兰事业的穆斯林战士大都遵照先知穆罕默德的遗愿,跟随栽德·哈里萨之子欧萨玛征讨北方的叙利亚边境,麦地那兵力空虚,而阿布斯部落和祖布彦部落扬言要袭击哈里发的驻地,形势危急。紧要关头,阿布·伯克尔的态度十分坚决。他表示,即使有人拒纳缴纳一个迪尔罕的天课,也要向拒纳者宣战,同拒纳者战斗到底。他从希贾兹的穆斯林中募集兵员,首先在祖尔·卡萨和拉巴扎击溃阿布斯部落和祖布彦部落。⑤ 632 年底,阿布·伯克尔将哈里发国家的几乎所有战士交由哈立德·瓦里德率领,自祖尔·卡萨进军纳季德高原。⑥ 哈立德·瓦里德的队伍在布扎卡击溃伪先知图莱哈的追随者,降服阿萨德部落。⑦ 伪先知图莱哈逃往叙利亚,后来悔过自新,皈依伊斯兰教,并且参加了哈里发国

---

① Muir,W., *The Caliphate, Its Rise, Decline and Fall*, Edinburgh 1963, p. 21, p. 25.

② Watt, W. M., *Muhammed at Medina*, p. 135.

③ Shaban, M. A., *Islamic History, A New Interpretation 600-750*, p. 21.

④ Shoufany, E., *Al-Riddah and the Muslim Conquest of Arabia*, pp. 85-88.

⑤ 同上,p. 112。

⑥ 穆罕默德·穆斯塔法·齐亚德:《阿拉伯世界的历史与文明:古代与伊斯兰时代》,第 175 页。

⑦ Shoufany, E., *Al-Riddah and the Muslim Conquest of Arabia*, p. 117.

家对伊拉克的征服,屡建战功,642年在尼哈温战役中阵亡。[1] 继布扎卡战役之后,哈立德·瓦里德的队伍在布塔袭击了伪先知赛查哈的主要追随者塔米姆部落叶尔布亚氏族的营地,处死叶尔布亚氏族首领马立克·努威拉。[2] 伪先知赛查哈偕残部逃往叶麻麦,投奔哈尼法部落。633年春,哈立德·瓦里德率领穆斯林战士五千余人攻入叶麻麦,与伪先知穆赛里玛的追随者四万余众在阿喀拉巴相遇。阿喀拉巴战役是自徙志以来穆斯林进行的历次战役中最为激烈和残酷的一次,穆斯林付出了巨大的代价,1200人阵亡,其中包括数以百计的迁士和辅士。[3] 哈尼法部落据守的最后阵地被称作"死亡的花园";伪先知穆赛里玛及其追随者负隅顽抗,悉遭杀戮。阿布·伯克尔一度下令处死哈尼法部落的所有战俘。然而,哈立德·瓦里德赦免了他们的死罪,只是遵循先知穆罕默德生前的做法,征缴哈尼法部落全部财产的二分之一作为穆斯林的战利品。633年初夏,阿布·伯克尔自麦地那派出两支穆斯林队伍前往南部沿海。一支队伍由阿拉·哈达拉米率领攻入巴林,击败巴克尔部落,杀死侯塔姆·杜拜阿。另一支队伍由侯宰法·米赫珊率领直取阿曼,击败伪先知拉其特·马立克及其追随者,降服阿兹德部落。接着,穆哈吉尔·阿比·倭马亚和伊克里玛·阿比·贾赫勒分别率领穆斯林战士自希贾兹和阿曼夹击也门,占领萨那,俘获凯斯·阿卡杜勒·雅古斯。[4] 至633年秋,"里达"风波在整个半岛范围内得到平息。

"里达"一词在阿拉伯语中本意为背叛。然而,"里达"风波作为阿布·伯克尔在位时期特有的历史现象,具有特殊的含义和特定的内涵。研究者曾经对此作出种种不同的解释。传统的穆斯林学者大都认为,阿拉伯半岛在先知穆罕默德晚年业已完成伊斯兰教化的进程,所谓的"代表团之年"标志着伊斯兰教在整个阿拉伯半岛的普遍皈依,"里达"是先知穆罕默德去世后诸多阿拉伯人部落放弃伊斯兰教信仰和恢复多神崇拜的叛教运动,"里达"的平息则是阿布·伯克尔即位后哈里发国家对于叛教者的重新征服。然而,根据一些西方学者的估计,在先知穆罕默德晚年,伊斯兰教的皈依者人数尚少,麦地那国家的疆域大体局限于希贾兹一带。"实际上,先知穆罕默德临终时并未统一阿拉伯半岛,更未实现整个阿拉伯半岛的伊斯兰教化。只有阿拉伯半岛西海岸中部的希贾兹及其周围地区,在政治上与麦地那和麦加组成国家,其原因所在亦非相同的宗教信

① Muir,W., *The Caliphate, Its Rise, Decline and Fall*, p.22.
② Shoufany,E., *Al-Riddah and the Muslim Conquest of Arabia*, p.120.
③ Muir,W., *The Caliphate, Its Rise, Decline and Fall*, p.29.
④ Shoufany,E., *Al-Riddah and the Muslim Conquest of Arabia*, p.125, pp.134-138.

仰而是共同的政治利益。分布在阿拉伯半岛中部的盖特方部落、巴希拉部落、泰伊部落和阿萨德部落,仅仅与先知穆罕默德组成松散的政治联盟,伊斯兰教化的程度相当有限。在阿拉伯半岛北部和叶麻麦一带,阿拉伯人的部落各有自己的先知。在阿拉伯半岛南部,先知穆罕默德始终未能建立有效的控制,只是与个别部落中的少数人订立盟约。"①因此,"里达"并非阿拉伯人部落的叛教运动,"里达"的平息乃是阿布·伯克尔当政期间哈里发国家对于希贾兹以外诸多地区的初次征服。显然,确定先知穆罕默德晚年麦地那国家的版图范围和阿拉伯半岛的伊斯兰教化程度,是探讨"里达"之性质的前提条件。

希贾兹位于阿拉伯半岛的西侧,既是伊斯兰文明的发祥地,亦是麦加和麦地那两座圣城的所在。徙志以后,先知穆罕默德通过缔约结盟和武力讨伐的方式,逐渐控制与麦地那相邻的游牧地区,直至降服麦加和塔伊夫。先知穆罕默德晚年,生活在希贾兹的阿拉伯人大都皈依伊斯兰教,麦地那国家在这一地区建立起较为稳固的信仰基础和政治基础。先知穆罕默德时代,麦地那国家的另一重要的扩展目标是希贾兹以北至叙利亚边境的广阔地带。627年壕沟之战结束后,先知穆罕默德与朱扎姆部落订立盟约,继而在北方重镇杜麦特·詹达勒击败凯勒卜部落。628年,先知穆罕默德自麦加郊外的侯德比耶移兵北进,降服海拜尔、法达克、泰马、瓦迪库拉等地的犹太定居者。630年,先知穆罕默德再度挥师北上,兵抵叙利亚边境重镇泰布克,迫使埃拉、麦格纳、阿兹鲁和贾尔巴等地的犹太人纳贡称臣。②穆斯林征服麦加以后,麦地那国家的势力开始深入半岛南部。在也门,麦地那国家承认和支持波斯血统王公巴赞的原有权力,巴赞则允许和保护伊斯兰教在其辖地的传播;631年巴赞死后,其子舍赫尔·巴赞继续接受先知穆罕默德的册封,穆阿兹·贾巴勒则代表先知穆罕默德向也门的穆斯林征纳天课。在阿曼,阿兹德部落首领贾法尔·朱伦达和阿卜杜拉·朱伦达于630年率众皈依伊斯兰教,阿慕尔·阿绥代表先知穆罕默德向阿兹德部落中的穆斯林征纳天课。在巴林,阿卜杜勒·凯斯部落首领穆恩吉尔·萨沃于630年率众皈依伊斯兰教;先知穆罕默德去世前夕,作为天课征纳的8万迪尔罕从巴林运抵麦地那。③位于半岛中央的纳季德高原,分布着三个颇有势力的强大部落:阿萨德部落、塔米姆部落和哈尼法部落。在所谓的"代表团之年",阿萨德部落和塔米姆部落都曾派出使团来到麦地那,与先知穆罕默德缔约结盟,只有

①　Bury, J. B. , *The Cambridge Medieval History*, New York 1924, vol. 2, p. 334.

②　Watt, W. M. , *Muhammed at Medina*, pp. 66-96, pp. 354-369, p. 34, p. 218, pp. 115-116.

③　Shoufany, E. , *Al-Riddah and the Muslim Conquest of Arabia*, p. 37.

哈尼法部落拒绝承认先知穆罕默德的权力。① 先知穆罕默德曾经向阿萨德部落和塔米姆部落派遣使者征纳天课,说明伊斯兰教已经传入这一地区。② 由此可见,在先知穆罕默德晚年,麦地那国家的疆域已经远远超出希贾兹的范围,先知穆罕默德通过传播伊斯兰教、征纳贡税和缔约结盟等不同方式,控制阿拉伯半岛的大部分地区。另一方面,相当数量的阿拉伯人此时并没有放弃原来的信仰,伊斯兰教尚未在整个半岛的范围内取得最后的胜利。平息"里达"的战争既非哈里发国家对希贾兹以外地区的初次征服,亦非哈里发国家在整个半岛范围内对叛教者的重新征服。"里达"的平息在一些地区表现为穆斯林与叛教者之间的宗教冲突,而在另一些地区则表现为哈里发国家与土著传统势力之间的政治对抗。哈里发国家在平息"里达"的过程中所攻击的目标,不仅有放弃伊斯兰教的反叛者,而且包括诸多非穆斯林政治势力。

"里达"的平息固然发生于阿布·伯克尔当政时期,然而导致"里达"的原因却要追溯到先知穆罕默德生前关于课税的规定。自徙志起,完纳天课逐渐成为所有穆斯林必须履行的当然义务。在当时教俗合一的条件下,天课的征收不仅具有宗教意义,而且是国家权力得以实现的重要形式。包括阿布斯部落和祖布彦部落在内的诸多部落在先知穆罕默德去世后拒绝履行完纳天课的宗教义务,不仅构成背叛伊斯兰教信仰的行为,而且包含摆脱国家权力约束的政治倾向。在要求所有穆斯林完纳天课的基础上,先知穆罕默德于 631 年朝觐期间委派阿里在麦加颁布启示,解除麦地那国家与尚未皈依伊斯兰教的阿拉伯人之间原有的盟约,规定非穆斯林或者皈依伊斯兰教并完纳天课,或者向麦地那国家缴纳人丁税以换取相应的政治保护,别无选择的余地。新的启示和严格的课税规定,标志着麦地那国家与异教阿拉伯人之间相互关系的明显转变,表明先知穆罕默德决心在整个半岛的范围内实现麦地那国家对阿拉伯人的控制。阿拉伯人只能在顺从和反抗两者中进行选择,半岛形势骤然紧张。因此,早在先知穆罕默德去世前夕,伪先知图莱哈、赛查哈和穆赛里玛已经蠢蠢欲动,而先知穆罕默德的去世只是使得许多地区的敌对行为演变为对于哈里发的公开反抗。

传统的穆斯林往往强调"里达"战争的宗教倾向,认为"里达"战争的性质在于穆斯林与叛教者之间的暴力冲突,"里达"战争的结局则是伊斯兰教在阿拉伯半岛的最后胜利。然而,穆斯林与叛教者之间的暴力冲突并未构成"里达"战争的全部内容,相当数量的阿拉伯人甚至在"里达"战争结束后很久尚未皈依伊斯

① Al-Baladhuri, *Kitab Futuh al-Buldan*, p. 105.
② Watt, W. M., *Muhammed at Medina*, p. 367.

第二章 哈里发国家的变迁

兰教,却长期保留原有的信仰。某些西方学者强调"里达"战争实质在于阿拉伯半岛内部定居人口与游牧部落之间的对抗。"阿布·伯克尔的目的是将伊斯兰国家的霸权扩大到整个阿拉伯半岛,进而统治所有的游牧部落。"[①]"'里达'战争体现阿拉伯半岛的定居人口与游牧部落之间传统时代矛盾对抗的延续。游牧部落将麦地那国家视作定居人口的代表;他们不仅要摆脱麦地那国家的控制,而且力图毁灭麦地那国家。"[②]然而,上述观点无法解释哈尼法部落的定居人口与麦地那国家之间的冲突;"里达"战争中最惨烈的厮杀发生于哈尼法部落的定居者与穆斯林战士之间,而哈尼法部落中为数不多的穆斯林却系该部落的贝都因人。[③]

所谓的"里达"发生于阿拉伯社会剧烈变革的历史阶段,这场变革的核心内容是阿拉伯人从野蛮向文明的过渡。伊斯兰教在麦加的诞生和伊斯兰国家在麦地那的建立,无疑标志着阿拉伯社会变革的开始。然而,由于生态环境和生活方式的明显差异,阿拉伯半岛各地的社会发展水平不尽相同。一些部落固然出现了濒临解体的征兆,亦有许多部落尚不具备步入文明社会的物质条件,野蛮势力根深蒂固,个别地区甚至保留着母权制的婚姻形式。先知穆罕默德时代,初兴的伊斯兰文明未能在整个半岛范围内建立起稳固的社会基础,氏族部落制度依然在诸多地区产生着广泛的影响,甚至支配着人们的生活。传统的野蛮势力并没有随着伊斯兰文明的诞生而自行退出历史舞台,必然进行顽强的反抗。"长久以来,他们只忠于自己的氏族,至多忠于他们的部落。现在,他们破天荒地统一在一个宗教首领之下,必须执行他的命令,即使在日常事务方面也不例外……这意味着社会生活方式的一场变革,并非所有的阿拉伯人都不无反抗地接受这种新的生活方式。"[④]因此,"里达"尽管在不同的地区表现各异,但是普遍包含着原始的氏族部落制度与新兴的伊斯兰国家激烈抗争的社会倾向,体现野蛮与文明之间的深刻对立。"里达"的平息,其实质在于阿布·伯克尔通过战争的手段确立麦地那哈里发与半岛各地诸部落之间广泛的贡税关系,迫使放荡不羁的阿拉伯人接受国家权力的约束,从而在根本上摧毁了野蛮势力的基础。阿拉伯人失去了原有的自由,却迎来了崭新的文明。"里达"的平息,完成了先知穆罕默德生前未竟的事业,整个半岛范围内的阿拉伯人最终实现了由原始社会迈向文明时代的深刻的历史变革。

---

① Donner, F. M., *The Early Islamic Conquest*, p. 86.

② Shaban, M. A., *Islamic History, A New Interpretation 600-750*, p. 22.

③ 泰伯里:《历代先知与君王史》,第 1 卷,第 1910 页。

④ S. F. 马茂德:《伊斯兰教简史》,吴云贵等译,中国社会科学出版社 1981 年,第 36 页。

麦地那哈里发国家的扩张:背景分析

　　新兴的伊斯兰文明一旦在阿拉伯半岛取得胜利,便开始以不可阻挡的迅猛势头冲击半岛周围的广大地区。麦地那哈里发国家发动的军事扩张震撼着中东的广大地区,具有千年文明传统的波斯帝国如同秋风下之落叶而寿终正寝,雄踞地中海的霸主拜占廷帝国亦遭受重创而急剧衰落。往日挣扎于贫困和饥渴的边缘而屡遭凌辱的阿拉伯人骤然间如日中天,以统治民族的姿态登上中东地区的历史舞台,成为举足轻重的社会势力。伊斯兰文明从此自阿拉伯半岛走向世界,进入了崭新的发展阶段。

　　麦地那哈里发国家的扩张无疑具有深刻的背景原因。长期以来,学术界对此进行了广泛的探讨,仁者见仁,智者见智。传统的穆斯林学者大都从宗教神学的角度解释麦地那哈里发国家的扩张,将这一现象归结为虔敬安拉之宗教激情的产物。一些西方学者亦着眼于宗教的原因,将麦地那哈里发国家的扩张归结为伊斯兰教在阿拉伯半岛诞生以后所导致的政治影响和心理变化。更多的西方学者或许出于信仰的偏见,忽略伊斯兰教的诞生与麦地那哈里发国家的扩张两者之间的内在联系,强调麦地那哈里发国家的扩张根源于阿拉伯半岛恶劣的生存环境与人口的增长所形成的压力。W. 穆尔从民族迁徙的角度解释麦地那哈里发国家的扩张,强调麦地那哈里发国家的扩张根源于阿拉伯人对于财富的贪婪和抢劫的传统习俗。[1] C. H. 贝克尔认为,麦地那哈里发国家扩张的原因在于阿拉伯半岛的自然环境和经济状况,饥饿和贫困构成麦地那哈里发国家扩张的内在动力。[2] M. 杜耐尔则从阿拉伯半岛定居人口与游牧群体之间矛盾冲突的角度解释麦地那哈里发国家的扩张。他认为,定居人口与游牧群体之间的冲突极大地威胁着新兴的国家,麦地那的哈里发力图通过实现游牧群体的定居化消除两者的对立,而征服半岛周边区域是促使分布在沙漠瀚海的游牧群体走向定居生活的有效途径。[3]

　　毋庸置疑,阿拉伯半岛恶劣的生存环境与人口增长所形成的压力、伊斯兰教的兴起以及定居人口与游牧群体之间的矛盾,皆与麦地那哈里发国家的扩张具有密切的联系。但是,导致征服的诸多因素并非孤立的存在,而是处于相互制约的状态。将麦地那哈里发国家的扩张归结为宗教的原因和意识形态的作

---

　　[1]　Muir,W. , *The Caliphate , Its Rise , Decline and Fall* , p. 45.

　　[2]　Bury,J. B. , *The Cambridge Medieval History* , vol. 2, pp. 333-339.

　　[3]　Donner,F. M. , *The Early Islamic Conquest* , p. 265.

用,这种观点忽略了阿拉伯半岛的客观物质环境和历史传统,显然不尽正确。过于强调恶劣的生存环境和人口的压力,无法说明伊斯兰教的兴起与麦地那哈里发国家的扩张之间内在的逻辑联系,亦难成立。至于阿拉伯半岛定居人口与游牧群体之间的矛盾由来已久,伊斯兰教的传播和新兴国家权力的约束无疑削弱而不是加剧了两者的对立。因此,上述观点尽管各有一定的道理,但均失之片面,未能完整阐明麦地那国家扩张的原因。

阿拉伯人世世代代生活在辽阔而贫瘠的家园,水源奇缺,牧场有限,耕地稀少,荒原满目,生计资源极度匮乏。在这样的环境下,人口的增长导致无尽无休的迁徙浪潮;过剩的人口只能移至半岛以外,去寻求新的生存空间。自远古以来,人口迁徙的浪潮接连不断,构成阿拉伯半岛生态平衡得以维持的基本条件。然而,在查希里叶时代,拜占廷帝国和波斯帝国在半岛北部分别构筑起坚固的屏障,迫使阿拉伯人改变传统的流向。过多的人口拥挤在半岛内有限的生存空间,相互攻袭,劫掠生计资源。半岛内部益趋激烈的劫掠和仇杀淘汰着无路可走的过多人口,成为特定的历史条件下生态平衡赖以维持的必要形式。伊斯兰教的诞生和伊斯兰国家的建立,给混沌无序的阿拉伯半岛带来文明的曙光,给饱受苦难的阿拉伯人带来希望。普遍处于敌对状态的诸多部落,借助信仰的纽带和温麦的政治形式,建立起较为稳定的地域联系,开始了社会聚合的过程。徙志以后,先知穆罕默德接连颁布一系列启示,旨在通过严格的宗教规定,约束漫无原则的劫掠和仇杀,消除血族群体之间的对立,实现温麦内部的和平状态。《古兰经》说,"你们原是仇敌,而安拉联合你们的心,你们借他的恩典才变成教胞","信士们皆为教胞,故你们应当排解教胞间的纷争","信士不至于杀害信士,除非是误杀"[①]。先知穆罕默德在"告别演讲"中明确宣布:"你们相互残杀伤命,相互侵犯财产,均在严禁之列……蒙昧时期的血债一律不予清算……蒙昧时期的习俗一律废止……穆民都是弟兄,若非本人同意而霸占自己弟兄的财产,对于任何人都是非法的。"[②]另一方面,先知穆罕默德自徙志开始,便规定了温麦的圣战原则:所有的异教徒,首先是反对伊斯兰教的麦加保守势力,被视作温麦全体成员的共同敌人。信仰的差异和宗教意义的圣战开始取代血族群体的对立和传统的劫掠仇杀,上升为阿拉伯半岛社会矛盾的主要形式。630年穆斯林征服麦加以后,先知穆罕默德颁布进一步讨伐异教阿拉伯人的启示,"当禁

---

① 《古兰经》,3:103;49:10;4:92。

② 穆罕默德·胡泽里:《穆罕默德传》,秦德茂、田希宝译,宁夏人民出版社 1983 年,第 265—267 页。

月逝去的时候,你们在哪里发现以物配主者,就在哪里杀戮他们,俘虏他们,围攻他们,在各个要隘侦候他们","当抵抗不信安拉和末日,不遵安拉及其使者的戒律,不奉真教的人,即曾受天经的人,你们要与他们战斗,直到他们依照自己的能力,规规矩矩地交纳丁税"①。至先知穆罕默德去世前夕,皈依伊斯兰教已是众望所归,形同散沙的诸多部落纷纷加入温麦。伊斯兰教的传播和由此产生的阿拉伯社会结构的深刻变革,使阿拉伯人相互间劫掠仇杀的野蛮习俗趋于废止,阿拉伯半岛生态平衡所赖以维持的原有方式遭到广泛的排斥,恶劣的自然条件下相对稠密的人口与有限生存环境之间的矛盾无法继续通过半岛内部的淘汰方式得到缓解,于是转化为对外扩张的明显趋势。630年底,先知穆罕默德亲率三万余众大举北进,兵抵叙利亚边境重镇泰布克。632年,先知穆罕默德在弥留之际再次委派栽德·哈里萨之子欧萨玛筹划北伐叙利亚。② 先知穆罕默德的上述举措,反映了麦地那国家以对外扩张取代半岛内部劫掠仇杀的初步意向。然而,在先知穆罕默德时代,温麦成员之间的相互联系主要借助于信仰的纽带,初兴的公共权力往往只是表现为宗教信条的约束和宗教意义的顺从。诸多部落尽管已被纳入温麦,但是仍旧具有明显的离心倾向,仅仅在形式上顺从麦地那的宗教领袖。更有一些部落尚无意加入温麦,甚至负隅顽抗。野蛮势力的存在制约着温麦的举措,使得麦地那国家对外扩张的初步趋向在先知穆罕默德生前未能演变为成熟的动势。

　　阿布·伯克尔当政期间平息"里达"的战争,是先知穆罕默德时代阿拉伯半岛统一进程的延续。"里达"的平息最终完成了先知穆罕默德生前未竟的事业,结束了长期以来阿拉伯人相互劫掠和彼此攻杀的状态,在历史上第一次实现了整个半岛的内部和平。"以往,他们时常劫掠其他的部落以维持自己的生活。现在,整个半岛的阿拉伯人联合为统一的整体。由于新的伦理观念和社会经济原则,他们不得不停止劫掠其他部落的传统行为。但是,在半岛内部却又无法采取其他的方式来替代这种行为。人口的增长对于有限的生活资源所形成的压力益趋加剧,使原有的经济生活失去了平衡。"③"里达"的平息和半岛统一的最终完成,彻底否定了野蛮状态下阿拉伯半岛生态平衡赖以维持的传统行为。阿拉伯人在温麦形式下的社会聚合,使得人口与生存空间的深刻矛盾转化为对外征服的巨大能量。以圣战的名义讨伐周边区域的异教人口,进而夺取新的生存空间,成为当时特定的历史条件下维持半岛生态平衡的唯一出路,体现阿拉

第二章　哈里发国家的变迁

---

①　《古兰经》,9:5,9:29。

②　Donner,F. M. , *The Early Islamic Conquest* , p. 101.

③　Engineer,A. A. , *The Origin and Development of Islam* , p. 152.

伯人自野蛮向文明转变过程中客观的社会需要。阿布·伯克尔当政期间平息"里达"的战争诚然与其后发生的对外征服具有本质的差别,但是两者之间无疑存在着直接的联系。平息"里达"战争的胜利揭开了麦地那哈里发国家扩张的序幕,而麦地那哈里发国家的扩张乃是平息"里达"战争的必然结局。

有人说,麦地那哈里发国家的扩张是出于获得"面包"和谋取生计的需要。也有人说,麦地那哈里发国家的扩张是为了踏上通向天堂的道路。实际上,无论世俗的需要还是宗教的情感,都是导致麦地那哈里发国家扩张的重要因素。然而,这些因素并非孤立的存在,而是处于相互制约的状态。从前,阿拉伯人追随各自的部族去半岛周围寻求生路,势单力孤,往往受制于外族强敌。后来,阿拉伯人无路可走,只能徘徊在半岛各地,通过相互间的劫掠仇杀淘汰过多的生灵。伊斯兰文明的兴起唤醒了挣扎于苦难之中的阿拉伯人,圣战的思想体现着世俗需要与宗教情感的结合。阿拉伯人不再自相残杀,也不再乞求外族的恩赐。他们作为哈里发国家的战士,高举着圣战的旗帜,踏上了讨伐异教徒的征程,从而掀开了中东历史的崭新一页。

麦地那哈里发国家的扩张不仅具有内在的社会动因,而且需要相应的外部条件。在阿拉伯人即将走出半岛的时代,拜占廷帝国和波斯帝国统治着中东的广大地区。拜占廷帝国和波斯帝国长期以来激烈角逐,争夺中东霸主的地位,至7世纪初达到高潮。602年,拜占廷皇帝毛利斯被害,福卡斯取而代之。波斯皇帝胡斯洛二世趁拜占廷帝国政局混乱之机,率军西进,攻入叙利亚和埃及,兵抵小亚细亚沿海一带。610年,驻守北非的拜占廷将领希拉克略废黜福卡斯,即位称帝。622年,希拉克略指挥拜占廷军队大举反击,收复埃及和叙利亚,继而攻入美索不达米亚,攻陷波斯帝国首都泰西封。旷日持久的厮杀,使拜占廷帝国和波斯帝国元气大伤,军事实力消耗殆尽。其次,在叙利亚南部和美索不达米亚西部,分布着许多游牧和半游牧的部落群体,他们都是拜占廷帝国或波斯帝国的藩属,也是拜占廷帝国和波斯帝国借以遏制阿拉伯人自半岛向外部冲击的重要屏障。然而,在7世纪初,他们与两大帝国之间的关系渐趋恶化。602年,波斯皇帝胡斯洛二世处死莱赫米国王努尔曼三世,任命泰伊部落首领伊雅斯取而代之,至614年委派波斯总督直接统治幼发拉底河流域。无独有偶,629年,拜占廷皇帝希拉克略停止向叙利亚南部的部落群体发放补助金,引起后者的强烈不满。此外,叙利亚和美索不达米亚的土著居民大都属于塞姆族的各个分支,与拜占廷帝国和波斯帝国的统治者之间存在明显的种族差异,而与阿拉伯人却有较为密切的亲缘关系。他们尽管信仰基督教,然而分别遵奉雅各派或聂斯脱里派的信条,拜占廷帝国视之为异端,波斯帝国视之为异教,宗教分歧颇深。上述情况动摇了两大帝国在叙利亚和美索不达米亚的统治基础,麦地那哈里发国家向半岛周围发动扩张的时机业已成熟。

麦地那哈里发国家的扩张：战争进程

叙利亚[①]在地理上是阿拉伯半岛的自然延伸，亦是自希贾兹进入"肥沃的新月地带"和地中海东岸的主要通道。叙利亚的富庶物产素来令阿拉伯人心向神往；希贾兹一带的阿拉伯人，尤其是麦加的古莱西人，早在前伊斯兰时代与叙利亚之间已有频繁的贸易往来，甚至在叙利亚购置地产。[②] 位于叙利亚的耶路撒冷曾经是穆斯林在徙志以后最初16个月中礼拜的朝向，并被视作诸多古代先知的家园，先知穆罕默德在徙志前夕"升霄"的起点便是耶路撒冷的萨赫莱清真寺。在穆斯林的心目中，耶路撒冷是仅次于麦加和麦地那的宗教圣地。因此，先知穆罕默德在生前便初步确定征服叙利亚的军事方略，并且多次自希贾兹举兵北伐。628年，先知穆罕默德自侯德比耶移师北进，降服希贾兹北端的犹太人居住地海拜尔、法达克、泰马、瓦迪库拉。629年，先知穆罕默德委派栽德·哈里萨率领3000名穆斯林战士攻击死海南端的穆耳塔，与拜占廷帝国的藩属加萨尼部落发生激战。630年，先知穆罕默德统兵三万余众攻击泰布克，游牧于叙利亚边境的阿拉伯人部落望风归降，埃拉、麦格纳、阿兹鲁和贾尔巴等地的犹太人被迫向麦地那国家纳贡称臣。阿布·伯克尔即位以后，继续将叙利亚视作哈里发国家的首要攻击目标。

早在平息"里达"的初期，当哈立德·瓦里德在纳季德高原鏖战之际，阿布·伯克尔即派遣阿慕尔·阿绥和哈立德·赛耳德分别率军攻击叙利亚边境的异教阿拉伯人胡扎尔部落和凯勒卜部落。这两支队伍的攻击尽管并未取得明显的战绩，但却成为叙利亚征服战争的前奏。633年秋，平息"里达"的战事接近尾声，整个半岛的政治统一已成定局，阿布·伯克尔于是将圣战的矛头正式指向叙利亚。穆斯林战士兵分数路，自希贾兹攻入叙利亚南部。其中，叶齐德·阿比·苏福彦偕其弟穆阿威叶率军经泰布克攻击死海东岸的巴尔加，舒尔哈比勒·哈萨纳率军经泰布克攻击约旦河谷，阿慕尔·阿绥率军取道埃拉攻击加沙，阿布·欧拜德率军沿着通往大马士革的古代商路攻击戈兰高地。[③] 穆斯林战士最初的攻击目标，主要是分布在叙利亚南部乡村的异教阿拉伯人，仅在

① 此处所指的叙利亚，亦称"沙姆"，包括今叙利亚、黎巴嫩、巴勒斯坦和约旦诸地。

② Donner，F. M.，*The Early Islamic Conquest*，p. 96.

③ Kennedy，H.，*The Prophet and the Age of the Caliphate*，p. 60.

瓦迪阿拉巴和达辛两地与拜占廷军队偶有遭遇。①

　　634 年夏,穆斯林战士的攻击目标逐渐由乡村转向城市,进而直接威胁拜占廷帝国在叙利亚的统治。于是,驻守叙利亚的拜占廷军队开始从各地向巴勒斯坦南部集结,各自为战的穆斯林战士也汇聚在加沙以东。恶战在即,哈里发急调哈立德·瓦里德自伊拉克战场驰援叙利亚。哈立德·瓦里德率领数百名穆斯林战士自幼发拉底河下游的希拉出发,首先到达杜麦特·詹达勒,然后绕过布斯拉,穿越人迹罕至的沙漠,在几乎无水可饮的情况下长途跋涉,18 天后奇迹般地出现在叙利亚前线,与那里的穆斯林队伍会师,并出任统帅。634 年 7 月,哈立德·瓦里德指挥穆斯林联军发动攻势,在耶路撒冷与拉姆拉之间的艾只纳代因击溃拜占廷皇帝希拉克略的弟弟希奥多洛斯统率的拜占廷军队。② 拜占廷军队损失的兵力超过万人,穆斯林战士仅数百人阵亡。③ 艾只纳代因战役中拜占廷军队的溃败,使叙利亚门户顿开,穆斯林扫清了通向历史名城大马士革的道路。胜利的捷报传到麦地那。此时,阿布·伯克尔已经病逝。根据阿布·伯克尔临终时的提议,欧默尔继任哈里发(634—644 年在位)。

　　635 年 1 月,穆斯林军队在约旦河谷再次获胜,夺取拜占廷帝国重兵防守的战略要地菲赫勒。2 月,拜占廷军队在大马士革以南 30 公里处的苏法尔草原败绩,穆斯林军队兵抵大马士革。大马士革的居民在拜占廷军队业已逃离的情况下固守半年,终因力不能支,于 635 年 9 月投降。④ 哈立德·瓦里德与大马士革的投降者订立了著名的条约,其文如下:"奉至仁至慈的安拉之名,哈立德·瓦里德向大马士革的居民许诺,穆斯林进城以后,保证他们的生命、财产和教堂(不被侵犯)。他们的城墙不被拆除,穆斯林不驻扎在他们的家中。我们给予他们安拉的契约,以及先知、哈里发和信士们的保护。只要他们缴纳人丁税,他们就会享受福利。"⑤这个文本后来成为穆斯林处置被征服者的范例,并被载入史册,保留至今。

　　大马士革陷落以后,穆斯林势如破竹,连克巴勒贝克、霍姆斯、哈马诸城。拜占廷皇帝希拉克略在惊恐之余,再度调集重兵,以数万之众发动反攻,企图将穆斯林逐出叙利亚。哈立德·瓦里德旋即撤军,屯兵于约旦河支流雅姆克河谷,与拜占廷军队对峙数月。636 年 8 月,穆斯林在炎炎的烈日之下,利用夹杂

---

　　① Donner,F. M. , *The Early Islamic Conquest* ,Princeton 1981, p. 111.

　　② 穆罕默德·穆斯塔法·齐亚德:《阿拉伯世界的历史与文明:古代与伊斯兰时代》,第 176 页。

　　③ Donner,F. M. , *The Early Islamic Conquest* , p. 129.

　　④ 穆罕默德·穆斯塔法·齐亚德:《阿拉伯世界的历史与文明:古代与伊斯兰时代》,第 176 页。

　　⑤ Hill,D. R. , *The Termination of Hostilities in the Early Arab Conquest 634-656* , London 1971, p. 76.

着沙土的狂风作为掩护,向拜占廷军队发动猛烈的攻击。拜占廷军队使用铁索相连,组成坚固的方阵,教士树起十字架,诵读《圣经》,祈祷助威。然而,无论坚固的方阵还是教士的祈祷都无济于事。穆斯林战士奋勇拼杀,攻势锐不可当。拜占廷士兵阵脚大乱,溃不成军,或葬身于陡峭的河谷,或在渡河逃窜时溺水而死。拜占廷军队的统帅希奥多洛斯阵亡,侥幸生还者寥寥无几。①

拜占廷帝国在雅姆克战役的失败,使其在叙利亚的军事力量丧失殆尽,叙利亚征服战争遂进入最后的阶段。穆斯林自雅姆克河谷兵分四路,长驱直入:阿慕尔·阿绥率一军攻占加沙、约帕、利帕诸城,控制巴勒斯坦;舒尔哈比勒·哈萨纳率一军攻占贝塞恩和底利亚斯诸城,降服约旦;叶齐德·阿比·苏福彦率一军攻占阿克、提尔、赛达和贝鲁特诸城,夺取地中海东岸;阿布·欧拜德和哈立德·瓦里德率一军攻取大马士革、霍姆斯、巴勒贝克、哈马、基奈斯林、阿勒颇、安条克和耶路撒冷,占领叙利亚中部和北部。② 638年,哈里发欧默尔亲临耶路撒冷巡视圣地,任命阿布·欧拜德为叙利亚总督。不久,阿布·欧拜德身染重病,死于阿穆瓦斯。叶齐德·阿比·苏福彦及其弟穆阿威叶相继接替其职,出任叙利亚总督。哈立德·瓦里德曾经被先知穆罕默德誉为"安拉之剑",并且深受阿布·伯克尔的倚重,颇具将才,在平息"里达"和征服叙利亚及伊拉克的过程中战功卓著。然而,欧默尔与哈立德·瓦里德素来不睦。雅姆克战役结束后,欧默尔撤销哈立德·瓦里德担任的穆斯林军队统帅的职位,638年巡视耶路撒冷期间又将哈立德·瓦里德革除军职。640年,依靠海上援助而负隅顽抗达7年之久的凯撒利亚被穆斯林攻陷,拜占廷帝国丧失了其在叙利亚的最后据点,陶鲁斯山以南地区尽属哈里发国家。③

穆斯林对埃及的进攻是从叙利亚征服战争末期开始的。埃及是地中海沿岸重要的粮食产地,素有"拜占廷帝国的粮仓"之称,并且与阿拉伯半岛有着传统的贸易往来,是哈里发国家梦寐以求的猎取目标。另一方面,拜占廷帝国的军队虽然在叙利亚战场屡屡败绩,但是在埃及尚有较强的实力;拜占廷舰船从埃及的亚历山大驶出,袭击叙利亚西部的沿海地带,对穆斯林构成严重的威胁。因此,只有征服埃及,才能确保穆斯林对叙利亚的占领。然而,叙利亚的战事尚未结束,哈里发国家无暇顾及开辟新的战场。进攻埃及的军事行动,最初并非哈里发的意愿,而是出自阿慕尔·阿绥的个人野心。阿慕尔·阿绥出身于古莱

① Glubb,J., *The Great Arab Conqust*, pp. 174-175.
② Al-Baladhuri,*Kitab Futuh al-Buldan*, pp. 116-159.
③ Hill,D. R., *The Termination of Hostilities in the Early Arab Conquest 634-656*, p. 77.

西部落舍姆斯氏族（即倭马亚氏族），足智多谋，勇猛善战，早年曾经多次随麦加商队旅行埃及，深谙尼罗河流域的地理和风习。在穆斯林征服叙利亚的过程中，阿慕尔·阿绥未能像哈立德·瓦里德那样出尽风头，也未能像阿布·欧拜德等人那样被委以重任。阿慕尔·阿绥与其他将领争雄心切，急欲开辟新的战场，建功立业。在 638 年欧默尔巡视耶路撒冷期间，阿慕尔·阿绥请求哈里发允许他率军进攻古代法老曾经统治的国度。欧默尔似乎同意了阿慕尔·阿绥的请求，但是态度十分冷淡。哈里发或许认为穆斯林远离故土去进攻埃及是过于冒险的行动，因此告诫阿慕尔·阿绥，倘若他的队伍在踏上埃及的土地之前接到撤军的命令，务必停止前进，如果此时穆斯林已经进入埃及境内，一切行动可由阿慕尔·阿绥自行决定。①

639 年底，穆阿威叶承袭其兄叶齐德·阿比·苏福彦的职位，出任叙利亚总督。阿慕尔·阿绥不肯屈居穆阿威叶之下，于是从凯撒利亚城下擅自撤军，在缺乏充足兵力的情况下，率领三千五百余名骑兵，沿着地中海东岸的古代商路西进，越过阿里什，攻入埃及。② 640 年 1 月，阿慕尔·阿绥的队伍首战告捷，攻占埃及东部门户菲尔马仪。2 月，穆斯林再次击败拜占廷守军，夺取尼罗河东岸重镇比勒贝斯，威逼埃及腹地。随后，阿慕尔·阿绥绕过拜占廷帝国重兵防守的巴比伦堡（即古代的孟斐斯），率军南下，进入上埃及的法尤姆地区，骚扰乡村，劫掠财物，伺机攻袭拜占廷守军。不久，先知穆罕默德曾经以天园相许诺的十大圣门弟子之一祖拜尔·阿沃姆，奉欧默尔的将令，率军 12000 余人进入埃及，兵抵巴比伦堡附近的艾因·舍姆斯。于是，阿慕尔·阿绥率军离开法尤姆，返回尼罗河东岸，与祖拜尔·阿沃姆合兵一处。640 年 7 月，阿慕尔·阿绥指挥穆斯林联军将拜占廷军队诱至旷野并发起攻击，一战获胜，夺取艾因·舍姆斯，进而完成对巴比伦堡的包围。巴比伦堡是拜占廷帝国在埃及驻军的主要营地，城池坚固，易守难攻。穆斯林以骑兵为主，擅长野战，面对坚固的城池却无计可施。双方僵持数月，并曾遣使议和。被围困在城内的埃及总督居鲁士派遣的议和使者目睹他们的敌人，感触极深。他向居鲁士讲述了穆斯林的情形："我亲眼看到一群人，据他们中的每个人看来，宁愿死亡，不愿生存，宁愿显赫，不愿屈辱；在他们中的任何人看来，这个世界毫无吸引力。他们只坐在地上，他们只跪坐在两膝上吃饭。他们的长官，像他们的一分子：下级与上级无差别，奴隶与主人难分辨。到礼拜的时候，任何人不缺席，大家盥洗完毕后，都毕恭毕敬地做礼

---

① P. 希提：《阿拉伯通史》，第 186 页。
② 穆罕默德·穆斯塔法·齐亚德：《阿拉伯世界的历史与文明：古代与伊斯兰时代》，第 177 页。

拜。"①居鲁士接受了缴纳贡税的议和条件,欲弃城投降。但是,拜占廷皇帝希拉克略拒不批准,并且以通敌的罪名放逐居鲁士。641 年 4 月,阿慕尔·阿绥下令发起最后的攻势,穆斯林战士填平城下的壕沟,攀上城墙,占领巴比伦堡。②

巴比伦堡战役的胜利,奠定了穆斯林征服埃及的军事基础。阿慕尔·阿绥率军向尼罗河三角洲发动一系列攻势,夺取尼丘和卡里乌姆,兵抵亚历山大。亚历山大位于尼罗河的入海处,是当时埃及的首府,亦是整个拜占廷帝国中仅次于首都君士坦丁堡的第二大城市。这里是拜占廷帝国的主要海军基地,停泊着大量的舰船。守卫这座城市的拜占廷驻军据称达 5 万之众,装备精良,训练有素。相比之下,穆斯林不仅在人数上处于明显的劣势,而且没有舰船,缺乏攻城机械。阿慕尔·阿绥虽然屯兵城下,却久攻不克,只好返回巴比伦堡。不久,形势出现转机。希拉克略死于君士坦丁堡,其子君士坦斯二世继承拜占廷帝位,起用居鲁士重新出任亚历山大主教和埃及总督。居鲁士复职以后,无意继续抵御穆斯林的攻势,于 641 年 11 月在巴比伦堡与阿慕尔·阿绥签订和约,向哈里发国家纳贡称臣。642 年 9 月,拜占廷皇帝君士坦斯二世批准上述和约,拜占廷军队自海路撤离埃及,阿慕尔·阿绥率军进入亚历山大。③ 亚历山大是穆斯林征服的最大的城市,久居半岛的阿拉伯人从未见过城内精美的宫殿和教堂。阿慕尔·阿绥在向欧默尔报捷时写道:"我已经夺取了一座城市,我不加以描绘。我这样说就够了,城里有 4000 座别墅、4000 个澡堂、40000 个纳人丁税的犹太人、400 个皇家的娱乐场所。"④

埃及的战事刚刚结束,哈里发欧默尔便将阿卜杜拉·赛耳德派到这里,掌管尼罗河流域的税收。阿慕尔·阿绥对此极为不满,声称"我将成为紧握母牛角而让别人挤奶的角色",并且愤然离职。645 年底,亚美尼亚血统的拜占廷将领曼努埃尔率战船 300 艘攻占亚历山大以及苏勒塔斯、比勒贝斯诸城。646 年初,阿慕尔·阿绥再度出任埃及总督,驱退入侵的拜占廷军队,平定尼罗河三角洲诸地的骚乱,并且将亚历山大坚固的城墙夷为平地。⑤

埃及以西是柏柏尔人生活的地区,其东部称作易弗里基叶,西部称作马格里布,均为拜占廷帝国的辖地。埃及的陷落,使拜占廷帝国丧失了据守这一地区的屏障。642 年底,阿慕尔·阿绥自亚历山大移师西进,攻入彭塔波利斯(即昔兰尼加),占领伯尔克,降服柏柏尔人鲁瓦塔部落。接着,阿慕尔·阿绥遣部

---

① P. 希提:《阿拉伯通史》,第 188 页。

② 穆罕默德·穆斯塔法·齐亚德:《阿拉伯世界的历史与文明:古代与伊斯兰时代》,第 177 页。

③ 同上,第 177 页。

④ P. 希提:《阿拉伯通史》,第 191 页。

⑤ Hill,D. R. , *The Termination of Hostilities in the Early Arab Conquest* 634-656, pp. 45-47.

将欧格白·纳菲从伯尔克出发,向西攻至费赞。647 年,继阿慕尔·阿绥之后出任埃及总督的阿卜杜拉·阿比·萨尔赫自的黎波里西进,在苏菲突拉击败拜占廷军队,攻占易弗里基叶全境。穆斯林还曾试图自埃及向南扩张,降服努比亚人,但未成功。652 年,埃及总督阿卜杜拉·阿比·萨尔赫与努比亚人签订和约。[①]

阿拉伯人通常以幼发拉底河沿岸城市安巴尔和底格里斯河沿岸城市提克里特为界,将两河流域分为北部的贾吉拉和南部的伊拉克两大区域。贾吉拉在阿拉伯语中本意为岛屿,特指幼发拉底河与底格里斯河所环绕的旷野,生活着阿拉伯人拉比尔部落、穆达尔部落和巴克尔部落。[②] 639—641 年,穆斯林将领伊亚德·加恩姆自叙利亚率军东进,占领摩苏尔、奈绥宾、拉卡、卢哈、阿米德等地,完成对于贾吉拉的征服。[③]

伊拉克在阿拉伯语中本意为沿海的地区。萨珊王朝时期,伊拉克分为两部,幼发拉底河以西称作阿拉伯伊拉克,幼发拉底河以东称作波斯伊拉克。征服伊拉克的战争开始于 633 年初,沼泽以北地区和波斯湾沿岸构成相对独立的两个战场。阿喀拉巴战役结束以后,哈尼法部落的家园叶麻麦被纳入哈里发国家的版图。分布在叶麻麦以东的阿拉伯人,是已经改奉伊斯兰教的舍伊班部落成员;他们在其首领穆萨纳·哈里萨的率领下,将攻击的矛头转向东方,移入幼发拉底河西岸,占领盖提夫。633 年 3 月,哈立德·瓦里德率得胜之师自叶麻麦东进,与穆萨纳·哈里萨合兵一处,向幼发拉底河西岸尚且信奉异教的阿拉伯人发动攻势,在扎特·萨拉绥尔、纳赫尔·马尔亚、马扎尔、瓦拉加、欧莱斯等地连连获胜,希拉不战自降。接着,穆萨纳·哈里萨屯兵希拉,哈立德·瓦里德挥师北上,攻占幼发拉底河沿岸重镇安巴尔、艾因·塔姆尔、桑多达,逼近贾巴勒·比什尔。[④] 在这个阶段,伊拉克的战事主要表现为来自半岛的穆斯林阿拉伯人与土著的异教阿拉伯人之间的冲突,波斯军队尚未介入双方的厮杀。哈立德·瓦里德的行军路线,只是沿阿拉伯沙漠东侧至幼发拉底河之间的地带自南向北推进,并伺机退入沙漠深处,而无意攻击伊拉克腹地。

634 年夏,哈立德·瓦里德奉哈里发的将令离开伊拉克战场,率领所部数百人驰援叙利亚前线。此时,波斯将领鲁斯塔姆自伊拉克腹地调集重兵,逼近幼

① Al-Baladhuri, *Kitab Futuh al-Buldan*, pp. 237-238.
② Strange, G., *The Lands of the Eastern Caliphate*, Cambridge 1905, p. 22, p. 86.
③ Al-Baladhuri, *Kitab Futuh al-Buldan*, pp. 175-176.
④ Muir, W., *The Caliphate, Its Rise, Decline and Fall*, pp. 49-61.

中东史

发拉底河。穆萨纳·哈里萨没有充足的兵员，又缺乏哈立德·瓦里德那样的军事才能，无力抵御波斯大军的攻势，被迫放弃希拉诸城，退守沙漠，并遣使向哈里发告急，请求增援。不久，阿布·乌巴德率领援军抵达伊拉克边境，与穆萨纳·哈里萨会师。634 年底，穆斯林在希拉北侧越过幼发拉底河，与波斯军队发生激战。结果，阿布·乌巴德及数千名穆斯林战士阵亡于幼发拉底河东岸，穆萨纳·哈里萨侥幸生还，率残部退守欧莱斯。① 635 年，巴吉拉部落、阿兹德部落、塔米姆部落、泰伊部落、阿卜杜勒·凯斯部落和阿斯拉姆部落的阿拉伯人从半岛东南部和纳季德高原相继抵达半岛东侧的沙漠边缘，穆斯林队伍人数剧增，伊拉克战场逐渐形成对峙状态。635 年 11 月，穆萨纳·哈里萨率领穆斯林战士发动攻势，在幼发拉底河西岸的布瓦卜击败波斯军队，杀波斯将领米赫兰。布瓦卜战役之后，穆斯林重新占领希拉、安巴尔、艾因·塔姆尔等地，并且越过幼发拉底河，逼近波斯帝国首都泰西封。波斯帝国往日将阿拉伯人视同草芥，如今却被他们杀得人仰马翻，朝野震动。鲁斯塔姆急调重兵发动反攻，穆斯林遂退据幼发拉底河西岸。②

636 年初，先知穆罕默德曾经以天园相许诺并誉为"雄狮"的著名圣门弟子赛耳德·阿比·瓦嘎斯，奉哈里发欧默尔的将令，率领四千余名穆斯林战士自麦地那开赴伊拉克前线。③ 这是哈里发派往伊拉克战场的"第一支真正的征服队伍"。"欧默尔没有留下一个重要的人，不论是部落首领、战士，还是诗人、演说家，直到拥有马匹和武器的所有人；他把他们都派到了伊拉克"④。赛耳德·阿比·瓦嘎斯在经纳季德前往伊拉克时，沿途募集兵员，许多部落的战士纷纷应征。到达伊拉克时，赛耳德·阿比·瓦嘎斯的队伍已达三万余众。赛耳德·阿比·瓦嘎斯将队伍集结于幼发拉底河西岸的乌宰布一带，与鲁斯塔姆率领的波斯大军 12 万人隔河对峙数月。⑤ 637 年夏，双方在幼发拉底河西岸的卡迪西叶展开激战。穆斯林利用沙漠风暴骤起之机发起猛烈攻击，以战死数千人的代价，歼灭波斯军队主力，鲁斯塔姆毙命于乱军之中。⑥

卡迪西叶战役是决定伊拉克命运的转折点。穆斯林稍事休整，便发动新的攻势，矛头直指波斯帝国首都泰西封。泰西封位于底格里斯河西岸，塞琉西亚与泰西封隔河相望，阿拉伯语中合称"麦达因"，意思是两座城市。穆斯林首先

---

① 泰伯里：《历代先知与君王史》，第 1 卷，第 2194 页。

② Muir,W.，*The Caliphate*，*Its Rise*，*Decline and Fall*，p. 95.

③ 穆罕默德·穆斯塔法·齐亚德：《阿拉伯世界的历史与文明：古代与伊斯兰时代》，第 177 页。

④ Muir,W.，*The Caliphate*，*Its Rise*，*Decline and Fall*，p. 109.

⑤ Ibn Khaldun，*The Muqaddimah*，vol. 1，p. 321.

⑥ Glubb,J.，*The Great Arab Conquest*，p. 199.

夺取塞琉西亚,继而涉水渡河,攻入泰西封,波斯皇帝叶兹德吉尔德三世逃往伊朗西北部山区。[①] 637年底,穆斯林在贾鲁拉歼灭波斯军队残部,扎格罗斯山以西尽属穆斯林,萨珊王朝收复伊拉克的企图成为泡影。

贾鲁拉战役结束后,哈里发国家暂时停止了在东部战场的攻势。穆斯林占据伊拉克平原,萨珊王朝退守伊朗高原,双方在扎格罗斯山脉的两侧形成对峙状态。641年底,波斯帝国的末代皇帝叶兹德吉尔德三世集结兵力,派遣菲鲁赞率军卷土重来,向穆斯林发动攻势。642年,双方在扎格罗斯山东侧哈马丹附近的尼哈温展开激战。穆斯林一方约有3万人,波斯大军号称15万之众。战斗持续数日,双方都有很大的伤亡,穆斯林的统帅努尔曼·穆凯林战死。侯宰法·米赫珊继任统帅后,再度发动猛烈攻击,直至歼灭萨珊王朝反击穆斯林攻势的最后力量,进而占领哈马丹。叶兹德吉尔德三世只身逃走,经过10年漂泊流离的生活,最终死于呼罗珊东部的木鹿。[②]

波斯湾沿岸和伊朗高原南部是穆斯林与萨珊王朝之间的另一重要战场。633年,大约在穆萨纳·哈里萨率领舍伊班部落攻击希拉诸城的同时,分布在阿拉伯半岛东南部的伊吉勒部落和祖赫勒部落离开祖居的家园,沿波斯湾北岸向伊拉克南部移动。636年,穆斯林将领欧特巴·加兹万率军夺取波斯湾北岸的重要港口乌布拉。638年,穆斯林将领阿布·穆萨率军攻占阿瓦士和苏斯塔尔诸城,降服胡齐斯坦。接着,穆斯林向法尔斯发起攻击。法尔斯是萨珊家族的故乡,穆斯林征服的进程十分艰难,许多重要城市得而复失。650年,穆斯林第二次占领法尔斯的首府伊斯太赫尔,继而结束了这一地区的战事。[③] 651年,穆斯林自伊拉克南部出发,经克尔曼攻入伊朗高原东部,占领内沙浦尔、纳萨、突斯、哈拉特、木鹿诸城。另一支穆斯林队伍在夺取莱伊(今德黑兰附近)和伊斯法罕以后再度出击,攻占伊朗高原东北部重镇库米斯。652年,穆斯林攻占木鹿·卢泽,阿姆河以西皆被纳入哈里发国家的版图。[④]

麦地那哈里发国家的扩张:区域差异

麦地那哈里发时代,穆斯林如同潮水般涌出阿拉伯半岛,涌向周围的广大地区。他们沿着祖先曾经走过的道路,或者自希贾兹北端进入叙利亚,继而到

---

① Glubb,J., *The Great Arab Conqust*, p. 202.

② Hill,D.R., *The Termination of Hostilities in the Early Arab Conquest 634-656*, p. 131.

③ 同上,p. 134.

④ Al-Baladhuri, *Kitab Futuh al-Buldan*, pp. 193-212.

达尼罗河流域,或者自半岛东侧进入伊拉克,继而入主伊朗高原。谋求生计的物质需要与虔敬安拉的宗教激情两种因素的撞击,促使阿拉伯人投身于征服的事业。但是,在不同的区域,战争进程表现出明显的差异。

叙利亚是麦地那哈里发觊觎的主要目标,亦是整个征服战争的重心所在。穆斯林对于叙利亚的征服,具有严密的组织、明确的目标和相应的计划,自始至终体现着哈里发的意志。叙利亚的征服者大都来自伊斯兰文明的摇篮希贾兹,哈里发将最优秀的穆斯林派到叙利亚战场,其中包括数以千计的圣门弟子。阿布·伯克尔亲自为征服叙利亚的队伍募集兵员,欧默尔两次巡视叙利亚,说明哈里发国家对于这一地区的高度重视。

尼罗河流域的征服可谓叙利亚征服战争的延伸。在哈里发的心目中,埃及的地位或许不足与叙利亚相提并论。但是,埃及是拱卫叙利亚的屏障,埃及的粮食足以缓解希贾兹的饥荒程度。因此,尽管进攻埃及的军事举措最初似乎只是出于阿慕尔·阿绥的个人野心,但是哈里发在不久后便向那里派出必要的援军。

与叙利亚和埃及的征服战争相比,伊拉克的征服战争具有明显的不同之处,表现出部落迁徙的浓厚色彩。阿拉伯人自半岛东侧向幼发拉底河流域移动的趋向由来已久。先知穆罕默德早年,分布在叶麻麦以东和半岛东南部沿海的阿拉伯人部落已经开始攻击伊拉克边境,并于 610 年在祖·卡尔击败波斯军队。阿喀拉巴战役结束后穆斯林在伊拉克边境发动的攻势,只是阿拉伯人原有移动趋向的延续,并非出自哈里发的筹划。最初的攻击者,大都属于舍伊班部落和伊吉勒部落。阿布·伯克尔在获悉伊拉克的战况时,甚至不知道穆萨纳·哈里萨为何许人。[①]"安拉之剑"哈立德·瓦里德虽然一度出现于伊拉克战场,但不久便被调往叙利亚前线。此后哈里发派出的所谓援军,亦不过是阿布·乌巴德自行募集的乌合之众。"这不是真正意义上的征服战争,所谓的征服者采取游牧部落袭击定居人口的传统方式:他们宿营于城市周围的耕地,在长满谷物的农田放养牲畜。他们用这样的办法迫使城市的定居人口缴纳贡赋,获得金钱、粮食、饲料和其他的生活用品。"[②]636 年,赛耳德·阿比·瓦嘎斯和欧特巴·加兹万分别率军攻击伊拉克中部和南部,标志哈里发国家直接介入伊拉克的战事。然而征服者大都来自半岛东部和南部的土著部落,圣门弟子寥寥无几。他们依旧保留着血缘群体的传统形式,携带家眷和牲畜,移动速度极为缓

① Muir,W., *The Caliphate*, *Its Rise*,*Decline and Fall*, p. 49.

② Hill, D. R., *The Termination of Hostilities in the Early Arab Conquest 634-656*, pp. 109-110.

第二章　哈里发国家的变迁

慢。赛耳德·阿比·瓦嘎斯率军自麦地那抵达伊拉克边境,耗时长达一年之久。由于携带家眷和牲畜,这支队伍在幼发拉底河西岸的宿营地竟绵延数百里。巴吉拉部落的战士是征服伊拉克的重要力量。欧默尔曾经向巴吉拉部落首领贾里尔·阿卜杜拉许诺,一旦征服伊拉克,便将那里四分之一的土地赐封给他们。[①] 显然,谋求生计的需要和寻找新家园的愿望,驱使阿拉伯人离开荒凉的故乡,涌向伊拉克的战场。

伊朗高原是波斯人世世代代生活的家园。尽管萨珊王朝的军事力量由于尼哈温战役的失败而丧失殆尽,但是伊朗高原的土著贵族尚有相当的实力。他们各自为战,顽强抵抗着穆斯林的进攻。另一方面,伊朗高原的土著居民大都属于印欧语系的分支,不同于伊拉克、叙利亚和埃及的塞姆族被征服者,与来自半岛的阿拉伯人之间存在着明显的血缘界限。种族的差别加剧了伊朗高原的土著人口对于穆斯林征服者的敌视和反抗。此外,伊朗高原山脉纵横,地形复杂,其特有的自然条件削弱和限制着穆斯林征服者的攻势。哈里发国家在伊朗高原的征服经历了极其艰难而漫长的过程,许多地区由于土著势力屡屡反叛,得而复失。

政权结构与政治格局

先知穆罕默德生前创立的温麦,既是阿拉伯穆斯林的宗教公社和伊斯兰国家的初始形态,亦是穆斯林统治非穆斯林的政治工具。在温麦的形式下,信仰的差异是确定社会地位和划分社会阶层的基本准则,穆斯林与非穆斯林之间的直接对立构成社会矛盾的主要形式。作为温麦的成员,穆斯林尽管来自不同的地区,属于不同的血族群体,但皆以独尊安拉的共同信仰作为相互联系的纽带,组成统一的社会群体。全体穆斯林至少在理论上享有充分的权利,构成占统治地位的社会集团。非穆斯林人口则被剥夺政治权利,丧失原有的社会地位,构成依附于穆斯林的被保护阶层。另一方面,伊斯兰文明的兴起改变了阿拉伯人传统的权力来源。在查希里叶时代,社会地位的高低取决于身世的尊卑、财产的多寡和年资的长幼。而在新的温麦中,宗教资历即皈依伊斯兰教的先后和对于伊斯兰事业贡献的大小,成为确定社会成员政治权利和社会地位的关键因素。伊斯兰教的早期皈依者,尤其是包括迁士和辅士在内的圣门弟子,作为新兴的宗教贵族,构成温麦的政治核心。然而,古老的阿拉伯半岛毕竟刚刚告别野蛮的生活而初入文明时代,独尊安拉的共同信仰并没有完全取代阿拉伯人的

① 泰伯里:《历代先知与君王史》,第 1 卷,第 2199 页。

血缘联系,氏族部落的传统势力依然存在,原始民主制的残余和权力继承的非世袭倾向深刻地影响着穆斯林的政治生活,尤其排斥着政治权力的集中。特定的历史条件决定了麦地那哈里发国家的共和政体,而新兴伊斯兰贵族的统治乃是这种共和政体的实质所在。

阿布·伯克尔即位之初,野蛮势力泛滥于阿拉伯半岛各地,哈里发国家面临严峻的政治形势,温麦处于解体的边缘。阿布·伯克尔致力于“里达”的平息和征服叙利亚的战事,无暇顾及政权建设,依旧沿袭先知穆罕默德时代的国家体制。在麦地那绿洲,舒拉(阿拉伯语中意为协商)的原则和长老会议的传统形式依然存在并且发挥着重要的作用。圣门弟子欧默尔、阿布·欧拜德、祖拜尔·阿沃姆、泰勒哈·欧拜杜拉、阿卜杜勒·拉赫曼·奥夫、赛耳德·阿比·瓦嘎斯、奥斯曼、阿里、穆阿兹·贾巴勒等人占有举足轻重的地位,甚至左右政局,明显约束着哈里发的个人权力。官僚体系尚未形成,国家权力的运作只能依靠圣门弟子的自发行为。例如,侯宰法·伊尔曼负责估算农产品收成,祖拜尔·阿沃姆负责征缴天课,穆吉拉·舒尔白负责监督市场交易,阿卜杜拉·阿尔卡姆负责管理地下水源,栽德·萨比特负责起草各种文书,欧默尔负责审理司法纠纷,阿里负责主持战俘的处置事宜。[①] 在麦地那绿洲以外,阿拉伯人大都如同往日一样生活在各自的氏族部落之中,哈里发国家的行政区划尚且无法超越血族群体的传统分布地域。尽管阿布·伯克尔曾向麦加、塔伊夫、萨那、贾纳德、朱拉什、阿曼、巴林等地派驻称作瓦利的行政官员,但是他们大都只能采用劝说和协商的方式,缺乏必要的强制手段,形同虚设。哈里发对于地方事务的控制极为有限,集权政治尚不存在。此外,阿布·伯克尔出任哈里发以后,最初尚无正式的官邸,依旧住在麦地那郊外称作苏恩赫的农庄,甚至没有起码的年金收入,依靠经商和牧羊维持生计。后来,阿布·伯克尔离开苏恩赫,移居麦地那绿洲中央的先知清真寺,领取6000迪尔罕的年金,却依然简朴如前。[②] 阿布·伯克尔临终时的全部家产,只有1名黑奴、1峰骆驼和1条被单。[③] 阿布·伯克尔的清贫,从侧面反映了当时政治生活的原始色彩。

634年7月,阿布·伯克尔在麦地那病逝,葬于先知穆罕默德墓旁。根据阿布·伯克尔临终时的提议,欧默尔被穆斯林拥立为麦地那国家的第二任哈里

① Siddiqi,A. H. , *The Origins and Development of Muslim Institutions* , pp. 24-25.

② Jaydan,J. , *History of Islamic Civilization* , p. 38.

③ Husain,S. A. , *The Glorious Caliphate* , p. 41.

发。① 欧默尔出身于古莱西部落阿迪氏族，原为麦加富商，才略出众，文武兼备。先知穆罕默德在麦加传教初期，欧默尔一度追随古莱西部落的保守势力，攻击先知穆罕默德。欧默尔于 618 年皈依伊斯兰教，并将其女哈芙赛许配先知穆罕默德。徙志以后，欧默尔成为先知穆罕默德的得力助手，对于伊斯兰事业颇有贡献。如同阿布·伯克尔一样，欧默尔出任哈里发以后，依然保持简朴的生活，常常兼营商业，以谋自给，甚至靠举债维持生计。② 据说，他只有一件外衣和一件斗篷，睡在用枣椰树的叶子搭成的床铺上。曾经有人求见欧默尔，却不得不在门外等候很久，因为哈里发唯一的外衣刚刚洗过，还未晒干。③ 另据记载，一个贝都因人受到欺侮以后，来到哈里发的面前申诉冤屈，欧默尔却在盛怒之余鞭打了申诉者。不久，欧默尔对自己的粗暴行为感到懊悔，并要那个贝都因人如数打他几鞭子，那个人却不肯。欧默尔自言自语地说："哈塔卜的儿子呀！你原是卑贱的，而安拉提拔了你；你原是迷路的，而安拉指引了你；你原是软弱的，而安拉增强了你。于是，他叫你治理人民，当一个老百姓来向你求救的时候，你却打了他！当你现身于安拉面前的时候，你应该对你的主宰说什么呢？"④

先知穆罕默德时代和阿布·伯克尔当政期间，生活在半岛的许多阿拉伯人尚未皈依伊斯兰教，分布在半岛周围的阿拉伯人大都依附于拜占廷帝国或波斯帝国。温麦发动的一系列圣战，旨在讨伐尚未皈依伊斯兰教的阿拉伯人。伴随着"里达"的平息，生活在半岛的阿拉伯人相继加入了穆斯林的行列。"里达"平息后的军事扩张，则使分布在半岛周围的阿拉伯人逐步成为哈里发国家的臣民。欧默尔即位以后，哈里发国家所面临的形势发生深刻的变化，阿拉伯人分布的区域与伊斯兰教传播的界限日渐吻合，民族差异与宗教对立趋于一致。社会形势的发展导致政治生活的相应变化，从而产生了欧默尔的著名设想，即伊斯兰教是阿拉伯人的宗教，阿拉伯人是伊斯兰教的信仰者。阿拉伯人与伊斯兰教的合而为一，成为欧默尔当政期间政治生活的出发点。信奉伊斯兰教的阿拉伯人统治信奉异教的非阿拉伯人，则是哈里发国家的宗旨所在。在这样的前提下，信奉伊斯兰教的阿拉伯人构成享有充分权利的军事贵族集团，是哈里发国家的主要社会基础。非阿拉伯血统的穆斯林称作麦瓦利，从属于阿拉伯人的血族群体。既非具有阿拉伯血统又未信奉伊斯兰教的被征服者，至少在理论上被剥夺原有的政治权利，构成依附于哈里发国家的臣属阶层。阿拉伯穆斯林与非

---

① 哈桑·穆阿尼斯：《古代中世纪的阿拉伯国家与文明》，第 153 页。

② Jaydan,J. , *History of Islamic Civilization*, p.39.

③ Husain,S. A. , *The Glorious Caliphate*, p.85.

④ P. 希提：《阿拉伯通史》，第 205 页。

阿拉伯血统异教人口的对立,在欧默尔当政期间上升为社会矛盾的主要形式。这种对立反映出不同民族和宗教集团之间社会地位的差异,归根结底是阶级矛盾在当时特定历史条件下的曲折体现。阿拉伯穆斯林的圣战,其目的在于降服非阿拉伯血统的异教人口。哈里发国家仅仅将伊斯兰教视作阿拉伯人的信仰,尚无意扩大伊斯兰教的皈依范围。欧默尔通常被誉为继先知穆罕默德之后伊斯兰国家的第二位奠基人。然而,他所确定的国家制度,不仅是伊斯兰教的神权统治,更是阿拉伯人的民族统治。

广泛的军事扩张改变着温麦的政治区域,西亚北非的广大地区被纳入哈里发国家的版图。欧默尔当政期间,哈里发国家在阿拉伯半岛以外的被征服地区基本上沿袭拜占廷帝国和波斯帝国的行政区划,甚至保留原有的政府机构和行政官吏。哈里发国家将统治区域划分为叙利亚、埃及、贾吉拉、库法和巴士拉五个行省。其中,叙利亚行省辖大马士革、霍姆斯、约旦、巴勒斯坦,埃及行省辖上埃及和下埃及,伊朗高原的胡齐斯坦、法尔斯、麦克兰、基尔曼、锡斯坦、呼罗珊诸地分别隶属于巴士拉行省和库法行省。[1] 行省总督称作艾米尔,掌管征战要务和战利品的分配,并且主持穆斯林内部的司法仲裁和宗教事宜。欧默尔还曾向一些行省派驻阿米勒或卡迪,分别掌管税收和司法,以削弱艾米尔的权力。[2] 阿拉伯战士作为征服者和统治者,凌驾于被征服地区的土著人口之上,构成相对封闭的社会集团。被征服地区的土著人口作为哈里发国家的臣民,在内部事务方面处于相对自治的状态,缴纳人丁税,免服兵役,依旧遵行各自原有的法律,不受伊斯兰教法的约束,享有选择信仰的权利,接受哈里发国家的保护。

欧默尔当政期间,行省总督大都由征服该地的军事统帅担任,如阿布·欧拜德和叶齐德·阿比·苏福彦及其弟穆阿威叶相继出任叙利亚总督,阿慕尔·阿绥出任埃及总督,赛耳德·阿比·瓦嘎斯出任库法总督,阿布·穆萨出任巴士拉总督。他们作为军事统帅,在长期的征战过程中形成了广泛的社会势力和相应的政治威望,出任总督以后,往往独揽大权,各自为政。另一方面,穆斯林战士进入被征服地区以后,依旧保留着原有的氏族部落形式,按照血缘关系划分各自的区域。阿拉伯人的传统社会势力在行省的政治生活中发挥着不可低估的作用,制约着哈里发国家的权力,甚至总督往往也无法驾驭。这种现象在库法和巴士拉尤为明显。另外,穆斯林征服者沿袭拜占廷帝国和波斯帝国的行政体制,保留被征服者原有的法律、税制、货币、语言和宗教,导致不同区域之间的深刻差异,从而助长着行省势力的离心倾向。哈里发尽管拥有任免总督的权

---

[1]　Husain,S. A. , *Arab Administration* ,Lahore 1966, p.39.

[2]　Kremer,A. F. , *The Orient Under the Caliphs* , pp.112-113.

力,但是缺乏控制行省事务的有效手段,往往只能听任总督各行其是。温麦的权力结构表现为明显的松散状态,集权政治微乎其微,严格意义的国家税收体系尚未形成。各个行省向麦地那缴纳的岁入,大都只是根据《古兰经》规定而属于哈里发的份额,即全部战利品的五分之一;其余收入皆由总督自行处置,分配给屯驻行省的阿拉伯战士。岁入的分配反映了当时特定的政权结构和政治格局,欧默尔因此亦称:"无哈里发而唯有舒拉。"①

共和政体的危机

穆斯林财产占有状况的相对平等,是麦地那哈里发国家实行共和政体的物质基础。阿布·伯克尔当政期间,由于原始公有制财产关系的残存和血族群体形式的延续,穆斯林之间的贫富差距在多数地区尚不显见。阿布·伯克尔出任哈里发的第二年,利用初步的征服所提供的战利品,实行年金制度,年金分发的范围是生活在麦地那和麦加两座圣城的所有穆斯林。② 年金的数额最初为每人9个迪尔罕,后来增至每人 20 个迪尔罕。③ 欧默尔即位后,被征服地区的巨额财富作为战利品源源不断地流向哈里发国家,年金分发的范围随之扩展到整个穆斯林社会。637 年,欧默尔在麦地那设立称作迪万的财政机构,统一管理国库收支,并且根据与先知穆罕默德的亲缘关系和宗教资历,实行年金的差额分配。④ 先知穆罕默德的遗孀阿以莎年金份额为 12000 迪尔罕,其余遗孀的年金份额为 10000 迪尔罕,麦加时期伊斯兰教的皈依者和参加巴德尔战斗的穆斯林年金份额为 10000—5000 迪尔罕,自巴德尔战斗以后至麦加征服前夕皈依伊斯兰教的穆斯林年金份额为 4000 迪尔罕,自征服麦加至平息"里达"前皈依伊斯兰教的穆斯林年金份额为 3000 迪尔罕,参加雅姆克战役和卡迪西叶战役的穆斯林年金份额为 2000 迪尔罕,雅姆克战役和卡迪西叶战役以后移入叙利亚和伊拉克等地的穆斯林年金份额为 1000 迪尔罕。⑤ 欧默尔实行的年金制度,以差额分配作为突出的特征,明显改变了穆斯林之间的财产占有状况,助长了穆斯林社会内部的贫富差距,埋下了穆斯林社会内部矛盾冲突直至分裂对抗的隐患,从而构成否定共和政体历史进程的重要开端。

644 年 11 月,欧默尔在麦地那率领穆斯林举行晨礼时,突遭暗杀。凶手是

① Imamuddin, S. M. , *A Political History of the Muslims*, vol. 1, p. 234.

② Grunebaum, G. E. , *Medieval Islam*, p. 170.

③ Kremer, A. F. , *The Orient Under the Caliphs*, p. 16.

④ Grunebaum, G. E. , *Medieval Islam*, p. 171.

⑤ Al-Baladhuri, *Kitab Futuh al-Buldan*, pp. 450-457.

信奉基督教的波斯籍奴隶阿布·鲁厄鲁厄,他向欧默尔刺了两刀。欧默尔遇刺后,伤势严重。弥留之际,他拒绝了由其子阿卜杜拉继任的建议,指定奥斯曼、阿里、阿卜杜勒·拉赫曼·奥夫、赛耳德·阿比·瓦嘎斯、祖拜尔·阿沃姆、泰勒哈·阿卜杜拉六人协商确定哈里发的人选,委派其子阿卜杜拉作为协商的监督者。[①] 欧默尔死后,奥斯曼等人在圣门弟子米斯瓦尔家中举行会议,是为"舒拉会议"。阿卜杜勒·拉赫曼·奥夫首先宣布放弃竞选,推举阿里和奥斯曼作为哈里发的候选人。经过激烈争执,奥斯曼获胜,成为麦地那国家的第三任哈里发。[②] 奥斯曼(644—656年在位)出身于古莱西部落倭马亚氏族,615年皈依伊斯兰教。先知穆罕默德曾经将自己的两个女儿鲁基娅和乌姆·库勒苏姆许配奥斯曼为妻。奥斯曼的宗教资历不及参加舒拉会议的其他圣门弟子,许多人对"舒拉会议"的结果深感不满。奥斯曼即位后,赛耳德·阿比·瓦嘎斯退出政坛,隐居于麦地那郊外。祖拜尔·阿沃姆弃政从商,成为巨富。阿里和泰勒哈·阿卜杜拉尽管表面上承认新的哈里发,却对"舒拉会议"的结果耿耿于怀,成为反对奥斯曼的主要人物。

　　奥斯曼即位之初,阿拉伯人继续保持着强劲的扩张势头,西部攻入马格里布和努比亚,东部横扫伊朗高原甚至远达河中地区。至奥斯曼当政后期,哈里发国家的攻势逐渐减弱。西面的海洋、北部的群山峻岭和东方土著势力的顽强抵抗,阻碍着阿拉伯人进一步的军事行动。广泛的军事扩张制约着哈里发国家内部的矛盾冲突,对异教徒的圣战促使阿拉伯人形成从未有过的凝聚状态。一旦外部征战趋于停顿,阿拉伯人相互之间的对立倾向随即开始出现。奥斯曼当政后期,阿拉伯社会内部的对立,首先表现为圣门弟子代表的伊斯兰教贵族与奥斯曼代表的倭马亚族之间的矛盾冲突。圣门弟子长期追随先知穆罕默德,宗教资历颇深,备受阿布·伯克尔和欧默尔的倚重,构成哈里发国家的核心政治势力。他们强调伊斯兰教初期的民主传统和平等倾向,支持共和政体的统治形式。欧默尔实行的年金制度,明确规定了圣门弟子的特殊地位。"舒拉会议"的人员构成,表明圣门弟子尤其是迁士在哈里发国家的政治生活中占据举足轻重的地位。奥斯曼即位以后,背弃阿布·伯克尔和欧默尔当政期间遵循宗教资历和倚重圣门弟子的政治原则,起用倭马亚族成员并委以重任。"奥斯曼需要忠诚于自己的总督,他们必须是不愿脱离中心的人。他之所以选择自己的亲属,

---

① 哈桑·穆阿尼斯:《古代中世纪的阿拉伯国家与文明》,第153页。

② Ibn Khaldun, *The Muqaddimah*, vol.1, p.430.

是指望他们的忠诚"①。646 年,奥斯曼任命他的异母胞弟瓦里德·欧格白作为库法总督。此人在皈依伊斯兰教之前曾经追随麦加的保守势力,屡屡攻击穆斯林,甚至唾弃先知穆罕默德,因而臭名昭著。接着,奥斯曼任命他的乳弟阿卜杜拉·阿比·萨尔赫取代阿慕尔·阿绥的埃及总督职位。此人皈依伊斯兰教以后,一度背叛先知穆罕默德,投靠麦加的保守势力,并有篡改启示的劣迹,令先知穆罕默德深恶痛绝。630 年穆斯林攻占麦加后,先知穆罕默德下令处死 14 名罪大恶极的古莱西人,阿卜杜拉·阿比·萨尔赫便是其中之一,只是经奥斯曼说情方得以赦免。奥斯曼的堂弟麦尔旺·哈克木在先知穆罕默德去世后曾经鼓动穆斯林叛教,此时却被赋予财政大权,掌管年金分配。希贾兹北侧至陶鲁斯山南麓之间的地带在欧默尔当政后期分别隶属于大马士革、霍姆斯、巴勒斯坦和约旦四个行政区,奥斯曼即位后将大马士革、霍姆斯、巴勒斯坦和约旦合并为叙利亚行省,任命其堂弟穆阿威叶作为叙利亚总督。② 被奥斯曼委以重任的倭马亚人虽然具有较强的能力和较为丰富的经验,但是大都缺乏必要的宗教资历和相应的社会威望。奥斯曼起用倭马亚人的政策,损害了圣门弟子的利益,排斥着圣门弟子在哈里发国家政治生活中的原有地位,导致圣门弟子的强烈不满。

麦地那哈里发国家的军事扩张,尤其是在伊拉克地区的征服战争,包含着部族迁徙的社会倾向。血缘关系的残存,使得阿拉伯人氏族部落的传统势力对于行省的政治生活产生着广泛的影响,从而构成助长地方离心因素的重要基础。"阿拉伯人的部落结构并未消失;阿拉伯部落民深知自身的力量和在征服过程中发挥的作用,不肯屈从于古莱西人的支配,逐渐形成反对哈里发统治的政治倾向。"③奥斯曼即位后,排斥部族势力,削弱离心倾向,尤其加强控制行省的财政岁入。阿卜杜拉·阿比·萨尔赫出任埃及总督后,自埃及向麦地那缴纳的岁入明显增加。瓦里德·欧格白来到库法以后,声称塞瓦德(即伊拉克南部的农业区)是属于古莱西人的田园,剥夺移居伊拉克的阿拉伯部落成员参与分配塞瓦德土地的权利。著名的圣门弟子阿卜杜拉·麦斯欧德指责瓦里德·欧格白侵犯阿拉伯战士的权利,竟然遭到奥斯曼的刑罚。奥斯曼的行省政策损害了阿拉伯部落民的利益,故而遭到后者的激烈反对。

先知穆罕默德在世时,《古兰经》尚未汇编成书,散见于圣门弟子的口传和背诵。平息"里达"的战争期间,尤其是在阿喀拉巴战役中,许多圣门弟子相继

---

① S. F. 马茂德:《伊斯兰教简史》,第 49 页。

② Shaban, M. A., *Islamic History, A New Interpretation 600-750*, pp. 66-67.

③ Husain, S. A., *The Glorious Caliphate*, p. 107.

阵亡,能够口传和背诵启示的人日渐减少。在欧默尔的极力坚持下,阿布·伯克尔指派栽德·萨比特主持整理《古兰经》。栽德·萨比特是麦地那人,在先知穆罕默德生前专门负责记录启示,并根据先知穆罕默德的传授,初步整理出各章节启示的次第。栽德·萨比特奉阿布·伯克尔之命,对先知穆罕默德传布的启示进行全面和系统的搜集整理,编订成册,称"穆斯哈夫"(即汇集本)。然而,在穆斯林生活的不同地区,《古兰经》的内容和读法仍有一定的差异。"巴士拉的穆斯林遵循阿布·穆萨,库法的穆斯林效仿阿卜杜拉·麦斯欧德,叙利亚的穆斯林在诵读《古兰经》时,与伊拉克的穆斯林亦不尽相同。"[1]653 年,叙利亚和伊拉克的穆斯林联合进攻亚美尼亚;在诵读《古兰经》时,两支队伍由于读法的差异而发生争执,剑拔弩张。于是,奥斯曼责成栽德·萨比特重新订正《古兰经》。栽德·萨比特领导一个由圣门弟子参加的小组,根据先知穆罕默德的遗孀哈芙赛受其父欧默尔委托保存的《古兰经》"穆斯哈夫"本,依照古莱西人的语言统一全书的词汇和读音,并誊抄七部,一部存于麦地那,六部分送麦加、大马士革、也门、巴林、库法和巴士拉,是为"奥斯曼定本",其余版本的《古兰经》被宣布无效并予以焚毁。《古兰经》版本的最后确定,对于维护伊斯兰教和哈里发国家的统一无疑具有重要的意义。然而,此事在当时却被许多穆斯林视为奥斯曼篡夺宗教权力的非分之举。

奥斯曼当政期间阿拉伯社会内部的矛盾具有双重的内容,既包含着圣门弟子与倭马亚人之间的尖锐对立,又表现为阿拉伯部落民的传统势力与哈里发国家权力之间的激烈冲突。两种矛盾错综复杂,交织一处。奥斯曼在麦地那和行省同时排斥圣门弟子和部族势力,逐渐促使后两者走向政治联合。哈里发成为圣门弟子和部族势力的共同敌人,更成为整个阿拉伯社会的众矢之的。在希贾兹,圣门弟子阿卜杜勒·拉赫曼·奥夫、泰勒哈·阿卜杜拉和祖拜尔·阿沃姆等人抨击奥斯曼重用亲族和排斥异己,指责奥斯曼侵吞公产、收受贿赂和乱征天课。但是,他们并没有与奥斯曼发生直接的武力冲突,而是鼓动移居行省的阿拉伯战士将圣战的矛头指向倭马亚人和麦地那的哈里发。[2] "你们如果要发动新的圣战,那么麦地那便是圣战的最好去处。"[3]655 年,库法的阿拉伯战士千余人在马立克·阿什塔尔的率领下发动叛乱,驱逐出身倭马亚族的总督赛耳德·阿绥,迫使奥斯曼重新起用阿布·穆萨出任库法总督。骚动的形势威胁着哈里发的统治,奥斯曼于是召集倭马亚族的穆阿威叶、阿卜杜拉·阿比·萨尔

① Husain,S. A. , *The Glorious Caliphate*, p. 111.
② Jafri,S. H. M. , *Origins and Early Development of Shi'a Islam*, Tehran 1989, pp. 86-87.
③ Wellhausen,J. , *The Arab Kingdom and Its Fall*, London 1973, p. 44.

赫、赛耳德·阿绥和阿慕尔·阿绥等人商讨对策。穆阿威叶认为,整个希贾兹充斥着圣门弟子和他们的支持者,哈里发势单力孤,因此建议奥斯曼将驻地迁到大马士革,以便得到必要的保护。然而,奥斯曼不愿离开先知穆罕默德曾经生活过的土地,他拒绝了穆阿威叶的建议,依旧留居麦地那。[①]

麦地那哈里发国家拥有雄厚的军事实力,征服了强盛一时的波斯帝国和拜占廷帝国,统治着西起马格里布、东至阿姆河流域的广大地区。然而,哈里发却没有保卫自己的常备军。每一个阿拉伯人都被看作是哈里发的战士,麦地那几乎处于不设防的状态。656 年 4 月,大约 500 名阿拉伯战士,其中包括阿布·伯克尔的养子穆罕默德·阿比·侯宰法,离开埃及,返回麦地那,围攻奥斯曼。656 年 6 月 17 日,反叛者冲进哈里发的宅邸,穆罕默德·阿比·侯宰法第一个用战刀刺向奥斯曼。[②] 据说,此时奥斯曼正在诵读《古兰经》,他的血滴在翻开的经文上面。后来的穆斯林将这部《古兰经》视作圣物,存放于巴士拉的一处清真寺内。14 世纪的阿拉伯旅行家伊本·白图泰在游历巴士拉时曾经见过这部《古兰经》,奥斯曼的血迹染红了如下的经文:"安拉将替你们抵御他们。他确是全聪的,确是全知的。"[③]

"奥斯曼的遇害不同于欧默尔的遇害。"[④]欧默尔死于异教徒的暗杀,反映出扩张的时代穆斯林与非穆斯林之间的激烈冲突。相比之下,奥斯曼是第一个死于穆斯林之手的哈里发。奥斯曼的遇难标志着伊斯兰历史进程的重大转折,体现麦地那时代共和政体的深刻危机。奥斯曼的坟墓埋葬了温麦内部的和平,揭开穆斯林内战的序幕。残酷的杀戮和激烈的权力角逐,使哈里发国家的圣洁形象荡然无存。

最初的内战

奥斯曼的被害不仅没有消除麦地那共和政体的危机,而且加剧了阿拉伯社会内部的矛盾冲突,尤其是引发政治反对派的分裂。奥斯曼死后,阿里在麦地那被拥立为新的哈里发。[⑤] 阿里(656—661 年在位)出身于古莱西部落哈希姆氏族,是先知穆罕默德的堂弟。其父阿布·塔里布是哈希姆氏族的首领,亦是先知穆罕默德的伯父。阿布·塔里布因为家境贫寒,曾将阿里托付先知穆罕默

---

① Husain,S. A. , *The Glorious Caliphate*, p116.

② 泰伯里:《历代先知与君王史》,第 1 卷,第 2722—2723 页。

③ 伊本·白图泰:《伊本·白图泰游记》,马金鹏译,宁夏人民出版社 1985 年,第 146 页。

④ Jafri,S. H. M. , *Origins and Early Development of Shi'a Islam*, p. 88.

⑤ 同上,p. 88。

德抚养。阿里是最早皈依伊斯兰教的圣门弟子之一,长期追随先知穆罕默德,
屡建功勋。先知穆罕默德将阿里视若亲子,并将爱女法蒂玛许配阿里为妻,恩
宠备至。先知穆罕默德去世时,阿里认为哈里发的人选应当出自先知穆罕默德
的家族,对于欧默尔和阿布·欧拜德积极拥立阿布·伯克尔出任哈里发的做法
持暧昧的态度。阿布·伯克尔、欧默尔和奥斯曼当政期间,阿里似乎受到其他
迁士的排斥,建树甚少,仅仅致力于整理《古兰经》和搜集"圣训"的活动,并与辅
士保持密切的联系。

　　如同阿布·伯克尔一样,阿里在即位之初面临着严重的政治危机。然而,
阿布·伯克尔所面临的政治危机主要来自半岛各地的非穆斯林势力,阿里所面
临的政治危机则来自穆斯林内部的对抗,尤其是来自哈里发国家核心集团的权
力争夺。阿里即位以后,原本反对奥斯曼的各种势力趋于分裂。早在奥斯曼遇
害前夕,先知穆罕默德的遗孀阿以莎便借朝觐的名义离开麦地那,前往麦加。
奥斯曼死后,祖拜尔·阿沃姆和泰勒哈·阿卜杜拉等许多迁士亦相继离开麦地
那,来到麦加,继而否认阿里出任哈里发的合法地位。[1] "泰勒哈和祖拜尔在希
贾兹和伊拉克都有追随者,那些人都不承认阿里做哈里发。"[2]因此,阿里不同于
阿布·伯克尔、欧默尔和奥斯曼,其统治只是一种不完整的哈里发政权。不久,
阿以莎、祖拜尔·阿沃姆和泰勒哈·阿卜杜拉及其追随者三千余众离开麦加,
进入巴士拉,与巴士拉的阿拉伯战士合兵一处,迫使阿里任命的巴士拉总督奥
斯曼·侯奈夫弃城逃走。[3]

　　阿里在麦地那即位以后,麾下只有来自埃及的五百余名战士。面对来自巴
士拉的挑战,哈里发几乎无兵可用。于是,阿里离开麦地那,来到伊拉克的另一
军事重镇库法。[4] 库法总督阿布·穆萨及万余名阿拉伯战士成为阿里的支持
者,并追随阿里讨伐巴士拉的反对派势力。656 年 12 月,双方在巴士拉郊外展
开激战。由于阿以莎乘驼轿出现在战场上,双方在驼轿四周奋力厮杀,因此这
次战斗称作"骆驼之战"[5]。"骆驼之战"在伊斯兰历史上首开穆斯林内战的先
例,近万名阿拉伯战士丧命,祖拜尔·阿沃姆和泰勒哈·阿卜杜拉等众多圣门
弟子相继阵亡。祖拜尔·阿沃姆和泰勒哈·阿卜杜拉都是最早皈依伊斯兰教
的圣门弟子和"阿尔卡姆会"的最初成员;先知穆罕默德曾经以天园许诺十位圣
门弟子,祖拜尔·阿沃姆和泰勒哈·阿卜杜拉均名列其中。祖拜尔·阿沃姆和

① Jafri,S. H. M. , *Origins and Early Development of Shi'a Islam* , p. 90.

② P. 希提:《阿拉伯通史》,第 209 页。

③ Muir,W. , *The Caliphate* , *Its Rise* , *Decline and Fall* , p. 258.

④ Jafri,S. H. M. , *Origins and Early Development of Shi'a Islam* , p. 90.

⑤ Kremer,A. F. , *The Orient Under the Caliphs* , p. 304。

泰勒哈·阿卜杜拉的遇难,震惊了整个伊斯兰世界。阿里在获胜以后,为交战双方阵亡的穆斯林举行了隆重的葬礼,并且以最高的礼遇将阿以莎送回麦地那。①

巴士拉的敌对势力平息以后,伊拉克、伊朗高原、阿拉伯半岛和埃及成为阿里的辖地,只有穆阿威叶盘踞叙利亚,抗衡阿里的政权。穆阿威叶是欧默尔任命的叙利亚总督。奥斯曼当政期间,穆阿威叶获得了统治叙利亚的广泛权力,并且通过对拜占廷帝国的圣战建立起训练有素的军事力量。奥斯曼死后,奥斯曼的妻子纳依莱带着奥斯曼的血衣和自己被砍断的手指,来到大马士革。穆阿威叶将这些实物展示于大马士革的清真寺内,要求惩办杀害奥斯曼的凶手,并且指责阿里纵容反叛者的行为和庇护杀害奥斯曼的凶手。然而,正是攻击和杀害奥斯曼的反叛者将阿里推上了哈里发的宝座,阿里不可能惩办自己的支持者。穆阿威叶深知阿里所处的境况,意在通过惩办凶手的要求,使阿里成为穆斯林心中的不义之人。

"骆驼之战"结束后,穆阿威叶成为威胁阿里的主要人物。于是,阿里将进攻的矛头指向叙利亚。657年春,阿里聚集八万名阿拉伯战士自库法北进,穆阿威叶率众六万人迎战,双方对峙于幼发拉底河上游的绥芬平原。657年7月,阿里的支持者马立克·阿什塔尔率领伊拉克战士发起猛攻,叙利亚战士阵脚大乱,溃不成军。危急关头,穆阿威叶采纳阿慕尔·阿绥的建议,命令叙利亚战士将《古兰经》系于矛尖,高喊"让安拉裁决",要求停止厮杀,举行和谈。伊拉克战士尽管占据上风,但是他们大都并不热衷于穆斯林同胞之间的残酷杀戮,倾向和谈。坦诚率直的阿里于是下令停止进攻。658年1月,双方在阿兹鲁举行和谈。阿里的代表是曾经担任库法总督的阿布·穆萨,穆阿威叶的代表是曾经担任埃及总督的阿慕尔·阿绥。阿布·穆萨和阿慕尔·阿绥经过数日的争执,最后决定同时剥夺阿里和穆阿威叶出任哈里发的合法资格。② 这样的结果貌似公允,实际上对阿里十分不利。公断人的判决,剥夺了阿里的既有职位,但只是剥夺了穆阿威叶的尚未成为事实的要求,这个要求是他从来不敢公开说出来的。虽然阿里拒绝接受阿兹鲁的仲裁结果,但是诉诸仲裁的方式本身已经给阿里一方带来灾难性的影响。伊拉克战士一万余人反对和谈,他们自称哈瓦立及(意为"出走者"),放弃对阿里的支持,在"除安拉外别无仲裁"的口号下撤离阿里一方的营地,聚集于库法附近的哈鲁拉,推举名为阿卜杜拉·瓦哈布的阿拉伯战

---

① Muir,W. , *The Caliphate*,*Its Rise*,*Decline and Fall*, p. 265.

② Wellhausen,J. , *The Arab Kingdom and Its Fall*, pp. 77-78.

士出任哈里发。阿里曾经亲自来到哈鲁拉劝说,许多人返回库法,重新成为阿里的支持者。然而,仍有三千余人继续与阿里为敌,他们被称作哈瓦立及派。

绥芬之战和阿兹鲁仲裁以后,阿里与穆阿威叶之间的力量对比逐渐发生变化。一方面,穆阿威叶以缴纳贡赋作为条件,换取与拜占廷帝国的暂时休战,解除叙利亚的后顾之忧;同时,穆阿威叶派遣阿慕尔·阿绥率军击败阿里任命的埃及总督,占据尼罗河流域。另一方面,哈瓦立及派在伊拉克境内活动频繁,加之法尔斯和克尔曼等地波斯土著势力屡屡反叛,使阿里的政权处于腹背受敌的境地。658年夏,阿里率军在伊拉克的纳赫拉万重创哈瓦立及派,阿卜杜拉·瓦哈布和1800余名哈瓦立及派战士阵亡。纳赫拉万之战激化了哈瓦立及派与阿里之间的矛盾。哈瓦立及派的残部并没有屈服,他们不仅反对穆阿威叶和阿慕尔·阿绥,而且决意除掉阿里,为在纳赫拉万阵亡的同伴复仇。相传,哈瓦立及派成员阿卜杜勒·拉赫曼·穆尔贾姆、巴克尔·阿卜杜拉和阿姆尔·巴克尔曾经约定分别在库法、大马士革和弗斯塔特暗杀阿里、穆阿威叶和阿慕尔·阿绥,然而暗杀穆阿威叶和阿慕尔·阿绥的计划并未成功。661年1月,阿里在库法附近的阿扎赫遭到暗杀,凶手是哈瓦立及派的成员阿卜杜勒·拉赫曼·穆勒贾姆。阿里遇难的地点原本没有人烟,是一片荒野。后来,什叶派穆斯林将阿里的遇难处奉为圣地,朝拜者络绎不绝,这就是现在伊拉克的著名城市纳杰夫。[①]

大约在阿里遇难的同时,穆阿威叶在耶路撒冷被叙利亚的阿拉伯战士拥立为哈里发(661—680年在位),继而定都大马士革。[②] 阿里死后,伊拉克的阿拉伯战士试图拥立阿里的长子哈桑继承哈里发的职位,与穆阿威叶及其叙利亚支持者抗衡。然而,穆阿威叶通过威逼利诱的手段,迫使哈桑放弃哈里发的权位要求和承认穆阿威叶作为穆斯林的唯一合法统治者,同时承诺由哈桑的胞弟侯赛因在自己死后继承哈里发的职位。[③] 此后,哈桑退居麦地那,穆斯林内部的政治对抗得到暂时的平息,伊斯兰世界恢复了统一的状态。

---

① Imamuddin,S. M. , *A Political History of the Muslims*, vol. 1, p. 223.

② 泰伯里:《历代先知与君王史》,第2卷,第4页。

③ Jafri,S. H. M. , *Origins and Early Development of Shi'a Islam*, p. 151.

二、倭马亚王朝

穆阿威叶的统治

661年阿里遇难,结束了伊斯兰历史的早期时代,即麦地那哈里发时代。那是一个充满虔敬安拉之宗教激情的时代,浓厚的平等色彩和强烈的民主倾向是那个时代的突出特征。穆阿威叶出任哈里发以后,定都大马士革,开始了倭马亚人统治的时代。在新的时代,哈里发国家的重心所在由希贾兹转移到叙利亚,哈里发国家的政治制度由共和制转变为君主制。

麦地那时代后期阿拉伯社会内部的矛盾冲突益趋加剧,从根本上决定了伊斯兰教贵族共和政体的衰落。倭马亚王朝在大马士革的建立,亦有其特定的历史背景和社会基础。早在前伊斯兰时代,阿拉伯半岛的许多部落,尤其是祖居也门一带的南方阿拉伯人,相继移入叙利亚。拜占廷帝国的统治和基督教的影响,使移入叙利亚的阿拉伯人逐渐放弃野蛮的生活方式,原始民主制的传统势力相对薄弱。阿布·伯克尔和欧默尔当政期间,叙利亚成为哈里发国家军事扩张的主要目标,圣门弟子以及分布在两座圣城周围的贝都因人则是征服叙利亚的核心力量。广泛的征服导致哈里发国家政治地理的相应变化。希贾兹作为伊斯兰文明的发源地和哈里发国家的摇篮,逐渐丧失原有的重要地位。叙利亚东连伊拉克和贾吉拉,西邻埃及和马格里布,南靠阿拉伯半岛,开始成为哈里发国家的中心区域。哈里发的首要职责是领导圣战和保卫伊斯兰世界。叙利亚的北部与拜占廷帝国接壤,是穆斯林征战的前沿。因此,随着疆域的扩展,哈里发国家的政治重心自希贾兹向叙利亚转移已是势在必行。此外,倭马亚人自伊斯兰教诞生前夕已经频繁往来于麦加与叙利亚之间贩运货物,甚至在叙利亚购置地产。欧默尔即位以后,倭马亚氏族首领阿布·苏福彦之子叶齐德和穆阿威叶相继出任叙利亚总督,倭马亚人在叙利亚的势力急剧膨胀,进而为倭马亚王朝在大马士革的建立奠定了稳固的社会基础。

倭马亚王朝的创建者穆阿威叶出身于古莱西部落倭马亚氏族,是麦加富商阿布·苏福彦的次子,630年随其父皈依伊斯兰教后,移居麦地那,深得先知穆罕默德的器重。穆阿威叶自633年随其兄叶齐德出征叙利亚,屡建战功,639年出任叙利亚总督,驻节于大马士革。奥斯曼死后,穆阿威叶成为倭马亚族中最有势力的政治人物,盘踞叙利亚,以为奥斯曼复仇的名义,与阿里抗衡,直至迫使阿里的长子哈桑在其父遇刺后放弃哈里发权位的要求,进而控制整个伊斯兰世界。

"穆阿威叶政权的建立,标志着旧时代的结束和新时代的开始。"[1]穆阿威叶即位以后,适应哈里发国家大多数臣民尚未皈依伊斯兰教的社会现实,改变麦地那时代信仰至上和神权统治的原则,着力淡化穆斯林与非穆斯林之间的差异和对立,推行世俗色彩的统治政策。倭马亚王朝的支持者,主要是移居叙利亚的阿拉伯人以及叙利亚土著的基督徒。哈里发与大马士革的基督徒保持着颇为密切的交往。哈里发有许多妻子,其中最宠爱的妻子梅苏便是基督教雅各派的信徒。另一方面,倭马亚王朝沿袭阿拉伯人的传统习俗,哈里发在大马士革设立称作舒拉的贵族会议和称作沃弗德的部落代表会议,行使咨议和监督的权力。[2] 穆阿威叶并没有以君主的面目出现在大马士革;在阿拉伯人看来,这位哈里发仿佛是半岛古代的部落酋长。"当星期五在清真寺里举行宗教仪式的时候,穆阿威叶把讲坛当做行政长官席来加以利用,时常同贵族的领袖们商讨政治措施。他在宫里也经常向贵族的领袖们请教。他也时常接见来自各省的代表团,以便听取他们的疾苦,调停各部族之间的纠纷"[3]。有些学者往往据此现象而将穆阿威叶与古代阿拉伯半岛的部落首领相提并论,甚至认为穆阿威叶的统治是前伊斯兰时代长老制的再现。[4] 这种看法显然忽略了哈里发的特质而失之偏颇。"倭马亚人在大马士革的集权统治,使得信士的长官越来越具有国王的特征"[5]。穆阿威叶当政期间之所以一定程度地保留某些传统的政治形式,乃是由于初兴的君主政治尚不成熟的缘故。671 年,伊拉克总督齐亚德·阿比希将鼓动骚乱的阿拉伯人押至大马士革;根据穆阿威叶的授意,7 人被杀,其中包括圣门弟子侯吉尔·阿迪。穆阿威叶的行为首开哈里发对穆斯林居民行使生杀权力的先例,标志着哈里发权力性质的改变。

穆阿威叶当政期间,伊斯兰世界的政权结构依然处于相对松散的状态。哈里发主要治理叙利亚一带,尤其致力于对拜占廷帝国的圣战。早在 639 年出任叙利亚总督以后,穆阿威叶利用拜占廷帝国遗弃在叙利亚港口城市阿克等地的船坞,建立伊斯兰世界的第一支海军,并于 649－650 年率领舰队出征东地中海

① Hourani, A. , *A History of the Arab Peoples*, London 1991, p. 25.

② B. 路易斯:《历史上的阿拉伯人》,第 68 页。

③ C. 布罗克尔曼:《伊斯兰各民族与国家史》,第 87－88 页。

④ Watt, W. M. , *The Majesty That Was Islam*, *the Islamic World 661-1100*, London 1974, p. 45, p. 53.

⑤ Saunders, J. J. , *A History of Medieval Islam*, p. 77.

水域,夺取拜占廷帝国的海军基地塞浦路斯和罗得岛。655年,穆阿威叶率领穆斯林舰队自叙利亚和埃及的港口再度出征,在菲尼克斯附近海面与拜占廷皇帝君士坦斯二世率领的庞大舰队展开激战,史称"船桅之战"。穆斯林将自己的战船与拜占廷战船连在一起进行肉搏,摧毁拜占廷舰队,从而控制地中海东部水域。此后,穆阿威叶为了全力抗衡阿里,一度与拜占廷帝国休战。668年,穆阿威叶结束与拜占廷帝国的休战状态,恢复对陶鲁斯山以北地区的攻势。穆斯林将领法扎拉率军越过陶鲁斯山,深入小亚细亚半岛腹地,兵抵与君士坦丁堡隔岸相对的卡尔西顿安营扎寨。冬季过后,法扎拉与前来增援的穆阿威叶之子叶齐德合兵一处,向君士坦丁堡发起猛攻。拜占廷帝国皇帝君士坦丁四世率守军拼死抵抗,穆斯林久攻不克,于669年夏季撤回叙利亚。著名的圣门弟子阿布·阿尤布曾经做过先知穆罕默德的旗手,在这次出征中病故,葬于君士坦丁堡城外。奥斯曼土耳其人于1453年攻陷君士坦丁堡以后,曾在阿布·阿尤布的墓地处建起清真寺,以供穆斯林凭吊这位圣战的英雄。674年,穆阿威叶再度出兵,占领马尔马拉海南岸重镇西齐克斯,威逼君士坦丁堡。穆斯林舰队在君士坦丁堡附近海面屡败拜占廷舰队,形成对君士坦丁堡的海陆夹击之势。拜占廷军队据险固守,尤其是借助于著名的"希腊火"(用石油、硝石、硫磺和树脂混合制成的、能够在水面燃烧的液体)抵御穆斯林的海上攻势,方使君士坦丁堡幸免陷落的厄运。[①]

　　穆阿威叶在治理叙利亚和领导圣战的同时,将其他区域交给大权在握的行省总督,并且与行省总督保持着近乎合作的关系,避免诉诸武力。穆阿威叶曾经宣称:"用鞭子就可以的地方,我不用宝剑;用舌头就可以的地方,我不用鞭子。在我和同胞之间,即使只有一根头发在联系着,我也不让它断了。他们拉得紧,我就放松些;他们放松了,我就拉紧些。"[②]或许出于缓解行省势力与倭马亚人之间对立的考虑,穆阿威叶放弃奥斯曼当政期间奉行的亲族政治原则。这一时期,倭马亚人大都闲居在希贾兹的两座圣城,远离哈里发国家的权力中心。阿慕尔·阿绥、穆吉拉·舒尔白和齐亚德·阿比希成为哈里发国家的股肱重臣,备受穆阿威叶的青睐,权倾一时。后人曾将阿慕尔·阿绥、穆吉拉·舒尔白、齐亚德·阿比希与穆阿威叶一同誉为当时阿拉伯穆斯林中的四位天才政治家。

　　阿慕尔·阿绥并非圣门弟子,630年穆斯林占领麦加前夕皈依伊斯兰教。

————————

　　①　P. 希提:《阿拉伯通史》,第233页。
　　② 　同上,第228页。

欧默尔当政期间,阿慕尔·阿绥作为埃及的征服者而声名显赫。麦地那时代末期,阿慕尔·阿绥是穆阿威叶抗衡阿里的主要支持者,曾在绥芬之战使穆阿威叶免遭败绩。阿慕尔·阿绥于 658 年击败阿里的支持者,攻占尼罗河流域,继而出任埃及总督,可谓倭马亚王朝的开国元勋,663 年死于弗斯塔特。继阿慕尔·阿绥之后,出身辅士的麦斯拉玛·穆哈拉德于 667—682 年间出任埃及总督,他是穆阿威叶当政期间唯一官居行省总督要职的辅士。[①]

穆吉拉·舒尔白出身于塔伊夫的萨奇夫部落,629 年来到麦地那并皈依伊斯兰教,曾奉先知穆罕默德之命返回塔伊夫,捣毁萨奇夫部落崇拜的神像,因而名声大噪。麦地那哈里发时代,穆吉拉·舒尔白是穆斯林在伊拉克南部战场的重要将领,被欧默尔任命为巴林总督和巴士拉总督,奥斯曼即位后改任库法总督。穆阿威叶与阿里抗衡期间,穆吉拉·舒尔白颇为谨慎,采取中立的态度,没有介入双方的冲突。穆阿威叶即位后,任命穆吉拉·舒尔白为库法总督,委以治理伊拉克的重任。此时伊拉克的形势极为混乱,是倭马亚王朝的心腹大患。阿里的遇难和哈桑的隐退,使伊拉克的阿拉伯人处于群龙无首的状态。征服时代移入伊拉克的诸多部落之间积怨甚深,阿里的残部与哈瓦立及派时有冲突,而倭马亚人则被伊拉克的阿拉伯人视为共同的仇敌。穆吉拉·舒尔白此时出任库法总督,可谓临危受命。面对险恶的形势,他充分展示自己的政治才能,利用来自塔伊夫的特殊身世,在伊拉克的阿拉伯人与倭马亚王朝对抗的过程中貌似中立,避开众矢之的的位置。在此基础上,他借助自己的同族萨奇夫部落的势力,唆使阿里的残部与哈瓦立及派相互攻杀,同时以扎格罗斯山区的岁入作为诱饵,笼络人心,初步缓解了伊拉克的阿拉伯人与倭马亚王朝的对抗。

齐亚德·阿比希(意为他父亲的儿子齐亚德)与穆吉拉·舒尔白是同乡,亦属塔伊夫的萨奇夫部落,出身卑微,其父不详,其母苏迈亚曾与穆阿威叶的父亲阿布·苏福彦姘居。齐亚德·阿比希参加过伊拉克南部的征服战争,内战期间追随阿里反对穆阿威叶,阿里死后拒绝承认穆阿威叶出任哈里发的合法地位。663 年,穆阿威叶授意库法总督穆吉拉·舒尔白出面调解,将齐亚德·阿比希招到大马士革,承认齐亚德·阿比希是自己的兄弟,赏赐齐亚德·阿比希 100 万第纳尔,诱使齐亚德·阿比希归顺倭马亚王朝。664 年,穆阿威叶委派齐亚德·阿比希出任巴士拉总督,取代倭马亚人阿卜杜拉·阿米尔。670 年穆吉拉·舒尔白死后,齐亚德·阿比希兼任库法总督,统辖伊拉克及伊朗高原,成为倭马亚王朝在伊斯兰世界东部的权力象征。[②] 齐亚德·阿比希不同于穆吉拉·舒尔白

①　Kennedy,H. , *The Prophet and the Age of the Caliphate*, p. 87.

②　Watt,W. M. , *The Majesty That Was Islam*, *the Islamic World 661-1100*, p. 19.

第二章——哈里发国家的变迁

的风格,奉行恐怖政策,以残暴著称。他曾经建立四千人组成的亲兵队伍,通过高压手段迫使伊拉克的阿拉伯人屈从于倭马亚王朝的统治。他的著名政绩,是先后在巴士拉和库法打破血缘群体的界限,按照地域的原则重新划分居住单位,并且建立相应的行政体系,有效地遏制了部落势力的政治影响,进一步稳定了伊拉克的社会秩序。[①] 671年,齐亚德·阿比希将库法和巴士拉的阿拉伯战士五万余人及其眷属迁往伊朗高原东部的呼罗珊。[②] 这一举措使伊拉克的紧张形势得到暂时的缓解,却使呼罗珊从此成为威胁倭马亚王朝统治的隐患所在。

先知穆罕默德创立的温麦,可谓查希里叶时代阿拉伯政治传统在文明条件下的延续。血缘组织的残存,决定了国家权力的分散状态。权位世袭的君主制度对于阿拉伯人来说还只是十分陌生甚至是不可思议的政治概念,哈里发的选举则被视作权力交替过程中唯一可行的方式。然而,至奥斯曼当政期间,阿拉伯社会分化加剧,冲突迭起,共和制度的政治基础趋于崩溃,权位更替的传统方式逐渐成为困扰温麦的政治隐患。阿里与泰勒哈·欧拜杜拉、祖拜尔·阿沃姆以及与穆阿威叶之间的内战表明,哈里发的选举制度已经丧失其存在的合理性,圣门弟子操纵哈里发选举的时代一去不返。穆阿威叶在穆吉拉·舒尔白和齐亚德·阿比希等人的支持下,放弃哈里发选举的传统原则,指定其子叶齐德作为自己的继承人,从而开创哈里发家族世袭的政治制度。[③] 穆阿威叶因此区别于麦地那时代诸哈里发,成为伊斯兰历史上第一位君王。倭马亚时代,哈里发的家族世袭缺乏明确的原则,并无父死子继和长子继承的具体规定,继承方式较为混乱。尽管如此,哈里发家族世袭的制度毕竟在很大程度上消除了导致内战的隐患,有助于政治形势的稳定,体现了伊斯兰世界政治生活的巨大进步。

680年,穆阿威叶病逝于大马士革,其子叶齐德(680—683年在位)承袭父职,出任哈里发。叙利亚和埃及的阿拉伯人大都是倭马亚族的追随者,宣誓拥戴大马士革的新哈里发。然而,伊拉克和希贾兹充斥着反对倭马亚族的社会势力,许多阿拉伯人拒绝承认叶齐德出任哈里发的合法地位,试图拥戴阿里的后裔。此时,阿里的长子哈桑已不在人世。于是,他们将目光集中到阿里的次子

---

① Wellhausen,J., *The Arab Kingdom and Its Fall*, p.129.

② Kennedy,H., *The Prophet and the Age of the Caliphate*, p.86.

③ 泰伯里:《历代先知与君王史》,第2卷,第174—177页。

侯赛因的身上,迎请侯赛因前往库法出任哈里发。① 不久,侯赛因携家眷及百余名追随者离开麦加,奔赴伊拉克。伊拉克总督欧拜杜拉·齐亚德获悉此事后,遣著名的圣门弟子赛耳德·阿比·瓦嘎斯之子欧默尔率四千名骑兵拦截侯赛因,侯赛因一行被欧默尔的队伍围困在库法西北 40 公里处的卡尔巴拉。侯赛因拒绝投降,双方展开激战。侯赛因是先知穆罕默德的外孙。但是,欧默尔却将侯赛因的特殊身世置于脑后,斩杀侯赛因,并且割下侯赛因的头颅,连同他的妹妹宰纳卜和他的儿子阿里·奥沙,送至大马士革。② 叶齐德对于这一意外的结局深感遗憾,将侯赛因的头颅交还他的家眷,在卡尔巴拉与遗体合葬。后来的什叶派穆斯林将卡尔巴拉奉为圣地,每年伊斯兰教历的 1 月 10 日在这里哀悼侯赛因的遇难。

侯赛因的遇难激化了穆阿威叶当政期间阿拉伯社会业已缓解的矛盾冲突,卡尔巴拉惨案导致伊斯兰世界内战再起,阿卜杜拉·祖拜尔成为反对倭马亚王朝的阿拉伯人拥戴的领袖。阿卜杜拉是著名的圣门弟子祖拜尔·阿沃姆之子,也是先知穆罕默德的遗孀阿以莎的外甥。麦地那时代末期,阿卜杜拉·祖拜尔追随其父对抗阿里,曾在"骆驼之战"前夕领导库法的穆斯林聚礼。穆阿威叶当政期间,阿卜杜拉·祖拜尔隐居麦地那,待机而动。侯赛因死后,阿卜杜拉·祖拜尔离开麦地那,来到麦加,自称"圣族的保护者",公开反对倭马亚王朝。③ 683年,叶齐德派遣穆斯林·欧格白率军一万两千人自叙利亚攻入希贾兹。倭马亚王朝的军队在豪拉首战告捷,继而长驱直入,攻占麦地那。在进军麦加的途中,穆斯林·欧格白病亡,侯赛因·努麦尔继任倭马亚军队主将。侯赛因·努麦尔屯兵麦加城外,向克尔白发射弩石,致使克尔白起火,玄石碎成三片。④ 恰逢此时,从大马士革传来叶齐德暴死的消息。于是,侯赛因·努麦尔停止对麦加的攻击,班师撤回叙利亚。⑤

叶齐德死后,其子穆阿威叶二世(683—684 年在位)即位。穆阿威叶二世尚未成年,体弱多病,在位不足 3 个月便死于宫中。穆阿威叶二世并无子嗣,生前亦未指定继承人选。穆阿威叶二世死后,大马士革的哈里发出现空位。此时,阿卜杜拉·祖拜尔在麦加被拥立为哈里发,阿拉伯半岛、伊拉克和埃及的阿拉伯人大都支持阿卜杜拉·祖拜尔,叙利亚的阿拉伯人中颇具势力的凯斯部落也

---

① Ibn Khaldun, *The Muqaddimah*, vol. 1, p. 443.

② Watt, W. M., *The Majesty That Was Islam, the Islamic World 661-1100*, pp. 22-23.

③ Muir, W., *The Caliphate, Its Rise, Decline and Fall*, p. 332.

④ 泰伯里:《历代先知与君王史》,第 2 卷,第 427 页。

⑤ Wellhausen, J., *The Arab Kingdom and Its Fall*, pp. 154-156.

倾向于麦加一方。大马士革的上空乌云密布,倭马亚王朝面临严重的政治危机,穆阿威叶开创的基业摇摇欲坠。危难之际,倭马亚人通过舒拉的形式,于684年6月在查比叶推举麦尔旺·哈克木出任哈里发(684—685年在位)。[1]

麦尔旺·哈克木虽然出身于古莱西部落倭马亚氏族,却不是阿布·苏福彦及穆阿威叶的直系后裔。他是麦地那时代第三任哈里发奥斯曼的堂弟,曾经在奥斯曼当政期间掌管哈里发国家的岁入和年金分配。麦尔旺·哈克木即位时,倭马亚王朝仅仅据有叙利亚部分地区,伊斯兰世界最强大的政治势力是麦加的哈里发阿卜杜拉·祖拜尔。然而,阿卜杜拉·祖拜尔并没有趁麦尔旺·哈克木立足未稳之机,进攻岌岌可危的倭马亚人。阿卜杜拉·祖拜尔似乎无意离开希贾兹,却致力于平息哈瓦立及派的骚乱,因而丧失击败倭马亚人的绝好时机。麦尔旺·哈克木依靠从巴士拉逃回叙利亚的伊拉克总督欧拜杜拉·齐亚德和阿拉伯人凯勒卜部落首领哈桑·巴扎勒的支持,于684年7月在拉希特草原击败阿卜杜拉·祖拜尔的支持者凯斯部落,斩杀凯斯部落首领达哈克·卡阿斯,攻占大马士革,进而恢复倭马亚王朝在叙利亚全境的统治。随后,哈桑·巴扎勒率军攻取埃及,使尼罗河流域成为叙利亚的稳固后方。麦尔旺·哈克木当政不足两年,初步稳定了倭马亚人的统治,改变了大马士革与麦加之间的力量对比。另外,麦尔旺·哈克木于当政期间剥夺叶齐德之子哈立德继任哈里发的资格,指定其子阿卜杜勒·马立克和阿卜杜勒·阿齐兹作为自己的第一继承人和第二继承人,使倭马亚王朝结束苏福彦系的时代,进入麦尔旺系的时代。

685年麦尔旺·哈克木死后,马立克(685—705年在位)在大马士革即位。此时,伊斯兰世界依旧处于分裂状态,大马士革的哈里发与麦加的哈里发分庭抗礼,阿卜杜拉·祖拜尔略占优势。但是,阿卜杜拉·祖拜尔并未将倭马亚人作为主要的攻击目标,仍然排斥和镇压曾经与自己共同反对倭马亚王朝的什叶派和哈瓦立及派,加剧了反对倭马亚王朝各派势力之间的矛盾冲突,导致穆赫塔尔在库法的起义。穆赫塔尔出身于塔伊夫的萨奇夫部落,自其父阿布·乌巴德于634年在伊拉克战场阵亡以后,由欧默尔和阿里相继抚养。680年,穆赫塔尔由于追随侯赛因,反对叶齐德出任哈里发,遭到伊拉克总督欧拜杜拉·齐亚德的囚禁。穆赫塔尔获释以后,最初投奔阿卜杜拉·祖拜尔,并以阿卜杜拉·祖拜尔的名义在库法从事反对倭马亚王朝的活动。后来,穆赫塔尔脱离阿卜杜拉·祖拜尔,自立派系,拥戴阿里之子伊本·哈奈菲叶作为宗教领袖,以"为侯赛因复仇"作为口号,于685年占据库法,追随者遍及伊拉克各地。穆赫塔尔及

① Holt,P. M., Lambton, A. K. S. & Lewis, B., *The Cambridge History of Islam*, vol. 1A, p. 83.

其追随者所攻击的目标,无疑是倭马亚王朝和制造卡尔巴拉惨案的元凶。然而,阿卜杜拉·祖拜尔不能容忍穆赫塔尔自立派系的行为和支持阿里后裔的政治倾向。687年,阿卜杜拉·祖拜尔的弟弟穆斯阿卜·祖拜尔自巴士拉率军攻击库法,双方交战数月。穆赫塔尔终因寡不敌众,兵败身亡。此后,穆斯阿卜·祖拜尔控制伊拉克全境,但是自身亦已元气大伤。

691年,倭马亚王朝的军队大举进攻伊拉克,马立克御驾亲征。穆斯阿卜·祖拜尔拒绝马立克的劝降,奋力抵抗,被倭马亚军队斩杀。692年,马立克遣军攻击希贾兹,统率军队的是出身于萨奇夫部落的著名将领哈查只·尤素夫。哈查只·尤素夫的军队从库法出发,经过塔伊夫,直逼麦加。阿卜杜拉·祖拜尔及其追随者抵御倭马亚军队的进攻达半年之久,直至圣城陷落,阿卜杜拉·祖拜尔被杀。哈查只·尤素夫割下阿卜杜拉·祖拜尔的头颅送到大马士革,并将他的尸体在麦加悬挂示众长达数日。[1]

某些学者以强调古莱西人内部的矛盾冲突作为出发点,认为倭马亚王朝与阿卜杜拉·祖拜尔之间的对抗是倭马亚族与哈希姆族争夺哈里发权位的斗争,是麦地那时代奥斯曼与祖拜尔·阿沃姆以及穆阿威叶与阿里之间政治斗争的延续,甚至认为是伊斯兰教初创时期阿布·苏福彦与先知穆罕默德之间宗教对立的延续。这种解释显然存在史实上的错误。祖拜尔和阿卜杜拉父子既非哈希姆族成员,亦不属于倭马亚族,而是来自古莱西部落的阿萨德氏族。不仅如此,这种解释忽略了社会环境的变迁,未能揭示不同历史阶段各种矛盾的特定内涵。倭马亚王朝与阿卜杜拉·祖拜尔之间的内战并非简单的权力争夺,而是体现两种政体的尖锐对立。叙利亚和希贾兹—伊拉克的阿拉伯人分别代表哈里发国家内部君主制度和传统势力两种政治倾向。阿卜杜拉·祖拜尔的失败,意味着圣门弟子政治势力的衰落和共和政体的彻底崩溃。马立克的胜利,不仅在于重建伊斯兰世界的政治统一,而且标志着君主制排斥和否定共和制之历史进程的最终完成。

希贾兹是伊斯兰文明的发源地,麦加和麦地那两座圣城的居民曾经是伊斯兰世界中举足轻重的政治力量。然而,时过境迁,希贾兹的传统势力无法继续操纵哈里发国家的政治生活。阿卜杜拉·祖拜尔与倭马亚王朝的内战,是希贾兹的传统势力与新兴的君主政治之间最后的较量。麦加的陷落和阿卜杜拉·祖拜尔之死,标志着希贾兹的传统势力丧失殆尽。虽然麦加和麦地那依旧是伊

---

[1] Holt,P. M., Lambton, A. K. S. & Lewis, B., *The Cambridge History of Islam*, vol. 1A, p. 84.

斯兰世界的宗教圣地,但是那里的居民从此退出哈里发国家权力角逐的舞台。

君主制的加强

倭马亚王朝初期,哈里发的家族世袭遭到穆斯林内部传统势力的强烈反对,伊斯兰世界的政治局面颇为动荡。叶齐德在临终时甚至放弃指定哈里发继承人的权力,许诺恢复选举哈里发的传统习俗,以求避免内战再起。[①] 马立克击败阿卜杜拉·祖拜尔以后,内战平息,哈里发国家重新统一,君主制得到加强。马立克"在朝廷中树立了一种与过去不同的风气。在他之前的统治者一向都是像古代阿拉伯部族族长一样地对待臣民,而马立克则是第一个以专制统治者的姿态出现"[②]。马立克是倭马亚王朝继穆阿威叶之后的又一位强有力的统治者,他的四个儿子韦里德、苏莱曼、叶齐德二世和希沙姆相继出任哈里发,他本人则被誉为"列王之王"。马立克死后,韦里德一世顺利即位。"世袭的原则第一次没有异议地得到承认。统治者能够随意在其家族内部决定哈里发的权位继承,不再受到阿拉伯贵族的干涉。"[③]

马立克恢复奥斯曼奉行的家族政治原则,起用倭马亚人出任要职,委派阿卜杜勒·阿齐兹·麦尔旺作为埃及总督,比什尔·麦尔旺作为伊拉克总督,穆罕默德·麦尔旺作为贾吉拉总督,强化哈里发对行省的控制,明显改变倭马亚王朝初期政权结构的松散状态。[④] 另一方面,马立克当政期间,叙利亚籍的阿拉伯战士开始演变为哈里发国家的常备军事力量,构成倭马亚王朝统治整个伊斯兰世界的重要工具。马立克当政期间,叙利亚籍的阿拉伯战士分别驻扎在巴勒斯坦、约旦、大马士革、霍姆斯和基奈斯林的军营;他们不仅于每年的夏季在叙利亚北部边境对拜占廷帝国发动例行的圣战,而且被哈里发派往北非镇压柏柏尔人的起义,进攻反叛倭马亚王朝的伊拉克人,直至长期屯驻东方。[⑤] 与此同时,传统的民军制度趋于废止。

马立克是一位颇有作为的哈里发,他所实行的语言改革和币制改革在伊斯兰史上名闻遐迩。倭马亚王朝初期,伊斯兰世界的语言差异十分明显,波斯帝国的属地沿用波斯语,拜占廷帝国的属地沿用希腊语和科普特语。哈里发国家在沿袭拜占廷帝国和波斯帝国原有体制的同时,往往任用被征服者参与管理,

① Muir,W.，*The Caliphate*，*Its Rise*，*Decline and Fall*，p.332.
② C. 布罗克尔曼:《伊斯兰各民族与国家史》,第98页。
③ Hodgson,G.S.，*The Venture of Islam*，vol.1，p.247.
④ Kennedy,H.，*The Prophet and the Age of the Caliphate*，p.99.
⑤ Crone,P.，*Slaves on Horses*，*the Evolution of the Islamic Polity*，Cambridge 1980，p.37.

波斯语、希腊语和科普特语充斥于各种官方文书,助长着政治生活的混乱。① 内战平息以后,马立克强化对非阿拉伯人的排斥政策,规定阿拉伯语作为哈里发国家唯一通用的官方语言。② 自 697 年起,伊拉克和伊朗高原的所有官方文书均采用阿拉伯语,波斯语不再作为正式的官方语言,仅限于民间使用。700 年以后,阿拉伯语在叙利亚、埃及和马格里布取代希腊语和科普特语,成为唯一正式的官方语言。③ 马立克的上述举措,有力地推动了伊斯兰世界的阿拉伯语化进程,促使"肥沃的新月地带"和北非的土著人口逐渐接受阿拉伯语,进而加入阿拉伯民族的行列。

　　阿拉伯人最初并没有自己的货币。先知穆罕默德时代,阿拉伯半岛通用两种货币,一种是拜占廷帝国发行的金币第纳尔,另一种是波斯帝国发行的银币迪尔罕。哈里发国家虽然征服了拜占廷帝国和波斯帝国,却依旧沿用两大帝国发行的货币。④ 欧默尔曾经于 640 年发行新的圆形银币,每枚重约 2 克,上面铸有"一切赞颂归于安拉"的字样。⑤ 奥斯曼即位后,新币加铸"安拉至大"的字样。倭马亚时代初期,穆阿威叶曾经效仿拜占廷金币的样式,另铸金币,上有穆阿威叶的佩刀图形。麦加的哈里发阿卜杜拉·祖拜尔亦曾自铸新币,上有"穆罕默德是安拉的使者"和"安拉命人忠诚公正"的字样。然而,由于客观条件尚不成熟,上述诸种新币均未能推广,拜占廷帝国和波斯帝国的旧币仍充斥于伊斯兰世界的流通领域。马立克即位后,三次发行新币。第一次发行的新币是仿照拜占廷旧币的样式铸造的金币,金币的一面保留拜占廷皇帝希拉克略及其子君士坦斯和希拉格里奥的肖像,另一面铸有库法体阿拉伯文"安拉独一"的字样。第二次发行的金币,消除拜占廷旧币的痕迹,以马立克的肖像取代希拉克略父子的肖像,另一面的边缘增加"伊斯兰纪元 70 年"的字样。696 年,马立克第三次发行新币,上面铸有哈里发的名字、发行的年份和伊斯兰教的象征,分为金币和银币两种,其中金币称第纳尔,重 4.25 克,银币称迪尔罕,重 2.97 克,金币与银币的比价为 1∶10。⑥ 马立克发行的新币在伊斯兰世界迅速推广,直至取代原有的旧币,成为主要的流通媒介。哈里发国家的重新统一,则是马立克币制改革得以成功的首要条件。币制改革的成功,体现了哈里发集权政治的发展,也为伊斯兰世界各地的交往提供了必要的手段。

① Ibn Khaldun, *The Muqaddimah* , vol. 2, p. 22.
② Kremer, A. F. , *The Orient Under the Caliphs* , p. 196.
③ 哈桑·穆阿尼斯:《古代中世纪的阿拉伯国家与文明》,第 166 页。
④ Ibn Khaldun, *The Muqaddimah* , vol. 2, p. 55.
⑤ Husain, S. A. , *Arab Administration* , p. 99.
⑥ Kremer, A. F. , *The Orient Under the Caliphs* , p. 200.

马立克在克服地方离心倾向的同时,极力排斥贵族的政治势力,削弱舒拉和沃弗德等传统机构的职权,完善官僚体制。马立克当政期间,辅佐哈里发治理国家的官僚机构分为四个主要部门:一是军事部,始建于欧默尔当政期间,负责阿拉伯战士的登记造册和年金分配;二是税收部,掌管国有地产和叙利亚的岁入以及各行省作为战利品上缴哈里发的贡税;三是档案部,始建于穆阿威叶当政期间,初称登记局,负责处理哈里发宫廷的往来文书;四是驿政部,始建于穆阿威叶当政期间,至马立克即位后趋于完善,负责沟通大马士革与各地区之间的联系,监察行省事务,被称作"哈里发的耳目"。各部长官隶属哈里发节制。[①] 阿拉伯人,特别是叙利亚籍的阿拉伯人,垄断着几乎所有的军政要职,非阿拉伯人大都被排斥于国家权力的核心之外,哈里发国家体现了阿拉伯人统治的浓厚色彩。

倭马亚时代,哈里发国家的行政区划依旧沿袭拜占廷帝国和波斯帝国的原有制度。倭马亚王朝初建之时,哈里发国家划分为 9 个行省:叙利亚、库法、巴士拉、亚美尼亚、希贾兹、也门、克尔曼与信德、埃及、易弗里基叶。[②] 马立克当政期间,改设 5 个行省:伊拉克、希贾兹和也门、贾吉拉、埃及、易弗里基叶。[③] 行省的权力主要包括三个方面:军政、财税、司法。倭马亚王朝强化行省的权力分割原则;在大多数情况下,总督的权力局限于军政领域,另设阿米勒掌管财税,卡迪掌管司法。[④] 由于非塞姆族臣民的顽强反抗,倭马亚王朝只是在"肥沃的新月地带"和尼罗河流域建立起较为稳固的统治,在其他地区仅仅局限于军事占领和征纳贡税。自公元前 3 世纪马其顿国王亚历山大东征以后,中东长期处于分裂的状态,形成东西对峙的政治格局。这种现象延续至倭马亚时代,使得哈里发国家的东部和西部存在明显的区域差异。叙利亚是哈里发直接控制的行省,倭马亚王朝始终未设叙利亚总督一职。在叙利亚以西,埃及构成叙利亚的政治附庸和财源所在,易弗里基叶行省长期隶属于埃及总督。在伊斯兰世界的东部,哈里发赋予伊拉克总督以广泛的权力,著名的铁腕人物齐亚德·阿比希、哈查只·尤素夫及其后的叶齐德·穆哈拉布俨然是倭马亚王朝统治美索不达米亚和伊朗高原直至中亚诸地和印度河流域的权力象征。

① Levy,R. , *The Social Structure of Islam*, p. 299.
② Kremer,A. F. , *The Orient Under the Caliphs*, p. 188.
③ Ali,A. , *A Short History of the Saracens*, p. 187.
④ Kremer,A. F. , *The Orient Under the Caliphs*, p. 189.

新的征服

马立克当政期间,穆斯林内战平息,伊斯兰世界重新统一,穆阿威叶开创的君主制得以最终确立,哈里发国家随之开始发动新的扩张。至韦里德(705—715年在位)和苏莱曼(715—717年在位)当政期间,倭马亚王朝的军事征服达到顶峰。

倭马亚王朝在东部的征服是与哈查只·尤素夫的名字联系在一起的,伊拉克秩序的稳定为哈里发国家在东部的扩张提供了必要的政治条件。692年阿卜杜拉·祖拜尔死后,哈查只·尤素夫出任希贾兹和也门总督,着力平息希贾兹、也门和叶麻麦等地的骚乱。694年,哈查只·尤素夫离开阿拉伯半岛,出任伊拉克总督,受命恢复库法和巴士拉的秩序。此时,尽管内战已经结束,但是伊拉克仍然处于十分混乱的状态。库法的阿拉伯人长期追随阿里家族,与倭马亚王朝积怨甚深。在巴士拉,阿卜杜拉·祖拜尔的残余颇具势力,哈瓦立及派活动频繁。倭马亚王朝将伊拉克的阿拉伯人视作心腹大患,马立克对哈查只·尤素夫出任伊拉克总督寄予厚望。694年的一个聚礼日,哈查只·尤素夫佯装驼夫,潜入库法,突然出现在等待聚礼的穆斯林面前。他登上讲台,揭开蒙在头上的围巾,发表了铿锵有力的演说。他首先引用古诗中的词句作为开场白:"我的祖先曾拨云雾而登高,揭开头巾你们就看清我的真实面貌。"他接着说:"我确信,我看见许多头颅已经成熟,可以收割,而我就是收割的人。我仿佛看到许多头巾与下颌之间流动着的鲜血。你们动辄暴乱……指主发誓,我要像剥树皮那样剥去你们的皮,我要像捆细枝条那样捆绑你们,我要像鞭笞脱离正道的骆驼那样抽打你们……我应许的,就一定办到。"不久,伊拉克的阿拉伯人便尝到了这位新总督的厉害。库法和巴士拉笼罩在极度的恐怖之中,到处是腥风血雨。根据夸张的记载,10万生灵死于哈查只·尤素夫的屠刀之下。著名的辅士艾奈斯·马立克年高德劭,学识渊博,深受穆斯林的爱戴,却因支持阿卜杜拉·祖拜尔,被哈查只·尤素夫治罪,身陷囹圄。698年,哈查只·尤素夫委派著名将领穆哈拉布·阿比·苏弗拉率军征讨伊朗高原南部的法尔斯和克尔曼,歼灭哈瓦立及派的极端分支阿兹拉格派势力。699年,哈查只·尤素夫委派阿卜杜勒·拉赫曼·阿什阿斯率军征讨伊朗高原东南部锡斯坦的土著王公。这支队伍由库法和巴士拉的阿拉伯战士组成,装备精良,号称"孔雀军"。"孔雀军"在锡斯坦攻战艰难,加之水土不服,思乡之心甚切。然而,哈查只·尤素夫严令阿卜杜勒·拉赫曼·阿什阿斯不得退兵。701年,"孔雀军"反叛,撤离锡斯坦,经法尔斯返回伊拉克,在突斯塔尔击败哈查只·尤素夫的队伍,继而夺取库法。不久,哈查只·尤素夫从巴士拉发动反攻,在达尔·贾麦金歼灭"孔雀军",收复库法。"孔雀军"的反叛,使倭马亚王朝不再信任伊拉克的阿拉伯人。702年,哈查只·尤素夫在库法与巴士拉之间营建新城,名为"瓦西兑"(阿拉伯语中意为中间之地),作为自己的驻节地,屯驻叙利亚籍的阿拉伯战士,倭马亚王朝对伊拉克的控制进一步加强。① 哈查只·尤素夫的统治或许过于残酷,后来的史家因此将他比作嗜杀成性的罗马暴君尼禄。然而,哈查只·尤素夫出任伊拉克总督20年,毕竟恢复了库法和巴士拉的政治秩序,为哈里发国家在东方的扩张奠定了坚实的基础。伊拉克的阿拉伯人至少暂时中止了内部的敌对活动,他们越过伊朗高原,在遥远的东方开始投入新的圣战。

阿姆河旧称乌浒水,是伊朗高原的波斯人家园与中亚的突厥人家园之间的重要分界线。阿拉伯人将阿姆河右岸不讲波斯语的土著居民统称为突厥人,佛教在这一地区颇具影响。倭马亚王朝初期,阿姆河右岸分布着康、安、曹、石、米、何、火寻、戊地、史九国,中国史籍中称作昭武九姓,系唐朝藩属,由安西都护府节制。704年,哈查只·尤素夫举荐部将古太白·穆斯林(中国史籍称"屈底波")出任伊朗高原东部的呼罗珊总督,驻节木鹿。705年,古太白·穆斯林统兵5万人越过阿姆河,攻入吐火罗斯坦(亦译为巴克特里亚),占领阿姆河上游重镇巴勒黑。706—712年,古太白·穆斯林率军攻入粟特(中国史籍称"河中府",因位于阿姆河与锡尔河之间而得名),占领阿姆河中游的两座重镇布哈拉和撒马尔罕,进而降服阿姆河下游花拉子模一带。713年,古太白·穆斯林的队伍深入锡尔河(旧称"药杀水")流域,攻占拔汗那(即费尔干纳,中国史籍称"大宛国"),而后班师返回呼罗珊。古太白·穆斯林在阿姆河右岸的许多地区焚毁佛教庙宇,建造清真寺,迁入阿拉伯人,强迫突厥人改奉伊斯兰教,初步奠定中亚伊斯兰教化的基础。数百年后,布哈拉和撒马尔罕成为伊斯兰世界的重要文化中心。714年,古太白·穆斯林再度出征,平定中亚的反叛势力。715年,阿拉伯战士哗变,古太白·穆斯林被杀。②

在古太白·穆斯林麇兵中亚的同时,穆罕默德·嘎希姆在哈里发国家的东方开辟另一处战场。穆罕默德·嘎希姆是哈查只·尤素夫的女婿,印度河流域为他提供了圣战的场所。相传,那里的海盗曾经抢劫锡兰(今斯里兰卡)的王公送给倭马亚哈里发的8船贡品,哈查只·尤素夫于是委派穆罕默德·嘎希姆前

① Holt,P. M., Lambton, A. K. S. & Lewis, B., *The Cambridge History of Islam*, vol. 1A, p. 85.

② 穆罕默德·穆斯塔法·齐亚德:《阿拉伯世界的历史与文明:古代与伊斯兰时代》,第179—180页。

去征讨。710年,穆罕默德·嘎希姆自巴士拉率军东进,沿波斯湾北岸攻入俾路支。穆罕默德·嘎希姆于712年占领印度河下游的信德,而后溯印度河挥师北进,于713年占领旁遮普的佛教圣地木尔坦。随着穆罕默德·嘎希姆的征战,伊斯兰教开始传入印度河流域,信德和旁遮普成为穆斯林在南亚次大陆的最初据点。相传,哈查只·尤素夫曾经向古太白·穆斯林和穆罕默德·嘎希姆许诺,谁先踏上中国的土地,就任命谁做那里的统治者。[①]

倭马亚王朝不仅在东方的战场高奏凯歌,而且在西方发起凌厉的攻势。古太白·穆斯林和穆罕默德·嘎希姆并没有踏上中国的土地,穆萨·努赛尔的铁骑却终于敲开欧洲基督教世界的大门。

倭马亚王朝建立后,阿拉伯人自埃及向西推进。阿慕尔·阿绥的侄子欧格白·纳菲率军深入马格里布,直到大西洋的波涛阻挡住阿拉伯战士的前进路线。670年,欧格白·纳菲建造凯鲁万城(位于今突尼斯中部),作为屯驻阿拉伯战士的营地和统治柏柏尔人的据点。683年,欧格白·纳菲进攻马格里布南部的阿斯特拉山区,遭到柏柏尔人的袭击,阵亡于比斯克拉附近的塔胡达,阿拉伯人被迫东撤。[②]

693年,哈桑·努尔曼出任易弗里基叶总督,再度向西部发动攻势,平定反叛的柏柏尔人,驱退拜占廷舰队,夺取凯鲁万。700年,哈桑·努尔曼的部将穆萨·努赛尔继任易弗里基叶总督,最终降服柏柏尔人,完成对马格里布的征服。[③] 在过去的数百年中,马格里布处于罗马帝国和拜占廷帝国的统治之下。然而,来自欧洲的统治者与土著的柏柏尔人之间不仅存在着明显的种族差异,而且具有截然不同的文化传统。罗马人和拜占廷帝国的统治者大都习惯于城居的生活方式,他们的分布范围仅仅局限于马格里布的沿海地带,对马格里布内陆追逐水草的柏柏尔人影响甚微。相比之下,属于塞姆语系分支的阿拉伯人与属于含姆语系分支的柏柏尔人具有较近的亲缘关系,阿拉伯人的故乡与柏柏尔人的家园在自然环境方面十分接近,两者的生活方式颇多相似之处。因此,阿拉伯人仅用数十年的时间,便使自己的语言和宗教深深地植根于柏柏尔人的土壤。柏柏尔人的伊斯兰教化,为哈里发国家在西方发动进一步的攻势提供了充足的兵源。

709年,统治伊比利亚半岛的西哥特王国发生内讧,贵族罗德里克篡权即

① 穆罕默德·穆斯塔法·齐亚德:《阿拉伯世界的历史与文明:古代与伊斯兰时代》,第180页。

② Watt, W. M., *The Majesty That Was Islam, the Islamic World 661-1100*, pp. 39-40.

③ 同上,p. 40。

位,被废黜的国王朱利安请求穆斯林出兵援助。710年,穆萨·努赛尔的部将泰利夫(此人属阿拉伯血统还是柏柏尔血统已经无从考查)率领柏柏尔战士500人渡过海峡,在伊比利亚半岛南端登陆;该处至今仍以泰利夫命名,称作"塔里法"。711年春,穆萨·努赛尔的另一部将塔立格·齐亚德率领7000名战士,其中大部分是柏柏尔人,从丹吉尔出发,渡海攻入伊比利亚半岛。塔立格·齐亚德登陆的地点被命名为塔立格山,阿拉伯语中读作贾巴勒·塔立格,直布罗陀海峡由此得名。此时,罗德里克正在北方作战,获悉穆斯林攻入半岛的消息后,便南下迎战。711年7月19日,双方在巴尔柏特河口发生激战。塔立格·齐亚德击溃罗德里克的队伍,取得决定性的胜利,继而挥师北进,势如破竹。[①] 穆斯林避开设防坚固的城市梅立达和塞维利亚,攻占西哥特王国的首都托莱多以及马拉加、科尔多瓦诸地。捷报传到凯鲁万,穆萨·努赛尔决定亲自出征,去伊比利亚半岛建立功勋。712年6月,穆萨·努赛尔率领8000名阿拉伯战士冲进伊比利亚半岛,攻占塔立格·齐亚特一度避开的要塞梅立达和塞维利亚,在托莱多与自己的部将会师。此后,穆斯林继续向北方推进,占领萨拉戈萨,逼近阿拉贡、来昂、阿斯都里亚、加利西亚。713年,穆斯林征服伊比利亚全境,伊比利亚改称安达卢西亚(意为汪达尔人的土地,这或许是由于汪达尔人曾经生活在该处的缘故)。[②]

715年1月,哈里发韦里德将穆萨·努赛尔召回大马士革。穆萨·努赛尔命其子阿卜杜勒·阿齐兹留守伊比利亚半岛,自己凯旋。穆萨·努赛尔将数百名西哥特的王公贵族和大量的奇珍异宝献给了哈里发。但是,厄运很快便降临在穆萨·努赛尔的头上。715年底,韦里德病亡,新的哈里发苏莱曼剥夺穆萨·努赛尔的一切权力,没收其全部财产。叱咤风云的一代名将受尽凌辱,穷困潦倒,不得不在希贾兹行乞为生,直至717年死于麦加。[③]

716年,穆萨·努赛尔之子阿卜杜勒·阿齐兹死于暗杀,侯尔·阿卜杜勒·拉赫曼继任伊比利亚半岛的穆斯林统帅。717年,穆斯林在西南欧发起新的攻势,阿拉伯人和柏柏尔人越过比利牛斯山,进军法国南部的高卢。但是,穆斯林在高卢的战事并不顺利,他们遭到法兰克人的顽强抵抗。721年,穆斯林兵败于阿奎丹公爵的驻地图卢兹城下,侯尔·阿卜杜勒·拉赫曼的继任者赛木哈·马立克阵亡。732年春,穆斯林越过加龙河谷,击败阿奎丹公爵厄德的队伍,占领

① Watt,W. M. , *The Majesty That Was Islam*, *the Islamic World 661-1100*, p.40.

② P. 希提:《阿拉伯通史》,第591页。

③ 同上,第593页。

波尔多,兵抵都尔。① 同年 10 月,阿卜杜勒·拉赫曼·贾菲兹统率的穆斯林与法兰克王国宫相查理·马特统率的队伍交战于都尔附近的普瓦提埃。法兰克人的重装步兵列成空心的方阵,击退穆斯林轻骑兵的多次冲击,直至阿卜杜勒·拉赫曼·贾菲兹阵亡,穆斯林在夜幕的掩护下拔营撤走。此后,穆斯林逐渐停止在高卢的攻势。他们与本土的距离已经过于遥远,其攻击力量已经趋于枯竭。哈里发国家在西方的军事扩张达到自然的极限。②

与此同时,倭马亚王朝在北方发动猛烈的攻势,攻击的目标是苟延残喘的拜占廷帝国。麦地那时代末期,穆斯林进入高加索山南麓,占领阿塞拜疆以及亚美尼亚和格鲁吉亚部分地区,兵抵小亚细亚半岛东侧。③ 此后,哈里发国家曾经三次进攻拜占廷帝国的首都君士坦丁堡。第一次发生于穆阿威叶当政期间,最后一次发生于阿拔斯王朝哈里发哈伦当政期间,而苏莱曼发动的进攻是最具威胁的一次。苏莱曼的弟弟麦斯莱麦于 716 年 8 月率军出征,穿过小亚细亚半岛,到达博斯普鲁斯海峡南侧。来自叙利亚和埃及的穆斯林舰队游弋于君士坦丁堡水域,对拜占廷帝国的首都形成海陆夹击的态势。拜占廷皇帝利奥三世据险固守,利用“希腊火”抵御穆斯林的攻势,并用巨型铁链封锁黄金角湾,阻挡穆斯林舰队从侧翼的袭击。麦斯莱麦在君士坦丁堡城下屯兵达一年之久,却屡攻不克。严冬的酷寒以及饥荒和瘟疫使穆斯林的力量受到严重的消耗,但是麦斯莱麦仍不肯停止进攻。他决意夺取君士坦丁堡,亲自踏上欧洲的土地。717 年 9 月苏莱曼死后,欧默尔二世即位。新的哈里发严令撤军,麦斯莱麦无奈之下,班师而归。撤军途中,穆斯林舰队遭到风暴的袭击,损失惨重。④

新的征服无疑标志着倭马亚王朝进入鼎盛的时期,大马士革的哈里发统治着西起马格里布和伊比利亚半岛、东至锡尔河流域和印度河流域的广大地区。然而,鼎盛的背后潜藏着衰落的征兆,一个危险的政治势力正在崛起,这就是阿拔斯派。

阿拔斯派的兴起

阿拔斯派是先知穆罕默德的叔父阿拔斯·阿卜杜勒·穆塔里布的后裔在

---

① Holt,P. M., Lambton, A. K. S. & Lewis,B., *The Cambridge History of Islam*, vol. 1A, p. 95.

② 穆罕默德·穆斯塔法·齐亚德:《阿拉伯世界的历史与文明:古代与伊斯兰时代》,第 180－181 页。

③ Watt,W. M., *The Majesty That Was Islam*, *the Islamic World 661-1100*, p. 35.

④ 泰伯里:《历代先知与君王史》,第 2 卷,第 1314－1317 页。

倭马亚时代建立的政治宗派。阿拔斯家族虽然属于麦加的古莱西部落，但是最初并无显赫的地位。阿拔斯·阿卜杜勒·穆塔里布尽管身为先知穆罕默德的叔父，却长期追随反对伊斯兰教的麦加保守势力，曾于624年在巴德尔战斗中与穆斯林兵戎相见，直至630年穆斯林征服麦加的前夕皈依伊斯兰教。其子阿卜杜拉·阿拔斯是先知穆罕默德的堂弟和著名的圣门弟子，在麦地那哈里发时代并没有介入穆斯林内部的权力争夺，而是致力于注释《古兰经》和传述"圣训"，被誉为"经典诠释的宗师"。欧默尔每逢遇到疑难问题，便求教于阿卜杜拉·阿拔斯。奥斯曼和阿里当政期间，阿卜杜拉·阿拔斯依然受到哈里发的器重。[①] 倭马亚王朝建立后，阿拔斯家族与阿里家族由于同出一宗，相互交往日渐密切。正是阿卜杜拉·阿拔斯与穆罕默德·阿里建立的家族联盟，构成阿拔斯人涉足穆斯林内部政治角逐的起点。

穆罕默德·阿里系麦地那末代哈里发阿里之子，因其母豪拉是哈尼法部落的贾法尔·哈奈菲叶之女，故而亦称伊本·哈奈菲叶，以示区别先知穆罕默德之女法蒂玛所生二子哈桑和侯赛因。哈桑和侯赛因死后，穆罕默德·阿里作为阿里的唯一在世的嫡子，成为阿里家族的追随者所拥戴的人物。685年，阿里家族的追随者在库法发动起义，起义的首领穆赫塔尔极力尊崇穆罕默德·阿里作为宗教领袖即伊玛目。穆罕默德·阿里和阿卜杜拉·阿拔斯由于拒绝承认阿卜杜拉·祖拜尔出任哈里发的合法地位，在麦加遭到后者的监禁。此间，穆赫塔尔曾经自库法出兵，前往麦加救援。[②] 687年，穆赫塔尔兵败身亡，其在库法的残部继续将穆罕默德·阿里视作宗教领袖。穆罕默德·阿里和阿卜杜拉·阿拔斯则从麦加移至塔伊夫，以躲避阿卜杜拉·祖拜尔的迫害。[③] 阿卜杜拉·阿拔斯死后，其子阿里·阿卜杜拉携家眷离开塔伊夫，移居死海南岸的侯麦迈。[④] 阿里·阿卜杜拉举家北迁，表明阿拔斯人在当时群雄逐鹿的形势下具有支持倭马亚王朝的政治倾向。阿里·阿卜杜拉甚至高居大马士革的倭马亚宫廷，深得马立克的宠爱。韦里德即位后，阿里·阿卜杜拉逐渐失宠于哈里发，并且由于涉嫌宫廷谋杀，一度入狱。阿里·阿卜杜拉之子穆罕默德·阿里曾在韦里德即位后供职于倭马亚王朝，并且跟随韦里德征讨拜占廷帝国。[⑤] 显然，阿拔斯家族尽管借助其与阿里后裔之间的密切联系而开始介入穆斯林内部的政治

---

① Omar,F. ，*The Abbasid Caliphate 750-786*，Baghdad 1969，pp. 59-60.

② 泰伯里：《历代先知与君王史》，第2卷，第692—695页。

③ Sharon,M. ，*Black Banners from the East,the Establishment of the Abbasid State*，Jerusalem 1983，p. 115.

④ Omar,F. ，*The Abbasid Caliphate 750-786*，p. 61.

⑤ Sharon,M. ，*Black Banners from the East*，pp. 122-124.

角逐,但是在很长的时期内并没有成为反对倭马亚王朝的势力,更无要求继承哈里发权位的意向。将阿拔斯人与倭马亚人之间的敌对关系追溯到倭马亚王朝的初期,甚至追溯到查希里叶时代,纯属后人的虚构。

　　大约在701年,伊玛目穆罕默德·阿里死于塔伊夫。"他是最后一位受到阿里家族的追随者所广泛拥戴的首领"。伊玛目穆罕默德·阿里死后,穆赫塔尔在库法的残部大都尊崇其子阿布·哈希姆作为新的伊玛目,并且因此称为"哈希米叶",意为哈希姆派。然而,阿里家族的其他成员,如哈桑之子栽德和侯赛因之子阿里,拒绝承认阿布·哈希姆作为阿里家族的首领和伊玛目的地位,阿里家族的追随者趋于分裂。717年,阿布·哈希姆在阿拔斯家族的驻地侯麦迈中毒身亡。阿布·哈希姆因无子嗣,弥留之际将阿里家族获取"信仰真谛"的凭证即所谓的"黄色手卷"以及哈希姆派成员的名单交给阿拔斯家族的穆罕默德·阿里,从而使穆罕默德·阿里承袭了伊玛目的称号和哈希姆派首领的权力,尤其是承袭了对于哈里发职位的要求。① 阿里家族追随者的趋于分裂,促使哈希姆派开始支持阿拔斯家族。阿布·哈希姆的权力移交,则使穆罕默德·阿里成为哈希姆派拥戴的第一位来自阿拔斯家族的伊玛目。于是,阿拔斯家族得以控制和利用哈希姆派作为自己的政治工具,旨在反对倭马亚王朝的阿拔斯派运动始露端倪。

　　倭马亚王朝自从建立开始,其统治权力的合法性便处于困扰之中。在伊斯兰世界,具有圣族的身世是出任哈里发的首要条件。然而,圣族的概念在当时却没有明确的规定。"圣族"一词源于先知穆罕默德传布的启示,《古兰经》中曾三次提及圣族(Ahl al-Bayt),指天房的居民和克尔白的监护者。② 根据倭马亚王朝的正统理论,圣族即麦加的古莱西人,凡出身古莱西部落者皆有出任哈里发的资格。什叶派则认为,圣族应指先知穆罕默德的家族,阿里及其后裔是圣族唯一的政治代表,其他人出任哈里发皆为僭夺权位的非法行为。因此,680年穆阿威叶死后,阿里家族的追随者极力迎请阿里的次子侯赛因前往库法出任哈里发。卡尔巴拉惨案的发生和侯赛因的遇难,导致阿里家族的追随者与倭马亚王朝之间矛盾激化。684年,所谓的"悔罪者"在库法举行暴动,首开什叶派武装起义的先例。685年,穆赫塔尔在库法发动起义,进一步阐述"归权先知家族"的政治原则,作为什叶派反对倭马亚王朝的行动纲领。"穆赫塔尔运动在伊斯兰世界的历史上具有重要的地位,后来的阿拔斯人完整地接受了穆赫塔尔阐述的

第二章　哈里发国家的变迁

---

① Sharon,M.，*Black Banners from the East*，p. 117，pp. 132-134.

② 《古兰经》,11:73,28:12,32:33。

政治原则。"①阿拔斯派运动兴起以后,沿袭"归权先知家族"的政治原则,采取神学宣传的活动形式。穆赫塔尔运动在某种程度上亦可谓哈希米叶和阿拔斯派运动的先驱。"穆赫塔尔之未成功的起义与阿布·穆斯林之获得胜利的革命之间无疑具有内在的联系。虽然685年的火焰被倭马亚人扑灭,但是火焰留下的灰烬却从库法转移到呼罗珊……穆赫塔尔是伊斯兰历史上的伟人,预见到未来的结果。"②

　　717—747年,阿拔斯派运动的基本内容是达瓦。所谓达瓦,在阿拉伯语中意为布道或传布真理。阿拔斯派通过达瓦的形式,指责倭马亚哈里发抛弃先知穆罕默德的教诲和背离伊斯兰教的准则,抨击倭马亚王朝的统治是伊斯兰世界罪恶的渊薮和内战的根源。阿拔斯派声称,倭马亚王朝只是世俗统治而非神权政体,伊斯兰教已经遭到倭马亚人的歪曲,必须恢复先知穆罕默德时代的信仰,重建伊斯兰教的神权政体,实现穆斯林人人平等的社会原则,尤其需要重新确立先知穆罕默德的家族在伊斯兰世界中的核心地位和神圣权力。倭马亚时代,先知穆罕默德的家族主要包括阿里后裔和阿拔斯后裔两支;倭马亚人虽然属于古莱西部落,却非出自先知穆罕默德所在的哈希姆氏族。因此,阿拔斯派的达瓦尽管表现为宗教范畴的神学宣传,但是无疑包含着深刻的现实内容。"归权先知家族"的原则,不仅意味着否定倭马亚人出任哈里发的合法地位,而且为阿拔斯派与什叶派联合反对倭马亚王朝提供了必要的政治基础。正是由于倡导"归权先知家族"的原则,使阿拔斯派得以植根于什叶派的肥沃土壤而逐渐壮大,尤其是使穆罕默德·阿里作为伊玛目获得哈希姆派的有力支持。

　　穆罕默德·阿里时期,阿拔斯派运动带有极为浓厚的神秘色彩,伊玛目隐居在死海南岸的侯麦迈,仅与哈希姆派的个别首领进行秘密接触,其真实身份鲜为人知。哈希姆派作为阿拔斯家族的政治工具,其成员主要分布在库法,大都属于阿拉伯人穆斯里亚部落和哈姆丹部落。③ 穆罕默德·阿里曾经说:"他们是我的挚友、我的忠实仆人、我的所在和我的归宿。他们是我的亲人和朋友。我的勇士将产生于他们之中。"④库法作为阿拔斯派运动兴起之初的重心所在,在穆斯林的政治生活中占有举足轻重的地位。早在麦地那哈里发时代末期,库法的阿拉伯人便开始追随阿里,敌视倭马亚人的哈里发奥斯曼。倭马亚时代,阿里家族在库法拥有为数众多的追随者,什叶派在库法构成反对倭马亚王朝的

① Sharon,M.，*Black Banners from the East*，p. 105.

② Wellhausen,J.，*The Arab Kingdom and Its Fall*，p. 506.

③ Shaban,M. A.，*The Abbasid Revolution*，Cambridge 1970，p. 149.

④ Sharon,M.，*Black Banners from the East*，p. 140.

主要政治力量，其影响充斥于库法的阿拉伯人和麦瓦利（即非阿拉伯血统的穆斯林）中间。然而，阿里家族的追随者并没有形成统一的政治组织，他们分别支持法蒂玛系的哈桑后裔、侯赛因后裔和哈奈菲叶系的阿布·哈希姆及其继承人穆罕默德·阿里。其中，侯赛因的嫡孙穆罕默德·巴基尔和栽德·阿里的追随者尤占多数；什叶派的重要人物巴亚恩·萨曼、穆吉拉·赛义德和阿布·曼苏尔皆因支持穆罕默德·巴基尔而被倭马亚王朝处死。[①] 相比之下，哈奈菲叶系的阿布·哈希姆虽是阿里的嫡孙，但系庶出，并非先知穆罕默德以及法蒂玛父女二人的直系后裔，其追随者在什叶派中影响甚微。至于穆罕默德·阿里，虽然其祖辈与先知穆罕默德同出一宗，却不属于阿里的后裔，亦非阿里家族的追随者。什叶派与阿拔斯派固然皆有"归权先知家族"的政治要求，但是，穆罕默德·巴基尔和栽德·阿里的追随者极力强调唯有阿里家族中法蒂玛系的成员才是先知穆罕默德的直系后裔，具备出任哈里发的合法资格。他们不仅反对倭马亚王朝，而且排斥包括哈希姆派和阿拔斯派在内的其他政治势力继承哈里发权位的要求，歧视非阿拉伯血统的穆斯林。穆罕默德·阿里曾经告诫哈希姆派成员，"当心库法人……不要指望他们的帮助"，"不要从库法人中吸收过多的支持者"。由此可见，阿拔斯人及哈希米叶与阿里派法蒂玛系的追随者之间存在着明显的政治分歧。阿里派的分裂，尤其是阿里派法蒂玛系的追随者对于阿拔斯人及哈希米叶的排斥，使得阿拔斯派运动在库法的发展受到了极大的限制；库法的哈希米叶作为阿拔斯人的政治工具，其成员尚不足 30 人。[②] 阿拔斯人在库法无力左右什叶派法蒂玛系的追随者，更无法聚合反对倭马亚王朝的诸多势力，遂着眼于开辟新的活动空间。呼罗珊则为阿拔斯派运动的进一步发展提供了不可多得的适宜环境。

　　呼罗珊本意为"东方的土地"，指伊朗高原东部直至阿姆河左岸的广大地区。麦地那哈里发时代后期，阿拉伯人自库法和巴士拉挥师东进，征服呼罗珊。移入呼罗珊的阿拉伯战士及其眷属约为 20 万人，分别来自塔米姆部落、凯斯部落、巴克尔·沃依勒部落、阿卜杜勒·凯斯部落和阿兹德部落。[③] 倭马亚时代，大批阿拉伯人离开伊拉克，移至呼罗珊，使呼罗珊成为继阿拉伯半岛和新月地带之后阿拉伯人的又一家园。阿拉伯人涌向呼罗珊，是伊拉克地区政治对抗的

----

　　① 穆罕默德·巴基尔后来成为什叶派的主体十二伊玛目派以及伊斯马仪派公认的第五代伊玛目，栽德·阿里的追随者逐渐演变为什叶派的重要分支栽德派。

　　② Omar，F.，*The Abbasid Caliphate 750-786*，p68.

　　③ Wellhausen，J.，*The Arab Kingdom and Its Fall*，p427.

直接结果。倭马亚王朝的移民举措,一定程度上稳定了伊拉克的秩序。然而,大批骚乱者的东迁,使呼罗珊成为威胁倭马亚王朝统治的隐患所在。移入呼罗珊的阿拉伯人主要来自巴士拉,自库法东移的阿拉伯人数量较少。呼罗珊的阿拉伯人无疑对倭马亚王朝的统治普遍存在着不满情绪,但是大都并非阿里家族的追随者,什叶派的政治影响相对有限。相传,穆罕默德·阿里曾说,"库法人是阿里及其后裔的追随者,巴士拉人怀念着死去的奥斯曼。贾吉拉是哈瓦立及派的势力范围,他们是堕落的阿拉伯人,与基督徒没有区别。叙利亚人只服从穆阿威叶和倭马亚家族,是所有穆斯林的仇敌,而麦加人和麦地那人仅仅推崇阿布·伯克尔和欧默尔。我们要去争取呼罗珊人的支持,那里有着强悍而无偏见的战士。我的希望寄托在太阳升起的地方"①,"他们没有阿拉伯贵族的私欲,也没有介入宗派之间的权力角逐……他们正遭受着统治者的盘剥和欺辱,企盼着拯救者的来临"②。因此,当阿拔斯人在库法举步维艰的时候,穆罕默德·阿里慧眼独识,选择呼罗珊,达瓦的重心开始移向遥远的东方。

718 年,库法的哈希姆派首领布凯尔·麦罕来到里海南岸的朱尔占地区进行秘密宣传活动,成为阿拔斯派运动自库法东移的先驱。次年,移居木鹿的阿拉伯人胡扎尔部落首领苏莱曼·卡希尔接受达瓦的思想,进而在呼罗珊播下阿拔斯派运动的火种。③ 729—736 年,布凯尔·麦罕委派哈希姆派成员希达什潜入木鹿,领导呼罗珊的阿拔斯派运动。④ 在此期间,达瓦在呼罗珊的影响逐渐扩大,希达什则被后来的研究者视作阿拔斯派运动在呼罗珊得以立足的奠基人。⑤ 显而易见,达瓦东移的过程开始于库法的哈希米叶成员在呼罗珊的秘密活动,呼罗珊的阿拔斯派运动最初亦处于库法的哈希米叶首领的直接控制之下,库法作为达瓦的起点构成侯麦迈与呼罗珊之间得以沟通的重要桥梁。736 年希达什被倭马亚王朝处死以后,穆罕默德·阿里开始与哈希姆派在呼罗珊的成员频繁接触,加强侯麦迈与呼罗珊之间的直接联系,并且在呼罗珊建立起初具规模的秘密组织。伊玛目的使者,包括 12 名纳奇卜和 58 名达伊斯,活动在木鹿以及纳萨、阿比沃德、巴勒黑等地,达瓦的影响遍及胡扎尔、塔米姆、泰伊、舍伊班、哈尼法、巴吉拉、苏莱姆、哈姆丹、阿兹德等阿拉伯人部落,呼罗珊随之逐渐取代库法而成为阿拔斯派运动的重心所在。⑥ 与此同时,穆罕默德·阿里严格禁止自

---

① Omar,F., *The Abbasid Caliphate 750-786*, pp. 68-69.
② Sharon,M., *Black Banners from the East*, p. 51.
③ 同上, pp. 147-149。
④ 泰伯里:《历代先知与君王史》,第 2 卷,第 692—695 页。
⑤ Wellhausen,J., *The Arab Kingdom and Its Fall*, p. 514.
⑥ Sharon,M., *Black Banners from the East*, p. 173,p. 193.

己的追随者介入什叶派发动的起义,规定纳奇卜和达伊斯必须将提防什叶派法蒂玛系的破坏作为秘密活动的首要原则。[1] 侯麦迈与呼罗珊之直接联系的建立,明显削弱了库法的哈希米叶在呼罗珊阿拔斯派运动中的作用。因此,达瓦的东移,不仅意味着阿拔斯人活动空间的改变,而且体现阿拔斯派与阿里派日渐分离的发展趋向,使得植根于阿里派土壤的阿拔斯派开始自成体系而独树一帜。

矛盾与危机

倭马亚王朝沿袭麦地那哈里发时代的传统,遵循欧默尔的著名设想,奉行阿拉伯人与伊斯兰教合而为一的政治原则,歧视非阿拉伯血统的穆斯林。后者尽管皈依伊斯兰教,却难以取得与阿拉伯穆斯林同样的权利。717 年苏莱曼死后,欧默尔二世即位。欧默尔二世是倭马亚时代最为虔诚和开明的哈里发,奉行信仰至上的原则,在穆斯林内部广施仁政,安抚什叶派和哈瓦立及派,取消自穆阿威叶开始在星期五聚礼的呼图白中诅咒阿里的言辞。欧默尔二世的主要政绩,是着力实行税制改革,规定非阿拉伯血统的穆斯林只需承担天课作为当然的义务,免缴人丁税,旨在消除阿拉伯穆斯林与非阿拉伯血统的穆斯林之间的差异,鼓励被征服地区的土著居民改宗伊斯兰教。[2] 欧默尔二世曾经告诫属下:"安拉派遣穆罕默德作为使者,而不是作为征税的人。"[3]然而,欧默尔二世的税制改革使哈里发国家的岁入总额明显减少,导致财政拮据。720 年叶齐德二世(720—724 年在位)即位后,废止新的税制,依旧向非阿拉伯血统的穆斯林征收重税。

欧默尔的著名设想形成于麦地那哈里发时代,适应阿拉伯人构成穆斯林主体的历史环境。倭马亚时代,伊斯兰教的传播范围不断扩大,被征服地区的土著居民相继皈依伊斯兰教,进而开始涉足哈里发国家的政治生活。至倭马亚王朝后期,波斯人和柏柏尔人等被征服民族中的伊斯兰教皈依者在数量上已经超过阿拉伯血统的穆斯林,形成广泛的社会势力。他们不肯长期屈居阿拉伯人之下,不满情绪和反抗倾向日渐强烈。阿拉伯人与伊斯兰教合而为一的原则和阿拉伯穆斯林统治非阿拉伯血统异教人口的制度逐渐丧失赖以存在的社会基础,倭马亚王朝陷于无法克服的矛盾之中。

① Omar,F. , *The Abbasid Caliphate 750-786* , p. 70.

② Kennedy,H. , *The Prophet and the Age of the Caliphate* , p. 106.

③ Yeor,B. , *The Dhimmis*, *Jews and Christians under Islam* , London,1985, p. 183.

希沙姆(724—743年在位)当政19年,哈里发国家尚能维持表面的稳定。然而,此间发生的一系列事件,已经蕴藏倭马亚王朝覆亡的先兆。生活在俄罗斯南部草原的哈扎尔人,这一时期屡屡越过高加索山,进犯哈里发国家的北部边境。著名将领麦斯莱麦曾经令拜占廷帝国闻风丧胆,却在与哈扎尔人作战时兵败身亡。继麦斯莱麦之后,哈里发麦尔旺·哈克木的嫡孙麦尔旺·穆罕默德成为抵御哈扎尔人入侵的核心人物。他在亚美尼亚土著势力的支持下,经过长达12年的艰苦征战,终于将哈扎尔人赶过高加索山,并且于738年一度攻入伏尔加河流域。在与哈扎尔人作战的过程中,麦尔旺·穆罕默德建立起颇具实力的军队。哈扎尔人被赶走以后,麦尔旺·穆罕默德将目光转向叙利亚,开始觊觎哈里发的权位。在伊斯兰世界的西部,柏柏尔人曾经与阿拉伯人并肩作战,驰骋于伊比利亚半岛。然而,一旦战事停止,柏柏尔人便将攻击的矛头指向以统治者自居的阿拉伯人,加之哈瓦立及派自伊拉克传入马格里布地区,助长了柏柏尔人与阿拉伯人之间的对立倾向。740年,追随哈瓦立及派的柏柏尔人发动反叛,声势浩大。驻守马格里布的阿拉伯战士屡遭败绩,溃不成军,纷纷逃往伊比利亚半岛。742年,哈里发倾尽全力,自叙利亚派遣重兵进入马格里布,击败反叛的柏柏尔人。但是,叙利亚的军事力量却因此趋于枯竭。在伊斯兰世界的东部边陲,阿姆河右岸的突厥王公屡屡反叛,布哈拉和撒马尔罕形势告急。倭马亚王朝于是将2万名阿拉伯战士迁往呼罗珊,加强东部的防务。[1] 突厥王公的反叛得到平息,然而呼罗珊的矛盾对立却因此加剧。

743年希沙姆死后,哈里发国家进入动荡的时期。倭马亚人相互倾轧,哈里发频繁更替。韦里德二世(743—744年在位)在位一年便死于内讧,叶齐德三世(744年在位)在位仅仅半年亦暴病身亡。744年底,麦尔旺·穆罕默德自亚美尼亚进军叙利亚,击败叶齐德三世的弟弟易卜拉欣(744年在位),在大马士革即位,是为麦尔旺二世(744—750年在位)。此时,倭马亚王朝众叛亲离,四面楚歌,往日辉煌的基业只剩下断壁残垣。麦尔旺二世尽管不乏盛世之君的统治才能,却已无力回天。

来自呼罗珊的黑色旗帜——阿拔斯人的起义

739年,阿里的曾孙栽德·阿里离开麦地那,来到库法。库法的什叶派拥戴栽德·阿里作为伊玛目,支持栽德·阿里发动起义。他们的纲领是遵循先知穆罕默德和阿里的遗训,分配伊拉克的国有土地,公平处置战利品,保护弱者,停

---

[1] Omar,F., *The Abbasid Caliphate 750-786*, p.75.

止强行迁移阿拉伯人。740 年起义爆发后,库法的阿里派再次背弃自己的诺言,栽德·阿里遇害身亡。其子叶赫亚逃往呼罗珊,743 年被倭马亚王朝残酷处死。栽德·阿里起义的失败,尤其是叶赫亚的遇难,在呼罗珊引起强烈的反应。"所有的呼罗珊人为叶赫亚的被害哀悼七日……在那一年出生的男孩大都取名为叶赫亚或者栽德。""呼罗珊人身着黑色服装表示对于叶赫亚的哀悼之情。黑色遂成为呼罗珊人的标志。"①

什叶派起义的失败,促使反对倭马亚王朝的呼罗珊人将复仇的希望寄托于阿拔斯人。加之倭马亚王朝此时已是穷途末路,日薄西山,阿拔斯派运动自神学宣传转化为政治革命的社会条件日渐成熟。"栽德派起义失败和叶赫亚被害以后,阿拔斯人俨然成为先知家族的唯一代表。"②743 年,穆罕默德·阿里在侯麦迈病逝。其子易卜拉欣继任伊玛目的职位,委派阿布·穆斯林前往呼罗珊策划起义。随着阿布·穆斯林在呼罗珊的出现,阿拔斯派运动开始进入武装起义的发展阶段。

阿布·穆斯林原名阿布·伊斯哈格·易卜拉欣,其早年身世较为模糊,他本人对此亦讳莫如深。③ 阿布·穆斯林曾经声称:"我是穆斯林中的一员,我不属于任何一个部落……我只信仰伊斯兰教,我只追随先知穆罕默德。"④阿拔斯派的许多追随者将阿布·穆斯林视作阿拔斯家族的成员,南方阿拉伯人声称阿布·穆斯林来自希米叶尔部落,呼罗珊的土著居民认为阿布·穆斯林是古代波斯贵族的后裔。阿布·穆斯林死后,哈里发曼苏尔的宫廷诗人将阿布·穆斯林描述为库尔德人。⑤ 现代研究者大都确认,阿布·穆斯林系波斯血统的麦瓦利,然而阿布·穆斯林早年生活在库法还是伊斯法罕或呼罗珊尚无定论。

据相关资料记载,阿布·穆斯林早年服侍阿拉伯人伊吉勒部落的地产主伊萨·麦奇勒;后者曾经因为负债而被囚禁于库法,阿布·穆斯林亦随主人同住库法。在此期间,阿布·穆斯林得以接触哈希姆派首领布凯尔·麦罕,深受达瓦的影响。744 年,阿布·穆斯林随哈希姆派新首领阿布·萨拉玛来到侯麦迈,被伊玛目易卜拉欣收留。此后,阿布·穆斯林多次受易卜拉欣的委派,往返于侯麦迈与呼罗珊之间,传递伊玛目的指示,并逐渐取代苏莱曼·卡希尔而成为呼罗珊的阿拔斯派首领,筹划起义。747 年 4 月,易卜拉欣委派卡赫塔巴·沙比卜自侯麦迈来到呼罗珊,将作为起义标志的两面黑旗送交阿布·穆斯林,旗上

---

① Sharon, M., *Black Banners from the East*, p. 177.

② Kennedy, H., *The Early Abbasid Caliphate*, Princeton 1981, p. 42.

③ Shaban, M. A., *The Abbasid Revolution*, p. 153.

④ 泰伯里:《历代先知与君王史》第 2 卷,第 1965 页。

⑤ Sharon, M., *Black Banners from the East*, p. 203.

写有《古兰经》中的启示："被进攻者,已获得反抗的许可,因为他们是受压迫的。"同年6月,阿布·穆斯林在呼罗珊树起黑色的旗帜,将"归权先知家族"和实现穆斯林的平等作为起义的宗旨。移居呼罗珊的阿拉伯人与皈依伊斯兰教的波斯籍土著农民并肩作战,赶走呼罗珊总督纳绥尔·赛亚尔,占领木鹿,继而控制呼罗珊全境。748年秋,卡赫塔巴·沙比卜率军3万人自呼罗珊发动西征,击败倭马亚王朝将领努巴塔·罕扎拉及其所部1万名叙利亚籍战士,攻占伊朗西部重镇莱伊。749年春,卡赫塔巴·沙比卡在贾布拉克再度击败倭马亚王朝的军队,5万名叙利亚籍战士望风溃逃,起义者攻占伊斯法罕和尼哈温。① 同年8月,呼罗珊的起义者与倭马亚王朝驻守伊拉克的军队在卡尔巴拉发生激战。卡赫塔巴·沙比卜死于战场,其子哈桑率军奋力拼杀,击败伊拉克总督叶齐德·侯拜拉,后者率领残部退守瓦西兑,起义军占领库法。②

在呼罗珊的起义者与倭马亚王朝的军队鏖战之际,易卜拉欣在侯麦迈遭到哈里发的囚禁,不久死于狱中。其弟阿布·阿拔斯继任伊玛目,逃脱倭马亚王朝的追捕,于749年底来到库法。随后,阿拔斯人和呼罗珊的起义者在库法的清真寺宣誓拥戴阿布·阿拔斯,是为阿拔斯王朝的第一位哈里发。③

什叶派的分支哈希姆派曾经是阿拔斯人的重要政治工具,支持阿拔斯人反对倭马亚王朝的活动。然而,随着倭马亚王朝统治的崩溃,哈希姆派与阿拔斯派之间的矛盾日渐加剧,进而分道扬镳。易卜拉欣的死讯传到库法以后,哈希姆派首领阿布·萨拉玛急速遣使迎请侯赛因的曾孙贾法尔·萨迪克(即后来为十二伊玛目派和伊斯马仪派所公认的第六代伊玛目)前往库法即位,但是遭到后者的拒绝。阿布·阿拔斯在库法发表登基演说时则明确宣布:所谓圣族即是阿拔斯家族,并不包括阿里家族。阿里之兄贾法尔的曾孙阿卜杜拉·穆阿威叶于749年在伊朗北部发动起义,竟遭阿布·穆斯林的杀害。④

750年1月,倭马亚王朝的军队在底格里斯河上游支流扎布河畔覆没,倭马亚王朝末代哈里发麦尔旺二世西逃,叙利亚各地纷纷归顺阿拔斯人。⑤ 同年8月,麦尔旺二世在埃及的布希尔遭阿拔斯人追杀而死,倭马亚王朝灭亡。⑥

阿布·穆斯林在呼罗珊发动的起义无疑标志着阿拔斯派运动的顶峰,而阿

---

① 泰伯里:《历代先知与君王史》,第2卷,第1620页,第1932页,第1954—1959页,第2004页。
② Wellhausen,J., *The Arab Kingdom and Its Fall*, pp. 539-541.
③ 泰伯里:《历代先知与君王史》,第3卷,第47页。
④ 同上,第3卷,第69页。
⑤ Shaban, M. A., *The Abbasid Revolution*, p. 167.
⑥ Kennedy,H., *The Early Abbasid Caliphate*, p. 48.

拔斯王朝的建立正是呼罗珊起义胜利的直接结果。因此,阿拔斯派运动的研究者大都着力探讨呼罗珊起义的社会动因,以求确定阿拔斯派运动的性质。J. 威尔豪森认为,倭马亚时代的阿拉伯社会建立在部落群体的基础之上;倭马亚王朝主要代表北方阿拉伯人诸部落的利益,阿拔斯派运动则体现了南方阿拉伯人诸部落的反抗倾向,呼罗珊起义的实质在于阿拉伯部落群体之间的矛盾冲突。诚然,倭马亚时代的阿拉伯社会在一定程度上沿袭蒙昧时代的血缘联系,移入呼罗珊的阿拉伯人尤其较多地保留部落群体的传统形式。作为征服者首先进入呼罗珊的阿拉伯人大都属于塔米姆部落;继塔米姆部落之后,来自阿兹德部落、阿卜杜勒·凯斯部落和巴克尔部落的阿拉伯人亦不断移入呼罗珊。[1] 倭马亚时代中期,大批阿拉伯部落民再度自伊拉克移入呼罗珊。至倭马亚王朝末期,移入呼罗珊的阿拉伯部落民及其眷属的总人数约为 20 万。移入呼罗珊的阿拉伯部落民并未像伊拉克的阿拉伯人集中于库法和巴士拉或者像埃及的阿拉伯人集中于弗斯塔特那样,他们分散在木鹿绿洲以及内沙浦尔、哈拉特、塔尔干、突斯、木鹿—卢泽诸多地区,或从军征战,或务农经商,其社会地位不尽相同。阿拉伯人与波斯人的杂居状态,加速了征服者与被征服者之间的同化和融合过程。出生在呼罗珊的阿拉伯人不再使用父辈的语言,而是操接近波斯语的呼罗珊方言。他们中的许多人身着波斯的民族服饰,在波斯人的传统节日纳乌鲁兹节和米赫尔干节与土著民众狂欢作乐。征服者与被征服者之间的通婚现象亦十分普遍。[2] "久居呼罗珊的阿拉伯贝都因人后裔,在外表上与土著的波斯人已经没有明显的差异。他们都长着白皙的脸皮,留着黄色的胡须,身着费尔干纳的地方服饰"。与此同时,所谓的"部落"逐渐由血缘群体演化为政治集团。至希沙姆当政期间,移入呼罗珊的阿拉伯人明显分化为战士和定居者两大阶层,血缘群体与政治集团的界限之差异益趋显见。[3] 部落之间的对抗和冲突虽然形式犹存,但是已非真正意义的血族仇杀,徒具虚名。744 年,阿拉伯人所谓的"部落冲突"在呼罗珊再度爆发,总督纳绥尔·赛亚尔及其支持者称穆达尔集团,与之对立的阿兹德部落首领贾迪尔·阿里·吉尔曼尼及其追随者则称拉比尔集团;然而,属于穆达尔支诸部落的大批阿拉伯人加入了贾迪尔·阿里·吉尔曼尼的队伍,纳绥尔·赛亚尔的队伍中亦不乏来自拉比尔支诸部落的阿拉伯人。阿拔斯王朝初期的历史家麦达尼因此称所谓的穆达尔集团为纳绥尔派,而称所谓的拉比尔集团为吉尔曼尼派。阿拔斯派运动在呼罗珊的发展无疑利用

---

[1] 泰伯里:《历代先知与君王史》,第 1 卷,第 2887—2888 页。

[2] Wellhausen, J. , *The Arab Kingdom and Its Fall*, p. 492, p. 493.

[3] Shaban, M. A. , *The Abbasid Revolution*, p. 67, p. 116。

了部落对立的特定环境,穆罕默德·阿里亦曾要求阿拔斯派的追随者依靠南方阿拉伯人诸部落而避开北方阿拉伯人诸部落。然而,作为呼罗珊阿拔斯派的核心成员,12 名纳奇卜和 58 名达伊斯分别来自南方阿拉伯人胡扎尔部落、泰伊部落、巴吉拉部落、哈姆丹部落、阿兹德部落和北方阿拉伯人塔米姆部落、哈尼法部落、苏莱姆部落、巴克尔部落;呼罗珊起义的参加者亦不仅来自南方阿拉伯人诸部落,而且包括属于北方阿拉伯人诸部落的大批战士。[①] 因此,阿拔斯派运动和呼罗珊起义绝非传统意义的部落仇杀,而是超越血缘群体的狭隘界限,包含着政治对抗的崭新内容。

亦有许多西方学者以种族对立的理论作为出发点,认为倭马亚时代呼罗珊地区的矛盾对抗起源于阿拉伯人的征服,而呼罗珊起义和阿拔斯王朝的建立体现了波斯民族的复兴及其对于阿拉伯人统治的否定。[②] 然而,阿拉伯人之征服呼罗珊,不同于在其他地区的征服。呼罗珊的土著贵族在阿拉伯人征服前大都各自为政,与萨珊王朝联系甚少;波斯帝国的灭亡并没有直接导致土著贵族在呼罗珊统治权力的结束。阿拉伯征服者在呼罗珊各地往往只是与土著贵族订立条约和征收贡税,同时保留后者原有的诸多特权。阿拉伯人在放弃征战而务农经商后,竟遭到呼罗珊土著贵族的盘剥勒索,甚至沦为后者的隶属民。文献资料亦屡屡提及阿拉伯定居者由于呼罗珊总督与土著贵族联手统治而怨声载道。因此,在倭马亚时代的呼罗珊,社会对立与种族差异的界限并非相互吻合,而是错综交织;土著贵族往往支持倭马亚王朝的统治,阿拉伯定居者的社会地位则与土著平民益趋接近。种族冲突虽不无存在,却非社会矛盾的主要内容。696 年,伊朗贵族萨比特·库特巴和胡勒斯·库特巴曾经随同呼罗珊总督倭马亚·阿卜杜拉攻击反叛的塔米姆部落首领布凯尔·瓦沙赫,布凯尔·瓦沙赫则以免除土地税作为条件争取土著农民的支持。712 年,呼罗珊总督古太白·穆斯林招募大批土著居民围攻撒马尔罕;而当撒马尔罕王公指责古太白·穆斯林唆使土著者自相残杀时,古太白·穆斯林亦指责撒马尔罕王公煽动阿拉伯人反叛倭马亚王朝。[③] 利益的冲突和权力的争夺显然超越种族的差异,构成呼罗珊地区政治角逐的核心内容。其次,在倭马亚时代的呼罗珊,伊斯兰化的进程较为缓慢,土著伊朗居民中皈依伊斯兰教者为数尚少。古太白·穆斯林出任总督期间,皈依伊斯兰教的土著居民约为 7000 人;倭马亚时代后期,皈依伊斯兰教

① 泰伯里:《历代先知与君王史》,第 2 卷,第 1358 页。
② Lassner,J., *The Shape of Abbasid Rule*, Princeton 1980, p.1.
③ Shaban,M. A., *The Abbasid Revolution*, p.48,p.70.

者增至 20000 人,这在呼罗珊的土著居民中仍只是少数。① 在当时的历史条件下,皈依伊斯兰教是逐鹿政坛的首要前提,而阿拔斯派运动更是极富教派运动的色彩,以恢复早期伊斯兰教和"归权先知家族"为其宗旨。因此,呼罗珊的土著伊朗居民不可能成为阿拔斯派运动的主体,更无法取代阿拉伯人在阿拔斯派运动中的核心地位。723 年,穆罕默德·阿里在委派伊克里玛·齐亚德作为其使者前往呼罗珊时曾明确规定:务必依靠也门人,接近拉比尔人,提防穆达尔人,争取波斯人。② 阿拔斯派在呼罗珊的 12 名纳奇卜中至少有 8 人是阿拉伯人;活动在木鹿绿洲的 40 名达伊斯中,阿拉伯人亦超过半数;至于纳萨、阿比沃德、巴勒黑等地的达伊斯,则皆为阿拉伯人。阿拔斯派之选择木鹿绿洲作为达瓦的中心和起义的地点,并非偶然。移入呼罗珊的阿拉伯定居者大都分布在木鹿绿洲并与土著人混住一处。"正是这些被益趋同化的阿拉伯人丧失了作为征服者所享有的权利,不满于屈从伊朗贵族的地位,构成阿拔斯派在呼罗珊发动起义的主要力量。"③尽管呼罗珊起义的直接组织者阿布·穆斯林出身于非阿拉伯血统的麦瓦利,然而阿拉伯人在呼罗珊起义的过程中无疑占有举足轻重的地位。748 年 2 月阿布·穆斯林率领起义队伍进攻木鹿城时,其前锋主将阿绥德、左军主将凯姆斯和右军主将马立克均为阿拉伯人,分别属于胡扎尔部落和塔米姆部落。748 年秋自呼罗珊西征伊拉克的阿拔斯派队伍亦由阿拉伯人卡赫塔巴·沙比卜统率,所部三万余人大都来自南方阿拉伯部落群体。④ 将呼罗珊起义和阿拔斯王朝的建立归结为种族的冲突,显然缺乏历史根据。

　　阿拔斯派并非阿里派,阿拔斯派与阿里派建立的政治联盟只是倭马亚时代特定历史条件下形成的共生现象,两派势力由于存在着无法克服的内在矛盾而从相互依存到彼此排斥直至分道扬镳。阿拔斯派的纲领包含着宗教和政治的双重内容。伴随着达瓦的东移,阿拔斯派运动逐渐自神学宣传演化为政治革命。呼罗珊的起义既非阿拉伯部落群体之间的传统仇杀,亦非土著波斯民族与阿拉伯征服者之间的矛盾冲突,其社会动因在于穆斯林内部的政治对抗。正是阿拔斯派运动使反对倭马亚王朝的诸多社会势力得以实现空前广泛的政治联合,直至推翻倭马亚王朝的统治。

————————

① 泰伯里:《历代先知与君王史》,第 2 卷,第 1291 页,第 1318 页。

② Wellhausen,J.,*The Arab Kingdom and Its Fall*,pp. 508-509.

③ Sharon,M.,*Black Banners from the East*,p. 195,p. xv.

④ 泰伯里:《历代先知与君王史》,第 2 卷,第 1987 页,第 1996 页。

三、阿拔斯王朝

政权的巩固

麦地那时代,伊斯兰教是阿拉伯人的宗教,哈里发国家是阿拉伯人统治的国家,阿拉伯人的分布区域与伊斯兰教的传播范围大体吻合。至于被征服地区非阿拉伯血统的土著居民,大都尚未皈依伊斯兰教,因而无力角逐于哈里发国家的政治舞台。倭马亚时代,哈里发国家继续强调阿拉伯人与伊斯兰教合而为一的原则,实行阿拉伯穆斯林对于非阿拉伯血统异教人口的统治。然而,随着伊斯兰教的传播,被征服地区非阿拉伯血统的土著居民纷纷放弃原有的信仰,加入穆斯林的行列。广泛的宗教皈依改变着哈里发国家的社会构成;非阿拉伯血统的异教臣民纷纷改宗伊斯兰教,却得不到相应的权利和地位,只能屈居于阿拉伯人之下。倭马亚王朝逐渐陷于无法克服的内在矛盾,直至最终灭亡。

阿拔斯王朝建立后,哈里发国家兼用南方阿拉伯人和北方阿拉伯人,极力消除阿拉伯人内部的分裂倾向。南方阿拉伯人作为阿拔斯派运动的重要支持者,政治地位明显提高;南方阿拉伯人穆哈拉布家族的叶齐德·穆哈拉布和凯斯里家族的赛耳德·萨勒姆·阿卜杜拉分别出任巴士拉总督和库法总督。北方阿拉伯人亦未被排斥于哈里发国家的政权机构之外;倭马亚王朝的重要将领古太白·穆斯林家族的后裔萨勒姆和赛耳德相继出任巴士拉总督和亚美尼亚总督,希拉勒部落的佐法尔·阿绥姆出任希贾兹总督,乌凯勒部落的伊斯哈格·穆斯林亦在曼苏尔的宫廷权倾一时。[①]

然而,倭马亚王朝的覆灭毕竟结束了阿拉伯人统治的时代。阿拔斯王朝的建立,标志着伊斯兰世界的历史进入崭新的阶段。非阿拉伯血统的穆斯林贵族开始崛起,成为伊斯兰世界的重要政治势力。哈里发国家不再是仅仅代表阿拉伯人的利益,其统治基础明显改变。随着伊斯兰教在诸多民族中的广泛传播和阿拉伯人统治的结束,信仰的差异逐渐取代民族的对立,成为哈里发国家社会矛盾的重要表现形式,进而导致伊斯兰神权政治的重建。阿拔斯王朝是在否定倭马亚王朝世俗化统治的基础上建立的政权,国家制度具有浓厚的宗教色彩。阿拔斯哈里发源于宗教领袖伊玛目的地位,其权力被认为是来自安拉的赐予。

中
东
史

---

① Kennedy, H. , *The Prophet and the Age of the Caliphate*, p. 129, pp. 82-83, p. 130。

哈里发每逢朝廷典礼和宗教节日皆身着据称是先知穆罕默德遗物的斗篷,并在宫中聘用宗教学者依据经训阐述的原则制定统治政策和进行神学宣传,以示其权力的合法与地位的神圣,自居为伊斯兰教和伊斯兰世界的捍卫者。

阿拔斯派运动发端于伊斯兰世界的东部;阿拔斯家族在伊拉克拥有众多的追随者,而呼罗珊的起义直接导致了倭马亚王朝的覆灭。因此,阿拔斯王朝建立以后,伊斯兰世界的政治重心逐渐东移,呼罗珊无疑获得举足轻重的地位,伊拉克则取代叙利亚成为哈里发国家的中心所在。相比之下,叙利亚和埃及的政治地位明显下降。随着政治重心的东移,阿拔斯哈里发国家"从地中海的帝国转变为亚洲的帝国"[1]。穆斯林社会与地中海世界的联系相对削弱,东方古老的传统对阿拔斯王朝的统治产生广泛的影响,"世界帝国的盛世概念被引入伊斯兰世界"[2]。

阿拔斯王朝建立之初,局势尚不稳定,哈里发的首要任务是铲除政治隐患和排斥异己势力。阿布·阿拔斯(750—754 年在位)在库法登基时自称赛法赫(意为屠夫),即位不久便对倭马亚人实行斩尽杀绝的恐怖政策,旨在摧毁旧王朝的残余势力。750 年 6 月,倭马亚家族八十余人应阿布·阿拔斯的叔父阿卜杜拉·阿里的邀请,来到巴勒斯坦的阿布·弗特鲁斯城中赴宴,席间悉遭杀害。只有希沙姆的嫡孙阿卜杜勒·拉赫曼戏剧性地逃离宴席,潜往马格里布,后在伊比利亚割据自立。倭马亚王朝的历代哈里发虽已不在人世,他们的陵墓却依然遭到破坏,尸体尽受凌辱。希沙姆的尸体尚未腐烂,被掘墓者鞭打之后,焚为灰烬。欧默尔二世由于素有圣徒的美称,免遭掘墓毁尸的劫难。

倭马亚时代后期,什叶派曾经与阿拔斯派在"归权先知家族"的政治基础之上结成联盟,共同反对倭马亚王朝的统治。然而,什叶派的目标在于建立由阿里的后裔所统治的国家。自阿拔斯王朝建立伊始,什叶派便将阿拔斯人视作非法的篡位者,企图拥戴阿里的后裔取代阿拔斯家族的哈里发,从而成为威胁阿拔斯王朝的政治隐患。阿布·阿拔斯即位以后,于 750 年 2 月处死库法的哈希姆派首领阿布·萨拉玛。曼苏尔(754—775 年在位)当政期间,阿拔斯王朝继续追捕和迫害阿里家族的成员,尤其是在麦地那将阿里的长子哈桑的后裔悉数囚禁,导致什叶派与阿拔斯哈里发之间矛盾的激化。库法在倭马亚时代曾经是什叶派的主要据点,但是在阿拔斯王朝初期却处于哈里发的严密控制之下。于是,什叶派选择另外两座城市;哈桑的曾孙穆罕默德·阿卜杜拉和易卜拉欣·

---

① Watt,W. M. , *The Majesty That Was Islam* , p. 108.

② Lambton,A. K. S. , *State and Government in the Medieval Islam* ,Oxford 1985, p. 44.

阿卜杜拉兄弟两人约定,分别在麦地那和巴士拉同时发动起义。762年,穆罕默德·阿卜杜拉在麦地那释放被囚禁的阿里家族成员,由著名教法学家马立克·艾奈斯主持宗教仪式,解除阿里家族成员效忠于阿拔斯哈里发的誓言,公开谴责曼苏尔的统治。穆罕默德·阿卜杜拉的追随者三百余人效仿先知穆罕默德曾经采用的战术,在麦地那绿洲的外围挖掘壕沟,抵御阿拔斯军队的进攻,然而未能奏效,起义失败。穆罕默德·阿卜杜拉被阿拔斯王朝处死,尸体悬挂在麦地那示众。[①] 同年,易卜拉欣·阿卜杜拉在巴士拉发动起义,声势浩大,追随者一度达数万之众。但是,易卜拉欣·阿卜杜拉在关键时刻犹豫不决,未能及时进攻兵力空虚的库法,错失良机,使哈里发得以喘息,从叙利亚和希贾兹调集重兵发动反攻。763年2月,易卜拉欣·阿卜杜拉的追随者与伊萨·穆萨率领的阿拔斯军队在库法以南的巴哈姆拉发生激战;易卜拉欣·阿卜杜拉兵败身亡,首级被送交哈里发。[②]

阿布·阿拔斯当政期间,哈里发国家的政治格局表现为东西分治的倾向。阿布·穆斯林作为阿拔斯王朝的开国元勋,出任呼罗珊总督,驻节木鹿,统辖扎格罗斯山以东的广大地区,具有颇强的势力。阿布·穆斯林位高权重,号令一方,并且染指宫廷事务,干涉朝政,甚至以自己的名义发行钱币。曼苏尔即位以前曾经在木鹿目睹阿布·穆斯林的势力,并且告诫阿布·阿拔斯:"如果你听任阿布·穆斯林为所欲为,你将失去哈里发的权位,臣民也将不再遵从你的命令。"751年,阿布·穆斯林遣部将齐亚德进兵阿姆河右岸,在怛罗斯击败唐朝安西节度使高仙芝部,俘唐军2万人。753年,阿布·穆斯林亲自护送朝觐队伍赶赴麦加,其政治势力达到顶峰。在扎格罗斯山以西地区,阿布·阿拔斯实行家族政治的原则,赐封阿拔斯人出任要职,借助于血缘的纽带确保哈里发对各地的控制。阿布·阿拔斯的叔父阿卜杜拉·阿里是扎布河战役中击败麦尔旺二世的功臣,阿拔斯王朝建立后出任叙利亚总督。阿布·阿拔斯的另外三位叔父萨利赫·阿里、达乌德·阿里和苏莱曼·阿里分别出任埃及总督、库法总督和巴士拉总督,曼苏尔在即位之前曾经出任贾吉拉和阿塞拜疆总督。另外,一些名望甚高的阿拉伯人家族,如穆哈拉布家族、古太白家族、凯斯尔家族、乌凯勒家族,其成员亦被哈里发委以重任,成为制约和抗衡阿布·穆斯林以及呼罗珊人的政治势力。[③]

754年6月阿布·阿拔斯死后,曼苏尔、阿卜杜拉·阿里和阿布·穆斯林三

---

① Kennedy,H., *The Early Abbasid Caliphate*, p.68.
② 泰伯里:《历代先知与君王史》,第3卷,第315—316页。
③ 同上,第3卷,第321页。

人形成鼎足之势,阿拔斯王朝面临严峻的政治形势。阿卜杜拉·阿里觊觎哈里发的权位,自叙利亚举兵反叛。曼苏尔初任哈里发,立足未稳,尚难以抗衡阿卜杜拉·阿里,于是求助于阿布·穆斯林。754 年 11 月,阿布·穆斯林统率的呼罗珊军队在底格里斯河上游的纳绥宾击败阿卜杜拉·阿里统率的叙利亚军队。阿卜杜拉·阿里逃到巴士拉,寻求苏莱曼·阿里的庇护。764 年,哈里发为他营造一处新居。不久,新居坍塌,阿卜杜拉·阿里丧命。[①] 阿卜杜拉·阿里兵败以后,曼苏尔与阿布·穆斯林的关系急剧恶化。曼苏尔试图将阿布·穆斯林调往叙利亚或埃及出任总督,以便削弱这位开国元勋的权势。阿布·穆斯林拒绝接受哈里发的委派,班师撤往呼罗珊。然而,阿布·穆斯林在行至扎格罗斯山西侧的胡勒万时,获悉木鹿的守将阿布·达乌德·哈立德倒戈投靠曼苏尔,只得应召面谒哈里发,随即被处死于泰西封。[②] 此后,哈里发一统天下,号令四方,阿拔斯王朝的基业得到巩固。

阿布·阿拔斯和曼苏尔当政期间,哈里发曾经在伊拉克中部相继选择库法、哈希米叶、安巴尔和泰西封作为宫廷驻地。758－762 年,曼苏尔斥资 400 万迪尔罕,在巴格达营建新都。[③] 巴格达原是波斯帝国的一个古老村落,位于底格里斯河西岸,地处塞瓦德的北端,南距萨珊王朝旧都泰西封约 20 公里。这里扼守自伊拉克向东通往呼罗珊的道路,沿底格里斯河向南可至巴士拉和波斯湾沿岸诸地以及遥远的信德,向北可至摩苏尔和拉卡以及拜占廷边境。巴士拉一带盛产椰枣,摩苏尔周围盛产谷物,可以为巴格达提供充足的食物来源。不仅如此,伊拉克中部具有悠久的建都传统。从某种意义上讲,阿拔斯王朝继承了古代西亚的政治遗产,巴格达则是汉谟拉比和尼布甲尼撒二世时代的巴比伦以及萨珊王朝时代的泰西封在伊斯兰时代的延续。762 年,新都建成。

"巴格达"本意为天赐。曼苏尔将巴格达称作"和平城",时人则称之为"曼苏尔城"。新都因呈圆形,故而又称"团城"。[④] 巴格达分为皇城、内城、外城三层,各设城墙,构成三个同心圆。同心圆的中心是哈里发的宫殿,因宫门镀金而取名金门宫,又因其绿色圆顶高达 49 米而称绿圆顶宫。皇城、内城和外城各有四座城门,按其通往的方向分别称作呼罗珊门、沙姆门(叙利亚古称沙姆)、库法门和巴士拉门。四条大街从哈里发的宫殿伸向城门,形似车轮辐条。城内大街

① 泰伯里:《历代先知与君王史》,第 3 卷,第 330 页。

② Kennedy,H., *The Early Abbasid Caliphate*, p. 61-62.

③ Shaban,M. A., *Islamic History*,*A New Interpretation 750-1055*,Cambridge 1976, p. 9.

④ Gordon,M. S., *The Rise of Islam*,Westport 2005, p. 54.

两旁曾是商贾云集的闹市区。后来,曼苏尔出于安全的考虑,将城内的市场迁至城南的卡尔赫,驻扎呼罗珊战士的哈尔比耶军营位于团城的北侧。[1] 768 年,曼苏尔之子穆罕默德(即后来的哈里发马赫迪)从莱伊返回巴格达。哈里发于是在底格里斯河东岸建造鲁萨法宫,作为王储的宫殿。鲁萨法宫又称东城,与团城隔河相望,并有浮桥相连,形成互为倚角。773 年,曼苏尔在团城附近另建永恒宫,其中的花园足以使人联想起《古兰经》中所描述的天园。

走向鼎盛

775 年,曼苏尔在朝觐途中死于麦加附近。阿拔斯王朝曾经在圣城的周围挖掘一百余孔墓穴,却将这位哈里发秘密埋葬于不为人知的地方。最初,曼苏尔指定他的族弟伊萨·穆萨作为自己的继承人。后来,曼苏尔改变初衷,另立其子穆罕默德取代伊萨·穆萨。775 年曼苏尔死后,穆罕默德即位,是为马赫迪(775—785 年在位)。

阿拔斯人的兴起,曾经借助于其与什叶派的联盟以及阿里家族追随者的支持。所谓"哈希姆的遗嘱"是阿拔斯派政治势力得以发展的重要条件,亦是阿拔斯人出任哈里发的政治依据。马赫迪即位以后,放弃阿拔斯人的传统观点,提出新的立国思想,强调阿拔斯人出任哈里发的合法地位并非来源于阿里之孙阿布·哈希姆的遗嘱,而是在于其与先知穆罕默德之间的血亲关系;阿拔斯·阿卜杜勒·穆塔里布作为先知穆罕默德的叔父,超过先知穆罕默德的女婿阿里,是哈希姆族中与先知穆罕默德最具亲缘关系的人,其后裔理应成为圣族的政治代表和哈里发国家的统治者。这一思想旨在否定阿里家族的后裔对于哈里发权位的要求,进而奠定阿拔斯哈里发国家的理论基础。

什叶派于 762 年发动的起义虽然失败,但是仍构成威胁阿拔斯王朝的重要隐患,尤其在不满于阿拔斯哈里发统治的诸多社会势力中影响甚大。马赫迪当政期间,阿拔斯王朝放弃高压政策,采取安抚手段,极力缓解什叶派与阿拔斯人之间的对立。因 762 年参与起义而被囚禁的什叶派成员得到赦免,500 名麦地那青年被招募至巴格达担任哈里发的宫廷卫士。777 年,马赫迪将希贾兹的哈里发地产赐予巴士拉起义首领易卜拉欣·阿卜杜拉之子哈桑,并将法达克一带曾被倭马亚王朝没收的地产归还阿里家族。叶尔孤卜·达乌德曾因参加 762 年阿里派在巴士拉的起义而被曼苏尔囚禁于巴格达,在马赫迪即位以后得到赦免,并被哈里发委以重任,甚至官居维齐尔,成为沟通阿拔斯人与什叶派之间联

---

[1] Lassner, J., *The Shape of Abbasid Rule*, p. 188-189, p. 163.

系的重要人物。①

阿布·穆斯林死后,阿拔斯哈里发巩固了在扎格罗斯山以东地区的统治。但是,伊朗高原的土著势力与阿拔斯王朝之间依然存在着尖锐的矛盾。波斯贵族苏恩巴泽聚集阿布·穆斯林的旧部,宣称阿布·穆斯林即将作为马赫迪复临人间,在内沙浦尔发动叛乱,继而攻占莱伊和库姆,驱逐阿拉伯人,试图恢复古代波斯的传统信仰。曼苏尔派遣伊吉勒部落首领贾赫瓦尔·马拉尔率领移居伊朗西部的阿拉伯战士一万人进攻苏恩巴泽,平定反叛。与此同时,胡拉米教派兴起于呼罗珊的东部,承袭古代波斯的马兹达克教和摩尼教以及佛教的诸多思想,强调善恶并存于世界的二元倾向,反对现存的社会制度,主张消除贫富不均的现象,建立公有与平等的新秩序。胡拉米教派否认阿布·穆斯林的死亡,预言阿布·穆斯林将重返人间,铲除邪恶,伸张正义,拯救苦难的生灵。波斯人哈希姆·哈金曾于747年追随阿布·穆斯林参加呼罗珊的起义。阿布·穆斯林死后,哈希姆·哈金被哈里发囚禁于巴格达15年之久。后来,哈希姆·哈金越狱逃离巴格达,来到阿姆河右岸的粟特一带,宣传胡拉米教派的思想,自称是神的化身和继穆罕默德、阿里、阿布·穆斯林之后传播启示的使者,并常用绿纱罩住面部,被时人称作"穆盖奈耳",意即蒙面人。② 776年,哈希姆·哈金在布哈拉以南的碣石附近发动叛乱。反叛者身着白衣,举白旗为帜,以示对抗崇尚黑色的阿拔斯王朝。他们采取游击战术,屡败阿拔斯军队,先后围攻布哈拉和撒马尔罕,一度控制阿姆河右岸。778年,呼罗珊总督穆阿兹·穆斯林调集重兵,围剿哈希姆·哈金。780年,阿拔斯军队攻陷反叛者的最后据点赛纳姆堡,哈希姆·哈金自焚而死。③

785年马赫迪死后,其子哈迪(785—786年在位)即位。哈迪放弃安抚政策,排斥和迫害什叶派,再度激化什叶派与阿拔斯人的矛盾。786年5月,侯赛因·阿里在麦地那发动起义。不久,起义失败,侯赛因·阿里被杀,是为什叶派在哈里发国家的腹地发动的最后一次起义。④ 此后,什叶派的活动区域逐渐转移到伊斯兰世界的边缘地带。侯赛因·阿里的追随者伊德利斯·阿卜杜拉逃离希贾兹,潜入马格里布,于788年在摩洛哥建立伊斯兰历史上的第一个什叶派政权伊德利斯王朝。伊德利斯·阿卜杜拉的兄弟叶赫亚·阿卜杜拉逃到里海南岸的山区,在德拉姆人中进行秘密的宣传活动,亦颇有影响。

———————

① Kennedy,H.，*The Early Abbasid Caliphate*，p.99.

② Lapidus,M.A.，*A History of Islamic Societies*，p.79.

③ Kennedy,H.，*The Early Abbasid Caliphate*，pp.184-185.

④ 同上，p.109。

哈伦盛世

哈伦（786—809 年在位）是阿拔斯时代最著名的统治者。哈伦当政期间，哈里发国家进入鼎盛阶段。"天方夜谭"曾经生动地渲染哈伦的文治武功和奇闻轶事，使这位盛世之君名闻遐迩，蜚声伊斯兰世界。

哈伦是阿拔斯王朝第三位哈里发马赫迪之子，其母海祖兰原为也门籍的女奴，具有柏柏尔血统。哈伦自幼天资聪颖，接受波斯式的良好教育，具有卓越的军事才能。马赫迪当政期间，哈伦曾于 780 年统兵征讨拜占廷，战绩颇佳。782年，哈伦再次率军远征君士坦丁堡，兵抵博斯普鲁斯海峡，迫使拜占廷女皇伊琳娜贡乞和。哈伦从此声名大振，开始出任西方诸省区的最高长官。马赫迪为表彰哈伦的功绩，赐封他以拉希德（正直者）的称号，并且将他立为继哈迪之后的第二王储。786 年 9 月，哈迪暴死于巴格达宫中，哈伦即位。此后，哈伦继续致力于征讨拜占廷的征战。自倭马亚王朝后期，伊斯兰世界的北部边境趋于稳定，哈里发国家在叙利亚北部的阿达纳、麦西纳、塔尔苏斯以及陶鲁斯山区的马拉蒂亚、马尔阿什、哈达斯诸地兴建一系列军事要塞，屯驻重兵。哈伦即位后，在叙利亚北部边境设置新的行省，称阿沃绥姆，将该省的岁入悉数用于对拜占廷的圣战。802 年，尼斯福鲁斯一世出任拜占廷皇帝，宣布废除伊琳娜女皇与阿拔斯王朝订立的屈辱性和约，并且致书巴格达，要求哈伦退还拜占廷帝国已经缴纳的贡税。哈伦怒不可遏，在尼斯福鲁斯的书信背面写上了著名的答复之辞："奉至仁至慈的安拉的名义，穆斯林的长官哈伦致罗马人的狗尼斯福鲁斯。不信道的女人所生的儿子，我已阅过你的书信。至于我的回答，我一定会叫你看到，只是现在你还无法听到！平安。"哈伦并没有食言。他随即统领十余万人的庞大军队远征小亚细亚，攻陷赫拉克利亚、泰阿纳、伊科纽姆和以弗所等地。穆斯林的强大攻势，迫使尼斯福鲁斯重新乞和，甚至皇帝本人及其家族成员也不得不向阿拔斯王朝缴纳颇有侮辱色彩的人丁税。[1]

在大举征讨拜占廷的同时，阿拔斯王朝与欧洲西部的统治者法兰克王国之间似乎存在着交往与合作，因为他们拥有共同的敌人，那就是希沙姆的嫡孙阿卜杜勒·拉赫曼在伊比利亚建立的后倭马亚政权。根据西方文献的记载，法兰克皇帝查理曼曾经在 797 年和 802 年两次遣使谒见哈伦，哈伦也曾在 801 年和807 年遣使回访查理曼。双方互赠礼品，以示友好。在法兰克人从巴格达带回的礼品中，有哈里发国家特产的香料和大象，还有一台精美别致的时辰钟（即漏

---

[1]　泰伯里：《历代先知与君王史》，第 3 卷，第 696 页。

壶）。哈伦还曾接待过来自印度的使团,他们向哈里发赠送许多贵重的礼品。[①]
800 年前后,在旧大陆的文明世界,中国的唐朝雄踞东方,查理曼在西欧建立起庞大的帝国,哈伦统治下的阿拔斯王朝在亚非欧大陆的中央地带独领风骚,三者可谓并驾齐驱,异彩纷呈。

　　哈伦当政期间,波斯血统的巴尔麦克家族显赫一时,成为穆斯林瞩目的焦点。巴尔麦克家族的沉浮,则是此间哈里发国家政治生活的重要内容。巴尔麦克本意为佛教高僧。哈立德·巴尔麦克祖居呼罗珊,其父任职于巴勒黑城的诺巴哈尔佛寺,在呼罗珊一带颇具声望。[②] 10 世纪初的阿拉伯地理学家伊本·法基赫曾经在《地志》一书中将呼罗珊的巴尔麦克人比作阿拉伯半岛的古莱西人。倭马亚时代末期,哈立德·巴尔麦克放弃佛教,改奉伊斯兰教,并参加阿拔斯派在呼罗珊的起义,效力于阿布·穆斯林和卡赫塔巴·沙比卜的麾下。阿拔斯王朝建立后,哈立德·巴尔麦克受命掌管税收事务,并且出任泰伯里斯坦、法尔斯和贾吉拉的总督,其子叶赫亚·哈立德出任阿塞拜疆总督。自马赫迪即位开始,叶赫亚·哈立德长期出任维齐尔,其弟穆罕默德·哈立德和其子法德勒·叶赫亚、贾法尔·叶赫亚等人亦任要职。[③] 巴尔麦克家族位高权重,门生故吏遍布各地。哈伦当政的前期,巴尔麦克家族的政治势力达到顶峰。许多历史学家甚至将 786—803 年称作"巴尔麦克人的时代"[④]。他们执掌着最高权力,支配着国家的岁入,影响无处不在。哈里发国家的要员大都出自他们的家族,或者是他们的同党。几乎所有的人都向他们俯首帖耳,他们的威望甚至超过他们的主人。巴尔麦克人利用职权,聚敛财富,过着帝王般的生活。他们在巴格达东区修筑的宅邸,与底格里斯河西岸的哈里发宫廷交相辉映。他们还豢养文人墨客,为自己歌功颂德。巴尔麦克人在阿拉伯语中甚至成为慷慨者的同义词。贾法尔·叶赫亚是"天方夜谭"中的著名人物,"贾法尔的慷慨"尽人皆知。巴尔麦克人执政期间,波斯贵族的政治势力急剧膨胀,阿拉伯人相形见绌。呼罗珊处于巴尔麦克人的控制之下,俨然成为伊斯兰世界的国中之国。然而,巴尔麦克人的权势和财富,引起其他政治集团的不满,哈伦对此亦萌生妒意和嫉恨之心,因为哈里发国家的天空不能允许有两轮太阳。据说,哈伦不愿其妹阿巴赛嫁人离去,曾命阿巴赛与贾法尔·叶赫亚结为名义上的夫妻,两人却偷食禁果,并将所生的男孩藏匿在麦加。803 年,哈伦以通奸的罪名处死贾法尔·叶赫亚,将他

①　泰伯里:《历代先知与君王史》,第 3 卷,第 821 页。
②　Jaydan,J., *History of Islamic Civilization*, p.164.
③　Kennedy,H., *The Early Abbasid Caliphate*, pp.101-102,pp.116-117.
④　Kennedy,H., *The Prophet and the Age of the Caliphate*, p.139.

的尸体剖成两半,连同首级在巴格达高悬示众。哈伦还查抄巴尔麦克人的家产,并将叶赫亚·哈立德和法德勒·叶赫亚父子下狱。[①] 此后,巴尔麦克人在哈里发国家的政治舞台销声匿迹。

阿拔斯王朝前期,呼罗珊在伊斯兰世界占据十分重要的地位。倭马亚时代,呼罗珊只是哈里发国家的一个边远省区,隶属于驻节瓦西兑的伊拉克总督。阿拔斯王朝建立后,呼罗珊成为独立的行省,隶属于巴格达的哈里发。总督的人选大都来自土著血统的贵族,构成阿拔斯王朝前期呼罗珊区别于其他行省的明显特征。然而,呼罗珊的土著贵族与阿拔斯王朝之间始终存在着尖锐的矛盾,呼罗珊岁入的流向则是矛盾的焦点。巴格达的哈里发将呼罗珊视作其重要的财源所在,极力向呼罗珊征收巨额的税收,用来维持阿拔斯王朝的庞大开支,呼罗珊的土著贵族则强调其在伊斯兰世界的特殊地位,要求将呼罗珊的岁入用于当地的建设和在东部边境的圣战。军队的调动构成呼罗珊土著贵族与阿拔斯王朝之间矛盾的另一焦点。哈里发曼苏尔曾经命令呼罗珊总督阿卜杜勒·贾巴尔出兵参加拜占廷边境的圣战,阿卜杜勒·贾巴尔则以东部边境的战事需要为由拒绝执行曼苏尔的命令。后来,曼苏尔准备进兵东部边境平息骚乱,阿卜杜勒·贾巴尔却声称呼罗珊财力不足,无法负担哈里发的军队在东部边境征战的费用。794 年,巴尔麦克人法德勒·叶赫亚出任呼罗珊总督,赋予呼罗珊土著贵族以广泛的权力,并且大幅度削减呼罗珊上缴巴格达的税额。[②] 797 年,阿里·伊萨取代法德勒·叶赫亚出任呼罗珊总督,改变巴尔麦克人的政策,排斥呼罗珊土著贵族,从而加剧了呼罗珊土著贵族与阿拔斯王朝之间的矛盾。806年,原倭马亚王朝在呼罗珊的末代总督纳绥尔·赛亚尔的后裔拉菲·莱斯在撒马尔罕发动叛乱,影响甚大。哈伦委派哈尔萨玛·埃亚恩取代阿里·伊萨出任呼罗珊总督,但仍无法平息叛乱。808 年底,哈伦离开伊拉克,御驾东征。次年,哈伦在进兵撒马尔罕的途中病故,葬于突斯附近的萨纳巴兹。[③]

内战与秩序的重建

792 年,哈伦指定长子穆罕默德(即艾敏)作为哈里发的第一继承人。穆罕默德因其生母祖拜德系阿拔斯家族成员,具有较为纯粹的阿拉伯血统。哈伦当政的后期,北方重镇拉卡成为哈里发的主要驻地,穆罕默德代理其父留守巴格

① 泰伯里:《历代先知与君王史》,第 3 卷,第 1567 页。

② 同上,第 1795 页。

③ Kennedy, H., *The Early Abbasid Caliphate*, p. 132.

达。799 年,哈伦指定次子阿卜杜拉(即马蒙)为第二继承人。阿卜杜拉因其生母马拉吉勒系呼罗珊贵族乌斯塔兹希斯之女,具有波斯血统。802 年,哈伦在麦加明确规定了穆罕默德与阿卜杜拉的各自权限:穆罕默德将首先承袭父位,出任哈里发,并且直接治理伊拉克和西部各省;阿卜杜拉具有承袭兄位出任哈里发的权利,并且统辖扎格罗斯山以东地区。另外,哈伦还指定三子嘎希姆作为哈里发的第三继承人,可继阿卜杜拉之后承袭哈里发的权位,同时赐封叙利亚北部作为嘎希姆的领地。[①]

然而,艾敏(809—813 年在位)即位以后,并没有遵循哈伦的遗训。他不能容忍马蒙和嘎希姆与自己共治天下,首先剥夺嘎希姆在叙利亚北部的领地,继而向马蒙施加压力,要求马蒙割让大呼罗珊西部领地,将扎格罗斯山以东地区的岁入上缴巴格达,接受哈里发派驻木鹿的官员。马蒙拒绝艾敏的要求,并且自称伊玛目,与艾敏分庭抗礼。[②] 810 年,艾敏在巴格达宣布其子穆萨取代马蒙作为哈里发的继承人,解除马蒙在东部省区的统治权力。811 年,艾敏起用阿里·伊萨重新出任呼罗珊总督,统兵 40000 自伊拉克进入伊朗高原,征讨马蒙。马蒙遣部将塔希尔·侯赛因率军 5000 人迎战,在莱伊城外击败艾敏的军队,斩杀阿里·伊萨。[③] 莱伊之战的胜利使马蒙声威大振,伊斯兰世界形势骤变,埃及、希贾兹和贾吉拉等地纷纷倒向木鹿,巴格达的哈里发仅仅控制伊拉克和叙利亚。塔希尔·侯赛因挥师西进,占领伊朗西部重镇哈马丹和胡勒万,逼近伊拉克。艾敏倾尽最后的力量,再次派出 40000 人的大军前往胡勒万迎战。但是,这支军队滞留于伊拉克东部的哈尼金,抗命不前,随即自行瓦解。812 年初,呼罗珊总督哈尔萨玛·埃亚恩率军 30000 人自木鹿进入伊拉克助战,马蒙的军队占领瓦西兑、库法和巴士拉,兵临巴格达城下。813 年 9 月,塔希尔·侯赛因和哈尔萨玛·埃亚恩分别攻入巴格达的西区和东区,艾敏死于乱军之中。与此同时,马蒙在呼罗珊的木鹿被拥立为哈里发(813—833 年在位)。[④]

艾敏与马蒙之间的战争,严重地破坏了哈里发国家的秩序,伊斯兰世界的政治形势处于极度混乱的状态,尤其是什叶派在伊拉克屡有骚乱,威胁阿拔斯王朝。马蒙即位后,最初都于木鹿,以呼罗珊作为哈里发国家的统治中心,企图借助于波斯贵族的势力恢复秩序。马蒙采纳维齐尔法德勒·萨赫勒的建议,实行与阿里家族成员联姻的策略,于 817 年将自己的女儿许配阿里之子侯赛因的

① Kennedy,H. , *The Early Abbasid Caliphate* , p. 124.

② 同上, p. 136。

③ Kennedy,H. , *The Prophet and the Age of the Caliphate* , p. 150.

④ Kennedy,H. , *The Early Abbasid Caliphate* , p. 143, p. 148.

后裔阿里·穆萨·卡兹姆，即后来被什叶派尊为第八位伊玛目的阿里·里达，宣布阿里·穆萨·卡兹姆作为哈里发的继承人，将后者的名字铸在钱币上，甚至将阿拔斯王朝崇尚的黑旗改为什叶派崇尚的绿旗。马蒙的上述举措，旨在安抚什叶派和平息什叶派的骚乱，进而争取什叶派的支持。但是，此举遭到逊尼派穆斯林的激烈反对。马蒙的叔父易卜拉欣在伊拉克被反对派拥立为哈里发，战火复燃。迫于形势的压力，马蒙于818年离开木鹿，启程前往伊拉克。途中，法德勒·萨赫勒和阿里·穆萨·卡兹姆相继被哈里发秘密处死于萨拉赫斯和突斯。此后，突斯改称"马什哈德"（阿拉伯语中意为殉教者的葬身处），成为与纳杰夫和卡尔巴拉齐名的什叶派伊斯兰教圣地。819年，马蒙击败易卜拉欣，入主巴格达，放弃什叶派的绿色标志，恢复阿拔斯王朝的国色。[①]

　　马蒙入主巴格达，标志着伊斯兰世界内战的结束。然而，内战的结局并非呼罗珊土著贵族的胜利，只是伊斯兰世界各个政治集团的相互妥协。马蒙的胜利并不在于他所拥有的军事优势，而是由于敌对势力的分裂和哈里发的一系列让步。内战结束后，伊拉克的骚乱得到平息，但是叙利亚和埃及的秩序仍有待恢复。于是，马蒙遣塔希尔·侯赛因之子阿卜杜拉·塔希尔自伊拉克进军叙利亚，825年击败纳绥尔·沙巴斯为首的阿拉伯人乌凯勒部落的反叛势力。此后，阿卜杜拉·塔希尔移兵埃及，击败弗斯塔特的反叛者欧拜杜拉·萨尔里，降服尼罗河三角洲的反叛者阿里·贾拉维，并将来自伊比利亚的阿拉伯难民逐出亚历山大，恢复阿拔斯哈里发在埃及的统治权力。[②]

　　在伊斯兰世界的特定条件下，哈里发的个人权力往往受到神学理论的诸多约束，宗教学者则是哈里发集权统治的潜在障碍。827年，马蒙宣布伊斯兰教穆尔太齐勒派关于"《古兰经》受造"的理论是唯一合法的官方信条，否定关于"《古兰经》之永恒存在"的传统学说，排斥经注学家、圣训学家、教义学家和教法学家根据神学理论限制哈里发集权统治的权力。833年，马蒙颁布敕令，规定拒绝接受上述官方信条的穆斯林不得出任宗教职务，已经任职者予以革职，进而实行米赫奈制度。"米赫奈"在阿拉伯语中意为甄别，甄别的对象是宗教学者，甄别的范围波及伊拉克、叙利亚和埃及等地。凡拒绝接受"《古兰经》受造"说而坚持"《古兰经》永恒存在"者，皆以异端罪论处。首批受到传讯的七位著名宗教学者由哈里发亲自审查，在高压之下，他们全部屈服。此后，其余受到甄别的宗教学者也相继就范，被迫宣誓承认穆尔太齐勒派关于"《古兰经》受造说"的信条。著名教法学家艾哈迈德·罕百里由于拒绝接受"《古兰经》受造说"，坚持"《古兰

---

① Kennedy, H., *The Early Abbasid Caliphate*, p. 159, p. 162.

② 同上，p. 166。

经》系安拉的无始语言和永恒存在",银铛入狱,屡遭刑罚,直至终身病残。"《古兰经》受造说"的官方化和米赫奈制度的实行,加强了哈里发对穆斯林宗教生活和神学理论的控制,标志着阿拔斯王朝集权统治达到顶峰。[1]

阿拔斯王朝前期的集权政治

阿拔斯王朝继承倭马亚时代的历史遗产,实行君主政治,历任哈里发皆系阿拔斯家族的成员。倭马亚时代,哈里发的统治权力大都局限于世俗领域,很少干预穆斯林的宗教生活。阿拔斯王朝建立后,哈里发积极介入宗教事务,逐渐将统治权力伸向宗教领域。哈里发不仅负有保卫伊斯兰世界的神圣使命,而且成为全体穆斯林的宗教领袖,集教俗权力于一身,并且凌驾于社会之上,处于神圣不可侵犯的地位。对于哈里发的任何冒犯,都被视作宗教意义的亵渎。在此基础之上,阿拔斯王朝建立起高度发达的哈里发集权政治。

阿布·阿拔斯当政期间,宫廷中开始出现倭马亚时代不为人知的行刑官,并且设置用来拷打罪犯的地牢,哈里发获得对于臣民的生杀予夺权力。刽子手杀人时用来垫地的皮革,在伊斯兰史上首次铺放在哈里发御座的旁边,成为御座不可或缺的附属物。[2] "突然的处决和随意的惩罚,提高了哈里发的威严。"[3] 曼苏尔首创使用御名称呼哈里发的先例,并为其后历任哈里发长期沿用。[4] 他从来不与自己的臣属同席进餐或娱乐;在哈里发的御座与臣属的席位之间垂挂着帘子,并相隔一定的距离。他还沿用萨珊王朝的旧制,设立占星官,参照星宿的变化决定哈里发的行为。倭马亚时代,阿拉伯贵族享有许多特权,而常将哈里发视作他们中间更具资望的人,宫廷内外的界限不甚明显。阿拔斯王朝前期,哈里发俨然成为国家权力的化身,宫廷成为政治生活的中心所在。新都巴格达的圆形结构,体现着哈里发国家的集权倾向。金碧辉煌的绿顶圆宫,不仅堪称伊斯兰建筑的杰作,而且象征着哈里发与臣民之间的森严界限。称作哈吉卜的宫廷仆人大都出身奴隶或麦瓦利,在倭马亚时代的政治生活中尚无足轻重,至阿拔斯王朝前期数量剧增,成为沟通哈里发与其臣民的重要媒介,进而形成颇为广泛的政治势力。拉比尔·尤努斯原为希贾兹总督齐亚德·欧拜杜拉

---

[1] Holt,P. M. , Lambton, A. K. S. & Lewis, B. , *The Cambridge History of Islam*, vol. 1A, p. 123.

[2] 据伊本·赫勒敦记载,穆阿威叶是伊斯兰世界第一个使用御座的哈里发。见 Ibn Khaldun, *The Muqaddimah*, vol. 2, p. 53.

[3] Wellhausen,J. , *The Arab Kingdom and Its Fall*, p. 562.

[4] Watt,W. M. , *The Majesty That Was Islam*, *the Islamic World 661-1100*, p. 101.

的奴隶,后来进入阿布·阿拔斯的宫廷,服侍哈里发。曼苏尔和马赫迪当政期间,拉比尔·尤努斯成为哈吉卜的核心人物,权倾一时。[1]

阿布·阿拔斯和曼苏尔当政期间,哈里发奉行家族政治的原则,许多阿拔斯人被委以重任。马赫迪即位后,家族政治渐趋废止,官僚阶层膨胀。阿拔斯王朝沿用倭马亚时代的军事部、税收部、驿政部和档案部,并且增设王室地产部、审计部、警察部和平反院等机构,进而形成规模庞大的官僚体系。[2] 官僚的主要来源,是称作库塔卜的文职书吏,他们大都出身于波斯血统的乡绅阶层,通晓多种学问。至于阿拉伯人,能征惯战者极多,而善于谋划者却如凤毛麟角。维齐尔的出现,是阿拔斯王朝前期政治生活的突出内容。哈里发的集权、官僚体系的膨胀和库塔卜的兴起,构成维齐尔制度的政治基础。许多研究者认为,阿拔斯时代的维齐尔相当于总揽政务的宰相,维齐尔的设置乃是波斯政治传统的延续。[3] 这种看法不尽正确。"维齐尔"并非波斯语特有的词汇,阿拉伯语中亦有"维齐尔"一词,其本意是辅弼,曾经两次出现于《古兰经》关于穆萨的章节之中。[4] 相传,麦地那时代的许多阿拉伯人称阿布·伯克尔为"先知穆罕默德的维齐尔",称欧默尔为"阿布·伯克尔的维齐尔",称奥斯曼和阿里为"欧默尔的维齐尔"。[5] 倭马亚时代,库法的起义者穆赫塔尔自称是"伊玛目伊本·哈奈菲叶的维齐尔",诗人辛德·栽德和哈里萨·巴德尔则将伊拉克总督齐亚德·阿比希誉为"哈里发穆阿威叶的维齐尔",而与阿拔斯人联系甚密的哈希姆派首领阿布·萨拉玛亦称"先知家族的维齐尔"。阿拔斯王朝建立后,维齐尔开始成为哈里发国家的正式官职。然而,最初任职的维齐尔并非出自波斯血统,亦不具有总揽政务的广泛权力,其地位近似于宫廷仆人哈吉卜。曼苏尔当政期间,阿布·阿尤布和拉比尔·尤努斯先后出任维齐尔,负责哈里发的宫廷内务,掌管印玺、往来文书和王室地产。马赫迪当政期间,维齐尔的权力范围逐渐扩大。维齐尔阿布·欧拜杜拉曾经建议哈里发实行分成制,开始参与税收管理。哈伦当政初期,波斯血统的巴尔麦克家族成员贾法尔·叶赫亚出任维齐尔,辅佐哈里发统辖各部,总揽政务,甚至被哈里发赐予艾米尔的头衔,行使相应的军事职权。哈伦曾经对贾法尔·叶赫亚说:"我将全体臣民托付给你,赋税的征收、案件的审理和官吏的任免皆由你定夺,你可以不受任何约束地行使自己的权

① Al-Suyuti, J. , *History of the Caliphs*, Karachi 1977, p. 276.

② Ali, A. , *A Short History of the Saracens* , p. 414.

③ Goitein, S. D. , *Studies in Islamic History and Institution*, Leiden 1963, pp. 168-169.

④ 《古兰经》,20:29,25:35。

⑤ Ibn Khaldun, *The Muqaddimah* , vol. 2, p. 8.

中
东
史

力。"①巴尔麦克家族失势以后,维齐尔的权力范围明显缩小,叶赫亚的继任者法德勒·拉比尔无权过问税收和驿政事务。马蒙在木鹿当政期间,法德勒·萨赫勒出任维齐尔,继巴尔麦克家族的叶赫亚之后再度统辖军政要务,被哈里发称为"拥有两种权力的人"②。然而,此后的历任维齐尔大都专掌税收事务。哈里发的集权政治制约着维齐尔的权力,这是阿拔斯王朝前期维齐尔制度的显著特征。

　　阿拔斯王朝前期哈里发国家的行政区划,大体遵循着地理的自然分布和传统的政治格局。阿布·阿拔斯当政期间,哈里发国家划分为 12 个行省,包括埃及和马格里布、叙利亚、也门、希贾兹、巴士拉、塞瓦德、摩苏尔、贾吉拉、法尔斯、胡齐斯坦、呼罗珊、信德。③ 后来,行政区划逐渐缩小,改分为 24 个行省,包括马格里布及西西里、埃及、叙利亚、希贾兹、也门、巴士拉、塞瓦德、贾吉拉、阿塞拜疆、吉巴勒、胡齐斯坦、法尔斯、克尔曼、莫克兰、锡斯坦、亚美尼亚、朱尔占、泰伯里斯坦、库米斯、库希斯坦、呼罗珊、花拉子模、粟特、费尔干纳;其中,前 5 个行省统称西方省区,其余行省统称东方省区。④ 行省之下的行政单位称作"库拉",库拉之下的行政单位称作"塔萨希格",塔萨希格之下的行政单位称作"拉萨提格",拉萨提格之下的行政单位是自然村落。⑤ 倭马亚时代,哈里发国家奉行阿拉伯人统治的原则,行省总督几乎皆为阿拉伯人,而且大都出自古莱西部落。阿拔斯王朝前期,行省总督的职位不再被阿拉伯人垄断,波斯人出任行省总督者比比皆是。阿拔斯时代,伊斯兰世界的东部与西部之间依然存在一定程度的区域差异。哈里发坐镇巴格达,往往委派得力的亲信出任东方省区和西方省区的最高长官,加强对行省的控制。巴尔麦克家族的法德勒·叶赫亚曾任东方省区的最高长官,贾法尔·叶赫亚曾任西方省区的最高长官。马赫迪即位之前曾任东方省区的最高长官,哈伦即位之前曾任西方省区的最高长官。哈伦当政期间,其子马蒙任东方省区的最高长官,艾敏任西方省区的最高长官。东方省区的最高长官驻节木鹿,以呼罗珊为统治中心,兼领伊朗西部和中亚各地。西方省区的最高长官驻节大马士革或弗斯塔特,以叙利亚和埃及为统治中心,着力于对拜占廷的圣战和监视马格里布的柏柏尔人。

　　阿拔斯王朝前期,中央与行省之间的关系发生明显的变化,税收制度的完善与行省权力的分割是这一变化的核心内容。倭马亚时代,税收体系尚不完

① Goitein,S. D. , *Studies in Islamic History and Institution* , p. 170,pp. 175-177,p180,p. 182.

② Siddiqi, A. H. , *The Origins and Development of Muslim Institution* , p. 120.

③ Kremer, A. F. , *The Orient Under the Caliphs* , pp. 218-219.

④ P. 希提:《阿拉伯通史》,第 385－386 页。

⑤ Strange,G. , *The Lands of the Eastern Caliphate* , p. 248.

善,地方财政的自主倾向较为严重,行省总督往往只是按照战利品分配的传统习俗,将地方岁入总额的五分之一上缴大马士革,哈里发大都依靠王室地产作为自己的主要财源,有限的财力制约着哈里发集权政治的发展。阿拔斯王朝建立后,着力完善税收制度,行省上缴巴格达的岁入取代王室地产的收成,提供了哈里发和宫廷的主要财源。阿拔斯时代,哈里发国家的岁入包括天课、人丁税、土地税以及进口贸易税和外族贡赋,其中土地税数额最大。哈伦当政期间,行省上缴巴格达的岁入高达5.3亿迪尔罕。[①] 马蒙当政期间,行省上缴巴格达的岁入亦达4.7亿迪尔罕。[②] 塞瓦德、埃及和呼罗珊是上缴岁入数额最大的三个行省,在哈里发国家的经济生活中占有特殊的地位。岁入流向的改变反映财政权力的集中;哈里发从行省征纳的巨额岁入,奠定了哈里发集权统治的物质基础。

麦地那哈里发时代,行省总督不仅掌管征战事务,而且行使审判权力。倭马亚王朝在行省设置称作"卡迪"的法官,负责审理案件和仲裁纠纷;然而,行省法官多由总督任免,缺乏必要的独立性,无力制约总督的行为。阿拔斯王朝前期,在巴格达设立称作"卡迪·库达特"的总法官,由哈里发亲自任命,行省法官改由总法官任命,独立行使审判权力,不受总督节制。马蒙当政期间,埃及的驿政官曾经要求与法官同理案件,遭到拒绝。后者表示,没有哈里发的授意,任何人不得干预司法事务。各级法官大都由宗教学者担任,执行宗教法律。著名教法学家阿布·尤素夫(?—798年)曾经出任巴格达的第一位总法官。财政税收也是行省权力的重要内容。阿拔斯王朝前期,称作"阿米勒"的财政税收长官由巴格达任命成为定制,总督不得干预行省的财政税收事务。阿拔斯时代,行省总督不再局限于阿拉伯人,许多非阿拉伯血统的穆斯林贵族相继出任行省总督,精通政事、擅长征战和不介入教派纷争是出任总督的主要条件。哈里发在行省确立权力分割的政治原则,有效地制约着行省总督的权力扩张和地方势力的增长。不仅如此,阿拔斯王朝前期的行省总督,与倭马亚时代相比,大都任期较短。曼苏尔先后任免3位塞瓦德总督和8位埃及总督,马赫迪曾经任命11位巴士拉总督,哈伦更是任免11位塞瓦德总督、15位巴士拉总督和22位埃及总督。[③] 总督的频繁更替,有助于削弱地方势力的离心倾向,使哈里发得以强化对行省的控制,从而保证了巴格达的集权政治。

哈里发国家幅员辽阔,遥远的距离和复杂的地貌限制着巴格达与行省之间

① Levy,R., *The Social Structure of Islam*, p. 320.

② Ibn Khaldun,*The Muqaddimah*, vol. 1, p. 361,p. 365.

③ Kennedy,H., *The Early Abbasid Caliphate*, p. 118.

的联系,发达的驿政体系则是克服自然障碍和沟通各个地区的重要方式。哈里发国家的驿政制度始建于穆阿威叶当政期间。阿拔斯王朝建立后,驿政体系进一步完善,驿站遍布各地,驿道四通八达。阿拔斯王朝前期,全国共有 930 余条驿道,每年用于驿政的开支高达 16 万第纳尔。著名的呼罗珊大道从巴格达向东延伸,横穿伊朗高原,经哈马丹、尼哈温、加兹温、莱伊、内沙浦尔、突斯、木鹿、布哈拉,到达中亚的重镇撒马尔罕。另一条重要的驿道从巴格达向南延伸,经瓦西兑、巴士拉、阿瓦士,到达法尔斯省的首府设拉子。从巴格达向北延伸的驿道,经摩苏尔、奈绥宾、阿勒颇,通往北方边境各地。从巴格达向西延伸的驿道,经幼发拉底河上游重镇拉卡和叙利亚首府大马士革,通往埃及的弗斯塔特。北非的驿道从弗斯塔特向西延伸,经地中海南岸重镇的黎波里和凯鲁万,到达马格里布西端的苏斯·阿德纳。马赫迪当政期间,曾经开通横穿阿拉伯沙漠的驿道,将首都巴格达与希贾兹的两座圣城连接起来。[①]

　　四通八达的驿道具有广泛的用途,既可用于军队的调遣,亦为商队旅行和穆斯林朝觐提供便利的条件。驿使不仅传送国家公文,而且传递私人信件。东部地区的驿道大都使用马匹,西部地区的驿道多用骆驼。遇有战事或紧急情报,驿使昼夜兼程,迅速报告哈里发。行省设驿政长官,称"沙希卜·巴里德",由巴格达直接任命,不受总督节制。驿政长官的主要职责是行使监察权力,向哈里发报告各地的财政税收、农业生产和农民境况、案件的审理、钱币的发行,甚至监督军队和军事行动。[②] 曼苏尔曾说,国家依靠三大支柱,即大法官、警察总监和驿政长官,并将沙希卜·巴里德称作"哈里发的忠实奴仆"。

　　倭马亚时代,哈里发国家实行民军制度。每个穆斯林均享有领取年金的权利,亦肩负着参加圣战的义务。他们平时各司其事,战时驰骋疆场。至于阿拉伯人,可谓全民皆兵的武装民族。阿拔斯王朝前期,新式的职业化军队逐渐取代原有的民军,成为哈里发集权政治的重要工具。哈里发国家的战士来自南方阿拉伯人、北方阿拉伯人和呼罗珊人,分别组成拉比尔军、穆达尔军和呼罗珊军,其中呼罗珊军实力最强。762 年什叶派在巴士拉发动起义时,阿拔斯王朝的军队约 3 万人驻守莱伊,4 万人驻守马格里布,2.5 万人驻守拜占廷边境,2000人驻守摩苏尔,1000 人驻守库法,4000 人在麦地那与什叶派作战。据此推测,曼苏尔当政期间哈里发国家的兵员约 10 万余众。哈伦当政期间,巴尔麦克家族的法德勒·叶赫亚曾在呼罗珊征募新兵 5 万人,哈里发国家的兵员总额略有增加。阿拔斯王朝实行募兵制,士兵每月领取饷金约 80 迪尔罕。军队以骑

---

①　伊本·胡尔达兹比赫:《道里邦国志》,宋岘译,中华书局 1991 年,第 163 页。

②　Kremer, A. F., *The Orient Under the Caliphs*, pp. 229-233.

兵为主,辅以步兵,使用长矛、战斧、弯刀和弓箭等武器。军事统帅大都出自将门世家,自募军队和世袭军职者甚多,卡赫塔巴、哈基姆、穆赛雅布、马立克、奥斯曼和阿里·伊萨是在军中颇具名望的六大家族。①

毋庸置疑,阿拔斯王朝前期的哈里发国家在一定程度上沿袭波斯帝国的政治传统,尤其是广泛采用萨珊王朝的典章礼仪,带有浓厚的波斯色彩。著名的穆斯林学者宰丹甚至将从阿拔斯王朝建立到穆台瓦基勒即位期间称作波斯人的时代,强调波斯传统政治制度的主导地位。② 但是,这并非意味着"伊朗专制的复活"③,而是新的历史条件下哈里发集权统治的需要。阿拔斯王朝前期,哈里发诚然构成集权统治的化身,处于穆斯林社会结构的顶点位置。但是,在穆斯林社会中,维护伊斯兰教的利益乃是至高无上的政治准则,伊斯兰教的法律具有神圣的权威。伊斯兰教强调法律的来源在于安拉的启示,否认俗人的立法权力。即使哈里发亦不可随意立法,而必须服从沙里亚即伊斯兰教法的约束。"维持伊斯兰社会存在的基础,是共同接受沙里亚的约束。哈里发国家构成沙里亚的象征,每个信士首先是服从沙里亚而不是服从哈里发。"④当然,宗教法律的约束与政治生活的现实之间无疑存在一定的差异;神学理论并不等同于政治现实,但是毕竟影响着政治制度和政治生活。伊斯兰教的信条制约着哈里发的行为,沙里亚至少在理论上凌驾于哈里发之上,使得哈里发的集权统治往往只能局限在一定的范围。

哈里发权力的衰微

阿拔斯王朝前期,哈里发的集权统治借助于教俗合一的形式达到顶峰。自9世纪中叶起,外籍势力兴起,土著政权相继割据自立,阿拔斯哈里发的集权统治日渐衰微,教俗合一的权力体制趋于废止。809—813年哈伦之子艾敏与马蒙之间的战争,是阿拔斯王朝政治嬗变的重要分界线。呼罗珊籍的阿拉伯人和阿拉伯化的波斯人,作为阿拔斯王朝前期集权统治的军事支柱,伴随着艾敏的失败而一蹶不振。来自伊斯兰世界边缘地带的外籍新军应运而生,突厥人以及亚美尼亚人、哈扎尔人、斯拉夫人、柏柏尔人、库尔德人开始登上哈里发国家的政治舞台。

① Kennedy,H. , *The Early Abbasid Caliphate* , p. 77, p. 79.

② Jaydan,J. , *History of Islamic Civilization* , p. 142.

③ P. 希提:《阿拉伯通史》,第 341 页。

④ Lambton, A. K. S. , *State and Government in the Medieval Islam* , p. 13.

前伊斯兰时代的突厥人大都分布在阿尔泰山一带,追逐水草,牧养牲畜。倭马亚王朝哈里发韦里德当政期间,古太白·穆斯林率军越过阿姆河,占领布哈拉、撒马尔罕、费尔干纳和阿什卢沙,伊斯兰教逐渐传入突厥人地区,穆斯林与突厥人之间的贸易交往随之扩大。① 此后,突厥人常将其儿童作为贡赋上缴哈里发国家,进而逐渐流入伊斯兰世界的腹地。曼苏尔当政期间,突厥士兵开始出现于阿拔斯王朝军队的行列之中。② 然而,阿拔斯王朝前期,哈里发国家的兵源主要来自阿拉伯人和阿拉伯化的波斯人,突厥士兵为数尚少,无力涉足伊斯兰世界的权力角逐。内战以后,阿拉伯人和阿拉伯化的波斯人力量削弱,突厥士兵人数猛增,他们在哈里发国家的势力急剧膨胀。"阿拉伯人与波斯人之间的互相竞争,迫使马蒙不得不把自己的安全交付给一支奴隶军团。这些奴隶一部分是柏柏尔人,主要是突厥人。"③马蒙的御弟阿布·伊斯哈格系突厥妇女玛里达所生,具有突厥血统。"他既不相信阿拉伯人,又对波斯人存有戒心,遂试图借助游牧的突厥人。"④阿布·伊斯哈格通过伊朗东部的土著王公萨曼家族,自814年起从中亚各地的奴隶市场购买突厥男童,组建名为"马木路克"的外籍新军。⑤ "马木路克"在阿拉伯语中本意为"被拥有的人",特指来自伊斯兰世界边缘地带、奴隶出身且通常享有特权的骑兵和军事贵族。817年,阿布·伊斯哈格在平息伊拉克反叛势力的过程中,首次使用突厥士兵组成的外籍新军,战绩颇佳。⑥ 马蒙当政末期,阿布·伊斯哈格麾下的突厥士兵已经达到数千人。⑦ 正是借助于突厥新军的力量,阿布·伊斯哈格得以在马蒙死后出任哈里发,御名穆尔台绥姆(833—842年在位)。

穆尔台绥姆当政期间,继续扩大外籍新军的规模,先后购买7万名突厥奴隶充当战士。⑧ 突厥将领阿什纳斯于834年出任埃及总督,哈扎尔将领伊塔赫于839年出任也门总督,标志着来自伊斯兰世界边缘地带的外籍势力开始涉足哈里发国家的政坛。⑨ 波斯血统的著名将领阿夫辛尽管屡有战功,却因涉嫌宫

① 哈桑·穆阿尼斯:《古代中世纪的阿拉伯国家与文明》,第167页。

② Jaydan,J. , *History of Islamic Civilization*, pp.215-217.

③ C.布罗克尔曼:《伊斯兰各民族与国家史》,第157页。

④ Jaydan,J. , *History of Islamic Civilization*, p.217.

⑤ Kennedy,H. , *The Prophet and the Age of the Caliphate*, p.185.

⑥ Kennedy,H. , *The Early Abbasid Caliphate*, p.167.

⑦ Lindsay,J. E. , *Daily Life in the Medieval Islamic World*, p.70.

⑧ Ashtor,E. , *A Social and Economic History of the Near East in the Middle Ages*,Berkeley 1976, p.87.

⑨ Kennedy,H. , *The Prophet and the Age of the Caliphate*, p.161.

廷阴谋,欲立马蒙之子登基,被穆尔台绥姆打入地牢,活活饿死。[1] 836 年,穆尔台绥姆将哈里发的宫廷从巴格达迁至萨马拉。萨马拉位于巴格达西北约 120公里,地处底格里斯河东岸,正式名称是"苏拉·曼·拉阿",阿拉伯语中意为"见者喜悦",由突厥将领阿什纳斯主持营建,外籍新军大都驻扎在这里。[2] 当时的巴格达人曾对新都的名称有过幽默的解释:外籍士兵来到巴格达后,和平城变成骚乱城,他们移驻新都,巴格达恢复往日的安宁,令人皆大欢喜。在此后的半个世纪中,穆尔台绥姆和他的七位继承人均在萨马拉临朝,并在这里建造精美华丽的宫殿和清真寺。巴尔库瓦拉宫模仿古代波斯的建筑风格,其设计与泰西封的萨珊王朝宫殿颇为相似。萨马拉清真寺耗资 1500 万迪尔罕,采用砖木结构,规模宏大,可容纳万人同时礼拜,庭院中心喷泉流水,景色别致,宣礼塔模仿古巴比伦的庙塔,呈螺旋形圆柱体,分为 7 级,高 52 米,至今尚存。

外籍新军的兴起,一度为哈里发提供了强有力的统治工具。穆尔台绥姆借助于外籍新军的势力,强化了哈里发的政权,成为继马蒙之后阿拔斯王朝的又一盛世之君。佐特人祖居印度,后来迁至伊拉克南部的沼泽地带。马蒙当政期间,佐特人频繁骚乱,劫掠商队,甚至切断巴格达与巴士拉之间的交通,颇具威胁。穆尔台绥姆即位后,遣军征讨伊拉克南部,平息佐特人的骚乱,并将佐特人放逐到陶鲁斯山南侧的西里西亚。后来,佐特人流落于欧洲各地,称作吉普赛人。

阿拔斯王朝初期,胡拉米教派在阿姆河右岸的粟特发动起义,被哈里发镇压。此后,胡拉米教派传入北方的阿塞拜疆。816 年,胡拉米教派首领巴贝克在阿塞拜疆发动起义,主张平分土地、取消捐税、铲除暴虐、实现人间平等。起义声势浩大,参加者多达 30 万人,皆身着红色作为标志,故称"红衣军"。他们与拜占廷帝国缔结盟约,攻击阿拉伯人,几乎控制阿塞拜疆全境,并且波及亚美尼亚和里海南岸各地。820—827 年,马蒙多次派兵征讨,均告失败。穆尔台绥姆即位后,遣阿夫辛率军征讨,苦战 3 年,于 837 年攻陷起义者的最后据点巴兹。巴贝克逃往亚美尼亚,被土著贵族俘获,于 838 年初由阿夫辛肢解处死。巴贝克起义平定后,穆尔台绥姆出兵征讨拜占廷帝国,攻陷并洗劫拜占廷边境重镇阿摩利。[3] 征讨拜占廷帝国的胜利,使穆尔台绥姆在伊斯兰世界声威大震。

瓦西克(842—847 年在位)当政期间,外籍新军的政治势力不断扩展,逐渐威胁到哈里发的地位。穆台瓦基勒(847—861 年在位)即位以后,极力削弱外籍

---

① 艾哈迈德·爱敏:《阿拉伯伊斯兰文化史》,第 5 册,史希同译,商务印书馆 2001 年,第 5 页。

② Gordon, M. S., *The Rise of Islam*, p. 131.

③ Kennedy, H., *The Early Abbasid Caliphate*, p. 217.

新军的政治影响。在塔希尔家族的支持下,穆台瓦基勒处死权倾一时的哈扎尔将领伊塔赫,罢免重兵在握的突厥将领瓦绥夫。①同时,穆台瓦基勒在伊拉克和叙利亚等地募集兵员,组建阿拉伯新军,旨在抗衡外籍新军。穆台瓦基勒还委派其子穆恩台绥尔、穆阿亚德和穆尔台兹分别统辖埃及、叙利亚和呼罗珊诸地,加强对地方势力的控制,使哈里发得以维持较为充足的岁入来源。②857年,穆台瓦基勒曾经迁都大马士革数月,以避外籍新军的锋芒。③859年,穆台瓦基勒耗资200万第纳尔,在萨马拉附近另建新都贾法里亚,试图将外籍新军的势力排斥于宫廷政治之外。穆台瓦基勒的上述做法导致外籍新军的强烈不满。861年,穆台瓦基勒在新都贾法里亚被外籍将领谋杀。④

穆台瓦基勒是阿拔斯时代第一位死于宫廷谋杀的哈里发。穆台瓦基勒的被害,标志着哈里发与外籍新军之间矛盾的激化,权力的天平进一步向后者倾斜。穆台瓦基勒的四位继承人穆恩台绥尔(861—862年在位)、穆斯台因(862—866年在位)、穆尔台兹(866—869年在位)和穆赫台迪(869—870年在位)当政期间,外籍将领左右朝政,随意废立哈里发。穆恩台绥尔即位之初,有意委派外籍将领瓦绥夫前往叙利亚出任军职,廷臣却说:谁敢如此大胆,竟然对突厥人发号施令。⑤穆斯台因当政期间,外籍将领乌塔米什和瓦绥夫甚至出任维齐尔,统辖政务,哈里发权力旁落,形同虚设。穆斯台因曾经向廷臣询问自己的寿数,廷臣告诉他:陛下的寿数要由突厥人来决定。穆尔台兹即位后,改用文官艾哈迈德·伊斯莱尔勒出任维齐尔,继而处死外籍将领瓦绥夫和布加。869年,艾哈迈德·伊斯莱尔勒和穆尔台兹相继死于外籍将领之手。⑥

穆尔台米德(870—892年在位)当政期间,阿拔斯家族中最具实力的人物是哈里发的御弟穆瓦法克,平定赞吉的战争使穆瓦法克俨然成为哈里发国家的摄政者。所谓"赞吉"即来自东非的黑奴,阿拔斯时代他们在伊拉克南部的沼泽地带从事繁重的劳动。869年,赞吉举行起义,波斯血统的哈瓦立及派传教师阿里·穆罕默德是起义的首领,数十万人加入起义者的行列。他们洗劫巴士拉,攻陷瓦西兑,逼近巴格达。这次起义由于发生在伊斯兰世界的核心地区,对阿拔斯王朝威胁甚大。穆瓦法克受命于危难之时,倾尽哈里发国家的力量,经过长达11年的艰苦征战,于883年攻陷赞吉的大本营穆赫塔拉,斩杀阿里·穆罕

① Kennedy,H.,*The Prophet and the Age of the Caliphate*,p. 169。
② Shaban,M. A.,*Islamic History,A New Interpretation 750-1055*,p. 75.
③ 艾哈迈德·爱敏:《阿拉伯伊斯兰文化史》,第5册,第10页。
④ 泰伯里:《历代先知与君王史》,第3卷,第1452页。
⑤ 艾哈迈德·爱敏:《阿拉伯伊斯兰文化史》,第5册,第18页。
⑥ Jaydan,J.,*History of Islamic Civilization*,p. 221.

默德。^① 在此期间,穆瓦法克统辖军务,独揽朝政,声名和权势如日中天,外籍将领相形见绌,哈里发亦黯然失色。^②

892 年穆尔台米德死后,穆瓦法克之子阿布·阿拔斯即位,御名穆尔台迪德(892—902 年在位)。穆尔台迪德当政期间,哈里发离开萨马拉,移都巴格达,外籍将领的政治势力趋于削弱,维齐尔成为哈里发国家的核心人物。穆尔台迪德任命的维齐尔欧拜杜拉·苏莱曼·瓦哈布掌管税收,兼理军务。穆克台菲(902—908 年在位)当政期间,维齐尔嘎希姆·欧拜杜拉深受哈里发的倚重,统辖军政要务,权倾朝野。908 年穆克台菲死后,维齐尔阿拔斯·哈桑拥立穆克台菲的御弟贾法尔即位,是为穆格台迪尔(908—932 年在位)。此后的 16 年被史学家称作"维齐尔的时代";伊拉克商人富拉特家族和贾拉赫家族的许多成员相继出任维齐尔,权势颇大。^③ 著名教法学家麦瓦尔迪曾经将维齐尔区分为"有限权力的维齐尔"和"无限权力的维齐尔"两种类型,其中前者属于阿拔斯王朝前期哈里发集权统治的时代,后者则是 10 世纪前后哈里发国家政治生活的真实写照。

穆格台迪尔是最后一位领有伊拉克、叙利亚、埃及和伊朗西部诸地的阿拔斯王朝哈里发。932 年,将领穆尼斯在伊拉克北部的摩苏尔发动兵变,攻打首都,穆格台迪尔仓促迎战,死于巴格达城下。穆尼斯拥立穆格台迪尔的御弟穆罕默德即位,是为嘎希尔(932—934 年在位)。^④ 嘎希尔当政期间,哈里发所领有的疆域只剩下伊拉克中部一带。936 年,哈里发拉迪(934—940 年在位)正式赐封瓦西兑守将穆罕默德·拉伊克"总艾米尔"的称号,赋予他兼领艾米尔的军事权力与维齐尔的行政权力。^⑤ 总艾米尔的设置,标志着哈里发国家教俗合一权力体制的结束。此后历任哈里发仅仅被视作伊斯兰世界的宗教领袖,其原有的世俗权力丧失殆尽,因此,拉迪被后人称作阿拔斯王朝"最后的哈里发"。

伊斯兰世界的分裂:自然环境与社会背景

阿拔斯时代,伊斯兰世界疆域辽阔,哈里发国家的政治生活受自然环境影响极大。尽管驿政体系不断完善,然而距离的遥远所造成的障碍仍难以得到有

---

① Shaban, M. A. , *Islamic History, A New Interpretation 600-750* , pp. 92-93.

② Holt, P. M. , Lambton, A. K. S. & Lewis, B. , *The Cambridge History of Islam* , vol. 1A, p. 128.

③ Watt, W. M. , *The Majesty That Was Islam* , p. 157.

④ 伊本·阿希尔:《历史大全》,第 8 卷,第 179 页。

⑤ Kennedy, H. , *The Prophet and the Age of the Caliphate* , p. 197.

效的克服。据地理学家伊本·胡尔达兹比赫(? —912年)记载,在阿拔斯时代,自巴格达向西经大马士革和弗斯塔特至马格里布的首府凯鲁万共有105个驿站,自巴格达向东经莱伊和内沙浦尔至呼罗珊的首府木鹿亦有66个驿站;驿站间隔的距离通常是4—6法尔萨赫(1法尔萨赫相当于6.24公里),以普通的速度行走约需1天的时间。775年,曼苏尔在麦加附近病逝,死讯在20天后传到1500公里外的巴格达。785年,马赫迪在巴格达病逝,其子哈迪获悉哈里发的死讯并从里海南岸的朱尔占返回首都历时20余天。哈里发在巴格达颁布的命令,即使驿差昼夜兼程,亦需15天后才能传送到呼罗珊总督的驻地。813年,马蒙在木鹿宣布指定阿里·里达作为哈里发的继承人,这个消息直至3个月后才传到巴格达。①

　　由于距离的遥远,巴格达的统治者对许多地区常感鞭长莫及。自然区域的明显差异,更使统一的哈里发国家难以长久地维持下去。在阿拉伯半岛,阿拔斯王朝的权力仅仅局限于希贾兹的两座圣城和也门一带,贝都因人主宰着广袤的沙漠荒原。在亚美尼亚和阿塞拜疆,山脉纵横,土著势力大都各自为政,哈里发的统治往往形同虚设。甚至在伊斯兰世界的核心地带,伊拉克与叙利亚亦因方圆数百公里的沙漠相隔而无法形成统一的区域。在东方的呼罗珊,自然区域的差异及其影响极为明显;绿洲城市内沙浦尔、木鹿、哈拉特、巴勒黑是阿拔斯王朝统治呼罗珊的中心所在,起伏的群山则构成土著社会势力和传统政治生活得以延续的天然屏障。在埃及以西的马格里布,只有狭长的沿海平原处于哈里发的控制之下,辽阔的内陆瀚海依旧是柏柏尔人的世界;他们虽然改奉伊斯兰教,却长期抵制着阿拔斯王朝的政治权力。H.肯尼迪因此指出:"权力的中心是人口稠密的城市和定居的农业区域,群山脚下和沙漠边缘构成哈里发统治的实际界限。"②

　　在伊斯兰文明兴起的早期阶段,信仰的差异和宗教的对立不仅体现哈里发国家的政治矛盾,而且构成伊斯兰世界统一政权得以维持的重要条件。异教臣民的广泛存在,制约着穆斯林内部的矛盾冲突,进而导致穆斯林相对凝聚的社会状态。麦地那时代和倭马亚时代,哈里发国家奉行阿拉伯人与伊斯兰教合而为一的原则,非阿拉伯人尚无缘介入伊斯兰世界的权力角逐。根据相关资料的推测,倭马亚时代,除阿拉伯半岛以外,穆斯林不足哈里发国家人口的十分之一,且大都局限于城市的范围。③ 阿拔斯王朝前期,非阿拉伯血统的穆斯林初登

---

① Kennedy,H., *The Early Abbasid Caliphate*, p.33.

② 同上, p.18。

③ Hourani,A., *A History of the Arab Peoples*, p.46.

伊斯兰世界的政治舞台,不乏权势。但是,哈里发国家的伊斯兰教化此时远未完成,非穆斯林人数颇多,伊拉克人和呼罗珊人是阿拔斯王朝倚重的统治支柱,宗教矛盾依然制约着哈里发国家的政治生活。以埃及为例,哈里发国家向异教臣民征收的人丁税,穆阿威叶当政时期不少于 500 万第纳尔,哈伦·拉希德当政时期约 400 万第纳尔。[1] 9 世纪以后,异教叛乱的记载逐渐失见于史籍,信仰的差异趋于淡化。[2] 各地区的土著势力相继皈依伊斯兰教,进而涉足伊斯兰世界的政治舞台,与伊拉克人和呼罗珊人展开激烈的权力角逐。"肥沃的新月地带"不再是哈里发国家的核心区域,群雄逐鹿的多元政治格局趋于显见。穆斯林诸民族之间的对抗和伊斯兰教诸派别的差异,成为助长伊斯兰世界政治格局多元化和导致哈里发国家解体的深层社会背景。

西班牙与马格里布诸王朝

阿拔斯王朝建立以后,哈里发国家的政治重心明显东移,其与西部地区的联系随之削弱。因此,阿拔斯时代伊斯兰世界的政治分裂,首先表现为西部地区诸多独立政权的建立。

早在阿拔斯王朝初建之时,倭马亚王朝第十位哈里发希沙姆的嫡孙阿卜杜勒·拉赫曼逃脱阿拔斯人的追杀,离开叙利亚,经埃及西行,潜入马格里布。这位倭马亚家族的后裔此时一贫如洗,无依无靠,从一个部落流浪到另一个部落,从一座城市漂泊到另一座城市,饱尝苦难,历尽艰辛,于 755 年到达马格里布西端的休达。阿卜杜勒·拉赫曼由于其母是柏柏尔人,被视为具有柏柏尔血统,因此在休达受到柏柏尔人的保护。756 年,他来到伊比利亚,受到叙利亚籍阿拉伯人的拥戴,首创独立于阿拔斯王朝的伊斯兰教政权,是为后倭马亚王朝(756—1031 年)。阿卜杜勒·拉赫曼采用艾米尔的称号,在瓜达尔基维尔河畔营建新都科尔多瓦,招募 4 万柏柏尔人作为新政权的军事支柱,并于 757 年取消在星期五聚礼的呼图白中祝福巴格达哈里发的内容,以示与阿拔斯王朝分庭抗礼。倭马亚家族后裔在伊比利亚的割据自立,标志着哈里发国家与伊斯兰世界相互吻合时代的结束。761 年,曼苏尔委派阿拉伊·穆基斯出任伊比利亚总督,率军征讨阿卜杜勒·拉赫曼。763 年,阿拉伊·穆基斯兵败身亡。阿卜杜勒·拉赫曼将阿拉伊·穆基斯的头颅存放在食盐和樟脑中,连同他的印玺,遣使送交正在麦加朝觐的曼苏尔。曼苏尔曾经将阿卜杜勒·拉赫曼称作"古莱西

---

① Lombard,M. , *The Golden Age of Islam* ,North Holland 1975 , p. 22.

② Bulliet,R. W. , *Conversion to Islam in the Medieval Period* ,Harvard 1979 , p. 45.

的雄鹰",此时慨然叹道:"感谢安拉在我们与这样强悍的敌人之间安置了大海!"①

阿卜杜勒·拉赫曼三世是后倭马亚王朝的第八任艾米尔。阿卜杜勒·拉赫曼三世当政期间,后倭马亚王朝达到鼎盛状态,北起比利牛斯山区南至直布罗陀海峡尽属其地。后倭马亚王朝的舰队游弋于地中海西部水域,所向无敌。929 年,正值巴格达哈里发日暮途穷之际,阿卜杜勒·拉赫曼宣布采用哈里发的称号,自诩为"伊斯兰世界的捍卫者"②。后倭马亚王朝的首都科尔多瓦有居民数十万之众,足以与巴格达相提并论。皇城阿萨哈拉宫圆柱林立,乳石花砖铺地,殿内金碧辉煌,光彩夺目,御园万花争艳,金狮玉鸟成群,庭院清泉潺潺,瑰奇精致。科尔多瓦清真寺始建于 780 年,尖塔圆顶,气势宏伟,堪与麦加和耶路撒冷的圣寺媲美,被誉为"伊斯兰世界西部的克尔白"。

马格里布是柏柏尔人的家园。倭马亚时代,伊斯兰教传入马格里布,柏柏尔人陆续皈依,加入穆斯林的行列。然而,皈依伊斯兰教的柏柏尔人与哈里发国家的统治者之间始终存在着尖锐的矛盾,马格里布为什叶派和哈瓦立及派反对哈里发的活动提供了适宜的土壤。

伊德利斯·阿卜杜拉是什叶派伊玛目哈桑的曾孙,786 年在麦地那追随侯赛因·阿里,参加反对阿拔斯王朝的起义。起义失败以后,伊德利斯·阿卜杜拉逃往西方,来到摩洛哥北部的瓦利利,依靠柏柏尔人的支持,建立伊德利斯王朝(788—974 年),以穆莱作为首都,领有西起萨累河、东至特拉姆森的地区。是为历史上第一个以什叶派穆斯林为首领的伊斯兰教王朝。这里的柏柏尔人虽然信奉正统的伊斯兰教,却敌视巴格达的哈里发,拥戴伊德利斯·阿卜杜拉和他的后裔。伊德利斯二世当政期间,首都迁到阿特拉斯山区西部的菲斯,许多来自西班牙和希贾兹的阿拉伯人相继移至菲斯。859 年,伊德利斯王朝在菲斯兴建卡拉维因清真寺,寺内附设大学,即卡拉维因大学。卡拉维因大学是马格里布最早的高等学府,直至今日仍在伊斯兰世界享有极高的声誉。

倭马亚王朝后期,哈瓦立及派的分支苏福利叶派和伊巴迪叶派逐渐传入马格里布中部一带。哈瓦立及派强调穆斯林绝对平等和反对哈里发国家课税,在柏柏尔人中产生极大的影响。758 年,分布在的黎波里以南的柏柏尔人努弗萨部落和豪瓦拉部落追随哈瓦立及派传教师阿布·哈塔布发动起义,占据的黎波

---

① 穆罕默德·穆斯塔法·齐亚德:《阿拉伯世界的历史与文明:古代与伊斯兰时代》,第 196—197 页,第 198 页。

② 哈桑·穆阿尼斯:《古代中世纪的阿拉伯国家与文明》,第 183 页。

里和凯鲁万。761 年,哈里发曼苏尔遣穆罕默德·阿什阿斯率领呼罗珊军 4 万人攻入马格里布,阿布·哈塔布兵败身亡。此后,波斯人阿卜杜勒·拉赫曼·鲁斯塔姆偕阿布·哈塔布的残部逃入阿特拉斯山区中部,继续宣传哈瓦立及派的宗教政治思想,从者甚多。776 年,阿卜杜勒·拉赫曼·鲁斯塔姆在柏柏尔人的拥戴下建立哈瓦立及派政权鲁斯塔姆王朝(776—908 年),兴建新城提亚雷特作为首都,据有今阿尔及利亚北部一带。

761 年,阿格拉布·萨里姆和他的儿子易卜拉欣·阿格拉布随呼罗珊军来到马格里布,驻守萨布一带。800 年,哈伦任命易卜拉欣·阿格拉布为易弗里基叶总督,利用阿格拉布家族的势力遏制柏柏尔人以及哈瓦立及派和什叶派,拱卫哈里发国家的西部疆域。[①] 易卜拉欣·阿格拉布驻节凯鲁万,领有马格里布东部诸地。阿格拉布家族系阿拉伯血统,尊奉正统伊斯兰教,承认巴格达哈里发的宗主地位。此前,阿拔斯王朝每年需将 10 万迪尔罕的岁入从埃及调入易弗里基叶,用于驻军的开支。易卜拉欣·阿格拉布出任总督以后,阿拔斯王朝停止向易弗里基叶发放津贴,易卜拉欣·阿格拉布每年却向巴格达缴纳 4 万迪尔罕的贡赋。易卜拉欣·阿格拉布死于 812 年;此时正值艾敏与马蒙内战之际,哈里发无暇顾及遥远的易弗里基叶,听任易卜拉欣·阿格拉布之子阿卜杜拉·易卜拉欣承袭父位。817 年阿卜杜拉·易卜拉欣死后,其弟齐亚德·易卜拉欣继任易弗里基叶总督;此时,内战尚未终止,马蒙远在木鹿,无力干涉易弗里基叶的权位更替。阿拔斯人的内战为阿格拉布家族的兴起提供了绝好的时机,而阿格拉布王朝(800—909 年)的建立最终结束了阿拔斯王朝在埃及以西地区的统治。“他们甚至不屑于把哈里发的名字铸在钱币上,来表示宗教上的藩属关系。”[②]齐亚德·易卜拉欣当政期间,阿格拉布王朝的舰队屡屡攻袭地中海北侧地区,占领马耳他、撒丁和西西里诸岛,逼近希腊、意大利和法国南部。对地中海水域的扩张,构成阿格拉布王朝历史的辉煌一页。位于凯鲁万城中的欧格白清真寺始建于倭马亚王朝初期,820 年由齐亚德·易卜拉欣大规模扩建,其中部分设施采用伊拉克和印度的建筑材料,兼有阿拉伯和波斯的艺术风格,成为阿格拉布王朝的象征。

埃及的嬗变

在 7 世纪中叶至 9 世纪中叶的两百年间,埃及处于行省的地位,是哈里发

---

① 伊本·阿希尔:《历史大全》,第 6 卷,第 106 页。

② 希提:《阿拉伯通史》,第 538 页。

国家重要的粮食产地和税收来源,亦是伊斯兰教在北非和地中海世界得以广泛传播的重要据点。倭马亚时代,先后有 22 人作为总督统治埃及。阿拔斯王朝的最初 90 年间,更有 54 人先后出任埃及总督。历任总督大都横征暴敛,竭泽而渔。穆斯林征服初期的埃及,每费丹(1 费丹折合 6368 平方米)土地的税额仅为 1 第纳尔,阿拔斯时代普遍超过 2 第纳尔。据 868 年的纸草文书记载,每加里布(1 加里布折合 1592 平方米)的土地税高达 4 第纳尔。艾哈迈德·穆达比尔于 861 年出任埃及税收长官以后,恢复前伊斯兰时代的各种杂税,巨额的岁入流向巴格达。[①] 哈里发国家的统治和财富的外流,导致埃及经济的严重衰退。

突厥人艾哈迈德·土伦祖居中亚的费尔干纳,生于巴格达。穆尔台绥姆当政期间,艾哈迈德·土伦出任阿拔斯王朝将领,驻守北方边境的重镇塔尔苏斯。868 年起,艾哈迈德·土伦先后以突厥贵族巴亚克贝克和巴尔朱赫以及哈里发穆尔台米德之子贾法尔·穆法瓦德的名义,在埃及行使统治权力。艾哈迈德·土伦将税收长官艾哈迈德·穆达比尔逐往叙利亚,罢免驿政长官舒凯尔,并且迫使属下的臣民宣誓效忠于土伦家族,俨然成为尼罗河流域的君主。艾哈迈德·土伦购买突厥奴隶 2.4 万人和苏丹奴隶 4 万人作为战士,埃及的军事力量随之明显增强。877 年,艾哈迈德·土伦率军攻占大马士革和安条克,吞并叙利亚,进而在拜占廷边境发动圣战,声威大震。如同阿格拉布家族一样,土伦家族尊奉正统伊斯兰教,承认巴格达哈里发的宗主地位,仅仅采用艾米尔的称号。萨马拉时期阿拔斯王朝的混乱状态,特别是哈里发穆尔台米德与摄政者穆瓦法克之间的矛盾冲突,是土伦家族势力在埃及得以兴起的重要条件。882 年,穆尔台米德曾经试图自萨马拉移都叙利亚北部的拉卡,以求借助于土伦家族的势力抗衡穆瓦法克。884 年艾哈迈德·土伦死后,其子胡马拉维承袭父位。穆瓦法克虽然多次出兵征讨,均未能降服土伦家族。886 年,穆瓦法克与胡马拉维订立和约:阿拔斯王朝承认土伦家族领有埃及和叙利亚的统治权力,期限为 30 年,土伦家族每年向阿拔斯王朝缴纳 30 万第纳尔的贡赋。[②] 892 年穆尔台迪德即位以后,继续承认上述和约,胡马拉维则将女儿盖特尔·奈达嫁给哈里发,土伦家族与阿拔斯王朝结为姻亲。[③] 896 年胡马拉维死后,土伦家族势力日衰。899 年,阿拔斯王朝将土伦家族上缴贡赋的数额增至 45 万第纳尔。905 年,阿拔斯王朝的军队攻入弗斯塔特,土伦家族成员悉遭俘虏,被押往巴格达,哈里发恢复

① Holt, P. M. , Lambton, A. K. S. & Lewis, B. , *The Cambridge History of Islam*, vol. 1A, p. 177.

② 哈桑·穆阿尼斯:《古代中世纪的阿拉伯国家与文明》,第 188 页,第 190 页,第 191 页。

③ 穆罕默德·穆斯塔法·齐亚德:《阿拉伯世界的历史与文明:古代与伊斯兰时代》,第 203 页。

在埃及的统治权力。①

土伦王朝(868—905 年)统治的 37 年,是埃及历史发展的黄金时代。艾哈迈德·土伦及其后裔关注经济发展,广建水利设施,改进农作方式,使埃及在这个时期经历短暂的繁荣。埃及的岁入在艾哈迈德·穆达比尔出任税收长官期间只有 80 万第纳尔,土伦王朝时期增至 430 万第纳尔。更为重要的是,土伦王朝改变了埃及岁入的流向,使尼罗河流域的建设和发展得到充足的物质保证。弗斯塔特作为土伦王朝的首都,规模扩大,人口增多。艾哈迈德·土伦仿照萨马拉的形式,移植伊拉克的建筑风格,在弗斯塔特郊外营建新城盖塔伊尔,并于附近山岩之上构筑宫堡,可俯瞰整个市区。弗斯塔特原有阿慕尔清真寺,始建于 642 年。876—879 年间,艾哈迈德·土伦在弗斯塔特另建伊本·土伦清真寺,耗资 12 万第纳尔,其尖塔和圆顶与萨马拉清真寺如出一辙,约占《古兰经》十七分之一的经文用库法体雕刻于殿内四周,至今犹存。②

土伦王朝灭亡以后,外籍将领相继出任埃及总督。波斯血统的伊拉克人穆罕默德·阿里·穆扎拉伊垄断埃及税收,颇具权势。935 年,祖居费尔干纳的突厥将领穆罕默德·突格只出任埃及总督,将穆罕默德·阿里·穆扎拉伊垄断的税收权力据为己有,从而成为继土伦家族之后尼罗河流域的新君主。936 年,穆罕默德·突格只击败什叶派法蒂玛人对埃及的进攻,被阿拔斯哈里发赐封为伊赫希德("伊赫希德"是费尔干纳古代王公的尊号)。③ 穆罕默德·突格只模仿艾哈迈德·土伦的先例,招募突厥人和苏丹人组建新军,不仅据有尼罗河流域,而且吞并叙利亚南部的霍姆斯、大马士革、约旦、巴勒斯坦,直至将希贾兹的两座圣城置于自己的保护之下。④ 944 年,阿拔斯哈里发穆台基(940—944 年在位)将埃及正式赐封穆罕默德·突格只,期限为 30 年。穆罕默德·突格只还曾试图迎请穆台基离开巴格达,迁都弗斯塔特。946 年穆罕默德·突格只死后,努比亚血统的阉奴阿布·米斯克·卡夫尔出任摄政,辅佐穆罕默德·突格只之子乌努祖尔和阿布·哈桑,以伊赫希德家族的名义统辖军政要务长达 23 年,直至接受法蒂玛人的信仰,加入什叶派的行列。⑤ 阿布·米斯克·卡夫尔死后,穆罕默德·突格只的嫡孙阿布·福瓦斯·艾哈迈德即位,伊赫希德王朝日渐式微。⑥

---

① 哈桑·穆阿尼斯:《古代中世纪的阿拉伯国家与文明》,第 19 页。
② 穆罕默德·穆斯塔法·齐亚德:《阿拉伯世界的历史与文明:古代与伊斯兰时代》,第 202 页。
③ 哈桑·穆阿尼斯:《古代中世纪的阿拉伯国家与文明》,第 192 页,第 193 页。
④ 穆罕默德·穆斯塔法·齐亚德:《阿拉伯世界的历史与文明:古代与伊斯兰时代》,第 207 页。
⑤ 哈桑·穆阿尼斯:《古代中世纪的阿拉伯国家与文明》,第 194 页。
⑥ 穆罕默德·穆斯塔法·齐亚德:《阿拉伯世界的历史与文明:古代与伊斯兰时代》,第 208 页。

伊赫希德王朝(935—969年)时期,正值什叶派势力在伊斯兰世界空前发展的阶段。正统穆斯林与什叶派之间的激烈对抗,构成伊赫希德王朝一度强盛的社会条件。伊赫希德王朝统治下的埃及和叙利亚南部,则是抵御马格里布的什叶派政权法蒂玛王朝和叙利亚北部的什叶派政权哈姆丹王朝的进攻、拱卫正统穆斯林的宗教领袖阿拔斯哈里发的重要屏障。

893年,什叶派的分支伊斯马仪派传教师阿布·阿卜杜拉离开也门,进入北非,在易弗里基叶一带宣传该派的宗教思想,主张摧毁现存的秩序,建立公正的社会。阿布·阿卜杜拉的宣传在柏柏尔人中颇有影响,生活在卡比勒山区的柏柏尔人库塔麦部落成为伊斯马仪派的忠实信徒。[①] 不久,伊斯马仪派的首领阿卜杜拉·马赫迪离开位于叙利亚北部萨拉米叶的大本营,乔装商人潜往易弗里基叶,途中被阿格拉布王朝艾米尔捕获下狱。908年,追随伊斯马仪派的柏柏尔人在阿布·阿卜杜拉的领导下发动起义。起义者首先攻占提亚雷特,推翻哈瓦立及派政权鲁斯塔姆王朝,继而攻占凯鲁万,推翻正统伊斯兰教政权阿格拉布王朝。909年,获释出狱的赛义德·哈桑即阿卜杜拉·马赫迪在凯鲁万附近的拉盖达被起义者拥立为哈里发。阿卜杜拉·马赫迪自称是先知穆罕默德之女法蒂玛与阿里的后裔,新政权故而称作"法蒂玛王朝"(909—1171年)。920年,法蒂玛王朝从拉盖达迁都新城马赫迪叶。[②]

法蒂玛王朝不同于伊斯兰世界的其他割据政权,自建立伊始便公开反对作为正统穆斯林宗教领袖的巴格达哈里发,否认阿拔斯家族在伊斯兰世界的核心地位,其宗旨是通过武力讨伐和神学宣传的方式推翻阿拔斯王朝,征服整个伊斯兰世界。继法蒂玛王朝的统治者采用哈里发的称号之后,西班牙的后倭马亚王朝艾米尔阿卜杜勒·拉赫曼三世亦于929年改称哈里发。法蒂玛王朝崇尚白色,后倭马亚王朝崇尚绿色,阿拔斯王朝崇尚黑色,中国史书分别称之为"白衣大食"、"绿衣大食"和"黑衣大食"。[③] 法蒂玛王朝的哈里发与东方的巴格达哈里发、西方的科尔多瓦哈里发三足鼎立,分庭抗礼,标志着伊斯兰世界的进一步分裂。

法蒂玛王朝建立后,奉行领土扩张的政策,埃及是其首要的攻略目标。914年,库塔麦部落首领哈巴萨率领法蒂玛王朝的军队自易弗里基叶进攻埃及,被

---

① 哈桑·穆阿尼斯:《古代中世纪的阿拉伯国家与文明》,第203页。

② 穆罕默德·穆斯塔法·齐亚德:《阿拉伯世界的历史与文明:古代与伊斯兰时代》,第209页,第210页。

③ Ibn Khaldun, *The Muqaddimah*, vol.2, p.51.

穆尼斯率领的阿拔斯王朝军队击退。919年，法蒂玛王朝哈里发阿卜杜拉·马赫迪之子阿布·嘎希姆再次率军东征，921年亦被穆尼斯击败。935年以后，伊赫希德王朝成为阿拔斯哈里发国家的西部屏障，法蒂玛王朝被迫中止对埃及的进攻，扩张的矛头转向西方。947年，法蒂玛王朝的军队攻入奥雷山区，平息追随哈瓦立及派的柏柏尔人豪瓦拉部落的叛乱。958年，法蒂玛王朝的军队攻占阿斯特拉山区西部的菲斯，将科尔多瓦哈里发的势力逐出马格里布。与此同时，法蒂玛王朝的舰队游弋于地中海水域，袭击地中海北岸，一度攻占热那亚。969年，法蒂玛王朝大将昭海尔·绥基利率领柏柏尔人骑兵十万余众东征埃及，在吉萨附近歼灭伊赫希德王朝的军队，占领弗斯塔特，降服尼罗河流域。[①]970—972年，昭海尔·绥基利在弗斯塔特以北5公里处营建新都，取名曼苏尔城，屯驻来自易弗里基叶的柏柏尔人战士。昭海尔·绥基利还在曼苏尔城建造爱资哈尔清真寺，作为宣传伊斯马仪派思想的中心。后来，爱资哈尔清真寺逐渐取代弗斯塔特的阿慕尔清真寺和伊本·土伦清真寺，成为埃及伊斯兰教的象征。972年，哈里发穆仪兹从马赫迪叶迁都曼苏尔城，并将曼苏尔城更名为"嘎希赖"（阿拉伯语"常胜"一词的音译，西方人讹称之为"开罗"），埃及遂成为法蒂玛王朝的统治中心。[②]

叙利亚与埃及素来唇齿相依，既是拱卫尼罗河流域的战略屏障，亦是法蒂玛王朝东征巴格达哈里发的必经地区。然而，此时叙利亚的形势极为复杂，什叶派的分支卡尔马特派以及贝都因人诸部落在叙利亚颇具势力，法蒂玛王朝对叙利亚的征服经历了十分漫长和曲折的过程。昭海尔·绥基利征服埃及之后，曾派柏柏尔人库塔麦部落的将领贾法尔·法拉赫率军进攻叙利亚，占领拉姆拉和大马士革。不久，卡尔马特派击败贾法尔·法拉赫的军队，夺回叙利亚南部，继而攻入埃及。971年，昭海尔·绥基利在艾因·舍姆斯击败卡尔马特派。974年，卡尔马特派再度从叙利亚攻入埃及，被法蒂玛王朝军队击败；哈里发穆仪兹在盛怒之下，将卡尔马特派的1500名战俘处死于开罗。975年，来自伊拉克的突厥将领阿勒普特金占据叙利亚南部，威胁埃及。法蒂玛哈里发阿齐兹起用老将昭海尔·绥基利统兵征讨。阿勒普特金与卡尔马特派联手应战，击败法蒂玛王朝的军队，将昭海尔·绥基利围困在加沙附近的阿斯卡伦。978年，法蒂玛王朝再度出兵叙利亚，降服阿勒普特金，将卡尔马特派逐往巴林，控制叙利亚南部。991年以后，法蒂玛王朝向叙利亚北部发动一系列攻势，并与拜占廷军队屡屡交锋。1003年，法蒂玛王朝攻占阿勒颇，灭亡贝都因人政权哈姆丹王朝，叙利

---

① 哈桑·穆阿尼斯：《古代中世纪的阿拉伯国家与文明》，第203页。

② 穆罕默德·穆斯塔法·齐亚德：《阿拉伯世界的历史与文明：古代与伊斯兰时代》，第210页。

亚全境尽属其地。

法蒂玛王朝不仅致力于军事扩张,而且派出众多的传教师进入拥戴阿拔斯哈里发的各个地区,直至遥远的中亚和阿富汗一带,宣传伊斯马仪派的宗教学说。10世纪末至11世纪初,法蒂玛王朝处于鼎盛状态,从大西洋沿岸到幼发拉底河上游和阿拉伯半岛,几乎所有的穆斯林都在星期五聚礼的呼图白中为开罗的法蒂玛哈里发祝福。尊奉什叶派的突厥将领巴萨希尔当政时期,甚至巴格达和巴士拉的部分清真寺亦在星期五聚礼的呼图白中祝福开罗的法蒂玛哈里发。[①] 法蒂玛王朝的哈里发肩负着对拜占廷帝国圣战的重任,保护着希贾兹的两座圣城,巴格达哈里发和科尔多瓦哈里发的权威相比之下黯然失色。阿齐兹甚至耗资200万第纳尔,在开罗建造一处宫殿,待征服巴格达以后用来安置阿巴斯王朝的皇室成员,勃勃野心,昭然若揭。尽管如此,法蒂玛王朝统治时期,伊斯马仪派并未成为埃及穆斯林的民众信仰,局限于宫廷的范围。[②]

法蒂玛王朝兴起于马格里布地区,易弗里基叶一带的柏柏尔人是法蒂玛王朝初期的主要支柱。然而,自从哈里发穆仪兹迁都开罗以后,法蒂玛王朝重心东移,马格里布逐渐丧失了原有的地位,其与法蒂玛哈里发的联系日益松弛。972年,穆仪兹在离开旧都马赫迪叶的时候,委派柏柏尔人桑哈贾部落齐里族的首领尤素夫·布鲁丁出任易弗里基叶总督。992年,哈里发阿齐兹赐封尤素夫·布鲁丁之子巴迪斯承袭父职,继续治理易弗里基叶,是为齐里王朝。1048年,齐里王朝停止向开罗缴纳贡赋,确定正统伊斯兰教作为官方信仰,尊崇巴格达哈里发作为宗教领袖,排斥伊斯马仪派。1071年,来自北欧的诺曼人攻占西西里岛,法蒂玛王朝在地中海水域的霸权不复存在。在叙利亚,贝都因人势力日渐复兴,塞尔柱人的出现尤其威胁着法蒂玛王朝在叙利亚的统治。在希贾兹,麦加和麦地那两座圣城逐渐背离法蒂玛王朝,转向巴格达的哈里发。在埃及,柏柏尔人、突厥人和苏丹人相互倾轧,内讧不止,国家政权几近瘫痪。

1073年,哈里发穆斯坦绥尔起用驻守阿克的亚美尼亚籍将领白德尔·贾马利出任维齐尔和总艾米尔,统辖军政要务。白德尔·贾马利入主开罗,使法蒂玛王朝的政局有所好转,并且在一定程度上缓解了财政的危机。在初步稳定埃及的基础之上,白德尔·贾马利一度出兵东征,讨伐叙利亚和希贾兹,试图收复法蒂玛王朝的失地。[③] 1094年,白德尔·贾马利和穆斯坦绥尔相继死去。白德尔·贾马利之子阿弗德勒承袭父职,拥立穆斯坦绥尔的幼子尼扎尔即位,是为

---

① 穆罕默德·穆斯塔法·齐亚德:《阿拉伯世界的历史与文明:古代与伊斯兰时代》,第211页。

② Hourani, A., *A History of the Arab Peoples*, p.41.

③ 哈桑·穆阿尼斯:《古代中世纪的阿拉伯国家与文明》,第204页。

穆斯台尔里。此后,法蒂玛王朝急剧衰落,叙利亚、希贾兹和马格里布尽丧他人之手,哈里发大权旁落,形同虚设,埃及境外的伊斯马仪派甚至拒绝承认穆斯台尔里出任哈里发的合法地位,断绝与开罗之间的宗教联系。① 12 世纪中叶,法蒂玛哈里发的权力仅仅局限于宫廷之内。

1153 年,十字军经地中海进攻埃及。法蒂玛王朝无力抵御十字军的攻势,遂向叙利亚北部的塞尔柱突厥人政权赞吉王朝求援。1164 年,赞吉王朝的库尔德族将领希尔库率军救援埃及,击退十字军。1169 年,法蒂玛王朝哈里发阿迪德赐封希尔库为维齐尔,统领埃及的军政要务。希尔库死后,其侄萨拉丁·尤素夫·阿尤布(即萨拉丁)继任维齐尔。1171 年,萨拉丁下令埃及的穆斯林在星期五聚礼中停止祝福法蒂玛王朝的哈里发,代之以祝福阿拔斯王朝哈里发,标志法蒂玛王朝的寿终正寝和阿尤布王朝的建立。②

萨拉丁尊奉正统伊斯兰教,承认阿拔斯王朝哈里发作为全体穆斯林的宗教领袖。随着法蒂玛王朝的灭亡,伊斯马仪派在埃及日渐衰落。1175 年,萨拉丁接受阿拔斯王朝哈里发穆斯塔迪尔的册封,获得苏丹的称号,阿拔斯王朝哈里发承认萨拉丁在埃及、叙利亚、希贾兹、马格里布和努比亚的统治权力。1185 年,萨拉丁攻占摩苏尔,控制两河流域上游。

阿尤布王朝(1171—1250 年)统治时期正值十字军东征的鼎盛阶段,穆斯林与基督徒之间的战争贯穿阿尤布王朝的始终。1187 年,萨拉丁率军 6 万人从埃及进入巴勒斯坦,与十字军交战于加列利湖西侧的赫淀;耶路撒冷国王库伊率领的 2 万人全军覆没,地中海东岸的十字军精锐力量丧失殆尽。赫淀战役后,萨拉丁的军队连克贝鲁特、西顿、阿克、凯撒利亚、雅法、阿斯卡伦诸城,收复耶路撒冷,十字军被迫龟缩于沿海的安条克、提尔和的黎波里。③

萨拉丁收复耶路撒冷,震动欧洲基督教世界。德皇红胡子腓特烈、英王狮心王理查和法王腓力·奥古斯都发动第三次十字军东征,1191 年占领阿克。此后,十字军攻势受阻,遂与萨拉丁缔约休战。根据休战协议,十字军保有从提尔到雅法的沿海地带,同时承认萨拉丁在叙利亚内地和耶路撒冷的统治权力,穆斯林允许基督徒崇拜耶路撒冷圣地。

1193 年,萨拉丁病逝于大马士革。萨拉丁死后,阿尤布王朝发生内讧,萨拉丁之弟阿迪勒占据两河流域上游,萨拉丁之子阿齐兹占据开罗和埃及,萨拉丁

---

① 穆罕默德·穆斯塔法·齐亚德:《阿拉伯世界的历史与文明:古代与伊斯兰时代》,第 215 页。

② 同上,第 217 页。

③ 同上,第 250—251 页。

之子马立克占据大马士革和叙利亚南部,萨拉丁之子扎希尔占据阿勒颇和叙利亚北部。1199 年,阿迪勒兼并叙利亚,大体恢复阿尤布王朝的原有疆域。1218年阿迪勒死后,其子卡米勒继任苏丹,领有埃及,叙利亚则由阿迪勒其他诸子占据。1219 年,十字军攻占尼罗河入海口的迪米耶塔,进而向埃及内陆发动攻势。1221 年,阿尤布王朝反攻,收复迪米耶塔,迫使十字军撤出埃及。苏丹萨利赫当政期间,突厥将领伯拜尔斯率领阿尤布王朝军队进入巴勒斯坦,收复耶路撒冷和阿斯卡伦。1249 年,法王路易九世率领十字军再次攻入埃及,占领迪米耶塔,进军开罗。正值此时,苏丹萨利赫病逝,其子突兰沙即位,旋即击败十字军,俘法王路易九世,将十字军逐出埃及。1250 年,苏丹突兰沙遇害身亡,其母舍哲尔·杜尔自称埃及女王,统治开罗 80 天。随后,舍哲尔·杜尔与突厥将领艾伊贝克成婚,由艾伊贝克出任苏丹。[1] 阿尤布王朝结束,埃及进入马木路克王朝时期。

马木路克王朝(1250—1517 年)是外籍将领在埃及建立的寡头政权,大体分为两个阶段。阿尤布王朝苏丹萨利赫当政期间,招募突厥和蒙古人组成禁卫军,驻守尼罗河的罗德岛,名为"伯海里"(意为"河洲")系马木路克;1250—1382年统治埃及的 24 个苏丹均来自伯海里系马木路克。马木路克王朝苏丹盖拉温当政期间,招募塞加西亚人组成禁卫军,驻守开罗城堡,名为"布尔吉"(意为"城堡")系马木路克;1382—1517 年统治埃及的 23 个马木路克均属布尔吉系马木路克。[2]

马木路克王朝尊奉逊尼派伊斯兰教,承认阿拔斯王朝哈里发作为全体穆斯林的宗教领袖,接受哈里发的赐封。1258 年蒙古军攻陷巴格达以后,阿拔斯家族后裔阿布·嘎希姆逃往大马士革。马木路克苏丹伯拜尔斯于 1260 年将阿布·嘎希姆迎往开罗就任哈里发,尊称阿布·嘎希姆为穆斯坦绥尔,并从新的哈里发获得统治埃及、叙利亚、两河流域上游和希贾兹的权力册封。尽管这样的册封有名无实,然而伯拜尔斯在整个伊斯兰世界的地位却因此明显提高。伯拜尔斯拥立哈里发的做法为后来的马木路克苏丹继承下来;1260—1517 年间,开罗的马木路克先后拥立 16 位哈里发。马木路克王朝时期,哈里发形同虚设,主要职责是为新的苏丹主持就职仪式。另一方面,开罗俨然成为伊斯兰世界的权力中心;穆斯林统治者从四面八方来到开罗,谒见马木路克控制下的哈里发,

① 穆罕默德·穆斯塔法·齐亚德:《阿拉伯世界的历史与文明:古代与伊斯兰时代》,第 222—223 页。

② 同上,第 225 页。

接受哈里发的册封。①

马木路克王朝缺乏明确的权位继承制度，禁卫军将领相互倾轧，轮流操纵政局，苏丹的更替十分频繁。布尔吉系马木路克时期，废除家族世袭制度，历代苏丹中父死子继者为数甚少，出任苏丹者必须获得较多将领的支持。与此同时，苏丹的权力范围不断缩小，国家权力的分割日益加剧，马木路克王朝前后历经47位苏丹，每位苏丹的平均在位时间不足6年。

马木路克王朝最著名的苏丹是伯拜尔斯。伯拜尔斯当政期间，正值蒙古西征的高潮。1258年蒙古军占领巴格达后，越过幼发拉底河，进入叙利亚，接连攻陷阿勒颇、大马士革、纳布卢斯、加沙，逼近埃及。1260年，苏丹库图兹携禁卫军将领伯拜尔斯率领马木路克军队自埃及进入叙利亚，在约旦河左岸的艾因·扎鲁特击败蒙古军，蒙古军统帅怯的不花阵亡。② 蒙古大汗忽必烈即位后，无暇西顾，放弃进攻马木路克王朝，从叙利亚撤出蒙古军，叙利亚成为马木路克王朝的辖地。艾因·扎鲁特战役之后，伯拜尔斯杀死库图兹，被马木路克拥立为苏丹。伯拜尔斯即位后，在地中海东岸发动攻势，屡败十字军，夺取卡拉克、凯撒利亚、萨法德、安条克诸地。与此同时，伯拜尔斯的马木路克军队在非洲扩张领土，征服埃及西侧的利比亚和南侧的努比亚。如同萨拉丁被誉为阿尤布王朝的奠基人，伯拜尔斯的统治奠定了马木路克王朝的基础。

马木路克王朝苏丹盖拉温当政期间，对十字军发动新的攻势，夺取麦尔盖卜和的黎波里，围困阿克。1290年苏丹艾什拉弗即位后，攻陷阿克、提尔、西顿、贝鲁特、塔尔图斯，收复十字军在地中海东岸占领的全部土地。此后一个世纪，马木路克王朝战事减少，埃及和叙利亚诸地的局势相对稳定。14世纪末，帖木尔帝国兴起，屡次攻入叙利亚，威胁埃及。1348年，鼠疫从欧洲传入埃及，尼罗河流域人口锐减。1498年，达·伽马的船队沿非洲西岸经过好望角到达印度洋，开辟东西方之间新的贸易航线，进而对马木路克王朝的统治产生深远的影响。

东部的分裂

艾敏与马蒙之间的内战不仅助长了伊斯兰世界西部的离心倾向，而且在伊斯兰世界的东部埋下了政治分裂的隐患。塔希尔人的兴起，首开扎格罗斯山以

---

① 穆罕默德·穆斯塔法·齐亚德：《阿拉伯世界的历史与文明：古代与伊斯兰时代》，第231页，第233页。

② 同上，第266页。

东地区政治分裂的先例。塔希尔人具有阿拉伯血统。倭马亚时代末期,塔希尔家族的先祖鲁扎克来到呼罗珊,定居在哈拉特附近的布尚,成为波斯化的阿拉伯人。[1] 鲁扎克之子穆萨布曾经参加阿拔斯派在呼罗珊发动的起义,并在阿拔斯王朝建立后出任哈拉特长官。内战期间,塔希尔·侯赛因追随马蒙,屡立战功,受封为"祖勒·叶米奈因"(阿拉伯语中意为"两手俱利者")。[2] 820 年,塔希尔·侯赛因被马蒙任命为呼罗珊总督,驻节木鹿,统辖扎格罗斯山以东诸地,塔希尔王朝(820—873 年)由此始露端倪。822 年,塔希尔·侯赛因下令在星期五聚礼的呼图白中取消祝福巴格达哈里发的内容,并在所铸的钱币中删除哈里发的尊号。[3] 尽管如此,塔希尔人作为阿拔斯王朝的藩属,与巴格达哈里发仍保持良好的合作关系,缴纳贡赋。塔希尔·侯赛因死后,其子泰勒哈·塔希尔和阿卜杜拉·塔希尔相继承袭父职,并深得马蒙的宠信。830 年,塔希尔王朝的驻节地自木鹿移至内沙浦尔。阿拔斯王朝移都萨马拉期间,塔希尔人受命兼领巴格达治安长官,被哈里发视为制约外籍将领的重要势力。[4] 849 年,在穆台瓦基勒的授意下,塔希尔人在巴格达处死了颇具权势的外籍将领伊塔赫。

9 世纪后期,萨法尔王朝(867—900 年)崛起于伊朗高原东南部的锡斯坦,波斯人称雄一时,伊斯兰世界东部的政治分裂明显加剧。锡斯坦地处伊斯兰世界的边陲,自倭马亚时代起便是反叛者避难的场所,哈瓦立及派的势力尤为强大。萨法尔王朝的创立者叶尔孤卜·莱伊斯系波斯血统,出身盗匪。852 年,叶尔孤卜·莱伊斯携三个兄弟参与征讨哈瓦立及派,从此发迹。861 年,叶尔孤卜·莱伊斯由于在平息哈瓦立及派的战事中功勋卓著,升任布斯特驻军将领。867 年,叶尔孤卜·莱伊斯占据锡斯坦全境,自立为艾米尔,都于疾陵,建立萨法尔王朝。[5] 此后,萨法尔王朝大举东进,占领莫克兰、俾路支和信德诸地。在北方,萨法尔王朝的军队攻占喀布尔和巴勒黑,深入粟特一带。873 年,叶尔孤卜·莱伊斯率军攻占内沙浦尔,俘塔希尔王朝末代艾米尔穆罕默德·阿布·塔希尔,结束塔希尔人在呼罗珊长达五十余年的统治,进而兵抵里海南岸。875 年,叶尔孤卜·莱伊斯发动西征,矛头直指阿拔斯王朝。萨法尔王朝的军队经法尔斯和胡齐斯坦两省,攻入伊拉克,兵抵巴格达附近的达尔·阿古勒时受阻,随即被阿拔斯王朝的摄政者穆瓦法克击败。879 年,叶尔孤卜·莱伊斯在胡齐

---

① Kennedy,H. , *The Early Abbasid Caliphate* , p. 138.

② 泰伯里:《历代先知与君王史》,第 3 卷,第 829 页。

③ 伊本·阿希尔:《历史大全》,第 6 卷,第 255 页,第 270 页。

④ Frye,R. N. , *The Golden Age of Persia ,the Arabs in the East* , London 1975, pp. 190-191.

⑤ 伊本·阿希尔:《历史大全》,第 7 卷,第 124—125 页。

斯坦的军迪沙普尔病亡,其弟阿慕尔·莱伊斯承袭兄职,据有伊朗高原南部。阿慕尔·莱伊斯尊奉正统伊斯兰教,向巴格达缴纳岁贡,接受阿拔斯王朝的赐封,但却在星期五聚礼的呼图白中取消祝福哈里发的内容,甚至自称信士的长官。900 年,阿慕尔·莱伊斯在巴勒黑附近与萨曼王朝交战,兵败被俘,后被哈里发处死于巴格达。① 萨法尔王朝灭亡。

继萨法尔王朝之后兴起于伊斯兰世界东部的政治势力,是波斯贵族建立的萨曼王朝(874—999 年)。与盗匪出身的萨法尔人不同,萨曼人系波斯王公的后裔。萨曼家族的先祖萨曼·胡达特原是巴勒黑的琐罗亚斯德教贵族,倭马亚王朝哈里发希沙姆当政期间改奉伊斯兰教。② 阿拔斯王朝初期,阿萨德·萨曼效力于巴格达哈里发。其子艾哈迈德兄弟四人曾经协助阿拔斯王朝平息拉菲·莱斯的反叛,于 819 年分别被马蒙赐封为撒马尔罕、费尔干纳、哈拉特和沙什的驻军将领,隶属塔希尔人节制。③ 塔希尔王朝灭亡后,哈里发穆尔台米德于 874 年将粟特一带赐予艾哈迈德之子纳绥尔,是为萨曼王朝的开端。④ 892 年,纳绥尔之弟伊斯马仪僭夺兄位,自称艾米尔,都于布哈拉,继而击败萨法尔王朝。913—943 年纳绥尔二世当政期间,萨曼王朝的势力达到顶峰,北起咸海、南至波斯湾、西起里海南岸、东至怛罗斯的广大地区,皆被纳入萨曼王朝的版图。萨曼王朝尊奉正统伊斯兰教,承认阿拔斯哈里发的宗主地位,向巴格达缴纳岁贡。"在阿拔斯王朝各位哈里发看来,这个王朝的成员是些艾米尔,甚至是些阿米勒。但是,在他们的领地之内,他们拥有绝对的权力。"⑤

从萨珊王朝灭亡到萨曼王朝建立的 3 个世纪中,在阿拉伯人的统治下,阿拉伯语作为官方语言盛行于伊朗高原,波斯学者使用阿拉伯语撰写的著作汗牛充栋,波斯语作品却寥寥无几,波斯传统文化濒临绝迹的边缘。萨曼王朝时期,布哈拉和撒马尔罕成为伊斯兰世界东部的两个主要的文化中心,波斯文化在历经 3 个世纪的衰落之后渐趋复兴。萨曼王朝在保留阿拉伯语作为官方语言的同时,规定采用阿拉伯字母作为书写形式的新波斯语亦为官方语言,并予以推广。⑥ 纳绥尔二世当政期间,塔吉克血统的诗人鲁达基(? —940 年)在布哈拉

① Lombard, M., *The Golden Age of Persia*, pp. 194-196.

② Lombard, M., *The Golden Age of Islam*, p. 46.

③ 同上, p. 46.

④ Lombard, M., *The Golden Age of Persia*, p. 200.

⑤ P. 希提:《阿拉伯通史》,第 551—552 页。

⑥ Holt, P. M., Lambton, A. K. S. & Lewis, B., *The Cambridge History of Islam*, vol. 1A, p. 145.

极负盛名,被誉为"波斯语诗歌之父",他使用波斯语创作大量诗歌,体裁多样,形式完美,其中千余首两行诗至今仍脍炙人口。继鲁达基之后,出生于突斯的呼罗珊人费尔多西(940—1020年)使用波斯语创作史诗"王书",记述古代波斯王公的政绩,洋洋万言,情节生动曲折,人物栩栩如生,堪称千古佳作。[①] 萨曼王朝时期值得提及的另一重要的历史内容,是伊斯兰教在中亚诸地的广泛传播。中亚是突厥人的家园,原本盛行佛教。自倭马亚时代起,中亚开始成为哈里发国家的属地,然而皈依伊斯兰教的突厥人寥寥无几。萨曼王朝建立后,在中亚诸地极力传播伊斯兰教,突厥人纷纷加入穆斯林的行列。北方的拜占廷边境和东方的中亚诸地,曾经均为穆斯林发动圣战的前沿。萨曼王朝时期,突厥人相继皈依伊斯兰教,使穆斯林在中亚的圣战成为非法的行为,圣战者人数锐减,萨曼王朝的东部随之丧失应有的防御,门户顿开。突厥人改奉伊斯兰教以后,逐渐形成难以遏制的西进浪潮。[②]

萨曼王朝末期,突厥将领阿勒普特金出任呼罗珊总督,后因失宠,于962年逃往阿富汗东部山区,占据加兹尼城,自立为艾米尔,建立加兹尼王朝(962—1186年)。976年阿勒普特金死后,其婿苏卜克特金承袭加兹尼王朝的统治权力,拓展疆域,攻占锡斯坦,夺取喀布尔和白沙瓦。苏卜克特金是加兹尼王朝的真正奠基人,继苏卜克特金之后加兹尼王朝的历任统治者皆为其直系后裔。苏卜克特金之子马哈茂德当政期间,加兹尼王朝国势极盛。马哈茂德曾于994年接受萨曼王朝的赐封,出任呼罗珊总督,998年承袭父位。999年,马哈茂德联合回鹘人政权喀喇汗王朝,夹击布哈拉,灭亡萨曼王朝,并以阿姆河为界与喀喇汗王朝瓜分萨曼王朝的辖地。1006年,马哈茂德在巴勒黑击败喀喇汗王朝,进而夺取花拉子模。1029年,马哈茂德攻陷莱伊,占领伊朗西部诸地。马哈茂德不仅在伊斯兰世界东部横扫千军,而且以雷霆之势南下印度。1014年,马哈茂德攻占印度教圣地萨奈沙,洗劫著名的查克拉斯瓦明神庙。1019年,马哈茂德攻占恒河平原的政治中心曲女城,将这座历时四百余年的古都夷为平地。1025年,马哈茂德攻占印度西海岸的卡提阿瓦半岛。位于卡提阿瓦半岛的索姆那特神庙是印度教徒朝拜的圣地,供奉印度教三主神中的湿婆神,并且藏有巨额财富。马哈茂德将索姆那特神庙洗劫一空,所藏财宝被悉数运往加兹尼。相传,马哈茂德用来运送这批财宝的骆驼多达四万余峰。在马哈茂德远征印度之前,

---

① Hourani, A. , *A History of the Arab Peoples*, p. 87.

② Holt, P. M. , Lambton, A. K. S. & Lewis, B. , *The Cambridge History of Islam*, vol. 1A, p. 147.

什叶派的分支卡尔马特派穆斯林曾经在印度河流域的木尔坦一带建立两个小的伊斯兰教政权,然而影响甚微。加兹尼王朝的征略,打开了穆斯林冲击印度的门户,尤其是奠定了印度西北部地区伊斯兰教化的基础。马哈茂德因此在伊斯兰世界声威大震,成为穆斯林仰慕的英雄,在伊斯兰史上首次获得"加齐"(意为"征战者")的桂冠,并被哈里发嘎迪尔赐封为"雅敏·道莱"的称号。[①]

马哈茂德不仅武功盖世,其文治亦颇负盛名。马哈茂德当政期间,沿袭波斯的政治传统和萨曼王朝的统治制度,招募突厥人及波斯人、阿拉伯人组建庞大的军队,实行集权统治,积极兴修水利,垦殖荒地,发展农业,奖励工商业。在此基础之上,马哈茂德大力倡导和支持文化活动,广招天下文人墨客于加兹尼王朝的宫廷。许多学者在马哈茂德的庇护下潜心创作,著述颇丰。突厥血统的地理学家比鲁尼多次随马哈茂德南下印度,并在那里留居数年,考察旅行,所著《印度志》一书首次将印度的文化和风土民俗展现于伊斯兰世界。波斯诗人费尔多西曾经将其史诗巨著《王书》题赠马哈茂德,以求博得马哈茂德的赏识。马哈茂德还在首都加兹尼城建造规模宏大的清真寺以及学校、图书馆、天文台等设施,使加兹尼城成为当时伊斯兰世界东部最重要的文化中心。

1030 年马哈茂德死后,其子麦斯欧德继承父位,加兹尼王朝趋于分裂,国势急剧衰微。1037 年,突厥血统的塞尔柱人攻占木鹿和内沙浦尔。1040 年,加兹尼王朝的军队在木鹿附近的丹丹坎败于塞尔柱人,遂被逐出呼罗珊。1149 年,突厥血统的古尔人攻占加兹尼城,加兹尼王朝迁都拉合尔,辖地仅及旁遮普一带。1186 年,古尔人攻占拉合尔,加兹尼王朝末代艾米尔胡斯罗沙兵败被俘,加兹尼王朝灭亡。

白益王公的统治

穆斯林的政治分裂,开始于伊斯兰世界的东西两端,逐渐波及哈里发国家的腹地。民族对抗与教派冲突错综交织,狼烟四起,群雄并立。正值阿拔斯王朝苟延残喘、巴格达哈里发奄奄一息之际,白益家族异军突起,犹如利剑一般,刺向哈里发国家的心脏。

白益家族属于波斯血统的德拉姆部落,祖居厄尔布尔士山与里海之间,以务农为业。厄尔布尔士山耸立在伊朗高原的北侧,成为天然的屏障,阻挡外部

---

① Watt, W. M., *The Majesty That Was Islam*, pp. 203-205.

势力对里海南岸的冲击。德拉姆人安守故土,似乎已被喧嚣的世界遗忘。[1] 786年,阿里家族的追随者在麦地那发动起义,被阿拔斯王朝镇压,什叶派伊玛目哈桑的曾孙叶赫亚·阿卜杜拉逃离希贾兹,越过厄尔布尔士山,潜入里海南岸,进行秘密的神学宣传。此后,德拉姆人逐渐皈依伊斯兰教,加入什叶派穆斯林的行列。927 年,德拉姆人首领麦尔达维只·齐亚尔率众越过厄尔布尔士山,占领伊朗西部的吉巴勒省。据说,麦尔达维只·齐亚尔声称:欲重建波斯人的王朝,推翻阿拉伯人的江山。[2] 此后,白益家族成为德拉姆人的核心势力。933 年,白益家族首领阿里向南扩张,占领法尔斯。935 年,阿里的兄弟哈桑击败麦尔达维只·齐亚尔的继承人乌什姆吉尔,成为吉巴勒的统治者。945 年,阿里的另一兄弟艾哈迈德挥师西进,入主巴格达,被哈里发穆斯台克菲(945—946 年在位)赐封为总艾米尔,领有伊拉克。946 年,艾哈迈德废黜穆斯台克菲,立穆帖仪为哈里发。穆帖仪(946—974 年在位)即位后,赐封艾哈迈德为"穆仪兹·道莱"(意为"国家的保护者"),阿里为"伊玛德·道莱"(意为"国家的基石"),哈桑为"卢克尼·道莱"(意为"国家的支柱")。艾哈迈德、阿里和哈桑兄弟三人分别据有伊拉克、法尔斯和吉巴勒,形成白益家族三足鼎立的政治格局。[3]

白益家族称雄伊斯兰世界的腹地,长达一个世纪之久。此间,巴格达的哈里发成为白益王公任意摆布的玩偶,往日君临天下、号令四方的威风荡然无存。穆帖仪曾经表示:我除了在聚礼日发表演说外,已经一无所有;如果你们高兴,我愿意辞去哈里发的职务。[4] 然而,白益家族并没有建立统一的王朝,分别据有伊拉克、法尔斯和吉巴勒的白益王公各自为政,甚至相互攻杀。阿里是白益家族政权的开创者,采用"沙汗沙"(意为"诸王之王")的称号,其辖地法尔斯是白益家族的重心所在。阿里之子"阿杜德·道莱"(意为"国家的股肱")当政期间,是法尔斯历史上的黄金时代。水利设施的广泛兴建保证了农业的繁荣,商业贸易尤为发展。法尔斯的港口城市西拉夫在这个时期取代伊拉克的巴士拉,成为波斯湾地区最重要的贸易中心。阿杜德·道莱的驻节地设拉子规模扩大,人口增加,商贾辐辏,市井繁荣,令巴格达相形见绌。978 年,阿杜德·道莱击败艾哈迈德之子巴赫提亚尔,兼并伊拉克,并且一度控制吉巴勒,白益家族的政治发展达到巅峰状态。[5]

① Holt,P. M. , Lambton, A. K. S. & Lewis, B. , *The Cambridge History of Islam*, vol. 1A, p. 143.

② 艾哈迈德·爱敏:《阿拉伯伊斯兰文化史》,第 5 册,第 47 页。

③ Mez,A. , *The Renaissance of Islam*,Patna 1937, pp. 22-23.

④ 艾哈迈德·爱敏:《阿拉伯伊斯兰文化史》,第 5 册,第 49 页。

⑤ Mez,A. , *The Renaissance of Islam*, pp. 24-25.

白益王公统治时期，伊拉克不再是伊斯兰世界的政治中心，而且社会经济严重衰退。尽管如此，巴格达作为哈里发宫廷的所在地，在穆斯林的宗教生活领域仍然占据着举足轻重的位置。伊斯兰世界尽管已经四分五裂，正统的穆斯林却始终将巴格达的哈里发视作无可争辩的宗教领袖。然而，白益家族自从皈依伊斯兰教以后，尊崇什叶派的宗教学说。在白益王公的保护下，什叶派伊斯兰教空前发展，众多的什叶派学者从各地汇聚于巴格达，底格里斯河西岸的卡尔赫区成为什叶派穆斯林的重要据点。波斯血统的穆罕默德·库莱尼和阿拉伯血统的穆菲德相继在巴格达著书立说，系统阐述什叶派的宗教思想，奠定了什叶派的主体十二伊玛目派神学理论的基础。艾哈迈德人主巴格达以后，将谴责阿布·伯克尔和欧默尔、哀悼侯赛因遇难的阿舒拉日、庆贺先知穆罕默德指定阿里作为继承人的所谓授职节、朝拜阿里家族成员的陵墓等诸多活动，作为什叶派宗教仪式的重要内容，从而使什叶派穆斯林与正统穆斯林之间形成分明的界限。

库尔德人与贝都因人

库尔德人祖居扎格罗斯山区和摩苏尔以北的高地，具有不同于阿拉伯人和波斯人的独特语言和文化传统。库尔德人除少数的定居者外，大多以牧羊为生，追逐水草，居无定所。10 世纪的地理学家伊本·豪卡勒曾经将库尔德人称作波斯的贝都因人。自 9 世纪起，库尔德人逐渐摆脱野蛮状态，皈依伊斯兰教，进而开始涉足伊斯兰世界的政治舞台。白益王公统治时期，哈里发国家的腹地群雄逐鹿，政局动荡。库尔德人趁机扩展势力，占据扎格罗斯山区，掠夺周围的定居者，一度控制阿塞拜疆和安纳托利亚高原东南部，逼近摩苏尔和哈马丹，颇具威胁。[①]

贝都因人即游牧的阿拉伯人，他们曾经是哈里发国家自阿拉伯半岛发动扩张的主要社会力量。然而，战事停止以后，贝都因人并没有完全接受定居的生活方式，许多游牧群体返回祖居的沙漠。哈里发国家强盛之时，贝都因人尚能保持相对平静的状态。自 9 世纪后期开始，阿拔斯王朝日渐衰微，巴格达哈里发自顾不暇。贝都因人于是再度涌入"肥沃的新月地带"，形成游牧群体对定居社会的新的冲击浪潮。10 世纪初，贝都因人凯勒卜部落追随什叶派的极端分支卡尔马特派，屡屡攻袭叙利亚的大马士革、霍姆斯、哈马、豪兰、巴勒贝克诸城。贝都因人基拉卜部落和乌卡勒部落占据巴林，建立卡尔马特国，923 年攻占巴士

① Kennedy, H., *The Prophet and the Age of the Caliphate*, p. 250, pp. 250-251.

拉,930 年袭击麦加,劫走克尔白中的玄石,震动整个伊斯兰世界。10 世纪后期至 12 世纪初期,贝都因人阿萨德部落占据伊拉克南部,以希拉为首都,建立马兹亚德王朝,一度击败塞尔柱突厥人的进攻。① 贝都因人的冲击,对"肥沃的新月地带"影响极大,明显加剧了这一地区的政治分裂,尤其是使农业生产遭到严重的破坏,大量耕地沦为贝都因人的牧场。

贝都因人塔格里布部落的一支,生活在两河流域北部的贾吉拉地区。② 阿拔斯王朝移都萨马拉期间,外籍将领专权,哈里发的地位一落千丈,塔格里布部落的首领哈姆丹趁机占据伊拉克北部边境。879 年,突厥将领伊萨·库恩达吉克率领阿拔斯王朝的军队击败塔格里布部落。哈姆丹曾经与哈瓦立及派和库尔德人结盟,对抗阿拔斯王朝,895 年兵败被俘,身陷囹圄。此后,哈姆丹的长子侯赛因归顺阿拔斯王朝,其父遂得到巴格达哈里发的赦免。905 年,哈姆丹的次子阿布·哈伊扎占据摩苏尔,自立为艾米尔,建立哈姆丹王朝,是为摩苏尔的哈姆丹王朝(905—979 年)。③ 929 年阿布·哈伊扎死后,其子哈桑承袭父位。935 年,哈里发拉迪正式承认哈桑领有贾吉拉的统治权力,哈桑则需缴纳 7 万第纳尔的年贡,并且保证向巴格达供应粮食。942 年,哈桑继穆罕默德·拉伊克之后出任巴格达的总艾米尔,并被哈里发穆台基赐封为"纳绥尔·道莱"(意为"国家的辅弼"),其弟阿里被赐封为"赛弗·道莱"(意为"国家的利剑")。④ 979 年,白益家族攻占摩苏尔,哈姆丹王朝在贾吉拉的统治结束。⑤

944 年,赛弗·道莱率军西取叙利亚,击败伊赫希德王朝的军队,占领阿勒颇,另建哈姆丹王朝,是为阿勒颇的哈姆丹王朝(944—1003 年)。此后,赛弗·道莱夺取大马士革、安条克、霍姆斯诸城,兵抵拉姆拉,与伊赫希德王朝媾和。摩苏尔的哈姆丹王朝由于横征暴敛而在伊斯兰世界声名狼藉,阿勒颇的哈姆丹王朝却因赛弗·道莱的文治武功而久享盛誉。赛弗·道莱在阿勒颇广招天下贤士,倡导著书立说。赛弗·道莱本人亦博学多才,酷爱诗歌,与文人墨客交往甚密。哲学家法拉比曾经受到赛弗·道莱的礼遇,在阿勒颇的宫廷从事学术研究。诗人伊斯法哈尼也曾被赛弗·道莱待为上宾,在阿勒颇完成《乐府诗集》的编纂,并将《乐府诗集》的手稿赠予赛弗·道莱。桂冠诗人穆泰奈比于 948 年来到阿勒颇的宫廷,潜心创作,其中八十余首颂诗称道赛弗·道莱的业绩,脍炙人口。赛弗·道莱的族弟阿布·菲拉斯·哈姆丹尼对阿拉伯诗歌和语法极有造

① Kennedy,H., *The Prophet and the Age of the Caliphate*, pp.301-307.
② 哈桑·穆阿尼斯:《古代中世纪的阿拉伯国家与文明》,第 196 页。
③ 穆罕默德·穆斯塔法·齐亚德:《阿拉伯世界的历史与文明:古代与伊斯兰时代》,第 235 页。
④ 哈桑·穆阿尼斯:《古代中世纪的阿拉伯国家与文明》,第 197 页。
⑤ Watt,W.M., *The Majesty That Was Islam*, pp.164-207.

诣,被誉为"王子诗人",所著《罗马集》堪称千古绝唱。[①]

　　10 世纪后期的伊斯兰世界处于群雄并立的混乱状态,巴格达哈里发形同虚设,无力履行保卫温麦的神圣职责。阿勒颇的哈姆丹王朝控制伊拉克北部和叙利亚北部,扼守陶鲁斯山南麓的拜占廷边境,系基督教世界与伊斯兰世界腹地之间的缓冲区域,构成穆斯林圣战的前沿。赛弗·道莱自入主阿勒颇以后,几乎逐年出兵征讨拜占廷,并且一度取得可观的战绩。956 年以后,拜占廷帝国对叙利亚北部的军事压力日渐增强,赛弗·道莱势单力孤,屡遭败绩。961 年,拜占廷军队一度占领阿勒颇。967 年赛弗·道莱死后,阿勒颇的哈姆丹王朝逐渐衰落。[②] 1003 年,法蒂玛王朝攻入叙利亚,吞并阿勒颇的哈姆丹王朝。

塞尔柱人称雄西亚

　　11 世纪中叶,塞尔柱人入主西亚,荡平"肥沃的新月地带"和伊朗高原的割据势力,阿拔斯王朝进入塞尔柱苏丹国统治的时期。塞尔柱人系突厥血统乌古斯部落联盟的一支,因其首领塞尔柱·叶卡克而得名。10 世纪末,塞尔柱·叶卡克率领族人离开中亚的吉尔吉斯草原,向西迁徙,进入锡尔河下游一带,依附于萨曼王朝。此间,塞尔柱人改奉伊斯兰教,加入逊尼派穆斯林的行列。"960年,2 万个突厥人家庭皈依伊斯兰教。"[③] 1025 年,正值马哈茂德南下印度、劫掠索姆那特神庙的时候,塞尔柱人越过阿姆河,进入加兹尼王朝的辖地。1040 年,塞尔柱人在木鹿附近的丹丹坎击败马哈茂德之子麦斯欧德的军队,夺取呼罗珊。随后,塞尔柱人首领图格里勒自称"伯格"(意为"头领"),定都内沙浦尔,并挥师西进,击败白益王公,攻陷莱伊、哈马丹、伊斯法罕诸城,兵抵阿塞拜疆和亚美尼亚。[④]

　　白益王公称雄期间,阿拔斯哈里发不仅世俗权力丧失殆尽,其作为宗教领袖的威严也荡然无存。什叶派统治者横行无忌,阿拔斯哈里发犹如白益王公的阶下囚徒,任人摆布,境况凄惨。塞尔柱人自诩为正统伊斯兰教的捍卫者,他们的出现使阿拔斯哈里发似乎看到拯救正统伊斯兰教的希望。1055 年,图格里勒应阿拔斯哈里发嘎伊姆(1031—1075 年在位)之召,兵抵巴格达。白益家族的守将白萨希里无力抵御塞尔柱人,弃城逃走。哈里发嘎伊姆将图格里勒迎入巴格

　　① 穆罕默德·穆斯塔法·齐亚德:《阿拉伯世界的历史与文明:古代与伊斯兰时代》,第 235 页,第 236—237 页。

　　② 同上,第 238 页。

　　③ Mez,A.,*The Renaissance of Islam*,p.5.

　　④ 哈桑·穆阿尼斯:《古代中世纪的阿拉伯国家与文明》,第 170 页。

达,赐封他为东方和西方的苏丹("苏丹"一词在阿拉伯语中本意为"权柄",引申为"君主"),统揽阿拔斯王朝的所有世俗权力。此后,哈里发作为象征性的宗教领袖,受到塞尔柱人的礼遇。1058年,白萨希里趁图格里勒出征北方之机,纠集德拉姆人残部,卷土重来,攻入巴格达,劫夺宫中珍品,包括象征哈里发权位的先知穆罕默德遗物,献与开罗的法蒂玛王朝哈里发穆斯坦绥尔,强迫巴格达的所有穆斯林以穆斯坦绥尔的名义举行星期五聚礼。不久,图格里勒班师伊拉克,白萨希里兵败身亡。[①]

1063年图格里勒死后,其侄阿勒卜·阿尔斯兰继任苏丹。阿勒卜·阿尔斯兰(突厥语中意为"雄狮")尚武善骑,长于征战,即位以后,离开内沙浦尔,迁都伊斯法罕。阿勒卜·阿尔斯兰当政期间,塞尔柱人大举进攻伊斯兰世界的宿敌拜占廷帝国,于1064年占领亚美尼亚首府阿尼。1071年,阿勒卜·阿尔斯兰在凡湖以北的曼齐喀特重创拜占廷军队,俘获拜占廷皇帝罗曼努斯,取得圣战的决定性胜利,占领亚美尼亚全境和小亚细亚半岛东部。[②] 长期以来,陶鲁斯山是伊斯兰世界与基督教世界的天然分界线,倭马亚王朝和阿拔斯王朝的历代哈里发虽然屡屡兵抵君士坦丁堡,却始终未能将陶鲁斯山北侧地区据为己有。曼齐喀特战役以后,塞尔柱人自亚美尼亚长驱西进,陶鲁斯山北侧广大地区成为穆斯林新的家园。与此同时,塞尔柱人击败法蒂玛王朝,夺取叙利亚,收复希贾兹的两座圣城。

阿勒卜·阿尔斯兰之子马立克沙于1072年即位后,定都木鹿。马立克沙当政期间,塞尔柱人的势力达到顶峰,东起中亚、西至叙利亚和小亚细亚半岛、北起亚美尼亚、南至阿拉伯海的广大地区尽归其所有。1091年,马立克沙离开木鹿,迁都巴格达。[③] 在星期五聚礼的呼图白中,巴格达的穆斯林祝福阿拔斯王朝的哈里发,同时祝福塞尔柱人的苏丹。马立克沙还将女儿许配哈里发穆格台迪(1075—1094年在位),与阿拔斯家族结为姻亲。

阿勒卜·阿尔斯兰和马立克沙当政期间,波斯人尼扎姆·穆勒克出任维齐尔,辅佐苏丹,政绩颇佳。尼扎姆·穆勒克学识渊博,信仰虔诚,1063—1092年出任维齐尔,整顿朝纲,推行新政,发展生产,改善交通,使饱受战乱的西亚诸地恢复往日的繁荣景象。塞尔柱人具有尚武的传统,尼扎姆·穆勒克却十分重视文化事业,招贤纳士,奖励学术。在他的庇护和赞助下,安萨里写成神学名著《圣学复苏》,欧默尔·赫亚姆写成文学佳作《鲁拜集》。1065—1067年,尼扎

① 伊本·阿希尔:《历史大全》,第9卷,第436页。
② 同上,第10卷,第25页,第44页。
③ 哈桑·穆阿尼斯:《古代中世纪的阿拉伯国家与文明》,第172页。

姆·穆勒克耗费巨资,在巴格达创办逊尼派伊斯兰教的最高学府,名为尼扎米耶大学,传授正统伊斯兰教的神学思想和教义学说,旨在抗衡什叶派的分支伊斯马仪派政权法蒂玛王朝在开罗设立的爱资哈尔大学。尼扎姆·穆勒克著有《治国策》一书,阐述治国之道,影响甚广,足以与西方学者马基雅维里的《君主论》相媲美。

塞尔柱人的到来,一度实现了西亚伊斯兰世界的政治统一,恢复了逊尼派伊斯兰教的尊严。1092年马立克沙死后,马立克沙之子桑贾尔承袭父位,以大塞尔柱苏丹的名义领有呼罗珊。与此同时,马立克沙的兄弟台台什领有叙利亚,马立克沙之子巴基亚卢格控制伊朗,家族内讧,兵戎相见。1157年,桑贾尔死于木鹿。此后,塞尔柱帝国急剧衰落,所辖领地被来自中亚的另一突厥人政权花拉子模沙王朝吞并,塞尔柱帝国名存实亡。1127年,突厥将领伊马德丁·赞吉·阿塔贝克,建立赞吉王朝(1127—1262年),领有贾吉拉和叙利亚北部。伊马德丁·赞吉之子努尔丁当政期间,赞吉王朝的军队横扫盘踞在地中海东岸的基督教势力,攻陷爱德萨、大马士革、的黎波里和安条克,努尔丁成为抗击十字军东侵的中流砥柱。努尔丁曾经遣部将希尔库和萨拉丁率军进入埃及,迎战十字军。1171年,萨拉丁推翻法蒂玛王朝,在开罗建立阿尤布王朝。此后,阿尤布王朝入主叙利亚,赞吉王朝灭亡。曼齐喀特战役以后,阿勒卜·阿尔斯兰将小亚细亚东部赐封他的族弟苏莱曼·顾特米鲁什。1177年,苏莱曼·顾特米鲁什自立为苏丹,建立罗姆苏丹国。罗姆苏丹国一度臣属于大塞尔柱苏丹,亦曾与拜占廷帝国缔结盟约,后来沦为蒙古人的藩国。1308年,罗姆苏丹国被蒙古人灭亡。①

阿拔斯王朝的倾覆

阿拔斯哈里发国家曾经有过长达百年的辉煌时代。自9世纪中叶起,伊斯兰世界群雄并立,阿拔斯王朝的辖地日渐缩小;外籍将领横行无忌,更使巴格达哈里发不得不将世俗权力拱手让与他人。白益王公统治期间,伊斯兰世界仿佛成为什叶派穆斯林的天下,巴格达哈里发仅有的宗教权威荡然无存。塞尔柱人入主西亚以后,并没有使巴格达哈里发摆脱窘困的境遇。阿拔斯王朝的根基已经坍塌,只剩下断壁残垣,巴格达哈里发依然处于他人的摆布之下,苟且偷生。12世纪后期,伊斯兰世界的形势发生变化。一方面,塞尔柱苏丹国解体,凌驾于巴格达哈里发之上的大塞尔柱王朝苏丹权势日渐衰微。另一方面,萨拉丁在开

① 哈桑·穆阿尼斯:《古代中世纪的阿拉伯国家与文明》,第175页。

罗建立阿尤布王朝,恢复正统伊斯兰教在西部诸地的统治地位,尊崇巴格达哈里发作为宗教领袖。形势的变化使日暮途穷的阿拔斯王朝似乎看到新的希望。

纳绥尔(1180—1225 年在位)于 1180 年即位,是阿拔斯王朝在位时间最长的哈里发。纳绥尔曾经做过最后的尝试,企图恢复哈里发的威严,重振阿拔斯王朝的雄风。纳绥尔将希望寄托于新的穆斯林势力,怂恿花拉子模沙王朝的塔卡什自中亚西进。1194 年,塔卡什的军队击败大塞尔柱王朝的末代苏丹图格里勒,结束塞尔柱人在巴格达的统治。然而,纳绥尔的努力付诸东流。1196 年,塔卡什成为新的苏丹,行使塞尔柱人原有的一切权力,哈里发仍然只是苏丹的掌中玩物。1200 年塔卡什死后,其子阿拉乌丁出任苏丹,击败古尔王朝、西喀喇汗王朝和西辽,建立起庞大的帝国,定都撒马尔罕。1217 年,阿拉乌丁召开宗教会议,试图废止阿拔斯王朝的宗教权力,另立阿里家族的后裔阿拉·穆尔克为新的哈里发。纳绥尔在绝望之际,把目光转向遥远的东方,幻想得到蒙古人的帮助。然而,纳绥尔的这一做法无异于引狼入室,使伊斯兰世界遭受空前的浩劫。

1219 年,成吉思汗统率蒙古军队大举西进,攻入中亚,阿拉乌丁兵败身亡,撒马尔罕和布哈拉尽遭蹂躏,哈拉特被夷为废墟。1253 年,成吉思汗的孙子旭烈兀再度发动西征,蒙古铁骑如潮水一般涌向伊斯兰世界。1258 年,旭烈兀攻陷巴格达,哈里发穆斯台尔绥木(1242—1258 年在位)被装入袋中,马踏而死,阿拔斯王朝灭亡。[①]

---

① 穆罕默德·穆斯塔法·齐亚德:《阿拉伯世界的历史与文明:古代与伊斯兰时代》,第 263—264 页。

第三章　哈里发时代中东的经济与社会

一、经济制度与经济生活

地权与赋税

632 年先知穆罕默德去世后,阿布·伯克尔出任哈里发,穆斯林开始走出阿拉伯半岛,伊斯兰世界进入大规模对外扩张的发展阶段。欧默尔当政期间,拜占廷帝国的辖地叙利亚、埃及和波斯帝国的大部领土皆被纳入哈里发国家的版图。阿拉伯穆斯林的对外扩张,主要表现为军事占领的过程,而军事占领直接导致地权性质的改变。麦地那哈里发国家根据伊斯兰教规定的原则,沿袭阿拉伯半岛的传统和先知穆罕默德的先例,在被征服地区广泛实行国家土地所有制;所有被征服的土地皆被视作斐伊,成为哈里发国家的公产和全体穆斯林的共同财源。然而,麦地那哈里发国家作为"更高的所有者或唯一的所有者",并没有将通过征服获取的土地分配给穆斯林直接占有。进入被征服地区的穆斯林大都只是作为哈里发国家的战士,集中屯驻于查比叶、拉姆拉、弗斯塔特、库法和巴士拉等军事营地;他们既不善务农,亦无暇耕作。根据欧默尔确定的原则,被征服者作为吉玛人构成依附于哈里发国家的直接生产者,穆斯林战士构成与被征服者截然对立的军事贵族集团。在此基础上,哈里发国家禁止穆斯林战士在阿拉伯半岛以外区域占有土地和从事农耕,所有被征服的土地皆以斐伊的形式成为全体穆斯林的共同财产。雅姆克战役以后,许多圣门弟子要求分配叙利亚的土地并使被征服者成为他们的奴隶,遭到欧默尔的拒绝。[①] 卡迪西叶

---

① Hill,D. R. , *The Termination of Hostilities in the Early Arab Conquest 634-656* , p. 75.

战役以后,穆斯林将领赛耳德·阿比·瓦嘎斯向欧默尔反映,他的部下要求直接占有伊拉克的土地;欧默尔表示,哈里发国家征服的土地必须留给原有的耕作者,并且使这些土地成为全体穆斯林的共同财富。欧默尔在致信征服埃及的穆斯林将领阿慕尔·阿绥时亦明确规定:"把埃及的土地留给原有的居民,让他们世世代代在土地上耕作。"[1]

麦地那哈里发在穆斯林征服的地区建立的国家土地所有制,并非"法律的虚构",而是客观存在的经济现实。欧默尔规定:穆斯林战士不得将被征服者作为奴隶据为己有,亦不得随意侵吞他们的财产或通过其他形式加以奴役;安拉赐予的土地必须留给被征服者继续耕种,向他们征收贡税并由全体穆斯林共同享用。欧默尔在致叙利亚总督阿布·欧拜德的信中写道:"把安拉作为战利品所赐予你们的土地留给那里的原有居民,向他们征收适量的贡赋,然后在全体穆斯林中分配。让他们继续在土地上耕种,因为他们在耕种土地方面的能力远远超过我们。你们不得将异教人口如同其他战利品那样直接占有,只能向他们征纳贡税⋯⋯如果他们缴纳贡税,你们不得向他们提出其他的要求。如果我们将他们作为奴隶分配给我们的战士,那么我们怎样将财富留给我们的后代?我们的子孙将找不到为他们劳作的人。我们的生计依靠他们的劳作,我们的子孙将依靠他们的后代。因此,向他们征收贡税,但是不要奴役他们,不要伤害他们或者侵吞他们的财产,务必遵循我们向他们承诺的权利和他们所应承担的义务。"[2]贡税关系的广泛确立,不仅体现哈里发国家的统治权在被征服地区的存在,而且构成哈里发国家的土地所有权"借以实现的经济形式"。哈里发国家在沿袭拜占廷帝国和波斯帝国原有农作方式的基础之上,通过贡税的形式,在全体穆斯林与被征服人口之间建立起封建性质的土地关系。迪万制度和年金的分配,体现了全体穆斯林对于被征服地区直接生产者之剩余劳动的集体占有。

哈里发国家在被征服地区沿袭拜占廷帝国和波斯萨珊王朝的旧制,征收贡税的方式和数额由于具体的环境差异而不尽相同,但是土地无疑构成征收贡税的主要对象。[3] 穆斯林征服埃及以后,哈里发国家根据耕地的面积向被征服者征收贡税,规定每费丹的耕地缴纳 1 第纳尔和 3 伊尔达布(1 伊尔达布折合16.5浦式耳)谷物。在叙利亚,一个劳动力和一组牲畜在一天内耕作的田产面积构

第三章 | 哈里发时代中东的经济与社会

---

[1] Al-Baladhuri, *Kitab Futuh al-Buldan*, p. 265, p. 214.

[2] Lewis, B., *Islam, from the Prophet Muhammed to the Capture of Constantinpole*, London 1976, vol. 2, pp. 223-224.

[3] 哈桑·穆阿尼斯,《古代中世纪的阿拉伯国家与文明》,第 161 页。

成征税的基本单位;穆斯林战士每人每年从被征服者缴纳的贡税中得到的份额为 24 穆德(相当于 100 浦式耳)的谷物和 36 奇斯特(相当于 4 浦式耳)的橄榄油。欧默尔当政期间,埃及每年缴纳的贡税大约折合 1200 万第纳尔,叙利亚每年缴纳的贡税大约折合 1400 万第纳尔。[①] 在上述地区,贡税总额不得因耕作者改变信仰或弃田逃亡而予以变更。另一方面,麦地那国家沿袭拜占廷帝国的征税方式。"村社构成基本的纳税单位,村社首领根据农民耕种土地的面积规定其纳税的数量,逃亡者的纳税义务由村社其他人分担"[②]。在原来属于波斯帝国的各个区域,被征服人口集体缴纳贡税的现象更为普遍。"萨珊王朝时期,赋税由城市或村庄全体成员共同负担。阿拉伯人最初沿袭这样的制度……因此,即使被征服地区的人口构成发生改变,贡税总额并不随之减少"[③]。633 年穆斯林首次攻占幼发拉底河下游的重镇希拉以后,规定该地的全体居民每年向哈里发国家缴纳 8 万迪尔罕作为贡税;637 年穆斯林再次攻占希拉以后,该地的贡税总额增至 19 万迪尔罕。在伊朗高原,霍尔木兹吉尔德的全体居民每年向哈里发国家缴 100 万迪尔罕的贡税,莱伊每年缴纳 50 万迪尔罕,扎兰吉每年缴纳 100 万迪尔罕,阿比沃德每年缴纳 40 万迪尔罕,纳萨每年缴纳 30 万迪尔罕,突斯每年缴纳 60 万迪尔罕,木鹿每年缴纳 125 万迪尔罕,木鹿—卢泽每年缴纳 60 万迪尔罕,巴勒黑每年缴纳 40 万迪尔罕,哈拉特每年缴纳 100 万迪尔罕,内沙浦尔每年缴纳 70 万迪尔罕,等等。[④] 上述地区的贡税总额,大都根据耕地的面积而由耕作者分摊。

倭马亚时代,地产大体分为两种类型。被征服地区的异教土著居民所拥有的地产,沿袭拜占廷帝国和萨珊波斯规定的税收标准,向哈里发国家缴纳全额的土地税,称为"全税地"。来自半岛的阿拉伯穆斯林在被征服地区所获取的土地,免缴全额的土地税,仅纳什一税,称为"什一税地"。然而,被征服地区的异教土著居民相继改宗伊斯兰教,拒绝缴纳全额的土地税,仅仅承担什一税的义务,哈里发国家的岁入因此受到影响。针对新的形势,伊拉克总督哈查只·尤素夫颁布法令,剥夺改宗伊斯兰教的新穆斯林之免缴全额土地税的权利。欧默尔二世即位后,废除哈查只·尤素夫颁布的法令,恢复麦地那哈里发时代的税收政策,规定凡信仰伊斯兰教者只纳什一税,但是 719 年以后穆斯林所获取的土地则需缴纳全额的土地税。哈里发希沙姆进一步规定:土地税的征收取决于

---

① Kremer, A. F. , *The Orient Under the Caliphs* , pp. 67-69.

② Shaban, M. A. , *Islamic History* , *A New Interpretation 600-750* , p. 38.

③ Frye, R. N. , *The Golden Age of Persia* , p. 70.

④ Al-Baladhuri, *Kitab Futuh al-Buldan* , p. 243, p. 309, p. 334, p. 379, p. 393, pp. 403-405.

土地的性质而不取决于土地占有者的信仰；所有贡税土地无论何人占有皆承担全额的土地税，只有在早期业已形成的什一税地享有免缴全额土地税的权利。[1]

赋税征收于地产的所有者，地租征收于无地产而租种土地的耕作者。倭马亚时代，耕作者大都根据租佃契约缴纳固定数额的地租，这种制度称为"密萨哈"。密萨哈制又分两种类型：在原属拜占廷帝国的行省，地租的数额取决于耕地的面积；在伊拉克一带，哈里发国家根据土地的耕作面积、肥沃程度、种植内容和灌溉条件确定地租的数额。[2] 阿拔斯时代，曼苏尔在种植谷物的一些地区改行分成制，称为"穆嘎萨玛"。马赫迪即位以后，分成制的实施范围明显扩大。[3] 据阿布·尤素夫在《税收论》中记载，粮食作物大都按照分成制缴纳地租，其余作物仍按亩计租；平地水田征收二一地租，高地水田征收三一地租，旱田征收四一地租，某些低产田征收五一地租。然而，分成制并未完全取代传统的固定地租，密萨哈制在某些地区依旧长期延续。作为法律文书，土地租佃的契约期限大都较短，而在实际上，租佃契约往往续订，农民长期依附于其所耕作的土地。地租的缴纳包括实物与货币两种形式；实物地租主要是缴纳小麦和大麦，货币地租则是在西部诸省缴纳第纳尔，在东部诸省缴纳迪尔罕。哈伦当政期间，哈里发国家征收的实物地租价值 500 万第纳尔，折合 1.3 亿迪尔罕，另外征收货币地租 4 亿迪尔罕，两项共计 5.3 亿迪尔罕。[4]

伊斯兰教历是哈里发国家的官方历法，采用阴历纪年。租税的征收，则需适应作物的播种和收获季节，采用阳历纪年。在埃及和叙利亚，科普特历和叙利亚历长期延续。在东部诸行省，哈里发国家沿用波斯历法，租税征收于新年伊始即 6 月 21 日。后来，新年移至初春，正值作物青黄不接之时，不适于征纳租税。于是，穆尔台迪德自 894 年规定，租税的征纳日期改为 7 月 11 日。鉴于波斯历法每 120 年增设闰月，穆尔台迪德规定每 4 年增设闰日，以便与科普特历和叙利亚历保持一致。[5]

阿拔斯王朝后期，集权政治日渐衰微，哈里发国家在诸多地区难以继续直接征税，遂改行包税制。早在马蒙当政期间，包税制曾经在埃及实行，包税契约的期限为 4 年。穆尔台米德当政期间，包税区域逐渐扩大，包税对象主要是土地税，有时亦包括商业税和其他杂税。商人艾哈迈德·穆罕默德曾经以每年向

---

① Lokkegaard, F., *Islamic Taxation in the Classic Period*, p. 114.
② 同上，p. 120。
③ Ali, A., *A Short History of the Saracens*, p. 427.
④ Lokkegaard, F., *Islamic Taxation in the Classic Period*, p. 135.
⑤ Mez, A., *The Renaissance of Islam*, pp. 107-108.

哈里发缴纳 250 万第纳尔作为条件,获得在伊拉克征税的权力。[①] 905 年阿拔斯王朝收复叙利亚和埃及以后,伊拉克商人麦扎拉伊获得在上述地区征税的权力,条件是每年向哈里发缴纳 100 万第纳尔并且负担该地区的军饷支出。[②] 916 年,尤素夫·阿比·萨吉以每年缴纳 70 万第纳尔作为条件,获得亚美尼亚和阿塞拜疆的征税权。919 年,哈米德·阿拔斯以每年缴纳 60 万第纳尔作为条件,获得塞瓦德、法尔斯和吉巴勒一带的征税权。[③] 968 年,维齐尔伊本·法德勒曾经以每年 4200 万迪尔罕的价格出让伊拉克的征税权。[④] 包税人不同于原有的税吏,他们往往拥有私人武装,在其征税区域行使广泛的权力和超经济的统治。阿里·艾哈迈德曾经以每年缴纳 140 万第纳尔作为条件换取伊拉克东南部和胡齐斯坦的征税权,同时几乎完全独立于哈里发而在其征税区域行使统治权力。阿布·哈桑·阿里·哈拉夫由于包税的缘故而成为贾吉拉的实际统治者,直至被哈里发任命为贾吉拉总督。[⑤] 因此,包税制的实行在一定程度上意味着地方权力的转让。

地产与农民

麦地那哈里发在对外扩张的过程中,曾经将穆斯林征服的一部分土地收归国家支配;这种形式的地产被后来的伊斯兰教法学家称作"萨瓦菲"。欧默尔当政期间,萨瓦菲包括萨珊波斯的皇室领地、琐罗亚斯德教神庙和祭司的土地、战死者的土地、逃亡者遗弃的土地、无主的荒地和沼泽地等十种土地,主要分布在伊拉克的塞瓦德,面积约 3600 万加里布。[⑥] 欧默尔规定,库法周围原属萨珊皇室的土地皆为萨瓦菲;巴士拉周围原属萨珊皇室的土地,其中二分之一纳入萨瓦菲,另外二分之一划归阿拉伯战士。在叙利亚北部,许多土著居民在穆斯林征服时弃田出走,逃往拜占廷帝国境内,所遗地产甚多,是为萨瓦菲的另一来源。哈里发国家在属于萨瓦菲的土地上采取租佃制的形式,占有直接生产者的剩余劳动。耕种者作为佃农直接向国家缴纳地租,国家则根据土地的面积和质量以及作物的种类和灌溉方式确定地租的标准。穆斯林征服塞瓦德的初期,哈里发国家规定的地租标准是每加里布的麦田征收 1 迪尔罕和 1 卡菲兹(1 卡菲

① Shaban,M. A. , *Islamic History*, *A New Interpretation 750-1055*, p. 60, p. 118.

② Kennedy,H. , *The Prophet and the Age of the Caliphate*, p. 191.

③ Ashtor,E. , *A Social and Economic History of the Near East in the Middle Ages*, p. 138.

④ Mez,A. , *The Renaissance of Islam*, p. 129.

⑤ Ashtor, E. , *A Social and Economic History of the Near East in the Middle Ages*, p. 137.

⑥ Yahya b. Adam,*Kitab al-Kharaj*, p. 53.

兹约合 50 公斤)的谷物。643 年,欧默尔获悉塞瓦德一带许多农民并未种植谷物而种植其他作物,逃避缴纳租税的义务,于是根据作物的不同种类重新规定地租的征收标准:凡种植谷物的土地,每加里布征收 1 迪尔罕和 1 卡菲兹谷物;种植三叶草的土地,每加里布征收 5 迪尔罕和 5 卡菲兹饲料;种植葡萄、枣椰和其他果树的土地,每加里布征收 10 迪尔罕和 10 卡菲兹产品。[1] 阿里当政期间,进一步根据耕地的质量将麦田的地租标准划分为三个等级:优质土地每加里布征收 1.5 迪尔罕和 1.5 卡菲兹谷物,中等土地每加里布征收 1 迪尔罕和 1 卡菲兹谷物,劣质土地每加里布征收 0.7 迪尔罕和 0.7 卡菲兹谷物。[2] 萨瓦菲的耕作者往往享有世袭租佃的权利,然而欧默尔严格禁止萨瓦菲土地的私自转让和买卖。这表明哈里发国家在当时的条件下对于萨瓦菲拥有完整的支配权力,国家土地的权力原则与现实状态差异尚微。倭马亚时代,哈里发国家缺乏完善的税收制度,行省向大马士革缴纳的税收数额有限,倭马亚王朝的财政支出主要依靠国有土地的收入。在伊拉克,国有土地长期占据举足轻重的地位,甚至操纵粮食价格的波动。[3] 阿拔斯时代前期,国有土地继续构成哈里发国家的重要岁入来源。哈伦·拉希德当政期间,幼发拉底河中游以及巴士拉周围的大量土地被哈里发收归国有。[4] 阿拔斯王朝后期,哈里发国家财政拮据,遂不断出售国有土地。931 年,阿拔斯王朝首次出售国有土地,售价 5 万第纳尔。至 935 年,阿拔斯王朝出售的国有土地共计达到 90 万第纳尔。[5] 与此同时,哈里发直接控制的国有土地呈逐渐减少的趋势。

哈里发时代封建地产的第二种形态是民间地产,阿拉伯语中称作"穆勒克",即私人自主地。穆勒克大都起源于被征服地区非穆斯林土著乡绅的原有地产。麦地那时代,哈里发国家在将某些地产确定为萨瓦菲的同时,在更多的地区保留拜占廷帝国和萨珊波斯的旧制;非穆斯林土著乡绅在缴纳贡税的前提下处于相对独立的自治状态,进而延续支配其原有地产的实际权利。由于土地构成贡税的征收对象,而土地所有人状况的改变并不直接影响贡税的征收,所以哈里发国家在大多数情况下并不禁止私人土地的继承、转让和买卖,对于非穆斯林之间的地产交易限制甚少。拜占廷帝国和萨珊波斯统治时期民间私有土地的历史传统延续于哈里发时代,进而形成对于新兴伊斯兰国家土地所有制权力原则的广泛制约。穆勒克的另一来源是阿拉伯穆斯林在被征服地区获取

---

[1]　Al-Baladhuri, *Kitab Futuh al-Buldan*, pp. 268-269.

[2]　Husain, S. A., *The Glorious Caliphate*, p. 216.

[3]　Siddiqi, M. Y. M., *Development of Islamic State and Society*, Lahore 1956, p. 105.

[4]　Kennedy, H., *The Early Abbasid Caliphate*, p. 118.

[5]　Mez, A., *The Renaissance of Islam*, p. 130.

的地产。伊克塔的赐封,构成阿拉伯穆斯林在被征服地区获取地产的主要途径。阿布·伯克尔和欧默尔当政期间,哈里发国家广泛实行年金分配制度,伊克塔的赐封尚不多见。奥斯曼即位后,废止阿拉伯穆斯林不得在半岛以外区域占有土地的原则,将分布在塞瓦德一带,特别是库法周围的国有土地大量赐予穆斯林,伊克塔的数量急剧增多,国有土地的分割逐渐取代农产品的分割而成为伊克塔的基本形式。接受奥斯曼的赐封而在塞瓦德占有地产的穆斯林,多为古莱西人和其他部族首领。此时的伊克塔不同于先知穆罕默德时代,既非农产品份额的赐封,亦非耕作权利的赐封,而是租佃权利的赐封。受封者并不亲自耕种土地;他们大都生活在远离其地产的城市,将土地出租给土著农民耕种,征纳往往高达收成二分之一的地租,同时承担上缴什一税的义务,而地租与什一税的差额便是受封者的收益。受封者与耕作者在经济地位方面处于直接对立的状态,存在着明显的剥削关系。不仅如此,奥斯曼允许阿拉伯穆斯林用半岛的地产交换塞瓦德的地产,或用塞瓦德的地产交换半岛的地产。泰勒哈·欧拜杜拉曾经以其在希贾兹的地产换取塞瓦德的地产,阿什阿斯·凯斯以其在哈德拉毛的地产换取塞瓦德的地产,许多穆斯林则以塞瓦德的地产换取半岛的地产。地产的交换导致地产的买卖,从而加深了伊克塔的私有化程度,并且加剧了地产的集中和大地产的形成。奥斯曼拥有价值20万第纳尔的地产,阿卜杜勒·拉赫曼·奥夫拥有价值超过30万第纳尔的地产,栽德拥有价值10万第纳尔的地产,雅尔拉拥有价值30万迪尔汗的地产,泰勒哈·欧拜杜拉在塞瓦德拥有的地产年收入可达1万第纳尔。[1] 地产集中的程度和大地产的规模由此可见。奥斯曼当政期间租佃权利的赐封取代农产品份额的赐封和耕作权利的赐封,反映了伊克塔在国家土地所有制的形式下日渐私有的趋势。伊克塔的私有倾向不断侵蚀萨瓦菲的国有原则,为倭马亚时代穆斯林贵族地产与异教贵族地产的合一奠定了基础。阿拉伯穆斯林除接受哈里发国家赐封的伊克塔外,还在被征服地区购置大量地产。据叶赫亚在《税收论》中记载,圣门弟子阿卡杜拉·麦斯欧德曾经从波斯乡绅购置地产,并要求售地者继续承担缴纳贡税的义务。另据白拉祖里在《诸国征服记》中记载,许多阿拉伯人移居伊拉克的弗拉特后,从波斯乡绅手中购置地产,仅纳什一税;伊拉克总督哈查只·尤素夫曾向这些地产征收全额的土地税。亦有许多阿拉伯穆斯林在被征服地区垦荒造田,并且据为私产。据阿布·尤素夫在《税收论》中记载,农田如若弃荒超过3年,便被哈里发国家视作死地,而垦殖死地者成为田产的新主人,可免缴全额的土地税,

① Ibn Khaldun, *The Muqaddimah*, vol. 1, p. 420.

中
东
史

缴纳什一税。[①] 征服初期,非穆斯林土著乡绅的地产必须承担全额的土地税,阿拉伯穆斯林的地产仅纳什一税。倭马亚王朝后期,特别是阿拔斯时代,随着伊斯兰教化程度的加深,种族差异日渐淡化,上述两种穆勒克趋于一致,皆需承担什一税和全额土地税,只有王公显贵方可免缴全额土地税。

哈里发时代封建地产的第三种形态是军事伊克塔,军事伊克塔的起点是萨瓦菲,其演进的终点是穆勒克,故而兼有国有官田与民间私田的双重性质,处于国有官田与民间私田之间的过渡状态。军事伊克塔制始于倭马亚时代;穆阿威叶曾经将叙利亚北部的若干土地赐予圣战的穆斯林,是为最初的军事伊克塔。[②] 阿拔斯王朝前期,军事伊克塔大都分布在哈里发无力控制的边远区域。9世纪中叶以后,随着哈里发集权政治的衰微,军事伊克塔逐渐增多,并且从边远区域向内地扩展。穆格台迪尔曾经将亚美尼亚和阿塞拜疆作为军事伊克塔赐予波斯将领阿夫辛,以该地岁入供养军队。[③] 穆尔台迪德曾经借助于哈姆丹人的支持击败库尔德人,并将摩苏尔一带赐予哈姆丹人的首领,条件是由后者继续向哈里发提供相应的军事力量。萨法尔人叶尔孤卜·莱伊斯战功卓著,平定锡斯坦境内的哈瓦立及派,穆尔台兹于是将锡斯坦赐予叶尔孤卜·莱伊斯,作为他的伊克塔。935年,拉迪将埃及和叙利亚以赐封军事伊克塔的名义划归突厥将领穆罕默德·突格只,是为伊赫希德王朝之始。[④] 白益王朝时期,军事伊克塔的分布范围进一步扩大,占有军事伊克塔者明显增多。塞尔柱人入主西亚以后,军事伊克塔制的发展达到顶峰。马立克沙当政期间,仅伊拉克便有40个贵族拥有面积可观的军事伊克塔;他们大都是突厥人和波斯人,除在战时提供必要的兵源以外,另向苏丹缴纳岁贡。[⑤] 尽管如此,伊克塔绝非阿拔斯王朝后期哈里发国家的唯一地产形式。911—932年,仅伊朗各地向巴格达缴纳的土地税便达到2300万迪尔罕。白益家族统治时期,巴格达每年从各地征纳的土地税亦超过3亿迪尔罕。[⑥] 土地税的征纳情况,反映了非伊克塔地产形式的广泛存在。另一方面,伊克塔的领有者并非构成阿拔斯王朝的全部军事力量,领取饷金的雇佣军在哈里发国家亦具有举足轻重的地位。穆克塔迪尔当政期间,哈里发国家每年向雇佣军支付饷金约100万第纳尔,而饷金的拖欠常常导致雇佣军的骚

① Lokkegaard,F., *Islamic Taxation in the Classic Period*, p.139.

② Ashtor,E., *A Social and Economic History of the Near East in the Middle Ages*, p.62.

③ Kennedy,H., *The Prophet and the Age of the Caliphate*, p.194.

④ Shaban,M.A., *Islamic History,A New Interpretation 750-1055*, p.124, p.95.

⑤ Kremer,A.F., *The Orient Under the Caliphs*, p.363.

⑥ Mez,A., *The Renaissance of Islam*, p.122, p.26.

乱。①白益家族统治期间，德拉姆人组成的步兵每月领取 6 第纳尔的饷金，突厥人组成的骑兵每月领取 40 第纳尔的饷金。②阿什托尔因此指出："封建主义没有获得完全的胜利，并非所有的地产都成为军事封邑，亦非所有的战士都成为军事封邑的领有者。"③

与同时期盛行于西欧基督教世界的采邑相比，伊斯兰世界的军事伊克塔，其特征之一在于伊克塔的主人与其封地的分离状态。受封者并没有土地所有权，仅以获取封地的岁入作为目的，因此大都无意关注生产条件的改善，往往杀鸡取卵，竭泽而渔，对农业的发展颇具消极影响。阿拔斯王朝后期军事伊克塔制的另一特征，是土地占有的非继承性和非等级性。尼扎姆·穆勒克认为，军事伊克塔的连续占有时间应限于 2 至 3 年。"受封者必须清楚，他们对于耕种伊克塔的农民绝无统治权力可言，只能限于征收规定的产品份额。农民对其人身、财产、家庭享有自主权，受封者不得侵犯。因为，无论是土地还是臣民，都只属于苏丹。"④

伊斯兰世界最发达的伊克塔制度存在于法蒂玛王朝末期、阿尤布王朝和马木路克时代的埃及。法蒂玛王朝末期，"包税者由官吏变为军人，而军人的包税地逐渐演变为军事封邑。包税者向国家缴纳的税款越来越少，直至停止缴纳税款，包税地遂成为军事封邑"⑤。阿尤布王朝建立后，沿袭法蒂玛王朝末期的土地制度，军事封邑继续扩大。据麦格里齐(1364—1442 年)在《埃及志》中记载，尼罗河流域的几乎所有耕地都被赐封为军事伊克塔。埃及的军事伊克塔在 1181 年时的平均岁入约 400 第纳尔，但是面积不等，相差甚大。苏丹常使其麾下将领的伊克塔分散各处，以削弱受封者的势力。与塞尔柱时代的西亚诸地相比，在阿尤布王朝时期的埃及，军事伊克塔具有相对稳定的私产特征，受封者往往享有继承和转让封地的权利。土地的耕作者处于国家的保护之下，租额由苏丹规定，受封者无权更改。马木路克时代，伊克塔制度在埃及广泛发展，军事封邑成为埃及典型的土地制度。马木路克苏丹恢复尼扎姆·穆勒克的原则，废止受封者对于军事伊克塔的继承权和转让权。1315 年以后，军事封邑的大约一半处于苏丹的直接控制之下，成为苏丹的直辖领地。⑥军事伊克塔的频繁更换，诚然有助于保证国家对于受封者的控制，但是无疑阻碍土地所有权之私人化和民

---

① Ashtor，E.，*A Social and Economic History of the Near East in the Middle Ages*，p. 132.

② Kennedy，H.，*The Prophet and the Age of the Caliphate*，p. 222.

③ Ashtor，E.，*A Social and Economic History of the Near East in the Middle Ages*，p. 182.

④ Nizam al-Mulk，*Siyasat Nama*，Paris 1891，p. 28.

⑤ Ashtor，E.，*A Social and Economic History of the Near East in the Middle Ages*，p. 206.

⑥ Ochsenwald，W.，*The Middle East：A History*，Boston 2003，p. 138.

间化的演变进程。

作为耕作者的农民是乡村人口的主体,包括自耕农和佃农两种。前者拥有少量地产,承担国家赋役,虽终年劳作,尚难维持生计。后者租种他人土地,往往由地产主提供种子和耕畜,租额高达收成的五分之四、六分之五甚至七分之六。哈里发时代,官府极力使农民固着于土地,以求保证稳定的赋税来源。另一方面,农民不堪重负而弃田出走,构成哈里发时代社会生活的突出现象。8世纪初,伊拉克农民改奉伊斯兰教以后纷纷离开土地,流入城市谋生,导致土地税的减少;总督哈查只·尤素夫则设专门机构,追捕和遣返流入城市的逃亡农民。在8世纪后期的贾吉拉,农民逃离土地的现象十分普遍,纳绥宾、爱德萨、哈米德、哈兰等地的农民弃田出走,流落他乡,另寻生计,其中许多人被官府捕捉以后,在脸部烙刻印记,遣返原籍。沉重的赋税负担是导致农民起义的直接原因。751年和774年,贾吉拉农民反叛官府,焚烧地主宅邸。725年,下埃及的豪夫爆发农民起义。此后数年,农民起义在下埃及和上埃及接连不断,至831年达到高潮。841年,叙利亚南部亦爆发农民起义。9世纪以后,许多自耕农因不堪重负,被迫将地产寄于贵族名下,求得庇护,是为"塔勒吉叶"(意为"保护地")。在萨曼王朝时期的法尔斯一带,塔勒吉叶相当普遍。[①]

农作区域与农业生产

哈里发时代的农作区域,表现为截然相反的两种倾向。一方面,长期的垦殖活动导致耕地面积的增加和农作区域的扩展。另一方面,农民的弃田致使耕地荒芜,农作区域牧场化的现象屡见不鲜。上述两种倾向的并存,构成哈里发时代农业生活的显著特征。

早在麦地那时代,伊斯兰国家便十分重视农业生产。先知穆罕默德曾经规定,国家赐封的农田应由受封者亲自耕作。欧默尔进一步规定,土地的占有者如果使其土地荒芜超过三年,便丧失继续占有土地的权利。在军事扩张的过程中,欧默尔禁止阿拉伯战士在半岛以外直接占有土地的规定,颇有效力地保证了被征服地区的农业生产,阻止了农作区域的贝都因化。

倭马亚时代,行省势力的离心状态限制着哈里发的岁入,而荒地的垦殖构成国家财政的重要来源。在哈里发国家的诸多地区,特别是伊拉克和埃及,气候干燥,降雨不足,农业依赖于水利灌溉,水利设施的兴修构成农作区域得以扩

---

① 伊本·胡尔达兹比赫:《道里邦国志》,第256页。

大的首要条件。穆阿威叶当政期间，哈里发国家在麦地那绿洲兴修水利，垦荒造田，每年增收椰枣 15 万瓦斯格(1 瓦斯格相当于 190 公斤)和小麦 10 万瓦斯格。[①] 萨珊王朝末期，伊拉克战乱连绵，水利失修。629 年，底格里斯河泛滥成灾，河床改道，向西流入幼发拉底河，进而在伊拉克南部形成巨大沼泽。[②] 倭马亚王朝建立后，伊拉克总督齐亚德·阿比希和哈查只·尤素夫屡屡疏浚河渠，排干沼泽，灌溉荒地，安置农民耕种。齐亚德·阿比希经常将荒地赐予部下，条件是必须在两年之内将荒地改造为农田。伊拉克税官阿卜杜拉·达拉吉在伊拉克南部广修水利，垦殖拓荒，年收入达 500—1500 万迪尔罕。[③] 巴士拉总督阿卜杜拉·阿米尔的叔父欧默尔亦在伊拉克南部拓荒垦殖，使 8000 加里布的沼泽地成为良田。哈查只·尤素夫曾经向韦立德一世呈报伊拉克河水泛滥的情况，声称治理泛滥区域约需 300 万迪尔罕。巨额的费用令哈里发望而却步，马立克之子麦斯莱麦遂向哈里发进言："如果我能够有幸得到你的信任，情愿用自己的家财去堵截决堤的河水。不过，在投入这笔款项而获得成功以后，存过积水的那些洼地的税收要归我所有。"韦里德一世答应了他的条件。后来，麦斯莱麦清除了水患，并且得到了那里的土地。他开凿了名为西白音的两条河，平整沟坑和田垄，使那里的土地有了人烟。相邻地区的人们仰慕麦斯莱麦的名望，纷纷迁到了他的领地。[④] "希沙姆当政期间，财政管理和税收制度仍十分混乱，哈里发难以从行省得到充足的税款，遂在叙利亚和伊拉克大兴垦殖，增加国有地产，以求扩大财源……据叙利亚的基督徒阿加皮乌斯估计，希沙姆当政期间国有地产的岁入甚至超过行省缴纳的税款。"[⑤]

阿拔斯王朝建立后，哈里发继续投入巨额财力改善农作环境，并且委派官吏专司水利事务和征收水利税。"阿拔斯人广泛地发展了灌溉事业，扩大了种植地的面积，并且把盐渍化的沼泽地变成了可耕地，历史学家提到了他们在这方面所取得的重大成就。"[⑥]曼苏尔当政期间，由于幼发拉底河的水量不足以灌溉塞瓦德的全部耕地，于是整治底格里斯河，灌溉塞瓦德东部和沿海区域，使耕作面积明显增加。马赫迪当政期间，在伊拉克开凿新的河渠，名为希拉河，引阿拉伯河水灌溉瓦西兑一带的荒地；另一河渠名为杜杰勒河，在提克里特附近引

① Husain，S. A. *Arab Administration*，p. 143.

② Strange，G.，*The Lands of the Eastern Caliphate*，p. 27.

③ Ashtor，E.，*A Social and Economic History of the Near East in the Middle Ages*，p. 62，p. 61.

④ 伊本·胡尔达兹比赫：《道里邦国志》，第 256 页。

⑤ Kennedy，H.，*The Prophet and the Age of the Caliphate*，p. 111.

⑥ B. 路易斯：《历史上的阿拉伯人》，第 94 页。

底格里斯河水,灌溉巴格达以北的土地。① 哈伦当政期间,哈里发国家耗资
2000 万迪尔罕,开通嘎图尔河与阿布·贾赫勒河。教法学家阿布·尤素夫在
《税收论》中写道:凡开垦荒地者,拥有土地的占有权,并可免予缴纳土地税。②
阿拔斯时代,伊斯兰世界最重要的农作区域分布在尼罗河谷、塞瓦德、伊朗西部
和呼罗珊,哈里发国家的土地税大都来自上述地区。值得注意的是,大规模的
垦荒造田局限于哈里发直接控制的国有地产;在国有地产的范围以外,民间垦
殖尚不多见,农作区域的扩展亦不明显。

　　在垦荒造田的同时,农作区域的变化存在着逆向的趋势。农民弃田和耕地
荒芜的现象屡有发生,对于农业生产影响颇大。在哈里发时代的伊斯兰世界,
沙漠牧场与农作区域交错相间,游牧群体与定居人口交往频繁。游牧群体向定
居地区移动的浪潮接连不断,是导致农作区域发生变化的重要原因。自 7 世纪
至 13 世纪,阿拉伯人、突厥人、柏柏尔人及库尔德人相继进入农业地区;尽管其
中的一部分逐渐接受了定居的生活方式,但是亦有相当数量的人口依旧保持着
传统的游牧方式,或者处于从游牧向定居转变的过渡状态。山脉、森林和沼泽
地带无疑是阻挡游牧群体冲击的自然屏障,然而地势开阔的平原和丘陵却屡遭
游牧群体的侵袭。950—1050 年间卡尔马特派的兴盛、贝都因人诸小王朝的建
立、库尔德人的兴起和塞尔柱人的到来,标志着游牧群体对于农业地区的冲击
达到顶峰。游牧群体的冲击,往往迫使土著农民弃田逃亡,随之形成牧场取代
耕地和农作区域贝都因化的现象。游牧活动的泛滥破坏了农作区域的自然植
被,导致严重的水土流失。在伊拉克南部、叙利亚和贾吉拉,上述现象尤为明
显。"连续不断的贝都因化,成为新月地带和其他穆斯林地区经济社会生活中
的突出现象"。沉重的租税,是导致农民弃田和耕地荒芜的另一原因。据叙利
亚的基督徒迪奥尼希乌斯记载,在 8 世纪后期的贾吉拉,农民为躲避税收而弃
田出逃的现象十分普遍。阿拔斯王朝的埃及总督库拉·沙里克曾经设立专门
机构,追捕弃田出逃的农民,并且规定:农民如果弃田出逃,罚款 5 第纳尔,责打
40 皮鞭,如果有人庇护弃田出逃的农民,罚款 10 第纳尔。尽管如此,弃田现象
在埃及仍然时有发生。此外,战乱导致水利失修,亦构成耕地减少的重要原因。
塞瓦德曾经是最重要的农作区域,哈里发国家从塞瓦德征收的土地税直至马蒙
当政期间仍高达 1 亿迪尔罕。然而,赞吉与阿拔斯王朝之间长达 14 年的战争,
严重破坏了塞瓦德的农作条件,导致耕地锐减,至穆格台迪尔当政时征自塞瓦

　　① Ali,A.,*A Short History of the Saracens*,p. 423.

　　② Lombard,M.,*The Golden Age of Islam*,p. 25.

德的土地税仅 3100 万迪尔罕。[①]

E. 阿什托尔认为,哈里发国家的统治对于近东农业的负面影响甚大;农业定居点的减少、土地税数额的下降和粮价的上涨,反映了哈里发时代近东农业的衰落趋势。[②] 这种看法值得商榷。E. 阿什托尔所依据的材料,大都来自伊斯兰世界与基督教世界相邻的地带,战乱频繁,情况特殊,不足以代表近东农业的普遍状况。地中海东岸的城市化对近东乡村的人口流向产生不可低估的影响,而城市人口的增长应是农业进步的逻辑结果。阿拔斯王朝后朝,哈里发国家从行省征收的土地税数额确呈下降趋势。然而,税额的增减主要取决于政治结构的变化,税额的下降应是哈里发集权统治日渐衰微的伴随现象,不足以证明耕地面积的减少和农业的衰落。至于粮价上涨,不能单纯归结为耕地减少和农业衰落的结果。非洲黄金的大量流入和东方银矿的广泛开采以及非农业人口的增多,均对粮价的变化具有重大的影响。哈里发时代农作区域的变化趋势及其评价,尚有待进一步的全面探讨。

自 7 世纪阿拉伯人征服至 11 世纪哈里发国家解体的四个世纪,是中东地区农业生产发展和繁荣的重要阶段;农作物种类的增加、新作物的传播和新技术的应用,标志着农业领域的长足进步,堪称伊斯兰世界的绿色革命。印度是诸多农作物的原产地;前伊斯兰时代,原产于印度的农作物逐渐传入伊朗高原、两河流域和阿拉伯半岛南部。哈里发国家统治时期,诸多农作物在中东地区经历自东向西的传播过程,或沿两河流域传入地中海东岸,或沿阿拉伯半岛南部的阿曼、也门和红海传入尼罗河流域。[③]

中东诸地具有种植小麦的悠久历史传统。早在苏美尔时代,两河流域南部的居民已经开始种植小麦。当中世纪欧洲的基督教徒还在普遍食用黑麦制作的面包时,小麦已经成为穆斯林的主要食品。小麦生长于伊斯兰世界所有水源充足的地区,塞瓦德和埃及是中东最大的小麦种植区,呼罗珊、胡齐斯坦、法尔斯、克尔曼、锡斯坦均为重要的小麦产区,叙利亚、贾吉拉和中亚诸地亦盛产小麦。大麦主要生长于不适合种植小麦的土壤,往往用作饲料。阿拔斯时代,幼发拉底河沿岸的扎瓦比、巴比勒、侯培尼叶、法鲁加、朱巴·布达特、希巴尼、赛拉哈尼和底格里斯河沿岸的巴拉兹·鲁兹、纳赫拉万、巴达拉叶·巴库萨叶均为重要的大麦产区。据库达麦(?—940 年)记载,820 年阿拔斯王朝征自伊拉

① Ashtor, E., *A Social and Economic History of the Near East in the Middle Ages*, p. 16, p. 68.
② 同上,pp. 51-59。
③ Udovitch, A. L., *The Islamic Middle East 700-1900*, Princeton 1981, p. 32.

克的土地税,包括 177200 库尔(1 库尔约合 2700—2925 公斤)小麦和 99721 库尔大麦。[1] 另据伊本·胡尔达兹比赫记载,870 年阿拔斯王朝征自伊拉克的土地税,包括 73650 库尔小麦和 78750 库尔大麦。[2] 上述小麦和大麦所纳税额大体相等,而每加里布小麦田纳税 19.5 公斤,大麦田纳税 16.5 公斤。[3] 据此推测,至少在伊拉克的范围内,小麦与大麦的种植规模基本持平。

水稻的种植亦有较为悠久的历史,自公元前开始出现于两河流域南部和胡齐斯坦。古典作家斯特累波曾经提到两河流域南部的水稻。哈里发时代,随着水利灌溉事业的发展,水稻的种植范围逐渐扩大。9 世纪后期,在幼发拉底河沿岸的库辛、苏拉、绥布·阿斯法勒、巴比萨玛、弗拉特·巴达克拉以及底格里斯河沿岸的卡斯卡尔、贾布勒等地,形成初具规模的水稻种植区。[4] 与此同时,水稻先后传入贾吉拉、叙利亚、埃及、马格里布和西班牙;巴勒斯坦以及叙利亚北部的塔尔苏斯均有相当数量的稻田,埃及南部的法尤姆将水稻作为主要作物。在伊朗西南部的胡齐斯坦和里海南岸的泰伯里斯坦,水稻是当地人口的主要食物来源。吉兰、克尔曼和呼罗珊在阿拔斯时代亦种植水稻,中亚诸地种植冬季水稻。[5] 水稻种植技术的广泛传播,导致农业结构的明显变化,许多种植干旱作物的耕地被改造为稻田。

伊斯兰世界的粮食作物,除小麦、大麦和水稻以外,还包括黍稷和高粱。黍稷系耐旱作物,生长于阿拉伯半岛南部和克尔曼等地。据叶赫亚的《税收论》记载:先知穆罕默德曾经提及阿拉伯半岛南部生长的黍稷,并将黍稷列为征纳天课的五种农作物之一。另据伊本·胡尔达兹比赫记载,阿拔斯王朝曾于 870 年在迪亚拉河与弗拉特河流域征收黍稷作为土地税。[6] 高粱亦系耐旱作物,原产于非洲撒哈拉沙漠以南地区,阿拔斯时代传至埃及和马格里布。[7]

园艺业在古典伊斯兰世界占有重要的地位,果树的栽培十分普遍。枣椰是典型的耐旱作物,原产于阿拉伯半岛、两河流域南部、胡齐斯坦、法尔斯、克尔曼、锡斯坦等炎热区域。[8] 自倭马亚时代起,枣椰树传入叙利亚、埃及、马格里布、西班牙和西撒哈拉地区,巴士拉、瓦西兑和希吉勒马萨皆是重要的椰枣贸易

---

[1] Ashtor, E., *A Social and Economic History of the Near East in the Middle Ages*, p. 42, p. 41, p. 42, p. 43.

[2] 伊本·胡尔达兹比赫:《道里邦国志》,第 254 页。

[3] Ashtor, E., *A Social and Economic History of the Near East in the Middle Ages*, p. 42.

[4] 同上,p. 43。

[5] Ahsan, M., *Social Life Under the Abbasids 786-902*, London 1979, p. 87.

[6] Yahya b. Adam, *Kitab al-Kharaj*, Leiden 1967, p. 94.

[7] Lombard, M., *The Golden Age of Islam*, p. 163.

[8] Strange, G., *The Lands of the Eastern Caliphate*, p. 223.

中心。① 哈伦·拉希德当政期间,仅克尔曼一处每年向巴格达缴纳椰枣达到万斤。② 据 9 世纪的作家查希兹记载,巴士拉的市场出售的椰枣多达 360 个品种。10 世纪的农学家伊本·瓦赫希叶亦称,伊拉克出产的椰枣品种数不胜数。③ 游牧地区的人口常以椰枣作为重要食物。在马格里布的椰枣产区,如果年成尚好,2 个迪尔罕便可购得一驼担椰枣。许多商人还穿越撒哈拉沙漠,将椰枣运至非洲内陆,换取奴隶和黄金。④

葡萄是地中海世界的古老作物,叙利亚北部、巴勒斯坦、尼罗河三角洲、马格里布沿海和西班牙南部均为重要的葡萄产区。⑤ 据斯特累波记载,公元前 4 世纪亚历山大东征以后,马其顿人首先将葡萄带到东方,生长于美索不达米亚和伊朗高原。哈里发时代,葡萄种植已相当普遍,因气候和土质差异甚大,种类繁多。"即使一个人自幼离家出走,游访各地,直至年迈归来,他也无法了解葡萄的所有品种,掌握各种葡萄的特性;甚至仅在一个区域,葡萄种类亦难数清"⑥。塔伊夫出产的葡萄名为拉兹奇塔,系 4 世纪从叙利亚传入,甘美硕大,闻名遐迩;随着阿拉伯人的征服和迁徙,拉兹奇塔从塔伊夫绿洲传至伊拉克,继而传入伊朗高原和中亚一带。⑦ 在波斯湾沿岸的胡齐斯坦、法尔斯和里海沿岸的泰伯里斯坦、朱尔占以及东方的呼罗珊,葡萄是主要的水果品种。⑧ 然而,伊斯兰教关于禁止饮酒的规定,明显制约葡萄种植业的集约经营。"(伊斯兰教)禁止饮用含有酒精的饮料,特别是禁止饮用葡萄酒,导致葡萄种植业的重心从地中海东部转移到地中海西北沿岸。"⑨在伊斯兰世界,以酿酒为目的而规模较大的葡萄园局限于基督徒聚居的区域,穆斯林经营的葡萄园大都处于粗放状态。⑩

橘子原产于印度。据麦斯欧迪记载,橘子于 912 年自印度传入阿曼,继而传入伊拉克和贾吉拉,直至陶鲁斯山南侧、叙利亚沿海和埃及,只是在印度生长时原有的香味和颜色不复存在。橘子传入之初,尚属珍稀水果;哈里发嘎希尔

①　Lombard,M. , *The Golden Age of Islam* , p. 166.

②　Ahsan,M. , *Social Life Under the Abbasids 786-902* , p. 145.

③　Udovitch,A. L. , *The Islamic Middle East 700-1900* , p. 30.

④　Mez,A. , *The Renaissance of Islam* , p. 434.

⑤　Lombard,M. , *The Golden Age of Islam* , p. 165.

⑥　Mez,A. , *The Renaissance of Islam* , p. 431.

⑦　Ahsan,M. , *Social Life Under the Abbasids 786-902* , p. 109.

⑧　Strange,G. , *The Lands of the Eastern Caliphate* , p. 262.

⑨　Holt,P. M. , Lambton, A. K. S. & Lewis, B. , *The Cambridge History of Islam* , vol. 2B, p. 459.

⑩　Lindsay,J. E. , *Daily Life in the Medieval Islamic World* , p. 128.

曾经将来自印度的橘树栽种于巴格达的宫廷花园,供群臣观赏。[1] 10 世纪后期,橘树的种植技术传入叙利亚和埃及,橘子逐渐在民间广为食用。[2] 西瓜是伊斯兰世界的普通水果;产于伊朗北部和呼罗珊的西瓜极负盛名,经过冷藏运至巴格达后,每个可卖 700 迪尔罕。柠檬原产于信德;伊本·豪卡勒和麦格迪西都曾提及信德的柠檬,形似苹果,酸味十足。[3] 10 世纪,柠檬经阿曼传至伊拉克和埃及,但其酸味大减。其他重要的水果还包括苹果、石榴、无花果、桃、杏等。[4]

　　哈里发时代,经济作物的种植得到长足的发展。棉花自 7 世纪从印度西海岸传入波斯湾沿岸和塞瓦德,逐渐扩展到其他地区。[5] 贾吉拉盛产棉花,巴尔塔拉、拉斯·艾因、麦尔丁、阿尔班和埃尔比勒是主要的棉花种植区。[6] 叙利亚北部的阿勒颇、胡拉和巴尼亚斯亦为主要的产棉区,所产棉花销往地中海东岸。[7] 至 9 世纪,棉花自叙利亚传入埃及、马格里布和西班牙。[8] 伊朗高原和中亚亦种植棉花,尼哈温、内沙浦尔和木鹿出产的棉花远销各地。亚麻是另一重要的经济作物,最初生长于波斯湾沿岸,卡兹伦是伊拉克南部的亚麻贸易中心。[9] 阿拔斯时代,亚麻种植技术从波斯湾沿岸传入埃及,尼罗河三角洲和法尤姆逐渐成为最负盛名的亚麻产区。蓝靛原产于印度。据伊本·豪卡勒记载,喀布尔曾经是蓝靛贸易中心,每年从印度购入价值数百万第纳尔的蓝靛,销往伊斯兰世界各地。由于自印度购入的蓝靛供不应求,埃及、叙利亚、阿拉伯半岛南部和伊朗高原亦种植蓝靛。[10] 据麦格里奇记载,埃及生长的蓝靛,每隔百天便可收割一次,但是蓝靛在第一年需用水浸泡 10 天,第二年浸泡 30 天,第三年浸泡 40 天。番红花系黄色染料,生长于伊朗西北部以及阿拉伯半岛南部和叙利亚。[11] 据说,也门的骆驼由于经常载运番红花前往北方,多呈黄色。番红花价格昂贵;860 年,哈里发穆台瓦基勒曾经遣使将番红花作为礼品馈赠拜占廷皇帝。许多商人还将番红花运到西班牙,经托莱多销往欧洲。[12] 橄榄是地中海区域的重要经济

---

[1] Udovitch, A. L., *The Islamic Middle East 700-1900*, p. 32.

[2] Lombard, M., *The Golden Age of Islam*, p. 167.

[3] Mez, A., *The Renaissance of Islam*, p. 433.

[4] Lindsay, J. E., *Daily Life in the Medieval Islamic World*, p. 129.

[5] Lombard, M., *The Golden Age of Islam*, p. 122.

[6] Strange, G., *The Lands of the Eastern Caliphate*, p. 90.

[7] Ashtor, E., *A Social and Economic History of the Near East in the Middle Ages*, p. 45.

[8] Lombard, M., *The Golden Age of Islam*, p. 20.

[9] Strange, G., *The Lands of the Eastern Caliphate*, p186, p. 429, p. 262.

[10] Lombard, M., *The Golden Age of Islam*, p. 182, p. 185

[11] Ahsan, M., *Social Life Under the Abbasids 786-902*, p. 105

[12] Mez, A., *The Renaissance of Islam*, pp. 437-438.

作物。巴勒斯坦盛产橄榄,其中以纳布卢斯最为著名。马格里布被誉为橄榄之乡,菲斯曾是橄榄贸易的中心所在。据伊本·豪卡勒,在 10 世纪的菲斯,1 第纳尔可购 70 至 90 卡菲兹的橄榄油。西班牙南部的瓜达基维尔河流域、贾吉拉的巴阿什卡以及法尔斯和内沙浦尔亦产橄榄,但是大都销于当地市场。^① 甘蔗原产于孟加拉,6 世纪传入波斯湾沿岸,胡齐斯坦和塞瓦德以及巴士拉周围是最重要的甘蔗产区。^② 10 世纪,甘蔗经叙利亚传至埃及,继而生长于马格里布、西班牙和西西里。^③ 甘蔗种植成本昂贵,多由大地产主集约经营,小农往往无力问津。

哈里发时代的伊斯兰世界,东起印度洋,西至大西洋,绵延数千公里,多数地区气候干燥,降雨稀少,且分布极不均匀,时而暴雨滂沱,时而连年无雨。因此,农作物的生长严重依赖于水利灌溉。水利灌溉包括自然灌溉和人工灌溉两种形式;不同的灌溉方式,是国家征纳土地税的首要依据。贾吉拉、叙利亚和巴勒斯坦的耕地大都依靠降雨形成的自然灌溉;相比之下,伊拉克南部和埃及的耕地主要依靠河水的定期泛滥,进而形成包括河渠、堤坝和各种扬水设施在内的更为复杂的灌溉体系,水利设施的维护通常构成官府的首要职责。^④ 以埃及为例,尼罗河水定期泛滥,灌溉两岸的农田;河水泛滥过后,农民播下种子,无需再次灌溉,直至收割。尼罗河的水位在泛滥期如果达到 16 吉拉尔(1 吉拉尔折合 66.5 厘米),国家可向农民征纳全额土地税;水位如再增 1 吉拉尔,则可视作丰年之兆。但是,水位如果超过 18 吉拉尔,便是大灾之年,大量农田成为泽地,无法耕作;水位如果不足 16 吉拉尔,亦有许多农田无法得到灌溉,弃为荒地。973 年,法蒂玛王朝的哈里发穆仪兹规定,河水泛滥期间,严禁公布水位的高度,以免导致农民的恐慌。阿尤布王朝和马木路克王朝的历代苏丹沿用法蒂玛王朝旧制,依照河水泛滥的程度确定土地税的数额。显然,河水的泛滥既是天赐的厚礼,亦是灾荒的根源。稳定的农业生产,尚需必要的人工灌溉。哈里发国家屡屡投入大量人力和财力,建造堤坝,开凿河渠,排干沼泽,灌溉荒地。1283 年,马木路克苏丹盖拉温曾经亲临布海拉省,监督泰里叶河渠的疏浚工程。在埃及,大型堤坝称"祖苏尔·苏勒塔尼叶",由官府控制;小型堤坝称"祖苏尔·白拉迪叶",局限于村社的范围。^⑤ 在伊拉克,堤坝多由黏土和芦苇混合建造,以

---

① Lombard,M. , *The Golden Age of Islam* , pp. 164-165

② Ashtor,E. , *The Medieval Near East: Social and Economic History* , London 1978, p. 5.

③ Lombard,M. , *The Golden Age of Islam* , p. 167.

④ Ashtor,E. , *A Social and Economic History of the Near East in the Middle Ages* , p. 45.

⑤ Udovitch,A. L. , *The Islamic Middle East 700-1900* , pp. 60-61.

至于"一个鼠洞便会导致决口,一个时辰便会毁掉全年的劳作"①。扬水是人工灌溉的重要内容。东部省区普遍使用纳乌拉,即扉水车,以河水作为动力;西部省区常用的水车称"萨基叶",由牲畜牵引。② 称作"沙杜夫"的桔槔,采用杠杆的原理,用木桶将水扬至高处;若干桔槔组合使用,灌溉农田效果颇佳。称作"卡纳特"的暗渠,通过地下渠道,可将水引至较远的农田。③ 新作物的传播导致新的农业技术的应用,诸如水稻、棉花、甘蔗等作物的广泛种植推动灌溉农业的发展。水利设施的改进、灌溉范围的扩大,成为此间中东农业的突出现象。东方传统的灌溉方式,诸如伊朗的暗渠和叙利亚的水车,经北非传入西班牙。④

农民在耕作时普遍使用木犁,多由双牛牵引。在埃及,双牛牵引的轻型木犁称作"米赫拉斯",源于法老的时代,由两人操纵,每天可犁地 1 费丹。贫困农民常租赁木犁和耕牛,日租金 4 迪尔罕。马木路克时期,埃及出现称作"穆卡勒卡拉特"的重犁,但未能推广使用。⑤ 在伊朗北部的某些地区,由于气候寒冷,土质坚硬,多用 8 牛牵引的重犁。⑥

哈里发时代的初期,农民大都只种冬季作物,秋季播种,春季收割,夏季则是休耕期。在某些地区,每两年内仅种一季,以求保证地力和水分。小麦是最重要的冬季作物,具有耐旱性和耐寒性。相比之下,水稻、棉花、甘蔗和高粱等新作物属于夏季作物,其中甘蔗具有耐盐碱性,高粱具有耐旱性。阿拔斯时代,诸多新作物的引进和推广,加之水利事业的发展,导致播种期的明显改变。在土质和水源适宜的情况下,许多地区实行冬夏轮种,休耕期缩短,土地利用率明显提高。冬季作物主要是小麦、大麦、亚麻、三叶草、洋葱、大蒜以及各种豆科作物,夏季作物包括水稻、棉花、高粱、甘蔗、蓝靛、芝麻及瓜果和蔬菜。⑦

手工业

伊斯兰世界及其周边区域蕴藏着丰富的矿产资源,哈里发国家颇为重视矿藏的开采。上埃及的阿斯旺至伊萨卜港一带盛产黄金,经尼罗河或红海水域运

---

① Miskawayh,*Tajarib al-Umam*,Oxford 1921, p. 376.

② Morony,M. G. , *Manufacturing and Labour in the Classical Islamic World*,Hampshire 2003, p. 4.

③ Lindsay,J. E. , *Daily Life in the Medieval Islamic World*, p. 130.

④ Hourani,A. , *A History of the Arab Peoples*, p. 45.

⑤ Udovitch,A. L. , *The Islamic Middle East 700-1900*, pp. 63-64.

⑥ Mez,A. , *The Renaissance of Islam*, p. 455.

⑦ Udovitch,A. L. , *The Islamic Middle East 700-1900*, p. 40, pp. 68-69.

往各地。努比亚是另一重要的黄金产地;商旅驼队频繁穿越撒哈拉沙漠,将努比亚的黄金运往马格里布。1000 年,穆斯林亦在阿富汗发现金矿。银矿大都分布在伊斯兰世界东部诸地,阿富汗以及伊斯法罕和费尔干纳皆盛产白银。据伊本·豪卡勒记载,位于兴都库什山区的银矿拥有矿工达万人之多。黄铜产于伊斯法罕和布哈拉等地;伊斯法罕的铜矿在 9 世纪时每年缴纳矿产税达 1 万迪尔罕。铁矿主要分布在伊朗高原,费尔干纳的铁器以质地优良而远销各地,黎巴嫩山区、非洲和西西里亦有铁矿。此外,煤产自布哈拉和费尔干纳,石棉产自呼罗珊,绿宝石产自埃及,红宝石产自也门。① 矿产的分布状况对哈里发时代的经济生活颇具影响,尤其是导致西部金币区与东部银币区的明显差异。煤矿甚少,加之森林资源匮乏,燃料不足,长期制约手工业生产。

哈里发时代,最重要的手工业部门是纺织业。在埃及,亚麻纺织是科普特人的传统工业部门,主要分布在尼罗河三角洲的提尼斯、迪米耶塔、达比克、亚历山大、沙塔、布拉、达米拉、突纳、阿卡旺、迪夫和上埃及的法尤姆、巴赫纳萨、阿赫明。法蒂玛王朝建立后,卡塔和穆恩亚成为新兴的亚麻纺织中心。② 亚麻织物分为白色亚麻布、彩色亚麻布和绣金亚麻布,既有近于透明的面料,也有质地厚实的挂毯。据麦格里齐记载,埃及的亚麻织物等值于相同重量的白银。埃及的亚麻纺织业规模很大,仅提尼斯一处便有 5000 台织机,而提尼斯于 971 年销往伊拉克的亚麻织物超过 2 万第纳尔。③ 据萨阿里比记载,1038 年埃及全部岁入的四分之一来自亚麻纺织业。④ "提尼西"产于提尼斯,"迪米耶提"产于迪米耶塔,"达比基"产于达比克,皆为埃及亚麻纺织业的著名产品,远销各地。波斯湾沿岸的胡齐斯坦和法尔斯两省亦有发达的亚麻纺织业,希尼兹、杰纳巴、塔瓦吉、达里兹、里沙浦尔和乌什拉均产亚麻织物,卡兹伦则被誉为"波斯的迪米耶塔"⑤。

毛纺织业是西亚传统的手工业部门,具有悠久的历史,主要产品包括地毯、挂毯、坐垫和门帘。在伊斯兰世界,地毯不仅是日常用品,而且是身份和地位的重要标志,名贵的地毯足以与宝石相提并论。亚美尼亚因其羊毛质地甚佳,所产地毯名闻遐迩。波斯地毯可与亚美尼亚地毯媲美,颇负盛名。倭马亚时代和阿拔斯时代,哈里发宫中所用地毯大都产自亚美尼亚。伊拉克南部亦产地毯,

①　Mez,A., *The Renaissance of Islam*, pp. 440-443.

②　Ashtor,E., *A Social and Economic History of the Near East in the Middle Ages*, p. 198.

③　Lombard,M., *The Golden Age of Islam*, p. 186.

④　Ashtor,E., *A Social and Economic History of the Near East in the Middle Ages*, p. 151.

⑤　Mez,A., *The Renaissance of Islam*, p. 461.

希拉、瓦西兑、麦萨恩、贾赫拉姆皆为重要的地毯产地。① 西亚地毯种类繁多,风格各异,旅行者往往根据地毯的样式便可辨认其所在的地区。

随着棉花种植的推广和蚕丝技术的传入,棉纺织业和丝织业得到长足的发展。棉纺织业主要分布在西亚诸地,伊朗西部的伊斯法罕、莱伊、加兹温、库米斯和伊朗东部的木鹿、内沙浦尔、巴姆以及南部法尔斯省的设拉子、伊斯泰赫尔、叶兹德、鲁扎姆、达拉布吉尔德皆为重要的棉纺织业中心,叙利亚的阿勒颇亦有发达的棉纺织业。9 世纪以后,棉花的种植技术传入埃及。10 世纪,尼罗河流域形成初具规模的棉纺织业。10 世纪的文献资料提到埃及的棉纺织产品。哈里发国家的丝织品最初大都产自拜占廷,小亚细亚东北部的特拉比宗是穆斯林与基督徒进行丝织品贸易的主要地点。阿拔斯时代,蚕丝技术的传入导致丝织业的兴起,阿塞拜疆、朱尔占以及呼罗珊的内沙浦尔、木鹿、纳萨、阿比沃德和伊拉克的库法、苏斯、苏珊吉尔德、阿斯卡尔、纳赫尔、哈比斯,均为重要的丝织品产地,叙利亚和埃及亦产丝织品。② 大马士革的丝织品行销各地,而“大马士革”一词在基督教欧洲竟成为绸缎的通称。巴格达的阿塔卜区所产的丝绢称作“阿塔比”,经西班牙传入欧洲内地以后,名为“塔比”。

在伊斯兰世界,仅次于纺织业的手工业部门,是玻璃制造业。埃及的玻璃制造业由来已久,亚历山大、法尤姆、乌什穆纳因和弗斯塔特是玻璃制品的主要产地。③ 地中海东岸的玻璃制造业,继承了古代腓尼基人的传统。“在西顿、提尔和叙利亚其他城市所制造的玻璃,是腓尼基工业的残余,除埃及玻璃外,这是世界史上最古老的玻璃工业。叙利亚出产的玻璃,又薄又透明,是天下闻名的。叙利亚色彩绚烂的加釉玻璃,在十字军战争中传入了欧洲,成为欧洲大教堂中所用的彩色玻璃的先驱。”④伊斯兰世界的宫殿和清真寺内悬挂的玻璃灯具大都产自叙利亚和埃及,不仅用于照明,而且颇具装饰效果。巴格达盛产彩色玻璃和花纹玻璃,远近闻名。呼罗珊人常用玻璃仿制绿宝石,真伪难辨,往往以假乱真。尽管《古兰经》明文禁止,仍然有许多玻璃制品装饰以各种图形,昂贵的玻璃器皿甚至刻有动物图像。

伊斯兰世界手工业领域的突出成就,是造纸业的兴起和发展。751 年,阿布·穆斯林遣部将齐亚德进兵楚河西岸⑤,击败唐朝安西节度使高仙芝,俘唐军 2 万人,其中有许多造纸工匠。此后,中国的造纸术传入中亚,撒马尔罕首先设

① Ahsan,M. , *Social Life Under the Abbasids 786-902* , p. 191.

② Strange,G. , *The Lands of the Eastern Caliphate* , p. 203 , p. 246.

③ Ashtor,E. , *A Social and Economic History of the Near East in the Middle Ages* , p. 98.

④ P. 希提:《阿拉伯通史》,第 405 页。

⑤ 楚河系中亚的内陆河,源自天山,流经今吉尔吉斯斯坦和哈萨克斯坦境内。

立造纸作坊,生产所谓的撒马尔罕纸。792 年,哈里发国家在巴格达设立造纸作坊。9 世纪起,造纸技术在伊斯兰世界自东向西广泛传播,大马士革、的黎波里、弗斯塔特、菲斯、瓦伦西亚相继成为造纸业的重要中心。[①] 造纸业的兴起和发展,导致传统的纸草业逐渐衰落。9 世纪,尼罗河三角洲尚且生产少量的纸草;至 10 世纪,纸草业在埃及销声匿迹。[②]

哈里发时代伊斯兰世界手工业长足进步的重要原因,在于原料的沟通与技术的交流。亚美尼亚和马格里布的羊毛以及伊朗高原西部和里海南岸的番红花、克尔曼的蓝靛,质地上乘,产量充足。[③] 技术的交流主要表现为产品风格的模仿。西班牙、埃及和叙利亚的毛纺织业产品模仿亚美尼亚的地毯编织工艺,法尔斯的亚麻制品模仿埃及出产的达比基。伊拉克的纺织技术深受伊朗传统纺织技术的影响,萨马拉和埃及的玻璃器皿则如出一辙。[④] 另一方面,由于森林植被稀少,作为工业燃料的木材供应严重不足,加之铁矿匮乏,伊斯兰世界的金属加工业长期处于相对落后的状态,金属制品依赖于周边地区的进口。

伊斯兰世界的手工业,分为官营手工业和民间私营手工业两类。官营手工业主要包括兵器制造业、造船业、造纸业和各种奢侈品的生产行业,大都分布在中心城市。生产锦缎的作坊称作"提拉兹",是官营手工业的重要类别。民间私营手工业主要生产日常用品,其分布范围较广。民间私营手工作坊往往规模较小,大都自产自销。亦有民间私营手工作坊系富商出资经营,雇佣工匠制造产品,逐月或逐日支付薪金。在 8 至 9 世纪的伊拉克,某些熟练工匠的月薪达到 5 或 6 第纳尔,其余工匠的月薪约 1.5 第纳尔。在同一时期的埃及,熟练工匠的月薪约 1.5 至 2 第纳尔;然而,在 9 世纪中叶,尼罗河三角洲的织工月薪不足四分之三第纳尔。9 世纪初的一名埃及织工曾向基督徒迪奥尼苏斯抱怨说,他的日薪只有半个迪尔罕。[⑤]

商业

哈里发国家幅员辽阔,自然环境千差万别,物产各异,由此形成商业贸易交

① Ashtor,E. , *A Social and Economic History of the Near East in the Middle Ages*, p. 98, p. 198.

② Morony,M. G. , *Manufacturing and Labour in the Classical Islamic World*, p. 22.

③ Ashtor,E. , *A Social and Economic History of the Near East in the Middle Ages*, pp. 97-98.

④ Lombard,M. , *The Golden Age of Islam*, p. 185.

⑤ Holt,P. M. , Lambton, A. K. S. & Lewis, B. , *The Cambridge History of Islam*, vol. 2B, pp. 527-528.

往的巨大空间。另一方面,在哈里发时代的伊斯兰世界,只有伊拉克河网密布,其他地区大都缺乏可以通航的河流。麦格迪西认为,在伊斯兰世界的腹地,包括幼发拉底河、底格里斯河、尼罗河以及阿姆河、锡尔河在内的 12 条河流是可以通航的仅有河流。[1] 然而,发达的驿道遍布各个角落,为伊斯兰世界的商业活动提供了必要的条件。哈里发时代的商业,首先是区域性的内陆贸易;日常消费品的流通,构成内陆贸易的基本内容。小手工业者往往自产自销,兼有工匠和商贩的双重身份。[2] 富商巨贾资产雄厚,主要经营大宗货物的长途贩运。商人通常采用合股和委托的经营方式。合股经营的商人大都出自同一家族,合股者共同分享商业利润和分担商业风险。委托经营系投资者委托他人贩运货物,赚取商业收益。[3]

在区域性的内陆贸易中,农产品和纺织品的流通占据举足轻重的地位。谷物从埃及和贾吉拉运往希贾兹和伊拉克,橄榄油从叙利亚和马格里布运往埃及,胡齐斯坦的蔗糖行销两河流域,伊拉克的椰枣在北方诸地颇具市场。叙利亚是名闻遐迩的水果之乡,所产各种水果在伊拉克和埃及备受青睐。埃及的亚麻织物、里海南岸的丝绸、伊拉克和呼罗珊的棉布、亚美尼亚和阿塞拜疆的地毯、撒马尔罕的纸张和大马士革的玻璃器皿,均为充斥市场的重要商品。

哈里发时代的伊斯兰世界地处欧亚非大陆的相交区域,扼守自基督教欧洲至东方诸国和从地中海到印度洋的水陆通道,远程的过境贸易十分发达,而奢侈品的贩运构成过境贸易的首要内容。伊斯兰世界与东方诸国之间贸易交往的重要方式,是穿越陆路的递运性贸易。穆斯林商人沿古代的丝绸之路,自莱伊向东,经内沙浦尔、木鹿、布哈拉、撒马尔罕、喀什噶尔,穿过伊犁河流域和塔里木盆地,到达黄河流域;亦可自木鹿或撒马尔罕向南,经巴勒黑和喀布尔,到达印度河流域。伊斯兰世界与东方诸国之间海路贸易的起点,包括波斯湾北岸的西拉夫、巴士拉、乌布拉和阿拉伯半岛东侧的马斯喀特、苏哈尔以及也门的亚丁。其中西拉夫最负盛名,西拉夫的商人可谓富甲波斯湾。西拉夫在 977 年毁于地震,巴士拉遂取而代之,成为波斯湾最重要的港口和商埠所在。阿拉伯人和波斯人的商船自波斯湾一带诸港口起航,沿印度西部的马拉巴尔海岸,经锡兰海域向东,穿越马六甲海峡,进入中国南部海域,抵达广州和海南。[4] 锡兰曾经是穆斯林商人与中国商人互市的贸易枢纽;"马六甲"一词即源于阿拉伯语,

① Mez,A. , *The Renaissance of Islam* , p. 485.

② Holt,P. M. , Lambton, A. K. S. & Lewis, B. , *The Cambridge History of Islam* ; vol. 2B, p. 527.

③ Hourani,A. , *A History of the Arab Peoples* , p. 112.

④ 同上, p. 44。

意为"汇合之处"①。亦有许多中国商船驶入印度洋水域,麦斯欧迪曾经提到停泊于西拉夫、巴士拉和乌布拉的中国商船。9世纪中叶,穆斯林商人甚至与朝鲜半岛的新罗国建立直接的贸易往来。据伊本·胡尔达兹比赫记载,自红海南端至瓦格瓦格(即倭国日本)的海路全长4500法尔萨赫。"由此东方海洋,可以从中国输入丝绸、宝剑、花缎、麝香、沉香、马鞍、绍皮、陶瓷、绥勒宾节(披风)、肉桂、高良姜;可以从瓦格瓦格国输入黄金、乌木;可以从印度输入沉香、檀香、棒脑、玛卡富尔(樟脑油)、肉豆蔻、丁香、小豆蔻、毕澄茄、椰子、黄麻衣服和棉质的天鹅绒衣服、大象;可以从塞兰迪布(锡兰)输入各色各样的宝石、金刚石、珍珠、水晶以及能磨制各种宝石的金刚砂;可以从穆拉和信丹输入胡椒;可以从凯莱赫(今马六甲一带)输入锡矿石;从南方省区可输入苏木、大兹(苏木的一种);从信德可输入因斯特(沉香的一种)、盖纳(标枪木)和竹子"②。来自东方的各种商品在巴士拉卸船,经底格里斯河运抵巴格达,进而穿越沙漠商路销往叙利亚和埃及。③

伊斯兰世界与非洲撒哈拉沙漠以南地区也有频繁的贸易往来。穆斯林商人从亚丁乘船向西航行,可至东非诸地。阿拔斯时代,穆斯林相继在科摩罗群岛、马达加斯加和莫桑比克建立商站,其中位于坦桑尼亚南部马坦杜河口的基尔瓦最为著名。努比亚的阿拉伊卜港,是伊斯兰世界与东非之间的另一贸易中心。穆斯林商人将东非的各种物产经红海运抵阿拉伊卜港,然后穿越努比亚沙漠运至阿斯旺,沿尼罗河销往埃及。在马格里布,穆斯林商人从菲斯、希吉勒马萨、提亚雷特和凯鲁万出发,向南穿越撒哈拉沙漠,进入非洲腹地,带去食盐、香料、谷物、纺织品和金属制品,换取黄金和奴隶。非洲腹地盛产黄金,但是食盐匮乏,许多地区甚至用食盐作为流通媒介。在苏丹西部内陆,穆斯林商人常用食盐换取同等重量的黄金。在加纳东部的昆吉亚,穆斯林商人出售的一担食盐价格高达200—300第纳尔。④

在伊斯兰世界的北部,穆斯林与基督徒尽管长期处于战争状态,但是贸易交往从未中断。小亚细亚北部城市特拉比宗是穆斯林商人与拜占廷商人之间的主要贸易中心,丝织品的交易十分活跃。⑤ 伊斯兰世界与基辅罗斯之间也有广泛的贸易往来。据伊本·胡尔达兹比赫记载,基辅罗斯的商人"将毛皮和黑狐狸皮、刀剑一类物品从斯拉夫的边远地区带到罗马海(黑海),罗马人的长官

① Ashtor,E. , *A Social and Economic History of the Near East in the Middle Ages*, p. 107.
② 伊本·胡尔达兹比赫:《道里邦国志》,第73—74页。
③ Hourani,A. , *A History of the Arab Peoples*, p. 44.
④ Ashtor,E. , *A Social and Economic History of the Near East in the Middle Ages*, p. 101.
⑤ Lombard,M. , *The Golden Age of Islam*, p. 225.

向他们征收什一税。他们再行至斯拉夫河上的提尼斯，到达可萨突厥城海姆利杰。海姆利杰的首领向他们征收什一税。他们再行至久尔疆海（里海），然后从他们喜欢的海岸登陆。此海的直径为 500 法尔萨赫。也许，他们将其商货用骆驼从久尔疆驮到巴格达。斯拉夫奴隶为这些商人充当翻译。他们佯称是基督教徒，只须交纳人丁税"①。另据麦斯欧迪记载，穆格台迪尔曾经于 921 年遣使前往伏尔加河流域；次年，该地居民皈依伊斯兰教。伊斯兰世界在北方的贸易范围曾经远至斯堪的纳维亚，毛皮和琥珀是伊斯兰世界从斯堪的纳维亚输入的主要商品。在斯堪的纳维亚出土的伊斯兰钱币属于 7 至 11 世纪，其中大都来自萨曼王朝；考古发现足以证明穆斯林与北欧人之间贸易接触的存在。"不可能设想，当时阿拉伯人已到达斯堪的纳维亚。比较可能的是，他们在俄罗斯同北欧人接触住在伏尔加河上游的哈扎尔人和保加尔人在他们中间起过中介作用"②。地中海北侧的基督教诸国，对于穆斯林来说还是一个陌生的世界。阿拉伯地理学家经常混淆罗马与君士坦丁堡，第勒尼安海则被视作有待探明的水域。尽管阿拉伯文、希腊文和拉丁文的史料都曾提及伊斯兰世界与地中海北岸之间存在贸易活动，但是双方的贸易内容十分有限，而且往往通过犹太人作为媒介。③ 10 世纪以后，意大利城市威尼斯和阿马尔菲的商人成为穆斯林商人在地中海水域的重要贸易伙伴。④

城市

城市的广泛发展和城市生活的繁荣，是哈里发时代伊斯兰世界历史进程的重要内容。大规模的武力征服，则是伊斯兰世界城市化的重要起点。阿拉伯人大都祖居半岛的沙漠旷野，追逐水草是他们传统的生活方式。先知穆罕默德去世后，哈里发国家迅速走上武力扩张的道路，阿拉伯人如同潮水一般涌入半岛周围的广大地区。征服战争不仅拓展了阿拉伯人的生存空间，而且导致阿拉伯人生活方式的深刻变革。离开半岛的阿拉伯人逐渐放弃游牧的传统，转入定居的状态。然而，他们不识农耕之道，亦无暇耕作。种族的差异和宗教的对立制约着征服者与被征服者之间的社会交往，阿拉伯人与土著居民处于相对隔绝的状态。在特定的历史条件下，城居成为阿拉伯人在被征服的区域内统治地位的

---

① 伊本·胡尔达兹比赫：《道里邦国志》，第 165 页。

② B. 路易斯：《历史上的阿拉伯人》，第 97—98 页。

③ Ashtor, E., *A Social and Economic History of the Near East in the Middle Ages*, p. 105.

④ Hourani, A., *A History of the Arab Peoples*, p. 45.

象征,城市生活成为阿拉伯人的时尚。

哈里发时代的伊斯兰城市,起源于不同的途径。在许多地区,城市是阿姆撒尔演变的结果。"阿姆撒尔"是阿拉伯语"界限"一词的复数音译,其单数形式称"米绥尔",特指哈里发国家在被征服地区建立的军事营地。637年,欧特巴·加兹旺在伊拉克南部的乌布拉附近营建巴士拉;638年,赛耳德·阿比·瓦嘎斯在伊拉克中部的希拉附近营建库法。① 阿拉伯人自半岛进入伊拉克后,大都屯驻巴士拉和库法。欧默尔在写给赛耳德·阿比·瓦嘎斯的信中明确吩咐:"为穆斯林选择迁徙的去处和发动圣战的据点。"参与卡迪希叶战役的阿拉伯战士成为库法最初的居民,其中穆达尔人即属于北方阿拉伯人的部落成员占据库法西部,也门人即属于南方阿拉伯人的部落成员占据库法东部,聚礼清真寺位于库法的中央。② 穆阿威叶当政期间,巴士拉有阿拉伯战士8万人,眷属12万人,库法有阿拉伯战士6万人,眷属8万人。③ 642年,阿慕尔·阿绥在尼罗河东岸的巴比伦堡附近营建新城弗斯塔特,移入埃及的阿拉伯战士及其眷属约有半数屯驻其中。670年,欧格白·纳菲在阿特拉斯山脉的东端营建新城凯鲁万,作为控制易弗里基叶的阿拉伯人据点。702年,哈查只·尤素夫在巴士拉与库法之间营建瓦西兑,屯驻叙利亚籍的阿拉伯战士。加萨尼人的都城查比叶位于大马士革东南方的戈兰高地,是阿拉伯人征战期间在叙利亚的军事营地。叙利亚战争结束后,阿勒颇以北的达比克取代查比叶,成为阿拉伯人在叙利亚最重要的军事营地。埃矛斯位于朱迪亚平原,亦是阿拉伯人在叙利亚的重要军事营地。④ 上述阿姆撒尔大都位于沙漠牧场与农耕区域之间,适应阿拉伯人自游牧向定居转变的过渡状态。固然有个别的军事营地随着征战行为的结束而不复存在,但是多数的阿姆撒尔逐渐演变为阿拉伯人的永久居住地,进而发展为颇具规模的城市。巴士拉和库法兴建之初,阿姆撒尔的核心是清真寺,周围分布着阿拉伯人的棚屋,系芦苇搭建而成,十分简陋。巴士拉的阿拉伯人大都来自半岛东部,也门籍的阿拉伯人在库法居多。"库法在初建之时约有人口2万,其中1.2万属于也门人,其余属于穆达尔人。"⑤他们按照传统的血缘关系划分各自的住区,各自为政。穆阿威叶当政期间,伊拉克总督齐亚德·阿比希下令拆除巴士拉和库法的芦苇棚屋,改为砖石结构的建筑,并在住区周围挖掘壕沟,修造城墙。齐

---

① 哈桑·穆阿尼斯:《古代中世纪的阿拉伯国家与文明》,第155页。

② Jafri,S. H. M. , *Origins and Early Development of Shi'a Islam* , p. 102, p. 103.

③ Kremer,A. F. , *The Orient Under the Caliphs* , p. 310.

④ Ashtor,E. , *A Social and Economic History of the Near East in the Middle Ages* , p. 19.

⑤ Hasan,N. , *The Role of the Arab Tribes in the East During the Period of the Umayyad* , Baghdad 1976, p. 71.

亚德·阿比希还采用高压手段,遏制部落的传统势力,重新划分阿拉伯人的住区,确立国家权威,进而强化巴士拉和库法作为城市的政治功能。阿姆撒尔的居民最初局限于阿拉伯战士及其眷属。倭马亚时代,阿拉伯人不断从半岛移入阿姆撒尔,非生产性人口日益增多,进而产生了广泛的消费需求,交换活动随之扩大。来自周围乡村甚至遥远地区的土著人口相继涌入阿姆撒尔,为渐趋膨胀的消费群体提供各种服务,由此形成市场。772年,叶齐德·哈提姆扩建凯鲁万城,增设各类专门的市场。在巴士拉的西区,市场林立,商贾云集。消费的增长和交换的频繁,改变了阿姆撒尔的人口构成,其经济功能趋于完善。

古代城市的延续,是哈里发时代伊斯兰城市的另一重要起源。在拜占廷帝国和波斯萨珊王朝统治时期,阿拉伯半岛周围分布着许多城市。穆斯林征服以后,这些城市大都保留下来。许多人曾因躲避战乱而逃离城市,这种现象在叙利亚北部及沿海地带较为明显。然而,阿拉伯人的到来无疑给古老的城市注入了新的生机。伊拉克的古城希拉、安巴尔、泰西封、胡勒万、艾因·塔姆尔吸引了相当数量的阿拉伯人,底格里斯河上游重镇摩苏尔由于阿拉伯人的不断移入而被誉为贾吉拉的库法,埃及的阿拉伯人则将尼罗河入海口的亚历山大视作新的家园。[1] 在叙利亚,许多城市在与征服者订立降约时明确规定,城市住区的二分之一划归阿拉伯人使用,圣城耶路撒冷、北方重镇阿勒颇和地中海东岸港口城市阿克、提尔、的黎波里繁荣依旧。大马士革作为哈里发国家的首都,在倭马亚时代得到空前的发展;圣约翰大教堂始建于375年,哈里发韦里德时代改建为倭马亚清真寺,堪称大马士革的标志性建筑。西班牙旅行家伊本·祖拜尔于1184年游历大马士革时感叹道:"如果天园是在尘世,大马士革无疑是天园的所在。"[2]在伊朗高原,特别是呼罗珊和河外地区,阿拉伯人作为征服者往往屯驻于旧城的郊外,另建新城,内设清真寺、城堡和市场;在木鹿、布哈拉、撒马尔罕和巴勒黑,新城与旧城各成体系,交相辉映,颇具特色。[3] 穆斯林征服的时代结束以后,哈里发国家还曾在许多地区营建新的城市。伊拉克的巴格达和萨马拉、叙利亚的拉姆拉、马格里布的菲斯、提亚雷特、希吉勒马萨、突尼斯等,皆为伊斯兰世界的重要城市,名闻遐迩,久负盛誉。

阿拔斯时代,众多的城市如同璀璨的明珠,镶嵌在伊斯兰世界的各个角落。便利的交通是集中消费的条件,城市大都分布在河流两侧或商路沿线。底格里斯河畔的巴格达是伊斯兰世界最大的城市,圆城、鲁萨法宫、呼罗珊军驻扎的哈

① Udovitch,A. L. , *The Islamic Middle East 700-1900* , p. 178, p. 180.

② Lindsay,J. E. , *Daily Life in the Medieval Islamic World* , p. 93.

③ Lombard,M. , *The Golden Age of Islam* , p. 30.

尔比耶区、商人和工匠居住的卡尔赫区隔河而建。[1] 据粗略的估算,9世纪时的巴格达占地25平方公里,城区面积相当于萨珊王朝都城泰西封的13倍和同时期拜占廷帝国首都君士坦丁堡的5倍,居民在30万至50万人之间。[2] "马蒙当政时期,巴格达有6.5万余处公共浴室。"[3]巴士拉始建于欧默尔当政期间,阿拔斯时代成为伊拉克南部最重要的贸易中心,居民约20万人。库法的规模略小于巴士拉,居民十万余人。新都萨马拉始建于836年,位于巴格达以北100余公里处的底格里斯河东岸,宫殿、清真寺、兵营、民宅、市场沿河排列,绵延30公里。叙利亚的城市大都沿袭拜占廷时代的传统,规模不及伊拉克的新兴城市,但是分布甚广。大马士革和阿勒颇是叙利亚内陆区域的主要城市,居民约在5万至10万人之间。耶路撒冷是历史悠久的宗教圣城,居民约2万人,香客和商贾不绝如缕。拉姆拉始建于倭马亚哈里发苏莱曼当政期间,阿拔斯时代发展为巴勒斯坦的重要城市。地中海东岸的阿克、提尔、赛达、的黎波里、毕布勒斯曾因遭受战祸而一度萧条,阿拔斯时代再度复兴。陶鲁斯山南侧因与拜占廷相邻,圣战者云集,形成一系列要塞城市,其中塔尔苏斯、麦西萨、艾达纳最负盛名。埃及的城市沿尼罗河两岸排列,星罗棋布。弗斯塔特始建于641年,阿慕尔清真寺是弗斯塔特的核心建筑。750年,阿拔斯王朝在弗斯塔特北侧另辟新区,名阿斯卡尔。969年,法蒂玛王朝在阿斯卡尔以北营建新城,名嘎希赖,亦称开罗,以爱资哈尔清真寺作为标志,居民增至50万人。凯鲁万是马格里布最大的城市,始建于670年。建城初期,欧格白清真寺位于凯鲁万的核心,周围是阿拉伯人的住区,按照传统的部族形式划分,包括古莱西人住区,辅士住区、吉法尔人住区、莱赫米人住区、侯宰勒人住区等。772年,叶齐德·哈提姆在住区周围建造5米高墙,并在各住区设立市场。阿格拉布王朝建立后,在凯鲁万郊外另辟三处新区,南区名阿拔希叶,西区名拉盖达,东区名萨布拉·曼苏里叶,各设清真寺、市场、商栈、民宅。[4] 阿拔斯时代,凯鲁万"经济繁荣,学术发达……凯鲁万是权力的中心,是马格里布的骄傲;凯鲁万比大马士革更大,比伊斯法罕更雄伟,比内沙浦尔更富于人情味……凯鲁万的欧格白清真寺,其规模比埃及的伊本·土伦清真寺还大"[5]。提亚雷特始建于761年,是鲁斯塔姆王朝的都城,被时人誉为马格里布的巴士拉。808年,伊德利斯王朝在马格里布西部营建新都菲斯,以卡拉维因清真寺作为象征。后来,阿拉伯人自西班牙和易弗里基叶

① Gordon, M. S., *The Rise of Islam*, pp. 54-55.

② Ashtor, E., *A Social and Economic History of the Near East in the Middle Ages*, p. 89.

③ Ibn Khaldun, *The Muqaddimah*, vol. 2, p. 236.

④ Lombard, M., *The Golden Age of Islam*, p. 123, pp. 133-135, pp. 67-68.

⑤ 艾哈迈德·爱敏:《阿拉伯伊斯兰文化史》,第5册,第284—285页。

移至菲斯,在奥维德河两侧形成两处新区,分别称作安达卢斯区和凯鲁万区,鼎盛时期人口达十余万。伊朗高原的许多城市,如伊斯法罕、莱伊、加兹温、内沙浦尔,在倭马亚时代呈现二元结构,土著的波斯人大都居住在旧城,阿拉伯人作为征服者屯驻郊外,形成新区;旧城与新区各有围墙环绕,新区构成哈里发国家的统治中心。阿拔斯时期,波斯人的政治势力渐趋膨胀,阿拉伯人作为征服者的时代一去不复返,伊朗城市的自然格局随之改变,新区与旧城合并,二元结构不复存在。[①]

哈里发时代的伊斯兰城市不同于中世纪西欧的行会城市,大都起源于哈里发国家的政治行为,教俗合一的封建统治在城市生活中占有极其重要的地位。聚礼清真寺是城市的核心建筑,象征着伊斯兰教的神圣地位。城市的主要商业区称作巴扎,通常与聚礼清真寺相邻。官衙位于聚礼清真寺的侧旁,体现宗教与政治的密切联系。聚礼清真寺、巴扎和官府的周围是穆斯林的居住区,基督徒和犹太人的居住区大都分布在城市的边缘地带。[②] 在中世纪的西欧,统治权力往往集中于乡村的封建庄园,城市长期处于领主的庇护之下。与中世纪的西欧相比,哈里发时代的伊斯兰世界,城市是权力的所在,即使乡村的大地产主和伊克塔的受封者亦大都处于城居状态。城市是封建统治的中心,也是权力角逐的舞台。另一方面,发达的市民社会和行会的自治地位构成西欧中世纪城市的突出特征;相比之下,哈里发时代的城市从属于国家和官府,缺乏自治的社会组织和市民阶层,在诸多方面与拜占廷城市颇具相似之处。[③]

城居意味着非农业的生活状态,交换活动是城市赖以存在的基础,手工业者和商人则是城市居民的重要组成部分。称作巴扎的市场是城市的经济中心,每个城市都有数量不等的市场。市场多由官府建造,在城市生活中不可或缺。阿拔斯哈里发穆台瓦基勒在萨马拉以北营建新城贾法里耶时,"在每个街区建立一处市场"。市场分门别类,排列有序。巴格达西部的卡尔赫区是著名的市场区,长2法尔萨赫,宽1法尔萨赫,内分若干区段,不同的商贩各有自己的摊位,包括粮市、花市、果市、肉市以及金银铺、首饰铺和中国货市场。在许多城市,商贩按照经营内容的珍贵和洁净程度排列摊位,自聚礼清真寺附近直至城门分别是香料、书籍、布匹、服饰、地毯、珠宝、皮革、饮食和屠宰各类行业的店铺。[④]

① Lombard, M., *The Golden Age of Islam*, p. 60, p. 71, p. 138, p. 30.
② Holt, P. M., Lambton, A. K. S. & Lewis, B., *The Cambridge History of Islam*, vol. 2B, p. 454.
③ Grunebaum, G. E., *Classical Islam*, pp. 99-100.
④ Ahsan, M., *Social Life Under the Abbasids 786-902*, p. 150.

人口构成的多元状态是城市区别于乡村的明显特征。高官显贵和上层宗教学者无疑是城市的权力核心,操纵着城市的命运。商人和工匠为数甚多,构成城市居民的主体。阿拉伯人具有崇尚贸易的悠久传统,大商人的社会地位和政治影响不可小视。他们往往出任各级官职,甚至高居显位,权倾一时。工匠各有作坊,自产自销的现象相当普遍,子承父业者甚多。沿街叫卖的小贩构成城市的下层群体,无固定摊位,缺乏稳定的经济来源。灾荒和战祸常使大量乡民流入城市,露宿街头,乞讨为生,境况颇显凄惨。城市居民来源庞杂,兼有阿拉伯人和非阿拉伯人、穆斯林和吉玛人、自由人和奴隶。他们按照各自的身世、信仰和职业划分住区,住区之间往往设有门闸,处于相对封闭的状态,相互联系甚少。城市亦有相应的行业群体抑或行会,大都出自官办,受到官府的控制,负责维持秩序和分摊赋税,是王公贵族的统治工具。[1] 管理市场的官员称穆赫台绥卜,多由宗教学者担任,负责执行伊斯兰教法,监督市场交易,控制生产程序,规定产品数量,规范物价度量。[2] 工匠和商贩尽管构成城市居民的主体,但因缺乏必要的自治组织,未能形成颇具影响的社会势力,与乡民同处被统治的地位。[3] 10 世纪,卡尔马特派运动风行各地,许多城市出现类似行会的民间组织,不受官府控制,工匠和商人通过特殊的仪式加入各自的行业群体,选举各自的首领。然而,卡尔马特派建立的城市民间组织只是昙花一现。随着卡尔马特派运动的衰落,城市民间组织相继解体,重新让位于官办组织。

二、社会结构与社会生活

阿拉伯人的迁徙

阿拉伯人具有悠久的迁徙传统。伴随着伊斯兰文明的兴起,阿拉伯人经历了历史上规模最大的迁徙过程。麦地那哈里发时代的军事扩张,不仅改变了中东地区原有的政治格局,而且改变了阿拉伯人的分布范围。在圣战的旗帜下,阿拉伯人如同潮水一般,离开世代生息的家园,涌入"肥沃的新月地带"和尼罗

---

①　Grunebaum,G. E. , *Classical Islam* , p. 100.

②　Holt,P. M. , Lambton, A. K. S. & Lewis, B. , *The Cambridge History of Islam* , vol. 2B, p. 529.

③　Hourani, A. , *A History of the Arab Peoples* , p. 134.

河流域,继而涌向遥远的呼罗珊和西班牙。

阿拉伯人迁徙的首要目标,是伊拉克肥沃的平原地带。巴士拉和库法宛若幼发拉底河畔的两颗璀璨明珠,吸引着纷至沓来的阿拉伯人。库法总督赛耳德·阿绥在致哈里发奥斯曼的信中写道:"库法人口的混杂情况极为严重。早期进驻库法的战士受到冲击,越来越多的拉瓦迪夫(即穆斯林队伍中的后来者)和贝都因人正在接连不断地涌入这座城市。"①麦地那哈里发时代,移入库法的阿拉伯人大都来自也门一带;而在巴士拉,穆达尔部落各分支率先移入,且人数居多,随后移入的阿拉伯人分别来自拉比尔部落各分支和阿兹德部落。倭马亚王朝建立后,伊拉克成为阿拉伯人移入最多的地区,伊拉克阿拉伯人的数量大约相当于叙利亚阿拉伯人的 3 倍;马立克当政期间,仅巴士拉便有 8 万阿拉伯战士被列入迪万的名册,从哈里发国家领取年金。②

阿拉伯人的不断移入,导致巴士拉和库法的生存空间日趋紧张,社会矛盾随之加剧。671 年,伊拉克总督齐亚德·阿比希将阿拉伯人塔米姆部落、凯斯部落、巴克尔部落和阿卜杜勒·凯斯部落的 5 万名战士及其眷属迁出巴士拉和库法,遣往东方的呼罗珊,屯驻于木鹿绿洲。③ 697 年,伊拉克总督哈查只·尤素夫试图将称作"孔雀军"的 4 万名阿拉伯战士及其眷属迁出巴士拉和库法,遣往伊朗高原东南部的锡斯坦,由于后者中途反叛,迁徙计划未能实现。698 年,穆哈拉布·苏弗拉出任呼罗珊总督,阿拉伯人阿兹德部落的 2 万名战士携眷属同期迁至木鹿。732 年,哈里发希沙姆再次从伊拉克招募 2 万名阿拉伯战士携眷属移入呼罗珊。④ 倭马亚时代,阿拉伯战士驻扎在呼罗珊的纳萨、阿比沃德、古兹甘、赫拉特、木鹿、突斯、巴勒黑、内沙普尔、木鹿—卢泽等地。⑤ 在伊朗西部的尼哈温、胡勒万、加兹温、阿尔达比勒、哈马丹、伊斯法罕、莱伊和库姆等地,亦有为数较多的阿拉伯人。⑥ 麦地那时代末期,阿拉伯人占领内沙普尔;内沙普尔的第一座清真寺始建于 651 年。697 年,阿兹德部落的阿拉伯人随呼罗珊总督穆哈拉布移入内沙普尔。巴勒黑的阿拉伯人来自叙利亚的阿兹德部落、巴克尔部落和塔米姆部落。征服伊斯法罕的阿拉伯人来自库法和巴士拉,分别属于萨奇夫部落、塔米姆部落、胡扎尔部落、哈尼法部落和阿卜杜勒·凯斯部落,驻扎在伊斯法罕旧城外的贾伊。加兹温是阿拉伯人于 645 年在伊朗西北部建立的米

① Donner,F. M. , *The Early Islamic Conquest* , p. 231.

② Wellhausen,J. , *The Arab Kingdom and Its Fall* , p. 402.

③ 泰伯里:《历代先知与君王史》,第 2 卷,第 81 页。

④ Shaban,M. A. , *Islamic History* , *A New Interpretation 600-750* , p. 110, p. 140.

⑤ Udovitch,A. L. , *The Islamic Middle East 700-1900* , p. 199.

⑥ Frye,R. N. , *The Golden Age of Persia* , *the Arabs in the East* , p. 71.

绥尔,驻扎在加兹温的 500 名阿拉伯战士来自库法和胡勒万。库姆原为一处村庄,644 年成为阿拉伯战士驻扎的军营;713 年,伊拉克总督哈查只·尤素夫下令修建城墙,库姆作为城市的雏形初露端倪。倭马亚王朝后期,库法的什叶派阿拉伯人移居库姆。①

阿拉伯人的另一条迁徙路线,是沿希贾兹北行,进入叙利亚和尼罗河流域。扩张时代,大批的阿拉伯人步圣战者的后尘,涌向北方。麦地那哈里发曾经在叙利亚的戈兰高地、朱迪亚平原和北部边境设立查比叶、埃茅斯、达比克等军事营地,用于屯驻移入叙利亚的阿拉伯人。然而,更多的阿拉伯人生活在叙利亚原有的城市,杂居于土著的被征服者之中。倭马亚王朝中期,叙利亚的阿拉伯人约有 20 万,其中大马士革约有 4.5 万阿拉伯人,霍姆斯约有 2 万阿拉伯人。②叙利亚的阿拉伯人大都来自希贾兹及也门一带,分别属于凯勒卜部落、加萨尼部落、胡扎尔部落、哈姆丹部落、朱扎姆部落、肯德部落、泰伊部落和祖拜德部落。③另外,穆达尔部落和拉比尔部落各分支以及巴克尔部落、凯斯部落、塔格里布部落、阿兹德部落的诸多成员亦自伊拉克和叙利亚相继移入美索不达米亚北部的贾吉拉,分布在摩苏尔、拉卡和阿米德等地。④

"在前伊斯兰时代的埃及,阿拉伯人数量很少。征服时期,那里的阿拉伯人仍然为数有限,集中屯驻于弗斯塔特和亚历山大。"⑤倭马亚王朝建立后,埃及总督阿慕尔·阿绥针对驻守埃及的阿拉伯战士多来自半岛南部诸部落的情况,于663 年迁半岛北部的阿拉伯人 12000 名进入埃及。673 年,伊拉克总督齐亚德·阿比希将许多阿拉伯人自伊拉克迁至埃及,他们分别属于胡扎尔部落、突德吉布部落、莱赫米部落和朱扎姆部落。⑥希沙姆当政期间,来自凯斯部落的3000 名阿拉伯战士携眷属从贾吉拉迁至埃及,被安置于提尼斯以南和比勒贝斯以东的豪夫一带。⑦随着易弗里基叶和马格里布的征服,大批阿拉伯人自叙利亚和埃及向西迁移;670 年,易弗里基叶总督欧格白·纳菲在今突尼斯建立凯鲁万,作为屯驻阿拉伯战士的军事营地。

① Udovitch,A. L. , *The Islamic Middle East 700-1900* , p. 199, p. 201, p. 192, p. 193.

② Ashtor,E. , *A Social and Economic History of the Near East in the Middle Ages* , p. 13.

③ Dixon,A. A. , *The Umayyad Caliphate 684-705* , London 1971, pp. 83-84.

④ Strange,G. , *The Lands of the Eastern Caliphate* , p. 86.

⑤ Kennedy,H. , *The Prophet and the Age of Caliphate* , p. 309.

⑥ Ashtor,E. , *A Social and Economic History of the Near East in the Middle Ages* , p. 14.

⑦ Shaban,M. A. , *Islamic History ,A New Interpretation 600-750* , p. 146.

倭马亚时代的社会交往

阿拉伯人分布范围的扩展,不仅体现生存空间的移动,而且蕴涵着生活方式的深刻变革。随着所处环境的改变,大批的阿拉伯人逐渐放弃传统的游牧经济,开始接受定居的生活。如前所述,阿拉伯半岛盛行游牧的生活方式;至于定居的农业生活,在半岛的范围内并非广为人知。徙志初期,先知穆罕默德和众多迁士尚且不识农耕之道。因此,阿拉伯人自追逐水草的游牧者转变为从事农耕的定居者,经历了复杂的过程。欧默尔创立的迪万制度,使年金取代牲畜和牧场,成为移入被征服地区阿拉伯人的生计来源,进而为他们走出沙漠和结束游牧生活准备了重要的条件。离开沙漠的阿拉伯人尽管无法立刻接受定居农业的生活方式,但是毕竟不再依赖牲畜和牧场维持生存。欧默尔曾经宣布:"谁越早定居下来,谁就会越早得到年金。"这样的年金,与其说是参加圣战的报酬,不如说是转入定居状态的补偿。F. 杜耐尔认为:"在欧默尔当政时,穆斯林既非游牧者亦非耕田者。"[1]这种现象实际上反映了阿拉伯人从游牧向定居转变的过渡状态,而年金的分配构成实现这一转变的桥梁,有力地推动了移入被征服地区的阿拉伯人摆脱游牧状态而接受定居生活的历史进程。倭马亚时代末期,阿拉伯人分布范围的扩展趋于结束,定居逐渐取代游牧,迪万制度随之衰落,年金数量日趋减少,其发放范围亦明显缩小。阿拔斯王朝建立后,年金的发放范围只限于哈希姆族的成员。

移入被征服地区的阿拉伯人摆脱游牧状态而趋于定居,明显地消除了征服者与被征服者之间的差距和障碍,进而为倭马亚时代广泛的社会交往提供了客观的基础,和平的交往逐渐取代暴力的交往,交往的范围亦由军事征服和政治统治扩展到社会和文化生活诸多领域。"土著的传统在物质生活领域占据支配地位,阿拉伯人将他们的语言和宗教赋予新的文明",成为倭马亚时代征服者与被征服者之间社会交往的主要倾向。[2]

倭马亚时代,阿拉伯语在中东地区的影响不断扩大,逐渐成为哈里发国家的通用语言。叙利亚和伊拉克的土著居民原来大都操塞姆语系的分支阿拉马语,其语法结构和书写形式与阿拉伯语十分接近。因此,倭马亚时代,阿拉伯语化的进程在"肥沃的新月地带"进展顺利,阿拉马语很快被阿拉伯语取代。埃及土著居民的主要语言科普特语属于含姆语系的分支,采用希腊字母的书写形

---

① Donner, F. M., *The Early Islamic Conquest*, p. 68.

② Ashtor, E., *A Social and Economic History of the Near East in the Middle Ages*, p. 21.

式,与阿拉伯语差异较大。阿拉伯语在埃及的传播,经历了相对缓慢的过程。大约到 9 世纪,阿拉伯语成为埃及的主要语言。14 世纪,科普特语在尼罗河流域消失。含姆语系的另一分支柏柏尔语,是马格里布土著人口的主要语言。罗马人和拜占廷人的统治未能实现柏柏尔人的拉丁化和希腊化,哈里发国家的征服却使柏柏尔语终于让位于阿拉伯语。在具有悠久文化传统的伊朗高原,印欧语系的分支波斯语尽管在哈里发时代得以保留下来,但亦因阿拉伯语的长期影响而面目全非,时至今日仍十分明显。波斯语曾经采用阿拉马字母作为书写形式;9 世纪以后,阿拉伯字母逐渐取代阿拉马字母,成为波斯语的书写形式。阿拉伯语在广泛传播的过程中,其自身内容亦发生很大的变化。大量的外族语汇,如波斯的政治语汇、希伯莱的宗教语汇、希腊的文化语汇和拉丁的生活语汇,广泛渗透到阿拉伯语之中,使阿拉伯语日趋完善。阿拉伯人在吸收外族语汇的过程中,并未局限于简单的音译,而是从语音、词型和语法各个方面加以改造,使外族语汇与阿拉伯语的传统语汇融为一体。

倭马亚时代,强迫被征服者改奉伊斯兰教的现象并不多见。历任哈里发大都强调阿拉伯人与伊斯兰教合而为一的原则,在被征服地区奉行宗教宽容政策,无意扩大伊斯兰教的传播范围,甚至采取某些政策阻止非穆斯林改宗伊斯兰教。基督徒塞尔仲·曼苏尔曾经出任穆阿威叶的财政重臣,塔格里布部落的基督教诗人艾赫泰勒备受马立克的宠幸。欧洲的基督徒接连不断地来到耶路撒冷朝拜圣陵教堂,基督教神学家圣·约翰甚至在大马士革著书批评伊斯兰教。尽管如此,伊斯兰教在倭马亚时代仍然得到长足的发展,穆斯林不再局限于阿拉伯民族,被征服地区的土著居民中皈依伊斯兰教者日渐增多。在伊拉克和伊朗高原,数量众多的波斯族萨珊王朝旧部改宗皈依伊斯兰教。在北非,皈依伊斯兰教的柏柏尔人提供了哈里发国家的重要兵源;倭马亚王朝征服西南欧的军事力量,主要来自皈依伊斯兰教的柏柏尔人。"到公元 700 年,先知穆罕默德的宗教已经不再被他的民族所垄断,以波斯人和柏柏尔人为主的被征服民族中接受伊斯兰教的人在数量上终于超过阿拉伯民族的穆斯林。"[①]诞生于阿拉伯荒原、最初只属于阿拉伯人的伊斯兰教,以迅猛之势走出半岛,开始成为超越民族界限的世界性宗教。随着伊斯兰教在被征服地区的广泛发展,阿拉伯人垄断伊斯兰教的时代趋于结束,麦瓦利(即非阿拉伯血统的穆斯林)阶层在倭马亚时代迅速兴起并且构成伊斯兰世界的重要社会势力。麦瓦利尽管受到阿拉伯穆斯林的排斥和歧视,但是在数量上表现出稳定增长的趋势,进而对倭马亚王朝的统治产生深刻的影响。

---

① Saunders,J.J.,*A History of Medieval Islam*,p. 81,p. 95.

倭马亚时代社会交往的重要方式，是阿拉伯人与其他民族之间广泛的通婚。倭马亚王朝禁止非阿拉伯血统的男子与阿拉伯妇女之间的婚姻，但是允许阿拉伯男子与非阿拉伯血统的妇女通婚，蓄奴和纳妾现象尤为盛行。在伊拉克和叙利亚，阿拉伯人竞相蓄奴纳妾，繁衍子嗣。即使在阿拉伯半岛，蓄奴纳妾现象也屡见不鲜。早在欧默尔当政期间，萨珊王族的三位公主在波斯战场被俘后来到麦地那，遂由阿里主婚而分别许配欧默尔之子阿卜杜拉、阿布·伯克尔之子穆罕默德和阿里之子侯赛因；其他许多麦地那显贵亦相继与非阿拉伯血统的妇女通婚并生养子嗣。[1] 倭马亚王朝后期，蓄奴纳妾的现象不仅风行民间，而且发生在哈里发的宫闱之内。叶齐德三世的生母系波斯血统的萨珊皇族后裔，麦尔旺二世的生母则是库尔德血统的女奴。[2] 广泛的异族婚配使阿拉伯人的数量急剧增加，亦使阿拉伯人的概念逐渐发生变化，凡信奉伊斯兰教并操阿拉伯语者皆被视作阿拉伯人，征服者与被征服者的血统界限日趋淡化。

征服时期，哈里发国家在阿拉伯半岛以外的区域兴建若干据点，称作"米绥尔"。卡迪西叶战役以后，伊拉克的阿拉伯战士分别屯驻于巴士拉和库法。巴士拉位于波斯湾港口城市乌布拉附近，扼守伊拉克南部和通往伊朗西南部诸地的道路。库法位于伊拉克中部的希拉附近，扼守塞瓦德以北地区。702年，伊拉克总督哈查只·尤素夫在巴士拉与库法之间营建新的米绥尔，名为"瓦西兑"，屯驻叙利亚籍的阿拉伯战士。在叙利亚，阿拉伯战士最初屯驻于戈兰高地的查比叶和朱迪亚平原的埃茅斯。后来，阿勒颇以北的达比克取代查比叶和埃茅斯，成为叙利亚最重要的米绥尔和穆斯林攻击拜占廷边境的前沿据点。始建于642年的弗斯塔特，地处尼罗河东岸重镇巴比伦堡附近，进入埃及的阿拉伯战士约有半数屯驻在这里。凯鲁万建于670年，地处阿特拉斯山的东端，是阿拉伯人在马格里布的主要营地，亦是哈里发国家控制柏柏尔人的核心据点。上述米绥尔大都位于沙漠牧场与农耕区域之间，适应阿拉伯人从游牧向定居转变的过渡状态。固然有一些米绥尔随着征战的结束而不复存在，但是巴士拉、库法、瓦西兑、弗斯塔特和凯鲁万在倭马亚时代由哈里发国家的军事据点演变为阿拉伯人的永久居住地，进而成为伊斯兰世界的重要城市。

最初，米绥尔生活着几乎清一色的阿拉伯人，具有浓厚的军事色彩，与被征服的土著居民处于隔绝的状态，仿佛汪洋大海中的孤岛。久而久之，米绥尔的人口构成发生变化。非生产性人口的增长导致消费的集中，交换经济逐渐扩大。来自周围乡村甚至遥远地区的非阿拉伯人涌入米绥尔，为阿拉伯血统的消

---

① 艾哈迈德·爱敏：《阿拉伯伊斯兰文化史》，第1册，第98页。

② Jaydan, J., *History of Islamic Civilization*, p. 211.

费者提供各种服务。阿拉伯人尽管在整个被征服地区仅仅是居民的少数，但是在米绥尔却无疑占有明显的优势。米绥尔既是哈里发国家在被征服地区的统治中心，亦是阿拉伯人告别游牧走向定居的桥梁，更是诸多民族交往和融合的辐射点。征服者的语言和宗教从米绥尔向四周扩展，被征服者的传统文化和生活方式同时改造着初入文明的征服者。"波斯人、叙利亚人和埃及人的生活方式吸引着阿拉伯人。阿拉伯人很快发现，这些异族的习俗和制度确实优越于他们自己的祖先……通婚和模仿促使阿拉伯人屈服于异族文明的影响，异族风格的食物、衣着和装饰充斥于他们的生活"①。广泛的社会交往削弱着征服者与被征服者之间的对立和差异，促进了各种文化传统的融合，进而为崭新的阿拉伯——伊斯兰文化的兴起奠定了基础。

阿萨比叶现象

倭马亚时代阿拉伯人内部的社会矛盾，往往表现为部落之间的敌对和冲突，是为阿萨比叶现象。阿萨比叶现象在倭马亚时代占有相当重要的地位，对于倭马亚王朝的统治影响深远。许多研究者甚至将倭马亚时代的哈里发国家视作阿拉伯人的部落王国，认为阿萨比叶愈演愈烈，使阿拉伯人的统治根基趋于坍塌，最终导致倭马亚王朝的覆灭。然而，如何看待阿萨比叶现象，学术界观点各异，众说不一。穆斯林学者通常强调倭马亚时代的阿萨比叶与查希里叶时代的部落冲突之间的联系，认为倭马亚时代的阿萨比叶乃是查希里叶时代阿拉伯人由于谱系的差异而形成的对立状态在文明社会中的延续。与此相反，一些西方学者往往忽略倭马亚时代的阿萨比叶与查希里叶时代部落冲突之间的联系。哥尔德齐赫尔认为，倭马亚时代的阿萨比叶起源于伊斯兰国家建立初期迁士与辅士之间的矛盾。威尔豪森认为，倭马亚时代的阿萨比叶形成于军事扩张过程中阿拉伯移民之间的对抗。布罗克尔曼则将倭马亚时代的阿萨比叶归结为纯东方血统的北方阿拉伯人与混有异族血统的南方阿拉伯人之间的种族冲突。

倭马亚时代的阿萨比叶作为文明社会条件下特有的现象，无疑与查希里叶时代原始部落之间的传统对立具有本质的区别。但是，两者之间绝非毫无联系的孤立存在，而是体现着某种程度的内在联系。自远古以来，阿拉伯人将自己区分为南方阿拉伯人和北方阿拉伯人，南方阿拉伯人分为克黑兰族和希米叶尔族，北方阿拉伯人分为穆达尔族和拉比尔族，每族包括若干部落，由此形成严格

---

① Ashtor, E., *A Social and Economic History of the Near East in the Middle Ages*, pp. 20-21.

的谱系。阿拉伯人的古代历史是与周期性的迁徙过程相伴随的。然而，生存空间的改变并没有消除谱系的差异和相应的敌对观念，传统的对立深刻地影响着阿拉伯人的社会生活。伊斯兰文明兴起的初期，炽热的宗教情感使阿拉伯人似乎忘却了相互之间的宿怨，扩张的浪潮制约着阿拉伯社会内部的矛盾冲突。倭马亚王朝建立以后，炽热的宗教感情随着时间的流逝而逐渐淡漠，军事扩张的趋于停顿导致社会环境的明显变化。随着分布范围的扩展和生活方式的改变，阿拉伯人内部的分化益趋加剧，进而形成尖锐的政治对立。由于阿拉伯人初入文明时代，残存着浓厚的血缘观念，氏族部落的外壳依旧构成社会组织的重要形式，因此阿拉伯人的分化和对立大都不是发生在个人之间，而是出现于血族群体之间，社会矛盾往往表现为部落冲突的传统形式。倭马亚时代阿拉伯部落之间的激烈冲突，"是游牧人口向战士和定居者过渡的伴随结果。当某个阿拉伯部落受到威胁，势必与同样受到威胁的其他阿拉伯部落结成联盟，而血缘因素提供了相互联系的纽带"[1]。然而，历史毕竟经历了长足的发展；倭马亚时代阿拉伯人内部的社会矛盾尽管沿袭部落冲突的传统形式，但是无疑包含不同于查希里叶时代的崭新内容。由于社会矛盾益趋加剧，倭马亚时代的阿萨比叶过程中出现了比查希里叶时代更为激烈和残酷的冲突。"叙利亚和美索不达米亚的阿拉伯人在新的环境中并没有放弃原有的传统……其相互仇杀的行径甚至比在查希里叶时代和阿拉伯半岛的故乡更为残忍。他们将俘虏的女人处死；这是查希里叶时代的阿拉伯半岛所没有的现象"[2]。

　　倭马亚时代的阿萨比叶发生于叙利亚、贾吉拉、伊拉克、呼罗珊和伊比利亚半岛诸多地区，表现为不同的类型。叙利亚的阿萨比叶主要是在南方阿拉伯人与北方阿拉伯人之间进行，凯勒卜部落和凯斯部落对于国家权力的争夺构成冲突的核心内容。在麦地那哈里发国家发动军事扩张之前，生活在叙利亚的阿拉伯人大都来自阿拉伯半岛南部，分别属于加萨尼部落、塔努赫部落、朱扎姆部落、阿米拉部落、凯勒卜部落、萨利赫部落和巴赫拉尔部落。[3] 麦地那哈里发时代，来自阿拉伯半岛北部的诸多部落相继进入叙利亚。然而，南方阿拉伯人依旧在叙利亚处于优势，尤其是与倭马亚家族建立密切的联系，构成倭马亚家族统治叙利亚的主要力量。在 657 年的绥芬之战中，穆阿威叶的追随者主要来自南方阿拉伯人的希米叶尔部落、凯勒卜部落、塔努赫部落、朱扎姆部落、哈姆丹

---

①　Watt，W. M.，*The Majesty That Was Islam*，pp. 28-29.

②　Wellhausen，J.，*The Arab Kingdom and Its Fall*，p. 208.

③　Al-Baladhuri，*Kitab Futuh al-Buldan*，p. 135.

部落、加萨尼部落、阿兹德部落、肯德部落、阿什阿尔部落和凯斯阿姆部落；相比之下，来自北方阿拉伯人海瓦精部落、盖特方部落、苏莱姆部落和伊雅德部落的战士在穆阿威叶的队伍中仅占少数。穆阿威叶和叶齐德均曾娶凯勒卜部落女子为妻，穆阿威叶二世的生母便来自凯勒卜部落。凯勒卜部落由于与倭马亚人联姻而明显提高了自身的地位，俨然成为南方阿拉伯人的首领。穆阿威叶二世即位后，凯勒卜部落的哈桑·巴扎勒一度左右朝政，赛耳德·巴扎勒则出任基奈斯林长官。① 北方阿拉伯人因屡遭排斥，不满于倭马亚哈里发倚重凯勒卜部落的政策，反对南方阿拉伯人的特权地位。穆阿威叶二世死后，叙利亚的南方阿拉伯人与北方阿拉伯人之间的矛盾演变为公开的冲突。南方阿拉伯人各部落大都支持倭马亚王朝，北方阿拉伯人则支持阿卜杜拉·祖拜尔。684 年，倭马亚哈里发麦尔旺在哈桑·巴扎勒和凯勒卜部落的支持下，与达哈克·卡阿斯率领的凯斯部落以及苏莱姆部落、祖布彦部落的队伍交战于拉希特草原。达哈克·卡阿斯的队伍败绩，大约 9000 人死于战场。② 倭马亚王朝在拉希特草原战役的胜利并没有结束叙利亚阿拉伯部落的冲突，而是进一步加剧了南方阿拉伯人与北方阿拉伯人之间的矛盾，导致分别以凯勒卜部落和凯斯部落为首的两大政治集团的长期对立。拉希特草原战役以后，凯斯部落首领佐法尔·哈里斯退据卡其西亚，伺机复仇。686 年前后，佐法尔·哈里斯率领凯斯部落成员在穆斯雅赫袭击凯勒卜部落成员的住地，杀 20 余人。随后，胡麦德·巴扎勒率领凯勒卜部落攻击凯斯部落在塔德木尔的住地，杀 60 余人。于是，佐法尔·哈里斯再次发动袭击，杀死凯勒卜部落成员 500 余人，胡麦德·巴扎勒亦将许多凯斯部落成员杀死以示报复。马立克即位以后，改变单纯倚重凯勒卜部落的政治传统，极力平衡南方阿拉伯人与北方阿拉伯人的地位，以求扩大倭马亚王朝在叙利亚统治的基础。691 年，马立克与佐法尔·哈里斯订立和约，倭马亚王朝的军队停止进攻凯斯部落占据的卡其西亚，佐法尔·哈里斯则承认马立克作为哈里发的合法地位。③ 凯斯部落与倭马亚王朝及凯勒卜部落之间的对立得以初步缓解，佐法尔·哈里斯及其子胡宰勒和凯乌萨尔遂成为马立克宫廷的显贵人物。④此后，马立克娶吉尼斯部落女子沃拉德为妻，马立克之子麦斯拉玛亦与佐法尔·哈里斯之女拉巴卜订立婚约。⑤ 马立克的政策改善了倭马亚王朝与凯斯部落的关系，凯斯部落在叙利亚的地位逐渐提高。马立克死后，哈里发韦里德和

① Wellhausen, J., *The Arab Kingdom and Its Fall*, p. 170.

② 同上，p. 170, pp. 181-182。

③ Dixon, A. A., *The Umayyad Caliphate 684-705*, pp. 90-92, p. 93.

④ Wellhausen, J., *The Arab Kingdom and Its Fall*, p. 212.

⑤ Dixon, A. A., *The Umayyad Caliphate 684-705*, p. 113.

苏莱曼均为凯斯部落女人所生,北方阿拉伯人的地位进一步提高,凯斯部落的政治势力达到顶峰,凯勒卜部落和其他的南方阿拉伯人大都被排斥于国家政权机构之外。欧默尔二世当政期间,凯斯部落地位下降,南方阿拉伯人首领重新出任重要官职。叶齐德二世和韦里德二世当政期间,恢复倚重凯斯部落势力的政策。744 年,叶齐德三世依靠南方阿拉伯人的支持,击败韦里德二世,被拥立为哈里发。然而,叶齐德三世在位时间不足一年。叶齐德三世死后,麦尔旺二世在北方阿拉伯人的支持下从豪兰起兵,击败叶齐德三世之子易卜拉欣,成为倭马亚王朝最后一位哈里发。麦尔旺二世当政期间,北方阿拉伯人在叙利亚的政治势力颇具影响,成为倭马亚王朝的统治支柱;南方阿拉伯人屡遭排斥,成为反对倭马亚王朝的重要势力。

广泛的迁徙改变了阿拉伯部落的分布范围和活动空间;后来的部落威胁并损害了早期移民的经济利益,形成对于有限的生存环境的争夺,进而导致激烈的冲突。这是倭马亚时代阿萨比叶的第二种类型。塔格里布部落与苏莱姆部落在贾吉拉的冲突便属于这种类型。塔格里布部落属于北方阿拉伯人中的拉比尔分支,早在伊斯兰教诞生前便生活在幼发拉底河上游一带,占据摩苏尔周围的广大牧场。伴随着哈里发国家的军事扩张,属于北方阿拉伯人中穆达尔分支的苏莱姆部落自希贾兹移入贾吉拉,与塔格里布部落相邻为生。对土地和水源的争夺,导致塔格里布部落与苏莱姆部落之间的尖锐矛盾;苏莱姆部落极力扩大对土地和水源的占有,塔格里布部落则企图将苏莱姆部落赶出贾吉拉。在684 年的拉希特草原战役中,苏莱姆部落构成反对倭马亚王朝的重要力量,塔格里布部落则由于与苏莱姆部落的矛盾而支持麦尔旺。尽管反对倭马亚王朝的势力在拉希特草原战役中失败,但是苏莱姆部落并没有因此离开贾吉拉。塔格里布部落与苏莱姆部落之间的矛盾由于在拉希特草原战役中的直接交锋而益趋加剧,双方关系明显恶化。不久,苏莱姆部落的成员杀死塔格里布部落的妇女乌姆·达乌巴勒的山羊,其子遂进行报复。于是,苏莱姆部落成员进攻塔格里布部落住地,杀死三人并抢走许多骆驼。塔格里布部落则派人前往卡其西亚,诉诸苏莱姆部落同属穆达尔分支的凯斯部落首领佐法尔·哈里斯,要求归还被抢走的骆驼和赔偿被害人的血金,并且要求苏莱姆部落离开贾吉拉。佐法尔·哈里斯拒绝了这些要求。后来,阿卜杜拉·祖拜尔委派佐法尔·哈里斯向塔格里布部落征收天课,而塔格里布部落成员杀死佐法尔·哈里斯派去的征税者。佐法尔·哈里斯于是唆使苏莱姆部落进攻塔格里布部落;塔格里布部落在麦克辛败于苏莱姆部落,其首领舒阿卜·穆莱勒战死。塔格里布部落求助于同属拉比尔分支的舍伊班部落和纳米尔·凯希特部落的支持并发动反攻,苏莱姆部落则求助于同属穆达尔分支的塔米姆部落和阿萨德部落却遭到拒绝。在第一次雅温·萨尔萨尔·阿沃勒战斗中,塔格里布部落在叶齐德·胡贝尔的率领下击败欧默尔·胡巴卜率领的苏莱姆部落。苏莱姆部落遂联合凯斯部落,在第二次雅温·萨尔萨尔·阿沃勒战斗中击败塔格里布部落。此后,塔格里布部落与苏莱姆部落先后在弗达因、苏凯尔、穆阿里克、卢巴、巴拉德、沙拉比尔和布莱赫等地发生冲突,互有胜负,延续多年。[1]

　　巴士拉和呼罗珊的阿萨比叶,主要是围绕着部落传统势力与国家权威之间的矛盾而展开,体现野蛮与文明的撞击。巴士拉的阿萨比叶始于麦地那哈里发时代末期;南方阿拉伯人阿兹德部落支持祖拜尔·阿沃姆和泰勒哈·欧拜杜拉,北方阿拉伯人拉比尔分支的巴克尔部落和阿卜杜勒·凯斯部落追随阿里,穆达尔分支的塔米姆部落处于中立状态而尚未介入冲突。[2] 穆阿威叶当政期间,塔米姆部落与阿卜杜勒·凯斯部落结为盟友,巴克尔部落与阿兹德部落则恢复查希里叶时代订立的盟约,双方在巴士拉形成对峙,而前者略占优势。[3] 穆阿威叶当政末期和叶齐德当政期间,阿兹德·阿曼部落移入巴士拉,加入巴克尔部落与阿兹德部落的联盟。阿兹德·阿曼部落的到来改变了巴士拉阿拉伯部落的力量对比,塔米姆部落和阿卜杜勒·凯斯部落的地位受到威胁,部落之间的敌对倾向渐趋加剧。683年哈里发叶齐德死后,阿兹德·阿曼部落、阿兹德部落和巴克尔部落支持倭马亚王朝任命的伊拉克总督欧拜杜拉·齐亚德,塔米姆部落和阿卜拉勒·凯斯部落则倾向于阿卜杜拉·祖拜尔而反对倭马亚王朝,于是双方发生冲突。欧拜杜拉·齐亚德无力控制巴士拉的局势,遂离职返回叙利亚。阿兹德·阿曼部落、阿兹德部落和巴克尔部落随后拥立麦斯欧德·阿慕尔出任总督,亦被塔米姆部落成员所杀。直到塔米姆部落向对方赔偿血金之后,部落仇杀得到暂时的平息。[4]

　　倭马亚时代初期,呼罗珊的阿拉伯人主要来自四个部落:北方阿拉伯人穆达尔分支的塔米姆部落与阿卜杜勒·凯斯部落结为联盟,北方阿拉伯人拉比尔分支的巴克尔部落与南方阿拉伯人阿兹德部落订立盟约。双方在呼罗珊处于对立状态,其中塔米姆部落因先期征服呼罗珊而占有优势。第二次内战时期,呼罗珊总督萨勒姆·齐亚德任命阿兹德部落的苏莱曼·麦尔沙德治理木鹿—卢泽、法尔叶布、塔里干和朱兹占诸地,任命巴克尔部落的奥斯·萨拉巴作为哈拉特的统治者,继而又举荐阿卜杜勒·凯斯部落的阿卜杜拉·哈吉姆治理整

　① Dixon, A. A., *The Umayyad Caliphate 684-705*, pp. 99-103.
　② Hasan, N., *The Role of the Arab Tribes in the East During the Period of the Umayyad*, p. 90.
　③ Sharon, M., *Black Banners from the East*, pp. 54-55.
　④ Wellhausen, J., *The Arab Kingdom and Its Fall*, pp. 209-210.

个呼罗珊。① 阿卜杜拉·哈吉姆依靠阿卜杜勒·凯斯部落和塔米姆部落的支持，在木鹿—卢泽击败阿兹德部落和巴克尔部落，苏莱曼·麦尔沙德被杀。683年，阿卜杜拉·哈吉姆进攻哈拉特，巴克尔部落战败投降，八千余人阵亡。② 阿卜杜拉·哈吉姆确立其在呼罗珊的统治地位之后，转而排斥塔米姆部落，进而形成塔米姆部落与阿卜杜勒·凯斯部落的对抗。阿卜杜拉·哈吉姆的儿子穆罕默德在哈拉特处死塔米姆部落的两名成员，塔米姆部落于是杀死穆罕默德，占据哈拉特、突斯、内沙浦尔，拥立哈里什·阿卜杜勒·库拉伊出任呼罗珊的统治者，并且围攻木鹿。最后，阿卜杜拉·哈吉姆取胜，阿卜杜勒·凯斯部落击败塔米姆部落。691年阿卜杜拉·祖拜尔在麦加死后，阿卜杜拉·哈吉姆拒绝承认马立克作为哈里发的权力，马立克遂任命塔米姆部落的布凯尔·瓦沙赫作为呼罗珊总督，对抗阿卜杜拉·哈吉姆和阿卡杜勒·凯斯部落。阿卜杜拉·哈吉姆死后，阿卜杜勒·凯斯部落势力日衰，塔米姆部落在呼罗珊占据上风。③ 693年，马立克任命古莱西人倭马亚·阿卜杜勒·哈立德为呼罗珊总督，塔米姆部落则分裂为两派，巴希尔·瓦尔卡及其追随者支持倭马亚·阿卜杜勒·哈立德，布凯尔·瓦沙赫率领塔米姆部落许多成员反叛倭马亚王朝并占领木鹿。④布凯尔·瓦沙赫曾说："我们为征服呼罗珊而奋力苦战，付出巨大的代价，这个古莱西人却将我们视作奴仆。"⑤冲突的实质由此可见。倭马亚·阿卜杜勒·哈立德无力平定反叛，遂与布凯尔·瓦沙赫议和。698年，阿兹德·阿曼部落的穆哈拉布·苏弗拉出任呼罗珊总督，来自该部落的 2000 名战士随同穆哈拉布·苏弗拉自巴士拉移至木鹿。⑥ 此后，阿兹德·阿曼部落逐渐取代塔米姆部落而成为呼罗萨珊阿拉伯人中的主要政治势力。

倭马亚时代的阿萨比叶作为阿拉伯人社会矛盾的外在形式，体现查希里叶时代野蛮传统的影响，毕竟为文明的物质环境所不容。国家权威的不断发展否定着阿拉伯人的传统势力，制约着部落之间的对立冲突。穆阿威叶当政期间，伊拉克总督齐亚德·阿比希在库法和巴士拉打破传统的部落关系，按照地域的原则划分阿拉伯人的居住区，各居住区的首领不是产生于部落成员的选举，而

① 泰伯里：《历代先知与君王史》，第 2 卷，第 490－196 页，第 489 页。

② Al-Baladhuri, *Kitab Futuh al-Buldan*, pp. 414-415.

③ 泰伯里：《历代先知与君王史》，第 2 卷，第 593 页，第 696－698 页，第 1028－1031 页。

④ Al-Baladhuri, *Kitab Futuh al-Buldan*, p. 416.

⑤ Hasan, N., *The Role of the Arab Tribes in the East During the Period of the Umayyad*, p. 173.

⑥ Sharon, M., *Black Banners from the East*, pp. 55-56.

是改由总督任命。齐亚德·阿比希还扩大称为舒尔塔的警察机构,实行高压政策,旨在控制部落势力的骚乱。在贾吉拉地区,塔格里布部落与苏莱姆部落的冲突不断受到马立克的干涉;倭马亚王朝作为超越血缘界限而凌驾于各个部落之上的统治力量,迫使冲突的双方接受国家权威的约束而逐渐放弃相互之间的仇杀。欧默尔二世即位后,极力平衡各个部落的政治力量,广泛接受南方阿拉伯人和北方阿拉伯人参与倭马亚王朝的统治,一定程度地缓解了部落之间的矛盾冲突。

倭马亚时代呼罗珊历史的一个重要方面,是国家权威对于阿拉伯人部落势力的否定倾向。阿拉伯人征服呼罗珊的初期,国家权威的有效控制远未形成,尚无完整的税收体系。阿拉伯人部落将呼罗珊的岁入作为战利品据为己有,仅将其中的五分之一上缴大马士革。因此,倭马亚王朝极力强化对于呼罗珊阿拉伯人部落的财政控制。679年阿卜杜勒·拉赫曼·齐亚德出任呼罗珊总督以后,逮捕阿卜杜勒·凯斯部落首领阿斯拉姆·祖拉,将其私产约30万迪尔汗悉数没收,并且向大马士革上缴岁入2000万迪尔汗。[1] 苏莱曼即位以后,任命塔米姆部落首领瓦吉尔·阿比·苏德作为呼罗珊的总督,同时指派阿布·米只拉兹·拉希克掌管呼罗珊的财政岁入。[2] 分权的政策限制了部落的势力,强化了国家的权威。希沙姆当政期间,将呼罗珊的阿拉伯人划分为战士和定居者,部落势力受到进一步的排斥。

倭马亚时代,随着分布范围的扩展和生活方式的变革,阿拉伯人的血缘关系渐趋削弱,地域倾向明显增强。地域关系的发展瓦解着部落冲突的社会基础,进而导致超越血缘界限的政治组合,社会对抗的表现形式随之逐渐改变。685－686年发生于库法的穆赫塔尔起义,体现了政治矛盾超越血缘界限的初步倾向。穆赫塔尔的追随者来自哈姆丹部落、凯斯阿姆部落、舍伊班部落、阿萨德部落、哈尼法部落、阿兹德部落、穆宰纳部落和巴克尔部落的下层,他们分别属于南方阿拉伯人和北方阿拉伯人的不同分支;另一方面,称为阿什拉夫的各个部落上层特权集团则成为起义者所攻击的目标。[3] 701年,"孔雀军"在伊拉克发动反叛;"孔雀军"首领阿卜杜勒·拉赫曼·阿什阿斯属于南方阿拉伯人肯德部落,北方阿拉伯人塔米姆部落的许多成员却加入反叛的队伍。[4] 720年叶齐德二世即位后,叶齐德·穆哈拉布在伊拉克反叛倭马亚王朝;叶齐德·穆哈拉

① 泰伯里:《历代先知与君王史》,第2卷,第189页。
② Al-Baladhuri, *Kitab Futuh al-Buldan*, p. 424.
③ 泰伯里:《历代先知与君王史》,第2卷,第619页。
④ Wellhausen, J., *The Arab Kingdom and Its Fall*, pp. 234-250.

布虽然来自南方阿拉伯人阿兹德部落,但是其支持者却包括属于北方阿拉伯人塔米姆部落、凯斯部落、巴克尔部落的大批战士。[1] 叙利亚、伊拉克和呼罗珊诸地区的许多阿拉伯人虽属同一部落,但因所处环境不同,其政治态度差异甚大,直至相互攻杀。744年,呼罗珊的阿拉伯人发生内讧,呼罗珊总督纳绥尔·赛亚尔一方称作穆达尔派,阿兹德部落首领贾迪尔·阿里·克尔曼尼一方称作拉比尔派。[2] 然而,穆达尔族诸部落的许多阿拉伯人加入贾迪尔·阿里·克尔曼尼的队伍,纳绥尔·赛亚尔的队伍中亦不乏来自拉比尔族诸部落的阿拉伯人。显然,随着社会分化的加剧,阿拉伯人的血缘联系与政治利益不再具有共同之处,所谓的部落丧失原有的内涵。阿萨比叶尽管形式犹存,但是已非传统意义上的血族仇杀,仅仅徒具虚名。所谓的部落冲突在一些地区往往徒具虚名。因此,倭马亚时代的阿萨比叶并非愈演愈烈直至最终导致倭马亚王朝的灭亡,而是呈现日渐衰微的趋势。

阿拉伯人生存空间的扩展和生活方式的变革,导致倭马亚时代广泛的社会交往,征服者与被征服者之间相互同化的现象十分明显。在呼罗珊,土著的波斯贵族在阿拉伯人征服前大都各自为政,与萨珊王朝联系甚少。因此,波斯帝国的灭亡并没有直接导致伊朗土著贵族在呼罗珊统治权力的结束,阿拉伯征服者在呼罗珊往往只是与土著贵族订立条约和征收贡税,同时保留后者原有的诸多特权。阿拉伯人在放弃征战而务农经商时,竟然遭到呼罗珊土著贵族的盘剥勒索,甚至沦为后者的隶属民。文献资料屡屡提及阿拉伯人中解甲务农的定居者,由于遭受呼罗珊总督与土著波斯贵族的统治而怨声载道。土著的波斯贵族往往支持倭马亚王朝的统治,阿拉伯定居者的社会地位则与土著的波斯农民益趋接近。政治对立与种族差异并非相互一致,而是错综交织。696年,许多波斯贵族追随呼罗珊总督倭马亚·阿卜杜拉攻击反叛的塔米姆部落首领布凯尔·瓦沙赫,后者则以免除土地税作为条件争取土著农民的支持。712年,呼罗珊总督古太白·穆斯林招募土著战士围攻撒马尔罕;撒马尔罕王公指责古太白·穆斯林唆使土著居民自相残杀,古太白·穆斯林则指责撒马尔罕王公煽动阿拉伯人反叛倭马亚王朝。正是在这样的社会背景下,阿布·穆斯林于747年在呼罗珊发动起义,得到阿拉伯定居者和土著波斯农民的广泛响应,进而掀开伊斯兰历史的崭新一页。阿拔斯王朝建立后,阿萨比叶尽管并未绝迹,但已极为有限,其政治影响微乎其微。伴随着阿萨比叶的衰微,阿拉伯人的民族性日益增强。

---

[1] Shaban, M. A. , *The Abbasid Revolution* , p. 93.

[2] 泰伯里:《历代先知与君王史》,第2卷,第1855页。

麦瓦利

"麦瓦利"在阿拉伯语中指从属者和被保护者。在查希里叶时代阿拉伯半岛的部落社会,麦瓦利指非部落民的社会成员,包括获得自由以后仍旧依附于原主人的被释放奴隶和接受氏族部落保护的外来者,其地位介于部落民与奴隶之间。[①] 他们不能被随意伤害或出售给他人,但是在婚姻和财产继承等方面却不能享有与部落民同等的权利。由于种种原因,一些阿拉伯人丧失与自己部落的联系,被迫依附于其他部落,成为麦瓦利。更多的麦瓦利并不具有阿拉伯血统,而是来自半岛以外的其他地区。先知穆罕默德曾经拥有四名麦瓦利,他们分别是埃塞俄比亚人、希腊人、科普特人和波斯人。[②] 伊斯兰教兴起以后,麦瓦利的内涵发生变化。皈依伊斯兰教的非阿拉伯人成为麦瓦利的主体,出身奴隶的穆斯林在获得自由以后亦加入麦瓦利的行列。[③] 麦瓦利中还包括一些信奉伊斯兰教的阿拉伯人,他们"由于某些原因失去或者不可能取得作为阿拉伯统治阶级成员的十足资格"[④]。

《古兰经》明确规定伊斯兰教是属于全人类的世界性宗教,先知穆罕默德极力强调凡穆斯林皆为兄弟的平等原则。然而,宗教原则与社会现实不尽一致,两者之间差异甚大。欧默尔继任哈里发以后,阿拉伯人逐渐完成伊斯兰教化的进程,从而构成穆斯林社会的主体,民族差异与宗教对立的界限益趋吻合,阿拉伯人与伊斯兰教的合而为一成为哈里发国家统治制度的首要原则。因此,阿拉伯人往往将伊斯兰教看作是只属于自己的信仰,或者将自己看作是高于其他穆斯林的优秀民族,歧视皈依伊斯兰教的非阿拉伯人。倭马亚时代,阿拉伯人依然保留着血缘组织的外壳形式,血缘关系的残存明显助长着阿拉伯人排斥异族穆斯林的社会倾向;凡处于阿拉伯氏族部落组织之外的穆斯林,皆被视作麦瓦利。阿拉伯氏族部落成员与麦瓦利虽然同为穆斯林,但是两者之间的社会地位却存在着很大的差别。异族穆斯林,尤其是被征服地区皈依伊斯兰教的土著居民,往往被阿拉伯部落拒之门外,不能被阿拉伯部落吸收为新的成员,无法成为哈里发国家的全权公民,而仍被视作阿拉伯统治者的臣民。麦瓦利的广泛存在,不仅根源于种族的差异,而且体现了阿拉伯部落的封闭性和排他性。

① Hoyland,R. , ed, *Muslims and Others in Early Islamic Society*,Hants 2004, p. 280.

② Jaydan,J. , *History of Islamic Civilization*, p. 19.

③ Hoyland,R. , ed, *Muslims and Others in Early Islamic Society*, p. 281.

④ B. 路易斯:《历史上的阿拉伯人》,第 73 页。

麦瓦利与阿拉伯部落民虽然均为穆斯林,其社会地位却不相同。在许多场合,麦瓦利不得与阿拉伯部落民并肩站立和并列行走,不得在人群中位居阿拉伯部落民的前面。阿拉伯人通常使用姓氏相互尊称,如阿布·某某或伊本·某某,称呼麦瓦利时却往往只提其名。麦瓦利如果应邀赴宴,往往不能与阿拉伯部落民同席就座,只能站立进餐,或者被安排在侧房就座。阿拉伯男子如果欲娶麦瓦利中的女子,只需向后者的阿拉伯血统保护人求婚。至于麦瓦利中的男子娶阿拉伯女子为妻,则被视作有严重缺陷的婚姻。相传,卢哈的一名麦瓦利曾因娶阿拉伯人苏莱姆部落女子为妻而遭 200 皮鞭的责打。波斯血统的著名圣门弟子赛勒曼·法里西曾经向哈里发欧默尔的女儿求婚,亦遭拒绝。阿拉伯人巴吉拉部落一名女子,虽然家境贫寒,却曾拒绝麦瓦利中某个富有者的求婚,备受时人称道。[①] 阿拉伯人常常向麦瓦利炫耀:"即便我们没有为你们做过其他的事情,但是我们拯救了你们的灵魂;即便我们未曾向你们施加恩惠,但是我们引导你们走出了迷途,给你们带来了真正的信仰,使你们放弃了愚昧的崇拜。"胡姆兰是麦地那哈里发奥斯曼的麦瓦利,曾经指责阿拉伯人阿米尔·阿卜杜勒·凯斯出言不逊,有侮辱哈里发的言语,并且诅咒道:"愿安拉不要在我们中间增加像你一样的人。"阿米尔·阿卜杜勒·凯斯却说:"愿安拉在我们中间增加像你一样的人。"于是有人问阿米尔·阿卜杜勒·凯斯:"为什么他诅咒你,而你却祝福他?"阿米尔·阿卡杜勒·凯斯答道:"因为他们清扫我们的路面,缝补我们的鞋子,制作我们的衣服。"麦地那的纳菲·祖拜尔·穆提姆在参加穆斯林的葬礼时,每每询问死者的身份。如果死者是古莱西人,他便向死者的亲属表示沉痛的悼念;如果死者是普通的阿拉伯人,他也向死者的亲属表示悲哀的心情;如果死者是麦瓦利,他便说道:"他是安拉之物,安拉取走所欲取走的,留下所欲留下的。"[②]有些阿拉伯人甚至将驴、狗、麦瓦利三者相提并论,等同视之。麦瓦利则常常在自己的名字之前冠以主人的尊号,或者冠以所属部落的名称,表示相应的隶属关系和保护关系。由于阿拉伯人身世高贵,库尔德人、柏柏尔人和黑人皈依伊斯兰教后,大都希望自己的祖先具有阿拉伯血统。波斯人成为穆斯林后,多采用阿拉伯人的名字,甚至虚构与阿拉伯人的亲缘关系,以求提高自身的地位。阿里的次子侯赛因曾娶萨珊王朝末代皇帝叶兹德吉尔德三世之女沙赫尔·巴努为妻,波斯人常以此作为荣耀。[③]

---

　　① Jaydan, J. , *History of Islamic Civilization*, p. 117, p. 118, p. 73.

　　② Lewis, B. , *Islam, from the Prophet Muhammed to the Capture of Constantinpole*, vol. 2, pp. 203-204.

　　③ Levy, R. , *The Social Structure of Islam*, p. 60.

麦地那哈里发时代,麦瓦利人数尚少,他们与阿拉伯人之间的矛盾并不明显。倭马亚时代,伴随着广泛的社会交往,被征服地区的伊斯兰教化逐渐加深。自马立克当政以后,以波斯人和柏柏尔人为主体的被征服民族中的皈依伊斯兰教者在数量上逐渐超过阿拉伯血统的穆斯林。广泛的宗教皈依加剧了麦瓦利与阿拉伯穆斯林之间的社会对立,年金的分配和税收制度则是矛盾的焦点。麦瓦利是哈里发国家的重要兵源,与阿拉伯人并肩作战。麦地那哈里发时代,麦瓦利仅占穆斯林战士的五分之一。到倭马亚时代,麦瓦利中的从军人数逐渐超过阿拉伯战士。[①] 在哈里发国家征服中亚和西南欧的过程中,麦瓦利的参战具有举足轻重的作用。712 年,呼罗珊总督古太白·穆斯林曾经在布哈拉、基什、纳斯夫和花拉子模招募土著战士 2 万人,参与穆斯林在粟特的征服战争。[②] 然而,麦瓦利中的从军者大都只能组成步兵,不能充任骑兵,所得薪俸的数额与阿拉伯战士差异甚大,战利品的分配更是微乎其微。倭马亚王朝为了安抚麦瓦利,曾经将某些麦瓦利列入迪万的名册;穆阿威叶为他们规定的年金标准为 15 迪尔汗,马立克规定的年金标准为 20 迪尔汗,希沙姆时增至 30 迪尔汗。[③] 但是,此类规定很少能够付诸实施,大都只是一纸公文。倭马亚时代,阿拉伯血统的穆斯林往往只纳什一税,麦瓦利却需承担全额的土地税,甚至缴纳人丁税,其纳税总额几乎与非穆斯林人口即所谓的吉玛人等同无异。马立克当政期间,伊拉克和伊朗高原皈依伊斯兰教的土著农民为了摆脱沉重的纳税义务并且参与年金的分配,纷纷遗弃土地而移居巴士拉和库法等阿拉伯人聚集的城市。伊拉克总督哈查只·尤素夫采取高压政策,不惜使用暴力手段遣返移入城市的土著农民,并且继续向他们征收皈依伊斯兰教以前所承担的种种赋税。717 年欧默尔二世即位后,着力实行税制改革。欧默尔二世税制改革的要点是,一方面规定凡是穆斯林不论属于阿拉伯血统还是来自其他民族,只承担天课作为当然的义务,无需缴纳其他贡税;另一方面规定,土地税的征收取决于土地的性质而不取决于耕作者的身份。欧默尔二世的税制改革,旨在减轻麦瓦利的赋税负担,消除穆斯林社会内部不同民族之地位的差异,进而鼓励被征服地区的土著居民改宗伊斯兰教。然而,欧默尔二世的税制改革只是昙花一现。720 年叶齐德二世即位后,废止新的税制,依旧向麦瓦利征收重税。倭马亚时代,哈里发国家的臣民分为四个等级:阿拉伯人、麦瓦利、非穆斯林和奴隶,其中只有阿拉伯人享

① Jaydan, J., *History of Islamic Civilization*, p. 114.

② Hasan, N., *The Role of the Arab Tribes in the East During the Period of the Umayyad*, p. 184.

③ Jaydan, J., *History of Islamic Civilization*, p. 116.

有种种特权。哈里发国家在任命各级官职时,十分重视血统的因素。麦瓦利大都被排斥于政权机构之外,绝无仅有的几次任命也曾引起阿拉伯人的公愤。伴随着伊斯兰教在非阿拉伯人中的广泛传播和麦瓦利的急剧增多,欧默尔的设想即阿拉伯人与伊斯兰教合而为一的原则和阿拉伯穆斯林统治非阿拉伯血统异教人口的制度渐趋丧失赖以存在的现实基础,麦瓦利的强烈不满和激烈反抗使得倭马亚王朝的阿拉伯人统治陷于无法克服的社会矛盾中。

阿拔斯时代的穆斯林社会

早在 685 年,库法的起义首领穆赫塔尔曾经首倡超越民族界限的社会平等,然而由于客观条件尚未成熟,影响甚微。8 世纪中叶,阿拔斯人顺应伊斯兰世界社会结构深刻变革的历史趋势,承袭穆赫塔尔阐述的原则,强调麦瓦利所应享有的权利和地位,得到非阿拉伯血统穆斯林的广泛响应。欧默尔的著名设想即阿拉伯人与伊斯兰教合而为一的政治原则,曾经是哈里发国家的重要基石,后来却成为倭马亚王朝覆灭的根源所在。750 年阿拔斯王朝的建立,结束了阿拉伯人作为征服者统治中东诸民族的历史,阿拉伯人作为哈里发国家和伊斯兰教的唯一捍卫者的时代不复存在。阿拔斯时代,哈里发国家放弃歧视非阿拉伯人的统治政策,不再将麦瓦利视作等而下之的社会阶层,异族穆斯林广泛享有因信奉伊斯兰教而理应享有的各种权利。阿拔斯王朝前期库塔卜的出现、维齐尔的设置和巴尔麦克家族的权倾一时,阿拔斯王朝后期萨法尔王朝、萨曼王朝、白益王朝、加兹尼王朝、塞尔柱苏丹国的建立以及马格里布的崛起,表明波斯人、突厥人和柏柏尔人不再屈居阿拉伯人之下,开始涉足哈里发国家的政治舞台,成为伊斯兰世界中颇具影响的社会势力。穆斯林诸民族的多元并立和相互依存,标志着阿拔斯时代伊斯兰世界社会关系的深刻变化。旨在否定阿拉伯人的特殊地位甚至诋毁阿拉伯人的舒欧布运动("舒欧布"系阿拉伯语"民族"一词的复数音译),发轫于伊朗高原,风行于许多民族之中,是阿拔斯时代伊斯兰世界社会结构的剧烈变革在意识形态领域的集中反映。[①]

尽管如此,阿拉伯人仍然不失为哈里发国家中举足轻重的社会势力,其影响遍及伊斯兰世界的各个角落。"阿拔斯王朝的哈里发是哈希姆族阿拉伯人,至少从父系来说是这样,他们……决不会忘记自己的阿拉伯属性。一旦感到波斯人在与自己争权夺利,就会像曼苏尔惩罚阿布·穆斯林、哈伦·拉希德惩罚巴尔麦克家族、马蒙惩罚法德勒·萨赫勒一样地惩罚波斯人。"在阿拉伯人中,

---

① Grunebaum,G. E. , *Medieval Islam* , p.204.

身世和谱系对于社会地位具有至关重要的影响,所谓的圣族依旧高居伊斯兰世界贵族社会的顶端。阿拔斯时代,圣族的后裔大都生活在希贾兹的两座圣城和首都巴格达以及巴士拉、库法、弗斯塔特等地。据泰伯里记载,9世纪时,巴格达的圣族后裔约有三万余人。他们长期从哈里发国家领取年金,往往在宗教和司法机构担任要职,享有种种特权。除圣族后裔以外,圣门弟子的后裔也是伊斯兰世界贵族社会的重要来源,在许多领域颇具势力。尤其值得注意的是,在阿拔斯时代,阿拉伯人的民族意识和民族情感得到长足的发展。查希里叶时代,阿拉伯人处于野蛮状态,尚无民族意识和民族情感可言,宛若一盘散沙。那时的阿拉伯人生活在各自的血族群体之中,仅仅属于自己的氏族和部落,他们的诗歌只限于称颂本氏族和本部落的功业和美德,相互诋毁的诗作比比皆是,却无超越血缘群体的界限而称颂阿拉伯民族的诗句。"我们很少看到,在哪一首阿拉伯诗歌中,阿拉伯人以自己是阿拉伯人而自豪,或以自己属于阿拉伯民族而夸耀。"①伊斯兰教诞生以后,阿拉伯人在温麦的形式下开始聚合为统一的民族。但是,阿拉伯人传统的血亲观念和部落意识并未随之销声匿迹。倭马亚时代的阿萨比叶现象,反映了阿拉伯民族的非完善性。阿拔斯时代,随着地域因素的增长和政治生活的发展,阿拉伯人残存的血亲观念和部落倾向不复存在。广泛的社会交往和诸多共同利益的形成,密切了阿拉伯人之间的相互联系,从而使阿拉伯人最终排除了内在的隔阂,真正跨入了统一民族的历史阶段。

阿拔斯时代,伊斯兰教得到广泛的发展,伊斯兰教内部的分裂倾向随之逐渐加剧,不同教派的穆斯林之间形成错综复杂的社会关系。哈瓦立及派在倭马亚时代曾经是哈里发国家腹地的主要敌对势力,至阿拔斯时代逐渐丧失原有的影响,仅在马格里布的柏柏尔人以及阿曼一带的贝都因人中尚有少量追随者。相比之下,什叶派的社会势力在阿拔斯时代得到迅速发展,什叶派穆斯林遍及伊斯兰世界的大部地区。伊拉克依旧是什叶派社会势力的中心所在,与伊拉克相邻的阿拉伯半岛东部沿海和伊朗西南部胡齐斯坦亦有数量众多的什叶派穆斯林。在伊朗高原腹地,库姆是什叶派穆斯林的重要据点。什叶派第八位伊玛目阿里·里达的胞妹法蒂玛·麦尔苏玛816年病故后葬在库姆,什叶派穆斯林于是将库姆尊为圣地。卡尔马特派兴起于9世纪后期,总部设在叙利亚北部的萨拉米叶,什叶派因此一度在叙利亚颇具影响。什叶派的另外两个重要分支栽德派和伊斯马仪派在柏柏尔人中的传播,为伊德利斯王朝和法蒂玛王朝在马格里布的建立奠定了基础。

---

① 艾哈迈德·爱敏:《阿拉伯伊斯兰文化史》,第2册,朱凯、史希同译,商务印书馆1990年,第31页,第14页。

伊斯兰教的派别分裂,无疑是哈里发国家政治对抗的延伸。卡尔马特派运动以及伊德利斯王朝和法蒂玛王朝的建立,体现了什叶派穆斯林与正统穆斯林之间的尖锐矛盾。白益王公统治时期,什叶派穆斯林与正统穆斯林的冲突尤为激烈。双方的冲突首先发生在巴格达,逐渐扩展到周围的许多区域,加剧了伊拉克的社会分裂。然而,在阿拔斯时代的伊斯兰世界,什叶派穆斯林与正统穆斯林之间亦存在相容的一面。阿拔斯哈里发自诩为全体穆斯林的宗教领袖,往往对什叶派采取怀柔政策,吸收什叶派首领参与哈里发国家的政治生活。马蒙甚至一度指定什叶派伊玛目阿里·里达作为哈里发的继承人。什叶派的主流派别十二伊玛目派则趋于放弃与阿拔斯哈里发的政治对抗,致力发展神学思想。白益王公尽管尊奉什叶派伊斯兰教,却在入主巴格达以后,依旧将阿拔斯哈里发视作整个伊斯兰世界的宗教领袖。在法蒂玛王朝统治下的埃及,新都开罗成为传布伊斯马仪派思想的中心所在,而旧城弗斯塔特仍然盛行原有的正统信仰。尊奉什叶派教义的法蒂玛哈里发与信仰正统伊斯兰教的埃及居民并没有因教派的差异而发生冲突,爱资哈尔清真寺与阿慕尔清真寺、伊本·土伦清真寺在尼罗河畔交相辉映。

吉玛人

"吉玛"在阿拉伯语中意为"保护性的契约";吉玛人亦称吉米,意为根据契约受到保护的人,特指在伊斯兰国家的疆域内通过订立契约的形式而接受保护的非穆斯林臣民。吉玛人的概念源于《古兰经》的相关启示。《古兰经》严格区分多神崇拜的阿拉伯人与一神信仰的犹太人和基督徒,将前者称作"以物配主的人",而将后者称作"有经典的人"。先知穆罕默德时代,伊斯兰国家局限于阿拉伯半岛的范围,曾受天经是非穆斯林接受伊斯兰国家保护的先决条件,吉玛人则是所谓"有经典的人"之宗教概念在现实领域的逻辑延伸。先知穆罕默德去世后,伊斯兰国家征服阿拉伯半岛以外的广大区域,非穆斯林臣民数量剧增,犹太人和基督徒无疑处于被保护者的地位,琐罗亚斯德教徒亦被纳入吉玛人的行列。[①]

保护与人身依附之间无疑具有内在的逻辑联系;吉玛人作为被哈里发国家保护的社会群体,长期处于依附和从属的地位。与穆斯林相比,吉玛人至少在理论上处于无权的地位。另一方面,吉玛人在缴纳人丁税的前提下构成相对自

---

① Lambton,A.K.S.,*State and Government in the Medieval Islam*,p.204.

治的社会群体。吉玛人有权自行征税,自行审理诉讼,自行选择宗教信仰。[①]
"伊斯兰世界的历史并非只是穆斯林的历史。自伊斯兰教兴起以来,非穆斯林
在伊斯兰世界的社会生活中占据重要的地位。无视非穆斯林的作用,便难以完
整认识伊斯兰世界的工商业、科学和医学以及政府管理。"[②]吉玛人作为区别于
穆斯林的社会群体,亦非处于孤立和封闭的状态。吉玛人与穆斯林的长期并存
和密切交往,是伊斯兰文明不同于其他诸多文明的显著特征。吉玛人与穆斯林
之间的信仰差异和宗教冲突,贯穿伊斯兰世界的历史进程。

　　伊斯兰教的传统政治理论将世界划分为截然对立的两大区域:达尔·伊斯
兰即穆斯林统治的区域与达尔·哈尔卜即战争的区域抑或异教徒统治的区域;
圣战是穆斯林对异教徒发动的战争,圣战的目的是穆斯林最终征服异教徒统治
的区域。[③] 吉玛人的产生,根源于先知穆罕默德时代阿拉伯人自野蛮向文明过
渡的历史进程中社会结构的深刻变革,是穆罕默德在麦地那期间宗教矛盾的体
现和穆斯林圣战实践的直接结果。在伊斯兰教诞生前的阿拉伯半岛,部族仇杀
充斥于阿拉伯半岛的各个角落,社会矛盾主要表现为血缘群体的尖锐对立。伊
斯兰教的诞生,标志着阿拉伯半岛社会结构的深刻变革。启示的传布和信仰的
皈依,为阿拉伯人的社会变革提供了必要的宗教形式。610—632 年,先知穆罕
默德先后在麦加和麦地那以安拉的名义传布启示,阐述伊斯兰教的信条,规定
相应的义务。然而,《古兰经》并未局限于信仰的说教,穆罕默德传布的启示包
含着广泛的现实内容,其中一个重要方面是强调信仰的纽带作用和穆斯林的宗
教联系。"你们当全体坚持安拉的绳索,不要自己分裂。你们当铭记安拉所赐
你们的恩典,当时,你们原是仇敌,而安拉联合你们的心,你们借他的恩典才变
成教胞。""信士们皆为教胞,故你们当排解教胞间的纠纷,你们应当敬畏安拉,
以便你们蒙安拉的怜恤。"与此同时,《古兰经》阐述了社会对立的相应原则;信
仰的差异取代血缘关系的亲疏,构成划分社会群体的首要原则。"你们不会发
现确信安拉和末日的民众,会与违抗安拉和使者的人相亲相爱。即使那等人是
他们的父亲,或儿子,或兄弟,或亲戚。""你们不要以你们的父兄为保护人,如果
他们弃正道而取迷信的话。你们中谁以他们为保护人,谁是不义者。""不信道
者,确是你们的明显的仇敌。"[④]启示的传布导致信仰的皈依。相当数量的阿拉

　　① Yeor,B. , *The Dhimmis*, *Jews and Christians under Islam*, p. 49.

　　② Humphreys,R. S. , *Islamic History*,*A Framework for Inquiry*,Princeton,1991, p. 255.

　　③ Lambton,A. K. S. , *State and Government in the Medieval Islam*, p. 201.

　　④ 《古兰经》,3:103,49:10,58:22,9:23,4:101.

伯人放弃多神崇拜的传统宗教,加入穆斯林的行列。《古兰经》阐述的诸多原则随之转化为社会现实,来源各异的穆斯林借助信仰的纽带和温麦的形式聚合为崭新的宗教群体。穆斯林和非穆斯林之间的宗教对立逐渐取代传统的部族仇杀,上升为阿拉伯社会的主要矛盾。

国家是社会矛盾的产物和体现。在穆罕默德时代阿拉伯半岛的特定历史条件下,温麦的形成与伊斯兰教的兴起密切相关,麦地那国家的统治则是穆斯林与非穆斯林之间矛盾对抗的集中体现。根据《古兰经》的相关启示,穆斯林、"以物配主的人"和"有经典的人"分别构成截然不同的社会群体,信仰的差异成为确定社会成员权利和地位的基本准则。穆斯林被视作安拉在大地的代治者,"以物配主的人"即多神崇拜的阿拉伯人"在大地上没有任何保护者,也没有任何援助者",而所谓"有经典的人"即犹太人和基督徒"无论在哪里出现,都要陷于卑贱之中,除非借安拉的和约与众人的和约不能安居"①。

特定的社会矛盾决定着相应的政治对立。徙志初年,穆斯林与非穆斯林之间的政治对立首先表现为称作"艾曼"(aman)的保护关系。保护关系在阿拉伯半岛是由来已久的传统习俗。伊斯兰教诞生前,所谓的保护关系往往存在于强悍的游牧群体与地寡人稀的绿洲之间;在叶斯里卜,犹太人凯努卡部落、纳迪尔部落和古来宰部落亦曾分别处于阿拉伯人奥斯部落和阿兹拉只部落的保护之下。先知穆罕默德于 622 年移居麦地那以后,携麦加的迁士与麦地那的土著穆斯林奥斯部落和哈兹拉只部落以及犹太人凯努卡部落、纳迪尔部落、古来宰部落订立契约。麦地那宪章明确规定穆斯林与犹太人之间的社会界限:穆斯林享有充分的政治权利,构成温麦的主体;犹太人作为"有经典的人",构成区别于穆斯林的臣属群体,是"跟随穆斯林的人、依附穆斯林的人和与穆斯林一同作战的人"②。先知穆罕默德通过订立契约的形式确定穆斯林与犹太人的保护关系,而契约的实质在于顺从与保护的交换。顺从先知穆罕默德的绝对权力,是犹太人借助契约的形式接受穆斯林保护的前提条件;被保护的地位意味着犹太人诸部落依附于穆斯林的社会状态。麦地那宪章关于穆斯林与犹太人之保护关系的规定,一方面体现阿拉伯半岛血缘社会之传统习俗的延续,另一方面包含着与传统习俗的本质区别,具有浓厚的地域色彩。

自 624 年巴德尔战斗开始,阿拉伯半岛的宗教对立集中体现为穆斯林的圣战实践。先知穆罕默德在麦地那期间,穆斯林的圣战目标包括"以物配主的人"和"有经典的人"。《古兰经》在严格区分"以物配主的人"和"有经典的人"的同

---

① 《古兰经》,24:55;9:74;3:112。

② Rodinson,M.,*Muhammed*,p.152.

时,规定穆斯林圣战的相应原则。"以物配主的人"诋毁安拉,罪不容赦,其宗教信仰必须予以铲除。"安拉必不赦宥以物配主的罪恶。""当禁月逝去的时候,你们在哪里发现以物配主者就在那里杀戮他们,俘虏他们,围攻他们,在各个要隘侦候他们。"至于"有经典的人",因为曾受天经的启示,穆斯林在一定程度上对其宗教信仰予以承认。"当抵抗不信安拉和末日,不尊安拉及其使者的戒律,不奉真教的人,即曾受天经的人,你们要与他们战斗,直到他们依照自己的能力,规规矩矩地交纳丁税。"①《古兰经》的相关启示表明,穆斯林对"以物配主的人"和"有经典的人"发动的圣战具有相同的性质,即通过穆斯林的暴力征服,在整个半岛的范围内确立先知穆罕默德的绝对权威,以有序的文明取代无序的野蛮状态,实现阿拉伯社会的深刻历史变革。另一方面,两种圣战的终止条件迥然各异:"以物配主的人"只能在皈依伊斯兰教与死亡之间作出选择,"有经典的人"则可以通过缴纳贡税的形式换取穆斯林的保护。

穆斯林的圣战实践,最初局限于讨伐麦地那绿洲的周边区域和抵御麦加古莱西人的攻击。627 年壕沟战斗结束以后,穆斯林与非穆斯林之间的力量对比发生改变,圣战的范围随之逐渐扩大。628 年,先知穆罕默德与麦加古莱西人订立侯德比耶和约,继而挥师北进,讨伐希贾兹北部犹太人定居的海拜尔绿洲。海拜尔绿洲的犹太人殊死抵抗,终因力不能支,立约投降。先知穆罕默德在海拜尔绿洲宣称:"土地属于安拉和使者。"与此同时,先知穆罕默德准许犹太人保留原有的宗教信仰,继续耕作于海拜尔绿洲的土地。他们被视作吉玛人,向麦地那国家缴纳贡税,同时接受穆斯林的保护,是为伊斯兰世界最初的吉玛人。②海拜尔绿洲附近法达克、泰马、瓦迪库拉诸地的犹太人,慑于穆斯林的威力,纷纷屈从于先知穆罕默德。他们如同海拜尔绿洲的犹太人一样,获准留居原有的土地,按照分成制的原则每年缴纳一定数量的农产品。630 年穆斯林攻占麦加以后,也门北部城市纳季兰的基督徒遣使谒见先知穆罕默德,以每年缴纳 8 万迪尔罕的财物作为条件,接受穆斯林的保护。630 年底,穆斯林远征叙利亚边境重镇泰布克,亚喀巴湾沿岸城市埃拉的基督徒和相邻绿洲阿兹鲁赫、贾尔巴、麦格纳的犹太人亦向先知穆罕默德交纳贡税,处于穆斯林的保护之下,成为麦地那国家的臣民。③

632 年先知穆罕默德去世后,阿布·伯克尔出任哈里发,麦地那国家开始自

---

① 《古兰经》,4:45,9:5,9:29。

② Yeor,B.,*The Dhimmis*,*Jews and Christians under Islam*, p.45, p.44.

③ Al-Baladhuri,*Kitab Futuh al-Buldan*, pp.42-59, pp.92-94, pp.98-100.

阿拉伯半岛向周边区域发动扩张。至哈里发欧默尔当政期间,麦地那国家的军事扩张达到高峰,穆斯林相继征服拜占廷帝国和波斯帝国的诸多辖地。麦地那哈里发时代,阿拉伯半岛业已完成从野蛮向文明的过渡,穆斯林的征服不再表现为文明否定野蛮的暴力过程,而是表现为领土的争夺和疆域的拓展。麦地那哈里发国家的扩张与先知穆罕默德时代的圣战尽管性质各异,但是两者之间无疑存在密切的内在联系。麦地那哈里发国家的扩张既是阿拉伯人步入文明的直接结果,亦是先知穆罕默德时代穆斯林与非穆斯林之间深刻社会对立和伊斯兰教统治的逻辑延伸,具有浓厚的宗教色彩。麦地那哈里发国家援引《古兰经》的相关启示和先知穆罕默德时代的圣战先例,与被征服区域的土著居民订立契约,将被征服者视作"有经典的人",使被征服者处于吉玛人的地位,保留其原有的宗教信仰,并且予以相应的保护。麦地那哈里发时代,穆斯林人数尚少,吉玛人构成社会成员的绝对多数。穆斯林作为征服者,至少在理论上享有充分的权利,构成凌驾于吉玛人之上而居统治地位的社会群体。吉玛人作为被征服者,丧失原有的政治权利,构成依附于穆斯林的社会群体。

先知穆罕默德时代,伊斯兰教只是在阿拉伯半岛的范围内得到有限的传播;相当数量的阿拉伯人,包括分布于半岛各地及周边区域的诸多部落,尚未加入穆斯林的行列。穆斯林与吉玛人之间的矛盾仅仅表现为信仰的差异,尚无种族对立的明显倾向。阿布·伯克尔当政期间,麦地那国家通过发动平息"里达"的战争,在整个半岛的范围内基本完成伊斯兰教化的进程。欧默尔即位以后,援引"阿拉伯半岛不可存在非伊斯兰教信仰"的圣训原则,驱逐希贾兹北部海拜尔等地的犹太人和纳季兰一带的基督徒。[1] 与此同时,分布在半岛周边区域的阿拉伯人亦大都改奉伊斯兰教,加入穆斯林的行列。[2] 叙利亚南部颇具势力的阿拉伯人加萨尼部落因此被称作"蒙昧时代的君王和伊斯兰时代的晨星"[3]。针对阿拉伯人的分布区域与伊斯兰教的信仰界限趋于吻合的社会现实,欧默尔极力奉行阿拉伯人与伊斯兰教合而为一的政治原则,伊斯兰教被视作阿拉伯人的宗教,阿拉伯人构成伊斯兰教的载体。欧默尔的原则表明,穆斯林与吉玛人的矛盾不仅在于信仰的差异,而且包含着种族对立的社会内容。麦地那国家对于吉玛人的统治,既是伊斯兰教对于基督教、犹太教和琐罗亚斯德教的神权统治,亦是阿拉伯人对于信仰基督教、犹太教和琐罗亚斯德教的阿拉马人、科普特人、犹太人和波斯人的种族统治。

---

① Al-Baladhuri, *Kitab Futuh al-Buldan*, pp.101-102.

② Muir, W., *Annals of the Early Caliphate*, London, 1913, p.177.

③ Arnold, T. W., *Preaching of Islam*, London, 1935, p.47.

吉玛人作为麦地那国家的非穆斯林臣民,其与穆斯林之间的矛盾不仅体现为信仰的差异和种族的对立,而且具有特定的经济内涵。由于吉玛人除少量生活在城市外,绝大多数处于农居状态,因此吉玛人的经济地位与麦地那国家的土地制度密切相关。先知穆罕默德时代国家土地所有制的初步建立和征服过程中地权的改变,构成吉玛人与穆斯林之间经济对立的客观基础。《古兰经》规定一切土地皆属安拉及其使者,标志着土地关系的崭新原则通过宗教的形式被引入阿拉伯半岛的传统社会。尽管血缘群体在绝大多数情况下依旧构成世袭占有土地的基本单位,但是麦地那国家至少在理论上开始超越血缘群体的狭隘界限,获得支配土地的最高权力,进而作为"凌驾于所有这一切小的共同体之上的总和的统一体表现为更高的所有者或唯一的所有者"[①]。先知穆罕默德时代,国家土地所有制的理论原则得以付诸实践的重要杠杆是穆斯林的圣战实践。根据《古兰经》的相关启示,非穆斯林拥有土地系非法现象,圣战的目的之一便是收回非穆斯林拥有的土地。《古兰经》同时规定:穆斯林在圣战中获取的财富包括两种类型,一类是可以分割支配的战利品,称作"加尼玛",其中五分之一属于安拉的使者即穆罕默德,余者分配给穆斯林战士;另一类是不可分割支配的战利品,称作"斐伊"。"斐伊"在阿拉伯语中本意是"归还",特指穆斯林通过圣战而征服的土地,其支配权仅属穆罕默德。[②] 628 年,穆斯林征服希贾兹北部的犹太人,海拜尔、法达克、泰马和瓦迪库拉诸地相继被纳入斐伊的范围。先知穆罕默德并未将所征服的土地分配给穆斯林战士,而是以麦地那国家的名义直接役使土著的犹太人耕作。与徙志初年加盟温麦的犹太人相比,希贾兹北部诸地的犹太人作为斐伊的耕作者,其与穆斯林的关系开始出现明显的变化。麦地那国家保护犹太人的条件,由政治的顺从发展为贡税的缴纳。贡税的征收意味着穆斯林对于希贾兹北部诸地犹太人剩余劳动的占有,初步体现两者之间封建性质的经济关系。斐伊作为国家土地所有制的外在形式,决定了希贾兹北部诸地犹太人的群体依附状态。

麦地那哈里发时代,穆斯林的广泛征服在阿拉伯半岛以外的诸多区域导致地权的改变。麦地那诸哈里发依据《古兰经》的相关启示,援引穆罕默德时代的圣战先例,在所征服的地区实行国家土地所有制。欧默尔规定,穆斯林征服者不得将所征服地区的吉玛人视作奴隶,亦不得随意侵吞吉玛人的财产,尤其禁止穆斯林征服者在阿拉伯半岛以外直接占有土地和从事农耕;安拉赐予的土地

---

① 《马克思恩格斯全集》,第 46 卷,第 473 页。

② 《古兰经》,8:41,59:6—7。

作为法伊构成全体穆斯林的共同财产,任何穆斯林征服者均不得擅自据为己有。[①] 麦地那哈里发在穆斯林征服的诸多区域建立的国家土地所有制,并非"法律的虚构",而是客观存在的经济现实。穆斯林通过订立契约,强行规定吉玛人必须承担缴纳贡税的义务。贡税的征收不仅标志着麦地那国家在所征服区域的主权和统治,而且是国家土地所有制"借以实现的经济形式"。另一方面,麦地那哈里发时代,穆斯林与吉玛人之间存在明确的社会分工。穆斯林征服者多数屯驻于库法、巴士拉、查比叶、弗斯塔特等军事营地,致力于圣战,构成军事贵族阶层。吉玛人大都处于农耕状态,依附于穆斯林,构成从事生产的社会群体。吉玛人的劳作,是穆斯林得以致力于圣战的前提和保证。贡税的征收,集中体现穆斯林与吉玛人的深刻经济矛盾,标志着麦地那国家封建关系的广泛确立。麦地那哈里发国家将征收于吉玛人的贡税通过迪万制度和年金支付的途径分配给穆斯林,构成穆斯林占有吉玛人剩余劳动的表现形式。

麦地那哈里发时代,斐伊作为国家土地所有制的外在形式,大体分为两种类型。在埃及、叙利亚和伊朗诸地,国家土地所有权局限为贡税的征收;吉玛人耕种斐伊的土地,在向麦地那国家缴纳贡税的前提下,往往保留相对自主的土地支配权。由于土地构成征收贡税的主要对象,而土地占有状况的改变并不直接影响贡税的征收,所以麦地那国家在大多数情况下允许土地的继承、转让和买卖,文献资料关于吉玛人土地交易的记载亦不鲜见。后来的伊斯兰教法学家将吉玛人支配的这种地产称作"穆勒克"。在伊拉克一带,麦地那哈里发将所征服的土地收归国家直接经营;后来的伊斯兰教法学家将这种土地称作"萨瓦菲"。欧默尔当政期间,萨瓦菲包括萨珊波斯的国有土地、萨珊王室成员的土地、琐罗亚斯德教神庙和祭司、战死者的土地、无主的荒地和沼泽地等 10 种土地,面积约 3600 万加里卜。麦地那国家役使吉玛人耕种萨瓦菲的土地,采用租佃制,根据土地的面积和质量以及作物的种类和灌溉方式确定租赋的数额。萨瓦菲不同于穆勒克。欧默尔严格禁止萨瓦菲土地的转让和买卖;耕种萨瓦菲的吉玛人缺乏支配土地的相对自主权,同时享有世袭租佃权。他们世代依附于土地,是隶属国家的封建佃农。由此可见,穆斯林对于吉玛人的统治,不仅是伊斯兰教的神权统治和阿拉伯人的种族统治,更是麦地那国家的封建统治。穆斯林对于吉玛人剩余劳动的占有,是麦地那国家封建统治的外在形式。麦地那国家土地所有制的广泛建立,导致吉玛人对于穆斯林的群体依附状态。

---

① Abu Yusuf, *Kitab al-Kharaj*, from Lewis, B., *Islam from the Prophet Muhammed to the Capture of Constantinpole*, vol. 2, pp. 223-224.

哈里发国家在理论上允许吉玛人生活在除阿拉伯半岛外的伊斯兰世界的任何地区。[①]"除阿拉伯半岛外,几乎所有的城市都有基督徒和犹太人的居住区"[②]。阿拔斯时代,基督徒主要分布在尼罗河流域和"肥沃的新月地带",其中埃及和叙利亚的基督徒人数皆超过百万,分别属于希腊正教以及科普特派、雅各派、聂斯脱里派和马龙派。10世纪时的巴格达约有5万基督徒,同一时期爱德萨和提克里特的居民则大都信奉基督教。[③] 犹太人不及基督徒数量多,但是分布范围甚广,城居现象突出。在叙利亚,约有0.3万名犹太人生活在大马士革,0.5万名犹太人生活在阿勒颇。在伊拉克,0.4万名犹太人生活在贾吉拉·欧麦尔,0.7万名犹太人生活在摩苏尔,1.5万名犹太人生活在哈尔巴赫,1万名犹太人生活在希拉,1万名犹太人生活在瓦西兑,1万名犹太人生活在欧克巴拉,0.7万名犹太人生活在库法,0.2万名犹太人生活在巴士拉,0.1万名犹太人生活在巴格达,而10世纪初苏拉和纳赫尔·马立克两地的居民几乎皆为犹太人。在伊朗高原及中亚一带,哈马丹有3万犹太人,伊斯法罕有1.5万犹太人,设拉子有1万犹太人,加兹尼有8万犹太人,撒马尔罕有3万犹太人。在埃及,开罗有0.7万犹太人,亚历山大有0.3万犹太人,尼罗河三角洲其他地区另有0.3万犹太人,上埃及亦有0.06万名犹太人。此外,伊朗南部诸地尚有相当数量的琐罗亚斯德教徒,而萨比教徒到11世纪时则已所剩无几。[④]

吉玛人在保留原有宗教信仰的同时,依旧操各自的传统语言。吉玛人与穆斯林同为哈里发国家的臣民,两者之间的差异在于:穆斯林必须履行天课义务,吉玛人必须缴纳人丁税。人丁税的征收对象,是吉玛人中的成年男性;至于吉玛人中的未成年人、女性和教士,则免纳人丁税。[⑤] 人丁税的数额,大体上沿袭欧默尔当政期间制定的标准,即按照财产状况的不同,在东部的银币区每年向纳税者分别征收12、24、48个迪尔罕,在西部的金币区每年向纳税者分别征收1、2、4个第纳尔。穆斯林在缴纳天课的同时,还需服兵役。吉玛人缴纳人丁税,却免服兵役。吉玛人中的神职人员则免缴人丁税。924年,埃及总督曾经向那里的基督教教士征纳人丁税,后者向哈里发穆格台迪尔申诉,于是穆格台迪尔命令埃及总督取消征自基督教教士的人丁税。[⑥]

伊斯兰世界的吉玛人与中世纪西欧的农奴作为封建时代抑或传统文明时

---

① Ashtor,E. , *The Medieval Near East:Social and Economic History*, London 1978, p. 86.

② Hourani,A. , *A History of the Arab Peoples*, p. 117.

③ Mez,A. , *The Renaissance of Islam*, pp. 37-38.

④ 同上,pp. 36-38.

⑤ 哈桑·穆阿尼斯:《古代中世纪的阿拉伯国家与文明》,第162页。

⑥ Hourani,A. , *A History of the Arab Peoples*, p. 45.

代的社会成分,均处于依附的状态。然而,伊斯兰世界的吉玛人与中世纪西欧的农奴所处的历史环境存在明显的差异。吉玛人从属于伊斯兰教的国家而不是依附于作为个体的穆斯林,在缴纳人丁税的前提下享有相对自治的权利。相比之下,中世纪西欧的农奴制根源于特定的地租形态,存在于公权私化的政治环境;农奴承担劳役制地租,从属于封建庄园的领主。另一方面,伊斯兰世界的吉玛人制度具有浓厚的宗教色彩,中世纪西欧的农奴制度则表现为明显的世俗倾向。

　　根据伊斯兰教法,穆斯林不得将吉玛人作为奴隶。吉玛人在依附于哈里发国家的前提下享有相对的自由和有限的自治,其经济社会地位介于穆斯林与奴隶之间。① 在理论上,伊斯兰世界抑或穆斯林统治的地区必须执行伊斯兰教法。然而,伊斯兰教法在大多数情况下仅仅限于规范穆斯林的社会行为,对于吉玛人并无约束效用。哈里发国家通常允许犹太人和基督徒沿袭各自原有的宗教法律,吉玛人在法律上享有广泛的自治权利,其司法仲裁诉诸各自的宗教首领,执行各自的宗教法律。但是,如果涉及吉玛人与穆斯林之间的诉讼,或者涉及犹太人与基督徒之间的诉讼,必须依据伊斯兰教法予以裁决。穆斯林法庭在裁决时,往往拒绝接受吉玛人的誓言和所提供的证据。② 《古兰经》承认奴隶存在的合法地位,然而吉玛人却不得拥有穆斯林作为奴隶。伊斯兰教法允许吉玛人改奉伊斯兰教,却禁止穆斯林改奉其他宗教,规定基督徒和犹太人不得改奉除伊斯兰教外的其他宗教;禁止吉玛人娶穆斯林妇女为妻,却允许穆斯林娶吉玛人之女为妻。③

　　《古兰经》规定,“你们只可信任你们的教友”,至于“有经典的人”,则不可信任。“信道的人,不可舍同教而以外教为盟友;谁犯此禁令,谁不得安拉的保佑。”“他们(即吉玛人)无论在哪里出现,都要陷于卑贱之中,除非借安拉的和约与众人的和约不能安居,他们应受安拉的遣怒,他们要陷于困苦之中。”④ 麦地那哈里发国家依据启示的原则,将吉玛人排斥于公职之外;吉玛人不得享有与穆斯林同等的政治权利,吉玛人担任政府官职进而对穆斯林行使权力被视作非法。库法总督阿布·穆萨曾经任用一名基督徒掌管伊拉克的财政收支,欧默尔获悉此事之后愤然说道:“不要与基督徒接触,因为安拉不喜欢他们;不要信任

---

① Lambton, A. K. S., *State and Government in the Medieval Islam*, p. 205.

② Hoyland, R., *Muslims and Others in Early Islamic Society*, p. 89.

③ Lambton, A. K. S., *State and Government in the Medieval Islam*, p. 206.

④ 《古兰经》,3:73,3:75,3:28,3:11。

基督徒,因为安拉不信任他们;不要提高基督徒的地位,因为安拉使他们陷于卑贱之中。"叙利亚总督穆阿威叶亦曾有意任用一名基督徒协助自己征收贡税,致信请求欧默尔的准许,欧默尔答复如下:"该基督徒应当被认为已经死去或者出走他乡。"欧默尔二世当政期间,发现许多吉玛人担任官职,遂下令罢免担任官职的吉玛人。欧默尔二世曾经告诫属下:"吉玛人是肮脏的人。安拉创造非穆斯林作为撒旦的伙伴,他们是最不可靠的人。"[1]"欧默尔法令"规定:吉玛人不得在城市及其周围建立新的教堂,不得在穆斯林居住的地区修复被毁的教堂,不得在教堂外部安放十字架,不得在邻近穆斯林居住区的教堂高声祈祷和诵经,不得在穆斯林的市场展示十字架和《圣经》,不得在邻近穆斯林居住的地区养猪和售酒,不得公开传教,不得阻止皈依伊斯兰教,不得携带武器,所建房屋不得高于相邻的穆斯林住所,不得向穆斯林购买战俘,不得伤害穆斯林,必须身着特殊的服饰以区别于穆斯林。[2] 阿拔斯时代,哈伦再度颁布法令,禁止吉玛人出任公职,并于807年拆毁叙利亚北部的基督教教堂和穆斯林征服以后各地新建的基督教教堂,禁止基督徒在复活节时竖立十字架和在教堂门前设置木制的撒旦像,要求基督徒和犹太人身着特殊的服饰以区别于穆斯林。穆台瓦基勒即位以后,曾于849年和854年两次颁布法令,禁止吉玛人出任政府官职,禁止吉玛人就读于讲授阿拉伯语的学校,并且规定基督徒和犹太人的宅门必须钉上画有撒旦图像的木牌,基督徒和犹太人必须身着淡黄色的服饰,不得乘马而只能骑驴,死后葬身的陵墓不得高出地面。[3] 法蒂玛王朝的哈里发哈基木以奉行宗教歧视和宗教迫害政策著称,规定基督徒和犹太人必须头戴黑帽,身着黑色服饰,直至下令拆毁耶路撒冷的圣陵教堂,震动欧洲的基督教世界。阿拔斯王朝后期,大马士革、拉姆拉、阿斯卡伦、耶路撒冷和巴格达等地相继发生基督教堂遭到穆斯林抢劫和拆毁的事件。马木路克苏丹曾经于1301年颁布法令,规定基督徒只能戴蓝色的头巾,犹太人只能戴黄色的头巾,撒玛利亚人(古代犹太人的分支)只能戴红色的头巾,以明确区分穆斯林与吉玛人。[4]

然而,更多的哈里发并未严格遵循上述启示,宗教规定与社会现实常常不尽吻合,差异甚大。综观哈里发时代的伊斯兰世界,穆斯林对吉玛人的歧视和迫害的程度十分有限。基督教欧洲的宗教裁判所,以及骇人听闻的"圣巴托罗缪之夜"和15—16世纪西班牙基督徒屠杀穆斯林的惨剧,在伊斯兰世界从未发

---

① Yeor,B. , *The Dhimmis*, *Jews and Christians under Islam*, p. 181, p. 55, p. 182.

② Hoyland,R. , *Muslims and Others in Early Islamic Society*, pp. 104-106.

③ 泰伯里:《历代先知与君王史》,第2卷,第712—713页,第3卷,第1389—1393页。

④ Ashtor,E. , *The Medieval Near East: Social and Economic History*, London 1978, p. 77, p. 76.

生。相反,在伊斯兰世界,宗教关系的主要方面是穆斯林与吉玛人之间的和睦相处,绝大多数的哈里发奉行宗教宽容的政策。"中古时代,伊斯兰国家与基督教欧洲的区别在于:大批信奉伊斯兰教以外其他宗教的臣民生活在伊斯兰国家,而穆斯林在基督教欧洲却无法生存。此外,在伊斯兰国家里,基督徒和犹太人的教堂和修道院遍布各地,似乎并不隶属于政府权力的管辖,仿佛是国中之国,享有穆斯林给予的种种权利,基督徒和犹太人得以与穆斯林平安相处,从而形成一种基督教欧洲所无法想象的和睦气氛。基督徒和犹太人皆有信仰的自由,但是他们改奉伊斯兰教以后再背叛伊斯兰教则必须处死。相比之下,在拜占庭帝国,凡改奉伊斯兰教者则一律处死。"[1]哈里发国家长期赋予吉玛人以相当广泛的自治权利,倭马亚时代颇为盛行的宗教辩论直至阿拔斯时代仍屡见不鲜。781年,巴格达的景教教长提摩太曾经与哈里发马赫迪探讨信仰的真伪,并且为基督教辩护,其辩护词至今尚存。819年,马蒙在其宫廷举行神学辩论,辩论的主题是比较伊斯兰教与基督教的优劣。穆台瓦基勒当政期间,穆斯林学者阿里·泰伯里撰写《论宗教与国家》一书,仅以温和的言辞为伊斯兰教辩护。穆台瓦基勒虽然颁布法令禁止吉玛人出任政府官职,却将伊拉克的河道管理和哈里发宫廷的营建托付于基督徒。哈基木当政期间,吉玛人备受歧视,屡遭迫害。然而,狂热的宗教情感并没能阻止哈基木任命基督徒曼苏尔·萨顿作为维齐尔和在开罗的宫中聘用基督徒出任御医。1019年,依照哈基木的旨意,位于开罗郊外穆卡坦山的库赛尔修道院在被毁数年之后得以重建。阿拔斯时代,基督徒是文职书吏库塔卜的重要来源,犹太人则在金融兑换业中独占鳌头。吉玛人中出任各级税吏者比比皆是,哈里发宫廷的御医大都来自基督徒,穆格台迪尔甚至破例任命一名基督徒掌管军事部。在法蒂玛王朝统治下的埃及,基督徒曼苏尔·萨顿和伊萨·纳斯图里斯相继高居维齐尔要职。[2]

阿拔斯时代,伊斯兰世界的基督徒分为聂斯脱里派和雅各派。伊拉克和叙利亚的基督徒信奉聂斯脱里派基督教,隶属于巴格达的聂斯脱里派教长。埃及一带的基督徒信奉雅各派基督教,隶属于亚历山大和安条克的雅各派教长。聂斯脱里派教长在巴格达的住地,称为罗马人修道院;修道院的周围是基督徒的居住区,称为罗马人住区。聂斯脱里派教长下辖巴士拉、摩苏尔、奈绥宾等七个大主教区。当选的聂斯脱里派教长由阿拔斯哈里发授职,被视作伊斯兰世界中全体基督徒的宗教领袖。雅各派在巴格达亦设有修道院,并在巴格达以北的提

① Mez,A.,*The Renaissance of Islam*,p. 32.

② Ashtor,E.,*A Social and Economic History of the Near East in the Middle Ages*,pp. 145-146,p. 192.

克里特设立主教区。912 年,雅各派教长曾经要求将自己的驻节地从安条克迁到巴格达,遭哈里发的拒绝。与雅各派相比,聂斯脱里派势力较大。阿拔斯时代,聂斯脱里派传入中国,是为景教。"大秦景教流行中国碑"于 781 年建于唐都长安,印度西海岸马拉巴尔一带的基督徒隶属巴格达的聂斯脱里派教长,聂斯脱里派影响之广泛由此可见。如同信奉聂斯脱里派和雅各派的基督徒一样,犹太人亦有自己的首领,其管辖范围不仅包括宗教领域,而且涉及世俗生活的诸多方面。11 世纪,阿拔斯王朝与法蒂玛王朝处于东西对峙的状态,伊斯兰世界的犹太人随之分裂。巴格达的犹太人追随阿拔斯王朝,其首领称"赛雅达纳",意为"我们的君主";开罗的犹太人追随法蒂玛王朝,其首领称"萨尔·哈萨里姆",意为"诸王之王"[1]。

奴隶

伊斯兰教诞生前,阿拉伯半岛有许多奴隶。那时,奴隶的来源之一是部落间的战争。战败被俘的阿拉伯人或被处死,或被战胜者蓄为奴隶。奴隶的另一来源是奴隶贸易。"古莱西人不仅从事货物贩运,而且经营奴隶贸易。"[2]麦加附近的欧卡兹集市曾经是阿拉伯半岛著名的奴隶市场。著名的圣门弟子栽德·哈里萨原为奴隶,主人将他带到欧卡兹集市,卖给麦加的富商赫蒂彻,赫蒂彻将栽德·哈里萨赠与先知穆罕默德。[3] 628 年,两名奴隶逃离主人,来到侯德比耶,皈依伊斯兰教,得到先知穆罕默德的庇护。[4] 亦有一些奴隶来自阿拉伯半岛周围地区。著名圣门弟子比拉勒原籍埃塞俄比亚,曾是古莱西人倭马亚·哈谢夫的奴隶。另一圣门弟子赛勒曼·法里西原籍伊朗,后来被凯勒卡部落卖为奴隶,流落叶斯里卜。

伊斯兰教并没有废除奴隶制度。《古兰经》一方面禁止债务奴役,另一方面承认奴隶的存在具有合法的地位,同时提倡改善奴隶的处境和释放奴隶。自由人与奴隶的长期并存,是伊斯兰世界社会结构的重要方面。根据伊斯兰教的法律,奴隶的来源是异教徒在战争中成为穆斯林的俘虏;因此,异教和被俘构成自由人沦为奴隶的基本条件。与查希里叶时代的阿拉伯半岛相比,伊斯兰世界中奴隶的成分发生变化。阿拉伯人或者皈依伊斯兰教,或者被处死,却不得被蓄

---

① Mez,A. , *The Renaissance of Islam* , p. 34 , p. 35 , p. 36 , pp. 43-44.

② Jaydan,J. , *History of Islamic Civilization* , p. 14.

③ Watt,W. M. , *Muhammed at Medina* , p. 293.

④ 艾哈迈德·爱敏:《阿拉伯伊斯兰文化史》,第 1 册,第 94 页。

养为奴隶。麦地那时代和倭马亚时代,哈里发国家发动一系列的扩张战争。被征服地区的土著居民,或者改奉伊斯兰教,作为麦瓦利加入穆斯林的行列,或者保留原来的信仰,以吉玛人的身份接受哈里发国家的保护。亦有大量兵败被俘的异族官兵及其眷属沦为穆斯林的奴隶。征服战争期间,奴隶市场随处可见。相传,古太白·穆斯林曾经从中亚的粟特俘获奴隶 10 万人,穆萨·努赛尔则从马格里布俘获奴隶达 30 万人之多。这样的数字或许存在夸张的倾向,却毕竟反映了一定的历史事实。频繁的征战为哈里发国家提供了充足的奴隶来源,蓄养奴隶的现象在伊斯兰世界风靡一时,拥有成百上千名奴隶的穆斯林比比皆是。据说,哈里发奥斯曼每逢聚礼日便释放一名奴隶,或者为其他人的奴隶支付赎金。①

　　阿拔斯时代,军事扩张趋于停止,战俘来源濒临枯竭。然而,伴随着哈里发国家与伊斯兰世界周边区域之间贸易交往的日渐频繁,奴隶买卖颇为盛行。包括贵族、地主和商人在内的社会上层拥有奴隶者甚多,巴格达的哈里发则是最大的奴隶所有者。奴隶来源广泛,种类繁多。来自非洲内陆的黑奴大都经过埃及和也门流入伊斯兰世界诸地,白奴多来自东南欧的斯拉夫人地区,突厥奴隶则来自中亚一带,阿拉伯人沦为奴隶的现象亦时有发生。② 白奴作为来自保加尔的主要商品被大量销往阿姆河流域,撒马尔罕则以白奴交易而名闻遐迩。③ 黑奴的价格较为低廉。伊赫希德王朝的著名摄政者阿布·米斯克·卡富尔出身奴隶,924 年从埃塞俄比亚被卖往埃及时的身价只有 18 第纳尔。在阿曼,黑奴的平均价格约为 200 迪尔罕。④ 有时,个别貌美的非洲女奴可以卖至数百第纳尔。相比之下,白奴的价格大都高于黑奴。来自斯拉夫地区的女奴,其身价往往超过 1000 第纳尔,个别斯拉夫血统的女奴甚至价值万余第纳尔。伊斯兰世界的许多城市设有奴隶市场,由哈里发国家派驻官吏,专司其事,其中撒马尔罕的奴隶市场最负盛名。⑤ 11 世纪初的基督徒伊本·布勒塔曾经写有专门的著作,介绍印度奴隶、柏柏尔奴隶、埃塞俄比亚奴隶、努比亚奴隶、希腊奴隶、亚美尼亚奴隶和突厥奴隶的特征和功用,作为穆斯林选购奴隶的指南。⑥

　　① Engineer,A. A. , *The Origin and Development of Islam*, p. 80, p. 163.

　　② Morony,M. G. , *Manufacturing and Labour in the Classical Islamic World*, p. 253, p. 257, p. 254.

　　③ Lombard,M. , *The Golden Age of Islam*, p. 196.

　　④ Mez,A. , *The Renaissance of Islam*, p. 157.

　　⑤ Morony,M. G. , *Manufacturing and Labour in the Classical Islamic World*, p. 255.

　　⑥ Lewis,B. , *Islam, from the Prophet Muhammed to the Capture of Constantinpole*, London 1976, pp. 240-250.

奴隶被视作主人的财产,可由主人买卖、转让、继承和出租。奴隶不得拥有财产,其所得财富仅被视作属于主人。在法律上,奴隶处于无权的地位,在法庭提供的证据毫无效力。自由人如果伤害他人的奴隶,只需按价赔偿,而不必支付血金。奴隶往往被允许建立家庭,但须经主人同意,否则便被视作私通。伊斯兰教法学的哈奈菲派和沙菲仪派允许奴隶至多娶两妻,马立克派允许奴隶至多可娶四妻,使之与自由人相同。奴隶娶妻亦需支付彩礼,将自己劳动所得交女方的主人。男女奴隶成婚后,所生子女仍是奴隶,属于女奴的主人。

在哈里发时代的伊斯兰世界,社会生产力的发展水平普遍超越奴隶制生产关系所能适应的限度,奴隶劳动在生产领域大都受到排斥,非生产性活动成为蓄养奴隶的主要目的,家内奴隶数量繁多。麦地那和巴格达设有多所学校,专门培训奴隶的歌舞技能。巴格达的哈里发宫廷拥有大量的奴隶;哈伦的妻子祖拜德有 2000 名侍女,穆尔台绥姆在临终时一次释放奴隶达 8000 人之多。[①] 阿卜杜勒·拉赫曼当政期间,科尔多瓦的宫廷中有女奴 6000 余人;在开罗,法蒂玛哈里发的宫廷豢养奴隶多达 12000 人。[②] 伊斯兰教禁止阉割行为[③],但是哈里发的宫廷却不乏阉奴。爱敏首创使用阉奴的先例,其后的历代哈里发竞相效法。穆格台迪尔当政期间,巴格达的宫内蓄养阉奴万余名,执行阉割者多为犹太人和基督徒。埃塞俄比亚的哈贾赫在 11 世纪曾是贩卖阉奴的著名市场。奴隶被阉割之后,往往身价倍增。[④]

基督教禁止其信徒纳女奴为妾。曼苏尔曾经将三名希腊女奴和 3000 第纳尔赐予信奉聂斯脱里派基督教的御医朱尔吉斯·巴赫帖舒,后者却只接受第纳尔,拒绝接受女奴。然而,在穆斯林中,蓄奴纳妾的现象极为普遍。"倭马亚王朝时的众哈里发中,只有韦里德的两个儿子叶齐德和伊卜拉欣为女奴所生;阿拔斯人当中,除了哈里发赛法赫、麦赫迪和艾敏的生母是自由人以外,其他诸哈里发的母亲都是女奴;而安德鲁斯的倭马亚王朝的埃米尔们和哈里发们,其生母皆非自由人。"[⑤]拜占廷帝国禁止非基督徒拥有信奉基督教的奴隶,哈里发国家却允许基督徒和犹太人拥有信奉伊斯兰教的奴隶。伊斯兰教法规定,男人在两种情况下可以占有女人,即据婚约娶妻和纳女奴为妾。然而,男人通过婚约的形式至多只能同时娶四人为妻,并且受到许多约束,纳女奴为妾则可随心所欲,且限制甚少。因此,穆斯林纳女奴为妾者数量极多。女奴为妾以后,所生子

① Mez, A., *The Renaissance of Islam*, p. 163.

② Lombard, M., *The Golden Age of Islam*, p. 195.

③ 《古兰经》,4:119。

④ Mez, A., *The Renaissance of Islam*, p. 353.

⑤ 艾哈迈德·爱敏:《阿拉伯伊斯兰文化史》,第 2 册,第 75 页,第 5 册,第 122 页。

嗣具有自由人的身份,女奴本人则被称作"孩子的母亲",尽管依旧隶属主人所有,但是不得被主人出售或转赠,待主人死后即可获得自由。然而,实际情况也不尽如此。据《乐府诗集》记载,女奴沙利叶出生于巴士拉,其父为阿拉伯血统的自由人,生母却是奴隶;沙利叶出生后,其父将沙利叶作为奴隶卖给他人。[1] 许多奴隶贩子还挑选貌美的女奴加以训练,使她们成为通晓文学和擅长歌舞的艺妓。阿拔斯时代,麦加和麦地那是训练艺妓的中心。女奴成为艺妓以后,身价飞涨,备受青睐。哈伦曾经出价 10 万第纳尔,购买一名色艺双绝的女奴。[2]

阿拔斯时代,奴隶从军者甚多。曼苏尔当政期间,驻守摩苏尔的阿拔斯王朝军队中包括称作赞吉的黑奴战士 4000 人。[3] 在 9 世纪以后的巴格达和萨马拉,奴隶出身的外籍将领甚至左右政局,势力颇大。土伦王朝和萨曼王朝亦有大量奴隶士兵。塞尔柱苏丹国的维齐尔尼扎姆·穆勒克在其名著《政治论》中,曾经专门论及奴隶从军以后的训练程序直至成为将领的诸多条件。至于大规模使用奴隶从事生产的现象,在伊斯兰世界并不多见。倭马亚时代,伊拉克总督哈查只·尤素夫曾经在伊拉克南部的沼泽地带使用称为"赞吉"的黑奴,从事繁重的体力劳动,引发小规模的黑奴起义。阿拔斯哈里发曼苏尔当政期间,伊拉克南部的沼泽地带再次爆发小规模的黑奴起义。869 年,伊拉克南部爆发大规模的黑奴起义,威胁巴士拉、瓦西兑和乌布拉,持续 14 年之久,直至 882 年被阿拔斯王朝军队镇压。[4]

时尚与习俗

倭马亚时代的阿拉伯人保留着淳朴淡泊的习俗和浓厚的贝都因色彩,崇尚阿拉伯半岛的传统美德。至阿拔斯时代,随着广泛的社会交往和民族融合,异族情调的生活方式风靡伊斯兰世界,与阿拉伯人的传统习俗交相辉映,展现出绚丽多姿的生活画卷。

阿拔斯王朝建立之初,天下未定,百废待举,哈里发面临内忧外患,致力铲除政敌和巩固统治,无暇顾及享乐,宫廷生活较为简朴。阿布·阿拔斯冷酷无情,杀人如麻,但是鄙视追求奢侈生活。据说,他在与乌姆·赛勒麦成婚时曾经发誓,除她之外不再娶妻,亦不纳妾。曼苏尔即位以后,洁身自好,简朴如旧,对

① Levy,R. , *The Social Strcture of Islam* , p. 76.

② Morony,M. G. , *Manufacturing and Labour in the Classical Islamic World* , p. 256.

③ 阿拉伯人通常将班图族黑人称作赞吉,用于区别柏柏尔人和阿比西尼亚人。见 Morony,M. G. , *Manufacturing and Labour in the Classical Islamic World* , p. 259.

④ Morony,M. G. , *Manufacturing and Labour in the Classical Islamic World* , pp. 261-262.

于奢侈享乐的生活深恶痛绝。据泰伯里记载,曼苏尔之子阿卜杜勒·阿齐兹头缠布巾,身背弓箭,完全是一副贝都因少年的打扮。曼苏尔的仆人曾经在宫中弹奏四弦琴,吟唱取乐,受到哈里发的斥责和惩罚。自从马赫迪即位以后,巴格达享乐成风,宫廷生活日渐奢华。哈伦当政期间,国库殷实,哈里发挥金如土。诗人麦尔旺·阿比·哈福赛赋诗称颂哈伦,得到 10 万迪尔罕的赏赐,另一歌手吟唱此诗,也得到 10 万迪尔罕的赏赐。哈伦的妻子祖拜德只许将金银器皿和宝石镶嵌的用具摆在桌上,甚至足下的鞋履也用宝石点缀。艾敏即位以后,遣人从各地搜罗乐工弄臣和珍禽异兽,供其享乐。艾敏曾经在底格里斯河上建造 5 艘巨船,各呈狮、象、莺、蛇、马的形状,耗资千万迪尔罕。① 艾敏甚至不惜败坏名声,豢养大批娈童,其生活堕落的程度可想而知。825 年,马蒙举行成婚大典,耗资 5200 万迪尔罕,相当于法尔斯和阿瓦士两省岁入的总和。婚礼之夜,金碧辉煌的内宫宛若仙境,身着艳装的新娘令在场者相顾失色,重达 200 磅的龙涎香烛光芒四射,使黑夜通明如昼。917 年,穆格台迪尔在宫中召见拜占廷皇帝君士坦丁七世的使臣,其规模之宏大和场面之豪华令来者惊叹不已。②

查希里叶时代的阿拉伯半岛盛行溺杀女婴的陋习,贫困的生活环境无疑是溺杀女婴的重要原因。《古兰经》明确禁止溺杀女婴,溺杀女婴的陋习自伊斯兰教诞生后逐渐消失。③ 查希里叶时代,妇女不得继承丈夫的遗产。伊斯兰教诞生后,根据《古兰经》的相关启示,穆斯林妇女在宗教生活和婚姻家庭的诸多方面享有与男性同等的权利,包括出嫁对象的选择权、彩礼的支配权、遗产的继承权、离婚权。④ 男女之间的社会职责不尽相同,然而其宗教地位并无差异。⑤ 伊斯兰教反对独身寡居,结婚被视作穆斯林的社会义务,忽视结婚则往往招致众人的非议,甚至苏菲派的隐修士亦非终身不娶。女子长到一定年龄以后,经媒人介绍,与男子成婚。男女双方在婚前互不相识,只能听凭媒人的介绍,婚后男方如不满意可以退婚。女子如果已过成年而尚未出嫁,则由自己寻找配偶。妇女在婚后的职责,是服侍丈夫、照管子女和料理家务;妻子如果有不贞的行为,将会受到严厉的惩罚。麦地那时代和倭马亚时代,妇女往往有较多的自由,面纱的披戴并无严格的规定。⑥ 阿拔斯时代,穆斯林妇女的社会地位呈下降的趋

---

① 艾哈迈德·爱敏:《阿拉伯伊斯兰文化史》,第 2 册,第 95 页,第 106 页。

② P. 希提:《阿拉伯通史》,第 352 页。

③ Levy,R.,*The Social Structure of Islam*,pp. 91-92.

④ Lindsay,J. E.,*Daily Life in the Medieval Islamic World*,p. 182.

⑤ Levy,R.,*The Social Structure of Islam*,p. 99.

⑥ 女性披带面纱的习俗存在于前伊斯兰时代的阿拉伯半岛以及拜占廷和波斯城市,系上层社会妇女之财富和地位的象征。见 Lindsay,J. E.,*Daily Life in the Medieval Islamic World*,p. 193。

势。两性之间的封闭和隔阂导致闺房的盛行；妇女逐渐被排除于公共生活和社会交往之外，以至于无法履行某些必要的宗教义务。[1] 寡妇再嫁曾经是十分正常的现象，后来逐渐与时尚不符，屡遭非议和歧视。[2] 下层妇女由于受到各种限制，极少获得受教育的机会。上层妇女往往知书达理，显赫一时者大有人在。马赫迪的妻子赫祖兰系哈迪和哈伦两位哈里发的生母，身居宫闱，擅权三代，时间之长，权势之大，前所未有，被誉为阿拔斯王朝的第一夫人。哈伦的妻子祖拜德系艾敏的生母，曾于796年在麦加大兴土木，凿穿山岩，开通长达25公里的河渠，将岩层深处的泉水引至克尔白，至今犹可见；她为哀悼艾敏的遇害所作的诗句，可谓阿拉伯文坛之绝唱。[3]

在伊斯兰世界，小麦是最主要的食物，里海南岸、尼罗河三角洲和伊拉克南部多食用稻米，贫困者常以椰枣充饥，高粱亦是穷人的重要食物。[4] 在伊斯兰世界，大麦的种植范围不及同时期的欧洲。埃及的大麦种植范围自希腊化时代逐渐缩小，大麦主要作为牲畜的饲料。黎巴嫩山区的居民以大麦作为主要食物，11世纪的波斯旅行家曾经对此感到惊奇。[5]《古兰经》明文规定穆斯林饮酒属非法行为，禁酒是穆斯林在饮食方面的显著特征。曼苏尔从不饮酒，马赫迪虽允许歌手饮酒，自己却滴酒不沾。然而，自从哈伦即位以后，饮酒之风逐渐盛行，《乐府诗集》和《天方夜谭》中描述饮酒狂欢的内容比比皆是。著名教法学家马立克、沙菲仪、罕百里都认为，凡是醉人的饮品均应戒绝。教法学家哈奈菲则认为，可以有条件地饮用椰枣或葡萄制成的色酒，以不醉为限。哈伦和马蒙当政期间，流行一种名为"纳比兹"的色酒，用椰枣和葡萄作为原料，经过稍许发酵，可使人不醉，是穆斯林的合法饮品。

倭马亚时代，穆斯林相互之间在服饰方面尚无明显的区别。至阿拔斯时代，服饰区别渐大，不同的职业群体和社会阶层均有各自的服饰，波斯传统的服饰风格尤为盛行。头饰主要是帽子和头巾，质地多为丝绸。阿拔斯时代，黑色是官方服饰抑或官袍的标志性颜色。曼苏尔曾经采用萨珊皇族的头饰，顶戴黑色高帽，样式如同锥形酒坛，王公贵族竞相效仿。哈伦当政期间，一度淘汰这种头饰。穆尔台绥姆即位以后，锥形的黑色高帽重新风靡巴格达。阿拔斯时代的衣着，主要有衬衫、灯笼裤、短上衣和斗篷。巴尔麦克家族的贾法尔·叶赫亚率先身着波斯风格的圆领套头衬衫和灯笼裤，成为巴格达的流行时装。穆格台迪

[1]　Grunebaum,G. E. , *Medieval Islam* , p. 175.

[2]　Mez,A. , *The Renaissance of Islam* , p. 364.

[3]　P. 希提：《阿拉伯通史》，第351页。

[4]　Lindsay,J. E. , *Daily Life in the Medieval Islamic World* , p. 128.

[5]　Ashtor,E. , *The Medieval Near East: Social and Economic History* , p. 2.

尔头缠黑色布巾，身着金丝绒长衫，肩披先知穆罕默德遗存的斗篷，手撑圣杖，堪称哈里发的典型服饰。穆斯台因当政期间，长衫增加3拃宽的袖套，时人常将某些物品放于其中。伊斯兰世界盛行素色，妇女和奴仆常身着杂色服饰，男性身着杂色则被视为粗俗。贵族大多身着白色服饰，寡居的妇女也常以白色服饰作为标记，蓝色的服饰往往适用于哀悼亡者的场合。许多宗教学者效仿阿布·尤素夫，头裹黑色缠头，身披黑色斗篷，此种服饰至今犹存。上层社会的妇女十分讲究衣着和首饰，身披黑色长袍，头顶黑帽，面罩黑纱，饰以耳环、项链、戒指、手镯和足镯，珠光宝气，颇显富丽。①

　　阿拔斯时代，娱乐活动名目繁多，五花八门。骰子是阿拉伯人传统的室内游戏。后来，印度的象棋在伊斯兰世界逐渐盛行，哈伦是第一位乐于此道的哈里发。据说，哈伦曾经将一个棋盘作为礼物赠予法兰克王国的查理曼。马蒙曾在宫中豢养棋手，与之共乐。另一种较为流行的室内游戏，是源于印度的双陆，在12或14个方格的棋盘上投掷双骰，偶然性极大，常被用于赌博。宗教学者大都反对上述游戏，认为下棋乃是不文明的行为，棋手如同牲畜一样相互对峙，棋间胜负常使朋友不悦，至于双陆，具有赌博功效，更是与魔鬼相近。相比之下，竞技和箭术是穆斯林广为称道的户外娱乐项目。② 相传，先知穆罕默德曾与他人赛马。然而，宗教学者反对赛马者以财物作为赌注。③ 在埃及，赛鸽颇为盛行。法蒂玛王朝哈里发阿齐兹曾经因其维齐尔常在赛鸽游戏中胜过自己而心存妒意。④ 马球源于波斯，是贵族阶层的户外游戏。⑤ 德拉姆人酷爱摔跤，并常有乐手在场外助威。白益王公称雄时期，摔跤场遍布巴格达的各个角落，获胜者常可得到穆仪兹·道莱的赏赐。王公贵族大都擅长狩猎活动，艾敏酷爱猎狮，阿布·穆斯林和穆尔台绥姆喜好驯服的猎豹。使用鹰隼猎取动物是波斯人传统的狩猎方式，阿拔斯时代盛行于伊拉克和叙利亚诸地。穆尔台绥姆曾在底格里斯河畔建造马蹄形围场，穆斯太尔绥姆则引进塞尔柱人的围猎技巧，穆斯台基德甚至组建狩猎团。⑥ 尽管《古兰经》的相关启示明确规定穆斯林的食物禁忌，猎杀的各种动物通常被视作合法的食物，只有猪在任何场合下不得作为合法食物。⑦ 平民多好玩弄猴子和羊羔，或在街头听奇闻轶事，消遣取乐。说书人

① Ahsan，M.，*Social Life Under the Abbasids 786-902*，p.51.

② 同上，p.266，p.268，p.256.

③ Mez，A.，*The Renaissance of Islam*，p.404.

④ Ahsan，M.，*Social Life Under the Abbasids 786-902*，p.250.

⑤ Mez，A.，*The Renaissance of Islam*，p.406.

⑥ Ahsan，M.，*Social Life Under the Abbasids 786-902*，p.259，p.208，p.216，p.239.

⑦ Lindsay，J.E.，*Daily Life in the Medieval Islamic World*，p.200.

擅长各地的方言土语,极具口才,或学犬吠,或学驴鸣,诙谐有趣,惟妙惟肖。[1]

　　穆斯林最重要的节日是开斋节、宰牲节和圣纪。开斋节的时间是伊斯兰教历的 10 月 1 日,意在庆祝斋月的结束。该日清晨,穆斯林解除斋戒,熏香沐浴,聚集在清真寺内,举行会礼。会礼之后,穆斯林相互握手,共诵赞美言辞,并互致问候。穆斯林还在该日宴请宾客,相互馈赠食品,诵读《古兰经》,祈求安拉赐福。宰牲节的时间是伊斯兰教历的 12 月 10 日,以会礼和宰牲为主要内容。相传,古代的先知易卜拉欣常常宰杀牛、羊和骆驼作为献祭,并为遵从安拉的意旨而甘愿舍弃爱子伊斯马仪的性命,宰牲节意在纪念此事。宰牲之日亦是朝觐之日,穆斯林或前往麦加履行朝觐义务,或聚集在清真寺举行会礼。[2] 圣纪是先知穆罕默德诞辰纪念日,时间是伊斯兰教历的 3 月 12 日。圣纪作为穆斯林的节日,开始于 912 年的埃及,后来逐渐流行于伊斯兰世界各地。圣纪的内容,主要是穆斯林在清真寺诵经祈祷,追忆先知穆罕默德的生平经历。阿拔斯时代,穆斯林的社会生活深受波斯传统习俗的影响,波斯人的元旦诺鲁兹节(即公历 5 月 27 日)在伊斯兰世界几乎成为普天同庆的节日。另外,哈里发国家长期奉行宗教宽容的政策,使伊斯兰世界的社会生活具有明显的世俗倾向。许多穆斯林在摒弃宗教内容的前提下,甚至同庆基督教的各种节日。[3]

　　宗教教育是伊斯兰世界传统教育的基本形式。穆斯林自幼学习《古兰经》、伊斯兰教常识和阿拉伯语法,清真寺是穆斯林接受教育的主要场所。"麦克台卜"(阿拉伯语中意为"书写的场所")和"麦德莱塞"(阿拉伯语中意为"研究的场所")特指附属于清真寺的宗教学校,遍布伊斯兰世界的城市和乡村,课程包括圣训学、教义学、伊斯兰教法和文学。"圣训"中有如下的内容:"知识即使远在中国亦当求之。"游学即以求学作为目的的旅行是穆斯林研习学问的重要方式,穆斯林学者通常具有长期的游学经历。通过游学的方式,穆斯林学者开阔视野,传播知识,交流思想。12 世纪的著名学者伊本·阿萨吉尔曾经自大马士革出发,游访希贾兹、伊拉克、伊朗和中亚,在麦加、麦地那、库法、巴格达、伊斯法罕、木鹿、内沙普尔和哈拉特等地与约 1300 名男性学者以及约 80 名女性学者交流学术,历时 15 年之久,最终写成《大马士革史》。[4] 塞尔柱人于 1066 年在巴格达创办的尼扎米耶大学,是伊斯兰世界最早的高等教育机构,开设宗教课程和人文课程。安萨里于 1091－1095 年出任尼扎米耶大学的校长,波斯诗人萨

①　Ahsan, M. , *Social Life Under the Abbasids 786-902*, p. 263.

②　同上,p. 278,p. 283。

③　Mez, A. , *The Renaissance of Islam*, p. 427,p. 425,p. 418.

④　Lindsay, J. E. , *Daily Life in the Medieval Islamic World*, p. 196.

迪(1213—1291 年)曾经就读于尼扎米耶大学。[1] 阿拔斯哈里发穆斯坦绥尔于1234 年在巴格达创办穆斯坦绥里耶大学，规模超过尼扎米耶大学。旅行家伊本·白图泰曾经于 1327 年游历巴格达，谈及穆斯坦绥里耶大学同时开设逊尼派四大教法学派的课程。[2] 开罗的爱资哈尔大学始建于 10 世纪末，是伊斯兰世界现存最古老和规模最大的高等宗教学府。

---

① Ahmad,K.J., *Heritage of Islam*,Lahore 1956, pp. 164-165.
② 伊本·白图泰:《伊本·白图泰游记》,第 180 页。

第四章　哈里发时代中东的宗教与文化

一、伊斯兰教的发展

哈瓦立及派的兴衰

自 610 年先知穆罕默德在麦加开始传布启示,至 1258 年蒙古铁骑攻陷巴格达,伊斯兰世界历经六百余年的演变进程。此间,随着伊斯兰教的广泛传播和穆斯林分布范围的急剧扩展,伊斯兰教自身发生深刻的变化。政治观点的分歧和文化背景的差异,决定着穆斯林社会中各个阶层对于伊斯兰教具有不同的理解和认识,古代东方的禁欲传统、佛教的转世轮回学说、基督教的救世主概念和希腊哲学的思辨倾向,对穆斯林的宗教生活产生不同程度的影响,诸多的伊斯兰教流派相继出现。另一方面,在哈里发时代的伊斯兰世界,由于宗教权力与政治权力高度结合,纯粹世俗的政治行为几乎无法想象,政治理论不可避免地包含相应的宗教思想,政治群体往往表现为宗教集团,政治对抗大都采取教派运动的形式,政治斗争的首要方式便是信仰的指责。换言之,诸多教派运动皆有相应的政治基础、政治目的和政治手段,体现不同的社会群体之间政治利益的矛盾对抗。政治冲突是教派运动的根源所在,哈里发权位的归属构成教派运动的核心内容。

哈瓦立及派是伊斯兰世界中最早出现的宗教政治派别,起源于麦地那时代末期哈里发国家的权位争夺。656 年,麦地那末代哈里发阿里即位。次年,阿里率军自库法北上,讨伐叙利亚总督穆阿威叶,双方相持于幼发拉底河上游的绥芬平原。由于阿里一方在军事上占有优势,穆阿威叶难以取胜,只好诉诸政治手段,建议双方议和,并依据《古兰经》裁决争端。阿里接受了穆阿威叶的建议,停止进攻,遣使议和。然而,万余名伊拉克战士对阿里试图与穆阿威叶妥协的行为极度不满,要求阿里放弃议和,遭到拒绝。于是,主战派愤然陈辞:"信仰安拉和服从安拉法度的人,不应该迷恋尘世。舍去尘世,应该不顾利害地起来劝善止恶,宣传正义。今生虽受迫害.来世必得安拉的报酬,享受永久的乐园。走吧,弟兄们!我们离开这人心亏损的地方,走到山洞里去,或走到别的地方去,离开这迷惘的异端。"①随后,约 4000 人撤离阿里一方的营地,聚集在库法附近的哈鲁拉村,推举阿兹德部落的阿卜杜勒·瓦哈布出任哈里发,是为哈瓦立及派的开端。②

"哈瓦立及"是阿拉伯语"出走者"一词复数形式的音译,其单数形式称"哈列哲"。哈瓦立及作为教派的名称,特指出走到安拉的道路,源于《古兰经》的如下启示:"谁若从家中出走,欲迁至安拉和使者那里,而中途死亡,安拉必予以报酬。"③哈瓦立及派的出现,对阿里的统治构成严重的威胁。658 年,阿里的军队在库法与巴士拉之间的纳赫拉万重创哈瓦立及派。此后,哈瓦立及派极度仇视阿里,直至 661 年将阿里暗杀。倭马亚时代,哈瓦立及派成为大马士革哈里发的劲敌,多次以罕见的勇猛攻击倭马亚王朝的军队,韦里德二世在征讨哈瓦立及派时毙命于战场。阿拔斯王朝建立以后,哈瓦立及派在伊斯兰世界腹地的势力逐渐衰微。④

哈瓦立及派崇尚朴素的民主与平等原则。一方面,哈瓦立及派反对古莱西人享有出任哈里发的特殊权利,主张凡是穆斯林皆可被推选为哈里发,不应区分古莱西人与非古莱西人、阿拉伯人与麦瓦利、自由人与奴隶。另一方面,哈瓦立及派否认哈里发存在的必要性,强调穆斯林民众的权利和价值。⑤ 哈瓦立及派的政治理念适合"游离于伊斯兰世界边缘的部落社会。在这样的社会中,人们需要的是仲裁者而不是统治者"⑥。哈瓦立及派的出发点是辨别信仰的真伪,强调行为的宗教意义,将罪恶多端的穆斯林视作异教徒,将犯有"大罪"者视作圣战的攻击目标。在此基础上,哈瓦立及派承认阿布·伯克尔和欧默尔是合法的哈里发,承认奥斯曼出任哈里发的前 6 年,也承认"古兰裁决"以前的阿里。在哈瓦立及派看来,奥斯曼在位的后 6 年,其行为已经背离启示的原则和先知的教诲,故死有余辜,而阿里接受穆阿威叶的建议,诉诸所谓的"古兰裁决",亦

①　艾哈迈德·爱敏:《阿拉伯伊斯兰文化史》,第 1 册,第 272 页。
②　Grunebaum,G. E.,*Classical Islam*,p. 60.
③　《古兰经》,4:100。
④　Lambton,A. K. S.,*State and Government in the Medieval Islam*,p. 22.
⑤　Gordon,M. S.,*The Rise of Islam*,p. 77.
⑥　Hourani,A.,*A History of the Arab Peoples*,p. 39.

毫无道理。① 他们谴责奥斯曼当政后期的行为,否认阿里在"古兰裁决"以后作为哈里发的合法地位,反对倭马亚人的统治,攻击追随阿里和支持穆阿威叶的穆斯林,其政治倾向显而易见。"除安拉外,别无裁决"是哈瓦立及派的政治纲领,表明该派具有否认国家权威的极端思想倾向。相传,阿里曾经对哈瓦立及派有如下的评述:"除安拉外别无裁决本来是正确的,而他们故意曲解。不错,除安拉外,别无裁决,但是他们的用意乃是否认领袖,只承认安拉,却不知世人必须有自己的领袖,无论领袖的贤愚,这样才能使信士和非信士都安居乐业,获取战利,抵御仇敌,保障道路,抑强扶弱,使善良者得以安心,不受坏人的干扰。"②

倭马亚时代,哈瓦立及派逐渐形成立特有的神学思想,从而由最初单纯的政治反对派演变为自成体系的宗教政治流派。哈瓦立及派认为,信仰不止是内心的功修,礼拜、斋戒、诚实和公正都是信仰的必要内容,真正的穆斯林不仅要表白自己的信仰,更要严格履行宗教义务,戒绝一切奢侈行为。"他们紧闭双眼,不视邪恋,稳定足跟,不蹈虚伪;为修持而消瘦,为夜功而孱弱。在深更静夜之时,他们屈着背儿,念诵《古兰经》,念到说天园的时候,他们涕泣流泪,企望天园的福泽;念到说地狱的时候,他们气喘吁吁,恐惧未来的罪罚,好像地狱中的呼啸呐喊,在他们的耳边缭绕。从白昼到黑夜,从黑夜到白昼,他们不断地劳作。地面毁伤了他们的两腿、两手、鼻端、前额,他们静心地向着安拉。虽然敌人的箭在弦上,矛头举起,利剑出鞘,而千军万马奔腾而来。因为他们在安拉的罪罚的恐怖中,觉得战争的恐怖算不得什么。"哈瓦立及派恪守宗教功修的虔敬行为,博得其他许多穆斯林的称赞。著名穆斯林学者沙赫列斯塔尼(1086—1153年)曾经将他们称作"严守斋戒和礼拜仪式的人"。然而,哈瓦立及派的思想倾向颇为极端。他们往往将哈瓦立及派以外的其他穆斯林视作伊斯兰教的叛逆和主要的攻击目标,对于异教派却能宽容相待。相传,穆尔太齐勒派的首领瓦绥勒·阿塔(699—749年)曾经被哈瓦立及派擒获,为求得宽恕,只好假意表白自己是多神教徒。③

哈瓦立及派朴素的民主原则和非国家权威的思想倾向,体现了查希里叶时代阿拉伯半岛政治传统的延续,在伊斯兰世界的诸多游牧地区颇具影响。哈瓦立及派强调穆斯林绝对平等的社会理论,在倭马亚时代阿拉伯人统治的历史条

---

① Lambton, A. K. S., *State and Government in the Medieval Islam*, p. 23.

② 艾哈迈德·爱敏:《阿拉伯伊斯兰文化史》,第1册,第275页。

③ 同上,第1册,第278—279页。

件下,得到麦瓦利的广泛支持。但是,哈瓦立及派除主张民主选举哈里发和强调恪守宗教功修之外,缺乏完整的信仰基础和系统的宗教政治学说,内部分歧甚大,未能形成统一的社会群体,诸多地区的哈瓦立及派成员分别隶属于不同的支派。

纳菲尔·阿兹拉格(? —685年)的追随者称"阿扎里加派"("阿兹拉格"的复数音译为"阿扎里加",故名),属于哈瓦立及派中的激进派别。纳菲尔·阿兹拉格曾经以《古兰经》的如下启示教诲自己的追随者:"努哈说:我的主啊! 求你不要留一个不信道者在大地上,如果你留下他们,他们将使你的众仆迷误,他们只生育不道德的、不感恩的子女。"[①]阿扎里加派据此强调圣战的极端原则,认为非哈瓦立及派的穆斯林均属犯有不赎之罪的叛逆者,皆应予以杀戮。[②] 阿扎里加派禁止自己的信徒与其他穆斯林交往,不得跟随其他穆斯林礼拜,不得食用其他穆斯林宰杀的牲畜,不得与其他穆斯林通婚。阿扎里加派尤其强调教派信仰的表白,反对所谓的塔基亚原则即仅在内心保持信仰而在表面上与敌人妥协,因为《古兰经》谴责这样的行为。阿扎里加派最初活动于巴士拉周围,后来曾在伊朗南部的法尔斯和克尔曼一带建立国家。该派思想倾向偏激,缺乏广泛的社会基础,树敌过多,7世纪末被伊拉克总督哈查只·尤素夫击败,此后逐渐销声匿迹。[③]

伊巴迪叶派是阿卜杜拉·伊巴德(650—705年)的追随者,属于哈瓦立及派中的温和派别。该派注重信仰,宽容行为,反对攻击和杀戮哈瓦立及派以外的穆斯林,承认其他派别的穆斯林政权具有合法的地位,允许哈瓦立及派成员与其他穆斯林的正常交往。[④] 倭马亚时代末期,伊巴迪叶派主要活动于阿拉伯半岛东南部的阿曼。阿拔斯王朝建立后,伊巴迪叶派从阿曼传入马格里布,在柏柏尔人中广为流行。751年,伊巴迪叶派成员在阿曼、也门和马格里布分别拥立三位互不隶属的伊玛目。776年,阿卜杜勒·拉赫曼·鲁斯塔姆在柏柏尔人的支持下建立伊巴迪叶派政权鲁斯塔姆王朝,据有今阿尔及利亚西部,直到10世纪初被法蒂玛王朝灭亡。[⑤] 伊巴迪叶派是哈瓦立及派中唯一尚存的流派,时至今日在阿曼和马格里布山区仍有众多的信徒。

纳吉迪叶派也称哈鲁里叶派,是纳吉代·阿米尔·哈鲁里(? —692年)的追随者,与伊巴迪叶派同属哈瓦立及派中的温和派别。该派将哈瓦立及派以外

① 《古兰经》,26:27。

② Lambton,A. K. S.,*State and Government in the Medieval Islam*,p. 24.

③ Gordon,M. S.,*The Rise of Islam*,p. 76.

④ Lambton,A. K. S.,*State and Government in the Medieval Islam*,p. 25.

⑤ Hourani,A.,*A History of the Arab Peoples*,p. 39.

中
东
史

的穆斯林视作穆纳菲格（伪信者），允许生活在其他教派盛行地区的哈瓦立及派成员采用所谓的塔基亚原则，隐瞒自己的真实身份。纳吉迪叶派将信徒的行为区分为"基要"和"非基要"两种，偶尔犯罪属于"非基要"过错，经过悔改以后仍然可升入天园；屡犯不改属于"基要"的罪过，系叛教行为，死后必下火狱。685年，纳吉迪叶派推举纳吉代·阿米尔·哈鲁里出任哈里发，占据叶麻麦、巴林、阿曼、哈德拉毛、也门诸地，与大马士革的哈里发马立克、麦加的哈里发阿卜杜拉以及库法的起义首领穆赫塔尔分庭抗礼，使伊斯兰世界一度出现四分天下的局面。692年纳吉代·阿米尔·哈鲁里死后，该派成员内讧不已，力量大为削弱，到8世纪前期被倭马亚王朝的军队各个消灭。[①]

苏福里叶派是萨利赫·穆萨里赫（？—695年）和沙比卜·叶齐德·谢巴尼（？—696年）的追随者，系介于阿扎里加派与伊巴迪叶派、纳吉迪叶派之间的中庸派别。苏福里叶派主张可以暂停攻击其他派别的穆斯林，可以在必要时隐瞒自己的真实信仰，反对杀戮异教妇孺。自695年起，苏福里叶派在库法一带活动频繁，多次击败伊拉克总督哈查只·尤素夫的军队。阿拔斯王朝前期，苏福里叶派的活动中心移至马格里布，在柏柏尔人中颇具影响。苏福里叶派的首领伊萨·叶齐德·艾斯沃德一度在希吉勒马萨建立国家，至10世纪后期被柏柏尔人桑贾部落击败。阿曼的苏福里叶派曾经与伊巴迪叶派长期对峙，最终被伊巴迪叶派吞并。[②]

什叶派的演变

什叶派是哈里发时代穆斯林另一重要的宗教政治派别。"什叶"一词在阿拉伯语中意为追随者；什叶派作为伊斯兰教的派别，特指阿里及其后裔的追随者。通常认为，什叶派兴起于伊朗高原，波斯人与阿拉伯人之间的民族差异构成什叶派穆斯林与正统伊斯兰教徒长期对立的社会基础。这种看法并不正确。什叶派最初仅仅表现为温麦内部的某种政治倾向，起源于围绕哈里发的继承权而展开的斗争，可以追溯到先知穆罕默德去世的初期。那时，伊斯兰教尚被视作阿拉伯人的信仰，波斯血统的穆斯林屈指可数。

先知穆罕默德作为伊斯兰国家的宗教领袖和政治首脑，生前并没有明确指定自己的继承人选。632年先知穆罕默德去世以后，古莱西部落的阿布·伯克尔、欧默尔、奥斯曼相继出任哈里发。在此期间，圣门弟子赛勒曼·法里西、阿

---

① Gordon, M. S., *The Rise of Islam*, p. 77.

② 同上，p. 78。

布·扎尔、阿卜杜拉·萨巴伊、哈立德·赛义德等人宣称:古莱西部落如同树干,圣裔乃是树之果实,果实比树干更加尊贵。他们认为,哈里发作为温麦的栋梁,应当出自先知穆罕默德的家族,而阿里身为先知穆罕默德的堂弟和女婿,是哈里发的唯一合法人选,至于阿布·伯克尔、欧默尔和奥斯曼出任哈里发,皆属违背先知穆罕默德遗愿和窃夺温麦权位的非法行为。

656年,阿里出任哈里发,首都自麦地那移至库法,追随阿里的穆斯林逐渐汇聚于伊拉克。661年阿里死后,穆阿威叶迫使阿里的长子哈桑退位,继而在大马士革出任哈里发,建立倭马亚王朝,阿里的追随者开始遭到排斥和迫害。680年穆阿威叶死后,追随阿里的伊拉克人拒绝承认穆阿威叶之子叶齐德的统治地位,迎请阿里的次子侯赛因离开麦加,前往库法出任哈里发。侯赛因在途经卡尔巴拉时,遇到倭马亚王朝军队的袭击,遇害身亡。[①] 卡尔巴拉事件激化了穆斯林内部的矛盾冲突,什叶派作为伊斯兰世界的政治反对派始露端倪,"为殉教者侯赛因复仇"成为什叶派的最初纲领。684年,所谓的"悔罪者"[②]在库法举行暴动,首开什叶派武装起义的先例。685年,"悔罪者"在贾吉拉的艾因·瓦尔达与倭马亚军队交战,损失惨重,起义失败。

倭马亚王朝前期,什叶派最具威胁的政治行为是穆赫塔尔起义。穆赫塔尔出身于塔伊夫的萨奇夫部落,自从其父阿布·乌巴德于634年在伊拉克阵亡之后,由欧默尔和阿里相继抚养。680年,穆赫塔尔追随阿里之子侯赛因,后参加"悔罪者"起义,遭倭马亚王朝监禁。穆赫塔尔获释后,最初投奔麦加的哈里发阿卜杜拉,并以阿卜杜拉的名义在库法从事反对倭马亚王朝的活动。不久,穆赫塔尔脱离阿卜杜拉,拥戴阿里第三子伊本·哈奈菲叶作为宗教领袖,以"为殉教者侯赛因复仇"作为口号,占据库法。穆赫塔尔声称,伊玛目具有隐秘的灵知和超凡的神性,前任伊玛目死后,其灵知和神性传至下代伊玛目,伊本·哈奈菲叶继承了阿里的灵知和神性,是在世的伊玛目。穆赫塔尔将伊本·哈奈菲叶视作马赫迪,自称马赫迪的代理人和先知穆罕默德的维齐尔,受命匡扶正义,铲除暴虐,推翻倭马亚人的统治,恢复阿里家族的后裔在伊斯兰世界的合法政治地位。穆赫塔尔还阐述了相应的社会纲领,反对歧视麦瓦利,主张穆斯林平等的原则。穆赫塔尔起义声势浩大,起义者几乎占据伊拉克全境,屡败倭马亚军队,斩杀卡尔巴拉事件的元凶欧拜杜拉·齐亚德。穆赫塔尔及其追随者所攻击的

---

① Jafri, S. H. M. , *Origins and Early Development of Shi'a Islam*, p. 192.

② 680年,库法的什叶派致书迎请侯赛因出任哈里发。不久,伊拉克总督欧拜杜拉率军进入库法,处死奉侯赛因之命先期到达的穆斯林·阿基勒。库法的什叶派迫于欧拜杜拉的压力,一度倒向倭马亚王朝,致使侯赛因在卡尔巴拉陷于孤立无援的困境,惨遭杀害。侯赛因死后,库法的什叶派对自己的背叛行为悔恨不已,决意为侯赛因复仇,故称"悔罪者"。

目标,无疑是倭马亚王朝。然而,阿卜杜拉不能容忍穆赫塔尔改弦更张的行为和支持阿里家族后裔的政治倾向。687 年,阿卜杜拉遣其弟穆斯阿卜自巴士拉率军攻击库法,双方交战数月。穆赫塔尔终因寡不敌众,兵败身亡。[1] 穆赫塔尔死后,其追随者继续反对倭马亚王朝,是为什叶派的早期分支凯桑尼派。[2]

阿拔斯时代,伊斯兰教得到广泛的发展,穆斯林的神学思想体系日趋完善。在新的形势下,什叶派不再仅仅强调"为殉教者侯赛因复仇"的政治纲领,逐渐形成相应的宗教学说,在伊朗高原、阿拉伯半岛南部和北非一带颇具势力。公元 10 世纪可谓"什叶派的世纪",伊朗西部和伊拉克的白益王朝、叙利亚的哈姆丹王朝、埃及的法蒂玛王朝、马格里布的伊德利斯王朝以及也门的栽德王朝和巴林的卡尔马特派国家称雄伊斯兰世界,集中反映了什叶派在这一时期的广泛影响。10 世纪的著名学者花拉子密称伊拉克是什叶派的圣地,称库法和阿里的陵墓所在即纳杰夫是什叶派的精神家园。[3]

什叶派穆斯林与正统伊斯兰教徒同样尊奉《古兰经》规定的各项基本信条,履行念、礼、斋、课、朝诸多宗教义务,不同之处主要在于什叶派崇尚伊玛目学说。众所周知,所有的穆斯林皆须表白独尊安拉和崇奉先知穆罕默德为安拉之使者的信仰,什叶派则在此基础上增加了信仰和绝对服从伊玛目的内容。"相信至尊的安拉,相信安拉的使者,拥戴阿里及正道的伊玛目,远离他们的敌人而崇拜至尊的安拉。我们就这样认知安拉。""谁信仰安拉,而不信仰安拉派遣的伊玛目,谁的信仰就不被接受,谁就是迷惘者,安拉憎恶他的行为。"与正统穆斯林相比,什叶派的突出特征在于强调伊玛目的必要性。什叶派认为,"至尊的安拉是伟大的,不会让大地上没有公正的伊玛目。在信士们狂热时,伊玛目予以降温;在信士们动摇时,伊玛目使其坚定。他是安拉对众仆的证据,若无伊玛目——安拉对众仆的证据,大地便不复存在。大地上即使只剩下两个人,其中必有一个权威,他就是伊玛目"。"伊玛目的地位相当于先知,是合法的继承人。伊玛目是安拉和使者的继承人,处在穆民领袖的地位……伊玛目是宗教的中坚,穆民的支柱,世界的砥柱,信士的骄傲……依靠伊玛目,才能完成礼拜、天课、斋戒、朝觐、圣战,才能增加战利品及施舍,才能制定法令,实行裁决,才能防止疏漏和偏差。伊玛目准许安拉之所准,禁止安拉之所禁,立安拉之法度,卫安

① Kennedy,H. , *The Early Abbasid Caliphate* , pp. 39-40.

② Jafri,S. H. M. , *Origins and Early Development of Shi'a Islam* , pp. 236-237.

③ Mez,A. , *The Renaissance of Islam* , p. 59.

拉之宗教。"①

什叶派的伊玛目理论,首先是伊玛目的继承权和所谓的遗嘱思想;这是什叶派特有的政治学说。正统穆斯林认为,哈里发应当产生于选举,穆斯林公议的选择是确定哈里发权位归属的首要原则。什叶派反对公议的原则,强调伊玛目的世袭继承。什叶派认为,先知穆罕默德去世以后,阿里及其后裔理应以伊玛目的身份继承伊斯兰世界的领袖权位,这是安拉钦定的人选,也是先知穆罕默德的遗愿所在;伊玛目的继承权只属于先知的家族,即阿里、阿里与法蒂玛的长子哈桑和次子侯赛因,以及侯赛因的直系后裔。② 什叶派援引《古兰经》的如下启示,"大地确是安拉的,他使他意欲的臣仆继承它","你的主,创造他所意欲的,选择他所意欲的,他们没有选择的权利"③,进而声称,"哈里发的位置不是大众的权利;不能由大众推选和大众议定。因为哈里发是宗教的栋梁,是伊斯兰教的基础。先知不会疏忽这样的问题,也不会把它交给大众的。先知应该为伊斯兰教人指定一个领袖,指定一个没有犯过大小罪过的领袖,而阿里就是穆罕默德圣人所指定的伊斯兰教人的领袖,","谁不认知至尊的安拉,谁不知道伊玛目必出自先知的家族,谁认知和崇拜的就非安拉"④。根据什叶派的"圣训",先知穆罕默德曾经提及自己死后留给温麦的两种重要遗产,即《古兰经》和先知的家族,先知穆罕默德还于 632 年自麦加返回麦地那途中,在盖迪尔·胡姆向众人宣称:"我是谁的主人,阿里就是谁的主人。"⑤什叶派的所谓"封职纪念日"即由此而来。白益王公入主巴格达期间,"盖迪尔·胡姆节"(伊斯兰教历 12 月 18 日)被确定为什叶派特有的两大节日之一。

什叶派的伊玛目理论,还包含伊玛目隐遁说和所谓的转世思想;这是什叶派宗教学说的重要内容。什叶派认为,伊玛目从阿里开始,经历数代的传承,末代的伊玛目虽然已经离开人间,但是并非真正的死亡,而只是暂时的隐遁,隐遁期间通过称作纳吉卜或穆智台希丁的代理人行使宗教领袖的权力,在世界末日到来的前夕将以"马赫迪"(阿拉伯语中"被引上正道的人"一词的音译,特指救世主)的身份重返尘世,惩治邪恶,恢复正义。相传,改奉伊斯兰教的犹太人阿卜杜拉·萨巴伊曾经声称先知穆罕默德将如同耶稣一样在世界末日到来之际复临人间,后来又以阿里的转世取代先知穆罕默德的转世,逐渐形成什叶派的

① 艾哈迈德·爱敏:《阿拉伯伊斯兰文化史》,第 4 册,朱凯译,纳忠审校,商务印书馆 1995 年,第 193—198 页。

② Jafri, S. H. M. , *Origins and Early Development of Shi'a Islam* , p.290.

③ 《古兰经》,7:128,28:68。

④ 艾哈迈德·爱敏:《阿拉伯伊斯兰文化史》,第 1 册,第 283 页,第 4 册,第 193 页。

⑤ Ibn Khaldun, *The Muqaddimah* , vol.1, p.403.

所谓转世思想。①

　　什叶派宗教学说的另一重要内容,是《古兰经》的隐义说。什叶派认为,安拉所启示的《古兰经》具有表义和隐义的区分,前者是《古兰经》的字面内容,后者是隐于经文之内的奥义和信仰的真谛;只有阿里及其后的历代伊玛目通晓《古兰经》的隐义,包括其中的章首字母、预言、比喻、暗示以及安拉启示的玄机、安拉的创世、万物的由来、安拉与受造者的关系、安拉的本体、安拉的前定、先知的使命、马赫迪的降临;其他的穆斯林仅仅认识《古兰经》的表义,并且通过伊玛目的教诲理解《古兰经》的隐义。②

　　什叶派与正统伊斯兰教相区别的显著特征,是伊玛目的神圣地位。正统伊斯兰教认为,历代先知作为受造之物,皆属常人。什叶派则强调,阿里及其后的历代伊玛目不仅具有先知穆罕默德的良好品质,而且具有安拉赋予的灵知和真光,具有不谬性和免罪权,是安拉与穆斯林之间的中介者。《古兰经》有如下启示:"你们当信仰安拉和使者,和他所降示的光明。"③什叶派据此声称,伊玛目便是安拉降示的光明。"伊玛目是光芒四射的圆月,是烁烁的夜明灯,是闪闪的光芒,是黑夜中的启明星。"④《古兰经》亦有如下启示:"每个民族都有一个引导者。"⑤什叶派据此声称,伊玛目即尘世的引导者,穆斯林只有接受伊玛目的引领,才能进入天园的境界。什叶派的某些支派甚至认为伊玛目具有某种程度的神性,或者将伊玛目视作神的化身。他们声称:"神的一部分精灵,降于阿里的肉体,混合为一,所以阿里能预知未来,丝毫不爽,与敌战争,百战百胜……有时,雷声就是他的呐喊,闪电就是他的微笑。"⑥根据正统穆斯林的政治理论,哈里发只是先知穆罕默德的继承人,充其量不过是安拉在大地的代治者;哈里发绝无真正意义的立法权可言,而只能在遵循经训和沙里亚的前提下治理温麦,行使相应的职责;穆斯林民众具有选择哈里发的权利,他们不仅要顺从哈里发,更要顺从安拉的意志。相比之下,什叶派在强调伊玛目的高贵世系和神圣地位的基础上,赋予伊玛目包括立法在内的完整权力,直至绝无仅有的无限权力,进而将承认伊玛目的继承权,尤其是把绝对顺从伊玛目的政治原则,视作信仰的必要内容。

　　① Gordon,M. S. , *The Rise of Islam* , p.80.

　　② Jafri,S. H. M. , *Origins and Early Development of Shi'a Islam* , p.291.

　　③ 《古兰经》,64:8。

　　④ 艾哈迈德·爱敏:《阿拉伯伊斯兰文化史》,第3册,向培科、史希同、朱凯译,纳忠审校,商务印书馆1991年,第194页。

　　⑤ 《古兰经》,13:7。

　　⑥ 艾哈迈德·爱敏:《阿拉伯伊斯兰文化史》,第1册,第285页。

什叶派除崇尚伊玛目学说外,还普遍强调塔基亚的原则。塔基亚意为谨防和掩饰,指穆斯林在处境危险的时候隐讳内心的真实信仰。这一原则的依据,是《古兰经》中的如下启示,"信道的人,不可舍同教而以外教为盟友;谁犯此禁令,谁不得安拉的佑护,除非你们对他们有所畏惧而假意应酬","既信奉安拉之后,又表示不信者——除非被迫宣称不信、内心却为信仰而坚定者——为不信而心情舒畅者将遭天谴,并受重大的刑罚。"[①]正统伊斯兰教并不反对塔基亚原则。然而,在哈里发国家统治时期,正统伊斯兰教占有绝对的优势,什叶派穆斯林屡遭迫害,处境颇为险恶。因此,什叶派不仅承认塔基亚原则,而且将这一原则视作宗教生活中极其重要的内容。

崇拜所谓的圣徒和圣墓,也是什叶派区别于正统穆斯林的明显特征。阿里、哈桑、侯赛因及其后的历代伊玛目,大都身遭横祸,被害而死。什叶派穆斯林因此将他们视作圣徒,其安葬之处便是圣墓的所在。除全体穆斯林公认的圣城麦加、麦地那、耶路撒冷外,什叶派另有若干朝拜的圣地。伊拉克中部的纳杰夫是阿里的遇害地,圣墓位于纳杰夫的哈伊达尔清真寺中央。伊拉克中部的卡尔巴拉是侯赛因的遇害地,圣墓所在是侯赛因清真寺,有镀金穹顶和三座高塔,十分壮观。818年,第八代伊玛目阿里·里达死于伊朗东部的突斯附近;此后,其陵墓所在地改称马什哈德,前去拜谒的什叶派穆斯林络绎不绝。第七代伊玛目穆萨·卡兹姆和第九代伊玛目穆罕默德·贾瓦德均死于巴格达,陵墓所在的卡兹米耶清真寺被什叶派穆斯林尊为圣地。伊朗西部的库姆,是第八代伊玛目阿里·里达的胞妹法蒂玛·麦尔苏迈的葬身处,也是什叶派学者云集的著名圣城。朝拜上述圣地是什叶派的定制,在圣墓哀悼圣徒则是什叶派的重要宗教仪式。

通常认为,什叶派只尊《古兰经》,而不尊"圣训",这是一种误见。实际上,什叶派与正统伊斯兰教同样尊奉《古兰经》和"圣训"。但是,什叶派只承认阿里和其后历代伊玛目传述的"圣训"(阿赫巴尔),而拒绝接受其他圣门弟子传述的"圣训"(哈迪斯)。什叶派尊奉的四部"圣训",即《宗教学大全》、《教法学家不予光顾的人》、《教法修正》和《圣训辨异》,成书于白益王公统治时期,汇编者皆为波斯血统的什叶派学者。上述"圣训"与正统穆斯林尊奉的"圣训"在内容上并无明显的差别,然而两种"圣训"的传述体系却迥然不同。[②]

什叶派并非浑然一体,而是派别纷立。其中,影响最大、信徒人数最多、分布范围最广的是十二伊玛目派,属于什叶派的温和派。根据十二伊玛目派的理

① 《古兰经》,3:28,16:106。

② Gordon, M. S., *The Rise of Islam*, p. 81.

论,阿里是第一代伊玛目,其长子哈桑是第二代伊玛目,次子侯赛因是第三代伊玛目,此后历代伊玛目均为侯赛因的直系后裔。第十二代伊玛目穆罕默德·孟特宰尔于 878 年在萨马拉附近神秘失踪时,未达成年,尚无子嗣,于是被视作进入隐遁状态。穆罕默德·孟特宰尔的隐遁,最初称作小隐遁,至 940 年其在世间的代理人阿里·萨马里死后,转入大隐遁。[①] 十二伊玛目派的世系和教义学说,形成于 10 世纪初。伊本·穆萨·诺伯赫特(? —922 年)著有《什叶派诸宗派之书》,系统阐述伊玛目的理论,奠定了十二伊玛目派政治纲领和神学思想的基础。穆罕默德·库莱尼(? —940 年)编订《宗教学大全》,收录圣训 16000 余段,成为十二伊玛目派的教法依据。白益王公统治时期,十二伊玛目派在伊拉克南部和伊朗高原得到广泛的发展。11 世纪,十二伊玛目派又将穆尔太齐勒派的理性思想引入伊玛目的学说体系,强调启示和理性同为信仰的基础。

栽德是什叶派第四代伊玛目阿里·栽因·阿比丁之子,早年师从穆尔太齐勒派学者瓦绥勒·阿塔,深受唯理主义思想的影响,强调自由意志,抨击倭马亚王朝的统治。栽德于 739 年自麦地那潜入库法,740 年发动起义。他说:"我号召你们顺从安拉的经典和先知的逊奈,我号召你们参加反抗残暴统治者的圣战,驱逐压迫者,帮助穷苦人。让我们平均分配战利品,反抗暴虐的行为,召回久驻敌国的军队。圣裔支持我们战胜与我们为敌并剥夺我等权利的人。"[②] 由于寡不敌众,起义失败,栽德在巷战中阵亡。其子叶赫亚逃往呼罗珊,743 年亦被倭马亚王朝处死。栽德死后,被其追随者尊奉为继阿里、哈桑、侯赛因、阿里·栽因·阿比丁之后的第五代伊玛目,是为栽德派之始。[③] 针对倭马亚王朝统治的世俗倾向,栽德派强调穆斯林宗教实践的信仰价值,将是否履行法定的功修和善举视作辨别穆斯林的重要准则;这种思想与哈瓦立及派颇为相似。另一方面,栽德派认为,阿里固然是最杰出的哈里发,而阿布·伯克尔和欧默尔以及当政前 6 年的奥斯曼作为"逊色的哈里发"同样具有合法的地位;上述理论反映出栽德派相对温和的政治倾向。栽德派谴责奥斯曼当政后 6 年的统治,攻击所有反对阿里的政治势力。在他们看来,凡是阿里和法蒂玛的后裔,凡是哈桑和侯赛因的子孙,皆有出任哈里发的合法资格,只要他能挺身而出,履行圣战的职责,领导信士反抗暴虐的统治。"伊玛目属于我们的圣族,顺从这样的伊玛目是信士的当然义务:他拔剑而起,呼唤信士遵循经训;他的呼唤出自经训的指引,他的地位毋庸置疑,否认者则罪不可恕。但是,有人留在家中,躲在屋内,追随

---

① Gordon,M. S. , *The Rise of Islam* , p. 79.

② 艾哈迈德·爱敏:《阿拉伯伊斯兰文化史》,第 4 册,第 247 页。

③ Ibn Khaldun,*The Muqaddimah* , vol. 1, p. 410.

暴虐的统治者,不肯行善止恶,这绝不是伊玛目的行为。"[1]由于什叶派其他的伊玛目大都致力于神学宣传,放弃暴力斗争,栽德派仅尊栽德为末代伊玛目,故而亦称五伊玛目派。阿拔斯时代,栽德派颇有政治作为。864 年,哈桑·栽德在里海南岸建立栽德派神权国家,控制泰伯里斯坦、德拉姆和吉兰一带长达二百余年,1126 年灭亡;其残余势力至今犹存,称诺克塔维派。901 年,叶赫亚·侯赛因在也门北部建立栽德派神权国家,几经朝代更迭,延续至 1962 年。[2] 目前也门人口的半数左右系栽德派穆斯林。

伊斯马仪派是什叶派的另一重要分支,形成于 8 世纪末至 9 世纪初,属于什叶派中的激进派别。什叶派第六代伊玛目贾法尔·萨迪克最初曾立长子伊斯马仪为继承人,后因伊斯马仪有酗酒的恶习,遂改立次子穆萨·卡兹姆为继承人。765 年贾法尔·萨迪克死后,伊斯马仪的追随者拒绝承认穆萨·卡兹姆作为伊玛目的合法继承人,什叶派出现分裂,伊斯马仪派由此初露端倪。[3] 十二伊玛目派作为什叶派的主体,与伊斯马仪派同样尊崇自阿里至贾法尔·萨迪克的最初六代伊玛目。两者的不同之处在于,十二伊玛目派承认贾法尔·萨迪克的次子穆萨·卡兹姆及其后裔为伊玛目,直至第十二代伊玛目穆罕默德·孟特宰尔于 878 年进入隐遁状态;伊斯马仪派则追随贾法尔·萨迪克的长子伊斯马仪为第七代伊玛目,760 年伊斯马仪死后,伊玛目进入隐遁状态。伊斯马仪派因此也称七伊玛目派。10 世纪以后,伊斯马仪派吸收穆尔太齐勒派的唯理主义、新柏拉图派的流溢说、毕达哥拉斯学派的数论以及佛教的某些思想倾向,建立起颇具哲理内容和极富神秘色彩的宗教哲学体系,"七"的概念成为伊斯马仪派教义学说的显著特征。伊斯马仪派认为,安拉作为唯一的最高实在,既不具有形象,亦不具有属性,超越世人的领悟能力。伊斯马仪派还认为,宇宙现象来源于安拉的意志,分为七个步骤渐趋流出,即安拉→宇宙精神→宇宙灵魂→原始物质→空间→时间→人世。与宇宙现象的七个流溢步骤相适应,历史的演进亦经历七个周期的流溢过程,每个周期皆有一位立法先知降临人间,他们是阿丹、努哈、易卜拉欣、穆萨、尔撒、穆罕默德和末代伊玛目伊斯马仪之子穆罕默德·塔姆;每位立法先知各有七位圣徒辅佐,自阿里至伊斯马仪的七位伊玛目便是辅佐先知穆罕默德的七位圣徒。[4] 什叶派将《古兰经》的启示区分为表义和隐义;与十二伊玛目派相比,伊斯马仪派更加强调《古兰经》的内在含义,将信徒对

① Lambton, A. K. S. , *State and Government in Medieval Islam* , p. 28, p30.

② Hourani, A. , *A History of the Arab Peoples* , p. 40.

③ Ibn Khaldun, *The Muqaddimah* , vol. 1, p. 412.

④ Grunebaum, G. E. , *Classical Islam* , p. 110.

于启示的领悟分为七种境界,认为只有少数宗教学者才能达到领悟《古兰经》内在含义的最高境界。伊斯马仪派因此又称内学派。[①] 伊玛目的隐遁说是什叶派神学理论的重要内容。十二伊玛目派认为,隐遁的伊玛目只是在遥远的未来复临人间,其政治思想因此具有温和的倾向;相比之下,伊斯马仪派强调隐遁的伊玛目复临人间的时刻即将到来,因此具有极力倡导暴力革命的激进政治倾向。9 世纪中叶以后,阿拔斯王朝日渐衰微,伊斯马仪派的势力随之急剧膨胀。该派著名领袖阿卜杜拉·马蒙(? —874 年)曾在阿瓦士、耶路撒冷和巴士拉等地从事反对阿拔斯王朝的宗教政治活动,后来隐居于叙利亚北部的萨拉米叶,派出传教师前往各地,进行秘密宣传。库法、莱伊、设拉子是伊斯马仪派的重要中心。881 年,伊斯马仪派传入也门一带。883 年,伊斯马仪派又从也门传至印度的信德。893 年,伊斯马仪派自也门传入马格里布;法蒂玛王朝的建立便是伊斯马仪派的政治杰作。此外,伊斯马仪派在呼罗珊、锡斯坦、克尔曼等地传播亦广,颇具影响。[②]

874 年阿卜杜拉·马蒙死后,伊拉克的伊斯马仪派传教师哈姆丹·卡尔马特(? —899 年)及其追随者脱离萨拉米叶的伊斯马仪派领袖赛义德·马蒙,独树一帜,是为卡尔马特派。[③] 卡尔马特派承认伊斯马仪派的伊玛目学说以及宇宙现象的流溢等神秘信条,同时吸收苏非主义的某些思想,形成其特有的教义,强调社会平等和财产公有。然而,卡尔马特派不遵伊斯兰教法,亦不严格履行宗教义务,甚至不设清真寺,不斋戒,不礼拜,不朝觐。卡尔马特派声称:"真理已经到来,马赫迪已经复临人间,阿拔斯人的统治即将结束。不必继续等待;我们的目标不仅是建立起新的政权,而是要废除旧的秩序。"890 年,卡尔马特派在瓦西兑发动起义,追随者甚多。899 年,卡尔马特派在巴林一带建立国家,定都艾哈萨(今胡富夫)。901—906 年,卡尔马特派在叙利亚和贾吉拉发动起义,攻城掠地。903 年,卡尔马特派征服叶麻麦,继而攻入阿曼,袭击伊拉克。933 年,卡尔马特派在朝觐期间攻袭麦加,劫掠克尔白内的玄石,运至巴林。950 年,阿拔斯王朝向卡尔马特派支付重金,赎回玄石,重新安放于克尔白。1077 年,巴林的卡尔马特国灭亡。12 世纪,卡尔马特派重新融入伊斯马仪派。[④]

自 909 年起,法蒂玛王朝的哈里发成为伊斯马仪派的宗教领袖。第六代哈里发哈基姆在位末期,似乎由于精神失控,竭力神化本人,暗示自己便是隐遁伊

---

① Ibn Khaldun, *The Muqaddimah*, vol. 1, p. 413.

② Gordon, M. S., *The Rise of Islam*, p. 80.

③ "卡尔马特"一词,据推测可能不是阿拉伯语,而是阿拉马语,意为"秘密的导师"。

④ Grunebaum, G. E., *Classical Islam*, pp. 112-113.

玛目的复临。突厥人穆罕默德·伊斯马仪·德拉齐(？—1019年)和波斯人哈姆扎·阿里(985—1022年)迎合哈里发的自我神化心态,在开罗宣称哈基姆具有超凡的神性,是宇宙灵魂的化身和安拉在尘世的代理人,是穆斯林的"活主"。穆罕默德·伊斯马仪·德拉齐和哈姆扎·阿里的言论在埃及遭到穆斯林的激烈抨击,两人于是相继移至黎巴嫩山区,追随者日渐增多,形成德鲁兹派。德鲁兹派承袭伊斯马仪派的伊玛目学说和宇宙论思想,同时强调灵魂转世的教义。德鲁兹派认为,该派的信徒在死亡时,其灵魂转至同时降生的婴儿体内;非该派信徒的其他人,死后将会遭到厄运,灵魂转至猪狗之身。如同卡尔马特派一样,德鲁兹派既不遵行伊斯兰教法,也不恪守宗教义务,不设清真寺,不履行朝觐,甚至允许信徒饮酒和食用猪肉,仅仅保留宰牲节和阿舒拉日。与伊斯兰教的其他派别不同,德鲁兹派具有相对闭塞的组织形式,其成员分为知秘者和无知者两个层次,不增加教友人数,不对外界传教。某些学者因此将德鲁兹派视作特殊的民族。

　　法蒂玛王朝哈里发穆斯坦绥尔当政期间,初立长子尼扎尔作为继承人,后来以次子穆斯台尔里取而代之,埃及的伊斯马仪派逐渐分裂。伊斯马仪派传教师哈桑·萨巴赫反对穆斯坦绥尔废长立幼,被哈里发逐出埃及。1090年,哈桑·萨巴赫夺取伊朗北部德拉姆山区的阿拉穆特堡,作为自己的据点,建立严密的军事组织,训练刺客,从事恐怖活动。1094年穆斯坦绥尔死后,穆斯台尔里即位,尼扎尔举兵反叛,旋即失败。哈桑·萨巴赫于是以秘密扶养尼扎尔的幼子作为旗号,自称霍加,创立尼扎里叶派。尼扎里叶派承袭伊斯马仪派的神学体系,其特征在于广泛的暗杀行为,故而又称阿萨辛派(暗杀派)。尼扎里叶派曾经在伊朗北部建立阿拉穆特舍赫王朝,抗衡称雄西亚的塞尔柱苏丹国。12世纪初,尼扎里叶派的势力扩及叙利亚,阿勒颇一度成为该派在叙利亚的大本营。塞尔柱苏丹国的维齐尔尼扎姆·穆勒克、法蒂玛王朝的哈里发阿米尔以及欧洲十字军的耶路撒冷国王康拉德、的黎波里伯爵雷蒙相继死于尼扎里叶派的刺客之手,埃及阿尤布王朝的著名苏丹萨拉丁亦曾险遭尼扎里叶派的暗杀。1256年,旭烈兀率领蒙古大军攻陷阿拉穆特堡,尼扎里叶派从此一蹶不振。其残余势力迁至印度,称霍加派,延续至今。

　　阿拉维派形成于9世纪中叶,系什叶派第十代伊玛目阿里·哈迪(？—868年)的追随者穆罕默德·努赛尔创立,因此也叫努赛里叶派。穆罕默德·努赛尔原是巴士拉的什叶派学者,自称是阿里·哈迪的巴布(即代理人)。863年阿里·哈迪的长子穆罕默德先于其父夭折,穆罕默德·努赛尔于是改弦更张,放弃追随阿里·哈迪,声称死去的穆罕默德便是隐遁的伊玛目,进而另立门户。阿拉维派承袭什叶派的神学思想,吸收基督教和佛教的某些内容,强调阿里是安拉的化身。阿拉维派最初将阿里、法蒂姆（即法蒂玛的男形）、哈桑、侯赛因与先知穆罕默德等同视之，后来改奉阿里、赛勒曼·法里西与先知穆罕默德三位一体。阿拉维派认为，阿里是世人与安拉联系和沟通的"理"，先知穆罕默德是产生于"理"并且从属于"理"的"名"，赛勒曼·法里西是阿里的先驱，即"门"。阿拉维派信奉灵魂转世，认为人的灵魂源于天空的星辰，阿里将人的灵魂从天空贬谪尘世；虔信者死后，其灵魂重新回到星辰之中，与阿里同在，作恶者死后，其灵魂不再重返天空，而是转入牲畜体内。阿拉维派不设清真寺，信徒通常在夜间祈祷，诵读《福音书》的有关段落，食圣餐，饮圣酒，除纪念开斋节、宰牲节和什叶派各种节日外，亦庆祝基督教的圣诞节和复活节，甚至采用基督徒的教名。在叙利亚、黎巴嫩和土耳其等地，阿拉维派至今犹存。

上述卡尔马特派、德鲁兹派、尼扎里叶派和阿拉维派皆属什叶派中的极端派别，其教义学说已经背离《古兰经》的启示，与正统伊斯兰教的基本信仰相去甚远。即便什叶派中的十二伊玛目派和伊斯马仪派，也拒绝承认上述极端派别的诸多理论，往往将这些派别的信徒视作异端或异教徒。

逊尼派思想体系的确立

在伊斯兰世界，哈瓦立及派和什叶派虽然影响较大，毕竟追随者人数有限。绝大多数的穆斯林尊奉正统伊斯兰教，统称逊奈与大众派，即逊尼派。逊奈是阿拉伯语行为一词的音译，在伊斯兰教中特指先知的道路或先知的传统；逊尼意为遵循逊奈的人。承认自阿布·伯克尔起历任哈里发的合法地位，是逊尼派穆斯林的基本政治原则。

伊斯兰教最初并不存在派别的划分，所谓的逊尼派尚无从谈起。自麦地那时代末期开始，哈瓦立及派和什叶派相继出现，或强调民主选举哈里发的政治原则，或追随阿里及其后裔。然而，绝大多数的穆斯林依旧尊奉正统的伊斯兰教。9世纪以后，尊奉正统伊斯兰教的穆斯林极力推崇先知的道路和先知的传统，自称遵循逊奈的人，以示区别于什叶派和哈瓦立及派的穆斯林，逊尼派由此形成。

在与什叶派和哈瓦立及派长期对立的过程中，尊奉正统伊斯兰教的穆斯林逐渐发展了相应的思想体系。穆尔吉叶派的出现，代表了正统穆斯林早期的温和倾向。"穆尔吉叶"一词在阿拉伯语中本意为"延缓"。穆尔吉叶派依据《古兰经》"还有别的人留待安拉的命令；或惩罚他们，或饶恕他们"的启示，主张延缓判断穆斯林内部的诸多争端,待来世听候安拉裁决,故名。^① 穆尔吉叶派最初只是具有中庸色彩的政治宗派,形成于麦地那时代后期穆斯林内部矛盾冲突日渐加剧的社会环境。当时,许多圣门弟子,包括赛耳德·阿比·瓦嘎斯、伊本·欧默尔、阿布·巴克拉、欧姆拉·侯赛尼在内,不愿附和其他政治势力而涉足权位争夺,竭力避免穆斯林之间的流血冲突,虽然身居险境,却恪守中立,洁身自好,成为穆尔吉叶派的先驱。相传,阿布·巴克拉曾经向众人传述如下的圣训:"穆圣说:祸患不久将至,那时,坐者强于行者,行者强于介入者;当祸患来临之时,赶驼者当去赶驼,牧羊者当去牧羊,耕田者当去耕田。有人问道:安拉的使者,若无驼可赶,无羊可牧,无田可耕,当如何?穆圣说:拿起利剑,用石击去剑锋,然后竭力自拔,切不可介入祸患。"^②穆尔吉叶派倡导和平、反对暴力的无为思想,由此可见一斑。针对哈瓦立及派谴责奥斯曼和阿里的思想倾向,穆尔吉叶派认为:"阿里和奥斯曼都是安拉的仆人,安拉并未将罪过与他们两人联系起来;他们将依照各自的行为获得安拉的回报,安拉知晓他们所应得到的回报。"倭马亚时代,穆尔吉叶派作为正统穆斯林的宗教派别,阐述区别于什叶派和哈瓦立及派的朴素理论,进而被视作"逊尼派的早期形式"^③。一方面,穆尔吉叶派反对哈瓦立及派的过于强调恪守宗教功修的极端倾向,认为伊斯兰教的首要内容是内心的信仰及其表白,凡诵读沙哈达(即清真言)者,无论是否犯有大罪,皆应被视作穆斯林。另一方面,穆尔吉叶派反对什叶派追随阿里及其后裔的政治原则,认为历任哈里发的地位合法与否应当诉诸安拉定夺,反对穆斯林为此争执不休直至相互攻杀的暴力行为。^④

　　自先知穆罕默德时代起,伊斯兰教便具有强调前定的思想倾向。《古兰经》中多处提及前定的概念,如,安拉"预定万物,而加以引导","任何民族都不能先其定期而灭亡,也不能后其定期而沦丧",安拉"创造你们和你们的行为"。"圣训"中也有如下的内容:"一个人不算有真正的信仰,除非相信善恶前定,相信正确者不会谬误而谬误者不会正确。"然而,《古兰经》在强调前定的同时,似乎又在一定程度上承认人的意志自由,"从你们的主发出的真理,确已降临你们。谁遵循正道,谁自受其益;谁误入歧途,谁自受其害","真理是从你们的主降示的,谁愿信道就让他信吧,谁不愿信道,就让他不信吧","每个人对自己的行为,都是要负责的"^⑤。上述两种思想倾向在《古兰经》及"圣训"中的兼容并存,使正统

①　《古兰经》,9:106。

②　艾哈迈德·爱敏:《阿拉伯伊斯兰文化史》,第1册,第297页。

③　Watt,W. M., *The Majesty That Was Islam, the Islamic World 661-1100*, pp. 70—71.

④　Lambton,A. K. S., *State and Government in the Medieval Islam*, pp. 32-33.

⑤　《古兰经》,87:3,15:5,37:96,10:108,18:29,6:164。

穆斯林或者主张安拉前定,或者强调自由意志,见仁见智,观点各异。

麦地那时代,穆斯林大都尊奉安拉前定的信仰原则,否认人的自由意志。7世纪末和8世纪初,随着穆斯林内部政治矛盾的加剧和教派分歧的扩大,逐渐出现与传统的前定论相反的思想倾向。"盖德里叶"一词在阿拉伯语中本意为"有能力选择"。盖德里叶派是伊斯兰世界反对前定论的先驱,巴士拉学者马尔白德·朱哈尼(? —699年)和大马士革学者艾依拉尼(? —743年)相继阐述盖德里叶派的自由意志论。他们认为,人具有意志的自由和选择善恶的能力,人的行为并不是出自安拉的前定,善举和恶行都是具有自由意志的人所选择的结果,应当由本人承担责任;所谓的前定论,将人的行为归结为安拉的前定,无异等同于将人间的丑恶归结为安拉的意志,将人的罪责推卸于安拉,应当予以谴责。"盖德里叶派的追随者大都持反对倭马亚王朝的政治立场。"[1]希沙姆当政期间,艾依拉尼公开反对前定论,宣传意志自由论,时人向哈里发告发,希沙姆遂下令断其手,刖其足,然后杀之。[2]

盖德里叶派的上述学说,遭到持传统观念的穆斯林的激烈反对。贾卜里叶派形成于8世纪前期,着力攻击自由意志论,进而论证前定至上的信仰原则。"贾卜里叶"一词在阿拉伯语中本意为"(安拉)使人的天性倾向于"。贾卜里叶派认为,人作为受造之物,绝无独立于安拉前定的自由意志可言,人的信仰、行为和命运皆系安拉前定,不可更改;所谓的自由意志论,强调人的意志不受安拉的支配,背离安拉独一的基本信仰,并有违抗安拉意旨的异端倾向,不可取之。呼罗珊人加赫姆·沙夫旺(? —745年)在论证前定思想的基础上,探讨安拉的本体属性。他认为,安拉是万物创造者,是使万物存在者,是决定万物运动者,是万物生死的赐予者,在安拉之外绝无独立存在的自由意志;安拉是唯一永恒的存在,天园、火狱乃至《古兰经》皆非永恒的存在,而是受造于安拉。

"穆尔太齐勒"一词在阿拉伯语中本意为"分离"。穆尔太齐勒派继承盖德里叶派的思想传统,进一步倡导自由意志的学说。穆尔太齐勒派兴起于倭马亚王朝后期,创立者是巴士拉人瓦绥勒·阿塔(698—748年)和阿姆尔·欧拜德(699—762年)。两人曾经师从著名圣训学家哈桑·巴士里(642—728年),后因师生之间意见相左,于是另立门户,是为穆尔太齐勒派。盖德里叶派出现较早,尚属朴素的自由意志论。自8世纪初开始,外来思潮对伊斯兰世界的影响日渐扩大,穆尔太齐勒派在继承盖德里叶派的自由意志论的基础上,广泛借鉴希腊哲学的思辨方式,尤其是以新柏拉图主义的流溢说、亚里士多德的逻辑学

① Watt,W. M. , *The Majesty That Was Islam, the Islamic World 661-1100*, p. 72.

② Lambton,A. K. S. , *State and Government in the Medieval Islam*, pp. 34-35.

和毕达哥拉斯的灵魂论等思想论证伊斯兰教,形成伊斯兰教中的唯理主义信仰体系。[①] 首先,穆尔太齐勒派将理性的概念引入伊斯兰教的信仰体系,认为安拉作为万物的本原,通过理性创造世界;灵魂是内体的本质,理性是灵魂的源泉。其次,根据《古兰经》,安拉具有许多的属性,而安拉的本体与其属性的关系是穆斯林学者长期争论的焦点问题。穆尔太齐勒派强调安拉本体的绝对独一,认为安拉是超越时空的永恒存在,不具有独立于本体以外的任何属性。"至高无上的安拉本身不是由多种事物组成的。对于由多种事物组成的复合物需要证实各组成部分的存在,但各组成部分并不是复合物本身。因此,一切复合物均需由他物组合而成。安拉是超绝的,是无需他物的。至高无上的安拉的本质特性是独一无二的,其本身不存在任何复合形式,既没有量上的组合,如身体之各部分,也没有概念上的认同,如人的本质和他的性格特征。安拉是唯一的,具有绝对的唯一性,无论是在数量上或在概念上,均不可分"。"安拉其本体和属性是一个不可分割的整体,安拉的本体和属性不会发生任何变化"。穆尔太齐勒派认为,使用各种拟人的属性形容安拉的行为,是对安拉的亵渎,势必破坏安拉的独一存在和导致多神论倾向,应当坚决抵制,该派因此称作认主独一者。第三,穆尔太齐勒派反对安拉前定的思想,将理性视作信仰的基础,强调自由意志是世人选择善行或恶举的根源所在,安拉将根据世人的自由意志所选择的行为予以公正的裁决,该派因此又称知主公道者。"安拉非众仆行为(无论是善行还是恶行)之主动者。人的意志是自由的,人是自身行为之主动者。因此,人因其善行或恶行而得到不同的报应。"[②]第四,穆尔太齐勒派从独尊安拉的思想出发,承袭贾卜里叶派学者加赫姆·沙夫旺的观点,认为《古兰经》并非与安拉同在的永恒语言,而是受造于安拉和后于安拉的存在。[③]"《古兰经》是安拉创造的一种语言","是安拉将《古兰经》以排列有序的言语降下;是安拉根据需要分期降下;是安拉使《古兰经》以赞颂安拉开始,以祈求安拉保佑结束;是安拉使《古兰经》分成结构严密而又互相类似的两部分;是安拉降《古兰经》分成章节,使每一章节各有不同的段落和目的。这是创造的开始,这是发明的根源,这是前所未有的创造和发明才具有的特点。我们赞美独享'唯一'和'自有'而使其他一切都打上从无到有的后生之物的印记的安!是安拉降下《古兰经》这部词意明白、论证严密、富有启发性的、用标准阿拉伯语写成的读本。"[④]穆尔太齐勒派在伊斯兰世

① Gordon, M. S., *The Rise of Islam*, p. 86.

② 艾哈迈德·爱敏:《阿拉伯伊斯兰文化史》,第 4 册,第 28 页,第 33 页,第 43 页。

③ Ibn Khaldun, *The Muqaddimah*, vol. 3, p. 49.

④ 艾哈迈德·爱敏:《阿拉伯伊斯兰文化史》,第 4 册,第 36 页。

中
东
史

界影响甚大,倭马亚时代末期曾经深受哈里发叶齐德二世和麦尔旺二世的赏识,阿拔斯时代一度成为哈里发国家的官方学说,直到 10 世纪被艾什尔里派取代。[①]

艾什尔里(874—935 年)全名阿布·哈桑·阿里·伊斯马仪·艾什尔里,系 658 年阿兹鲁仲裁时阿里一方的代表阿布·穆萨·艾什尔里的后嗣,生于巴士拉。艾什尔里早年师从穆尔大齐勒派著名学者阿布·阿里·祖巴仪(850—915 年),潜心研读经训和教法,后与其师意见相左,于是宣称自悔前非,脱离穆尔太齐勒派,另立门户,是为艾什尔里派。艾什尔里精通伊斯兰教经典,并且熟知希腊哲学,著有《教义学原理的说明》和《伊斯兰教学派言论集》等,激烈抨击什叶派和哈瓦立及派的思想学说,同时极力弥合正统穆斯林内部诸学派之间的分歧,奠定了伊斯兰数的教义学基础。关于安拉的本体及其属性,艾什尔里反对穆尔太齐勒派的否认安拉于本体以外存在属性的观点,强调安拉的本体与其属性是合而为一的永恒存在;然而,安拉的属性与人的属性具有本质的区别,不可将安拉的属性予以拟人化的形容。关于安拉前定与自由意志,艾什尔里反对盖德里叶派和穆尔太齐勒派单纯强调自由意志的观点,亦与贾卜里叶派的安拉前定学说相异,而是兼顾《古兰经》中的安拉前定思想和自由意志倾向,认为安拉主宰宇宙万物并前定生死祸福,世人则可凭自由意志选择善恶。关于理性与信仰,艾什尔里承认理性的作用,同时强调信仰之高于理性的地位,认为世人对安拉的认识不仅需要借助于理性的思辨,更要依靠经典的启示,理性的运用不能违背信仰的原则,理性必须服从信仰。关于《古兰经》的性质,艾什尔里认为,《古兰经》是安拉本体的无始言语和永恒存在的绝对真理,《古兰经》的文辞形式则是非永恒的受造之物。[②] 艾什尔里派盛行于塞尔柱苏丹时期,尼扎姆·穆勒克曾在巴格达创办尼扎米耶大学,旨在传播艾什尔里派的教义学思想,抗衡开罗的爱资哈尔大学及其所传播的伊斯马仪派学说。

呼罗珊人阿布·哈米德·穆罕默德·安萨里(1058—1111 年)继承和发展了艾什尔里的宗教学说,是哈里发时代逊尼派思想体系的集大成者。安萨里早年师从艾什尔里派著名学者朱韦尼(1028—1085 年),并且求教于苏非派长老法尔玛基(?—1084 年),后来云游伊斯兰世界各地传教讲学,曾在大马士革的苏非派道堂隐居 10 年,体验精神修炼,著书立说。安萨里的学说,以独尊安拉为核心,以《古兰经》和"圣训"为依据,博采伊斯兰教诸学派以及希腊哲学的思想精华,尤其是承袭艾什尔里关于安拉的本体及其属性的永恒存在和信仰高于理

① Lambton, A. K. S., *State and Government in the Medieval Islam*, p. 41.

② Schacht, J., *The Legacy of Islam*, p. 361.

性的观点。① 安萨里的贡献在于将信仰区分为外在的信仰和内在的信仰,强调由外在信仰到内在信仰的升华。② 为此,安萨里在摒弃苏非派关于泛神思想、漠视法定宗教功修和崇拜圣徒圣墓等内容的前提下,承认苏非派的强调内心直觉的信仰方式乃是实现由外在信仰到内在信仰升华的必要途径。③ 安萨里的学说丰富了艾什尔里派的教义学体系,奠定了伊斯兰宗教哲学的基础。安萨里因此被穆斯林誉为"伊斯兰教的伟大复兴者",西方学者则将安萨里称作"伊斯兰世界的奥古斯丁"。

正统伊斯兰教的宗教政治理论

历史唯物主义认为,社会存在决定社会意识;特定的政治环境,决定相应的政治理论。在哈里发时代的阿拉伯社会,正统伊斯兰教长期占据统治地位,正统穆斯林的政治理论得到广泛的发展,维护现存政治秩序的合法地位构成正统穆斯林政治理论的宗旨。

在中世纪的基督教世界,教会与国家长期并存,教权与俗权处于二元状态。"基督教的创立者吩咐他的信徒,将凯撒的权力交还凯撒,将上帝的权力交还上帝"。相比之下,"伊斯兰教的先知亦是穆斯林的君士坦丁","在伊斯兰教中,没有凯撒,只有安拉,穆罕默德是安拉的使者"④。穆罕默德作为伊斯兰教的先知,兼有宗教权力和世俗权力,既是穆斯林的宗教领袖,亦是伊斯兰国家的化身。历代哈里发作为先知穆罕默德的继承人所统治的温麦,既是宗教意义的集合体,也是政治意义的集合体。教会与国家被穆斯林视为同一概念,两者之间并无明显的界限。在穆斯林看来,只有信士与异教徒的差别,绝无教权与俗权的区分。因此,伊斯兰世界的宗教思想与政治理论浑然一体;宗教思想构成政治理论的前提,政治理论则体现为宗教思想的延伸和补充。

正统穆斯林政治理论的基本框架,是温麦的原则和沙里亚的学说。根据正统穆斯林的政治理论,宗教是国家的基础,温麦是伊斯兰国家的外在形式;国家起源于安拉的意志,捍卫沙里亚的神圣地位是伊斯兰国家的目的。⑤ "沙里亚"一词在阿拉伯语中本意为"通向水源的道路",在伊斯兰教中特指"安拉的法度",即伊斯兰教法,源于《古兰经》的如下启示:"我使你遵循关于此事的常道。

① Schacht,J. , *The Legacy of Islam*, p. 364.

② Ahmad,K. J. , *Heritage of Islam*, pp. 290-291.

③ Hourani,A. , *A History of the Arab Peoples*, pp. 168-170.

④ Schacht,J. , *The Legacy of Islam*, p. 156.

⑤ Gibb,H. A. R. , *Studies on the Civilization of Islam*, London 1962, p. 141.

你应当遵守那常道,不要顺从无知者的私欲。"①正统穆斯林的政治理论认为,安拉是温麦的主宰,是世人的君王,而沙里亚是安拉意志的体现和安拉规定的法度,是先于国家的秩序和尽善尽美的制度,芸芸众生只有遵循沙里亚的义务,绝无更改沙里亚的权利。既然沙里亚是"安拉的法度",而捍卫沙里亚规定的神圣秩序是国家的目的所在,那么国家无疑是合理的,国家的存在无疑是不可或缺的。安萨里认为,君王是安拉在尘世的代治者,他所行使的权力应当使他的臣民望而生畏,从而使他的臣民相安无事,否则,安拉的法度将会无以维持,芸芸众生亦将受到无尽的伤害。因此,百年的苛政胜过一年的无序,而一日的公正治理强于 60 年的拜功。伊本·泰米叶(1263—1328 年)则认为,世人无法孤立生活,只能相互依存,其本质是政治存在,因此,世人必须顺从自己的长官,顺从国家的秩序。"如果我们终生祈求安拉而仅有一次如愿,那么我们应当祈求安拉赐福我们的长官。"②

正统穆斯林政治理论的核心,是关于哈里发的学说。温麦作为伊斯兰国家的外在形式,其顶端是兼有宗教权力和世俗权力的哈里发。伊玛目是哈里发的宗教称谓,信士的长官则是哈里发的世俗称谓。③ 麦地那时代末期,穆斯林内部矛盾加剧,冲突迭起,哈里发的权位归属成为穆斯林争执的焦点。倭马亚人极力强调,哈里发应当出自阿卜杜勒·麦纳夫的后裔,而阿卜杜勒·麦纳夫是倭马亚人和哈希姆人的共同祖先。麦地那时代诸哈里发均称先知穆罕默德的继承人,倭马亚人则改称安拉的哈里发。马立克当政期间,出于自身利益的需要,强调《古兰经》的前定思想,声称倭马亚王朝的统治是安拉的前定,不可更改,而反对倭马亚王朝即违背安拉的前定,是亵渎信仰和叛教的行为。诗人法拉兹德格(640—728 年)曾有如下词句,"大地属于安拉,安拉将大地上的一切托付给他的哈里发,哈里发的国家万世长存","麦尔旺的子孙是信仰的栋梁,仿佛天地以山岳作为支柱"。诗人贾里尔(653—733 年)亦云,"安拉以启示和哈里发赐予世间,安拉所欲之事不可更改","如果没有启示和哈里发,世间便没有公正和聚礼"。针对哈瓦立及派和什叶派的观点,正统穆斯林穆尔吉叶派崇尚前定的宗教倾向,主张延缓穆斯林内部的权位争执,留待安拉裁决。穆尔吉叶派强调顺从当政的哈里发,即使当政的哈里发罪恶多端,惩罚的权力只属于安拉而不属于臣民。穆尔吉叶派的代表人物阿布·哈尼法(700—767 年)认为,哈里发应当出自古莱西部落;无论哪个古莱西人呼唤世人遵循经训的教诲,且行为公正,皆

---

① 《古兰经》,45:18。

② Ibn Taymiyya,*Al-Siyasa al-Shar'iyya*,Beirut 1966,p.139.

③ Lambton,A. K. S.,*State and Government in the Medieval Islam*,p.14.

可被拥立为哈里发。穆尔吉叶派的上述思想,体现了维护倭马亚王朝合法统治地位的政治倾向。

倭马亚时代正统穆斯林内部的政治反对派是盖德里叶派。盖德里叶派攻击穆尔吉叶派的前定倾向,崇尚意志自由,强调哈里发必须对自己的行为负责,认为哈里发如果缺乏公正的行为,即应自行退位,或被臣民罢免。科普特血统的盖德里叶派学者加伊兰·吉马士基(? —745 年)否认具有古莱西人的身世是出任哈里发的必要条件,主张只有遵循经训的人方可成为合法的哈里发。他认为,哈里发"可以是古莱西人,也可以不是古莱西人,可以出自阿拉伯血统,亦可出自非阿拉伯血统,首要条件是虔敬安拉,通晓经训,行为公正……当古莱西人傲慢无礼、腐化堕落、作恶多端时,安拉必定使信士群起攻之,罢免其权力"①。

阿拔斯王朝建立后,正统穆斯林学者极力推崇麦地那哈里发国家是伊斯兰历史上的黄金时代,谴责倭马亚王朝的统治,称颂阿拔斯王朝的功绩,进而阐述君权神授和君权至上的政治理论。伊本·穆加法(724—759 年)出生于法尔斯的摩尼教家庭,成年后改奉伊斯兰教。② 伊本·穆加法认为,哈里发在遵循经训的前提下,具有至高无上的权力和地位,哈里发的统治无可争议,臣民无权约束哈里发的行为,只有顺从的义务。③ "臣民无法找到实现自身幸福的出路,除非顺从哈里发的意志——因为臣民是软弱的和无知的"。阿布·尤素夫(731—798 年)进一步指出,阿拔斯王朝的统治是安拉的选择,阿拔斯哈里发是安拉在尘世的代治者。"仁慈的安拉使拥有权力的人成为其在大地上的代治者,为民众设置光亮,启迪民众的心灵,规定民众的责任。拥有权力的人,其光亮的启迪包括维护神圣的教法,赋予民众相应的权利和义务。"④在此基础上,阿布·尤素夫阐述了绝对顺从当政哈里发的忠君思想,并且援引"圣训"如下:"畏惧安拉,顺从安拉;即便是一个鼻子扁平而面部丑陋的阿比西尼亚奴隶被赋予统治的权力,也要倾向于他的意志和顺从他的命令","顺从安拉的人便是顺从我的人,顺从伊玛目的人亦是顺从我的人。反叛我的人便是反叛安拉的人,反叛伊玛目的人亦是反叛我的人","如果伊玛目是公正的,报酬属于他,众人应当感谢。如果他是暴君,罪过属于他,众人应当忍耐。"阿布·尤素夫认为,统治者是臣民的牧人,他将为自己的行为和臣民的行为对安拉负责,而选择统治者和惩罚统治者的权力只属于安拉。"信士的长官! 安拉赋予你(治理温麦的)重任,(这件事

① Lambton, A. K. S. , *State and Government in the Medieval Islam*, pp. 34-35.

② 同上,pp. 49-50。

③ Schacht, J. , *The Legacy of Islam*, p. 408.

④ Lambton, A. K. S. , *State and Government in the Medieval Islam*, p. 53, p. 56.

的)报酬将是最大的报酬,惩罚也将是最严厉的惩罚。"①

正统穆斯林与哈瓦立及派、什叶派之间最关键的区别在于"谁是合法的哈里发"。阿拔斯时代的正统穆斯林学者对此有大量的阐述。查希兹(775—869年)认为,教化臣民是哈里发的职责,博学则是出任哈里发的先决条件;哈里发应当是温麦中最杰出的人。②哈里发"应当勤于思考,学识渊博……或许有人在某些方面疏于这样的意念,成为统治者和哈里发,但他必须是同时代的人中最优秀的……只有像安拉的使者那样的人才能在各自的时代出任哈里发,才能行使相应的权力"③。巴格达迪(? —1037年)认为,出任哈里发应当具备四项条件:渊博的学识、虔诚的信仰、经国治世的才能和古莱西人的血统。

正统穆斯林政治理论的另一重要内容,是哈里发的产生方式。查希兹认为,哈里发可以产生于三种方式。首先,他援引阿布•伯克尔即位的先例,强调哈里发选举产生的原则。其次,他援引奥斯曼即位的先例,阐述协商确定哈里发人选的原则。第三,他援引阿拔斯王朝建立的先例,认为哈里发可以产生于合法的暴力行为。巴格达迪(? —1037年)认为,哈里发产生的最佳方式是民众的选举,哈里发的指定继承也是可以接受的方式;由于全体穆斯林参与的选举无法实现,选举者只能是少数具备相应资历的人;假如多人当选,且均符合条件,那么首先当选者应被视为合法的哈里发。④ 麦瓦尔迪(974—1058年)认为,哈里发应当产生于穆斯林的选举,选举者必须具备相应的条件,包括宗教资历、渊博的学识和公正的立场。他认为,哈里发具有十项权力和职责:一是保卫伊斯兰教信仰,二是执行伊斯兰教法律,三是保卫伊斯兰世界的疆域和穆斯林的安全,四是惩罚背叛信仰的行为,五是巩固伊斯兰世界的边防,六是致力圣战,七是征纳赋税,八是管理公共基金,九是任命官吏,十是监督公众生活。⑤ 他还援引如下经训作为理论依据:"达乌德啊! 我确已任命你为大地的代治者,你当替人民秉公判决,不要顺从私欲,以免私欲使你叛离安拉的大道"⑥,"你们当中的每一个人都是牧人,每一个牧人都要看管好自己的羊群。"⑦麦瓦尔迪的上述观点,从理论上赋予哈里发以广泛的宗教权力和世俗权力,反映其主张教俗合一权力体制的政治倾向。然而,在麦瓦尔迪生活的时代,哈里发的世俗权力丧

① Abu Yusuf,*Kitab al-Kharaj*,Cairo 1933,p. 3,p. 5,p. 9.

② Schacht,J. , *The Legacy of Islam* , p. 409.

③ Pellat,C. , *The Life and Works of Jahiz* , London 1969,pp. 65-66.

④ Lambton,A. K. S. , *State and Government in the Medieval Islam* , p. 61,pp. 78-79.

⑤ Grunebaum,G. E. , *Medieval Islam* , p. 159.

⑥ 《古兰经》,38:26。

⑦ Lambton,A. K. S. , *State and Government in the Medieval Islam* , p. 92.

失殆尽,哈里发国家名存实亡,其政治理论只能是对于鼎盛时代哈里发制度的历史回顾,而与当时的政治现实大相径庭。[①]

正统穆斯林的政治理论不仅阐述了温麦的思想和哈里发的学说,而且规定了穆斯林的相应义务。穆斯林作为臣民不仅要顺从哈里发的意志,更要遵循沙里亚和安拉的法度。民众顺从哈里发的前提,是哈里发的言行符合沙里亚的原则。否则,民众应当放弃对于哈里发的顺从,罢免哈里发的统治权力,直至诉诸暴力手段。因为,"圣训"中有如下内容,"众信士没有顺从罪恶的义务","不可顺从受造者而背离创造者"[②]。伊本·穆加法和阿布·尤素夫强调君权至上和臣民绝对顺从的思想,查希兹则反对臣民无条件顺从哈里发的政治倾向。查希兹认为,无论何人,如果缺乏公正的行为,均应予以谴责,而无论何人禁止谴责不公正的行为,均应予以反对;如果统治者恐吓善良,纵容邪恶,偏袒固执,炫耀权势,蔑视民众,欺压臣属,以至于达到背离信仰的程度,穆斯林应当拒绝顺从并予以反抗;无端杀人者应当受到惩罚,即使统治者亦不例外。查希兹认为,如果统治者忽视职责,滥用权力,臣民应当终止顺从的义务并予以谴责,直至罢免统治者。[③] 然而,穆斯林臣民终止顺从哈里发的义务,在正统穆斯林的政治理论中仅仅局限于笼统的阐述,缺乏明确的法律条文。相比之下,虽然哈里发必须遵循经训和执行沙里亚,但是何谓违背经训和沙里亚,教法学家却未作具体的规定。因此,臣民终止顺从哈里发的义务,往往只是理论上的虚构和道义上的制约,现实意义微乎其微,而忠君思想则是哈里发时代正统穆斯林政治理论的实质所在。

苏非主义的禁欲倾向与神秘色彩

"苏非"一词在阿拉伯语中本意为羊毛。苏非主义倡导禁欲和苦行的生活,其追随者大都身着羊毛粗衣,以示质朴,故得此名。苏非主义的禁欲倾向,源于《古兰经》的如下启示,"你们欲图今世生活的浮利,但是安拉那里有丰富的福利","你们欲得尘世的浮利,而安拉愿你们得享后世的报酬","你们应当知道:今世生活,只是游戏、娱乐、点缀、矜夸,以财产和子孙的富庶相争胜……在后世,有严厉的刑罚,也有从安拉发出的赦宥和喜悦;今世生活,只是欺骗人的

---

① Schacht,J. , *The Legacy of Islam* , pp. 411-412.

② 同上，p. 161。

③ Lambton, A. K. S. , *State and Government in the Medieval Islam* , p. 63.

享受。"①

　　苏非主义是一种由来已久的宗教思潮。倭马亚时代,波斯血统的圣训学家哈桑·巴士里(642—728年)在巴士拉讲学,从者甚多。哈桑·巴士里倡导清贫和宁静的生活方式,强调通过沉思冥想和自我审慎的途径,追求凡人行为与安拉意志的和谐,被后人视作苏非主义的奠基者。② 他认为,了解安拉的人必须热爱安拉,了解尘世的人必须抛开尘世;只有放弃尘世的享乐,才能在死后摆脱火狱的刑罚。③ 库法人阿布·哈希姆(？—718年)率先奉行上述原则,是第一位获得苏非称号的穆斯林。早期的苏非主义,具有朴素的禁欲倾向,蔑视世俗的荣华富贵,提倡苦修、独身、冥思、节食,主张连续守夜和徒步朝觐。对于苏非主义的追随者来说,尘世的贫苦、谦卑、忍耐、忏悔、静默,会使自己从永久的惩罚中得到拯救,进而享受天园的快乐。苏非主义的禁欲倾向,体现了身居社会下层的穆斯林对统治者奢侈和荒淫的消极反抗。

　　阿拔斯时代,苏非主义在禁欲和苦行的基础上,吸收新柏拉图主义和印度瑜伽学派等外来思潮的某些内容,逐渐形成颇具神秘色彩的宗教思想,而追求凡人与安拉的合一构成苏非主义神秘思想的基本准则。8世纪后期,苏非主义的神秘思想主要是以神爱论阐述凡人与安拉的关系。根据伊斯兰教的传统观点,安拉是宇宙的主宰,凡人受造于安拉,是安拉的奴仆,因此凡人只有敬畏安拉和顺从安拉。不同于上述的传统观点,苏非主义的神爱论将安拉视作爱的对象,强调爱是接近安拉的必经之路,凡人与安拉之间唯有爱与被爱的关系。巴士拉人拉比尔·阿德威叶(717—801年)曾说:"我崇拜安拉,不是出于畏惧,也不是贪图天园,而是因为喜爱安拉,向往安拉。"④9世纪初,苏非主义开始追求凡人与安拉之间的某种直觉和内心的领悟,进而形成神智论的思想。埃及人祖农·米斯里(796—860年)认为,人生的目标在于真正认识安拉并且与安拉合而为一,而达到这种境界的途径并非通过智力和理性,只能通过沉思冥想,使自我消失在安拉的神智之中,最终实现人的心灵与安拉之光的沟通。⑤ 9世纪后期,苏非主义的神秘思想进入泛神论的发展阶段。波斯人比斯塔米(？—874年)将佛教的寂灭概念引入伊斯兰教,阐述无我的思想。比斯塔米认为,安拉存在于万物之中,大千世界即是安拉;人生的真谛不仅在于认识安拉,而且要使自身消

　　① 《古兰经》,4:94,8:67,57:20.

　　② Lapidus, M. A. , *A History of Islamic Societies*, p. 110.

　　③ Hourani, A. , *A History of the Arab Peoples*, p. 73.

　　④ Schacht, J. , *The Legacy of Islam*, p. 369.

　　⑤ Holt, P. M. , Lambton, A. K. S. & Lewis, B. , *The Cambridge History of Islam*, vol. 2B, p. 607.

融于安拉之中，直至丧失自我意识，达到与安拉合一的状态。① 继比斯塔米之后，波斯人哈拉智（857—922 年）发展了苏非主义的泛神论思想。哈拉智认为，安拉的本体是唯一的实在，大千世界只是幻象；凡人通过精神的修炼和灵魂的升华，最终可以超脱幻象，与安拉的本体合而为一，成为永恒的存在。② 哈拉智声称"我就是安拉"，并且写有如下的诗句，"他我分彼此，同是一精神；他想我所思，我思他所想"；"我即我所爱，所爱即是我。精神分彼此，同寓一躯壳。见我便见他，见他便见我"。③ 哈拉智的观点无疑构成苏非主义神秘思想的极端内容，然而苏非主义的泛神论倾向却由此可见一斑。哈拉智于 922 年被阿拔斯王朝处以磔刑，死后被苏非派尊为殉道者。④

　　苏非主义的宗教实践，最初只是建立在个人基础之上的无组织的信仰方式。自塞尔柱苏丹时代开始，苏非主义的追随者逐渐出现聚合的倾向，进而在伊斯兰世界各地形成诸多教团组织。苏非教团的成员通称"德尔维什"（源于波斯语，本意为"贫民"、"乞丐"），他们根据个人修炼的不同水平，分为若干等级。德尔维什即内心无任何念头的人，言而无语，视而不见，听而不闻，食而无味，无动无静，无喜无忧。每个教团都有称作道堂的宗教中心，也有各自的活动区域。教团成员的主要功修内容是迪克尔，即时刻记念安拉，反复赞颂安拉，直至达到无尽无休的程度。⑤ 迪克尔作为苏非教团的功修，源于《古兰经》的如下启示："信士们啊！你们应当常常记念安拉，你们应当朝夕赞颂他超绝万物。"⑥迪克尔的念词，包括"沙哈达"（清真言）、《古兰经》的启示、赞颂安拉和先知穆罕默德的内容，以及某些具有神秘色彩的苏非派诗歌和散文。教团成员或高声赞念，修炼肉体，或低声默念，启迪心灵，或伴以和谐悦耳的音乐，或伴以婆娑旋转的舞蹈，种类多样，形式各异。苏非教团的首领对于普通成员拥有绝对的权威，教团的创始人则往往被后来者视作圣徒并加以尊崇，由此形成苏非教团特有的圣墓崇拜。圣墓在阿拉伯语中称作拱北，波斯语中称作麻札。个别教团常以朝拜圣墓取代朝觐克尔白。⑦ 苏非教团数量繁多，大体分为三个系统。卡迪里教团、苏哈拉迪教团和里法伊教团始建于 12 世纪，分别以巴格达和巴士拉作为道堂所在，构成苏非教团中的伊拉克系。13 世纪，沙兹里叶教团兴起于突尼斯，巴达维

---

① Watt, W. M. , *The Majesty That Was Islam* , *the Islamic World 661-1100* , p. 189.

② Mez, A. , *The Renaissance of Islam* , p. 301.

③ Hourani, A. , *A History of the Arab Peoples* , p. 73.

④ 同上，p. 75。

⑤ Lapidus, M. A. , *A History of Islamic Societies* , p. 110.

⑥ 《古兰经》，30：17。

⑦ Mez, A. , *The Renaissance of Islam* , p. 286, p. 293.

教团兴起于埃及,构成苏非教团中的非洲系。阿萨维教团、库布拉维教团和契斯提教团分布在中亚和印度诸地,统称苏非教团中的呼罗珊系。

苏非主义并非独立的宗教政治派别,只是表现为特定的信仰方式和生活原则。所谓的苏非派,泛指追求禁欲生活和神秘信仰的穆斯林,他们中的一些人尊奉什叶派伊斯兰教,而更多的人属于逊尼派伊斯兰教,其政治观点和宗教信条或与什叶派相同,或与逊尼派吻合。苏非教团改变伊斯兰教以往不在民间传播的习俗,致力于在异教地区的传教事业。中亚、南亚、东南亚和非洲内陆的许多民族,皆因苏非的布道,相继皈依伊斯兰教。另外,苏非的传教活动并不诉诸武力,而采取和平的劝说方式;由于其布道对象大都是文化相对落后的民族,因此允许皈依者保留固有的生活习俗,颇为宽容。

伊斯兰教的法学流派

在伊斯兰世界,《古兰经》作为安拉的启示,是规范穆斯林社会行为的基本准则,是阿拉伯人最早的成文法典和伊斯兰教法律制度的原型。《古兰经》中有数节经文直接涉及法律的内容,然而它们大都只是原则的规定,缺乏具体的条款。"圣训"作为穆斯林尊奉的重要经典,广泛补充《古兰经》所规定的诸多原则,是伊斯兰教法律体系的另一基石。[①] 但是,《古兰经》和"圣训"主要是针对穆罕默德时代阿拉伯半岛的特定社会环境,阐述相应的法律,具有明显的局限性。随着阿拉伯人的征服和伊斯兰世界的拓展,诸多法律问题在《古兰经》和"圣训"中无明文可循,只能由各级法官或宗教学者裁决。于是,区域性的教法学派应运而生。

倭马亚时代,圣门弟子及其再传弟子大都生活在希贾兹,尤其是聚集在圣城麦地那。他们在法律的理论和实践方面强调严格遵循《古兰经》的有关启示,广泛参照"圣训"确定的诸多条款,进而形成较为保守的麦地那学派,亦称圣训派。伊拉克是倭马亚时代伊斯兰世界的另一文化中心,那里的圣门弟子及其再传弟子数量较少,尤其是阿拉伯人与非阿拉伯人以及穆斯林与异教徒杂居生活,法律诉讼颇为繁杂。由于环境的差异,教法学家不得不在没有《古兰经》和"圣训"的明文可凭遵循时,依靠个人的主观判断,广泛采用公议和类比的原则,进而形成教法实践相对自由的库法学派,亦称意志派。圣训派和意志派的形成,集中体现了伊斯兰教早期法律思想的两种倾向。

阿拔斯时代,伊斯兰教的法律制度日臻完善,形成著名的哈奈菲、马立克、

---

① Gibb, H. A. R., *Studies on the Civilization of Islam*, p. 198.

沙菲仪和罕百里四大教法学派。哈奈菲学派兴起于阿拔斯王朝初期,主要承袭库法的意志派传统,在遵循《古兰经》和审慎参照"圣训"条款的前提下,积极倡导类比和公议的法律原则,是伊斯兰世界最具自由倾向和宽容色彩的法律学派。哈奈菲学派创始人阿布·哈尼法(699—767年)祖籍波斯,生于库法,早年经商,后来师从教法学家哈马德和圣训学家阿米尔以及什叶派第六代伊玛目贾法尔·萨迪克,研读经训,造诣颇深。阿布·哈尼法强调"圣训"条文的严格选用,主张缩小"圣训"作为司法依据的使用范围。在此基础之上,阿布·哈尼法重视执法者个人意见的价值和个人判决的必要性,积极倡导公道至上的法学思想,代表了伊斯兰教法学的最高成就。"阿布·哈尼法精通类比并大量使用类比,加之推论的广泛运用和对词义含混的经文的明确解释,为法学权威作出法律决断提供了有力的武器,这对伊斯兰教法产生了巨大的影响。"①阿布·哈尼法曾在库法和巴格达广招弟子,但是生前并无著述。他的弟子阿布·尤素夫著有《赋税论》一书,较为完整地阐述了阿布·哈尼法的法学观点。②

马立克学派的出现略晚于哈奈菲学派,主要承袭麦地那的圣训派传统,强调遵循"圣训"规定的法律原则,反对执法者依照个人意见进行司法裁决。马立克学派创始人马立克·艾奈斯(715—795年)生于麦地那,曾任麦地那大教长,在圣训学方面极有造诣,将自己的法学体系建立在"圣训"的基石之上。与阿布·哈尼法的明显不同之处在于,马立克·艾奈斯强调"圣训"条文的广泛选用,主张扩大"圣训"作为司法依据的使用范围,积极倡导遵循圣训学家的司法实践,而在采用类比和公议方面持相对审慎和保守的态度。马立克·艾奈斯著有《圣训易读》一书,收集整理有关法律的"圣训"条文一千七百余项,阐述当时盛行于麦地那的各种司法准则,作为马立克学派的教律,是流传至今的最古老的伊斯兰教法学文献。③

沙菲仪学派汲取麦地那学派和库法学派的思想精华,兼重"圣训"条文和公议原则,是颇具中庸色彩的法律学派。沙菲仪学派创始人穆罕默德·伊德利斯·沙菲仪(767—820年)属于古莱西部落,出生于加沙,后移居麦加,继而定居于麦地那,幼年丧父,家境贫寒,曾经长期师从马立克·艾奈斯研习教法,亦谙熟哈奈菲派教法,后在巴格达和弗斯塔特执教。沙菲仪的贡献在于,赋予伊斯兰教法律的传统概念和原则以崭新的含义,系统阐述伊斯兰教的法律渊源,进而形成较为完备的法学思想体系。沙菲仪学派的特点是广泛采用公议的原则,

---

① 艾哈迈德·爱敏:《阿拉伯伊斯兰文化史》,第3册,第183—184页。
② Watt,W. M., *The Majesty That Was Islam*, *the Islamic World 661-1100*, pp. 122-123.
③ 同上,p. 123。

将公议视作最高的司法权威,使公议的裁决由允许使用的方法上升为必须遵行的原则。沙菲仪学派的另一特点,是强调严格的类比推理原则,主张类比的运用必须局限于经训条文未作明确规定的情况下,推理必须依据《古兰经》和"圣训"以及公议所核准的原则予以引申,反对违背上述原则的随意解释。[1] 相传,沙菲仪曾经告诫弟子如下,"经训是根本。若无经训,可用类比","学问的要旨是经训、公议和名言,其次是类比……只有掌握了类比本领,即精通《古兰经》的律例、义务、礼仪、新旧章节的人,才能使用类比;只有对圣训、先人的主张、众人的公议极其了如指掌,并精通阿拉伯语的人,才可使用类比;只有头脑健全、思维清楚、善解疑难、审慎稳重、不轻易下结论又不拒绝听取不同意见以减少疏忽和增强信心的人,才有资格使用类比。为此,使用类比的人需鞠躬尽瘁,倾全力秉公执法,方知言出何处,所断何因。"[2]

艾哈迈德·罕百里(780—855年)系移居呼罗珊的阿拉伯人后裔,属于舍伊班部落,祖居木鹿,生于巴格达,早年游历各地搜集"圣训",并且师从沙菲仪研习教法,曾因反对穆尔太齐勒派的"《古兰经》受造说"而遭阿拔斯王朝的监禁。罕百里学派承袭麦地那学派和马立克学派的法学传统,恪守《古兰经》的字面经文和"圣训"的法律条款,将《古兰经》和"圣训"视作不谬的法学原则,认为理性判断和公议类比不足凭信,故而又称经典派。[3] "罕百里教法的大部分是建立在圣训基础上的。即如果他找到一条正确的圣训,就不再顾及其他;如果找到圣门弟子的一项裁决,就遵照执行;如果发现圣门弟子对律例有多种解释,就择其最符合经训者用之;有时圣门弟子对同一案例有两种不同的裁决,就将两种裁决都传述之;如果只有再传弟子传述的圣训或不大可靠的圣训,他也宁肯选用而不使用类比。总之,不到万不得已,罕百里是不使用类比的。"[4]罕百里学派是伊斯兰教法学流派中保守主义的主要代表,具有明显的复古倾向。艾哈迈德·罕百里曾经以其渊博的学识和虔诚的信仰得到穆斯林的广泛崇敬,但是罕百里学派却由于守旧和死板而在伊斯兰世界影响甚微,追随者寥寥无几。

① Watt, W. M. , *The Majesty That Was Islam*, *the Islamic World 661-1100*, pp. 127-128.
② 艾哈迈德·爱敏:《阿拉伯伊斯兰文化史》,第3册,第219页,第221页。
③ Watt, W. M. , *The Majesty That Was Islam*, *the Islamic World 661-1100*, pp. 129-130.
④ 艾哈迈德·爱敏:《阿拉伯伊斯兰文化史》,第3册,第231—232页。

二、伊斯兰世界的文化成就

伊斯兰文化演进的社会氛围

伊斯兰文化是信奉伊斯兰教的阿拉伯人、波斯人、突厥人等诸多民族共同创造的文化,由于他们使用阿拉伯语作为文化创造的载体,所以常被称作阿拉伯文化。伊斯兰文化是一种兼容并蓄的复合文化,主要包括三个方面的文化因素:阿拉伯人固有的文化与伊斯兰教、古典时代的希腊文化与罗马文化、古代东方的波斯文化与印度文化。伊斯兰文化的演进,仿佛涓涓溪流汇成滔滔江河一般,长达数百年之久。阿拔斯时代无疑是伊斯兰文化的鼎盛时代,然而伊斯兰文化的源头却要追溯到 7 世纪初的阿拉伯半岛。

哈里发国家发动大规模对外扩张之前,生活在半岛的阿拉伯人多是不识字的文盲,游牧群体尤为如此。[1] 据白拉祖里记载,伊斯兰教诞生初期,麦加的古莱西部落中能书写者只有 17 人,麦地那的奥斯部落和哈兹拉只部落中能书写者只有 11 人。[2] 两座圣城尚且如此,其他地区能书写者更是凤毛麟角。先知穆罕默德和最初四位哈里发当政期间,麦地那和麦加是伊斯兰世界的两大文化中心。那时的学者主要是阿拉伯血统的圣门弟子,他们大都长于宗教学的研究。例如:欧默尔精通教法,被时人誉为"立法的栋梁";其子阿卜杜拉致力于"圣训"的搜集和研究,可谓圣训学的奠基者;阿卜杜拉·阿拔斯深谙《古兰经》,是经注学的创始人,有"经典诠释的宗师"之美称;栽德·萨比特能够背诵全部《古兰经》,曾经受阿布·伯克尔和奥斯曼的委托,两次主持整理和汇集《古兰经》,并且在诵经学方面颇具权威。圣门弟子中阿拉伯人居多的状态,导致纯粹阿拉伯风格的文化在伊斯兰世界中的主导地位。

倭马亚时代,圣门弟子相继去世,再传弟子成为伊斯兰文化的主要代表,巴士拉和库法逐渐取代麦地那和麦加,成为新的文化中心。再传弟子中固然不乏阿拉伯人,但是异族血统的穆斯林日渐增多,其中一些学者在伊斯兰世界名闻遐迩。相比之下,阿拉伯血统的再传弟子大为逊色。随着伊斯兰教的广泛传播和再传弟子中异族穆斯林的增多,非阿拉伯风格的文化倾向在伊斯兰世界日趋

中东史

[1] Ibn Khaldun, *The Muqaddimah*, vol. 3, p. 311.

[2] 艾哈迈德·爱敏:《阿拉伯伊斯兰文化史》,第 1 册,第 149—150 页。

显见。许多犹太人和基督徒改奉伊斯兰教以后，往往根据《圣经》中的传说诠释《古兰经》中的某些启示，从而形成"基督教式与以色列式"的经注学。[①] 例如，犹太血统的穆斯林阿卜杜拉·赛兰在诠释《古兰经》中关于安拉创世的启示时写道：安拉于礼拜日开始创造宇宙万物，礼拜日和礼拜一造化地面，礼拜二和礼拜三造化粮食和山岩，礼拜四和礼拜五造化诸天，到了礼拜五的最后一个时辰，才忙着把阿丹造化出来，末日天地的毁灭，就是发生在造化阿丹的这个时辰。[②] 诸如此类的《古兰经》诠释比比皆是，不胜枚举，且在穆斯林中传播甚广，影响极大。希腊哲学博大精深，堪称西方古典文化的精髓。倭马亚时代，许多穆斯林学者对希腊哲学颇有研究，试图借鉴希腊哲学的逻辑推导和理性思辨的原则论证伊斯兰教信仰，探讨诸如安拉的本体与其属性的关系、安拉前定与自由意志以及宇宙观、认识论等神学命题和哲学命题，进而形成穆斯林特有的宗教哲学体系即教义学。另外，拉丁语及希腊语与阿拉伯语的法学术语颇多相似，体现了地中海古典世界的法学思想和法律概念对于伊斯兰教法的广泛影响；基督教中关于救世主的概念则应是什叶派伊斯兰教之马赫迪思想的原型。

阿拉伯人的征服、哈里发国家的统治、社会结构的变化、诸多民族的融和、伊斯兰教的传播和阿拉伯语的流行，无疑构成伊斯兰文化演进的深层背景。阿拔斯王朝前期长达百年之久的翻译运动，则为伊斯兰世界"智力的觉醒"提供了重要的条件。历代哈里发大都奉行较为宽容的宗教政策，积极倡导翻译非伊斯兰教的典籍文献。曼苏尔不仅以建造巴格达著称于世，而且酷爱学术，尤其对异族文化情有独钟，命人将波斯语的医学典籍、梵语的天文学典籍和希腊语的数学典籍译成阿拉伯语，首开阿拔斯时代百年翻译运动的先河。马蒙当政期间是百年翻译运动的鼎盛阶段，巴格达、军迪沙浦尔、亚历山大、豪兰、安条克、爱德萨和奈绥宾成为伊斯兰世界文献典籍的翻译中心。830年，马蒙耗资20万第纳尔，在巴格达建立综合性的学术机构，名为智慧宫，包括翻译局、图书馆和科学院，重金聘请穆斯林学者和非穆斯林学者从事翻译和著述。阿拔斯王朝前期最负盛名的翻译家侯奈因·伊斯哈格（809—873年），是阿拉伯血统的景教徒，精通希腊语，曾经将柏拉图的《理想国》、亚里士多德的《范畴篇》《物理学》和《伦理学》、盖伦和希波克拉底的全部医学著作以及《圣经·旧约》译成阿拉伯语。据说，马蒙依照侯奈因·伊斯哈格译著的重量，付以等量的黄金作为报酬。[③] 另一著名的翻译家萨比特·古赖（836—901年），是豪兰的萨比教徒，以

---

① Ibn Khaldun, *The Muqaddimah*, vol. 2, p. 445.

② 艾哈迈德·爱敏：《阿拉伯伊斯兰文化史》，第1册，第168页。

③ Watt, W. M., *The Majesty That Was Islam*, *the Islamic World 661-1100*, p. 135.

翻译数学和天文学典籍而著称,其子嗣三代数人皆在翻译领域颇有建树。广泛的翻译运动使内容丰富的异教文化逐渐植根于伊斯兰世界的沃土,亦使穆斯林学者得以博采众长,而翻译的过程本身往往包含着文化的创造。自9世纪中叶起,阿拔斯哈里发国家趋于解体,伊斯兰文化却开始进入日渐繁荣的黄金时代,异彩纷呈,成就斐然。

文学

阿拉伯人擅长诗歌,并且以诗歌作为主要的文学体裁。查希里叶时代,各个部落的诗人往往汇聚在欧卡兹集市,举行赛诗会。那时的诗歌,分为称作麦格图阿的短诗和称作格绥达的长诗。诗歌的内容,主要是夸耀部落的高贵谱系、称颂部落的征战业绩、思念情侣和诽谤仇敌。[①] 麦加克尔白神殿墙壁上的七首"悬诗",被视为阿拉伯诗歌的精品,代表了查希里叶时代阿拉伯诗歌创作的最高成就。[②]

伊斯兰教诞生初期,宗教的炽热情感和圣战的狂潮使阿拉伯人似乎忘却了自己的诗歌,诗人的地位急剧下降。倭马亚王朝建立后,诗歌创作再度兴盛。在希贾兹的两座圣城,歌舞升平,娱乐成风,爱情诗颇为盛行。麦加人欧默尔·阿比·拉比尔(?—712年)出生于古莱西部落的麦赫朱姆氏族,家境殷实,相貌俊美,几乎将一生倾注在爱河之中。其诗作在形式上打破了古体诗的传统格局,语言清新明快,长于叙事,富于激情,放荡不羁,玩世不恭,被西方人称作"阿拉伯的奥维德"。贾米勒(?—701年)属于欧兹拉部落,出生于麦地那,钟爱本部落的女子卜赛娜,却未能结成良缘,所作长诗表达了其柏拉图式的恋爱心理,语言朴实而不乏柔情,后来曾被谱成歌曲,在民间广为吟唱。"肥沃的新月地带"是阿拉伯人权力角逐的舞台,政治斗争成为诗歌创作的重要素材。艾赫泰勒(640—710年)、法拉兹德格(640—728年)和贾里尔(653—733年)长于政治诗,号称"文学三杰"。艾赫泰勒系塔格里布部落的基督教徒,后来移居大马士革,成为哈里发的宫廷诗人,赞颂倭马亚家族的高贵血统和辉煌政绩。相传,艾赫泰勒由于嗜酒如命,始终不肯皈依伊斯兰教。艾赫泰勒的诗作选材广泛,想象丰富,观察敏锐,描写细腻,生动记述了倭马亚王朝前期的政治情况。法拉兹德格和贾里尔均属于塔米姆部落。其中,法拉兹德格出生于巴士拉,少年随父学诗,青年时崭露头角,常以刻薄的语言讥诮达官贵人,后入大马士革,为哈里

---

① Ibn Khaldun, *The Muqaddimah*, vol. 2, p. 402.

② 同上, p. 410。

发歌功颂德。其诗作语言丰富,气势宏大,颇有贝都因人的粗犷风格。贾里尔出生于叶麻麦的贝都因家庭,天资聪颖,自幼擅长赋诗,后来移居巴士拉,曾在大马士革效力于倭马亚哈里发。其诗作继承了查希里叶时代阿拉伯诗歌的风格,对沙漠旷野和游牧生活独具情感,称赞贝都因人的侠肝义胆,辞藻华美、风格婉约。①

阿拔斯王朝前期,阿拉伯人传统的诗歌风格在伊斯兰世界仍然占据主导地位。阿布·泰马姆(788—845年)出身叙利亚的基督教家庭,后来改奉伊斯兰教,马蒙和穆尔台绥姆当政期间曾是巴格达哈里发的宫廷诗人。阿布·泰马姆深受希腊哲学思想的影响,所作诗歌大都取材于宫廷轶事,沿袭阿拉伯古诗风格,语言纯正,辞藻华丽,富于哲理,寓意颇深。阿布·泰马姆还曾编选诗集多部,其中《穆法德勒诗选》和《坚贞诗集》收录自查希里叶时代至阿拔斯王朝前期400年间阿拉伯人的诗歌佳作八百余首,流传至今。另一方面,由于异族文化的广泛影响,阿拔斯时代伊斯兰世界的诗歌创作开始突破阿拉伯古诗风格的界限,新的诗歌形式渐趋盛行。阿布·努瓦斯(757—814年)生于波斯南部的胡齐斯坦,曾在伊拉克求学,通晓经训和诗律,后来博得哈伦和艾敏的赏识,成为宫廷诗人。阿布·努瓦斯长于情诗和酒诗,格律严谨,内容诙谐生动;其情诗自由奔放,极富情感,酒诗色彩绚丽,构思奇特。阿布·努瓦斯在生活方面反对禁欲苦行,鼓吹尽情享乐,在艺术方面反对因循守旧,刻意追求新颖,是当时新诗创作的杰出代表。阿拔斯王朝前期新诗创作的另一代表人物阿布·阿塔希叶(748—825年),出身伊拉克的麦瓦利家庭,早年境况寒微,后来成为巴格达的宫廷诗人,曾经钟爱马赫迪后宫的侍女欧特白,常赋诗抒发情感,并且一度因此事而身陷囹圄。哈伦当政期间,阿布·阿塔希叶放弃哈里发赐予的高额年俸和奢侈豪华的宫廷生活,追随苏非主义,隐居苦修。阿布·阿塔希叶的前期诗作取材于巴格达的宫廷生活,多为情诗和颂诗,后期诗作取材于隐居苦修的生活经历,颇具苏非主义的神秘思想和悲观厌世的浓厚色彩。② 阿布·阿塔希叶曾被后人誉为"阿拉伯宗教诗之父",其诗作的生活观与阿布·努瓦斯的享乐主义形成鲜明的对比。

阿拔斯王朝中期,最著名的诗人是穆泰奈比(915—968年)。穆泰奈比生于库法的阿拉伯人家庭,信奉什叶派伊斯兰教,曾因参与卡尔马特派的起义而遭监禁。948年,穆泰奈比来到叙利亚北部的阿勒颇,在赛弗·道莱的宫廷创作诗歌。后来,穆泰奈比游历开罗、巴格达和设拉子,直到死于盗匪的袭击。他的诗

① Watt,W. M., *The Majesty That Was Islam*, *the Islamic World 661-1100*, pp. 90-91.
② 同上,p. 148。

作取材于颠沛流离的生活,其中八十余首是献给赛弗·道莱的精品,隐喻微妙,风格夸张,富于伊斯兰哲理,对后来的诗歌发展影响甚大。[1] 叙利亚的阿布·阿拉·麦阿里(973—1057年)是略晚于穆泰奈比的另一著名诗人,出身于塔努赫部落,幼年因患天花,双目失明,后来辗转各地求学,深受穆尔太齐勒派影响,崇尚理性,直到1009年返回家乡,素食隐居,专心著述。麦阿里的诗集《燧火》,记述了其坎坷的身世,抒发了思念亲人和探索人生真谛的内心情感。长诗《作茧集》反映了麦阿里对于宇宙、社会、宗教和人生诸多问题的一系列观点,富有哲理性和思辨倾向,麦阿里因此被誉为"诗人中的哲圣,哲人中的诗圣"。

　　散文是阿拉伯文学的另一重要的体裁形式。伊斯兰教的经典《古兰经》,风格质朴,语言简洁,气势宏伟,意境奇妙,抑扬顿挫,娓娓动听,堪称阿拉伯散文的典范佳作,甚至西方的基督教学者亦对《古兰经》的文学价值多有称道。[2]

　　阿拔斯时代,刻意追求辞藻华丽和风格优雅成为伊斯兰世界的文学时尚,具有波斯文学之浓厚色彩的艺术散文逐渐风行。伊本·穆加法生于伊朗南部的法尔斯省,原系波斯血统的琐罗亚斯德教徒,阿拔斯王朝建立后改奉伊斯兰教,756年被曼苏尔以"伪信者"的罪名处死。伊本·穆加法自幼受到良好的教育,博览群书,著述颇丰,曾经将印度的梵语典籍"五卷书"从古波斯语译成阿拉伯语,并且按照时人的习俗和情趣,予以改编和加工,取名"卡里莱和迪木乃"。该书以狮、猴、牛、狐、鼠、鱼等数十种动物作为角色,包括六十余个故事,其中半数系伊本·穆加法增添的内容;卡里莱和迪木乃是两只狐狸的名字,分别代表善的形象与恶的形象。伊本·穆加法在该书的前言中提及作者的四个目的:第一,用没有理智的禽兽间的对话作为题材,是为了吸引喜爱诙谐故事的少年人;第二,用各种动物的思想影射帝王的内心世界,借此规劝他们的行为;第三,用动物的形象作为体裁,投合帝王和民间的喜好,让众人口授笔录,流传后世;第四,向帝王提出忠谏,也使百姓明辨是非。[3] 该书以动物界比喻人类社会,阐述作者的伦理观念和处世准则以及改革社会和治理国家的政治抱负,想象丰富,寓意深刻,颇具诱人的魅力,开创了伊斯兰世界艺术散文的先河,并且对后世的文学发展产生了深远的影响。[4]

　　查希兹本名为阿布·奥斯曼·阿姆尔·巴赫尔,是巴士拉的黑奴后裔,曾经游历各地,阅历甚广,谙熟阿拉伯文化、希腊文化和波斯文化,著述多达数百

[1]　Hourani, A. , *A History of the Arab Peoples*, p. 51.

[2]　Schacht, J. , *The Legacy of Islam*, p. 321.

[3]　艾哈迈德·爱敏:《阿拉伯伊斯兰文化史》,第2册,第203页。

[4]　Hourani, A. , *A History of the Arab Peoples*, p. 51.

种,但大都散佚,传世的主要著作是《动物志》。① 该书依据亚里士多德的动物学著作,取材于各种动物的分布和特性,采用"养鸡人"与"养狗人"之间争论的形式,穿插大量的故事传说和经训典故。《古兰经》的许多章节以动物作为名称,如《黄牛》、《牲畜》、《蜜蜂》、《蚂蚁》、《蜘蛛》、《象》,并且提及动物的奥妙和对人类的益处。查希兹在《动物志》中声称,该书的写作目的是通过描述动物来显示安拉的智慧和威力,进而阐明宗教哲理。查希兹在《动物志》中还曾讲述自己的写作方法,"从《古兰经》的启示到名言警句,从名言警句到史料,从史料到诗歌,从诗歌到趣闻,从趣闻到格言、戒律和教训,人们都可以读到。训诫部分最沉闷,令人生厌,故而需要幽默、戏谑,讲些笑话以及并不荒诞的神话","在进入正题之前,我们将会读到很多佳句妙语,以引起思绪和注入活力……假如不是有人要求学、有人要写书,我就不会在书中对他们这样循循善诱,这样小心翼翼,就不需要做这么冗长的铺陈和大量的解释了。"② 查希兹继承和发展了伊本·穆加法艺术散文的写作风格,《动物志》堪称阿拔斯时代伊斯兰文坛的瑰宝,备受后人推崇。

　　脍炙人口的文学名著《一千零一夜》(即《天方夜谭》),最初取材于波斯故事集《海扎尔·阿弗纳萨》(意为一千个故事),后来增加阿拔斯时代巴格达的宫廷秘史和伊拉克的传闻轶事,直至补充来自马木路克时代的埃及民间故事。该书原系说书人在民间口传,10世纪时由巴格达人海什尔里整理,是最早的版本。15世纪,《一千零一夜》在埃及最后定型。相传,古代的一位国王,名山鲁亚尔,因王后不忠,将其处死,但仍不解心头之恨,于是每晚娶一少女,次日天明杀之,延续数年,百姓惊恐万状,纷纷携家眷出逃。宰相之女山鲁佐德为拯救无辜姐妹,自愿进宫,陪伴国王,讲述故事,扣人心弦,意犹不尽,长达一千零一个夜晚,终于滴水穿石,感化国王,令国王痛改前非。《一千零一夜》一书由此得名。该书包括神话传说、宫廷轶闻、航海历险、名人趣事,所涉人物上至哈里发,下至庶民,构思奇妙,情节曲折,语言优美,塑造对象千姿百态,通过怪诞不经的题材、挥洒豪放的艺术手法和神秘莫测的东方色彩,生动地展示了哈里发时代伊斯兰世界社会生活的斑斓画面。③

---

① Hourani,A.,*A History of the Arab Peoples*,p.52.
② 艾哈迈德·爱敏:《阿拉伯伊斯兰文化史》,第2册,第372页。
③ Schacht,J.,*The Legacy of Islam*,pp.336-337.

艺术

阿拉伯音乐起源于贝都因人的游牧生活,最早的韵律是赶驼者按照骆驼行进的节奏吟唱的曲调。查希里叶时代,出现了商旅驼队吟唱的民谣,多神崇拜的祭祀仪式往往也伴以相应的颂歌。伊斯兰教鄙视音乐,认为歌唱是魔鬼的行为,迷恋歌唱会使人背离信仰和误入歧途。然而,倭马亚时代,宗教情感淡薄,娱乐成风。在希贾兹的两座圣城,云集着来自叙利亚和伊拉克的歌手,吟唱拜占廷和波斯的歌曲。[①] 麦加的黑人歌手赛义德·米斯哲哈(? —710 年)曾经在叙利亚和伊拉克学习拜占廷音乐和波斯音乐,将阿拉伯诗歌按照波斯人的旋律谱成曲调,可谓伊斯兰音乐的开山祖师。[②] 继赛义德·米斯哲哈之后,伊斯兰世界的乐坛出现四位著名歌手。伊本·苏拉吉系突厥血统,曾经师从赛义德·米斯哲哈学习音乐,相传他将波斯琵琶引入希贾兹,并且首先使用乐鞭指挥演奏。盖立德系柏柏尔血统,曾经向伊本·苏拉吉学习音乐,后来成为名声大噪的歌手。伊本·穆哈拉兹系波斯血统,被誉为阿拉伯的响板手。麦尔巴德系黑人血统,曾在大马士革的宫廷演唱歌曲,备受哈里发的恩宠。麦地那的歌妓迦米拉,堪称希贾兹乐坛的佼佼者。阿拉伯人原有的乐器,主要是手鼓、长笛、芦管和皮面琵琶。倭马亚时代,波斯的板面琵琶和木制笠笛等许多乐器相继传入。倭马亚王朝的哈里发和达官贵人大都效仿波斯风习,经常举办歌舞晚会。[③]

阿拔斯时代,乐坛歌手层出不穷,音乐成为巴格达人乐此不疲的谈论话题。[④] 马赫迪当政期间,麦加人谢雅图和摩苏尔人易卜拉欣颇具音乐天赋。据说,谢雅图的歌声比洗热水澡更能使发冷的人感到温暖,易卜拉欣竟然在指挥数十名乐手演奏琵琶的时候发现其中一人的第二根琴弦拉得不够紧。后来,易卜拉欣成为哈伦的清客,受到哈里发的礼遇,经常得到数额可观的赏赐。穆哈里格曾经师从易卜拉欣学习音乐,是哈伦当政期间的宫廷歌手。一个夜晚,穆哈里格在底格里斯河边引吭高歌,无数听众纷至沓来,聆听他的美妙歌声,人们手中的火炬,使整个巴格达通明如昼。阿拔斯时代,穆斯林将音乐视作数学的分支,将希腊语的音乐著作译成阿拉伯语,进而发展了伊斯兰世界的音乐理论。[⑤] 巴格达的音乐家伊斯哈格·伊卜拉欣·摩绥里(? —850 年)撰写数部著

① Ibn Khaldun, *The Muqaddimah*, vol. 2, p. 402, p. 404.

② Schacht, J., *The Legacy of Islam*, p. 495.

③ Ibn Khaldun, *The Muqaddimah*, vol. 2, p. 404, p. 396.

④ 同上, p. 404。

⑤ 同上, p. 112。

中东史

作,总结音乐理论和创作实践,论述旋律和节奏的构成。^① 著名学者法拉比深入探讨了音乐的结构、曲调和节奏,所撰写的《音乐大全》和《节奏分类法》,被时人视为音乐理论的权威之作,并对西方音乐产生一定的影响。^② 伊斯哈格·伊卜拉欣·摩绥里的仆人奇尔雅卜曾经在巴格达乐坛名噪一时,后流落安达卢斯,备受后倭马亚王朝埃米尔哈卡姆·希沙姆的青睐,直至入住埃米尔的宫廷,每日为埃米尔吟唱。^③

伊斯兰教反对绘制人和动物的画像。相传,先知穆罕默德曾说,"复生日在真主面前,遭受烈刑者当为画有生命之物的像的画家","谁在今世绘制有生命之物的像,在复生日那人将被迫为其所画之像注入生命,而他是无法注入生命的。"当然,宗教规定与现实生活往往不尽一致。伊斯兰教禁止饮酒,却有许多穆斯林酗酒成性;伊斯兰教鄙视音乐,却有许多穆斯林沉湎于歌舞之中。同样,伊斯兰教反对绘像,却无法杜绝穆斯林中的某些人欣赏和绘制各种动物的图像和人像的行为。倭马亚时代的著名建筑阿姆拉宫,内有许多出自异教徒之手的精美壁画。阿拔斯王朝的哈里发穆尔台绥姆在 836 年营建萨马拉时,招募基督徒画匠用裸体人像和狩猎场面的壁画装饰新都的内宫。穆台瓦基勒当政期间,哈里发聘请的拜占廷画匠甚至将基督教堂和僧侣的图案画在萨马拉的内宫墙壁。^④ 但是,经训的规定毕竟限制着穆斯林绘制图像的行为,伊斯兰教的清真寺始终不允许使用任何有生命的形象装饰殿堂。

穆斯林长期遵循经训的教诲,崇尚书法艺术,誊抄《古兰经》蔚然成风。由于绘画内容的诸多限制,穆斯林大都在书法领域尽情显露自己的艺术才华。他们不断汲取异族和异教的绘画技巧,将自然的美感融会于书法艺术之中,使书法艺术达到炉火纯青的境界。早期伊斯兰时代,皮革是最重要的书写材料。麦地那时代,库法体阿拉伯文颇为盛行。这种书体,古朴方正,棱角清晰,线条粗犷,近似于汉字中的篆书。奥斯曼当政期间确定版本的《古兰经》,便是用库法体誊抄。倭马亚时代,纳斯赫体阿拉伯文逐渐取代库法体,风行伊斯兰世界。该体盘曲流畅,便于手写,近似汉字中的行书。迪瓦尼体字间聚散分明,字形委婉多姿,近似汉字中的楷书,主要用于公文的书写。苏勒斯体又称三分体,宛若几何图案,字形复杂,字体雍容华贵,近似汉字中的草书,多用于装饰性的文字书写。

① Ibn Khaldun, *The Muqaddimah*, vol. 2, p. 404.

② Ahmad, K. J., *Heritage of Islam*, pp. 196-197.

③ Ibn Khaldun, *The Muqaddimah*, vol. 2, p. 405.

④ Ahmad, K. J., *Heritage of Islam*, pp. 209-210.

生活在阿拉伯半岛的贝都因人,最初并无严格意义的建筑可言。流动的帐篷是他们的宅居,浩瀚的旷野是他们的庙宇,无垠的沙丘是他们的坟墓。倭马亚时代,阿拉伯人初别自己的故土,对于沙漠生活尚有特殊的情感。哈里发似乎并不喜欢喧嚣的大马士革,而是偏爱静谧的去处。他们大都隐匿在叙利亚沙漠的边缘地带,并建造许多行宫。这些行宫或者位于罗马要塞的废墟,或者仿照拜占廷和波斯的建筑风格。马立克曾在叙利亚沙漠的西南侧建造穆瓦盖尔宫(荣誉宫),其子韦里德二世在穆瓦盖尔宫附近的罗马要塞遗址建造穆斯塔勒宫(堡宫)和阿兹拉格宫(蓝宫)。著名的穆沙塔宫(冬宫)位于上述行宫附近,用石块做建筑材料,是贝都因人沙漠建筑的杰作。整个建筑呈正方形,围墙环绕四周,围墙两侧筑有塔楼,正门两侧亦各有塔楼,巨大的水池位于庭院的中央,主殿和寝宫依次排列在水池的后面。寝宫的顶部呈三个半圆形,寝宫两侧各有筒形穹隆,采用波斯风格的尖形弓架结构。主殿内墙有许多壁龛和侧柱,与后来清真寺的殿内装饰如出一辙。阿木赖宫位于死海北端,建于韦里德一世当政期间,用红色石灰石做建筑材料,包括主殿和辅厅。主殿的顶部是三个筒形穹隆,外面的光线由筒形穹隆的六个窗口射入殿内。辅厅的屋顶各呈筒形穹隆、十字穹隆和三角穹隆,内设浴室和排水设备。主殿的正面墙壁画有哈里发的肖像,侧面墙壁是六个异族君王的画像,其中包括罗马的独裁者凯撒、波斯皇帝胡斯洛、埃塞俄比亚的阿克苏姆国王尼加斯、西班牙的西哥特国王罗德里克。其余墙壁以及辅厅也有许多精美的壁画,包括竞技、狩猎的场面和裸体女人的肖像,波斯的艺术风格和拜占廷的绘画技巧尽显于壁画之中。[①]

宗教建筑历来是建筑艺术的典型佳作。遍布各地的清真寺堪称伊斯兰世界的标志性建筑,清真寺建筑风格的演变过程则是阿拉伯人传统文化风格与被征服地区异族异教艺术时尚渐趋融会的缩影。清真寺在阿拉伯语中称作"麦斯只德",意为穆斯林礼拜的场所,殿堂和浴室是清真寺的基本要素。根据《古兰经》的相关启示,麦加的克尔白应是最古老的清真寺。麦地那的先知清真寺始建于 622 年,代表早期伊斯兰时代朴实无华的建筑风格。先知清真寺最初是一处长五十余米、宽四十余米的长方形院落,院内用石块铺地,院墙用土坯砌成,礼拜殿用枣椰树干做梁柱,用枣椰树枝和泥巴盖顶,并无任何装饰。先知穆罕默德曾经将一棵枣椰树的根部固定在殿内前部的地上作为讲台(阿拉伯语中称作"敏白尔"),后来改用柽柳木制成讲台,并且设置三级阶梯。[②] 伴随着哈里发

---

① Holt, P. M., Lambton, A. K. S. & Lewis, B., *The Cambridge History of Islam*, vol. 2B, p. 706.

② Schacht, J., *The Legacy of Islam*, p. 249.

国家的扩张,先知清真寺的建筑风格逐渐传入被阿拉伯人征服的广大地区。在伊拉克,始建于 638 年前后的巴士拉清真寺和库法清真寺,均为长方形的露天院落,院落的四周最初是芦苇编制的篱笆,后来改用土坯砌墙,茅草盖顶。在北非,弗斯塔特的阿慕尔清真寺始建于 642 年,凯鲁万的欧格白清真寺始建于 670 年,其建筑风格也与麦地那的先知清真寺大体相同。

倭马亚时代,在被征服地区异族异教艺术时尚的影响下,清真寺的建筑风格发生变化。穆斯林模仿基督教堂的供坛,首先在麦地那的先知清真寺殿内正墙增设凹壁(阿拉伯语中称作"米哈拉卜"),用来指示礼拜的朝向,其他诸地的清真寺于是竞相效法。穆斯林还模仿叙利亚原有的望楼和基督教堂的高塔。在清真寺的院墙增设宣礼塔(阿拉伯语中称作"米宰纳")。伊拉克总督齐亚德·阿比希曾在巴士拉清真寺增设七座宣礼塔,埃及总督麦斯莱麦·穆哈拉德于 672 年在弗斯塔特的阿慕尔清真寺四角增设四座宣礼塔,韦里德一世当政期间的希贾兹总督欧默尔也曾在麦地那的先知清真寺增设宣礼塔。叙利亚的宣礼塔往往采用石块建造,呈四方形;埃及的宣礼塔多由泥砖砌成,建筑风格与亚历山大的著名灯塔颇为相似;在伊拉克,建于阿拔斯时代的萨马拉清真寺,其宣礼塔模仿古巴比伦的庙塔,分为七级,代表日月和金、木、水、火、土五大行星。

马立克当政期间,为与阿卜杜拉·祖拜尔及其控制的希贾兹两座圣城分庭抗礼,在耶路撒冷建造萨赫莱清真寺。萨赫莱在阿拉伯语中意为岩石,萨赫莱清真寺因此亦称岩石清真寺或磐石上的圆顶寺。该寺呈八角形,每边长约 20 米,高 9.5 米,墙壁用石块砌成,上面为一巨大的圆顶,由许多方柱和圆柱支撑。据说,萨赫莱清真寺的圆顶,系模仿布斯拉的大教堂和耶路撒冷的圣陵教堂建造。圆顶的表面和八角檐梁镶嵌着彩色的瓷砖,并且刻有精美的库法体《古兰经》经文。圆顶之下陈放着所谓的圣石,长宽各约十余米。相传,先知穆罕默德于 622 年徙志前夕的一个夜晚踏此圣石登霄,遨游仙界。萨赫莱清真寺建成以后,巨型圆顶和镶嵌细工的建筑风格被穆斯林广为效仿,成为后世清真寺的重要特征。阿克萨在阿拉伯语中意为遥远,阿克萨清真寺亦称远寺,建于韦里德一世当政期间,是耶路撒冷的另一座著名的清真寺。该寺殿内有大理石圆柱 53 根,方柱 49 根,规模宏大,气势壮观。韦里德一世还曾在大马士革基督教圣约翰大教堂的原址(前身是罗马时代的朱庇特神庙)建造清真寺,名为倭马亚清真寺。哈里发征集拜占庭、埃及、波斯、印度的工匠设计建造,历时数年,耗资 1200 万迪尔罕。倭马亚清真寺的正面是高十余米的罗马式拱门,拱门两侧各有圆柱,柱顶呈皇冠形状;门内是正方形的露天院落,用瓷砖铺地,庭院的四墙是彩色的镶嵌壁画;主殿用石块砌成,长 136 米,宽 37 米,殿内墙壁和圆柱均用大理石和金银镶嵌,顶部呈圆形,正墙有四个半圆形大理石凹壁。穆斯林保留了圣约翰大教堂南侧原有的两座方形尖塔,并在倭马亚清真寺北侧增设一座更高的宣礼塔。[①] 耶路撒冷的萨赫莱清真寺、阿克萨清真寺和大马士革的倭马亚清真寺,明显不同于麦地那的先知清真寺以及巴士拉、库法、弗斯塔特、凯鲁万等地最初建造的清真寺,体现了阿拉伯人的建筑风格与异族异教艺术时尚的完美结合。

阿拔斯时代,伊斯兰世界的建筑艺术日臻成熟。巴格达的绿圆顶宫、萨马拉的巴尔库瓦拉宫、科尔多瓦的阿萨哈拉宫以及萨马拉清真寺、科尔多瓦清真寺、菲斯的卡拉维因清真寺、弗斯塔特的伊本·土伦清真寺、开罗的爱资哈尔清真寺,皆可称作伊斯兰建筑艺术的瑰宝。

历史学

伊斯兰世界的历史学起源于圣训学的研究,最早研究历史的穆斯林都是造诣极深的圣训学家,最初的历史著作仅仅追寻阿拉伯人的历史,考证"圣训"中提及的诸多内容,如阿拉伯人的谱系、查希里叶时代的传说、先知穆罕默德的生平、历次圣战的始末。阿拔斯王朝建立以前穆斯林编写的历史著作大都失传已久,只有断章残篇散见于后世的著述之中。波斯血统的也门人瓦赫卜·穆奈比(?—728年)原奉犹太教,后来改宗伊斯兰教,成为圣训学家,对于先知穆罕默德的生平经历颇有研究,但其著述大都未能传世;所写《希米叶尔诸王史》一书虽然侥幸保存至今,内容却多有失实之处,不足凭信。

阿拔斯王朝建立以后,伊斯兰世界的历史学不再只是考证"圣训",逐渐成为独立的学科。然而,在阿拔斯王朝初期,历史学家的视野依旧局限于阿拉伯人的范围。伊本·伊斯哈格(704—768年)全名穆罕默德·伊斯哈格·叶萨尔,祖籍伊拉克的艾因·塔姆尔,生于麦地那,曾经应曼苏尔的邀请在巴格达搜集圣训和从事著述,所著《先知传》是第一部全面记述先知穆罕默德的生平经历的历史著作。该书分为三部分:序幕部分叙述伊斯兰教诞生前诸先知和古代阿拉伯人的历史,起因部分叙述先知穆罕默德的身世和在麦加传教的经历,圣战部分叙述先知穆罕默德在麦地那的境况和此间圣战的过程。[②]

伊本·希沙姆(?—834年)全名阿卜杜勒·马立克·希沙姆,祖籍巴士拉,另著《先知传》。该书以伊本·伊斯哈格的《先知传》作为蓝本,同时进行较大的删改和订正。伊本·希沙姆声称:"本书以易卜拉欣之子伊斯马仪为开篇,将涉

———————

① Holt, P. M., Lambton, A. K. S. & Lewis, B., *The Cambridge History of Islam*, vol. 2B, pp. 704-705.

② Watt, W. M., *The Majesty That Was Islam*, *the Islamic World 661-1100*, p. 145.

及上自伊斯马仪下至先知穆罕默德的直系宗嗣的历史。为了概括起见,对伊斯马仪的其他子孙一概不提。关于先知穆罕默德的生平,伊本·伊斯哈格虽有记载,但先知穆罕默德没有提及,或《古兰经》中没有提到,或与本书无关的注释、证据,或那些不为诗人所知的诗,以及一些有争议的事或未经证实的传述等,一概弃之不用。除此之外,我将详加传述或引用。"①基于上述原则,伊本·希沙姆删除伊本·伊斯哈格所著《先知传》中自阿丹至易卜拉欣诸先知的历史、伊斯马仪后裔中先知穆罕默德世系之外其他分支的历史、古莱西部落之外其他部落的信仰,等等。伊本·伊斯哈格的《先知传》原书已经失传,但其中主要内容已由伊本·希沙姆的《先知传》转述。与伊本·伊斯哈格的《先知传》相比,伊本·希沙姆的《先知传》更为翔实,也更为可信,是后来历代学者研究先知穆罕默德的主要依据。

瓦基迪(747—823 年)全名穆罕默德·欧默尔·瓦基迪,生于麦地那,后移居巴格达,与巴尔麦克家族交往甚密,长期从事圣训学和圣战史的研究,著有《圣战史》、《叙利亚的征服》、《埃及的征服》、《波斯的征服》和《非洲的征服》等书,其中以《征战史》最负盛名,被誉为"伊斯兰圣战史学的长老"。"他的各种著作:征战史、圣门弟子和再传弟子的传记、先知的生平及先知在世时和去世后的重大历史事件的史料,以及教法、各派的圣训等等,随着驼队传播到各地"②。瓦基迪治学严谨,考订年代较为精确,甚至逐个探寻圣门弟子阵亡后的墓地。其著作具有珍贵的史料价值,被后世研究者广为引用。③

白拉祖里(820—892 年)全名艾哈迈德·叶赫亚·贾比尔·白拉祖里,祖籍波斯,生于巴格达。所著《诸国征服记》一书,采用编年体的形式,记述麦地那哈里发时代和倭马亚时代阿拉伯人的征服进程,兼及征服期间哈里发国家的经济社会状况和各个省区的历史。白拉祖里是把征服各城市和各地方的许多故事合并成一个整体的第一人;在他之前,编写历史的人都是采取专论的形式。白拉祖里的另一著作《贵族的谱系》,采用传记体的形式,记述先知穆罕默德的生平经历和主要的阿拉伯部族的历史变迁,并且提供了有关倭马亚社会和哈瓦立及派活动的丰富史料。④

自 9 世纪末期开始,历史学家的视野逐渐从阿拉伯人的历史扩展到其他穆斯林民族的历史,直至探寻伊斯兰世界周边地区各民族的历史,历史著作的编

① 艾哈迈德·爱敏:《阿拉伯伊斯兰文化史》,第 3 册,第 327 页。
② 同上,第 3 册,第 331 页。
③ Ahmad, K. J., *Heritage of Islam*, pp. 83-84.
④ 同上,pp. 84-85.

篡随之进入崭新的阶段。泰伯里(839—923年)本名穆罕默德·贾里尔,出生于里海南岸的泰伯里斯坦。泰伯里长期游历伊朗、伊拉克、叙利亚、埃及和阿拉伯半岛各地,深谙东方古代的历史文化和典章制度,善于鉴别史料的真伪,长于驾驭史实的脉络。所著《历代先知与君王史》独辟蹊径,突破以往历史著述的狭隘界限,改变前辈仅仅着眼于先知穆罕默德生平和圣战始末的编纂传统,将当时穆斯林所知的世界视作一个整体,是伊斯兰世界的第一部规模宏大的通史巨著。该书卷帙浩繁,原稿长达60000余页,现存的版本分为13册,7500余页,由上下两编组成。上编从创世开始,自阿丹和易卜拉欣等传说时代诸位先知的生平经历,至查希里叶时代的阿拉伯人以及波斯人、罗马人、犹太人诸民族的古代社会状况。下编自先知穆罕默德的生平经历开始,记述哈里发国家的演变过程,至914年结束。该书采用追溯传述线索的传统方法,详细考证各种史料,取材精审,是伊斯兰编年史的典范。① 泰伯里"采用圣训学家的方法,在叙述一个事件时,列举多种传说,让读者自己从中选择最佳的传述"②。

麦斯欧迪(912—957年)全名阿布·哈桑·阿里·侯赛因·麦斯欧迪,生于巴格达。麦斯欧迪博闻强记,游历甚广,足迹遍及叙利亚、埃及、巴勒斯坦、阿塞拜疆、伊朗、中亚、南亚和东非诸地。所著《黄金草原与珠玑宝藏》,亦译作《金牧场》,原书30巨册,但是大都佚失,只有四卷本的摘要流传至今。第一卷包括远古时代,记述埃及、巴比伦、亚述、巴勒斯坦、印度、中国、希腊、罗马、拜占廷的历史和宗教,所录史料颇为珍贵,其中一章曾经提及唐朝末年的黄巢起义。第二卷记述伊斯兰教诞生前夕的阿拉伯半岛及其周边地区的历史,以及先知穆罕默德生平经历和麦地那哈里发国家的兴衰。第三卷记述倭马亚王朝和阿拔斯王朝初期的历史。第四卷始于马蒙即位,止于947年。麦斯欧迪声称:"本书以时间为序,分门别类记述事实。首先涉及的是地球的地貌、高山、深壑、海洋、河流,丰富的矿藏、城市的奇迹,接着我们记述远古帝王、民族的故事……接下的一卷,我们遵循年代追溯以往的历史。多年来,我们远足旅行,跋山涉水,浪迹天涯,观察、思考、比较,以了解各民族的掌故,探求各地区的风情。呼罗珊、亚美尼亚、阿塞拜疆、伊拉克、沙姆地区无不留下我们的足迹。"③该书在伊斯兰世界首创纪事本末的编纂体例,虽然通篇形似零散琐碎,有如满盘珠玑,却慧眼独识,可于其中窥见全貌。麦斯欧迪在伊斯兰世界被誉为"史学的伊玛目",西方

---

① Ahmad,K.J., *Heritage of Islam*, pp. 86-87.

② 艾哈迈德·爱敏:《阿拉伯伊斯兰文化史》,第5册,第184页。

③ 同上,第186页。

学者则将麦斯欧迪称作"阿拉伯世界的希罗多德和普林尼"[①]。

伊本·阿西尔(1160—1234 年)本名阿布·哈桑·阿里·穆罕默德·谢巴尼,生于伊拉克北部。所著《历史大全》,上自创世伊始,下至 1231 年,记述波斯和拜占廷的历史、查希里叶时代的阿拉伯社会、先知穆罕默德的生平、伊斯兰教的传播、哈里发国家的兴衰。其中关于西班牙和马格里布的内容颇为珍贵,引用史料翔实可靠,备受后人的推崇。该书撷取前人著述的精华,补其所缺,弃其所短,史料准确,文笔流畅,堪称史学名著。伊本·阿西尔所处的时代,正值十字军东侵和蒙古西征,作者目睹伊斯兰世界遭受的空前浩劫,故而对此记述颇多。[②] 伊本·阿西尔被西方学者称作"十字军战史家",《历史大全》中关于蒙古西征的记述则为法国学者多桑所著《蒙古史》屡屡选录。

伊本·赫勒敦(1332—1406 年)是西班牙阿拉伯人的后裔,出生于突尼斯,长期生活于马格里布地区,所著《历史大全》上起远古祖先,下至当代,包括阿拉伯人、柏柏尔人、波斯人、希腊人和罗马人诸民族的历史。伊本·赫勒敦的《历史大全》并未局限于叙述历史现象,而是着重分析自然环境与人类社会、游牧世界与定居社会、部落制度与国家秩序、物质生产与文化生活之相互之间的逻辑联系,强调历史进程的内在规律。[③] 伊本·赫勒敦认为,宗教是推动人类从野蛮向文明过渡的关键因素,每个民族的历史均表现为诞生、成长、鼎盛、衰败和灭亡之周而复始的循环过程。[④] 伊本·赫勒敦在历史哲学方面独树一帜,被后人誉为"中世纪最伟大的历史学家"[⑤]。

哲学

伊斯兰世界的哲学,包括经院哲学、苏非哲学和世俗哲学。其中经院哲学旨在探讨安拉的本体及其属性等一系列教义学命题,苏非哲学的核心思想在于探讨俗人与安拉的关系,前文已有陈述。伊斯兰世俗哲学,脱胎于伊斯兰教的神学,其目的在于论证伊斯兰教的合理性。另一方面,伊斯兰世俗哲学承袭柏拉图、亚里士多德、毕达哥拉斯和新柏拉图主义的传统,崇尚理性,强调思辨,与希腊哲学颇多相似之处。相对于经院哲学和苏非哲学而言,伊斯兰世俗哲学较多论及宇宙观和认识论方面的命题。

---

① Ahmad,K. J. , *Heritage of Islam* , p. 88.

② 同上, p. 90。

③ Schacht,J. , *The Legacy of Islam* , pp. 328-329.

④ Lambton,A. K. S. , *State and Government in the Medieval Islam* , pp. 160-161.

⑤ Ahmad,K. J. , *Heritage of Islam* , pp. 94-95.

阿拔斯时代,伊斯兰世俗哲学的发展大体经历两个阶段,研究中心亦由东方渐趋西移。肯迪(796—873 年)本名阿布·尤素夫·叶尔孤卜·伊斯哈格·萨巴赫·肯迪,祖籍阿拉伯半岛南部,生于库法,曾被誉为"阿拉伯哲学的先驱"。肯迪深受亚里士多德、毕达哥拉斯和新柏拉图主义的影响,注重自然哲学的研究,极力使希腊哲学融会于伊斯兰教之中。[①] 在宇宙观方面,肯迪认为,安拉作为永恒的精神,以"流溢"的形式创造万物,并且通过若干媒介间接作用于万物;万物之间并不是孤立的存在,而是具有因果联系,相互依存;物质先于形式,各种物质借助于不同的形式而得以相互区别。在认识论方面,肯迪认为,人的认识或来自感官,或来自理性;来自感官的认识局限于事物的外在形式,即形而下的世界,来自理性的认识则是事物的内在实质,即形而上的世界。肯迪还认为,人的灵魂介于安拉与物质世界之间,来自永恒精神的"流溢";灵魂虽然附着于肉体,却是独立于肉体的存在,人死后,其灵魂离开肉体,归向安拉。[②]

　　法拉比(874—950 年)本名阿布·奈斯尔·穆罕默德·穆罕默德·泰尔罕·法拉比,生于中亚的法拉布附近,其父是波斯人,其母是突厥人。法拉比不仅承袭古代希腊的哲学传统和肯迪的哲学思想,而且深受苏非主义神秘思想的影响。法拉比认为,安拉是永恒不变的第一存在,宇宙现象始于安拉的"流溢",万物的形式蕴涵于安拉的本体之中;"流溢"过程的起点是作为最高精神的安拉,终点是人的精神;自安拉"流溢"的外部世界包括土、水、火、空气诸种物质,运动和变化是物质的特性。法拉比认为,人具有认识外部世界的能力,感官的认识与理性的认识具有内在的联系;认识开始于感官的认识,最终上升到理性的认识,从而达到认识的目的。法拉比还认为,人的灵魂并非独立于肉体的存在,而是与肉体具有密切的联系;人死后,其灵魂回归永恒的宇宙灵魂。[③] "法拉比是突厥学派哲学的奠基人,其哲学体系融汇柏拉图和亚里士多德的古典世俗哲学思想与苏非主义的神秘学说"[④]。法拉比深谙亚里士多德的著作,被誉为继亚里士多德之后的"第二导师"和"伊斯兰东方最伟大的哲学权威"。

　　伊本·西那(980—1037 年)全名阿布·阿里·侯赛因·阿卜杜拉·西那,西方人称之为阿维森纳,生于中亚的布哈拉。伊本·西那认为,安拉作为创造者,首先创造"原初理性",继而"流溢"天地万物。伊本·西那认为,"一般"具有三种存在形式:"一般"作为理念,存在于安拉的本体,先于个别事物而存在;"一

中
东
史

----

① Watt,W. M., *The Majesty That Was Islam*, *the Islamic World 661-1100*, p. 137.

② Ahmad,K. J., *Heritage of Islam*, pp. 286-287.

③ Holt,P. M., Lambton, A. K. S. &Lewis, B., *The Cambridge History of Islam*, vol. 2B, pp. 795-797.

④ Ahmad,K. J., *Heritage of Islam*, p. 287.

般"作为个别事物的本质,与个别事物同存;"一般"作为概念,后于个别事物而存在。换言之,安拉的理念先于个别事物,人的理性后于个别事物。[1] 伊本·西那承袭法拉比的哲学思想,主张"双重真理论",即建立在启示基础上的信仰与建立在理性基础上的哲学并不相悖,皆为真理。[2]

自肯迪开始经法拉比直至伊本·西那所系统阐述的东方伊斯兰世俗哲学,旨在借助古代希腊的哲学思想论证伊斯兰教的信仰。肯迪率先将亚里士多德的学说和新柏拉图主义引入伊斯兰世界,伊本·西那则最终完成希腊哲学与伊斯兰教的融会过程。相比之下,12世纪出现在西班牙的西方伊斯兰世俗哲学,却极力实现哲学与宗教的分离,其诸多思想尽管未能被大多数穆斯林所接受,但是在基督教欧洲影响甚广。

伊本·巴哲(1082—1138年)全名阿布·伯克尔·穆罕默德·叶赫亚·巴哲,西方人称之为阿维帕格,生于西班牙的萨拉戈萨,长期在塞维利亚和马格里布的菲斯从事著述。伊本·巴哲认为,安拉的能动理性"流溢"天地万物,物质处于永恒运动的状态,理性是物质存在的最高形式。伊本·巴哲强调科学和哲学是认识自然界的唯一途径,是沟通人与安拉的能动理性之间相互联系的桥梁;人通过灵魂认识世界,认识的过程是由个别到一般、由特称到全称、由物质的世界到理念的世界。伊本·巴哲认为,人只有具备理性思维的能力,只有掌握科学和哲学,才能成为真正意义的人。[3]

伊本·图菲利(1100—1185年)全名阿布·伯克尔·穆罕默德·阿卜杜勒·马立克·穆罕默德·图菲利,西方人称之为亚勒巴瑟,生于西班牙的格拉纳达,后移居马格里布的马拉喀什。伊本·图菲利认为,安拉的理念是世界的本原,天地万物皆系安拉的理念的"流溢";人的认识包括直观认识和理性认识,人可以在不借助天启的条件下,通过直观认识的不断积累,实现理性认识,直至获得对于宇宙和安拉的全部认识。[4]

伊本·鲁世德(1126—1198年)全名穆罕默德·艾哈迈德·穆罕默德·鲁世德,西方人称之为阿维罗伊,生于西班牙的科尔多瓦,后来在马拉喀什、塞维利亚和科尔多瓦等地著述和讲学。伊本·鲁世德在伊本·巴哲和伊本·图菲利的基础上,进一步发展了哲学的世俗倾向。伊本·鲁世德承认安拉是无始的

---

[1] Holt, P. M., Lambton, A. K. S. & Lewis, B., *The Cambridge History of Islam*, vol. 2B, pp. 805-806.

[2] Hourani, A., *A History of the Arab Peoples*, pp. 172-173.

[3] Ahmad, K. J., *Heritage of Islam*, p. 293.

[4] Holt, P. M., Lambton, A. K. S. & Lewis, B., *The Cambridge History of Islam*, vol. 2B, pp. 816-817.

最高存在和世界的第一推动者,同时强调物质和运动及其固有规律的永恒性,强调物质与其外在形式的统一性和不可分割性,尤其否认"无中生有"和"先有而后无"的传统神学观念。[①] 伊本·鲁世德认为,灵魂并非独立于肉体的存在,而是与肉体不可分离,灵魂将随肉体的死亡而消失。[②] 伊本·鲁世德发展了伊本·西那的"双重真理论",强调哲学与宗教的不悖性和理性与天启的不悖性,认为宗教的真理来源于天启,具有象征性和寓意的形式,是对世人的训诫和约束世人行为的规范,而哲学的真理来自理性和思辨,是真理的最高形式。伊本·鲁世德甚至认为,哲学的论证高于宗教的信条,声称"相信宗教的人不应当惧伯哲学的不同论断"[③]。

自然科学

天文学的前身是占星术。自古以来,阿拉伯人便对天象颇感兴趣,往往根据星宿的变化判断气候,预卜吉凶。阿拔斯王朝建立以后,印度学者拜尔赫姆卡特所著的天文学典籍《西德罕塔》和希腊学者托勒密的著作《天文学大全》相继被译成阿拉伯文,穆斯林随之开始对天文学的研究。《西德罕塔》的翻译者穆罕默德·易卜拉欣·法扎里(? —796 年),成为伊斯兰世界的第一位天文学家。[④] 马蒙当政期间,阿拔斯王朝在首都巴格达和撒马尔罕、内沙浦尔、军迪沙浦尔、设拉子、拉卡、大马士革、弗斯塔特等地设置有天文台,借助于浑天仪、天象仪、象限仪、天球仪、地球仪、星盘等各种较为精密的仪器观测天体运动。马蒙曾经命天文学家在幼发拉底河上游的辛贾尔平原与叙利亚的帕尔米拉之间实地测量子午线一度的距离,据此推算地球的直径和周长的数值。花拉子密(780—850 年)全名穆罕默德·穆萨·花拉子密,西方人称之为阿尔戈利兹姆,生于中亚的花拉子模。花拉子密汲取印度、波斯和希腊天文历算的成就,参照新的观测资料,编制"花拉子密历表",是为伊斯兰世界的第一部天文历表。该表后来被译成拉丁文,在基督教欧洲广泛流传,成为西方人编制天文历表的蓝本。白塔尼(850—929 年)全名穆罕默德·贾比尔·希南·哈拉尼,西方人称之为阿尔巴特尼乌斯,是继花拉子密之后伊斯兰世界又一杰出的天文学家。白塔尼生于美索不达米亚北部的哈兰,原系萨比教徒,后来改奉伊斯兰教,曾在拉卡

---

① Schacht,J. , *The Legacy of Islam*, p. 357.

② Ahmad,K. J. , *Heritage of Islam*, p. 292.

③ Hourani,A. , *A History of the Arab Peoples*, pp. 174-175.

④ Ahmad,K. J. , *Heritage of Islam*, p. 36.

的天文台观测天象长达四十余年,被誉为"阿拉伯世界的托勒密"。白塔尼在希腊天文学理论的基础之上,根据长期的天体观测,运用精确的数学计算和严密的逻辑推理,著"恒星表"(亦称"萨比天文历表")。白塔尼改进了天体运行的计算方法,所得数值的精确度超过前人,其在天文学领域的突出贡献是发现地球的近日点运动,即地球运行的轨道呈经常变化的椭圆。白塔尼还在"恒星表"中引用《古兰经》关于太阳和月亮按其轨道运行的经文,依照天文观测的事实予以解释,进而证明安拉创造天地万物的伟大。[①] 如同"花拉子密历表"一样,白塔尼的"恒星表"也被译成拉丁文,对基督教欧洲的天文学影响甚大,曾经被哥白尼和拉普拉斯等人多次引用。阿布·瓦法(940—998 年)生于呼罗珊的布兹占,曾在巴格达从事天文学研究和天象观测,主持建造用于观测星体的象限仪台。阿布·瓦法将三角学的正切函数和余切函数应用于天象的观测,最早发现月球运行的"二均差",即月球的中心差和出差在朔望和上下弦以及朔望之间皆有盈缩的偏差。阿布·瓦法的这一发现,曾被误认为是 600 年后文艺复兴时期丹麦天文学家第谷·布拉赫的功绩。阿布·瓦法还对地球呈球体形状的传统观点进行科学论证,提出地球绕太阳运行的假说,进而纠正了托勒密"地球中心说"的错误理论。比鲁尼(973—1048 年)全名阿布·拉哈尼·穆罕默德·艾哈迈德·比鲁尼,生于中亚的花拉子模,曾在加兹尼王朝苏丹马哈茂德和麦斯欧德的庇护下从事学术研究,著述颇丰。所著《麦斯欧德的天文学与占星学原理》,总结穆斯林在天文学领域的研究成果,论证地球自转的理论和地球绕太阳公转的学说,并且对地球的经度和纬度加以精密的测量,堪称伊斯兰世界的天文学百科全书。欧默尔·赫亚姆(1040—1123 年)生于呼罗珊的内沙浦尔,曾在塞尔柱苏丹马立克沙的庇护下主持天象观测。欧默尔·赫亚姆参与编订的太阳历称作"哲拉里历",根据这种历法,平年为 365 天,闰年增设 1 日即 366 天,每 128 年中设闰年 31 次。当时在基督教欧洲流行的格里哥利历每积 3330 年便相差 1 日,"哲拉里历"则积 5000 年方差 1 日。[②]

数学是自然科学的基础,尤其与天文学具有密切的关系。伴随着伊斯兰世界天文学的发展,穆斯林在数学领域取得了巨大的成就。异族异教典籍文献的翻译,是伊斯兰世界数学研究的起点。曼苏尔当政期间,穆罕默德·易卜拉欣·法扎里在翻译印度天文学典籍《西德罕塔》的过程中,将印度的数字符号和十进位法介绍到伊斯兰世界。在此基础之上,花拉子密系统阐述了印度数字和十进位法的种种优点,如十个数码可以组成所有的数字,零的符号可以用来填

① Schacht,J.,*The Legacy of Islam*,pp. 478-479.

② Ahmad,K.J.,*Heritage of Islam*,pp. 41-43.

补多位数中个位、十位、百位等数字的空白，书写和运算也极力便捷。在花拉子密之后，印度的数字符号和十进位法在伊斯兰世界得以推广。花拉子密的著作被译成拉丁文后，印度的数字符号传入基督教欧洲，西方人称这种数字为阿拉伯数字。希腊数学亦是阿拉伯数学的主要来源。阿拔斯王朝初期，欧几里德、托勒密、亚里士多德和阿基米德的著作被译成阿拉伯文，成为阿拉伯数学研究的起点。[①]

许多著名的天文学家，同时也是杰出的数学家。花拉子密不仅在天文学领域颇具贡献，而且在数学领域成就斐然，所著《积分与方程的计算》(亦译《还原与对消的科学》)一书，论证解一次方程和二次方程的基本方法以及求二次方根的计算公式，提出代数、已知数、未知数、根、移项、并项、无理数诸多概念，从而使代数学发展为数学的基本分支；拉丁文及现代西方文字中的"代数"，便系该书"还原"一词的音译。花拉子密论证的解方程的两种基本方法，即还原和对消，对西方数学产生很大的影响，直至演变为现代数学中常用的代数运算法则移项和合并同类项。[②] 花拉子密因此被后人誉为"代数学之父"。阿布·瓦法在三角学方面极有造诣，尤其是论证弦、切、割之间的函数关系，确定三角学计算公式和三角函数表，从而使三角学开始脱离天文学，逐渐成为数学的分支。欧默尔·赫亚姆著有《代数》一书，着重研究一次方程的解法和多次方程根的几何作图法，系统阐述采用圆锥曲线求根的理论，并且采用圆锥曲线交割的方法解三次方程，奠定了解析几何的重要基础。[③]

化学起源于炼金术，寻找点金石和金丹以求获得黄金，导致最初的化学实验。从古希腊人的模糊思辨到穆斯林学者的具体实验，是阿拔斯时代的伊斯兰世界在化学领域的重大进步。曾被誉为"阿拉伯化学之父"的贾比尔·哈彦(720—815年)，早年师从什叶派第六代伊玛目贾法尔·萨迪克，后任巴格达哈里发的宫廷御医。贾比尔·哈彦认为，从宇宙灵魂到天地万物乃是流溢生成的过程，相互之间存在着和谐与统一。[④] 基于上述理论，贾比尔·哈彦认为，所有的金属皆为硫与汞相结合的产物，不同的金属可以通过特定的媒介实现相互的转化，金属的贵贱之分取决于硫与汞的含量差异，铁、铜、铅等可以通过汞作为媒介转化为黄金。在实验方面，贾比尔·哈彦论证了燃烧和还原两种基本的化学过程，改进了蒸馏、过滤、结晶、熔化、升华等实验手段，制成硫酸、硝酸、氧化

---

① Ahmad,K.J., *Heritage of Islam*, p.47.

② Schacht,J., *The Legacy of Islam*, pp.466-467.

③ Ahmad,K.J., *Heritage of Islam*, p.50, p.54, p.53.

④ Schacht,J., *The Legacy of Islam*, p.444.

汞、硫化汞、氢氧化钠等化合物,进而修正了亚里士多德关于金属由火、土、水、空气 4 种要素构成的学说。贾比尔·哈彦的化学著作自 14 世纪传入欧洲,译成多种文字,影响广泛,直至 18 世纪被近代化学理论取代。[1]

伊本·海赛姆(965—1039 年)生于巴士拉,曾在开罗的科学馆从事研究,在光学领域颇有建树。伊本·海赛姆研究人眼的构造和功能,否定古希腊学者关于人借助于眼球发出的光线观察物体的传统理论,阐述视觉产生于光线冲击的学说,论证物体光线的反射定律和折射定律。伊本·海赛姆以其卓越的学识,成为古希腊学者欧几里得与近代学者开普勒之间一千八百余年中光学领域最重要的人物,曾被誉为"光学之父"[2]。

伊斯兰世界的医学理论,主要来源于古代希腊以及波斯、印度医学典籍的翻译和研究。穆斯林学者并没有从根本上触动古代医学的理论体系,却在长期的医学实践过程中极大地丰富了诊断和治疗的诸多技术。穆台瓦基勒当政期间,哈里发的宫廷御医阿里·赛海勒·拉班·泰伯里根据希腊和印度的医学理论,著《智慧的乐园》一书,是为伊斯兰世界最早的医学纲要。拉齐(865—925年)全名阿布·伯克尔·穆罕默德·宰克里亚·拉齐,生于伊朗的莱伊,曾在萨曼王朝和阿拔斯哈里发的庇护下行医,并从事著述。所著《曼苏尔医书》、《医学集成》和《天花与麻疹》,皆被译成拉丁文,在基督教欧洲长期被视为医学领域的经典作品。《曼苏尔医书》论及解剖学、生理学、皮肤病、热病、毒物、诊断和治疗各个方面,颇有见地。《医学集成》系统阐述了希腊、波斯、印度的医学理论和伊斯兰世界的医学成就,堪称医学领域的百科全书。《天花与麻疹》是有史以来关于天花、麻疹两种疾病的第一部专门性著作,在传染病的诊断和治疗方面影响甚大。伊本·西那不仅在哲学领域颇负盛名,而且精通医学,所著《医典》一书广泛继承了古代世界的医学遗产,全面总结了穆斯林学者在医学实践过程中取得的丰硕成果。伊本·西那首次将疾病划分为内科、外科、脑科、胸科、精神科、眼科和妇产科,系统论述各种疾病的病理症状和诊断治疗方法,强调养生、药物和手术兼施并用。《医典》一书代表了古典伊斯兰世界医学领域的最高成就,伊本·西那被后人誉为"医学之王"[3]。

---

① Ahmad, K. J. , *Heritage of Islam*, pp. 17-18.

② Holt, P. M. , Lambton, A. K. S. &Lewis, B. , *The Cambridge History of Islam*, vol. 2B, p. 755.

③ 同上, pp. 769-773。

第五章　奥斯曼帝国的兴衰

一、奥斯曼帝国的崛起

奥斯曼人兴起之前的伊斯兰世界

13 世纪的蒙古西征,构成中东伊斯兰世界之历史长河的重要分水岭。一方面,巴格达的陷落标志着哈里发国家的覆灭和哈里发时代的终结。另一方面,定居社会的衰落、游牧群体的泛滥、部族势力的膨胀和政治局势的剧烈动荡,成为此后中东伊斯兰世界的普遍现象。

1258 年巴格达陷落后,中东伊斯兰世界最重要的政治势力是蒙古人建立的伊儿汗国。伊儿汗国(1256—1388 年)系蒙古四大汗国之一,都于大不里士,领有东起阿姆河、西至叙利亚、北起高加索山南麓、南至波斯湾的广大地区。伊儿汗国的蒙古人原本信奉萨满教。第三代汗王帖古迭尔(1282—1284 年在位)率先改奉伊斯兰教,更名艾哈迈德。第七代汗王合赞汗(1295—1304 年在位)宣布尊伊斯兰教作为国教,采用"苏丹"的称号,更名穆罕默德,同时改革行政制度和税收制度,推行伊克塔制度,推广突厥语和波斯语作为官方语言。此后,越来越多的突厥人从中亚移入西亚。① 伊儿汗国时代,波斯文化出现繁荣,鲁米(1207—1273 年)创作的诗集《马斯纳维》、萨迪(1213—1291 年)创作的诗集《果园》和散文集《蔷薇园》堪称中古时代波斯文学的奇葩,拉希德丁(1247—1317年)主持编撰的《史集》和阿拉丁·阿塔·朱韦尼(亦译志费尼)(1226—1303 年)撰写的《世界征服者史》两部史学名著亦成书于此间。1335 年,苏丹阿布·赛义

---

① Ochsenwald,W. , *The Middle East : A History* , p. 139.

德(1316—1335 年在位)死后无嗣,伊儿汗国陷入王位纷争的状态,逐渐解体。

继伊儿汗国之后称雄伊斯兰世界的政权是帖木尔帝国(1370—1507 年)。帖木尔(1370—1405 年在位)祖籍中亚的撒马尔罕,出生于突厥化的蒙古贵族家庭,属于蒙古血统的巴鲁拉思部落,操突厥语,尊奉逊尼派伊斯兰教。1370 年,帖木尔灭亡西察合台汗国,领有河中一带,自称埃米尔,后改称苏丹,定都撒马尔罕。帖木尔长期致力于军事扩张,1375—1379 年间征服东察合台汗国,1380—1396 年灭亡伊儿汗国,征服伊朗和伊拉克。此后,帖木尔曾经三次进攻金帐汗国,占领高加索山南麓。与此同时,帖木尔的军队于 1398 年攻入印度北部,洗劫图格拉王朝首都德里,1402 年击败奥斯曼军队,俘奥斯曼苏丹巴叶济德一世,控制小亚细亚腹地。帖木尔之子沙鲁赫(1405—1447 年在位)当政期间,迁都哈拉特。沙鲁赫之子兀鲁伯(1447—1449 年在位)即位后,都城重新迁回撒马尔罕。帖木尔帝国时期,突厥文化空前繁荣,撒马尔罕和哈拉特成为伊斯兰世界璀璨夺目的文化名城。哈菲兹(1320—1389 年)创作的诗歌被誉为"隐遁者的心声",贾米(1414—1492 年)则被誉为古典诗坛的"末代诗圣"。1506 年,乌兹别克人占领撒马尔罕,征服河中地区,帖木尔帝国灭亡。

黑羊王朝(1375—1468 年)和白羊王朝(1378—1508 年)均系土库曼人建立的伊斯兰教政权,高加索山南麓的亚美尼亚和阿塞拜疆是黑羊王朝和白羊王朝的主要活动区域。黑羊王朝亦称卡拉—科雍鲁王朝,其建立者祖居亚美尼亚,1390 年定都大不里士,尊奉什叶派伊斯兰教。黑羊王朝于 1410 年占领伊拉克,1447 年占领伊朗西部,一度兼并阿拉伯半岛东部沿海。1468 年,黑羊王朝灭亡,属地尽归白羊王朝。白羊王朝亦称阿克—科雍鲁王朝,14 世纪末依附于帖木尔帝国,1408 年脱离帖木尔帝国,定都迪亚巴克尔,尊奉逊尼派伊斯兰教,领有亚美尼亚、阿塞拜疆、伊拉克北部和伊朗西部,1468 年迁都大不里士。15 世纪末,尊奉什叶派的萨法维教团在白羊王朝的影响逐渐扩大。16 世纪初,白羊王朝衰落,其领地尽属萨法维王朝。

自 7 世纪中叶开始,小亚细亚半岛成为拜占廷帝国仅存的亚洲领土,小亚细亚半岛南侧的陶鲁斯山则是拜占廷帝国抵御阿拉伯穆斯林进攻的天然屏障。11 世纪中叶,祖居中亚的突厥人越过阿姆河,大举西迁。1071 年的曼齐喀特战役,无疑是小亚细亚半岛的历史转折点。小亚细亚半岛原本是基督教和希腊人的世界,曼齐喀特战役后逐渐成为塞尔柱突厥人新的家园,伊斯兰教随之传入。13 世纪蒙古帝国兴起以后,大批突厥血统的穆斯林迫于蒙古西征的压力,自中亚和伊朗高原移入小亚细亚半岛,进而导致小亚细亚半岛人口构成的明显变化。小亚细亚半岛的伊斯兰教化和突厥化,提供了奥斯曼人异军突起的重要社会基础。

曼齐喀特战役后,塞尔柱突厥人建立罗姆苏丹国(1077—1308年),都于尼西亚,继而迁都科尼亚,领有小亚细亚半岛东部和中部直至爱琴海沿岸的广大地区,拜占廷帝国在小亚细亚半岛的疆域仅限于君士坦丁堡和黑海沿岸的特拉比宗一带。1243年,塞尔柱突厥人在科赛达格败于蒙古军,科尼亚的苏丹被迫向蒙古军称臣纳贡,直至沦为伊儿汗国的附庸。此后,罗姆苏丹国逐渐衰落,诸多埃米尔国遂各自为政。卡拉曼埃米尔国占据安纳托利亚的中南部,都于科尼亚。特克埃米尔国控制安纳托利亚的东南部沿海,都于安塔利亚。特克埃米尔国以北是哈米德埃米尔国和格尔米延埃米尔国,分别都于伊斯帕尔塔和屈塔希亚。爱琴海沿岸构成门特什埃米尔国。艾丁埃米尔国和萨鲁罕埃米尔国位于门特什埃米尔国以北,分别都于提尔和玛尼萨。萨鲁罕埃米尔国以北至达达尼尔海峡是卡列西埃米尔国。卡列西埃米尔国的西北是奥斯曼埃米尔国。[①]

小亚细亚半岛地处基督教世界与伊斯兰教世界的中间地带,穆斯林将小亚细亚半岛视作进攻基督教世界的前沿战场。长期以来,穆斯林与基督徒在小亚细亚半岛频繁攻战,形成深刻的宗教对立。十字军东侵时期,叙利亚成为穆斯林与基督徒交锋的主要区域,穆斯林与基督徒在小亚细亚半岛的宗教对抗有所缓解。十字军东侵结束后,小亚细亚半岛的战事再度进入高潮。穆斯林与基督徒之间的激烈厮杀,吸引来自伊斯兰世界的圣战者不断涌入小亚细亚半岛,直至在拜占廷的边境区域建立包括奥斯曼埃米尔国在内的诸多埃米尔国,隶属于科尼亚的罗姆苏丹国。奥斯曼人的国家脱胎于穆斯林在小亚细亚半岛发动的圣战实践,奥斯曼国家的兴起可谓小亚细亚半岛之穆斯林圣战实践的逻辑结果。

奥斯曼国家的扩张

突厥人是阿尔泰语系的分支,包括东突厥人与西突厥人。[②] 奥斯曼人系西突厥人,属于西突厥人之乌古斯部落联盟(塞尔柱人亦属该部落联盟)的凯伊部落,曾经在伊朗高原东北部的呼罗珊地区从事游牧活动,信奉逊尼派伊斯兰教。13世纪初,由于受到蒙古西侵的威胁,凯伊部落离开呼罗珊,迁至两河流域上游。凯伊部落在其首领苏莱曼死后分裂为两支,其中一支返回呼罗珊并依附于蒙古人,另一支在苏莱曼之子厄尔图格鲁尔率领下进入小亚细亚半岛西北部萨

① Imber,C. , *The Ottoman Empire 1300-1650*, New York 2002, pp. 4-7.

② Ochsenwald,W. , *The Middle East:A History*, p. 162.

卡利亚河畔的索古德地区,依附于罗姆苏丹国。①

1280 年厄尔图格鲁尔死后,其子奥斯曼(1280—1326 年在位)承袭父职,进而以圣战的名义袭击拜占廷帝国的边境,抢劫财物,拓展疆土,围攻拜占廷帝国城市尼西亚。奥斯曼于 1301 年在巴法埃农击败救援尼西亚的拜占廷帝国军队,旋即被罗姆苏丹国的苏丹阿拉丁二世授予贝伊的称号。② 1302 年阿拉丁二世死后,罗姆苏丹国分裂,奥斯曼遂改称埃米尔,创建奥斯曼埃米尔国,定都卡拉加希萨尔③,继而向黑海和马尔马拉海方向拓展领土。④

1326 年奥斯曼死后,其子乌尔汗(1326—1360 年在位)即位,移都布尔萨。乌尔汗将奥斯曼的遗体葬于布尔萨,布尔萨由此被奥斯曼人视作圣城。此后,乌尔汗率军攻占拜占廷帝国的重镇菲洛克林、尼西亚和尼科米底亚诸地,兼并原属罗姆苏丹国的大部领土,成为小亚细亚半岛最具实力的穆斯林政权,进而将扩张的矛头指向巴尔干半岛。1345 年,乌尔汗兼并卡列西埃米尔国,控制达达尼尔海峡,进而打开通向欧洲的大门。⑤

1341 年拜占廷皇帝安德洛尼卡三世死后,其子巴列奥略在君士坦丁堡加冕即位,称约翰五世;康塔库尊拒绝承认约翰五世,在色雷斯自立为拜占廷皇帝,是为约翰六世。1346 年,约翰六世与奥斯曼人结盟,将其女狄奥多拉许配乌尔汗为妻。同年,乌尔汗之子苏莱曼率军 6000 人开赴色雷斯援助约翰六世,夺取伊斯坦布尔以北的黑海沿岸地区,是为奥斯曼人首次踏上欧洲的土地。⑥

穆拉德一世(1360—1389 年在位)当政时期,兼并格尔米延埃米尔国和哈米德埃米尔国,降服卡拉曼埃米尔国,控制安纳托利亚中部。与此同时,奥斯曼人开始大规模进军东南欧地区。1369 年,奥斯曼军队攻占亚德里亚堡,切断拜占廷帝国首都君士坦丁堡与巴尔干半岛之间的联系,东南欧地区门户顿开。穆拉德一世遂将奥斯曼国家首都从布尔萨迁至亚德里亚堡,亚德里亚堡改称埃迪尔内。1371 年,奥斯曼军队在马里查河畔的塞尔诺文击败塞尔维亚人,迫使巴尔干诸地向穆拉德一世称臣纳贡。奥斯曼军队自 1380 年起发动新的攻势,1383 年占领塞里兹,1385 年占领索菲亚,1386 年占领尼什,1387 年占领撒罗尼卡。

① Lapidus, M. A., *A History of Islamic Societies*, p. 306.

② Holt, P. M., Lambton, A. K. S. & Lewis, B., *The Cambridge History of Islam*, vol. 1A, p. 268.

③ 卡拉加希萨尔位于萨卡利亚河谷,距布尔萨两天的路程,原为拜占廷帝国的一处主教所在地,希腊人称之为"马拉吉纳"。

④ Imber, C., *The Ottoman Empire 1300-1650*, p. 144.

⑤ Turnbull, S., *The Ottoman Empire 1326-1699*, New York 2003, p. 13.

⑥ 同上,p. 13。

1389 年,巴尔干诸地发生反叛,塞尔维亚人、保加利亚人、波斯尼亚人、匈牙利人和阿尔巴尼亚人组成联军,在塞尔维亚国王拉扎尔统率下进攻奥斯曼军队。双方在科索沃平原展开决战,穆拉德一世与拉扎尔皆死于战场,奥斯曼军队取得决定性的胜利。[1]

穆拉德一世死后,巴叶济德(1389—1402 年在位)即位。1390 年,巴叶济德征服爱琴海沿岸的萨鲁罕埃米尔国、艾丁埃米尔国和门特什埃米尔国。1392—1393 年,巴叶济德降服塞尔维亚,占领保加利亚,攻入瓦拉几亚。1394 年,开罗的哈里发穆台瓦基勒赐封巴叶济德以苏丹的称号,奥斯曼国家随之由埃米尔国演变为苏丹国。1396 年,奥斯曼军队在多瑙河畔的尼科堡击败欧洲基督教诸国组成的十字军,进而完成对于巴尔干半岛的征服。1397 年,巴叶济德的军队移师东征,占领科尼亚,兼并卡拉曼埃米尔国。1398 年,巴叶济德占领锡瓦斯,控制黑海沿岸。拜占廷帝国仅余几座孤城,从亚得里亚海和匈牙利平原至幼发拉底河的广大地区纳入奥斯曼苏丹国的版图。[2]

14 世纪末,帖木儿帝国崛起于中亚,都于撒马尔罕。帖木儿的军队于 1400 年兵抵锡瓦斯,1401 年攻入叙利亚。1402 年,帖木儿率军攻入小亚细亚半岛,与巴叶济德率领的奥斯曼军队交战于安卡拉平原。奥斯曼军队战败,巴叶济德被俘后忍辱而死,小亚细亚半岛归降帖木儿帝国。[3] 安卡拉战役后,帖木尔恢复格尔米延、萨鲁罕、艾丁、门特什和卡拉曼诸埃米尔国在其原有疆域的统治权。奥斯曼人在安纳托利亚仅保留东起阿玛萨西至布尔萨和马尔马拉海的地带,由帖木儿分别赐封给巴叶济德的四个儿子伊萨、苏莱曼、穆罕默德和穆萨。其中,伊萨领有布尔萨和安纳托利亚西部,苏莱曼领有巴尔干半岛,穆罕默德领有阿玛萨一带,穆萨处于穆罕默德的监护之下。帖木儿返回中亚以后,巴叶济德的四子之间相互厮杀,内战持续十年之久。1404 年,苏莱曼的军队夺取布尔萨,控制安纳托利亚西部。1409 年,穆罕默德指使穆萨潜入巴尔干,在瓦拉几亚人的支持下控制保加利亚东部和色雷斯,迫使苏莱曼撤军,安纳托利亚西部遂成为穆罕默德的领地。1411 年,穆萨攻占埃迪尔内,苏莱曼死于逃往君士坦丁堡的途中。1413 年,穆罕默德的军队越过博斯普鲁斯海峡,穆萨在索非亚附近兵败身亡。1415 年,穆罕默德占领卡拉曼埃米尔国西部,重新兼并萨鲁罕埃米尔国。[4]

---

[1] Imber,C. , *The Ottoman Empire 1300-1650* , pp. 10-13.

[2] 同上,pp. 13-16。

[3] Turnbull,S. , *The Ottoman Empire 1326-1699* , p. 28.

[4] Imber,C. , *The Ottoman Empire 1300-1650* , pp. 17-20.

1421 年穆罕默德死后,其子穆拉德即位,是为穆拉德二世(1421—1451 年在位)。穆拉德二世于 1422 年借口拜占廷皇帝干预苏丹的权位继承,进攻君士坦丁堡,迫使拜占廷皇帝割让君士坦丁堡城周围除供水区外的所有地区,每年缴纳 3 万金币作为岁贡。穆拉德二世的军队于 1424 年灭亡艾丁埃米尔国,1425 年灭亡门特什埃米尔国,1428 年灭亡格尔米延埃米尔国。1430 年,穆拉德二世再度攻陷帖萨罗尼加。其后数年,奥斯曼帝国占领阿尔巴尼亚,继而占领塞尔维亚地区。① 1444 年,奥斯曼军队在黑海西岸的瓦尔纳击败匈牙利国王弗拉迪斯拉夫率领的基督教十字军。1448 年,穆拉德二世在科索沃平原再度取胜,洪雅迪率领的匈牙利军队战败求和。② 穆拉德二世的胜利巩固了奥斯曼人在东南欧地区的统治地位,巴尔干半岛的基督徒丧失了反击奥斯曼人的最后力量。

君士坦丁堡地处亚欧大陆的结合部,扼守黑海与地中海的通道。夺取君士坦丁堡是历代穆斯林统治者的夙愿。穆罕默德二世(1451—1481 年在位)即位时,拜占廷帝国领土丧失殆尽,财源枯竭,首都君士坦丁堡尽管地势险要,然而城内人口锐减,防务空虚,兵力不足万人,无力抵御奥斯曼人发动的强大攻势。1453 年,穆罕默德二世指挥 50000 人的大军和 200 艘战船,攻陷君士坦丁堡,历时千年之久的拜占廷帝国寿终正寝。君士坦丁堡改称伊斯坦布尔,成为奥斯曼帝国的首都。③

1456 年,奥斯曼帝国占领雅典,征服希腊。1458 年,奥斯曼帝国完成对于塞尔维亚地区的征服,"多瑙河成为奥斯曼帝国与匈牙利王国的分界线"。1463—1466 年,奥斯曼帝国征服波斯尼亚和黑塞哥维那。1468 年,奥斯曼帝国征服阿尔巴尼亚。1473 年,奥斯曼帝国击败领有伊朗、亚美尼亚和安纳托利亚东部的白羊王朝,夺取安纳托利亚东部。1475 年,奥斯曼帝国征服克里米亚汗国,黑海成为奥斯曼帝国的内湖。1463—1478 年,奥斯曼帝国与威尼斯人激烈角逐爱琴海,占领爱琴海诸岛屿。1480 年,奥斯曼帝国的军队越过亚德里亚海,兵临意大利本土的奥兰多。④

巴叶济德二世(1481—1512 年在位)当政期间,奥斯曼帝国的扩张势头明显减缓。苏丹塞里姆一世(1512—1520 年在位)即位后,奥斯曼帝国的扩张主要表现为伊斯兰世界的领土兼并。奥斯曼人的军队于 1514 年在安纳托利亚东部的

① Imber,C. , *The Ottoman Empire*, *1300-1650*, pp. 22-24.
② Turnbull,S. , *The Ottoman Empire 1326-1699*, p. 36.
③ 同上, p. 39。
④ Imber,C. , *The Ottoman Empire 1300-1650*, pp. 29-36.

查尔迪兰重创伊斯马仪沙的军队,一度攻占萨法维王朝的首都大不里士及阿塞拜疆诸地。此后,奥斯曼帝国的扩张矛头指向马木路克王朝。自1258年巴格达陷落和阿拔斯王朝灭亡之后,马木路克领有埃及、叙利亚和希贾兹诸地,既是穆斯林抵御蒙古入侵的中坚力量,亦是宗教圣城麦加、麦地那和耶路撒冷的保护者,控制几乎整个的阿拉伯世界,俨然成为逊尼派伊斯兰教的象征。开罗的马木路克苏丹与伊斯坦布尔的奥斯曼苏丹分庭抗礼,陶鲁斯山则是奥斯曼帝国与马木路克王朝的分界线。1516年,奥斯曼帝国的军队越过陶鲁斯山,攻入叙利亚,击败马木路克王朝的军队,大马士革、阿勒颇、的黎波里、耶路撒冷以及黎巴嫩和巴勒斯坦被纳入奥斯曼帝国的版图。1517年,奥斯曼人的军队自加沙出发进入尼罗河流域,攻占开罗,马木路克苏丹统治下的埃及被纳入奥斯曼国家的版图,麦加的谢里夫家族以及希贾兹的贝都因人部落随后宣誓效忠于伊斯坦布尔的苏丹。[①]

苏莱曼一世(1520—1566年在位)即位后,奥斯曼人的军队在东部战场再度击败伊朗萨法维王朝的军队,吞并库尔德斯坦,占领伊拉克,兵抵波斯湾。1555年,奥斯曼帝国与萨法维王朝签署和约,确定扎格罗斯山作为双方的分界线。[②]与此同时,奥斯曼帝国在东南欧发动新的攻势。1521年,奥斯曼帝国的军队自索非亚出发,占领贝尔格莱德,进而控制匈牙利平原和多瑙河上游。1522年,奥斯曼帝国的舰队占领十字军骑士据守的罗德岛,进而打通伊斯坦布尔与亚历山大之间的水路,控制东地中海水域。1526年,奥斯曼帝国军队占领布达佩斯,控制匈牙利大部地区。1529年,奥斯曼帝国军队再次占领布达佩斯,将奥地利军队赶出匈牙利,继而兵临维也纳城下。1533年,哈布斯堡王朝承认匈牙利为奥斯曼帝国的臣属。[③] 1570年,奥斯曼帝国的舰队占领塞浦路斯;此后,苏丹政府将大量的突厥人从安纳托利亚移入塞浦路斯,而将塞浦路斯操希腊语的居民迁往安纳托利亚的安塔里亚一带。[④] 1576年,奥斯曼帝国军队占领菲斯,控制摩洛哥。1583—1584年,奥斯曼帝国的军队击败萨法维王朝的军队,占领格鲁吉亚和阿塞拜疆,控制高加索地区。1645年,奥斯曼帝国的军队一度远征克里特岛,占领克里特岛的多处港口。[⑤]

① Imber,C., *The Ottoman Empire*, *1300-1650*, pp. 45-47.

② Shaw,S. J. & Shaw,E. K., *History of the Ottoman Empire and Modern Turkey*, vol. 1: *Empire of the Gazis*:*The Rise and Decline of the Ottoman Empire 1280-1808*,Cambridge 1976, p. 109.

③ Imber,C., *The Ottoman Empire*, *1300-1650*, pp. 49-51.

④ Turnbull,S., *The Ottoman Empire 1326-1699*, p. 57.

⑤ Shaw,S. J. & Shaw,E. K., *History of the Ottoman Empire and Modern Turkey*, vol. 1, pp. 201-202.

16 世纪堪称奥斯曼帝国的黄金时代,东南欧与西亚、北非广大地区成为伊斯坦布尔苏丹的属地,黑海和红海俨然是奥斯曼帝国的内湖,多瑙河、尼罗河以及幼发拉底河与底格里斯河则被视作奥斯曼帝国横跨三洲之辽阔疆域的象征。鼎盛的奥斯曼帝国,令哈布斯堡王朝统治的神圣罗马帝国和萨法维王朝统治的伊朗相形见绌。

奥斯曼国家的政治与宗教

奥斯曼帝国采用君主政体,苏丹的权位遵循奥斯曼家族世袭的继承原则。伊斯坦布尔的苏丹凌驾于臣民之上,俨然是臣民的主宰者和保护者,是臣民忠诚的对象。苏丹被视作牧人,称作"拉伊亚"的臣民则是顺从苏丹的羊群。奥斯曼苏丹是奥斯曼帝国的象征:"没有奥斯曼家族,便不会有奥斯曼帝国。"[1]然而,奥斯曼帝国统治下的中东并非卡尔·魏特夫所说的所谓东方水利社会,伊斯坦布尔的苏丹亦非拥有绝对权力的专制君主。奥斯曼帝国的苏丹对于中东诸多地区的控制,在很大的程度上取决于地方势力与伊斯坦布尔之间的关系。奥斯曼帝国的北部即安纳托利亚和巴尔干半岛构成苏丹统治的重心所在,南部阿拉伯人地区长期处于相对自治的地位。另一方面,苏丹即使在理论上亦非具有无限的权力,宗教传统和称作"沙里亚"的教法构成制约苏丹权力的重要因素。

早期的奥斯曼人苏丹以圣战作为首要职责,征战时亲临前线,宫廷的实际所在地随苏丹的征战活动呈移动状态。16 世纪中叶以后,除穆罕默德三世(1595—1603 年在位)于 1596 年征战匈牙利、奥斯曼二世(1618—1622 年在位)于 1621 年征战波兰、穆拉德四世(1623—1640 年在位)于 1635 年征战埃里温和 1638 年征战巴格达外,苏丹大都不再亲临战场,伊斯坦布尔的托普卡帕宫成为苏丹的常驻地。[2] 托普卡帕宫包括后宫、内宫和外宫三部分。后宫的人员包括苏丹的女眷、女仆和阉奴;苏丹的生母是后宫的核心人物,其次是苏丹的长子的生母,依此类推。内宫人员亦由苏丹的奴仆组成,服侍苏丹的起居生活。外宫的人员包括维齐尔和其他军政显贵以及教界首领。后宫的阉奴最初大都是来自高加索山区的塞加西亚人,16 世纪以后主要来自撒哈拉以南的非洲。苏莱曼一世当政期间,苏丹的宫廷约 1 万人。[3]

奥斯曼帝国尊奉的伊斯兰教哈奈菲派教法规定,一个女子只能在同一时间

---

[1]　Inalcik,H.，*The Ottoman Empire:the Classical Age 1300-1600*，New York 1973，p.59.

[2]　Imber,C.，*The Ottoman Empire 1300-1650*，p.143.

[3]　Ochsenwald,W.，*The Middle East: A History*，p.192.

嫁给一个男子,而一个男子可以同时娶四个女子为妻,并且可以纳女奴为妾。奥斯曼帝国的苏丹,大都系女奴所生。15世纪中叶的奥斯曼历史家舒克鲁拉写道:巴叶济德一世"有六个儿子:厄尔图格鲁尔、苏莱曼、穆罕默德、伊萨、穆萨、穆斯塔法,他们的母亲都是女奴"①。苏丹的男性子嗣首先由其生母分别抚养,至一定年龄时,出任行省总督,继续由其生母陪伴,处于伊斯坦布尔苏丹的控制之下,权力通常限于享有封地的收益。②

苏丹的所有男性子嗣均系苏丹权位的合法继承人,享有同样的合法继承权,是为奥斯曼帝国权位继承的基本原则。由于苏丹后宫庞大,子嗣众多,加之缺乏权位继承的明确规定,王室成员内讧不断,继任苏丹者弑兄戮弟的现象屡见不鲜。乌尔汗当政期间,似乎并未出现王室内讧。穆拉德一世即位后,首开王室内部的杀戮之先例,处死乌尔汗的其余所有子嗣。此后历任苏丹竞相效仿,继任苏丹者弑兄戮弟成为奥斯曼家族权位继承的惯例。③ 穆罕默德二世当政期间,曾经颁布法令,宣布诸王子中继任苏丹者有权处死其余王子,以求维护帝国的统一。苏莱曼二世和穆拉德二世明确规定,只有长子享有继任苏丹的资格。穆罕默德三世即位后,处死兄弟19人,并且废除委派苏丹子嗣出任封疆大吏的习俗,将苏丹子嗣囚禁于宫内,后者不得与外界联系,生活于恐惧之中。穆拉德四世即位后,处死4兄弟中的3人,只有1人即伊卜拉欣幸免被害,因为穆拉德四世本人无后。④ 1876年宪法颁布以后,王室内部的杀戮现象逐渐废止。

伊斯坦布尔的御前会议是辅佐苏丹的最高权力机构,每周召开4次,每次历时7—8小时,主要成员包括维齐尔、大法官和财政官。维齐尔掌管军政要务,人数不定,15世纪的御前会议通常包括3名维齐尔,16世纪初增至4人,后来增至7人,17世纪中叶达到11人。大法官的职位始建于穆拉德一世当政期间。穆罕默德二世以后,大法官由1人增至2人,分别掌管鲁梅利亚和安纳托利亚的司法权力。塞里姆一世征服埃及和叙利亚以后,增设第三名大法官,不久后撤销。15世纪的御前会议有财政官1人,16世纪初增至2人,分别掌管鲁梅利亚和安纳托利亚。16世纪末,财政官增至4人,分别掌管鲁梅利亚、安纳托利亚、伊斯坦布尔和多瑙河地区。⑤ 奥斯曼帝国前期,苏丹亲自主持御前会议。穆罕默德二世即位以后,御前会议由大维齐尔主持,苏丹改为垂帘听政。自17世纪开始,苏丹大都不再亲自料理政务,而是退居埃迪尔内的行宫,伊斯坦布尔

① Imber,C.,*The Ottoman Empire 1300-1650*,pp. 88-89.

② Inalcik,H.,*The Ottoman Empire :the Classical Age 1300-1600*,p. 60.

③ Imber,C.,*The Ottoman Empire 1300-1650*,pp. 98-99.

④ Inalcik,H.,*The Ottoman Empire :the Classical Age 1300-1600*,pp. 59-61.

⑤ Imber,C.,*The Ottoman Empire 1300-1650*,pp. 171-172,p. 159.

中东史

的御前会议转变为由大维齐尔主持的国务会议,大维齐尔的官邸即最高波尔特(the Sublime Porte)随之演变为奥斯曼帝国中央政府的象征。[①]

　　大维齐尔代表苏丹掌管国家的行政机构,拥有广泛的世俗权力,位高权重,然而其政治命运往往取决于苏丹的意志。另一方面,大维齐尔的身世和种族背景十分复杂。君士坦丁堡征服之前,维齐尔大都具有突厥血统的显贵背景,家族世袭者甚多。穆罕默德二世当政期间,首开任命异族基督徒作为大维齐尔的先例。斯拉夫血统的马哈茂德帕夏自 1455—1474 年出任大维齐尔,是奥斯曼帝国历史上第一位异族基督徒出身的大维齐尔。[②] 在 1453—1623 年的 48 位大维齐尔中,只有 5 人具有土耳其的血统,却有 33 人属于皈依伊斯兰教的基督徒,分别来自希腊人、阿尔巴尼亚人、斯拉夫人、意大利人、亚美尼亚人和格鲁吉亚人。[③] 1521 年以后,维齐尔多数来自巴尔干半岛西部募集的奴隶,出身卑微。16 世纪中叶,奴隶出身的阿尔巴尼亚人卢夫提帕夏和波斯尼亚人鲁斯塔姆帕夏相继出任维齐尔。16 世纪末 17 世纪初,维齐尔大都出自阿尔巴尼亚人。17 世纪中叶,来自高加索地区的塞加西亚人、阿布哈兹人和格鲁吉亚人出任维齐尔者明显增多,成为制约阿尔巴尼亚人的政治力量。1656—1676 年,阿尔巴尼亚人科普鲁鲁·穆罕默德和法兹勒·艾哈迈德出任维齐尔,成为御前会议的核心人物。[④] 相比之下,自 15 世纪中叶开始,突厥血统的穆斯林出任维齐尔者寥寥无几。至于御前会议中的大法官和财政官,依旧多为具有伊斯兰教背景的突厥穆斯林。

　　奥斯曼国家建立初期,地方行政区域名为桑贾克(意为"旗帜"),桑贾克的长官称作"桑贾克贝伊"。巴尔干半岛征服以后,奥斯曼国家的疆域明显扩大,苏丹遂在鲁梅利亚和安纳托利亚设立行省,行省长官称作"贝勒贝伊",亦称帕夏,驻节地分别为埃迪尔内和安卡拉。巴叶济德一世当政期间增设鲁姆作为第三个行省,驻节地为锡瓦斯。1468 年增设卡拉曼作为第四个行省,驻节地为科尼亚。[⑤] 至 17 世纪初,奥斯曼国家的行省达到 32 个。典型的行省建立在军事封邑即提马尔制度的基础之上,下设若干桑贾克,每个桑贾克包括若干军事封邑,军事封邑的领有者称作"西帕希"。贝勒贝伊、桑贾克贝伊和西帕希代表伊斯坦布尔的苏丹,行使统治地方的世俗权力。桑贾克贝伊的任期通常不超过 3 年,届满后由贝勒贝伊举荐至御前会议,再由苏丹任命为其他桑贾克的贝伊。

---

① Inalcik,H. , *The Ottoman Empire*:*the Classical Age 1300-1600* , p. 90.

② 同上,p. 95。

③ C. 布罗克尔曼:《伊斯兰各民族与国家史》,第 363 页。

④ Imber,C. , *The Ottoman Empire 1300-1650* , p. 164, p. 166.

⑤ Inalcik,H. , *The Ottoman Empire*:*the Classical Age 1300-1600* , p. 104.

17 世纪初,鲁梅利亚行省下辖 24 个桑贾克,安纳托利亚行省下辖 14 个桑贾克,大马士革行省下辖 11 个桑贾克。亦有一些行省不设桑贾克,如伊拉克的巴士拉和巴格达、阿拉伯半岛的哈萨和也门、北非的埃及、的黎波里、突尼斯和阿尔及尔。[①] 行省处于奥斯曼帝国苏丹的直接控制之下,行省总督由苏丹任免。行省之外亦有相当数量的封邑,主要分布在巴尔干边境的缓冲区域摩尔达维亚、瓦拉几亚、特兰西瓦尼亚、杜布罗夫尼克诸地,封邑的领主大都系基督教贵族,向伊斯坦布尔的苏丹缴纳贡赋,提供辅助性兵员,职位世袭,处于相对自治的地位。[②]

阿拔斯王朝时期,哈里发为了削弱阿拉伯人和波斯人家族势力的影响,常常在中亚和高加索地区以及非洲招募奴隶出任官职,奴隶出身的高官显贵和封疆大吏屡见不鲜。埃及的马木路克王朝,便是异族出身的奴隶皈依伊斯兰教之后在尼罗河流域建立的政权。奴隶政治的广泛影响,由此可见一斑。伊斯兰教承认奴隶制的合法地位,构成伊斯兰世界奴隶政治泛滥的理论依据。奥斯曼和乌尔汗当政期间,奥斯曼国家具有家族政治的浓厚色彩,奥斯曼家族成员位高权重。自穆拉德一世时期开始,奴隶政治逐渐兴起。

奥斯曼国家的奴隶,最初主要来自战俘,15 世纪以后大都来自帝国境内基督教臣民的征募。定期征募基督徒儿童的制度,称作德米舍梅制。[③] 德米舍梅制始于巴叶济德一世当政时期,穆拉德二世和穆罕默德二世当政时期流行,至 16 世纪末起逐渐减少,17 世纪已不多见。根据相关资料的记载,苏丹的官员定期来到基督徒居住的村庄,召集全体男性村民,宣布苏丹的征募令;如果一户有数子,征募其中一名青年,如果一户只有一子,则免于征募,贵族、教士、孤儿、身材过高或过低者、无胡须者、已婚者亦免于征募。[④] 被征募者进入伊斯坦布尔和亚德里亚堡的宫廷学校,登记本人姓名、父亲姓名、原住址以及所属的封邑,由医生进行身体检查,直至接受严格的训练和培养,其中条件最佳者选入苏丹的宫廷,直至步入仕途,余者加入苏丹的近卫军团。[⑤] 德米舍梅制的目的,在于削弱奥斯曼人的部族传统,强化苏丹的控制。

"在奥斯曼社会,成为苏丹的奴隶意味着荣誉和特权……甚至苏丹的生母和御师亦大都具有奴隶的身世。"[⑥]奴隶出身的官吏拥有可观的个人财产和显赫

---

① Imber,C. , *The Ottoman Empire 1300-1650* , pp. 178-179, p. 192, p. 184.

② Inalcik,H. , *The Ottoman Empire:the Classical Age 1300-1600* , p. 107.

③ Cleveland,W. L. , *A History of the Modern Middle East* , Boulder 2004, p. 46.

④ Imber,C. , *The Ottoman Empire 1300-1650* , pp. 135-136.

⑤ Cleveland,W. L. , *A History of the Modern Middle East* , p. 45.

⑥ Inalcik,H. , *The Ottoman Empire:the Classical Age 1300-1600* , p. 87.

的社会地位,苏丹则是他们的绝对主人。"他们拥有的权力来源于苏丹的意志;他们是苏丹的工具和奴仆。苏丹可以随意罢免和惩处他们。"[1]奴隶出身的官吏作为苏丹的忠实仆人,在维系奥斯曼帝国中央集权和克服地方离心倾向方面具有举足轻重的作用。马基雅维里甚至认为,奥斯曼帝国是建立在奴隶制基础上的绝对君主制。[2] 直至中世纪末期,身世的贵贱尊卑在欧洲诸国构成决定仕途的首要因素。相比之下,奴隶政治的广泛影响构成奥斯曼帝国的明显特征。苏莱曼当政期间,奥地利使臣出于其特定的政治文化背景,曾经对此作出如下评述:"在土耳其人中,丝毫不看重出身;对某个人的尊重程度,是按他在公务中所担任的职务来衡定的。苏丹在作出任命时,并不注重财富和等级这一类假象……他是根据事情本身的是非曲直来考虑取舍的……人们在部门中得到升迁,靠的是功绩。这种制度保证了各种职务只委派给能力相称的人。在土耳其,每个人都把自己的祖宗家系,还有自己的命运前程,掌握在自己手里,至于是成是毁,那就全看他自己了。"[3]

奥斯曼国家起源于穆斯林对基督徒的圣战,武力扩张构成奥斯曼国家历史进程的突出特征。奥斯曼人的国家机构具有浓厚的军事色彩,俨然是庞大的战争机器。军事贵族的特权地位,构成奥斯曼文明的明显特征。领土的征服与战利品的分享,则是维系奥斯曼帝国的纽带。另一方面,庞大的奥斯曼帝国建立在领土兼并的基础之上,辽阔的疆域内存在着诸多的种族和宗教,伊斯坦布尔的苏丹面临地方离心倾向的挑战,中央集权的国家制度构成维系统一帝国的政治基础,维持强有力的军事力量则是克服地方离心倾向的首要任务。

奥斯曼国家的军队主要由西帕希和耶尼切里组成。西帕希建立在封邑制的基础之上,系封邑的领有者,自备兵器和马匹,平时为民,战时出征,是典型的中世纪骑兵和奥斯曼帝国的主要军事力量。"西帕希享有国有土地的受益权,征收农民缴纳的地租和赋税,保障土地处于耕种状态。遇有战事,西帕希根据受封土地的收入,向苏丹提供相应数量的战士和战争物资。"[4]西帕希骑兵的服役期通常为每年的3—10月,其后返回各自的领地。西帕希处于苏丹的直接控制下,因此不同于西欧的封建军队。奥斯曼帝国的军事封邑面积不等,年收入不足2万阿克切(银币)的封邑称"提马尔",年收入在2万至10万阿克切的封

① Cleveland,W. L. , *A History of the Modern Middle East* , p. 46.

② Inalcik,H. , *The Ottoman Empire:the Classical Age 1300-1600* , p. 77.

③ R. H. 戴维森:《从瓦解到新生》,张增健等译,学林出版社1996年版,第50页。

④ Karpat,K. H. , *Social Change and Politics in Turkey* , Leiden 1973, p. 33.

邑称"齐阿迈特",年收入超过 10 万阿克切的封邑称"哈斯"。奥斯曼帝国规定，0.3 万至 0.5 万阿克切的年收入须提供 1 名骑兵以及相应的武器和粮饷。1473 年，奥斯曼帝国的军队为 10 万人，其中来自鲁梅利亚的西帕希骑兵 4 万人，来自安纳托利亚的西帕希骑兵 2.4 万人。[①] 1525 年，奥斯曼帝国的西帕希骑兵约 5 万人。[②] 1527 年，奥斯曼帝国共有 37000 个提马尔领地，提供西帕希骑兵 7—8 万人。1607 年，提马尔领地增至 44000 个，提供西帕希骑兵 10 万人。[③]

耶尼切里建立在雇佣制的基础之上，领取薪金，系奥斯曼国家的常备军。耶尼切里"是奥斯曼帝国的精锐部队，在几个世纪中堪称欧洲最精良的步兵"[④]。"耶尼切里"本意为新军，亦称"卡皮库鲁"，起源于乌尔汗和穆拉德当政时期，主要招募巴尔干地区的基督徒男童，组成苏丹卫队，后来演变为直接隶属于苏丹的近卫军团，装备滑膛枪和野战炮。[⑤] 耶尼切里的规模，穆拉德当政时期约 0.1 万人，巴叶济德当政时期扩大为 0.5 万人。[⑥] 穆罕默德二世当政期间，奥斯曼帝国的兵员总数约 10 万人，其中耶尼切里 1.2 万人。[⑦] 苏莱曼即位后，耶尼切里增至 4 万人，招募范围亦逐渐扩大到小亚细亚半岛和高加索地区。[⑧] 耶尼切里自幼从军，奉行独身原则，不得娶妻成婚，由此形成封闭的状态。至苏莱曼当政期间，耶尼切里的独身原则逐渐废止。苏莱曼二世即位后，甚至允许耶尼切里将其男性子嗣列入军饷名册，作为后备战士，进而导致耶尼切里内部普遍的职业世袭化现象。至 17 世纪末，奥斯曼帝国停止直接招募非穆斯林少年组成耶尼切里，耶尼切里的封闭状态不复存在，耶尼切里的来源构成呈开放的倾向。形形色色的社会成分加入耶尼切里，兵员的混杂状况日趋严重，耶尼切里的战斗力随之明显下降。

奥斯曼帝国的海军始建于 16 世纪，兵员包括突厥人、希腊人、阿尔巴尼亚人，兼有封邑制与雇佣制。海军统帅最初采用桑贾克贝伊的称谓，后来改称贝

① Inalcik, H. , *An Economic and Social History of the Ottoman Empire* , vol. I: 1300-1600, Cambridge 1994, p. 141, p. 88.

② Imber, C. , *The Ottoman Empire 1300-1650* , p. 257.

③ Shaw, S. J. & Shaw, E. K. , *History of the Ottoman Empire and Modern Turkey* , vol. 1, p. 127.

④ Turnbull, S. , *The Ottoman Empire 1326-1699* , p. 19.

⑤ 同上，p. 19。

⑥ Ochsenwald, W. , *The Middle East: A History* , p. 173.

⑦ Inalcik, H. , *An Economic and Social History of the Ottoman Empire* , vol. I: 1300-1600, p. 88.

⑧ Cleveland, W. L. , *A History of the Modern Middle East* , p. 47.

勒贝伊并参加御前会议。爱琴海诸地是海军主要的提马尔所在。①

奥斯曼帝国沿袭古典伊斯兰时代哈里发国家的历史传统,采用教俗合一的政治制度,政治生活具有浓厚的宗教色彩。伊斯坦布尔的苏丹自诩为信士的长官,俨然是阿拔斯王朝哈里发的继承人,兼有世俗与宗教的最高权力。保卫伊斯兰世界的疆域、统率穆斯林对基督教世界发动圣战和维护伊斯兰教法的神圣地位,是奥斯曼帝国苏丹的首要职责。奥斯曼帝国鼎盛时期,甚至远在苏门答腊诸岛和伏尔加河流域的穆斯林亦将伊斯坦布尔的苏丹视作伊斯兰世界的保卫者。②

欧莱玛泛指伊斯兰教学者,包括领导穆斯林聚礼及宣讲教义的伊玛目、审理穆斯林诉讼的卡迪、解释伊斯兰教法和发布宗教法令的穆夫提。欧莱玛掌管宗教、司法和教育,构成独具特色的社会群体。欧莱玛一般不从政府领取俸禄,其主要经济收入来自宗教地产瓦克夫,因此区别于世俗官吏,处于相对自治的地位。宗教地产瓦克夫约占奥斯曼帝国国有土地的三分之一,构成欧莱玛的经济支柱。称作卡迪的宗教法官遍布奥斯曼帝国的各个角落,主持法庭,执行哈奈菲派教法,仲裁诉讼,征集战争物资,募集兵源,保障交通和道路安全,监督市场交易,宣布苏丹的法令。③ "卡迪在奥斯曼帝国的日常事务管理方面或许扮演最重要的角色。奥斯曼帝国境内的每一个城市、村社和定居点都处于卡迪的司法管辖之下。卡迪管辖区域内的所有人,无论信奉何种宗教,均可向卡迪主持的法庭提出申诉。"④伊斯坦布尔的大穆夫提,作为官方欧莱玛的最高宗教首领,地位仅次于大维齐尔。位居伊斯坦布尔的大穆夫提之下的欧莱玛首领,是鲁梅利亚的卡迪和安纳托利亚的卡迪。穆罕默德二世曾经将"伊斯兰的舍赫"的称号授予伊斯坦布尔的大穆夫提,大穆夫提发布的法令"不仅涉及宗教信仰,而且包括战争动员和征收赋税以及生活起居的各个方面。"⑤

奥斯曼帝国尊奉正统伊斯兰教作为官方的意识形态,正统伊斯兰教的哈奈菲派教法构成官方法律制度的基础。沙里亚位于奥斯曼帝国法律体系的顶点,规定穆斯林的个人行为以及穆斯林与非穆斯林的相互关系,直至规定社会秩序和国家制度,具有至高无上的地位和不可侵犯的神圣性。沙里亚被视作安拉意

① Shaw,S. J. & Shaw, E. K. , *History of the Ottoman Empire and Modern Turkey*, vol. 1, pp. 131-132.

② Inalcik,H. , *The Ottoman Empire:the Classical Age 1300-1600*, p. 57.

③ 同上,p. 118。

④ Imber,C. , *The Ottoman Empire*, *1300-1650*, p. 232.

⑤ Lewis,G. , *Modern Turkey*,New york 1974, p. 32.

志的体现,苏丹只是沙里亚的捍卫者,欧莱玛则是沙里亚的执行者。苏丹颁布的法令称作"卡农",构成沙里亚的延伸和补充。突厥人以及其他被征服地区的习惯法称作"阿戴特",构成法律体系的最低层次。卡农和阿戴特具有明显的世俗色彩,主要涉及刑事诉讼、租佃关系和税收制度。[1]

宗教学校是传授沙里亚的载体,包括初等学校和高等学校。附属于清真寺的宗教小学称作麦克台卜。麦克台卜在阿拉伯语中本意为书写;麦克台卜遍布乡村和城市,构成初等学校的基本形式,学习内容包括诵读《古兰经》、伊斯兰教常识和宗教道德。高等学校是伊斯兰教经学院,称作"麦德莱赛"。麦德莱赛在阿拉伯语中本意为研究;麦德莱赛主要讲授阿拉伯语、波斯语、经注学、圣训学、教义学和教法学,培养伊斯兰教的神职人员和宗教法官。宗教学校处于瓦克夫的地位,具有一定程度的独立性。奥斯曼帝国时期,伊斯兰教的宗教教育体制日臻成熟,宗教学校开始出现等级结构。穆罕默德二世于15世纪70年代在伊斯坦布尔建立的八所宗教学校,可谓奥斯曼帝国的最高宗教学府。[2]

宗教教育的体系化和宗教学者的官方化,成为奥斯曼帝国时期的突出现象。与此同时,崇尚苦行和禁欲的苏菲教团逐渐成为民间伊斯兰教的载体,进而与官方伊斯兰教分道扬镳。奥斯曼帝国境内的苏菲派信徒分别隶属于自西亚传入的卡迪里教团、里法伊教团、纳格什班迪教团和安纳托利亚高原形成的麦乌拉维教团、拜克塔什教团,派系繁杂,人数众多,具有广泛的社会影响。拜克塔什教团的信众大都分布在鲁梅利亚即巴尔干乡村,是在巴尔干半岛传播伊斯兰教的主要载体。由于奥斯曼帝国长期在巴尔干地区募集兵源,拜克塔什教团与近卫军团逐渐形成密切的联系,充当近卫军团的随军神职人员。麦乌拉维教团的信众主要分布在安纳托利亚的城镇地区,与手工业者及商人阶层联系密切,是奥斯曼帝国政府用于制衡拜克塔什教团的重要宗教势力。[3]"梅夫莱维派(即麦乌拉维教团)的首脑,是一个极受尊敬的有名人物,有时候他出面主持新苏丹登基时举行的佩剑礼。"[4]

奥斯曼帝国的社会与经济

苏丹的臣民至少在理论上严格区分为阿斯科里和拉伊亚两大阶层。"阿斯

① Imber,C. , *The Ottoman Empire* ,1300-1650 , p. 244.
② 同上, p. 227.
③ Inalcik,H. , *The Ottoman Empire :the Classical Age 1300-1600* , p. 194,p. 201.
④ 伯纳德·刘易斯:《现代土耳其的兴起》,第428页。

科里"一词源于阿拉伯语,本意为"军人"或"战士",特指称作"加齐"的圣战者和称作"欧莱玛"的穆斯林宗教学者,享有免纳赋税的特权,构成奥斯曼帝国的统治阶层。"拉伊亚"一词亦源于阿拉伯语,本意为"牧人看守的畜群",特指经济活动的从事者,包括商人、手工业者和农民,承担缴纳赋税的义务,构成奥斯曼帝国的依附阶层。[1] 拉伊亚按照生活方式区分为定居者与游牧者,按照职业区分为农民、工匠、商人和牧人,按照民族区分为突厥人、阿拉伯人、柏柏尔人、库尔德人、塞加西亚人、斯拉夫人、希腊人、亚美尼亚人、犹太人等,按照宗教区分为穆斯林、基督徒和犹太教徒。奥斯曼帝国规定,不同的社会阶层身着不同的服饰,以便相互区分,其中农民和工匠不得身着华丽的服饰,穆斯林与非穆斯林不得身着相同的服饰,不同的宗教群体居住在城市的不同区域。[2]

根据相关资料的统计,苏莱曼当政期间,奥斯曼帝国由三大区域组成,其中包括希腊、保加利亚、阿尔巴尼亚、塞尔维亚、匈牙利和罗马尼亚在内的欧洲领土约 88 万平方公里,小亚细亚半岛的领土约 76 万平方公里,包括叙利亚、伊拉克、埃及、北非和阿拉伯半岛沿海在内的阿拉伯领土约 75 万平方公里。[3] 奥斯曼帝国疆域辽阔,社会构成表现为明显的多元状态,语言、民族、经济活动和生活方式诸多方面差异甚大,不同的宗教信仰则是区分诸多社会群体的基本标志。奥斯曼帝国的统治者沿袭哈里发时代形成的吉玛人制度,实行所谓的米勒特制度,进而将臣民划分为穆斯林米勒特、希腊人米勒特、亚美尼亚人米勒特和犹太人米勒特四大群体。"米勒特"一词源于阿拉伯语,本意为"宗派"和"教派"。"'米勒特'是一种宗教—政治社群,因其归属之宗教命名。'米勒特'的成员遵守该宗教的规定甚至于该宗教的法律,由自己的领袖主持行政——自然,其限度是不能和国家的法律与利益相冲突。"[4]

穆斯林的米勒特包括奥斯曼帝国境内信奉伊斯兰教而操土耳其语、阿拉伯语、库尔德语、阿尔巴尼亚语以及希腊语和其他巴尔干、高加索地区语言的诸民族。奥斯曼帝国的穆斯林最初主要分布在安纳托利亚地区;1500 年,安纳托利亚的穆斯林约八十余万户。[5] 16 世纪征服阿拉伯地区的结果是,穆斯林人数剧增,成为奥斯曼帝国最大的米勒特。与此同时,阿拉伯人取代突厥人,成为奥斯曼帝国境内最大的穆斯林民族。希腊人的米勒特包括信奉东正教的希腊人、塞

---

① Inalcik, H. , *An Economic and Social History of the Ottoman Empire*, vol. I;1300-1600, p. 16.

② Lapidus, M. A. , *A History of Islamic Societies*, pp. 322-323.

③ Udovitch, A. L. , *The Islamic Middle East 700-1900*, p. 389.

④ 伯纳德·路易斯:《中东:激荡在辉煌的历史中》,郑之书译,中国友谊出版公司 2000 年版,第 426 页。

⑤ Inalcik, H. , *An Economic and Social History of the Ottoman Empire*,vol. I;1300-1600, p. 28.

尔维亚人、保加利亚人、罗马尼亚人以及少量的阿尔巴尼亚人、阿拉伯人和土耳其人。希腊人的米勒特,其最高首领是伊斯坦布尔的东正教教宗;教宗的任命需经苏丹核准,被授予三根马尾的帕夏标志,具有广泛的宗教权力和相应的世俗权力。[1] 亚美尼亚人的米勒特包括信奉亚美尼亚派基督教的亚美尼亚人以及埃及的科普特派基督徒和叙利亚的雅各派基督徒。亚美尼亚人的米勒特,其宗教首领的驻地最初位于高加索地区的埃希米亚兹因,穆罕默德二世当政期间于1461 年迁至伊斯坦布尔。[2] 犹太人的米勒特包括操西班牙语的犹太人、操阿拉伯语的犹太人和操希腊语的犹太人。巴叶济德当政期间,超过 20 万犹太人被逐出西班牙,移居奥斯曼帝国境内,分布于伊斯坦布尔、伊兹密尔、埃迪尔内、萨罗尼卡和巴勒斯坦。[3] 16 世纪的伊斯坦布尔约有人口 70 万,其中穆斯林占58%,包括东正教徒和亚美尼亚人在内的基督徒占 32%,犹太人占 10%。[4]

奥斯曼帝国统治下的诸多民族尽管划分为不同的米勒特,却呈错综交织的分布状态。在巴尔干半岛,多数人口属于斯拉夫人、希腊人和阿尔巴尼亚人,土耳其人构成少数民族。在安纳托利亚高原,土耳其人占据人口的多数,亦有相当数量的居民属于希腊人、亚美尼亚人和库尔德人。叙利亚、伊拉克、阿拉伯半岛、埃及和马格里布无疑构成传统的阿拉伯世界,而土耳其人则是凌驾于阿拉伯人之上的统治者。"在奥斯曼帝国,没有一个行省的人口操单一的语言"。另一方面,奥斯曼帝国的臣民尽管包括不同的民族,分别属于不同的米勒特,然而土耳其语无疑构成奥斯曼帝国的官方语言。政府官员无论来自哪个民族,均须在正式的场合操土耳其语。[5]

米勒特作为宗教群体,并不具有民族的内涵。换言之,每个米勒特包含不同的民族成分,相同的民族却由于信仰的差异而分别属于不同的米勒特。米勒特制度的实质,在于苏丹与诸多宗教群体首领的权力分享,进而构成奥斯曼帝国统治臣民的重要政治基础。向奥斯曼帝国缴纳人丁税,是非穆斯林诸米勒特区别于穆斯林米勒特的主要标志。人丁税通常采用货币的形式缴纳,征纳对象是具有相应经济条件的成年男性自由人,教士、妇女、儿童和赤贫者免纳人丁税。东正教徒、基督徒和犹太人在缴纳人丁税的条件下,享有一定程度的自治权利,处于二等臣民的地位。1477 年,伊斯坦布尔共有居民 16324 户,其中

① Karpat,K. H. , *Studies on Ottoman Social and Political History*,Leiden 2002, p. 719.

② Shaw,S. J. & Shaw, E. K. , *History of the Ottoman Empire and Modern Turkey*, vol. 1, pp. 151-152.

③ Ochsenwald,W. , *The Middle East:A History*, p. 186.

④ Cleveland,W. L. , *A History of the Modern Middle East*, p. 48.

⑤ Imber,C. , *The Ottoman Empire*, *1300-1650*, pp. 2-3.

9486 户属于穆斯林米勒特,3743 户属于希腊人米勒特,1647 户属于犹太人米勒特,434 户属于亚美尼亚人米勒特。[①] 1490—1491 年,巴尔干地区缴纳人丁税的非穆斯林为 67.4 万户,安纳托利亚缴纳人丁税的非穆斯林 3.3 万户。1528 年,奥斯曼帝国征纳的人丁税总额为 4600 万阿克切,占奥斯曼帝国全部岁入的8%,其中 4230 万来自鲁梅利亚,370 万来自安纳托利亚。[②]

不同的米勒特成员生活在城市和乡村的各自区域,分别恪守各自的宗教法律,操各自的传统语言,沿袭各自的生活习俗,隶属于各自的宗教首领,相安无事。穆斯林男子与非穆斯林女子之间的通婚现象随处可见;非穆斯林女子嫁与穆斯林男子后,可保留原有的宗教信仰,但是所生的子女则被视作穆斯林。与中世纪的基督教世界相比,奥斯曼帝国奉行宗教宽容的政策,允许异教信仰的合法存在。然而,由于奥斯曼帝国坚持伊斯兰教统治的传统原则,穆斯林贵族垄断国家权力,非穆斯林不得担任政府官职,不承担兵役,不得分享国家权力。米勒特制度的意义在于,诸多宗教社团俨然是奥斯曼帝国境内的国中之国,诸多宗教的文化传统在奥斯曼帝国长期延续,进而导致奥斯曼帝国社会结构之浓厚的多元色彩,直至成为奥斯曼帝国解体和崩溃的隐患。

奥斯曼帝国沿袭哈里发国家的历史传统,援引伊斯兰教的相关原则,实行国家土地所有制。奥斯曼帝国的国家土地所有权,起源于奥斯曼帝国作为征服者的统治权。奥斯曼帝国的国有土地称作"米里",特指乡村的耕地,耕作内容局限于粮食作物;城市的土地和乡村的宅地以及牧场和果园系非国有的私人地产,不属于米里的范畴。[③]

伊斯坦布尔的苏丹至少在理论上拥有全国的土地,以提供兵役作为条件将土地赐封给穆斯林贵族,进而在奥斯曼帝国直接控制和执行奥斯曼帝国法律的巴尔干和安纳托利亚诸多地区建立封邑制度。奥斯曼帝国封邑制度的原型,来自拜占庭帝国的普洛尼亚制度和塞尔柱时代的伊克塔制度。[④] 封邑制度作为国家土地所有制的逻辑延伸,不仅是奥斯曼帝国军事制度的重要基础,而且构成奥斯曼帝国经济社会制度的突出特征。

奥斯曼帝国的军事封邑不同于中世纪欧洲基督教世界的采邑领地,其前提条件是国家对于土地的绝对控制,而封邑面积的增减与国家土地所有制的兴衰

① Inalcik, H., *The Ottoman Empire:the Classical Age 1300-1600*, p. 141.

② Inalcik, H., *An Economic and Social History of the Ottoman Empire*, vol. I:1300-1600, p. 26, pp. 66-67.

③ Gerber. H., *The Social Origins of the Modern Middle East*, Boulder 1987, p. 11.

④ Imber, C., *The Ottoman Empire 1300-1650*, p. 195.

表现为同步的状态。伊斯坦布尔的苏丹明确宣布,所有耕地皆为米里即国有土地,只有称作穆勒克的自由领有地和称作瓦克夫的宗教地产不在其列。1528年,87%的耕地被纳入米里的范围。封邑包括土地和耕种土地的农民。封邑的耕作者构成国家的佃农,处于政府的保护之下,世代享有土地的耕作权,地租的征纳标准、征纳时间和征纳方式由苏丹确定,封邑的领有者无权更改。[①]奥斯曼帝国的法律禁止农民弃田出走,封邑的领有者在规定的期限内有权追回逃亡的农民。封邑的领有者并无土地的所有权,只是土地收成的享用者,未经国家允许不得出卖、转让土地或将土地赠与他人。根据伊斯兰教法,封邑的领有者必须保证土地处于耕种的状态;如果土地荒芜超过三年,则由国家收回。封邑制度的实质,在于土地受益权的赐封而非土地所有权的赐封。另一方面,奥斯曼帝国的封邑制度沿袭哈里发时代的惯例,土地受益权的非世袭性和封邑的频繁更换构成奥斯曼帝国封邑制度的明显特征。所有封邑至少在法律上由苏丹直接赏赐,并由中央政府登记造册,贵族内部的等级分封则被严格禁止。尽管封邑的领有者试图获得苏丹的允准,将封邑传与子嗣,然而封邑的世袭显然缺乏必要的法律依据,提供必要的兵役无疑是领有封邑的前提条件。1530年,苏莱曼一世颁布法令,明确禁止贝勒贝伊自行分配军事封邑。"从这时起,贝勒贝伊必须为有资格得到封地的人提出申请,帝国政府根据申请书发给授地通知,并将他登记在封地簿册上。"[②]

16世纪后期开始,苏丹往往在封邑的领有者死后收回封邑,改为包税地,由包税人直接向伊斯坦布尔缴纳赋税,封邑制度随之出现衰落的征兆。进入17世纪,封邑数量逐年减少,包税范围不断扩大。以安纳托利亚西部的艾丁桑贾克为例,1573年的封邑包括提马尔592处和齐阿迈特51处,1633年的封邑下降为提马尔261处和齐阿迈特31处,下降幅度接近40%;1563年,70%的提马尔由领有者世袭继承,1610年,只有10%的提马尔由领有者世袭继承。[③]另以厄尔祖鲁姆为例,1653年时共有提马尔5618处,1715年时提马尔数量减少2119处,下降幅度为五分之二。[④]

奥斯曼帝国属于典型的农本社会,自给自足的农业生产构成奥斯曼帝国经济生活的基础;土地无疑是获取财富的首要来源,小农经济长期占据主导地位。

[①] Inalcik, H., *The Ottoman Empire : the Classical Age 1300-1600*, p. 110, p. 74.

[②] C. 布罗克尔曼:《伊斯兰各民族与国家史》,第 345 页。

[③] Imber, C., *The Ottoman Empire 1300-1650*, p. 211, p. 209.

[④] Karpat, K. H., *Social Change and Politics in Turkey*, Leiden 1973, p. 35.

至于游牧的经济活动,主要分布于定居世界边缘的高原、山区和沙漠地带;游牧民大都沿袭传统的血缘组织,处于居无定所的生活状态,追随称作舍赫和贝伊的部族首领,向奥斯曼帝国缴纳赋税,提供兵员和劳役。

奥斯曼帝国实行国家土地所有制。耕种米里的农民作为国家的佃农,缴纳国家规定的租税,享有世袭租佃权,不得改变土地的用途,不得置土地处于荒芜状态超过三年,由此形成规模庞大的小农阶层。"在土地上劳动的农民,只要保持耕作和纳税,他就有权一直耕种这块土地……农民可以把这种权利传给儿子,但是在没有得到提马尔领主的特别允许之前不能把它卖掉或赠与别人"[①]。在理论上,官府征纳农作物产量的 10%～50% 作为土地税。然而,农民除缴纳土地税以外,还承担名目繁多的杂役,所剩无几。[②] 税收在理论上包括货币和实物两种形式,然而各地区由于所处自然环境、地理位置和交通状况不同而存在明显的差异,货币税与实物税的比例不尽相同。[③]

伊斯兰教法禁止农民弃田,强调土地处于耕种状态,旨在保证农业生产和土地收益。官府严格限制农民的迁徙行为;耕作者固着于土地,弃田逃亡者受到领主和官府的相应惩罚。1539 年颁布的一项法令规定:如果农民离开土地而使土地荒芜超过十年,需缴纳一定数量的罚金;如果农民离开土地不足十年,封邑的主人有权在法官准许的情况下要求遣返农民。[④] "离开土地并试图在城镇定居的农民被强制遣返。农民只有设法在城市居住超过十年并且拥有经常性的工作而无需社会援助时,才能成为合法的城市居民。""假如一个耕作者成为一个有收入的手工艺者,西帕希会强迫他纳税以作为补偿金,这种税称为'中断耕作税'。"[⑤]另一方面,奥斯曼帝国的农民在诸多方面处于官府的保护之下,境况不同于中世纪西欧的农奴。西帕希通常行使维持乡村秩序的权力,而教界的卡迪负责乡村的司法审理,形成对于西帕希的监督和制约。

奥斯曼帝国的城市普遍位于定居地区,依托定居农业作为基本的粮食供应地,为农产品提供市场,吸收乡村的剩余产品,同时向乡村提供手工业品,满足乡村市场的需要,进而形成与乡村之间的密切联系。另一方面,奥斯曼帝国的

① Shaw, S. J. & Shaw, E. K., *History of the Ottoman Empire and Modern Turkey*, vol. 1, p. 126.

② Owen, R., *The Middle East in the World Economy 1800-1914*, London 1993, p. 35.

③ Gerber. H., *The Social Origins of the Modern Middle East*, Boulder 1987, p. 12

④ Imber, C., *The Ottoman Empire 1300-1650*, p. 206.

⑤ Shaw, S. J. & Shaw, E. K., *History of the Ottoman Empire and Modern Turkey*, vol. 1, p. 150, p. 126.

城市大都分布于商路沿线。安纳托利亚的伊斯坦布尔、布尔萨和安卡拉,巴尔干半岛的埃迪尔内,埃及的开罗,叙利亚的大马士革和阿勒颇,伊拉克的巴士拉和巴格达,构成奥斯曼帝国的贸易枢纽。伊斯坦布尔作为奥斯曼帝国的首都,具有庞大的市场需求和发达的区域性贸易;保证伊斯坦布尔的物资供应,是苏丹政府的重要职责。伊斯坦布尔地处东南欧与亚洲以及地中海与黑海之间,系东西方之间过境贸易的交汇点。欧洲的纺织品和东方的香料,构成伊斯坦布尔过境贸易的首要内容;商旅驼队频繁往返于伊斯坦布尔与伊朗、叙利亚、伊拉克、中亚之间。[①] 马尔马拉海东侧的布尔萨亦是安纳托利亚的重要商业据点和东西方贸易的集散地。1340 年,乌尔汗在布尔萨建成大型的巴扎。[②] 此后,布尔萨的人口迅速增多,1485 年约 5000 户,1530 年增至 6351 户,1580 年达到12852 户。伊朗的生丝、欧洲的毛纺织品、埃及的糖和印度的香料,是布尔萨市场的主要商品。[③]

城市作为奥斯曼帝国的重心所在,具有经济、政治、军事和宗教的多重功能。伊斯坦布尔无疑是奥斯曼帝国最大的城市,然而 1453 年穆斯林攻陷之时,人口不足 5 万。苏丹穆罕默德二世当政期间,以归还财产和给予信仰自由作为条件,吸引出逃的希腊人、亚美尼亚人和犹太人重返故里,同时下令从鲁梅利亚和安纳托利亚迁 0.3 万户家庭移居伊斯坦布尔,迁 3 万户农民移入伊斯坦布尔周围的 35 个无人居住的乡村,以保障伊斯坦布尔的农产品供应。[④] 1453—1481年,奥斯曼帝国在伊斯坦布尔新建清真寺 209 座,学校 24 所,公共浴室 32 处,客栈和巴扎 12 处。[⑤] 1477 年,伊斯坦布尔有穆斯林 9486 户,东正教徒 3743 户,犹太人 1647 户,总人口接近 10 万。16 世纪初,伊斯坦布尔的人口达到 40 万,成为当时欧洲和中东最大的城市。[⑥] 16 世纪末,伊斯坦布尔的人口增至 80 万,其中 40% 系非穆斯林,主要分布于加拉塔地区。热那亚人曾经是伊斯坦布尔最大的商人群体。随着奥斯曼帝国的广泛征服,希腊人以及犹太人和亚美尼亚人逐渐取代热那亚人的地位。希腊人在包税、大宗贸易批发和航运领域独占鳌头,加拉塔区几乎成为希腊商人的世界。[⑦]

---

① Inalcik,H. , *The Ottoman Empire : the Classical Age 1300-1600* , p. 146.

② Ochsenwald,W. , *The Middle East : A History* , p. 168.

③ Inalcik,H. , *An Economic and Social History of the Ottoman Empire* , vol. I : 1300-1600,
p. 225.

④ Inalcik,H. , *The Ottoman Empire : the Classical Age 1300-1600* , p. 140.

⑤ Lapidus,M. A. , *A History of Islamic Societies* , p. 330.

⑥ Inalcik,H. , *An Economic and Social History of the Ottoman Empire* , vol. I : 1300-1600, p. 18.

⑦ Inalcik,H. , *The Ottoman Empire : the Classical Age 1300-1600* , p. 144.

清真寺和市场是城市不可或缺的组成部分。穆罕默德二世当政期间,伊斯坦布尔的大市场位于索非亚教堂的附近,店铺超过千家,构成伊斯坦布尔的主要商业区。1463—1470 年,穆罕默德二世在伊斯坦布尔建造新的大清真寺,周围环绕着 8 所宗教学校,学生总数超过 600 人,两处客栈每天接待旅客 160 人,附近的大市场有店铺 318 家。17 世纪中叶,伊斯坦布尔有清真寺 152 处,宗教学校 126 处,客栈 100 处。[①]

官府将城市划分为各个特定的生活区域,派出官员进行管理,其中最重要的官员是称作卡迪的穆斯林法官,负责向米勒特和行会颁布法令并确保执行。称作伊赫提萨卜的市场稽查制度是伊斯兰世界的传统制度,旨在保障公平的交易,被纳入沙里亚的框架之中。市场稽查员称作穆赫台绥卜,作为穆斯林法官的下属和伊赫提萨卜的执行者,履行市场管理的职责,监督产品的质量和交易的过程,规定交易价格和交易内容,征纳交易税。每个城市按照宗教或职业划分为若干社区,每个社区围绕自己的宗教建筑或市场,社区之间相互独立。[②]

在奥斯曼帝国的诸多城市,工匠和商人通常组成行会,其内部体系与中世纪西欧的行会颇为相似。在 17 世纪的伊斯坦布尔,手工业的从业者共计 26 万人,分别属于 1109 个行会;在同时期的开罗,手工业的从业者共计 11.9 万人,分别属于 262 个行会。[③]“所有手工匠都有自己的行会,所有手艺人都属于自己的团体,当然农村手工匠例外,他们独自经营。”[④]手工业行会由从事同一行业的若干手工作坊组成,作坊内部实行严格的等级制,明确规定工匠、帮工与学徒的地位。学徒的期限通常为 1001 天,此间由工匠负责学徒的食宿,不支付报酬。学徒在期满之后,经考核升至帮工,继续在作坊从业 3—5 年,领取报酬,直至成为工匠和独立开设作坊。[⑤] 然而,工匠开设作坊往往受到行会的严格限制,加之财力匮乏,困难重重。行会首领通常负责以固定的价格购置生产原料,然后分发给行会的各个作坊。行会垄断原料供应,实行统一的原料供应价格,规定和限制原料供应的数量,监督生产工艺和产品质量,限制作坊的数量和从业者的人数,排斥内部竞争。在大多数情况下,行会的产品主要销往本地市场,而市场通常处于行会的垄断和控制之下。行会内部存在明显的职业世袭现象,工匠与帮工、学徒之间往往具有家族色彩的宗法关系。

官府在向行会成员征纳捐税的前提下,通常允许行会自行管理内部事务。

① Inalcik, H., *The Ottoman Empire:the Classical Age 1300-1600*, pp. 143-144.
② 同上, pp. 153-154.
③ Beinin, J., *Workers and Peasants in the Modern Middle East*, Cambridge 2001, p. 17.
④ S. F. 马茂德:《伊斯兰教简史》,第 401 页。
⑤ Inalcik, H., *The Ottoman Empire:the Classical Age 1300-1600*, p. 157, p. 160.

安纳托利亚的行会表现为明显的自治倾向,行会首领在城市具有广泛的权力和影响。"工匠和手艺人都加入行会,行会则对其成员和产品实行监督,有些地方行会势力很大,足以有效地控制当地的政府"①。另一方面,行会通常存在于米勒特的框架之内,具有浓厚的宗教色彩,行使相应的社会职能。"行会执行所有种类的社会职能,经常与宗教团体或米勒特联合……作为其所属的宗教对个人的强制性要求的补充。"②在安纳托利亚,穆斯林的行会大都建立在苏菲教团的基础之上,隶属于不同的苏菲教团,处于不同苏菲教团的保护之下。崇拜各自教团的苏菲圣徒,与苏菲教团形成错综复杂的关系,进而构成苏菲教团在城市社会的延伸,具有浓厚的民间色彩。

在奥斯曼帝国统治下的中东,最重要的运输方式是陆路的驼运。驼运的规模相当可观:1800 年,苏丹达尔富尔前往开罗的商队由 5000 峰骆驼组成,运载货物超过 1000 吨;特拉比宗与大不里士之间的商队由 15000 峰骆驼组成,每年往返三次,运送的货物超过 25000 吨。然而,驼运的特点是速度慢、费用高、危险性大。地中海和黑海沿岸的希腊人以及红海和波斯湾沿岸的阿拉伯人采用海运的方式,多瑙河、尼罗河、底格里斯河和幼发拉底河构成主要的内河运输通道。运往伊斯坦布尔的谷物和运往埃及的木材,主要采用海运的方式。③

奥斯曼帝国具有发达的区域性贸易,日常生活用品是区域性贸易的主要内容。伊斯坦布尔人口众多,谷物作为首要的生活物资来自帝国境内的诸多地区;色雷斯、多瑙河盆地、南俄草原、安纳托利亚西部沿海和埃及出产的谷物,经海路和陆路源源不断地运抵伊斯坦布尔。1483 年,驶向伊斯坦布尔的商船多达四千余艘。黑海俨然是奥斯曼帝国的内湖,黑海沿岸则是伊斯坦布尔和爱琴海地区的主要农产品供应地。希腊商人长期经营黑海贸易,希腊商船航行于伊斯坦布尔与黑海诸多港口城市之间,贩运谷物、肉、鱼、油、盐、皮革和木材。④ 埃及素有"地中海谷仓"的美誉,所产谷物不仅供应伊斯坦布尔,而且销往叙利亚和希贾兹,同时从安纳托利亚南部输入木材,从叙利亚输入染料、橄榄油和各种干果。⑤

---

① R. H. 戴维森:《从瓦解到新生》,第 56 页。

② Shaw, S. J. & Shaw, E. K., *History of the Ottoman Empire and Modern Turkey*, vol. 1, p. 157.

③ Yapp, M. E., *The Making of the Modern Near East 1792-1923*, London 1987, p. 25.

④ Inalcik, H., *An Economic and Social History of the Ottoman Empire*, vol. I: 1300-1600, p. 182.

⑤ Owen, R., *The Middle East in the World Economy 1800-1914*, London 1993, p. 52.

伊斯兰教法明确区分伊斯兰世界与异教的世界,两者之间在理论上只能处于战争的状态,奥斯曼帝国亦起源于加齐的圣战实践。然而,奥斯曼帝国与基督教欧洲的战争并未导致东西方之间商路的中断和贸易的衰落。相反,奥斯曼帝国与基督教欧洲之间的贸易往来呈明显的上升趋势,关税和贸易税的征收构成苏丹政府的重要财源。蒙古西征期间,阿塞拜疆的大不里士曾经是东西方之间的主要贸易枢纽。自14世纪开始,安纳托利亚成为欧亚大陆的主要贸易通道;布尔萨逐渐取代大不里士,成为安纳托利亚最重要的贸易中心和东方商品销往欧洲的集散地。伊朗的生丝、埃及的糖、印度的香料以及弗兰德尔和佛罗伦萨的毛纺织品,是布尔萨市场的主要商品。13世纪中叶,意大利的托斯卡尼成为欧洲最早的丝绸生产中心,所产的丝绸销往罗马、布鲁日、伦敦和香槟市场。14世纪,波伦那、热那亚、佛罗伦萨和威尼斯相继建立丝绸加工业,伊朗北部的里海沿岸则是欧洲主要的生丝来源地。伊朗商人将生丝自大不里士经安卡拉运抵布尔萨,继而由热那亚人转运到欧洲。[1] 与此同时,安纳托利亚成为联结金帐汗国与印度洋世界的贸易纽带,来自南方的香料、糖和各种织物与来自北方的毛皮和奴隶成为南北方之间的贸易内容。[2]

奥斯曼帝国征服马木路克王朝以后,控制自埃及经红海水域至印度洋的贸易通道,埃及的开罗和亚历山大、叙利亚的阿勒颇、也门的亚丁以及伊拉克的巴士拉成为奥斯曼帝国在阿拉伯世界的贸易中心。1600年,阿勒颇是利凡特地区最重要的生丝和丝织品集散地;伊朗和叙利亚的生丝及丝织品运抵阿勒颇,继而由威尼斯商人销往欧洲,年交易量140吨,价值150万杜卡特。1599—1602年,阿勒颇的关税年收入达到30万杜卡特,而整个叙利亚每年上缴苏丹的全部关税收入为46万杜卡特。1605年,从阿勒颇出口威尼斯的货物价值150万杜卡特,出口法国的货物为80万杜卡特,出口英国的货物为30万杜卡特,出口荷兰的货物为15万杜卡特。17世纪,伊兹密尔成为布尔萨和阿勒颇在东西方贸易领域的竞争对手。每年有5—6支亚美尼亚商队贩运伊朗的生丝和丝织品,经大不里士—埃里温—安卡拉—伊兹密尔的商路销往欧洲。[3]

巴尔干地区与意大利之间长期保持密切的贸易往来,众多商业城市分布于多瑙河流域和亚德里亚海沿岸,杜布罗夫斯克则是意大利商人在巴尔干地区最重要的贸易据点。意大利商人主要贩运波斯尼亚和塞尔维亚的银矿资源,同时

① Inalcik, H., *An Economic and Social History of the Ottoman Empire*, vol. I: 1300-1600, pp. 218-219.

② Inalcik, H., *The Ottoman Empire: the Classical Age 1300-1600*, p. 121.

③ Inalcik, H., *An Economic and Social History of the Ottoman Empire*, vol. I: 1300-1600, pp. 244-245.

向巴尔干地区出口意大利纺织品,换取皮革、羊毛、乳酪、鱼、蜂蜜和奴隶。[①]

　　苏丹政府鼓励东西方之间的商业交往,保护帝国境内穆斯林臣民土耳其人、阿拉伯人、波斯人和非穆斯林臣民希腊人、犹太人、亚美尼亚人、斯拉夫人的贸易活动。与此同时,苏丹政府以条约的形式保护欧洲基督教商人在帝国境内的贸易活动。最早获得条约保护的欧洲基督教商人是意大利的热那亚人。14世纪中叶,热那亚与威尼斯处于战争状态,威尼斯与拜占廷以及保加利亚结盟,奥斯曼帝国则与热那亚结盟,是为苏丹政府赐予热那亚人条约保护的直接原因。14世纪80年代,穆拉德一世赐予威尼斯商人享有条约保护的贸易地位。15世纪中叶,奥斯曼帝国与威尼斯激烈争夺巴尔干沿海地区和爱琴海岛屿,穆罕默德一世遂赐予威尼斯的对手佛罗伦萨商人享有条约保护的贸易地位。巴叶济德二世当政期间,奥斯曼帝国与威尼斯依然处于战争状态,苏丹遂于1498年赐予那不勒斯商人享有条约保护的贸易地位。1536年,苏丹政府赐予哈布斯堡家族的对手法国商人享有条约保护的贸易地位。[②] 1580年,英国获得条约保护的地位。1612年,荷兰获得条约保护的地位。进入17世纪,法国逐渐取代威尼斯,控制利凡特地区的过境贸易。[③] 至于奥地利商人,由于哈布斯堡家族与苏丹政府处于战争状态,其在帝国境内的贸易活动不受条约的保护。

　　所谓的条约,实际上是苏丹政府颁布的特许状,赐予帝国境内的欧洲基督教商人享有米勒特的自治地位,苏丹赐封的领事作为米勒特的最高首领行使贸易监督权和司法权。在条约的保护下,欧洲基督教商人获准在奥斯曼帝国境内自由旅行。欧洲基督教商人的米勒特,主要分布于伊斯坦布尔、伊兹密尔、贝鲁特、阿勒颇、开罗。法国商人和意大利商人居多,其次是英国商人和荷兰商人。[④]

二、奥斯曼帝国黄金时代的结束

苏丹权力的式微

　　奥斯曼帝国鼎盛时期,苏丹凌驾于社会之上,行使至高无上的绝对权力。

---

　　①　Inalcik, H. , *An Economic and Social History of the Ottoman Empire*, vol. I: 1300-1600, pp. 256-257.

　　②　Gelvin, J. L. , *The Modern Middle East : A History*, Oxford 2005, p. 60.

　　③　Inalcik, H. , *An Economic and Social History of the Ottoman Empire*, vol. I: 1300-1600, p. 194.

　　④　同上, p. 191.

16 世纪的意大利政治思想家马基雅维里曾经对当时奥斯曼帝国苏丹与法国国王的权势做出如下比较："就土耳其人来说，整个王国全在一位主公的控制之下，其他人都是他的藩属；他把全国分成若干州或政府，并把其中一些人派往那里；另外的人，他愿意杀就杀，愿意撤换就撤换。但是，法兰西国王只是席坐一堂的众多位主公中的一位主公，他们这些人都是老早就被他们的臣民承认如是了的，受他们的臣民的爱戴，有说不尽的显赫重要；国王要想把他们的国家从他们的手里拿走，那便要冒着老大的危险。"①

然而，自 1566 年苏莱曼死后，苏丹的统治权力日渐式微，奥斯曼帝国的宫廷政治日趋腐败，后宫参政，苏丹更替频繁，内部冲突迭起，政局动荡。与此同时，伊斯坦布尔的中央政府对于行省事务的控制不断削弱，政治的天平开始倾斜，包括帕夏和贝伊在内的世俗贵族以及执掌宗教权力的欧莱玛往往各行其是，成为挑战苏丹统治地位的隐患。在安纳托利亚，奥斯曼帝国中央政府的实际控制范围局限于马尔马拉海沿岸、布尔萨、埃斯基萨希尔和卡拉曼一带；安纳托利亚西部的其他地区，包括安卡拉、特拉比宗、艾丁、安塔利亚和阿达纳，分别隶属于六大封建家族。在鲁美利亚，多瑙河的保加利亚沿岸、埃迪尔内、阿尔巴尼亚分别隶属于四大封建家族。巴格达的马木路克首领苏莱曼帕夏统治着两河流域。② "在奥斯曼帝国的大部分地区，苏丹的统治权力是微弱的；在北非和阿拉伯半岛，苏丹的统治权力实际上是不存在的。"③1786 年，出使伊斯坦布尔的法国人舒瓦瑟尔·古菲曾经在信中说："这里不像在法兰西那样，皇帝可以独自做主。在土耳其，恰恰相反，若是想要做点什么事的话，便必须设法去说服那些事事都得由他们来评断道理的欧莱玛，去说服不论过去的或是现在的国家掌权者。"1803 年，来自印度的穆斯林旅行家米尔扎·阿布·塔利布汗写道："他们的皇帝无权随便杀人，也不得凭着一时的高兴或是感情用事随便赦免罪人。在所有重大事务上，皇帝都有义务要同朝中权贵进行商量，而这些权贵们，由于希望得到提升，或是由于害怕惩罚，一个个全都变得服服帖帖的。"④

包税制的兴起

自 17 世纪开始，在与欧洲基督教诸国的战事中，传统封邑制骑兵的战斗力

① B. 路易斯：《现代土耳其的兴起》，第 468 页。
② Palmer, A., *The Decline and Fall of the Ottoman Empire*, London 1993, pp. 49-50.
③ Zurcher, E. J., *Turkey, A Modern History*, London 1993, p. 11.
④ B. 路易斯：《现代土耳其的兴起》，第 468 页，第 469 页。

明显下降,装备新式火器的雇佣制步兵即近卫军团取代传统骑兵而成为奥斯曼帝国军事力量的核心成分。伴随着军事技术的变革,货币的支付取代土地的赐封成为维持军队的基本形式,封邑制出现衰落的趋势,封邑领有者的人数逐年减少。据相关资料统计,奥斯曼帝国的封邑领有者,1475 年为 6.3 万人,1610年下降为 4.5 万人,1630 年已不足 1 万人。① "为了迅速而便利地取得现金的回转,苏丹没有直接去管理这类土地的赋税,而是采取按照不同的租约和转让方式,把赋税放给别人的办法。"②于是,包税制逐渐取代封邑制,成为奥斯曼帝国开辟财源和聚敛财富进而保证军饷支出的有效手段。包税者大都出自商人阶层,构成联结中央政府与乡村民众的重要纽带。最初,包税者仅仅充当非官方的征税人,征税期限通常为三年,征税标准由中央政府规定。③ 久而久之,包税权逐渐世代相袭,包税者权力范围扩大,控制乡村民众,形成广泛的经济、社会和政治影响,进而构成否定国家土地所有制直至挑战苏丹和帝国政府的潜在隐患。

封邑制的衰落明显削弱苏丹政府对于行省和桑贾克的直接控制,助长奥斯曼帝国地方势力的离心倾向。另一方面,包税制的推行切断了国家与农民之间的联系,农民失去政府提供的保护,逐渐依附于包税人;与此同时,包税人不断扩大其对于土地的支配权和控制权,进而演变为大地产主和乡村的统治者。"在理论上,他们只是作为租约人和租税包收人而占有地产的,但是,日益变得软弱的政府失去对各省的控制权,这些新土地所有者因而能够增多他们占有的土地,并且增强了这种占有的可靠性。在十七八世纪,他们甚至开始篡夺政府的一些职权。"④

商路转移与价格革命

尽管奥斯曼帝国的崛起并非导致新航路开辟的主要原因,1453 年君士坦丁堡陷落导致新航路开辟的观点具有夸大和虚构的成分,然而新航路的开辟对于奥斯曼帝国无疑产生深刻的影响。奥斯曼帝国横跨亚非欧大陆的中央地带,扼守东西方之间传统贸易的十字路口。中国、印度、波斯与基督教欧洲之间的陆路贸易,以及红海、黑海和地中海东部的海上贸易,无不处于奥斯曼帝国的控制

---

① Karpat,K. H. , *Social Change and Politics in Turkey*, p. 35.

② B. 路易斯:《现代土耳其的兴起》,第 471 页。

③ Ochsenwald,W. , *The Middle East*:*A History*, p. 238.

④ B. 路易斯:《现代土耳其的兴起》,第 471 页。

之下。伊斯坦布尔、布尔萨、杜布罗夫斯克、阿勒颇和亚历山大，构成奥斯曼帝国贸易网络的重要枢纽。幅员辽阔的奥斯曼帝国具有巨大的市场需求，东西方之间的过境贸易尤其构成奥斯曼帝国的重要财源。奥斯曼帝国控制陆路贸易，长期采用商旅驼队的贩运方式。欧洲基督教诸国控制海路贸易，主要采用商船贩运货物。新航路的开辟引起世界范围内商路的转移，大西洋成为东西方之间的主要贸易通道。自大西洋经好望角至印度洋的新兴海上贸易，开始挑战奥斯曼帝国控制的传统陆路贸易。尽管如此，基督教欧洲商人经营的海上贸易并未完全取代途经奥斯曼帝国的陆路贸易。"1630 年后，欧洲消费的香料和胡椒肯定已改经大西洋运输，但是丝绸，不久以后的咖啡和药材，再往后的棉花以及印花布或单色布，仍由近东运往欧洲。"[1]

奥斯曼帝国长期实行银本位的货币制度，银币构成奥斯曼帝国的基本货币形式。新航路开辟后，美洲的贵金属，特别是廉价的白银，经欧洲大量流入中东，导致奥斯曼帝国的所谓价格革命。奥斯曼帝国自 16 世纪末开始出现明显的货币贬值。金币与银币的兑换比例，1580 年是 1∶60，1590 年为 1∶120，1640 年为 1∶250。货币贬值导致奥斯曼帝国政府岁入锐减，从 1534 年的 500万杜卡特（金币）下降为 1591 年的 250 万杜卡特。与此同时，小麦的价格在 16世纪上涨 20 倍。[2] 尽管如此，不应过分强调价格革命与奥斯曼帝国衰落之间的必然联系，不应将奥斯曼帝国的衰落简单归结为价格革命的结果。所谓的价格革命缘起于新航路的开辟，价格革命首先影响西欧诸国，继而波及奥斯曼帝国境内，后者所受影响的程度远不及前者，价格革命在西欧诸国和奥斯曼帝国所导致的后果亦迥然不同，进而形成西欧诸国与奥斯曼帝国之间日趋明显的历史落差。

对外战争的败绩

伊斯兰教的传统理论强调社会成员的信仰差异，明确区分穆斯林统治的伊斯兰领土与异教徒统治的战争区域，进而将征服异教徒统治的战争区域视作终极的目标。奥斯曼土耳其人兴起于伊斯兰世界与基督教世界接壤的边疆地带，奥斯曼帝国赖以存在的历史基础在于穆斯林对基督徒发动的圣战和伊斯兰世界的领土扩张，而奥斯曼帝国的衰落直接表现为对外战争的失利与领土的丧

① F. 布罗代尔，《15—18 世纪的物质文明、经济和资本主义》，第三卷，施康强、顾良译，三联书店 1993 年，第 540 页。

② Ochsenwald, W., *The Middle East: A History*, p. 238.

失。17 世纪中叶，奥斯曼帝国在东南欧领有的疆域超过法国和西班牙面积的总和，奥斯曼帝国的军队驻扎在波兰南部的布格河、俄罗斯南部的顿河和第涅伯河沿岸；奥斯曼帝国在亚洲领有的疆域，西起红海，东至扎格罗斯山，北起高加索山区和里海，南至波斯湾；在非洲，埃及和马格里布的穆斯林祝福着伊斯坦布尔的苏丹；在东地中海水域，罗德岛、克里特岛和塞浦路斯的基督徒向奥斯曼帝国称臣纳贡。17 世纪后期，奥斯曼帝国在与欧洲基督教诸国的战争中屡遭败绩。1683 年，奥斯曼帝国军队兵败维也纳城下，匈牙利和贝尔格莱德脱离奥斯曼帝国。与此同时，威尼斯人夺取希腊诸地，俄国军队攻占黑海北岸的亚速。1699 年，奥斯曼帝国苏丹被迫签订卡洛维兹和约，承认波兰对于乌克兰南部的统治权、奥地利对于特兰西瓦尼亚和匈牙利的统治权、威尼斯对于希腊南部的统治权、俄罗斯对于德涅斯特河以北地区的统治权。[①] 卡洛维兹和约的签署，标志着奥斯曼帝国与基督教欧洲之间的关系开始出现明显的变化，奥斯曼帝国对于基督教欧洲的军事态势由主动性的战略进攻转变为被动性的战略防御。

17 世纪，奥斯曼帝国在基督教欧洲的主要战争对象是奥地利的哈布斯堡王朝。进入 18 世纪，哈布斯堡王朝与普鲁士激烈角逐中欧的霸权，奥斯曼帝国与俄国的战争逐渐取代与哈布斯堡王朝的战争，巴尔干半岛、黑海北岸和南高加索地区的领土成为奥斯曼帝国与俄国之间的主要争夺目标。1711 年，彼得大帝率领的俄军进攻奥斯曼帝国，俄军败绩。1768—1773 年，奥斯曼帝国与俄国再次爆发战争，奥斯曼帝国军队败绩，俄军占领布加勒斯特，控制摩尔达维亚和瓦拉几亚，攻入南高加索地区，俄罗斯舰队进入爱琴海水域。1774 年，奥斯曼帝国苏丹被迫与沙皇俄国签订库楚克·开纳吉和约，奥斯曼帝国丧失克里米亚和黑海北岸穆斯林汗国的宗主权，支付 750 万阿克切的战争赔款，俄国获得多瑙河以及黑海、达达尼尔海峡和博斯普鲁斯海峡的航运权，同时俄国政府获准向伊斯坦布尔派驻公使，奥斯曼帝国境内的东正教徒处于俄国政府的保护之下。[②] 对外战争的屡屡失利和疆域的接连丧失，标志着奥斯曼帝国的衰落。

法国是奥斯曼帝国的传统欧洲盟国。自 16 世纪起，奥斯曼帝国与法国建立密切的外交联系，旨在共同反对称霸中欧的哈布斯堡王朝。1740 年，奥斯曼帝国苏丹与法国签署条约，规定法国人可以在奥斯曼帝国境内自由从事贸易、随意旅行和建立教堂，奥斯曼帝国境内的法国人享有治外法权，奥斯曼帝国境内的天主教徒处于法国领事的保护之下。[③] 进入 18 世纪，普鲁士的兴起导致欧

---

① Palmer, A., *The Decline and Fall of the Ottoman Empire*, London 1993, p. 16, p. 13, p. 25.

② 同上，p. 45。

③ Ochsenwald, W., *The Middle East: A History*, pp. 249-250.

洲政治格局的深刻变化,法国与哈布斯堡王朝以及奥斯曼帝国的关系随之发生变化。1798 年,拿破仑率领法军从土伦出发,在亚历山大登陆,继而占领开罗。1799 年,奥斯曼帝国与英国、俄国建立反法联盟。1801 年,驻守埃及的法军向英军投降。[①] 此后,英国成为影响奥斯曼帝国的主要外部势力。奥斯曼帝国统治下的中东,地处英国本土与英属印度之间的重要战略位置。控制英国本土与英属印度之间的贸易通道,以及扩大英国工业品在中东的市场,构成促使英国插足奥斯曼帝国的主要原因。

三、自上而下的新政举措与宪政运动

塞里姆三世与马哈茂德二世的新政举措

奥斯曼帝国的衰落与近代欧洲的崛起两者之间具有内在的逻辑联系。自新航路开辟以来,特别是自工业革命开始,基督教欧洲诸国的现代化进程逐渐启动。相比之下,奥斯曼帝国恪守传统秩序,长期处于相对停滞的状态。由此形成的历史落差,改变着基督教欧洲与奥斯曼帝国之间的力量对比。奥斯曼帝国面临近代欧洲崛起的巨大压力,来自基督教世界的战争威胁促使伊斯坦布尔的苏丹开始推行自上而下的新政。

1789 年,正值法国革命爆发之际,塞里姆三世(1789—1807 年在位)继任奥斯曼帝国苏丹。塞里姆三世即位后,颁布诏书,实行新政,即尼扎姆·贾迪德,旨在扩大苏丹的权力,强化中央集权的政治秩序,克服离心倾向,重建奥斯曼帝国的强盛与辉煌。[②] 塞里姆三世的新政举措,主要是仿照法国模式组建新军,裁减称作"耶尼切里"的近卫军团以及称作"西帕希"的封邑制骑兵。组建新军的直接原因,是奥斯曼帝国与俄国之间的战争需要。塞里姆三世推行新政举措之前,奥斯曼帝国的近卫军团约 15 万人,其中 5 万人驻扎伊斯坦布尔。[③] 1792 年,塞里姆首先组建 600 人的新军,身着欧洲军服,采用欧洲战术,聘请欧洲军官训练。1807 年,新军人数达到 3 万人。[④] 塞里姆三世组建的新军实行薪俸制,装

---

① Yapp,M. E.,*The Making of the Modern Near East 1792-1923*,p. 51.

② Palmer,A.,*The Decline and Fall of the Ottoman Empire*,p. 54.

③ Yapp,M. E.,*The Making of the Modern Near East 1792-1923*,p. 101.

④ Zurcher,E. J.,*Turkey:A Modern History*,p. 24.

备精良,聘请法国军官训练,采用西方战术,分别驻扎于伊斯坦布尔和安纳托利亚。与此同时,塞里姆三世重组御前会议,调整御前会议成员的职责,削减大维齐尔的权力,缩短行省长官的任期,缩小包税范围,设立直接征收赋税的专门机构,扩大财源,筹集军费,创办新式医院和军事学校。[1] 1793 年,塞里姆三世从包税商手中收回约 400 处封邑,实行直接征税。此后,越来越多的封邑处于苏丹的直接控制之下。[2] 塞里姆三世的新政举措,损害了传统的军事贵族、近卫军团、欧莱玛阶层和包税商的既得利益,遭到保守势力的激烈反对。1807 年 5 月,伊斯坦布尔的近卫军团发动兵变,解散新军,罢免塞里姆三世,拥立穆斯塔法四世(1807—1808 年在位)出任苏丹,新政随之夭折。[3]

1808 年 7 月,多瑙河地区的奥斯曼贵族巴拉克塔尔·穆斯塔法帕夏入主伊斯坦布尔,废黜苏丹穆斯塔法四世,拥立新政的重要参与者马哈茂德二世继任苏丹(1808—1839 年在位)。马哈茂德二世当政期间,恢复塞里姆三世时期颁布的新政法令,延续塞里姆三世制定的新政举措,扩大改革的领域。塞里姆三世的新政举措,主要局限于军事层面。相比之下,马哈茂德二世的新政举措,涉及奥斯曼帝国统治制度的诸多领域,包括军队的欧式化、土地制度的非封邑化、政府机构的官僚化和政治生活的世俗化,其中新军的重建构成新政的核心内容。马哈茂德二世首先致力于重建新军,配备新式枪支和火炮,聘用普鲁士军官,采用普鲁士的训练模式。1826 年 5 月,马哈茂德二世与伊斯坦布尔的近卫军团发生冲突;苏丹出动新军镇压近卫军团的反叛,进而解散近卫军团。[4] 1827 年,新军人数达到 2.7 万人,分为 31 个团,其中 10 个团驻守伊斯坦布尔,21 个团驻守行省;每团包括 3 个营,每营包括 8 个连。马哈茂德二世当政后期,新式步兵达到 6.5 万人。[5] 1831 年,苏丹宣布将提马尔收归国有,废除封邑制,全面实行包税制,旨在扩大财源,为重建新军提供必要的经济支持。[6] 与此同时,马哈茂德二世改革奥斯曼帝国传统的官僚机构,设立新的国务会议,下辖陆军部、内务部、外交部、财政部、司法部和瓦克夫事务部,大维齐尔改称首相,起用新官吏,身着欧洲官服,实行薪俸制,旨在强化苏丹的统治,削弱贵族的离心倾向。[7] 此

① Yapp, M. E. , *The Making of the Modern Near East 1792-1923*, p. 100.

② Owen, R. , *The Middle East in the World Economy 1800-1914*, p. 59.

③ Palmer, A. , *The Decline and Fall of the Ottoman Empire*, p. 71.

④ 同上, pp. 73-74, p. 92。

⑤ Shaw, S. J. & Shaw, E. K. , *History of the Ottoman Empire and Modern Turkey*, vol. 2: *Reform, Revolution and Republic: The Rise of Modern Turkey 1808-1975*, Cambridge 2002, p. 24, p. 43.

⑥ Ochsenwald, W. , *The Middle East: A History*, p. 275.

⑦ Shaw, S. J. & Shaw, E. K. , *History of the Ottoman Empire and Modern Turkey*, vol. 2, pp. 36-37.

外,马哈茂德二世改革传统的教育体制,派遣留学生赴西欧诸国学习军事技术,创办包括陆军学校、海军学校和军事医学院在内的新式学校,聘用欧洲教官,采用欧洲教学模式,使用欧洲语言授课,旨在培养新军将领及政府官吏,是为奥斯曼帝国世俗教育的原型。[1] 苏菲派拜克塔什教团长期以来与近卫军团保持密切关系,制约苏丹的权力,构成奥斯曼帝国政治舞台上举足轻重的社会势力。马哈茂德二世解散近卫军团之后,平息拜克塔什教团发动的叛乱,进而取缔拜克塔什教团,没收拜克塔什教团的财产。[2] 1826 年,马哈茂德二世任命伊斯坦布尔的大穆夫提作为欧莱玛的最高宗教首领,同时规定瓦克夫事务部掌管欧莱玛控制的宗教地产,剥夺欧莱玛的经济自主权,由国家向欧莱玛发放俸禄,宣布教育部和司法部分别掌管学校教育和司法审理,将欧莱玛纳入苏丹控制的国家体系,进而开辟奥斯曼帝国世俗化进程的先河。[3]

花厅御诏与坦泽马特时代的改革

阿卜杜勒·马吉德(1839—1861 年在位)即位之际,正值穆罕默德·阿里在埃及的势力日渐强大,开罗与伊斯坦布尔之间矛盾加剧,奥斯曼帝国急需得到欧洲列强的支持,遏制穆罕默德·阿里的领土扩张。1839 年 11 月,大维齐尔穆斯塔法·雷什德帕夏以苏丹的名义颁布敕令,史称“花厅御诏”。“花厅御诏”的内容包括:1. 保障苏丹臣民的生命、荣誉和财产;2. 废除包税制,实行直接征税制;3. 采用征兵制,明确限定服役期限;4. 打破宗教界限,强调权利分配的世俗原则,即帝国臣民无论信仰何种宗教,皆享有同等的法律地位。[4] 奥斯曼帝国颁布的“花厅御诏”,无疑包含自由平等的法律原则和世俗化的政治倾向。自由平等的法律原则,来源于西方近代的宪政思想。奥斯曼帝国内部诸多民族和宗教群体日趋高涨的反抗运动,构成法律地位之平等思想的社会基础。“花厅御诏”颁布的目的,在于缓解奥斯曼帝国境内的社会矛盾,争取西方列强的支持,进而遏制穆罕默德·阿里的离心倾向。西方列强要求改善基督徒的地位和对基督徒提供保护所形成的压力,亦是促使奥斯曼帝国颁布“花厅御诏”的重要原因。1839 年“花厅御诏”的颁布,标志着奥斯曼帝国进入坦泽马特时代(1839—1876年)。“坦泽马特”是土耳其语“改革”一词的音译。坦泽马特时代沿袭和发展塞

---

① Zurcher,E. J. , *Turkey:A Modern History*, p. 46.

② Shaw,S. J. & Shaw,E. K. , *History of the Ottoman Empire and Modern Turkey*, vol. 2, p. 20.

③ Zurcher,E. J. , *Turkey:A Modern History*, p. 42.

④ Khater,A. F. , *Sources in the History of the Modern Middle East*,Boston 2004, pp. 12-13.

里姆三世和马哈茂德二世的新政举措,强化奥斯曼帝国的中央集权构成坦泽马特时代的历史主题,大维齐尔穆斯塔法·雷什德帕夏以及福阿德帕夏和阿里帕夏主持的最高波尔特成为奥斯曼帝国的核心政治机构。[①]

阿卜杜勒·马吉德即位后,扩充新军,打破宗教界限征募士兵,组建五个军团,军队将领由中央任命,隶属伊斯坦布尔的苏丹,不再从属于地方行政长官,哥萨克人、鞑靼人、土库曼人和库尔德人构成辅助性的军事力量。新军配备普鲁士制造的枪支和火炮,由普鲁士军官训练。1869年,重组新军,第一军驻扎伊斯坦布尔,第二军驻扎多瑙河流域的萨姆拉,第三军驻扎蒙纳斯迪尔,第四军驻扎安纳托利亚的厄尔祖鲁姆,第五军驻扎大马士革,第六军驻扎巴格达,第七军驻扎也门;每军26500人,包括6个步兵团、4个骑兵团和2个炮兵团。[②]

阿卜杜勒·马吉德按照欧洲国家的政府模式改组奥斯曼帝国的政府机构,在国务会议之外增设司法会议,实现行政与司法的权力分割。[③] 与此同时,阿卜杜勒·马吉德规定成立地方议会,议会成员包括地方官员、欧莱玛以及选举产生的穆斯林和非穆斯林的民众代表,隶属各级行政长官,负责商讨诸如道路和桥梁的建设、税收、农业生产、商业贸易以及民众的诉求。1864年,奥斯曼帝国援引法国的行政区划颁布法令,将全国划分为27个行省(维拉耶特),下辖州(利沃或桑贾克)、县(卡扎)和乡(纳希耶),行省总督由苏丹任命。[④]

传统的伊斯兰教理论,坚持沙里亚的神圣地位,否认世俗的立法权,同时强调穆斯林与非穆斯林之间的信仰差异和法律界限。坦泽马特时代,奥斯曼帝国在沿袭传统法律框架的同时,开始尝试世俗的立法实践,引进世俗法律,进而形成伊斯兰教法与世俗法律并存的二元体系,穆斯林与非穆斯林之间的法律界限和法律地位的差异逐渐淡化。根据伊斯兰教法,叛教者应处以死刑;1844年,该项法律被苏丹废除。1855年,奥斯曼帝国宣布废除征收于非穆斯林的人丁税,代之以数量相同的代役税。奥斯曼帝国于1850年从法国引入商法,1863年制定海上贸易法,进而启动世俗立法的先河。1867年,奥斯曼帝国颁布法律,允许外国人在帝国境内购置土地。1869年,奥斯曼帝国建立世俗性质的混合法庭,负责审理涉及非穆斯林的法律诉讼。[⑤] 坦泽马特时代,奥斯曼帝国的法庭除沙

① Zurcher,E. J. , *Turkey:A Modern History*, p. 60.

② Shaw,S. J. & Shaw, E. K. , *History of the Ottoman Empire and Modern Turkey*, vol. 2, pp. 85-86.

③ Zurcher,E. J. , *Turkey:A Modern History*, p. 61.

④ Shaw,S. J. & Shaw, E. K. , *History of the Ottoman Empire and Modern Turkey*, vol. 2, pp. 84-85.

⑤ Zurcher,E. J. , *Turkey:A Modern History*, p. 64.

里亚法庭依旧由卡迪主持之外，刑事法庭、商业法庭和上诉法庭均由穆斯林法官和非穆斯林法官共同主持，具有明显的世俗色彩。[①] 世俗法律的制定和世俗法庭的创建，开始打破欧莱玛在司法领域的垄断地位，构成坦泽马特时代世俗化改革的重要内容。与此同时，非穆斯林即吉玛人内部亦经历世俗化的过程，世俗法律逐渐取代宗教法律，基督教和犹太教的教士阶层地位随之下降，米勒特制度趋于瓦解。[②]

坦泽马特时代，教育领域出现明显的世俗化倾向。奥斯曼帝国于1846年创办公共教育会议，1847年改称公共学校部，1866年成立公共教育部。1869年，奥斯曼帝国颁布公共教育法，宣布12岁以下的儿童实行强制性教育，采用现代教育方式，规定在帝国境内的乡村和城市普遍设立不同层次的世俗学校，其中500人以上的村庄设立称作"鲁斯迪耶"的四年制初级学校，千人以上的市镇设立称作"伊达迪"的三年制中等学校，省城设立称作"苏塔尼耶"的高等学校，同时创办女子学校，面向穆斯林和非穆斯林招收学生，教育经费纳入政府预算。初级学校开设宗教、语言、算术、历史、地理等课程，中等学校开设逻辑、经济、地理、历史、数学、工程、物理、化学、绘图等课程，高等学校开设人文科学、外语、经济、国际法、自然科学、工程技术。奥斯曼帝国的第一所高等学校成立于伊斯坦布尔的加拉塔区，采用法语和法国教学方式。此外，美国、奥地利、法国、英国、德国和意大利在奥斯曼帝国境内相继创办教会学校，其中多数为初级学校，亦有少量中等学校，采用西方教学模式，学生主要来自非穆斯林的米勒特。克里米亚战争期间，奥斯曼帝国仅有世俗小学60所，学生3371人，均为男生。1867年，世俗小学增至1.1万所，男性学生24万，女性学生13万。1895年，世俗初级学校达到2.9万所，男性学生64万，女性学生25万。另据相关统计，1895年，世俗中等学校的学生为3.5万，世俗高等学校的学生为0.5万，军事学校的学生为1.7万。1895年，奥斯曼帝国总人口1900万，包括穆斯林1400万和非穆斯林500万，各类学校的学生总数为130万，其中世俗学校的学生人数约90万。[③] 世俗教育的发展，形成对于宗教教育的挑战，国家权力随之在教育领域逐渐延伸。

坦泽马特时代的新政，主要局限于上层建筑领域，触及封建社会经济基础的改革举措尚不明确。1839年颁布的"花厅御诏"强调推行税制改革，废除包税

① Shaw, S. J. & Shaw, E. K., *History of the Ottoman Empire and Modern Turkey*, vol. 2, p. 89.

② Zurcher, E. J., *Turkey: A Modern History*, p. 64.

③ Shaw, S. J. & Shaw, E. K., *History of the Ottoman Empire and Modern Turkey*, vol. 2, p. 108, pp. 112-113.

制,统一税收标准,缩小免税范围。然而,税制改革进展缓慢,政府岁入并无明显的增加,农民亦未摆脱税吏的盘剥。[1] 奥斯曼帝国政府尽管鼓励投资工业,兴办新式工厂,然而步履维艰,成效甚微。1857 年,奥斯曼帝国颁布移民法,向来自境外的移民分配国有土地,其中定居鲁梅利亚的移民 6 年免纳土地税,定居安纳托利亚的移民 12 年免纳土地税,领有土地的移民 20 年内不得出售土地或离开土地,必须保证土地处于耕作的状态,成为苏丹的农民。[2] 1858 年,苏丹颁布农业法,明确土地所有权,将所有土地划分为五种类型,即称作米里的国有土地、称作穆勒克的私人地产、称作瓦克夫的宗教地产、称作米特鲁卡的公共土地和称作麦乌特的荒地,将原有的各种土地税合并为收成百分之十的什一税,扩大租种国有土地的农民的经营自主权,直至赋予农民对于所租种土地的交易权,旨在鼓励农业生产。[3] 农业法的实施,加速了土地所有制的非国有化进程。然而,由于技术落后,工具简陋,加之局势动荡,战乱频繁,奥斯曼帝国的农业生产长期处于停滞不前的状态。

宪政运动

青年奥斯曼党形成于坦泽马特时代后期相对宽松的政治环境,是奥斯曼帝国历史上最早出现的现代意义的政治组织,其社会基础来自具有世俗教育背景和现代自由理念的知识分子和政治精英。青年奥斯曼党具有泛奥斯曼主义的思想倾向,指责"花厅御诏"和坦泽马特时代的世俗化改革屈从西方列强的压力、背离伊斯兰教的信仰和出卖奥斯曼帝国的主权,进而试图突破坦泽马特时代的政治框架,倡导宪政主义、民族主义和爱国主义,强调伊斯兰教的意识形态与西方现代文明之间的包容性,强调伊斯兰国家理论与西方自由主义的结合,主张通过君主立宪实现苏丹制与民众政治参与的结合,通过宪法的方式限制官僚机构的权力和保护民众的利益,将选举产生的议会作为实施宪法和实现不同米勒特之政治联合的必要载体,呼吁保卫奥斯曼帝国的领土、维护奥斯曼帝国的统一和重振奥斯曼帝国的辉煌。[4]

纳米克·凯末尔 1840 年出生于奥斯曼帝国的贵族家庭,曾经担任报刊撰稿人,后来由于与政府不睦而一度流亡欧洲,深受法国启蒙运动时期思想家孟

① Shaw, S. J. & Shaw, E. K., *History of the Ottoman Empire and Modern Turkey*, vol. 2, p. 96.

② 同上,vol. 2, p. 115。

③ Gerber. H., *The Social Origins of the Modern Middle East*, p. 67.

④ Atasoy, Y., *Turkey, Islamists and Democracy*, London 2005, p. 25.

德斯鸠和卢梭的影响。纳米克·凯末尔作为青年奥斯曼党的代表人物,持自由主义和爱国主义的政治立场,反对坦泽马特时代的苏丹热衷于模仿西方体制而无视奥斯曼帝国传统和伊斯兰教信仰的新政举措,强调现代西方的自由民主与早期伊斯兰教的政治理念具有一致性,倡导回归伊斯兰教的政治原则和民众主权的政治理念,主张制定宪法和实行选举,建立代议制政府,保障公民权益。[1]纳米克·凯末尔声称:"人民的主权,意味着政府的权力来自人民……它是由每个个人天然具有的独立性中必然会产生出来的一种权利","每个人都是他自己那个世界的皇帝[2],"我们唯一真正的宪法是伊斯兰法典……奥斯曼帝国是建立在宗教原则之上的,如果违背了这些原则,国家的政治生存将处于危险之中。"[3]1865年,纳米克·凯末尔等人建立秘密政治组织爱国者联盟,亦称青年奥斯曼党。[4] 1865年以后,纳米克·凯末尔与来自埃及的奥斯曼王室成员穆斯塔法·法吉勒等人在伦敦、巴黎和日内瓦从事政治活动,创办报刊,发表时局评论,阐述青年奥斯曼党的思想纲领,反对奥斯曼政府。1871年,纳米克·凯末尔等人返回伊斯坦布尔,宣传自由与宪政思想,倡导英法模式的议会制度,屡遭苏丹政府的迫害。[5] 青年奥斯曼党的出现,标志着奥斯曼帝国政治生活的崭新模式初露端倪,具有深远的政治影响。青年奥斯曼党阐述的政治思想,提供了宪政运动的理论框架。

阿卜杜勒·哈米德(1876—1909年在位)于1876年8月继任苏丹后,指定青年奥斯曼党的重要成员米扎特帕夏主持召开立宪会议。立宪会议包括28名成员,其中政府官员16名,欧莱玛10名,军官2名。10月,立宪会议制定议会草案,颁布临时选举法。12月,奥斯曼帝国历史上的第一部宪法即1876年宪法正式公布。1876年宪法的颁布,"至少在理论上标志着奥斯曼帝国从独裁君主制转变为立宪君主制。在奥斯曼帝国600年的历史上,苏丹不再享有绝对的权力,民众分享的政府权力得到承认,尽管这样的权力可能受到种种的限制"[6]。奥斯曼帝国颁布的1876年宪法以1831年比利时宪法和1850年普鲁士宪法作为蓝本,包括12章119款。1876年宪法规定,成立由上议院和下议院组成的两院制议会,上议院议员由苏丹任命,终身任职,下议院议员选举产生,每5万名男性国民选举1名下议院议员,任期4年,上议院议员的人数不得超过下议院

---

① Zurcher,E.J.,*Turkey:A Modern History*,p.71.

② B.路易斯:《现代土耳其的兴起》,第153页。

③ R.H. 戴维森:《从瓦解到新生》,第102页。

④ Zurcher,E.J.,*Turkey:A Modern History*,p.72.

⑤ Palmer,A.,*The Decline and Fall of the Ottoman Empire*,p.136.

⑥ Devereux,R.,*The First Ottoman Constitutional Period*,Baltimore 1963,p.47,p.59,p.15.

议员人数的三分之一；全体议员必须宣誓效忠苏丹和遵守宪法；内阁提交的法案和预算首先由下议院审议，然后由上议院审议，直至获得苏丹的批准；议员不得同时担任政府公职。根据 1876 年宪法，苏丹拥有广泛的权力，包括召集和解散议会、任免政府大臣、批准议会制定的法律、统率军队、对外宣布战争与缔结和约；苏丹具有哈里发的身份，是伊斯兰教的保卫者和沙里亚的监护者，处于神圣不可侵犯的地位，不对任何他人或机构负责。1876 年宪法规定，奥斯曼帝国是不可分割的整体，帝国境内的所有臣民皆称作奥斯曼人且处于平等的法律地位和享有同等的权利，司法独立，保障人权和人身自由，保护私有财产，伊斯兰教是帝国的国教，其他宗教受帝国政府的保护，土耳其语为官方语言。1876 年宪法规定，内阁对苏丹负责，内阁首相及其他成员由苏丹任免；大维齐尔主持内阁会议，内阁决议须经苏丹批准方可生效。[1] 1877 年 1 月，奥斯曼帝国举行第一次议会选举，穆斯林获得 71 个席位，基督徒获得 44 个席位，犹太人获得 4 个席位；苏丹任命 26 名上议院议员，其中 21 人为穆斯林。1877 年 3 月，召开第一届议会；6 月，苏丹阿卜杜勒·哈米德宣布解散第一届议会。1877 年 11 月，奥斯曼帝国举行第二次议会选举，穆斯林获得 64 个席位，基督徒获得 43 个席位，犹太人获得 6 个席位。同年 12 月，第二届议会在伊斯坦布尔召开。[2]

1876 年宪法的颁布和立宪君主制政体的建立，史称奥斯曼帝国的第一次宪政运动。1876 年宪法无疑包含诸如自由、平等、选举、议会、司法独立和权力制约等现代政治要素。然而，1876 年宪法强调苏丹的权力与臣民的义务，至于苏丹的责任和臣民的权利则缺乏明确的规定。1877 年 3 月召开的第一届议会与苏丹政府处于合作的政坛；议长由苏丹阿卜杜勒·哈米德提名保守派人士艾哈迈德·瓦菲克担任，议会俨然是苏丹政府的口舌，反对派议员的声音微乎其微。相比之下，1877 年 12 月召开的第二届议会与苏丹政府之间的关系出现明显的变化；议长由议员选举自由派人士哈桑·法赫米担任，议会讨论具有浓厚的民主氛围，反对派占据议会的多数席位，苏丹政府的诸多政策遭到反对派议员的激烈抨击。1878 年 2 月，苏丹阿卜杜勒·哈米德宣布议会休会。[3]

1876 年宪法规定，"倘若苏丹解散议会，新的议会必须在六个月之内召开"，"宪法条款不得以任何借口予以中止"[4]。然而，自 1878 年起的三十年间，议会停止召开，宪法如同一纸空文，宪政制度名存实亡，苏丹阿卜杜勒·哈米德作为

---

[1] Hamilton,A. , *The Middle East Problem* , London 1909, pp. 367-392.

[2] Devereux,R. , *The First Ottoman Constitutional Period* , p. 144, p. 108, p. 115.

[3] 同上，p. 150, p. 236。

[4] R. H. 戴维森：《从瓦解到新生》，第 111 页。

拥有绝对权力的专制君主,长期统治奥斯曼帝国。与此同时,苏丹的宫廷取代大维齐尔主持的最高波尔特,成为奥斯曼帝国的权力中心。最高波尔特下辖警察部、内务部、外交部、宗教部、军事部、司法部、财政部、教育部、贸易与公共工程部,作为奥斯曼帝国的内阁,处于从属宫廷的地位,成为苏丹实行独裁统治的御用工具。[1]

四、传统经济社会秩序的解体

1800 年前后奥斯曼帝国的经济社会结构

1800 年前后的奥斯曼帝国,尽管衰落征兆逐渐显现,对外战争屡遭败绩,依然统治着巴尔干半岛、安纳托利亚和阿拉伯世界的广大地区。奥斯曼帝国的人口数量并无准确的统计,然而瘟疫、饥荒、战争、移民无疑是影响奥斯曼帝国人口数量的主要因素。根据相关资料的推测,奥斯曼帝国的总人口在苏莱曼当政期间约为 1200 万,16 世纪末增至 2200 万。[2] 1800 年前后,奥斯曼帝国的总人口约为 2500—3000 万[3],其中巴尔干半岛约有人口 900 万,安纳托利亚约有人口 600 万;在阿拉伯世界,埃及约有人口 350 万,马格里布约有人口 450 万,叙利亚约有人口 175 万,伊拉克约有人口 125 万,阿拉伯半岛约有人口 100 万。[4] 奥斯曼帝国的不同地区在人口密度方面表现为明显的不均衡状态。巴尔干地区的人口密度是安纳托利亚地区人口密度的两倍,安纳托利亚地区的人口密度是新月地带人口密度的三倍,阿拉伯半岛长期处于地广人稀的状态,人口密度不及安纳托利亚的五分之一。[5]

1800 年前后奥斯曼帝国的经济生活,依旧处于农本社会和个体生产的历史阶段。奥斯曼帝国约 85% 的人口生活在乡村,农业构成奥斯曼帝国的基本经济部门,土地税直至 19 世纪中叶依然是奥斯曼帝国首要的岁入来源,约占奥斯曼

① Shaw, S. J. & Shaw, E. K., *History of the Ottoman Empire and Modern Turkey*, vol. 2, pp. 216-217.

② Inalcik, H., *An Economic and Social History of the Ottoman Empire*, vol. I: 1300-1600, p. 29.

③ Quataert, D., *The Ottoman Empire 1700-1922*, Cambridge 2005, p. 112.

④ Yapp, M. E., *The Making of the Modern Near East 1792-1923*, p. 11.

⑤ Quataert, D., *The Ottoman Empire 1700-1922*, p. 112.

帝国财政岁入的 40%。① 在理论上,土地税占农作物收成的十分之一。然而,实际情况千差万别,征纳的数额取决于国家控制的程度。② 农民普遍沿袭休耕和轮种的耕作技术,采用家庭耕作的传统方式,农具简陋,技术落后,粗放经营,自给自足。③ 奥斯曼帝国传统农业的典型作物是以谷物为主的粮食作物。冬小麦构成最重要的粮食作物,秋季播种,春季收割。夏季作物种类繁多,水稻、亚麻、棉花、烟草、甘蔗和咖啡在诸多地区广泛种植。④ 在安纳托利亚高原东部以及阿拉伯世界的诸多地区,游牧经济广泛存在。

　　村社组织和部族群体作为中东地区的古老传统在奥斯曼帝国境内长期延续,农民普遍生活于具有浓厚血缘色彩和封闭倾向的村社和部族之中。村社首领和部族长老控制水源的分配和耕地的使用,在一定的范围内行使征纳赋税和仲裁纠纷的职责,构成联结国家与农民的中间环节。农民作为土地的耕作者,依附于村社首领和部族长老,处于村社和部族的保护之下。分成制是中东地区由来已久的租佃方式,地主与农民根据耕地、水源、劳动力、农具和种子五项要素划分农作物的收成。农民主要缴纳实物地租,同时承担一定的劳役,货币地租尚不多见。⑤ 国家所有制的土地制度,以及村社和部族对于土地的共同占有权,排斥着农民支配土地的个人权利。

　　1800 年前后的奥斯曼帝国沿袭传统的贸易模式,贸易活动包括地方贸易、区域贸易和国际贸易三种类型。地方贸易构成最重要的贸易活动,经营者大都系小商人和手工业者,通常采用实物交易的方式。区域贸易系奥斯曼帝国境内不同地区之间的贸易,如安纳托利亚与埃及的贸易、埃及与叙利亚的贸易、伊斯坦布尔与其粮食供应地之间的贸易,往往采用集市贸易的方式。国际贸易包括中东与欧洲之间的贸易以及中东与中亚、印度等地之间的贸易,后者的重要性超过前者,红海和波斯湾构成国际贸易的主要通道。根据欧洲旅行家的记述,18 世纪末,埃及与奥斯曼帝国其他地区之间的贸易占埃及对外贸易的 45%,埃及与红海地区的贸易占埃及对外贸易的 35%,埃及与欧洲之间的贸易占埃及对外贸易的 14%。奥斯曼帝国与欧洲之间的贸易主要通过四条路线,即通过里海和黑海与俄国之间的贸易,通过巴尔干地区与奥地利之间的贸易,通过地中海与西欧之间的贸易。⑥

①　Quataert,D. , *The Ottoman Empire 1700-1922* , p. 130.
②　Owen,R. , *The Middle East in the World Economy 1800-1914* , p. 11.
③　Yapp,M. E. , *The Making of the Modern Near East 1792-1923* , p. 18.
④　Owen,R. , *The Middle East in the World Economy 1800-1914* , p. 40.
⑤　Yapp,M. E. , *The Making of the Modern Near East 1792-1923* , p. 17.
⑥　同上,p. 29。

1800 年前后,奥斯曼帝国约 15％的人口生活在 1 万人以上的城市。[1] 另据相关资料的统计,1800 年前后,安纳托利亚的主要城市伊斯坦布尔约有人口 75 万,伊兹密尔约有人口 10 万,布尔萨约有人口 5 万,安卡拉、厄尔祖鲁姆和科尼亚亦有相当数量的城市人口;埃及 10％的人口生活在开罗、艾斯尤特、马哈拉、坦塔、罗赛达、迪米耶塔、亚历山大等城市,叙利亚 20％的人口生活在大马士革、阿勒颇、霍姆斯、哈马、耶路撒冷、的黎波里等城市,伊拉克 15％的人口生活在巴格达、摩苏尔、希拉、巴士拉等城市。一些研究者甚至认为,1800 年前后中东的城市人口比例高于同时期的基督教欧洲。[2] 奥斯曼帝国的城市手工业普遍采用行会的经营方式。据欧洲旅行家的记述,1801 年的开罗有至少 74 个手工业行会。城市主要的手工业部门包括食品加工业、纺织业、建筑业、金属加工业、制革业和木材加工业。行会作坊设备简陋,资金匮乏。[3]

1800 年前后奥斯曼帝国的社会结构呈现为马赛克镶嵌的状态,定居社会与游牧世界、城市与乡村、贵族与平民处于不同的社会地位,诸多的社会群体利益各异,穆斯林与非穆斯林之间的信仰差异尤其构成划分社会群体的首要因素。奥斯曼帝国境内的穆斯林主要分布于安纳托利亚和阿拉伯地区,基督徒大都分布于巴尔干地区;奥斯曼帝国征服以后,在阿尔巴尼亚、波斯尼亚、克里特和保加利亚,为数众多的基督徒改奉伊斯兰教。[4] 相当数量的穆斯林分布于巴尔干地区的波斯尼亚和阿尔巴尼亚以及马其顿和色雷斯,安纳托利亚和阿拉伯世界亦有少量的基督徒。奥斯曼帝国境内的穆斯林大都属于逊尼派,巴尔干半岛、安纳托利亚、叙利亚和伊拉克分布着少量的什叶派穆斯林,苏菲教团的影响遍及城市和乡村的各个角落。[5] 基督徒划分为诸多教派,其中东正教的信众人数居多,形成伊斯坦布尔、安条克、耶路撒冷和亚历山大四大主教区。

西方列强的贸易扩张

奥斯曼帝国地处亚非欧大陆的核心区域,长期控制东西方之间的贸易通道。然而,奥斯曼土耳其人具有尚武的传统,热衷于圣战事业,鄙视商业。欧洲基督教商人以及奥斯曼帝国境内的亚美尼亚人、犹太人和希腊人,成为沟通奥斯曼帝国与西方基督教世界之间贸易交往的重要纽带。1536 年,奥斯曼帝国与

① Zurcher,E. J. , *Turkey:A Modern History* , p. 11.

② Owen,R. , *The Middle East in the World Economy 1800-1914* , p. 24.

③ Yapp,M. E. , *The Making of the Modern Near East 1792-1923* , p. 23.

④ Miller,W. , *The Ottoman Empire 1801-1913* , Cambridge 1913, p. 21.

⑤ Zurcher,E. J. , *Turkey:A Modern History* , p. 13.

法国签署通商条约,伊斯坦布尔的苏丹赐予法国商人在奥斯曼帝国境内享有自由贸易权和治外法权即领事裁判权。此后,欧洲基督教诸国竞相效尤,与奥斯曼帝国签署一系列享有同样特权的通商条约。

鼎盛时期的奥斯曼帝国,无疑是建立在农本社会基础之上的东方传统文明。自塞里姆三世和马哈茂德二世推行新政开始,奥斯曼帝国逐渐形成西化的色彩和重商主义的倾向,奥斯曼帝国与欧洲基督教诸国之间的贸易交往明显扩大。坦泽马特时代,正值欧洲经济的繁荣阶段。1838 年,英国与奥斯曼帝国签署商务协约,规定奥斯曼帝国政府从英国进口货物按 5% 征收关税,出口则按 12% 征收关税。此后,其他西方国家亦从奥斯曼帝国政府获得类似的贸易优惠。奥斯曼帝国与欧洲基督教诸国之间的贸易额,1783 年约合 440 万英镑,1845 年约合 1220 万英镑,1876 年约合 5400 万英镑。安纳托利亚港口城市伊兹密尔与法国港口城市马赛之间的进出口贸易额,1750 年为 985 万法郎,1850 年增至 6726 万法郎,1881 年达到 3.2 亿法郎。[①] 另据估计,1840 年奥斯曼帝国的出口产品约占国内生产总量的 4%—5%,1870 年奥斯曼帝国的出口产品约占国内生产总量的 7%—8%。[②] 1800—1900 年,安纳托利亚、埃及、叙利亚和伊拉克的对外贸易额增长 10 倍,年贸易额从不足 1000 万英镑增至超过 1 亿英镑。[③]

19 世纪以前奥斯曼帝国与欧洲基督教世界之间的传统贸易,主要是中东地区手工业制品的输出以及包括伊朗、印度在内的东方物产的贩运,来自奥斯曼帝国以及伊朗、印度的纺织品、金属器皿、纸张、玻璃、蔗糖、丝绸、香料畅销于欧洲市场。进入 19 世纪,奥斯曼帝国与欧洲基督教世界之间的贸易模式经历逆向的变化,中东地区的农作物出口和欧洲基督教世界的工业品在奥斯曼帝国市场的倾销呈明显上升的趋势。欧洲基督教世界的工业品和所谓的殖民地产品即来自西印度群岛的咖啡、甘蔗,主要经过伊斯坦布尔、伊兹密尔、亚历山大,以及叙利亚沿海城市伊斯肯德伦、拉塔基亚、的黎波里、贝鲁特、西顿、阿克,或经过巴尔干半岛和多瑙河,进入奥斯曼帝国境内。[④]

1800 年以前,来自马赛的法国商人控制中东与欧洲之海路贸易的一半以上,尤其是在利凡特地区的进出口贸易领域独占鳌头。[⑤] 法国商人主要经营法国毛纺织品出口中东的贸易;与英国的高档毛纺织品相比,法国的毛纺织品价

① Karpat,K. H. , *Social Change and Politics in Turkey*, pp. 39-40.

② Zurcher,E. J. , *Turkey:A Modern History*, p. 51.

③ Owen,R. , *The Middle East in the World Economy 1800-1914*, p. 287.

④ 同上, pp. 51-52。

⑤ 第一次世界大战以前,地中海东部沿岸地区通称利凡特。

格低廉,在利凡特地区具有广阔的市场。随着拿破仑战争结束后欧洲政治格局的变化,特别是英国工业革命完成以后,法国的贸易优势逐渐丧失,英国商人开始控制欧洲与中东的海路贸易,进而导致英国工业品在中东市场的倾销,棉纺织品成为英国商业扩张的主要工具。以利凡特地区为例,1816 年即拿破仑战争结束后的第一年,英国在利凡特的出口额约为 30 万英镑,其中 19 万英镑系棉纺织品;1818 年,英国在利凡特的出口额增至 80 万英镑,其中棉纺织品 55 万英镑。[①] 1828—1831 年,英国向奥斯曼帝国出口的棉纺织品增长 10 倍;1835—1855 年,英国向奥斯曼帝国出口的棉纺织品再次增长 10 倍。[②] 1850 年,英国出口安纳托利亚的商品总额为 252 万英镑,其中棉纺织品占 198 万英镑;英国出口叙利亚的商品总额为 30 万英镑,其中棉纺织品占 27 万英镑。伊斯坦布尔和伊兹密尔是奥斯曼帝国境内最重要的英国工业品集散地,安纳托利亚则是奥斯曼帝国境内最重要的英国工业品市场。19 世纪中叶,英国出口奥斯曼帝国的商品中 75％销往安纳托利亚的市场。与此同时,英国工业品经过利凡特港口城市贝鲁特,进入叙利亚腹地的大马士革和阿勒颇,直至销往伊拉克市场。[③]

穆斯林商人通常经营奥斯曼帝国境内的地方贸易和区域贸易,国际贸易处于基督教商人和犹太人的控制之下。奥斯曼帝国与欧洲基督教世界之间贸易交往的扩大,导致奥斯曼帝国境内欧洲移民人数的增长。埃及的亚历山大和利凡特地区的沿海城市,俨然是欧洲人在中东伊斯兰世界新的家园。奥斯曼帝国境内的欧洲移民一方面与欧洲银行保持密切的信贷联系,另一方面与土著商贩建立密切的商业联系,成为中东伊斯兰世界与欧洲基督教世界之间贸易交往的纽带和桥梁。与此同时,欧洲基督教世界在奥斯曼帝国境内的私人投资均呈明显上升的趋势,私人投资的领域主要是铁路、公路、港口和银行以及其他与出口联系的公共部门。

坦泽马特时代的新政举措,特别是组建新军和扩充官僚机构,耗资巨大,奥斯曼帝国财政入不敷出。由于与西方贸易的不断扩大,奥地利、法国和俄国的货币充斥于奥斯曼帝国的市场,成为帝国境内重要的交换媒介,货币贬值作为缓解财政危机的传统方式逐渐淘汰。亚美尼亚商人开办的银行尽管向苏丹政府提供借贷,然而数额有限,且需支付高额利息。1851 年,大维齐尔拉希德帕夏与英法政府签署借贷 5500 万法郎的债务协议,遭到苏丹的否决。1854 年,奥斯曼帝国迫于克里米亚战争的需要,与英国签署债务协议,首开向西方列强举债

① Owen,R. , *The Middle East in the World Economy 1800-1914* , pp. 83-85.

② Issawi,C. , *The Economic History of the Middle East 1800-1914* , Chicago 1966 , p. 49.

③ Owen,R. , *The Middle East in the World Economy 1800-1914* , pp. 85-86.

的先例。[①] 此后 20 年间,奥斯曼帝国政府 13 次签署债务协议,至 1875 年债务总额达到 2.42 亿英镑。[②] 1876 年阿卜杜勒·哈米德即位时,奥斯曼帝国财政岁入的 80% 用于偿还外债,政府财政濒临崩溃的边缘。[③] 1881 年,奥斯曼帝国允准成立奥斯曼债务管理局,由来自英、法、德、意和奥匈等国的外国债务人代表组成的理事会领导该机构,负责管理以税收作为基础的帝国岁入,偿还公共债务。奥斯曼债务管理局充当奥斯曼帝国政府与西方债权国及投资者的中介机构,旨在维护西方债权国和投资者的利益。[④] 奥斯曼债务管理局的建立,严重损害了奥斯曼帝国的主权。

市场化进程的启动

19 世纪的奥斯曼帝国,尽管经济活动依旧建立在个体农业的基础之上,然而农作物的种植结构无疑经历着剧烈的变化。奥斯曼帝国与欧洲基督教世界之间贸易交往的扩大,为中东地区的农产品提供了广阔的市场。西方列强的贸易扩张和工业品倾销的直接结果,是奥斯曼帝国农产品出口的急剧增长。赋税和地租的货币化亦是加速农产品市场化进程的重要因素。与此同时,农作物播种的区域性分工日益明显。在奥斯曼帝国境内的地中海沿岸地区,特别是安纳托利亚西部、叙利亚和黎巴嫩山区,面向流通领域和国际市场的经济作物播种面积不断扩大,棉花、生丝、甘蔗、烟草、鸦片产量呈明显的上升趋势,农业生产的市场化程度随之逐渐提高。相比之下,奥斯曼帝国的内陆地区普遍播种粮食作物,依旧维持自给自足的传统经营模式,农业生产的市场化程度低下,由此形成与沿海地区农业经营模式的明显差异。[⑤]

中东地区农业市场化程度的提高和农作物出口的增长,在相当长的时期内并非通过改善农业技术、改进经营方式和增加农业投资,而是在大多数情况下依旧采取传统的生产技术和经营方式,主要依靠耕地的扩大和劳动力投入的增加,延续传统的小生产模式。尽管如此,交换关系的扩大刺激着农民的生产积极性,大规模的垦殖运动和耕地面积的增加则是农作物市场化程度提高的逻辑

① Owen,R., *The Middle East in the World Economy 1800-1914*, p. 100.

② Yapp,M. E., *The Making of the Modern Near East 1792-1923*, p. 31.

③ Shaw,S. J. & Shaw, E. K., *History of the Ottoman Empire and Modern Turkey*, vol. 2, p. 221.

④ Keyder,C., *State and Class in Turkey*, London 1987, pp. 39-40.

⑤ Issawi,C., *An Economic History of the Middle East and North Africa*, New York 1982, pp. 30-32.

结果。另一方面,国家土地所有制以及村社和部族的土地共同占有权日渐式微。尤其是 1858 年奥斯曼帝国土地法颁布以后,私人土地所有制呈上升趋势,私人地产明显扩大,越来越多的土地作为商品进入流通领域,导致乡村社会的剧烈分化。无地农民日渐增多,沦为雇佣劳动力。

西方列强的贸易扩张和西方工业品倾销的另一结果,是奥斯曼帝国传统手工业的衰落。"奥斯曼工业的总衰退,在时间上可以一直回溯到 19 世纪初期,当时的土耳其也像其他许多国家一样,正经受着不断扩张的欧洲工业资本主义的冲击,势如潮涌的大量廉价工业品不断流入土耳其市场。进口货中最重要的是纺织品,老式的土耳其棉业和丝业织造者因而受到了打击。其他进口货物包括铁器、刀、时钟、纸张和食糖,而对于这些东西,土耳其的地方工业照样无法与西方竞争。"[1]至 19 世纪后期,奥斯曼帝国逐渐沦为西方工业国的农产品供应地和工业品市场,传统手工业濒临崩溃的边缘。城市的行会组织尽管长期延续,然而其传统的经济社会职能逐渐丧失。市场化程度的提高排斥着行会经济的垄断地位,政府机构的完善否定着行会原有的社会影响。随着乡村家庭手工业规模的扩大和城市行会手工业的衰落,工业生产与行会组织的同一状态逐渐消失。[2]

马哈茂德二世当政期间,开始创办现代工业,主要生产军需品。阿卜杜勒·马吉德即位后,从欧洲引进技术和设备,现代工业进一步扩大。奥斯曼帝国的早期现代工业,大都分布在巴尔干半岛、伊斯坦布尔和安纳托利亚西部以及利凡特地区,萨洛尼卡、伊兹密尔、贝鲁特和伊斯坦布尔成为奥斯曼帝国现代工业的中心所在,产品主要满足国内市场的需求。[3] 布尔萨是奥斯曼帝国的丝织业中心,1845 年开始出现瑞士人经营的丝织企业,采用蒸汽动力,至 1876 年,采用蒸汽动力的丝织企业超过 14 家。伊兹密尔有地毯编织厂多家,雇佣工人千余人,另有面粉厂、榨油厂、玻璃工厂、造纸厂、棉纺厂、织布厂,大都由西方商人投资兴办。1853 年,黎巴嫩有丝织企业 9 家,产品销往法国。1861 年颁布的矿产法,结束政府对于矿产开采的垄断,允许私人投资开采。此后,西方商人投资采矿业,奥斯曼帝国境内的矿产资源随之流向欧洲基督教世界。[4]

① B. 路易斯:《现代土耳其的兴起》,第 482 页。
② Quataert,D. , *The Ottoman Empire 1700-1922* , p. 134.
③ 同上,p. 135。
④ Shaw,S. J. & Shaw,E. K. , *History of the Ottoman Empire and Modern Turkey*, vol. 2, p. 123.

人口的增长与新旧秩序的更替以及现代化的进程之间具有内在的逻辑联系。1800 年以前,奥斯曼帝国的人口增长长期处于停滞的状态,甚至出现一定程度的下降趋势。1800—1914 年,奥斯曼帝国的人口呈持续增长的趋势,人口年增长率约为 1‰,其中 19 世纪后期的人口增长速度超过 19 世纪前期。[1] 根据相关资料的统计,1800—1914 年,安纳托利亚地区的人口从 650 万增至 1470万;伊拉克的人口 1860 年仅 120 万,1914 年达到 320 万。[2] 另据资料统计,1800—1900 年,叙利亚和黎巴嫩的人口从 30 万增至 240 万,巴勒斯坦的人口从30 万增至 60 万。[3] 经济社会环境的改善以及瘟疫和灾荒的减少,是导致人口增长的基本原因。

另一方面,奥斯曼帝国的人口分布出现明显的变化,城市人口在总人口中所占的比例呈持续上升的趋势。1800—1914 年,奥斯曼帝国境内的主要城市伊斯坦布尔从 40 万人增至 110 万人,伊兹密尔从 10 万人增至 30 万人,安卡拉从20 万人增至 40 万人,贝鲁特从 0.6 万人增至 15 万人,耶路撒冷从 1 万人增至 8万人,巴格达从 5—10 万人增至 15 万人,巴士拉从 0.4 万人增至 2 万人。[4] 另据统计,1850—1900 年,阿勒颇从 7.7 万人增至 9 万人,海法从 0.1 万人增至0.5万人,雅法从 2 万人增至 4 万人,大马士革从 5 万人增至 8 万人。[5] 此外,奥斯曼帝国境内的游牧人口与定居人口亦经历着此消彼长的变化过程,农田的扩大与牧场的减少成为 19 世纪奥斯曼帝国经济生活的突出现象。在安纳托利亚、叙利亚和伊拉克,游牧部落的活动范围逐渐缩小。

直至 1800 年,奥斯曼帝国依然沿袭古老的交通运输模式,内陆运输普遍依靠商旅驼队,帆船航行于尼罗河、幼发拉底河和底格里斯河以及奥斯曼帝国的周边海域。进入 19 世纪,随着西方列强的贸易扩张和中东市场化进程的启动,奥斯曼帝国在交通运输领域经历革命性的剧烈变革。现代交通运输体系的初步建立,明显加速着人流和物流的运动,进而构成推动奥斯曼帝国经济生活市场化进程和瓦解传统社会之封闭状态的重要杠杆。

奥斯曼帝国境内最早出现的现代交通工具是西方制造的蒸汽船。19 世纪20 年代初,蒸汽船首先出现于多瑙河流域。1828 年,第一艘蒸汽船抵达伊斯坦

---

① Yapp,M. E. , *The Making of the Modern Near East 1792-1923* , p. 14.

② Issawi, C. , *An Economic History of the Middle East and North Africa* , p. 94.

③ Grunwald,K. & Ronall,J. O. , *Industrialization in the Middle East* , New York 1960, p. 39.

④ Issawi, C. , *An Economic History of the Middle East and North Africa* , p. 101.

⑤ Grunwald,K. & Ronall,J. O. , *Industrialization in the Middle East* , p. 41.

布尔,奥斯曼帝国与西地中海之间的定期航线随之开通。① 30 年代,蒸汽船进入底格里斯河和幼发拉底河水域。19 世纪后期,蒸汽船的平均排水量达到 1000 吨,相当于传统帆船排水量的 10－20 倍。② 1895 年,奥斯曼帝国共有各种船只 50000 余艘,其中蒸汽船约 3000 艘。1905 年,奥斯曼帝国的各种船只总数增至 6900 万艘,其中蒸汽船达到 4800 余艘。③ 19 世纪 60 年代,在抵达伊斯坦布尔港的各类船只中,传统帆船是蒸汽船的 4 倍;1900 年,在抵达伊斯坦布尔港的各类船只中,传统帆船仅占 5％。④ 随着蒸汽船的广泛使用,港口建设有了长足的进步,伊斯坦布尔、伊兹密尔、贝鲁特、伊斯肯德伦、亚丁、巴士拉成为奥斯曼帝国现代航运的重要枢纽。⑤ 1830－1913 年,进入贝鲁特港的船只吨位从 4 万吨增至 170 万吨,进入伊兹密尔港的船只吨位从 1.5 万吨增至 220 万吨,进入巴士拉港的船只吨位从 1 万吨增至 40 万吨;伊斯坦布尔作为东地中海沿岸最重要的港口,1913 年进港船只吨位达到 400 万吨。⑥

　　19 世纪奥斯曼帝国在交通运输领域最重要的变化是铁路的开通。如果说蒸汽船的出现标志着航运领域的革命,进而影响着奥斯曼帝国沿海地区的经济社会生活,那么铁路的开通标志着陆路运输的革命,进一步密切了广袤的内陆世界与沿海地区之间的经济社会联系。奥斯曼帝国境内的铁路始建于克里米亚战争之后。1866 年,自伊兹密尔通往安纳托利亚内陆的铁路动工兴建。伊斯坦布尔至维也纳的铁路始建于 1868 年,1888 年完工。⑦ 阿卜杜勒·马吉德当政期间,奥斯曼帝国境内的铁路通车里程达到 452 公里,分布于巴尔干半岛和安纳托利亚西南部。1874 年,比利时人巴龙·德·希尔什主持建成著名的东方铁路,自伊斯坦布尔经埃迪尔内至索非亚,全长 560 公里;1888 年,东方铁路经贝尔格莱德延伸至奥地利边境。自伊斯坦布尔通往东方的铁路,1873 年到达伊兹米特,1892 年到达安卡拉,1896 年到达科尼亚,1914 年与巴格达铁路相连,直至到达波斯湾,是为名闻遐迩的中东铁路。⑧ 1892 年,法国商人和英国商人分别投资兴建耶路撒冷至雅法的铁路和大马士革至阿克的铁路,是为叙利亚最早

---

　　① Ochsenwald,W. , *The Middle East:A History*, p. 277.

　　② Quataert,D. , *The Ottoman Empire 1700-1922*, p. 119.

　　③ Shaw, S. J. & Shaw, E. K. , *History of the Ottoman Empire and Modern Turkey*, vol. 2, p. 228.

　　④ Quataert,D. , *The Ottoman Empire 1700-1922*, p. 120.

　　⑤ Yapp,M. E. , *The Making of the Modern Near East 1792-1923*, p. 27.

　　⑥ Issawi, C. , *An Economic History of the Middle East and North Africa*, p. 48.

　　⑦ Yapp,M. E. , *The Making of the Modern Near East 1792-1923*, p. 26.

　　⑧ Shaw,S. J. & Shaw, E. K. , *History of the Ottoman Empire and Modern Turkey*, vol. 2, p. 121.

的铁路。1908 年，自大马士革至麦地那的希贾兹铁路建成通车，全长 1320 公里。① 铁路是西方投资的重要领域，奥斯曼帝国境内的铁路主要由英国、法国和德国承建。19 世纪末 20 世纪初，铁路投资占法国在奥斯曼帝国境内投资总额的 62％，占德国在奥斯曼帝国投资总额的 86％。1911 年，奥斯曼帝国共有铁路 4000 英里，从事铁路运输者 1.3 万人，运送旅客 1600 万人，运送货物 260 万吨。其中，巴尔干半岛 1054 公里的铁路运送 800 万旅客，安纳托利亚 1488 公里的铁路运送旅客 700 万人。相比之下，在地广人稀的阿拉伯诸省，1488 公里的铁路仅运送旅客 90 万人。②

智力的觉醒

奥斯曼帝国的西化进程，首先表现为法国对于奥斯曼社会的广泛影响。一方面，奥斯曼帝国的统治者热衷于法国文化，追求法国的生活方式，引进郁金香等法国花卉，采用法国的建筑风格，身着法国服饰，尤其是学习法国的军事技术和聘请法国军官训练新军。另一方面，法国革命期间形成的政治思想传入奥斯曼帝国，开始挑战伊斯兰世界的传统政治理论。伊斯兰世界的传统政治理论，强调统治者的权力与臣民的义务；统治者应当遵循公正的原则，所谓的仁政构成理想的政治模式；臣民理应履行相应的义务，至于臣民拥有的权利则无足轻重抑或无从谈起。阿拉伯语中曾有如下的格言："如果哈里发为人公正，那是他的赏赐而你应该表示感谢。如果哈里发为人不公正，那是他的罪过而你应该保持耐心。"③伊斯兰世界的传统政治理念，由此可见一斑。所谓的"自由"在传统社会是相对于"奴隶"的法律概念，在现代社会则是与"公民权"密切相关的政治概念。1789 年爆发的法国革命，赋予"自由"一词以崭新的政治内涵，主权在民成为自由的前提和保障，自由主义成为反对人身依附之封建思想的理论工具，宪政和代议制政府成为民众向往的政治典范，而民族主义则成为巴尔干地区诸多基督教民族反抗苏丹统治和争取民族独立的意识形态，尤其是助长了希腊人和塞尔维亚人的民族解放运动。继巴尔干地区基督教诸民族之后，阿拉伯世界亦以民族主义作为反抗奥斯曼帝国统治和争取独立的革命意识形态。

奥斯曼帝国最早的印刷业，源于 15 世纪末 16 世纪初巴叶济德二世当政期

① Issawi,C. , *The Fertile Crescent 1800-1914*：*A Documentary Economic History*，Oxford 1988，p. 220，p. 222.

② Quataert,D. , *The Ottoman Empire 1700-1922*，p. 123，p. 125.

③ B. 路易斯：《现代土耳其的兴起》，第 141 页。

间来自西班牙的犹太移民建立的印刷所。"印刷术似乎是在 1492 年西班牙驱逐犹太人之后,由西班牙的犹太难民带到中东地区。"①然而,在奥斯曼帝国,印刷术的传播与火器的传播经历了不同的道路;火器的引进旨在用于圣战的实践,印刷术的引进则与异教思想的出现密切相关。因此,当来自西班牙的犹太人请求巴叶济德二世准许在土耳其建立印刷所时,巴叶济德二世吩咐犹太人只能印刷希伯莱文字和欧洲文字而不得印刷土耳其文字和阿拉伯文字。1727 年,伊斯坦布尔出现第一家穆斯林经营的土耳其文印刷所。1796 年,伊斯坦布尔开始发行法文报纸。1824 年,伊兹米特开始发行法文报纸。1831 年,苏丹马哈茂德二世在伊斯坦布尔创办第一份土耳其文周报,发布政府法令和官方消息。②19 世纪后期,苏丹政府对于印刷业的限制逐渐放松。1883 年,伊斯坦布尔有印刷所 54 家;1908 年,伊斯坦布尔的印刷所增至 99 家。③ 19 世纪下半叶,伊斯坦布尔和其他主要城市的印刷所出版图书约 3 千种,其中宗教类图书 390 种,诗歌类图书 356 种,语言类图书 255 种,历史类图书 184 种,小说类图书 175 种,政府公报 135 种,科学类图书 77 种,数学类图书 76 种,经济和财政类图书 23 种。1840—1860 年,英国记者威廉·丘吉尔创办中东的第一份民间报纸,打破官方的新闻垄断。④ 奥斯曼帝国最早的报纸,发行于 1840 年,近似于官方的政府公报。1862 年,奥斯曼帝国出现第一种民间发行的报纸,具有自由主义和爱国主义的色彩,包含对于政府的温和批评,至 60 年代末趋于激进。⑤ 在现代化的进程中,报纸和出版业成为传播自由主义和立宪思想的载体和工具。阿卜杜勒·哈米德当政期间,报纸种类增加,发行范围扩大。然而,由于严格的审查制度,自由主义、民族主义和宪政主义以及批评政府的内容受到明显的限制,传统主义和伊斯兰主义的宣传以及科学和文化的内容占据报纸的主要版面。此外,19 世纪 30 年代以前,欧莱玛控制的宗教学校构成奥斯曼帝国的主要教育载体。兼设传统宗教课程与现代世俗课程的官办穆斯林学校始建于 1839 年,标志着奥斯曼帝国现代教育的初露端倪。1856 年,奥斯曼帝国颁布法令,允许非穆斯林进入官办学校接受教育。阿卜杜勒·哈米德当政期间,创办新式学校多达 1 万所。⑥

① B. 路易斯:《中东:激荡在辉煌的历史中》,第 12 页。

② Shaw,S. J. & Shaw,E. K. , *History of the Ottoman Empire and Modern Turkey*, vol. 2, p. 35.

③ B. 路易斯:《现代土耳其的兴起》,第 199 页。

④ Shaw,S. J. & Shaw, E. K. , *History of the Ottoman Empire and Modern Turkey*, vol. 2, pp. 128-129.

⑤ Zurcher,E. J. , *Turkey:A Modern History*, pp. 70-71.

⑥ Atasoy,Y. , *Turkey,Islamists and Democracy*, pp. 28-29.

五、从青年土耳其党革命到奥斯曼帝国的灭亡

青年土耳其党革命

塞里姆三世和马哈茂德二世推行的新政举措以及 19 世纪中叶的坦泽马特运动,始终围绕着完善中央集权的鲜明主题,旨在强化伊斯坦布尔的专制独裁和遏制地方势力的离心倾向,进而维持奥斯曼土耳其人对于诸多被征服民族的封建统治。在奥斯曼帝国之多元民族构成的特定历史条件下,民族主义运动的高涨成为民众反抗专制独裁和争取自由民主的首要形式。

19 世纪的奥斯曼帝国,民族矛盾与宗教矛盾错综交织。伊斯坦布尔的苏丹政府始终面临而无法解决的严重问题,是在西方列强的冲击和干预下帝国境内欧洲省区非穆斯林臣民日益高涨的民族主义浪潮。19 世纪初,奥斯曼帝国苏丹统治下的东南欧地区,包括希腊、保加利亚、塞尔维亚、波斯尼亚、黑塞哥维那、门德内哥罗、摩尔达维亚和瓦兰几亚,面积约 24 万平方公里,人口约 800 万。1804 年,塞尔维亚人发动起义,首开东南欧地区民族解放运动的先例;1815 年,苏丹被迫承认塞尔维亚人作为奥斯曼帝国的臣民享有自治的权力,允许塞尔维亚人拥有武装和自行征税。1821 年,希腊人发动起义,争取独立是希腊人起义的宗旨;伊斯坦布尔的苏丹不得不依靠埃及军队的介入,平定希腊人的起义。1827 年,英国、法国和俄国介入希腊战争;1829 年,苏丹被迫签署埃迪尔内条约,承认希腊独立,给予摩尔达维亚和瓦兰几亚(即罗马尼亚)公国以及塞尔维亚部分地区的自治权,并且将巴尔干东部地区割让给俄国。19 世纪 60—70 年代,罗马尼亚、塞尔维亚、门德内哥罗、波斯尼亚、保加利亚和帖萨罗尼加诸地相继独立。1878 年,奥斯曼帝国与英国、法国、俄国、奥匈帝国、意大利、德国的代表召开柏林会议,签署条约,宣布罗马尼亚、塞尔维亚和门德内哥罗永远脱离奥斯曼帝国,保加利亚在承认奥斯曼帝国苏丹之宗主权的前提下获得自治地位。[①] 至 19 世纪 90 年代,马其顿和亚美尼亚成为奥斯曼帝国境内民族宗教矛盾的焦点。

自 19 世纪中叶开始,反对专制独裁和争取自由民主的政治倾向在奥斯曼帝国的统治民族即土耳其人中逐渐萌生,青年奥斯曼党的政治实践和 1876 年宪法的颁布可谓奥斯曼帝国历史上宪政运动的最初尝试。1878 年,阿卜杜勒·

---

① Miller, W., *The Ottoman Empire 1801-1913*, p. 16, p. 49, p. 56, p. 72, p. 79, p. 103, p. 389.

哈米德解散议会,镇压立宪派。此后 30 年间,奥斯曼帝国的极权政治达到顶峰,苏丹的独裁权力明显膨胀,阿卜杜勒·哈米德则被视作血腥的暴君。"他企图恢复最后的东方式的专制来巩固自己的权力。他的帝国中的每一个自由的思想活动都在萌芽时就被扼杀。"[①]阿卜杜勒·哈米德的高压政策,导致宪政倾向与独裁统治之间的矛盾日趋激化,政治革命的客观形势逐渐成熟。

1887 年,帝国医学院的六名学生首创统一与进步协会。1889 年即法国革命 100 周年之际,统一与进步协会的成员、阿尔巴尼亚裔的穆斯林伊卜拉欣·特莫在伊斯坦布尔发起创立激进的反对派政治组织奥斯曼统一协会,秘密宣传宪政思想。[②] 此后,由于苏丹政府的迫害,奥斯曼统一协会的许多成员流亡国外,继而在热那亚和巴黎成立统一与进步委员会,西方人称之为青年土耳其党,继续反对苏丹政府,艾哈迈德·礼萨是该组织的核心成员。[③] 青年土耳其党主张恢复 1876 年宪法,召开新的议会,建立真正意义的君主立宪制,捍卫奥斯曼帝国。

青年土耳其党内部包括诸多的政治群体,具有不同的政治背景和政治倾向,倡导不同的斗争方式,分别在伦敦、巴黎、热那亚、布加勒斯特和埃及从事政治活动,发行各自的报刊。穆罕默德·穆拉德·埃芬迪等人强调泛伊斯兰主义的意识形态,寻求与苏丹的政治妥协,主张温和的改良运动。1897 年,穆罕默德·穆拉德·埃芬迪等人接受苏丹政府的劝说,从欧洲返回伊斯坦布尔,脱离青年土耳其党。1902 年,青年土耳其党人在巴黎召开奥斯曼自由主义者大会,参加者包括土耳其人、亚美尼亚人、阿尔巴尼亚人、阿拉伯人、库尔德人等,呼吁恢复 1876 年宪法,实现奥斯曼帝国臣民的平等地位和领土主权的完整。不久,青年土耳其党内部再次分裂。艾哈迈德·礼萨坚持恢复议会选举,限制苏丹权力,通过议会君主制的形式保障公民权益,实现自由和民主的政治目标。从伊斯坦布尔逃亡巴黎的奥斯曼皇室成员萨巴赫丁创立奥斯曼自由主义者协会,主张争取欧洲列强的支持和介入,通过军事政变推翻苏丹政权,实现奥斯曼帝国境内的广泛民族自治。

1905 年日俄战争之后,俄国召开立法会议,启动宪政进程。1906 年,波斯爆发宪政运动,颁布宪法。国际形势的变化加快了奥斯曼帝国的政治反对派的行动步伐,青年土耳其党在奥斯曼帝国军队中的影响迅速扩大。包括穆斯塔法·凯末尔在内的少数军官在大马士革成立自由与祖国协会,马其顿则是奥斯

---

① C. 布罗克尔曼:《伊斯兰各民族与国家史》,第 431 页。

② Shaw, S. J. & Shaw, E. K., *History of the Ottoman Empire and Modern Turkey*, vol. 2, p. 256.

③ Zurcher, E. J., *Turkey: A Modern History*, p. 91.

曼帝国境内反对派政治势力的主要活动区域。1906 年,自由与祖国协会并入青年土耳其党在撒罗尼卡创立的奥斯曼自由协会,进而以驻守马其顿的第三军和驻守埃迪尔内的第二军作为争取对象,并与巴黎的反对派组织建立联系。1908 年初,青年土耳其党各个分支在巴黎召开会议,就基本政治纲领达成一致。1908 年 7 月,奥斯曼自由协会在撒罗尼卡发动兵变,迫使苏丹承诺恢复中断 30 年之久的议会选举,由此开始了奥斯曼帝国历史上的第二次宪政运动,史称"青年土耳其党革命"[①]。

1908 年 9 月,青年土耳其党在伊斯坦布尔召开代表大会,通过政治纲领。青年土耳其党的政治纲领,沿袭第一次宪政运动的基本思想,强调议会君主制的政治目标和泛奥斯曼主义的意识形态,进而确立第二次宪政运动的基本框架。青年土耳其党人声称:"专制政府已经消失。从此以后,我们都是兄弟。再也没有保加利亚人、希腊人、罗马尼亚人、犹太人和穆斯林的区分;在同一片蓝天下,我们是平等的,我们为自己是奥斯曼人而自豪。"[②]根据青年土耳其党的政治纲领,内阁应当对议会负责而不再对苏丹负责,内阁如果失去下议院多数议员的支持则应当辞职;苏丹任命上议院三分之一的议员而不是全部议员,其余三分之二的上议院议员选举产生;民众不仅有权组建经济性的社会团体,而且有权组建符合宪法的政治团体。[③] 1908 年 10 月,奥斯曼帝国举行议会选举,议员来自穆斯林和基督徒的不同教派以及犹太人,分别属于奥斯曼帝国境内的诸多民族。在议会 275 个席位中,土耳其人占 142 个席位,阿拉伯人占 60 个席位,阿尔巴尼亚人占 25 个席位,希腊人占 23 个席位,亚美尼亚人占 12 个席位,犹太人占 5 个席位,保加利亚人占 4 个席位,塞尔维亚人占 3 个席位,弗拉其人占 1 个席位。[④] 同年 12 月,奥斯曼帝国议会在伊斯坦布尔召开,艾哈迈德·礼萨当选为议长。1909 年 4 月 13 日,保守派在伊斯坦布尔发动兵变,撤换内阁首相以及部分青年土耳其党军官,罢免艾哈迈德·礼萨的议长职务,恢复伊斯兰教法。[⑤] 统一与进步委员会成员被逐出伊斯坦布尔,马其顿成为青年土耳其党人的主要据点。4 月 24 日,驻守马其顿的第三军团司令穆罕默德·谢夫凯特率军占领伊斯坦布尔,平息保守派发动的兵变,废黜阿卜杜勒·哈米德,推举阿卜杜勒·哈米德的胞弟雷沙德出任苏丹,是为穆罕默德五世(1908—1918 年在位)。[⑥]

①   Miller,W., *The Ottoman Empire 1801-1913*, p. 475.

②   同上, p. 476。

③   Hamilton, A., *The Middle East Problem*, pp. 55-57.

④   Karpat,K. H., *Studies on Ottoman Social and Political History*, p. 560.

⑤   Macfie, A. L., *The End of the Ottoman Empire 1908-1923*, London 1998, p. 46.

⑥   Palmer,A., *The Decline and Fall of the Ottoman Empire*, p. 209.

与 1876 年宪法相比,1909 年宪法在沿袭第一次宪政运动的基本框架即实行君主立宪政体和捍卫奥斯曼帝国领土完整的同时,明确限制苏丹的权力,集中体现青年土耳其党的政治纲领。根据 1909 年宪法,议会采取两院制,包括上议院和下议院;上议院议员中三分之一由苏丹指定,终身任职,上议院另外三分之二的议员和下议院议员选举产生,任期 4 年;取消苏丹将所谓危害国家安全者驱逐出境的权力。1909 年宪法进一步保障公民权利,规定 20 岁以上的帝国公民皆享有选举权而不受财产资格的限制,公民享有结社的权利。1909 年宪法扩大议会权力,规定内阁对议会负责而不再对苏丹负责,议会行使充分的立法权而无需苏丹的批准。[1]

1909－1913 年奥斯曼帝国政治生活的突出现象,是诸多政党的相继建立和新旧政治势力在议会展开的激烈角逐。1911 年 11 月,包括自由党、改革党、人民党在内的诸多政党以及来自希腊、亚美尼亚、阿尔巴尼亚、保加利亚的反对派议员组建自由联盟,进而同统一与进步协会分庭抗礼。1913 年 1 月,陆军大臣恩维尔、内务大臣塔拉特和海军大臣杰马尔发动政变,建立军事独裁,取缔反对派政党,统一与进步协会作为唯一的合法政党,占据议会 275 个席位中的 269 个席位。[2] 1913－1918 年,青年土耳其党军官成为奥斯曼帝国政治生活的主导力量。青年土耳其党执政期间,致力于国家职能的强化,苏丹的统治名存实亡,传统宗教势力遭到进一步的排斥。1916 年,伊斯坦布尔的大穆夫提退出内阁。1917 年,宗教法庭划归司法部管辖,宗教学校划归教育部管辖,宗教地产划归瓦克夫事务部管辖。[3] 与此同时,青年土耳其党政府致力于发展民族经济,并且试图通过扩大对外贸易的方式改善与西方列强的关系。然而,修改不平等条约和提高关税的谈判无果而终,贷款的要求亦遭到拒绝。奥斯曼帝国与西方列强之间的尖锐矛盾,导致青年土耳其党政府倾向于民族主义和国家干预的经济政策。1914 年 9 月,青年土耳其党政府宣布废除旧的不平等条约,取消奥斯曼帝国苏丹给予西方列强的领事裁判权。1917 年,成立国家信贷银行,资金 400 万奥斯曼镑,股权属于奥斯曼帝国臣民,用于支持民族工业。[4]

奥斯曼帝国的终结

青年土耳其党执政时期,奥斯曼帝国进一步解体。1908 年 10 月,保加利亚

---

① 周南京、梁英明:《近代亚洲史资料选辑》下册,商务印书馆 1985 年,第 124－126 页。

② Macfie, A. L. , *The End of the Ottoman Empire 1908-1923* , p. 77.

③ Zurcher, E. J. , *Turkey:A Modern History* , p. 125.

④ Karpat, K. H. , *Turkey's Politics:The Transiton to A Multi-Party System* ,Princeton 1959, p. 31.

独立,奥匈帝国吞并波斯尼亚和黑塞哥维那,克里特岛纳入希腊版图。1909年,阿尔巴尼亚爆发起义,脱离奥斯曼帝国。1911年,意大利占领奥斯曼帝国在北非的属地利比亚。1912—1913年,包括塞尔维亚、保加利亚、希腊和门德内哥罗在内的巴尔干同盟与奥斯曼帝国之间爆发战争;1913年5月,交战双方签署伦敦协议,奥斯曼帝国在东南欧的属地丧失殆尽。① 与此同时,奥斯曼帝国人口锐减,从1897年的约4000万人下降为1914年的1850万人。②

　　1914年,奥斯曼帝国卷入第一次世界大战,青年土耳其党政府与德国、奥匈帝国组成同盟国,对抗协约国。③ 1916年,协约国拟定瓜分奥斯曼帝国领土的赛克斯—皮克特协议,,其中安纳托利亚高原东部的厄尔祖鲁姆、特拉比宗、比特利斯和凡湖地区划归俄国,安纳托利亚高原南部的阿达纳、西里西亚和叙利亚地区划归法国,地中海东岸的海法、阿克和新月地带的伊拉克划归英国,安纳托利亚高原西南部的伊兹密尔、安塔利亚和科尼亚划归意大利。④ 与此同时,俄国和英国政府分别煽动奥斯曼帝国境内的亚美尼亚人和阿拉伯人发动叛乱。1918年10月,奥斯曼帝国战败投降,青年土耳其党政府垮台,青年土耳其党领袖恩维尔、塔拉特和杰马尔出逃,苏丹穆罕默德六世(1918—1922年在位)与协约国签署摩德洛斯停战和约。根据摩德洛斯和约,奥斯曼帝国解散军队,割让除伊斯坦布尔以外的所有欧洲领土,达达尼尔海峡和博斯普鲁斯海峡实行非军事化,伊兹密尔由希腊管理,协约国控制奥斯曼帝国财政税收以及铁路、航运和通讯线路。摩德洛斯和约第7款规定,协约国有权在认为必要的情况下占领奥斯曼帝国的任何地区;摩德洛斯第27款规定,协约国有权对于亚美尼亚人地区进行武力干涉。⑤ 摩德洛斯和约签署以后,英、法、意军占领伊斯坦布尔,进驻安纳托利亚高原及色雷斯,奥斯曼帝国苏丹俯首称臣。1919年5月,希腊军队在伊兹密尔登陆,进而向安纳托利亚高原腹地挺进,试图占领安纳托利亚高原西部,建立环爱琴海的希腊东正教帝国,奥斯曼帝国往日的辉煌成为远去的历史。⑥

---

① Macfie, A. L. , *The End of the Ottoman Empire 1908-1923*, p. 72.

② Shaw, S. J. & Shaw, E. K. , *History of the Ottoman Empire and Modern Turkey*, vol. 2, pp. 239-241.

③ Macfie, A. L. , *The End of the Ottoman Empire 1908-1923*, p. 119.

④ Palmer, A. , *The Decline and Fall of the Ottoman Empire*, p. 237.

⑤ Macfie, A. L. , *The End of the Ottoman Empire 1908-1923*, p. 173.

⑥ Palmer, A. , *The Decline and Fall of the Ottoman Empire*, p. 248.

第六章 波斯的复兴与
伊朗的现代化进程

一、波斯的复兴

萨法维王朝的嬗变

萨法维家族系库尔德血统,操阿扎里语①,自称先知穆罕默德和什叶派伊玛目穆萨·卡兹姆的后裔,自塞尔柱时代起生活在阿塞拜疆地区。萨法维家族的祖先萨菲·丁(? —1334 年)长期追随逊尼派穆斯林的苏非派长老扎西德·吉拉尼,1301 年在伊朗西北部城市阿尔达比勒创立苏非派萨法维教团。此后,萨法维家族的宗教影响逐渐扩大,追随萨法维家族的穆斯林来自阿塞拜疆以及叙利亚北部和安纳托利亚东部诸多地区,突厥血统的土库曼人乌斯塔吉鲁部落、卢姆鲁部落、沙姆鲁部落、祖尔加迪尔部落、塔卡鲁部落、阿夫沙尔部落和恺伽部落则是萨法维教团的主要支持者。② 15 世纪中叶,萨法维教团与白羊王朝建立联盟,致力于在特拉比宗和格鲁吉亚一带对基督徒发动圣战,进而介入政治领域的权力角逐。帖木儿帝国解体以后伊朗高原的混乱状态,尤其是黑羊王朝与白羊王朝的对抗,成为萨法维家族问鼎政坛的重要条件。伊朗西北部和安纳托利亚东南部的土库曼人部落和苏非教团,成为萨法维家族的重要支持者。③ 1501 年,伊斯马仪(1501—1524 年在位)率领长期追随萨法维教团的乌斯塔吉

---

① 阿扎里语系流行于阿塞拜疆的突厥语分支。

② Holt,P. M. , Lambton, A. K. S. & Lewis,B. , *The Cambridge History of Islam*, vol. 1A, pp. 394-395.

③ Ochsenwald,W. , *The Middle East：A History*, p. 216.

鲁等七个土库曼人部落即凯兹巴什①进军阿塞拜疆和亚美尼亚,在沙鲁尔战役中击败白羊王朝的军队,进而占领大不里士,自称"伊斯马仪沙",建立萨法维王朝。② 1503—1510 年,伊斯马仪沙相继征服安纳托利亚高原东部、伊拉克、伊朗高原东部的呼罗珊直至阿姆河左岸地区,初步奠定萨法维王朝的疆域基础。③

1524 年伊斯马仪沙死后,其子塔赫马斯普(1524—1576 年在位)即位。此后 10 年间,卢姆鲁部落、塔卡鲁部落和沙姆鲁部落酋长把持朝政,相互倾轧,至 1533 年权力复归塔赫马斯普。1534 年,奥斯曼帝国的军队攻入大不里士和吉兰,占领巴格达。1555 年,萨法维王朝与奥斯曼帝国签署协议,伊拉克被纳入奥斯曼帝国的版图。④ 由于萨法维王朝与奥斯曼帝国之间战事不断,塔赫马斯普将首都自阿塞拜疆的大不里士迁往厄尔布尔士山南麓的加兹温,以避奥斯曼帝国的攻势。1576 年塔赫马斯普死后,凯兹巴什先后拥立伊斯马仪二世(1576—1577 年在位)和穆罕默德·胡达班达(1577—1587 年在位)即位,萨法维王朝再次陷于内忧外患之中。1588 年,塔赫马斯普之孙阿拔斯(1588—1629 年在位)即位,内乱趋于平息。1597 年,萨法维王朝的首都从加兹温移至伊朗中部的伊斯法罕。⑤ 1602 年,萨法维王朝击败乌兹别克人,收复马什哈德和哈拉特,重新占领呼罗珊,兵抵巴勒黑。1605—1607 年,萨法维王朝的军队经过征战,收复阿塞拜疆和格鲁吉亚。1623 年,萨法维王朝的军队占领巴格达、摩苏尔和迪亚巴克尔。与此同时,萨法维王朝的军队击败莫卧尔人,占领坎大哈,夺取巴林,控制波斯湾沿岸,将葡萄牙人赶出霍尔木兹海峡。⑥ 至 1629 年阿拔斯去世时,萨法维王朝的统治达到顶峰,其疆域北起里海,南至波斯湾,西部边境与奥斯曼帝国接壤,东部边境与莫卧尔帝国毗邻。

阿拔斯的嫡孙萨菲·米尔扎即萨菲一世(1629—1642 年在位)当政期间,萨法维王朝与奥斯曼帝国战事再起。1638 年,奥斯曼帝国的军队攻陷巴格达,莫卧尔人重新占领坎大哈。1639 年,萨法维王朝与奥斯曼帝国签订祖哈卜条约,伊拉克纳入奥斯曼帝国的版图,扎格罗斯山成为奥斯曼帝国与萨法维王朝的政

① 凯兹巴什系波斯语,意为戴红头巾的战士,特指操突厥语的什叶派十二伊玛目派的苏菲教团成员。

② Holt,P. M., Lambton, A. K. S. & Lewis, B., *The Cambridge History of Islam*, vol. 1A, p. 398.

③ Cleveland,W. L., *A History of the Modern Middle East*, p. 52.

④ Ochsenwald,W., *The Middle East : A History*, p. 218.

⑤ Holt,P. M., *Lambton, A. K. S. & Lewis*, B., The Cambridge History of Islam,vol. 1A, p. 494, p. 417.

⑥ Ochsenwald,W., *The Middle East : A History*, p. 221.

治分界线。[①] 1642 年阿拔斯二世(1642—1666 年在位)即位后,萨法维王朝再度经历短暂的繁荣。苏莱曼(1667—1694 年在位)和侯赛因(1694—1722 年在位)当政期间,宫廷财政拮据,王权衰微,凯兹巴什酋长势力坐大,教界上层亦常与萨法维王朝分庭抗礼,萨法维王朝逐渐衰落。1722 年,阿富汗人马哈茂德自坎大哈起兵西进,攻陷伊斯法罕。1722—1729 年,伊朗处于阿富汗人的统治之下。1729 年,来自呼罗珊的阿夫沙尔部落首领纳迪尔沙取代阿富汗人,建立阿夫沙尔王朝,都于马什哈德,统治伊朗大部地区。1736 年,纳迪尔沙废黜阿拔斯三世(1732—1736 年在位),萨法维王朝寿终正寝。[②] 纳迪尔沙于 1738 年占领坎大哈,继而占领喀布尔,1739 年兵抵德里。[③] 随后,纳迪尔沙的军队撤出印度,占领哈拉特。1740 年,纳迪尔沙的军队击败乌兹别克人,占领布哈拉。[④] 1751—1779 年,卡里姆沙建立桑德王朝,都于设拉子,控制伊朗西南诸地。[⑤] 此间,萨法维王朝的传统秩序不复存在,部落势力的泛滥和频繁的战争,加之持续的灾荒和瘟疫,导致人口锐减,经济萧条。游牧群体的扩张和定居区域的萎缩以及部落政治的膨胀和官僚政治的衰微,构成 18 世纪伊朗历史的突出现象。

君主政治与教俗关系

萨法维王朝建立之前,伊朗屡遭外族入侵。突厥人的迁徙浪潮、蒙古人的西征和帖木儿帝国的统治以及黑羊王朝与白羊王朝的角逐,深刻改变了伊朗社会的人口构成,游牧部落成为支配伊朗政治生活的重要因素。萨法维王朝的建立起源于萨法维教团与土库曼人游牧部落的联盟,凯兹巴什的广泛政治影响则是萨法维王朝初期伊朗历史的突出现象。伊斯马仪沙当政期间,土库曼人构成萨法维王朝的主要兵源。伊斯马仪沙将大量土地赐予凯兹巴什作为军事封邑,凯兹巴什首领大都出任萨法维王朝的军政要职,尤其在伊朗西北部诸多省区颇具势力。作为省区总督的凯兹巴什大都终身任职,家族世袭和父死子继的现象十分普遍。[⑥] 他们除向国王提供兵源和缴纳数量有限的贡赋之外,在所辖范围内对其臣民行使广泛的统治权力,形成明显的离心倾向。自阿拔斯一世即位开

① Ochsenwald,W. , *The Middle East : A History* , p. 226.

② Mansfield,P. , *A History of the Middle East* , London 1991, p. 139.

③ 阿宝斯·艾克巴尔·奥希梯扬尼:《伊朗通史》,叶奕良译,经济日报出版社 1997 年,第 790 页。

④ Ochsenwald,W. , *The Middle East :A History* , p. 266.

⑤ Clawson, P&Rubin, M. ,*Eternal Iran : Continuity and Chaos* , New York 2005, p. 29.

⑥ Foran,J. , *Fragile Resistance : Social Transformation in Iran from 1500 to the Revolution* , Boulder 1993, p. 22.

始,萨法维王朝逐渐改变兵源结构,征募波斯农民和来自高加索地区的亚美尼亚人、格鲁吉亚人、塞加西亚人战俘及其后裔,组建领取薪俸的职业化新军,旨在制衡凯兹巴什战士、克服地方离心倾向和强化中央集权。[1] 阿拔斯当政期间,领取薪俸的职业化新军达到 3.7 万人,包括御林军 0.3 万人、骑兵 1 万人、使用传统兵器的步兵 1.2 万人和装备新式火器的步兵 1.2 万人,而凯兹巴什战士则由 6 万人削减为 3 万人。与此同时,萨法维王朝不断完善官僚机构,起用波斯贵族掌管税收,委派非土库曼血统的新军将领出任省区总督,进而取代凯兹巴什成为诸多地区的实际控制者。阿拔斯一世在位末期,约半数的省区总督由新军将领担任。[2] 至阿拔斯二世当政期间,在全国 37 个省区中,由新军将领出任总督的省区多达 25 个。[3] 新军的组建和波斯贵族的起用,明显削弱了土库曼人和凯兹巴什战士的特权地位,构成萨法维王朝强化君主集权的政治基础。1598 年,阿拔斯一世迁都伊斯法罕,标志着伊朗腹地取代阿塞拜疆成为萨法维王朝的政治重心,政治生活的波斯色彩日渐浓厚,土库曼人的政治影响进一步削弱。

萨法维王朝实行国家土地所有制,军事封邑和王室领地构成土地占有的基本形式。军事封邑用于供养凯兹巴什战士,而王室领地则是萨法维家族的主要岁入来源。萨法维王朝初期,土库曼人势力膨胀,诸多地区成为凯兹巴什战士的军事封邑,王室领地面积锐减。阿拔斯一世即位以后,逐渐削减凯兹巴什的军事封邑,扩大王室领地,用于维持新军和支付军饷。1588—1606 年,萨法维王朝收回加兹温、卡尚、克尔曼、叶兹德和库姆诸地作为王室领地。[4] 1642—1666 年阿拔斯二世当政期间,吉兰、马赞德兰、呼罗珊和阿塞拜疆的军事封邑亦被纳入王室领地。[5]

萨法维王朝建立之前,波斯人大都属于逊尼派穆斯林,分别尊奉沙菲仪派、哈奈菲派、马立克派和罕百里派教法,亦有相当数量的波斯人尊奉什叶派伊斯兰教。萨法维家族原本尊奉逊尼派伊斯兰教,15 世纪起自称什叶派第七代伊玛目穆萨·卡兹姆的后裔。1501 年萨法维王朝建立后,国王伊斯马仪沙宣布十二伊玛目派的什叶派伊斯兰教为萨法维王朝的国教,旨在强化萨法维王朝的神圣

① Arjomand,S. A. , *The Turban for the Crown:the Islamic Revolution in Iran*, New York 1988, p. 16.

② Morgan,D. , *Medieval Persia 1040-1797*, New York 1988, p. 135, p. 137.

③ Arjomand,S. A. , *The Turban for the Crown: the Islamic Revolution in Iran*, p. 17.

④ Morgan,D. , *Medieval Persia 1040-1797*, p. 136.

⑤ Holt,P. M. , Lambton, A. K. S. & Lewis, B. , *The Cambridge History of Islam*, vol. 1A, p. 423.

地位,抗衡尊奉逊尼派伊斯兰教的奥斯曼帝国和乌兹别克帝国。"萨法维王朝的统治者甚至自称是末代伊玛目的代理人,作为安拉在大地的影子行使统治臣民的权力"。萨法维王朝实行强制皈依的宗教政策,迫使伊朗高原的土著居民放弃逊尼派伊斯兰教的传统信仰,改宗什叶派伊斯兰教。与此同时,伊斯马仪沙将什叶派欧莱玛从叙利亚和伊拉克诸地迁入伊朗,创办什叶派宗教学校,宣传什叶派伊斯兰教,进而将什叶派欧莱玛纳入萨法维王朝的官方体系。[1] 什叶派的信仰与中央集权的官僚制度,无疑是维系伊朗诸多地区和不同社会群体的重要纽带。萨法维家族与什叶派欧莱玛的广泛联盟,构成萨法维王朝的政治基础。

萨法维王朝一方面强调伊斯兰教的神权原则,另一方面继承波斯帝国的政治传统,实行教俗合一的政治制度,国王兼有什叶派宗教领袖与世俗君主的双重权力,俨然成为"安拉在大地的影子"和"诸王之王"。阿拔斯一世当政期间的欧洲旅行家查尔丁曾经写道,"世界上再没有比波斯国王更加专制的统治者"。稍晚于查尔丁的另一欧洲旅行家克鲁辛斯基亦认为,"天地间没有任何一位国王能够像阿拔斯沙和他的继承者那样主宰着臣民的命运"。官方的什叶派宗教学说赋予国王以神圣的外衣,成为萨法维王朝驾驭社会和统治民众的重要工具。所谓的萨德尔作为国王任命的官方什叶派宗教首领,负责监督实施宗教法律沙里亚,任命宗教法官卡迪,掌管宗教地产瓦克夫,成为萨法维王朝与欧莱玛之间的纽带。萨法维王朝亦将马什哈德和库姆的大量地产赠与教界,作为教界的主要财源。什叶派欧莱玛随之融入地产主的行列,成为萨法维王朝的重要社会基础。库姆和马什哈德堪称伊朗什叶派伊斯兰教的标志和象征,伊斯兰教历穆哈兰月期间祭奠伊玛目侯赛因的节日则是伊朗穆斯林最重要的宗教节日。伊斯兰世界的欧莱玛不同于中世纪欧洲的教士,"他们并非介于上帝与信众之间的环节,而是执行穆斯林法律,掌管教育和慈善机构,因此具有比西方的教士更为广泛的作用"[2]。萨法维时代,欧莱玛人数众多,地位各异。欧莱玛的上层拥有萨法维王朝任命的职位,占据大量地产,掌管官方宗教机构。更多的欧莱玛并未被纳入萨法维王朝的官方宗教体系,处于相对独立的地位,与城市的巴扎和行会以及乡村大众联系密切,具有明显的民间倾向。

在萨法维时代的伊朗,什叶派的传统教法学派阿赫巴尔派长期占据主导地位。阿赫巴尔派形成于白益王朝时期,强调《古兰经》和"圣训"作为穆斯林的唯

---

① Fischer,M. M. J, *Iran:From Religious Dispute to Revolution*,Harvard 1980,pp. 28-29.

② Foran,J., *Fragile Resistance:Social Transformation in Iran from 1500 to the Revolution*,pp. 44-45, p. 33.

一信仰来源,否认公议和类比的法律原则,否认个人的独立判断和理性思辨,强调伊玛目的绝对权威和宗教学者即欧莱玛的从属地位,进而成为维护教俗合一体制下君主政治的理论工具。萨法维王朝末期,王权衰微,教俗之间的力量对比发生明显的变化,新的教法学派欧苏里派遂应运而生。欧苏里派倡导理性和创制的法律实践,强调伊智提哈德即教法学家的独立判断,否认世俗君主的宗教权威,进而阐述什叶派穆斯林绝对顺从教法学家取代绝对顺从世俗君主的政治原则。欧苏里派将什叶派穆斯林区分为穆智台希德与穆卡里德,前者系宗教学者和信仰楷模,后者系普通信众和前者的追随者;穆卡里德通过穆智台希德发布的富图瓦实现与隐遁伊玛目的沟通,穆智台希德则被视作隐遁伊玛目的代表和什叶派穆斯林的宗教领袖,具有独立于世俗君主的特殊地位。[①] 欧苏里派认为:"统治世界的最高权力只属于穆智台希德,一位圣洁而通晓治国之道的智者。既然穆智台希德是神圣的因而也是爱好和平的人,所以需要国王挥舞宝剑和仲裁纠纷,但是他必须作为前者的代理人和从属者才能行使自己的权力。"[②] 阿赫巴尔派强调什叶派穆斯林对于隐遁伊玛目的绝对服从,欧苏里派则强调什叶派穆斯林应当追随和效法同时代的穆智台希德。欧苏里派的兴起,作为萨法维王朝末期王权衰微的逻辑结果,开辟了什叶派欧莱玛挑战王权和角逐政坛的先例,集中体现了宗教政治与世俗政治的激烈抗争。

社会结构与经济生活

萨法维时代伊朗的人口大约在 600 万至 1000 万之间,包括三个不同的社会群体,即游牧的部落人口、乡村的农业人口和城市的工商业人口。[③] 其中,游牧的部落人口主要来自突厥血统的中亚移民和安纳托利亚移民以及阿拉伯人和库尔德人,定居的城乡人口基本属于波斯血统的土著群体。部落人口组成的游牧社会、自给自足的乡村农业社会以及与简单商品经济密切相关的城市社会的长期并存与相互依存,构成萨法维时代伊朗社会的基本模式。

游牧人口约占伊朗人口的三分之一,血缘群体构成游牧人口的基本组织形式。追逐水草的定期迁徙是游牧生活的主要特征,牧场和牲畜则是游牧人口的基本生活来源。在游牧社会,公有制与私有制长期并存,广袤的牧场通常由整

① Keddie, N. R. , *Roots of Revolution:An Interpretive History of Modern Iran*, New York 1981, pp. 21-22.

② Morgan, D. , *Medieval Persia 1040-1797*, p. 147.

③ Foran, J. , *Fragile Resistance:Social Transformation in Iran from 1500 to the Revolution*, p. 25.

个部落共同拥有,牲畜以及其他财产则处于私人支配的状态。游牧产品主要用于满足部落内部的生活需要,亦有少量游牧产品用于交换定居地区的某些产品。游牧社会的剩余劳动占有形式是征收于牲畜的贡税,税额从三分之一到七分之一不等。游牧群体表现为等级性的社会结构。军事首领位于游牧社会的顶端,是最大的畜群所有者,往往出任萨法维王朝的军政职务,具有显赫的地位和广泛的影响。居于军事首领之下的是人数众多的部落贵族,他们拥有自己的畜群,负责分配牧场和宿营地。普通部落成员构成游牧群体中的下层人口,拥有少量牲畜或为他人放牧。萨法维时代,游牧部落构成国家的主要兵源,从军作战的部落成员约为 6 万人。游牧部落的妇女"如同乡村的妇女一样,不戴面纱,通常从事比男子更多的体力劳动,如纺纱、织布、烹调、耕作和放牧"[1]。

萨法维时代,伊朗乡村的定居农业人口约占全部人口的二分之一。农业社会的基本组织是传统的自然村落,其前身应是古代伊朗的农村公社。乡村的地产大致包括四种类型,即王室领地、国有土地、宗教地产和民间私人地产。王室地产称作"哈萨",属于国王及王室成员,主要分布在都城伊斯法罕周围及里海沿岸的吉兰和马赞德兰。国有土地称作"麦玛立克",其中国家赐封军事贵族的领地称作"提尤尔",用于供养凯兹巴什战士;提尤尔的领有者不仅享有征纳租税的权力,而且行使地方秩序的管辖权,领有权世代相袭。宗教地产称作"瓦克夫",不得转让和买卖,亦不承担贡税义务。相当数量的乡村土地属于民间私田,频繁的田产交易足以证明私人土地的广泛存在。[2] 萨法维王朝初期,土库曼人势力膨胀,诸多地区成为凯兹巴什战士的军事封邑,王室领地面积锐减。阿拔斯一世即位以后,逐渐削减凯兹巴什的军事封邑,扩大王室领地,用于维持新军和支付军饷。1588-1606 年,萨法维王朝收回加兹温、卡尚、克尔曼、叶兹德和库姆诸地作为王室领地。[3] 阿拔斯二世当政期间,吉兰、马赞德兰、呼罗珊和阿塞拜疆的军事封邑亦被纳入王室领地。[4] 萨法维时代,国王的年收入约为 70万土曼,其中 83% 来自土地税,农业在伊朗经济生活中的主导地位由此可见。在萨法维时代的伊朗乡村,绝大部分的土地由农民租种,实物分成制构成基本的租佃形式,亦有少量土地采用固定数额的租佃形式。在不同的情况下,农民缴纳的地租数额不尽相同,耕地、种子、牲畜、水源和劳力是决定分成制地租数

① Foran, J., *Fragile Resistance: Social Transformation in Iran from 1500 to the Revolution*, p. 27.

② 同上, pp. 28-29。

③ Morgan, D., *Medieval Persia 1040-1797*, p. 136.

④ Holt, P. M., Lambton, A. K. S. & Lewis, B., *The Cambridge History of Islam*, vol. 1A, p. 423.

额的五项要素。此外,农民尚需缴纳名目繁多的贡税,并且提供一定的劳役,"与游牧的部落民相比,定居农民的生活境况更加恶劣"①。

　　根据 17 世纪欧洲旅行家的推测,当时伊朗的城市人口约占全部人口的10%～15%,即 100 万人左右,其中最大的城市是萨法维王朝的都城伊斯法罕。② 伊斯法罕位于扎格罗斯山西麓,阿拔斯一世当政期间大兴土木,市区规模膨胀,人口剧增,商贾云集,巴扎店铺鳞次栉比。伊斯法罕的中心是一处广场,用于举行教俗仪式和体育赛事。环绕广场的是国王的宫廷、清真寺和巴扎。伊斯法罕大清真寺最初由塞尔柱苏丹国名相尼查姆·穆勒克主持兴建,萨法维王朝时期扩建,圆柱、拱门、尖塔和瓷砖镶嵌具有浓厚的波斯传统风格,可谓伊朗伊斯兰建筑艺术的杰作。1666 年,伊斯法罕的居民约 60 万人,有 162 座清真寺、273 处公共浴室、48 所学校和 1802 处商栈。③ 行会是城市基本的经济社会组织,既受国家官吏的控制,亦有某种程度的自治权利。不同的行会,其规模和地位不尽相同。行会内部分为若干作坊,作坊由称作"乌斯塔德"的匠师、称作"哈利法"的帮工和称作"沙吉尔德"的学徒组成,等级森严。许多作坊具有家族经营的色彩,匠师、帮工和学徒出自同一家族。作坊构成相对独立的生产单位,简单商品经济是手工业作坊的典型特征。④

　　在萨法维时代的伊朗,最重要的手工业部门是纺织业,纺织业行会因而成为最具势力的城市行会。其他的手工业部门,包括陶瓷业、金属加工业、皮革业、玻璃制造业、珠宝业、洗染业和造纸业。17 世纪,伊朗的手工业产品主要满足国内需要,亦有部分手工业产品如地毯和陶瓷在国外市场名闻遐迩。与行会手工业并存的另一重要的经济部门是王室手工业。阿拔斯一世当政期间,王室手工业包括 30 余个工场,拥有工匠约 5000 人,年开销为 10 万土曼,约占王室年支出总额的七分之一。与行会作坊的工匠相比,王室工场的工匠境况较好。王室工场生产的丝绸和地毯,质地上乘,不仅用于宫廷消费,而且远销欧洲和印度。⑤

　　由于自给自足的乡村农业占据主导地位,加之交通的不便和皇室经济的垄断,萨法维时代伊朗的民间商业长期处于小规模的状态。波斯商人大都从事伊

---

　　① Foran,J., *Fragile Resistance: Social Transformation in Iran from 1500 to the Revolution*, p. 23, p. 30.

　　② 同上,p. 31。

　　③ Lapidus, M. A., *A History of Islamic Societies*, p. 294.

　　④ Foran,J., *Fragile Resistance: Social Transformation in Iran from 1500 to the Revolution*, p. 31.

　　⑤ 同上,p32。

朗境内的区域性货物贩运,没有自己的行会组织,分散经营,其在城市经济和政治生活中的作用微乎其微。至于进出口贸易,则主要由移居伊斯法罕的亚美尼亚商人控制。[①]

伊朗与西方之间的交往由来已久,可以追溯到公元前 5 世纪的波斯希腊战争。自 13 世纪开始,随着西欧城市的繁荣,伊朗与欧洲之间的贸易往来逐渐恢复,小亚细亚的布尔萨以及地中海东岸的诸多港口成为伊朗商人与意大利商人交易的枢纽,生丝是伊朗向西方出口的主要商品。16 世纪,奥斯曼帝国与萨法维王朝的战争导致伊朗与欧洲之间的贸易交往一度中断。阿拔斯一世当政期间,伊朗生丝或沿穿越俄罗斯南部的水路,或出波斯湾而后经红海和地中海,运抵欧洲。荷兰人和英国人是萨法维时代伊朗主要的贸易伙伴,伊朗与俄罗斯、奥斯曼帝国、印度莫卧尔帝国之间亦有一定程度的贸易往来。1616 年,英国东印度公司以驱逐霍尔木兹水域的葡萄牙舰队作为条件,与萨法维王朝签订通商条约,阿拔斯港成为伊朗与东印度公司在波斯湾地区的贸易中心。法国的东印度公司于 1664 年进入波斯湾,1708 年与萨法维王朝签订通商条约。[②] 17 世纪 20 年代,伊朗的生丝年产量超过 1000 吨,其中三分之二销往欧洲。除生丝外,丝绸、地毯、宝石、干果和烟草亦是伊朗出口欧洲及其他国家的重要商品。"所有的亚洲国家和大多数的欧洲国家向伊斯法罕派出自己的商人,从事大宗贩运或零售贸易……(他们中包括 12000 名印度人和)鞑靼人、突厥人、犹太人、亚美尼亚人、格鲁吉亚人、英国人、荷兰人、法国人、意大利人和西班牙人"。萨法维时代,伊朗与西方之间交往的特点在于贸易双方的平等地位,西方人只是作为商人而不是作为侵略者出现在伊朗。他们"还没有成为通过经济力量剥削贫穷落后民族的外国商人,他们只是获准经商的外国人,与当地的商人共同生活在高度文明的社会中,而当地的商人与他们一样富裕和精明"[③]。由于此间伊朗与西方之间的贸易规模有限,伊朗主要出口诸如生丝、丝绸和地毯一类的奢侈品,加之西方商人往往将白银或印度的香料作为支付手段,西方工业品尚未大量涌入民间市场,伊朗亦未被纳入源于西方主导的世界经济体系。

① Foran, J., *Fragile Resistance: Social Transformation in Iran from 1500 to the Revolution*, p. 33.

② Lapidus, M. A., *A History of Islamic Societies*, pp. 290-291.

③ Foran, J., *Fragile Resistance: Social Transformation in Iran from 1500 to the Revolution*, p. 35, p. 36, p. 38.

二、恺伽王朝时代伊朗传统秩序的衰落

王权的式微与教俗关系的演变

恺伽部落祖居中亚,14 世纪移入伊朗高原北部,16 世纪初成为追随萨法维家族的凯兹巴什即土库曼人七部落之一。萨法维王朝统治时期,恺伽部落成员作为凯兹巴什分别驻守格鲁吉亚、呼罗珊和里海北岸的马赞德兰。[①] 1729 年,来自呼罗珊的阿夫沙尔部落首领纳迪尔沙取代阿富汗人,建立阿夫沙尔王朝,都于马什哈德,统治伊朗大部地区。1747 年纳迪尔沙死后,伊朗陷入分裂的状态。1750 年,卡里姆沙建立桑德王朝,都于设拉子,控制伊朗西南诸地,成为伊朗举足轻重的政治势力。1779 年桑德王朝的卡里姆沙死后,恺伽部落首领阿伽·穆罕默德自里海北岸的马赞德兰起兵,联合土库曼人诸部落以及库尔德人部落、巴赫提亚尔部落、阿夫沙尔部落,攻城略地,兼并诸多割据政权,1794 年灭亡桑德王朝,称王建国,是为恺伽王朝。[②] 德黑兰原本是莱伊以北的一处村庄。13 世纪蒙古东征期间,莱伊毁于战火,德黑兰作为城市逐渐兴起。萨法维时代,国王塔赫马斯普修筑德黑兰城墙。18 世纪初,德黑兰一度成为萨法维国王侯赛因的行宫。1786 年,阿伽·穆罕默德定都德黑兰。[③]

恺伽王朝沿袭萨法维王朝的统治模式,国王至少在理论上居于至高无上的地位,拥有近乎无限的统治权力,包括决定战和、缔结条约、赏赐封邑、任免官吏、征收赋税以及对于臣民行使审判直至生杀予夺的权力。阿伽·穆罕默德沙(1779—1797 年在位)当政期间,恺伽王朝沿袭土库曼人传统的部落习俗,尚未采用萨法维王朝的繁文缛节。自 1797 年法塔赫·阿里沙(1797—1834 年在位)即位以后,恺伽王朝开始模仿古代波斯帝国和萨法维王朝的政治传统,招募土著的波斯贵族出任国家官职,官僚机构随之逐渐扩大。[④] 德黑兰的中央机构分为 10 个部门,后宫规模亦十分庞大。国王经常委派王室成员出任重要官职,诸多贵族亦纷纷效法,进而形成政治领域的家族化现象。"阿伽·穆罕默德满足

---

① Abrahamian,E. , *Iran:Between Two Revolutions*, Princeton 1982, pp. 36-37.

② Kamrava, M. , *The Political History of Modern Iran: From Tribalism to Theocracy*, Connecticut 1992, p. 10.

③ Kazemi,F. , *Poverty and Revolution in Iran*, New York 1980, p. 19.

④ Abrahamian,E. , *Iran:Between Two Revolutions*, p. 38.

中东史

388

于'沙'(领主)的称号,新国王则自称'沙汗沙'(王中之王)。"①然而,恺伽王朝始终未能建立起强有力的集权政治,诸多省区的长官和游牧部落的首领各自为政,号令一方。②阿伽·穆罕默德沙当政期间,"在首都德黑兰以及恺伽部落祖居的马赞德兰以外,国王的权力十分有限。中央和地方官员难以在部落控制的范围内行使权力,地方贵族和部落酋长在其领地内挑战着国王的权威。部落酋长经常拒绝向国王提供战士和缴纳赋税"③。

恺伽王朝的军队约六万人,主要使用弓箭和刀枪等传统兵器,后来增置少量火器。所谓的骑兵由部落成员组成,隶属于部落首领;在他们看来,部落的利益无疑高于国王的需要。号称五千之众的炮兵,只有四门火炮。由俄国训练的哥萨克旅是恺伽王朝唯一训练有素的新式军队,组建于1879年,直至1906年兵员不足两千人。相比之下,19世纪70年代以后英国枪支的走私,明显加强了伊朗南部诸多部落的军事实力。纳绥尔丁(1848—1896年在位)因此抱怨道:"我既没有足够的军队,也没有装备军队的足够弹药。"④

恺伽王朝时期,国家财政状况呈逐渐恶化的趋势,货币贬值,岁入减少。根据相关的研究,1807年恺伽王朝的岁入总额约为200万土曼,折合200万英镑,而1907年恺伽王朝的岁入总额约为800万英镑,仅折合150万英镑。⑤伊朗向俄国支付的巨额战争赔款和传统经济的衰落所导致的税源枯竭,无疑是恺伽王朝时期财政状况趋于恶化的主要原因,而财政状况趋于恶化的直接后果则是国家财政的严重赤字。1890—1905年,恺伽王朝的年赤字额上升10倍。由于财政入不敷出,恺伽王朝被迫以出让国家主权和经济资源作为条件,向西方列强举债,王权随之急剧衰微。"恺伽国王……成为没有专制工具的专制者;'安拉在大地的影子'所能行使的权力无法超出首都的范围;'王中之王'们对反叛势力束手无策;绝对的君主徒有虚名,听任各地的教俗显贵为所欲为。"⑥

1900年,在恺伽王朝统治的臣民中,超过85%属于什叶派穆斯林。逊尼派穆斯林不足恺伽王朝臣民总数的10%,大都分布在边远地区,包括东南边陲的俾路支人、东北边陲的土库曼人、西北部的库尔德人和西南部的阿拉伯人。非

① Kamrava,M.,*The Political History of Modern Iran:From Tribalism to Theocracy*,p.12.

② Lapidus,M.A.,*A History of Islamic Societies*,p.571.

③ Kamrava,M.,*The Political History of Modern Iran:From Tribalism to Theocracy*,p.12.

④ Abrahamian,E.,*Iran:Between Two Revolutions*,p.40.

⑤ Arjomand,S.A.,*The Turban for the Crown:the Islamic Revolution in Iran*,p.212

⑥ Foran,J.,*Fragile Resistance:Social Transformation in Iran from 1500 to the Revolution*,pp.139-141.

穆斯林约占恺伽王朝臣民总数的 5％，其中巴哈教派信徒分布在叶兹德、设拉子、伊斯法罕和纳加法巴德诸地，亚述派基督徒分布在乌尔米耶一带，亚美尼亚人分布在伊斯法罕、拉什特、德黑兰和阿塞拜疆诸地，犹太人分布在叶兹德、设拉子、德黑兰、伊斯法罕和哈马丹诸地，琐罗亚斯德教徒分布在叶兹德、克尔曼、德黑兰和伊斯法罕。[①]

　　萨法维王朝时期，阿赫巴尔教法学派占据主流地位，国王被视作隐遁伊玛目在人间的代表和什叶派穆斯林的宗教领袖，教俗权力处于合一状态，宫廷则是国家权力的核心所在，王权凌驾于教界之上，什叶派欧莱玛处于从属于王权的地位。萨法维王朝灭亡后，伊朗处于逊尼派政权的控制之下，阿富汗人和纳迪尔沙相继成为伊朗的统治者。与此同时，许多的什叶派欧莱玛移居伊拉克南部的宗教圣城，什叶派欧莱玛与世俗政权的传统联系随之中断。恺伽王朝的统治者尽管尊奉什叶派伊斯兰教作为官方信仰，却无萨法维王朝所声称的圣族后裔的高贵血统，其统治权力的合法性面临什叶派欧莱玛的广泛质疑，教俗矛盾逐渐显现。法塔赫·阿里沙当政期间，恺伽王朝尚与什叶派欧莱玛保持良好的合作关系，萨法维王朝的赐封构成什叶派欧莱玛的重要财源。19 世纪前期，伊斯法罕的欧莱玛穆罕默德·巴基尔·沙夫提"或许是历史上最富庶的欧莱玛之一"，拥有伊斯法罕的 400 处客栈和 2000 处店铺，并且接受法塔赫·阿里沙赐封的大量地产。穆罕默德·阿拔斯·米尔扎（1834—1848 年在位）即位后，青睐苏菲派伊斯兰教，恺伽王朝与什叶派欧莱玛的关系逐渐疏远。纳缓尔丁当政期间，恺伽王朝表现为浓厚的世俗色彩；纳缓尔丁推行的改革举措，导致什叶派欧莱玛的广泛不满。[②] 反对烟草专卖权的运动反映出恺伽王朝与什叶派欧莱玛之间矛盾的加剧，宪政运动的爆发则是恺伽王朝与什叶派欧莱玛矛盾加剧的逻辑结果。

　　18 世纪末，著名宗教学者贝赫贝哈尼（1706—1792 年）指责阿赫巴尔教法学派为"不信者"，排斥阿赫巴尔教法学派的宗教学者，进而确立了欧苏里教法学派在伊朗的主流地位，穆智台希德则取代国王而被视作隐遁伊玛目在人间的代表和什叶派穆斯林的宗教领袖。与萨法维王朝相比，恺伽王朝的君主逐渐丧失宗教权力，国家体制亦由教俗合一转变为教俗分离，进而形成宗教政治与世俗政治的制约和角逐。

　　恺伽王朝时期，德黑兰成为宫廷的所在和世俗政治的标志，库姆则是什叶派欧莱玛的精神家园和宗教政治的象征。"18－19 世纪，伊朗的欧莱玛获得了

　　① Abrahamian, E. , *A History of Modern Iran* , p. 18.
　　② Fischer, M. M. J, *Iran: From Religious Dispute to Revolution* , p. 30.

前所未有的自治地位"。萨法维王朝时期君权至上的政治体系不复存在,教权与俗权的二元并立成为恺伽王朝时期伊朗政治的突出现象,宗教、司法和教育是教界控制的主要领域,清真寺与巴扎的广泛联盟构成教权独立于俗权的社会基础。"欧莱玛巩固了与民众的联盟……欧莱玛与包括商人和工匠在内的巴扎社会之间的联系进一步加强"。与此同时,教俗之间的力量对比逐渐改变;什叶派欧莱玛不再是国王统治臣民的御用工具,开始成为与世俗政权分庭抗礼的重要群体,政治重心在教俗之间摇摆不定。尽管恺伽王朝的历代国王极力笼络什叶派欧莱玛,然而许多穆智台希德却宣称,隐遁的伊玛目并未将指引民众的权力交给世俗的统治者,指引民众的责任只属于教界。[1] 只有少数欧莱玛试图认同恺伽王朝的权力和地位,大部分颇有影响的穆智台希德声称隐遁的伊玛目将指引民众的责任托付给教界而不是托付给世俗的统治者。他们远离宫廷,崇尚什叶派的早期原则,否认世俗政权治理民众的合法性。恺伽王朝的国王尽管自称"安拉在大地的影子",却常被教界上层视作安拉统治尘世权力的篡夺者。[2]

西方的冲击与伊朗传统经济社会秩序的衰落

如果说萨法维王朝的统治标志着伊朗传统社会的顶峰,那么恺伽时代的伊朗社会无疑经历了史无前例的深刻变革。经济的进步与财富的增长固然是历史发展的深层背景,然而恺伽时代的伊朗似乎并未出现经济的长足进步和财富的明显增长,西方的冲击和传统秩序的解体构成伊朗社会深刻变革的核心内容。萨法维时代,伊朗社会的突出现象在于自主的国际地位和封闭的倾向。相比之下,恺伽王朝开始丧失自主的国际地位,逐渐卷入资本主义的世界体系,进而成为西方列强的原料供应地和工业品市场,伊朗社会随之从封闭状态走向开放。换言之,资本主义世界体系的扩张和西方的冲击导致伊朗传统秩序的解体,进而揭开了伊朗现代化进程的序幕。

西方世界对伊朗社会的冲击开始于 19 世纪初,俄国和英国的战争威胁构成西方冲击的最初形式。法塔赫·阿里沙当政期间,俄国凭借优势的武力入侵伊朗北部,于 1813 年和 1828 年强迫伊朗签署古里斯坦条约和土库曼查伊条约。与此同时,英国军队自阿富汗侵入伊朗南部,于 1857 年强迫伊朗签署巴黎条约。根据上述条约,俄国和英国分别将阿塞拜疆和伊朗南部归还恺伽王朝,恺伽王朝则将格鲁吉亚和亚美尼亚割让给俄国,向沙皇支付巨额赔款,放弃对

---

[1]　Lapidus, M. A., *A History of Islamic Societies*, p. 572.

[2]　Abrahamian, E., *Iran: Between Two Revolutions*, pp. 40-41.

于阿富汗的主权要求,允许俄国政府和英国政府在伊朗境内随意设立领事机构和商务机构,承认俄国商人和英国商人在伊朗境内享有贸易特权和司法豁免权。[1]

"(19世纪的)伊朗经济主要通过贸易的渠道,逐渐融入资本主义世界体系。西方资本并未直接投向诸如种植园和矿山的生产领域,而是进入流通领域和金融领域。"[2]恺伽王朝初建之时,伊朗对外贸易的主要对象是其周边的亚洲国家。1800年,在伊朗对外贸易总额中,阿富汗和中亚占34%,奥斯曼帝国占26%,印度占20%,至于俄国仅占15%,英国则仅占3%。[3]俄英两国政府强迫恺伽王朝签署的不平等条约,敲开了西方商品涌入伊朗的大门。此后,欧洲诸国与伊朗之间的贸易交往迅速扩大,进而取代阿富汗、中亚、奥斯曼帝国和印度,成为伊朗主要的贸易对象。19世纪上半叶,伊朗的进出口贸易额增长3倍;1860—1914年,伊朗的进出口贸易额增长4倍。[4] 1830—1900年,伊朗进口的西方商品,主要是纺织品、金属制品、玻璃制品、糖、茶叶和香料,年进口额由200万英镑增加到500万英镑。同期伊朗向西方出口的商品,主要是棉花、生丝、小麦、稻米、烟草、皮革和地毯,年出口额由200万英镑增加到380万英镑。[5]

恺伽王朝时期,英国和俄国在伊朗的对外贸易中占据举足轻重的地位。英国与伊朗的贸易总额从1875年的170万英镑增至1914年的450万英镑,东印度公司构成英国与伊朗之间的贸易桥梁。然而,由于其他西方国家特别是俄国与伊朗贸易的增长,英国在伊朗外贸总额中所占比例却由1850年的50%下降为1914年的20%。自19世纪中叶开始,俄国与伊朗的贸易交往急剧扩大,主要控制伊朗北部的市场。1875年,俄国与伊朗的贸易总额约为100万英镑,尚且不及英国。至1914年,俄国与伊朗的贸易总额增至1200万英镑,远远超过英国与伊朗的贸易总额。1914年,在伊朗对外贸易总额中,欧洲诸国所占比例高达94%,其中英国在伊朗进出口贸易中所占比例分别为28%和14%,而俄国在伊朗进出口贸易中所占比例则分别达到56%和72%。[6] 俄国政府于1904年明确表示:"我们在与波斯的接触过程中所追求的目标可以概括为如下的内容:保持国王领土的完整性和不可侵犯性;我们不寻求(对于伊朗的)领土占有,也

---

① Abrahamian,E., *Iran:Between Two Revolutions*, p.51.

② Karshenas,M., *Oil,State and Industrialization in Iran*, Cambridge 1990, p.47.

③ Foran,J., *Fragile Resistance:Social Transformation in Iran from 1500 to the Revolution*, p.113.

④ Karshenas,M., *Oil,State and Industrialization in Iran*, Cambridge 1990, p.47.

⑤ Abrahamian,E., *Iran:Between Two Revolutions*, p.51.

⑥ Karshenas,M., *Oil,State and Industrialization in Iran*, p.50.

不允许第三国（对于伊朗）的统治权,在不诉诸武力的情况下使伊朗成为我们的附属品。换言之,我们的任务是:在政治上使伊朗顺从于我们,并且有利于我们,进而成为我们的工具;在经济上控制伊朗的市场份额。"[1]尽管如此,伊朗的历史命运不同于埃及,而与奥斯曼帝国颇多相似之处,虽然国家主权不断丧失,却未成为西方国家扶持的对象,只是英国与俄国角逐的场所。1907年,英国与俄国签署《关于波斯、阿富汗和西藏问题的条约》,两国宣称致力于维护伊朗的政治独立和领土完整,同时由于地理和经济的原因而分别关注伊朗某些省份的秩序与和平的维持。根据该条约,伊朗北部若干人口稠密和物产富庶的省份以及首都德黑兰成为俄国的势力范围,伊朗南部若干省份则处于英国控制之下,而1908年发现的产油区介于俄英两国势力范围的中间地带。[2]

随着与欧洲诸国之间贸易交往的扩大和西方工业品的倾销,伊朗逐渐由手工业制品的出口国演变为农产品的输出国。1857年,各种棉纺织品、毛纺织品和丝织品约占伊朗出口货物的27%,而水稻、各类干果和鸦片仅占伊朗出口货物的4%。到20世纪初,各种纺织品已不足伊朗出口货物的1%,棉花、羊毛和生丝的出口量约占伊朗出口货物的26%,水稻、各类干果和鸦片在伊朗出口货物中所占比例则增至32%,波斯地毯几乎是伊朗唯一大量出口的手工制品。由于手工制品输出量减少而农产品输出量上升,伊朗出口货物的市场价格急剧下跌。19世纪末,伊朗出口的农产品总量超过进口工业品总量的5倍,而进口工业品在价格方面却相当于出口农产品总量的3倍之多。1870—1900年,国际市场上农产品价格不断下跌,其中1蒲式耳小麦的价格由1871年的1.5美元跌至1894年的0.23美元,1磅鸦片的价格由1869年的18先令跌至1901年的8先令,1公斤生丝的价格由1864年的1英镑跌至1894年的0.25英镑。[3]1870—1894年,伊朗小麦出口增长4倍,出口收入却无变化。[4]对外贸易的扩大显然并没有给伊朗带来财富的增长,西方的廉价工业品和贸易特权却使伊朗遭受严重的经济损失。长期的贸易逆差导致伊朗政府的财政处于严重的赤字状态,恺伽王朝被迫向西方银行大举借贷,加之国内货币贬值,经济形势日趋恶化。

19世纪后期,国家主权的出让和西方投资的迅速扩大成为伊朗对外关系的

① Foran,J., *Fragile Resistance: Social Transformation in Iran from 1500 to the Revolution*, pp. 110-112.

② 马赫德维:《伊朗外交四百五十年》,元文琪译,商务印书馆1982年,第266—267页。

③ Foran,J., *Fragile Resistance: Social Transformation in Iran from 1500 to the Revolution*, p. 115.

④ Ochsenwald,W., *The Middle East: A History*, p. 357.

突出现象。1872 年,恺伽王朝与英国人朱利乌斯·路透签署协议,后者以 4 万英镑作为代价,换取为期 70 年的垄断经营权,经营内容包括在伊朗建造铁路和公路、铺设电话线、管理内河航运、开发矿产和国有森林以及承包关税和开办工厂。"这份协议的签署意味着伊朗政府将本国的全部资源拱手让与外国商人"①。由于伊朗民众的反对和俄国的干涉,该协议未能全部付诸实施。尽管如此,朱利乌斯·路透仍然获得了勘探矿产和开办银行的权利。朱利乌斯·路透于 19 世纪 90 年代在伊朗进行的矿产勘探活动首开英国资本垄断伊朗石油资源的先例,而朱利乌斯·路透开办的银行后来演变为英国所属的波斯帝国银行,是恺伽王朝最大的债权人。1890 年,恺伽王朝将伊朗烟草的垄断经营权出让给一家英国公司。1901 年,恺伽王朝与英国商人威廉·诺克斯·达尔西签署协议,出让伊朗的石油资源,为期 60 年,后者则向伊朗政府支付年利润的 16%。1908 年,伊朗西南部发现石油,所有权属于英国的英伊石油公司随后成立。1923 年,英国政府宣布已从英伊石油公司获利 4000 万英镑,而伊朗政府所得的份额只有 200 万英镑。② 此外,英国的印欧电报公司穿越伊朗,英国的林奇兄弟公司在卡伦河经营航运,英国帝国银行在伊朗各地设立分支机构并在伊朗南部诸省公路征缴赋税。与此同时,俄国电报公司的经营范围自本土延伸至德黑兰和伊朗北部诸地,另一家俄国公司经营里海沿岸城市恩泽里的港口疏浚业务并铺设连接恩泽里、加兹温、德黑兰、哈马丹、大不里士诸城市的公路,里海渔业和伊朗北部诸省运输保险业亦由俄国商人垄断。③ 据统计,19 世纪下半叶,西方在伊朗的投资从几近空白增至 1200 万英镑,其中英国于 1860—1913 年在伊朗的投资总额达 1000 万英镑,伊朗成为西方资本和西方商品的重要市场。④

　　自 1722 年萨法维王朝灭亡至 1796 年恺伽王朝建立的数十年间,诸多游牧群体相继入主伊朗高原,政权更替频繁,局势动荡。恺伽王朝建立后,一定程度上遏制了部落政治的泛滥,伊朗高原由此进入相对稳定的时期。根据相关的推测,恺伽时代伊朗人口的出生率约为 4.5%～5%,死亡率约为 4%～4.5%,净增长率约为 0.5%。相对稳定的政治环境无疑导致人口的增长趋势,灾害、瘟疫和领土的割让则是导致逆向变化的重要因素;其中,1813—1828 年俄国对于外

---

① Abrahamian, E., *Iran: Between Two Revolutions*, p. 55.

② Foran, J., *Fragile Resistance: Social Transformation in Iran from 1500 to the Revolution*, p. 110.

③ Kamrava, M., *The Political History of Modern Iran: From Tribalism to Theocracy*, p. 26.

④ Foran, J., *Fragile Resistance: Social Transformation in Iran from 1500 to the Revolution*, p. 110.

高加索地区的占领约使伊朗人口减少百万,而 1869—1872 年的大灾荒亦使伊朗民众丧生百万。[①] 由于上述原因,从萨法维时代到恺伽时代,伊朗人口总数的变化并不明显。然而,与萨法维时代相比,恺伽时代伊朗人口的社会构成出现明显的变化。根据相关资料的统计,1850 年,伊朗总人口近 1000 万;定居农业人口占总人口的 55%,分布在约 1 万个自然村落;城市人口占总人口的 20%,分布在约 80 个城市,其中人口超过 2.5 万的城市包括大不里士、德黑兰、伊斯法罕、马什哈德、叶兹德、哈马丹、克尔曼、乌尔米耶、克尔曼沙赫、设拉子和加兹温;游牧人口占总人口的 25%,分别属于 16 个部落联盟。[②] 另据资料统计,1800—1914 年,城市居民在伊朗总人口中所占比例由 10% 增至 25%,游牧群体在伊朗总人口中所占比例则由 50% 下降为 25%。[③] 此间,德黑兰的人口从 5 万增至 28 万,不大里士的人口从 4 万增至 20 万。[④]

游牧群体作为伊朗传统社会的重要组成部分,大都分布在法尔斯、巴赫提亚里、胡齐斯坦、俾路支、呼罗珊边境和阿塞拜疆部分地区,肉、奶、羊毛、皮革和地毯是游牧群体的主要产品。[⑤] 恺伽王朝时期,与欧洲诸国之间贸易交往的扩大和西方工业品的倾销,促使伊朗的诸多游牧区域逐渐卷入市场经济,传统的畜牧业产品大量进入流通领域,直至成为出口西方国家的重要商品。恺伽王朝向游牧群体征纳的贡赋,亦开始采用货币的形式。尽管实物贡赋依旧延续,货币经济的因素在游牧区域无疑呈增长趋势。另一方面,恺伽时代,游牧群体构成国家的主要兵源,进而深刻影响着恺伽王朝的政治生活。然而,与萨法维王朝以及其后的阿富汗人政权相比,恺伽时代的游牧群体不再是支配国家政权的首要力量,恺伽王朝对于游牧群体的控制程度明显提高,而部落首领的地主化、商人化和官僚化构成恺伽王朝控制游牧群体的有效手段,部落利益与国家利益趋于一致。许多部落酋长从恺伽王朝获得"伊儿汗"(即部落首领)的称号,接受恺伽国王的赐封,在恺伽王朝的宫廷出任要职,进而被纳入恺伽王朝的国家体系。[⑥]

恺伽王朝时期,农民依然是伊朗人口的主体部分,农业继续构成伊朗首要

---

① Foran,J., *Fragile Resistance*: *Social Transformation in Iran from 1500 to the Revolution*, p. 117.

② Abrahamian,E. , *Iran*: *Between Two Revolutions*, p. 11

③ Foran,J. , *Fragile Resistance*: *Social Transformation in Iran from 1500 to the Revolution*, p. 117.

④ Issawi, C. , *An Economic Histroy of the Middle East and North Africa*, p. 101.

⑤ Abrahamina, E. , *A Histroy of Modern Iran*, p. 21.

⑥ Foran,J. , *Fragile Resistance*: *Social Transformation in Iran from 1500 to the Revolution*, pp. 132-133, pp. 133-134

的经济部门。尽管如此,伊朗的农作物结构开始出现明显的变化,自然经济条件下的典型产品粮食作物普遍衰落,与市场密切相关的经济作物播种面积迅速扩大。小麦及其他谷物自前萨法维时代长期构成伊朗主要的农作物,至 19 世纪中叶仍然自给有余,并且出口国际市场;1858 年,谷物的出口占伊朗出口商品总额的 10%。19 世纪后期,国际市场粮价下跌,对伊朗农业产生影响。至 1900 年,伊朗国内的谷物生产逐渐衰落,谷物播种面积日趋减少,进而形成对于进口谷物的严重依赖。① 农作物结构的改变,不断排斥伊朗传统农业的自给性和乡村社会的封闭性,进而形成农业生产市场化和农民经营自主化的客观趋势,自然经济的基础逐渐崩坏,商品经济和货币关系随之扩大。

农作物结构的改变和农业生产市场化的进程,导致伊朗的地产形态和租佃关系发生相应的变化。恺伽王朝时期,王室领地、贵族封邑、地主田产、瓦克夫和农民自主地构成伊朗地产的基本形态,私人土地支配权的不断扩大则构成地产运动的明显趋势。恺伽王朝建立初期,沿袭萨法维时代的传统,直接支配大量土地,同时继续向贵族宠臣和军事将领赏赐封邑。19 世纪中叶,王室领地和贵族封邑约占全国耕地的三分之一到二分之一。1850 年以后,特别是 1880 年前后,王室领地和贵族封邑逐渐减少,私人支配的民间地产不断增加,进而形成区别于传统封邑领有者的地主阶层,即穆勒克达尔。贵族宠臣和军事将领不断扩大封邑的支配权,"封邑的领有者开始演变为地产的所有者"。此外,许多商人投资乡村,购置田产,进而成为新兴地主阶层的重要来源。新兴的地主阶层不仅占据大量地产,而且在乡村拥有广泛的权力,是恺伽王朝后期伊朗社会中最具影响的政治群体。土地、水源、种子、耕牛和人力五项要素的分成制仍然是乡村基本的地租形态,地主往往获得农产品收成的三分之一到二分之一。在种植经济作物的地区,地主大都收取货币地租。固定数额的实物地租亦存在于某些地区;地主出售作为地租所收取的农产品,换回所需的货币。②

关于恺伽王朝时期伊朗的乡村生活境况,研究者看法不一,或认为此间伊朗乡村的生活境况得到改善,或认为此间伊朗乡村的生活境况趋于恶化。然而,农业生产的市场化、地权形态的非国有化和租佃关系的货币化,无疑助长着乡村社会的贫富分化和人口流动。至于乡村民众的生活水准,不同的地区和不同的阶层无疑存在着明显的差异。

城市通常划分为若干相对独立的社区,称作马哈里,马哈里的首领称作卡

---

① Foran,J., *Fragile Resistance:Social Transformation in Iran from 1500 to the Revolution*, pp. 117-118.

② 同上,pp. 119-120。

德胡达,负责管理各自社区的内部事务,征纳赋税,仲裁纠纷。1885 年,德黑兰人口约 15 万,其中包括 1578 名犹太人、1006 名基督徒、123 名琐罗亚斯德教信徒和 30 名外国人,分别生活在 5 个社区,城内共有清真寺 47 座,宗教学校 35 所,公共浴室 190 处,客栈 130 处。伊斯法罕的居民包括波斯人、土耳其人、亚美尼亚人和巴赫提亚尔人,分别信奉什叶派伊斯兰教、基督教、犹太教和巴布教,并有 7 个苏菲教团的道堂。[①]

商人是恺伽王朝时期伊朗城市中最具势力的社会阶层;他们不仅经营货物贩运,而且在金融信贷领域占有举足轻重的地位,更有许多商人购置地产,投资工业。西方的冲击深刻地影响着伊朗传统社会的各个阶层,西方商品的涌入和西方列强的商业特权严重损害了伊朗商人的物质利益。少数大商人与西方资本广泛合作,进而在流通领域独占鳌头,家财万贯。至于中小商人,无力与西方商人竞争,其在流通领域的地位每况愈下。"19 世纪 30－40 年代开始,欧洲工业品消费的增长导致波斯手工业品产量的急剧下降"。1837 年,伊朗商人抗议欧洲人在大不里士建立商站。1844 年,大不里士的英国领事向伦敦报告,该地的许多商人要求禁止进口欧洲工业品,遭到官府的拒绝。[②] 时人将波斯湾的港口城市布什尔称作"伊朗的孟买",然而商业的繁荣并没有给伊朗人带来富庶的生活;外国商人享有种种特权,伊朗商人却得不到必要的保护。"布什尔的商人经常抱怨:西方商人只需缴纳 5％ 的进口税,自己却要承担名目繁多的高额赋税。"[③]

西方廉价工业品的大量涌入,明显排挤了伊朗传统手工业的市场份额,进而导致伊朗传统手工业的普遍衰落。设拉子是伊朗南部重要的手工业中心,1800 年时约有纺织作坊 500 家,1857 年时只剩 10 家。[④] 伊朗中部的内陆城市卡尚曾经以其丝织品和棉织品的精美工艺名闻遐迩,至 19 世纪 40 年代已经萧条不堪,织机数量从原有的 8000 部下降为 800 部。伊斯法罕的织机,19 世纪 30 年代多达 1250 部,19 世纪 70 年代仅存 12 部。[⑤] 19 世纪初,伊斯法罕依然是伊朗最大的城市,约有人口 20 万。1870 年,伊斯法罕人口仅有 7 万,往日繁荣的巴扎处于衰败的状态。[⑥] 英国驻印度总督寇松曾于 19 世纪 90 年代称伊朗的

① Abrahamian,E. , *A History of Modern Iran* ,p. 28.

② Floor,W. ,*Traditional Crafts in Qajar Iran* (*1800-1925*), California 2003 ,p. 4 ,p. 6.

③ Abrahamian,E. , *Iran:Between Two Revolutions* ,p. 61.

④ Nashat,G. ,*The Origins of Modern Reform in Iran:1870-1880* ,Illinois 1982 ,p. 6.

⑤ Floor,W. , *Traditional Crafts in Qajar Iran* (*1800-1925*), p. 6 ,p. 8.

⑥ Nashat,G. , *The Origins of Modern Reform in Iran:1870-1880* , p. 6.

伊斯法罕是英国工业城市曼彻斯特和格拉斯哥的纺织品市场。[①] 19 世纪末,伊斯法罕的税吏在一份报告中写道:"以往,伊斯法罕盛产各种优质的纺织品。近年来,伊朗人却放弃了自己的肉体和灵魂,购买艳丽而低廉的欧洲产品。结果,他们遭受了意想不到的损失:本地的工匠试图模仿进口的产品,降低了纺织品的质量,俄国人于是不再购买伊朗的纺织品,许多行业因此倒闭。这座城市原来有许多织工,现在仅存不足五分之一。伊斯法罕的妇女很难再像以往那样靠纺纱织布养活自己的孩子,他们现在大都失去了生计来源。"[②]

传统手工业衰落的直接后果,是大量手工工匠丧失独立的经济地位,沦为雇佣工人。直至 19 世纪中叶,伊朗的地毯编织业大都分布于乡村地区,采用家庭生产的传统形式。恺伽王朝后期,西方资本逐渐控制伊朗的地毯编织业。1900 年以后,大型的手工工场成为伊朗地毯编织业的主要形式,地毯编织业的分布区域亦由乡村扩展到城市的范围。1910 年,地毯编织业的手工工场雇佣工人达 65000 人,仅大不里士一家地毯编织业手工工场便使用雇佣工人 1500人。[③] 与此同时,地毯编织业的产量急剧上升,出口地毯总值由 19 世纪 70 年代初的 75000 英镑增至 1914 年的 100 万英镑。[④] 1914 年,伊朗工业劳动力共计14.5 万人。约 12 万人从事传统的手工业生产,占全部工业劳动力的 83%。现代工业企业雇佣劳动力 1.1 万人,占全部工业劳动力的 8%。英国资本控制的石油工业和俄国资本控制的里海渔业是伊朗规模最大的现代企业,前者雇佣工人约 8000 人,后者雇佣工人约 5000 人。5—30 人的中小规模的现代工业企业雇佣劳动力 1650 人,外国资本控制的企业雇佣其中三分之二的劳动力。[⑤]

自 19 世纪中叶开始,伊朗出现了最早的机器工业,包括官府和私人经营的造纸厂、玻璃加工厂、火药厂、制糖厂和棉纺厂,规模较小。到 1900 年前后,伊朗人拥有大约 20 家现代工厂,雇佣工人 500 余人。[⑥] 然而,伊朗的现代民族工业由于交通不便,燃料不足,市场有限,加之缺乏必要的关税保护,无力与西方廉价工业品竞争,大都经营惨淡,步履维艰。

与欧洲诸国贸易交往的扩大和农产品出口的不断增长,否定着伊朗乡村的

① Foran,J. ,*Fragile Resistance:Social Transformation in Iran from 1500 to the Revolution*,p. 125.

② Abrahamian,E. ,*Iran:Between Two Revolutions*,p. 59.

③ Foran,J. , *Fragile Resistance:Social Transformation in Iran from 1500 to the Revolution*,p. 126.

④ Floor,W. , *Traditional Crafts in Qajar Iran*(*1800-1925*),California 2003,p. 8.

⑤ Foran,J. , *Fragile Resistance:Social Transformation in Iran from 1500 to the Revolution*,p. 126,p. 128.

⑥ 同上,p. 126。

传统经济模式,加速了伊朗农业生产的市场化进程。西方工业品的大量涌入,挑战着传统手工业在伊朗国内市场的垄断地位,推动了伊朗社会分工的历史进程。19世纪初,伊朗尚且处于闭关自守的状态;至19世纪末,伊朗已被逐渐纳入资本主义世界体系。西方的冲击打破了伊朗传统社会的封闭状态,进而瓦解着伊朗传统秩序赖以维持的物质基础。与此同时,伊朗的社会结构经历着剧烈的变革,传统社会阶层诸如地主、农民、工匠、商人、贵族依然构成伊朗人口的主体部分,新兴的社会群体亦开始登上伊朗的历史舞台。

19世纪的新政举措与宪政思想的萌生

伊朗的现代化改革,开始于19世纪20年代,最初涉及的领域主要是政治层面,表现为自上而下的形式。国王穆罕默德·阿拔斯·米尔扎当政期间,伊朗面临俄国和英国的严重威胁。1826－1828年,伊朗与俄国爆发战争,伊朗战败,俄国军队占领高加索山区和大不里士。1836年,伊朗与英国爆发战争;1838年,呼罗珊重要城市哈拉特被英国控制。[①] 俄国和英国的战争威胁无疑是促使伊朗统治者尝试推行现代化改革的重要原因,阿塞拜疆作为与俄国毗邻的战争前沿则是伊朗现代化改革的摇篮所在。穆罕默德·阿拔斯·米尔扎深感伊朗的传统骑兵无力抗衡俄国军队,遂效法奥斯曼帝国苏丹塞里姆三世,组建6000人的新军,配备枪械和火炮,由国家支付军饷,统一着装,屯驻于军营之中,聘请欧洲教官训练,并在大不里士建立制炮厂和枪械厂。穆罕默德·阿拔斯·米尔扎还选派伊朗青年赴欧洲深造,学习军事、工程、医学、印刷技术和西方语言。宪政运动期间的第一份波斯语传单,即出自穆罕默德·阿拔斯·米尔扎创办的印刷厂。此外,穆罕默德·阿拔斯·米尔扎极力削减宫廷开支,增加关税,广开财源。穆罕默德·阿拔斯·米尔扎的上述举措,得到了大不里士教界势力的认可。后者宣布,新军的组建符合伊斯兰教的原则。然而,由于宫廷内部的倾轧和部落势力的抵制诸多因素,穆罕默德·阿拔斯·米尔扎创办的新军组建不久便被解散。[②]

1848年纳绥尔丁即位以后,任命米尔扎·穆罕默德·塔其汗作为首相,赐予"阿米尔·卡比尔"(大酋长)的称号,效法奥斯曼帝国的坦泽马特运动,实行新政,内容包括恢复穆罕默德·阿拔斯·米尔扎创办的新军、国家出资兴办新

① Holt, P. M., Lambton, A. K. S. & Lewis, B., *The Cambridge History of Islam*, vol. 1A, pp. 448-449.

② Abrahamian, E., *Iran: Between Two Revolutions*, pp. 52-53.

式工厂、创办官方报纸和世俗学校。与此同时,米尔扎·穆罕默德·塔其汗大幅度削减宫廷年金,提高进口关税,并向封邑领有者征收代役税,旨在增加国家岁入和平衡财政预算,进而强化恺伽王朝的统治。① 如同穆罕默德·阿拔斯·米尔扎一样,米尔扎·穆罕默德·塔其汗实行的新政遭到诸多方面保守势力的激烈反对。封邑领有者认为,代役税并非传统义务的合法替代,只是中央政府对于地方利益的无理勒索。英国和俄国的代表声称,关税的提高违背自由贸易的法则。1851 年,米尔扎·穆罕默德·塔其汗被国王纳绥尔丁解除职务,不久客死他乡,其新政举措随之夭折,现代化的改革尝试宣告失败。② 1870—1880年,纳绥尔丁启用米尔扎·侯赛因,在司法、军事、政治、财政和文化领域继续推行改革举措。米尔扎·侯赛因引进西方现代政治理念,创立内阁和中央银行,削减政府支出,排斥教界和部族传统势力,强化国家权力和完善政府职能,崇尚重商主义的经济原则,扩大岁入来源,密切伊朗与英国以及西欧诸国之间的贸易交往,抵御俄国的领土威胁。米尔扎·侯赛因声称,改革的宗旨是捍卫恺伽王朝和国王纳绥尔丁的荣誉,使波斯成为"值得欧洲列强尊敬的国家"③。

19 世纪下半叶,模仿西方成为伊朗社会的时尚,器物层面、制度层面和思想层面的西化倾向则是此间伊朗现代化的重要内容。电报成为连接首都德黑兰与各地之间的崭新形式,哥萨克旅则是伊朗新军的楷模。纳绥尔丁宣布取缔奴隶贸易,承诺尊重私人财产,鼓励更新农作内容和普及栽种马铃薯,在诸多城市设立公共监狱取代私人刑罚,组建咨政机构和商人公会。纳绥尔丁要求各地官吏强化对于教界的控制,将教界的活动限制在"礼拜、传道、遵循教法和沟通信仰"的范围,同时保护基督徒和犹太人的宗教信仰。此外,纳绥尔丁还在德黑兰、大不里士、乌尔米耶、伊斯法罕和哈马丹等地开办新式学校、医院和印刷厂。西方文学作品诸如笛福的《鲁滨逊漂流记》、大仲马的《三剑客》、凡尔纳的《八十天环游世界》、莫里哀的喜剧以及拿破仑、尼古拉一世、彼得大帝、亚历山大大帝、查里大帝、弗里得里希大帝、路易十四的传记和罗马、雅典、法国、俄国、德国的历史著作,亦在纳绥尔丁当政期间相继出版,西方相关的思想观念随之传入伊朗。④

伴随着西方文化的传入和新式学校的建立,知识分子作为新兴的社会阶层

---

① Nashat, G. , *The Origins of Modern Reform in Iran: 1870-1880* , p. 20.

② Kamrava, M. , *The Political History of Modern Iran: From Tribalism to Theocracy* , p. 16.

③ Nashat, G. , *The Origins of Modern Reform in Iran: 1870-1880* , p. 25, p. 161.

④ Abrahamian, E. , *Iran: Between Two Revolutions* , p. 58.

在伊朗初露端倪。新兴的知识分子脱胎于伊朗的传统社会,大都出自官僚、地主、商人、工匠和教界家庭,尽管来源各异,却无疑分享着共同或相近的思想倾向。他们青睐近代西方文化,尤其崇尚法国启蒙运动的政治理念。他们认为,历史既非神意的体现,亦非周而复始的王朝更替,而是人类进步的持续过程。在他们看来,人类历史的进步存在着三大障碍:君主独裁排斥着自由、平等和博爱的原则,宗教戒律束缚着理性和科学的思想,外族奴役桎梏着经济和社会的发展,而宪政主义、世俗主义和民族主义即推翻君主独裁、清除传统教界的保守思想和结束西方列强的殖民统治是使伊朗走向现代社会的必由之路。[①] 贾马伦丁·阿富汗尼(1839—1897年)出生于伊朗西部城市哈马丹附近乡村的欧莱玛家庭,长期游学于伊朗、阿富汗、印度、埃及和土耳其,阐述民族主义思想和伊斯兰现代主义理论,屡屡抨击君主独裁和传统教界的保守倾向,强调西方殖民主义侵略是中东诸国穆斯林所面临的共同威胁,伊斯兰教是团结中东诸国穆斯林和抵抗西方殖民主义侵略的政治武器,动员民众实现广泛的政治参与则是欧莱玛的历史任务。米尔扎·马尔库姆汗(1834—1898年)具有亚美尼亚血统,出生于伊斯法罕的基督徒家庭,曾在法国留学,崇尚西方文明,返回伊朗后改奉伊斯兰教,继而于1859年涉足政坛,为国王纳绥尔丁起草"改革书",效法奥斯曼帝国的坦泽马特运动,系统阐述宪政思想,主张公民平等,立法机构与行政机构由国王任命而相互分离,修订现行法律,制定世俗法律,组建职业化的新式军队,税收独立,改革教育,发展交通,创办国家银行。米尔扎·马尔库姆汗的宪政纲领触及传统教界的既得利益,遭到欧莱玛上层的激烈反对。后者声称,马尔库姆汗的宪政思想背离伊斯兰教的信仰,具有明显的异教倾向。1861年,纳绥尔丁将米尔扎·马尔库姆汗驱逐到奥斯曼帝国。1873—1889年,经米尔扎·侯赛因举荐,米尔扎·马尔库姆汗出任伊朗政府驻开罗总领事和驻英国大使。[②] 此间,米尔扎·马尔库姆汗数次上书纳绥尔丁,倡导改革,阐述宪政思想。1889年以后,米尔扎·马尔库姆汗由温和的改革派转化为激进的革命派,由寻求国王支持反对教界转化为寻求教界支持反对国王,进而致力于实现西方政治哲学与伊斯兰教信仰的结合。[③] 米尔扎·马尔库姆汗认为,伊朗的落后并非由于种族和宗教的原因,而是由于政治独裁和文化保守,只有法治和自由才能使伊朗走

① Abrahamian,E. , *Iran:Between Two Revolutions* , pp. 61-62.

② Afary,J. , *The Iranian Constitutional Revolution:1906-1911* , New York 1996, pp. 27-28, p. 26.

③ Holt,P. M. , Lambton, A. K. S. & Lewis, B. , *The Cambridge History of Islam* , vol. 1A, p. 456.

向进步,民众与教界的广泛政治联盟则是推动伊朗民主化进程的根本出路。[1]
"直接采用欧洲的形式改造伊朗社会是行不通的。因此我准备利用能够为大众
所理解和接受的宗教外衣实现物质层面的改造"[2],而争取什叶派教界的支持则
是达到这一目的的前提条件。

社会矛盾与宪政运动

19世纪上半叶,游牧群体内部的部族仇杀和游牧群体对于定居区域的劫掠
以及城市民众的骚乱和农民的反抗在伊朗各地屡有发生。诸如此类的现象大
都根源于传统社会内部不同阶层和不同群体之间的对抗和冲突,表现为传统模
式的矛盾运动。物质财富的匮乏、食品的短缺、耕地和牧场的争夺以及统治者
的暴政,构成传统社会内部不同阶层和不同群体之间对抗和冲突的直接原因。

自19世纪中叶起,伴随着西方的冲击和传统秩序的崩坏以及新旧社会势
力的消长,伊朗社会的政治对抗逐渐由传统模式转变为现代模式。1890—1892
年反对国王出让烟草专卖权的民众运动和1905—1911年宪政运动,构成此间
伊朗社会矛盾和政治对抗的主要内容。伊朗民族主义与西方殖民主义的抗争
以及民主与专制的较量,则是此间伊朗社会矛盾和政治对抗的突出现象。民族
主义和民主主义的共同目标,促使伊朗诸多的社会群体逐渐打破传统的狭隘界
限,形成广泛的政治联合,进而预示着伊朗作为现代民族国家的整合与新生,社
会革命初露端倪。

1890年,纳绥尔丁将伊朗在未来50年的烟草专卖权即国内经营权和出口
贸易权转让给英国商人塔尔伯特,塔尔伯特承诺向纳绥尔丁个人支付25000英
镑,并向伊朗政府支付15000英镑的年租金和25%的利润分成。[3] 根据相关资
料,1890年伊朗国内消费的烟草高达400万公斤,出口烟草540万公斤。[4] 烟草
专卖权的出让意味着塔尔伯特仅需提供少量的资金便可获取丰厚的利润,而伊
朗的烟农将处于塔尔伯特的控制之下,伊朗的烟草商则面临着失业的危险,甚
至伊朗的烟草消费者亦将受到塔尔伯特的盘剥。1891年4月,在伊朗最重要的
烟草贸易中心设拉子,商人关闭巴扎,反对国王出让烟草专卖权。设拉子商人
的抗议活动很快波及伊朗全国,德黑兰、大不里士、伊斯法罕、马什哈德、加兹

---

① Afary,J., *The Iranian Constitutional Revolution*:1906-1911, p. 26.

② Milani,M. M., *The Making of Iran's Islamic Revolution*, Boulder 1994, p. 27.

③ Khater,A. F., *Sources in the History of the Modern Middle East*, pp. 62-63.

④ Foran,J., *Fragile Resistance*:*Social Transformation in Iran from 1500 to the Revolution*,
p. 163.

温、叶兹德和克尔曼沙赫的商人纷纷响应。什叶派欧莱玛发布富图瓦,禁止穆斯林消费烟草。伊斯坦布尔的贾马伦丁·阿富汗尼和伦敦的米尔扎·马尔库姆汗亦发表声明,支持伊朗商人反对国王出让烟草专卖权的运动。纳绥尔丁迫于各界的压力,于 1892 年 1 月向不列颠银行借款 50 万英镑赔偿塔尔伯特,收回烟草专卖权。[①]

1890—1892 年反对国王出让烟草专卖权的民众运动,具有明显的民族主义倾向和浓厚的伊斯兰教色彩。此次运动发生于伊朗各地的诸多城市;巴扎商人和手工工匠以及新兴知识分子的广泛介入,体现了伊朗历史上规模空前的政治联合。什叶派欧莱玛无疑是此次民众运动的领导者和中坚力量,清真寺提供了民众聚集和举行抗议活动的主要场所,宗教宣传则是鼓动民众的有力形式,而抵制异教势力的渗透和保卫穆斯林家园构成此次运动的核心内容。当然,反对国王出让烟草专卖权的民众运动作为伊朗历史上最初的现代政治运动,远未达到成熟的水平。教俗各界民众的广泛联合缺乏必要的稳定性,具有明显的脆弱倾向,直至最终分道扬镳。

1896 年,纳绥尔丁在阿卜杜勒·阿兹姆清真寺遭一破产商人枪击,死于非命。穆扎法尔丁(1896—1907 年在位)即位后,提高国内商业税的征收标准,取消包税制,并且扬言增加土地税,削减宫廷年金和教界开支,同时向西方国家大举借贷。穆扎法尔丁将伊朗中部和南部诸省的石油开采权出让给英国商人威廉·诺克斯·达尔西,将新建公路的征税权出让给不列颠帝国银行。穆扎法尔丁于 1900 年和 1902 年分别向俄国政府借贷 240 万英镑和 100 万英镑,用以偿还旧债和支付其赴伦敦旅行的费用。另外,穆扎法尔丁与一些欧洲公司合作开办诸如砖厂、纺织厂、德黑兰电话公司以及德黑兰、大不里士、拉什特、马什哈德等城市的照明系统等,并且任命比利时人蒙西艾尔·纳乌斯掌管伊朗关税。[②]

1900 年,伊斯法罕的部分商人创办了伊斯兰公司,是为伊朗第一家全国性的股份公司,旨在“通过鼓励现代工业和保护传统手工业,维护国家的独立”。大不里士的知识分子发行颇具影响的波斯语期刊《知识财富》,主办者米尔扎·穆罕默德·阿里汗和赛义德·哈桑·塔齐扎迪后来成为宪政革命中的风云人物。德黑兰的知识分子创办图书馆,组建“知识协会”,下设 55 所中学。[③] 与此同时,现代政治组织在伊朗各地逐渐萌生。在大不里士,12 个激进的青年商人

① Afary,J. , *The Iranian Constitutional Revolution*:1906-1911 , pp. 32-33.

② 同上,p. 34。

③ Abrahamian,E. , *Iran*:*Between Two Revolutions* , p. 75.

和知识分子组成"秘密中心",旨在宣传西方文化。在阿塞拜疆的巴库,始建于 1904 年的社会民主党积极争取结社和罢工的权利、八小时工作日、养老年金、土地改革、改善住房、免费教育、言论自由和出版自由。德黑兰的人文协会崇尚圣西门和孔德的政治哲学,强调自由、平等和进步的思想。德黑兰的知识分子于 1904 年创建的革命委员会,是当时最激进的政治组织,倡导政治改革个社会改革,主张推翻独裁统治和实现民主,广泛宣传宪政思想。①

　　1905 年初,伊朗发生严重的灾荒;在德黑兰、大不里士、拉什特和马什哈德,糖价上涨 33%,粮价上涨 90%。经济形势的恶化,明显加剧了社会矛盾,民众反抗成为不可遏制的政治潮流。1905 年 5 月,大约 200 名德黑兰商人向政府请愿,要求罢免时任伊朗海关总监的比利时人蒙西艾尔·纳乌斯。请愿者关闭店铺,聚集在阿卜杜勒·阿兹姆清真寺。他们说:"政府必须改变现行的政策,不再帮助俄国人而牺牲伊朗人的利益。政府必须保护我们的利益,尽管我们的产品或许不及外国的产品。现行的政策如果继续下去,将给我们的整个经济带来毁灭性的后果。"②穆扎法尔丁一度许诺满足请愿者的要求,却未付诸实施。

　　1905 年 12 月,政府试图强行压低德黑兰市场的糖价。随后,在教界领袖塔巴塔巴伊和贝赫贝哈尼的呼吁下,德黑兰的数千名商人关闭巴扎,再度聚集在阿卜杜勒·阿兹姆清真寺,要求罢免德黑兰市长和海关总监,执行沙里亚教法,建立公正会议,并且首次高呼"伊朗民族万岁"的口号。包括许多穆智台希德在内的教职人员亦来到阿卜杜勒·阿兹姆清真寺,支持巴扎商人的政治要求。③

　　1906 年 6 月,德黑兰的一名教职人员公开批评政府:"伊朗人啊!我的同胞兄弟!抬起你们的头。睁开你们的眼睛。瞧瞧你们的周围,看看世界是怎样进步。非洲的野人和桑给巴尔的黑人都在走向文明和富庶。看看你们的邻居(俄国人),200 年前他们比我们落后,现在却远远超过了我们。往日我们拥有的一切,现在已经丧失殆尽。我们曾经被其他的国家看作是伟大的民族,现在却堕落到这样的程度,以至于南方和北方的邻国把我们看成是他们的财产而随意地瓜分……我们没有枪炮,没有军队,没有可靠的财政,没有合适的政府,没有商业的法律。在整个伊朗,我们没有自己的工厂,因为我们的政府只是寄生虫……所有这一切的落后,都是由于缺乏民主、正义和法律……国王剥夺着你们的财产、自由和权利……这就是你们生活悲惨而少数人奢侈无度的原因。"④

①　Afary,J.,*The Iranian Constitutional Revolution*:1906-1911,p. 41.

②　Abrahamian,E.,*Iran*:*Between Two Revolutions*,p. 81.

③　同上,p. 82。

④　同上,pp. 82-83。

国王的警察逮捕了这名教职人员，从而引发德黑兰市民新的示威浪潮。7 月，教职人员、巴扎商人和手工工匠纷纷走上街头，抗议政府。哥萨克旅士兵开枪射击示威者，致使多人死伤。民众与国王之间的矛盾由此激化，穆扎法尔丁则被教界比作倭马亚王朝的哈里发叶齐德。此后，包括塔巴塔巴伊、贝赫贝哈尼和法扎拉·努里在内的教界上层人士相继加入示威者的行列，宗教圣城库姆成为对抗首都德黑兰的政治中心。[①]

1906 年 8 月，穆扎法尔丁迫于压力，颁布诏书，是为《波斯大宪章》，任命自由主义者穆什尔·道莱作为首相，许诺成立国家立宪会议，负责制定伊朗宪法。[②] "国家立宪会议由德黑兰的恺伽王室成员、贵族、商人和教职人员组成，负责审议和调查关系到国家和民众利益的所有重要问题。"[③]各界民众反对独裁专制的政治斗争取得初步的胜利。

1906 年 9 月，选举法由穆扎法尔丁签署后正式颁布。[④] 根据该选举法，选举人包括恺伽王室成员、教职人员、贵族、商人、土地的所有者与耕作者、手工业者，其中土地所有者与耕作者必须拥有超过 1000 土曼的财产，手工业者必须属于行会并且拥有独立的作坊，妇女和未满 25 岁的男子以及外国人不得享有选举权；被选举人必须具有波斯血统和通晓波斯语，必须是年满 30 岁的男子。[⑤] "1906 年 9 月颁布的选举法，兼有传统与现代的双重特征。"[⑥]女性和下层民众被排斥在选举之外，政治参与缺乏广泛的社会基础。

1906 年 10 月，召开立宪会议。立宪会议由恺伽王公、教职人员、贵族、大商人、财产超过一千土曼的地主和行会成员六大阶层组成，包括 156 个席位，其中德黑兰占 60 个席位，外省占 96 个席位。在德黑兰的 60 个席位中，恺伽王公占 4 个席位，教职人员占 4 个，地主占 10 个席位，大商人占 10 个席位，贵族和行会成员占 32 个席位，至于下层民众则被排斥在立宪会议之外。立宪会议成员具有不同的政治立场，分为保皇派、温和派与自由派。保皇派是立宪会议中的少数派，主要来自王公贵族和地主阶层。温和派系立宪会议中的多数派，大商人穆罕默德·阿里·沙尔福鲁什和爱敏·扎尔布是温和派的领袖人物；教界上层人士塔巴塔巴伊和贝赫贝哈尼尽管并未加入立宪会议，却是温和派的有力支持

① Katouzian, H, *State and Society in Iran: The Eclipse of the Qajars and the Emergence of the Pahlavis*, London 2000, p. 35.

② Foran, J. , *A Century of Revolution Social Movements in Iran*, Minnesota 1994, p. 25.

③ Arjomand, S. A. , *The Turban for the Crown: the Islamic Revolution in Iran*, p. 37.

④ Bayat, M. , *Iran's First Revolution*, Oxford 1991, p. 146.

⑤ Hamilton, A. , *The Middle East Problem*, pp. 393-403.

⑥ Keddie, N. R. , *Iran: Religion, Politics and Society*, London 1980, p. 74.

者。知识界是立宪会议中的自由派,占有 21 个席位,大不里士的塔齐扎迪和德黑兰的叶赫亚·伊斯坎达里是自由派的领袖人物,主张在经济、政治和社会领域实行广泛的改革。[①]

立宪会议起草的"基本法"规定,议会拥有广泛的政治权力,是"全体人民的代表";议会分为上下两院,下院议员为 160 人,最多不得超过 200 人,选举产生,上院议员为 60 人,其中 30 人由国王任命,另外 30 人选举产生;议员任期 2 年,可以连选连任,不得同时兼任政府公职;议员必须宣誓效忠国王;议会负责审定法律和政府财政预算以及批准外交条约,下院有权否定上院的决议。"基本法"经立宪会议讨论通过,于 1906 年 12 月 30 日由穆扎法尔丁在弥留之际签署生效。[②]

1907 年 10 月,议会以比利时 1831 年宪法作为蓝本,通过"基本法"补充条款,旨在扩大议会的立法权限和限制恺伽王朝的君主权限,强调主权在民的原则,规定全体公民在法律面前享有平等的权利,保护公民的生命和财产权利,赋予公民言论自由和出版自由以及集会和结社的权利,实行立法权与行政权的分离,首相和内阁成员由议会任免,军费和宫廷支出由议会批准,王室成员不得出任内阁职务,内阁成员只对议会负责。[③]"基本法"补充条款具有浓厚的宗教色彩,明确规定什叶派伊斯兰教为伊朗的国教,采用世俗与宗教二元并立的法律体系,议会颁布的一切法律不得违背伊斯兰教法的原则,议会设立由五名教界议员组成的宗教委员会审定议会通过的相关法律。[④]

1907 年 1 月至 1908 年 6 月,宪政运动的主要内容是国王与议会的权力角逐。穆扎法尔丁死后,其子穆罕默德·阿里(1907—1909 年在位)继承王位。穆罕默德·阿里即位以后,极力抵制宪政运动,罢免温和派首相穆什尔·道莱,起用保守派爱敏·苏勒坦出任首相,拒绝签署"基本法"补充条款,要求保留任命内阁成员和统率军队的权力,主张强化国王的地位。[⑤] 穆罕默德·阿里的倒行逆施,导致德黑兰、大不里士、伊斯法罕、设拉子、马什哈德、恩泽里、克尔曼沙赫、拉什特等地各界民众的强烈不满。在大不里士,两万民众罢工罢市,要求国王批准"基本法"补充条款。在德黑兰,五万民众举行集会,另有三千志愿者武装保卫议会,保守派首相爱敏·苏勒坦亦遭暗杀。迫于民众运动的强大压力,穆罕默德·阿里起用自由派政治家纳绥尔·穆勒克出任首相,于 1907 年 10 月

① Abrahamian, E., *Iran: Between Two Revolutions*, pp. 87-88.

② 同上, pp. 88-89.

③ Gelvin, J. L., *The Modern Middle East: A History*, p. 164.

④ Hamilton, A., *The Middle East Problem*, pp. 403-434.

⑤ Abrahamian, E., *Iran: Between Two Revolutions*, p. 89.

7 日签署"基本法"补充条款,并且前往议会宣誓效忠宪法,承认自由、平等、博爱的政治原则。[①] 10 月底,议会通过新的财政预算,大幅度削减宫廷开支,废除包税制。

20 世纪初,伊朗五分之四的人口生活在乡村,城市人口仅占总人口的五分之一。[②] 然而,城市无疑构成影响伊朗历史进程的首要舞台,特别是人口超过10 万的德黑兰、大不里士和伊斯法罕主导着伊朗的城市生活。宪政运动主要表现为城市范围的政治运动,没有波及乡村社会;乡村民众尚未介入宪政运动,处于国家政治舞台的边缘。尽管如此,宪政运动无疑是伊朗历史上规模空前的政治运动,具有广泛的社会基础。商人和工匠、教职人员和知识分子、穆斯林和非穆斯林、波斯人和非波斯人、逊尼派和什叶派、德黑兰人和外省民众纷纷加入宪政运动的行列。巴扎商人显然是宪政运动的发起者,手工工匠和城市贫民构成宪政运动的基本力量,教界上层和新兴知识界在宪政运动中具有举足轻重的政治影响,巴扎、行会和清真寺则是宪政运动的重要据点。恺伽王朝的君主专制成为宪政运动期间伊朗诸多社会群体的众矢之的,反对恺伽王朝君主专制的共同目标则是伊朗诸多社会群体实现广泛政治联合的沃土。然而,一旦宪政运动取得初步的胜利,反对恺伽王朝的政治势力开始分裂。宪政运动期间,议会和立宪政府致力于财政改革、军事改革和司法改革。在议会中占主导地位的自由派议员主张实行颇具激进倾向的改革举措,包括削减宫廷支出和王室年金,取消封邑制和包税制,降低选民的财产资格限制,增加议会中外省议员的席位,允许非穆斯林参加议会。在议会之外,激进势力积极倡导世俗化改革,主张教职人员脱离政治领域,将毛拉称作聚敛民财的人,反对由穆智台希德组成的最高委员会审查国民议会的法案,甚至认为伊朗落后的原因在于教界的愚昧和保守,宗教与世俗的分离则是伊朗走向进步的前提条件。自由派的激进倾向导致诸多政治群体的重新组合,议会与恺伽王室之间的力量对比随之改变。以德黑兰的穆智台希德法扎拉·努里为首的教界保守势力抵制自由派的世俗化举措,呼吁穆斯林捍卫沙里亚,指责自由派议员是宣传异教思想的雅各宾派,进而成为恺伽王室的有力支持者。[③]

1908 年 6 月,国王穆罕默德·阿里依靠哥萨克旅的支持发动政变,在德黑兰实行军事管制,解散议会,囚禁包括贝赫贝哈尼和塔巴塔巴伊在内的政治反

① Afary,J., *The Iranian Constitutional Revolution:1906-1911*, p.114.

② Bonine,M. E., *Population,Poverty and Politics in Middle East Cities*,Florida 1997, p.258.

③ Abrahamian,E., *Iran:Between Two Revolutions*, p.93, p.95.

对派。① "以往,首都决定地方省区的事态发展。现在,地方省区决定首都的命运"。一方面,卡尔巴拉和纳杰夫的穆智台希德支持宪法和宪政运动,谴责国王穆罕默德·阿里是安拉诅咒的暴君。② 另一方面,议会的支持者在诸多省区举兵反叛恺伽王朝,大不里士、拉什特、伊斯法罕、布什尔、阿拔斯港、马什哈德成为宪政运动的重要中心。1909 年 7 月 13 日,议会的支持者占领德黑兰,国王穆罕默德·阿里逃入俄国使馆避难。③ 来自各个阶层的 500 名代表在德黑兰召开临时议会,宣布废黜穆罕默德·阿里,拥立其子艾哈麦德(1909—1925 年在位)即位。④ 新的内阁由宪政运动的支持者组成,来自拉什特的地主萨帕赫达尔出任首相。临时议会通过新的选举法,规定选民的年龄由 25 岁改为 20 岁,财产资格由 1000 土曼改为 250 土曼,废除阶级和行业代表制,德黑兰代表在议会中的席位由 60 个减少为 15 个,外省代表的席位由 96 个增至 101 个,5 个主要部落即巴赫提亚尔部落、盖什卡伊部落、沙赫萨文部落、土库曼部落、哈姆萨赫部落以及基督徒、犹太人和琐罗亚斯德教徒在议会中各有自己的席位。⑤ 1909 年8 月 5 日,选举产生第二届议会,29% 的议员来自地主,28% 的议员来自教界,24% 的议员来自官僚机构,19% 来自商人、手工业者以及其他社会阶层。⑥

1909 年 9 月,第二届议会任命萨帕赫达尔组建新内阁,要求俄国撤出伊朗内战期间进入北方诸省的军队,向帝国银行申请 125 万英镑的贷款用以重建行政机构,聘请 11 名瑞典人筹建宪兵,聘请 16 名美国人筹建税务机构。⑦ 然而,第二届议会的举措只是一纸空文,整个国家处于分崩离析的状态。1910 年夏,议会分裂为敌对的两大政党,其中 27 名议员组成力主改革的左翼派别民主党,另外 53 名议员组成颇具保守倾向的右翼派别温和党,现代意义的政党政治随之开始步入伊朗政坛。民主党的领导人包括赛义德·哈桑·塔齐扎迪、穆罕默德·礼萨·摩萨瓦和苏莱曼·米尔扎,成员主要来自德黑兰和阿塞拜疆,其政治纲领声称,欧洲已经完成从封建主义向资本主义的过渡,正在威胁亚洲国家的政治独立和社会发展;20 世纪的东方相当于 17 世纪的西方,处于从封建主义向资本主义过渡的阶段;封建主义在伊朗处于衰落状态,无力捍卫民族独立和推动社会变革;民主党的历史使命是反对外国资本主义和本国封建主义,领导

---

① Kamrava,M. , *The Political History of Modern Iran:From Tribalism to Theocracy*, p. 21.

② Abrahamian,E. , *Iran:Between Two Revolutions*, p. 97.

③ Katouzian,H,*State and Society in Iran*, p. 35.

④ Kamrava,M. , *The Political History of Modern Iran:From Tribalism to Theocracy*, p. 40.

⑤ Abrahamian,E. , *Iran:Between Two Revolutions*, pp. 100-101.

⑥ Afary,J. , *The Iranian Constitutional Revolution:1906-1911*, pp. 261-262.

⑦ 同上,p. 285。

伊朗进入先进国家的行列。民主党主张，全体成年男子均应享有选举权，采取自由和直接选举，法律面前人人平等，宗教与政治分离，废除不平等条约，推动工业化的进程，10 小时工作日，取缔童工，实行土地改革，保护农民利益。温和党的领导人包括塔巴塔巴伊、贝赫贝哈尼和萨帕赫达尔，成员包括欧莱玛、地主、商人和部落酋长，代表传统社会群体的既得利益，其政治纲领主张实行立宪君主制，保护私有财产，捍卫伊斯兰教和沙里亚的神圣地位。[1] 民主党与温和党在议会内部形成尖锐的对立，世俗化改革和首相的人选是双方争执的焦点问题。1910 年底，民主党与温和党之间的对立逐渐从议会延伸到德黑兰的街头巷尾，立宪政府处于瘫痪状态。在德黑兰以外的诸多省区，地方势力各自为政，尤其是部落之间相互攻杀，生灵涂炭。[2] 第二届议会的召开和立宪政府的建立，不仅未能改善日趋恶化的社会形势，而且导致了明显加剧的政治动荡，使伊朗民众陷于饱受战乱的境地。1911 年 12 月，俄国军队进入德黑兰，解散第二届议会，宪政运动宣告结束。[3]

　　1905—1911 年的宪政运动根源于伊朗传统社会的深刻危机，强调捍卫民族尊严和国家主权，限制君主权力和扩大民众的政治参与，进而改造伊朗传统的社会秩序，表现为现代模式的政治运动。宪政运动将议会和宪法首次引入伊朗政治舞台，强调自由和平等的政治原则，赋予民众以选举的权利，开辟了伊朗现代政治革命的先河，预示了伊朗历史发展的崭新方向。传统势力的根深蒂固和新旧力量的悬殊对比，加之西方列强的干涉，从根本上决定了宪政运动的历史结局，实现民族独立和民众广泛政治参与的客观条件尚不成熟。另一方面，1905—1911 年的宪政运动具有什叶派伊斯兰教的浓厚色彩，强调沙里亚的神圣地位和议会的世俗立法权，教俗精英分享议会席位，什叶派伊斯兰教作为官方信仰构成宪法的基础。议会的构成和宪法的制定包含世俗政治与宗教政治的二元倾向，体现了宪政运动的复杂社会构成和教俗势力的相互妥协倾向。1906年宪法及其补充条款作为伊朗历史上的第一部宪法和宪政运动最重要的历史遗产，确定了教俗群体分享国家权力的政治原则，进而对其后世俗政治与宗教政治两者之间的矛盾运动产生深远的影响。

---

① Abrahamian, E., *Iran: Between Two Revolutions*, pp. 103-104, p. 106.
② Afary, J., *The Iranian Constitutional Revolution: 1906-1911*, p. 310.
③ Keddie, N. R., *Roots of Revolution: An Interpretive History of Modern Iran*, p. 77.

三、礼萨汗时代伊朗的现代化实践

巴列维王朝的建立

1905—1911 年宪政运动结束以后,伊朗出现政局动荡的严重局面,国内诸多政治势力激烈角逐,所谓的立宪政府处于英国和俄国的控制之下。与此同时,英国军队和俄国军队分别进入伊朗南部和北部诸多地区,俄国军队甚至威胁占领德黑兰。错综交织的内忧外患,使伊朗陷入民族危亡的生死关头。1914年第一次世界大战爆发后,伊朗成为同盟国与协约国角逐的猎物,伊朗西北部地区更是俄国军队与奥斯曼帝国军队厮杀的战场。1915 年 3 月,英国与俄国签订秘密协议;根据该协议,英国控制原由英俄两国在伊朗划定的包括产油区在内的中立地带,俄国则在伊朗北部的原有势力范围之内行使充分的控制权并且在战后控制伊斯坦布尔和土耳其海峡。[①] 该协议的签订,意味着英国与俄国对于伊朗领土的彻底瓜分。不仅如此,第一次世界大战给伊朗经济生活带来灾难性的影响,农田荒芜,水利失修,人口锐减,物资奇缺,农业生产直至 1925 年仍未恢复到战前的水平。

第一次世界大战爆发后,伊朗召开第三届议会。第三届议会拒绝批准加入协约国阵营,持亲同盟国的立场,选举民主党和温和党领导人成立民族抵抗委员会。[②] 1917 年沙皇俄国的灭亡,导致伊朗的政治形势急转直下。苏俄政府宣布废除沙皇俄国强迫伊朗签订的一系列不平等条约,英国随之成为操纵伊朗政局的主要外部势力。伊朗政坛的左翼派别民主党死灰复燃,主张实行土地改革,捍卫伊斯兰教的尊严,废除所有不平等条约,要求英国军队撤离伊朗。1920年,民主党在阿塞拜疆和吉兰组建自治政府,成为伊朗北部举足轻重的政治势力。[③] 在德黑兰,立宪政府于 1919 年与英国签订条约;根据该条约,英国政府向伊朗提供 200 万英镑的贷款,帮助伊朗建设铁路,修订关税,从战败国索取赔款,并由英国向伊朗提供军事物资,由英国人出任伊朗的行政顾问。[④] 英伊条约

① Keddie, N. R., *Roots of Revolution: An Interpretive History of Modern Iran*, p. 79.

② Abrahamian, E., *Iran: Between Two Revolutions*, p. 111.

③ Foran, J., *A Century of Revolution Social Movements in Iran*, p. 50.

④ Abrahamian, E., *Iran: Between Two Revolutions*, p. 114.

的签订意味着伊朗将成为英国的保护国和殖民地，因此遭到德黑兰民众的激烈反对。苏俄政府认为，该条约将导致英国在伊朗和整个中东地区霸权的延续，亦予以谴责，并出兵里海港口城市恩泽里。[①]

1920 年 6 月，伊朗共产党在恩泽里成立，该党成员来自高加索、中亚、吉兰和阿塞拜疆，代表产业工人及工商业者的利益。伊朗共产党建立伊始包含两种不同的政治倾向：一种倾向认为伊朗业已完成资产阶级革命而即将进入工农革命的阶段，主张重新分配土地，组建工会，武装推翻资产阶级及其教界代言人，反对君主专制、封建主义和英国殖民统治；另一种倾向认为伊朗所面临的是民族革命而不是社会主义革命，因为伊朗仍然处于前资本主义的发展阶段和封建主义的统治之下，伊朗共产党的任务在于领导所有的不满阶层，特别是农民、小资产阶级和游民无产者，共同反对殖民主义及其代理人。前者阐述的激进主张一度占据上风，成为伊朗共产党的政治纲领，教界、地主、商人和其他所谓的剥削者则被视作革命的对象。不久后，伊朗共产党修改政治纲领，温和倾向成为伊朗共产党政治纲领的主导内容。[②] 1920 年底，伊朗共产党在里海沿岸相继成立吉兰苏维埃社会主义共和国和拉什特苏维埃社会主义共和国。伊朗共产党曾经在德黑兰、大不里士、马什哈德、伊斯法罕、恩泽里、克尔曼沙赫和南部诸多城市设立支部，组建工会。然而，伊朗共产党的支持者主要是操阿扎里语的阿塞拜疆人和亚美尼亚人，在波斯语地区影响甚微，在广大的乡村尤其缺乏广泛的社会基础。[③]

礼萨汗 1878 年出一于黑海南岸的马赞德兰省，少年从军，在哥萨克服役。[④] 1921 年 2 月，礼萨汗率哥萨克旅 3000 人发动政变，自加兹温入主德黑兰，推举赛义德·齐亚丁出任首相，自任国防大臣，控制内阁，宣布将致力于消除内战，改造社会，结束外族占领，实现伊朗民族的复兴。[⑤] "1905—1909 年的革命以自由主义的宪法取代了恺伽王朝的专制主义，而 1921 年的政变则为废除议会政治和建立巴列维王朝的独裁统治开辟了道路。"[⑥]礼萨汗控制的内阁一方面与苏俄政府签订友好条约，要求苏俄政府取消伊朗所欠沙皇俄国的债务，归还沙皇俄国侵占的伊朗领土，另一方面废除 1919 年英伊条约，要求英军撤出伊朗，保

① Keddie, N. R. , *Roots of Revolution : An Interpretive History of Modern Iran* , p. 84.
② Abrahamian, E. , *Iran : Between Two Revolutions* , pp. 115-116.
③ Ansari, A. M. , *Modern Iran Since 1921 : The Pahlavis and After* , London 2003, p. 29.
④ Clawson, P. & Rubin, M. , *Eternal Iran : Continuity and Chaos* , p. 51.
⑤ Katouzian, H, *State and Society in Iran* , p. 242.
⑥ Abrahamian, E. , *Iran : Between Two Revolutions* , p. 103.

留英国在伊朗原有的部分权利。[①]"1921 年构成伊朗现代史的转折点,标志着伊朗开始步入主权国家的行列"[②]。此后四年间,礼萨汗致力于强化德黑兰的中央政权。他首先将宪兵从隶属内务部改为隶属国防部,起用哥萨克旅军官取代瑞典军官和英国军官统辖宪兵,进而平息大不里士和马什哈德的宪兵哗变,降服阿塞拜疆的丛林游击队,处死库切克汗。1921 年,包括哥萨克旅、宪兵和南部来复枪队在内的伊朗武装力量仅有 2.2 万人。[③] 1922 年,礼萨汗将哥萨克旅与宪兵合并,组建新军,辖 5 个师,兵员约 4 万人,分别驻扎在德黑兰、大不里士、哈马丹、伊斯法罕和马什哈德。[④] 礼萨汗依靠新军的支持,于 1922 年平息阿塞拜疆西部的反叛势力库尔德人、阿塞拜疆北部的反叛势力沙赫萨文部落和法尔斯的反叛势力库西吉鲁耶部落,1923 年平息克尔曼的反叛势力桑加比部落,1924 年平息东南边陲的反叛势力俾路支人和西南边陲的反叛势力鲁里人,1925 年平息马赞德兰的土库曼人和呼罗珊北部的库尔德人叛乱。与此同时,礼萨汗逐渐巩固其在德黑兰的地位,1923 年 10 月出任首相,1925 年初从议会获得大元帅的头衔。[⑤]

政体的选择是宪政运动后伊朗国内各派势力激烈争论的焦点问题。围绕政体的选择,伊朗政坛形成改革党、复兴党、社会党、共产党以及教界保守势力之间的尖锐对立。改革党作为宪政运动期间温和党的延续,代表欧莱玛上层、大商人和土地贵族的利益,在第四届议会占据多数席位。复兴党系礼萨汗支持的政治派别,成员大都具有西方教育的背景,持改革的立场,在第五届议会占据多数席位。复兴党具有民族主义、世俗主义和极权主义的政治倾向,主张依靠政治精英即"革命的独裁者"实现政治改革和教俗分离,强化军队和完善国家机构,发展民族工业,推进游牧群体的定居化,普及现代教育,在全国范围推广波斯语。复兴党创办的报纸倡导发展世俗教育,改善妇女地位,学习西方的先进思想和科学技术,主张从教界的束缚下解放民众。"在一个 99% 的民众处于反动毛拉选举控制下的国家,我们希望出现墨索里尼式的人物来打破传统权威的影响,以便创造一个现代的前景、现代的民族和现代的国家"。"我们的首要愿望是伊朗的国家统一"。社会党继承宪政运动期间民主党的政治立场,颇具激

① Keddie,N. R. , *Roots of Revolution:An Interpretive History of Modern Iran*, p. 87.

② Karshenas,M. , *Oil, State and Industrialization in Iran*, p. 63.

③ Abrahamian,E. ,*A Histroy of Modern Iran*, p. 67.

④ Cronin,S. , *The Making of Modern Iran:State and Society Under Riza Shah 1921-1941*, London 2003, p. 38.

⑤ Kamrava,M. , *The Political History of Modern Iran:From Tribalism to Theocracy*, pp. 49-50.

进倾向,强调依靠资产阶级和下层民众改造社会,崇尚自由和平等的政治原则,倡导共和制和普选制,主张强化国家机构和实行生产资料的国有化,消灭失业现象。伊朗共产党与社会党的政治立场相似,伊朗共产党的许多成员同时亦是社会党的成员。1921年礼萨汗发动政变后,伊朗共产党在北部里海地区的势力严重削弱,其活动范围遂转向德黑兰和伊朗腹地。至1925年,伊朗共产党在德黑兰、大不里士、马什哈德、伊斯法罕、恩泽里和克尔曼沙赫等地设立诸多分支机构,发行报刊,成立工会以及妇女组织和青年组织。[①] 教界保守势力目睹凯末尔在土耳其推行的世俗化举措,极力主张实行君主制,声称共和制是背离伊斯兰教的政治制度,共和制的建立意味着伊斯兰教的终结。[②]

1925年10月,伊朗第五届议会投票表决,废黜恺伽王朝的末代君主艾哈麦德。同年12月,议会以115票赞成、4票反对、30票弃权的表决结果,拥立礼萨汗即位,建立巴列维王朝。[③] 特定历史条件下尖锐的民族矛盾和深刻的民族危机,制约着伊朗国内诸多社会群体和政治势力之间的冲突,民族主义成为伊朗民众的共同愿望,巴列维王朝的兴起则是伊朗国家主权的体现和民族尊严的象征。巴列维王朝的建立,标志着西方君主立宪的政治形式与伊朗专制主义的历史传统两者的结合。

礼萨汗当政期间的统治政策与改革举措

礼萨汗当政期间,实行极权主义的统治政策,致力于国家机器的强化,而军事力量的扩充无疑是礼萨汗时期实行极权统治和强化国家机器的首要条件。1928—1937年,政府财政支出从3.92亿里亚尔增至9.97亿里亚尔。[④] 1926—1941年,国家岁入的三分之一用于军事开支,军费总额增长5倍,兵员总数由5个师4万人增至18个师12.7万人。[⑤] 1926年颁布的新兵役法扩大了士兵的征募范围,城市、乡村和游牧部落为巴列维王朝提供了充足的兵源。[⑥] 与此同时,礼萨汗不断完善官僚机构,在德黑兰设立内务部、外交部、司法部、财政部、教育部、商务部、邮电部、农业部、交通部和工业部。礼萨汗即位之初,政府雇员仅数

---

①　Abrahamian, E., *Iran: Between Two Revolutions*, pp. 120-121, p. 124, pp. 127-128, pp. 158-129.

②　Kamrava, M., *The Political History of Modern Iran: From Tribalism to Theocracy*, p. 50.

③　Katouzian, H, *State and Society in Iran*, p. 297.

④　Karshenas, M., *Oil, State and Industrialization in Iran*, p. 71.

⑤　Cronin, S., *The Making of Modern Iran: State and Society Under Riza Shah 1921-1941*, p. 44.

⑥　Keddie, N. R., *Roots of Revolution: An Interpretive History of Modern Iran*, p. 94.

千人;1941 年礼萨汗退位时,政府雇员增至 9 万人。① 礼萨汗还将全国划分为 11 个省和 49 个县,省县两级主要官员由中央任免,德黑兰成为国家真正的权力枢纽。"自近代以来,国家权力第一次超越首都的范围,出现在外省的城市和乡村。"②

巴列维王朝沿袭 1905—1911 年宪政运动期间形成的政治模式,实行议会君主制,选举产生的议会依旧存在。然而,礼萨汗当政期间,国家权力的天平明显失衡,德黑兰的宫廷重新成为政治生活的核心所在,国王则是至高无上的绝对君主。议员的人选由国王提名后交地方选区表决,议会选举的整个过程处于内务部的监督之下,议会不再具有任何实质性的作用而徒具形式,成为极权政治的点缀和国王的御用工具。当时的英国官员曾有如下的评论:"波斯的议会不能被看作是严肃的……国王需要的议案,在议会上通过。国王反对的议案,则由议会收回。至于国王犹豫不决的议案,则在议会上争执。"尽管 1906 年颁布的宪法明确规定内阁对议会负责,然而首相和内阁成员的人选必须首先由国王确定,然后交议会表决通过;首相和内阁成员的去留,取决于国王的态度,而不是取决于议会是否信任。礼萨汗即位称王之时,曾经得到诸多议会政党的支持。然而,礼萨汗即位后,首先取缔改革党,解散社会党,以新伊朗党取代复兴党,继而以进步党取代新伊朗党,直至取缔进步党,镇压共产党。③

游牧群体的长期存在和部落政治的广泛影响,构成挑战君主专制和中央集权的潜在隐患。礼萨汗自 1921 年入主德黑兰开始,致力于讨伐与平息诸多地区的部落反叛势力。巴列维王朝建立后,解除部落武装、废除部落首领的贵族头衔、征募部落青年从军入伍、没收部落领地和限制部落迁徙,成为礼萨汗政权之部落政策的基本内容。1933 年,礼萨汗实行强制性的定居化政策,强迫游牧部落成员入住所谓的"示范村庄",旨在摧毁部落政治的经济社会基础。④ 与此同时,礼萨汗任命军队将领统辖部落,部落酋长成为隶属于军队将领的行政官吏。1934 年颁布的选举法,废除了所有的部落选区,部落势力被进一步削弱。至于礼萨汗组建空军和购买德国制造的新式飞机,其主要目的便是用于降服和控制部落势力。礼萨汗政权之部落政策的实质在于强化国家权力对于游牧群体的控制,而上述举措既是礼萨汗极权政治的组成部分,亦体现巴列维王朝排斥部落政治和否定传统秩序的进步倾向。巴列维王朝建立初期,部落人口约占

① Martin,V. , *Creating an Islamic State:Khomeini and the Making of a New Iran*, London 2000, p. 12.

② Abrahamian,E. , *Iran:Between Two Revolutions*, pp. 136-137.

③ 同上, p. 138, p. 139。

④ 同上, p. 141。

伊朗总人口的 25％；至 1932 年,部落人口在伊朗总人口中所占的比例下降到 8％。[①] 礼萨汗政权排斥部落的政策收到了明显的效果。

礼萨汗长期奉行世俗主义的政治原则,政治改革、司法改革、教育改革和社会改革构成巴列维王朝排斥教界传统势力的重要举措。恺伽王朝时期,宗教政治与世俗政治处于二元状态,教权与俗权分庭抗礼。宪政运动期间,教俗精英分享议会席位,1906 年颁布的"基本法"及其补充条款亦明确规定教俗群体分享国家权力的政治原则。礼萨汗即位之初,议会成为什叶派欧莱玛分享国家权力和制约王权的政治舞台,而削减教界议员则是礼萨汗推行世俗化改革的重要举措。1926 年,教界议员约占议员总数的 40％；1936 年,教界议员所剩无几；至 1940 年,教界议员已无一人。[②]

恺伽王朝时期,伊朗的司法体系处于二元状态,国王控制的世俗法庭与什叶派欧莱玛操纵的宗教法庭长期并存。1906 年颁布的"基本法"及其补充条款强调教界独立的司法地位,赋予什叶派欧莱玛在司法领域的广泛权力。礼萨汗即位后,改革伊朗传统的司法体系,设立司法部作为最高司法机构,完善包括终审法院和地方法院在内的世俗审判体系,强化国家法律的权威地位和司法审判的世俗原则。20 年代后期,礼萨汗引进法国的民法和意大利的刑法,颁布新的商业法和婚姻法,修订沙里亚中若干不合时宜的法律条文,缩小宗教法庭的审判权限,进而削弱什叶派欧莱玛在司法领域的传统影响。[③]

学校教育长期处于什叶派欧莱玛的控制之下,教育改革则是巴列维王朝推行世俗化改革的重要内容。礼萨汗当政期间,兴办世俗学校,发展世俗教育,极力排斥什叶派欧莱玛在教育领域的垄断地位。1934 年,巴列维王朝在德黑兰设立教育部,作为掌管全国教育的最高机构。[④] 1925—1941 年,教育经费在政府财政预算中所占比例从 2％增至 5％,年度教育经费投入增长 12 倍。1925 年,全国共有各类小学 648 所,在学儿童 56000 人；1941 年,各类小学增至 2336 所,在学儿童近 30 万人。1925 年,全国共有各类中学 74 所,在校学生 14500 人；1941 年,各类中学增至 351 所,在校学生近 3 万人。[⑤] 相比之下,此间宗教学校培养的神职学员由近 6 千人降至不足 8 百人。1925 年,伊朗全国仅有世俗高等

---

① Arjomand, S. A. , *The Turban for the Crown: the Islamic Revolution in Iran*, p. 69.

② Foran, J. , *Fragile Resistance: Social Transformation in Iran from 1500 to the Revolution*, p. 223.

③ Banani, A. , *The Modernization of Iran: 1921-1941*, Stanford 1961, p. 79, p. 118.

④ Kamrava, M. , *The Modern Middle East: A Political History since the First World War*, Berkeley 2005, p. 60.

⑤ Ansari, A. M. , *Modern Iran since 1921: The Pahlavis and After*, p. 62.

学校 6 所,即医学院、农学院、法学院、文学院、政治学院和师范教育学院,学生不足 600 人。1934 年,礼萨汗在原有世俗高等学校的基础上创办德黑兰大学;30 年代末,德黑兰大学增设牙医学院、药学院、兽医学院、美术学院和科学技术学院。到 1941 年,德黑兰大学共有注册学生 3300 人。礼萨汗时期,伊朗政府每年资助 100 名青年留学欧洲;到 1940 年,500 人学成回国,另有 450 人亦完成学业。各类世俗学校的毕业生进入社会,成为颇具势力的新兴社会群体,其政治影响随之扩大。与此同时,什叶派欧莱玛在教育领域的垄断地位不复存在。①

礼萨汗当政期间,民族主义成为伊朗官方的意识形态,其核心内容在于强调伊朗民族构成和语言文化的单一性,宣扬所谓"王中之王"的统治曾经创造了伊朗辉煌的古代文明,伊斯兰教则是舶来的信仰。与恺伽王朝时期相比,礼萨汗时期宣扬的民族主义以强调伊朗的历史传统取代强调伊斯兰的历史传统,进而以强调国王的权力和尊严取代强调安拉的权力和尊严,具有浓厚的世俗色彩,国王俨然成为伊朗民族的象征和国家的化身。礼萨汗当政期间,波斯语得到迅速的推广,非波斯语如阿扎里语、阿拉伯语、亚美尼亚语和库尔德语的使用范围明显缩小,巴哈教派被政府取缔,议会中的犹太教议员萨缪尔·哈伊姆和索罗亚斯德教议员沙赫鲁赫·阿尔巴卜凯伊·胡斯鲁则被处死。② 1925 年,礼萨汗宣布恢复实行古代伊朗的传统历法,取代伊斯兰历法,作为巴列维王朝的官方历法。③ 1928 年,议会通过法案,取消传统的民族服装,规定除教界外所有成年男子必须身着西式服装和头戴"巴列维帽"。礼萨汗于 1934 年访问土耳其以后,效法凯末尔的世俗化改革,规定各类学校向妇女开放,妇女在电影院、咖啡馆和旅店等公共场所享受应有的保护,禁止妇女披戴面纱和身着传统长袍。与此同时,欧洲礼帽取代巴列维帽,成为伊朗人的时尚头饰。④ 礼萨汗还效仿法西斯意大利和纳粹德国,成立"公众指导协会",利用报纸、杂志、传单、书刊和广播,向伊朗民众灌输民族沙文主义思想。⑤ 礼萨汗将伊朗许多地区重新更名,如:阿拉伯斯坦改称胡齐斯坦,恩泽里改称巴列维,鲁里斯坦改称克尔曼沙赫,库尔德斯坦改称西阿塞拜疆,乌尔米耶改称雷扎耶,阿斯达拉巴德改称古尔甘,阿里阿巴德改称沙黑,苏勒塔尼耶改称阿拉克,穆哈梅拉改称霍拉姆沙赫尔。

① Abrahamian,E. , *Iran*:*Between Two Revolutions* , pp. 140-141.

② 同上,p. 163。

③ Lenczowski,G. , *Iran Under the Pahlavis*,Stanford 1978, p. 99.

④ Kamrava,M. , *The Modern Middle East*:*A Political History since the First World War* , Berkeley 2005, p. 60.

⑤ Kamrava,M. , *The Political History of Modern Iran*:*From Tribalism to Theocracy* , p. 56.

1934 年,礼萨汗更将国名由波斯改为伊朗。[①]

与此同时,礼萨汗宣布废除恺伽王朝与西方国家签订的不平等条约,成立伊朗国家银行,从不列颠帝国银行收回货币发行权和印钞权,接管印欧电报公司和比利时人掌管的海关,禁止外国人在伊朗开办学校、出任公职、拥有土地和未经允许在伊朗旅行,将外国资本局限于石油开采和里海渔业两个领域。[②] 1933 年,礼萨汗与英伊石油公司签署协议,英伊石油公司放弃 40 万平方英里的土地,同时承诺培训伊朗管理人员,将伊朗政府的利润分成从 16% 增加到 20%,伊朗政府则将英伊石油公司的开采期限延长 32 年即从 1961 年延长至 1993 年。[③]

1905—1911 年宪政运动的宗旨是限制王权和振兴国家,包含民主主义和民族主义的双重倾向。相比之下,礼萨汗当政期间的统治政策,一方面极力强化君主独裁,排斥民众的政治参与和权力分享,构成宪政制度的逆向运动;另一方面致力于强化政府职能,整合社会,摆脱西方列强的控制,建立主权国家,明显区别于恺伽王朝。极权主义和民族主义无疑是礼萨汗所追求的首要目标,而礼萨汗时期极权主义和民族主义的政治模式营造了相对平静的社会氛围。乡村民众和城市下层偶有反叛,旋即遭到镇压,稳定程度明显超过恺伽王朝时期。新军的组建和官僚化程度的提高,成为礼萨汗政权有效控制伊朗社会的重要手段。在此基础之上,礼萨汗采取一系列的改革举措,旨在从物质层面推动伊朗的现代化进程。

礼萨汗当政期间,中央政府控制地方经济命脉,不断扩大财源,国家岁入呈上升的趋势。1925—1941 年,巴列维王朝从石油开采的利润分成中所得到的岁入由 100 万英镑增至 400 万英镑,从海关税收中所得到的岁入由 9100 万里亚尔增至 4.21 亿里亚尔。巴列维王朝自 1925 年开始征收所得税,至 1941 年共计征收税款 2.8 亿里亚尔。巴列维王朝对于糖、茶、烟草和燃料实行专卖制,岁入超过 10 亿里亚尔。[④] 此外,土地税亦构成巴列维王朝的重要岁入来源。自 1937 年开始,政府实行赤字财政,增加货币流通量。1925 年,伊朗政府的财政收支大体相抵,至 1941 年,政府财政赤字高达 7.1 亿里亚尔。礼萨汗的新政因此被称作"建筑在通货膨胀基础上的大厦"。

① Abrahamian, E. , *Iran: Between Two Revolutions* , p. 143.

② 同上 , p. 144。

③ Ansari, A. M. , *Modern Iran since 1921: The Pahlavis and After* , p. 57.

④ Foran, J. , *Fragile Resistance: Social Transformation in Iran from 1500 to the Revolution* , p. 224.

礼萨汗当政期间的工业化举措,主要是提高关税、政府垄断经营、国家投资现代工业和由国家银行向私人企业提供低息贷款。国家在工业和贸易领域的投资在财政预算中所占的比例,从 1928 年的 1.1％增至 1941 年的 24％。相比之下,军费开支尽管绝对数字增长 4 倍,其在政府财政预算中所占的比例却从 40％下降为 14％。[①]

伊朗的铁路建设落后于奥斯曼帝国和埃及。1913 年,伊朗兴建自焦勒法至大不里士的铁路,是为伊朗的第一条铁路。[②] 自 1925 年开始,礼萨汗着手建造穿越伊朗的铁路。1929 年,自里海港口城市班达尔沙至马赞德兰中部城市萨里和自波斯湾港口城市班达尔·沙赫普尔至胡齐斯坦北部城市德兹富尔两条铁路完工。1931 年,自班达尔沙经德黑兰向南至班达尔·沙赫普尔的第一列火车正式开通,成为连接里海与波斯湾的交通纽带。1941 年,自德黑兰经绥姆纳至马什哈德的东线铁路和自德黑兰经赞赞至大不里士的西线铁路投入运营。1939 年,伊朗铁路达到 1700 公里;1948 年,铁路长度增至 3180 公里。[③] 1925 年,伊朗全国的公路不足 2000 英里,而且大都年久失修。到 1941 年,伊朗拥有状况良好的公路约 14000 英里。[④] 1928 年,伊朗仅有汽车 600 辆;1942 年,伊朗的汽车数量达到 25000 辆。[⑤] 1920—1933 年,国内货运费用降低 3 倍,货运时间降低 10 倍。[⑥] 礼萨汗改善交通的初衷,无疑是便于调动军队和强化对于地方的控制。铁路的贯通和公路里程的增长,标志着礼萨汗独裁专制的君主权力在伊朗各地的广泛延伸。尽管如此,铁路和公路的大规模建造毕竟打破了诸多地区长期形成的闭塞状态,从而为伊朗经济社会的发展特别是市场化程度的提高和工业化的进步提供了有利的条件。

工业化进程的启动与经济社会的发展

自 19 世纪起,伴随着西方的冲击,伊朗传统的经济秩序日趋衰落,地权的商品化和农业生产的市场化初露端倪。1925 年巴列维王朝建立以后,现代化进程逐渐扩展到经济社会的诸多领域。"在礼萨汗的独裁统治下,西方的现代化

① Foran,J. , *Fragile Resistance: Social Transformation in Iran from 1500 to the Revolution*, p. 223.

② Yapp,M. E. , *The Making of the Modern Near East 1792-1923*, p. 26.

③ Issawi, C. , *An Economic History of the Middle East and North Africa*, p. 54.

④ Ansari,A. M. , *Modern Iran since 1921: The Pahlavis and After*, p. 53.

⑤ Keddie,N. R. , *Roots of Revolution: An Interpretive History of Modern Iran*, p. 99.

⑥ Arjomand,S. A. , *The Turban for the Crown: the Islamic Revolution in Iran*, p. 67.

借助东方专制主义的形式被引入伊朗"①。礼萨汗当政期间,伊朗的现代化主要
表现为现代工业的兴起和工业化进程的启动。1925 年,伊朗的现代工业企业不
足 20 家,其中超过 50 人的企业只有 5 家,包括德黑兰的一家兵工厂和一家制
糖厂、霍伊的钟表厂和大不里士的两家纺织厂。1941 年,伊朗的现代工业企业
达到 346 家,其中超过 500 人的企业为 28 家。② 1937 年,现代工业企业在伊朗
国内生产总值中所占的比例为 9.8%;1941 年,现代工业企业在伊朗国内生产
总值中所占的比例增至 18%。③ 1925—1941 年,工业投资总额为 2.6 亿美元,
其中政府投资约占三分之一,私人投资约占三分之二,投资区域主要是德黑兰、
大不里士、伊斯法罕和里海沿岸地区,投资的主要领域是纺织业和农产品加工
业,包括 34 家纺织厂、8 家制糖厂、1 家大型卷烟厂以及为数众多的茶厂、饮料
厂、粮食加工厂和肉类加工厂。此外,政府和私人还投资兴建水泥厂、钟表厂、
肥皂厂、造纸厂、玻璃厂和化学品厂,甚至计划建造钢铁厂。④ 工业化的进步导
致现代产业工人的兴起。1925 年,伊朗现代产业工人不足千人;30 年代末,包
括石油工人、渔业工人和铁路工人在内的现代产业工人达到 17 万人的规模。⑤

　　20—30 年代,政府以实物的形式征纳土地税,而作为工业原料的经济作物
则免征土地税,进口农业机械亦免征关税,经济作物的种植面积逐渐扩大,里海
沿岸的变化尤为明显。⑥ 此外,政府聘请外国专家主持改良农作物和牲畜品种,
开办农业学校,成立农业银行,由政府提供贷款,鼓励农民改良土壤和开垦荒
地。1925—1939 年,伊朗的小麦产量增长 67%,大麦产量增长 36%,水稻产量
增长 44%,棉花产量增长 90%,烟草产量增长 114%。棉花和烟草是出口国际
市场的主要农产品,至于粮食作物则大都用于满足国内需要。尽管如此,相比
于迅速增长的现代工业和石油开采,农业生产的发展速度相对缓慢,其在国民
经济中所占的比例逐渐下降。1900 年,农业在国民经济中所占的比例为 80%～
90%,至 30 年代后期,农业生产在国民经济中所占比例下降为 50%。⑦

　　礼萨汗当政期间,伊朗经历游牧群体的定居化过程;游牧部落的酋长逐渐

　　① Parsa,M. , *Social Origins of Iranian Revolution*, London 1989, p. 37.
　　② Foran,J. , *Fragile Resistance*:*Social Transformation in Iran from 1500 to the Revolution*,
p. 223, p. 234.
　　③ Parsa,M. , *Social Origins of Iranian Revolution*, p35.
　　④ Foran,J. , *Fragile Resistance*:*Social Transformation in Iran from 1500 to the Revolution*,
p. 235.
　　⑤ Ansari,A. M. , *Modern Iran since 1921*:*The Pahlavis and After*, p. 63.
　　⑥ Avery,P. , Hambly, G. & Melville,C. , *The Cambridge History of Iran*, vol. 7, Cambridge
1975, p. 611.
　　⑦ Lenczowski,G. , *Iran Under the Pahlavis*, pp. 31-32.

加入地主的行列,普通部落民则放弃游牧而转入农耕状态。在农耕区域,国家土地所有制逐渐衰落,国有土地明显减少,私人地产呈上升趋势。根据1928年颁布的民法和1929年颁布的财产登记法,私人实际占有村社土地如果超过30年,即被视作占有者的私产。自1934年起,政府向私人出售国有土地,洛雷斯坦、克尔曼、阿塞拜疆和锡斯坦的国有土地随之流入民间。① 至礼萨汗在位末期,国有土地仅占伊朗全部耕地的10%。地权的非国有化运动导致土地兼并的不断加剧,乡村的贫富分化现象日趋严重。1941年,37家最大的地主拥有2000个村庄。另据40年代的抽样统计,占农户总数5%的地主拥有全部耕地的83%,拥有土地不足1公顷的乡村家庭占农户总数的25%,无地农户占乡村农户总数的60%。②

分成制作为伊朗乡村传统的租佃形式在礼萨汗当政期间依然占据主导地位,由此形成农民对于地主的依附关系。一般情况下,地主占有农产品收成的三分之一到二分之一,而交纳分成制地租的农民扣除各项费用之后则所剩无几。以礼萨汗当政期间德黑兰附近的一个村庄为例,由4个农民组成的劳动队收获100担小麦,其中47.5担作为地租交给地主,7.5—10担支付给乡村工匠和教职人员,17—18.5担支付给耕牛的提供者,最后每个农民只剩4.5担。③

礼萨汗当政期间,私人大地产成为伊朗最重要的地产形式。在外地主作为礼萨汗政权的支持者,获得统治乡村和农民的广泛权力。"在一定的程度上,在外地主的领地俨然是国中之国。许多大地产主甚至不允许政府官吏进入自己的领地。"④1935年颁布的法令给予在外地主任命村社首领的权力和村社首领管理村社的权力,标志着礼萨汗政权承认在外地主统治乡村和农民的特权地位。⑤ 与此同时,礼萨汗极力保护地主的利益,将土地税的缴纳人由土地的所有者改为土地的耕作者,规定村社首领即卡德胡达斯不再由村民选举而由地主任命。地主在第一届议会仅占据8%的席位,第四届议会中占据12%的席位,至礼萨汗退位前夕的第十二届议会中占据26%的席位。⑥ 地主作为礼萨汗时期巴列维王朝的重要社会基础,在乡村拥有广泛的权力,支配着农民的命运。所谓的"一千个家族"体现了礼萨汗当政期间地主阶级在伊朗社会的广泛影响。

① Hooglund,E.,*Land and Revolution in Iran 1960-1980*,Texas 1982,p.40.

② Foran,J.,*Fragile Resistance:Social Transformation in Iran from 1500 to the Revolution*,p.228.

③ 同上,p.231。

④ Karshenas,M.,*Oil,State and Industrialization in Iran*,p.68.

⑤ Keddie,N.R.,*Iran:Religion,Politics and Society*,p.170.

⑥ Abrahamian,E.,*Iran:Between Two Revolutions*,p.150.

1941 年礼萨汗退位时,巴列维家族拥有 2670 个自然村落[1],"成为伊朗 2500 年的历史上最大的地主"[2]。

1900—1926 年,伊朗人口的年增长率只有 0.08‰,人口数量处于相对停滞的状态。1926—1940 年,伊朗人口的年增长率达到 1.5‰,人口数量呈稳定上升的趋势。1914 年,伊朗人口约 1000 万;1940 年,伊朗人口为 1460 万,增长幅度接近 50%。与此同时,伊朗人口的构成亦发生变化,定居化和城市化的程度逐渐提高。1901 年,城市人口约为 200 万,占总人口的 21%,乡村农业人口约为 530 万,占总人口的 54%,部落游牧人口约为 250 万,占总人口的 25%;1940年,城市人口增至 320 万,占总人口的 22%,乡村农业人口增至 1000 万,占总人口的 71%,而部落游牧人口下降为 100 万,仅占总人口的 7%。[3] 农业劳动力在全部社会劳动力中所占比例,1906 年为 90%,1926 年下降为 85%,1946 年更下降为 75%。1935—1940 年,城市人口的年增长率为 2.3‰,乡村人口的年增长率则仅为 1.3‰。[4]

礼萨汗当政期间,伴随着官僚政治的发展和工业化进程的启动,城市规模不断扩大,城市人口明显增多。1900—1939 年,德黑兰的人口从 20 万增至 55万,伊斯法罕的人口从 10 万增至 25 万,大不里士的人口从 10 万增至 20 万。[5]1940 年,伊朗已有 6 个人口超过 10 万的城市,其中德黑兰 54 万人,伊斯法罕 25万人,大不里士约为 20—30 万人,马什哈德 20 万人,设拉子 20 万人,新兴石油城市阿巴丹 10 万人。[6] 与此同时,城市内部的人口结构逐渐形成新旧社会阶层并存的多元状态。在外地主、手工业者、巴扎商人和教职人员无疑是城市传统社会阶层的基本成分,资产阶级和现代产业工人则构成城市新兴的社会阶层。在外地主固然是巴列维王朝的重要社会基础,手工业者和巴扎商人的利益却由于礼萨汗推行的改革举措而受到损害,不满情绪逐渐滋生。与巴扎商人和传统手工业者联系密切的教界利益,亦因礼萨汗的世俗化改革而受到损害;他们被排挤出长期占据的传统阵地即司法和教育领域,进而丧失了相应的经济来源和社会影响,巴扎几乎成为教界在城市中仅存的势力范围。新兴资产阶级无疑是

① Amjad,M. , Iran:From Royal Dictatorship to Theocracy,New York 1989, p. 24.

② Majd,M. G. , Resistance to the Shah:Landowners and Ulama in Iran,Florida 2000, p. 33.

③ Bonine,M. E. , Population,Poverty and Politics in Middle East Cities, p. 258.

④ Foran,J. , Fragile Resistance:Social Transformation in Iran from 1500 to the Revolution, p. 227.

⑤ Grunwald,K. & Ronall,J. O. , Industrialization in the Middle East, p. 41.

⑥ Foran,J. , Fragile Resistance:Social Transformation in Iran from 1500 to the Revolution, p. 227.

礼萨汗当政期间现代化改革举措的受益者,与现代经济成分密切相关;地主、官僚和商人投资兴办现代企业,成为新兴资产阶级的主要来源。世俗知识界与传统教界曾在宪政运动期间结成同盟,礼萨汗当政期间逐渐分道扬镳。

现代工业的发展导致现代产业工人的迅速增长。礼萨汗在位末期,现代产业工人尽管只占劳动力总数的 4%,其分布范围却相对集中;75% 的大型现代企业位于德黑兰、大不里士、伊斯法罕、吉兰和马赞德兰。德黑兰的 62 个现代工厂有工人 64000 人,伊斯法罕的 9 家纺织工厂有工人 11000 人,阿巴丹的炼油厂有 16000 工人,胡齐斯坦的油田亦有 4800 工人。低工资、长工时和近乎奴隶的劳动条件,导致工人不满情绪的逐渐增长。1929 年 5 月 1 日,阿巴丹炼油厂的 11000 名工人举行罢工,要求提高工资、实行 8 小时工作日、改善居住条件和组织工会。礼萨汗政府出兵镇压,逮捕数百名工人。1931 年,伊斯法罕的 500 名工人举行罢工,要求提高工资和实行 8 小时工作日。尽管罢工的组织者遭到逮捕,工人提出的部分要求得到满足。同年,马赞德兰的 800 名铁路工人亦举行罢工。英国驻大不里士的领事曾对此间的罢工活动有以下的评述:"我们正处于新旧更替的过渡阶段……旧的秩序业已崩溃,新的制度尚未形成。礼萨汗政府打碎了旧的结构,却未能代之以相应的体制。"[1]

四、巴列维国王的统治与伊朗现代化的长足进步

极权政治的重建

礼萨汗推行的现代化举措,包含西化和民族化的双重内容。礼萨汗当政期间,伊朗社会的诸多方面,从民众服饰到建筑风格,从司法机构到教育体系,从民族国家的世俗意识形态到现代的工业生产和科学技术,皆表现出明显的西化倾向。民族独立和极权政治无疑是礼萨汗致力于追求的首要目标;所谓的西化抑或学习西方的诸多举措,旨在抵御西方列强的侵略,进而服务于民族主义和极权主义的政治目的。礼萨汗极力宣扬,所谓"王中之王"的统治曾经创造了伊朗辉煌的古代文明,伊斯兰教则是舶来的信仰。与恺伽时代相比,礼萨汗当政期间的民族主义,以强调伊朗的历史传统取代强调伊斯兰的历史传统,进而以

---

① Foran, J., *Fragile Resistance: Social Transformation in Iran from 1500 to the Revolution*, p. 237, p. 163.

强调国王的权力和尊严取代强调安拉的权力和尊严,因此更具世俗的色彩。

礼萨汗与同时期的土耳其总统凯末尔颇具相似之处。首先,礼萨汗和凯末尔均试图将传统社会整合为现代的民族国家。其次,礼萨汗和凯末尔均采取西化的模式推动现代化的进程,力图提高政府效率,消除部落纷争,排斥教界影响。第三,礼萨汗和凯末尔均希望摆脱外族控制,建立主权国家。第四,礼萨汗和凯末尔均出身军界,依靠军队的支持,主张通过极权政治实现社会的改造。第五,礼萨汗和凯末尔推行的现代化改革主要局限于城市的范围,尚未延伸到传统势力根深蒂固的乡村社会。礼萨汗和凯末尔的不同之处在于,凯末尔借助于政党的形式不断扩大其统治国家的社会基础,礼萨汗则采取君主专制的形式排斥各界民众的政治参与,因而缺乏统治国家的广泛社会基础,具有明显的脆弱性。

综观世界历史,国家机构的完善和政府职能的强化是现代化早期阶段的普遍现象,极权政治的膨胀在诸多地区构成从传统政治模式向现代政治模式过渡的中间环节。宪政运动作为伊朗现代化进程的重要起点,包含限制君主的绝对权力和实现经济社会发展的双重目标。相比之下,礼萨汗当政期间的伊朗历史表现为极权政治日趋膨胀和经济社会剧烈变革的双重倾向,而极权政治的膨胀与经济社会领域的变革并非孤立存在的历史现象,两者之间具有密切的内在联系。礼萨汗一方面通过世俗化的诸多举措,着力扩充国家机构和完善政府职能,进而强化君主专制,在政治层面构成宪政制度的逆向运动,另一方面借助极权政治的外在形式,致力于改造伊朗传统的经济秩序和社会结构,从而形成巴列维王朝与恺伽王朝的明显区别。礼萨汗改造伊朗传统经济秩序和社会结构的主观目的,在于强化君主独裁的政治制度。巴列维王朝君主独裁的世俗政治,无疑中断了宪政运动所开启的政治民主化进程,议会形同虚设,宪法如若一纸空文。然而,宪政运动时期所描绘的发展经济和改造社会的宏伟蓝图,正是通过礼萨汗当政期间君主独裁的政治形式得以付诸实践,礼萨汗的极权政治构成推动伊朗从传统社会向现代社会过渡的有力杠杆。

苏德战争的爆发结束了礼萨汗的统治。1941 年 9 月,盟军占领德黑兰,礼萨汗被迫退位,其子穆罕默德·礼萨·巴列维即位,是为巴列维国王(1941—1979 年在位)。[①] 1941—1953 年,是伊朗社会从极权政治崩溃到极权政治重建的历史阶段。社会的动荡和诸多政治势力的激烈较量,则是此间伊朗历史的突出现象。盟军占领期间,伊朗经济处于萧条的状态,包括谷物、水稻、棉花和烟草在内的主要农作物产量急剧下降,工业生产亦呈负增长状态,财政赤字,通货

---

① Ansari,A. M. , *Modern Iran since 1921*:*The Pahlavis and After*, p. 83.

膨胀严重,生活物资短缺。[①] 另一方面,盟军的占领促使礼萨汗当政期间备受压抑的政治能量得到释放,多元政治凸显,新旧社会势力激烈角逐。部落酋长、在外地主、教界上层人士和世俗知识分子纷纷登上政治舞台,角逐国家权力,进而形成议会政治、政党政治和君主政治多元并存的复杂局面。现代化进程中社会的裂变和新旧势力的消长,无疑是礼萨汗退位后政治动荡的历史根源。剧烈的贫富分化和尖锐的阶级对抗,则是此间政治动荡的社会基础。

议会自 1925 年礼萨汗即位后形同虚设,此间再次成为诸多政党角逐权力的重要政治舞台。1941 年 11 月至 1943 年 11 月召开的第十三届议会,经历民族统一联盟、爱国者联盟、阿塞拜疆联盟与正义联盟之间的激烈角逐。[②] 民族统一联盟是议会中人数最多的政治派别,代表中西部地主贵族利益,支持宫廷,体现温和党传统的延续。爱国者联盟代表南部英国占领区地主和商人的利益,持亲英立场。阿塞拜疆联盟代表苏联占领区土地贵族和恺伽家族的利益,反对巴列维家族和英国,持亲苏立场。正义联盟代表新兴中产阶级和知识界的利益,反对宫廷独裁以及英国和苏联的占领,持亲美立场。[③]

1943 年底至 1944 年初,超过 800 人角逐第十四届议会的 136 个席位,包括同志党、伊朗党、正义党、民族统一党、祖国党以及人民党、民族意志党在内的诸多政党扮演重要的角色。同志党始建于 1942 年,代表知识界的激进立场,强调公民的政治平等、社会公正和主要生产资料的国有化。伊朗党具有世俗民族主义色彩,代表知识界的温和立场,主张推动宪政运动期间制定的经济社会改革进程,倡导工业化和土地改革;巴扎尔甘和桑贾比系伊朗党的主要成员之一。正义党系正义联盟的政党形式,民族统一党则是民族统一联盟的政党形式,均持反对人民党的立场。祖国党始建于 1943 年,代表巴扎、欧莱玛和部落利益,反对土地贵族、礼萨汗的军事独裁和人民党。[④] 1943 年,赛义德·齐亚丁·塔巴塔巴伊在英国政府的支持下创建民族意志党,持保守的政治立场,反对礼萨汗当政期间的改革举措,倡导回归伊斯兰教传统,得到欧莱玛、商人、地主和部落贵族的广泛支持,成为伊朗政坛最重要的右翼政党。[⑤]

人民党始建于 1941 年秋,早期领导人是苏莱曼·伊斯坎达里。巴列维时

① Foran,J., *Fragile Resistance:Social Transformation in Iran from 1500 to the Revolution*, p. 265.

② Baktiari, B., *Parliamentary Politics in Revolutionary Iran: the Institutionalization of Factional Politics*, p. 29.

③ Abrahamian,E., *Iran:Between Two Revolutions*, pp. 180-181.

④ 同上, p. 186, p. 188, p. 188, p. 192, p. 193, p. 281.

⑤ Keddie, N. R., *Roots of Revolution:An Interpretive History of Modern Iran*, p. 117.

代,人民党是最具影响力的反对派政党,主要代表知识分子和产业工人的利益,强调劳动保障、土地改革和政治参与,倡导民族独立和宪政制度,颇具激进倾向。人民党在其政治纲领中明确宣布:"我们的主要目的是动员伊朗的工人、农民、进步的知识分子、商贩和手工业者。我们的社会划分为两个阶层,即占有主要生产资料的富人和缺乏财产的穷人。后者包括工人、农民、进步的知识分子、手工业者和商贩。他们辛勤劳作,却不能获得劳动的果实。他们处于贵族寡头的压迫之下,一无所有。只有彻底改造整个社会秩序,只有民众占有主要生产资料,才能使他们摆脱目前的处境。我们所反对的独裁和专制,并非特定的独裁者,而是独裁和专制制度赖以存在的社会结构。礼萨汗的退位并不意味着独裁制度的终结,产生独裁者的社会结构依然存在,继续塑造着新的礼萨汗"[1]。人民党的成员 1942 年约 6 千人,1944 年增至 2.5 万人。1946 年,人民党成员达到 5 万人,另有支持者 10 万人,成为伊朗最大的政治组织。[2] 40 年代初,人民党获得议会的 6 个席位;1946 年,6 名人民党成员进入内阁。[3] 1946 年 5 月,人民党在伊朗的 20 个城市组织声势浩大的民众运动,其中 4 万人参加了人民党在伊斯法罕组织的民众运动,5 万人参加了人民党在德黑兰组织的民众运动,8 万人参加了人民党在阿巴丹组织的民众运动。同年 10 月,10 万人在德黑兰举行活动,庆祝人民党建立 5 周年。[4] 与人民党联系密切的伊朗工会成立于 1944 年 5 月,1946 年时声称有成员 33.5 万工人,强调改善工人的经济境况,尚无明确的政治要求。

礼萨汗当政期间,致力于强化国家权力和推行极权主义的统治政策,统治权力只属于礼萨汗一人,政治生活处于相对稳定的状态。礼萨汗退位后 12 年间,极权政治急剧衰落,多元政治成为伊朗社会的突出现象,宫廷、议会、内阁和民众组织展开激烈的权力角逐,英国、美国和苏联亦趁机插手,国家机器几近失控,政局动荡,首相和内阁频繁更替。礼萨汗在位 16 年间,共有 8 位首相、10 届内阁和 50 名大臣任职。巴列维国王即位初期的 12 年间即 1941—1953 年,则有 12 位首相、31 届内阁和 148 名大臣任职,首相任职时间平均 8 个月,每届内阁执政时间平均不足 5 个月。其中,1944—1946 年的两年间经历 9 届内阁,7 人出任首相,110 人出任内阁大臣。首相和内阁的频繁更替并不意味着新兴社会群体的崛起和民众广泛的政治参与,民主政治的客观条件尚不成熟,传统势

① Abrahamina, E., *A History of Modern Iran*, p. 108.

② Keddie, N. R., *Roots of Revolution: An Interpretive History of Modern Iran*, p. 114, p. 117.

③ Parsa, M., *Social Origins of Iranian Revolution*, p. 40.

④ Afshar, H., *Iran: A Revolution in Turmoil*, London 1985, p. 126.

力依旧垄断着国家政权,新兴资产阶级、巴扎商人和工匠以及教界均被排斥于国家政权之外。此间任职的 12 位首相中,9 位出身贵族家庭,2 位来自礼萨汗时期的官僚政府,1 位系礼萨汗麾下的高级将领。至于此间任职的 148 名大臣中,81 人出身名门望族,13 人曾与宫廷保持密切联系,11 人系军队将领。①

石油的开采是深刻影响 20 世纪伊朗历史的重要因素。1900 年,英国人威廉·诺克斯·德阿西以支付 20 万英镑的代价,从伊朗政府获得为期 60 年的石油开采特许权。1908 年,伊朗南部的克尔曼沙赫发现石油;同年成立英伊石油公司,英国政府控制英伊石油公司 51% 的股权。② 此后数十年中,英伊石油公司控制伊朗的石油工业,英国政府从英伊石油公司征纳的税收甚至超过伊朗政府。1933—1949 年,英伊石油公司的净收入为 8.95 亿英镑,其中净利润为 5 亿英镑,向英国政府缴纳税收 1.75 亿英镑,非伊朗的股民分红为 1.15 亿英镑,至于伊朗方面所得的收入只有 1.05 亿英镑,约占英伊石油公司净收入的 11.9% 或净利润的 14.6%。1945 年,伊朗的石油产量超过阿拉伯国家石油产量的总和,然而伊朗的石油收入仅为每桶 18 美分,远远低于巴林的每桶 35 美分、沙特阿拉伯的每桶 56 美分和伊拉克的每桶 60 美分。③

1949 年,摩萨台创建民族阵线,基本宗旨是争取国家资源的民族化、实现议会政治的民主化和推动伊朗经济社会的发展。④ 民族阵线包括伊朗党、劳工党、民族党和穆斯林战士协会。伊朗党强调社会主义的意识形态,代表新兴中产阶级利益,主张强化宪政制度、限制君主权力,主张民族独立和外交中立,实现石油国有化和工业化,推行土地改革,反对土地贵族。劳工党由前民主党成员创建,主张强化宪政,反对特权,实现民族独立,缓和劳资对立。民族党由达里乌什·福鲁哈尔创建,代表世俗知识界利益,倡导社会主义。⑤ 穆斯林战士协会由阿亚图拉阿卜杜勒·嘎绥姆·卡萨尼创建,代表巴扎和教界利益。1952 年 2 月召开第十七届议会;在 79 个席位中,民族阵线占 30 席。⑥

民族阵线首先致力于争取石油资源的国有化,进而掀起声势浩大的民族主

① Abrahamian,E. , *Iran:Between Two Revolutions* , p. 170, p. 200.

② Katouzian,H, *The Political Economy of Modern Iran* , London 1981, p. 67.

③ Foran,J. , *Fragile Resistance:Social Transformation in Iran from 1500 to the Revolution* , p. 284.

④ Parsa,M. , *Social Origins of Iranian Revolution* , p. 39.

⑤ Baktiari, B. , *Parliamentary Politics in Revolutionary Iran: the Institutionalization of Factional Politics* , p. 39.

⑥ Abrahamian,E. , *Iran:Between Two Revolutions* , p. 253, pp. 256-258, p. 269.

中东史

义运动。尽管加入民族阵线的政治组织具有不同的阶级属性,摩萨台的民族主义倾向无疑超越了阶级的界限,得到了包括保守派地主和欧莱玛在内的伊朗社会诸多阶层的广泛支持。1951 年 1 月,摩萨台领导的民族阵线和阿亚图拉阿卜杜勒·嘎绥姆·卡萨尼为首的教界人士聚集民众,要求将伊朗的石油资源收归国有,首开中东诸国石油国有化运动的先例。[1] 随后,阿巴丹的石油工人举行罢工,支持石油国有化。4 月 28 日,摩萨台出任首相,继而在议会通过石油国有化法案。5 月 1 日,石油国有化法案由巴列维国王签署,正式生效,伊朗国家石油公司宣告成立。[2]

石油国有化运动具有民族主义的浓厚色彩,而其核心内容在于财富控制权的争夺。摩萨台承认:"我们需要依靠石油收入平衡预算,使我们的人民摆脱贫困、疾病和落后的状态。"[3]由于英国的抵制和封锁,摩萨台政府致力于发展非石油经济,调整外贸结构,扩大国内生产,强调进口替代型的经济模式。与此同时,摩萨台政府采取多项自由化的举措,旨在恢复宪政、扩大议会权力和限制君主权力,进而推动政治民主化的进程。1953 年 8 月 19 日,在伊朗军队将领、什叶派保守势力和美国中央情报局的支持下,巴列维国王发动政变,摩萨台遭到逮捕,石油国有化运动随之流产。[4]

石油国有化运动与宪政运动颇多相似之处,皆包含民族主义和民主主义的双重倾向即摆脱英国的经济束缚和推动国内的政治民主化进程,皆表现为广泛的社会动员和诸多社会群体的广泛联盟,皆伴随着内部的分裂和国外势力的介入,皆以失败而告结束,其后皆出现极权政治进一步强化的趋势。另一方面,石油国有化运动与宪政运动相比,更具民族主义色彩,强调利用一切国家资源和政治手段实现民族独立。因此,摩萨台与同时期印度的甘地和尼赫鲁、埃及的纳赛尔以及印尼的苏加诺颇具共性,皆为民族解放运动的领袖人物。参与石油国有化运动的诸多势力所结成的联盟,包含着明显的非同源性和差异性,具有明显的松散倾向,导致其政治基础的脆弱性,进而决定了矛盾双方力量对比的天平向国王一方倾斜。人民党与民族阵线的分裂和教界与世俗反对派的分裂,削弱了摩萨台的政治基础,为国王的成功政变铺平了道路。

1954 年,巴列维国王以赔偿 2500 万英镑作为条件,中止英伊石油公司在伊朗享有的石油垄断权。此后,伊朗政府开始与西方数家石油公司联合开发伊朗

① Fardust, H. , *The Rise and Fall of The Pahlavi Dynasty* , Dehli 1999 , p. 76.

② Ansari, A. M. , *Modern Iran since 1921: The Pahlavis and After* , p. 113.

③ Foran, J. , *Fragile Resistance: Social Transformation in Iran from 1500 to the Revolution* , pp. 287-288.

④ Azimi, F. , *Iran: The Crisis of Democracy* , New York 1989 , p. 331.

石油,其中不列颠石油公司拥有 40％的股份,5 家美国石油公司拥有 35％的股份,荷兰壳牌石油公司拥有 14％的股份,利润由伊朗政府与西方数家石油公司对半分成。1962 年,伊朗政府的石油利润分成增至 56％。[①] 与此同时,伊朗政府的石油收入从 1955 年的 3400 万美元增至 1963 年的 4.4 亿美元。[②] 自 60 年代起,美国资本大量投向伊朗油田,进而操纵伊朗的经济命脉,伊朗与美国的关系随之进入新的阶段,美国成为巴列维王朝的主要支持者,伊朗的政策与美国的利益趋于一致。

礼萨汗当政期间,巴列维家族财富剧增,成为伊朗的首富。1930 年,礼萨汗在伊朗国家银行的存款约为 100 万里亚尔。[③] 礼萨汗于 1941 年退位时,其在伊朗国家银行的存款增至 6.8 亿里亚尔;相比之下,1941 年伊朗政府的财政岁入不过 12.5 亿里亚尔。[④] 礼萨汗家族的地产主要分布在里海南岸盛产水稻的马赞德兰以及相邻的吉兰和古尔甘,约为 300 万英亩,包括 2000 余个村庄和 23.5 万户家庭。[⑤] 此外,礼萨汗在许多企业和公司拥有股份。

自 1953 年开始,巴列维国王凭借礼萨汗聚敛的巨额财富,特别是凭借丰厚的石油收入和美国政府的支持,着力强化极权政治,装备精良和规模庞大的军队则是巴列维国王实行极权政治的有力工具。1953—1963 年,巴列维国王从美国获得价值 5 亿美元的军事援助,军费开支从 8000 万美元增至 1.83 亿美元,军队员额则从 12 万人增至 20 万人。[⑥] 1957 年,伊朗政府依靠美国和以色列情报部门的支持,组建国家安全情报署,亦称萨瓦克,作为军事力量的重要补充。50 年代,德黑兰的中央政府设 12 个部,雇员约 15 万人。[⑦] 巴列维国王不断强化政府职能和完善官僚政治,日趋膨胀的官僚机构成为巴列维国王控制社会的重要工具。

1953 年,巴列维国王实行党禁,取缔政党,力图遏制反对派的政治活动。议会由 136 个席位增至 200 个席位,议员任期由 2 年延长为 4 年。[⑧] 与此同时,巴

y

①　Foran,J., *Fragile Resistance：Social Transformation in Iran from 1500 to the Revolution*, p. 312.

②　Abrahamian,E., *Iran：Between Two Revolutions*, p. 420.

③　Foran,J., *Fragile Resistance：Social Transformation in Iran from 1500 to the Revolution*, p. 224.

④　Majd,M. G., *Resistance to the Shah：Landowners and Ulama in Iran*, p. 33.

⑤　Abrahamian,E., *Iran：Between Two Revolutions*, p. 137.

⑥　同上，p. 420。

⑦　Arjomand,S. A., *The Turban for the Crown：the Islamic Revolution in Iran*, p. 94.

⑧　Ansari,A. M., *Modern Iran since 1921：The Pahlavis and After*, p. 139.

列维国王通过萨瓦克的秘密警察控制工会组织和工人运动。1953年,伊朗发生罢工79次;自1954年起,罢工次数明显减少,1955年至1957年三年中只有3次。首相伊格巴尔于1957年4月在其就职演说中声称:"我很讨厌'罢工'这个词,它是人民党带到我们的语言中的。只要我担任首相,我不想听到任何罢工的消息。"[1]

50年代至60年代初,巴列维国王在实施高压政策的同时,极力维护在外地主、什叶派欧莱玛和巴扎商人的既得利益,进而与传统势力建立广泛的政治联盟。摩萨台政府于1953年提出的关于提高农民分成的议案被议会束之高阁,贵族世家如阿拉姆斯家族、阿拉斯家族、巴赫提亚尔家族等享有诸多特权。巴列维国王多次朝觐麦加,出席在什叶派宗教圣城卡尔巴拉、库姆和马什哈德举行的什叶派宗教庆典,尤其与教界上层特别是阿亚图拉布鲁杰尔迪、阿亚图拉贝赫贝哈尼等人交往甚密。1953—1963年,巴扎在诸多方面享有自治的地位,巴列维国王亦极力避免干涉巴扎的内部事务,允许行会的自由选举。

白色革命

农业是伊朗传统社会的经济基础,土地构成伊朗传统社会最重要的生产资料和财富来源。白色革命前夕,乡村人口约占伊朗全国总人口的70%。封建生产关系在伊朗乡村长期占据统治地位,大地产与分成制租佃关系的结合构成乡村经济的基本模式,自耕农主要分布在伊朗人口稀少和经济相对落后的农业地区边缘。据1956年的官方统计,伊朗全部耕地的10%属于国有,4%属于王室,10%属于宗教地产,76%属于私人地产。[2] 仅占总人口1%的在外地主拥有超过55%的耕地,控制超过65%的乡村人口。[3] 分成制地租的征纳,是地主土地所有权的主要表现方式。根据1960年的统计,交纳分成制地租的耕作者91.9万户,占农户总数的49%,采用分成制租佃方式的耕作面积702.1万公顷,占全部耕作面积的62%;相比之下,交纳固定地租的耕作者26.6万户,占农户总数的14%,采用固定地租的耕作面积98.2万公顷,占全部耕作面积的9%。[4] 分成制的租佃方式在人口稠密和经济发达的农业地区尤为盛行,其中西阿塞拜疆省91%的耕地、克尔曼省89%的耕地、库尔德斯坦省87%的耕地、东阿塞拜疆

① Abrahamian,E. , *Iran: Between Two Revolutions* , p. 420.

② Najmabadi,A, *Land Reform and Social Change in Iran* , Salt Lake City 1987, p. 45.

③ Karshenas,M. , *Oil, State and Industrialization in Iran* , p. 141.

④ Amid,M. J. , *Agriculture, Poverty and Reform in Iran* , London 1990, p. 34.

省 83％的耕地、德黑兰省 78％的耕地、胡齐斯坦省 62％的谷地、伊斯法罕省和吉兰省 59％的耕地采用分成制的租佃方式。在交纳分成制地租的条件下,耕种土地的农民包括两种类型:一种是享有长期租佃权的农民,另一种是无租佃权的农民。前者世代耕种从地主租佃的土地,采用劳动队的群体形式,每个劳动队包括数名劳动力,按照土地、水源、种子、耕牛和人力五项要素与地主分享收成,此外尚需提供劳役和实物贡赋。后者缺乏稳定的租种耕地和收入来源,被排斥于五项分成之外,通常充当临时性的日工或季节工,处于乡村社会的底层。[①]

　　自然村落是伊朗乡村社会的传统组织形式,规模从百余人到数千人不等。在自然村落内部,农业生产与手工业生产密切结合,产品交换普遍采用实物的形式,表现为自给自足和相对封闭的状态。根据 1956 年的官方统计,伊朗共有自然村落 51300 个。[②] 60 年代土地改革前,王室拥有 2000 个自然村落,占自然村落总数的 4％;国家拥有 3000 个自然村落,占自然村落总数的 6％;6000 个自然村落属于瓦克夫,占自然村落总数的 12％;此外的 40000 个自然村落中,19000 个属于 37 个最大的地产主,7000 个属于中等地产主,15000 个属于小地主和自耕农。1943—1960 年,大地产主占据议会 56％的席位。此间 17 个首相中,15 人来自大地产主。[③]

　　在外地主远居城市,委派管家监督农业生产。[④] 白色革命前伊朗乡村社会的显著特征是,在外地主兼有土地所有权与乡村统治权。农民普遍固着于土地,处于依附状态;在外地主及其管家凌驾于耕种土地的农民之上,俨然成为国家权力的象征。"这些地主因为通常不住在自己的领地上,自然就不会注意开发这些土地,也不想进行农业改革来改善他们的社会状况"。"多数大地主在土地耕作和经营管理上依然使用古老的、陈旧的方法,而不愿拿出现代化农业所需要的大量资金,结果是,当此发达的国家不断为开垦更多土地而努力的时代,我们的农业却几乎仍处在数千年前的状态。"[⑤]

　　1960—1963 年,伊朗由于严重的财政赤字和经济危机,被迫向国际货币基

　　① Beaumont,P. & McLachlan,K. , *Agriculture Development in the Middle East*, London 1985, p. 152, p. 154.

　　② Najmabadi,A, *Land Reform and Social Change in Iran*, p. 45.

　　③ Bashiriyeh,H. , *The State and Revolution in Iran:1962-1982*,Kent 1984, p. 12.

　　④ Shakoori,A. , *The State and Rural Development in Post-Revolution in Iran*, New York 2001, p. 45.

　　⑤ 穆罕默德·礼萨·巴列维:《白色革命》,中译本见热拉德·德·维利埃:《巴列维传》,商务印书馆 1986 年,第 389 页,第 391 页。

金组织和美国政府寻求紧急援助。国际货币基金组织承诺提供 3500 万美元的经济援助,条件是伊朗政府调整预算,冻结工资,搁置部分经济开发项目。美国的肯尼迪政府同意提供 8500 万美元的经济援助,条件是巴列维国王吸收自由派人士加入内阁和实行土地改革,以防止出现在许多国家业已发生的红色革命。巴列维国王迫于形势的压力,逐渐放弃拉拢传统势力和控制现代社会群体的二元政策,进而掀开白色革命的序幕。

1962 年 1 月,由农业大臣阿尔桑贾尼起草的土地改革法案获准实施。该法案规定:地主拥有土地的最高限额是一个自然村落,超过最高限额的土地必须出售给政府,但果园、花园和机耕土地不在其列;政府根据地主以往上报的土地收入和缴纳的地产税确定购买价格,分 10 年付清地款;政府将所购置的土地出售给享有租佃权的无地农民,购地者需要在 15 年内付清地款;政府在乡村组建合作社,加入合作社是无地农民从国家购置土地的先决条件。[①] 土地改革首先在阿塞拜疆、吉兰、克尔曼、法尔斯和库尔德斯坦试行,效果颇为显著。[②] 1963 年 1 月,巴列维国王正式宣布关于社会发展的六点纲领,其核心内容是土地改革,时称"白色革命"[③]。在 1963 年 1 月举行的全民公决中,99％的选民支持六点纲领和白色革命。此后,土地改革在全国范围普遍展开。

1965 年 2 月,土地改革法案附加条款获准实施,白色革命进入第二阶段。根据该附加条款,在以往实行分成制租佃方式的地区,地主拥有土地的最高限额减至 30—200 公顷,超过部分可做以下五种选择:1. 出租土地,租佃期限不得少于 30 年,承租者缴纳货币地租,租额每五年调整一次;2. 出售土地,购地者可向国家银行申请低息贷款,10 年内付清购地款;3. 与佃农按照传统的五项要素划分土地;4. 地主与佃农合资组建农业联合体;5. 拥有土地不足 30—200 公顷者,可购买佃农的租佃权,并雇佣他们作为工资劳动者。[④] 该附加条款涉及约 4 万个自然村落和约 150 万农户,其中 5.7 万农户购置土地,15 万农户与地主分享耕地,11 万农户加入农业联合体,123 万农户与地主订立长期租约。[⑤] 在实施的过程中,各地的做法不尽相同。胡齐斯坦和马赞德兰大都选择出租的形式,德黑兰周围以及吉兰和阿塞拜疆普遍选择出售土地,法尔斯的许多地主选择与农民分享耕地,克尔曼和呼罗珊的地主多与农民组成联合体,锡斯坦和俾路支

① Najmabadi,A, *Land Reform and Social Change in Iran*, pp. 92-93.

② Hooglund,E. J. , *Land and Revolution in Iran 1960-1980*, pp. 53-54.

③ Ansari,A. M. , *Modern Iran since 1921:The Pahlavis and After*, p. 157.

④ Hooglund,E. J. , *Land and Revolution in Iran 1960-1980*, p. 61.

⑤ Amjad,M. , *Iran:From Royal Dictatorship to Theocracy*, p. 82.

的农民往往向地主出售租佃权。①

1967年12月，农场企业建立与管理法获准实施，1968年1月，开发水坝下游土地公司建立与管理法获准实施，白色革命随之进入第三阶段。根据农场企业建立与管理法，农场企业由政府投资，实行计划管理；自耕农可以将地产入股农场企业，按照股份获得分红，亦可为农场企业工作，按日计酬。至1978年，建立农场企业94个，包括850座村庄、30余万农民和40余万公顷土地，主要分布于法尔斯、胡齐斯坦和阿塞拜疆。② 根据开发水坝下游土地公司建立与管理法，政府征购土地，出租私人经营，成立合资性质的农业公司，吸收国外资金和国内资金，属于资金密集型、机械化生产和雇佣制的现代农业企业，种植经济作物。至1978年建成36家公司，主要分布于胡齐斯坦、古尔干、吉兰等地。③ 在许多地区，政府打破自然村落的界限，组建大型农场，采用工资劳动，推广农业机械，实行单一作物的专门生产。政府亦鼓励外国资本投入伊朗农业，组建外资农业公司；1969—1974年，5家外资农业公司从伊朗政府租赁国有土地6.8万公顷。④ 此外，分配和出售租佃土地法于1969年开始实施，已与农民签订30年长期租约的地主须将土地出售给农民，地价由地主与农民协商解决，地款可一次性支付，亦可在12年内分期支付，政府为地主提供担保。⑤ 1971年9月，政府宣布土地改革结束。

巴列维国王声称，发动白色革命的根本思想是"权利应归全民，而不得为少数人所垄断"，其目的是"真正限制大土地占有，以利农民；真正消灭地主和佃农制度；并真正使这些佃农享有人的尊严和有可能直接从劳动中获利"⑥。然而，实际情况并非如此。作为白色革命的核心内容，土地改革只涉及享有租佃权的无地农民；至于没有租佃权的无地农民，约占乡村人口的1/3，被排斥于土地改革的范围之外。⑦ 另一方面，土地改革并未导致乡村人口平等的经济地位，地产规模存在明显差异。据统计，至白色革命结束时，拥有土地不足2公顷者约100万户，拥有土地2—10公顷者约140万户；相比之下，拥有土地超过50公顷者

① Lenczowski, G., *Iran Under the Pahlavis*, p. 274.

② Schirazi, A., *Islamic Development Policy: The Agrarian Question in Iran*, Boulder 1993, p. 17.

③ Hooglund, E. J., *Land and Revolution in Iran 1960-1980*, pp. 86-87, pp. 84-85.

④ Schirazi, A., *Islamic Development Policy: The Agrarian Question in Iran*, Boulder 1993, p. 20.

⑤ Lenczowski, G., *Iran Under the Pahlavis*, p. 109.

⑥ 《白色革命》，见《巴列维传》，第368页，第392页。

⑦ Kazemi, F., *Peasants and Politics in the Modern Middle East*, Miami 1991, p. 285.

虽然只有 4.5 万户,其地产总面积却占全部耕地的 47%。[1] 土地改革并没有真正满足广大农民对于土地的要求,相当数量的乡村人口仍然处于贫困状态。显然,巴列维国王无意改善下层民众的生活境况;其发起白色革命的真实目的,乃是通过地权的改变,否定在外地主对于乡村的统治,密切国家与农民的联系,扩大君主政治的社会基础,巩固巴列维家族垄断权力的政治地位。"伊朗的白色革命体现一种新的尝试,其目的是采用自上而下的改革,最终维护传统的权力模式。通过土地改革,国王将贵族限制在城市的范围,切断他们与乡村的联系。"[2]

白色革命期间的突出现象,是合作社的广泛建立。享有租佃权的无地农民从国家购买土地的同时,必须加入合作社和认购合作社的股份。合作社的职能,包括农产品的生产、储存、流通,农业机械、农药、化肥的提供,以及农业贷款的发放。[3] 合作社分为初级合作社和中级合作社,构成乡村基本的行政单位,隶属政府管辖。初级合作社的范围为 2—3 个村社,包括数百农户。1966 年,初级合作社为 1995 个;1972 年,初级合作社达到 8652 个,包括 2.3 万个自然村落和150 万农户。[4] 若干初级合作社组成中级合作社,构成初级合作社与政府的中间环节;1966 年,中级合作社 54 个,1968 年,中级合作社达到 81 个。[5] 合作社建立的实质,在于官僚政治在乡村社会的广泛延伸。合作社建立的结果,是乡村官僚化程度的明显提高。合作社的建立,标志着国王取代在外地主而成为乡村社会的真正主人,农民由长期依附于在外地主转变为直接隶属于巴列维王朝,波斯帝国的古老梦想由于白色革命而得以实现。

白色革命后经济与社会的发展

极权政治的强化与经济社会领域的现代化举措,是巴列维当政期间伊朗历史的核心内容。然而,极权政治的强化与经济社会领域的现代化举措两者之间并非孤立的存在,而是具有密切的内在联系。经济社会领域的现代化举措构成强化极权政治的手段,强化极权政治则是在经济社会领域推行现代化举措的目

---

[1] Foran, J., *Fragile Resistance: Social Transformation in Iran from 1500 to the Revolution*, pp. 320-321.

[2] Farazmand, A., *The State, Bureaucracy and Revolution in Modern Iran*, New York 1989, p. 104.

[3] 同上, p. 119。

[4] Hooglund, E. J., *Land and Revolution in Iran 1960-1980*, p. 106.

[5] Farazmand, A., *The State, Bureaucracy and Revolution in Modern Iran*, p. 121.

的。尽管如此,经济社会领域的现代化举措无疑是否定传统秩序的有力杠杆,客观上推动了伊朗历史的长足进步。

礼萨汗当政期间,伊朗的现代化主要表现为工业化进程的启动,局限于城市的范围,乡村社会和农业生产依然沿袭传统的模式。不仅如此,礼萨汗通过立法的形式保护在外地主的既得利益,旨在强化巴列维王朝与在外地主的政治联盟。封建主义在乡村的统治,制约着商品货币关系的扩大和自由劳动力市场的形成,是现代化进程的最大障碍。巴列维国王当政期间,伊朗的乡村社会和农业生产经历了深刻的历史变革,白色革命则是推动乡村农业深刻变革的关键因素。白色革命期间,伊朗乡村的地权结构与社会结构发生明显的变化。享有租佃权的无地农民中约 92% 即 194 万农户获得数量不等的土地,原来拥有少量土地的富裕农民亦在土地改革的第二阶段购置土地,在外地主对于乡村土地的垄断性占有和超经济强制不复存在,人数众多的小所有者成为乡村重要的社会势力。[①] 地权结构与社会结构的变化导致经营方式的相应变化,实物分成的传统租佃制明显衰落,货币关系广泛流行。70 年代初,约有 7000 处超过 100 公顷的地产,大都分布于北部的里海沿岸、东部的呼罗珊和西南部的胡齐斯坦地区,采用雇佣劳动和集约化的经营方式,主要种植经济作物。[②] 随着地权的转移和经营方式的改变,封建主义在伊朗乡村日渐崩溃。采用现代经营方式的大地产显然与市场经济密切相关;获得土地的农民由于摆脱传统的依附状态,不同程度上具有支配生产的自主权利,加之货币关系的渗透,亦逐渐卷入市场经济之中。与此同时,农业领域的资金投入呈上升趋势,农业技术不断改进。

伊朗的农业生产长期沿袭传统的耕作模式。自公元前 8 世纪引进称作"卡纳特"的暗渠以来,直至 20 世纪 50 年代末,农业技术停滞不前。"伊朗的农业生产率,无论是在单位面积产量还是人均产量方面,均处于落后的状态。在过去的许多世纪,农业技术的改进微乎其微,2500 年前奴隶采用的耕作方式至今依然在乡村农业领域延续。"[③]20 世纪 20 年代,拖拉机开始用于农业生产,农业机械化初露端倪。然而,在此后相当长的时期内,农业机械未能得到推广,仅仅局限于少数的王室地产。40 年代初,在伊朗东北部里海沿岸降雨丰富的古尔甘地区,土库曼商人购置王室地产,改变经营模式,建立农场,雇佣劳动力,使用农业机械,垦殖荒地。1949 年,古尔甘农业公司成立。古尔甘农业公司最初主要播种传统作物小麦,50 年代末开始播种高利润的经济作物棉花。进入 50 年代,

---

中
东
史

① Amid,M. J. , *Agriculture,Poverty and Reform in Iran* , pp. 102-103.

② Hooglund,E. J. , *Land and Revolution in Iran 1960-1980* , p. 72, p. 82.

③ Vali,A. , *Pre-Capitalist Iran* , London 1993, p. 214.

农业机械在古尔甘逐渐推广,使用农业机械和采用现代经营方式的农场数量日渐增多。[1]

1952 年,伊朗政府成立农业机械发展署,采用分期付款的方式,鼓励农民购置农业机械,至 1956 年售出拖拉机 299 台。自 1956 年起,农业机械发展署向农民提供低息贷款,同时控制农业机械的售价,旨在鼓励农民购置农业机械。然而,1960 年以前,只有富裕农民购置农业机械。1960 年以后,不甚富裕的农民亦开始购置农业机械。1957—1962 年,农业机械发展署通过贷款的形式售出拖拉机 6346 台,联合收割机 1101 台,其中仅占全国耕地 1.5% 的古尔甘地区购置拖拉机 1974 台,联合收割机 609 台,分别占售出拖拉机和联合收割机总数的 30% 和 50%。里海沿岸的水稻播种区吉兰和马赞德兰亦是较早推广农业机械的省份,自 1958 年开始引进播种机,至 70 年代初机播面积达到 70%。[2]

白色革命和土地改革不仅导致地权的转移,而且促进了农业机械化的推广。1926—1947 年,伊朗共计进口拖拉机 622 台。至 1950 年,伊朗共有拖拉机 900 台,联合收割机 100 台。1960 年,使用拖拉机耕种土地的农户仅占农户总数的 4%。[3] 自白色革命开始,拖拉机和联合收割机的数量呈明显上升的趋势。1962 年,伊朗全国共有拖拉机 6000 台,联合收割机 900 台;1971 年拖拉机增至 23000 台,联合收割机增至 1800 台;1977 年拖拉机达到 53000 台,联合收割机达到 2500 台。[4] 德黑兰、古尔甘、吉兰、马赞德兰、东阿塞拜疆、西阿塞拜疆和伊斯法罕是农业机械化程度最高的省份。根据 1974 年的统计,在马赞德兰,115 公顷耕地平均 1 台拖拉机;在伊斯法罕,124 公顷耕地平均 1 台拖拉机;在德黑兰,165 公顷平均 1 台拖拉机;在阿塞拜疆,277 公顷耕地平均 1 台拖拉机。拖拉机的进口数量,1952—1956 年 299 台,1957 年 725 台,1960 年 1283 台,1970 年 5100 台,1977 年 4700 台,1979 年 2780 台。拖拉机的保有量,1966 年 16000 台,1977 年 50000 台,1980 年 58000 台。1974 年,吉兰的耕地共计 15 万公顷,播种机近 1 万台,平均每台播种机播种 15.2 公顷;马赞德兰的耕地共计 12 万公顷,播种机 1.3 万台,平均每台播种机播种 87 公顷。吉兰和马赞德兰两省进口的播种机数量,1960 年 117 台,1963 年 4031 台,1972 年 10050 台,1977 年

① Beaumont,P. & McLachlan,K., *Agriculture Development in the Middle East*, pp.173-174.

② 同上,p.176,p.177,p.180。

③ Moghadam,F. E., *From Land Reform to Revolution*, London 1996,p.52.

④ Amid,M. J., *Agriculture,Poverty and Reform in Iran*, p.122.

8500 台,1980 年 2876 台。①

1958—1967 年,政府投资兴建大型水坝 12 座,灌溉面积由 1960 年的 280 万公顷增至 1972 年的 360 万公顷。② 白色革命前,化肥在伊朗乡村的大多数地区尚鲜为人知。即使在最发达的农业地区马赞德兰和古尔干,施肥面积仅占播种面积的 3.5%。③ 自 60 年代开始,化肥的投入量急剧上升,1959—1977 年年均增长率为 21.1%,其中 1959—1961 年年均投入 3.17 万吨,1968—1970 年年均投入 21.23 万吨,1975—1977 年年均投入 67.53 万吨。④ 1960—1975 年,主要农作物小麦播种面积从 401.2 万哈增至 556.5 万哈,年产量从 292.4 万吨增至 436.6 万吨,大麦播种面积从 119.3 万哈增至 143.9 万哈,年产量从 80.9 万吨增至 101.9 万吨,水稻播种面积从 32.9 万哈增至 40 万哈,年产量从 70.9 万吨增至 102.3 万吨。⑤

尽管如此,白色革命期间,伊朗农业生产的增长速度相对缓慢。1969—1973 年的第四个五年计划和 1974—1978 年的第五个五年计划期间,农业产值的预计年均增长率分别为 4.4% 和 7.0%,而实际年均增长率仅为 3.9% 和 4.6%,远远落后于国内生产总值的年均增长率,其中 1978 年农业产值增长率为负 0.8%。⑥ 1960—1975 年,小麦单位面积产量从每哈 0.73 吨增至每哈 0.78 吨,大麦单位面积产量从每哈 0.68 吨增至 0.71 吨,水稻单位面积产量从每哈 2.12 吨增至 2.55 吨,增长幅度有限。⑦ 1959—1977 年,主要农作物小麦年均增长 4.3%,大麦年均增长 3.0%,水稻年均增长 4.9%。⑧ 1956 年,伊朗总人口为 1926 万,其中农业劳动力为 333 万;1966 年,伊朗总人口增至 2554 万,农业劳动力下降为 317 万;1976 年,伊朗总人口达到 3371 万,而农业劳动力仅为 362 万。⑨ 农业产值在国内生产总值中所占的比例,1963 年为 29.3%,1977 年下降为 10%。⑩ 白色革命期间,160 余万农户获得土地,拖拉机保有量增长 16 倍,化肥使用量增长 20 倍,然而农业合作社大都经营不善,农产品价格过低,农作物

①　Beaumont,P. & McLachlan,K., *Agriculture Development in the Middle East*, p. 184, p. 179, p. 180.

②　Lenczowski,G., *Iran Under the Pahlavis*, pp. 147-148.

③　Moghadam,F. E., *From Land Reform to Revolution*, p. 52.

④　Karshenas,M., *Oil, State and Industrialization in Iran*, p. 152.

⑤　Najmabadi,A, *Land Reform and Social Change in Iran*, p. 156.

⑥　Nattagh,N., *Agriculture and Regional Development in Iran*, Cambridge 1986, p. 14.

⑦　Najmabadi,A, *Land Reform and Social Change in Iran*, p. 156.

⑧　Karshenas,M., *Oil, State and Industrialization in Iran*, p. 152.

⑨　《帕尔格雷夫世界历史统计》,亚洲、非洲和大洋洲卷(1750—1993),第 102 页,第 1077 页。

⑩　Schirazi,A., *Islamic Development Policy:The Agrarian Question in Iran*, p. 23.

产量徘徊不前,农民生活水平亦无明显提高。白色革命前的 50 年代,伊朗的农产品不仅满足国内市场的需求,而且出口国际市场。60 年代初,伊朗农业尚且自给有余。自白色革命开始,随着人口的爆炸性增长和城市化的长足进步,农产品的国内市场需求量呈明显的上升趋势。1960 年,伊朗耕地面积为 1140 万公顷,国内市场的粮食需求量为 700 万吨;1975 年,伊朗耕地面积为 1570 万公顷,国内市场的粮食需求量增至 1900 万吨。[①] 人口的增长速度超过农业生产的增长速度,粮食进口不断增加。1963 年,非农业人口的粮食需求为 742 亿里亚尔,其中进口粮食 20 亿里亚尔;1977 年,非农业人口的粮食需求增至 5816 亿里亚尔,其中进口粮食增至 783 亿里亚尔。[②] 另据统计,1973 年,伊朗从国际市场进口谷物 95.6 万吨;1978 年,伊朗从国际市场进口谷物增至 217.6 万吨。1973—1977 年,伊朗进口谷物累计支出 66 亿美元。[③] 巴列维国王甚至宣称,“伊朗的小农生产水平相对落后,浪费财富,使国家无法继续负担”[④]。然而,据此认为伊朗农业呈衰落趋势,否定白色革命对于伊朗乡村社会和农业生产的积极影响,尚有进一步商榷的余地。[⑤] 伊朗乡村的生产关系和社会结构无疑由于白色革命的诸多举措而发生明显的变化。封建地产、家庭经济和资本主义农场的此消彼长标志着伊朗乡村传统经济社会模式的崩坏与现代经济社会模式的长足发展,而农业生产关系的转变与农民生活水平的提高并非必然表现为同步的状态。

白色革命前,伊朗的工业化处于起步阶段,规模尚小,轻工业企业居多,石油工业几乎是唯一的重工业部门。工业产值在国内生产总值中所占的比重,1947 年为 5％,1962 年为 10％。[⑥] 50 年代和 60 年代初,伊朗政府相继制定第一个七年发展计划(1949—1955 年)和第二个七年发展计划(1955—1962 年),旨在发展农业、改善交通、建立现代工业体系和实现进口替代的经济战略,然而由于资金投入不足,均未取得明显的效果。

伊朗是中东地区最早发现石油的国家。进入 60 年代,伊朗的石油产量急剧上升。1959 年,伊朗石油产量约占世界石油总产量的 4.6％。1974 年,伊朗

① Rahnema, S. , *Iran after the Revolution:Crisis of an Islamic State* , London 1995, pp. 30-31.

② Karshenas, M. , *Oil, State and Industrialization in Iran* , p. 243.

③ Schirazi, A. , *Islamic Development Policy:The Agrarian Question in Iran* , p. 7.

④ Arjomand, S. A. , *The Turban for the Crown:the Islamic Revolution in Iran* , p. 107.

⑤ Foran, J. , *Fragile Resistance:Social Transformation in Iran from 1500 to the Revolution* , p. 323.

⑥ 张俊彦主编:《中东国家经济发展战略研究》,北京大学出版社 1987 年,第 78 页。

石油日产量达到 600 万桶,伊朗石油产量在世界石油总产量中所占的份额增至 10.5%。[1] 自 1963 年起,伊朗政府的石油收入呈急剧上升的趋势,1964 年为 5.55 亿美元,1969 年为 9.58 亿美元,1971 年为 12 亿美元,1974 年为 50 亿美元,1976 年达到 200 亿美元。从 1964 年到 1974 年,伊朗政府的石油收入累计 130 亿美元;从 1974 年到 1977 年,伊朗政府的石油收入累计 380 亿美元。[2] 石油经济的迅速发展和石油收入的急剧增长,导致政府投资的明显扩大。与此同时,白色革命期间,在外地主被迫出售相当数量的地产之后,其投资方向亦由乡村和农业领域转向城市和工业领域,成为推动工业化进程的积极因素。

1963 年,伊朗政府制定第三个五年发展计划,预计投资 19 亿美元,主要投资领域是冶金工业和机械工业,国内生产的年增长率预计达到 8.8%。1968 年,伊朗政府制定第四个五年发展计划,预计投资 107 亿美元,主要投资领域是运输业、电力工业和石油化学工业,国内生产的年增长率预计达到 9%。1973 年,伊朗政府制定第五个五年发展计划,预计投资 365 亿美元,后增至 700 亿美元,主要投资领域是石油化学工业、冶金工业、电力工业、机械工业和运输业,国内生产的年增长率预计达到 26%。[3] 1973 年以前,主要工业企业大都位于德黑兰。1973—1977 年,诸多新兴工业基地迅速崛起,阿塞拜疆成为机器制造业中心,伊斯法罕成为冶金工业中心,法尔斯成为化学工业中心,胡齐斯坦成为石油工业中心,吉兰成为电力工业中心,工业分布渐趋合理。[4] 巴列维国王甚至夸口,到 20 世纪末,伊朗将成为世界五大工业强国之一。[5]

1963—1977 年可谓伊朗历史上的工业革命时期,现代工业的生产规模明显扩大。伊朗工业的年增长率从 5% 升至 15%,其增长速度相当于发展中国家平均增长速度的两倍。[6] 雇佣工人 10—49 人的企业数量从 1500 家增至 7000 家,雇佣工人 50—500 人的企业数量从 295 家增至 830 家,雇佣工人超过 500 人的大型企业数量从 105 家增至 159 家。[7] 此外,尚有不足 10 人的作坊 20 万家。1977 年,各类作坊、工厂和其他相关行业的工人数量约为 250 万。[8] 与此同时,

① Clawson, P. & Rubin, M., *Eternal Iran : Continuity and Chaos*, p. 73.

② Abrahamian, E., *Iran : Between Two Revolutions*, p. 427.

③ 张俊彦主编:《中东国家经济发展战略研究》,第 84—88 页。

④ Rahnema, S., *Iran after the Revolution : Crisis of an Islamic State*, p. 134.

⑤ Abrahamian, E., *Iran : Between Two Revolutions*, pp. 430—431.

⑥ Foran, J., *Fragile Resistance : Social Transformation in Iran from 1500 to the Revolution*, pp. 326—327.

⑦ Abrahamian, E., *Iran : Between Two Revolutions*, p. 430.

⑧ Foran, J., *Fragile Resistance : Social Transformation in Iran from 1500 to the Revolution*, pp. 326—327.

产业结构发生明显的变化,石油工业、冶金工业、化学工业、机械工业和电力工业逐渐成为颇具影响的支柱产业,制造业在国内生产总值中所占比例从 11％增至 17％。1965—1975 年,主要工业品的产量急剧增长,其中煤炭产量从 28.5万吨增至 90 万吨,钢铁产量从 2.9 万吨增至 27.5 万吨,水泥产量从 140 万吨增至 430 万吨,棉布和化纤制品从 3.5 亿米增至 5.3 亿米,电话产量从零部增至 18.6 万部,电视机产量从 1.2 万台增至 3.1 万台,拖拉机产量从 100 台增至 7700 台,汽车产量从 7000 辆增至 11 万辆。1963—1977 年,国家在德兹福勒、卡拉季和曼杰勒建造大型水利枢纽,发电量从 5 亿千瓦小时增至 155 亿千瓦小时。国家投资改造恩泽里、沙赫普尔港、布什尔和霍拉姆沙赫尔等主要港口,港口吞吐量增长 4 倍。国家投资铺设超过 500 英里的铁路和 13000 英里的公路,从而完成了以德黑兰为中心连接大不里士、伊斯法罕和马什哈德以及里海沿岸和波斯湾港口的铁路干线和四通八达的交通网。[①]

工业投资的增长无疑是工业化长足进步的重要内容,政府投资、私人投资和国外投资构成巴列维国王时期伊朗工业投资的基本形式。"早在 20 年代巴列维王朝建立之初,君主制已经成为伊朗经济发展的渠道。然而,直到 50 年代,政府在经济领域的作用依然相当有限,只是私人经济的辅助和补充。国家机构的完善和政府职能的强化,并未导致国家资本主义的建立。"[②]白色革命初期,政府投资的规模尚不及私人投资。自 60 年代后期开始,伊朗的投资结构发生明显的变化,政府的经济干预随之扩大;进入 70 年代,政府投资逐渐构成伊朗工业投资的主导形式,主要投资领域包括石油工业、冶金工业、机械工业和化学工业,国有企业控制国家的经济命脉。1976 年,国家拥有 130 家大型工业企业,另外在 55 家工业企业拥有股份。政府控制油田和 4 家大型石油化工企业以及阿巴丹、德黑兰、设拉子和克尔曼沙赫的炼油厂,同时拥有大不里士和阿拉克的机械制造厂、大不里士的拖拉机厂、伊斯法罕和阿拔斯港的炼钢厂,垄断烟草企业。[③]"如果说礼萨汗是伊朗最大的地主,那么巴列维国王则是伊朗最大的资本家。"[④]与政府投资相比,私人投资的主要领域是纺织工业、食品加工业和建筑业。白色革命前的 1959 年,政府投资占投资总额的 33.7％,私人投资占投资总额的 66.3％;巴列维王朝覆灭前的 1978 年,政府投资在全部投资中所占的比例上升为 66.1％,私人投资在全部投资中所占的比例下降为 33.9％。1968—

① Abrahamian, E. , *Iran: Between Two Revolutions* , pp. 430-431, p. 428.

② Ehteshami, A. , *After Khomeini: The Iranian Second Republic* , London 1995, p. 80.

③ Parsa, M. , *Social Origins of Iranian Revolution* , p. 66.

④ Milani, M. M. , *The Making of Iran's Islamic Revolution* , p. 60.

1978年,国有企业的固定资产从 740 亿里亚尔增至 6630 亿里亚尔,私人企业的固定资产从 770 亿里亚尔增至 4120 亿里亚尔,国有企业固定资产的增长幅度明显超过私人企业固定资产的增长幅度。1978 年,来自国有企业的政府财政收入达到 11077 亿里亚尔,仅次于 13142 亿里亚尔的石油收入,远远高于 3976 亿里亚尔的税收。[①] 尽管如此,自白色革命开始,工业领域的私人投资无疑呈上升的趋势。私人企业主的数量,1956 年不足 7 万人,1966 年增至 15 万人,1976 年超过 20 万人。[②] 1977 年,伊朗共有工业企业 5000 余家,其中政府投资的企业约 400 家,其余企业均系私人投资兴建。[③] 此外,巴列维国王时期,国外商家在伊朗境内的投资规模亦不断扩大,投资金额从 1963 年的 1.26 亿美元增至 1973 年的 12.3 亿美元。1977 年,国外投资累计达到 52 亿美元,投资领域主要是资金密集型企业和技术密集型企业,包括 5 家大型石化企业中的 3 家、5 家大型化工厂中的 4 家、18 家制药厂中的 14 家、全部的汽车制造厂和 42 家机械制造厂中的 37 家。[④]

白色革命期间工业化的长足进步,导致伊朗产业结构的相应变化。1956—1976 年,农业劳动力在全部劳动力中所占比例从 56.3％下降为 34％,而工业劳动力在全部劳动力中所占比例从 20.1％增至 35.4％。1963－1978 年,伊朗国内生产总值从 104 亿美元增至 510 亿美元,其中农业产值在国内生产总值中所占的比例由 27.9％下降为 9.3％,石油业产值在国内生产总值中所占的比例由 18.6％增至 31.8％,非石油的工业产值在国内生产总值中所占的比例由 16％增至 23％。[⑤]

白色革命至伊斯兰革命之间伊朗社会的突出现象,是城市人口的膨胀和城市规模的扩大。1956 年,伊朗的总人口为 1895 万,其中乡村人口 1300 万,占总人口的 69％,城市人口 595 万,占总人口的 31％。1966 年,伊朗的总人口为 2500 万,其中乡村人口 1500 万,占总人口的 62％,城市人口 1000 万,占总人口的 37.9％。1976 年,伊朗的总人口为 3370 万,其中乡村人口 1780 万,占总人

---

① Ehteshami, A., *After Khomeini: The Iranian Second Republic*, p. 78, p. 79, p. 81.

② Foran, J., *Fragile Resistance: Social Transformation in Iran from 1500 to the Revolution*, p. 329.

③ Milani, M. M. *The Making of Iran's Islamic Revolution*, p. 61.

④ Foran, J., *Fragile Resistance: Social Transformation in Iran from 1500 to the Revolution*, p. 329.

⑤ Milani, M. M., *The Making of Iran's Islamic Revolution*, p. 60.

口的 53％,城市人口 1590 万,占总人口的 47％。[1] 换言之,1956—1976 年,城市人口约增长 3 倍,而乡村人口仅增长三分之一。

工业化的长足进步,导致伊朗人口流向的明显改变。越来越多的劳动力脱离农业,从乡村涌入城市,构成城市人口膨胀的主要因素。据统计,移入城市的乡村农民,30 年代平均每年 3 万人,1941—1956 年平均每年 13 万人,1957—1966 年平均每年 25 万人,1967—1976 年平均每年 33 万人。[2] 1962—1971 年,约 200 万人从乡村移居城市。[3] 1966—1976 年,伊朗新增城市人口 600 万,其中自然增长的城市人口 262 万,占新增城市人口总数的 43.7％,移居城市的乡村人口 211 万,占新增城市人口总数的 35％。[4] 1978 年,伊朗的城市人口为 1780 万,其中半数系 1963 年以后来自乡村的移民及其后裔。[5]

与此同时,城市规模不断扩大。人口超过 10 万的城市,1900 年只有 3 个,1956 年增至 10 个,1976 年达到 23 个。人口超过 10 万的城市居民,1900 年为 50 万人,占城市人口总数的 24％,1956 年增至 315 万人,占城市人口总数的 53％,1976 年达到 990 万人,占城市人口总数的 63％。1956—1976 年,德黑兰从 151 万人增至 450 万人,伊斯法罕从 25 万人增至 67 万人,马什哈德从 24 万人增至 67 万人,大不里士从 29 万人增至 60 万人,设拉子从 17 万人增至 42 万人,阿瓦士从 12 万人增至 33 万人,阿巴丹从 23 万人增至 30 万人,克尔曼沙赫从 13 万人增至 29 万人,库姆从 10 万人增至 25 万人,拉什特从 11 万人增至 19 万人。[6] 1966—1976 年,人口超过 5 千人的城市从 249 个增至 373 个,人口超过 5 万人的城市从 29 个增至 45 个。[7] 1976 年,伊朗最大的 10 个城市即德黑兰、伊斯法罕、马什哈德、大不里士、设拉子、阿瓦士、阿巴丹、克尔曼沙赫、库姆、拉什特的人口占城市人口总数的 52％,其中德黑兰的人口占城市人口总数的 29％。[8] 1975 年,62％的城市人口生活在 19 个人口超过 10 万的大城市,20％的城市人口生活在 55 个 2.5—10 万人的中等城市,18％的城市人口生活在 225 个不足 2.5 万人的小城市。[9]

①　Bonine,M. E. , *Population,Poverty and Politics in Middle East Cities* , p. 258.

②　Foran,J. , *Fragile Resistance:Social Transformation in Iran from 1500 to the Revolution* , p. 337.

③　Bashiriyeh,H. , *The State and Revolution in Iran:1962-1982* , Kent 1984, p. 88.

④　Kazemi,F. , *Poverty and Revolution in Iran* , p. 14.

⑤　Farazmand,A. , *The State,Bureaucracy and Revolution in Iran* , p. 154.

⑥　Kazemi,F. , *Poverty and Revolution in Iran* , p. 13, p. 17.

⑦　Parsa,M. , *Social Origins of Iranian Revolution* , p. 76.

⑧　Kazemi,F. , *Poverty and Revolution in Iran* , p. 13, p. 17.

⑨　Roberts,M. H. P. , *An Urban Profile of the Middle East* , London 1979, p. 89.

伴随城市化的进程,作为伊朗传统社会重要组成部分的游牧人口数量呈急剧下降的趋势。1900年,伊朗有游牧人口247万,约占总人口的25%。礼萨汗在位的1932年,游牧人口100万约占总人口的8%。白色革命初期的1966年,游牧人口下降为71万,约占总人口的3%。伊斯兰革命前夕的1976年,游牧人口仅为35万,约占总人口的1%。①

自白色革命至伊斯兰革命的14年间,伊朗在社会福利方面取得长足的进步,医疗和教育领域的成就尤为明显。1966—1976年,政府投资19亿美元,用于发展卫生和教育事业,医疗机构从700家增至2800家,医生人数从4500人增至13000人,护士人数从2000人增至4000人,医院床位从24000张增至48000张。卫生条件的改善,明显降低了瘟疫发病率和婴儿死亡率,人口总数随之呈大幅增长的趋势。1963—1977年,小学在校人数从164万增至400万,普通中学在校人数从37万增至74万,其他中等学校人数从14万增至近23万,高等学校在校人数从2.5万增至15.4万。1956—1976年,人口的识字率从14.9%增至47.1%;其中,乡村人口的识字率从6%增至29.6%,城市人口的识字率从33.3%增至65%。② 尽管如此,伊朗仍然是中东地区医疗条件最差和婴儿死亡率最高的国家,接受高等教育的人口比率亦居于中东诸国的末位。③

经济的繁荣和财富的增长固然构成社会福利事业长足进步的物质基础,特定的政治制度与社会福利的改善之间亦具有内在的逻辑联系。白色革命期间,教育和卫生领域的发展表现为明显的不平衡性。1973年,德黑兰拥有全国二分之一的医生,医生与人口的比例为1:787;相比之下,德黑兰以外地区的医生与人口的比例为1:5011,在遥远的伊拉姆省则为1:12570。德黑兰所在的中央省拥有160所医院和23552张病床,平均43256人拥有1所医院;相比之下,赞赞省只有3所医院和205张病床,平均193000人拥有1所医院,而244000人的伊拉姆省和245000人的波耶尔·艾哈迈德省各有1所医院。1977年,乡村地区的婴儿死亡率高达120‰。1977年,德黑兰的识字率为76%,其他地区平均为38%,伊拉姆省为21.5%,库尔德斯坦为22.3%。超过60%的学龄儿童无法完成学校的学业。1975年,68%的成年人不识字;1963—1977年,成年的文盲从1300万人增至1500万人。④

① Arjomand,S. A. , *The Turban for the Crown:the Islamic Revolution in Iran*, p69, p. 215.

② Milani, M. M. , *The Making of Iran's Islamic Revolution*, p. 67.

③ Abrahamian, E. , *Iran:Between Two Revolutions*, pp. 446-447.

④ Parsa, M. , *Social Origins of Iranian Revolution*, p. 79, p. 80.

巴扎商人和手工工匠作为伊朗传统社会的重要组成部分,相互依存,长期处于共生的状态。现代工商业的发展排斥着巴扎商人和手工工匠的物质利益,极权政治的膨胀否定着巴扎商人和手工工匠传统的自治地位。尽管如此,现代工商业的发展并没有使传统手工业和巴扎商业退出历史舞台;相反,城市化的进程在一定程度上甚至为传统手工业和巴扎商业的扩大提供了空间。相反,城市化的进程在一定程度上为巴扎商业和传统手工业提供了扩展的空间,巴扎商人和手工业者的人数亦呈缓慢上升的趋势。1966—1976年,巴扎商人从48万增至56万,手工工匠从53万增至100万。70年代,巴扎商人依然活跃在伊朗的流通领域,控制全部批发贸易的四分之三和零售贸易的三分之二,手工作坊则提供伊朗工业产品的三分之一和非石油出口商品的四分之一。巴扎商人和手工工匠遍布城市和乡村的各个角落,与民众生活息息相关,仍不失为具有广泛影响的社会群体。尽管如此,巴扎商人和手工业者的经济活动处于相对萧条的状态,其经济实力和社会地位已非往日可比。现代化的长足进步,特别是现代工商业的发展,导致传统手工业者和巴扎商人每况愈下的经济社会地位。1972年,手工作坊使用的劳动力占全部工业劳动力的65%,手工作坊的产值仅占工业总产值的35.5%;1976年,手工作坊使用的劳动力在全部工业劳动力中所占的比例下降为36%,手工作坊的产值在工业总产值中所占的比例则下降为23%。[1] 两项数字表明资金和劳动力非密集型的小生产无力与现代工业竞争,处于惨淡经营的状态。1972年,政府强行推广机制面包,面包业六千余手工工匠因此失业。1970年,政府强行规定城市行会的首领,剥夺行会传统的自治权利。1975—1976年,政府取缔巴扎商人和手工工匠的行会组织,强化对于巴扎商人和手工工匠的控制,进而利用复兴党掀起反对奸商牟取暴利的运动,致使八千巴扎商人身陷囹圄,约两万巴扎商人流亡他乡,二十余万店铺被迫关闭。[2] 与此同时,政府建立国营贸易公司和现代商场,挑战巴扎在流通领域的主导地位。巴扎商人和手工工匠无力单独对抗巴列维王朝,被迫转向教界寻求保护。

现代化的历史进程不仅改变着城市与乡村的人口比例,而且塑造着新兴的社会群体,现代中产阶级的规模不断扩大。现代中产阶级起源于工业化、城市化、政府官僚化和教育世俗化,是现代化进程的产物,其主要政治倾向在于要求实现民主化和社会改革,以求分享国家权力和提高社会地位。白色革命的重要内容,是发展世俗的教育体系和司法体系,完善政府机构和官僚制度。1963—

① Foran,J., *Fragile Resistance:Social Transformation in Iran from 1500 to the Revolution*, pp. 333-335.

② Arjomand,S. A., *The Turban for the Crown:the Islamic Revolution in Iran*, p.107.

1977 年,伊朗政府雇员从 15 万人增至 56 万人,包括教师、医生在内的知识界人数亦不断增多。① 与此同时,产业工人队伍明显扩大,进而成为举足轻重的社会群体。1966—1976 年,产业工人从 137 万增至 192 万,其在全部劳动力中所占比例从 19%增至 22%。② 另据统计,1968 年,产业工人约为 146 万,其中 17%即 25 万分布在 10 人以上的大中型企业;1977 年,产业工人达到 250 万,其中 29%即 72 万分布在 10 人以上的大中型企业。③ 产业工人作为巴列维当政期间现代化进程的受益者,最初并不热衷于政治活动,经济境况的改善是产业工人关注的首要问题。所谓的棚户民缺乏稳定的收入来源,居于城市社会的最底层,大都属于来自乡村的移民,70 年代人数约为 160 万,占全部劳动力的 18%。④

"发展的独裁模式"

君主制度是伊朗传统的政治制度。巴列维王朝建立以后,伊朗的君主政治日趋强化。1941 年礼萨汗被迫退位以后,君主政治一度削弱,诸多社会群体激烈角逐国家权力,进而形成多元的政治局面。自 1953 年政变开始,巴列维国王选择了亨廷顿所谓的"发展的独裁模式",极力排斥民众的政治参与。巴列维国王把持着统治国家的绝对权力,凌驾于宪法和议会之上。宪政制度徒具形式,宪法如若一纸空文,议会形同虚设。议员的人选由国王确定,首相胡韦达则自称是"国王的奴仆"。"巴列维国王俨然是国家权力的化身……伊朗民众并无公民的权利,而被视作是君主的臣民。"⑤白色革命的发生,既是君主政治日趋强化的必然结果,亦是君主政治极度膨胀的集中体现。

巴列维国王沿袭其父礼萨汗当政时期的传统,倚重军队和官僚机构作为首要的统治工具,极力强化独裁专制的政治制度。1963—1977 年,伊朗官僚机构急剧膨胀,中央政府由 12 个部和 15 万雇员增至 19 个部和 30 万雇员。巴列维国王还重新划分全国政区,省区由 10 个增至 23 个。⑥ 国家权力通过庞大的官

---

① Abrahamian, E. , *Iran: From Royal Dictatorship to Theocracy*, p. 94.

② Milani, M. M. , *The Making of Iran's Islamic Revolution*, p. 64.

③ Moaddel, M. , *Class, Politics, and Ideology in the Iranian Revolution*, New York 1993, p. 125.

④ Milani, M. M. , *The Making of Iran's Islamic Revolution*, p. 65.

⑤ Farazmand, A. , *The State, Bureaucracy and Revolution in Modern Iran*, New York 1989, p. 22.

⑥ Amjad, M. , *Iran: From Royal Dictatorship to Theocracy*, p. 94.

僚机构渗透到城市和乡村的各个角落,传统地方势力作为国家与民众之间的桥梁和纽带由于国家权力的广泛扩张而不复存在。1963—1977 年,伊朗军队人数从 20 万增至 41 万,其中陆军从 18 万人增至 20 万人,海军从 0.2 万人增至 2.5 万人,空军从 0.75 万人增至 10 万人,宪兵从 2.5 万人增至 6 万人,特种部队从 0.2 万人增至 1.7 万人,国王卫队从 0.2 万人增至 0.8 万人。1963—1973 年,军费预算从不足 3 亿美元增至 18 亿美元,1977 年甚至高达 73 亿美元。1977 年时的伊朗拥有波斯湾最强大的海军和中东最先进的空军,号称世界第五军事强国。军队构成伊朗社会的特权阶层,享受优厚的物质待遇,具有广泛的政治影响。巴列维国王作为军队的最高统帅,亲自任免所有高级将领,参与军事演练,并且经常身着军装主持国务活动。始建于 1953 年的萨瓦克由 5000 余名秘密警察组成,遍布各地和各个角落,被称作“国王的耳目和铁拳”[1]。庞大的官僚机构和装备精良的军队以及秘密警察成为巴列维国王独裁专制的三大支柱,国王控制军队而军队通过国家机器控制社会则是巴列维国王当政期间伊朗政治生活的突出现象。

据西方权威机构估计,巴列维家族的私产在 50 亿到 200 亿美元之间。其一是广袤的良田,主要分布在里海沿岸的马赞德兰、吉兰和古尔甘以及西南部的法尔斯和胡齐斯坦。其二是石油收入,巴列维王朝灭亡前夕,约 20 亿美元的石油收入从伊朗国内存入巴列维家族成员在国外的账户。其三是工商业利润,巴列维家族成员凭借特权从国家银行获得低息贷款,投资工商业领域,牟取暴利。其四是巴列维基金会,巴列维基金会始建于 1958 年,至 1977 年在 200 余家企业和金融机构拥有超过 30 亿美元的股份。[2] 巴列维家族的巨额私产,构成巴列维王朝独裁专制的重要物质保证。

巴列维国王当政期间,政党政治并非民众政治参与的外在形式,却成为君主独裁的御用工具。1958 年,巴列维国王宣布实行两党制,授意首相曼努切赫尔·伊格巴尔和内务部长阿萨杜拉·阿拉姆分别创建民族党(Melliyun)和国民党(Mardom),其中民族党系议会多数党和执政党,国民党系议会少数党和反对党;两党作为国王御用的政治工具,其成员均为唯命是从的王室宠臣。[3] 1963 年,民族党改称新伊朗党 (Iran Novin Party),首相阿米尔·阿拔斯·胡韦达出任新伊朗党总书记。[4] “新伊朗党是国王推行改革举措以及控制内阁和议会的

① Abrahamian, E. , *Iran: Between Two Revolutions* , Princeton 1982, p. 435, p. 436.

② Abrahamina, E. , *A History of Modern Iran* , p. 127.

③ Katouzian, H , *The Political Economy of Modern Iran* , London 1981, p. 197.

④ Fardust, H. , *The Rise and Fall of The Pahlavi Dynasty* , Dehli 1999, p. 63.

政治组织……新伊朗党控制所有的职业协会、工会、巴扎行会、民间服务性组织和土改合作社。"[1]

1975年，巴列维国王宣布取缔国民党，复兴党（Rastakhiz Party）取代新伊朗党，成为唯一合法的政党。[2]"'一个国家、一个国王和一个政党'成为新的政治座右铭。"[3]巴列维国王宣布，伊朗迈向"伟大的文明"需要统一的思想，复兴党的历史任务是铲除背离官方理论的思想倾向，实现伊朗人民的思想统一，实现国王领导的白色革命，推动国王的伊朗走向新的文明。复兴党声称：国王是雅利安人的灯塔，消灭了伊朗的阶级对立，解决了伊朗所有的社会冲突；国王不仅是伊朗的政治领袖，而且是伊朗的精神领袖；国王不仅为民众建造了道路、桥梁、水坝和沟渠，而且指引着民众的精神、思想和心灵。[4]复兴党在全国各地设立分支机构，据称拥有党员500万，而拥护宪法、忠于国王和支持白色革命是加入该党的先决条件。复兴党中央委员会包括几乎所有的议员和内阁成员，首相胡韦达出任秘书长。复兴党发行《复兴报》、《工人复兴报》、《农民复兴报》、《青年复兴报》和《复兴思想报》等多种报刊，操纵和控制诸多政府部门和舆论媒体，同时实行严格的新闻监督，查封与其思想观念不符的出版物。[5]与此同时，复兴党极力削弱什叶派欧莱玛的政治影响和社会影响，严格禁止妇女在校园身着伊斯兰教的传统服饰，清查宗教地产的账目，派出大批人员前往乡村宣传"真正的伊斯兰教"[6]。复兴党甚至用传统的伊朗历取代伊斯兰历，进而于1976年将伊朗的纪年由伊斯兰历1355年改为伊朗历2535年，旨在美化君主制的悠久历史。[7]1975年，复兴党操纵的国民议会无视沙里亚的相关规定，将男女青年的法定结婚年龄分别从15岁和18岁改为18岁和20岁，并且重申1967年家庭保护法，赋予世俗法庭审理家庭纠纷的权力，尤其对男子的婚姻行为加以限制，规定男子休妻必须提供有效的理由，男子另娶妻子必须征得现有妻子的同意，妇女享有申诉离婚的权力，妇女外出从业无须征得丈夫的允许。复兴党的诸多举措导致教界的激烈反抗。阿亚图拉鲁哈尼宣布，复兴党的行为违背宪法，违背伊朗人民的利益，违背伊斯兰教的原则。阿亚图拉霍梅尼在伊拉克公开指责复兴党是背离宪法和伊斯兰教的政治组织，号召伊朗真正的穆斯林远离复兴党，

① Bashiriyeh, H., *The State and Revolution in Iran: 1962-1982*, Kent 1984, p. 30.

② Chehabi, H. E., *Iranian Politics and Religious Modernism*, London 1990, p. 40.

③ Moaddel, M., *Class, Politics, and Ideology in the Iranian Revolution*, New York 1993, p. 63.

④ Abrahamian, E., *Iran: Between Two Revolutions*, pp. 441-442.

⑤ Amjad, M., *Iran: From Royal Dictatorship to Theocracy*, p. 99.

⑥ Abrahamian, E., *Iran: Between Two Revolutions*, p. 444.

⑦ Ansari, A. M., *Modern Iran since 1921: The Pahlavis and After*, p. 189.

声称复兴党不仅侵犯人权、自由和国际法,而且意在毁灭伊斯兰教和出卖国家利益。政府随后逮捕了霍梅尼在伊朗的主要支持者,包括阿亚图拉贝赫什提、阿亚图拉蒙塔泽里、阿亚图拉侯赛因·库米、阿亚图拉拉巴尼·设拉齐、阿亚图拉赞贾尼、阿亚图拉安瓦里、霍贾特伊斯兰卡尼、霍贾特伊斯兰哈梅内伊、霍贾特伊斯兰拉呼提、霍贾特伊斯兰塔赫里。[1]

巴列维国王建立复兴党的目的,是扩大政治基础,排斥政治异己,消除潜在的政治威胁。复兴党的建立,标志着君主独裁达到顶峰。巴列维国王甚至狂言:"伊朗人可以选择支持或反对君主制、宪法和白色革命三位一体的基本原则。支持君主制、宪法和白色革命的人应当加入复兴党,致力于实现君主制、宪法和白色革命的目标。不支持君主制、宪法和白色革命的人可以保持冷漠和旁观的态度,然而他们将不得分享伊朗繁荣的果实。至于那些坚决反对君主制、宪法和白色革命的人,将被允许离开自己的国家。"[2]"那些反对宪法、君主制度、国王与人民的革命(即白色革命)的人,只能在监禁和流亡之中作出选择。那些不肯加入这个政治组织(即复兴党)的人只有两种可能:他们或者属于某一非法政党,例如人民党,在这种情况下,他们应当入狱;或者有幸无需提供出境签证,便可携带护照,去到他们喜欢的地方。"[3]

巴列维当政期间,世俗政治在伊朗政治领域长期居于主导地位,世俗化构成伊朗政治演进的主流倾向。所谓世俗政治,在不同的国家和不同的历史条件下,具有不同的政治内涵。巴列维当政期间伊朗的世俗政治,包含排斥教界传统政治影响和强化君主统治地位的双重倾向。排斥教界传统政治影响和强化君主统治地位并非孤立存在的历史现象,两者之间无疑具有密切的内在联系。排斥教界传统政治影响的目的是服务于强化君主统治地位的客观需要,而政治世俗化的逻辑结果则是极权政治的日趋膨胀。换言之,所谓的世俗政治,在伊朗现代化进程的特定历史条件下,表现为打破传统社会权力分配的二元结构,削弱宗教政治,强化政府职能,进而完善巴列维王朝君主独裁的极权政治。君主政治构成世俗政治的外在形式,世俗政治、君主政治和极权政治的三位一体则是巴列维当政期间伊朗政治的基本模式。

第六章 波斯的复兴与伊朗的现代化进程

---

① Milani, M. M., *The Making of Iran's Islamic Revolution*, p. 69.

② Moaddel, M., *Class, Politics, and Ideology in the Iranian Revolution*, p. 64.

③ Milani, M. M., *The Making of Iran's Islamic Revolution*, p. 69.

五、伊斯兰革命与伊朗的现代化走向

伊斯兰革命的起源

20 世纪伊朗政治生活的突出现象,在于民主与专制的激烈抗争。经济秩序的深刻变革与新旧社会势力的此消彼长,则是民主挑战专制的物质基础。1905—1911 年的宪政运动,揭开了民主与专制抗争的序幕,首开伊朗政治现代化进程的先河。然而,由于客观条件的限制,宪政运动未能从根本上触动封建主义的经济基础和传统的社会秩序,议会的召开和宪法的颁布并没有带来民主政治的崭新时代。自 1925 年巴列维王朝建立开始,君主专制的政治制度空前强化,宪政制度成为君主专制的御用工具。礼萨汗当政期间,特定的历史条件即尖锐的民族矛盾和深刻的民族危机制约着伊朗国内诸多社会群体和政治势力之间的冲突,捍卫国家主权和民族尊严是伊朗各界民众的共同愿望,国王凌驾于社会之上,俨然成为国家主权的体现和民族尊严的象征。1941 年礼萨汗退位后,君主权力一度衰微,伊朗政坛出现群雄逐鹿的局面,议会成为角逐国家权力的主要舞台。1951—1953 年,首相摩萨台及其支持者利用石油国有化运动,挑战王权,掀起新的民主化浪潮。始建于 1949 年的民族阵线,作为代表资产阶级利益的世俗政治组织,构成此次民主化浪潮的中坚力量。摩萨台及其领导的民族阵线试图恢复 1906 年宪法,实行立宪制,扩大议会权力,进而达到限制王权的目的。然而,在外地主和教界传统势力支持君主政治,反对挑战王权的民主倾向。1953 年,巴列维国王发动政变,恢复君主独裁,民主浪潮在昙花一现之后宣告流产。

"1953 年的政变落下了伊朗政治的铁幕……此前 13 年间,诸多政治力量的怒吼震撼着伊朗。此后的 24 年中,除 1960—1963 年外,伊朗政坛颇显平静。"[①]巴列维国王声称,政坛的平静归功于其卓越的治理。实际上,政坛的平静只是政治风暴的前奏。巴列维国王君主独裁的铁幕只能掩盖社会矛盾和政治对抗,却不能消除社会矛盾和政治对抗。在君主独裁的铁幕掩盖下,伊朗的社会矛盾和政治对抗不断加剧。

---

① Abrahamian, E. , *Iran: Between Two Revolutions*, p. 450.

50 年代至 60 年代初,伊朗国内的政治反对派大都表现为世俗的形式。人民党始建于 30 年代,是十月革命以后马克思主义传入伊朗的产物,系伊朗左翼的激进政治派别。礼萨汗当政期间,人民党被视作非法政治组织,屡遭打击。1941 年礼萨汗退位后,人民党死灰复燃,其成员甚至出任内阁部长。人民党尽管在 1949 年由于涉嫌暗杀国王而遭到政府的取缔,50 年代初依然具有广泛的影响,成为摩萨台政府的重要政治盟友。[①] 1953 年政变后,人民党遭受重创,仅在阿塞拜疆和库尔德人地区苟延残喘。巴列维国王称人民党是莫斯科的第五纵队和苏联的特洛伊木马,指责人民党勾结苏联、出卖国家利益、反对私有制和亵渎伊斯兰教信仰,进而取缔人民党,迫害人民党成员。1956 年起,人民党与苏联支持的阿塞拜疆民主党合并,自称伊朗工人阶级的政党,坚持马克思列宁主义的意识形态和无神论信仰,反对财产私有制,支持苏联和国际共产主义运动,主张在伊朗建立民族民主共和国和实行社会主义制度。1964 年,人民党出现分裂,库尔德知识分子宣布脱离人民党,组建库尔德民主党,主张通过武装斗争的方式建立联邦制的国家,实行伊朗的民主和库尔德人的自治。1965 年,人民党再度分裂,其资深成员卡塞姆和弗鲁坦退出人民党,组建马克思列宁主义风暴,反对人民党的亲苏倾向,主张走中国式的革命道路。[②] 人民党尽管长期得到苏联政府以及境外诸多马克思主义组织的支持,然而其思想纲领与伊朗的历史传统及伊斯兰教信仰相去甚远,缺乏必要的社会号召力,难以形成广泛的政治影响。

民族阵线始建于 1949 年,50 年代初支持石油国有化运动和摩萨台政府,系相对温和的世俗政治派别。50 年代初,民族阵线无疑是动员民众政治参与和反对君主独裁的重要角色。民族阵线于 1953 年政变后遭受重创,1954 年改称民族抵抗运动。民族抵抗运动缺乏具有权威性影响的领袖人物,亦无统一的政治纲领和严密的组织结构,"从未成为严格意义的政党",只是若干政治群体的松散联合。60 年代初,民族抵抗运动内部由于政治观点的分歧,形成伊朗党、民族党、解放运动和社会主义协会四个派别,是为第二民族阵线。伊朗党和民族党的政治活动主要是批评巴列维政府的具体政策,要求解除对于摩萨台的软禁和扩大新闻自由以及向私人出售国有企业,解放运动和社会主义协会则主张发动反对国王的思想战争。伊朗党、民族党和社会主义协会将整个教界视作反动势力,解放运动则强调与反对巴列维国王的教界势力建立广泛的政治联盟。伊朗党极力倡导实现第二民族阵线内部的高度统一,民族党、解放运动和社会主义

①　Parsa,M. , *Social Origins of Iranian Revolution* , p. 40.

②　Abrahamian,E. , *Iran:Between Two Revolutions* , p. 456.

协会则主张继续维持第二民族阵线的松散状态。1965年,第二民族阵线正式分裂。其中,伊朗党沿用民族阵线的名称,主张在伊朗建立世俗的民主共和国,民族党、解放运动和社会主义协会组成第三民族阵线,认为欧莱玛是自1891年反对烟草专卖运动以来伊朗反对殖民侵略和独裁专制的斗争中举足轻重的政治力量,主张联合教界进步势力,建立反对巴列维国王的广泛政治同盟。①

世俗与宗教长期并存的二元体系以及世俗倾向与宗教倾向的此消彼长,是伊朗政治与社会领域的明显特征。自1501年萨法维王朝建立开始,什叶派取代正统的逊尼派伊斯兰教,成为伊朗官方的宗教信仰,进而在伊朗诸地广泛传播。什叶派不同于正统的逊尼派伊斯兰教,属于穆斯林社会中的少数派,在中世纪曾经长期被排斥于哈里发国家的政治舞台。由于特定的历史环境,教俗并立的二元倾向和独立于世俗政治的宗教政治逐渐成为什叶派区别于逊尼派伊斯兰教的显著特征,伊玛目学说则是广泛影响什叶派穆斯林政治生活的信仰原则。在什叶派穆斯林看来,只有欧莱玛才是沙里亚的体现者和伊斯兰教的捍卫者,至于国王的统治只能局限于世俗的范围。

萨法维时代,王权膨胀,宫廷凌驾于教界之上,什叶派欧莱玛构成从属于王权的御用工具。恺伽王朝时期,王权衰微,什叶派欧莱玛构成伊朗政坛中举足轻重的社会势力。恺伽王朝时期伊朗政治生活的突出现象,在于世俗君主与什叶派欧莱玛的权力分享;首都德黑兰无疑是宫廷的所在和世俗权力的中心,什叶派宗教圣城库姆则是欧莱玛的据点和宗教权力的象征。然而,伊朗的什叶派教界不同于西方的天主教会,并非浑然一体,缺乏严密的组织体系,其与宫廷之间关系各异,或与宫廷保持密切来往,接受国王的赐封,充当国家与民众之间的纽带,或远离宫廷,以民众利益的代言人自居。尽管如此,恺伽王朝与什叶派欧莱玛有着共同的国内敌人即巴布教派和共同的国外敌对势力即西方列强;巴布教派的起义和西方列强的入侵制约着恺伽王朝与什叶派欧莱玛之间的矛盾,却为两者的联合提供了必要的政治基础。宪政运动集中体现了什叶派欧莱玛在伊朗社会的广泛政治影响;"1906年宪法"的相关规定,诸如承认什叶派伊斯兰教作为伊朗官方的宗教信仰、由欧莱玛上层即穆智台希德组成的最高委员会享有监督议会和政府的绝对权力以及沙里亚具有至高无上的神圣地位,标志着伊朗传统政治模式的延续。

自1925年礼萨汗即位至60年代初白色革命前夕,什叶派传统的宗教政治与巴列维王朝的世俗政治处于共生的状态。1925年礼萨汗建立巴列维王朝和

---

① Parsa,M.,*Social Origins of Iranian Revolution*,pp.169-170.

1953 年巴列维国王发动政变,皆曾得到什叶派欧莱玛的有力支持。不仅如此,什叶派传统的宗教理论构成巴列维王朝的官方信仰和御用学说,什叶派传统的宗教政治则是巴列维王朝世俗政治的延伸和补充。另一方面,什叶派欧莱玛长期构成伊朗传统社会势力的重要组成部分,是伊朗传统社会秩序的既得利益者和捍卫者;采用传统经营方式的宗教地产瓦克夫是什叶派欧莱玛的主要经济来源,清真寺与巴扎的广泛联盟则是伊朗传统宗教政治的社会基础。

　　巴列维王朝前期,什叶派欧莱玛属于伊朗社会的保守势力,支持君主政体。什叶派欧莱玛与巴列维王朝两者之间不无矛盾;礼萨汗和巴列维国王两代君主的世俗化倾向和世俗政治的膨胀导致什叶派传统教界的政治影响日渐衰微,白色革命的相关举措导致什叶派传统教界的不满和反抗。尽管如此,什叶派传统教界毕竟构成君主制度的历史参与者和传统政治模式的重要社会基础,其对巴列维王朝的不满和反抗大都局限于传统秩序的框架之内。强调沙里亚的神圣地位、遵循 1906 年宪法关于维护教界利益的相关内容和反对白色革命期间巴列维国王推行的土地改革,是什叶派欧莱玛与巴列维王朝之间矛盾的焦点所在。什叶派欧莱玛无意倡导民主政治,承认传统政治秩序的合法性是什叶派欧莱玛所奉行的基本原则。因此,什叶派欧莱玛首先于 1925 年支持礼萨汗建立巴列维王朝,试图借助于君主制维护教界的既得利益,抵制共和制的世俗化倾向,继而于 1953 年再度与巴列维国王携手,共同反对摩萨台政府,旨在通过君主制的政治形式捍卫传统的私有制和遏制共产主义。1953—1960 年,巴列维王朝与什叶派欧莱玛保持良好的合作关系,教界领袖布鲁杰尔迪以及贝赫贝哈尼和卡萨尼作为 1953 年政变的重要支持者深得国王的宠幸。[1] 巴列维国王经常前往马什哈德和库姆拜谒圣地,以示虔诚。[2] 即使是阿亚图拉霍梅尼,最初亦曾承认立宪君主制的合法地位。

　　教俗关系的核心内容是权力的角逐,而教俗双方的力量对比决定着教俗关系变化的走向和权力角逐的结局。1906 年颁布的“基本法”及其补充条款,可谓 20 世纪初伊朗教俗之间力量对比的产物,亦是教俗关系的集中体现。然而,法律条款与现实的政治生活处于互动的状态。巴列维王朝建立后,教俗之间的力量对比经历此消彼长的历史运动。由于君主专制的强化和极权政治的膨胀,1906 年颁布的“基本法”及其补充条款成为一纸空文。日趋紧张的教俗关系抑或官方的世俗政治与民间的宗教政治之间的抗争,成为巴列维王朝时期伊朗政治生活的突出现象。

① 　Martin,V.，*Creating an Islamic State*：*Khomeini and the Making of a New Iran*，p. 19.
② 　Milani,M. M.，*The Making of Iran's Islamic Revolution*，p. 48.

1959 年首相伊格巴尔在国民议会提出土地改革法案,导致教界与政府之间关系的变化。阿亚图拉布鲁杰尔迪声称,土地改革法案背离伊斯兰教和沙里亚的原则,议会应当阻止土地改革法的通过。由于布鲁杰尔迪的反对,土地改革法案被迫搁置。[①] 60 年代初,巴列维国王羽翼丰满,欲求垄断权力,遂发动白色革命。在外地主和教界传统势力的既得利益受到严重损害,其与巴列维王朝的政治联盟随之瓦解。1963 年初,巴列维国王避开议会,采取全民公决的形式强行通过白色革命的六点纲领,同时宣布授予妇女在地方议会的选举权,引起教界的强烈不满。1963 年 3 月,什叶派欧莱玛在宗教圣城库姆抗议巴列维国王的土地改革政策和妇女选举权政策,示威者与警察发生冲突,二十余人遇害,另有多人被捕。[②] 此间,阿亚图拉霍梅尼开始向巴列维国王发难,进而登上伊朗的政治舞台,成为宪法的捍卫者和反对巴列维国王的风云人物。霍梅尼首先向巴列维国王发难,指责巴列维国王为实施白色革命而举行的全民公决既违背 1906 年宪法的原则,亦与伊斯兰教不符,呼吁民众抵制全民公决,捍卫宪法的尊严。巴列维国王随后向教界发起攻击,官方媒体将全民公决的反对者称作得到企图把伊朗拉回黑暗时代的封建主支持的黑色反动派,指责霍梅尼及其追随者反对土地改革和抵制白色革命的进步思想。[③] 1963 年 6 月 3 日,在德黑兰、库姆、伊斯法罕、马什哈德、设拉子和大不里士,巴扎商人和工匠、教界和政府雇员、知识分子和产业工人涌上街头,举行示威,抗议巴列维国王的统治。同日,霍梅尼在什叶派宗教圣城库姆向巴列维国王公开宣战。霍梅尼并未明确反对巴列维国王实行的土地改革和妇女政策,而是抨击巴列维政府独裁专制、操纵选举、侵犯宪法、禁止新闻自由、取缔反对派政党和侵犯民众权利,谴责巴列维国王投靠美国、出卖伊朗的民族利益以及支持犹太复国主义和出卖巴勒斯坦的解放事业,谴责巴列维国王如同杀害伊玛目侯赛因的倭马亚哈里发叶齐德,号召什叶派穆斯林推翻巴列维王朝。[④] 霍梅尼声称:“我们决不允许父辈用自己的鲜血换来的宪法受到侵犯。”[⑤]霍梅尼甚至发出警告:“如果国王仍然任意妄为,那么当他某一天不得不离开这个国家时,人民将会感到无限的喜悦。”[⑥]次日,霍梅尼遭到逮捕,罪名是反对土地改革和白色革命。霍梅尼于 1964 年 5 月获释返回库姆以

—
中
东
史
—

①　Milani,M. M., *The Making of Iran's Islamic Revolution*, p. 48.

②　Heikal,M., *The Return of the Ayatollah:The Iranian Revolution from Mossadeq to Khomeini*, London 1981, p. 89.

③　Milani,M. M., *The Making of Iran's Islamic Revolution*, pp. 50-51.

④　Abrahamian,E., *Iran:Between Two Revolutions*, p. 425.

⑤　Keddie,N. R., *Roots of Revolution:An Interpretive History of Modern Iran*, p. 158.

⑥　Hiro,D., *Holy Wars:The Rise of Islamic Fundamentalism*, New York 1989, p. 159.

后,政治威望倍增,成为深受民众拥戴的宗教领袖和民族英雄。1965 年 11 月,霍梅尼被巴列维国王驱逐至土耳其,而后移至伊拉克,1978 年移居法国。[1] 此后数年,霍梅尼致力于反对巴列维王朝的政治活动,其在伊朗民众中的政治影响逐渐扩大。1970 年,霍梅尼的追随者甚至将霍梅尼称作"波斯的伊玛目",而此前尚无人获得如此的称谓。[2]

马克思主义经典作家认为,阶级社会的诸多宗教作为阶级对抗的产物和体现,具有双重的社会功能。一方面,阶级社会的宗教是阶级统治的工具,是统治阶级维护统治秩序和压迫民众的精神枷锁,是"人民的鸦片"。另一方面,在阶级社会,"宗教里的苦难既是现实的苦难的表现,又是对这种现实的苦难的抗议。宗教是被压迫生灵的叹息。"[3]在特定的历史条件下,宗教为民众反抗现实的苦难提供神圣的外衣,进而构成社会革命的外在形式。至于理性通过神性的扭曲形式而得以体现和发扬,在历史长河中亦非鲜见。穆罕默德时代的伊斯兰教无疑是革命的意识形态和改造阿拉伯社会的重要武器。"穆罕默德的宗教革命……是一种表面上的反动,是一种虚假的复古和返朴。"[4]

在中世纪的漫长历史时期,伊斯兰教作为官方的学说趋于保守和僵化,进而演变为维护封建秩序的思想理论。然而,伊斯兰教并非孤立存在的意识形态,什叶派欧莱玛亦非一成不变的社会群体。通常认为,伊朗的什叶派欧莱玛始终代表传统的社会秩序,构成现代化进程中的保守势力和逆向因素。阿约曼德认为,什叶派教界尽管与世俗统治者不无矛盾,毕竟构成君主制和传统政治模式的参与者和重要社会基础;巴列维时代的世俗化倾向,特别是白色革命的诸多举措,极力排斥什叶派教界的政治参与和权力分享,摧毁了什叶派教界与世俗统治者之间的政治联盟,进而改变了什叶派教界的政治立场,导致什叶派教界从君主制和传统政治模式的捍卫者转变为君主制和传统政治模式的对立面,成为民众利益的代言人和民主政治的倡导者。实际情况不尽如此。自 19世纪以来,伊斯兰世界现代化进程的长足发展导致新旧社会力量的尖锐对立,伊斯兰教作为伊斯兰世界的意识形态随之形成官方学说与民众信仰的明显差异。伊斯兰教的官方学说大都具有浓厚的保守色彩,而民众信仰则往往包含挑战现存秩序的革命思想。20 世纪初,现代伊斯兰主义悄然兴起,集中体现了伊

第六章 | 波斯的复兴与伊朗的现代化进程

---

[1]　Heikal, M. , *The Return of the Ayatollah* , p. 91.

[2]　Arjomand, S. A. , *The Turban for the Crown:the Islamic Revolution in Iran* , p. 101.

[3]　《马克思恩格斯选集》,第 1 卷,第 2 页。

[4]　同上,第 28 卷,第 250 页。

斯兰世界之民众信仰与官方学说的激烈抗争。60年代,现代伊斯兰主义思潮自埃及和巴基斯坦传入伊朗,哈桑·班纳、赛义德·库特布和阿布·阿拉·毛杜迪的宗教政治学说逐渐影响伊朗教俗各界,进而冲击长期占据统治地位的什叶派教界的传统理论。[①]另一方面,巴列维王朝时期无疑是伊朗现代化进程的重要阶段,传统经济秩序的衰落与新旧社会群体的此消彼长构成此间伊朗历史的突出现象。伴随着伊朗现代化的长足进步和新旧社会力量的尖锐对抗,伊斯兰教作为意识形态在诸多方面发生相应的变化,什叶派教界内部亦经历着裂变的过程,进而形成官方教界与民众教界之间的差异和对立。官方教界恪守传统的意识形态,极力维护传统秩序的合法地位。与此同时,民众教界倡导激进的意识形态,现代伊斯兰主义成为挑战君主政治的革命理论。作为阿亚图拉的霍梅尼,并非传统教界势力的代表,而是特定历史条件下民众教界的化身和民主政治的象征。正因为如此,霍梅尼自1963年起在民众之中久享盛誉,而在教界内部却曾势单力孤。

特定的政治制度决定政治运动的相应形式,巴列维国王的统治模式决定着伊朗民众的反抗模式。现代世俗政治的重要形式是政党政治。然而,巴列维王朝长期操纵议会选举,排斥世俗政党的政治参与,直至取缔民间政党,禁止民众的自由结社。世俗形式的政治斗争缺乏必要的存在条件和发展空间,世俗反对派政党已无立足之处,宗教几乎成为民众反抗的仅存空间,宗教反对派应运而生,政治斗争随之由世俗领域的议会政治逐渐转化为神权形式的宗教运动,宗教情感成为政治情感的扭曲反映,宗教的狂热成为民众发泄不满和寄托希望的首要形式,清真寺则取代议会而成为反抗巴列维王朝独裁专制的主要据点。

1963年教界掀起的政治风波平息以后,民众建立的宗教组织如雨后春笋,遍布伊朗各地,仅德黑兰就有民间宗教组织达12300个之多,其中大都出现于1965年以后。新兴民间宗教组织大都具有行业背景或地域背景,在巴扎成员和来自乡村的城市贫困人口中颇具影响,成为凝聚下层民众的社会载体,而宗教书刊和音像制品的广泛发行则是民间宗教组织满足民众宗教需要的重要形式。据统计,1976年,仅德黑兰便有48家宗教书刊和音像制品出版商,其中25家系1965-1975年间开始经营。[②]现代伊斯兰主义的宗教政治思想,正是通过这样的渠道而在伊朗社会广泛传播。

① Arjomand,S. A., *The Turban for the Crown: the Islamic Revolution in Iran*, pp. 80-87, p. 104.

② 同上,p. 92。

什叶派教界的传统理论作为传统社会的客观现实在意识形态领域的体现，与传统社会群体的既得利益密切相关，是维护传统社会秩序的舆论工具。相比之下，现代伊斯兰主义强调《古兰经》和"圣训"的基本原则以及早期伊斯兰教的历史实践，崇尚穆罕默德和麦地那哈里发国家的社会秩序，其核心内容在于倡导平等和民主的政治原则。现代伊斯兰主义貌似复古，实为否定教界传统理论及其所维护的传统社会秩序，是颇具革命倾向的宗教学说和政治理论。现代伊斯兰主义在伊朗的广泛传播，根源于巴列维王朝极权政治的客观环境以及民主与专制激烈抗争的政治需要，标志着崭新的政治文化借助于宗教的形式初露端倪。

　　自60年代开始，法赫里丁·沙德曼、贾拉勒·艾哈麦德、马赫迪·巴扎尔甘和马哈茂德·塔里甘尼等人积极倡导通过什叶派伊斯兰教的途径寻求伊朗的进步和解放，阐述宗教政治化的社会原则。法赫里丁·沙德曼（1902—1967年）从民族主义的立场出发，强调伊朗的现代化并非等同于完全抛弃本国的传统和简单的西化，声称伊朗在历史上屡遭外族的侵略，而西方列强是目前伊朗面临的最危险的敌人，他们正在通过文化的形式而不是武力的手段侵略伊朗，他们试图剥夺伊朗民族的尊严和宗教，直至奴役伊朗民族。"西方文明在伊朗的胜利将是伊朗最终的失败，伊朗民族将不复存在。"[①]伊朗抵御西方列强的唯一途径是被西方列强征服之前首先战胜西方文明，而学习西方文明的先进经验进而丰富伊朗文明是抵御西方列强和战胜西方文明的先决条件。贾拉勒·艾哈麦德（1923—1969）反对模仿西方，主张通过回归什叶派伊斯兰教抵御包括马克思主义在内的西方思潮，将欧莱玛视作解放伊朗的潜在政治力量，进而倡导欧莱玛与世俗知识分子建立共同反对独裁专制和帝国主义的政治联盟。[②]"每当欧莱玛和知识分子为了共同的事业而携手一致的时候，我们总是能够看到成功、进步和社会发展"[③]。马赫迪·巴扎尔甘和马哈茂德·塔里甘尼领导的解放运动沿袭摩萨台的政治立场，支持摩萨台创立的民族阵线，是伊朗最具宗教色彩的世俗政治派别。与法赫里丁·沙德曼和贾拉勒·艾哈麦德的民族主义立场相比，马赫迪·巴扎尔甘具有浓厚的民主主义倾向，强调西方现代的科学、理性、自由、民主诸多概念与伊斯兰教的统一，尤其强调民主主义与伊斯兰主义的结合，反对教俗分离，认为参与政治活动是欧莱玛和什叶派穆斯林不可推卸的宗教责任。马赫迪·巴扎尔甘声称："我们是穆斯林、伊朗人、宪政主义的信徒

　　① Milani, M. M. , *The Making of Iran's Islamic Revolution*, p. 79.
　　② Keddie, N. R. , *Roots of Revolution：An Interpretive History of Modern Iran*, p. 204.
　　③ Milani, M. M. , *The Making of Iran's Islamic Revolution*, p. 80.

和摩萨台的追随者。我们是穆斯林，因为我们反对信仰与政治分离；我们是伊朗人，因为我们遵循我们的民族传统；我们是宪政主义的信徒，因为我们憧憬自由；我们是摩萨台的追随者，因为我们向往国家的独立。"马哈茂德·塔里甘尼更具激进思想，构成解放运动中的左翼倾向，支持伊斯兰圣战者等民兵组织的暴力活动，崇尚宪政革命，强调伊斯兰教框架内的自由、民主和社会公正。马哈茂德·塔里甘尼认为，君主独裁与伊斯兰教之独尊安拉的信仰原则存在根本的对立，专制主义则是偶像崇拜的逻辑延伸。在经济方面，马哈茂德·塔里甘尼认为伊斯兰教并非维护地主土地所有制的意识形态，人民的需要应当得到满足，伊斯兰教倡导公正和平等的社会原则，而社会的公正与平等源于被压迫者的解放。① 在政治方面，马哈茂德·塔里甘尼主张联合一切进步的教俗力量，克服摩萨台时代民主阵营的脆弱和分裂。

阿里·沙里亚蒂是什叶派现代伊斯兰主义的先驱和伊朗现代宗教政治的杰出理论家，被誉为伊朗和什叶派伊斯兰教的马丁·路德。② 阿里·沙里亚蒂早年留学法国，1965 年获得社会学博士学位，回国后曾在马什哈德大学和德黑兰侯赛因·伊尔沙德经学院任教，1977 年被伊朗政府驱逐出境，流亡英国，同年遭到暗杀。阿里·沙里亚蒂援引《古兰经》的相关启示，阐释人文主义的信仰理念，强调人的自由和尊严是现代文明的基础。在此基础之上，阿里·沙里亚蒂认为，人生而平等，男人与女人同样享有平等的权利。③ "历史前进的方向是正义的胜利、被压迫民众的解放和邪恶的最终灭亡。"④与此同时，阿里·沙里亚蒂认为，早期的伊斯兰教是革命的意识形态和民众利益的体现，《古兰经》则是规范穆斯林生活方式和行为准则的蓝本；自 16 世纪起，什叶派蜕变为历代王朝统治人民的官方学说和君主制度的舆论工具，是保守势力的象征和君主制度的卫士，而现存的伊斯兰教恪守传统的社会秩序，是业已僵化的神学理论；应当摒弃教界传统理论，回归经训的道路，恢复伊斯兰教的本来面目，实现安拉与人民的原则，建立平等和民主的社会秩序。⑤ 阿里·沙里亚蒂主张通过革命而不是改革的方式改造伊朗的社会秩序；"民主制是最进步的和最符合伊斯兰教的政治制度。"⑥阿里·沙里亚蒂明确区分两种类型的伊斯兰教，即阿里家族的伊斯兰

① Jahanbakhsh, F. , *Islam, Democracy and Religious Modernism in Iran 1953-2000*, Leiden 2001, pp. 92-93, p. 71, pp. 78-79.

② Downes, M. , *Iran's Unresolved Revolution*, Aldershot 2002, p. 94.

③ Khater, A. F. , *Sources in the History of the Modern Middle East*, pp. 332-336.

④ Shariati, A. , *Awaiting the Religion of Protest*, Tehran 1991, p. 47.

⑤ Downes, M. , *Iran's Unresolved Revolution*, p. 95.

⑥ Jahanbakhsh, F. , *Islam, Democracy and Religious Modernism in Iran 1953-2000*, p. 119.

教与萨法维王朝以及巴列维王朝的伊斯兰教,前者作为民众的伊斯兰教,代表进步和革命的运动,后者作为统治者的伊斯兰教,背离经训的教诲。[1] "两者之间存在着巨大的差别:前者是被压迫民众的宗教,后者则是哈里发和宫廷的宗教……真正的伊斯兰教并不仅仅是穷人的宗教,而是追求公正、平等和根除贫困的宗教","我们需要的是自由和进步的伊斯兰教……我们需要的是战斗者的伊斯兰教……我们需要的是阿里家族的伊斯兰教,而不是萨法维王朝的伊斯兰教"[2]。阿里·沙里亚蒂极力强调,真正的伊斯兰教并非远离政治的个人信仰,而是革命的意识形态,反抗邪恶的统治既是伊玛目的事业,更是所有穆斯林的神圣职责。在阿里·沙里亚蒂看来,伊斯兰教的精髓在于生命的奉献。阿里·沙里亚蒂的名言"殉难是历史的核心"和"时时都是阿舒拉,处处皆为卡尔巴拉"[3],在后来的伊斯兰革命期间成为广泛流传的政治口号。[4] 然而,阿里·沙里亚蒂倡导伊斯兰教的革命而不是教界的革命,否认什叶派欧莱玛抑或教法学家具有神圣的地位和至高无上的权力。阿里·沙里亚蒂激烈抨击教界保守势力,谴责教界保守势力已经沦为统治阶级的组成部分,已经与统治者和富人沆瀣一气。"在先知的时代,穆斯林具有独立的见解,相互之间商讨不同的看法。相比之下,现在的许多冒牌宗教学者极力使信众成为驯服的羊群,使信众失去抗争的意识而成为统治者的顺民"[5];"宗教学者并非法定的权威……伊斯兰教中没有教士,教士是从基督教借用的词汇"[6]。在阿里·沙里亚蒂看来,回归真正的伊斯兰教意味着现存秩序的否定,而回归真正的伊斯兰教不能在教界的领导下付诸实践,只有进步的知识分子才能领导民众回归真正的伊斯兰教。[7]

40—50年代,霍梅尼持传统的宗教政治立场,倡导教界参与国家事务,却并不主张建立教界的政权。早在1942年,霍梅尼遵循1906年宪法的基本思想,撰文阐述欧莱玛的政治监督权。霍梅尼认为:"穆智台希德从来不反对国王的统治,好使国王实行的政策与伊斯兰教的原则不尽一致。"[8]"我们无意强调国家政权必须掌握在教法学家的手中,只是强调政府必须遵循安拉的法度,因为国家和人民的利益要求政府遵循安拉的法度,而宗教领袖的监督是政府遵循安拉

① Keddie,N. R. , *Roots of Revolution:An Interpretive History of Modern Iran*, p. 217.

② Abrahamian,E. , *Iran:Between Two Revolutions*, p. 470.

③ 阿舒拉指什叶派伊玛目侯赛因的殉难日,卡尔巴拉系侯赛因的殉难地。

④ Foran,J. , *Fragile Resistance:Social Transformation in Iran from 1500 to the Revolution*, p. 370.

⑤ Shariati,A. , *Awaiting the Religion of Protest*, p. 34.

⑥ Benard,C. , *The Government of God:Iran's Islamic Republic*, New York 1984, p. 31.

⑦ Shariati,A. , *Awaiting the Religion of Protest*, p. 29.

⑧ Moslem,M. , *Factional Politics in Post-Khomeini Iran*, New York 2002, p. 12.

法度的保证。这样的政治原则已经由 1906 年宪法批准,而且符合公共秩序和国家利益"。霍梅尼认为,欧莱玛的立法监督有助于社会各阶层与政府之间保持良好的合作。① 60 年代初,霍梅尼致力于捍卫 1906 年宪法,谴责巴列维国王独裁专制和出卖伊朗的国家利益,抨击巴列维国王充当帝国主义和犹太复国主义的工具。1964 年 10 月,霍梅尼在批评议会授予美国公民享有外交豁免权时明确表示:"过去,英国人奴役穆斯林国家;现在,这些(穆斯林)国家处于美国的奴役之下","来自美国的大资产阶级涌入伊朗,以投资的名义奴役我们的人民……这种现象一方面说明西方的政治和经济剥削……另一方面说明现行的政府屈服于殖民主义……现行的政府力图毁灭伊斯兰教及其神圣的法律。只有伊斯兰教和欧莱玛能够阻止殖民主义的侵犯。"②然而,直至 1965 年被巴列维国王驱逐出境时,霍梅尼并未提出发动革命和推翻君主制的政治主张,承认君主制是合法的政治制度。③

自 60 年代后期开始,霍梅尼在反对巴列维国王独裁专制的基础之上,将攻击的矛头指向伊朗传统的君主制度,同时强调宗教应当超越信仰的范围而走进政治领域,将宗教视作反对巴列维王朝独裁专制的政治武器,主张建立教法学家统治的伊斯兰政府,进而发展了现代伊斯兰主义的宗教政治理论。霍梅尼认为,世俗统治与经训阐述的原旨教义不符,君主制度背离早期伊斯兰教的历史实践,伊斯兰世界的君主制是倭马亚人从罗马帝国和萨珊王朝继承的异教制度,伊玛目侯赛因与倭马亚人抗争的实质在于反对君主制的统治。④ "在伊斯兰教中,既没有君主制,也没有王朝的世袭","伊斯兰教与君主制的全部观念存在根本的对立⑤。另一方面,霍梅尼将社会成员划分为相互对立的两大群体:"剥夺者"与"被剥夺者"。所谓的"剥夺者"即富人、剥削者和压迫者,所谓的"被剥夺者"即穷人、被剥削者和被压迫者,巴列维王朝的独裁政府保护"剥夺者"的利益,损坏"被剥夺者"的利益。只有推翻世俗化的君主制度,重建教俗合一的神权政治,才能摆脱独裁专制,保护"被剥夺者"的利益,实现社会秩序的平等和民主。⑥ 在此基础上,霍梅尼声称:"我们所需要的伊斯兰政府将是宪政的而不是专制的。然而,伊斯兰政府并不是通常意义上的立宪政府即由选举产生的议会

① Benard,C., *The Government of God: Iran's Islamic Republic*, p. 37.

② Foran,J., *Fragile Resistance: Social Transformation in Iran from 1500 to the Revolution*, p. 368.

③ Abrahamian,E., *Khomeinism: Essays on the Islamic Republic*, California 1993, p. 21.

④ Abrahamian,E., *Khomeinism: Essays on the Islamic Republic*, p. 24.

⑤ Hiro,D., *Holy Wars: The Rise of Islamic Fundamentalism*, p. 161.

⑥ Abrahamian,E., *Khomeinism: Essays on the Islamic Republic*, p. 47.

制定法律。新的国家将严格遵循《古兰经》、'圣训'和沙里亚所规定的原则。"[1]"既然伊斯兰教的原则是法律的原则，那么只有教法学家而不是别人负有治理国家的使命。他们是理解先知意图的人和按照安拉的旨意管理社会的人"，"教法学家有权支配国家机构、传播公正、保障安全和调整社会关系。教法学家具有确保人民的自由、独立和进步的知识"[2]。"伊斯兰政府不同于现行的其他政府形式。它不是专制的政府，那种政府的首脑支配着民众的思想，损害民众的生活和财产。先知以及信士的长官阿里和其他的伊玛目都无权毁损民众的财产或他们的生活。伊斯兰政府不是专制的，而是立宪的……伊斯兰政府是法治的政府，安拉是唯一的统治者和立法者……成千上万的人饥寒交加，得不到起码的医疗和教育，却有许多人腰缠万贯，挥金如土……我们的义务是拯救被剥夺者和被虐待者。我们有责任帮助被虐待者和与压迫者斗争"[3]。

所谓的霍梅尼主义，其核心内容在于强调共和政体与教法学家统治的合一。"启示关于教法学家是先知代表的内容并不意味着教法学家的权力局限于解释先知的话语。相反，先知的首要目的是建立公正的社会秩序和实行法治，而这样的目的只能由执行法律的政府完成。既然先知是政府的象征，那么伊玛目和他们的继承人即教法学家也应当是政府的象征"。"既然伊斯兰的统治是法律的统治，那么只有教法学家而不是其他人负有管理政府的责任；只有他们能够实践先知的意愿，只有他们能够执行安拉的意志"。"当代的教法学家是先知权力的继承人。安拉托付先知的，就是伊玛目托付教法学家的。教法学家对于一切事务拥有权力。他们被托付的是治理国家的权力"。"教法学家应当在治理国家方面行使权力，应当在传播公正、提供安全和调整社会关系方面行使权力。教法学家具有相应的知识，以保证人民的自由、独立和进步……我深信你们（即欧莱玛）有能力在暴虐和压迫的基础崩溃的时候治理国家。你们可以在伊斯兰教中找到所需要的一切法规，无论是关于治理国家的法规，还是关于税收、权利、惩罚或其他方面的法规"。在此基础之上，霍梅尼批评脱离政治的教界倾向："不要让西方人和他们的走狗统治你们。应当向人民宣传真正的伊斯兰教……殖民主义者传播阴险的思想，那就是宗教应当与政治分离，教界不得参与政治和社会活动。在先知的时代，教会与国家是分离的吗？教职人员与政治家是分离的吗？"与此同时，霍梅尼批评教界中的温和反对派，强调伊斯兰

① Jahanbakhsh，F.，*Islam，Democracy and Religious Modernism in Iran 1953-2000*，p.131.

② Foran，J.，*Fragile Resistance：Social Transformation in Iran from 1500 to the Revolution*，p.368.

③ Sidahmed，A. S. & Ehteshahmi，A.，*Islamic Fundamentalism*，Boulder 1996，pp.136-138.

教的政治革命是根除暴虐、腐败和背叛的唯一途径,进而主张司法审判的权力必须交还教界,伊斯兰国家必须由教界行使最高权力。霍梅尼认为,君主制是与伊斯兰教背道而驰的政治制度,因为先知将世袭王权视作邪恶和蒙昧的现象。"宪政革命期间,英国的代理人欺骗民众,引进外国的法律,意在削弱沙里亚。当革命家坐下来起草国家的宪法时,这些英国的代理人求助于比利时大使,采用比利时宪法。这些英国的代理人复制了比利时宪法,补充了英国和法国宪法的若干内容,然后用伊斯兰教的词语加以掩饰。结果,(伊朗的)宪法成了欧洲的舶来之物,却与伊斯兰教毫无干系"。"我们需要的伊斯兰政府应当是宪政的,而不是专制的。但是,这个政府将不是通常意义上的立宪政府——法律将由民众选举的议会制定。这个政府之所以是立宪政府,在于国家的制度和法规将严格遵循《古兰经》、'圣训'和沙里亚。"①然而,霍梅尼在公开场合往往回避关于建立教法学家统治的国家即法基赫体制的政治设想,却着力谴责巴列维国王勾结美国和以色列而背叛伊斯兰教的信仰、出卖伊朗民族的利益,抨击政府操纵选举和践踏宪法以及维护富人的利益而压迫穷人,强调反对帝国主义和实现国家的真正独立,恢复伊斯兰教的公正秩序,捍卫劳动人民的利益,改善民众生活,建立民主和自由的伊斯兰国家。②

巴列维王朝的覆灭与法基赫制度的建立

巴列维王朝与在外地主的政治联盟,是 20 世纪伊朗君主制度的社会基础。什叶派教界传统的宗教思想,则是维护巴列维王朝君主制度的重要舆论工具。白色革命期间伊朗历史的突出现象,是经济秩序的剧烈变动与新旧社会势力的此消彼长。"发展的独裁模式"与巴列维国王实行的诸多改革举措无疑构成推动伊朗现代化进程的有力杠杆,乡村封建土地所有制的瓦解、现代工业的发展和城市化程度的提高标志着伊朗现代化的长足进步。礼萨汗当政期间,着力改造传统工业和发展现代工业,却不肯触及乡村农业的传统秩序和在外地主的既得利益。相比之下,白色革命的核心内容是改变乡村地权的分布状态和否定分成制的租佃关系,在外地主由于土地改革而丧失原有的势力和影响,巴列维王朝与在外地主的政治联盟亦因白色革命而趋于崩溃。另一方面,巴列维王朝长期奉行世俗化的政策,旨在强化世俗君主对于什叶派欧莱玛的控制。礼萨汗当政期间,致力于克服宗教势力的离心倾向。巴列维国王发动的白色革命,则是

---

① Abrahamian,E., *Iran:Between Two Revolutions*, p. 478.

② Keddie,N. R., *Roots of Revolution:An Interpretive History of Modern Iran*, p. 207.

礼萨汗当政期间世俗化举措的逻辑延伸;土地改革直接触及约占全国耕地面积30％的宗教地产瓦克夫,而所谓的"知识大军"和"公正之家"明显削弱了什叶派欧莱玛在教育和司法领域的传统影响。60年代初,伊朗全国共有穆智台希德约100人,欧莱玛约1万人,清真寺约2万处,宗教学校约100所,宗教学校学生约1万人。[1] 1965年至1975年,伊朗全国的清真寺由两万处减少到九千处,教界控制的宗教学校数量锐减。与此同时,巴列维政府在马什哈德创建伊斯兰大学,在德黑兰大学设立经学院,强化控制宗教教育,极力使伊斯兰教成为巴列维王朝的御用工具,实现什叶派伊斯兰教的"国有化"和"巴列维化"[2]。

1960—1963年,教界与国王之间的关系发生明显的变化。与此同时,教界内部趋于分裂,形成不同的政治倾向。布鲁杰尔迪和贝赫贝哈尼代表教界内部的保守势力,维护传统教界的既得利益,主张远离政治舞台,潜心传布安拉的启示,其与国王之间的矛盾在于极力抵制土地改革,可谓现代化进程中的逆向因素。沙里亚特玛达里和塔里甘尼代表教界内部的温和反对派,无意反对土地改革,甚至声称地主对于农民的剥削并不符合伊斯兰教的原则,其政治目标在于反对国王解散议会和独断专行,强调宪政和恢复议会的地位。霍梅尼以及蒙塔泽里、贝赫什提、穆塔赫里、拉夫桑贾尼和哈梅内伊代表教界内部的激进反对派,谴责巴列维国王对内独裁专制以及对外勾结美国和以色列而出卖国家利益,攻击矛头指向巴列维王朝的政治制度和统治地位。[3]

1953—1958年,贝赫贝哈尼是巴列维国王的重要支持者,布鲁杰尔迪亦与巴列维国王处于合作的状态。1961年布鲁杰尔迪死后,众望所归的宗教领袖不复存在,马什哈德的米拉尼、大不里士的沙里亚特玛达里、纳杰夫的哈基姆和库姆的霍梅尼分庭抗礼,什叶派教界随之分裂为诸多派别。[4] 白色革命的相关举措和巴列维王朝世俗统治的强化,导致教界的广泛不满,进而使教界与巴列维王朝分道扬镳。君主政治的膨胀和现代伊斯兰主义思想的传播,助长着教界内部的革命倾向,进而形成国王的伊斯兰教与民众的伊斯兰教两者之间的激烈对抗。

伊朗乡村的生产关系和社会结构无疑由于白色革命的诸多举措而经历深刻的变化,封建地产、家庭经济和资本主义农场的此消彼长标志着伊朗乡村传统经济社会模式的崩坏与现代经济社会模式的长足发展。然而,自耕农作为白

[1]　Martin, V. , *Creating an Islamic State: Khomeini and the Making of a New Iran* , p. 23.

[2]　Milani, M. M. , *The Making of Iran's Islamic Revolution* , p. 63.

[3]　Abrahamian, E. , *Iran: Between Two Revolutions* , pp. 473-475.

[4]　Milani, M. M. , *The Making of Iran's Islamic Revolution* , p. 48.

色革命后伊朗乡村的主要社会阶层,无缘分享政治权力。70年代,巴列维政府致力于工业化和城市化的发展,诸多政策损害农民的利益,进而导致乡村广泛的不满情绪。

传统的巴扎商人和手工工匠是现代化长足进步的牺牲品,尽管其人数呈缓慢增长的趋势,然而经济活动处于相对萧条的状态,经济实力和社会地位已非往日可比。1953年摩萨台政府垮台后,行会丧失了原有的权利和独立地位。1957年的行会法规定,行会的建立必须经过政府的批准,行会联合会必须接受政府的监督。1971年,政府解散行会联合会,代之以新伊朗党控制的行会委员会,负责监督行会活动。[①] 白色革命期间,巴列维政府兴办国营贸易公司和现代商场,导致巴扎商人在流通领域的地位每况愈下。与此同时,巴列维政府通过实行各种优惠政策,积极扶植和发展现代工业,许多传统的手工业产品由于缺乏竞争力而渐遭淘汰,手工工匠深受其害。

现代化的长足进步塑造着诸多的新兴社会群体。白色革命期间,在外地主相继投资现代工业,兴办工厂,使用雇佣劳动,进而加入新兴资产阶级的行列。随着世俗教育的发展和现代官僚机构的膨胀,包括知识分子和政府雇员在内的所谓知识界亦开始成为举足轻重的社会群体。工业化程度的提高,导致现代产业工人的明显增长。城市化进程的突出现象,则是棚户区的急剧扩展。尽管如此,诸多新兴的社会群体无缘分享国家权力,长期徘徊于政治舞台的边缘地带。作为资产阶级政治组织的民族阵线和代表下层民众政治利益的人民党长期处于非法状态,左翼激进组织人民圣战者和人民敢死队屡遭镇压。工人没有自由结社的权利,自发组织的民间工会遭到取缔。

1960—1975年,伊朗人均国内生产总值从177美元增至346美元,增长幅度接近10%。[②] 然而财富的增长本身并不能带来现代的社会;相反,财富的增长与财富合理分配的社会愿望两者之间的矛盾日益成为伊朗现代化进程的突出现象。"石油收入的增长并没有消除贫困,而只是带来了贫困的现代化"[③]。伴随着财富的急剧增长,财富的分配表现为明显的不平衡倾向:富者愈富而中下层民众获益甚少,德黑兰愈富而外省获益甚少。1963—1976年,约占乡村人口60%的贫困农户在乡村消费支出中所占的比例从35.9%下降为27.3%,约占乡村人口40%的富裕农户在乡村消费支出中所占的比例从64.1%上升为72.7%,其中约占乡村人口20%的富裕大户在乡村消费支出中所占的比例从

① Bashiriyeh, H., *The State and Revolution in Iran: 1962-1982*, p. 31.

② Alizadeh, P., *The Economy of Iran: the Dilemmas of an Islamic State*, London 2000, p. 32.

③ Abrahamian, E., *Iran: Between Two Revolutions*, p. 448.

42.4％上升为 52.2％,所谓的基尼系数从 0.34 上升为 0.47。[①] 进入 70 年代,伊朗城乡差距呈不断扩大的趋势。1971 年,伊朗个人消费支出共计 6995 亿里亚尔,其中城市个人消费支出 4673 亿里亚尔,占个人消费支出总额的 66.8％,乡村个人消费支出 2322 亿里亚尔,占个人消费支出总额的 33.2％;1978 年,伊朗个人消费支出共计 16840 亿里亚尔,其中城市个人消费支出 13566 亿里亚尔,占个人消费支出总额的 80.6％,乡村个人消费支出 3275 亿里亚尔,占个人消费支出总额的 19％。[②]

城市化进程的加快导致棚户区的扩张,而棚户区的扩张标志着城市下层民众生活水准的急剧下降。1959 年,占城市人口 20％的富人的消费支出占城市消费总量的 52.1％,占城市人口 40％的中等阶层的消费支出占城市消费总量的 27.6％,占城市人口 40％的下层人口的消费支出占城市消费总量的 13.8％,基尼系数为 0.4681;1975 年,占城市人口 20％的富人的消费支出上升为占城市消费总量的 57.7％,占城市人口 40％的中等阶层的消费支出占城市消费总量的 27.9％,占城市人口 40％的下层人口的消费支出下降为占城市消费总量的 9.1％,基尼系数上升为 0.54。[③] 伊斯兰革命前夕,占总人口 0.005％的富人支配 3.8％的国民收入,占总人口 17.2％的下层贫困人口仅仅获得 0.8％的国民收入;占总人口 1％的富人占有 52.3％的财富,占总人口 90.6％的穷人仅仅只有 18.4％的财富。[④]"石油价格的上涨为巴列维政府提供了使伊朗成为地区性经济和军事强国的绝佳时机,而巴列维政府却把这个绝佳时机引向了革命"[⑤]。

白色革命摧毁了旧的政治基础,却未能代之以新的政治基础,巴列维国王由此陷于空前孤立的尴尬状态。随着极权政治的膨胀,巴列维国王一方面成为国家权力的象征,另一方面则成为社会矛盾的焦点和众矢之的。传统社会势力的不满和新兴社会群体的反抗融为一体,结束独裁专制的共同目标导致伊朗民众的广泛联合,政治革命的客观形势日渐成熟。

70 年代中叶,巴列维王朝拥有装备精良的现代化军队、组织严密的官僚机器和数量可观的石油美元,表面上稳若磐石。大多数观察家认为,巴列维王朝的统治是稳定和持久的。另一些观察家尽管深知巴列维王朝的统治缺乏广泛的社会基础和伊朗日趋紧张的政治气氛,仍然断定大规模的革命运动在未来十

---

① Karshenas,M. , *Oil, State and Industrialization in Iran*, p.162.

② Nattagh,N. , *Agriculture and Regional Development in Iran*, p.60.

③ Karshenas,M. , *Oil, State and Industrialization in Iran*, p.200.

④ Schirazi,A. , *Islamic Development Policy:The Agrarian Question in Iran*, p.75.

⑤ Milani,M. M. , *The Making of Iran's Islamic Revolution*, p.95.

年不可能发生。然而,一系列事件的发生改变了巴列维王朝的命运,而经济的萧条和自由化的政治环境构成导致革命的直接因素。

伊朗的物价在 60 年代尚且维持稳定的状态,进入 70 年代开始出现通货膨胀。1970—1974 年,物价指数从 100 升至 126,1975 年升至 160,1976 年升至 190。1970—1975 年,德黑兰的房租上涨 300％。[①] 自 1975 年开始,经济形势进一步恶化。基本生活消费品价格的上涨幅度,1976 年为 16.6％,1977 年增至 25.1％。非石油产业的年增长率,1976 年为 14.1％,1977 年下降为 9.4％。由于政府大幅削减投资项目和压缩投资规模,失业率从 1974 年的 1％急剧上升为 1977 年的 9％。[②] 1974 年,巴列维政府尚有 20 亿美元的财政盈余;1978 年,政府财政赤字高达 73 亿美元。[③] "通货膨胀自 1973 年逐渐加剧,到 1976 年夏季达到相当惊人的程度,而国王却用军人的眼光看待经济问题,向奸商宣战"。1975 年 8 月,巴列维国王宣布实行两项新的经济政策,即私人和公共所有权的延伸和反暴利运动,作为白色革命的增补内容。所谓的私人和公共所有权的延伸,即规定私人企业 49％的股份和国有企业 99％的股份向民众出售,政府向购买者提供低息贷款。巴列维国王声称,在未来三年中,将有 450 万伊朗人成为国家主要产业的股份所有者。此外,政府规定最低工资标准,甚至强迫许多私人企业主满足工人提高工资的要求。此项政策被认为是政府在经济领域的不公正干预,引起私人企业主的强烈不满。所谓的反暴利运动,其主要攻击目标是被称作"商业封建主"的巴扎商人。巴列维国王声称,封建领主在 1963 年已经被消灭,目前应当与"商业封建主"进行斗争,直至最后的胜利。1975 年,巴列维政府强迫巴扎商人主动降低物价,进而对数百种基本生活消费品实行严格的价格控制,同时进口小麦、糖和肉用以平抑物价,成立消费者保护委员会。复兴党组织 1 万名学生进驻巴扎,与所谓的奸商进行斗争。萨瓦克匆忙组建的行会法庭对 25 万人实行罚款,将 2 万 3 千人赶出家乡,另有 0.8 万人被投入监狱,18 万人遭到指控。到 1976 年初,几乎所有的巴扎商人都受到反暴利运动的牵连。[④] 反暴利运动的实施,明显加剧了巴扎商人与国王之间的矛盾。由于受到政府和复兴党的威胁,巴扎商人无力单独对抗巴列维政府,遂转向教界寻求保护。1977 年初,巴列维政府削减向教界发放的年金,导致欧莱玛的不满。

与此同时,伊朗的政治形势发生变化。1975 年初,国际人权组织宣称,伊朗

---

① Abrahamian, E. , *Iran: Between Two Revolutions*, p. 497.

② Foran, J. , *Fragile Resistance: Social Transformation in Iran from 1500 to the Revolution*, p. 377.

③ Milani, M. M. , *The Making of Iran's Islamic Revolution*, p. 97.

④ Abrahamian, E. , *Iran: Between Two Revolutions*, pp. 497-498.

是世界上人权状况最差的国家之一,要求巴列维国王改善国内的人权环境。[1]
美国总统卡特亦于 1976 年初开始批评巴列维国王的独裁专制,要求巴列维国
王改善伊朗的人权状况和恢复民主政治。[2] 巴列维国王迫于国际形势的压力,
开始在国内尝试实行自由化政策,许诺在伊朗创造自由的政治气氛,同时释放
357 名政治犯,邀请国际红十字会参观 20 所监狱,允许外国律师出席军事法庭
的审判,复兴党则宣布欢迎社会各界发表不同的政见。[3] 自由化的改革举措,无
疑使反对派势力获得了必要的政治环境。然而,巴列维国王"只是打算给反对
派提供有限的喘息空间,却不打算与任何人分享权力"[4]。

1977—1979 年伊朗的伊斯兰革命,最初表现为世俗知识界发起的自由化运
动,具有明显的温和倾向。1977 年 5 月,53 名律师发表致巴列维国王的公开
信,抗议政府侵犯司法独立和干预司法审判。6 月,40 名作家致信首相胡韦达,
要求恢复 1964 年遭到取缔的作家协会,取消新闻审查,实行言论自由和结社自
由。[5] 与此同时,前民族阵线领导人卡里姆·桑贾比、沙赫普尔·巴赫蒂亚尔和
达里乌什·福鲁哈尔致信巴列维国王,批评君主独裁,要求尊重人权和释放政
治犯,声称"恢复国家统一和民众权利的唯一方式是放弃专制、尊重宪法、遵守
联合国人权宣言、废除一党制、允许言论自由、释放政治犯、建立得到公众信任
和履行宪法的政府"[6]。7 月,64 名律师聚集德黑兰,起草宣言,要求尊重宪法和
实行司法独立,包括作家协会、律师协会、大学教师全国委员会和保卫自由与人
权委员会在内的许多民间政治组织随之在知识界相继建立,业已遭到政府取缔
的世俗反对派民族阵线和解放运动亦卷土重来。1977 年秋,德黑兰学生走上街
头游行,要求校园的政治自由。[7] 此间,反对派势力主要来自世俗知识界,教界
尚未直接介入,民众运动仅仅表现为政治宣传和组建社团。反对派并无明确的
政治纲领和严密的政治组织,只是强调恢复 1906 年宪法和立宪君主制以及限
制巴列维国王的统治权力,斗争方式亦颇具温和倾向。民众运动的范围局限于
首都德黑兰,并未波及其他地区。

1978 年 1 月 7 日,复兴党操纵的官方报纸发表文章,诋毁什叶派欧莱玛是

[1] Abrahamian, E. , *Iran: Between Two Revolutions*, p. 498.

[2] Parsa, M. , *Social Origins of Iranian Revolution*, p. 54.

[3] Chehabi, H. E. , *Iranian Politics and Religious Modernism*, London 1990, p. 225.

[4] Milani, M. M. , *The Making of Iran's Islamic Revolution*, p. 110.

[5] Keddie, N. R. , *Roots of Revolution: An Interpretive History of Modern Iran*, p. 233.

[6] Abrahamian, E. , *Iran: Between Two Revolutions*, p. 502.

[7] Arjomand, S. A. , *The Turban for the Crown: the Islamic Revolution in Iran*, pp. 116-118.

"中世纪的黑色反动派",指责教界勾结国外势力破坏白色革命,诬陷霍梅尼具有外国血统和充当外国间谍。该文章的发表引起伊朗各地的轩然大波。教界由此开始放弃旁观的立场,加入反对巴列维国王的队伍。教界的介入得到巴扎商人和手工工匠的积极响应,而反对巴列维国王的民众运动亦逐渐由德黑兰蔓延到诸多城市。该文章发表的次日,在宗教圣城库姆,数千名经学院的学生举行游行,抗议政府玷污教界,高喊口号"我们不要叶齐德的政府"、"我们要我们的宪法"、"我们要阿亚图拉霍梅尼的归来",进而与警察发生冲突,5 名学生遭到杀害。[①] 1 月 10 日,霍梅尼发表声明,称赞库姆经学院学生的做法是英雄的举动,谴责国王勾结美国、败坏伊斯兰教、损害伊朗农业和将伊朗变成外国货的垃圾场。另一著名的教界领袖沙里亚特玛达里抱怨政府诽谤欧莱玛,声称如果政府将要求恢复宪法视作是黑色反动派的标志,那么自己宁愿成为黑色的反动派。教界势力的介入以及巴扎商人和工匠的响应,标志着反对巴列维国王的民众运动开始由世俗的形式转化为宗教的形式,遍布各地的清真寺成为反对巴列维国王的重要据点。

2 月 18 日是库姆惨案的四十天祭日,各地的巴扎和大学纷纷关闭以示哀悼死者,和平示威发生在德黑兰、库姆、伊斯法罕、马什哈德、阿瓦士、设拉子、拉什特和大不里士等 12 座城市。在大不里士,反对巴列维国王的和平示威演变为民众与警察之间的暴力冲突,示威的民众一度占领警察局和复兴党党部,直至两天后被政府军镇压。[②] 3 月 29 日是大不里士惨案的四十天祭日,各地的巴扎和大学再度关闭,55 座城市举行哀悼死者的活动。[③] 在德黑兰、叶兹德和伊斯法罕等地,愤怒的示威者进攻警察局和复兴党党部及其他政府机构,叶兹德的民众甚至高喊"处死国王"的口号。5 月 10 日又是一个四十天祭日,德黑兰爆发大规模的民众抗议活动,巴列维国王被迫取消出访欧洲的计划,派出 2000 名军警封锁巴扎和大学校园,使用催泪瓦斯驱散示威的民众。在前后三次的四十天祭日示威中,官方宣布死亡 22 人,受伤约 200 人,而据反对派的说法,死亡人数为 250 人,受伤人数超过 600 人。[④]

白色革命期间,随着工业化程度的迅速提高,产业工人队伍明显扩大。1966—1976 年十年间,伊朗的产业工人从 137 万增至 192 万,成为举足轻重的社会群体。[⑤] 与此同时,产业工人的工资收入急剧攀升。21 个主要工业部门的

① Kurzman,C., *The Unthinkable Revolution in Iran*, Harvard 2004,p. 33, p. 37.

② 同上,p. 46。

③ Foran,J., *A Century of Revolution Social Movements in Iran*, p. 176.

④ Abrahamian,E., *Iran:Between Two Revolutions*, p. 508.

⑤ Abrahamian,E., *The Making of Iran's Islamic Revolution*, p. 64.

平均工资,1974—1975 年增长 30％,1975—1976 年增长 48％。熟练工人的工资增长幅度尤为明显;制造业工人的平均日工资,1971 年时为 220 里亚尔,1977年增至 850 里亚尔。由于生活境况的不断改善,产业工人最初大都安于现状,并不热衷于反对国王的政治活动。进入 1978 年以后,经济危机波及工业领域,产业工人工资下降,失业率上升。[①] 1978 年 6 月,德黑兰工人举行罢工,抗议政府取消年度分红。7 月初,阿巴丹工人举行罢工,要求提供医疗保险、恢复年度分红和增加 20％的工资。7 月底,贝赫沙赫尔的 1750 名纺织工人举行罢工,要求提高工资和实行工会的自由选举。8 月,大不里士的 2000 名工人举行罢工,要求恢复年度分红、提高工资和改善居住条件。8 月 19 日,阿巴丹工人区的一处电影院发生火灾,死者超过 400 人,而萨瓦克被认为是纵火的元凶。此后,产业工人的反抗活动由罢工演变为示威,政治要求取代经济要求而成为工人运动的首要目标,"烧死国王"和"推翻巴列维家族"成为产业工人的政治口号。[②] 随着产业工人接连举行的罢工和示威,反对巴列维国王的伊朗民众与巴列维政府之间的力量对比出现明显的变化。"工人、巴扎商人、学生和欧莱玛建立起广泛的联盟"[③],政治角逐的天平开始向反对派方面倾斜。

　　1978 年 8 月,巴列维国王迫于民众运动的压力,解除首相阿姆泽加尔的职务,起用温和派人士沙里夫·艾玛米出任首相,采取安抚政策,许诺实行西方式的多党制度和民主制度,释放在押的政治犯,笼络沙里亚特玛达里、桑贾比、巴扎尔甘和福鲁哈尔等反对派领袖。然而,形势并未出现转机。1978 年 9 月 7日,德黑兰 50 万人举行示威,高呼激进的政治口号"处死巴列维家族成员","赶走美国人","侯赛因是我们的向导,霍梅尼是我们的领袖","独立、自由、伊斯兰","我们要伊斯兰共和国",巴列维国王则宣布在德黑兰、卡拉季、库姆、马什哈德、大不里士、伊斯法罕、设拉子、阿巴丹、阿瓦士、加兹温、朱赫拉姆和卡兹伦等 11 座城市实行军事管制。[④] 9 月 8 日,德黑兰民众与巴列维王朝的军警发生冲突,死伤者不计其数,时称"黑色星期五"[⑤]。此后,伊朗国内的政治形势急转直下。

　　世俗的知识界无疑是挑战巴列维王朝独裁专制的重要政治力量,然而其政治纲领相对温和,代表新兴资产阶级的利益,排斥下层民众的政治参与,主张恢复宪政,进而与国王分享国家权力,却无意推翻君主制度。解放运动的领导人

①　Abrahamian,E.，*Iran:Between Two Revolutions*，pp. 511-512.

②　Kurzman,C.，*The Unthinkable Revolution in Iran*，p. 62.

③　Downes,M.，*Iran's Unresolved Revolution*，p. 111.

④　Abrahamian,E.，*Iran:Between Two Revolutions*，p. 515.

⑤　Kurzman,C.，*The Unthinkable Revolution in Iran*，p. 75.

巴扎尔甘曾向美国驻伊朗大使表示："如果国王愿意实施宪法的所有条款,那么我们便会接受君主制和参与选举。"①巴扎尔甘后来说道："我们原本企盼甘露的降临,结果到来的却是洪水。"②相比之下,霍梅尼尽管只是什叶派的多位阿亚图拉之一,在教界内部并无十分显赫的地位,却由于其长期反对巴列维王朝而毫不妥协的坚定立场和民主斗士的政治形象而在伊朗民众之中久享盛誉。③"霍梅尼赢得了不同的社会群体,众多的民众把他视作期待已久的拯救者。在小资产阶级看来,他不仅是独裁的凤敌,而且是私有财产、传统价值观念和身陷困境的巴扎商人的保护者。在知识界看来,他尽管具有宗教身世,却颇似富于战斗精神的民族主义者,将会完成摩萨台的未竟事业,使国家从帝国主义和专制主义的双重压迫下得到解放。在城市的工人看来,他将实现社会公正和财富的重新分配,把权力从富人手中转移到穷人手中。在乡村民众看来,他将带来土地、水源、电力、道路、学校和医疗机构,即白色革命未能带来的物质内容。对于所有的人来说,他象征着宪政革命的精神,在他身上寄托着此前的革命仅仅燃起却未能实现的希望。"④

随着政治形势的发展和民主与专制的激烈冲突,特别是"阿巴丹纵火案"和"黑色星期五"之后,世俗知识界之恢复 1906 年宪法的妥协倾向逐渐失去赖以存在的土壤;推翻巴列维王朝的统治、实现共和取代回归宪政,成为民众运动的崭新政治目标。现代伊斯兰主义由于超越以往各种政治要求的狭隘界限,强调平等和民主的原则,代表诸多不同社会群体的共同利益,适应政治斗争的客观需要,提供了凝聚反对巴列维王朝的社会力量进而实现广泛政治联合的崭新理论工具。流亡巴黎的霍梅尼宣布,国王已经听到了革命者的呼声——他必须退位并接受伊斯兰的审判;民众与国王之间绝无妥协的余地,加入巴列维政府意味着背叛伊斯兰教;民众运动不会停止,直至将"卑鄙的君主制"扔进历史的垃圾堆,代之以崭新的伊斯兰共和国。"伊斯兰原教旨主义是被剥夺了权力的社会阶层渴望参与政治进程和重建崭新社会与国家的宣言。"⑤"战斗的伊斯兰"体现民众的愤怒,具有强烈的革命倾向。

1978 年 10 月底和 11 月初,解放运动的领导人巴扎尔甘和民族阵线的领导人桑贾比相继从德黑兰前往巴黎,会晤霍梅尼。随后,巴扎尔甘代表解放运动宣布,目前的民众运动表明人民拥护阿亚图拉霍梅尼和要求用伊斯兰政府取代

---

① Milani, M. M., *The Making of Iran's Islamic Revolution*, p. 114.

② Amjad, M., *Iran:From Royal Dictatorship to Theocracy*, p. 138.

③ Parsa, M., *Social Origins of Iranian Revolution*, p. 256.

④ Abrahamian, E., *Iran:Beteen Two Revolution*, pp. 532-533.

⑤ Milani, M. M., *The Making of Iran's Islamic Revolution*, p. 244.

君主制。桑贾比代表民族阵线宣布,目前的君主制是独裁和腐败的制度,不能履行法律和沙里亚,不能抵抗外国的压力,需要建立以伊斯兰、民主和国家主权作为基础的民族政府。桑贾比、巴扎尔甘和霍梅尼一致认为,现存的君主制度与伊斯兰教的原则不符,是政治独裁、社会腐败和民族屈辱的根源所在。三人共同宣布,结束伊朗的君主制度,建立伊斯兰共和国,"借以保卫伊朗的独立和民主"①。此次会晤标志着"霍梅尼成为伊朗革命运动之无可争议的政治领袖",反对巴列维王朝的各个阶层实现空前广泛的政治联合。②

1978 年 12 月 30 日,巴列维国王指定前民族阵线成员巴赫提亚尔出任首相。③ 巴赫提亚尔宣布国王将去欧洲休假,许诺解除军事管制和实行自由选举,取消与美国签署的 70 亿美元的武器交易计划,停止向以色列和南非出口石油,释放政治犯,解散萨瓦克,冻结巴列维基金会资产,称赞霍梅尼是"伊朗的甘地"并欢迎霍梅尼回国。反对派领导人对巴赫提亚尔政府态度各异。沙里亚特玛达里和许多温和的教界人士宣布支持新首相,以免国家陷于混乱。桑贾比和弗鲁哈尔坚持国王必须退位。霍梅尼则声称任何由国王任命的政府均属非法,顺从巴赫提亚尔便是顺从撒旦。罢工和示威并未由于巴赫提亚尔的许诺而停止,越来越多的民众要求国王退位、巴赫提亚尔辞职、霍梅尼回国和废除君主制。1979 年 1 月 16 日,巴列维国王逃往埃及。2 月 1 日,霍梅尼自巴黎返回德黑兰。④

1979 年 3 月,伊朗举行全民公决;在 2280 万选民中,2040 万选民拥护国家采用共和制政体。同年 5 月,霍梅尼正式宣布废除君主制,实行共和制。⑤

通常认为,教俗合一是传统政治模式的典型特征,而现代化与世俗化呈同步状态。巴列维王朝的支持者认为,伊斯兰革命发生的根源在于巴列维国王推行的现代化举措超越了观念保守和思想落后的伊朗民众所能承受的范围,巴列维王朝的统治是伊朗走向现代文明的象征,而巴列维王朝的覆灭标志着伊朗现代化进程的中断,法基赫制度的建立则构成伊朗现代化进程的逆向运动。亦有学者认为,伊斯兰革命的社会基础在于伊斯兰原教旨主义者,包括所谓的传统伊斯兰原教旨主义者、自由伊斯兰原教旨主义者和激进伊斯兰原教旨主义者。⑥

① Milani,M. M.,*The Making of Iran's Islamic Revolution*,p. 122.

② Downes,M.,*Iran's Unresolved Revolution*,p. 114.

③ 同上,p. 115。

④ Fardust,H.,*The Rise and Fall of The Pahlavi Dynasty*,p. 403,p. 415.

⑤ Parsa. M.,*Social Origins of Iranian Revolution*,p. 252.

⑥ 曲洪:《当代中东政治伊斯兰:观察与思考》,中国社会科学出版社 2001 年,第 237—239 页。

实际情况并非如此。1977—1979 年的伊斯兰革命尽管具有宗教政治的浓厚色彩,却非教界传统势力与世俗政治的对抗抑或什叶派欧莱玛与巴列维国王世俗政权的较量,而是宗教形式下诸多社会群体反抗独裁专制的深刻政治革命。白色革命期间,新兴阶层与传统势力之间无疑存在着种种矛盾。然而,巴列维王朝的独裁专制与民众分享国家权力的政治倾向两者之间的尖锐冲突,作为伊斯兰革命前夕伊朗社会的主要矛盾,制约着其他层面的次要矛盾,导致反对巴列维王朝的诸多社会群体在争取民主的政治基础之上形成空前广泛的联合,巴列维国王则是社会矛盾的焦点、民众的公敌和反对派政治势力的众矢之的。经济社会的长足进步与政治体制的严重滞后两者之间的矛盾作为巴列维时代伊朗历史的突出现象,是导致伊斯兰革命的根本原因。

现代伊斯兰主义作为 1977—1979 年伊斯兰革命的意识形态,并非伊朗的特有现象,而是存在于伊斯兰世界的诸多地区,埃及和南亚则是现代伊斯兰主义的主要发源地。现代伊斯兰主义自 70 年代在伊朗的广泛传播,并非霍梅尼个人能力所致,而是根源于伊朗社会的客观需要,标志着崭新的政治文化借助于宗教的形式初露端倪。如果说官方的什叶派伊斯兰教是巴列维王朝的统治工具和麻痹人民的精神鸦片,那么民众的什叶派伊斯兰教,特别是阿里·沙里亚蒂和霍梅尼阐述和倡导的现代伊斯兰主义,则是"被压迫生灵的叹息"和反抗巴列维王朝独裁专制的革命手段。巴列维时代伊朗教俗关系演变的实质,在于什叶派伊斯兰教从麻痹人民的精神鸦片转化为"被压迫生灵的叹息"抑或从政治宗教化转变为宗教政治化;特定的社会背景和政治环境无疑是什叶派伊斯兰教发生转化的物质根源,霍梅尼作为克里斯玛式的民众领袖则是实现什叶派伊斯兰教转化的关键人物。什叶派关于伊玛目的教义赋予欧莱玛以特有的地位和影响,而什叶派关于马赫迪的教义则为民众运动提供了必要的政治理论。伊斯兰革命的历史实践充分证明,巴列维时代深刻的社会矛盾和政治对抗从根本上改变了伊朗教俗关系的传统模式,什叶派伊斯兰教由官方的学说转变为民众的信仰,由麻痹人民的精神鸦片转变为民众反抗的政治武器,进而由捍卫传统社会秩序的意识形态转变为倡导现代社会秩序的意识形态。

霍梅尼的政治思想表面上包含传统主义和现代主义的双重内容,看似截然对立抑或水火不容,实则不然。霍梅尼主义借助于回归宗教的传统形式,阐述独立、自由、平等和公正的现代政治理论,强调以安拉的尊严取代国王的尊严和以伊玛目之神圣的宗教权力取代巴列维王朝的世俗权力,旨在否定传统的政治模式和君主独裁的政治制度,代表反对君主专制的诸多传统社会势力与新兴阶层共同的利益和愿望,是伊斯兰革命期间凝聚民众的主导思想和反抗巴列维王朝君主专制的革命理论。正是巴列维国王的独裁统治和高压政策,促使诸多社会群体走向霍梅尼的阵营。霍梅尼作为什叶派现代宗教政治的灵魂人物,俨然是伊斯兰革命的象征和民主的化身,成为众望所归的政治领袖。"霍梅尼赢得了不同的社会群体……堪称克里斯玛式的革命领袖。"[①]霍梅尼的克里斯玛式的领袖地位,根源于白色革命期间伊朗深刻的社会矛盾和尖锐的政治对抗。特定的社会背景和政治环境,塑造了霍梅尼作为克里斯玛式领袖的历史形象。

什叶派现代伊斯兰主义并非"反现代化基调的和传统主义的意识形态",而是反抗巴列维王朝独裁专制和实现民众广泛政治参与的理论工具和革命手段。阿亚图拉霍梅尼与巴列维国王之间的对抗,并非宗教与世俗的冲突,而是民主与专制的对抗。民主主义与现代宗教政治模式的结合,则是伊朗伊斯兰革命的核心内容。1977—1979年的伊斯兰革命与1953年摩萨台领导的世俗民主化运动以及1963年教界掀起的政治风波尽管不乏相似之处,却有根本的差别。1953年的世俗民主化运动以及1963年政治风波期间,教俗反对派貌合神离,社会环境尚未塑造出克里斯玛式的领袖人物,普通民众的介入程度相当有限。现代化的发展水平和新旧社会力量的对比,决定着1953年摩萨台领导的世俗民主化运动以及1963年教界掀起的政治风波之目标的非同一性、纲领的温和性与基础的脆弱性。1953年摩萨台领导的世俗民主化运动和1963年教界掀起的政治风波表明,相对孤立的社会阶层抑或政治群体皆不足以抗衡巴列维王朝控制的国家机器。与1953年摩萨台领导的世俗民主化运动和1963年教界掀起的政治风波相比,1977—1979年伊朗伊斯兰革命的突出特点在于教俗各阶层广泛的政治联合,是为1979年伊斯兰革命区别于1963年政治风波直至取得胜利的至关重要的条件。现代化进程中社会矛盾的加剧,导致反对派政治势力的广泛联合。教俗各阶层的广泛政治联合,改变了民主与专制之间的力量对比,决定了巴列维王朝寿终正寝的历史结局。弗兰认为,霍梅尼主义的社会基础是教界下层、巴扎商人和手工工匠,其他诸多社会群体则被霍梅尼主义所吸引,伊斯兰革命的性质在于传统势力抵制巴列维王朝现代化的逆向运动。[②] 实际情况并非如此。霍梅尼在反对巴列维国王的斗争中,与诸多政治群体建立了广泛的联盟,从而获得了从巴扎和教界到世俗知识界和城市贫民以及解放运动和民族阵线的有力支持。巴扎、行会和清真寺无疑提供了伊斯兰革命期间反对国王的重要阵地,然而正是新兴的世俗社会势力点燃了革命的火花并且给以巴列维王朝的统治致命的打击,最终敲响了巴列维王朝覆灭的丧钟。

---

① Abrahamian, E., *Iran: Between Two Revolutions*, pp. 531-532.

② Foran, J., *Fragile Resistance: Social Transformation in Iran from 1500 to the Revolution*, p. 369.

有学者认为,伊斯兰革命的受益者只是霍梅尼领导的伊斯兰原教旨主义势力,什叶派欧莱玛则是伊斯兰革命的唯一赢家。[①] 实际情况并非如此。政治斗争服务于经济目的。历史的进步,包括现代化进程中的改良与革命,均以追求财富作为根本动力。巴列维王朝借助于独裁专制的政治形式,混淆国家与王室的界限,进而极尽所能地控制和占有民众创造的物质财富。至于反对巴列维王朝和参与革命的诸多社会群体,旨在通过伊斯兰的宗教形式,改变国家的政治制度,进而改变财富的分配原则。

伊斯兰革命的发生,不应简单归结为什叶派穆斯林的宗教狂热,而是根源于巴列维时代世俗领域的社会矛盾,其实质在于世俗的社会反抗与宗教的外在形式两者的结合。综观 20 世纪的伊朗历史,宪政革命首开伊朗现代化进程中政治革命的先河,伊斯兰革命则是宪政革命的逻辑延伸;特定的历史环境,尤其是新兴社会力量的脆弱,决定了宪政革命的失败结果,而巴列维王朝在经济社会层面的现代化举措,为伊斯兰革命的成功创造了必要的物质条件。民主主义与现代宗教政治模式的结合,无疑是伊朗伊斯兰革命的核心内容。巴列维王朝的覆灭标志着伊朗政治现代化的崭新起点;伊斯兰革命的胜利宣告了伊朗传统政治模式的寿终正寝,进而为现代政治模式的诞生和民众广泛的政治参与开辟了道路。霍梅尼作为克里斯玛的领袖地位和所谓阿亚图拉的统治,构成从传统政治模式向现代政治模式过渡的中间环节。

教法学家的统治与伊朗现代化的历史走向

自 1979 年伊斯兰革命胜利到 1982 年伊斯兰共和国建立的三年间,是伊朗政治制度从君主制向法基赫制过渡的中间环节。此间伊朗政治生活的突出现象,是世俗政治与宗教政治的二元倾向以及世俗权力与宗教权力的激烈角逐。

巴列维王朝的覆灭,导致整个国家机器处于瘫痪状态,政局混乱,罢工持续,石油生产锐减,失业率急剧上升,通货膨胀严重,经济濒临崩溃的边缘,诸多方面与宪政运动结束初期颇具相似之处。[②] 霍梅尼于 1979 年 2 月自巴黎返回德黑兰后,指定巴扎尔甘出任总理,组建临时政府,负责恢复国家秩序。临时政府的成员主要来自民族阵线和解放运动两大政治组织,其中民族阵线的成员占据内阁席位的 33%,解放运动的成员占据内阁席位的 50%。[③]

---

① Milani, M. M., *The Making of Iran's Islamic Revolution*, pp. 142-143.

② Keddie, N. R., *Modern Iran: Roots and Results of Revolution*, Yale 2003, p. 244.

③ Chehabi, H. E., *Iranian Politics and Religious Modernism*, p. 255.

与此同时,霍梅尼授意组建伊斯兰革命议会、伊斯兰共和党、伊斯兰革命法庭、伊斯兰革命卫队和"被剥夺者"基金会,独立于巴扎尔甘领导的临时政府。"1979 年 2 月到 11 月,原教旨主义者在临时政府的管辖范围之外创造了国中之国。在这个国中之国,霍梅尼成为无可争议的领袖和精神的源泉,伊斯兰共和党成为议会和智囊,考米泰成为地方警察,帕斯达兰成为武装力量,革命法庭成为审判机构,被剥夺者基金会成为从属的财源。"①伊斯兰革命议会的成员包括世俗政治家巴尼萨德尔、巴扎尔甘、叶兹迪、库特卜扎迪以及教界人士贝赫什提、穆塔赫里、拉夫桑贾尼、哈梅内伊、巴赫纳尔,负责协调各派政治势力和监督临时政府。② 伊斯兰共和党始建于 1979 年 2 月,由阿亚图拉贝赫什提领导,巴赫纳尔、哈梅内伊和拉夫桑贾尼均系该党的核心成员。③ 伊斯兰共和党借助于宗教形式倡导激进的社会倾向,旨在实现现代伊斯兰主义与下层民众的政治联盟,创造由什叶派欧莱玛抑或教法学家统治的伊斯兰社会。伊斯兰共和党在传统中产阶级和社会下层民众具有广泛的政治影响,很快发展为伊朗最大的和最有势力的政治组织,在许多城市设立分支机构,拥有独立的民兵武装。④ 萨迪克·哈勒哈里主持的伊斯兰革命法庭,执行伊斯兰教法,是现代伊斯兰主义者清洗政治异己的重要机构和霍梅尼角逐权力的主要工具,革命后初期曾经处死包括首相胡韦达在内的数以百计的前政权高官,数千人被革命法庭关押或流放。伊斯兰革命期间,伊朗各地出现许多民众自发建立的政治组织,即伊斯兰革命委员会,亦称考米泰。考米泰 komiteh 源于法语 comite,始建于 1978 年底,最初系自治性的下层民众组织。⑤ 巴扎尔甘曾说:"考米泰无处不在,没有人知道考米泰的数目,即使伊玛目亦不清楚。"⑥巴列维王朝覆灭以后,各地的考米泰被霍梅尼委派的阿亚图拉麦赫达维·卡尼接管,负责控制各地的政治局势。在德黑兰和其他诸多主要城市,追随霍梅尼的教界人士领导的考米泰,依靠巴扎商人、传统工匠、知识分子和城市贫民的支持,行使政府的职能,成为现代伊斯兰主义者角逐权力和控制局势的政治工具。革命卫队称作"帕斯达兰",是现代伊斯兰主义的军事组织,成员招募于下层民众,1979 年 9 月时规模超过 1 万人。"被剥夺者"基金会创建于 1979 年 3 月,隶属于法基赫和伊斯兰革命议会,负责接管巴列维基金会,控制革命期间政府没收的财产,拥有数以百计的公司

① Milani,M. M. ,*The Making of Iran's Islamic Revolution*,p. 151.

② Parsa,M. ,*Social Origins of Iranian Revolution*,p. 252.

③ Kamrava,M. ,*The Political History of Modern Iran:From Tribalism to Theocracy*,p. 88.

④ Downes,M. ,*Iran's Unresolved Revolution*,p. 122.

⑤ Keddie,N. R. ,*Modern Iran:Roots and Results of Revolution*,pp. 244-246.

⑥ Arjomand,S. A. ,*The Turban for the Crown:the Islamic Revolution in Iran*,p. 135.

和企业,为现代伊斯兰主义运动提供了雄厚的财力支持。伊斯兰革命议会、伊斯兰共和党、伊斯兰革命法庭、伊斯兰革命卫队和"被剥夺者"基金会,借助于宗教形式倡导激进的社会倾向,成为什叶派现代伊斯兰主义动员和争取下层民众进而控制国家权力的重要机构。

伊斯兰共和国成立伊始,最初的宪法草案由巴扎尔甘领导的临时政府成员负责拟定,强调世俗的政治原则,排斥什叶派欧莱玛的政治参与。宪法草案并未提及建立法基赫制度;宪法监护委员会包括 5 名欧莱玛、3 名法官和 3 名教授,由议会选举产生,权力有限。[1] 随后,由霍梅尼和沙里亚特玛达里两位阿亚图拉共同商定组建新的立宪会议,由蒙塔泽里和贝赫什提两位阿亚图拉主持立宪会议,立宪会议的成员成员大都来自伊斯兰共和党。新的立宪会议强调神权至上的宗教原则,新的伊斯兰共和国宪法赋予法基赫以治理国家的广泛权力,集中体现了什叶派现代伊斯兰主义之教俗合一的政治理念。围绕着新宪法的相关规定,教俗各界形成明显的意见分歧。在立宪会议内部,反对者认为赋予法基赫以无限的权力势必导致独裁政治的再现。然而,在立宪会议内部,法基赫制度的反对者势单力孤,表决时只有 8 人投票反对而 4 人弃权。在立宪会议之外,反对派主要来自世俗民族主义组织和左翼群体。桑贾比领导的世俗政治组织民族阵线认为,立宪会议由"宗教集团、独断专行者和戴头巾的人"所操纵,背叛伊斯兰革命的理想,企图创造欧莱玛统治的神权政体和法基赫的政治独裁。左翼政治派别伊朗人民敢死队声称,法基赫制度的真实用意是用霍梅尼式的哈里发国家取代巴列维的国家。另一左翼政治派别伊斯兰圣战者组织则声称,既然伊斯兰教否认任何社会阶层或群体享有特权的地位,新的伊斯兰共和国宪法关于法基赫制度的条款纯属宗教异端。逊尼派穆斯林和库尔德人出于与什叶派欧莱玛的教派差异,亦反对伊斯兰共和国宪法关于法基赫制度的相关规定。反对法基赫制度的最有影响的社会势力,是传统的什叶派欧莱玛。伊斯兰革命议会主席阿亚图拉穆塔哈里作为传统教界的代表人物,认为什叶派学说中的法基赫制度并不意味着法基赫本人对于国家的直接治理,所谓的法基赫只是信仰的引领者而不是国家的统治者,法基赫应当充当理论家而不是统治者的角色。[2] 传统教界的另一重要代表人物阿亚图拉沙里亚特玛达里亦反对教法学家直接行使统治国家的政治权力,强调主权在民的政治原则,认为法基赫的主要作用在于宣传宗教、引导信众和充当意识形态的监护者,法基赫只能在非常

---

[1] Schirazi, A., *The Constitution of Iran: Politics and the State in the Islamic Repoblic*, p. 22.

[2] Milani, M. M., *The Making of Iran's Islamic Revolution*, p. 161.

时期直接干预政治生活。^① 沙里亚特玛达里声称,伊斯兰共和国宪法一方面强调民众主权的模糊概念,另一方面却赋予法基赫以至高无上的统治地位,两者之间无疑存在着根本的对立,要求取消伊斯兰共和国宪法中关于法基赫制度的条款。"因为解散原有政府的基础在于全民公决,所以民众的意志应当构成新政府的基础。"^②

伊斯兰革命开始于世俗知识界的发难,却结束于下层民众的广泛政治参与,进而导致下层民众政治力量的急剧膨胀,反对巴列维王朝的政治运动随之经历了由温和向激烈的转变。特定的环境决定了伊斯兰革命后伊朗社会的激进倾向,贫困的消除和社会财富的重新分配则是下层民众的迫切愿望。桑贾比领导的世俗政治民族阵线和巴扎尔甘领导的世俗政治解放运动代表现存经济社会秩序的既得利益者,具有明显的右翼色彩与温和倾向,反对激进的经济社会改革,被视作保守派和富人的代言人。沙里亚特马达里支持的穆斯林人民共和国党具有阿塞拜疆的地方色彩,强调阿塞拜疆的地方分权和民族自治。左翼世俗政治组织人民党以及伊斯兰圣战者组织和伊朗人民敢死队尽管在意识形态领域存在差异,却分享共同的政治目标,即反对美国、重新分配社会财富、主要工业部门的国有化和改善下层民众的生活境况。然而,左翼组织强调通过阶级斗争的方式消灭剥削秩序,创建新社会,其思想纲领在诸多方面与伊斯兰教不符,加之派别林立,缺乏广泛的社会基础。^③ 相比之下,霍梅尼强调保护"被剥夺者"的利益,宣布伊斯兰革命的目的在于解放"被剥夺者",实现"被剥夺者"的广泛政治参与和财富分享,在下层民众中具有广泛的政治号召力。霍梅尼授意组建的伊斯兰共和党和"被剥夺者"基金会,借助于宗教形式倡导激进的社会倾向,成为什叶派现代伊斯兰主义动员和争取下层民众的重要机构。1979 年 12 月,伊朗举行全民公决,通过新的伊斯兰共和国宪法。伊斯兰革命议会声称,1500 万伊朗公民支持伊斯兰共和国宪法,只有约 3 万人反对伊斯兰共和国宪法。

立宪会议制宪期间,什叶派现代伊斯兰主义阵营的统治地位尚未确立,反对法基赫制度的诸多派别亦未结成政治联盟,沙里亚特达里为首的传统教界以及形形色色的世俗政治组织犹如一盘散沙。巴列维王朝覆灭后,巴扎尔甘领导的临时政府曾经致力于改善与美国的关系。然而,当卡特总统允许巴列维国王自墨西哥前往美国治疗以后,伊朗民众反应强烈,政治形势急转直下,权力的

① Schirazi,A. , *The Constitution of Iran:Politics and the State in the Islamic Repoblic* , p. 48.

② Milani,M. M. , *The Making of Iran's Islamic Revolution* , p. 161.

③ Keddie,N. R. , *Modern Iran:Roots and Results of Revolution* , pp. 242-243.

天平逐渐失去了原有的平衡，进而向霍梅尼一方倾斜。1979 年 11 月，美国驻伊朗大使馆被激进的学生占领。临时政府谴责占领美国大使馆的事件违背国际法准则，要求立即释放扣押的人质。霍梅尼支持占领美国大使馆的激进行为，将美国使馆的占领誉为"第二次伊斯兰革命"，俨然成为反对帝国主义的民族英雄。巴扎尔甘则被视作美国的追随者，成为激进势力的攻击目标，被迫辞职，临时政府由伊斯兰革命委员会接管，解放运动的政治影响明显削弱。反美情绪的高涨，为什叶派现代伊斯兰主义的最后胜利铺平了道路。[1]

1979 年 12 月，由于抵制伊斯兰共和国宪法的全民公决，沙里亚特玛达里被伊斯兰革命卫队软禁于家中，沙里亚特玛达里领导的穆斯林人民共和党遭到取缔。1980 年 1 月，伊朗举行大选，独立候选人巴尼萨德尔获得全部 1400 万张选票中的 1070 万张选票，当选为伊朗伊斯兰共和国的第一任总统。[2] 随后选举产生的第一届议会由 263 名议员组成，其中 134 名议员来自欧莱玛。[3] 伊斯兰共和党控制议会的 131 个席位，是制约总统权力和政府职能的重要机构。[4] "除以色列议会外，伊朗议会是中东诸国最具独立地位的议会。议员在议会公开地和激烈地批评政府的政策。"[5]根据伊斯兰共和国宪法，总理人选由总统提名而由议会批准。然而，由巴尼萨德尔提名的总理人选穆斯塔法·萨里姆被议会否决，拉贾伊在伊斯兰共和党和议会的支持下成为伊朗伊斯兰共和国政府的第一任总理。此后，巴尼萨德尔与伊斯兰共和党及议会之间的矛盾趋于白热化。1981 年 6 月，霍梅尼公开谴责民族阵线，进而取缔民族阵线的合法地位。巴尼萨德尔指责霍梅尼无视宪法和总统，旋即遭到罢免。在随后举行的大选中，拉贾伊获得全部 1414 万张选票的 1300 万张选票，以 88％的得票率当选为伊朗伊斯兰共和国第二任总统，巴赫纳尔出任政府总理。[6]

形形色色的左翼激进派别曾经积极参与反对巴列维王朝的伊斯兰革命，进而试图分享国家权力。然而，左翼激进派别大都缺乏必要的民族基础和宗教基础，往往表现为异族色彩和异教倾向。巴尼萨德尔退出政坛之后，主要左翼激进派别人民圣战者组织不断挑战伊斯兰共和党的政治权威，而恐怖袭击则是人民圣战者组织角逐政权的主要手段。1981 年 6 月 28 日，伊斯兰共和党的会议场所遭到人民圣战者组织的炸弹袭击，包括贝赫什提在内的 70 余名伊斯兰共

① Parsa，M.，*Social Origins of Iranian Revolution*，p. 252.

② Zabih，S.，*Iran Since the Revolution*，London 1982，p. 64.

③ Moaddel，M.，*Class，Politics，and Ideology in the Iranian Revolution*，p. 225.

④ Keddie，N. R.，*Modern Iran：Roots and Results of Revolution*，p. 250.

⑤ Milani，M. M.，*The Making of Iran's Islamic Revolution*，p. 199.

⑥ Zabih，S.，*Iran Since the Revolution*，p. 144.

和党重要成员死于非命,巴赫纳尔继任伊斯兰共和党主席。1981 年 8 月,人民圣战者组织再次发动炸弹袭击,总统拉贾伊和总理巴赫纳尔以及其他许多政府要员被害身亡。① 同年 10 月举行大选,哈梅内伊获得全部 1700 万张选票中的1679 万张选票,以近 90% 的得票率当选为伊朗伊斯兰共和国第三任总统,穆萨维出任政府总理。② "哈梅内伊当选总统,标志着伊斯兰革命进入新的阶段。从1981 年 10 月起,欧莱玛不再只是国家的监护者和权力的影子,而是开始全面执掌政府机构。"③1981—1985 年,人民圣战者组织遭受重创,约 9 千人死于反政府的恐怖袭击活动或被政府处决,残部大都流亡伊拉克。④ "至 1983 年 5 月,除伊斯兰共和党和解放运动外,所有政治组织均被迫转入地下或遭到破坏。"⑤1985 年 5 月举行大选,哈梅内伊获得全部 1422 万张选票中的 1220 万张选票,再度当选总统。⑥

伊斯兰革命造就了伊朗新兴的政治精英,什叶派现代伊斯兰主义阵营则是新兴政治精英的核心成分。什叶派现代伊斯兰主义阵营尽管来源各异,成分复杂,却在对抗诸多反对派政治势力的过程中表现出强烈的凝聚倾向。80 年代初,随着诸多教俗政治反对派势力的相继衰落,什叶派现代伊斯兰主义阵营逐渐出现裂痕,进而形成左翼激进派与右翼保守派之间的矛盾冲突。左翼激进派代表下层民众的共同愿望,倡导社会平等和经济自给,要求实行国家的经济垄断、国有化和进一步的土地改革,主张强化政府的经济干预,通过社会财富的重新分配实现伊斯兰教的公正原则,同时支持输出伊斯兰革命和对伊拉克的战争直至推翻萨达姆政权。右翼保守派代表富商、地主和教界上层的既得利益,支持严格遵循伊斯兰教法和实行法基赫制度,强调维护私有财产不受侵犯,同时倡导自由经济和开放政策,反对政府的经济干预以及国家垄断、国有化和土地改革,强调与西方世界的必要联系,主张政治解决与伊拉克的战争,对输出伊斯兰革命持消极态度。⑦ 左翼激进派占据议会的多数席位,右翼保守派控制宪法监护委员会进而否定议会通过的多项改革法案,霍梅尼则凌驾于左翼激进派与右翼保守派之上,实行折中的政策,调和什叶派现代伊斯兰主义阵营内部的矛盾冲突。至 80 年代中期,左翼激进派与右翼保守派之间的矛盾冲突不断加剧,

① Esposito,J. L. , *Iran at the Crossroads*, New York 2001, p. 53.
② Zabih,S. , *Iran Since the Revolution*, p. 151.
③ Wright,R. , *The Last Great Revolution*, New York 2000, p. 17.
④ Hiro,D. , *Holy Wars:The Rise of Islamic Fundamentalism*, p. 149.
⑤ Milani,M. M. , *The Making of Iran's Islamic Revolution*, p. 193.
⑥ Esposito,J. L. , *Iran at the Crossroads*, p. 53.
⑦ Moslem,M. , *Factional Politics in Post-Khomeini Iran*, p. 48.

两伊战争、对外开放和经济政策成为双方对立的焦点。1987年,霍梅尼宣布取缔政党,进而解散伊斯兰共和党。[①]

伊斯兰革命的特定环境即宗教性和民众性,决定了后革命时代伊朗社会的神权统治和激进倾向。然而,神权统治和激进倾向并非后革命时代伊朗社会的实质内容;巴列维王朝覆灭后出现的权力真空导致诸多政治势力的激烈较量,现代化进程的延伸则构成后革命时代伊朗历史发展的基本方向。

1979—1989年,霍梅尼无疑是伊朗政治舞台的核心人物,此间可称霍梅尼时期。霍梅尼时期,伊斯兰化无疑是伊朗社会的突出现象。恢复伊斯兰教法与强化伊斯兰教的意识形态,构成霍梅尼时代伊斯兰化的基本举措。1982年8月,最高司法委员会宣布,废除自1907年以来实行的所有非伊斯兰法律,伊斯兰教的沙里亚和阿亚图拉颁布的宗教法令构成法官审理案件的唯一依据。伊斯兰革命前把持司法机构的世俗法官被什叶派欧莱玛取代,伊斯兰教的经学院取代德黑兰大学法律系成为培训法官和律师的主要机构。[②] 法基赫政府推行的伊斯兰化举措,旨在否定巴列维王朝时期的世俗化倾向,进而排斥巴列维王朝君主独裁的政治传统,可谓伊斯兰革命的逻辑延伸。霍梅尼时期伊斯兰化的最直接的体现,是关于妇女服饰的严格规定。1981年,议会颁布法律,要求所有妇女必须身着伊斯兰服饰。伊斯兰化的相关举措,还包括禁止饮酒、限制西方的音乐和电影、实行男女的性别隔离。1982年8月,最高司法委员会宣布,废除所有与伊斯兰教法不符的现代法律。学校建立伊斯兰学生组织,支持政府的伊斯兰化政策,教科书按照伊斯兰教的思想进行修订。伊斯兰化的外交政策,主要表现为伊斯兰革命的输出和在境外从黎巴嫩到波斯湾诸国和巴基斯坦建立什叶派伊斯兰革命党,旨在扩大伊朗伊斯兰共和国的国际影响,进而遏制伊拉克的萨达姆政权。[③]

巴列维王朝覆灭后,巴扎尔甘领导的临时政府实行温和的经济政策,保护私人财产所有权,反对扩大国有化和政府的经济干预,强调私人经济的主导地位。上述经济政策显然与当时的激进政治环境不符。进入80年代,伊斯兰化的经济政策逐渐取代温和的经济政策,成为激进政治环境的逻辑结果。土地改革、国有化运动和政府干预的扩大构成霍梅尼时期伊斯兰化经济政策的主要内

①　Milani,M. M. , *The Making of Iran's Islamic Revolution* , pp. 198-200.

②　同上, p. 200。

③　Keddie,N. R. , *Modern Iran:Roots and Results of Revolution* , pp. 257-258.

容,平民主义和国家主义则是伊斯兰化经济举措的宗旨所在。

伊斯兰共和国建立初期,伊朗乡村的地权分布依然存在明显的差异。占农户总数 33.5％ 的耕作者仅仅拥有 2％ 的耕地,占农户总数 0.6％ 的大地产主拥有 13.2％ 的耕地。地产超过 100 公顷的大地产之约 10000 户,而地产不足 5 公顷的农户约 160 万户。[①] 伊斯兰革命期间,地权差异呈逐渐缩小的趋势。据统计,1975－1983 年,土地不足 1 公顷的农户从 73.4 万户上升为 86.3 万户,在农户总数中所占的比例从 29.6％ 上升为 33.5％,土地总面积从 26 万公顷上升为 30.5 万公顷,在全部耕地中所占的比例从 1.6％ 上升为 2.3％;土地 1－10 公顷的农户从 129.2 万户上升为 143.7 万户,在农户总数中所占的比例从 52.1％ 上升为 53.9％,土地总面积从 513 万公顷上升为 555 万公顷,在全部耕地中所占的比例从 31.3％ 上升为 40.9％;土地 10－50 公顷的农户从 42.8 万户下降为 33.9 万户,在农户总数中所占的比例从 17.3％ 下降为 12.6％,土地总面积从 750 万公顷下降为 569 万公顷,在全部耕地中所占的比例从 45.7％ 下降为 43.5％;土地超过 50 公顷的农户从 2.6 万户下降为 1.5 万户,在农户总数中所占的比例从 1.1％ 下降为 0.6％,土地总面积从 353 万公顷下降为 82 万公顷,在全部耕地中所占的比例从 21.4％ 下降为 13.2％。[②] 1979－1986 年,法基赫政府八次颁布土地改革法令,将伊斯兰革命期间没收的土地和无人耕种的荒地以及部分大地主的土地有偿分配给缺乏土地的贫困农民耕种。至 1985 年底,实际转让土地 68 万公顷,其中包括荒地 47 万公顷、新政权没收土地 5 万公顷和大地主的土地 16 万公顷,近 9 万户农民获得土地。根据 1986 年第八次颁布的土地改革法令,涉及耕地共计 80 万公顷,约占全国耕地 1300 万公顷的 6％,获得土地的农民约 12 万户,而全国共有农民 450 万户。[③]

1979 年颁布的伊斯兰共和国宪法,明确规定国家控制矿山、水利、电力、铁路、航空、金融、外贸和大型骨干企业。经济实体的国有化和政府广泛的经济干预,成为霍梅尼时代伊朗经济生活的突出现象。1979－1982 年,37 家私人银行和 10 家私人保险公司被收归国有。[④] 1982 年,"被剥夺者基金会"从伊斯兰革命法庭接收 203 个矿山和企业、472 家贸易公司、101 家建筑公司、238 家商业机构和 2786 处地产;政府直接控制的非石油领域工业企业,占工业企业总数的

① Ramazani,R. K. , *Iran's Revolution* , Indiana 1990, p. 30.

② Schirazi,A. , *Islamic Development Policy：The Agrarian Question in Iran* , Boulder 1993, p. 253.

③ Rahnema,S. , *Iran after the Revolution：Crisis of an Islamic State* , p. 101.

④ Niblock,T. & Murphy,E. , *Economic and Political Liberalization in the Middle East* , London 1993，p. 221.

14.2％,占工业劳动力总数的 68.1％,占工业生产总值的 70.9％。相比之下,1976 年巴列维政府直接控制的工业企业仅占全部工业企业的 3.5％。[1] 1983年,法基赫政府制定国民经济发展计划,主要内容包括实现主要工业部门和金融领域的国有化,控制物价和严格管理进出口贸易,强调经济自给和消除失业现象以及向民众提供基本的社会福利保障。物资供应的配给制、生活必需品的价格补贴和没收财产的重新分配,成为法基赫政府争取下层民众支持的重要举措。

霍梅尼时期,伊朗经济出现明显波动的状态,总体上呈递减的趋势。与1977 年相比,国内生产总值 1980 年减少 16％,1984 年增长 6％,1988 年减少17％,1990 年减少 24％;工业生产总值 1980 年减少 20％,1984 年增长 1％,1988 年减少 15％,1990 年增长 3％。伊朗经济长期依赖石油生产;伊朗的石油收入 1983 年为 210 亿美元,1985 年下降为 140 亿美元,1986 年下降为 60 亿美元,1988 年只有 10 亿美元,1990 年上升为 180 亿美元。石油收入的下降导致伊朗政府的严重财政赤字,1986 年财政赤字达到 50 亿美元。按照 1982 年的官方比价计算,伊朗的人均收入从 1977 年的 29 万里亚尔下降为 1989 年的 15 万里亚尔。城市人口的失业率,从 1977 年的 4.4％上升为 1984 年的 13.4％,1988年达到 18.9％。[2]

霍梅尼时期,伊朗政府强调把自给自足的经济发展战略作为捍卫国家主权的重要保障。霍梅尼在 1984 年明确告诫国民:"我们只有在经济上实现自给自足,才能确保政治上的独立,而只有发展农业生产,才能确保实现自给自足的经济战略"[3]。巴列维政府长期奉行优先发展工业的经济政策,农业的发展速度相对缓慢。自霍梅尼时期开始,伊朗农业生产的增长速度明显加快。与 1977 年相比,农业产值 1980 年增长 17％,1984 年增长 43％,1988 年增长 61％,1990 年增长 81％,1992 年增长 104％。[4] 1977－1993 年,主要农作物小麦的播种面积由 546 万公顷增至 719 万公顷,大麦的播种面积由 128 万公顷增至 196 万公顷,水稻的播种面积由 46 万公顷增至 59 万公顷。[5] 1977－1997 年,小麦的年产量由 552 万吨增至 1002 万吨,大麦的年产量由 123 万吨增至 274 万吨,水稻的年

① Rahnema,S.， *Iran after the Revolution：Crisis of an Islamic State*，p. 105，p. 101.

② Rahnema,S.， *Iran after the Revolution：Crisis of an Islamic State*，p. 102，p. 110，p. 109，p. 113.

③ Schirazi,A.， *Islamic Development Policy：The Agrarian Question in Iran*，p. 89.

④ Rahnema,S.， *Iran after the Revolution：Crisis of an Islamic State*，p. 110.

⑤ 《帕尔格雷夫世界历史统计》,亚洲、非洲和大洋洲卷(1750－1993),第 200－211 页。

产量由 140 万吨增至 269 万吨,马铃薯的年产量由 70 万吨增至 314 万吨。[①]
1976—1987 年,伊朗总人口由 3371 万增至 4945 万,农业劳动力由 360 万下降
为 320 万,而农业产值在国内生产总值中所占的比例由 8.9％上升为 17.7％。[②]

20 世纪初,城市人口约占伊朗总人口的五分之一。自白色革命开始,伊朗
的城市化进程明显加快,城市人口在伊朗总人口中所占的比例从 1956 年的
31％增至 1976 年的 47％。[③] 伊斯兰共和国建立后,延续城市化的进程;城市人
口在伊朗总人口中所占的比例从 1976 年的 47％上升为 1986 年的 54％,1996
年达到 61.3％。[④] 另一方面,巴列维王朝时期,首都德黑兰的人口增长速度明
显超过其他城市。伊斯兰革命后,德黑兰人口的增长速度逐渐下降,而其他城
市的人口增长速度逐渐加快。1976 年,伊朗城市总人口的 28.6％分布于德黑
兰,德黑兰的人口相当于第二大城市伊斯法罕的 6.7 倍。1986 年,德黑兰人口
在城市总人口中所占的比例下降为 22.4％,相当于第二大城市马什哈德的 4.1
倍。[⑤] 1971—1991 年,德黑兰的年均人口增长率为 2.9‰,其他城市的年均人口
增长率为 5.5‰。[⑥]

城市化进程的突出现象是外来移民人数的增长。70 年代中期,城市外来移
民的境况日趋恶化,德黑兰尤其明显。外来移民大都分布于城市的棚户区,缺
乏必要的社会保障,处于无助的状态。与此同时,宗教机构和宗教组织的作用
逐渐扩大,为无助的移民提供帮助和救济,进而产生广泛的社会影响。伊斯兰
革命后,移民的浪潮继续。1976—1986 年,伊朗人口从 3371 万增至 4986 万,增
长 47.9％;城市人口从 1572 万增至 2699 万,增长 71.8％;乡村人口从 1799 万
增至 2261 万,增长 25.7％。城市化速度明显超过全国人口和乡村人口的增长
速度。[⑦] 伊斯兰革命后,政府增加农业投资,发展乡村工业,改善乡村交通设施,
试图缓解乡村人口向城市的移动所产生的压力。乡村的通电率,革命前为
24％,革命后增至 53％。然而,由于人口的迅速增长,尽管粮食产量从 1976 年
的 1700 万吨增至 1984 年的 1900 万吨,伊朗的粮食进口却从 1976 年的 120 万
吨增至 1983 年的 470 万吨。[⑧] 1984—1991 年,伊朗政府用于支付粮食进口的资

① Shakoori, A. , *The State and Rural Development in Post-Revolution in Iran*, p. 123.

② Amirahmadi, H. , *Revolution and Economic Transition*, New York 1990, p. 134.

③ Bonine, M. E. , *Population, Poverty and Politics in Middle East Cities*, p. 258.

④ Alizadeh, P. , *The Economy of Iran: Dilemmas of an Islamic State*, New York 2000, p. 181.

⑤ Sharbatoghlie, A. , *Urbanization and Regional Disparities in Post-Revolutionary Iran*, Boulder 1991, p. 145.

⑥ Bonine, M. E. , *Population, Poverty and Politics in Middle East Cities*, pp. 259-260.

⑦ 同上, p. 261, p. 263。

⑧ 同上, p. 264。

金从 37 亿美元增至 53 亿美元。1996 年,伊朗主要粮食作物产量 2550 万吨,满足国内市场 73% 的需求。[①]

伊斯兰共和国建立后,城乡差距逐渐缩小。1976-1986 年,7 岁以上城市人口识字率从 65.4% 上升为 73.1%,年均增长率 7.7%,乡村人口识字率从 30.5% 上升为 48.2%,年均增长率 17.7%。1976-1986 年,每 10 万人拥有的小学数量,城市从 367 所上升为 432 所,净增 65 所,乡村从 452.0 所上升为 679.8 所,净增 228 所;每 10 万人拥有的初中数量,城市从 163.2 所上升为 188.7 所,净增 25 所,乡村从 44.3 所上升为 127.7 所,净增 83 所;每 10 万人拥有的高中数量,城市从 99.1 所上升为 114.2 所,净增 15 所,乡村从 5.7 所上升为 20.1 所,净增 14.4 所。1976-1986 年,城市用电家庭从 85.0% 上升为 88.4%,乡村用电家庭从 24.0% 上升为 53.4%;城市使用自来水的家庭从 84.0% 上升为 96.8%,乡村使用自来水的家庭从 14.0% 上升为 63.8%;乡村婴儿死亡率从 115‰ 下降为 45‰。1976-1986 年,乡村公路从 9785 公里增至 33618 公里,占公路总里程的比例从 15.8% 上升为 24%。政府公职人员数量,城市从 140 万增至 258 万,乡村从 27 万增至 88 万。公共建设项目的政府拨款,城市从 134 亿里亚尔增至 252 亿里亚尔,乡村从 50 亿里亚尔增至 139 亿里亚尔。1977-1982 年,农业生产用电量在全部用电量中所占的比例从 3.26% 增至 5.32%;是为乡村电气化程度提高的重要标志。1977-1984 年,农业产值在国内生产总值中所占的比例从 8.55% 增至 12.81%。[②]

"在乡村人均收入不及城市人均收入二分之一的社会,在 10% 的富人拥有 40% 的财富而 10% 的贫困人口仅仅拥有 1.2% 的财富的社会,在富人炫耀财富而令穷人极度反感的社会,伊斯兰教倡导的公正经济原则在民众中产生着极大的吸引力"。霍梅尼时期推行的伊斯兰化经济政策,旨在扶贫抑富、遏制贫富分化和保障下层民众的物质利益。然而,法基赫政府的诸多举措并未从根本上改变社会财富的分配状况,亦未消除社会贫困和缩小贫富差距。城市人口中 10% 的最富有家庭与 10% 的最贫困家庭之间消费支出的比例,1977 年为 31∶1,1980 年缩小为 18∶1,至 1983 年重新恢复为原有的比例。[③]

① Engelmann, K. E. & Pavlakovic, V., *Rural Development in Eurasia and the Middle East*, Washington 2001, p. 225.

② Sharbatoghlie, A., *Urbanization and Regional Disparities in Post-Revolutionary Iran*, pp. 97-98.

③ Rahnema, S., *Iran after the Revolution: Crisis of an Islamic State*, p. 99, pp. 108-109.

"伊朗的革命不同于其他诸多革命的鲜明特征在于教界的核心作用。历史上的许多革命亦曾包含宗教色彩的意识形态,革命之后教界的统治则是伊朗的特有现象"[1]。然而,将伊斯兰革命视作伊朗现代化进程的逆向运动,进而将法基赫制度取代巴列维王朝的君主制度视作历史的倒退,尚显片面。将霍梅尼时期伊朗经济的萎缩归因于法基赫政府的伊斯兰化举措,亦不足以令人信服。历史的发展体现为诸多因素相互制约的矛盾运动,尽善尽美的结局只能出现于理想之中。霍梅尼时期,法基赫制度和神权政治无疑具有极权主义的明显倾向。霍梅尼作为克里斯玛式的宗教领袖,俨然是伊斯兰革命的象征和伊斯兰共和国的化身,凌驾于国家和社会之上,行使绝对的统治权力,而议会和总统处在从属于宗教领袖的软弱地位。但是,法基赫制度并非"严厉的中世纪式的神权制度",其本质亦非"传统主义的神权政治"。霍梅尼时期法基赫制度的极权政治倾向,根源于当时特定的历史环境,与伊斯兰革命期间尖锐的政治对抗、下层民众的广泛参与和由此形成的狂热氛围以及霍梅尼作为民主斗士的社会形象密切相关,平民主义和国家主义则是伊斯兰革命期间狂热和激进的政治倾向在经济领域的逻辑延伸。

综观世界历史,狂热和激进的政治倾向与下层民众的广泛参与两者之间具有明显的内在联系。下层民众的广泛参与导致狂热和激进的政治倾向,是迄今为止诸多政治革命中的普遍现象,亦是新秩序诞生之际的阵痛。法国大革命堪称现代化进程中政治运动的典范,同样包含着下层民众的广泛参与、狂热和激进的政治氛围、新旧势力的激烈较量、政局的混乱、经济的濒临崩溃以及社会重新整合的复杂过程。20世纪的许多第三世界国家在剧烈的政治动荡和政治革命之后亦曾经历或长或短的经济滑坡。经济的滑坡作为社会对立和政治冲突的逻辑结果,是后革命时代存在于诸多国家的普遍现象。霍梅尼时期,激烈的权力角逐和动荡的政治局面对于伊朗的经济生活无疑具有负面的影响,美国的经济制裁、石油收入的锐减和长达八年的两伊战争则是严重破坏伊朗经济的首要因素。尽管如此,法基赫政府在诸多方面取得的成就,如农业生产的长足进步、乡村电气化程度的明显提高、灌溉系统的进一步完善、教育的广泛发展、数千公里道路的铺设和中下层民众社会地位的改善,亦是不可否认的客观事实。1979—1986年,铁路长度从4567公里增至5802公里。1979—1985年,公路里程从63000公里增至14万公里。1978—1985年,发电量从7000兆瓦增至12400兆瓦。1976—1986年,人均用电量从348千瓦小时增至654千瓦小时。[2]

---

[1]　Keddie, N. R. , *Modern Iran:Roots and Results of Revolution*, p. 240.

[2]　Amirahmadi, H. , *Revolution and Economic Transition*, p. 96, p. 95.

妇女身着伊斯兰传统服饰,在巴列维时代意味着对于世俗君主专制的消极反抗,而在霍梅尼时期则成为强制性的宗教规定。然而,关于妇女服饰的宗教规定不足以证明法基赫政府回归传统的复古倾向。与巴列维时代相比,自霍梅尼时期开始,更多的妇女走出家庭,走进学校,走向社会。伊斯兰革命前夕的1976 年,女性的入学率为 36%;至 1996 年,女性的入学率达到 72%,大体相当于同时期土耳其的女性入学率而超过同时期巴基斯坦的女性入学率达一倍之多。在乡村地区,女性入学率的增长幅度尤为明显。[1] 1999 年,初等学校的女性入学率超过 95%。高等学校的几乎所有课程均向女性学生开放,高等学校中女性学生的人数甚至超过男性学生;女性在高等学校的学生总数中所占的比例,1978 年为 28%,1998 年增至 40%,1999 年达到 52%。[2]

进入 90 年代,随着新经济政策的实施和经济自由化的长足发展,政府逐渐解除对于妇女参与公共活动的诸多限制,女性的就业率明显提高。"就从事的职业而言,越来越多的伊朗妇女成为律师、医生、教授、记者、工程师、经纪人、企业家、体育教练和电视主持人。"[3]与此同时,女性的政治参与范围不断扩大。[4]巴列维时代,参与政治的伊朗妇女主要局限于上层社会。自霍梅尼时期开始,日益增多的中下层妇女逐渐成为伊朗政治生活的重要参与者。在伊斯兰革命后召开的第三届议会中,妇女占有 3 个席位;在第四届议会中,妇女占有的席位增至 9 个。[5] 1996 年,约 200 名妇女竞选议会席位,13 名妇女成为议员;女性候选人法耶泽·哈什米所得票数仅次于努里,高居德黑兰选区议员候选人的第二位。1997 年 5 月,9 名女性公开参加总统竞选,是为伊朗历史上前所未有。与此同时,女性选民成为总统候选人哈塔米与努里竞相争夺的对象;众多女性选民的支持,则是哈塔米得以当选总统的重要原因。哈塔米当选总统后,埃伯特卡尔出任伊朗首位女性副总统,沙贾伊和卡迪瓦尔出任总统特别顾问。在同年举行的议会中期选举中,女性议员增至 14 人。[6] 1999 年,女性约占伊朗政府雇员的三分之一,约 5000 名妇女获准竞选 22 万个地方议会席位,其中约 300 名妇女进入地方议会。[7] 在德黑兰城市议会的 15 个席位中,女性候选人获得 3 个

① Keddie,N. R. , *Modern Iran:Roots and Results of Revolution*, p. 286.

② Jahanbegloo,R. , *Iran:Between Tradition and Modernity*, Oxford 2004, p. 167.

③ Wright,R. , *The Last Great Revolution*, p. 137.

④ Jahanbegloo,R. , *Iran:Between Tradition and Modernity*, p. 166.

⑤ Ehteshami,A. , *After Khomeini:The Iranian Second Republic*, London 1995, p. 62.

⑥ Esposito,J. L. , *Iran at the Crossroads*, New York 2001, p. 83, p. 86, pp. 87-88.

⑦ Wright,R. , *The Last Great Revolution*, New York 2000, p. 137.

1989 年 4 月,霍梅尼针对新的政治局势和社会环境,在弥留之际授意组建宪法修改委员会,委托哈梅内伊主持修订 1979 年颁布的伊斯兰共和国宪法。② 1989 年 6 月霍梅尼去世后,哈梅内伊继承法基赫的职位。1989 年 7 月,修订后的新宪法通过全民公决。1989 年修订的新宪法,在沿袭 1979 年伊斯兰共和国宪法确定的基本原则即法基赫制与共和制的同时,降低出任宗教领袖的条件限制,明确规定法基赫的权力范围即统率武装力量、宣布战争与缔结和约、任命宪法监护委员会成员和最高法官、掌管安全机构以及国家电视与广播系统,同时取消内阁总理,强化总统的行政权力和议会的独立地位。③ 根据 1989 年修订的新宪法,总统产生于全民选举,任期 4 年;议会由 270 人组成,4 年选举一次,实行非政党制的议会选举,负责批准内阁成员;12 人组成的宪法监护委员会负责批准议会通过的法律和监督议会选举;设立 20 人组成的确定国家利益委员会,确定国家利益委员会由总统主持,委员会成员由法基赫任命,负责制定国家的长期性政策以及裁决议会与宪法监护委员会的立法争执。④

后霍梅尼时代伊朗现代化进程的主要特征,在于政治多元化、经济自由化和社会生活开放化。教俗二元的政治体制以及法基赫与总统的权力分享,构成1989 年宪法的核心内容。自 1979 年伊斯兰共和国成立起,欧莱玛成为伊朗政坛举足轻重的社会势力;1979－2000 年,2 位法基赫、3 位总统、4 位议长和 1 位总理出自欧莱玛。根据 1989 年宪法,法基赫的权力包括统率武装力量、决定国家基本政策、宣布战争动员、决定战争与和平、任免宪法监护委员会成员和武装力量高级将领、批准民众选举的总统。然而,法基赫不得超越宪法的框架行使其他的权力。1989 年宪法赋予总统的权力,包括任免内阁成员、制定经济、政治、外交和公共政策、主持国家安全会议和确定国家利益委员会。⑤

1989 年 6 月,拉夫桑贾尼以 230 票赞成、1 票反对、10 票弃权的压倒性优势当选议会议长。同年 7 月,伊朗举行总统选举,拉夫桑贾尼获得全部 1419 万张选票的 1347 万张选票,以 94％的得票率当选为伊朗伊斯兰共和国的第五任总统。如果说"伊斯兰威权主义"构成霍梅尼时期的突出特征,那么拉夫桑贾尼时期可谓从"伊斯兰威权主义"向"伊斯兰实用主义"转变的时代。与霍梅尼时期

① Esposito,J. L. , *Iran at the Crossroads* , p. 89.

② Roy,O. , *The Failure of Political Islam* , London 1994 , p. 177.

③ Ehteshami,A. , *After Khomeini：The Iranian Second Republic* , p. 35.

④ East,R. & Joseph,T. , *Political Parties of Africa and the Middle East* , Essex 1993 , p. 122.

⑤ Ehteshami,A. , *After Khomeini：The Iranian Second Republic* , London 1995 , p. 62.

的前三届议会相比,1992 年产生的第四届议会在人员构成方面出现明显的变化。第三届议会的 82 名议员连任第四届议会议员,其中自第一届议会起连任的议员只有 12 名,另外 181 名议员则为首次当选。[①]

在 1993 年 6 月举行的总统选举中,拉夫桑贾尼、塔瓦克里、贾斯比和塔赫里 4 人参与总统竞选,分别获得 63.2%、23.8%、9.1% 和 2.4% 的选票。[②] 拉夫桑贾尼获得全部 1670 万张选票的 1055.5 万张选票,当选伊朗伊斯兰共和国第六任总统。[③] 与 1989 年的 94% 的得票率相比,拉夫桑贾尼在 1993 年的支持率明显下降。

根据伊朗伊斯兰共和国宪法,总统任期不得超过两届。1997 年举行新的总统选举,约 200 人竞选总统,其中包括 9 名女性候选人。经过宪法监护委员会的审查,包括努里和哈塔米在内的 4 人获准参加总统竞选。[④] 哈梅内伊和右翼保守派支持努里,拉夫桑贾尼与左翼激进派支持哈塔米。[⑤] 总统选举的结果是,哈塔米获得全部 2910 万张选票的 2010 万张选票,当选伊朗伊斯兰共和国的第七任总统。[⑥] 努里获得 700 万张选票,竞选总统落败。[⑦] 根据哈梅内伊的提议,拉夫桑贾尼出任确定国家利益委员会主席。[⑧]

据统计,两伊战争期间,伊朗超过 50% 的城市和多达 4000 个村庄以及 30 万个家庭受到程度不同的影响,6 万人失踪,5 万人被俘,伤残者超过 50 万人,250 万人失去家园,经济损失接近 6000 亿美元。伊朗西部与伊拉克接壤的胡齐斯坦、巴赫塔兰、伊拉姆、库尔德斯坦和西阿塞拜疆 5 个省人口稠密,是两伊战争期间遭受损失最严重的地区。两伊战争期间,52 座遭到严重破坏的城市大都分布在上述 5 省,上述 5 省 30% 的村庄亦遭到严重破坏。[⑨] 两伊战争导致伊朗的基础设施遭到严重破坏,国内生产总值持续呈现负增长的状态,物资短缺,财政赤字,失业率居高不下,人均收入明显下降。[⑩] 1978—1990 年,人均年收入从 107042 里亚尔下降为 58560 里亚尔,下降幅度为 45%;1978—1990 年,小麦年

---

① Ehteshami, A., *After Khomeini: The Iranian Second Republic*, London 1995, p. 54, p. 55, p. 62.

② 同上,p. 69。

③ Esposito, J. L., *Iran at the Crossroads*, p. 53.

④ Keddie, N. R., *Modern Iran: Roots and Results of Revolution*, p. 269.

⑤ Downes, M., *Iran's Unresolved Revolution*, p. 133.

⑥ Esposito, J. L., *Iran at the Crossroads*, p. 53.

⑦ Keddie, N. R., *Modern Iran: Roots and Results of Revolution*, p. 270.

⑧ Daniel, E. L., *The History of Iran*, p. 236.

⑨ Amirahmadi, H., *Revolution and Economic Transition*, pp. 63-64.

⑩ Daniel, E. L., *The History of Iran*, p. 228.

产量大体持平,小麦进口从 120 万吨上升为 530 万吨,国内市场的小麦需求从 590 万吨上升为 1060 万吨。[1]

两伊战争结束后,伊朗的经济形势逐渐好转。1989—1994 年 5 年间,伊朗经历革命后和战后的经济重建过程。1989—1994 年,国内生产总值增长7.3%,其中农业产值增长 6.0%,石油工业产值增长 8.6%,制造业产值增长9.1%,电力工业产值增长 12.7%,建筑业产值增长 5.3%。[2] 自 1990 年起,海湾地区的紧张局势导致国际市场的石油价格急剧上涨,伊朗的石油产量随之逐年上升。1986 年,伊朗的石油日产量为 220 万桶;1990 年,伊朗的石油日产量达到 320万桶。[3]

1989 年拉夫桑贾尼出任总统后,伊朗政府逐渐放弃政府干预的经济政策,积极推行自由化的经济政策,取消价格控制,扩大自由贸易,削减生活必需品的物价补贴,调整产业结构,开放资本市场,鼓励私人投资,出售国有企业。与此同时,伊朗政府将波斯湾的克什姆和基什两处岛屿划为自由贸易区,吸引国外投资。[4] 1990 年,伊朗政府开始允许外汇的自由兑换。1984 年,伊朗政府恢复德黑兰股票市场;至 1991 年,近 400 家国有企业的 1200 亿里亚尔的股份上市出售。[5] 1993 年,伊朗政府正式宣布贬值里亚尔,进而实行单一汇率的外币兑换。[6] 伊朗政府的上述举措,旨在修补两伊战争造成的创伤,扩大国内生产,逐步完善市场化的经济秩序,进而实行从进口替代的内向型经济模式向国际分工的外向型经济模式的转变。1995 年议会通过的第二个五年计划和 1997 年哈塔米当选总统,标志着伊朗国家政策从意识形态至上向经济建设优先的进一步转变、从封闭的进口替代模式向开放的出口外向模式的进一步转变。

后霍梅尼时代,法基赫制度依旧构成伊朗政治生活的基本框架。总统无疑是内阁和行政部门的核心人物,法基赫为首的教法学家则控制包括议会、司法机构、宪法监护委员会在内的诸多重要权力部门以及安全机构和武装力量。哈梅内伊宣称:"我将尽最大的努力捍卫法基赫制度……决不容忍削弱法基赫理论进而削弱整个伊斯兰秩序的任何企图。"[7]然而,哈梅内伊并不具有作为克里斯玛式人物的特殊影响,亦不具备霍梅尼所享有的不可替代的绝对地位。与霍

[1]　Ehteshami, A. , *After Khomeini : The Iranian Second Republic* , p. 100.

[2]　Esposito, J. L. , *Iran at the Crossroads* , p. 98.

[3]　Rahnema, S. , *Iran after the Revolution : Crisis of an Islamic State* , p. 118.

[4]　Keddie, N. R. , *Modern Iran : Roots and Results of Revolution* , p. 264.

[5]　Ehteshami, A. , *After Khomeini : The Iranian Second Republic* , p. 105.

[6]　Rahnema, S. , *Iran after the Revolution : Crisis of an Islamic State* , p. 120.

[7]　Milani, M. M. , *The Making of Iran's Islamic Revolution* , p. 224.

梅尼时代相比,后霍梅尼时代的伊朗出现诸多政治势力分庭抗礼的局面,进而形成宗教政治与世俗政治的对抗与消长,法基赫的绝对权力逐渐削弱,议会地位提高,民众选举的政治影响不断扩大,民选总统开始成为政治舞台的核心人物,法基赫、议会与总统之间的权力分配呈多元化的趋势。"保守势力已经难以阻止伊朗政坛的多元化进程,而伊朗政坛的多元化进程正是建立在共和制政治理念的基础之上"。"1997 年的总统选举、1999 年的地方选举和 2000 年的议会选举,标志着伊朗的选举政治进入新的成熟阶段。选举环境相对宽松,内务部和宪法监护委员会的干预程度明显削弱。"[①]另一方面,不同政治派别之间,特别是所谓保守派与务实派之间的权力角逐依然延续。拉夫桑贾尼和哈塔米致力于整合国家权力机构和强化政府职能,进而改变教俗二元体制。与此同时,宗教领袖依然控制宪法监护委员会、议会、司法机构、国防军和革命卫队以及为数众多的基金会,在国家生活的诸多领域具有根深蒂固的势力和广泛的影响。

哈塔米于 1997 年当选总统后发表就职演说,其间 30 余次提及人民,却未提及法基赫制度,仅有 1 次提及哈梅内伊是伊斯兰革命和伊斯兰共和国的领袖。哈塔米的就职演说引起教界上层的非议。阿亚图拉贾纳提告诫哈梅内伊,应当遵循安拉、先知、伊玛目、法基赫和人民的排列顺序。阿亚图拉叶兹迪声称,只有法基赫是穆斯林民众的领袖,其他人无权治理国家。巴丹齐安声称,哈塔米之所以当选总统,是因为伊朗两千万选民遵从精神领袖的意愿。[②] 左翼激进派与右翼保守派之间的矛盾对立日趋尖锐,议会成为双方角逐的主要政治舞台。

法基赫政府自 1981 年起解除党禁,然而政党政治缺乏必要的法律基础,世俗政治和民众参与主要表现为总统选举和议会选举。根据伊朗伊斯兰共和国宪法,宪法监护委员会负责审查竞选资格,总统竞选和议会竞选处于教法学家的控制之下。1992 年,伊朗举行议会选举,3150 名候选人中超过 1000 名候选人被宪法监护委员会剥夺竞选资格,其中许多人来自左翼激进派,结果右翼保守派取代左翼激进派成为议会中的多数派,右翼保守派的努里出任议长。[③] 在1996 年的议会选举中,约 5000 人宣布参与竞选 270 个议会席位,其中 40% 的竞选者被宪法监护委员会剥夺竞选资格。[④]

1997 年竞选总统期间,哈塔米以自由派和改革者的形象登上伊朗的政治舞

中
东
史

---

① Downes, M., *Iran's Unresolved Revolution*, p. 146, p. 152.

② Esposito, J. L., *Iran at the Crossroads*, p. 46.

③ Ehteshami, A., *After Khomeini: The Iranian Second Republic*, p. 62.

④ Keddie, N. R., *Modern Iran: Roots and Results of Revolution*, pp. 266-267.

台,被选民寄予改革现行体制的厚望,西方媒体则将哈塔米称作"阿亚图拉戈尔巴乔夫"。哈塔米倡导社会公正、思想自由和政治宽容,强调政府是人民的仆人而不是人民的主宰者。[①] 哈塔米于1997年当选总统后在议会发表就职演说,强调坚持公正、反对独裁和促进公民自由,其间三十余次提及人民,却未提及法基赫制度,仅有一次提及哈梅内伊是伊斯兰革命和伊斯兰共和国的领袖。哈塔米的就职演说引起教界上层的非议。阿亚图拉贾纳提告诫哈梅内伊,应当遵循安拉、先知、伊玛目、法基赫和人民的排列顺序。阿亚图拉叶兹迪声称,只有法基赫是穆斯林民众的领袖,其他人无权治理国家。巴丹齐安声称,哈塔米之所以当选总统,是因为伊朗两千万选民遵从精神领袖的意愿。[②] 左翼激进派与右翼保守派之间的矛盾对立日趋尖锐,议会成为双方角逐的主要政治舞台。

90年代末,伊朗政坛的不同政治声音日趋显见。宗教领袖哈梅内伊延续霍梅尼时期的基本原则,强调伊朗伊斯兰共和国与"世界最大的暴君"即美国之间的深刻对立。阿亚图拉穆罕默德·叶兹迪声称,私人领域和公众领域的活动必须遵循伊斯兰教的准则。相比之下,哈塔米在1997年就职演说以及其后发表的言论中,强调宗教不应成为自由的障碍,国家和民众必须遵守法律的准则,公民的尊严和权利应当受到保护,不同文明之间应当对话而不应当对抗,伊朗政府愿意在相互尊重的基础之上改善与西方世界的关系,真正的伊斯兰教与西方世界倡导的包括自由、民主和人权在内的政治原则并不存在根本的对立。[③] 与此同时,哈塔米逐渐放松新闻审查,允许媒体公开批评政府实行的若干政策,自由、民主、法治、妇女权利甚至法基赫制度成为诸多媒体讨论和争执的焦点话题。在缺乏议会政党的特定环境下,新闻舆论提供了不同社会阶层表达政治诉求的重要形式,直至成为诸多派别激烈交锋的政治工具。[④]

1999年2月,伊朗举行伊斯兰革命后的首次地方议会选举,约40万人参与竞选,哈塔米的支持者在全国范围内赢得71%的选票和全部815个席位中的579个席位。[⑤] 2000年春第六届议会选举期间,伊朗政坛出现自由化和政治改革的强烈呼声,波及范围之广,影响之大,前所未有。在1996年第五届议会选举中,40%的竞选者被宪法监护委员会剥夺竞选资格;相比之下,6850人宣布竞选第六届议会的议员,被宪法监护委员会剥夺竞选资格者仅占其中的10%。所

第六章　波斯的复兴与伊朗的现代化进程

---

① Menashri, D. , *Post-revolutionary Politics in Iran : Religion, Society and Power* , p. 80, p. 82.

② Esposito, J. L. , *Iran at the Crossroads* , p. 46.

③ Hooglund, E. , *Twenty Years of Islamic Revolution : Political and Social Transition in Iran since 1979* , pp. 19-20.

④ Menashri, D. , *Post-revolutionary Politics in Iran : Religion, Society and Power* , p. 326.

⑤ 同上 , p. 99。

谓的改革派以压倒性多数的选票,赢得超过三分之二的议会席位。[①]

霍梅尼时期,伊朗经济经历明显波动的状态,总体上呈递减的趋势,两伊战争则是导致伊朗经济形势恶化的首要因素。据统计,1977—1989 年,伊朗国内生产总值年均增长率为-1.5%,1989 年的国内生产总值仅与 1973 年的国内生产总值持平。[②] 另据统计,与 1977 年相比,伊朗国内生产总值 1980 年减少16%,1984 年增长 6%,1988 年减少 17%,1990 年减少 24%;工业生产总值1980 年减少 20%,1984 年增长 1%,1988 年减少 15%,1990 年增长 3%。伊朗经济长期依赖石油生产;伊朗的石油收入 1983 年为 210 亿美元,1985 年下降为140 亿美元,1986 年下降为 60 亿美元,1988 年只有 10 亿美元,1990 年上升为180 亿美元。石油收入的下降导致伊朗政府的严重财政赤字,1986 年财政赤字达到 50 亿美元。按照 1982 年的官方比价计算,伊朗的人均收入从 1977 年的29 万里亚尔下降为 1989 年的 15 万里亚尔。城市人口的失业率,从 1977 年的4.4% 上升为 1984 年的 13.4%,1988 年达到 18.9%。[③] 两伊战争结束后,伊朗的经济形势逐渐好转。自 1990 年起,海湾地区的紧张局势导致国际市场的石油价格急剧上涨,伊朗的石油产量随之逐年上升。1989 年,伊朗的石油日产量为 256 万桶,日均出口石油 165 万桶。1997 年,伊朗的石油日产量达到 360 万桶,日均出口石油 262 万桶。[④] 伊朗政府的石油收入,1980 年仅为 130 亿美元,1990 年增至 170 亿美元,2000 年达到 300 亿美元。[⑤]

霍梅尼时期,强调政府干预的经济政策,尤其是将自给自足的经济发展战略作为捍卫国家主权的重要保障。

巴列维政府长期奉行优先发展工业的经济政策,农业的发展速度相对缓慢。相比之下,法基赫政府将农业视作发展的"轴心",在制定最初的两个五年计划中强调农业优先的经济政策,争取在 10 年内实现农产品的自给自足。法基赫实行间接参与的农业发展政策,增加农业信贷和乡村基础设施的建设投资,提高农产品价格,进而明显加快农业生产的增长速度。[⑥] 与 1977 年相比,农

① Menashri,D. ,*Post-revolutionary Politics in Iran:Religion,Society and Power* , p. 310,p. 314.

② Baktiari,B. ,*Parliamentary Politics in Revolutionary Iran:the Institutionalization of Factional Politics*,p. 193.

③ Rahnema,S. ,*Iran after the Revolution:Crisis of an Islamic State* ,p. 102,p. 110,p. 109,p. 113.

④ Alizadeh,P. ,*The Economy of Iran:the Dilemmas of an Islamic State* ,p. 66,p. 93.

⑤ Abrahamian,E. ,*A History of Modern Iran*,p. 169.

⑥ Hooglund,E. ,*Twenty Years of Islamic Revolution:Political and Social Transition in Iran since 1979*,pp. 115-116.

业产值 1980 年增长 17％,1984 年增长 43％,1988 年增长 61％,1990 年增长 81％,1992 年增长 104％。[1] 1977—1993 年,主要农作物小麦的播种面积由 546 万公顷增至 719 万公顷,大麦的播种面积由 128 万公顷增至 196 万公顷,水稻的播种面积由 46 万公顷增至 59 万公顷。[2] 1977—1997 年,小麦的年产量由 550 万吨增至 1000 万吨,大麦的年产量由 120 万吨增至 270 万吨,水稻的年产量由 140 万吨增至 270 万吨,马铃薯的年产量由 70 万吨增至 310 万吨。[3] 1976—1987 年,伊朗总人口由 3370 万增至 4950 万,农业劳动力由 360 万下降为 320 万,而农业产值在国内生产总值中所占的比例由 9％上升为 18％。[4]

自白色革命开始,伊朗的城市化进程明显加快。伊斯兰共和国建立后,延续城市化的进程。据资料统计,1980—1990 年,德黑兰人口从 453 万增至 648 万,马什哈德人口从 67 万增至 176 万,伊斯法罕人口从 66 万增至 113 万,设拉子人口从 43 万增至 97 万,阿瓦士人口从 33 万增至 72 万。[5]

城乡差距与人口流向两者之间无疑具有内在的逻辑联系。白色革命期间,伊朗经济社会生活的突出现象是城乡差距的明显扩大。伊斯兰共和国建立后,政府不断增加乡村农业的财政投入。伊斯兰革命后的最初 10 年,乡村投资超过政府财政投资的四分之一。与此同时,城乡差距逐渐缩小。1965 年,每户乡村家庭的平均收入相当于每户城市家庭平均收入的 45％;1985 年,乡村家庭的平均收入相当于城市家庭的 55％。[6] 1999 年,乡村铺面公路达到 6.7 万公里,使用自来水的乡村家庭超过 85 万户,约 2.7 万个自然村和超过 70％的乡村人口实现电气化。随着城乡差距的逐渐缩小,乡村人口流入城市的数量出现下降的趋势。1977—1986 年的十年间,乡村人口流入城市的总数为 360 万。相比之下,1987—1996 年的十年间,乡村人口流入城市的总数仅为 190 万。[7]

① Rahnema,S.,*Iran after the Revolution:Crisis of an Islamic State*,p.110.

② 《帕尔格雷夫世界历史统计》,亚洲、非洲和大洋洲卷(1750—1993 年),第 200—211 页。

③ Shakoori,A.,*The State and Rural Development in Post-Revolution in Iran*,p.123.

④ Amirahmadi,H.,*Revolution and Economic Transition*,New York 1990,p.134.

⑤ 《帕尔格雷夫世界历史统计》,亚洲、非洲和大洋洲卷(1750—1993 年),第 42—46 页。

⑥ Hooglund,E.,*Twenty Years of Islamic Revolution:Political and Social Transition in Iran since 1979*,p.104,p.6.

⑦ 同上,p.105,p.101。

中 东 史 610—2000

A History of the Middle East Since the Birth of Islam 610-2000

中东史
610—2000

哈全安 著

A History of the Middle East Since the Birth of Islam 610-2000

天津出版传媒集团

天津人民出版社

下

第七章　埃及的现代化进程

一、埃及现代化进程的启动

穆罕默德·阿里家族政权的建立与新政举措

　　1517 年,奥斯曼帝国的军队占领开罗,马木路克王朝灭亡,埃及被纳入奥斯曼帝国的版图。奥斯曼帝国统治时期,埃及的最高长官称作帕夏,亦称米绥尔的贝勒贝伊,由伊斯坦布尔的苏丹直接任命。历任帕夏皆非埃及土著血统,大都来自巴尔干地区改宗伊斯兰教的基督徒。帕夏任期一年,通常续任一至两次,亦有任职不足一年者。埃及在奥斯曼帝国具有特殊的地理位置,远离圣战前沿,长期处于相对自治的状态。驻守埃及的奥斯曼帝国军队主要是突厥人、塞加西亚人和来自巴尔干地区的外族群体,规模较小,负责卫戍首都开罗和港口城市亚历山大以及通往圣城麦加的朝觐道路,具有明显的封闭倾向。奥斯曼帝国并未在尼罗河流域实行军事封邑制度,埃及的驻军采用支付军饷的方式。奥斯曼帝国征服以后,马木路克以效忠伊斯坦布尔的苏丹作为条件,保留原有的诸多特权,依旧是尼罗河流域举足轻重的政治势力。[①] 帕夏与马木路克之间的权力分享,构成奥斯曼帝国统治时期埃及历史的突出现象。奥斯曼帝国实行国家土地所有制,尼罗河流域则被视作苏丹的田产。然而,马木路克作为埃及的实际统治者,具有支配土地的广泛权力,实行包税制,耕种土地的农民普遍处于包税者的直接控制之下。至 18 世纪,奥斯曼帝国在埃及的统治逐渐削弱,马木路克势力呈上升趋势,来自伊斯坦布尔的帕夏往往形同虚设,处于马木路克

---

　　① Lapidus,M. A. , *A History of Islamic Societies* , p. 359.

的操纵之下。帕夏与马木路克皆非埃及土著民众的政治代表,缺乏广泛的社会基础,具有外族统治的明显倾向。相比之下,阿拉伯人作为埃及的土著民众,长期保留传统的社会组织形式,隶属于各自部族和村社的舍赫,缺乏稳定的地域联系和必要的凝聚性。独立于官方的欧莱玛与阿拉伯人联系密切,在土著社会具有广泛的政治影响,俨然成为沟通埃及土著民众与外族统治者的重要纽带。

1760—1798 年在埃及的历史上称作"新马木路克时代"。1760 年,阿里贝伊·卡比尔兼并诸多贝伊,成为埃及马木路克的首领。阿里贝伊·卡比尔宣布尼罗河流域脱离奥斯曼帝国,赶走伊斯坦布尔苏丹任命的帕夏,进而以舍赫·巴拉德的名义颁布法令,征纳赋税,鼓励发展商业,扩大与欧洲基督教世界的贸易交往。[1] "阿里贝伊是第一个试图与西方商人合作、进而按照西方模式推行改革的埃及统治者。"[2] 阿里贝伊死后,马木路克首领穆拉德和伊卜拉欣继续拥兵自立,号令一方,伊斯坦布尔的苏丹在埃及的统治权力名存实亡。[3]

1798 年,拿破仑率领法军 4 万人入侵埃及,占领开罗,穆拉德和伊卜拉欣以及马木路克残余分别逃往上埃及和叙利亚。[4] 拿破仑入侵埃及的目的,在于切断英国与英属殖民地印度之间的联系,进而削弱英国本土的力量。不久后,英军舰队在亚历山大附近的阿比·伽伊勒海域击败法军舰队,切断入侵埃及的法军与法国本土的联系。与此同时,奥斯曼帝国对法国宣战,出兵叙利亚,威胁埃及。拿破仑率领法军经阿里什和雅法进入叙利亚,在阿克遭遇奥斯曼帝国军队的抵抗,攻势受阻。1799 年 8 月,拿破仑离开埃及,返回法国。1801 年,留守的法军迫于奥斯曼帝国和英军的压力,亦撤离埃及。[5]

法军的入侵和占领,在埃及产生了重要的影响。一方面,拿破仑的军队重创穆拉德和伊卜拉欣控制的地方政权,迫使穆拉德逃往上埃及而伊卜拉欣逃往叙利亚,马木路克的军事实力丧失殆尽,其在埃及的统治基础趋于崩溃。另一方面,拿破仑在埃及期间极力寻求与埃及土著民众的广泛合作,将欧莱玛和贵族乡绅视作埃及土著民众的政治领袖,明显提高了欧莱玛和贵族乡绅在埃及社会的地位和影响。拿破仑曾经在开罗和其他诸多地区组建迪万,负责埃及的行政管理。尽管迪万处于拿破仑和法军控制之下,欧莱玛和贵族乡绅无疑构成迪万的主要来源。尤其重要的是,法军的入侵和占领瓦解了奥斯曼帝国苏丹对于

① Metz,H. C. , *Egypt:A Country Study*, Washington 1991, p. 26.

② Gran,P. , *Islamic Roots of Capitalism:Egypt 1760-1840*, Texas 1979, p. 12.

③ Owen,R. , *The Middle East in the World Economy 1800-1914*, p. 64.

④ Richmond,J. C. B. , *Egypt 1798-1952:Her Advance Towards a Modern Identity*, London 1977, p. 18.

⑤ 阿卜杜勒·阿齐兹·苏莱曼·努瓦德:《埃及近代史》,开罗 1985 年,第 30—31 页,第 33 页。

埃及的直接统治。尽管如此,法军的占领毕竟意味着异教的统治,为信奉伊斯兰教的埃及民众所无法容忍。1798 年 10 月,开罗民众举行起义,反抗法军的占领。爱资哈尔清真寺成为开罗民众反抗法军的起义据点,欧莱玛和贵族乡绅则是起义民众的政治代言人。1800 年,开罗再次爆发欧默尔·麦克莱姆领导的起义,进而波及尼罗河流域诸地。由于双方力量对比悬殊,两次起义均被法军镇压。

　　法军的入侵和占领,导致埃及传统政治势力的急剧衰落和尼罗河流域的权力真空状态,进而为穆罕默德·阿里家族政权的崛起创造了重要条件。穆罕默德·阿里是阿尔巴尼亚人,出生于马其顿,1801 年应征入伍,随奥斯曼帝国的军队来到埃及,利用法军撤离以后形成的权力真空状态和土著民众对于苏丹任命的帕夏以及马木路克的不满,借助于欧莱玛和贵族乡绅的支持,逐渐确立起在尼罗河流域的统治地位。穆罕默德·阿里首先利用马木路克的势力削弱奥斯曼帝国的军队,继而利用马木路克的内部矛盾令其自相残杀,此后借助于欧莱玛、商人和贵族的支持排斥马木路克,直至控制开罗,迫使伊斯坦布尔的苏丹于1805 年承认其在尼罗河流域的统治权力,赐封其为埃及的帕夏(1805—1848 年在位)。[1]

　　自 1805 年起,埃及尽管在形式上依旧隶属于伊斯坦布尔的苏丹,却在实际上成为穆罕默德·阿里家族的世袭领地,奥斯曼帝国对于尼罗河流域的统治权力不复存在。1807 年,穆罕默德·阿里控制尼罗河下游的港口城市亚历山大,继而将攻击矛头转向盘踞埃及南部的马木路克。至 1810 年,整个埃及尽属穆罕默德·阿里,马木路克大都移居开罗。1811 年,穆罕默德·阿里应奥斯曼帝国苏丹的请求出兵征讨阿拉伯半岛的沙特家族和瓦哈卜派,利用举行出征仪式的机会,将应邀赴会的马木路克 450 人悉数处死,进而捕杀留居开罗的马木路克千余人。次年,穆罕默德·阿里遣其子伊卜拉欣率军进入埃及南部,追杀马木路克千余人,马木路克残部逃往苏丹。[2] 至此,马木路克退出埃及的历史舞台。

　　穆罕默德·阿里控制埃及之后,频频发动对外扩张,首先出兵希贾兹,平息沙特家族和瓦哈卜派的反叛,控制麦加和麦地那两座圣城,继而沿尼罗河挥师南进,攻入苏丹地区。穆罕默德·阿里征服苏丹地区的目的,一是控制整个尼罗河流域,二是占有苏丹地区的黄金资源,三是扩大与非洲内陆的贸易,四是根除盘踞在苏丹地区的马木路克残余。穆罕默德·阿里于 1822 年在青尼罗河与

---

① Richmond,J. C. B. , *Egypt 1798-1952:Her Advance Towards a Modern Identity*, p.39.

② 阿卜杜勒·阿齐兹·苏莱曼·努瓦德:《埃及近代史》,第 52 页。

白尼罗河汇合处建造新城,名为喀土穆,并将苏丹地区划分为四个行政区。此后,红海大部成为穆罕默德·阿里家族的势力范围。[①] 1831 年,穆罕默德·阿里之子伊卜拉欣率军 3 万人进入叙利亚。1832 年,伊卜拉欣的军队攻占阿克和大马士革,继而越过陶鲁斯山,占领安那托利亚南部重镇塔尔苏斯和阿达纳。1833 年,埃及军队在科尼亚大败奥斯曼帝国军队,由此打开通往伊斯坦布尔的门户。1833 年,奥斯曼帝国苏丹被迫签署协议,承认穆罕默德·阿里对于叙利亚、巴勒斯坦和阿达纳的统治权力,穆罕默德·阿里则承认奥斯曼帝国苏丹的宗主地位。[②] 1833—1839 年,穆罕默德·阿里家族的统治达到顶峰,埃及的独立已经成为事实,开罗的帕夏领有埃及、苏丹、叙利亚、巴勒斯坦和希贾兹的广大地区,俨然是阿拉伯世界的象征。1840 年,英军在贝鲁特登陆,迫使伊卜拉欣的军队自叙利亚撤回埃及。1841 年,奥斯曼帝国苏丹赐封穆罕默德·阿里以统治埃及和苏丹地区的世袭权力,穆罕默德·阿里将叙利亚和希贾兹以及地中海东部岛屿克里特归还奥斯曼帝国。

穆罕默德·阿里在开疆拓土的同时,效法奥斯曼帝国苏丹塞里姆三世的新政举措,着力强化中央集权的政治制度。奥斯曼帝国统治时期,埃及政治生活的突出现象在于苏丹任命的帕夏、马木路克与土著贵族乡绅及欧莱玛之间的权力分割。相比之下,穆罕默德·阿里统治埃及期间,官僚政治长足发展,政府机构日渐完善,国家权力趋于强化。穆罕默德·阿里在开罗设立内务部、军事部、财政部、公共事务部、商务部和外交部,同时将尼罗河流域划分为 24 个省,其中下埃及 14 个省,上埃及 10 个省,直接任命各省的长官。此外,穆罕默德·阿里废除拿破仑在埃及建立的咨政会议,代之以由高级官员组成的协商会议。马木路克的传统势力和政治影响丧失殆尽,土著贵族乡绅及欧莱玛被纳入官僚体系,从属于政府的管辖。穆罕默德·阿里最初沿用土耳其语作为埃及的官方语言,仅仅选择阿尔巴尼亚人和土耳其人出任军政要职。1845 年以后,伴随着阿尔巴尼亚人、土耳其人与土著埃及人的同化过程,阿拉伯语逐渐取代土耳其语成为公共生活的主要语言,操阿拉伯语的土著埃及人则取代阿尔巴尼亚人和土耳其人成为军政要职的主要来源。

穆罕默德·阿里时期,强化中央集权的另一重要内容是新军的组建。穆罕默德·阿里实行募兵制,埃及的土著农民成为征募士兵的主要来源。被征募者的服役期最初为 3 年,1835 年改为 15 年。[③] 与此同时,穆罕默德·阿里在亚历

① Richmond, J. C. B., *Egypt 1798-1952: Her Advance Towards a Modern Identity*, pp. 42-44.
② 阿卜杜勒·阿齐兹·苏莱曼·努瓦德:《埃及近代史》,第 62—65 页。
③ Daly, M. W., *The Cambridge History of Egypt*, vol. 2, Cambridge 1998, p. 163.

中
东
史

山大创建新式海军,保卫埃及的海上门户和出海通道。① 穆罕默德·阿里政权的鼎盛时期,埃及军队员额超过 10 万人。"不久前随穆罕默德·阿里来到埃及的阿尔巴尼亚人逐渐从军队中消失,他们被新的雇佣军所取代,这些雇佣军来自叙利亚、摩洛哥、的黎波里、波斯尼亚、阿拉伯半岛以及法国和其他欧洲国家……19 世纪 20 年代末,埃及农民成为穆罕默德·阿里的重要兵源。"②兵源构成的变化,标志着埃及历史的转折,开辟土著民众角逐权力的先例,预示了埃及历史的崭新方向。

教育的改革是军事改革的逻辑延伸。穆罕默德·阿里投入大量财力,效仿西方教育模式,在埃及兴办包括军事学校、工程技术学校和医科学校在内的新式学校,聘请法国教官,旨在培训军官和满足新军的技术需要。自 1816 年起,穆罕默德·阿里派遣埃及学生赴欧洲深造,大都留学法国,学习现代科学技术。穆罕默德·阿里创办布拉格印刷所,发行报刊,作为阐释政府法令和政策的重要途径。③ 此前,埃及的欧莱玛在教育领域长期居于垄断地位,宗教教育几乎是埃及传统教育的唯一形式。相比之下,穆罕默德·阿里大力兴办世俗教育,进而为西方文化的引进提供了沃土。与此同时,穆罕默德·阿里实行宗教宽容政策,信奉基督教的亚美尼亚人、科普特人、希腊人和其他欧洲人获准在政府出任要职。尽管沙里亚法庭依然是埃及唯一的司法机构,法国模式的民法、刑法和商法已经开始为埃及民众逐渐了解。

传统经济秩序的衰落与社会结构的变迁

19 世纪埃及经济生活的突出现象是地权的运动,而导致地权运动的直接原因则是穆罕默德·阿里家族政权对于货币财富的渴求。奥斯曼帝国统治时期,埃及的土地大都处于马木路克的控制之下,包税制盛行,国家土地所有权与包税者实际支配权的结合构成埃及突出的历史现象。包税人在向国家履行纳税义务的前提下,享有支配农民的广泛权力。16—17 世纪,包税人多为土耳其驻军将领。18 世纪末,包税人的构成表现为明显的本土化倾向,既有马木路克和各级官吏,亦有欧莱玛和乡绅贵族。包税的期限最初仅为数年;到 1800 年,包税期限大都延长至终身,甚至出现转让和世袭的情况。包税制无疑存在诸多弊端,农民不堪重负,弃田逃亡的现象屡屡发生,而包税人往往中饱私囊而导致国

---

① 阿卜杜勒·阿齐兹·苏莱曼·努瓦德:《埃及近代史》,第 56 页。

② Goldschmidt, A., *Modern Egypt*, Boulder 1988, p.9.

③ 阿卜杜勒·阿齐兹·苏莱曼·努瓦德:《埃及近代史》,第 53 页,第 58 页。

家财政亏空,甚至僭夺国家权力而助长地方的离心倾向。法军占领埃及期间,废除包税制,按照土地的实际所有者进行地产登记,进而征收直接税。穆罕默德·阿里家族政权建立以后,没收马木路克控制的土地,改由国家直接支配。瓦克夫是传统伊斯兰世界普遍存在的宗教地产,处于清真寺或其他伊斯兰教机构的支配之下,享有免纳赋税的特权。马木路克时代末期,宗教地产瓦克夫共计 60 万费丹,约占埃及全部耕地的五分之一。[1] 1809 年,穆罕默德·阿里宣布,取消宗教地产瓦克夫的免税特权,进而将瓦克夫纳入征税的范围。教界首领欧默尔·麦克莱姆由于反对穆罕默德·阿里取消瓦克夫之免税权的改革举措,曾被流放于迪米耶塔长达 10 年。[2] 1811 年,穆罕默德·阿里宣布取消包税制,同时将名目繁多的赋税合并为单一的土地税,明确规定征收土地税的时间和税额。[3] 1812—1814 年,穆罕默德·阿里下令丈量全国土地,扩大土地税的征收范围,强化国家对于农民的直接控制。[4] 1814—1816 年,穆罕默德·阿里实行新的税收制度,国家直接向村社征收赋税,由农民分摊,农民作为土地的耕种者不得拥有土地的所有权和继承权,其所耕种的土地被视作国家的地产,进而形成国家土地所有制与农民个体生产密切结合的经济模式。马木路克时代,包税人是介于国家与乡村民众之间的纽带,亦是国家直接控制乡村民众的障碍;穆罕默德·阿里废除包税制,成为埃及的最高土地所有者,直接控制土地,进而控制依附于土地的民众,由此奠定中央集权和君主独裁的社会基础。"穆罕默德·阿里成为尼罗河流域唯一的地主和埃及唯一的商人⋯⋯国家岁入明显增长,而农民的生活状况却未得到改善。"[5]

穆罕默德·阿里当政期间,埃及地权运动的重要内容在于国有土地的赐封。穆罕默德·阿里自 1829—1830 年开始将大量尚未开垦的土地赐予国家官吏,免征赋税,受封者则需保证土地的垦殖和耕种。这种土地称作伊巴迪叶,受封者最初并无所有权,仅仅享有用益权。1836 年,受封者获得将伊巴迪叶传交子嗣继承的权利。[6] 1846 年,伊巴迪叶成为可以合法用于抵押、转让和交易的私人地产。此外,穆罕默德·阿里还于 1837—1838 年将大量土地赐予其家族成员。至 20 世纪初,穆罕默德·阿里家族成员拥有的地产达到埃及全部耕地

① Marsot,A. L. S. , *Egypt in the Reign of Muhammed Ali* , p. 137 , p. 8.

② Daly,M. W. , *The Cambridge History of Egypt* , vol. 2, p. 148.

③ Marsot,A. L. S. , *Egypt in the Reign of Muhammed Ali* , Cambridge 1984 , p. 142.

④ Baer,G. , *A History of Landownership in Modern Egypt 1800-1950* ,London 1962 , p. 6.

⑤ 阿卜杜勒·阿齐兹·苏莱曼·努瓦德:《埃及近代史》,第 57 页。

⑥ Baer,G. , *A History of Landownership in Modern Egypt 1800-1950* , p. 7.

的六分之一。①

1858 年,赛义德(1854—1863 年在位)颁布法令,废除穆罕默德·阿里时期国家对于土地和农业生产的垄断权以及农产品专卖制,授予农民自由支配土地和自主决定生产内容的权利,规定在上埃及保留实物税而在下埃及征纳货币税,废除传统的村社集体纳税制,实行个人纳税制,允许个人购买和拥有土地。② 根据该法令,农民对于土地的权利不仅局限于用益权,而且包括抵押和继承的合法权利,甚至外国人亦可在埃及购置地产。③ "赛义德继穆罕默德·阿里之后于 1858 年颁布的土地法,标志着埃及私人土地所有权的演变进入新的阶段"。1850 年,私人地产不足埃及地产总面积的七分之一;1875 年,私人地产超过埃及地产总面积的四分之一;1890 年,私人地产达到埃及地产总面积的三分之一。进入 20 世纪,除瓦克夫外的全部地产均成为所有者的私人地产。④ 随着土地非国有化趋势的日渐明显,土著的埃及人和土耳其人、塞加西亚人以及外籍移民购置地产者急剧增多,新兴地主阶级的力量逐渐壮大,进而成为埃及政治舞台的重要角色。

19 世纪后期,埃及乡村的历史性变化表现为地权非国有化趋势的加强、私人地产的增长和大地产的膨胀。伴随着地权的非国有化运动,土地兼并的现象日趋严重,失去土地进而被迫出卖劳动力的农民人数呈明显上升的趋势。1882－1917 年,埃及的乡村农户从 115 万增至 179 万户,耕地面积从 496 万费丹增至 523 万费丹,乡村农户平均耕地面积从 4.3 费丹下降为 2.9 费丹。1907 年,地产面积超过 5 费丹的大地产主和中等地产主 14.7 万户,占有全部耕地的四分之三,其余 112 万农户占有全部耕地的四分之一;耕地少于 5 费丹而不足以满足生活需要的农户占农户总数的 70%,无地农户占农户总数的 21%。⑤ 1913 年,1.3 万个地产超过 50 费丹的地主共计拥有耕地达 240 万费丹,平均每户占有耕地近 200 费丹,而 150 万农户地产不足 5 费丹,共计拥有耕地 150 万费丹,平均每户拥有耕地 1 费丹。⑥ 1913 年,地产不足 1 费丹的贫困农户约 94 万,平均每户耕地面积不足 0.5 费丹。⑦

① Vatikiotis,P.J., *The History of Modern Egypt: From Muhammad Ali to Mubarak*, Baltimore 1991, p.55.

② Baer,G., *A History of Landownership in Modern Egypt 1800-1950*, pp.8-9.

③ Vatikiotis,P.J., *The History of Modern Egypt:From Muhammad Ali to Mubarak*, p.55.

④ Baer,G., *Studies in the Social History of Modern Egypt*, Chicago 1969, p.66, p.70.

⑤ Owen,R., *The Middle East in the World Economy 1800-1914*, pp.217-218.

⑥ Vatikiotis,P.J., *The History of Modern Egypt:From Muhammad Ali to Mubarak*, p.251.

⑦ Owen,R., *The Middle East in the World Economy 1800-1914*, p.228.

19 世纪中叶开始,埃及的农业生产经历明显的发展过程。1835—1897 年,埃及的耕地面积增长 60%,农作物播种面积增长 100%,土地利用率提高 37%。[1] 另据资料统计,1850 年—1882 年,埃及的耕地面积从 420 万费丹增至 480 万费丹;1882 年,300 万费丹的耕地分布在尼罗河三角洲,180 万费丹的耕地分布在上埃及;棉花是尼罗河三角洲的典型经济作物,甘蔗种植于上埃及米尼亚和艾斯尤特一带的王室地产。[2] 耕作技术的进步和农作物种类的增多,导致播种面积的不断扩大。包括棉花、水稻、蓝靛和甘蔗在内的夏季作物播种面积,18 世纪末为 25 万费丹,19 世纪 30 年代增至 60 万费丹。[3] 1873 年,超过一半的耕地每年播种两次,农作物的播种面积达到 750 万费丹,其中冬季作物的播种面积约 450 万费丹,夏季作物的播种面积约 100 万费丹,秋季作物的播种面积约 200 万费丹。[4] 1821—1878 年,主要农作物小麦产量年均增长 2%,玉米产量年均增长 3.5%,棉花产量年均增长 7%,甘蔗产量年均增长 8%。[5] 1887—1914 年,主要农作物棉花、小麦、大麦、蚕豆、玉米、水稻的年产量增长 62%,农作物的年产值增长 200%。[6]

19 世纪埃及经济生活的重要内容,表现为农业生产的市场化趋势。穆罕默德·阿里当政期间国家土地所有制的强化与国家对于生产领域的超经济干预,构成推动农业市场化进程的有力杠杆。自 19 世纪 20 年代起,穆罕默德·阿里家族政权利用法国与反法联盟之间忙于战争、欧洲大陆粮食短缺、国际市场粮价暴涨的机会,实行垄断生产和农产品专卖制度,决定农民的种植内容并提供种子、工具、肥料和灌溉农田的水源,低价收购农产品,高价出口欧洲市场。穆罕默德·阿里在埃及疏浚河道,修筑桥梁,同时引进和推广棉花、烟草和水稻等新的农作物,输入叙利亚和安纳托利亚棉农,雇用法国工程师设计建造水渠和堤坝,改善灌溉方式,扩大耕地面积,经济作物如蓝靛、烟草、甘蔗和长绒棉取代传统的粮食作物成为主要的农作物,尤其是集约化耕作技术的引进明显提高了棉花产量。[7] 埃及的棉花年出口额,19 世纪 20 年代初 12 万坎塔尔(1 坎塔尔折合 45 公斤),40 年代末增至 24 万坎塔尔,棉花的国际市场化程度明显提高。[8]

① Bush, R., *Economic Crisis and the Politics of Reform in Egypt*, Boulder 1999, p. 12.
② Owen, R., *The Middle East in the World Economy 1800-1914*, p. 135, p. 136.
③ Beinin, J., *Workers and Peasants in the Modern Middle East*, p. 26.
④ Owen, R., *The Middle East in the World Economy 1800-1914*, p. 137.
⑤ Richards, A., *Egypt's Agricultural Development 1800-1980*, Boulder 1982, p. 38.
⑥ Owen, R., *The Middle East in the World Economy 1800-1914*, pp. 227-228.
⑦ 阿卜杜勒·阿齐兹·苏莱曼·努瓦德:《埃及近代史》,第 56 页。
⑧ Owen, R., *The Middle East in the World Economy 1800-1914*, p. 67.

埃及的传统农作物是冬小麦,秋季播种,春季收获,农民的劳动量相对有限。棉花系夏季作物,春季播种,秋季收获,且劳动强度大于谷物生产。棉花的广泛种植,导致农民劳动量的明显增加,农民被迫终年劳作,由此导致强制性劳役的推广。

　　19世纪中叶开始,开罗与伊斯坦布尔之间的联系进一步削弱,埃及与西方的联系随之加强。伊斯玛仪(1863—1879在位)当政期间,棉花播种面积明显扩大,从50年代的25万费丹增至1864年的100万费丹,埃及成为欧洲棉纺织工业的主要原料供应地。美国南北战争期间,棉花产量急剧下降,欧洲市场对于埃及棉花的需求明显扩大。1850—1879年,棉花出口量从45.7万坎塔尔增至223万坎塔尔,出口额从92万英镑增至842万英镑,小麦出口量从93万伊尔达卜下降为79万伊尔达卜,出口额从74万英镑下降为51万英镑。克罗默尔时代,殖民当局强调英国与埃及的分工,极力使埃及成为英国纺织业的原料产地和纺织品市场。1886—1913年,埃及主要粮食作物小麦、玉米、大麦和水稻的播种面积仅从304万费丹增至373万费丹,棉花播种面积的增长幅度则从87万费丹增至170万费丹,棉花播种面积的增长幅度远远超过主要粮食作物的增长幅度。[①] 1883—1913年,埃及的棉花种植面积由占全部耕地的11.5%增至占全部耕地面积的22.5%,棉花出口量由214万坎塔尔增至737.5万坎塔尔。[②] 1880—1884年,棉花占埃及出口产品的75%;1910—1913年,棉花出口所占的比例达到92%。[③] 下埃及是埃及主要的棉花播种区,尼罗河三角洲俨然成为出口西方的棉花种植园。1913年,78%的棉田分布在下埃及,22%的棉田分布在上埃及。由于自然环境的差异,上埃及的棉花单位面积产量仅相当于下埃及的二分之一。[④] 伴随着农业市场化程度的提高和棉花出口的急剧增长,“地中海谷仓”开始成为粮食进口国,埃及经济日趋卷入资本主义的世界体系。

　　19世纪埃及经济生活的另一重要内容,表现为现代工业的初露端倪。工业化是富国强兵的先决条件,现代工业的创办构成穆罕默德·阿里新政举措的重要内容。新军的组建和战争的需要无疑是穆罕默德·阿里创办新式工业的直接诱因,而造船业和军火制造业则是穆罕默德·阿里时代现代工业的主要部门。国家对于工业生产实行垄断经营,导致行会工匠转化为国家工场的雇佣劳动力。穆罕默德·阿里时期,埃及约有45万人从事手工业生产,其中26万人

① Owen,R. , *The Middle East in the World Economy 1800-1914*, pp. 135-136, p. 218.
② Richards,A. , *Egypt's Agricultural Development 1800-1980*, pp. 32-33.
③ Daly,M. W. , *The Cambridge History of Egypt*, vol. 2, p. 272.
④ Owen,R. , *The Middle East in the World Economy 1800-1914*, p. 219.

隶属于国家控制的手工工场。① 与此同时，包括法国人、意大利人和英国人在内的西方移民纷纷在埃及开设造船厂、纺织厂、造纸厂、制糖厂、皮革厂和化学品厂，现代工业随之在埃及始露端倪。

现代化进程的启动与人口数量的增长以及人口构成和人口分布状态之间具有密切的内在联系。另一方面，现代化与城市化之间具有内在的逻辑联系，城市化进程构成现代化进程的重要组成部分。现代化进程中经济社会秩序的剧烈变动，导致人口流向和人口分布的相应变化，是为城市化的深层物质根源。自阿拉伯人征服以来，埃及的人口长期处于停滞状态，徘徊于四五百万之间。穆罕默德·阿里家族政权建立以后，耕地面积不断扩大，农业生产长足进步，传统经济模式逐渐衰落，人口的变动随之突破传统模式，呈明显上升的趋势。1821年，埃及的总人口约为250万，其中8.6%生活在超过2万居民的城市；1907年，埃及的总人口约为1120万，其中13.7%生活在超过2万居民的城市。1821—1907年，人口超过2万的城市从1个增至19个，超过2万人口的城市居民总数从22万增至153万。② 另据相关资料的统计，1882年，埃及总人口为683万，其中574万人生活在乡村，109万人生活在城市；1917年，埃及的总人口为1275万，其中981万生活在乡村，294万生活在城市。③ 城市人口的增长速度明显高于乡村人口的增长速度。19世纪上半叶，埃及的城市化进程主要表现为亚历山大的长足发展。1820年以前，罗赛达和迪米耶塔是尼罗河三角洲地区最重要和人口最多的港口城市，此后，随着埃及与欧洲基督教世界之间交往的扩大，亚历山大作为埃及贸易中心的地位凸显，人口从1821年的不足1.3万增至1846年的16.4万，进而成为仅次于开罗的第二大城市。④ 然而，由于特定的历史环境，埃及的城市化进程表现为明显的不平衡状态，城市人口集中分布于开罗和亚历山大。1848年，开罗人口25.4万，亚历山大人口14.3万，开罗和亚历山大的城市人口占埃及总人口的8.8%；1897年，开罗人口增至57万，亚历山大人口增至32万，开罗和亚历山大的城市人口占埃及总人口的9.2%。⑤ 1899年，英国驻埃及总领事克罗默尔亦不得不承认，埃及现代化的范围只限于开罗

① Vatikiotis, P. J., *The History of Modern Egypt : From Muhammad Ali to Mubarak*, p. 60.

② Baer, G., *Studies in the Social History of Modern Egypt*, pp. 134-135.

③ Radwan, S., *Capital Formation in Egyptian Industry and Agriculture 1882-1967*, London 1974, p. 262.

④ Baer, G., *Studies in the Social History of Modern Egypt*, p. 134.

⑤ Bonne, A., *State and Economics in the Middle East*, London 1998, p. 223.

和亚历山大两座城市。①

西方势力的渗透与英国的殖民统治

穆罕默德·阿里当政期间,埃及历史的核心内容在于权力结构和财富分配原则的重新调整。穆罕默德·阿里家族政权的建立,标志着尼罗河流域开始摆脱长期依附于奥斯曼帝国苏丹的状态,初步奠定埃及作为现代民族国家的历史基础。穆罕默德·阿里家族取代奥斯曼帝国苏丹、马木路克、土著乡绅贵族和欧莱玛诸多传统阶层而成为尼罗河流域最高的统治者和最大的财富拥有者,包括官僚化和国有化在内的诸多新政举措则是穆罕默德·阿里家族强化极权政治和追求财富的重要手段。尤其需要注意的是,穆罕默德·阿里与马木路克统治者尽管同样具有聚敛财富和占有货币的强烈需求,然而两者聚敛财富和占有货币的方式迥然不同。马木路克时代,埃及作为奥斯曼帝国的行省,沿袭传统的经济模式,经济生活处于相对封闭的状态。马木路克统治者将尽可能多的赋税强加于农民,赋税名目往往多达数十种,尤其是包税制泛滥成灾,农民不堪重负,经济凋敝。穆罕默德·阿里当政期间,埃及俨然成为穆罕默德·阿里家族的私人庄园;国家对于生产领域的超经济干预,加速了埃及农业生产的市场化进程和现代工业的萌生,促使埃及逐渐告别传统的经济模式,形成与欧洲诸国之间的广泛经济交往,进而开始融入资本主义市场体系。

穆罕默德·阿里当政期间,埃及的权力重心表现为从伊斯坦布尔向开罗倾斜的明显趋势。穆罕默德·阿里死后,西方势力开始向尼罗河流域渗透,埃及的权力重心逐渐表现为从开罗向欧洲倾斜的历史走向。阿拔斯一世(1848—1854年在位)当政期间,试图利用基督教世界与奥斯曼帝国之间的矛盾,寻求欧洲诸国的支持,进一步摆脱伊斯坦布尔苏丹的束缚。1851年,阿拔斯一世与英国商人詹姆斯·斯蒂芬森签署协议,由后者投资建造开罗至亚历山大的铁路,是为欧洲以外地区建造的第一条铁路。② 赛义德当政期间,西方资本继续渗入埃及,银行、铁路、航运成为西方投资的主要领域。1856年,赛义德与法国商人斐迪南·莱塞普斯签订合同,将苏伊士运河的开凿权和管理权让与后者经营的运河公司,租期99年,运河公司向埃及支付15％的利润。1858年,埃及政府从西方银行贷款,认购运河公司44％的股份。

---

① Esposito,J. L. , *Islam and Development：Religion and Sociopolitical Charge*, New York 1980, p. 60.

② Mansfield,P. , *A History of the Middle East*, p. 86.

1863 年伊斯玛仪即位后,继承穆罕默德·阿里的未竟事业,致力于埃及的非奥斯曼化进程。然而,穆罕默德·阿里主要诉诸武力手段抗衡伊斯坦布尔的苏丹,伊斯玛仪在大多数情况下则是通过和平的手段改变埃及的政治地位。1863 年,伊斯玛仪邀请奥斯曼帝国苏丹阿卜杜勒·阿齐兹访问埃及,百般贿赂。1866 年,苏丹阿卜杜勒·阿齐兹颁布敕令,赋予伊斯玛仪自主决定埃及的权位继承、发行货币和扩充军队的权力,同时规定埃及向伊斯坦布尔每年上缴的贡赋由 40 万英镑增至 75 万英镑。[①] 1867 年,伊斯玛仪放弃帕夏的头衔,改称赫迪威(赫迪威在波斯语中意为王公)。[②] 与此同时,伊斯玛仪在苏丹、埃塞俄比亚、乌干达发动一系列攻势,控制大湖区域,试图成为非洲皇帝。

伊斯马仪当政期间,埃及的官僚机构日趋膨胀,政府功能明显扩大,国家权力渗透到社会的各个角落,国家对于民众的控制进一步加强。赛义德当政期间,埃及军队从 8 万人削减为 2.5 万人。伊斯马仪即位后,军队规模逐渐扩大,直至达到 12 万人。另一方面,土著乡绅构成官僚的重要来源;赛义德允许土著乡绅出任军官,赋予土著乡绅管辖地方的初步权力,伊斯马仪则提升土著乡绅出任省区总督和内阁要员。突厥贵族垄断政权的局面逐渐打破,政治势力日渐式微,阿拉伯语亦随之成为广泛使用的官方语言。[③]

伊斯玛仪当政期间,所谓的欧化抑或西方文明的模仿逐渐成为埃及的时尚。1866 年,伊斯玛仪效法欧洲国家的君主,在开罗召开议会,议会成员主要是乡绅贵族;然而,开罗的议会并无立法权,徒具形式,只是从属于伊斯玛仪的御用工具。1879 年,伊斯玛仪解散议会。[④] 与此同时,伊斯玛仪倡导政府官吏身着欧式服装,引入法国的民法和刑法,创办世俗学校和女子学校,成立邮政总局和轮船公司,铺设电报电话线路,采用法军模式并聘请法国军官训练新军,配备西方武器。此外,伊斯玛仪大兴土木,建造制糖厂、纺织厂、兵工厂、造船厂、造纸厂、印刷厂、制砖厂、玻璃厂以及包括供水系统、交通设施、照明装置和燃气管道在内的市政公用设施。赛义德当政期间建立的尼罗河航运公司,至伊斯马仪即位后改称赫迪威公司,规模扩大。埃及银行始建于 1856 年,1864 年改称英埃银行。1798 年拿破仑入侵时,埃及尚且没有适合车辆行走的道路,民众的生活保持着中世纪的传统风貌。1878 年,在开罗、亚历山大以及苏伊士运河沿岸城市塞得港和伊斯梅利亚,出现崭新的街道,车站、旅馆、餐厅和商店,燃气灯、自

① Vatikiotis,P. J. , *The History of Modern Egypt：From Muhammad Ali to Mubarak* , p. 75.

② Mansfield,P. , *A History of the Middle East* , p. 88.

③ Ochsenwald,W. , *The Middle East：A History* , p. 287.

④ 同上, pp. 287-288。

来水、电报和电话随处可见，欧式建筑比比皆是。①

伊斯玛仪当政期间的西化举措，导致西方人大量涌入埃及。18 世纪末，生活在埃及的西方人寥寥无几。穆罕默德·阿里在位末期，生活在埃及的西方人约 1 万人。赛义德和伊斯玛仪当政期间，生活在埃及的西方人数量剧增。1872 年，生活在埃及的西方人超过 8 万，其中 4.7 万生活在亚历山大，2 万生活在开罗，苏伊士运河沿岸城市塞德港和伊斯梅利亚亦有相当数量的西方人。② 奥斯曼帝国曾经与欧洲基督徒签订条约，给予基督徒以司法豁免权和免税权。根据条约而享有司法豁免权和免税权的基督徒，最初主要是希腊人和意大利人，后来逐渐扩大到其他欧洲国家的基督徒，直至包括土著的犹太人和亚美尼亚人。西方移民往往被委以重任，不仅供职于技术领域，而且在军政部门颇具势力。1878 年，埃及政府的外籍官员达到 1300 人之多。③ 西方传教士在伊斯玛仪当政期间获准进入埃及，其传教活动在文化和教育领域产生相当广泛的影响。穆罕默德·阿里引进西方的教育模式，伊斯玛仪则进一步允许西方人在埃及开设学校。西方人的大量涌入导致西方列强领事裁判权的膨胀。1876 年，伊斯玛仪授权建立混合法庭，由赫迪威任命的埃及法官和欧洲法官共同主持，依据法国的法律并使用法语审理民事诉讼和刑事诉讼，埃及的主权由此削弱。④

伊斯玛仪当政期间的经济发展耗资巨大，政府财政入不敷出，遂向西方举债。1864 年，伊斯玛仪以下埃及三个省的土地税作为抵押，向西方银行举债 570 万英镑。1865 年，伊斯玛仪以王室地产作为抵押，再次向西方银行举债 340 万英镑。1866—1870 年，伊斯玛仪新增西方债务 2400 万英镑。⑤ 1871 年，赫迪威颁布法令，要求土地所有者预付 6 倍的年征土地税，同时永久免除此后土地税的 1/2，以求缓解财政危机。⑥ 1875 年，英国商人迪斯列里出资 400 万英镑购买占苏伊士运河公司全部股份 44% 的埃及股份，进而成为苏伊士运河公司的最大股东，埃及政府丧失对于苏伊士运河的控制权。⑦ 伊斯玛仪即位时，埃及的内债和外债共计 700 万英镑。1876 年，埃及政府的债务达到 7100 万英镑，其中外债为 6800 万英镑，每年需支付利息 500 万英镑，超过埃及政府岁入的一半。⑧

① Cleveland, W. L. , *A History of the Modern Middle East*, p. 97.

② Udovitch, A. L. , *The Islamic Middle East 700-1900*, p. 240.

③ Hourani, A. , *The Modern Middle East : A Reader*, p. 185

④ Ochsenwald, W. , *The Middle East : A History*, p. 288.

⑤ Richmond, J. C. B. , *Egypt 1798-1952 : Her Advance Towards a Modern Identity*, p. 100.

⑥ Cromer, *Modern Egypt*, London 1908, p. 29.

⑦ Daly, M. W. , *The Cambridge History of Egypt*, vol. 2, p. 195.

⑧ Ochsenwald, W. , *The Middle East : A History*, p. 290.

"伊斯玛仪即位后的 13 年间,埃及政府年均举债 700 万英镑,其中除 1600 万英镑投入苏伊士运河的建设外,大都用于挥霍"。1876 年 5 月,赫迪威颁布法令,成立公共债务委员会,负责债务偿还。[1] 1877 年,埃及全部收入的 60% 用于偿还外债。1878 年,埃及政府的财政收入 856 万英镑,公共债务 9854 万英镑。[2]伊斯玛仪由于债台高筑,财政形势急剧恶化,被迫于 1978 年 8 月宣布成立埃及历史上前所未有的责任制内阁,新内阁所做的决定采取集体表决的方式;亚美尼亚人努巴尔出任首相兼外交大臣和司法大臣并取代赫迪威主持内阁,里亚兹出任内务大臣。该内阁邀请英国人威尔逊和法国人布里尼分别出任财政大臣和公共工程大臣,接受英国和法国对于埃及财政收支的双重监督,时人称之为"欧洲内阁"。[3]

穆罕默德·阿里追求的目标,是通过西方模式的改革强化自身的统治。相比之下,伊斯玛仪追求的目标,是使埃及成为欧洲国家,使开罗成为欧洲城市,进而将欧洲人的帮助视作实现这一目标的必要条件。伊斯玛仪声称:"我的国家不再是一个非洲国家。我的国家现在成为欧洲的一部分。"然而,伊斯玛仪追求的目标并未实现,埃及没有成为欧洲国家,而是从此开始走上西化与殖民地化错综交织的历史道路。混合法庭和欧洲内阁的建立,标志着埃及国家主权的丧失,传统的政治模式即君主独裁制度随之陷入深刻危机。1879 年 4 月,伊斯玛仪解散努巴尔领导的内阁,辞退欧洲大臣,试图恢复君主亲政制度。同年 5 月,伊斯坦布尔的苏丹按照英法政府的授意,废黜伊斯玛仪,任命其子陶菲格承袭父职。[4] 陶菲格(1879—1892 在位)即位后,起用里亚兹出任首相,恢复欧洲列强对于埃及的财政监管,削减政府开支,军队员额裁至 3.6 万人。[5] 1881 年 9 月,奥拉比为首的埃及军官在开罗发动兵变,围攻王宫,迫使陶菲格解散里亚兹内阁,许诺制定宪法和召开议会。[6] 随后,巴鲁迪出任首相,奥拉比出任陆军大臣,颁布改革政令,宣布内阁对议会负责,提高土著军人的地位。1882 年 6 月,英国借口侨民遇害,出兵埃及,奥拉比领导埃及军队抵抗英军入侵。9 月,英军占领开罗,奥拉比遭到流放。[7]

英军占领埃及后,削减埃及军队员额,解散议会,由英国人把持政府,控制

---

①　Cromer, *Modern Egypt*, p. 11, p. 12.

②　Hershlag, Z. Y., *Introduction to the Modern Economic History of the Middle East*, p. 113.

③　Cromer, *Modern Egypt*, p. 63

④　同上, p. 29, p. 87, p. 140。

⑤　Ochsenwald, W., *The Middle East: A History*, p. 290.

⑥　Cromer, *Modern Egypt*, p. 186.

⑦　Mansfield, P., *A History of the Middle East*, p. 95.

经济命脉,扩大棉花的播种面积,促使埃及成为英国工业品的市场。[①] 1883—1914 年,伊斯坦布尔的苏丹仅在名义上沿袭对于埃及的宗主权,赫迪威政府亦形同虚设,英国驻埃及的总领事成为尼罗河流域的最高统治者。英国殖民当局通过操纵赫迪威政府的方式,控制埃及社会。埃及政府成为英国殖民当局的政治工具,埃及实际上成为英国的殖民地。英国驻埃及的第一任总领事克罗默尔自 1883 年赴任至 1907 年离职,统治埃及长达 24 年之久。此间,英国殖民当局在埃及建立起现代模式的政府体制,制定完善的财政政策。埃及的政治秩序趋于稳定,政府职能日臻完善,财政危机逐渐缓解,耕地面积增加,农作物产量提高,强制劳动废止,人身依附关系松弛,人口明显增多。与此同时,越来越多的西方人移入埃及。1917 年,生活在埃及的外籍人口超过 20 万,约占埃及总人口的 1.6%,其中希腊人 5.7 万,意大利人 4.1 万,英国人 2.4 万,法国人 2.1 万,美国人 0.8 万。外籍人口主要分布在埃及的城市,占开罗人口的 8.1%,亚历山大人口的 19%,塞德港人口的 19.8%,伊斯梅利亚人口的 20%,苏伊士人口的 13.8%。[②] 开罗和亚历山大俨然成为欧洲城市,煤气、电力、路灯、自来水、公共交通和电报电话日益普及。然而,克罗默尔时代埃及的繁荣并不是埃及人的繁荣,绝大多数的埃及人依旧挣扎于贫困和卑贱之中,其生活境况并未得到相应的改善,进而与西方人的富庶和特权之间形成鲜明的对比,不满情绪日渐增长。克罗默尔离任后,其继任者爱尔顿·戈斯特在埃及奉行自由主义政策,赋予埃及人在治理国家方面更多的权力,扩大议会权限,限制英国人对于埃及事务的干预,旨在改善英国殖民当局与埃及民众及赫迪威之间的关系,缓解埃及日趋高涨的民族情绪。

智力的觉醒与现代政治思想的萌生

奥斯曼帝国统治时期,埃及在文化领域处于黑暗状态。阿拉伯语只是民间语言和宗教语言,土耳其语构成埃及的官方语言。在外族统治的历史条件下,爱资哈尔成为埃及土著文化和阿拉伯语教育的象征。埃及的教育体系表现为广泛分布于城市和乡村而隶属于清真寺的宗教学校,爱资哈尔则是埃及教育体系的中心所在。宗教学校的教师大都出自爱资哈尔,主要讲授《古兰经》和其他宗教知识,辅之以初步的阅读、书写和计算的内容。伊斯坦布尔作为奥斯曼帝

---

① 阿卜杜勒·阿齐兹·苏莱曼·努瓦德:《埃及近代史》,第 103 页。

② Tignor, R. L., *State*, *Private Enterprise*, *and Economic Change in Egypt*, Princeton 1984, p. 22.

国的首都无疑是吸引穆斯林学者的文化中心,开罗和爱资哈尔在伊斯兰世界的地位明显下降,爱资哈尔尤其表现出封闭和保守的文化倾向。

埃及的现代教育萌生于19世纪。穆罕默德·阿里当政期间埃及创办的新式学校,局限于官办的范围,主要是服务于国家的语言学校和技术学校。伊斯玛仪即位后,新式学校不再局限于官办的范围,民间世俗学校明显增多,土著科普特人、犹太人以及希腊移民、亚美尼亚移民和欧洲传教士兴办的新式学校比比皆是。1874年,王妃哈努姆创办苏尤菲叶女子学校,招收400人,讲授算术、地理、历史和宗教课程,首开埃及女性教育的先例。

19世纪埃及文化生活的重要内容,在于印刷技术的进步和出版业的兴起。1798年拿破仑占领埃及以后,创办印刷所,首开阿拉伯文印刷的先例。1822年,穆罕默德·阿里创办布拉格印刷局,使用阿拉伯文、意大利文和希腊文,印制和发行官方法令和政府公告以及新式学校的教科书和西方译著。1827年,埃及出现最早的报纸《赫迪威报》,使用阿拉伯文和土耳其文,发行范围最初局限于政府官员,后来逐渐扩大到欧莱玛及其他相关阶层。1828年,埃及出现第二种官方报纸《埃及时报》。穆罕默德·阿里当政期间,印刷机构和出版业处于政府的控制之下,具有浓厚的官方色彩。自伊斯玛仪即位后,印刷机构和出版业不再局限于官办的范围,逐渐延伸到民间领域。1876年,叙利亚的基督徒塔格拉兄弟在亚历山大创办《金字塔报》。1877年,叙利亚的基督徒伊斯哈格和纳卡什创办《埃及报》,米哈伊勒·阿卜杜勒·赛义德创办《祖国报》。[①]

埃及的现代教育和文化生活尽管在形式方面来源于基督教欧洲,然而其发展历程却与埃及内部的客观环境密切相关。伴随着新式学校的出现和印刷出版业的发展,西方文化和现代政治思想开始从基督教欧洲传入埃及。19世纪的最初20年,意大利与埃及之间的教育和文化交往颇显重要,意大利语是在埃及最具影响的外国语。19世纪20年代以后,法国文化成为在埃及最具影响的西方文化,法国现代政治思想对于埃及社会产生的影响尤为深远。接受西方文化的埃及人,最初主要来自爱资哈尔,爱资哈尔由此逐渐成为埃及与西方之间知识沟通和文化交往的重要据点。在西方文化的影响下,包括贾巴尔提、阿塔、塔赫塔维和沙尔卡维在内的许多爱资哈尔学者开始反思埃及以及整个伊斯兰世界与西方现代文明之间的差异,主张打破传统思想的束缚,积极倡导改造埃及传统的教育文化。爱资哈尔的著名学者阿塔曾经表示:"我们国家的现状必须改变。我们必须引进埃及人尚不了解的新知识。"[②]

① Daly,M.W., *The Cambridge History of Egypt*, vol. 2, p. 223.

② Vatikiotis,P.J., *The History of Modern Egypt:From Muhammad Ali to Mubarak*, p. 92.

中
东
史

19 世纪埃及智力的觉醒与现代政治思想的萌生,首先表现为伊斯兰现代主义的兴起。统治模式决定反抗模式,西方列强殖民统治的政治环境可谓滋生民族主义的沃土,塑造了埃及民族主义的政治思想和政治运动。殖民主义与民族主义之间具有内在的逻辑联系,拯救埃及于危亡之中则是埃及民族主义思潮的核心纲领。在西方的冲击抑或伊斯兰世界与基督教世界矛盾对抗的历史条件下,伊斯兰现代主义包含反抗西方殖民侵略和振兴伊斯兰世界的思想倾向,进而构成埃及民族主义的早期形式。伊斯兰现代主义的杰出代表人物是贾马伦丁·阿富汗尼和穆罕默德·阿卜杜。贾马伦丁·阿富汗尼(1839—1897 年)祖居阿富汗,早年创办《喀布尔报》,宣传爱国、平等和自由的政治思想。1871 年,贾马伦丁·阿富汗尼移居开罗,在爱资哈尔广招弟子,著书立说,倡导遵循理性和科学的原则改造传统伊斯兰教。贾马伦丁·阿富汗尼认为,政治体制、社会理想和智力的表现形式应当随着时代的变化而变化,对于《古兰经》亦应允许根据现代科学和理性的发展作出新的诠释,进而适应穆斯林生活环境的变化,因此重新启动创制之门的宗教改革运动对于振兴伊斯兰世界具有至关重要的意义。贾马伦丁·阿富汗尼认为,西方的崛起在于科学技术的发展,而伊斯兰世界的停滞状态在于科学技术的落后,穆斯林应当学习西方先进的科学技术,捍卫和发展伊斯兰世界。与此同时,贾马伦丁·阿富汗尼在政治方面强调泛伊斯兰主义和穆斯林的广泛政治联合,主张在奥斯曼帝国苏丹的领导下共同抵御西方的侵略,振兴伊斯兰世界。[1] 穆罕默德·阿卜杜(1849—1905 年)出生于埃及,就读于爱资哈尔大学,1881 年参与奥拉比领导的反英起义,1882 年流亡国外,1888 年返回埃及。[2] 穆罕默德·阿卜杜深受贾马伦丁·阿富汗尼的影响,致力于改革传统伊斯兰教以适应不断变化的历史环境,试图协调伊斯兰教的信仰与变动的社会现实,主张根据时代的变化重新诠释经典和教法,强调伊斯兰教的信仰与现代科学的一致性,强调伊斯兰文明与现代社会的同步性,进而倡导教俗分离的信仰原则。穆罕默德·阿卜杜认为,伊斯兰教的传统诠释已与经训的原则不符,有必要回归伊斯兰教的原旨教义,进而遵循理性的原则重新启动创制之门。穆罕默德·阿卜杜致力于改造埃及传统的司法模式和教育模式,引进现代的法律思想,修订爱资哈尔的课程体系,增加世俗的教育内容,由此形成与传统欧莱玛之间的对立和冲突。穆罕默德·阿卜杜的弟子嘎希姆·艾敏(1863—1908 年)积极倡导妇女解放,抨击多妻制的传统习俗。嘎希穆·艾敏认为,伊斯兰教承认两性的平等和保护妇女的权利,伊斯兰世界衰落的原因之一

①　Esposito,J. L. , *Islam and Politics*, New York 1984, p. 47.

②　Lapidus,M. A. , *A History of Islamic Societies*, Cambridge 1988, p. 621.

是不良的家庭生活,妇女应当接受学校教育,进而走向社会,成为受尊重的人。然而,艾敏所说的妇女权利只限于社会生活层面,并未涉及政治层面。[①]

根据伊斯兰教的传统理论,温麦是凝聚穆斯林的宗教政治形式,伊斯兰教构成维系温麦的信仰基础。在传统的穆斯林看来,世俗的民族主义是西方的舶来品,是分裂温麦和离间穆斯林的意识形态,而沙里亚则是规范穆斯林行为的唯一法律准则,因此纯粹的世俗思想和异教的法律均不可接受。换言之,在传统的伊斯兰世界,超越宗教界限的世俗民族主义与温麦的原则大相径庭,并无存在的空间。然而,随着现代化进程的启动和西方的冲击,19世纪末20世纪初的埃及在诸多方面与传统时代相比已经面目皆非。变动的社会现实挑战着伊斯兰教传统理论的权威地位,世俗意义上的阿拉伯民族主义始露端倪。新兴的世俗民族主义摒弃传统伊斯兰世界关于温麦的宗教概念,采用近代西方关于民族国家的世俗概念,强调政党政治、公众参与、权力制约、责任政府、公民自由的基本原则,强调顺从国家取代顺从宗教作为公民的首要义务。

埃及的伊斯兰现代主义与世俗民族主义在表面形式上相去甚远;前者具有浓厚的宗教色彩,强调泛伊斯兰主义的政治立场,致力于伊斯兰世界的复兴;后者则表现为明显的世俗倾向,强调超越宗教界限的广泛联合,致力于埃及的政治解放。然而,两者之间无疑存在密切的内在联系,其民族主义的政治原则和历史内涵一脉相承,具有异曲同工之处。伊斯兰现代主义可谓世俗民族主义的先驱抑或历史原型,世俗民族主义则是伊斯兰现代主义的继承抑或逻辑延伸。伊斯兰现代主义与世俗民族主义的此消彼长,构成19世纪末20世纪初埃及民族主义运动的历史轨迹。

1881年奥拉比兵变之前,埃及的穆斯林与科普特派基督徒之间积怨颇深,土著埃及人与土耳其贵族之间的权力争夺尤为激烈。1881—1883年奥拉比兵变期间,埃及的穆斯林与科普特派基督徒以及土著埃及人与土耳其贵族之间的矛盾逐渐缓解,反对英国的殖民侵略成为埃及民众的共同目标。1881—1883年奥拉比兵变期间的著名口号"埃及是埃及人的埃及",强调埃及人超越宗教界限的政治联合,无疑具有世俗民族主义的历史内涵。奥拉比领导的兵变可谓兵变形式的世俗民族主义运动,标志着埃及土著势力的政治崛起和埃及世俗民族主义的初步实践。

陶菲格(1883—1892在位)当政期间,赫迪威与英国殖民当局的合作是埃及政治的主导倾向。阿拔斯二世(1892—1914年在位)即位后,赫迪威逐渐转向与国内反英势力以及奥斯曼帝国苏丹的政治合作,其与英国驻埃及总领事克罗默

---

① Esposito,J. L. , *Islam and Politics*, New York 1984, pp. 48-49, p. 51.

尔的关系趋于恶化。阿拔斯二世与克罗默尔之间的权力角逐,促进了埃及世俗民族主义的进一步发展。19 世纪末,世俗民族主义的主要倡导者是埃及的知识界人士,其基本原则是振兴民族文化和发展民族经济,通过合法的方式建立主权国家,实行宪政制度,保障公民权利,淡化信仰差异。穆斯塔法·卡米勒(1874—1908 年)是埃及世俗民族主义的先驱,亦是赫迪威阿拔斯二世的政治盟友和支持者。依靠奥斯曼帝国的支持和利用法、德、俄诸国与英国之间的矛盾,诉诸非暴力的手段迫使英国从埃及撤军和结束对于埃及的殖民统治,构成穆斯塔法·卡米勒时代埃及世俗民族主义运动的明显特征。[1] 1900 年以后,阿拔斯二世的立场逐渐转向与英国的合作,穆斯塔法·卡米勒及其追随者遂开始转向寻求民间的支持,创办报刊《利沃》(旗帜)作为宣传世俗民族主义思想的舆论阵地,进而创建祖国党。1906 年,在下埃及米努夫省的丁沙微村,英军与村民发生冲突,英国殖民当局对丁沙微村民采取残酷的报复措施,四名村民被判绞刑。[2]丁沙微事件导致埃及民族矛盾的激化,下层民众的政治参与开始成为世俗民族主义运动的重要推动力量。

20 世纪初埃及智力层面的突出现象,是学术的活跃、思想的解放和世俗化的明显倾向。伴随着期刊的广泛发行和现代政党政治的萌生,逐渐形成立场各异的思想倾向。崇尚西方文化、倡导人文精神、强调世俗原则和抨击传统教界的保守倾向,成为埃及的文化时尚。智力层面世俗化的逻辑结果,是信仰差异的淡化和民族意识的强化。伊斯兰教不再被视作埃及社会的信仰基础和历史基础,法老时代的辉煌和古典时代的地中海文明成为所有埃及人的共同骄傲。1922 年,图坦哈蒙陵墓被成功发掘。法老主义以及其后的基督教传统和伊斯兰教信仰均被视作埃及新国家的重要历史遗产,传统的回归和古老民族的再生成为时尚的思潮。传统教界在意识形态领域的统治地位,面临严峻的挑战。这一时期与欧洲文艺复兴时期颇多相似之处,亦可称作埃及历史进程中的新文化时期。[3]

宪政运动

拿破仑占领埃及期间,首创由教俗贵族组成的咨政会议作为国家的政治机

---

[1]　Cleveland,W. L. , *A History of the Modern Middle East*, p. 107.

[2]　阿卜杜勒·阿齐兹·苏莱曼·努瓦德:《埃及近代史》,第 106—107 页。

[3]　Vatikiotis,P. J. , *The History of Modern Egypt:From Muhammad Ali to Mubarak*, pp. 239-245.

构。1829 年,穆罕默德·阿里废除拿破仑在埃及创立的咨政会议,代之以新的协商会议。1866 年,伊斯玛仪颁布法令:第一,成立由 75 人组成的议会,任期 3 年;第二,制定基本法,规定议会的职责和议员的产生方式;第三,制定组织法,规定议会的机构和程序。① 伊斯玛仪创立的议会表现为自上而下的过程,并非民众广泛政治参与的历史结果。伊斯玛仪创立议会的目的,在于寻求社会各界特别是贵族乡绅的支持,增加税收和从国外获取贷款。伊斯玛仪尚无意实现民众的政治参与和权力分享,仍然将自己视作绝对的统治者,所谓的议会并无独立的立法权,亦非制约赫迪威的政治机构,只是伊斯玛仪控制社会和统治民众的政治手段和御用工具。1866 年 11 月 25 日,议会在开罗首次召开。据说,议会的成员曾经被要求组成 3 个派别,即支持政府的右派、反对政府的左派和立场温和的中立派,而所有的议员都表示加入支持政府的右派,他们说:"我们怎么能够反对政府哪?"②

1878 年,赫迪威迫于西方列强的压力,委托努巴尔帕夏按照西方国家的政治模式组建新内阁,承认新内阁在一定范围内的自治地位。然而,努巴尔帕夏领导的内阁并非宪政意义上的责任制政府,而是西方列强控制埃及的政治工具。伊斯玛仪在位末期,赫迪威的权力明显削弱,宫廷作为权力核心的地位随之动摇,议会开始成为政治斗争的重要舞台。1881-1883 年奥拉比兵变事件,既是民族矛盾的产物和体现,亦是宪政制度的最初尝试。组建对议会负责的政府进而限制赫迪威的绝对权力成为奥拉比兵变的主要政治目标之一,现代模式的政治运动由此萌生。

1883 年,埃及召开立法会议,立法会议成员共计 30 人,其中 14 人由赫迪威指定,终身任职,另外 16 人产生于间接选举,任期 6 年;同时成立新的议会,内阁大臣和立法会议成员为议会的当然议员,另外 46 名议员选举产生,任期 6 年。③ 立法会议和议会均缺乏必要的自主权力和独立地位,处于赫迪威和英国殖民当局的控制之下。尽管如此,立法会议和议会的建立毕竟标志着民众政治参与的崭新形式在埃及历史上的初露端倪。

1882-1914 年,埃及在名义上依然是奥斯曼帝国的领有地,并非大英帝国的组成部分。1914 年一战爆发以后,开罗的赫迪威侯赛因(1914-1917 年在位)改称苏丹,宣布中止与伊斯坦布尔苏丹的一切联系,奥斯曼帝国在埃及的统治权力寿终正寝,埃及正式成为英国的保护国。1917 年侯赛因死后,福阿德

① Botman, S., *Egypt from Independence to Revolution 1919-1952*, New York 1991, p. 148.
② Vatikiotis, P. J., *The History of Modern Egypt: From Muhammad Ali to Mubarak*, p. 128.
③ Botman, S., *Egypt from Independence to Revolution 1919-1952*, p. 148.

(1917—1936 年在位)继任苏丹。

一战期间,埃及与英国殖民当局之间的矛盾日益尖锐,下层民众的广泛参与促使埃及的民族主义运动趋于高涨,土著地主和工商业者成为埃及争取民族独立的主导力量,萨阿德·扎格鲁勒则是埃及民族解放运动的核心人物。萨阿德·扎格鲁勒出生于尼罗河三角洲的地主家庭,19 世纪 70 年代就读于爱资哈尔大学,深受贾马伦丁·阿富汗尼和伊斯兰现代主义思想的影响,追随穆罕默德·阿卜杜和艾哈麦德·鲁特菲·赛义德。1882 年奥拉比起义失败后,萨阿德·扎格鲁勒涉嫌暗杀赫迪威,锒铛入狱。[①] 1906—1913 年,萨阿德·扎格鲁勒先后出任埃及政府的教育部长和司法部长,致力于教育民族化和司法世俗化的改革,强调推广使用阿拉伯语取代英语,主张聘用埃及教师取代外籍教师,改革传统司法体系,限制欧莱玛的司法权力。1914 年,萨阿德·扎格鲁勒进入议会,强调限制赫迪威的权力和扩大议会的权限,主张通过谈判结束英国殖民当局的控制和实现埃及的政治独立。

英国专员克罗默尔曾经于 1907 年称赞萨阿德·扎格鲁勒具备为国家服务的卓越能力和令人信服的勇气,预言萨阿德·扎格鲁勒一定会事业上获得成功。[②] 萨阿德·扎格鲁勒确实在事业上获得成功,然而却非按照克罗默尔最初设想的方式。1918 年一战结束后,萨阿德·扎格鲁勒、阿卜杜勒·阿齐兹·法赫米、阿里·沙尔拉维组成的埃及代表团(阿拉伯语中读作"华夫托·米绥尔")会见英国高级专员,要求代表埃及民众出席巴黎和会,旨在"诉诸一切合法的与和平的手段,即通过与英国的谈判,寻求埃及的完全独立"[③]。萨阿德·扎格鲁勒等人的要求遭到英国政府的拒绝。1919 年 3 月,侯赛因·鲁什迪帕夏领导的内阁宣布辞职,萨阿德·扎格鲁勒等人遭到英国殖民当局的囚禁,随后被流放到马耳他岛。消息传出以后,埃及各界民众纷纷举行示威,工人罢工,商人罢市,抗议英国的占领,民族矛盾趋于激化,萨阿德·扎格鲁勒俨然成为埃及独立运动的民族英雄。1919 年 4 月,英国殖民当局迫于埃及民众的压力,释放萨阿德·扎格鲁勒等人。[④]

1922 年 2 月,英国政府宣布结束埃及作为保护国的地位,承认埃及作为独立的主权国家,同时保留英国在埃及的四项特权,即埃及服务于英国交通的需要,埃及的外国人处于英国的保护之下,英国控制埃及的防务,苏丹脱离埃及。[⑤]

---

① Goldschmidt, A. , *A Concise History of the Middle East* , Boulder 1991,p. 262.

② 同上,p. 225。

③ Vatikiotis,P. J. , *The History of Modern Egypt : From Muhammad Ali to Mubarak* , p. 263.

④ 阿卜杜勒·阿齐兹·苏莱曼·努瓦德:《埃及近代史》,第 121 页,第 124 页。

⑤ 同上,第 125—126 页。

然而,埃及民众争取完全独立的要求并没有得到满足。埃及只是获得了英国赐予的有限自治,在诸多方面依旧依附于英国殖民当局。埃及没有保卫国家的武装力量;英国人操纵埃及的政府机构,而出任官职的穆斯林大都是土耳其人和塞加西亚人,土著埃及人被排斥于政坛的核心。主要经济部门如制造业、运输业、商业和金融业,依旧处于外国资本的控制之下。在苏伊士运河的董事会中,没有埃及人的席位。大约 20 万外国人生活在埃及,他们在司法和赋税方面处于条约的保护之下,享有特殊地位。

1922 年 3 月,苏丹福阿德改称国王,委托前首相侯赛因·鲁什迪帕夏组建立宪委员会,制定宪法。[①] 立宪委员会成员为 32 人,来自埃及社会的诸多阶层,包括地主、工商业者、律师、法官和教界人士以及科普特派基督徒的代表。然而,华夫托党和祖国党反对官方任命的立宪委员会,主张选举产生立宪委员会以真正代表民众意愿,并且要求废除军事管制法,释放政治犯。国王意在强化宫廷的权力,首相萨尔瓦领导的自由宪政党试图扩大内阁的权限,华夫托党和民族党主张提高议会的地位,英国极力维护其在埃及的既得利益,由此形成立宪过程中的激烈角逐。

1923 年 4 月,包括 170 项条款的新宪法以及选举法正式颁布。1831 年比利时宪法和 1876 年奥斯曼帝国宪法,构成 1923 年埃及宪法的原型。根据 1923 年宪法,埃及的政体为立宪君主制;议会实行两院制,上院议员任期 10 年,下院议员任期 5 年;上院议员的五分之二由国王任命,上院的另外五分之三议员和下院全体议员由年满 21 岁的男性公民选举产生;内阁对议会下院负责;国王与议会分享立法权,议会通过的议案须经国王批准方可生效。新宪法赋予国王以广泛的权力,包括任免首相、解散内阁和议会以及延长议会的任期。国王凌驾于议会和宪法之上,议会和内阁的权力相对有限。[②] 埃及的政体因此明显区别于欧洲的议会民主制和立宪君主制,具有沿袭传统政治模式的明显倾向。1923 年宪法的宗旨是借助于现代政治的外在形式,维护国王及在外地主的统治地位和英国殖民当局的广泛政治影响。1923 年宪法表明,埃及的政体在理论上处于君主政治与议会政治的二元状态,君主政治显然占据主导地位,议会政治居于次要地位。宪法和议会选举在一定程度上体现民众政治参与的现代政治模式,然而宪政制度即宪法、议会政治、选举政治和政党政治徒具形式,其实际作用微乎其微。

1919 年的宪政运动与 1882 年的奥拉比兵变均为埃及民众争取国家主权的

---

① Goldschmidt, A. , *A Concise History of the Middle East* , p. 227.

② Ahmed, M. , *Egypt in the 20th Century* , London 2003, pp. 85-86.

民族主义运动,两者之间具有内在的逻辑联系。由于历史条件的差异,1882年的奥拉比兵变与1919年的宪政运动出现不同的结局,前者的结局是奥拉比兵变的失败和英国的直接占领,后者的结局则是宪政运动的初步胜利和埃及获得名义上的独立。另一方面,埃及1919—1923年宪政运动与伊朗1905—1911年宪政运动颇有异曲同工之处,两者皆表现为城市运动的明显倾向,皆包含民族主义和君主立宪的政治色彩。然而,伊朗的宪政运动具有宗教政治与世俗政治的二元性质,其政治基础在于教俗之间的妥协。相比之下,埃及的宪政运动则主要局限于世俗领域,其政治基础在于国王及在外地主与英国殖民当局的妥协。作为宪政运动的逻辑结果,伊朗的1906年宪法在诸多方面限制国王的权力,强调宗教与世俗的权力分享,埃及的1923年宪法则赋予国王以广泛的国内权力和至高无上的统治地位,君主政治长期占据主导地位,议会处于相对微弱的地位,宗教政治遭到排斥。

二、自由主义时代埃及的经济生活与政治秩序

经济社会秩序的延续与变动

在自由主义时代的埃及,农业构成最重要的经济部门,乡村农业人口超过全部人口的三分之二。地主土地所有制长期占据主导地位,租佃制广泛流行。无地农民和少地农民普遍租种地主的土地,采用分成租佃制,缴纳实物地租和货币地租。自19世纪初以来,埃及的农业经历剧烈的变化,棉花取代谷物成为埃及农业的典型作物,埃及随之由"地中海谷仓"演变为欧洲纺织业的原料供应地,自给自足的传统农业模式逐渐衰落,农业生产的市场化程度明显提高。然而,广大的乡村依然沿袭传统的耕作方式与耕作技术,农业生产呈缓慢增长的趋势。30年代,埃及政府增加农业投资,兴修水利,1930—1938年累计进口化肥380万吨,主要农作物棉花、小麦、玉米、水稻的单位面积产量均呈上升趋势,农业生产首次超过1900年的水平。[①] 30年代中期,主要农作物棉花的播种面积达到170万费丹,年产量达到50万吨。[②] 进入40年代,埃及的农业生产再次处于停滞的状态,直至1952年未能恢复到30年代的水平。1939年,主要农作

---

① Richards,A. , *Egypt's Agricultural Development 1800-1980* , p127, p. 145.

② Hershlag,Z. Y. , *Introduction to the Modern Economic History of the Middle East* , p. 228.

物棉花播种面积 162.5 万费丹,产量 869.2 万坎塔尔,单位面积产量每费丹 5.35坎塔尔;小麦播种面积 144.6 万费丹,产量 889.2 万伊尔达卜,单位面积产量每费丹 6.15 伊尔达卜;玉米播种面积 154.8 万费丹,产量 1088.8 万伊尔达卜,单位面积产量 7.03 伊尔达卜;水稻播种面积 54.7 万费丹,产量 95 万达里巴(1 达里巴折合 2 伊尔达卜),单位面积产量每费丹 1.74 达里巴。相比之下, 1952 年,主要农作物棉花播种面积 197 万费丹,产量 992.2 万坎塔尔,单位面积产量每费丹 5.04 坎塔尔;小麦播种面积 140.2 万费丹,产量 726 万伊尔达卜, 单位面积产量每费丹 5.18 伊尔达卜;玉米播种面积 170.4 万费丹,产量1057.1 万伊尔达卜,单位面积产量 6.3 伊尔达卜;水稻播种面积 37.4 万费丹,产量 53.6万达里巴,单位面积产量每费丹 1.48 达里巴。[1] 农业的落后状态,明显制约着埃及经济的发展。

  自由主义时代埃及乡村的突出现象是地权的剧烈变动,而土地所有制的变化与地权的变动之间具有内在的逻辑联系。国家土地所有制无疑是遏制乡村土地兼并和贫富分化的重要手段,土地所有制的非国有化倾向则是导致地权转移、土地兼并和加剧乡村贫富分化的深层背景。穆罕默德·阿里当政期间,国家控制土地和农民,地权的分布状况相对稳定。自 19 世纪中叶开始,国家土地所有制逐渐衰落。1882—1922 年英国统治的重要历史遗产在于私人土地支配权的强化,土地兼并和贫富分化的现象随之不断加剧。1936 年,埃及的耕地面积 584 万费丹,地产所有者 240 万人。其中,不足 5 费丹的小地产总面积 184 万费丹,5—50 费丹的中等地产总面积 175 万费丹,50 费丹以上的大地产总面积 225 万费丹。与此同时,面积不足 5 费丹的小土地所有者 224 万人,面积 5—50 费丹的中等地产主 15 万人,面积超过 50 费丹的大地产主 12420 人。[2] 1939 年, 1.2 万户土地超过 50 费丹的贵族拥有全部耕地的 40%,地产不足 5 费丹的贫困农民 264 万户,超过 90% 的农户没有土地或土地不足 3 费丹。[3] 1950 年,埃及全部耕地约 600 万费丹,拥有耕地者为 276 万户,其中地产超过 1 千费丹者约 190 户,占有耕地近 50 万费丹,地产超过 2 千费丹者 61 户,占有耕地近 28 万费丹。另一方面,地产 1—5 费丹者 60 万户,平均每户占有耕地 2.14 费丹,而地产不足 1 费丹者近 200 万户,平均每户占有耕地 0.39 费丹。[4] 另外,约有 100 万户无地农民,依靠出卖劳动力维持生计。1952 年,占地产所有者总数 2% 的

  ① Richards, A., *Egypt's Agricultural Development 1800-1980*, pp. 170-171.

  ② Hershlag, Z. Y., *Introduction to the Modern Economic History of the Middle East*, p. 126, p. 226.

  ③ Daly, M. W., *The Cambridge History of Egypt*, vol. 2, pp. 321-322.

  ④ Botman, S., *Egypt from Independence to Revolution 1919-1952*, p. 75.

大地产主拥有全国耕地的 50％。[①] 6％的大地产主拥有 65％的耕地,其中王室家族成员拥有土地约 60 万费丹。[②] 1917 年福阿德国王即位时,王室地产只有 800 费丹,1936 年去世时增加 2 万费丹;1952 年法鲁克国王(1936－1952 年在位)退位时,王室地产超过 10 万费丹。[③] 另据资料统计,1952 年革命前夕,王室地产占全部私人地产的 2.4％,面积超过 200 费丹的私人地产占全部私人地产的 21.0％,面积超过 500 费丹的私人地产占全部私人地产的 12.0％,面积超过 2000 费丹的私人地产占全部私人地产的 3.6％。[④] 埃及的大地产主要是面向市场的棉田,尼罗河三角洲是埃及大地产的主要分布区域,地产集中的程度明显高于处于相对封闭状态的上埃及。[⑤] 地权的非国有化运动和日趋严重的土地兼并,决定了地主阶级在埃及乡村的统治地位和在国家政治生活中的广泛影响。

自由主义时代,传统农业长期占据主导地位,新兴经济成分和社会势力相对软弱,在外地主构成最具政治影响力的社会阶层。即使新兴的资产阶级亦大都出自地主阶层,往往兼有资产阶级和地主的双重身份以及明显的保守倾向,而法鲁克国王则是埃及最大的地主。1924－1950 年,地产超过 100 费丹的议员约占议员总数的 45％～50％[⑥];此间,地主长期操纵议会和内阁,左右国家的政治生活。所谓的宪政制度和议会君主制,其实质在于地主阶级的统治。另一方面,农民作为依附于地主的弱势群体,处于政治生活的边缘地带,无缘分享国家权力。自由主义时代后期,农民与地主之间的矛盾对抗日趋尖锐,农民反抗地主和国家的暴力活动频繁发生。

自由主义时代,埃及人口继续呈迅速增长的趋势,而耕地面积的增长速度相对缓慢。1900 年,埃及人口 970 万,耕地面积 687 万费丹,人均耕地 0.69 费丹。1915 年,埃及人口 1200 万,耕地面积 765 万费丹,人均耕地 0.62 费丹。1935 年,埃及人口 1500 万,耕地面积 854 万费丹,人均 0.54 费丹。1949 年,埃及人口 1900 万,耕地面积 913 万费丹,人均耕地 0.48 费丹。[⑦] 换言之,1900－1949 年,埃及人口增长 100％,而耕地面积增长 50％,耕地的增长明显落后于人

① Vatikiotis,P. J. , *The History of Modern Egypt:From Muhammad Ali to Mubarak* , p. 335.
② 同上， p. 335。
③ Ayrout, H. H. , *The Egyptian Peasant* , p. 17.
④ Baraka, M. , *The Egyptian Upper Class between Revolutions 1919-1952* , London 1998 , p. 31.
⑤ Owen, R. , *The Middle East in the World Economy 1800-1914* , p. 219.
⑥ Baraka, M. , *The Egyptian Upper Class between Revolutions 1919-1952* , p. 251.
⑦ Botman, S. , *Egypt from Independence to Revolution 1919-1952* , p. 75.

口的增长,人均耕地面积急剧下降,主要农作物的人均产量下降40%。① 人口的迅速增长与耕地面积扩大的相对滞后两者之间矛盾凸显,工业化成为缓解人口增长压力和摆脱贫困状态的必要途径。

埃及的现代工业缘起于穆罕默德·阿里当政期间的新政举措。然而,19世纪埃及的现代工业增长速度十分缓慢,传统手工业长期占据主导地位。根据相关资料的统计,1873年埃及的传统手工业从业人员约10万人,占当时埃及劳动力总数的6%,主要从事食品加工业、纺织业和金属加工业,其中三分之一的手工业者分布于开罗和亚历山大。相比之下,现代工业企业和从业人员的数量微乎其微。西方的冲击尚未明显改变埃及的工业生产结构,西方工业品的消费对象局限于社会上层,传统手工业依然具有广阔的市场。1907年,埃及的劳动力总数约为580万,其中非农业劳动力50万,绝大多数从事传统手工业生产,现代工业企业不超过40家。② 另据统计,1907年,农业劳动力占全部劳动力的68.3%,工业劳动力仅占全部劳动力的8%。③ 自由主义时代,埃及经历艰难曲折的工业化进程。米绥尔银行创建于1920年,旨在发展埃及的现代民族工业。米绥尔银行最初创办的企业,包括1921年和1927年投资兴办的两家纺织厂、1922年投资兴办的印刷厂、1925年投资兴办的灌溉公司和电影公司。30—40年代,米绥尔银行投资兴办的企业包括航空公司、航运公司、保险公司、旅游公司以及数家纺织厂。④ 1930年,埃及政府取得关税自主权,颁布关税法,将进口工业品的关税由8%提高为15%～25%。⑤ 此后数年,西方诸国强加于埃及的一系列不平等条约亦相继废除。埃及现代民族工业的生存环境有所改善,增长速度逐渐加快。现代民族工业企业的数量,1927年7万家,1937年增至9万家,1945年达到13万家;现代民族工业企业雇佣的劳动力,1927年22万人,1945年达到46万人。⑥ 1919—1939年,埃及国内的工业投资增长3倍,商业投资增长10倍,进口工业品则呈下降趋势。⑦ 1937—1947年,埃及的产业工人总数从24.7万增至75.6万。⑧ 1938—1951年,埃及工业产值增长138%,平均年增长率超过10%。⑨ 尽管如此,埃及的现代民族工业毕竟起步较晚,生产规模

① Daly,M.W.,*The Cambridge History of Egypt*,vol. 2,p. 313.

② Owen,R.,*The Middle East in the World Economy 1800-1914*,p. 149,p. 220,p. 236.

③ Tignor,R.L.,*State,Private Enterprise,and Economic Change in Egypt*,p. 32.

④ Vatikiotis,P.J.,*The History of Modern Egypt:From Muhammad Ali to Mubarak*,p. 326.

⑤ Mabro,R.,*The Industrialization of Egypt 1939-1973*,Oxford 1976,p. 51.

⑥ Hershlag,Z.Y.,*Introduction to the Modern Economic History of the Middle East*,p. 231.

⑦ Vatikiotis,P.J.,*The History of Modern Egypt:From Muhammad Ali to Mubarak*,p. 326.

⑧ Botman,S.,*Egypt from Independence to Revolution 1919-1952*,p. 79.

⑨ Baker,R.W.,*Egypt's Uncertain Revolution Under Nasser and Sadat*,Harvard 1978,p. 7.

有限,且主要局限于纺织业和食品加工业,投资基础工业者寥寥无几。据资料统计,1947 年,埃及共有工业企业 31.5 万家,其中绝大多数企业雇用劳动力不足 10 人;在雇用劳动力 10 人以上的 3346 家企业中,2773 家企业雇用劳动力 10—49 人,占全部企业的 83%,512 家企业雇用劳动力 50—500 人,占全部企业的 15%,61 家企业雇用劳动力超过 500 人,占全部企业的 2%。[①] 1950 年,埃及的工业产值仅占国内生产总值的 15%,工业劳动力仅占全部劳动力的 10%。[②] 直至 1952 年,埃及国内资本的主要投向依然是购置土地,工业投资明显落后于农业投资。充足的乡村劳动力市场、农业生产的相对稳定和工业的不成熟状态,是影响埃及国内资本投向的主要因素。工业化进程的启动,无疑导致埃及传统经济社会秩序的深刻变革。然而,自由主义时代,埃及的现代民族工业步履艰难,包括资产阶级和产业工人在内的新兴社会阶层势单力薄,尚无力与地主阶级在政治舞台上分庭抗礼。

宪政制度与议会框架内的政党政治

20 世纪初,民主、科学和工业化成为民众追逐的时尚和潮流,埃及社会呼唤着政治的变革。以西方的自由主义取代埃及传统的宗教保守主义和政治极权主义,以代议制政府取代君主独裁,被视作建立现代国家的历史选择。宪政、民主、人权的政治理念从西方传入埃及,由此开始了埃及政治发展的崭新阶段,埃及的政治现代化随之进入现代政治模式与传统政治模式激烈抗争的历史时代。

西方现代国家制度的基础在于主权在民和宪法至上的政治原则,自由和人权构成西方现代国家制度的核心内容,议会制和普选制则是西方现代国家制度的经典模式。自由主义时代,宪法、议会和政党政治在埃及初露端倪,西方现代国家制度的移植成为自由主义时代埃及政治生活的突出现象。然而,西方现代的国家制度根源于西方的历史进程即资本主义的发展和资产阶级的政治崛起,是西方经济社会变革的逻辑结果,与资产阶级之登上历史舞台和问鼎政坛表现为同步的状态,其实质在于新兴的资产阶级对于传统社会势力操纵政治舞台和垄断国家权力的否定,表现为自下而上的过程。相比之下,自由主义时代的埃及处于现代化的早期阶段,传统农业占据主导地位,封建土地所有制广泛存在,工业化进程步履艰难,现代经济成分初具规模,新兴的资产阶级羽翼未丰,不足以与传统势力角逐政坛和分庭抗礼,在外地主构成国家政权的社会基础。埃及

① Baraka,M. , *The Egyptian Upper Class between Revolutions 1919-1952*, p. 56.
② Baker,R. W. , *Egypt's Uncertain Revolution Under Nasser and Sadat*, p. 7.

民众的权利源于君主的恩赐,所谓的民主政治缺乏必要的经济社会基础,尚属无源之水和无本之木,徒具虚名。宪政运动表现为自上而下的过程,而不是自下而上的过程,具有明显的历史缺陷。英国的长期占领,亦对埃及的政治生活产生巨大的影响。经济社会发展水平的严重滞后,加之殖民统治的特定历史环境,决定了现代政治模式在埃及的扭曲状态。宪法的制定以及多党制、普选制和议会制的政治形式,并未给埃及带来真正的政治民主。

尽管如此,宪政运动的历史实践和宪政制度的初步建立毕竟标志着埃及政治领域的深刻变革。自由主义时代宪政运动与宪政制度的政治模式,无疑是埃及政治现代化进程的重要阶段,构成埃及政治从君主独裁向共和政体过渡的中间环节,其突出特点在于现代政治的形式与传统政治的内容两种因素并存。政治形式与政治内容的明显差异抑或宪政制度与君主独裁之间的激烈抗争,构成自由主义时代埃及政治生活的突出现象。封建地主和君主政治依然是埃及政治舞台的主导因素,宪法以及议会政治和政党政治作为现代政治的外在形式毕竟为新兴社会势力问鼎政坛和角逐国家权力提供了相应的空间。因此,自由主义时代埃及的政治模式,尽管具有十分浓厚的封建色彩和相当明显的非民主倾向,无法与成熟的现代政治和发达的民主政治相提并论,却无疑包含现代政治的外在要素,进而形成传统政治与现代政治长期并存的崭新局面,初露端倪的现代政治与根深蒂固的传统政治之间的抗争贯穿自由主义时代的历史进程。宪法和议会选举在一定程度上体现民众参与的现代政治模式,国王随意践踏宪法和解散议会则是极权政治排斥民主政治的基本手段。

自由主义时代,埃及政治生活的突出现象是宪政制度的历史实践。宪法的制定和议会的召开构成宪政制度的重要外在形式,而诸多政党之间的权力角逐则是宪政制度的政治基础。自1907年起,诸多政党相继组建,现代政党政治随之在埃及始露端倪。埃及现代政党政治兴起于埃及民众与英国殖民当局尖锐对立的特定历史环境,尖锐的民族矛盾决定了埃及初兴的现代政党之浓厚的民族主义色彩,丁沙微事件之后日趋高涨的民族主义运动构成诸多现代政党相继登上埃及政治舞台的直接原因,而争取埃及的民族解放和建立具有完整主权的现代民族国家则是诸多现代政党的共同政治目标。

1907年9月成立的民族党是埃及第一个现代意义的政党,创建者是马哈茂德·苏莱曼和哈桑·阿卜杜勒·拉泽克,政治领袖是艾哈迈德·卢特菲·赛义德。[①] 民族党强调埃及人的民族性和民族意识,强调埃及民族是超越宗教界限

① Metz,H.C. , *Egypt:A Country Study* , p. 45.

的统一社会群体,强调埃及民族利益至上的政治原则。在此基础之上,民族党反对奥斯曼帝国的宗主权和土耳其贵族在埃及的统治地位,反对英国的占领,主张依靠埃及民众的力量实现埃及的独立,主张实行宪政以限制赫迪威的专制,进而保障民众的自由和权利。民族党反对民众的暴力运动,倡导自上而下的和渐进的改良运动,主张与英国合作以及通过谈判实现独立,具有明显的温和倾向。另一方面,民族党主张淡化穆斯林与非穆斯林之间信仰的差异,崇尚欧洲方式的人文主义和科学精神,主张个人自由、代议制政府、教俗分离和妇女解放,将伊斯兰教的统治视作保守的象征和落后的根源,表现为浓厚的世俗色彩。民族党的支持者主要来自埃及社会上层的知识分子、地主、商人和官吏,并未吸引下层民众。克罗默尔称民族党是"埃及的吉伦特派",下层民众则将民族党视作英国的御用工具。[1]

1907年10月创建于亚历山大的祖国党是具有激进倾向的世俗民族主义政党,支持者主要来自市民阶层,领导人是穆斯塔法·卡米勒。[2] 祖国党支持民族党之强调埃及民族性的世俗主义思想和反对英国占领的民族主义立场,倡导埃及人超越宗教界限的广泛政治联合,强调建立包括苏丹在内的整个尼罗河流域的独立国家,同时主张实现下层民众的广泛政治参与和诉诸暴力手段。[3] 1908年穆斯塔法·卡迈勒死后,穆罕默德·法里德继任祖国党领导人,祖国党出现分裂,形成温和派与激进派的明显对立。祖国党中的温和派成员倾向于支持赫迪威,寄希望于温和的斗争方式,主张通过与英国殖民当局的谈判争取埃及的民族独立。持激进立场的祖国党成员则认为赫迪威只是英国殖民当局的统治工具,主张依靠奥斯曼帝国苏丹的支持和穆斯林民众的广泛政治联合,诉诸暴力手段,实现摆脱英国殖民统治和争取民族解放的政治目标。1910年,祖国党解体,温和派成员退出祖国党。此后,祖国党演变为泛伊斯兰主义的激进政治组织。[4]

立宪改革党成立于1907年12月,领导人是阿里·尤素夫。立宪改革党的政治立场介于民族党与祖国党之间,强调赫迪威与埃及民族的共性,主张强化赫迪威的统治地位和在赫迪威的领导下实现社会变革和争取国家的独立。与民族党和祖国党相比,立宪改革党缺乏广泛的社会基础,追随者局限于宫廷,人

---

① Metz, H. C. , *Egypt: A Country Study* , p. 45.

② Ahmed, M. , *Egypt in the 20th Century* , p. 23.

③ Terry, J. J. , *Cornerstone of Egyptian Political Power: The Wafd 1919-1952* , London 1982, p. 160.

④ Ahmed, M. , *Egypt in the 20th Century* , p. 27.

数寥寥无几。1913年阿里·尤素夫死后,立宪改革党退出埃及政坛。①

华夫托党始建于 1918 年,是埃及自由主义时代议会框架内最重要的政治组织。华夫托党的社会基础是包括穆斯林和科普特人在内的埃及土著乡绅和市民阶层,明显区别于传统社会的突厥—塞加西亚贵族,持世俗民族主义的政治立场。华夫托党的政治纲领是,通过合法的和非暴力的斗争方式,结束英国的殖民统治,争取埃及的民族独立。两次世界大战之间,埃及共计举行 8 次议会选举,华夫托党 6 次获胜。② 在自由主义时代的特定历史条件下,构成人口主体的农民普遍表现为依附于地主的社会状态,乡村地主的支持则是华夫托党在议会选举中赢得胜利的关键因素。然而,华夫托党主要代表中上层社会的利益,具有精英政治的浓厚色彩,缺乏下层民众的广泛支持。剧烈的社会分化以及地主与农民之间的深刻对立,决定了华夫托党之排斥下层民众的保守倾向。因此,华夫托党尽管在争取民族独立的斗争中表现出拒绝与英国殖民当局妥协的明确态度,却在国内政治、经济和社会政策方面持温和的立场,其内部结构具有明显的非民主性,尤其是在土地改革方面举步不前,无意推行激进的改革举措,强调渐进的改良原则,主张通过议会模式的政治运动实现埃及的民族独立和推动埃及的现代化进程。"华夫托党的第一代领导人代表地主和新兴资产阶级的利益……华夫托党之所以得到民众的广泛支持,并非由于其倡导激进的经济社会改革,而是由于其反对英国殖民统治的政治立场。"③

华夫托党可谓埃及自由主义时代议会政党的原型;其他诸多政党大都脱胎于华夫托党的分裂,是为议会框架内的少数派政党。自由宪政党始建于 1922 年,代表大地主以及贵族和知识界精英的政治立场,具有浓厚的世俗民族主义色彩,主张通过与英国殖民当局的谈判而逐渐实现埃及的独立,反英立场颇显温和,缺乏广泛的民众基础。自由宪政党最初支持 1923 年宪法,曾经与华夫托党建立竞选联盟,反对国王的独裁专制,主张限制君主权力,20 年代末期逐渐转向与宫廷合作,成为华夫托党的竞争对手。联盟党始建于 1925 年 1 月,是福阿德国王发起创建的御用政党,代表贵族、官吏和高级将领的既得利益,其主要成员大都出任军政要职,时人称之为"国王党"④。人民党始建于 1930 年,是伊斯马仪·西德基与华夫托党角逐议会的政治工具,代表大地主阶级的利益。萨阿德党始建于 1937 年,代表工业资产阶级的利益,与工业基金会、米绪尔银行具

---

① Ahmed, M. , *Egypt in the 20th Century*, p. 23.

② Vatikiotis, P. J. , *The History of Modern Egypt : From Muhammad Ali to Mubarak*, pp. 274-295.

③ Terry, J. J. , *Cornerstone of Egyptian Political Power : The Wafd 1919-1952*, p. 208.

④ 同上,p. 182。

有密切联系,主张埃及的经济独立和工业保护政策,倡导宪政、民主、公民权和一定程度上的社会公正。[①]

工业的初步发展促使工人阶级走上埃及的政治舞台。1899—1910 年,烟草、铁路和印刷行业出现最早的工人运动。1919 年革命期间,新兴工人阶级构成埃及政坛的左翼群体。工会的建立以及工会领导的罢工,则是工人阶级之力量崛起的集中体现。埃及的工会组织最早出现于 19 世纪末和 20 世纪初,成员主要是非埃及血统的希腊人、意大利人和亚美尼亚人。在 1919 年革命中,工人开始登上埃及的政治舞台,罢工和示威成为工人表达政治立场的主要方式。1919—1921 年,埃及发生罢工 81 次。至 1922 年,埃及的工会达到 102 个,其中开罗 38 个,亚历山大 40 个,运河区 18 个,其他地区 6 个。[②] 1921 年,埃及工人在工会组织的基础上成立埃及社会主义党,传播费边的社会主义思想和布尔什维克的马克思主义思想。埃及社会主义党不同于自由主义时代的诸多世俗民族主义政党,着力攻击资本主义,倡导阶级斗争,支持者来自开罗和亚历山大,其中亚历山大的支持者主要是外籍工人,开罗的支持者主要是埃及人。1922年,埃及社会主义党改称埃及共产党,其基本纲领包括争取埃及的独立、英军撤出埃及、收回苏伊士运河主权、实行八小时工作日、提高工资、自由结社、制定劳动保护法、土地改革和解放妇女。然而,埃及工业化的缓慢进程,特别是工人的多元构成,制约着工人运动的发展。工会组织大都处于宫廷和政党的操纵之下,成为精英阶层角逐权力的政治工具,或者受到立宪政府的压制,缺乏必要的活动自由。外籍工人与土著工人在诸多方面存在明显的差别,难以形成共同的目标和要求。1923 年,议会通过法案,严格限制工会活动。1924 年,埃及共产党遭到取缔,逐渐销声匿迹。[③]

1924 年 1 月,埃及举行第一次议会选举,华夫托党、宪政自由党、祖国党和独立候选人参与议会席位的竞选,华夫托党获得议会 211 个席位中的 179 个席位,扎格鲁勒出任首相,组成第一届华夫托党政府。[④] 同年 11 月,驻埃及英军司令兼苏丹总督李·斯塔克在开罗遇刺身亡,英国高级专员爱伦比要求埃及政府惩处凶手,支付 50 万英镑的赔款,从苏丹撤出埃及军队。扎格鲁勒拒绝接受英国殖民当局的要求,被迫辞职。[⑤] 福阿德国王随后解散议会,承诺从苏丹撤军,

① Ahmed,M. , *Egypt in the 20th Century*, p. 117.
② Botman,S. , *Egypt from Independence to Revolution 1919-1952*, p. 100.
③ Vatikiotis,P. J. , *The History of Modern Egypt:From Muhammad Ali to Mubarak*, p. 338.
④ Terry,J. J. , *Cornerstone of Egyptian Political Power:The Wafd 1919-1952*, p. 158.
⑤ 阿卜杜勒·阿齐兹·苏莱曼·努瓦德:《埃及近代史》,第 127 页。

任命持亲英立场的齐瓦尔帕夏作为首相。与扎格鲁勒领导的华夫托党内阁相比,"齐瓦尔的内阁俨然是英国和宫廷手中的橡皮图章"。1925 年 3 月,议会再次举行选举,华大托党获得 46% 的选票,自由宪政党获得 20% 的选票,联盟党获得 17% 的选票;在宫廷和国王的操纵下,自由宪政党、联盟党以及无党派政界人士组成联合政府,齐瓦尔出任内阁首相,扎格鲁勒当选议长。随后,国王再次宣布解散议会。[1] 新政府在福阿德国王的支持下,修改选举程序,实行间接选举,提高选民的资格限制,旨在排斥华夫托党的政治影响,削弱宪政,强化君主地位。[2] 1926 年 5 月,议会举行第三次选举,华夫脱党获得 171 个议会席位,自由宪政党和祖国党分别获得 29 个议会席位,联盟党获得 1 个议会席位,华夫托党与自由宪政党组成联合政府,自由宪政党领袖阿德里·亚昆出任首相,扎格鲁勒出任议长。1927 年 8 月,扎格鲁勒去世,穆斯塔法·纳哈斯继任华夫托党领袖和议长职位。[3]

自由主义时代埃及历史的突出现象,在于政党政治的形式下民主与专制的激烈抗争。宪法的制定和议会选举的实践初步体现着现代模式的民众政治参与,而国王随意践踏宪法和解散议会则是极权政治排斥民主政治的基本手段。政党政治既是民众政治参与的形式,亦是君主专制排斥民众政治参与的工具。另一方面,自由主义时代埃及的政治局势长期处于动荡状态,议会屡遭解散,内阁更替频繁,表明宪政制度的脆弱性。自 20 年代末开始,政党政治基础上的多元政治趋于衰落,宪法名存实亡,宫廷政治成为居主导地位的政治形式。1928 年 6 月,福阿德国王解散议会,任命自由派人士穆罕默德·马哈茂德组成内阁,极力排斥反对派政治势力,取缔宪法曾经赋予民众的新闻自由和结社自由,时人称之为宫廷政变。[4] 1929 年 12 月,埃及恢复议会选举,华夫脱党获得议会 235 个席位中的 212 个席位,纳哈斯出任首相,组成第二届华夫托党内阁。[5]

1930 年 6 月,福阿德国王罢免纳哈斯,解散华夫托党内阁,人民党领袖西德基出任首相,组成新的内阁,宣布废止 1923 年宪法,解散议会,旨在根除华夫托党东山再起的政治基础。与此同时,西德基授意起草新宪法和新的选举法,试图强化君主政治。根据新的 1930 年宪法,内阁不再对议会负责,改为对国王负责;国王有权决定首相的人选,有权解散内阁和议会;议会法案须由国王批准方可生效,国王有权否决议会通过的法案。新的选举法实行两级选举制,提高选

---

① Terry,J. J. , *Cornerstone of Egyptian Political Power:The Wafd 1919-1952* , pp. 182-183.

② Ahmed,M. , *Egypt in the 20th Century* , p. 97.

③ Terry,J. J. , *Cornerstone of Egyptian Political Power:The Wafd 1919-1952* , p. 188, p. 199.

④ Johnson,A. J. , *Reconstructing Rural Egypt* , New York 2004, p. 28.

⑤ Ahmed,M. , *Egypt in the 20th Century* , p. 112.

民的财产资格标准,选民由年满 21 岁的男性公民改为年满 25 岁的男性公民,议员人数由 235 人改为 150 人。① "西德基俨然是反宪政主义的象征,西德基内阁成为独裁的政府。"②西德基内阁的建立,标志着自由主义时代的宪政实践开始出现重大的转折。宪政制和代议制原则遭到严重破坏,独裁君主的统治权力急剧膨胀,民众政治与政府政治之间的联系明显削弱,进而导致国内政治的暴力化和极端化倾向。

1933 年 9 月,福阿德国王罢免西德基,解散 1931 年选举的议会。1935 年 12 月,国王迫于压力,宣布恢复 1923 年宪法和 1924 年规定的选举程序。③ 1936 年 4 月,国王福阿德死,法鲁克即位。1936 年 5 月,埃及恢复议会选举,华夫托党获得 89% 的选票和 157 个议会席位,自由宪政党获得 17 个议会席位,人民党获得 8 个议会席位,联盟党获得 5 个议会席位,祖国党获得 4 个议会席位,独立候选人获得 16 个议会席位;纳哈斯出任首相,组成第三届华夫托党内阁。④ 1936 年 8 月,纳哈斯领导的华夫托党政府与英国殖民当局签署协议。根据 1936 年英埃协议,埃及获得进一步的独立,享有自主的外交权利;英国高级专员改称英国驻埃及大使,英国在埃及的防务改为英埃军事联盟的形式,英国在埃及的驻军局限于开罗、亚历山大和苏伊士运河区,驻军规模不得超过 1 万人;埃及军队隶属埃及政府,埃及军队的英籍总监改由埃及人担任,埃及的军事学院招收埃及学员;埃及军队进驻苏丹,埃及政府获准向苏丹移民,苏丹问题留待苏丹人在建立主权国家与沿袭英埃共管两者之间自主选择;取消领事裁判权和外国侨民在埃及享有的特殊保护,混合法庭将于 12 年后即 1949 年取消,废除以往强加于埃及的不平等条约;英国承诺支持埃及成为国联的成员。⑤ 此后,埃及政府迫使苏伊士运河公司作出让步,有权任命至少两名埃及人作为运河公司的董事会成员,运河公司每年需向埃方支付 30 万埃镑的酬金,运河公司的埃及雇员不得少于 35%,运河公司有义务修筑苏伊士至塞得港之间的公路。1937 年,蒙特罗斯会议宣布废除西方列强与奥斯曼帝国签订的不平等条约,规定在未来 13 年中逐步废除混合法庭,即至 1949 年外国人在埃及享有的法律特权将不复存在。⑥

随着 1936 年英埃协议的签署和英埃矛盾的缓解,宫廷与华夫托党之间的

① Ahmed,M. , *Egypt in the 20th Century*, pp. 116-117.

② Johnson,A. J. , *Reconstructing Rural Egypt*, p. 29.

③ Ahmed,M. , *Egypt in the 20th Century*, p. 127, p. 135.

④ Terry,J. J. , *Cornerstone of Egyptian Political Power:The Wafd 1919-1952*, p. 230.

⑤ 阿卜杜勒·阿齐兹·苏莱曼·努瓦德:《埃及近代史》,第 129—130 页。

⑥ Botman,S. , *Egypt from Independence to Revolution 1919-1952*, p. 39.

权力争夺趋于加剧。与此同时，华夫脱党内部出现分裂，纳哈斯将华夫脱党主要成员马哈茂德·努克拉什和艾哈迈德·马希尔驱逐出党；两人遂组建萨阿德党。[①] 1937 年 12 月，国王解散纳哈斯领导的华夫托党内阁。二战前夕，华夫托党与宫廷之间的关系进一步恶化，继纳哈斯内阁之后的马希尔内阁、萨布里内阁和西里内阁均为非华夫托党政府。1939 年二战爆发后，法鲁克国王以及非华夫托党领导的内阁均持倾向德国的立场，试图依靠轴心国的势力摆脱英国的控制。"国王任命着一个接一个的首相。这些首相或者同情轴心国，或者表示中立，却无人持亲英的立场"。1941 年，首相侯赛因·西里试图中止与法国维希政府的外交关系，旋即遭到国王的罢免。1942 年 2 月，英国出于自身利益的需要，强迫法鲁克国王委派纳哈斯出任首相，组建新一届华夫托党内阁。[②] 此后，华夫托党与宫廷之间的矛盾进一步加剧，国王支持的诸多政党由于长期排斥华夫托党而成为纳哈斯政府迫害的对象。华夫托党在野期间极力主张取消军事管制法，重新执政后却利用军事管制法作为排斥政治异己和垄断权力的首要工具，"政治演变为报复的游戏"[③]。与此同时，华夫托党成为英国的战时盟友，其作为埃及反英民族运动领袖的形象不复存在，其在民众中享有的政治威望一落千丈。"所有的开罗人和所有的埃及人都知道，华夫托党与英国殖民当局合作，共同反对宫廷，华夫托党的领导人纳哈斯成为帝国主义的政治盟友。"[④]

扎格鲁勒领导的华夫托党诞生于埃及民众与英国殖民统治激烈对抗的特定历史环境，曾经是一战结束后埃及独立运动的核心和埃及民族的象征，其反对英国殖民统治的不妥协的政治立场博得埃及民众的广泛支持。相比之下，二战期间纳哈斯领导的华夫托党依靠英国殖民当局的支持回归政坛，民族主义的立场趋于温和，不再被民众视作埃及民族利益和国家主权的捍卫者，政治威望丧失殆尽，驾驭民众的政治能力不断削弱，逐渐蜕变为腐败、专制和特权的象征，进而丧失原有的社会基础，呈衰落的趋势。自 1943 年起，法鲁克国王与遭到华夫托党排斥的诸多议会政党在立场上趋于一致，华夫托党成为埃及政坛的众矢之的。反对华夫托党的诸多政党组成民族阵线，公开抨击华夫托党的统治导致埃及重新沦为英国的殖民地。1943 年 2 月，华夫托党内部的反对派麦克拉姆·欧拜德发表《黑书》，揭露纳哈斯和华夫托党的腐败行为，指责纳哈斯和华夫托党勾结英国和出卖埃及国家利益，产生广泛的政治影响。[⑤]

① Ahmed，M.，*Egypt in the 20th Century*，p. 145.

② Johnson，A. J.，*Reconstructing Rural Egypt*，p. 56-57.

③ Vatikiotis，P. J.，*The History of Modern Egypt：From Muhammad Ali to Mubarak*，p. 351.

④ Terry，J. J.，*Cornerstone of Egyptian Political Power：The Wafd 1919-1952*，pp. 252-253.

⑤ 同上，p. 281.

二战形势的变化直接影响着埃及的政治走向。轴心国军队在北非战役的失败,结束了英国对于华夫托党政府的支持。1944 年 10 月,纳哈斯领导的华夫托党政府垮台,萨阿德党领袖马希尔组建新的联合政府。1945 年 2 月,马希尔被暗杀,萨阿德党的新领袖努克拉什继任首相。努克拉什执政期间,以工人和学生作为主体的民众抗议和请愿活动日渐频繁。1946 年 2 月 9 日,示威的学生与警察发生冲突,数人伤亡,努克拉什辞职,国王任命人民党领袖西德基为内阁首相。[①] 此后,示威活动由开罗扩大到亚历山大和其他城市,示威者与英军发生冲突,工人罢工,市民罢市,学生罢课,英军驻地和西方商号成为攻击的目标。[②] 1946 年 5 月,西德基政府与英国殖民当局谈判,后者坚持以保留在苏伊士运河区驻军作为条件撤出开罗和亚历山大的驻军,谈判破裂。与此同时,西德基政府实行高压政策,解散政治组织,镇压政治运动,囚禁政治反对派。随后,西德基与英国殖民当局再次举行谈判,双方同意英军在未来三年撤离埃及,英国与埃及签订共同防御条约,苏丹在名义上隶属埃及国王直至建立自治政府。[③] 此后数月,埃及民众强烈要求结束殖民统治、撤走英军和实现埃及与苏丹的统一,在开罗、亚历山大和其他地区举行示威,反英运动愈演愈烈,冲突迭起。1946 年 12 月,努克拉什取代西德基出任首相,开始与英国政府就埃及的主权和国际地位进行谈判,并将相关问题交联合国讨论,无果而终。1947 年 1 月 19 日即 1899 年英埃共管条约签订的周年纪念日成为埃及的国家哀悼日,民众反英情绪日趋高涨。努克拉什政府在国内实行自由化政策,取消新闻审查,允许政治结社,废除军事管制。然而,在与英国交涉方面,努克拉什政府尚显无力。[④]

1945—1952 年的埃及处于极度混乱的状态,困扰埃及的突出问题是国王的专制、政党的腐败和议会政治的徒具虚名。华夫托党作为埃及最具影响力的议会政党,一方面致力于驾驭民族主义运动和争取国家独立的斗争,与英国殖民当局角逐政坛,排斥英国殖民当局的势力和影响,争夺埃及的统治权力;另一方面由于特定的社会基础而无力弥合埃及国内日渐加深的贫富分化和社会对立,无意推行有助于缓解国内贫富分化和社会对立的经济改革和政治改革,因而逐渐失去民众的支持。与此同时,华夫托党内部出现新的裂变。华夫托党先锋队是华夫托党内部的政治组织,兴起于二战结束初期,主要由青年知识分子组成,领导人是穆罕默德·曼祖尔和阿齐茨·法赫米。该组织尽管隶属于华夫托党,

① Ahmed, M., *Egypt in the 20th Century*, pp. 172-178.

② Terry, J. J., *Cornerstone of Egyptian Political Power: The Wafd 1919-1952*, p. 293.

③ Botman, S., *Egypt from Independence to Revolution 1919-1952*, pp. 49-50.

④ Ahmed, M., *Egypt in the 20th Century*, p. 181, pp. 184-185.

却受自由主义思想和社会主义思想的影响,倡导较为激进的社会改革和民族主义运动,时称左翼华夫托党。在国际方面,该组织倾向于共产主义国家和民族解放运动;在国内方面,该组织主张维护工人和农民的利益,限制资产阶级和地主阶级的经济剥削。该组织与埃及国内的马克思主义组织保持密切的联系。1947年,该组织与激进的工会组织、左翼的妇女组织、马克思主义的民族解放民主运动组织联合成立全国民众阵线,要求英军撤出尼罗河地区,要求英国给予埃及充分的国家主权,同时反对埃及加入敌视英国和美国的国际军事同盟,主张改善埃及民众的生活境况。1947年8月22日,全国民众阵线组织开罗民众数千人举行示威,要求英军撤出埃及领土,导致激烈的冲突,45名军警和38名示威者丧生。①

1949年与以色列的战争结束后,埃及财政陷于危机。法鲁克国王试图组建新政府,华夫托党则因恐惧穆斯林兄弟会的极端活动而被迫让步。1949年6月,无党派人士西里受命组阁,包括华夫托党在内的所有主要政党加入新政府。新政府放弃高压政策,释放政治犯,承诺结束军事管制。② 1950年1月,举行大选,华夫托党取胜,赢得议会319个席位中的228席,纳哈斯出任首相。③ 纳哈斯领导的华夫托党政府致力于埃及经济社会的发展,兴办医院,改善饮水条件和工人居住环境,启动阿斯旺水电计划,创办工业银行,规定埃及人拥有埃及所有公司51%的股份,组建国有的开罗电力公司,包含工业化、国有化和民族化的初步倾向。与此同时,华夫托党政府开始关注下层民众即工人和农民的生活境况,制定劳动契约法、疾病补偿法和物价补贴法,颁布向无地农民分配100万费丹土地的法案。然而,华夫托党面临的最大困难,依旧是与英国殖民当局谈判和解决英埃关系。1950年3月到1951年10月长达19个月的谈判结果是,埃及政府于1951年10月单方面废除1936年英埃协议和1899年关于苏丹的英埃共管条约,宣布法鲁克是埃及和苏丹的国王。此后,埃及工人拒绝为英军做工,铁路部门拒绝运送英军物资和人员,海关拒绝清理运往英军基地的货物,商人取消与英军签订的合同。在伊斯梅利亚和塞得港,示威者与英军发生冲突。1951年11月到1952年1月,由学生、工人、运河区农民组成的游击队与英军之间屡有冲突,民众运动趋于失控,英军则开始向开罗逼近。华夫托党政府束手无策,陷于危机。1952年1月25日,英军进攻伊斯梅利亚的埃及警察驻地,多人伤亡。次日,民众反英运动在开罗达到高潮,进而掀起全国范围的总罢工。

---

① Botman,S., *Egypt from Independence to Revolution 1919-1952*, pp. 61-62.

② Ahmed,M., *Egypt in the 20th Century*, p. 192.

③ Botman,S., *Egypt from Independence to Revolution 1919-1952*, p. 51.

1月27日,法鲁克国王解散纳哈斯政府,委派马希尔出任首相。3月1日,希拉里政府取代马希尔政府。6月28日,希拉里政府辞职,西里组成新政府。[①]1952年革命前夕,法鲁克国王无意推动经济社会改革,亦无力结束英国的占领和捍卫民族尊严。埃及陷于严重的政治危机态,政治革命成为埃及社会的迫切需要。

政治生活的激进化与极端主义的泛滥

自由主义时代,宪政制度的建立与议会框架内政党政治的活跃,无疑标志着埃及传统政治模式的衰落和现代政治模式的初步实践。然而,源于西方的宪政制度在20世纪初的埃及缺乏必要的经济社会基础,宪法规定的自由、民主和人权原则只是一纸空文。埃及宪政制度的基础局限于社会上层,国王与诸多议会政党的权力分享构成自由主义时代埃及政治的核心内容,议会政治、政党政治与精英政治具有三位一体的明显倾向。包括华夫托党在内的诸多政党作为埃及政坛的主导势力,其支持者主要来自地主、商人、企业家、官吏、知识分子,只是社会上层操纵议会选举和角逐权力的政治工具,无意扩大政治参与的社会基础和推动民主政治的历史进程,具有明显的狭隘倾向和非民众性,无力完成实现民族独立进而为现代化的长足进步开辟道路的历史使命。自由主义时代的前期阶段,以华夫托党为代表的诸多政党与国王之间的权力角逐无疑是埃及政坛的突出现象。然而,即使华夫托党亦不代表真正意义上的民主政治,具有明显的非民主倾向和精英政治的浓厚色彩。一方面,华夫托党所倡导的议会政治和政党政治仅仅将民众的支持作为角逐政坛的工具,其实质在于凌驾于民众之上和操纵民众运动的政治走向。另一方面,华夫托党的内部机制并不具有民主的性质,只是介于君主独裁与民主政治之间的寡头政治,华夫托党的一般成员缺乏必要的政治参与,被排斥于决策程序之外,扎格鲁勒和纳哈斯在党内具有绝对的统治地位。换言之,扎格鲁勒和纳哈斯控制华夫托党,华夫托党控制民众,所谓的政党政治表现为自上而下的明显倾向,与遵循自下而上之选举原则的政党政治和成熟的民主政治相去甚远。

随着传统经济秩序的衰落和社会裂变的加剧,下层民众渴望获得相应的政治权利,以求保障自身的经济地位。进入40年代以后,埃及的政治生活经历精英政治与民众政治此消彼长的明显变化。议会框架内的诸多政党对于下层民众之政治参与的排斥,导致下层民众对于精英阶层主导的宪政制度丧失信心。

---

① Ahmed,M., *Egypt in the 20th Century*, p.204, p.208.

随着下层民众的政治觉醒，民众政治悄然崛起，进而形成与精英政治之间的尖锐矛盾和激烈对抗。超越议会框架的政治参与，构成新兴民众政治的突出特征。议会政治的非民众性，导致新兴民众政治的非议会性。区别于议会框架内的政党政治及其所代表的传统秩序而与新兴民众政治的崛起密切相关的崭新政治倾向日益明显，旨在否定现存政治秩序的革命条件日渐成熟，新旧政治秩序的更替成为埃及历史的发展趋势。与此同时，诸多政党与国王之间的矛盾逐渐缓解，议会框架内的政党政治趋于保守。

民众政治挑战精英政治的突出表现，在于政治生活的激进化和极端主义的泛滥。现代化进程中经济社会环境的剧烈变化，无疑是极端主义在埃及兴起的物质根源。自由主义的软弱、西德基政府排斥民众政治参与的独裁倾向、宫廷势力的膨胀和华夫托党的妥协，是导致极端主义政治倾向的直接原因。极端主义的社会基础在于下层民众的政治觉醒，诉诸暴力的激进倾向构成极端主义的明显特征。

自由主义时代初期，世俗宪政思想一度成为在埃及政坛占主导地位的意识形态，世俗政治和议会框架内的政党政治构成精英政治的外在形式。自 30 年代开始，埃及民众与英国殖民统治之间的矛盾日趋尖锐，埃及的意识形态随之发生相应的变化，价值取向逐渐由崇尚西方的世俗理念转变为回归传统的宗教倾向，宗教政治和议会框架外的政党政治构成民众政治的表现形式。源于西方的世俗民族主义面临严峻的挑战，现代伊斯兰主义在埃及社会的政治影响明显扩大，进而成为埃及民众政治的意识形态。自由主义时代后期，具有浓厚宗教色彩的穆斯林兄弟会成为民众政治挑战精英政治的主要政治力量。与议会框架内的政党政治相比，穆斯林兄弟会的特点在于借助现代伊斯兰主义的形式，强调神权政治性、广泛群众性和圣战暴力性，以下层民众政治取代精英政治。穆斯林兄弟会的兴起和发展，构成宗教政治的外在形式。宗教政治与世俗政治的抗争以及议会框架外的政党政治与议会框架内的政党政治之间的激烈角逐，根源于埃及社会内部的深刻矛盾，构成民众政治与精英政治之间尖锐对立的逻辑结果。穆斯林兄弟会的滥觞，集中体现现代伊斯兰主义的广泛政治影响，进而构成自由主义时代后期埃及特定的社会条件下民众广泛政治参与的历史形式。现代伊斯兰主义的泛滥和穆斯林兄弟会的广泛影响以及极端势力的兴起，预示着政治革命的即将到来。

穆斯林兄弟会的创始人哈桑·班纳，1906 年出生于下埃及布海拉省小城马赫穆迪叶的宗教学者家庭，自幼熟读经训。[①] 20 年代中期，哈桑·班纳前往开

---

① Wendell, C., *Five Tracts of Hasan Al-Banna* (*1906-1949*), Berkeley 1978, p. 1.

罗学习,研究贾马伦丁·阿富汗尼、穆罕默德·阿卜杜和拉希德·里达的伊斯兰现代主义思想。哈桑·班纳认为,伊斯兰教不仅是一种宗教信仰,而且是一个无所不包的完整思想体系,是指导人生各个领域的终极道路;伊斯兰教有两个取之不尽和用之不竭的思想源泉,即《古兰经》和"圣训";伊斯兰教是一种总体的意识形态,为信仰者的个体和群体指出前进的方向和道路,制定万能的制度,制约政治、经济、社会和文化生活;伊斯兰教是永恒的真理,适用于一切时间和空间。在此基础之上,哈桑·班纳强调信仰的公众化与宗教的政治化,即伊斯兰教并非个人的信仰,亦非局限于内心世界,而是国家和社会的基本框架,是规范宗教、社会、政治和经济的最高准则,因此需要在各个方面加以实践,进而实现民族和国家的复兴。[1] 另一方面,哈桑·班纳继承贾马伦丁·阿富汗尼、穆罕默德·阿卜杜和拉希德·里达的伊斯兰现代主义传统,反对盲从和守旧,强调创制的信仰原则,以适应现代社会的需要。[2] 从某种意义上可以说,哈桑·班纳的思想与伊斯兰现代主义的理论具有内在的逻辑联系;伊斯兰现代主义着眼于智力的觉醒,而哈桑·班纳则着眼于政治的实践。哈桑·班纳援引早期伊斯兰时代的政治原则,反对君主专制,主张实现民众积极的政治参与。在哈桑·班纳看来,早期伊斯兰时代无疑是伊斯兰世界的理想时代。然而,哈桑·班纳倡导的现代伊斯兰主义并非追求早期伊斯兰时代社会模式的重新构建,而是强调早期伊斯兰时代的政治理念与现代社会秩序的完美结合。[3]

1928 年,哈桑·班纳在苏伊士运河区的伊斯梅利亚创建穆斯林兄弟会。1932 年,穆斯林兄弟会的中心从伊斯梅利亚移至开罗。1935 年,穆斯林兄弟会第三次大会确定哈桑·班纳作为总训导师和最高权威。[4] 哈桑·班纳认为:穆斯林兄弟会"继承了伊斯兰教的全部美德和各种不同成分,是萨拉菲叶的信息、逊尼派的道路、苏菲主义的真理和社会理想的体现"。在哈桑·班纳看来,穆斯林兄弟会不是慈善协会,也不是政党,而是代表埃及民族的精神和灵魂。[5] 然而,穆斯林兄弟会具有明确的政治纲领、完整的组织体系和广泛的社会基础,包含现代政党的诸多要素。穆斯林兄弟会的基本目标是,实现民族和解,巩固伊斯兰世界特别是阿拉伯国家之间的团结,坚持伊斯兰教的立法原则,复兴伊斯兰教信仰和阿拉伯文化,结束党派斗争,强化武装力量,消除腐败,建立教俗合一的国家秩序,摆脱英国的殖民统治,实现埃及的主权独立,保障民众的权利,

① Botman,S., *Egypt from Independence to Revolution 1919-1952*, p. 121.
② Wendell,C., *Five Tracts of Hasan Al-Banna*(*1906-1949*), p. 4.
③ Davidson,L., *Islamic Fundamentalism*, London 1998, pp. 21-22.
④ Lia,B., *The Society of the Muslim Brothers in Egypt 1928-1942*, Oxford 1998, p. 43, p. 98.
⑤ Wendell,C., *Five Tracts of Hasan Al-Banna*(*1906-1949*), p. 36.

扩大民众的政治参与,发展民族经济,改善下层民众的生活环境。① 穆斯林兄弟会宣称:"安拉是我们的目标,《古兰经》是我们的宪法,使者是我们的领袖,圣战是我们的道路,为主道而战是我们最崇高的愿望。""我们的基本目标是解放外国政权统治下的伊斯兰土地,在伊斯兰的土地上建立自由的伊斯兰国家。"②"信仰兴则民族兴"作为穆斯林兄弟会的思想纲领,包含民族主义的明显倾向。穆斯林兄弟会的兴起无疑突破了自由主义时代议会政治和精英政治的框架,标志着埃及现代化进程中的政党政治进入崭新的发展阶段,浓厚的宗教色彩和诉诸神权的政治形式构成穆斯林兄弟会作为新兴政党的明显特征。

穆斯林兄弟会在初建阶段具有苏菲主义的浓厚色彩,致力于传播信仰、普及教育、弘扬伊斯兰文化和慈善事业,旨在培养正确理解伊斯兰教的新一代穆斯林。③ 此时的穆斯林兄弟会尚未涉足政坛,政治立场亦颇显温和。自 30 年代后期开始,精英政治日趋保守,民众政治与精英政治之间的矛盾对立明显加剧,议会框架内的政党政治危机四伏,穆斯林兄弟会作为民众政治挑战精英政治的主要载体随之逐渐转变为崇尚暴力的激进政治组织。哈桑·班纳援引《古兰经》和"圣训",强调圣战是穆斯林不可推卸的宗教义务。"夜晚做信士,白日做战士",成为穆斯林兄弟会的政治口号。④ 与此同时,穆斯林兄弟会人数迅速增加。1934 年,哈桑·班纳宣称穆斯林兄弟会的成员分布在超过 50 个村镇。1936 年,据英国殖民当局估计,穆斯林兄弟会的分支机构超过 100 个,成员总数约为 800 人。1937 年,穆斯林兄弟会的成员达到 20000 人。"30 年代末,穆斯林兄弟会的分支机构遍布埃及城市和乡村的各个角落"。1941 年,穆斯林兄弟会在开罗举行第六次大会,出席会议的各地代表约 5000 人。二战后期,穆斯林兄弟会的成员多达数十万人。⑤ 特定的社会环境,即下层民众的政治觉醒以及世俗政治的衰落和议会框架内政党政治的危机,构成穆斯林兄弟会长足发展的深层背景。农民、士兵和包括工人、学生、职员在内的城市下层的支持,提供了穆斯林兄弟会的广泛社会基础。

1933 年,艾哈麦德·侯赛因创建青年埃及党。青年埃及党最初只是准军事性质的社会组织,参加者主要是开罗、亚历山大和其他城市的青年学生,具有浓厚的伊斯兰教色彩和强烈的民族主义倾向,强调古代埃及的辉煌成就和尼罗河文明的历史传统,谴责富有者腐朽堕落的生活方式,反对华夫托党鼓吹的西方

---

① Amin,C. M. , *The Modern Middle East:A Sourcebook for History*, Oxford 2006, pp. 69-71.

② Wendell,C. , *Five Tracts of Hasan Al-Banna* (1906-1949), p. 31.

③ Lia,B. , *The Society of the Muslim Brothers in Egypt 1928-1942*, p. 37.

④ Wendell,C. , *Five Tracts of Hasan Al-Banna* (1906-1949), p. 133, p. 82.

⑤ Lia,B. , *The Society of the Muslim Brothers in Egypt 1928-1942*, pp. 95-96, p. 152, p. 154.

式民主政治,抨击英国对埃及的殖民统治,主张通过复兴伊斯兰教和诉诸暴力手段,改造埃及的政治、经济和社会现状。[①] 30年代末期,青年埃及党形成鲜明的思想纲领,致力于重建包括埃及和苏丹在内的埃及帝国,宣称埃及是伊斯兰世界的心脏而苏丹是埃及不可分割的国土,取缔外国人在埃及的特权,实行外国公司的国有化,倡导工业化改革和农业改革,主张增加乡村耕地面积、推广农业机械、提高农业生产力、建立乡村合作社和扩大农业信贷,主张建立工业银行和保护关税,发展民族工业,由埃及人垄断国内贸易,兴办国内交通,主张抵制非阿拉伯语和抵制非埃及的商品,普及教育和弘扬埃及文化,突出爱资哈尔作为文化中心的地位。青年埃及党的口号是:"安拉、祖国、国王","安拉伟大,光荣属于伊斯兰"[②]。

　　1945—1952年的埃及面临经济萧条和政治动荡的严峻局面,失业率上升,物资匮乏,物价指数由1939年的100%升至1952年的331%。[③] 另一方面,王室和精英阶层垄断国家的权力和财富,诸多议会政党无视下层民众的利益和要求。埃及战后特定的历史环境导致激进政治的空前高涨,下层民众的世俗激进政治组织纷纷出现,左翼共产主义在下层民众中的政治影响亦逐渐扩大,工人运动和学生运动呈上升趋势,诸如反对资产阶级和保障工人利益以及改善农民境况的激进政治思想广泛流行,社会公正、经济平等和政治自由成为下层民众的共同愿望。二战期间,埃及的工会组织有了较大的发展。华夫托党政府于1942年通过法案,承认允许工人享有组织工会的合法权利,同时规定政府雇员和乡村劳动力组建工会和加入工会,禁止工会从事政治活动。1942年,埃及的工会数量约200个,参加工会的工人约8万人。1946年,工会接近500个,参加工会的工人接近10万人。1950年,参加工会的工人约15万人。此间,工人的政治作用日渐凸显,进而成为崭新的政治力量,社会主义者、共产主义者和穆斯林兄弟会对于工人运动的政治影响随之扩大。具有共产主义倾向的全国解放工人委员会是二战之后最重要的工人政治组织,亦有大量的工人加入穆斯林兄弟会的行列。然而,40年代出现的诸多世俗激进政治组织相互之间存在明显的差异和对立,并未形成统一的群体,加之其意识形态与埃及文化传统大相径庭,缺乏广泛的社会基础,颇显孤立,往往局限于外籍工人和少数知识分子的范围,政治影响微乎其微。与此同时,穆斯林兄弟会成为埃及最具影响力的激进政治

①　Metz,H. C., *Egypt:A Country Study*, pp. 51-52.

②　Botman,S., *Egypt from Independence to Revolution 1919-1952*, pp. 118-119.

③　Daly,M. W., *The Cambridge History of Egypt*, vol. 2, p. 329.

组织,拥有 2000 个分支机构和 50 万成员。[①] 1945—1948 年是穆斯林兄弟会的鼎盛时期,由穆斯林兄弟会发起和组织的民众示威和其他政治运动,以及穆斯林兄弟会发行的报刊和出版的书籍,在当时的埃及社会产生巨大影响。巴勒斯坦战争期间,穆斯林兄弟会的势力达到顶峰。穆斯林兄弟会势力的急剧膨胀,严重威胁着法鲁克国王的统治地位。巴勒斯坦战争之后,法鲁克国王将打击目标由华夫托党转向穆斯林兄弟会。努克拉什政府在埃及实行军事管制,宣布取缔穆斯林兄弟会,逮捕穆斯林兄弟会成员,没收穆斯林兄弟会的财产,包括穆斯林兄弟会拥有的学校、医院、商店、工厂、保险公司、出版机构以及军事装备。努克拉什随后遭到穆斯林兄弟会激进分子的暗杀,哈桑·班纳亦在不久之后遭暗杀身亡。哈桑·班纳死后,穆斯林兄弟会的势力逐渐削弱。1950 年 1 月华夫托党重新执政后,穆斯林兄弟会的公开活动逐渐恢复。1951 年 10 月,哈桑·侯戴比当选为穆斯林兄弟会的总训导师。[②]

三、纳赛尔主义的现代化模式

纳赛尔政权的建立

1882 年奥拉比起义失败以后,英军占领埃及,穆罕默德·阿里创立的埃及新军遭到取缔,军事学校关闭,只有少量的埃及士兵隶属于英军将领的指挥,埃及独立的军事力量不复存在。自 1936 年英埃同盟条约签订开始,英国结束对于埃及军队的直接控制,改为间接控制,负责埃及军队的训练和装备。与此同时,埃及各地的军事学校恢复招生,平民子弟遂得以步入军界和出任军官,是为自由军官涉足政坛的起点。"自由军官大都来自中等地位的社会群体,包括普通官吏、职员、富裕农民和中小地主,抑或中产阶级的上层和上流社会的下层。"[③]他们既非来自"几百家最富有的大地主、大银行家、大工厂主和大商人",亦不属于"占埃及人口 80% 的那些土地不足 1 费丹的农民以及城市中的工匠和

---

① Botman,S. , *Egypt from Independence to Revolution 1919-1952*, p. 103, p. 123.

② Dekmejian,R. H. , *Islam in Revolution:Fundamentalism in the Arab World*, New York 1995, p. 77.

③ Be'eri,E. , *Army Officers in Arab Politics and Society*, London 1970, p. 321.

商贩"①。1949 年,纳赛尔等人秘密成立自由军官运动委员会,致力于反对法鲁克王朝的政治活动。自由军官运动委员会自成立伊始,便与诸多政党及穆斯林兄弟会频繁接触,旨在扩大政治影响。

两次世界大战结束后,埃及均曾出现广泛的民众运动;一战结束后民众运动的历史结果是立宪君主制的建立,二战结束后民众运动的历史结果则是共和制的诞生。1952 年 7 月 23 日,纳赛尔领导的自由军官发动政变,控制开罗。7 月 25 日,自由军官宣布废黜法鲁克国王,拥立王储艾哈迈德·福阿德即福阿德二世即位。是为著名的"七月革命"。随后,自由军官成立革命指挥委员会,代行议会和内阁职权,穆罕默德·纳吉布出任革命指挥委员会主席、内阁总理、国防部长和武装部队总司令。② 1953 年 1 月,自由军官控制的革命指挥委员会取缔包括华夫托党在内的诸多政党,逮捕政党领袖,没收政党资金,打击反对派政治势力,仅保留穆斯林兄弟会作为非政党组织的合法存在。1953 年 6 月,革命指挥委员会宣布废除君主制,罢免福阿德二世的王位,没收王室财产,结束穆罕默德·阿里王朝的统治,埃及进入共和制时代。③ 1954 年 1 月,革命指挥委员会逮捕穆斯林兄弟会领导人,解散穆斯林兄弟会,进一步清除反对派政治势力。1954 年 11 月,纳赛尔出任总统。④ 至此,自由军官成为垄断国家权力的唯一政治力量,纳赛尔则是革命的象征和国家的化身。

自由主义时代是埃及现代化进程的重要阶段,此间埃及在经济社会领域经历长足的进步,政治领域形成多元结构和复合状态。自由主义时代埃及基本的政治要素在于君主政治、精英政治和民众政治,现代化进程中社会的裂变和新旧势力的对抗构成君主政治、精英政治与民众政治长期并存和此消彼长的社会基础。宪政制度的建立无疑是埃及现代化进程的历史坐标,适应 20 世纪初埃及特定的经济社会状况。自由主义时代之多元与复合的政治结构和政治制度既体现此间新旧经济秩序和新旧社会势力的并存状态与抗争趋向,亦为新兴社会势力问鼎政坛和角逐权力提供了必要的外在形式和政治空间,其在特定历史条件下的合理性和存在价值毋庸置疑。另一方面,自由主义时代埃及经济社会的发展变化塑造着明显区别于 20 世纪初的崭新政治环境和政治需要,导致宪政制度赖以存在的物质基础日趋崩坏,其合理性日渐丧失。从精英政治与君主政治的角逐到民众政治的崛起和精英政治与君主政治的合流,直至民众政治与

① Waterbury,J. , *The Egypt of Nasser and Sadat*:*The Political Economy of Two Regimes*, Princeton 1983，p. 271.

② Metz,H. C. , *Egypt*:*A Country Study*, p. 58.

③ 阿卜杜勒·阿齐兹·苏莱曼·努瓦德:《埃及近代史》,第 146 页。

④ Ahmed,M. , *Egypt in the 20th Century*, pp. 216-217.

君主政治、精英政治之间的激烈抗争,标志着自由主义时代埃及政治模式的历史运动。自由主义时代末期,新旧秩序的消长和贫富分化的扩大加深了不同社会群体之间的鸿沟,尖锐的社会矛盾和下层民众的广泛不满导致宪政制度的深刻危机,华夫托党的衰落和穆斯林兄弟会力量的削弱一定程度上导致埃及政治的真空状态,进而提供了自由军官问鼎政坛的土壤和条件。自由军官的政治立场,具有鲜明的民族性和温和的阶级性。精英政治与民众政治的尖锐对抗,使自由军官得以貌似中间势力,进而凌驾于社会之上,成为凝聚埃及民族的崭新象征。自由主义时代的政治实践与纳赛尔政权的建立两者之间无疑具有内在的逻辑联系,纳赛尔政权的建立可谓自由主义时代末期民族矛盾与民众政治广泛结合的历史结果。换言之,宪政制度在政治方面特别是争取民族独立和打破权力垄断方面的软弱和在推动经济社会进步方面的保守,导致自由主义时代末期的深刻危机,进而促使埃及选择崭新的发展道路。宪政制度的衰落,为纳赛尔主义的广泛实践铺平了道路。争取彻底的民族独立和完整的国家主权,以及通过土地改革的形式铲除封建主义和推动工业化进程即实现经济社会领域的深刻改革,成为历史赋予纳赛尔政权的使命。

从埃及民族主义到阿拉伯民族主义

纳赛尔主义起源于埃及现代化进程中诸多因素的矛盾运动,是埃及人民反抗英国殖民统治的历史产物,亦是埃及的新兴社会势力排斥传统政治秩序的逻辑结果。"近百年来,西方殖民者将埃及变为满足自身需要的工具,使埃及成为西方工业原料的种植园,使埃及地主成为买办阶级。埃及的农业得到发展,而埃及农民的境况却未得到改善。"[1]"铲除殖民主义、外族统治和外族特权,是几代埃及民族主义者所向往的目标。"[2]民族的解放和主权的独立,是埃及民众的共同愿望。弥合国内不同群体之间的对立冲突,实现社会的整合与民族的凝聚,进而结束英国的殖民统治,是特定的条件下埃及历史发展的客观需要。自由主义时代,埃及社会裂变加剧,民众政治与精英政治之间形成尖锐的对抗。民众政治的发展构成精英政治的严重威胁,议会框架内的政党政治日趋保守,无力完成整合社会和实现民族独立进而为现代化的长足进步开辟道路的历史使命。纳赛尔主义适应埃及现代化进程的客观需要,构成整合埃及社会、争取民族解放和实现国家独立的必要形式。民族主义的理论与实践,构成纳赛尔主

---

① Hinnebusch,R. A. , *Egyptian Politics Under Sadat*, Cambridge 1985, p. 11.

② Beattie,K. J. , *Egypt during the Nasser Years*, Boulder 1994, p. 19.

义的核心内容。尖锐的民族矛盾和共同的民族利益,是纳赛尔时代民族主义的社会基础。通过民族革命的形式否定殖民主义的统治,为埃及经济和社会领域的深刻变革创造条件,是纳赛尔政权的首要目标。

早在"七月革命"前夕,自由军官便在著名的"六点纲领"[①]中明确阐述了铲除殖民主义和实现国家主权独立的基本思想,强调埃及民族主义的政治原则。[②]纳赛尔政权建立后不久,便就苏丹的地位和结束英国在苏伊士运河区的军事占领问题与英国政府进行谈判。1899—1924年,苏丹处于英国与埃及的共同管辖之下;1924年以后,埃及对于苏丹的管辖权被英国剥夺,英埃关系随之紧张。1947年和1950—1951年,英埃之间的紧张关系两度由于苏丹问题而达到顶点;前者导致埃及将苏丹问题和整个英埃关系提交联合国安理会,后者导致华夫托党政府单方面废除1936年英埃条约并宣布尼罗河流域的统一。1952年以后,尼罗河流域的统一再次成为埃及民众的共同愿望。然而,苏丹诸多的政党和政治群体在英国的支持下,试图建立具有完整主权的国家。1953年2月12日,埃及政府与英国政府签订协议,决定经过三年的过渡时期结束英国和埃及对于苏丹的共同管辖,由苏丹民众自主选择独立或与埃及合并。1956年,苏丹宣布独立。1954年10月,纳赛尔政权与英国政府签署协议,废除1936年英埃条约,英军承诺在此后20个月内撤出苏伊士运河区,英军保留在紧急情况下保卫苏伊士运河的权利,双方承认苏伊士运河作为国际航道。1956年6月,最后一支英军部队撤离塞得港,自1882年起长达74年的英军占领宣告结束。[③]

1955年底至1956年初,埃及寻求世界银行提供2亿美元的贷款,用于建造阿斯旺水坝。1956年7月,美国和英国拒绝履行协议,贷款计划夭折,纳赛尔则在亚历山大宣布将苏伊士运河收归国有。随后,美国、英国和法国冻结埃及的银行存款。10月,以色列军队入侵西奈半岛,英国和法国亦出兵进攻塞得港,第二次中东战争由此爆发。在苏联、美国和联合国的干预下,英国和法国于11月6日宣布停火,以色列亦于11月8日同意撤军,第二次中东战争结束。1957年1月,埃及政府宣布废除1954年与英国签订的条约。[④] 第二次中东战争的爆发和英、法、以色列三国入侵的失败,标志着埃及殖民主义时代的结束和民族革命的最后胜利,埃及人从此真正成为自己家园的主人。"客观环境塑造了克里斯玛式的民族领袖……纳赛尔恰逢其时,成为千余年来统治埃及的第一个真正的

---

① "六点纲领"即消灭殖民主义、消灭封建主义、消灭垄断、实现社会公正、强化国家军事力量、实现民主。

② 阿卜杜勒·阿齐兹·苏莱曼·努瓦德:《埃及近代史》,第145页。

③ Ahmed, M., *Egypt in the 20th Century*, p. 211, p. 217, p. 226.

④ 同上,p. 226, p. 231。

埃及人……在长期的民族运动中,是纳赛尔最终战胜了强大的外族,使埃及摆脱了从属于西方的地位,成为颇具国际影响的主权国家。"[1]

纳赛尔的民族主义思想与实践,无疑是埃及民族解放运动的历史产物。第二次中东战争结束以后,纳赛尔政权在国际社会声威大振。纳赛尔不仅被视作埃及主权独立和民族尊严的象征,而且通过声援和支持阿拉伯各国人民的反帝斗争,赢得阿拉伯世界的广泛拥戴,俨然成为全体阿拉伯人的领袖,纳赛尔主义随之由埃及民族主义转化为阿拉伯民族主义。1956年宪法宣布:埃及人民是伟大的阿拉伯民族大家庭的组成部分,在阿拉伯民族争取解放的斗争中负有不可推卸的责任。[2] 纳赛尔政权极力倡导阿拉伯世界的广泛政治联合,进而将反对帝国主义和犹太复国主义视作阿拉伯民族共同的奋斗目标。从埃及与英国的冲突到阿拉伯世界与西方诸国的对立,是纳赛尔主义从埃及民族主义转化为阿拉伯民族主义的政治基础。纳赛尔政权的阿拉伯民族主义倾向,则是整个阿拉伯世界民族解放运动日趋高涨的集中体现。"纳赛尔的埃及并未成为阿拉伯世界的普鲁士,却在阿拉伯世界摆脱西方控制和形成独立国家体系的进程中发挥了关键性的作用。"[3]

国家资本主义与工业化的长足进步

1952年革命前夕的埃及,外国资本在金融和贸易领域占有相当比重,私人企业构成基本的经济形式,只有水利和铁路由国家控制。纳赛尔政权建立初期,沿袭自由主义的经济政策,鼓励发展私人经济和积极争取外国投资。私人经济依旧构成基本的经济形式,外国投资者享有优惠。埃及政府修改1947年投资法,准许外国资本在埃及企业中占有51%以上的股份。1953年6月,埃及政府颁布第430号法令,规定新建工业企业免交5—7年的税收,降低工业原料和设备的进口关税,并由政府给予贷款。[4] 1954年,国家指导部长萨拉赫·萨利姆称:"我们不是社会主义者……我们的经济只有通过自由经营才能繁荣。"财政部长阿卜杜勒·穆奈姆·凯苏尼称:"国家以一切可能的手段来鼓励和支持自由经营……为本国和外国资本创造良好的投资环境。"然而,自由主义的经济政策并未导致私人投资的增长和促进埃及工业的发展。1952—1956年,私人

① Hinnebusch,R. A. , *Egyptian Politics Under Sadat* , p. 13.

② Beattie,K. J. , *Egypt during the Nasser Years* , p. 117.

③ Kerr,M. , *The Arab Cold War:Gamal Abdul Nasir and His Revals* , Oxford 1971, p. 22.

④ Vatikiotis,P. J. , *The History of Modern Egypt:From Muhammad Ali to Mubarak* , pp. 393-394.

投资总额为 43100 万埃镑,低于 1947—1951 年的 64600 万埃镑;1952—1956 年,工业产值的年均增长率为 6.5%,亦低于此前的增长速度。[①]

　　自 1956 年起,从自由资本主义向国家资本主义的转变成为埃及经济领域的突出现象。民族主义的高涨构成纳赛尔政权实行国家资本主义的逻辑起点,苏伊士运河的国有化揭开纳赛尔时代国家资本主义的序幕。纳赛尔时代的国家资本主义,具有明显的中间倾向,一方面不同于社会主义,承认私有制的合法地位,另一方面区别于自由资本主义,强调政府对于经济的直接干预。1956—1960 年,国家资本主义的主要内容是外国资本的国有化,数以千计的外国公司和企业被埃及政府接管,外国资本在埃及经济领域的垄断地位不复存在,埃及作为主权国家的独立地位进一步巩固。此后,经济国有化的对象由外国资本转向国内私人资本。1960 年,政府宣布将两家最大的私人银行即国民银行和米绥尔银行及其下属公司收归国有。国民银行作为私人银行,原本行使中央银行的职责,金融业务包括发行货币和发放贷款。米绥尔银行控制 40% 的存款,是埃及最大的财团,拥有超过 200 家企业,下属公司的工业产值占当时工业总产值的 20% 和纺织业产值的 50%。1961 年,政府宣布关闭亚历山大的棉花期货交易市场,由政府按照官方制定的价格统一收购,同时宣布棉花贸易公司实行公私合营,政府参股 35%。[②] 随后,政府通过参股的形式,在工业领域推行国有化政策,主要工业企业大都采用公私合资的经营方式,名曰"社会主义革命"。至 1964 年,经济国有化的范围明显扩大,金融业和基础工业处于政府控制之下,全部银行和保险公司以及 50 家重工业企业收归国有;另外,政府在 83 家规模较大的轻工业企业中拥有 50% 的股份,在 147 家中型企业(主要是纺织业)中拥有 10%～50% 的股份。[③] 1962 年颁布的国民宪章明确规定国有经济在国民经济中的主导地位,"只有国家资本主义被允许存在"成为纳赛尔政权的经济准则,金融业和主要工业部门的国家所有、进出口贸易的政府控制和私人工业的公共监督构成纳赛尔时代国家资本主义的基本形式。[④] 尽管如此,纳赛尔时代的所谓社会主义依然属于混合型经济;国家控制基础工业、重工业、金融业和进出口贸易,私人经济广泛存在于轻工业、农业和国内商业领域而不失为埃及经济的重要组成部分。1961—1966 年,10—49 人的中小企业由 3173 家增至 4199 家,其中 93% 属于私人企业。[⑤] 1967—1970 年,工业生产的增长速度明显下降,政

第七章 埃及的现代化进程

---

①　杨灏城、江淳:《纳赛尔和萨达特时代的埃及》,商务印书馆 1997 年,第 100 页,第 102 页。

②　同上,第 106 页,第 107 页。

③　Mabro,R.,*The Egyptian Economy:1952-1972*,Oxford 1974,pp.127-132.

④　Vatikiotis,P.J.,*The History of Modern Egypt:From Muhammad Ali to Mubarak*,p.397.

⑤　杨灏城、江淳:《纳赛尔和萨达特时代的埃及》,第 109 页。

府财政赤字,国内经济形势严峻。1968 年,纳赛尔政权开始调整经济政策,放宽对于私人资本和私人经济活动的限制。

国家资本主义的另一重要内容,是致力于工业的优先发展,完善工业结构,强化国家的工业基础。埃及是世界上人口密度最大的国家之一。1897—1949年,埃及耕地面积从 510 万英亩增至 580 万英亩,增长幅度为 14%;播种面积从 680 万英亩增至 930 万英亩,增长幅度为 37%;总人口从 970 万增至 2000 万,增长幅度超过 100%。① 人口的增长和人均耕地面积的减少显然是纳赛尔政权致力于工业化的客观动因,民族主义的胜利和极权政治的强化则是纳赛尔政权推动埃及工业化进程的重要条件。50 年代初,纳赛尔政权不断增加国家在工业领域的资金投入,同时实行诸多优惠政策,减免相关税收,鼓励私人投资工业。1956 年颁布的临时宪法,强调国有经济与计划经济的同步原则,强调工业发展的计划原则。1957 年,埃及政府成立工业部和国家计划委员会,制定第一个五年发展计划。第一个五年发展计划的主要内容是新建 502 个工业项目,计划投资 33000 万埃镑,其中政府投资占 61%,私人投资占 39%,优先发展基础工业和进口替代工业,实现 16% 的工业年增长率,1961 年工业产值达到国民生产总值的 19%。该计划执行三年,实际投资 14200 万埃镑,工业产值的年均增长率达到 8%。1960 年,国家制定第二个五年计划。根据新的五年计划,工业投资 44470 万埃镑,投资重点是基础工业,包括 203 个工业项目,工业产值的年均增长率预计达到 14%。② 根据 1961 年的社会主义举措,438 家国有企业被划分为 39 个行业组织,隶属政府管辖,所有的经济活动均被纳入国家发展计划。换言之,国有企业的管理纳入政府体系,国有经济处于国家的直接控制之下,进而构成官僚政府运作过程的逻辑延伸。

有学者认为,纳赛尔时代埃及的工业发展大体经历四个阶段:1952—1956年的自由资本主义阶段、1956—1960 年的指导性资本主义阶段、1960—1965 年的社会主义阶段、1965—1970 年的衰退阶段。③ 实际上,自由资本主义与国家资本主义的此消彼长,以及国有化改革与非国有化运动,构成中东诸国现代化进程的普遍现象抑或一般规律;所谓的指导性资本主义和社会主义,皆强调经济领域的政府介入和国家干预,系国家资本主义,而所谓经济衰退的实质在于变动的经济秩序导致国家资本主义经济模式的危机。纳赛尔政权以国家资本主义取代自由资本主义的主观目的,无疑是强化对于经济领域的控制,保证政

① Warriner, D., *Land Reform and Development in the Middle East*, Oxford 1957, p.16.
② 杨灏城、江淳:《纳赛尔和萨达特时代的埃及》,第 103 页,第 109 页。
③ 同上,第 100 页。

府的财源,巩固极权政治的国家体制。然而,国家资本主义的客观后果,在于工业投资的扩大和工业基础的完善。纳赛尔时代埃及经济生活的突出现象是国有化和工业化;工业化的长足发展标志着纳赛尔时代埃及历史的巨大进步,而国有化构成工业化的有力杠杆抑或发展形式。与此同时,埃及的经济结构经历了由私人经营到国家控制的深刻转变即所谓社会主义化的历史进程。

埃及在土地改革方面不及伊朗,而其国有化程度远远超过包括伊朗在内的其他中东国家,是为埃及现代化进程的明显特征。国有化运动无疑是纳赛尔政权抑制贫富分化和实现社会稳定的有效手段,然而国有经济的膨胀不利于私人经济的发展和民间投资的扩大,自由军官的权力垄断则意味着私人经济和民间资本缺乏必要的政治保障。因此,直到60年代中期,私人经济依然占国内生产总值的一半,却只占投资总额的十分之一。[1] 私人投资的相对减少,明显制约国民经济的发展。

西方殖民侵略和殖民统治的历史后果,一是资源的掠夺与贫困化,二是经济的畸形发展与依赖性。自由主义时代,外国资本控制埃及的主要工业部门。埃及的民族工业缺乏政府的保护和必要的国内市场,步履维艰。至1952年自由军官政变前夕,埃及仍然是十分落后的农业国,70%的劳动力从事农业,国内生产总值的31%来自农业,农产品占出口总额的93%,其中棉花占80%。相比之下,只有10%的劳动力从事工业,工业产值仅占国内生产总值的8%。[2] 1948年,全国的13万家工业企业共有各类劳动力39万人,平均每家企业的劳动力不足3人,而且大都属于传统的纺织业和食品加工业,手工作坊构成工业生产的基本形式,现代工业微乎其微。[3]

1897年,埃及的总人口为970万,耕地面积共计41万费丹,播种面积共计690万费丹;1960年,埃及的总人口为2600万,耕地面积共计61万费丹,播种面积共计1000万费丹。[4] 此间埃及人口的增长速度明显超过耕地面积和播种面积的增长速度。另据统计,1937—1960年,埃及人口从1600万增至2600万。1939—1960年,埃及的人口出生率并无明显的变化,而婴儿死亡率从160‰下降为109‰。婴儿死亡率的下降构成人口增长的首要原因。[5] 人口的增长导致

① Hinnebusch,R. A. , *Egyptian Politics Under Sadat* , p. 25.
② Wheelock,K. , *Nasser's New Egypt* , New York 1960, p. 138.
③ 杨灏城、江淳:《纳赛尔和萨达特时代的埃及》,第11页。
④ Clarke,J. I. and Fisher,W. B. , *Populations of the Middle East and North Africa* , New York 1972, p. 300.
⑤ Hourani,A. , *A History of the Arab Peoples* , p. 373.

人均耕地面积和人均播种面积的明显下降，由此形成工业化进程的直接动力。

纳赛尔政权建立后，致力于优先发展工业的经济政策。纳赛尔时代，埃及的工业化程度明显提高。1952—1967年，雇工10人以上的工业企业由3445家增至5128家，雇工人数由27.3万增至57万，增长幅度分别为70%和110%；其中，雇工10—49人的企业由2734家增至4130家，雇工人数由5.3万人增至7.7万人，增长幅度分别为为52%和45%，雇工50－499人的企业由633家增至796家，雇工人数由9万人增至10.6万人，增长幅度分别为25%和12%，雇工500人以上的大型企业由78家增至202家，雇工人数由13万增至38.7万，增长幅度分别为160%和200%。[①] 随着工业企业规模的扩大，现代雇佣关系得到广泛的发展。

纳赛尔时代工业生产规模的扩大，导致埃及劳动力结构的相应变化。1947－1960年，埃及的劳动力从699万人增至772万人，劳动力总数净增73万人。此间，农业劳动力从408万人增至440万人，增长率为8%，非农业劳动力从291万人增至332万人，增长率为14%，其中制造业劳动力增长27%，建筑业劳动力增长41%，运输业劳动力增长28%。[②] 1960—1970年，劳动力总数新增226.8万人，其中农业劳动力新增25%，制造业劳动力新增52%，建筑业劳动力新增110%，运输业劳动力新增58%。[③] 1960—1971年，农业劳动力在全部劳动力中所占的比例从55.3%下降为47.2%，非农业劳动力在全部劳动力中所占的比例从44.7%上升为52.8%，其中工业劳动力在全部劳动力中所占的比例从9.8%上升为13%。[④]

纳赛尔时代工业化的长足进步，表现为农业产值和工业产值在国内生产总值中所占比例的变化。1952年，农业产值占国内生产总值的40%，工业产值占国内生产总值的15%。1952—1970年，农业产值年平均增长3%，而工业产值年平均增长5.7%；至1970年，农业产值在国内生产总值中所占的比例降至23%，工业产值在国内生产总值中所占的比例则升至23%。[⑤] 与此相关的变化是，农产品在出口总额中所占的比例从90%下降为不足70%，工业品在出口总额中所占的比例由10%上升为超过30%。[⑥]

1952年以前，埃及的主要工业部门是纺织业、食品加工业和建材业等传统

① Fadil, M. A., *The Political Economy of Nasserism*, Cambridge 1980, p. 90.

② 同上，p. 6。

③ Hinnebusch, R. A., *Egyptian Politics Under sadat*, p. 7.

④ Fadil, M. A., *The Political Economy of Nasserism*, p. 13.

⑤ Mabro, R., *The Egyptian Economy: 1952-1972*, p. 146, p. 189.

⑥ Yapp, M. E., *The Near East Since the First World War*, London 1996, p. 218.

工业。纳赛尔时代,传统工业明显发展,产量提高。1952—1970年,棉纱的年产量从5.9万吨增至16.4万吨,棉布的年产量从4万吨增至11万吨,食糖的年产量从19.5万吨增至58.1万吨,水泥的年产量从50.9万吨增至360万吨。[①] 与此同时,诸多新兴工业部门在纳赛尔时代迅速崛起,其中冶金、机械和化工的增长幅度尤为明显。1952—1967年,在10人以上的企业中,冶金行业的从业人数由3800人增至23000人,机械行业的从业人数由550人增至9000人,化工行业的从业人数由11000人增至46000人,年均增长幅度分别为14%、22%和11%。[②] 钢产量由1954年的0.4万吨增至1970年的30.4万吨,生铁产量由1958年的3.4万吨增至1970年的30万吨,石油产量由1952年的263万吨增至1970年的1640万吨,发电量由1950年的8.8亿千瓦增至1970年的76亿千瓦。[③] 纳赛尔时代新兴工业的迅速发展,标志着埃及的工业结构趋于合理,进而形成较为完整的工业体系。大型企业多系国家投资兴建,主要工业部门由国家资本垄断经营。国家资本主义尽管不无弊端,却是推动埃及工业化进程的有力杠杆。

工业化程度的提高导致非农业部门劳动力的增长和人口流向的改变,进而加速了城市化的发展。埃及的城市人口,1897年为169万,约占总人口的15%,1966年为1238万,约占总人口的41%。[④] 1897—1966年,埃及总人口增长300%,城市人口增长800%。[⑤] 1970年,埃及的总人口为3332.9万,其中城市人口1399.8万,占总人口的42%。[⑥] 1950—1976年,首都开罗的人口从220万增至680万,最大的港口城市亚历山大的人口从100万增至230万。[⑦] 开罗和亚历山大两地人口的增长,可谓纳赛尔时代埃及城市化的缩影。

土地改革与乡村社会的变迁

埃及的工业化进程开始于穆罕默德·阿里时代的新政举措。此后数十年,埃及的工业长期处于西方资本和外国移民的控制之下,民族工业由于缺乏必要

① 杨灏城、江淳:《纳赛尔和萨达特时代的埃及》,第142页。

② Fadil, M. A. , *The Political Economy of Nasserism* , p. 8.

③ 《帕尔格雷夫世界历史统计》,亚洲、非洲和大洋洲卷(1750—1993),第435—437页,第430—432页,第372—376页,第505页。

④ 同上。

⑤ Clarke, J. I. and Fisher, W. B. , *Populations of the Middle East and North Africa* , p. 301.

⑥ Abdel-Fadil, M. , *Development, Income Distribution and Social Change in Rural Egypt 1952-1970* , New York 1975, p. 109.

⑦ Yapp, M. E. , *The Near East Since the First World War* , London 1996, p. 219.

的关税保护而步履维艰,国内资本大都用于购置土地。直至 1952 年革命前夕,农业依然构成埃及基本的经济部门,埃及人口的三分之二以上生活在乡村,封建土地所有制长期占据统治地位,大地产与分成租佃制的结合构成埃及农业的基本模式,拥有大量地产的在外地主是封建政治秩序的社会基础。

根据相关资料的统计,1900 年,埃及农户总数 91.4 万户,耕地面积 511.4 万费丹。其中,耕地不足 5 费丹的贫困农户 76.1 万户,占农户总数的 84%,耕地面积 111.3 万费丹,占全部耕地的 22%,平均拥有耕地 1.46 费丹;耕地 5－49 费丹的中等农户 14.1 万户,占农户总数的 15%,耕地面积 175.7 万费丹,占全部耕地的 34%,平均拥有耕地 12.5 费丹;耕地 50 费丹以上的大地产主 1.2 万户,占农户总数的 1%,耕地面积 224.4 万费丹,占全部耕地的 44%,平均拥有耕地 187 费丹。1952 年,埃及农户总数 280.2 万户,耕地面积 598.1 万费丹。其中,耕地不足 5 费丹的贫困农户 264.2 万户,占农户总数的 94.3%,耕地面积 212.2 万费丹,占全部耕地的 35%,平均拥有耕地 0.80 费丹;耕地 5－49 费丹的中等农户 14.8 万户,占农户总数的 5.3%,耕地面积 181.7 万费丹,占全部耕地的 30%,平均拥有耕地 12.3 费丹;耕地 50 费丹以上的大地产主 1.2 万户,占农户总数的 0.4%,耕地面积 204.2 万费丹,占全部耕地的 35%,平均拥有耕地 170 费丹。[1] 纳赛尔政权建立前夕,耕地不超过 1 费丹的贫困农户,拥有耕地仅占全部耕地的 13%;相比之下,地产超过 200 费丹的大地产主约 2000 户,平均拥有耕地 2600 费丹。[2] 另据资料统计,1929－1950 年,乡村人口从 1057.9 万增至 1370 万,农户总数从 211.6 万户增至 274 万户,拥有土地的农户从 120.7 万户下降为 99.7 万户,无地农户从 50.8 万户上升为 121.7 万户,无地农户在乡村农户总数中所占的比例从 24% 上升为 44%。[3] 以上统计数字表明,20 世纪前期,埃及乡村人口的增长与耕地面积的增长呈明显的不同步状态,乡村人口的增长速度远远超过耕地面积的增长速度;包括无地农民在内的贫困人口在乡村总人口中所占的比例呈上升的趋势,而乡村贫困农户平均拥有的耕地面积呈下降的趋势,由此形成悬殊的贫富差距和深刻的社会对立。

1944 年,萨阿德党议员穆罕默德·哈塔卜提出议案,要求规定一次购置土地不得超过 50 费丹,禁止大地主增加新的地产,遭到议会否决。[4] 1950 年华夫

① Abdel-Fadil, M., *Development, Income Distribution and Social Change in Rural Egypt 1952-1970*, p. 4.

② Gadalla, S. M., *Land Reform in Relation to Social Development Egypt*, Missouri 1962, p. 13.

③ Fadil, M. A., *Development, Income Distribution and Social Change in Rural Egypt 1952-1970*, New York 1975, p. 5.

④ Baer, G., *A History of Landownership in Modern Egypt 1800-1950*, p. 202, p. 207.

托党执政期间,米里特·加利和伊卜拉欣·舒克里提出新的议案,分别主张土地所有者的地产面积不得超过 100 费丹和 50 费丹,超额部分可由地主自行处置,或由政府征购,亦未获得议会通过。[①] 在外地主控制的国家机器,构成土地改革的巨大障碍。新兴工商业资产阶级与在外地主之既得利益的错综交织,加剧了土地改革的复杂程度。

纳赛尔政权建立以后,长期致力于埃及乡村的土地改革。1952 年 9 月,纳赛尔政权颁布土地改革法令,规定地主每人占地不得超过 200 费丹,每户占地不得超过 300 费丹,超过部分或由地主直接出售给占地不足 10 费丹的农户,或由国家征购;采用资本主义经营方式的农场及土地开发公司和社会团体的土地不在改革范围之内。政府征购土地的方式是,地租以地税的 7 倍计算,地价以地租的 10 倍计算,即地价为地税的 70 倍;地价以国债形式支付,国债期限为 30年。政府征购的土地以 2—5 费丹为单位出售,出售价为征购价另加 15% 的附加费,出售对象首先是享有租佃权的农民即实际的租佃者,其次是无地的贫困农民,农民不得将从国家购置的土地私自出售或转租他人,购地款分 30 年偿还,年息 3%。[②] 1958 年,政府出售土地的附加费降至 10%,年息降至 1.5%,偿还期限延至 40 年。[③] 1961 年,纳赛尔政权再度颁布土改法令,规定地主每人占地不得超过 100 费丹,全家占地不得超过 150 费丹。1962 年颁布的民族宪章明确规定土地改革的基本原则:"阿拉伯社会主义不主张实现土地国有化,不使土地变为公有制……我们主张在不允许封建制度存在的范围内实行土地私有制。农业问题的正确解决办法,不是使土地转变为公有制,而是要求保留土地私有制,并且通过给大多数雇农占有土地的权利来扩大这种所有制。在土地改革的过程中,通过农业合作化来巩固这种所有制。"[④]1964 年,政府宣布超过土地改革法最高限额的部分属于无偿没收。1969 年颁布的第三次土改法令规定,地主每人占地不得超过 50 费丹,每户占地不得超过 100 费丹。[⑤] 1970 年纳赛尔死后,土地改革终止。

据 1949 年的统计,埃及约有 360 万费丹的耕地由农民租种,出租的耕地超过全部耕地的 60%。除少数的大地产外,地主与耕作者之间的租佃关系通常只

① Johnson, A. J. , *Reconstructing Rural Egypt*, p. 62.

② Gadalla, S. M. , *Land Reform in Relation to Social Development Egypt*, Missouri 1962, pp. 38-40.

③ 杨灏城、江淳:《纳赛尔和萨达特时代的埃及》,第 116 页。

④ 唐大盾等:《非洲社会主义:历史·理论·实践》,世界知识出版社 1988 年,第 107 页。

⑤ Treydte, K. P. and Ule, W. , *Agriculture in the Near East*, Bonn 1973, p. 43.

是口头约定,缺乏成文的契约。租佃期限多为 1 年,甚至只有 1 个播种季节。地主有权决定地租的缴纳方式,有权随意终止租佃关系,赶走租种土地的耕作者,耕作者却无权要求地主支付赔偿。[①] 租种土地的贫困农民缺乏安全和稳定的收入来源,社会地位卑微,经济境况贫困,人身依附关系广泛存在,农业投资匮乏。封建主义在乡村的统治,严重制约着埃及的现代化进程。

另一方面,1952 年革命以前,国家在乡村实行的税收政策明显倾向于富人而不利于穷人。1899 年,国家征收的土地税为地租的 29%。在以后的 40 年中,尽管地租多次提高,土地税的征纳标准却保持不变。1939 年,地租上涨 37%,土地税的征纳数额却降至地租的 16%。1942—1945 年,小地主的纳税数额获得相当的减免。1949 年,土地税的征纳数额再次降至地租的 14%。1951—1952 年,所得税占政府财政收入的 29%,而下层群体承担的间接税却占政府财政收入的 49%。[②]

1952 年纳赛尔政权颁布的租佃法,在改善农民生活境况方面具有重要的意义。根据该租佃法,地主征纳的地租不得超过土地税的 7 倍;在分成制的情况下,地主获得的份额不得超过耕作者扣除生产费用之后所余收成的二分之一;土地租佃契约的期限不得少于 3 年,出租者与租佃者必须签订书面租佃协议。[③] 1954 年,佃农的人均年收入由土地改革前的 19 埃镑增至 29 埃镑。由于政府规定地租为地税的 7 倍,而地税长期不变,加之地主大都收取货币地租而非分成制地租,60 年代农作物价格的上涨直接导致农民收益的增长。1961 年,采用货币地租的佃耕地占 88%,而采用分成制的佃耕地仅占 12%。[④]

合作社在埃及的实践开始于 20 世纪初,首倡者是奥马尔·卢特菲。1909 年,奥马尔·卢特菲根据意大利的模式在埃及创立第一个农业合作社。[⑤] 1923 年,议会通过合作社法案,官方的合作化运动开始启动,农业部下设合作社处,政府颁布的农业合作社法规定每 10 个农户可以组建一个合作社,实行集体管理。1927 年,政府宣布减免合作社的部分税收。1931 年,政府成立农业信贷银行,资金为 100 万埃镑,负责向合作社和小农提供低息贷款以及种子、化肥、农机、牲畜等生产资料;所谓的小农最初指占地 40 费丹以下的农户,后来包括 200 费丹以下的地产主。1944 年,议会通过新的合作社法案,向合作社提供包括减

① Gadalla, S. M., *Land Reform in Relation to Social Development Egypt*, Missouri 1962, p. 16.

② Baker, R. W., *Egypt's Uncertain Revolution Under Nasser and Sadat*, pp. 198-199.

③ Gadalla, S. M., *Land Reform in Relation to Social Development Egypt*, p. 40.

④ 杨灏城、江淳:《纳赛尔和萨达特时代的埃及》,第 123 页。

⑤ Treydte, K. P. and Ule, W., *Agriculture in the Near East*, p. 41.

免赋税和发放贷款在内的诸多优惠条件,同时扩大政府对于合作社的控制权。[1] 1925 年,合作社为 139 个,包括 20673 个农户。[2] 1952 年土地改革法颁布前夕,合作社增至约 1700 个,加入合作社的农民总数约 50 万户。[3]

1952 年土地改革法规定,土地改革的受益者必须加入合作社,是为土改合作社。第一个土改合作社成立于 1954 年。1956 年,政府成立的土改合作社共计 198 个,土改合作社成员包括获得 17.8 万费丹的 5.2 万户农民。[4] 至 1965 年,土改合作社达到 575 个,加入土改合作社的农民约 30 万户。与自由主义时代的合作社相比,纳赛尔时代的土改合作社亦建立在土地私有制的基础之上,分散经营各自的地产。然而,纳赛尔时代的土改合作社拥有诸如农业机械、仓库和储运工具等集体财产,代购代销,受政府控制,具有半官方的色彩。农业部向合作社派驻农业稽查员,行使指导生产的职责。[5] 1960 年,政府宣布废除 1952 年以前成立的合作社组织,建立新的农业合作社,农民自愿参加,成为政府发放贷款和农业生产资料的乡村组织。1965 年,农业合作社共有 3120 个,加入农业合作社的农户 237 万户,占拥有土地的全部农户总数的 80%。[6] 此外,政府鼓励缺乏土地的贫困农户组成联合互耕合作社,由政府提供资金和技术帮助。1957 年,政府颁布法令,规定农民以农产品取代土地,作为贷款抵押。1961 年,政府取消农业银行的信贷利息。1962 年,政府颁布法令,农业合作信贷银行终止与农民个人的业务往来,只向合作社发放信贷,合作社成为农民获得贷款的唯一渠道。1964 年,农业合作信贷银行改称农业合作信贷组织,负责全面规划和实施乡村的信贷业务以及农产品销售。该组织发放的信贷包括短期实物信贷、短期货币信贷和中期货币信贷,信贷数额逐年增多,由 1952 年的 340 万埃镑增至 1965 年的 7950 万埃镑,其中短期信贷占信贷总额的 97%,而短期实物信贷占短期信贷的 60%—70%。货币信贷需要实物抵押,小农往往无力举借,地主和富裕农民是货币信贷的主要受益者。[7] 1970 年,埃及各类合作社达到 5013 个,加入合作社的农民共计 310 万户。[8]

① Vatikiotis,P. J. , *The History of Modern Egypt:From Muhammad Ali to Mubarak* , p. 337.

② Baker,R. W. , *Egypt's Uncertain Revolution Under Nasser and Sadat* , p. 200, p. 201.

③ Dyer,G. , *Class,State and Agricultural Productivity in Egypt* , London 1997, p. 85.

④ Gadalla,S. M. , *Land Reform in Relation to Social Development Egypt* , p. 45.

⑤ Treydte,K. P. and Ule,W. , *Agriculture in the Near East* , p. 42.

⑥ 唐大盾等:《非洲社会主义:历史·理论·实践》,第 109 页,第 110 页。

⑦ 杨灏城、江淳:《纳赛尔和萨达特时代的埃及》,第 126 页。

⑧ Fadil, M. A. , *Development, Income Distribution and Social Change in Rural Egypt 1952-1970* , p. 85.

纳赛尔政权的土地改革,其主要目的在于:通过规定私人占有土地的最高限额,剥夺在外地主的封建地产,进而削弱在外地主的传统政治势力,铲除旧制度的社会基础,培植新政权的社会基础;通过减免税收的相关政策,吸引在外地主从投资农业转向投资工业,进而加速工业化的进程;鼓励农民购置小块土地,发展小农经济,进而通过合作社的形式强化国家对于乡村人口和农业生产的直接控制,实现国家权力在乡村社会的广泛延伸;缓解乡村社会的贫富对立,避免红色革命。纳赛尔时代埃及的土地改革和相关举措,与伊朗巴列维时代的白色革命如出一辙,只是程度和影响不及后者。

纳赛尔时代土地改革的直接结果是地权的转移。1952 年颁布的第一次土地改革法,除没收王室地产 17.8 万费丹外,涉及地主 1789 人,征购土地 35.5 万费丹。[①] 1961 年颁布的第二次土地改革法,涉及地主约 3000 人,征购土地 10 万费丹。1969 年颁布的第三次土地改革法,涉及地主 1.6 万人,应征购土地 113 万费丹,未能完全付诸实施。[②] 1953—1969 年,国家实际征购土地共计 80 万费丹,受益者约 33.5 万农户。[③]

1950 年,埃及乡村拥有地产的农户总数为 100.3 万户。其中,地产不足 1 费丹的农户 21.43 万户,占农户总数的 21.4%,拥有地产 11.18 万费丹,占地产总面积的 1.8%;地产 1—2.9 费丹的农户 41 万户,占农户总数的 40.9%,拥有地产 70.96 万费丹,占地产总面积的 11.6%;地产 3—4.9 费丹的农户 16.24 万户,占农户总数的 16.2%,拥有地产 60.14 万费丹,占地产总面积的 9.8%;地产 5—9.9 费丹的农户 12.24 万户,占农户总数的 12.2%,拥有地产 81.84 万费丹,占地产总面积的 13.3%;地产 10—49 费丹的农户 7.9 万户,占农户总数的 7.8%,拥有地产 149.74 万费丹,占地产总面积的 24.4%;地产 50 费丹以上的农户 1.49 万户,占农户总数的 1.5%,拥有地产 240.54 万费丹,占地产总面积的 39.1%。1975 年,埃及乡村拥有地产的农户总数为 285.29 万户。其中,地产不足 1 费丹的农户 112.43 万户,占农户总数的 39.4%,拥有地产 73.9 万费丹,占地产总面积的 12.4%;地产 1—2.9 费丹的农户 116.01 万户,占农户总数的 40.6%,拥有地产 202.34 万费丹,占地产总面积的 33.8%;地产 3—4.9 费丹的农户 35.48 万户,占农户总数的 12.4%,拥有地产 118.56 万费丹,占地产总面积的 19.8%;地产 5—9.9 费丹的农户 14.85 万户,占农户总数的 5.2%,拥有地产 94.44 万费丹,占地产总面积的 15.84%;地产 10—49 费丹的农户 6.51 万

中
东
史

---

① Gadalla,S. M. , *Land Reform in Relation to Social Development Egypt* , p. 42, p. 44.

② 杨灏城、江淳:《纳赛尔和萨达特时代的埃及》,第 118 页。

③ Richards,A. , *Egypt's Agricultural Development 1800-1980* , p. 178.

户,占农户总数的 2.3%,拥有地产 98.55 万费丹,占地产总面积的 16.5%;地产 50 费丹以上的农户 100 户,占农户总数的 0.01%,拥有地产 10.57 万费丹,占地产总面积的 1.7%。[①] 另据资料统计,1950 年,埃及乡村人口 1370 万,农民 274 万户,其中无地农户 121.7 万户,占农户总数的 44%;1970 年,埃及乡村人口 1933 万,农民 386.6 万户,其中无地农户 127.9 万户,无地农户在农户总数中所占的比例下降为 33%。[②]

地权的转移导致埃及乡村社会结构的相应变化。一方面,在外地主由于地权的转移和地产的剥夺而经历普遍衰落的过程,其在乡村和农业的统治地位丧失殆尽。随着资金投向的改变,在外地主逐渐转化为资产阶级,传统政治秩序的社会基础不复存在。尽管出租土地和收取分成制地租的传统经营方式依然延续,然而越来越多的地产主开始采取资本主义农场的方式经营土地,雇工耕种,推广使用农业机械,具有较高的技术含量,雇佣关系扩大,农产品的市场化程度逐渐提高。另一方面,乡村地权趋于分散,小农经济得到明显的发展。不足 5 费丹的小块地产成为乡村地产的主要形式,其在全部耕地面积中所占的比例从 1952 年土地改革前夕的 35% 增至 1965 年的 57%。[③] 小农经济本身并不体现资本主义的生产关系,而是存在于诸多社会形态。然而,在从传统社会向现代社会过渡的历史条件下,小农经济的发展无疑意味着对封建生产关系的排斥,进而成为资本主义生产关系滋生和成长的沃土。

纳赛尔时代,合作社逐渐失去原有的民间色彩。农民加入合作社大都不再取决于自愿的原则,受益于土地改革的农户必须加入合作社,而合作社处于政府的监督之下,"成为国家控制乡村和农业的工具"[④]。另一方面,政府通过控制合作社及农业信贷的发放,直接干预农业生产,决定耕作方式和播种内容,农产品由国家征购代销,农民则由依附于地主演变为依附于政府。在某种意义上,纳赛尔时代的合作社体现埃及传统的国家土地所有制的扭曲延续,抑或国有化的经济政策在乡村和农业领域的扩展,构成政府垄断农业生产的经济形式。合作社的广泛建立,标志着国家资本主义在乡村社会和农业领域的延伸,政府与农民之间形成初步的资本主义经济关系。

尼罗河的定期泛滥是影响埃及农业的首要因素,河水流量的变化直接关系

---

① Adams,R. H. , *Development and Social Change in Rural Egypt* , New York 1986, p. 19.

② Fadil,M. A. , *Development, Income Distribution and Social Change in Rural Egypt 1952-1970* , p. 44.

③ Baker,R. W. , *Egypt's Uncertain Revolution Under Nasser and Sadat* , p. 204.

④ 同上,p. 197.

到农业的收成,建造水坝和控制流量对于农业具有至关重要的意义。阿斯旺水坝始建于1902年,蓄水10亿立方米。1912年和1932年,阿斯旺水坝两次加高,蓄水量增至50亿立方米。1952年革命以后,纳赛尔政权试图依靠英国和美国的支持,在阿斯旺建造高坝,无果而终。1958年,苏联开始援助埃及建造高坝,条件是从苏联进口设备并由苏联技术人员主持。阿斯旺水坝的建设工程于1960年开始,至1970完工,计划蓄水量为1640亿立方米,年正常供水840亿立方米,发电机装机容量100亿千瓦。阿斯旺水坝的建造,导致耕地面积的明显扩大。1892—1952年,埃及共计开垦荒地40万费丹,集中于尼罗河三角洲北部的沼泽地带。1952—1959年,纳赛尔政府在西部沙漠的解放省开垦荒地8万费丹。60年代,垦荒造田活动围绕阿斯旺水坝的建设;1970年,水坝竣工,耕地面积增加80万费丹,其中65万费丹受益于阿斯旺水坝的灌溉。另外,上埃及85万费丹的耕地因此实现常年灌溉。①

纳赛尔政权在实行工业优先政策的同时,并未忽视农业生产。1960—1968年,农业投资累计达到16亿美元,年均1.8亿美元。② 政府的农业投资主要面向私人土地;纳赛尔政权在实行工业国有化的同时,否决了土地国有化的经济政策,避免剥夺农民的土地和牺牲农民的利益,采取土地改革与合作社相结合的乡村政策。60年代中期,埃及在工业长足发展的同时,农业仍然在国民经济中占有举足轻重的地位,构成主要的外汇来源,农业劳动力占全部劳动力的二分之一,提供国民收入的28%。1952年,埃及的主要粮食作物小麦的播种面积为59万公顷,年产量109万吨,水稻的播种面积为16万公顷,年产量52万吨,玉米的播种面积为72万公顷,年产量151万吨;1970年,小麦的播种面积为55万公顷,年产量达到152万吨,水稻的播种面积为48万公顷,年产量达到261万吨,玉米的播种面积为63万公顷,年产量达到240万吨。1952—1970年,主要经济作物棉花的年产量由45万吨增至51万吨,甘蔗的年产量由23万吨增至52万吨。③

极权主义的政治模式

埃及自由主义时代的历史特征,在于殖民主义与封建主义的错综交织。一

---

① 杨灏城、江淳:《纳赛尔和萨达特时代的埃及》,第133—134页。
② Baker, R. W., *Egypt's Uncertain Revolution Under Nasser and Sadat*, p. 197.
③ 《帕尔格雷夫世界历史统计》,亚洲、非洲和大洋洲卷(1750—1993),第185—189页,第150—176页。

方面,埃及政府处于英国高级专员的操纵和控制之下,是英国高级专员的傀儡和英国殖民统治的工具。另一方面,封建地主不仅占有大量土地,而且把持议会和内阁,是自由主义时代最具实力的政治群体。新兴的民族资产阶级往往兼有在外地主的双重身份,与传统秩序存在千丝万缕的联系。封建主义在乡村和农业的统治地位,是埃及国王独裁专制的社会基础。所谓的宪政制度,则是英国殖民主义和埃及封建地主阶级政治利益的集中体现。宪政制度的实行,表明英国殖民当局与埃及封建地主阶级在新的历史条件下广泛的政治联合;两者虽有矛盾,更有共同的利益。现代化进程中新旧势力的消长以及民族主义与殖民主义的激烈抗争,导致传统的政治秩序趋于衰落。伴随着民众政治的兴起和民族解放运动的高涨,宪政制度成为埃及社会诸多矛盾的焦点所在。1952年"七月革命"前夕的法鲁克国王,由于无力摆脱英国的控制和巴勒斯坦战争的失败而成为民族屈辱的象征,由于排斥政治反对派和镇压穆斯林兄弟会而成为民众的公敌。

自由军官的政变貌似偶然,实为民众政治兴起的产物和体现,构成埃及现代化进程中权力更替和政治变革的外在形式,进而在新的时代打上军人政治的深刻烙印。权力的角逐决定着政治制度的选择,而政治制度的选择决定着权力的归属。沿袭君主制意味着穆罕默德·阿里王朝统治的延续,实行自由选举的议会政治则意味着将革命的胜利果实拱手让与华夫托党,两者均与自由军官的利益不符,为自由军官所无法接受。"七月革命"之后,纳赛尔政权实行军事管制,废除1923年宪法,推迟议会选举,宣布1953-1956年为过渡时期,由自由军官控制的革命指挥委员会代行议会和内阁职权。

1956年1月,纳赛尔政权宣布结束三年过渡期,解散革命指挥委员会,同时颁布临时宪法。根据1956年临时宪法,埃及实行共和政体和总统制;总统必须不少于连续三代的埃及血统,年龄在35岁以上,非王室成员,由议会提名而经公民投票选举产生,任期6年,可连选连任;总统是国家元首、政府首脑和武装部队最高统帅;内阁对总统负责,总统主持内阁会议和任免部长。1956年临时宪法规定,取消两院制议会,实行一院制议会,作为最高立法机构;总统有权解散议会和否决议会法案,总统否决的法案须经议会三分之二赞成票的再次通过方可生效。1956年3月颁布的选举法规定,取消选民的财产资格限制,选民的年龄限制由21岁降至18岁,男女平等,其中男性公民必须参加选举投票,女性公民自愿参加;议员的竞选条件是年满30岁和拥有财产超过50埃镑的埃及公民,议员不得兼任军政职务和担任其他公职,任期5年。[1] 第一届议会共有议员

---

[1] Hopwood, D., *Egypt:Politics and Society 1945-1984*, Boston 1985, p.90.

350 人,其中 10 人由总统任命,正副议长由总统指定。在同年举行的总统选举中,纳赛尔获得 99.9％的选票,当选埃及共和国的第一任总统。[1]

1964 年,纳赛尔政权颁布新的临时宪法。根据 1964 年临时宪法,埃及继续实行总统制,总统由议会提名并由全民表决,副总统和内阁成员由总统任免;出身工人和农民的议员不得少于议员总数的二分之一;内阁对议会负责而不再对总统负责,却必须执行总统制定的基本政策。总统作为国家元首,有权授意内阁拟定国家政策和监督国家政策的执行,有权否决议会通过的法案,有权颁布紧急法令。[2] 1956 年临时宪法与 1964 年临时宪法的共同特征,在于共和政体和总统制形式下的极权政治。纳赛尔作为总统,位于国家权力的顶点,凌驾于社会之上,是埃及民众心目中"仁慈的君主"。"议会名为最高立法机构,却缺乏独立的政治地位,无法独立行使政治权力,依附于总统,其决议只是一纸空文。内阁成员只能充当听众的角色,只有纳赛尔是发言人。"[3]

1969 年,纳赛尔授意颁布第 81 号法令,成立最高宪法法院。最高宪法法院名义上系独立的司法机构,然而最高宪法法院的法官却由总统直接任命。不仅如此,纳赛尔规定,最高宪法法院的法官必须加入阿拉伯社会主义联盟,拒绝加入阿拉伯社会主义联盟者不得出任最高宪法法院的法官。[4]

纳赛尔时代,自由军官的政治势力急剧膨胀,成为埃及政治舞台的核心群体。与此同时,自由军官通过控制国家机器和国有经济,逐渐转化为新兴的官僚资产阶级。民众的政治参与遭到排斥,国家与社会处于严重的对立状态,政府与民众之间缺乏必要的沟通渠道。

政党制度是现代政治生活中不可或缺的重要内容,纳赛尔时代的埃及亦不例外。1952 年七月革命后,包括华夫托党在内的诸多议会政党和穆斯林兄弟会构成与自由军官角逐政坛的主要势力;诸多议会政党力主恢复立宪政府,穆斯林兄弟会亦要求分享国家权力。1953 年 1 月,自由军官宣布解散原有的诸多议会政党,成立解放大会,作为动员民众政治力量进而巩固新政权的社会组织和政治工具。如同哈桑·班纳声称穆斯林兄弟会并非政党一样,纳赛尔声称解放大会亦非政党,而是实现民众权力的组织机构。解放大会的基本纲领是:促使英军撤离尼罗河领域,实行苏丹的民族自决,开发国内资源,鼓励私人投资,发

① McDermott, A., *Egypt: From Nasser to Mubarak*, London 1988, p. 102.
② Fahmy, N. S., *The Politics of Egypt: State-Society Relation*, London 2002, p. 45.
③ Hopwood, D., *Egypt: Politics and Society 1945-1984*, p. 103.
④ Kassem, M., *Egyptian Politics*, Boulder 2004, p. 19.

展本国工业,建立平等的社会秩序、公平的经济秩序。[①] 解放大会的宗旨,在于寻求各界民众的广泛支持,缓和国内的对立情绪,强调民族解放的共同目标,共同建设新埃及。解放大会设有中央最高委员会和执行委员会,地方设各级办事机构。解放大会最初由纳吉布任主席,纳赛尔任副主席兼总书记;1954 年起,由纳赛尔任主席兼总书记。1955 年,解放大会成员达到 550 万人,约占全国人口的四分之一。[②]

1957 年,解放大会解散,民族联盟取而代之,纳赛尔任主席,萨达特任总书记。民族联盟设有全国代表大会、中央委员会和遍布各地的基层委员会,行使法律建议权和行政监督权。根据 1956 年临时宪法,全体公民均被视作民族联盟的后备成员,议会的议员须由民族联盟中央执行委员会提名。纳赛尔声称:"民族联盟并不是一个政党……而是埃及全体人民的联盟","民族联盟是一个民族阵线,包括整个民族的所有成员,只有反动派、机会主义者和帝国主义的代理人除外。"[③]

1962 年阿联解体以后,民族联盟解散,成立阿拉伯社会主义联盟。两者名称各异,却无本质区别。根据民族宪章,阿拉伯社会主义联盟包括工人、农民、士兵、知识分子和民族资本家五种成分,基本目标是实现民主政治,实现社会主义革命即劳动人民的革命。阿拉伯社会主义联盟是社会主义先锋队,是人民的政治组织和最高权力机构,以人民的名义领导国家和监督政府。民族宪章明确规定,包括工人、农民、士兵和知识分子在内的劳动人民以及其他非剥削阶层构成阿拉伯社会主义联盟的政治基础,土地改革和国有化的对象以及相关的社会群体则是阿拉伯社会主义联盟所排斥的目标。[④]

阿拉伯社会主义联盟决定议会人选,审定议会的议程,议会和内阁负责执行阿拉伯社会主义联盟制定的政策。[⑤] 纳赛尔标榜工人和农民是社会主义革命的真正主人,必须在阿拉伯社会主义联盟以及一切选举产生的政治机构中占半数以上的席位,而所谓的工人指年薪不超过 500 埃镑的城市劳动者,农民则指占地不超过 25 费丹的乡村劳动者。阿拉伯社会主义联盟的中央机构是全国代表大会、中央委员会、执行委员会和书记处,地方设省市县三级委员会,主席是纳赛尔,总书记先后由侯赛因·沙菲和阿里·萨布里担任。1964 年的议会选举

---

① Hopwood, D., *Egypt: Politics and Society 1945-1984*, p. 87, p. 88.

② 杨灏城、江淳:《纳赛尔和萨达特时代的埃及》,第 157 页。

③ Wheelock, K., *Nasser's New Egypt*, p. 54.

④ Ahmed, M., *Egypt in the 20th Century*, pp. 244-245.

⑤ K. H. 卡尔帕特:《当代中东的政治和社会思想》,陈和丰等译,中国社会科学出版社 1992 年,第 222—224 页。

将全国划分为 175 个选区,每个选区选举两人,其中一人必须来自工人或农民,当选者必须是阿拉伯社会主义联盟的成员。1968 年,阿拉伯社会主义联盟的成员达到 500 万人。[1]

尽管纳赛尔一再表示反对任何形式的政党制度,声称"一党制不适合我们,因为它意味着政治垄断;多党制也不适合我们,因为它是当今外国势力渗入我国的一种手段,借以破坏我们奠定的用来动员人民的基础"[2],然而政党制度在纳赛尔时代始终占据重要地位。纳赛尔政权所反对的,只是传统的政治秩序以及自由主义时代与传统社会势力密切相关的诸多政党。所谓的解放大会、民族联盟和阿拉伯社会主义联盟,皆有鲜明的立场、明确的纲领、严密的组织和完整的机构,具备政党的基本要素。纳赛尔时代,埃及政党政治的突出特征在于长期实行一党制。解放大会、民族联盟和阿拉伯社会主义联盟相继作为唯一合法的政治组织,处于纳赛尔政权的操纵之下,服务于纳赛尔政权排斥异己、驾驭社会和控制民众的政治需要,是纳赛尔时代极权主义的政治工具。纳赛尔时代的政党政治隶属于极权主义的政治体系,政党基层组织遍布城市和乡村的各个角落,政党最高机构包括全国代表大会和中央委员会,政党核心则是以纳赛尔为主席的执行委员会,政党结构与极权政治的国家体系如出一辙。纳赛尔作为总统的绝对权力和自上而下的政治原则,构成政党制度的政治基础。纳赛尔时代,工会和诸多职业协会以及遍布乡村的合作社组织由民间组织转变为政府控制的半官方组织,构成自上而下的政党政治在民间社会的逻辑延伸。另一方面,解放大会、民族联盟和阿拉伯社会主义联盟的核心组织与政府机构之间缺乏明确的界限,自由军官往往身兼政府与政党的双重职务,纳赛尔集国家元首与政党领袖于一身,政党机构兼有政府职能,政党政治与政府政治浑然一体,而加入解放大会、民族联盟和阿拉伯社会主义联盟则是步入仕途的前提条件。

1957 年,纳赛尔首次提出"民主、合作的社会主义"[3]。1962 年,纳赛尔政权颁布的民族宪章正式确立阿拉伯社会主义作为埃及官方的意识形态。纳赛尔的阿拉伯社会主义包括以下内容:第一、主张人民控制生产资料,实行国有化与私有制并存的国家资本主义;第二、反对阶级斗争和暴力革命,倡导不流血的白色革命,强调阶级的可调和性和非对抗性,主张"融合阶级差别";第三、强调阿拉伯民族与埃及国家的共同利益;第四、坚持伊斯兰教的信仰与推行世俗化的

① Hopwood, D., *Egypt:Politics and Society 1945-1984*, p.91.

② 杨灏城、江淳、唐大盾等:《纳赛尔与萨达特时代的埃及》,第 156 页。

③ Ahmed,M., *Egypt in the 20th Century*, London 2003, p.230.

举措。所谓的阿拉伯社会主义,即适合埃及需要的社会主义抑或埃及模式的社会主义。纳赛尔主张阶级合作,宣称阿拉伯社会主义的目的在于"消灭阶级界限",建设阶级平等的社会。"我们希望在友爱和民族统一的范围内,把我们所有的阶级团结起来,通过和平的方式解决阶级搏斗,既不用暴力,也不用流血……我们要在民族联盟内部解决分歧。"[1]1962年民族宪章的颁布,标志着埃及开始走上阿拉伯社会主义的历史道路。

1964年,纳赛尔在议会发表讲话,阐述所谓的六项原则,即消灭帝国主义及其卖国的埃及代理人、根除封建主义、消灭垄断和结束资本对政府的控制、建立社会公正、建立强大的国家、建立健全的民主政体。[2] 上述六项原则强调埃及的国家主权和民族独立,强调土地改革和实行有限的私人土地所有制,强调国有化和私人企业的公共监督,强调阶级调和的政治原则,强调阿拉伯社会主义联盟的统治地位和广泛作用,强调国家利益与个人利益的高度统一,进一步丰富了阿拉伯社会主义的思想内涵。

然而,纳赛尔倡导的所谓阿拉伯社会主义名曰社会主义,却与马克思主义的科学社会主义具有本质的区别。纳赛尔宣称,阿拉伯社会主义与马克思主义存在五个方面的区别:"第一个区别是,我们信仰宗教,马克思主义否认宗教……第二个区别是,我们要从反动派专政过渡到全民民主,马克思主义要从反动派专政过渡到无产阶级专政。这是一种阶级专政,我们拒绝任何一个阶级的专政……第三个区别是,马克思主义规定土地国有化。我们没有规定土地国有化。我们相信在合作范围内的土地私人所有制……第四个区别是,马克思主义不相信私有制。我们把所有制分成剥削的所有制和非剥削的所有制,我们相信私有制,但是我们不相信剥削的所有制……第五个区别是,马克思主义要通过暴力消灭和粉碎资产阶级即我们所说的反动派,我们要在不使用暴力消灭统治阶级的情况下,通过和平的方式解决冲突的矛盾。这些就是我们同马克思主义之间的基本不同点。"[3]阿拉伯社会主义作为纳赛尔政权的官方意识形态,其核心思想在于民族主义、极权主义与国家资本主义的三位一体。

自由主义时代的埃及处于社会转型的历史阶段;封建主义在乡村根深蒂固,资本主义在城市初步发展。新旧社会势力的消长,导致现代政治模式与传统政治模式抑或民主与专制的激烈抗争。工业化和城市化的相对落后状态,决

---

① 唐大盾等:《非洲社会主义:历史·理论·实践》,第103页。
② K. H. 卡尔帕特:《当代中东的政治与社会思想》,第219—221页。
③ 唐大盾等:《非洲社会主义:历史·理论·实践》,第105页。

定新旧社会阶层之间的力量对比。乡村封建主义的延续与英国的殖民统治及特权地位,构成埃及现代化进程中的两大障碍。相比之下,纳赛尔时代极权主义的政治模式,根源于埃及社会剧烈变革的历史背景。建立强有力的国家和政府,推行自上而下的强硬改革举措,完成民族独立的历史任务,铲除阻碍经济发展与社会进步的封建主义,是埃及现代化的客观需要,亦是纳赛尔政权面临的历史任务。纳赛尔时代埃及现代化进程的历史模式,在于民族主义、极权主义与国家资本主义的错综交织,表现为国家的民族化、政治的极权化、所有权的国有化、经济的工业化、社会生活的城市化。纳赛尔时代极权主义政治模式的建立,既是民族运动的历史结果和民族主义的逻辑延伸,亦是排斥传统政治势力和否定传统政治秩序进而实现政治革命的客观需要。国家资本主义以及包括土地改革在内的诸多相关举措,则是极权主义的逻辑延伸抑或构成服务于极权主义需要的经济形式。纳赛尔作为总统不仅控制国家政权的核心,而且支配国民经济的命脉。尽管纳赛尔时代极权主义的政治模式在诸多方面貌似埃及传统的君主专制,但是两者之间无疑具有本质的区别;前者建立在国家资本主义的基础之上,后者则是封建经济的上层建筑。纳赛尔时代极权主义的政治模式,构成从传统政治模式向现代政治模式过渡的中间环节。从民族主义的胜利到极权主义的实践,标志着埃及现代化进程中政治领域的深刻革命。

1965 年,埃及军队在也门战争中陷于困境。1967 年,第三次中东战争以埃及的失败宣告结束,西奈半岛被以色列军队占领。1967 年 9 月在喀土穆召开的阿拉伯国家首脑会议上,纳赛尔从沙特阿拉伯和科威特争取到埃及急需的财政援助,同时被迫接受后者提出的新的外交框架即与以色列"不战、不和、不谈判"的原则以及从也门撤军的条件,埃及在阿拉伯世界的领导地位不复存在。[①] 另一方面,第三次中东战争结束后,以色列占领西奈半岛,控制埃及主要的产油区。苏伊士运河的关闭,导致埃及外汇收入锐减。埃及国民收入的四分之一用于军费支出,财政拮据,食品短缺,经济形势日趋恶化。重新调整外交政策,改善与西方国家的关系,进而争取西方国家的财政援助和技术援助,成为纳赛尔政权的迫切需要。1968 年 2 月和 11 月,埃及经历学生掀起和工人参加的示威活动,要求惩办战争失败的责任者,进而要求言论自由、新闻自由和政治民主。[②]自由民主的政治呼声,预示着纳赛尔时代极权主义政治模式的深刻危机。

① Ahmed, M., *Egypt in the 20th Century*, p. 268.
② Cooper, M., *The Transformation of Egypt*, Baltimore 1982, p. 42.

四、萨达特与穆巴拉克时代埃及现代化的历史走向

纠偏运动与新政举措

1970 年纳赛尔死后,副总统萨达特继任总统。萨达特执政初期,埃及政坛出现严重的分歧和对立。副总统兼阿拉伯社会主义联盟秘书长阿里·萨布里为首的政治集团主张沿袭纳赛尔的内外政策,捍卫纳赛尔的政治路线,同时强调阿拉伯社会主义联盟的集体领导权,限制总统的个人权力,进而构成对萨达特政权的严重威胁。1971 年 5 月,萨达特政权逮捕阿里·萨布里,阿里·萨布里集团成员九十余人遭到监禁。随后,萨达特政权宣布发动继 1952 年"七月革命"的第二次革命,是为纠偏运动。萨达特在 1974 年颁布的"十月文件"中声称,纠偏运动的目的是"撤销所有的非常措施,确保法律、制度的稳定",使埃及成为真正的宪政国家。[①] 与此同时,萨达特政权开始推行新政举措,外交关系的西方化、政治生活的自由化和经济政策的非国有化成为萨达特时代新政举措的核心内容。

萨达特时代的纠偏运动和新政举措,其直接原因在于萨达特集团与纳赛尔主义者之间的权力角逐;埃及政府在外交、政治和经济领域实行的一系列政策调整,具有非纳赛尔化的明显倾向,旨在削弱纳赛尔主义者的传统影响,巩固萨达特政权的社会基础。另一方面,自第三次中东战争结束以后,埃及财政拮据,食品短缺,经济形势日趋恶化,国内不满情绪逐渐上升,其在阿拉伯世界的地位亦一落千丈,内政外交陷于困境。由于与以色列的长期军事对抗,埃及不得不维持数额庞大的军费支出。1967 年,埃及的军费开支为 7.2 亿美元;1974 年,埃及的军费开支增至 23 亿美元。[②] 70 年代初,埃及的外债高达百亿美元,其中苏联的军火债务 51 亿美元,东欧国家非军事物资的债务 25.6 亿美元,西方国家军事和非军事物资的债务 25.6 亿美元。[③] 1974 年,埃及政府不得不将出口收入的 40% 用于偿还外债。[④] 重新调整外交政策,改善与西方国家的关系,进

① Baker,R. W., *Egypt's Uncertain Revolution Under Nasser and Sadat*, p. 150.

② Mabro,R., *The Industrialization of Egypt 1939-1973*, p. 38

③ Baker,R. W., *Egypt's Uncertain Revolution Under Nasser and Sadat*, p. 137.

④ Hinnebusch,R. A. *Egyptian Politics Under Sadat*, p. 58.

第七章　埃及的现代化进程

而争取西方国家的财政援助和技术援助,成为萨达特政权的迫切需要。

纳赛尔时代,埃及政府长期奉行依靠苏联的支持和与以色列军事对抗的外交政策,阿拉伯民族主义则是埃及政府制定外交政策的指导思想。萨达特政权建立后,埃及的外交政策出现明显的变化,国家利益至上成为埃及政府实施外交政策的指导思想,打破自第三次中东战争以来形成的“不战不和”的尴尬状态进而全面改善与西方国家的外交关系则是埃及政府的基本外交准则。1971 年2 月,萨达特表示愿与以色列签署和平条约,开放苏伊士运河,换取以色列从西奈半岛撤军,并且邀请美国国务卿罗杰斯访问埃及。“萨达特逐渐相信,只有加盖‘美国制造’字样的协议才能够被以色列人接受”。然而,萨达特政府的努力并未得到以色列方面的积极响应。于是,萨达特开始寻求战争的方式,苏联武器源源不断地运抵埃及。1973 年 10 月 6 日,第四次中东战争爆发。在联合国的调停下,10 月 22 日,埃及与以色列宣布停火;10 月 29 日,叙利亚与以色列宣布停火。埃及尽管在第四次中东战争中未能战胜以色列,却在政治上取得了突破性的进展。第四次中东战争的意义,在于向世界证明了埃及抗衡以色列的军事力量,打破了以色列不可战胜的神话,赢得了阿拉伯民族的尊严,使埃及具有了与以色列谈判的筹码,进而成为中东局势走向和平的转折点。“战前,阿拉伯人没有与以色列人谈判的筹码……战后,形势发生了变化。”[1]第四次中东战争亦对埃及政治产生了深刻的影响:如果说 1956 年的第二次中东战争奠定了纳赛尔政权的政治基础,那么 1973 年的第四次中东战争确立了萨达特在埃及的政治地位。

1974 年 2 月和 1975 年 9 月,埃及与以色列两次签署西奈和约,以色列承诺撤出被占领的埃及领土西奈半岛,埃及则放弃要求以色列撤出所有被占领的阿拉伯领土,中东和平进程随之正式启动。萨达特于 1977 年访问耶路撒冷,1978 年访问美国。1979 年 9 月,埃及与以色列签署戴维营和平协议;根据戴维营和平协议,以色列将在三年内全部撤离西奈半岛,给予巴勒斯坦以自治地位,埃及向以色列开放苏伊士运河,埃及与以色列建立全面的外交关系和实现正常的贸易交往。[2] 1979 年 4 月,第一艘以色列商船穿过苏伊士运河,埃及收回西奈半岛城市阿里什。1980 年 2 月,以色列驻埃及大使馆正式开馆。与此同时,埃及取代伊朗而成为美国在中东伊斯兰世界最重要的盟友,并且成为美国在中东地区仅次于以色列的第二大援助对象。自 1979 年起,埃及每年从美国得到 10—15 亿美元的非军事性援助。80 年代初,埃及每年所需小麦的 27% 来自美国,并

① Baker,R. W. , *Egypt's Uncertain Revolution Under Nasser and Sadat* , p. 138.

② Ahmed,M. , *Egypt in the 20th Century* , p. 397.

呈逐年增长的趋势。[①]

从纳赛尔时代到萨达特时代,埃及经过了从战争走向和平的演进过程。纳赛尔的目标是实现埃及的民族独立,萨达特的目标则是实现埃及的和平与繁荣。萨达特时代埃以之间的关系由诉诸战争手段到致力和平谈判的转变,构成推动埃及现代化进程的重要条件。然而,萨达特的外交政策和外交实践,在实现埃及从战争走向和平的历史性变化的同时,亦使埃及付出了沉重的代价。戴维营协议的签订和埃以和平进程的启动,导致埃及与其他阿拉伯国家之间的关系急剧恶化。萨达特政权牺牲其在阿拉伯世界的核心位置,换取与以色列的局部和平以及美国的援助,导致埃及在阿拉伯世界长期处于孤立状态。阿拉伯国家纷纷谴责萨达特出卖巴勒斯坦和阿拉伯民族利益,中断与埃及政府的外交关系,直至将埃及逐出阿拉伯国家联盟,阿盟总部由开罗迁往突尼斯。包括沙特阿拉伯在内的诸多阿拉伯产油国停止对埃及提供经济援助,促使埃及进一步走向西方世界,尤其是依赖于美国的财政援助和技术援助。直至穆巴拉克时代,埃及政府致力于修补与其他阿拉伯国家的关系,进而重新回归阿拉伯世界。尽管如此,和平的国际环境与西奈半岛被占领土的收复无疑符合埃及国家的根本利益,而萨达特的外交努力实现了十月战争和诉诸军事手段未能达到的目的。

纳赛尔时代,极权主义无疑是埃及政治生活的突出现象。自由军官的集体领导权只存在于"七月革命"后最初的两年。1954年11月,纳赛尔出任总统,获得驾驭社会的绝对权力,俨然是埃及的现代"法老"。自1956年起,纳赛尔成为埃及民众心目中的英雄和崇拜的对象,被视作埃及国家的化身、民族的象征和民众意志的体现。克里斯玛式的地位和民众的广泛拥戴,构成纳赛尔个人统治的政治基础。官僚机构的军人化,则是纳赛尔时代极权主义的重要政治形式。纳赛尔"在16年间的稳定的统治地位,源于其克里斯玛式的独裁和凯撒式的专制。纳赛尔作为总统成为埃及新的政治秩序的中枢,控制国家政治、社会、经济和文化各个领域"[②]。

萨达特时代,埃及的政治力量经历重新组合的过程,极权主义的政治模式出现衰落的征兆,民主和人权成为萨达特标榜的政治纲领,政治生活的自由化倾向渐露端倪。1974年春,萨达特颁布所谓的"十月文件",承诺实行自由化政策,释放纳赛尔时代的在押政治犯,改革司法制度,取消新闻审查制度,重申保

第七章 ——埃及的现代化进程——

---

① Daly, M. W., *The Cambridge History of Egypt*, p. 364.

② Vatikiotis, P. J., *The History of Modern Egypt: From Muhammad Ali to Mubarak*, p. 425.

护私有财产的法律原则,返还纳赛尔时代被政府没收的私人财产。① 萨达特声称,在其执政期间,埃及将"没有集中营,没有财产的没收,没有非法的拘捕"。1974—1975年,萨达特发起全国范围的公开讨论,允许民众就纳赛尔政权的功过是非发表意见,进而形成空前宽松的言论环境。许多人指责纳赛尔实行独裁专制和侵犯人权,要求取缔警察政治,扩大政治自由和实行法治,进而要求广泛开放的经济政策,实行自由贸易,取消对于高收入者的惩罚性征税,取消土地所有权的限制,允许外国银行进入埃及,削减国有经济和扩大私人经济。② 与此同时,萨达特强调军队与政治的分离和行政机构的非军事化原则,终结官僚机构军人化的政府模式,军人不再是纳赛尔时代曾经扮演的政治角色。1976年,萨达特宣布废除纳赛尔时代的一党制,实行多党制,允许反对派政党的合法存在。自由化政策至此达到高潮。

萨达特时代,民主社会主义取代阿拉伯社会主义,成为埃及官方的意识形态。所谓的民主社会主义不同于阿拉伯社会主义,具有相对温和的政治倾向。其一,纳赛尔时代的阿拉伯社会主义主张诉诸革命的手段实现民众的平等,萨达特时代的民主社会主义则强调借助于传统的共同体形式和伊斯兰教的信仰实现贫富之间的和谐与共存。其二,纳赛尔时代的阿拉伯社会主义强调国家对于社会的控制和国有经济的统治地位,强调通过政府的干预而不是市场的形式满足民众的物质需求和实现财富的平等分配以及国家的经济自给,强调国家利益高于民众利益以及公共利益高于私人利益的原则,萨达特时代的民主社会主义则强调通过发展私人经济以及吸引外国资本和技术的形式改变埃及的贫困面貌,相应的税收制度将取代国有化而成为调节财产占有状况的手段。其三,纳赛尔时代的阿拉伯社会主义强调阿拉伯世界与伊斯兰教的同一性以及反对帝国主义的、泛阿拉伯的和不结盟的外交思想,萨达特时代的民主社会主义则主张在坚持阿拉伯民族主义的同时放弃反对阿拉伯世界内部的所谓反动势力而实现与阿拉伯国家的广泛合作,在坚持不结盟政策的同时放弃反动帝国主义的立场而实现与西方国家的广泛合作。

纳赛尔时代,国家资本主义之排斥和否定封建主义的经济政策,构成推动埃及现代化进程的重要历史杠杆。后纳赛尔时代之从国家资本主义向自由资本主义的转变,则是纳赛尔时代埃及现代化长足进步的逻辑结果。自由化的经

① Baker, R. W., *Egypt's Uncertain Revolution Under Nasser and Sadat*, p. 156.
② Hinnebusch, R. A., *Egyptian Politics Under Sadat*, p. 118, pp. 61-62.

济政策自 1968 年起萌生于国家资本主义的框架之内。① 萨达特时代,政府逐渐放弃国家干预的经济政策,恢复和发展私人经济,积极吸收国外投资,引进西方先进技术,进而拉开埃及经济改革的序幕。"阿拉伯资本、西方技术与埃及人力资源的总和等于经济的发展",成为萨达特时代埃及经济改革的基本原则。②

萨达特时代,政府推行非国有化政策,鼓励私人投资,发展私人经济。1970年底,萨达特首先宣布取消政府对于私人财产的监管,继而宣布减免私人企业的税收和增加向私人企业提供的贷款。1974 年 11 月,政府规定私营公司承包国家工程项目的最高金额由每年 10 万埃镑提高为 50 万埃镑。1975 年,政府恢复股票和证券交易所,扩大私营公司的金融贷款。与此同时,国有企业开始发行股票,吸引私人参股。1974—1982 年,政府批准新建私人工业企业 6700 家,投资金额近 20 亿埃镑,其中纺织厂 2089 家,食品加工厂 1515 家,化学和建筑材料厂 1256 家。相当数量的新建私人企业具有一定的规模;1977 年批准的693 家企业中,资金超过 10 万埃镑的企业 347 家,资金 8616 万埃镑,占全部 693家新建私人企业全部资金的 91.5%。1974—1982 年,私人投资在全部投资中所占的比例由 10.5% 增至 18.8%,私人企业的产值在全部工业产值中所占的比例由 24.8% 增至 30.6%。此间,新增私人纺织厂 2000 余家,投资金额从 510万埃镑增至 1.22 亿埃镑,产值从 1.45 亿埃镑增至 4.5 亿埃镑。③ 1974 年,私人企业的固定资产投资为 2000 万埃镑;1984 年,私人企业的固定资产投资达到3.28 亿埃镑,占全部工业固定资产投资的 21.8%。1972—1982 年,私人企业的年产值从不足 4 亿埃镑增至近 20 亿埃镑。1971 年,私人企业的产值占工业总产值的 20%;1982 年,私人企业和合资企业的产值占工业总产值的 37.8%。尽管如此,萨达特时代,国有经济依然构成国民经济的主要形式,国家资本主义长期占据主导地位。1953—1973 年,国有工业企业年产值增长 11 倍,私人工业企业年产值仅增长 2.5 倍。④ 1975—1979 年,国有企业的职工人数从 101 万增至122 万,国有企业产值从 32 亿埃镑增至 64 亿埃镑。1982 年,国有企业的产值达到 60 亿埃镑,超过工业总产值的 60%。⑤

萨达特时代新经济政策的另一重要内容,是扩大对外开放和积极吸引外资投入。1971 年 9 月,埃及政府颁布第 65 号法令即阿拉伯资金和自由区法,建立

① Bush, R., *Economic Crisis and the Politics of Reform in Egypt*, p. 15.

② Cooper, M., *The Transformation of Egypt*, p. 91.

③ 杨灏城、江淳:《纳赛尔与萨达特时代的埃及》,第 355 页,第 359 页,第 360 页。

④ Kamrava, M., *The Modern Middle East: A Political History Since the First World War*, p. 261.

⑤ 杨灏城、江淳:《纳赛尔与萨达特时代的埃及》,第 366 页,第 381 页,第 361 页。

自由贸易区,吸引阿拉伯产油国在埃及的投资。1974年6月,埃及政府颁布第43号法令即阿拉伯与外国投资及自由贸易区法,内容如下:成立阿拉伯与外国投资及自由贸易区管理局,在塞得港、苏伊士、开罗和亚历山大设立经济特区;国外投资领域包括工业、农业、矿产、建筑、能源、交通、旅游和金融部门,获得阿拉伯与外国投资及自由贸易区管理局批准的投资项目将在最初五年享受免税的待遇,五年后继续享有三年期限的优惠政策,进口设备和原料免征关税;自由贸易区的投资项目免征营业税,自由贸易区的外国雇员免征所得税;取消国家对于金融业的垄断和向外资开放金融市场,在自由贸易区实行外汇的自由兑换;允许外国资本控制50%以上的股份直至拥有全部股份;阿拉伯与外国投资及自由贸易区的投资项目不得被收归国有,所投入的资本不得被政府通过法律程序罚没或查封;鼓励外国投资者与埃及的国有企业实行联营,联营企业享有与私人企业同样的自主权利。经济部长希加茨强调:"过去,我们需要国有经济兴建我们的基础设施和为民众提供就业。现在,我们进入了新的时代……我们为外国的投资提供了空间。"[1]1971—1974年,根据阿拉伯资金和自由区法,私人申请投资项目250个,申请投资金额1.71亿埃镑,埃及政府批准投资项目50个,批准投资金额1300万埃镑。1974—1982年,根据阿拉伯与外国投资及自由贸易区法,埃及政府批准私人投资项目1273个,投资金额50亿埃镑,包括金融和服务业项目496个,工业项目479个,农牧业项目88个,建筑业项目181个,其中埃及人投资项目占61%,其他阿拉伯国家投资项目占23%,欧美国家投资项目占9%。[2]

萨达特时代的新经济政策,加快了埃及经济的增长速度。纳赛尔政权黄金阶段的1961—1965年,国内生产总值的年均增长率为5.5%。1967—1973年,由于两次中东战争的影响,国内生产总值的年均增长率下降为3.5%。1975—1982年,萨达特推行的新经济政策初见成效,国内生产总值的年均增长率上升为8.4%。1973—1981年,工业产值从17亿埃镑增至96亿埃镑,工业固定资产投资从1.5亿埃镑增至11.5亿埃镑。1973—1982年,国内生产总值从30亿埃镑增至157亿埃镑。与此同时,工业结构进一步改变,新兴工业迅速发展。石油年产量从1974年的750万吨增至1982年的3220万吨,石油工业年产值从1974年的1.3亿埃镑增至1982年的28亿埃镑,石油出口总值从1973年的2470万埃镑增至1982年的24亿埃镑,石油工业产值在国内生产总值中所占的比例从1977年的5.8%增至1985年的15.9%。石油及其他工业品取代传统的

① Baker,R.W.,*Egypt's Uncertain Revolution Under Nasser and Sadat*,pp.144-145,p.147.
② 杨灏城、江淳:《纳赛尔与萨达特时代的埃及》,第352页,第357页。

农产品,成为埃及主要的出口产品。农业总产值从 1973 年的 9.6 亿埃镑增至 1982 年的 30 亿埃镑,第三产业的产值从 1973 年的 13.5 亿埃镑增至 1982 年的 69.8 亿埃镑。[①] 另一方面,萨达特时代,非国有化运动和私人投资的增长导致私人经济的急剧膨胀,市场经济体系逐渐形成,自由资产阶级重新登上埃及的政治舞台,官僚资产阶级亦逐渐摆脱国家资本主义的经济框架而开始转化为自由资产阶级,亦官亦商者甚多,官商勾结现象严重。1980 年 5 月,萨达特政府宣布:埃及已经由纳赛尔时代国有经济占主导地位的阿拉伯社会主义国家发展为"混合经济的民主社会主义国家"[②]。私人经济的广泛发展以及私人经济与国有经济的激烈竞争,成为萨达特时代埃及经济的突出现象。自由资产阶级的经济崛起与官僚资产阶级特权传统的延续,导致萨达特时代民主倾向与极权统治之间的激烈抗争。

政党制度的演变

埃及现代化进程中政治演变的基本线索,是极权政治与民众政治的此消彼长。19 世纪的埃及经历极权政治的发展过程,穆罕默德·阿里则是埃及现代化进程中极权政治的奠基人。20 世纪上半叶可谓自由主义时代,现代民众政治初步崛起,民众参与的政治形式始露端倪。纳赛尔时代,极权政治再度成为埃及政治生活中的突出现象,民众政治遭到广泛的排斥。萨达特执政以后,极权政治逐渐衰落,民众参与的政治现象进入新的发展阶段。另一方面,19 世纪埃及的极权政治与纳赛尔时代的极权政治显然建立在完全不同的经济社会基础之上;前者以农业的主导地位以及地主阶级的统治作为前提条件,后者则与工业化的长足进步以及地主阶级的普遍衰落密切相关。至于自由主义时代的民众政治与后纳赛尔时代的民众政治相比,同样存在诸多差异,前者往往局限于形式层面的民众政治参与,后者的民众政治参与则表现为从形式层面向实质层面的延伸。从历史的角度来看,自由主义时代的民众政治构成 19 世纪的极权政治与纳赛尔时代的极权政治两者之间的过渡环节,而纳赛尔时代的极权政治则是从自由主义时代民众政治的初兴状态到后纳赛尔时代民众政治走向成熟的桥梁。此外,19 世纪的极权政治和纳赛尔时代的极权政治皆表现为世俗政治的明显倾向,所谓的世俗化构成强化极权政治的重要手段,而自由主义时代和后纳赛尔时代的民众政治则与宗教政治存在密切的联系,宗教政治构成民众政治

---

① 杨灏城、江淳:《纳赛尔与萨达特时代的埃及》,第 361—362 页,第 364 页,第 362 页。

② Hopwood, D., *Egypt:Politics and Society 1945-1984*, pp. 131-132.

参与的重要形式。

如果说纳赛尔时代是战争的时代和阿拉伯民族主义空前高涨的时代,极权政治和国家资本主义构成纳赛尔政权的历史遗产,那么后纳赛尔时代则是走向和平的时代和民主化进程重新启动的时代,自由资本主义的广泛发展和民主与专制之间的激烈抗争标志着后纳赛尔时代埃及现代化进程的长足进步。

纳赛尔政权的建立,并非源于民众的革命,而是军事政变的产物。纳赛尔时代的解放大会和阿拉伯社会主义联盟并非民众政治参与的历史形式,一党制的政党制度构成国家控制民众进而强化极权政治的重要工具。相比之下,萨达特政权标榜自由和民主的政治原则,进而致力于政党制度的改革。一党制的衰落和多党制的兴起作为萨达特时代埃及政治生活的突出现象,包含民众政治参与的初步倾向,构成极权政治向民主政治过渡的中间环节。

萨达特时代,经济和社会领域的变化方向亦表现为明显的确定性。纳赛尔时代之民族主义、极权主义和国家资本主义三位一体的"阿拉伯社会主义",在萨达特时代开始让位于内涵相对模糊的"民主社会主义"。阿拉伯社会主义联盟作为纳赛尔时代的历史遗产,面临重重挑战,陷于危机之中。萨达特时代,埃及的内政与外交经历了互动的过程,国际环境的改变对于埃及的国内政策和国内形势产生深刻的影响。戴维营协议的签订和埃以和平进程的启动,导致埃及与其他阿拉伯国家之间的关系急剧恶化,包括沙特阿拉伯在内的阿拉伯产油国向埃及提供的经济援助随之中止,从而促使埃及进一步走向西方世界,尤其是依赖于美国的财政和技术援助。萨达特实行开放的经济政策导致埃及经济生活的深刻变化;埃及在财政和经济技术方面从依赖苏联和阿拉伯产油国到美国和西方世界的变化,构成萨达特时代经济政策和经济生活明显改变的重要外在因素。开放的经济政策和外资流入的直接后果,是埃及市场的自由化和经济的私人化。此外,由于萨达特解除党禁,包括穆斯林兄弟会在内的诸多反对派政治势力死灰复燃;萨达特启动的埃以和平进程和西化政策,引起穆斯林兄弟会的激烈反对,导致国内日趋紧张的政治形势。

1971年7月,萨达特宣布保护民众自由和扩大民众参政范围,改组执政的阿拉伯社会主义联盟。[①] 同年9月,埃及议会颁布1952年以来的第一部正式宪法,取代纳赛尔时代的临时宪法,规定公民在法律面前一律平等,公民享有信仰、言论、新闻、迁徙、集会和结社的自由。1974年4月,萨达特颁布"十月文件"。"十月文件"沿袭纳赛尔时代的传统,强调阿拉伯社会主义联盟作为唯一合法的民众性政治组织。另一方面,"十月文件"承认纳赛尔时代缺乏民众的政

---

① Beattie, K. J., *Egypt During the Sadat Years*, New York 2000, p. 79.

治自由,应当实现法律主权和保障人权,应当在强调社会自由的同时强调政治自由,取消新闻监督,允许在阿拉伯社会主义联盟的政治框架内发表不同的意见。[①] 同年8月,萨达特制定"阿拉伯社会主义联盟发展方案",在重申坚持一党制和反对多党制的同时,明确规定阿拉伯社会主义联盟不再行使国家权力,只是表达民意的政治组织,进而建议阿拉伯社会主义联盟向社会各个阶层和群体广泛开放,允许包括土地改革和国有化对象在内的所谓剥削阶级加入阿拉伯社会主义联盟,旨在淡化一党制。

阿拉伯社会主义联盟曾经是纳赛尔时代唯一合法的官方政党。"阿拉伯社会主义联盟是一个官方的组织,如同其他的政府机构,可以被称作'政治与民众事务部'。"[②]1974年9月,萨达特在议会公开指责阿拉伯社会主义联盟的内部机制缺乏政治民主,主张政府政治脱离政党政治,进而恢复多党制。然而,萨达特的意见并未得到议会多数成员的支持,却被淹没于纳赛尔主义者的反对声音之中。1975年5月议会选举前夕,约400万人登记加入阿拉伯社会主义联盟,表明纳赛尔主义依然具有广泛的影响。[③]

1976年1月,萨达特重新发起关于一党制与多党制的讨论。1976年3月,阿拉伯社会主义联盟内部出现论坛形式的三大政治派别,其中阿拉伯社会主义组织持中间立场,拥护萨达特实行的内外政策。自由社会主义组织持右翼立场,强调实行进一步的自由化政策。民族进步联盟组织持左翼立场,主张沿袭纳赛尔主义的传统。1976年10月举行的议会选举中,首次出现相对宽松的政治环境。棉花经纪人穆斯塔法·卡米勒·穆拉德为首的右翼势力要求恢复自由资本主义和发展私人经济,取消国家对于进出口贸易的控制,允许开设私人银行,改革货币制度。前自由军官哈立德·毛希丁为首的左翼势力主张捍卫纳赛尔时代的革命成果,维护国有经济。总理马穆杜·萨利姆代表的中间派体现官方的立场,支持萨达特的开放政策以及国有与私有混合并存的经济结构。在342个议会席位中,持中间立场的阿拉伯社会主义组织获得280个席位,右翼的自由社会主义组织获得12个席位,左翼的民族进步联盟组织获得2个席位,来自非阿拉伯社会主义联盟的独立候选人获得48个席位。[④]

阿拉伯社会主义联盟内部的裂变,构成萨达特时代多党制进程的起点。阿拉伯社会主义联盟内部左翼、右翼和中间势力的划分,则是萨达特时代多党政

---

①　Metz, H. C. , *Egypt: A Country Study*, p. 80, p. 82.

②　Baker, R. W. , *Egypt's Uncertain Revolution Under Nasser and Sadat*, p. 163.

③　Hopwood, D. , *Egypt: Politics and Society 1945-1984*, p. 113.

④　Beattie, K. J. , *Egypt During the Sadat Years*, p. 200.

治的雏形。1976 年 11 月,萨达特正式开始推行所谓"崭新的民主试验",宣布阿拉伯社会主义联盟内部的三个论坛已经具有政党的职能,享有法律赋予的政治权利,应当成为独立的政党。阿拉伯社会主义联盟内部的阿拉伯社会主义组织、自由社会主义组织和民族进步联盟组织随之分别更名为阿拉伯社会主义党、自由社会主义党和民族进步联盟党。原有的阿拉伯社会主义联盟保留中央委员会,负责监督政党活动和控制政党的财政收支,其他机构和组织予以解散。[①] 埃及由此进入多党制阶段。

1977 年 6 月,议会通过《政党组织法》,规定埃及公民享有组建政党和参加政党的政治权利,组建政党须有 50 人以上(其中工人和农民不得少于半数)的签名和须经包括阿拉伯社会主义联盟中央委员会第一书记、内政部长和司法部长以及总统任命的两名官员在内的政党委员会审批,新建的政党必须在纲领和目标方面区别于现存的政党,任何政党不得与特定的阶级、教派和民族相联系,政党纲领不得损害国家统一、违背"七月革命"和纠偏运动的基本原则,不得与伊斯兰教法抵触,不得重新恢复 1953 年取缔的政党。[②] "政党组织法"的补充条款规定,在本届议会届满之前即 1980 年 10 月之前,各政党至少在议会中占据 20 个席位。实际上,除执政党外,其他政党均不符合这一条件。[③]

1977 年 8 月,前华夫脱党总书记福阿德·萨拉杰丁在纪念扎格鲁勒逝世 50 周年大会上发表演说,指责 1952 年革命"犯有按照法律而应当惩办的所有罪行",声称执政党是"没有生命的运动"和"纸糊的宫殿"。萨达特则称华夫脱党分子是从坟墓中钻出的木乃伊,指责华夫脱党试图恢复 1952 年以前的封建主义和腐败的政治生活。随后,福阿德·萨拉杰丁表示承认"七月革命"和纠偏运动的基本原则,拥护宪法。1978 年 1 月,福阿德·萨拉杰丁向政党委员会申请重建华夫托党,获得 591 人的签名支持。1978 年 2 月,新华夫托党获准成立。同年 5 月,申请加入新华夫脱党者达到百万之众,人数远远超过自由社会主义党和民族进步联盟党而仅次于执政的阿拉伯社会主义党。[④] 新华夫脱党诞生于阿拉伯社会主义联盟的政治框架之外,具有浓厚的民间色彩,区别于阿拉伯社会主义党、自由社会主义党和民族进步联盟党。新华夫脱党的创建,标志着多党制政治生活的明显进步。

1978 年 5 月,萨达特公开谴责新华夫托党企图恢复旧制度,谴责民族进步

① Baker,R. W. , *Egypt's Uncertain Revolution Under Nasser and Sadat* , p. 165.
② Fahmy,N. S. , *The Politics of Egypt:State-Society Relation* , pp. 67-68.
③ Hopwood, D. , *Egypt:Politics and Society 1945-1984* , p. 114.
④ Bari, Z. , *Modern Egypt: Culture, Religion and Politics* , Delhi 2004, p. 27, p. 41.

联盟党是苏联的代理人。1978年6月,执政党阿拉伯社会主义党控制的议会通过《保护国内和社会安全法》。该法令规定:禁止一切反对"七月革命"和纠偏运动的政治原则以及敌视"民主社会主义"的宣传活动,禁止一切违背伊斯兰教法的人担任重要公职,禁止1952年"七月革命"和1971年纠偏运动的被清洗者以及损害民族团结和社会安定者参加政党和政治活动,政党委员会有权取缔与该法令抵触的政党决定和政党活动。由于萨达特政府的高压政策,新华夫脱党于该法令颁布后被迫停止所有活动,民族进步联盟党亦退出政坛。①

1978年7月,萨达特提出新的政治改革方案,决定终止阿拉伯社会主义联盟的存在,确立完全的多党民主制。与此同时,萨达特宣布成立民族民主党,自任民族民主党主席,民族民主党的宗旨是建设"基于科学和信仰的现代化国家",维护国家统一与社会稳定,调和个人利益与群体利益,实现"大家有饭吃,大家有房住,大家生活幸福"的目标。② 随后,执政的阿拉伯社会主义党宣布并入民族民主党,右翼的自由社会主义党亦宣布与民族民主党合并。在萨达特的授意下,伊卜拉欣·舒克里于1978年12月创立社会劳动党,作为新的左翼政党,时人称之为"政府主办的反对党"③。

1979年6月,埃及举行新一届的议会选举;在议会382个席位中,执政的民族民主党获得339个席位,左翼的社会劳动党获得30个席位,右翼的自由社会主义党获得3个席位,独立人士获得10个席位。④ 1980年月,萨达特政府颁布《耻辱法》。根据该法令,禁止"反对、仇视、蔑视国家的政治、社会、经济制度"、禁止"成立或参加法律不允许建立的组织"、禁止"发布凭空捏造或产生误导作用的消息"、禁止"否定宗教、道德和民族价值而误导青年"、禁止"鼓吹否定伊斯兰教法",违犯者将交由特别法庭审判。⑤ 同年5月,埃及举行全民公决,修正1971年宪法,成立协商会议,与原有的人民会议构成议会的上下两院;协商会议设210个席位,其中140个席位选举产生,70个席位由总统任命。⑥ 1981年9月,政府逮捕1500余人,其中包括几乎所有的反对党领导人,多党制名存实亡。⑦

---

① 杨灏城、江淳:《纳赛尔与萨达特时代的埃及》,第398页。
② Beattie,K. J. , *Egypt During the Sadat Years*, pp. 237-238.
③ 同上, p. 241。
④ Al-Mikawy,N. , *Institutional Reform and Economic Development in Egypt*,Cairo 2002, p. 55.
⑤ 杨灏城、江淳:《纳赛尔与萨达特时代的埃及》,第400页,第401页。
⑥ Tripp,C. , *Egypt under Mubarak*, London 1989, p. 9.
⑦ Beattie,K. J. , *Egypt During the Sadat Years*, p. 273.

纳赛尔时代，阿拉伯社会主义联盟作为唯一合法的政党，其核心成员主要来自自由军官及左翼知识分子。萨达特时代，阿拉伯社会主义联盟、阿拉伯社会主义党和民族民主党相继处于执政党的地位，其核心成员既有政府官员和军队将领，亦包括国有企业的负责人和私人企业的投资者。执政党核心成员构成的变化，标志着萨达特政权社会基础的深刻变化。另一方面，纳赛尔时代，政党政治与政府政治浑然一体，政党纲领与政府实施的具体政策高度吻合；相比之下，萨达特时代后期，由于多党制的政治环境，政党政治与政府政治开始出现分离的迹象，即使作为执政党的民族民主党，其政治纲领亦与政府实施的具体政策不尽相同，可谓貌离神合。在外交方面，执政党的原则依然是强调阿拉伯民族的事业、巴勒斯坦的权利和不结盟的政策，实际立场却是支持埃及国家利益高于一切和加入西方反苏阵营的政府举措。在内政方面，执政党宣称一如既往地捍卫维护国有经济和纳赛尔主义的成就，实际立场却是支持政府推行的非国有化经济政策。尽管如此，萨达特时代沿袭纳赛尔时代的政治传统，作为执政党的阿拉伯社会主义联盟、阿拉伯社会主义党和民族民主党始终维持自上而下的运作机制，政党内部缺乏必要的政治民主。

自由社会主义党脱胎于阿拉伯社会主义联盟，领导人是穆斯塔法·卡麦勒·穆拉德，与执政的阿拉伯社会主义党及民族民主党长期处于合作状态，具有温和的政治倾向。穆斯塔法·卡米勒·穆拉德既是纳赛尔时代自由军官的重要成员，亦是萨达特的政治盟友。穆斯塔法·卡米勒·穆拉德宣称："我曾经是一名温和的社会主义者。然而，在经历社会主义的实践后，我认识到社会主义只是十足的乌托邦，现实中的社会主义使埃及变成地狱。我对社会主义的憎恨远远超出人们的想象。"自由社会主义党的另一重要成员穆罕默德·穆拉德·萨布塔希认为，萨达特推行的多党制是"通向民主制的实践"[①]。作为萨达特时代后期的右翼政党，自由社会主义党代表私人经济和自由资产阶级的利益，支持萨达特推行的非纳赛尔化政策，拥护萨达特政权的中东和平政策以及亲西方的外交政策，反对政府干预经济部门和经济活动，主张国有企业的私人化和国家资本与私人资本的合营化，倡导进一步开放市场和吸引国际投资，强调低税收和高利润的政策，主张停止发放补助金，要求政治自由化和竞选总统以及强化立法和司法独立。[②]

民族进步联盟党源于阿拉伯社会主义联盟内部的左翼论坛，1976 年 11 月正式取得政党的地位。民族进步联盟党的意识形态是民族民主革命思想，基本

---

① Beattie,K. J., *Egypt During the Sadat Years*, pp.193-194.

② East,R. & Joseph,T., *Political Parties of Africa and the Middle East*, Essex 1993, p.82.

宗旨是争取摆脱世界资本主义的奴役、完成埃及民族解放的历史任务和推动埃及的政治民主化进程。民族进步联盟党认为,纳赛尔时代,埃及经历了民族解放的进程,却由于缺乏民众的广泛动员而在 1967 年之后出现深刻的政治危机,至萨达特时代,资产阶级掌握政权并与帝国主义妥协,埃及的民族民主革命面临夭折的危险,该党的任务是广泛动员埃及民众,组成反对派政治联盟,捍卫民族民主革命的成果,完成纳赛尔时代的未竟事业。在外交方面,民族进步联盟党主张反对美国和以色列代表的帝国主义势力,强调埃及是阿拉伯世界不可分割的组成部分以及泛阿拉伯主义的历史传统,倡导由埃及领导阿拉伯世界的反帝斗争,而中东和平的前提条件是以色列撤出所有占领的阿拉伯土地和建立巴勒斯坦国。在经济方面,民族进步联盟党反对开放政策,认为开放政策导致投资重心由生产领域转向消费领域,损害民族经济,加剧埃及的依附倾向、通货膨胀、民众生活的下降和公共生活的腐败,主张恢复纳赛尔时代的国有化、计划经济和工业优先政策,主张控制物价、提高工人工资和深化土地改革,维护工人和农民的利益。在政治方面,民族进步联盟党反对独裁,主张进一步的民主和西方式的政治自由。显然,民族进步联盟党在外交和经济方面具有纳赛尔主义的浓厚色彩,在政治方面却与纳赛尔主义差异甚大。在斗争方式上,该党主张合法化的议会道路。1977 年食品骚乱以后,民族进步联盟党逐渐与执政党分道扬镳,进而由"官方的反对党"发展为真正意义的反对党。1978 年,萨达特要求民族进步联盟党自行解散,遭到拒绝。随后,政府关闭民族进步联盟党主办的报纸,限制民族进步联盟党的政治活动。[1] 1980 年,民族进步联盟党召开第一次全国大会,401 名代表参加,选举 233 人组成的中央委员会和 44 人组成的秘书处以及 17 人组成的执行委员会。民族进步联盟党的核心成员主要来自知识分子、政府职员和工会阶层,代表包括国有企业的工人、受益于土地改革的农民、纳赛尔时代接受教育和获得职业的工农子弟以及萨达特时代新政策的受害者在内的中下层民众的政治立场,在开罗、亚历山大以及其他国有经济发达的地区影响较大。自由军官尽管人数不多,却在民族进步联盟党占据举足轻重的地位,哈里德·毛希丁、基马尔丁·里法亚特和鲁特菲·瓦吉德的领导权体现了民族进步联盟党与阿拉伯社会主义联盟的密切联系。[2] 至于商人和地主,则与民族进步联盟党无缘。

　　社会劳动党于 1978 年秋由萨达特授意组建,旨在取代民族进步联盟党,作为官方操纵的左翼政党,领导人是伊卜拉欣·马哈茂德·舒克里和法希·拉德

---

[1]　Fahmy, N. S. , *The Politics of Egypt : State-Society Relation* , p. 74.

[2]　Hinnebusch, R. A. , *Egyptian Politics Under Sadat* , pp. 187-189.

万。社会劳动党与自由主义时代后期的青年埃及党具有密切的历史渊源,伊卜拉欣·马哈茂德·舒克里和法希·拉德万均为青年埃及党的元老。社会劳动党兼有民族主义和伊斯兰主义的双重色彩,"安拉与人民"是社会劳动党标榜的政治原则。[1] 1979 年议会选举中,社会劳动党获得 29 个席位。1980 年,社会劳动党号称有党员 18 万人。社会劳动党一方面拥护萨达特时代的社会制度和政治秩序、混合型私有制结构、开放的经济政策以及和平外交政策,另一方面反对消费性的经济开放,强调生产性的经济开放,主张继续发放补助金,抵制以色列的势力,要求进一步的政治自由,包括自由组建政党,取消政府的新闻审查,规定总统的任职期限,敦促萨达特脱离执政党而超越政党政治,实行隶属议会的内阁制。[2]

新华夫托党系自由主义时代华夫托党的政治延伸,持右翼自由主义的政治立场,曾经被萨达特称作"从博物馆里逃出的木乃伊"[3]。新华夫托党主席福阿德·萨拉杰丁曾经担任法鲁克国王时期的内务部长,1952 年革命后担任华夫托党总书记。[4] 自由主义时代的华夫托党,其主要纲领是争取埃及的民族解放和民族独立,具有民族主义的浓厚色彩。萨达特时代后期的新华夫托党,其主要纲领是推动埃及的非纳赛尔化即经济自由化和政治民主化进程,具有民主主义的明显倾向。新华夫托党明确反对纳赛尔政权。福阿德·萨拉杰丁宣称,华夫托党曾经是埃及宪政革命的领导者,而所谓的"七月革命"只是自由军官颠覆国家的军事政变;自由主义时代的华夫托党曾经迫使英国结束对于埃及的殖民统治,而纳赛尔时代的自由军官政权却导致第二次中东战争后埃及领土沦丧于以色列的占领。与此同时,新华夫托党对萨达特政权持矛盾的态度。一方面,新华夫托党拥护萨达特推行的非纳赛尔化政策,支持萨达特政权的亲西方外交政策和中东和平举措,强调埃及国家利益高于阿拉伯民族利益。另一方面,新华夫托党认为埃及尚缺乏真正意义的政治民主,要求取消政党限制和新闻监督,主张自由选举和议会独立,充分保障国民权利,以议会内阁制取代总统制。在社会经济领域,新华夫托党主张进一步的非国有化和经济自由化,放宽投资限制,支持私人经济发展,扩大私人经济成分,发展中间工业、轻工业、农业和旅游业,精简政府机构,取消国有农场和乡村合作社体系。新华夫托党是萨达特时代后期最重要的民间反对派政党,代表中上层的民间政治势力抑或新兴的私人

① Tripp C. , *Egypt under Mubarak* , p. 33.
② East, R. & Joseph, T. , *Political Parties of Africa and the Middle East* , p. 84.
③ Fahmy, N. S. , *The Politics of Egypt: State-Society Relation* , p. 77.
④ Tripp, C. , *Egypt under Mubarak* , p. 29.

资产阶级,其核心成员来自非官方的商人、工厂主和地主。[①] 新华夫托党的建立,表明萨达特时代私人经济的复兴和自由资产阶级角逐政坛的初步倾向。随着新华夫脱党的建立,执政党与反对党之间的力量对比发生明显的变化,执政党与反对党之间的矛盾冲突逐步升级。

在现代化的历史背景下,埃及的政治民主化进程经历了艰难而曲折的发展道路。自由主义时代,宪政制度的建立首开埃及政治民主化进程的先河,议会选举和诸多政党之间的激烈角逐标志着民主政治的初步尝试。纳赛尔时代,极权政治长期占据统治地位,一党制的政党制度构成极权政治的重要工具,议会则是唯一的合法政党即阿拉伯社会主义联盟的延伸抑或外在形式,总统的个人意志、阿拉伯社会主义联盟的纲领与议会通过的法案处于三位一体的状态。萨达特政权建立后,致力于改革政党制度,废止一党制,恢复多党制,进而掀开政治民主化运动的崭新篇章。

特定的经济生活与社会结构,决定着相应的政治模式。埃及素有专制主义的政治传统,而埃及专制主义政治传统的客观物质基础在于农业的统治地位以及国家通过控制水利设施和水源分配进而控制作为经济命脉的农业生产。纳赛尔时代,极权政治无疑构成推动埃及现代化进程的历史杠杆。纳赛尔时代工业化的长足进步和新旧生产方式的此消彼长,导致埃及传统经济结构的急剧衰落,灌溉农业在国民经济中的地位明显下降,专制主义赖以存在的客观物质基础趋于崩溃。是为萨达特时代改革政党制度进而启动政治民主化进程的深层背景。

政党政治具有相应的经济基础和社会基础,反映不同社会阶层的政治利益和政治要求,而不同社会阶层之间的力量对比决定着政党政治的模式和走向。纳赛尔时代,国家资本主义的经济政策塑造了庞大的官僚资产阶级,一党制的政党模式建立在国家资本主义占据统治地位和官僚资产阶级垄断国家权力的基础之上。萨达特时代,埃及处于从国家资本主义向自由资本主义转变的过渡阶段,国家资本主义趋于衰落而尚未退出历史舞台,自由资本主义日渐发展而尚未确立主导地位,官僚资产阶级势力犹存,新经济政策和非国有化运动所催生的新兴社会势力亦欲分享国家权力,政治生活呈多元化倾向,由此形成不同社会阶层的尖锐政治对立,诸多政治集团之间激烈角逐。是为萨达特时代一党制衰落和多党制兴起的社会基础和政治条件。

萨达特政权推行的新政举措,具有非纳赛尔化的明显倾向,而建立在一党

① Hinnebusch,R. A.,*Egyptian Politics Under Sadat*,p. 216,pp. 209-210.

制基础之上的阿拉伯社会主义联盟,则是纳赛尔主义者抵制新政举措和挑战萨达特政权的主要阵地。阿拉伯社会主义联盟的延续,显然构成萨达特政权实施新政的障碍和潜在的政治威胁。萨达特政权改革政党制度的目的,在于否定纳赛尔主义的历史遗产,结束阿拉伯社会主义联盟的统治地位,削弱纳赛尔主义的残余势力,排斥政治异己,寻求建立新的政治基础。是为萨达特时代从一党制向多党制转变的直接原因。

自纳赛尔时代开始,总统制构成埃及政治制度的核心内容,而国家权力的高度集中构成埃及总统制的明显特征。萨达特政权沿袭纳赛尔时代的总统制,其实质可谓"总统制形式的君主制"(Presidential Monarchy)。1971 年,埃及颁布 1952 年革命以来的第一部正式宪法,取代此前颁布的 1964 年临时宪法。1971 年宪法沿袭纳赛尔时代总统制的传统,赋予总统在埃及政治舞台的核心地位和广泛权力,总统与议会之间的权力对比依然处于严重失衡的状态。在 1971 年宪法的 55 款中,35 款涉及总统的权力;相比之下,仅有 4 款涉及内阁的权力,4 款涉及司法机构的权力,14 款涉及立法机构的权力。[①] 如同纳赛尔一样,萨达特作为总统凌驾于社会之上,依然是政治体系的核心和国家决策的中枢,有权任免副总统、总理、内阁部长、军队将领直至社会团体领导人,有权解散议会、否决议会法案和修订宪法,而内阁只是执行总统个人意志的工具,军队的支持则是总统有效行使权力和控制民众的前提条件。萨达特无疑是纳赛尔极权政治的受惠者,埃及政坛尚未出现足以挑战萨达特地位的反对派人物抑或反对派势力。1976 年 9 月,萨达特以 99.94% 的支持率连任总统;支持率如此之高,表明萨达特时代国家对于民众选举的绝对控制和极权政治的延续。[②] 萨达特时代末期,特别是 1977 年民众骚乱之后,政治生活开始出现逆向变化的征兆,从极权政治向多元民主政治的过渡表现出明显的不确定性。

萨达特多次强调法律至上的原则,声称建立法治国家。然而,萨达特时代,政治原则与政治现实之间存在明显的差异。政党政治和民众舆论尽管获得一定的自由空间,却依旧处于政府的控制之下。议会亦缺乏必要的独立地位,无法行使制约总统的法律权力。多党制的初步尝试并未改变极权主义和官僚政治的国家体制,民众徘徊于政治舞台的边缘地带。

萨达特时代后期的多党制在诸多方面与自由主义时代的多党制颇具相似之处,形式上表现为历史的重复。然而,工业化程度的提高、新旧生产方式的更替和新旧社会势力的剧烈消长,标志着从自由主义时代到萨达特时代埃及现代

---

① Kassem, M. , *Egyptian Politics : The Dynamics of Authoritarian Rule* , p. 23.

② Baker, R. W. , *Egypt's Uncertain Revolution Under Nasser and Sadat* , p. 164.

化的长足进步。因此,自由主义时代与萨达特时代的多党制只是貌似相同,其经济社会基础无疑存在本质的区别。另一方面,纳赛尔时代一党制的建立与萨达特时代多党制进程的启动均表现为自上而下的官方运动而非自下而上的民间运动,政党政治均处于国家和政府的控制之下,亦不无相似之处。纳赛尔时代,一党制的政党制度取决于统治者的个人意志;萨达特时代,多党制进程的启动同样出自统治者的个人恩赐。

许多西方学者认为:"在萨达特时代,个人无疑较之纳赛尔统治下享有大得多的人身自由。但是,萨达特的统治归根结底仍属个人统治,而且随着岁月的消逝,越来越趋于个人统治。"埃及学者对萨达特时代的政治制度大都持否定态度,认为萨达特时代的政治制度"从来不是民主的制度","萨达特政权远远超过君主时期和纳赛尔时期的专制"。亦有国内学者认为:"萨达特的统治与纳赛尔的统治没有什么本质的区别,都是个人专制。"①实际情况不然。与纳赛尔时代相比,萨达特政权的社会基础和内外政策在诸多方面已经出现明显的变化,从一党制向多党制的过渡集中体现了萨达特时代之非纳赛尔化运动的发展趋势。萨达特时代后期多党制的建立无疑出自统治者的个人恩赐,而统治者的个人恩赐决定了民众政治参与的脆弱性和明显局限性,多党并存和一党独大则是萨达特时代后期政党政治的突出特征。尽管如此,阿拉伯社会主义联盟的解体和多党制的兴起毕竟在客观上削弱了政府对于议会的控制,反对党议员开始登上议会的舞台,议会内部亦开始出现不同的声音。新华夫托党成立以后,执政党与反对党之间的力量对比发生明显的变化,执政党与反对党之间的矛盾冲突随之逐步升级,执政党的政治腐败成为反对党激烈抨击的主要内容。随着一党制的衰落和多党制的初步实践,政党政治、选举政治和议会政治开始成为不同的社会群体角逐权力的政治形式;埃及的政治生活逐渐形成多元化的趋势和民主化的端倪。

穆巴拉克时代的民主化实践与经济政策的调整

1981 年 10 月萨达特死后,穆巴拉克以全民公决的方式当选总统。穆巴拉克执政以后,致力于争取实现埃及回归阿拉伯世界,结束埃及自萨达特时代在阿拉伯世界的孤立状态。另一方面,萨达特执政初期,埃及政治生活的突出现象是阿拉伯社会主义联盟内部的权力角逐。相比之下,穆巴拉克时代,随着多党制的初步实践和自由化的经济改革进程,政治生活的多元格局日渐凸显。穆

---

① 杨灏城、江淳:《纳赛尔与萨达特时代的埃及》,第 402 页,第 403 页。

巴拉克出任总统以后,以民主化进程的推动者自居。穆巴拉克表示无意垄断国家权力和谋求延长总统任期,宣称民主制是国家前途命运的保证,国家权力属于全体公民。① 与此同时,埃及政府释放政治犯,以示尊重反对派。华夫托党回归政坛,伊斯兰倾向的乌玛党获准成立。穆巴拉克时代,司法权力的独立化标志着埃及政治领域的明显变化,而司法权力的独立化倾向对于政党政治和政治民主化进程无疑具有积极的影响。纳赛尔和萨达特时代,埃及的司法机构处于政府的控制之下,缺乏必要的独立地位。1984 年,设立由最高宪法法院院长主持的最高司法委员会,独立于总统和政府。反对党在政党委员会拒绝其组建申请的情况下,可以借助于司法独立的诉讼程序,提交最高司法委员会予以裁定。此后,最高司法委员会逐渐取代总统和政府控制的政党委员会,成为批准组建政党的主要机构,反对派政党数量剧增。穆巴拉克时代,1983 年重新组建的新华夫托党、创建于 1990 年的乌玛党、青年埃及党、绿党、联盟党、联盟民主党以及创建于 1992 年的人民民主党、埃及阿拉伯社会主义党、民主阿拉伯党、社会平等党,均由最高司法委员会裁定,取得合法的政治地位,多党制的政治生活进一步活跃。② 萨达特执政期间,尽管启动一党制向多党制过渡的政治进程,却严格限制反对派政党的政治活动,民主政治有名无实。相比之下,穆巴拉克执政期间,在一定程度上允许反对派政党的合法存在,释放萨达特时代遭到囚禁的数以百计的反对派政党成员,诸多反对派政党相继重返埃及政坛。穆巴拉克领导的民族民主党无疑占据主导地位,其他诸多反对派政党作为合法的政治组织构成民众政治参与的重要势力,议会选举则是政党政治的外在形式。

1983 年,埃及议会颁布第 114 号法令即《选举法》。该法令规定,议员席位由 380 个增至 448 个,议会选区由 176 个改为 48 个,议会选举采用政党的形式,只有获得超过 8%选票的政党方可获得议会席位,独立候选人不得参与议会竞选。③ 1986 年,埃及议会颁布第 1988 号法令,修改 1983 年的选举法。根据新的选举法,在全部 48 个选区中,每个选区只允许一人作为独立候选人参与竞选,余者必须采用政党的名义;独立候选人必须获得超过该选区 20%的选票,政党必须获得 8%的选票。④ 1990 年,埃及议会再次修改选举法,议会席位增至 454个,其中 10 名议员由总统任命,其余 444 名议员由全国 222 个选区选举产生,每个选区选举产生 2 名议员。⑤

① Kassem,M. , *Egyptian Politics:The Dynamics of Authoritarian Rule* , pp. 26-27, p. 54.

② Fahmy,N. S. , *The Politics of Egypt:State-Society Relation* , p. 71.

③ Kassem,M. , *Egyptian Politics:The Dynamics of Authoritarian Rule* , pp. 59-60.

④ Fahmy,N. S. , *The Politics of Egypt:State-Society Relation* , pp. 70-71.

⑤ East,R. & Joseph,T. , *Political Parties of Africa and the Middle East* , p. 80.

1984 年,埃及举行议会选举,执政的民族民主党获得 72.9％的选票和 87％的议会席位,占据绝对主导地位;新华夫托党在穆斯林兄弟会的支持下获得 15％的选票和 13％的议会席位,成为最大的反对派政党;社会劳动党获得 7.73％的选票,民族进步联盟党获得 4.1％的选票,自由党获得 0.65％的选票,均未获得议会席位。1984 年的议会选举反映出埃及民众的政治参与存在明显的城乡差异。乡村民众长期处于政府的控制之下,乡村选票大都投向执政党民族民主党;相比之下,反对派政党在城市具有广泛的政治影响,获得开罗 38.4％的选票、亚历山大 32.7％的选票、苏伊士 36％的选票和塞德港 53.3％的选票。①

在 1987 年举行的议会选举中,登记选民超过 1400 万,投票率约为 50％;民族民主党获得 475.2 万张选票,反对派政党共计获得 207.3 万张选票,其中新华夫托党获得 116.2 万张选票,民族进步联盟党获得 15.1 万张选票。选举结果是,民族民主党获得 309 个议会席位,得票率明显低于 1984 年的议会选举,而反对派政党的得票率则呈上升趋势,劳动党、自由党与穆斯林兄弟会组成的竞选联盟获得 56 个议会席位,新华夫托党获得 35 个议会席位,独立候选人获得 39 个议会席位。② 是为自 1952 年以来最具自由氛围的议会选举。在 1990 年举行的议会选举中,民族民主党获得 360 个议会席位,民族联盟进步党获得 5 个议会席位,独立候选人获得 79 个议会席位。③ 1993 年 7 月,议会 454 名议员中的 441 名议员提名穆巴拉克作为新一届总统候选人。在同年 12 月举行的全民公决中,穆巴拉克以 94％的压倒性多数成功连任第三届总统。④

1995 年选举前夕,政府实行高压政策,排斥反对派的政治参与,穆斯林兄弟会重要成员 80 余人被指控属于非法组织和从事恐怖活动而送交军事法庭,其中 5 人被判处 5 年监禁,49 人被判处 3 年监禁。在随后举行的议会选举中,执政党民族民主党获得 417 个议会席位,民族民主党成员在全部议员中所占的比例上升为 94％。⑤ 相比之下,反对派政党新华夫托党获得 6 个议会席位,民族进步联盟党获得 5 个议会席位,自由党与穆斯林兄弟会分别获得 1 个议会席位,独立候选人获得 13 个议会席位。⑥ 反对派指责政府干预 1995 年的议会选举,

① Tripp,C. , *Egypt under Mubarak* , p. 13, p. 14.

② Ayubi,N. N. , *The State and Public Policies in Egypt since Sadat* ,Oxford 1991, p. 98.

③ Al-Mikawy,N. , *Institutional Reform and Economic Development in Egypt* , p. 55.

④ Marr,P. , *Egypt at the Crossroads：Domestic Stability and Regional Role* , Washington 1999, p. 14.

⑤ Kienle, E. , *A Grand Delusion , Democracy and Economic Reform in Egypt* , p. 57, p. 51.

⑥ Al-Mikawy,N. , *Institutional Reform and Economic Development in Egypt* , p. 55.

议会由于政府的干预而丧失监督政府的职能,成为政府的御用工具。1998年,最高宪法法院裁定1995年选举产生的议会中170名议员缺乏合法性。[①] 尽管如此,议会仍然处于民族民主党的控制之下。1999年6月,由民族民主党控制的议会提名穆巴拉克作为新一届的总统候选人;同年9月,经全民公决,71岁的穆巴拉克第四次出任总统。[②] 2000年的议会选举处于最高宪法法院的监督之下,政府被迫减少对于议会选举的干预,进而导致选举结果的变化。民族民主党控制的议会席位从1995年的410席下降为388席,新华夫托党获得7个议会席位,民族联盟进步党获得6个议会席位,纳赛尔党获得2个议会席位,自由党获得1个议会席位,穆斯林兄弟会成员作为独立候选人获得17个议会席位,其他独立候选人获得21个议会席位。[③]

穆巴拉克时代,埃及的政党政治依然具有明显的局限性,尤其是政党法和选举法对于反对派政党参与议会竞选限制颇多,政党政治与政府政治亦未完全分离。执政的民族民主党长期控制国家机器,操纵选举,在议会中处于一党独大的地位,而议会俨然是"民族民主党的分支机构"。反对派政党缺乏完善的民主气氛,政党领导权表现为个人化和独裁化的浓厚色彩,自上而下的政治原则根深蒂固;长期以来,伊卜拉欣·舒克里、福阿德·萨拉杰丁、哈立德·毛希丁和穆斯塔法·穆拉德分别在社会劳动党、新华夫托党、民族联盟进步党和自由党内部处于绝对的权威地位。[④] 诸多反对派政党缺乏宽松的活动空间,尚未与民众政治广泛结合,加之派系林立,选票分散,难以形成广泛的竞选联盟,进而与执政的民族民主党分庭抗礼,亦无力挑战民族民主党的政治权威。

穆巴拉克执政以后,埃及政府逐渐控制"消费性开放"的经济倾向,强调经济的开放侧重于生产领域和"生产性开放"的经济政策,着力投资生产领域,减少对于进口的依赖。1983年,议会颁布国营企业法,扩大国有企业的经营自主权。1991年,埃及政府颁布经济改革与结构调整纲领,减少政府支出,贬值埃镑,提高税收,加速实现国有企业的非国有化进程,全面推进市场经济。1992年,埃及的国有企业组成27家控股公司,实现企业与政府的脱离。同年颁布的资本市场法规定,资本在5000万埃镑以上、工人在50名以上的公司,可实行优

① Ismeal, T. Y., *Middle East Politics Today: Government and Civil Society*, Florida 2001, p. 444, p. 445.

② Dunne, M. D., *Democracy in Contemporary Egyptian Political Discourse*, Amsterdam 2003, p. 44.

③ Fahmy, N. S., *The Politics of Egypt: State-Society Relation*, p. 87.

④ 同上, p. 95。

惠价的内部股份认购,10 年内分期付款,旨在鼓励工人参与非国有化改革。①
2000 年,政府出售 118 家国有企业的控股权,总价值 123 亿埃镑,同时出售另外
16 家国有企业的部分股权,总价值 18.7 亿埃镑。1993 年,国有企业的劳动力
超过 100 万;1996 年,国有企业的劳动力下降为不足 60 万。② 1995 年,国有企
业的从业者仅占全部劳动力的 7.7%,私人企业的从业者在全部劳动力中所占
的比例达到 38%。③ 1992—2000 年,国有企业产值在国内生产总值中所占的比
例从 39%下降为 28%。④ 与此同时,私人投资在全部投资中所占的比例从 80
年代初的 8%上升为 2001 年的 67%。⑤

　　1974—1985 年,埃及国内生产总值年均增长 8%,人均年收入从 334 美元
上升为 700 美元。⑥ 80 年代后期,埃及经济增长速度明显放缓,财政赤字约占
国内生产总值的 15%,通货膨胀率达到 20%。国内生产总值的年均增长率,
1986—1991 年下降为 2.6%～2.1%,1992 年仅为 0.3%,而此间人口年均增长
2.7‰。1982—1991 年,贫困人口在总人口中所占的比例从 17.0%上升为
25.1%,其中贫困人口在乡村人口中所占的比例从 16.1%上升为 28.6%,贫困
人口在城市人口中所占的比例从 18.2%上升为 20.3%,基尼指数在乡村从
0.27 上升为 0.36,在城市从 0.32 上升为 0.34。⑦ 进入 90 年代,穆巴拉克政府
致力于推行稳定社会的经济政策。政府财政赤字在国内生产总值中所占的比
例,1992 年为 15.3%,1997 年下降为 0.9%。削减预算支出是政府克服财政赤
字的首要方式。1992—1997 年,政府投资在国内生产总值中所占的比例,从
11.5%下降为 5.4%。政府克服财政赤字的另一重要方式是削减生活必需品补
助金的发放数额。1992—1997 年,政府发放的生活必需品补助金在国内生产总
值中所占的比例,从 5.2%下降为 1.6%。1980 年,18 种生活必需品列入政府
的补助范围;1997 年,列入政府补助范围的生活必需品只有面包、面粉、糖和食
用油四种。⑧ 90 年代后期,埃及的经济形势出现好转的趋势。1992—1997 年,
国内生产总值年均增长率从 0.3%上升为 5%。1992—1998 年,人均国内生产
总值增长率从－0.69%上升为 4.5%。⑨

① Al-Ghonemy,M. R. , *Egypt in the Twenty-First Century*, London 2003, p. 115.

② Ikram,K. , *The Egyptian Economy 1952-2000*, Abingdon 2006, p. 80, p. 81.

③ Al-Ghonemy,M. R. , *Egypt in the Twenty-First Century*, p. 115.

④ Ikram,K. , *The Egyptian Economy 1952-2000*, p. 84.

⑤ Al-Ghonemy,M. R. , *Egypt in the Twenty-First Century*, p. 81.

⑥ Bush,R. ,*Economic Crisis and the Politics of Reform in Egypt*,p. 23.

⑦ Kienle,E. ,*A Grand Delusion*,*Democracy and Economic Reform in Egypt*,pp. 146-147.

⑧ Ikram,K. , *The Egyptian Economy 1952-2000*, p. 66, p. 67.

⑨ Kienle, E. , *A Grand Delusion*, *Democracy and Economic Reform in Egypt*, p. 149.

1952 年以来的半个世纪,埃及经济结构经历深刻的变化。1950—2000 年,乡村人口在总人口中所占的比例从 68％下降为 56％,农业产值在国内生产总值中所占的比例从 43％下降为 17％,农业劳动力在全部劳动力中所占的比例从 58％下降为 31％,农业投资在投资总额中所占的比例从 19.7％下降为 8.5％。[1] 尽管如此,农业依然是埃及经济活动的重要基础,包括服务业、商业、运输业和工业在内的诸多经济部门与农业之间存在密切的联系。

1952—1997 年,新增耕地面积共计 265 万费丹,其中 1980—1997 年新增耕地面积 165 万费丹,增长幅度超过纳赛尔时代和萨达特时代。[2] 1985—2000 年,除棉花以外,主要农作物的播种面积不断扩大,小麦从 134.4 万费丹增至 246.3 万费丹,玉米从 137.2 万费丹增至 162.3 万费丹,水稻从 94.6 万费丹增至 156.9 万费丹,甘蔗从 26.6 万费丹增至 31.9 万费丹。1986—2000 年,主要农作物的单位面积产量亦呈上升趋势,每费丹棉花从 5.98 坎塔尔增至 6.78 坎塔尔,每费丹小麦从 1.86 吨增至 2.67 吨,每费丹水稻从 2.31 吨增至 3.82 吨,每费丹玉米从 2.21 吨增至 3.36 吨,每费丹甘蔗从 40.88 吨增至 49 吨。[3] 1980—1990 年,主要农作物小麦的年产量从 179 万吨增至 427 万吨,玉米的年产量从 322.7 万吨增至 481.1 万吨,水稻的年产量从 237.9 万吨增至 295 万吨,甘蔗的年产量从 865.3 万吨增至 1112.7 万吨,蔬菜的年产量从 567.5 万吨增至 872 万吨。[4] 1994—1997 年,小麦的年产量从 444 万吨增至 525 万吨,玉米的年产量从 504 万吨增至 583 万吨,水稻的年产量从 466 万吨增至 489 万吨,蔬菜的年产量从 1363 万吨增至 1567 万吨。[5] 1987—1997 年,小麦的国内自给率从 22％上升为 41％,玉米的自给率从 66％上升为 102％,水稻的自给率从 100％上升为 107％。[6] 市场调节的价格政策是新经济政策的重要内容。自萨达特时代开始,政府逐渐放宽农产品价格的限制,农产品价格呈上升趋势。1985—2000 年,主要农作物价格大幅上升,每伊尔达卜小麦从 26 埃镑增至 104 埃镑,每伊尔达卜玉米从 27 埃镑增至 85 埃镑,每吨水稻从 212 埃镑增至 583 埃镑,每坎塔尔棉花从 97 埃镑增至 350 埃镑。[7] 尽管如此,由于人口的增长速度超过农业生产的增长速度,人均耕地面积和人均播种面积呈明显的逆向变化。1966—1996

---

[1] Al-Ghonemy,M. R. , *Egypt in the Twenty-First Century*,p. 96.

[2] Bush,R. , *Counter-Revolution in Egypt's Countryside*, New York 2002,p. 94.

[3] Al-Ghonemy,M. R. , *Egypt in the Twenty-First Century*,p. 146.

[4] Bush,R. , *Counter-Revolution in Egypt's Countryside*, p. 91.

[5] Bush,R. , *Economic Crisis and the Politics of Reform in Egypt*, p. 58.

[6] Bush,R. , *Counter-Revolution in Egypt's Countryside*, p. 93.

[7] Al-Ghonemy,M. R. , *Egypt in the Twenty-First Century*,p. 146.

年,人均耕地面积从 0.20 费丹下降为 0.11 费丹,人均播种面积从 0.34 费丹下降为 0.20 费丹。[①] 与纳赛尔时代相比,穆巴拉克时代乡村农民的贫困状态依然是制约埃及经济社会发展的突出现象。

纳赛尔时代农业政策的核心是土地改革,而土地改革的逻辑结果是地权结构的均衡、中等地产比例的提高和贫富差异的缩小。萨达特时代和穆巴拉克时代初期,埃及乡村地权结构的变化延续纳赛尔时代的传统。据统计,不足 1 费丹耕地的贫困农民,1950 年占乡村农户总数的 21.4%,拥有耕地占全部耕地的 1.8%,1961 年占乡村农户总数的 26.4%,拥有耕地占全部耕地的 3.4%,1978 年占乡村农户总数的 48.8%,拥有耕地占全部耕地的 15.0%;拥有 1—10 费丹耕地的中等农户,1950 年占乡村农户总数的 69.3%,拥有耕地占全部耕地的 34.7%,1961 年占乡村农户总数的 68.1%,拥有耕地占全部耕地的 52.1%,1978 年占乡村农户总数的 48.8%,拥有耕地占全部耕地的 65.0%;耕地超过 10 费丹的大地产,1950 年占乡村农户总数的 9.3%,拥有耕地占全部耕地的 63.5%,1961 年占乡村农户总数的 5.5%,拥有耕地占全部耕地的 44.5%,1978 年占乡村农户总数的 2.3%,拥有耕地占全部耕地的 20.0%。1984 年,不足 1 费丹耕地的贫困农民占乡村农户总数的 60.4%,拥有耕地占全部耕地的 25.1%,拥有 1—10 费丹耕地的中等农户占乡村农户总数的 40.3%,拥有耕地占全部耕地的 68.2%,耕地超过 10 费丹的大地产占乡村农户总数的 0.6%,拥有耕地占全部耕地的 7%。[②] 80 年代后期,地权结构的逆向运动趋势逐渐显现,乡村社会的贫富差距随之扩大。1990 年,耕地不足 5 费丹的农户占地产所有者总数的 95.8%,拥有耕地占全部耕地的 56.3%,平均拥有耕地 0.88 费丹;耕地 5 费丹的农户占地产所有者总数的 1.1%,拥有耕地占全部耕地的 9.8%,平均拥有耕地 12.98 费丹;耕地 50 费丹的农户占地产所有者总数的 0.2%,拥有耕地占全部耕地的 6.5%,平均拥有耕地 51.63 费丹;耕地 100 费丹的农户占地产所有者总数的 0.1%,拥有耕地占全部耕地的 8.5%,平均拥有耕地 212.49 费丹。[③]

萨达特时代,作为新经济政策的逻辑延伸,政府鼓励私人投资农业,土地政策出现回归传统的趋势;1974 年第 69 号法令和 1981 年第 141 号法令宣布返还政府征购的私人土地。[④] 与此同时,萨达特政府推行有利于地产主的租佃政策,

① Bush,R., *Counter-Revolution in Egypt's Countryside*, p. 94.

② Commander,S., *The State and Agricultural Development in Egypt since 1973*, London 1987, p. 9, p. 87.

③ Bush,R., *Economic Crisis and the Politics of Reform in Egypt*, p. 40.

④ Fahmy,N. S., *The Politics of Egypt:State-Society Relation*, p. 203.

地租标准两次提高。穆巴拉克沿袭萨达特时代的土地政策,同步提高政府征缴的土地税和地主征纳的地租标准。1992 年,议会通过新的租佃法即 96 号法令。此后 5 年间,地租从地税的 7 倍增至 22 倍。1985—1997 年,地租上升超过 15 倍。1990—2000 年,每费丹棉花的地租从 13.9 埃镑增至 34.2 埃镑,小麦从 12.1 埃镑增至 28.1 埃镑,水稻租金增长 4 倍;租金的增长超过农产品价格的增长。另据统计,1985—2000 年,按照 1975 年价格计算,每费丹小麦的地租从 12.1 埃镑增至 28.1 埃镑,玉米的地租从 8.2 埃镑增至 22.1 埃镑,水稻的地租从 11.3 埃镑增至 39.2 埃镑,棉花的地租从 13.8 埃镑增至 34.2 埃镑。[①] 与纳赛尔时代相比,萨达特和穆巴拉克时代,农民的负担明显加重,地产主成为新经济政策的直接受益者。"农民在纳赛尔时代从租佃法获得的有限利益,至萨达特和穆巴拉克时代不复存在。"[②]

　　自然条件和社会环境的差异,导致上埃及与下埃及在诸多方面呈现出明显的不平衡状态。1937 年,上埃及与下埃及的人口分别占埃及总人口的 40％和 57％。1966 年,上埃及与下埃及的人口分别占埃及总人口的 35％和 64％。[③] 1996 年,贫困线以下的人口 1150 万,占总人口的 19.4％;2000 年,贫困线以下的人口 1070 万,占总人口的 16.7％。贫困现象存在明显的区域差异。2000 年,820 万贫困人口生活在乡村,250 万贫困人口生活在城市。1996—2000 年,开罗、亚历山大、塞得港和苏伊士的人均国民生产总值增长率高达 8.9％,下埃及其他地区为 5％,上埃及只有 0.5％。2000 年,1070 万的贫困人口中,三分之二分布在上埃及,其中 580 万生活在上埃及的乡村,140 万生活在上埃及的城市。1996—2000 年,上埃及在贫困人口数量和贫困人口比例两个方面均高于下埃及。[④] 随着现代化进程的长足进步,埃及国内的人口分布经历着为自相对落后和封闭的上埃及向相对发达和开放的下埃及的移动趋势。90 年代,穆巴拉克政府启动上埃及国家开发计划和乡村一体化国家开发计划以及新河谷运河计划,旨在缩小上埃及与下埃及之间的差异,进而实现埃及经济社会的"和谐发展"。

---

① Al-Ghonemy, M. R., *Egypt in the Twenty-First Century*, p. 151, p. 152.

② Fahmy, N. S., *The Politics of Egypt:State-Society Relation*, p. 206.

③ Clarke, J. I. and Fisher, W. B., *Populations of the Middle East and North Africa*, pp. 292-293.

④ Ikram, K., *The Egyptian Economy 1952-2000*, pp. 271-272.

穆斯林兄弟会的重新崛起与宗教政治的挑战

后纳赛尔时代的埃及处于从国家资本主义向自由资本主义转变的历史阶段,其突出特征在于旧的秩序趋于崩溃而新的秩序尚未确立。新经济政策的受益者只是少数人;下层民众丧失旧秩序提供的社会保障,而尚未被纳入新秩序的社会保障体系,普遍处于孤立无助的贫困状态。随着新经济政策的实施,贫富差异日趋扩大,社会分化明显加剧,腐败现象蔓延。腐败的蔓延导致财富集中于称作"肥猫"的少数新贵手中,后者却无意投资发展国内经济,而是投资国外,逃避纳税。根据著名作家穆罕默德·海卡尔的调查,在90年代初的埃及,拥有财产超过1亿美元的新贵约50人,拥有财产0.8—1亿美元的新贵100人,拥有财产0.5—0.8亿美元的新贵150人,拥有财产0.3—0.5亿美元的新贵220人,拥有财产0.15—0.3亿美元的新贵350人,拥有财产0.1—0.15亿美元的新贵2800人,拥有财产500—1000万美元的新贵70000人。[①] 1975年,5%的富人占国民收入的21.0%,20%的富人占有国民收入的49%;20%的最底层贫困人口占有国民收入的5.2%,40%的社会下层占有国民收入的13.9%。从纳赛尔时代的1964年到萨达特时代的1975年,占总人口60%的社会下层的收入在国民总收入中所占的比例从28.7%下降为19.9%,占总人口30%的社会中层的收入在国民总收入中所占的比例从40.2%下降为21.5%,占总人口10%的社会上层的收入在国民总收入中所占的比例从31.9%上升为58.6%。[②] 1974年,埃及的百万富翁不到200人;1981年,百万富翁达到1.7万人。[③] 1981—1997年,占城市人口40%的下层民众在城市消费支出中所占的比例由21.0%下降为14.8%,占城市人口20%的富人在城市消费支出中所占的比例由41.0%上升为48.7%;占乡村人口40%的下层民众在乡村消费支出中所占的比例由24.6%下降为17.7%,占乡村人口20%的富人在乡村消费支出中所占的比例由35.4%上升为46.0%。[④] 1991年,埃及政府开始按照国际货币基金组织和世界银行的要求,进行结构性调整,扩大非国有经济成分,压缩政府的财政支出,削减生活必需品的物价补贴,导致物价飞涨。与60年代初相比,90年代初埃及物价上涨300%,普通民众的生活水平急剧下降。[⑤]

---

① Ismeal, T. Y., *Middle East Politics Today:Government and Civil Society*, p. 448.
② Dekmejian, R. H., *Islam in Revolution:Fundamentalism in the Arab World*, p. 29, p. 99.
③ 杨灏城、江淳:《纳赛尔与萨达特时代的埃及》,第 377 页,第 378 页。
④ Al-Ghonemy, M. R., *Egypt in the Twenty-First Century*, p. 30.
⑤ Ismeal, T. Y., *Middle East Politics Today:Government and Civil Society*, p. 448.

进入 90 年代,埃及人口年均增长率 2.2‰,劳动力年均增长率 2.8%,国内生产总值年均增长率 2.0%。1988—1998 年,劳动力年均增长 52 万人,就业者年均增长 44 万人,年均 8.8 万人进入失业者行列。[①] 乡村人口离开土地而涌入城市,却难以融入城市社会,处于游离状态,缺乏必要的经济保障和政治权利。青年人就业无门,前途渺茫,亦心存不满。贫富分化的扩大、物价的上涨和失业率的居高不下,加剧着民众与政府之间的矛盾。

埃及在漫长的历史发展进程中形成了特有的政治传统,法老的专制主义遗产、伊斯兰教的信仰和阿拉伯人的民族主义倾向构成埃及政治生活的基本要素。在不同的历史条件下,专制主义、伊斯兰主义和阿拉伯民族主义经历了此消彼长和相互制衡的过程。1952 年革命前,专制主义无疑在埃及政治生活中占据主导地位。1952 年革命以后,阿拉伯民族主义成为影响埃及社会各个层面的首要因素,埃及自居为阿拉伯世界的领袖,纳赛尔则被视作阿拉伯世界的旗手和阿拉伯民族尊严的象征。自 20 世纪 70 年代开始,阿拉伯民族主义日渐衰微,现代伊斯兰主义呈明显上升的趋势,埃及进入民主与专制激烈抗争的崭新阶段。

后纳赛尔时代,多党制的政治实践无疑呈上升的趋势,构成民众政治参与的重要形式。然而,诸多世俗政党的政治实践往往局限于精英阶层,具有明显的阶级局限性和社会孤立性,难以动员下层民众的广泛政治参与。相比之下,伊斯兰教反对贫富不均和倡导社会平等的信仰原则在下层民众中广泛传播,成为下层民众寻求精神安慰的意识形态,清真寺则提供了庇护下层民众的重要社会场所。据统计,埃及清真寺的数量,1962 年为 17224 处,1975 年增至 28738 处,1979 年达到 3.4 万处。[②] 另据资料统计,1970 年萨达特出任总统之时,埃及全国共有清真寺 2 万处;1981 年萨达特遇害身亡时,埃及的清真寺总数达到 4.6 万处。[③] 安拉的统治取代法老的统治以及实践《古兰经》的信仰原则和重建先知时代的神权政治,成为挑战现存社会秩序的基本纲领。伊斯兰教的政治化,则是挑战现存社会秩序的理论武器。穆斯林兄弟会作为伊斯兰反对派政治组织,在下层民众中具有广泛的政治影响,蕴涵着动员民众的巨大潜力。

民众政治与极权政治的尖锐对抗和宗教政治与世俗政治的激烈冲突两种

---

① Al-Ghonemy, M. R., *Egypt in the Twenty-First Century*, p. 112.

② Beattie, K. J., *Egypt During the Sadat Years*, p. 114.

③ Wickham, C. R., *Mobilizing Islam: Religion, Activism and Political Change in Egypt*, p. 448.

倾向的错综交织,构成中东诸国政治现代化进程中的普遍现象。穆罕默德·阿里当政期间,首开近代埃及世俗化改革的先河。传统宗教势力的排斥和教权的否定,构成强化世俗君主之极权政治的重要环节。自由主义时代,福阿德和法鲁克两代国王的君主专制,构成埃及世俗政治的外在形式;所谓的政党政治和精英政治,亦包含世俗政治的明显倾向。自由主义时代后期,宗教政治与下层民众的广泛政治参与密切相关,民众政治与精英政治的抗争具有浓厚的宗教色彩。穆斯林兄弟会崛起于埃及的政治舞台,既构成民众政治挑战精英政治的重要形式,亦包含宗教政治挑战世俗政治的历史内容。纳赛尔时代,现代化的长足进步和新旧社会势力的剧烈消长,导致极权政治向民主政治转化的客观趋势。萨达特时代穆斯林兄弟会的死灰复燃和宗教政治的卷土重来,标志着民众政治参与的强烈愿望。萨达特时代的埃及与巴列维国王在位后期的伊朗,皆曾在政治领域面临现代伊斯兰主义的挑战。然而,萨达特时代民主化进程的启动与巴列维王朝极权政治的膨胀,导致宗教政治在埃及和伊朗的不同后果。

萨达特曾经将纳赛尔时代称作唯物主义的时代,世俗主义的原则构成纳赛尔时代埃及政治生活的突出特征。相比之下,自萨达特时代开始,埃及社会的宗教氛围日渐浓厚,伊斯兰复兴运动呈上升趋势,穆斯林兄弟会重新崛起,进而形成宗教政治与世俗政治的激烈角逐。

1952 年"七月革命"前夕,穆斯林兄弟会与自由军官保持良好的合作关系,构成自由军官的重要政治盟友。反抗英国殖民统治与推翻法鲁克国王专制统治的共同目标,无疑是穆斯林兄弟会与自由军官组织建立联盟的政治基础。"七月革命"胜利后,穆斯林兄弟会与自由军官建立联盟的政治基础不复存在,进而分道扬镳。穆斯林兄弟会挑战自由军官的统治地位,试图与自由军官分享国家权力,成为纳赛尔政权面临的潜在政治威胁。但是,穆斯林兄弟会与自由军官之间的矛盾冲突并非源于所谓政治理念和发展目标的根本分歧,亦非宗教与世俗的对抗[①],而是权力角逐的逻辑结果。自由军官的世俗化政策,无疑是纳赛尔时代强化极权政治的举措。所谓的政治伊斯兰化倾向,则是穆斯林兄弟会要求实现政治参与和分享国家权力的手段。1954 年 1 月,穆斯林兄弟会的成员与解放大会的支持者发生冲突;政府随后指责穆斯林兄弟会反对"七月革命",进而取缔穆斯林兄弟会,逮捕穆斯林兄弟会成员 450 人。[②] 同年 10 月,穆斯林兄弟会成员在亚历山大暗杀纳赛尔未遂。12 月,纳赛尔政权处死 6 名穆斯林兄弟会领导人,判处穆斯林兄弟会总训导师哈桑·侯戴比终身监禁,超过 6000 名

---

① 曲洪:《当代中东政治伊斯兰:观察与思考》,第 114 页。

② Saeed,J.,*Islam and Modernization*,Connecticut 1994,p.119.

穆斯林兄弟会成员银铛入狱。尽管如此,纳赛尔政权无意排斥伊斯兰教,着力强化官方伊斯兰教的主导地位,进而将官方伊斯兰教作为控制民众的政治工具。"1952年革命后,清真寺的数量明显增多。政府建立新的宗教广播电台,发起创办伊斯兰大会和伊斯兰研究会,以法律的形式维护爱资哈尔的权威地位,将伊斯兰教作为学校考试的必修科目……爱资哈尔与纳赛尔政权保持广泛的合作,教界上层不断发布支持政府的宗教法令。纳赛尔及其同僚与原教旨主义者在宗教领域展开角逐,原教旨主义者难以将纳赛尔主义诋毁为无神论的意识形态。穆斯林兄弟会与纳赛尔之间的真正分歧在于国家权力的归属"。1964年,纳赛尔政权颁布大赦令,释放穆斯林兄弟会囚犯,旨在争取宗教势力的支持,抵制左翼马克思主义的意识形态。许多穆斯林兄弟会成员官复原职,甚至获得政府给予的经济赔偿。1965年,纳赛尔政权再次发起清洗穆斯林兄弟会的政治运动,近三万人遭到囚禁,26人被判处死刑。[1]

萨达特执政以后,推行自由化政策,政治环境较纳赛尔时代相对宽松。爱资哈尔代表的官方伊斯兰教从属于萨达特政权,强调现存秩序的合法性,支持萨达特政权的内外政策,成为国家控制民众和驾驭社会的重要工具,萨达特本人则以"信士的总统"自居。1971年颁布的宪法明确规定,伊斯兰教法是埃及官方的信仰和国家立法的主要依据之一。与此同时,萨达特政权解除纳赛尔时代的禁令,释放包括总训导师欧默尔·泰勒迈萨尼在内的数百名穆斯林兄弟会成员,穆斯林兄弟会的支持者获准在大学校园组建伊斯兰协会。[2] 1975年,所有在押的穆斯林兄弟会成员获释。1976年,穆斯林兄弟会获准出版报刊,社会影响随之扩大。[3]

70年代初,萨达特政权实行宽容的宗教政策,与穆斯林兄弟会处于合作的状态。穆斯林兄弟会由于与纳赛尔政权积怨甚深,支持萨达特政权的非纳赛尔化政策。然而,萨达特政权沿袭纳赛尔时代的传统,坚持教俗分离的政治原则,强调"宗教中无政治,政治中无宗教"[4]。穆斯林兄弟会要求取得作为政党的合法地位和参与议会竞选,萨达特政权则明确否认兄弟会具有合法政党的地位,只允许穆斯林兄弟会成员以个人身份参加世俗政党和从事政治活动。萨达特曾经公开表示:"那些热衷于伊斯兰教的人应当到清真寺去,那些希望从事政治

① Rubin,B.,*Islamic Fundamentalism in Egyptian Politics*,New York 2002,pp.12-15.

② Marr,P.,*Egypt at the Crossroads:Domestic Stability and Regional Role*,p.49.

③ Rubin,B.,*Islamic Fundamentalism in Egyptian Politics*,p.28.

④ Baker,R.W.,*Sadat and After:Struggles for Egypt's Political Soul*,London 1990,p.248,p.244.

的人应当通过合法的途径。"①自 70 年代中期开始,萨达特政权与穆斯林兄弟会之间的关系逐渐恶化,进而分道扬镳。1977 年,穆斯林兄弟会抨击萨达特出访耶路撒冷,反对与以色列单独媾和。② 1978 年,穆斯林兄弟会谴责埃及政府与以色列签署《戴维营协议》是背叛伊斯兰教信仰和出卖阿拉伯民族利益。1979年,穆斯林兄弟会支持伊朗的伊斯兰革命,抗议埃及政府向伊朗国王巴列维提供政治避难。与此同时,萨达特政权开始谴责穆斯林兄弟会是埃及的国中之国,进而打击穆斯林兄弟会,逮捕穆斯林兄弟会领袖提勒麦萨尼,接管穆斯林兄弟会控制的清真寺,取缔穆斯林兄弟会主办的报刊,穆斯林兄弟会与萨达特政权的紧张关系骤然加剧。③

有学者认为,"萨达特与兄弟会之间虽有某些共同利害关系,但民族主义者与伊斯兰主义者仍然是互不相容的",政治理念之伊斯兰主义与世俗主义的差异和对立,"是埃及宗教政治反对派长期与埃及政府不和的根本原因之所在"④。实际情况不然。一方面,埃及近代以来的历史证明,民族主义者不可等同于世俗主义者,民族主义者在不同的历史条件下表现为世俗主义者和伊斯兰主义者的不同形式,伊斯兰主义者亦在不同的历史条件下具有民族主义和民主主义的不同倾向。另一方面,埃及的政治反对派不仅来自宗教领域,更来自世俗领域;纳赛尔政权之取缔华夫脱党和后纳赛尔时代萨达特政府以及穆巴拉克政府与新华夫脱党的尖锐对立,无法从宗教与世俗的差异方面作出合理的解释。换言之,政治现代化进程的基本轨迹在于现代民族国家的兴起与现代民主政治的建立,抑或从民族主义到民主主义的历史运动,而所谓的世俗主义与伊斯兰主义只是服务于现代民族国家兴起与现代民主政治建立抑或从民族主义到民主主义历史运动的外在形式和政治工具。萨达特时代和穆巴拉克时代,伊斯兰主义的复兴以及穆斯林兄弟会与萨达特政府之间的权力角逐,其实质在于极权政治的削弱和民众政治参与程度的提高,是埃及政治民主化进程的重要内容。

自由主义时代,穆斯林兄弟会的社会基础是包括城市贫民、小手工业者、小商人和农民在内的下层民众,穆斯林兄弟会的崛起构成下层民众政治参与的重要形式,而社会基础的下层民众性决定了穆斯林兄弟会思想纲领和政治手段的激进性。萨达特和穆巴拉克执政期间,穆斯林兄弟会的社会基础发生明显的变化,民间资产阶级和知识分子逐渐成为穆斯林兄弟会内部崭新的社会力量。社

---

① Hopwood, D. , *Egypt : Politics and Society 1945-1984* , p. 117.
② Baker, R. W. , *Sadat and After : Struggles for Egypt's Political Soul* , p. 244.
③ Rubin, B. , *Islamic Fundamentalism in Egyptian Politics* , p. 19, p. 21.
④ 曲洪:《当代中东政治伊斯兰:观察与思考》,第 121 页,第 145 页。

会基础的变化决定了新的历史条件下穆斯林兄弟会思想纲领的相对温和性,而穆斯林兄弟会的权力角逐包含诸多新兴社会阶层广泛参与进而挑战极权政治和官僚资产阶级之特权地位的明显倾向。另一方面,穆斯林兄弟会区别于其他诸多政治组织的突出特征,在于多功能的社会性。自哈桑·班纳时代开始,穆斯林兄弟会既是宗教政治组织,亦是经济组织和社会福利组织。70年代以后,穆斯林兄弟会开办和经营银行、公司、企业、学校、医院、农场和媒体,具备金融服务、就业培训、社会福利、教育卫生多项功能,在埃及拥有雄厚的经济实力和广泛的社会影响。穆巴拉克时代,民间色彩的伊斯兰志愿者组织呈明显增多的趋势。90年代初,埃及约有超过1.1万个民间社团,其中超过3千个系伊斯兰志愿者组织。90年代中期,埃及民间社团增至1.4万个,其中约8千个系伊斯兰志愿者组织。① 数量众多的伊斯兰志愿者组织与遍布各地的清真寺保持密切的联系,通常具有慈善机构的功能,为民众提供宗教服务和社会服务。与此同时,穆斯林兄弟会的思想纲领亦从宗教政治层面逐渐延伸至经济社会领域的诸多层面,主张实行自由经济政策,发展民族经济,营造私人投资良好环境,改善财富分配体系,抑制社会成员的贫富分化,保障公民权利。②

穆斯林兄弟会自1928年创建以来,历经哈桑·班纳(1928—1949年在任)、哈桑·侯戴比(1951—1973年在任)、欧默尔·泰勒迈萨尼(1973—1986年在任)、穆罕默德·阿布·纳斯尔(1986—1996年在任)和穆斯塔法·马什胡尔(1996年至今在任)五代总训导师。倡导现代伊斯兰主义的信仰原则、建立教俗合一的政治制度和遵循伊斯兰教法,无疑是穆斯林兄弟会始终坚持的基本纲领。然而,随着所处政治环境的变化,穆斯林兄弟会的斗争方式发生相应的变化。

自由主义时代,穆斯林兄弟会强调伊斯兰教的政治实践,致力于复兴伊斯兰教和争取埃及的民族独立,诉诸圣战和崇尚暴力构成穆斯林兄弟会的普遍特征。纳赛尔时代,穆斯林兄弟会长期处于低谷状态。穆斯林兄弟会的领导人大都被关押在开罗南郊的图拉监狱;1957年,21名穆斯林兄弟会囚犯被政府处决。高压的政策和残酷的政治环境塑造了穆斯林兄弟会的极端思想,"集中营成为重建伊斯兰主义意识形态的主要据点"③。

---

① Wickham,C. R., *Mobilizing Islam：Religion,Activism and Political Change in Egypt*, p. 98, p. 100.

② Marr,P., *Egypt at the Crossroads：Domestic Stability and Regional Role*, p. 52.

③ Kepel,G., *Muslim Extremism in Egypt：The Prophet and Pharaoh*, Berkeley 1993, p27.

赛义德·库特卜1906年出生在上埃及艾斯尤特省的乡村贵族家庭,1925年起就读于开罗师范学院,毕业后任职于埃及政府的教育部,曾经追随扎格鲁勒和纳哈斯,1945年退出华夫托党,1951年加入穆斯林兄弟会。赛义德·库特卜后来声称:"我出生于1951年。"赛义德·库特卜于1954年入狱,1966年被纳赛尔政权处死。赛义德·库特卜所著《路标》一书,在继承哈桑·班纳以及阿布·阿拉·毛杜迪的现代伊斯兰主义理论的基础之上,着力阐述极端倾向的政治思想。① 赛义德·库特卜强调伊斯兰教与民众自由之间的内在逻辑联系,强调安拉的绝对主权,质疑纳赛尔政权的合法性,声称赛尔政权奉行的世俗政治背离伊斯兰教的基本准则而无异于查希里叶时代的蒙昧制度。赛义德·库特卜声称,伊斯兰教并非只是内心深处的信仰,而是人类摆脱奴役状态的政治宣言;伊斯兰教否认盗用安拉名义的世俗权力和世俗统治,世俗统治者盗用的权力必须归还安拉,盗用安拉权力的世俗统治必须被推翻。赛义德·库特卜声称,实现安拉主权的目的并非建立教界的统治,而是恢复伊斯兰教法的至高无上的地位,进而保障民众摆脱奴役和获得解放;实现安拉主权的途径并非只是信仰的说教,而是应当诉诸圣战的暴力方式。② 赛义德·库特卜认为,"今天存在于大地上的所有社会确已进入蒙昧社会的范畴之内",自由主义时代的埃及民众尚有一定的政治自由和宗教自由,而纳赛尔政权彻底剥夺了民众的自由,信仰的传布只能诉诸圣战的方式。③ 与哈桑·班纳相比,赛义德·库特卜完全否定现存的秩序,强调"战斗的伊斯兰"作为穆斯林兄弟会的意识形态,思想倾向颇显极端。赛义德·库特卜阐述的极端政治思想,可谓纳赛尔时代特定政治环境的产物和极权政治的逻辑延伸。赛义德·库特卜死后,爱资哈尔为首的官方宗教机构称赛义德·库特卜为离经叛道的哈瓦立及派。④ 1982年,穆斯林兄弟会总训导师欧默尔·泰勒迈萨尼宣布"库特卜只代表其本人而不代表穆斯林兄弟会"⑤。

进入70年代以后,穆斯林兄弟会出现裂变的趋势,形成从极端倾向到温和色彩的诸多派别。萨达特时代,穆斯林兄弟会的极端派别包括伊斯兰解放组织、赎罪与迁徙组织和新圣战组织。穆斯林兄弟会的极端派别大都视赛义德·库特卜为精神领袖,崇尚赛义德·库特卜阐述的极端政治思想,强调政治斗争

---

① Kepel,G. , *Muslim Extremism in Egypt:The Prophet and Pharaoh* , p. 41, p. 48.

② Khater,A. F. , *Sources in the History of the Modern Middle East* , pp. 324-330.

③ Lapidus,M. A. , *A History of Islamic Societies* , p. 634.

④ Kepel,G. , *Muslim Extremism in Egypt:The Prophet and Pharaoh* , p. 60.

⑤ 杨灏城:《当代中东热点问题的历史探索:宗教与世俗》,人民出版社2000年,第361页,第373页。

的圣战暴力性。伊斯兰解放组织的领导人是萨利赫·斯雷亚,成员主要是来自下埃及的青年学生。1974 年,伊斯兰解放组织成员攻占开罗军事技术学院,试图夺取阿拉伯社会主义联盟总部和推翻萨达特政权,失败后遭到镇压,萨利赫·斯雷亚等人被判处死刑。[①] 赎罪与迁徙组织始建于 1973 年,领导人是舒克里·艾哈迈德·穆斯塔法,追随者数千人,主要是来自上埃及的城市移民,主张首先在清真寺和山区创建伊斯兰社会,直至推翻现存社会。艾哈迈德·舒克里·穆斯塔法宣称:"我反对埃及现存的所有制度,因为这些制度背离了伊斯兰教法,是异端的制度。"[②]1977 年,赎罪与迁徙组织成员绑架并杀害萨达特政府前宗教基金部长穆罕默德·侯赛因·达哈比,舒克里·艾哈迈德·穆斯塔法随后亦被政府判处死刑。新圣战组织的领导人是穆罕默德·阿卜杜勒·萨拉姆·法拉吉、阿卜杜勒·扎穆尔和欧麦尔·阿卜杜勒·拉赫曼,成员主要来自上埃及。新圣战组织主张渗入政府内部,采取暗杀方式,推翻萨达特政权;1981年,萨达特即死于新圣战组织成员的暗杀。[③]

穆斯林兄弟会的主流派别具有相对温和的政治色彩,其基本纲领与极端派别并无明显的差异,不同之处在于主张放弃暴力,寻求合法的斗争方式。后纳赛尔时代埃及政治环境的变化,导致穆斯林兄弟会政治纲领的相应变化。穆斯林兄弟会领导人表示:穆斯林兄弟会坚持议会民主制的政治原则,而纳赛尔政权长期背离议会民主制。"1952 年'7·23'革命是穆斯林兄弟会的革命……'7·23'革命的原则源于穆斯林兄弟会的遗产。纳赛尔和自由军官背离革命的原则,导致穆斯林兄弟会与纳赛尔及自由军官分道扬镳。"[④]"我们已经与暴力彻底决裂","我们不接受武装革命,不接受群众动乱"。在此基础之上,穆斯林兄弟会的主流派别致力于政党政治,积极参与议会竞选。穆斯林兄弟会的总训导师和著名理论家哈桑·侯戴比声称:"我不坚持立党,但是坚持进行政治活动和民众活动。如若国家实行政党制,又认为适用于我们,那么我们就是政党。"[⑤]继哈桑·侯戴比之后出任穆斯林兄弟会总训导师的欧默尔·泰勒迈萨尼则明确表示,"我们进入议会不是目的,而是手段",主张通过议会竞选的形式角逐国家权力,进而实现改变现存社会秩序的目的。1987 年,穆斯林兄弟会的新任总训导师穆罕默德·阿布·纳斯尔在接受媒体采访时告诉记者:"在过去的 30 年,自由军官政权利用报刊和图书诋毁穆斯林兄弟会,将穆斯林兄弟会的领导人形

① Dekmejian,R. H. , *Islam in Revolution:Fundamentalism in the Arab World* , p. 89.

② Hopwood, D. , *Egypt:Politics and Society 1945-1984* , p. 118.

③ Dekmejian,R. H. , *Islam in Revolution:Fundamentalism in the Arab World* , pp. 91-92.

④ Rubin,B. , *Islamic Fundamentalism in Egyptian Politics* , p. 28.

⑤ 杨灏城:《当代中东热点问题的历史探索:宗教与世俗》,第 375 页,第 377 页。

容为杀手,进而欺骗民众","民众现在目睹我们的行为……证明自由军官政权的诋毁只是欺骗民众的谎言。"[①]在同年举行的议会选举中,穆斯林兄弟会甚至删除"圣战是我们的道路,为主道而战是我们最崇高的愿望"作为争取民众支持的政治纲领,"把选票投给安拉,把选票投给穆斯林兄弟会"成为穆斯林兄弟会新的竞选口号。[②]

穆巴拉克时代,埃及的政治生活不仅表现为政党政治与政府政治的错综交织,而且表现为世俗政治与宗教政治的激烈角逐。穆斯林兄弟会以及为数众多的伊斯兰志愿者协会和伊斯兰投资公司倡导伊斯兰主义的政治原则,在大众传媒、教育和公共服务业领域具有广泛的影响。[③] 80 年代,穆斯林兄弟会的主流派别与穆巴拉克政权处于合作的状态。穆巴拉克政权一方面否认穆斯林兄弟会具有合法政党的地位,另一方面允许穆斯林兄弟会成员从事政治活动和参加议会竞选。1984 年,埃及举行议会选举,穆斯林兄弟会的主流派别与新华夫托党建立竞选联盟,获得 57 个议会席位,其中穆斯林兄弟会成员获得 9 个议会席位。议会选举的积极参与标志着穆斯林兄弟会的主流派别继自由主义时代之后再次成为具有合法地位的反对派政治力量,议会随之成为穆斯林兄弟会主流派别角逐国家权力的重要舞台。1987 年,穆斯林兄弟会主流派别与社会劳动党、自由社会主义党组成竞选联盟,获得 17% 的选票和 60 个议会席位,其中穆斯林兄弟会成员获得 38 个席位,超过新华夫托党的 11% 的选票和 35 个议会席位。[④]

进入 90 年代,穆斯林兄弟会与穆巴拉克政府的关系逐渐恶化,穆斯林兄弟会的主流派别逐渐由温和反对派演变为激进反对派,公开指责穆巴拉克政府压制民主、执政党一党独大和缺乏公正选举,要求废除"政党组织法",要求获得作为政党的合法地位。1994 年,埃及政府颁布新的法律,废止大学校长由民间选举产生的惯例,规定大学校长由官方任命,强化对于职业协会选举的司法监督,旨在遏制伊斯兰主义对于大学校园和职业协会选举的影响,遭到穆斯林兄弟会和包括民族民主党成员在内的世俗阶层的反对。同年,政府禁止穆斯林兄弟会的活动,指责穆斯林兄弟会支持伊斯兰恐怖主义组织,进而实施侵犯人权的高压性安全政策。[⑤] 据相关研究机构统计,由于政治原因而入狱的人数,1992 年

---

① Rubin,B. , *Islamic Fundamentalism in Egyptian Politics*, p. 25.

② Springborg,R. , *Mubarak's Egypt: Fragmentation of the Political Order*, Boulder 1989, p. 218.

③ Marr,P. , *Egypt at the Crossroads: Domestic Stability and Regional Role*, p. 32.

④ Springborg,R. , *Mubarak's Egypt: Fragmentation of the Political Order*, p. 218.

⑤ Sidahmed,A. S. & Ehteshahmi,A. , *Islamic Fundamentalism*, p. 115.

8000 人,1993 年增至 17191 人。另据埃及人权组织统计,由于政治原因而遭到监禁的人数,1990 年 5000 人,1992 年 10000 人,1995 年 16000 人,1998 年 20000 人。1991 年,81 名穆斯林兄弟会的重要成员被政府处决。① 1995 年议会选举前夕,开罗的穆斯林兄弟会总部被政府关闭,81 名穆斯林兄弟会重要成员遭到,其中 54 人被军事法庭判处监禁。② 著名作家穆罕默德·海卡尔称,1994 年,平均每天有 50 人遭到拘禁,平均每月有 3 人被政府绞死。③

　　另一方面,政府推行怀柔政策,鼓励创办非政府的民间组织。根据埃及政治学家艾哈迈德·阿卜杜拉的说法,埃及的非政府民间组织达到 15000 个,遍布诸多领域。然而,非政府民间组织的活动受到相关规定的严格限制。政府的社会事务部设专门机构,监督非政府民间组织及其活动,操纵非政府民间组织抗衡反对派势力。④ 根据 1991 年的官方统计,埃及全国共有清真寺 9.1 万处,其中民间清真寺约占半数。另据 1993 年国际人权组织的统计,埃及全国共有清真寺 17 万处,其中政府控制和管理的清真寺仅 3 万处。1996 年,埃及政府宣布宗教事务部接管所有的民间清真寺。同年,议会颁布法律,禁止任何慈善机构接受国外提供的募捐。1999 年,议会颁布法律,强化政府对于民间组织的监管。⑤ 穆巴拉克试图通过政府与反对派之间的对话,扩大民众的政治动员,寻求广泛的政治支持,共同对抗伊斯兰主义的挑战。然而,政府拒绝与反对派讨论诸如宪政和政治改革等敏感问题,对话无果而终,埃及国内的政治暴力随之出现明显上升的趋势。⑥ 据统计,埃及死于政治暴力的人数,1992 年近 100 人,1993 年为 260 人,1994 年达到 300 人,1995 年超过 400 人。大多数的政治暴力事件发生于上埃及和开罗地区,下埃及的政治形势相对稳定。⑦

　　1996 年,穆斯林兄弟会的部分成员另立门户,宣布成立瓦萨特党。1996 年和 1998 年,瓦萨特党两次向协商会议政党委员会递交申请,要求得到官方的认可,均被驳回。2000 年,瓦萨特党获准成立非政治性组织,名为埃及文化与对话协会。与此同时,穆斯林兄弟会的主流依然致力于争取成为官方认可的合法政党,坚持在宪法和现行法律的框架内从事政治参与的相关活动。穆斯林兄弟会

---

① Bari,Z. , *Modern Egypt:Culture,Religion and Politics* , p. 77, p. 78.

② Marr,P. , *Egypt at the Crossroads: Domestic Stability and Regional Role* , p. 57.

③ Ismeal,T. Y. , *Middle East Politics Today:Government and Civil Society* , p. 442.

④ 同上, p. 441。

⑤ Wickham,C. R. ,*Mobilizing Islam:Religion, Activism and Political Change in Egypt* , p. 98, p. 216.

⑥ Ismeal,T. Y. , *Middle East Politics Today:Government and Civil Society* , p. 441.

⑦ Bari,Z. , *Modern Egypt:Culture,Religion and Politics* , p. 77.

领导人阿布·福图赫在接受媒体采访时明确表示:"我们希望政府解除限制穆斯林兄弟会的禁令,允许我们成为合法的政党。"在 2000 年举行的议会选举中,穆斯林兄弟会成员作为独立候选人获得 17 个议会席位,构成议会内部最大的反对派。①

---

① Wickham,C. R. ,*Mobilizing Islam : Religion , Activism and Political Change in Egypt* , p. 219 , p. 221.

第八章　新月地带诸国的现代化进程

一、伊拉克

伊拉克王国的建立

　　"伊拉克"一词在阿拉伯语中意为"沿海"。伊拉克境内的幼发拉底河和底格里斯河中下游地区,古希腊人称之为"美索不达米亚",意为两河之间的土地,是人类文明的重要发源地。美索不达米亚南部的苏美尔人城邦始建于公元前4千纪中叶,巴比伦王国和亚述帝国在古代世界的历史舞台曾经扮演极其重要的角色。公元7世纪,阿拉伯人灭亡波斯帝国,伊拉克被纳入阿拉伯帝国的版图。阿拔斯哈里发时代,巴格达成为阿拉伯世界的政治、经济、宗教和文化中心。此间,伊拉克的范围包括提克里特以南的两河流域地区,提克里特以北的两河流域地区称作贾吉拉。阿拉伯人征服初期,提克里特以南的巴士拉与库法合称"两个伊拉克";阿拔斯王朝后期,提克里特以南的伊拉克与提克里特以北的贾吉拉合称"两个伊拉克"[①]。1258年蒙古军攻陷巴格达后,伊拉克相继沦为蒙古人的伊儿汗国和帖木尔帝国、土库曼人的白羊王朝和黑羊王朝以及波斯人的萨法维王朝的属地。1639年,奥斯曼帝国军队征服伊拉克,进而将伊拉克划分为巴士拉、巴格达和摩苏尔三个行省,隶属于伊斯坦布尔的苏丹。英国人曾经将伊拉克称作土耳其人的阿拉比亚,区别于阿拉伯人的阿拉比亚即阿拉伯半岛。[②]

　　奥斯曼帝国统治时期,伊拉克在诸多方面表现为明显的差异性和多元性。

---

① Lindsay,J. E. , *Daily Life in the Medieval Islamic World* , p. 101.

② Tripp,C. , *A History of Iraq* , Cambridge 2002, p. 12.

以摩苏尔为核心城市的伊拉克北部地区与安纳托利亚东部以及叙利亚北部联系密切,以巴格达为核心城市的伊拉克中部地区扼守叙利亚与伊朗之间的传统商路,以巴士拉为核心城市的伊拉克南部地区则是波斯湾世界的重要组成部分。奥斯曼帝国对于伊拉克的控制程度不及对于尼罗河流域和叙利亚的控制程度,伊斯坦布尔苏丹的权力局限于巴士拉、巴格达和摩苏尔三座核心城市,广袤的乡村和沙漠旷野构成逊尼派阿拉伯人、什叶派阿拉伯人以及库尔德人部族的势力范围,政治生活具有浓厚的血缘色彩,国家制度与部族群体的密切结合构成伊拉克政治生活的明显特征,欧莱玛和苏菲教团亦有相当广泛的政治影响。奥斯曼帝国的军事封邑曾经分布在巴格达周围以及北部摩苏尔和基尔库克一带,1800 年时所剩无几。[1] 19 世纪中叶即自坦泽马特时代开始,伊斯坦布尔的苏丹逐渐强化对于伊拉克的直接控制,巴格达总督穆罕默德·拉希德(1852—1857 年在任)、纳米克(1861—1868 年在任)和米扎特帕夏(1869—1872年在任)的统治权力明显扩大,传统部族势力开始被纳入国家的框架。[2]

伊拉克作为地中海与印度洋之间的重要陆路通道,是英国与奥斯曼帝国、俄国、德国激烈争夺的场所。英国在伊拉克的外交使团,17 世纪始建于巴士拉,1810 年迁至巴格达。1868 年,英国开通巴格达和巴士拉与印度之间的邮政联系。[3] 英国在伊拉克的势力扩张构成英属印度殖民地统治的延伸,经济渗透则是一战之前英国在伊拉克扩张势力的主要方式。20 世纪初石油的发现,加速了英国在波斯湾扩张的步伐。一战爆发后,英国与奥斯曼帝国在底格里斯河与幼发拉底河流域展开激烈的角逐。1914 年 11 月,英军在法奥登陆,占领巴士拉。1917 年 3 月,英军占领巴格达,进而控制巴格达以北的基尔库克一带。1918 年11 月,英军不顾土耳其政府的反对,占领摩苏尔。[4] 至此,英军控制伊拉克大部,只有靠近土耳其和伊朗边境的东北部山区以及包括纳杰夫和卡尔巴拉在内的少数什叶派地区尚处于英军的控制之外。[5] 1918 年一战结束后,伊拉克被纳入英属印度殖民当局的管辖范围,英国政府专员阿诺德·威尔逊成为统治伊拉克的最高长官。[6] 1920 年 4 月,根据圣雷莫会议[7]通过的协议,英国政府以国际

---

① Yapp,M. E. , *The Making of the Modern Near East 1792-1923* , p. 139.

② Owen,R. , *The Middle East in the World Economy 1800-1914* , p. 184.

③ Peretz,D. , *The Middle East Today* , London 1994, p. 434.

④ Stansfield,G. R. V. , *Iraq:People,History,Politics* , Cambridge 2007, p. 34.

⑤ Marr,P. , *The Modern History of Iraq* , Boulder 1985, p. 31.

⑥ Peretz,D. , *The Middle East Today* , p. 436.

⑦ 圣雷莫会议于 1920 年 4 月在意大利的圣雷莫召开。根据会议期间签署的协议,叙利亚和黎巴嫩成为法国政府的委任统治地,伊拉克和巴勒斯坦成为英国政府的委任统治地。

联盟的名义在伊拉克建立委任统治制度。[1]

　　1920 年初,叙利亚爆发反对法国委任统治的民众运动,进而波及伊拉克。1920 年 3 月,伊拉克的民族主义者在大马士革召开大会,宣布伊拉克独立,拥立麦加沙里夫(即哈希姆家族首领)侯赛因之子阿卜杜拉作为伊拉克国王。[2] 同年 4 月,伊拉克爆发反对英国委任统治的民众运动,结束英国政府的异教统治和争取民族独立成为伊拉克民众共同的政治目标,现代伊拉克民族主义初露端倪。在巴格达和伊拉克南部,逊尼派阿拉伯人与什叶派阿拉伯人同仇敌忾,形成空前广泛的民族联盟。5 月,巴格达举行反对英国委任统治的民众运动,逊尼派与什叶派一度组成政治联盟,推举 15 人作为代表,与阿诺德·威尔逊谈判,要求结束英国政府对于伊拉克的委任统治,遭到拒绝。6 月,一名什叶派部族长老拒绝向英国当局纳税,遭到囚禁。随后,在什叶派宗教领袖阿亚图拉设拉兹的号召下,伊拉克中部及南部爆发什叶派的民众起义,纳杰夫和卡尔巴拉成为反英起义的中心。与此同时,库尔德人在北部发动起义。10 月,英军镇压什叶派的起义,占领纳杰夫和卡尔巴拉。6000 伊拉克人和 400 英军及印度士兵丧生。[3]

　　1920 年 10 月,佩尔希·考克斯取代阿诺德·威尔逊,出任伊拉克专员,着手起草宪法,筹集伊拉克人组成临时政府,邀请巴格达的逊尼派长老阿卜杜勒·拉赫曼·凯拉尼主持由英国当局任命产生并由英国专员控制的内阁。[4] 11 月,内阁建立,21 名内阁成员分别来自巴士拉、巴格达和摩苏尔三省,逊尼派阿拉伯人在内阁占据主导地位,亦有少量的什叶派阿拉伯人以及个别的基督徒和犹太人进入内阁。1921 年 3 月,英国当局在开罗召开会议,宣布成立伊拉克王国,采用君主制,邀请麦加沙里夫侯赛因之子费萨尔出任伊拉克国王。[5] 1921 年 8 月,费萨尔(1921—1933 年在位)在巴格达即位,伊拉克王国宣告诞生。[6]

君主制时代的国家与政党

　　1922 年 10 月,费萨尔国王与英国政府签署英伊同盟条约,英国政府负责控制伊拉克的防务和外交,费萨尔政权负责掌管伊拉克的内部事务,伊拉克内阁

---

[1]　Marr,P. , *The Modern History of Iraq*, p. 33.

[2]　Tripp,C. , *A History of Iraq*, p. 40.

[3]　Stansfield,G. R. V. , *Iraq:People, History, Politics*, pp. 41-42.

[4]　同上,p. 43。

[5]　Tripp,C. , *A History of Iraq*, p. 45, p. 47.

[6]　Peretz,D. , *The Middle East Today*, p. 438.

接受英国顾问的监督,条约有效期为 20 年。^① 同年颁布的选举法规定,伊拉克
议会实行间接选举,全国划分为三个选区,初次选举的选民条件是年满 20 岁的
男性公民,按照 1∶250 的比例选举产生第二次选举的投票人,议会成员由第二
次选举的投票人选举产生。^② 1924 年,伊拉克颁布第一部宪法。该宪法以 1831
年比利时宪法和 1876 年奥斯曼帝国宪法作为原型,实行议会君主制。根据
1924 年宪法,哈希姆家族的国王作为伊拉克的国家元首,拥有包括颁布宪法、统
率武装力量、批准法律在内的广泛权力;议会实行两院制,上院议员由国王任
命,任期 8 年,下院议员选举产生,任期 4 年,基督徒和犹太人各占 4 个议会席
位;首相和内阁对议会负责,国王有权解散议会;国家保障公民的基本权利,公
民享有平等的法律地位;伊斯兰教是官方宗教,阿拉伯语是官方语言;非穆斯林
享有民事、宗教和司法的自治,保留逊尼派和什叶派的宗教法律体系。^③ 1925
年,伊拉克举行首次选举,产生第一届议会。^④ 议会选举处于内阁的操纵和控制
之下,国王有权解散议会,因此议会只是名义上的最高权力机构,宫廷和内阁成
为国家权力的核心所在。国王与内阁的权力角逐,则是君主制时代伊拉克政治
生活的突出现象。1943 年,伊拉克修订 1924 年宪法,国王获得解散内阁的
权力。^⑤

　　奥斯曼帝国灭亡后,伊拉克北部摩苏尔地区的主权归属悬而未决。1923 年
签署的洛桑条约^⑥,亦未就摩苏尔地区的主权归属予以明确的划定。土耳其共
和国成立后,向国际联盟提出对于摩苏尔地区的主权要求。1925 年 7 月,国际
联盟通过决议,正式将摩苏尔地区划归伊拉克王国,同时规定英国对于伊拉克
王国的委任统治期限为 25 年。1925 年 10 月,伊拉克政府与英国政府签署条
约,伊拉克政府接受国际联盟的决议,英国政府承诺帮助伊拉克加入国际联盟。
1926 年 1 月,伊拉克议会批准英伊条约。^⑦ 同年,土耳其政府与英国及伊拉克
签署条约,放弃对于摩苏尔地区的主权要求。^⑧ 1930 年 6 月,英国政府与伊拉
克政府再次签署条约,旨在重新规定双方之间的相互关系;该条约后来成为

第八章　新月地带诸国的现代化进程

----

　　① Ochsenwald,W. , *The Middle East:A History*, p. 440.

　　② Marr,P. , *The Modern History of Iraq*, pp. 38-39.

　　③ Peretz,D. , *The Middle East Today*, p. 440.

　　④ Ochsenwald,W. , *The Middle East:A History*, p. 440.

　　⑤ Yapp,M. E. , *The Near East Since the First World War*, p. 70.

　　⑥ 1922 年,协约国与土耳其在瑞士洛桑召开会议,1923 年签署洛桑条约,确定奥斯曼帝国灭亡后
土耳其共和国的政治疆域。

　　⑦ Tripp,C. , *A History of Iraq*, p. 59.

　　⑧ Elliot,M. , *Independent Iraq:The Monarchy and British Influence 1941-1958*, London 1996,
p. 6.

1936 年英埃条约以及法黎条约、法叙条约的原型。根据该条约,伊拉克政府在内部事务和防务方面拥有完整的权力,英国有权在战时使用伊拉克的基地和军事设施以及派遣英军进驻伊拉克,英国政府负责训练伊拉克军队并提供装备,英军保留巴格达附近的哈巴尼耶空军基地和巴士拉附近的舒埃巴空军基地,条约有效期为伊拉克加入国际联盟起 20 年。[①]

英国当局委任统治时期,英国顾问凌驾于伊拉克政府之上,把持伊拉克的军政权力。伊拉克的英国顾问人数,1920 年接近三千人,1932 年减少至约百人。随着顾问人数的下降,英国当局对于伊拉克的控制程度明显削弱。1932 年,英国政府结束对于伊拉克的委任统治,伊拉克王国宣布独立,作为主权国家加入国际联盟,英国专员改称驻伊拉克大使,英国顾问成为伊拉克政府的雇员。[②]

费萨尔 1883 年出生于麦加,曾经长期随其父侯赛因生活在伊斯坦布尔的阿卜杜勒·哈米德宫廷。1908 年,侯赛因出任希贾兹总督,费萨尔亦随其父返回麦加。1918 年,费萨尔在大马士革被拥立为叙利亚国王,1920 年被法国当局驱逐。[③] 1921 年 8 月,在英国政府的操纵下,费萨尔入主巴格达,建立伊拉克的哈希姆王朝。君主制时代,伊拉克的政治生活主要是个人之间的权力角逐,诸多政治群体缺乏广泛的社会基础和经济社会发展的明确纲领,部族关系提供了维系政治群体的基本纽带,教派归属以及血统和身世具有举足轻重的作用。费萨尔当政初期,追随者主要是曾经参加阿拉伯大起义[④]的叙利亚籍奥斯曼贵族,具有明显的非本土性。费萨尔国王当政期间,叙利亚籍的奥斯曼贵族占据伊拉克二分之一的内阁职位,努里·赛义德、贾法尔·阿斯卡里、贾米勒·米扎伊、亚辛·哈希米和阿里·贾乌达特在伊拉克政坛扮演举足轻重的角色。费萨尔政权的另一重要的支持者,是来自伊拉克本土的逊尼派阿拉伯城市贵族。费萨尔国王当政期间,伊拉克本土的逊尼派阿拉伯城市贵族占据内阁三分之一的职位,13 任首相中的 9 任首相出自伊拉克本土的逊尼派阿拉伯城市贵族,贾伊拉尼家族是伊拉克本土逊尼派阿拉伯城市贵族中最具影响的政治势力。部族舍赫在伊拉克具有广泛的政治影响,奥斯曼帝国时代游离于国家和中央政府的边

---

① Tripp,C. , *A History of Iraq* , p. 66.

② Yapp,M. E. , *The Near East Since the First World War* , p. 70.

③ Marr,P. , *The Modern History of Iraq* , p. 34.

④ 麦加沙里夫侯赛因系哈希姆家族后裔,于 1916 年在阿拉伯半岛发动反抗奥斯曼帝国统治的民族起义,攻占希贾兹,自称阿拉伯国王,继而委派其子费萨尔在叙利亚发动起义,1918 年占领大马士革。1920 年,叙利亚国民大会拥立费萨尔出任国王,旋即遭到法军的镇压。是为阿拉伯大起义。

缘,却在地方层面举足轻重。费萨尔政权建立后,部族舍赫的政治地位呈上升的趋势,部族舍赫长期占据议会的多数席位,然而出任内阁职位者寥寥无几。1920—1936年,在59个内阁职位中,只有8个职位由舍赫出任。[①]

　　1921年,伊拉克总人口300万,其中80%为阿拉伯人,15%为库尔德人,其余为土库曼人、伊朗人和犹太人;穆斯林占总人口的90%,什叶派与逊尼派的比例为7:5;约10万犹太人生活在巴格达。[②] 英国殖民当局扶持的费萨尔政权沿袭奥斯曼帝国时代的传统,倚重逊尼派阿拉伯人,排斥什叶派阿拉伯人和库尔德人的政治参与。[③] 1921—1936年,逊尼派阿拉伯人占内阁职位的71%,什叶派阿拉伯人占内阁职位的24%。1928年,议会下院88个席位中,什叶派阿拉伯人仅占26个席位。1921—1958年,内阁的5个最重要的职位即首相、财政大臣、内务大臣、国防大臣、外交大臣中,80%出自逊尼派阿拉伯人,20%出自什叶派阿拉伯人。逊尼派阿拉伯人与什叶派阿拉伯人在地方政府的权力分配方面亦存在明显的差距;1933年,14个省长中只有1人是什叶派阿拉伯人,47个县长中只有4人是什叶派阿拉伯人。[④] 什叶派阿拉伯人无疑构成伊拉克军队的重要兵源,然而伊拉克军官却大都来自逊尼派阿拉伯人。[⑤] 直至二战结束后,什叶派阿拉伯人的政治地位一度出现上升的迹象:1947—1958年,包括萨利赫·贾比尔在内的4名什叶派政治家相继出任内阁首相。[⑥] 哈希姆家族在伊拉克的统治缺乏广泛的社会基础;哈希姆家族作为逊尼派穆斯林得不到什叶派穆斯林的支持,作为阿拉伯人得不到库尔德人的支持。

　　奥斯曼帝国时期,伊拉克作为统一的行政区域尚不存在。1920年英国委任统治建立以后,明确划定伊拉克的领土疆域,引入君主制、议会制、宪法、政府和军队,初步奠定伊拉克国家的政治基础,首都巴格达日益成为伊拉克政治舞台的核心所在。政府职能的逐渐完善以及国家权力与部族权力的此消彼长,构成君主制时代伊拉克政治生活的重要内容。政府雇员的数量,1920年约0.3万人,1935年为0.8万人,1941年增至1.8万人,1958年达到2万人。一战爆发以前,奥斯曼帝国在伊拉克驻军1.6万人,隶属于奥斯曼帝国的第六军团。一战结束后,英国和印度驻军以及少量的库尔德人雇佣军和亚述人(即聂斯脱里

---

① Yapp,M. E. , *The Near East Since the First World War*, pp. 71-73.

② 同上, pp. 71-73。

③ Tripp,C. , *A History of Iraq*, p. 31.

④ Yapp,M. E. , *The Near East Since the First World War*, pp. 73-74.

⑤ Stansfield,G. R. V. , *Iraq:People,History,Politics*, p. 47.

⑥ Yapp,M. E. , *The Near East Since the First World War*, p. 73.

派基督徒)雇佣军取代奥斯曼帝国驻军。① 1921 年,英国殖民当局开始组建伊拉克军队,贾法尔·阿斯卡里出任国防大臣,努里·赛义德出任参谋总长。② 伊拉克军队的兵员,1922 年为 3500 人,1932 年增至 12000 人,1941 年达到 44000 人。伊拉克军官最初多为奥斯曼帝国时代的外籍军官。1932 年,外籍军官仍占全部军官的 50%,大都位居要职。1936 年参与政变的 61 名高级军官中,50 人系毕业于伊斯坦布尔军事学院的前奥斯曼帝国军官,58 人属于逊尼派阿拉伯人,四分之三出生于巴格达。与此同时,毕业于巴格达军事学院的伊拉克本土军官逐渐增多。伊拉克本土军官最初主要来自巴格达贵族和部落舍赫家庭;1934 年实行募兵制以后,更多的军官来自巴格达以外地区和乡村贫困家庭。③军队的组建,构成费萨尔政权强化政府职能和削弱部族势力的重要手段。

　　1933 年费萨尔死后,其子加兹(1933—1939 年在位)继承王位。1939 年加兹死后,其子费萨尔二世(1939—1958 年在位)继承王位,至 1958 年死于自由军官发动的政变。费萨尔二世即位时年仅 4 岁,由阿卜杜勒·伊拉赫亲王摄政。④君主制时代,伊拉克的政治局势长期处于动荡的状态,首相和内阁成员更换频繁。1921—1958 年的 37 年间,历经 59 届内阁,平均每届内阁执政仅 8 个月。此间,共有 166 人在内阁任职,其中努里·赛义德先后 47 次在内阁任职,欧默尔·纳扎里先后 21 次在内阁任职,陶菲格·苏瓦迪先后 19 次任职,阿里·马穆塔兹·达弗塔里先后 18 次任职,贾米勒·米扎伊先后 14 次任职。⑤ 努里·赛义德 1906 年毕业于伊斯坦布尔军事学院,1916 年参加侯赛因·本·阿里领导的阿拉伯大起义,1921—1930 年间先后出任参谋总长和国防部长,1930—1958 年间 14 次出任内阁首相,是君主制时代伊拉克最重要的政治人物。⑥

　　在君主制时代的伊拉克,诸多政党相继建立,议会选举提供了政党政治的基本框架,政党政治空前活跃。英国委任统治的特定历史环境,决定了君主制时代的政党政治具有阿拉伯民族主义的浓厚色彩。逊尼派阿拉伯人的权力垄断,赋予君主制时代的政党政治以教派对立的明显倾向。

　　伊拉克的阿拉伯民族主义缘起于 19 世纪后期。西方列强的殖民扩张、奥斯曼帝国苏丹阿卜杜勒·哈米德的高压统治政策以及青年土耳其党执政期间

----

① Yapp,M.E., *The Near East Since the Firse World War*, p. 81, p. 77.

② Tripp,C., *A History of Iraq*, p. 47.

③ Yapp,M.E., *The Near East Since the First World War*, p. 77.

④ Ochsenwald,W., *The Middle East：A History*, p. 441.

⑤ Yapp,M.E., *The Near East Since the First World War*, p. 74.

⑥ Ochsenwald,W., *The Middle East：A History*, p. 441, p. 650.

奉行的大土耳其主义,助长着阿拉伯世界的民族主义倾向。争取民族的独立和解放直至建立主权国家,日益成为阿拉伯世界的普遍政治愿望。1914 年,埃及人阿齐兹·阿里在欧洲创立阿拉伯民族主义政治组织阿赫德党,该组织的成员大都系来自伊拉克的阿拉伯人,包括君主制时代的著名政治家努里·赛义德、贾法尔·阿斯卡里、亚辛·哈希米、贾米勒·米扎伊、纳吉·沙乌卡特、阿里·贾乌达特。[1] 一战结束后,阿拉伯世界的民族主义空前高涨,伊拉克同盟者(即阿赫德党)和独立保卫者成为伊拉克最重要的民族主义组织,其中前者系努里·赛义德领导的逊尼派阿拉伯人,后者系穆罕默德·萨德尔领导的什叶派阿拉伯人政治组织。[2]

英国当局在伊拉克建立委任统治的初期,倚重逊尼派阿拉伯人,什叶派阿拉伯人构成反对英国委任统治的主要力量,什叶派欧莱玛则是伊拉克阿拉伯民族主义的政治核心。1920 年爆发的什叶派起义,掀开伊拉克阿拉伯民族主义的序幕。1922 年夏,什叶派阿拉伯人在巴格达组建祖国党和觉醒党,创办报刊宣传阿拉伯民族主义思想,组织民众举行反对英国托管统治的示威活动。1923 年6 月,什叶派的宗教领袖阿亚图拉马赫迪·哈里希发布富图瓦,号召什叶派穆斯林抵制议会选举,迫使英国当局作出让步,承诺给予什叶派穆斯林以议会 40%的席位,给予什叶派部落舍赫以免税的特权,旨在缓解什叶派阿拉伯人的反英情绪。[3] 自 1924 年开始,英国当局与逊尼派阿拉伯人之间的矛盾不断加剧,逊尼派阿拉伯人逐渐取代什叶派阿拉伯人成为伊拉克民族主义的主要力量。结束英国当局的财政控制、废除英伊同盟条约以及反对国王的独裁统治和扩大议会的权力,则是逊尼派阿拉伯民族主义的政治目标。

君主制时代初期,伊拉克最重要的反对派政党是民族党和人民党。民族党的支持者主要来自什叶派阿拉伯人,领导人是什叶派商人贾法尔·阿布·提曼。人民党的支持者大都属于逊尼派阿拉伯人,领导人是亚辛·哈希米。民族党和人民党均持阿拉伯民族主义的立场,结束英国的委任统治和实现伊拉克国家的主权独立是民族党和人民党的共同政治纲领。[4] 1931 年 3 月,民族党与人民党合并组成民族兄弟会党,领导人是亚辛·哈希米和拉希德·阿里·吉拉尼,废除 1930 年英伊条约构成民族兄弟会党的基本目标。[5] 民族兄弟会党的成立,标志着逊尼派阿拉伯人与什叶派阿拉伯人的广泛联合。反对英国委任统治

---

[1] Sluglett,M. F. , *Iraq Since 1958*;*From Revolution to Dictatorship*,London 1990, p. 7.

[2] Tripp,C. , *A History of Iraq*, p. 40.

[3] 同上,p. 52, p. 57.

[4] Ochsenwald,W. , *The Middle East*;*A History*, p. 443.

[5] Tripp,C. , *A History of Iraq*, p. 71.

和实现伊拉克主权独立的共同目标,构成逊尼派阿拉伯人与什叶派阿拉伯人之间广泛联合的政治基础。

民族兄弟会党与始建于 1929 年的伊拉克手工业者协会具有密切的政治联系。1931 年 7 月,民族兄弟会党与手工业者协会在巴格达发动大规模的罢工,进而波及伊拉克中部城市希拉、库法、纳杰夫、卡尔巴拉和南部城市巴士拉。同年 8 月,政府解散手工业者协会,罢工失败。1932 年,费萨尔国王解散努里·赛义德领导的内阁,指定纳吉·沙乌卡特出任首相。1933 年 2 月,纳吉·沙乌卡特辞职,费萨尔国王邀请民族兄弟会党领导人拉希德·阿里·吉拉尼在放弃反对 1930 年英伊条约的前提下出任首相并组建新内阁。[①] 与此同时,贾法尔·阿布·提曼领导的民族党退出民族兄弟会党,加入持激进立场的改革党。[②]

1932 年英国委任统治结束后,英国支持的哈希姆王朝成为民族主义者攻击的焦点所在,伊拉克国内部族之间相互仇杀,库尔德人反叛、逊尼派阿拉伯人与什叶派阿拉伯人尖锐对立,诸多政党激烈角逐,政局动荡,经济社会处于停滞状态。阿赫德党与民族兄弟会党作为伊拉克的两大主要政治势力,只是统治集团内部个人之间角逐权力的工具,缺乏明确的政治纲领和完整的政治组织。[③] 与此同时,土耳其和伊朗的军人政权及其自上而下的经济社会改革对于伊拉克产生深刻的影响,凯末尔和礼萨汗成为伊拉克军队将领崇拜的偶像和效仿的楷模,军人政治随之初露端倪。

1933 年秋,新国王加兹即位。同年 10 月,加兹解散民族兄弟会党内阁,贾米勒·米扎伊出任首相。1934 年 8 月,贾米勒·米扎伊辞职,阿里·贾乌达特出任首相。在随后举行的议会选举中,民族兄弟会党的席位下降为 12 个。1935 年 3 月,民族兄弟会党领导人亚辛·哈希米出任首相,实行独裁统治,强化政府机构,排斥和迫害政治反对派。[④] 1936 年 10 月,军队将领巴克尔·希德基发动政变,推翻民族兄弟会党政府,推举改革党领导人西克马特·苏莱曼出任内阁首相,亚辛·哈希米逃往贝鲁特,努里·赛义德逃往埃及。[⑤]

1936 年 10 月的政变首开伊拉克军人政治的先河。此后,阿赫利党控制内阁,巴克尔·希德基出任武装部队参谋总长。阿赫利党始建于 1931 年,领导人是阿卜杜勒·法塔赫·伊卜拉欣和穆罕默德·哈米德,持民粹主义立场,倡导社会改革和自由民主,主张超越阶级、经济和宗教界限的大众福利。阿赫利党

① Tripp,C. , *A History of Iraq*, p. 73, p. 79.

② Ochsenwald,W. , *The Middle East:A History*, p. 443.

③ Peretz,D. , *The Middle East Today*, p. 445, p. 443.

④ Tripp,C. , *A History of Iraq*, p. 82, p. 83.

⑤ Marr,P. , *The Modern History of Iraq*, p. 72.

曾经于 1935 年成立巴格达俱乐部,遭到民族兄弟会党政府的取缔。[1] 1936 年政变后,阿赫利党和贾法尔·阿布·提曼领导的改革党共同组建民众改革协会,主张废除损害农民利益的法律,鼓励创办工会,传播大众文化,限制地主阶级的势力和影响,普及教育。1937 年 6 月,改革党退出内阁,民众改革协会解散。[2]

西克马特·苏莱曼具有土耳其的血统,崇尚凯末尔主义,主张通过强化极权政治的方式,自上而下地整合和改造伊拉克,进而实现伊拉克经济和社会的发展。另一方面,西克马特·苏莱曼内阁放弃倚重逊尼派阿拉伯人的传统立场,扩大什叶派阿拉伯人和库尔德人的政治参与。与此同时,西克马特·苏莱曼内阁在外交领域强调伊拉克国家利益至上的原则,淡化泛阿拉伯主义的政治色彩,持亲土耳其和伊朗的外交政策。1937 年 8 月,巴克尔·希德基在摩苏尔死于暗杀,西克马特·苏莱曼随后辞职,贾米勒·米扎伊出任首相。1938 年 12 月,在军队的压力下,米扎伊辞职,努里·赛义德出任首相。[3]

加兹当政期间,持反英立场,1937 年曾经通过广播谴责法国统治叙利亚和锡安主义对于巴勒斯坦的野心,抨击英国插手海湾事务,首次提出兼并科威特的要求,称科威特的埃米尔是英国操纵的封建君主。[4] 1939 年 4 月,国王加兹逝世,其子费萨尔二世即位,阿卜杜勒·伊拉赫出任摄政王。[5] 同年,英国政府向伊拉克提供 400 万英镑的援助,由伊拉克石油公司预付 300 万英镑。作为回报,首相努里·赛义德宣布中断与德国的外交关系。与此同时,耶路撒冷的穆夫提爱敏·侯赛因移居巴格达,倡导巴勒斯坦的独立运动。二战爆发后,努里·赛义德政府持亲英的外交立场,实行军事管制和独裁统治。1940 年 3 月,在军方将领的压力下,努里·赛义德被迫辞职,原民族兄弟会党领导人拉希德·阿里·吉拉尼继努里·赛义德之后出任首相,持亲德的外交政策,试图利用德国和意大利的支持实现伊拉克的政治独立。[6] 1941 年 1 月,拉希德·阿里·吉拉尼内阁垮台,塔哈·哈希米出任首相。同年 4 月,拉希德·阿里·吉拉尼发动政变,解除塔哈·哈希米的首相职务。5 月,英军占领巴士拉和巴格达,推翻拉希德·阿里·吉拉尼政府,持亲英立场的努里·赛义德再度出任内

---

[1] Peretz,D. , *The Middle East Today*, p. 445.

[2] Marr,P. , *The Modern History of Iraq*, p. 74.

[3] 同上,p. 73, p75。

[4] 同上,pp. 77-78。

[5] Elliot,M. , *Independent Iraq:The Monarchy and British Influence 1941-1958*, p. 13.

[6] Peretz,D. , *The Middle East Today*, pp. 448-449.

阁首相。① 1943年,伊拉克政府对轴心国宣战。1944年初,首相努里·赛义德与摄政王阿卜杜勒·伊拉赫的关系恶化。6月,努里·赛义德辞职,哈姆迪·帕查只出任首相。②

　　君主制时代,传统社会势力垄断国家政权,控制议会,操纵内阁,经济社会改革和民主化进程举步维艰。1935年1月,什叶派阿拉伯人抗议政府的独裁统治,要求实行新闻自由、削减税收、罢免阿里·贾乌达特和重新举行议会选举。③ 1938年努里·赛义德出任首相后,承诺废除新闻审查,举行民主方式的议会选举,遭到军方和传统势力的抵制。④ 英军占领期间,努里·赛义德政府推行高压政策。1945年秋,首相哈姆迪·帕查只在库特附近的杜贾拉尝试推行土地改革,将国有土地分配给无地农民以及小地主和退休官员。与此同时,哈姆迪·帕查只内阁推行劳工改革,改善女工劳动环境,实行日薪制,赔偿劳动伤害,仲裁劳动纠纷,禁止童工,授权铁路工人、制造业工人和港口工人组建工会(石油工人和政府雇佣的工人除外)。⑤ 1945年12月,摄政王阿卜杜勒·伊拉赫在议会发表公开讲话,承诺实行进一步的自由和民主,解除党禁(共产党除外),修改选举法,实行社会改革,实现社会公正。⑥ 1946年2月,哈姆迪·帕查只辞职,陶菲格·苏瓦迪出任首相。陶菲格·苏瓦迪出任首相期间,结束党禁和军事管制,关闭法奥集中营,解除新闻审查。新的选举法依然实行两个阶段的间接选举,同时将原有的三个选区改为一百个选区,旨在削弱旧贵族对于选举的操纵控制,扩大城市居民的参与。⑦

　　战后伊拉克政府推行自由化改革的直接结果,是政党政治的进一步发展。1946年陶菲格·苏瓦迪执政期间获准成立的五个合法政党,包括自由党、人民党、祖国联盟(即国家统一党)、独立党和民族民主党。⑧ 自由党系温和的中间派政党,领导人是陶菲格·苏瓦迪。阿齐兹·沙里夫领导的人民党和阿卜杜勒·法塔赫·伊卜拉欣领导的祖国联盟系左翼激进政党,倡导在议会民主制的框架内实行激进的社会改革。独立党和民族民主党是1946—1958年间最重要的合

① Ochsenwald,W.,*The Middle East:A History*, p. 469.
② Tripp,C.,*A History of Iraq*, p. 112.
③ 同上, p. 82。
④ Peretz,D.,*The Middle East Today*, p. 449.
⑤ Haj,S.,*The Making of Iraq 1900-1963*, New York 1997, p. 100.
⑥ Elliot,M.,*Independent Iraq:The Monarchy and British Influence 1941-1958*, p. 21.
⑦ Marr,P.,*The Modern History of Iraq*, p. 97.
⑧ Elliot,M.,*Independent Iraq:The Monarchy and British Influence 1941-1958*, p. 26.

法反对派政党,主张通过议会选举的方式实现民众的政治参与。独立党的领导人是什叶派阿拉伯人马赫迪·库巴赫、法伊格·萨马里和希德克·沙恩沙勒,核心成员则是支持前首相拉希德·阿里·吉拉尼的逊尼派阿拉伯人,具有反英和泛阿拉伯主义的明显倾向,主张胡齐斯坦地区脱离伊朗和并入伊拉克,支持巴勒斯坦事业,强调阿拉伯民族利益至上。民族民主党的前身是 1931 年成立的阿赫利党,领导人是卡米勒·查德只、穆罕默德·哈迪德和侯赛因·贾米勒,持伊拉克国家利益至上的立场,反对英国当局的委任统治和哈希姆王朝的君主独裁,强调政治自由和宪政民主,主张推行土地改革,废除垄断,建立合理的财富分配体制,发展资本主义,实现伊拉克的进步与繁荣,社会基础来自不同的教派和种族。[①] 然而,独立党和民族民主党建立在精英政治的基础之上,缺乏广泛的社会基础。乡村下层民众普遍从属于各自的部族和教派,明显限制着独立党和民族民主党的政治动员。独立党和民族民主党尽管具有包括选举产生的中央委员会和城市范围的地方分支机构在内的完整组织体系,却很难在议会选举中获胜。[②] 共产党始建于 1935 年,具有苏联和共产国际的政治背景,标榜代表被压迫阶级即工人和农民的利益,强调阶级斗争和国际主义,主张反对殖民主义的资产阶级革命和独立后的社会主义革命的阶段论,致力于民族解放运动,支持伊拉克民族主义,反对泛阿拉伯主义,主张铲除封建地主所有制,实行激进的土地改革和工业化举措,倡导组建工会和 8 小时工作日,承认库尔德人的民族权利,实行男女平等。[③] 伊拉克共产党的领导人是尤素夫·萨勒曼,主要成员来自包括律师、记者、教师和学生在内的城市知识界,犹太人、基督徒和什叶派占其成员的半数以上,社会基础具有明显的边缘性,长期处于非法的状态,政治动员局限于城市范围内的工人罢工和民众示威抗议,其在乡村的政治影响微乎其微。[④]

二战期间,伊拉克的经济状况不断恶化,农业歉收,物资短缺,物价上涨,地主商人大量出口谷物牟取暴利,导致国内出现严重的粮荒。[⑤] 1945 年 4 月,铁路工人在英国经营的铁路公司拒绝增加 30％～40％ 的工资后举行罢工,伊拉克政府和英国铁路公司威胁中断工人生活区的水源供应以及引进印度工人,铁路工人的罢工则从巴格达蔓延至塞马沃、巴士拉和摩苏尔,直至迫使铁路公司同意增加 20％～30％ 的工资。陶菲格·苏瓦迪执政期间获准成立的诸多反对派

① Haj,S. , *The Making of Iraq 1900-1963* , pp. 86-87.

② Marr,P. , *The Modern History of Iraq* , p. 99.

③ Haj,S. , *The Making of Iraq 1900-1963* , p. 94.

④ Marr,P. , *The Modern History of Iraq* , p. 115.

⑤ Tripp,C. , *A History of Iraq* , p. 116.

政党创办报刊,指责政府的相关举措,进而形成反政府的强烈呼声。与此同时,巴士拉的石油工人举行罢工,要求提高工资和改善工作环境。1946 年 5 月,陶菲格·苏瓦迪辞职,阿尔沙德·欧麦里出任首相,实行高压政策,民主化改革随之夭折。同年 7 月,基尔库克的 5000 名石油工人举行罢工,要求增加工资,伊拉克石油公司拒绝让步并要求伊拉克政府镇压罢工,致使多人死伤。[①] 此后,所有政党支持罢工,反对政府,要求内阁辞职。11 月,阿尔沙德·欧麦里由于无法控制局势而被迫辞职,努里·赛义德出任首相。

1947 年 3 月,伊拉克举行议会选举,萨利赫·贾比尔在努里·赛义德的支持下出任首相,是为伊拉克政坛的第一位什叶派阿拉伯人首相。[②] 萨利赫·贾比尔内阁继续实行高压政策,取缔持左翼和激进立场的人民党和祖国联盟,逮捕祖国联盟领导人阿卜杜勒·法塔赫·伊卜拉欣和民族民主党领导人卡米勒·查德只。1947 年 6 月,阿卜杜勒·法塔赫·伊卜拉欣被判处终身监禁。[③]

战后初期,伊拉克政府试图推动伊拉克与叙利亚合并的计划和在新月地带建立阿拉伯联邦,遭到埃及和沙特阿拉伯以及外约旦国王阿卜杜拉的反对。此后,摄政王阿卜杜勒·伊拉赫试图通过修改 1930 年英伊同盟条约,缓解国内的政治压力。1947 年 3 月,萨利赫·贾比尔内阁就结束伊拉克的英国驻军和英军基地问题与英国政府举行谈判。1948 年 1 月,双方签署朴次茅斯协议,英国承诺从伊拉克撤军,保留在伊拉克的哈巴尼耶和舒埃巴空军基地,双方成立联合防务会议,英军有权在战时重新使用伊拉克的空军基地,英国继续负责伊拉克军队的训练和物资供应,协议有效期为 25 年。[④]

伊拉克王国自建立伊始,长期处于英国当局的委任统治之下。1932 年伊拉克独立后,英国当局援引 1930 年英伊同盟条约,继续在军事和外交诸多方面控制伊拉克政府。英国殖民统治的延续导致伊拉克与英国当局之间的尖锐对立,旨在结束英国殖民统治的民族主义运动成为二战结束后伊拉克政治生活的突出现象,民族主义政党构成伊拉克国内政治反对派的主要形式,废除 1930 年英伊同盟条约和实现国家的主权独立日益成为伊拉克民众和反对派政党关注的焦点。朴次茅斯协议只是 1930 年英伊同盟条约的翻版,并未改变伊拉克从属于英国当局的政治地位。不仅如此,1930 年签署的英伊同盟条约的失效期应为

---

① Haj,S. , *The Making of Iraq*, p. 100.

② Elliot,M. , *Independent Iraq:The Monarchy and British Influence 1941-1958*, p. 19.

③ Marr,P. , *The Modern History of Iraq*, pp. 100-101.

④ Tripp,C. , *A History of Iraq*, p. 120.

1957 年,而 1948 年签署的朴次茅斯协议的失效期延长至 1973 年。朴次茅斯协议的签署导致伊拉克民众的强烈反对,进而引发规模空前的民众抗议活动。1948 年的民众抗议活动,开始于铁路工人的罢工,蔓延至制造业、印刷业和石油业,石油工人构成民众抗议活动的中坚力量,共产党则是民众抗议活动的主要组织者。当石油公司拒绝增加 25%—40% 的工资以后,哈迪萨和拜伊吉附近的石油工人举行罢工,持续三周,控制工厂,并向巴格达进军,直至在费卢杰遭到镇压。社会不满并未局限于工人,学生和城市中层亦苦于 40 年代的通货膨胀和物资短缺,举行全国性的和具有反英倾向的抗议政府的活动,进而与叙利亚和黎巴嫩的反法民众运动以及巴勒斯坦反对英国殖民统治和锡安主义的运动遥相呼应。[1] 与此同时,包括独立党、民族民主党和自由党在内的反对派政党要求废除英伊同盟条约和朴次茅斯协议,解散议会,举行大选。20 名议员和 2 名内阁成员辞职,抗议萨利赫·贾比尔内阁与英国政府签署朴次茅斯协议。摄政王阿卜杜勒·伊拉赫亦拒绝批准朴次茅斯协议,要求萨利赫·贾比尔辞职,指定什叶派阿拉伯人穆罕默德·萨德尔出任首相并组建新的内阁,解散议会,举行选举,允许反对派加入选举,推行经济社会改革。[2] 然而,民众继续举行抗议活动,要求改善生活境况、实行民主、释放政治犯、审判民族公敌萨利赫·贾比尔和努里·赛义德。整个伊拉克处于革命的边缘。[3]

巴勒斯坦问题对于伊拉克国内的政治生活具有重大的影响,尤其助长着伊拉克民众的反英倾向和阿拉伯民族主义运动,是官方意志与民众意志尖锐对立的导火线。1948 年联合国通过巴以分治决议和以色列宣布建国,导致伊拉克民众空前高涨的反英情绪。1948 年 5 月,巴勒斯坦战争爆发,伊拉克政府出兵1.8 万人参战。巴勒斯坦战争的爆发和伊拉克政府的出兵参战,一定程度上缓解了国内紧张的政治局势,加之伊拉克政府实行战时军事管制,民众抗议风波逐渐平息。同年 6 月,伊拉克举行议会选举。然而,在全部 138 个议会席位中,反对派政党独立党、民族民主党和自由党仅获得 7 个席位;议会框架显然不利于反对派政党与政府之间的权力角逐。议会选举后,穆罕默德·萨德尔辞职,穆扎希姆·帕查只出任首相。巴勒斯坦战争的失败,导致 1949 年 1 月穆扎希姆·帕查只政府的垮台,努里·赛义德出任首相。1949 年秋,伊拉克国内局势恢复平静。[4]

① Haj,S. , *The Making of Iraq*, p. 101.

② Tripp,C. , *A History of Iraq*, p. 121.

③ Haj,S. , *The Making of Iraq*, p. 103.

④ Tripp,C. , *A History of Iraq*, p. 123.

努里·赛义德出任首相期间,发表国家公约,呼吁实行一党制,随后联合诸多政治集团的成员,创建宪政联盟党。1949 年 11 月,努里·赛义德辞职,阿里·贾乌达特出任首相。1950 年 2 月,贾乌达特辞职,陶菲格·苏瓦迪出任首相。[1] 陶菲格·苏瓦迪内阁 11 名大臣中,5 人来自什叶派。[2] 1950 年 9 月,陶菲格·苏瓦迪辞职,努里·赛义德出任首相。努里·赛义德控制的议会修改 1946 年选举法,在保留两阶段间接选举的同时,强化政府对于选举的控制和排斥反对派的选举参与;反对派则要求废除间接选举,实行直接选举。[3] 1951 年 6 月,萨利赫·贾比尔与努里·赛义德分道扬镳,创建什叶派阿拉伯人政党民众社会主义党,挑战努里·赛义德的权力垄断。[4] 与此同时,塔哈·哈希米创建统一民众联盟,加入反对努里·赛义德的政治阵营。1952 年 7 月,努里·赛义德辞职,穆斯塔法·欧麦里出任首相。[5]

50 年代初,1951 年伊朗摩萨台政府的自由化改革和 1952 年埃及爆发的"七月革命",影响着伊拉克的政治生活。1952 年 8 月,伊拉克共产党组织巴士拉的港口工人举行罢工,要求政府增加工资,改善住房和工作环境。[6] 同年 10 月,独立党、民族民主党和统一民众联盟向摄政王递交备忘录,要求保障公民权利、实行直接选举和不结盟外交政策。与此同时,伊拉克再次爆发大规模的下层民众示威,巴格达和纳杰夫成为抗议政府的崭新所在。11 月,穆斯塔法·欧麦里辞职,武装部队参谋总长努尔丁·马哈茂德组建军人政府,在巴格达实行军事管制,解散政党,囚禁政党领导人,关闭新闻机构,实行宵禁。[7] 1953 年 1 月,宣布实行直接选举,随后举行议会选举,努里·赛义德领导的宪政联盟党获得全部 135 个议会席位的 100 个席位,贾米勒·米扎伊出任首相,努里·赛义德出任国防大臣,努尔丁·马哈茂德领导的军人政府自行解散。[8]

1953 年 5 月,费萨尔二世年满 18 岁,正式亲政。1953 年 8 月,贾米勒·米扎伊辞职,什叶派政治家法兹勒·贾马里出任首相,新的内阁中二分之一的成员是什叶派阿拉伯人,库尔德人赛义德·嘎扎兹出任内务大臣。新政府解除军

① Tripp,C. , *A History of Iraq*, pp. 126-127.

② Elliot,M. , *Independent Iraq:The Monarchy and British Influence 1941-1958*, p. 19.

③ Haj,S. , *The Making of Iraq*, p. 104.

④ Elliot,M. , *Independent Iraq:The Monarchy and British Influence 1941-1958*, p. 28.

⑤ Tripp,C. , *A History of Iraq*, pp. 129-130.

⑥ Marr,P. , *The Modern History of Iraq*, p. 111.

⑦ Haj,S. , *The Making of Iraq*, p. 105.

⑧ Tripp,C. , *A History of Iraq*, p. 132.

事管制和新闻审查,允许政党从事政治活动,试图推行包括土地改革和税收制度在内的温和的经济社会改革,遭到逊尼派和什叶派保守势力的反对。①

费萨尔二世亲政后,摄政王阿卜杜勒·伊拉赫改任王储,致力于实现伊拉克与叙利亚的合并。法兹勒·贾马里内阁利用叙利亚国内的严峻政治形势,资助和支持叙利亚国内的反对派势力,试图推翻什沙克里政权,筹划出兵占领叙利亚。与此同时,法兹勒·贾马里向阿拉伯联盟建议,成立包括伊拉克、叙利亚和约旦的阿拉伯联邦。1954 年 2 月,什沙克里政权垮台,亲伊拉克势力控制叙利亚。努里·赛义德作为阿卜杜勒·伊拉赫的政治对手,反对伊拉克与叙利亚的合并计划。1954 年 4 月,阿尔沙德·欧麦里取代法兹勒·贾马里出任首相,筹备新的议会选举,旨在削弱努里及其领导的宪政联盟党在议会的势力和影响。②

1954 年 6 月的选举是伊拉克历史上最自由的选举,产生最具代表性的议会。所有的合法政党均参与选举,425 个候选人竞争 135 个议会席位。努里·赛义德领导的宪政联盟党尽管依然是议会第一大党,获得 51 个席位,却失去控制性的多数。民族民主党获得 6 个席位,独立党获得 2 个席位,统一民众联盟获得 1 个席位,阿卜杜勒·伊拉赫支持的独立候选人获得其余的席位。③ 同年 8 月,努里·赛义德第 12 次出任首相,解散议会,同时解散宪政统一党以及其他所有政党。④ 此后四年,伊拉克处于军人和警察的高压之下,议会政治名存实亡。

努里·赛义德政府强调伊拉克国家利益至上的政治原则,抵制纳赛尔政权倡导的阿拉伯民族主义,持亲西方的外交政策。1955 年初,伊拉克中断与苏联的外交关系,拒绝与其他阿拉伯国家签署共同防务协议,寻求加强与美国在中东的盟国土耳其、伊朗以及巴基斯坦之间的地区安全合作。1954 年 4 月,土耳其与巴基斯坦签署共同防务协议。1955 年 1 月,土耳其总统门德列斯访问巴格达,与努里·赛义德发表联合声明,两国签署共同防务协议,建立巴格达条约组织。随后,英国、伊朗和巴基斯坦相继加入巴格达条约组织,美国宣布支持巴格达条约组织并向伊拉克提供军事装备。⑤

阿拉伯民族主义在伊拉克长期遭到库尔德人的抵制,什叶派阿拉伯人则将

---

① Tripp,C. , *A History of Iraq*, pp. 134-135.

② Marr,P. , *The Modern History of Iraq*, p. 114.

③ 同上, p. 114。

④ Tripp,C. , *A History of Iraq*, p. 137.

⑤ Marr,P. , *The Modern History of Iraq*, pp. 117-118.

阿拉伯民族主义视作逊尼派阿拉伯人的统治。巴格达条约组织的建立,有助于伊拉克政府改善与库尔德人和什叶派阿拉伯人的关系,实现伊拉克国内局势的稳定,却导致阿拉伯世界分裂为亲西方阵营与亲苏阵营的明显对立。不仅如此,巴格达条约组织的建立,挑战纳赛尔主义和阿拉伯世界统一的政治原则,导致埃及与伊拉克两国之间外交关系的急剧恶化。埃及政府明确反对巴格达条约组织,支持伊拉克国内的阿拉伯民族主义和反对派势力,开罗的"阿拉伯之声"电台公开指责努里·赛义德是阿拉伯世界的叛徒。[1] 1956 年,伊拉克民众在摩苏尔、基尔库克、巴士拉和纳杰夫等地举行示威,声援埃及抵抗英、法、以色列三国入侵的第二次中东战争,反对英国殖民主义和巴格达条约,遭到政府的镇压。[2] 此后,伊拉克的政治矛盾明显加剧,反对派势力开始出现联合的趋势。

1953 年 9 月,独立党与民族民主党初步形成政治合作。1956 年 6 月,独立党与民族民主党在奉行中立的外交政策、推动阿拉伯世界的统一进程、支持巴勒斯坦解放运动、实现国内政治自由的基础之上筹划组建新的联合政党。1957年 2 月,独立党、民族民主党、共产党以及初露端倪的复兴党共同组成统一民族阵线,标志着反对派势力的广泛政治联合。[3] 实现经济和政治的完全独立、废除巴格达条约、建立民主制、保障公民权利和自由、支持阿拉伯世界反对帝国主义和锡安主义,成为统一民族阵线的共同纲领。[4]

1957 年 6 月,努里·赛义德辞职,阿里·贾乌达特出任首相。12 月,阿里·贾乌达特政府垮台,什叶派政治家阿卜杜勒·瓦哈卜·米尔占出任首相。在阿卜杜勒·瓦哈卜·米尔占的内阁中,6 人来自逊尼派阿拉伯人,6 人来自什叶派阿拉伯人,3 人来自库尔德人。[5] 1958 年 2 月,埃及与叙利亚合并,成立阿拉伯联合共和国。纳赛尔公开批评伊拉克政府,反对伊拉克的君主制。埃及与叙利亚的合并导致阿拉伯世界政治天平的严重失衡,阿拉伯联合共和国的建立直接威胁着伊拉克和约旦的君主制政权,进而促使哈希姆家族统治的伊拉克王国与约旦王国组成阿拉伯联邦,阿拉伯世界的另一重要的君主国沙特阿拉伯王国支持伊拉克与约旦的合并。1958 年 3 月,阿卜杜勒·瓦哈卜·米尔占辞职,努里·赛义德出任首相,致力于平衡伊拉克国内的各种政治力量,内阁职位由逊尼派阿拉伯人与什叶派阿拉伯人分享,另有两名库尔德人加入内阁。5 月,伊拉克举行选举,新的议会批准阿拉伯联邦宪法,努里·赛义德出任阿拉伯联邦

中
东
史

---

① Marr,P. , *The Modern History of Iraq*, p. 119.

② Haj,S. , *The Making of Iraq*, p. 107.

③ Marr,P. , *The Modern History of Iraq*, p. 123.

④ Haj,S. , *The Making of Iraq*, pp. 107-108.

⑤ Elliot,M. , *Independent Iraq:The Monarchy and British Influence 1941-1958*, p. 20.

首相,库尔德人艾哈迈德·穆赫塔尔·巴班出任伊拉克首相。[1]

巴格达条约的签署,导致伊拉克军队内部出现裂变。高级将领大都支持努里·赛义德内阁签署巴格达条约,中下级军官深受 1952 年埃及革命的影响,普遍持反对英国殖民主义和君主制的政治立场,主张废除巴格达条约。[2] 埃及"七月革命"后,伊拉克军队内部持激进政治倾向的中下级军官开始秘密组建独立于议会政党的自由军官组织。所谓的自由军官不同于与奥斯曼帝国时代的军队和传统制度具有密切联系的旧军官,大都是 30 年代以后入伍的新一代军官。[3] 伊拉克自由军官组织的早期领导人是里法特·哈吉·希里和穆希丁·阿卜杜勒·哈米德,阿拉伯民族主义是自由军官组织的意识形态。伊拉克自由军官组织的基本纲领包括:1. 反对帝国主义,废除巴格达条约;2. 推翻君主制,建立共和制;3. 铲除封建主义,推行土地改革,解放农民;4. 实行自由、民主、宪政和社会公正;5. 在统一国家的框架内承认库尔德人以及其他少数民族的自治权利;6. 实行中立的外交政策;7. 扩大与阿拉伯世界的合作和推动阿拉伯世界的统一进程;8. 支持巴勒斯坦解放事业。[4] 1956 年第二次中东战争后,自由军官组织的规模迅速扩大。1958 年,自由军官组织的成员约 200 人,核心机构是 14人组成的最高委员会;最高委员会的成员包括 12 名逊尼派阿拉伯人军官和 2名什叶派阿拉伯人军官,9 人具有上校军衔,大都来自中产阶级家庭,只有阿卜杜勒·卡里姆·嘎希姆和阿卜杜勒·萨拉姆·阿里夫来自贫困的农民家庭。[5]如同埃及自由军官组织中的纳吉布一样,阿卜杜勒·卡里姆·嘎希姆是伊拉克自由军官组织中唯一的将军。1957 年,阿卜杜勒·卡里姆·嘎希姆将军出任最高委员会主席,阿卜杜勒·萨拉姆·阿里夫上校成为最高委员会的重要成员。[6]

1958 年初,自由军官组织决定年底之前发动政变,在伊拉克建立共和国,由自由军官控制国家要职,在自由军官组织最高委员会的基础上成立革命指挥委员会作为最高国家权力机构。同年 5 月,黎巴嫩爆发内战,约旦国王要求伊拉克军队协防边境。7 月 14 日,自由军官趁换防之机占领巴格达,处死国王费萨尔二世、王储阿卜杜勒·伊拉赫和首相努里·赛义德。[7]

① Tripp,C. , *A History of Iraq*, p. 145.

② 同上,p. 141。

③ Yapp,M. E. , *The Near East Since the First World War*, p. 83.

④ Marr,P. , *The Modern History of Iraq*, p. 155.

⑤ Yapp,M. E. , *The Near East Since the First World War*, p. 233.

⑥ Tripp,C. , *A History of Iraq*, p. 144.

⑦ Marr,P. , *The Modern History of Iraq*, p. 123

伊拉克共和国的诞生

民族主义是自 20 世纪上半叶伊拉克政治领域的突出现象,根源于英国的委任统治和由此产生的尖锐民族矛盾。废除英伊同盟条约是伊拉克民族主义运动的首要目标,和平与暴力的斗争方式错综交织。1920 年起义首开伊拉克民族主义运动的先河,1932 年伊拉克王国的独立无疑是民族主义运动的重要成果。二战结束后,诸多议会政党大都持民族主义的立场,然而相互之间激烈角逐,犹如一盘散沙,加之精英政治的浓厚色彩,无力实现广泛的民众动员。军人政治的崛起,改变了伊拉克政坛的力量格局。1958 年君主制的废除,结束了英国当局扶持的哈希姆家族政权,标志着民族主义运动的广泛胜利,进而揭开伊拉克历史的崭新一页。

1958 年 7 月 28 日,自由军官组织颁布临时宪法,废除君主制,成立伊拉克共和国。在阿卜杜勒·卡里姆·嘎希姆和阿卜杜勒·萨拉姆·阿里夫的授意下,由逊尼派阿拉伯人纳吉布·鲁巴伊、什叶派阿拉伯人穆罕默德·马赫迪·库巴赫和库尔德人哈立德·纳格沙班迪组成三人最高委员会,代行总统职权,纳吉布·鲁巴伊出任最高委员会主席。新的内阁成员分别来自自由军官组织、民族民主党、独立党和复兴党,阿卜杜勒·卡里姆·嘎希姆出任内阁总理兼国防部长和武装部队总司令,阿卜杜勒·萨拉姆·阿里夫出任副总理兼内务部长和武装部队副总司令。内阁行使行政权并代行立法权,内阁立法须经最高委员会批准。[①]

1958 年自由军官在伊拉克建立的政权,在诸多方面与 1952 年埃及建立的纳赛尔政权不无相似之处。然而,纳赛尔领导的埃及自由军官组织具有相对明确的纲领和较为完整的体系,伊拉克的自由军官政权则是派系林立,缺乏强有力的政治权威。分别代表逊尼派阿拉伯人、什叶派阿拉伯人和库尔德人的最高委员会只是名义上的最高权力机构,国家机器实际上处于内阁的控制之下。伊拉克共和国成立初期,不同政治派别在诸多方面存在分歧。1958 年 2 月,埃及与叙利亚合并组建阿拉伯联合共和国,成为阿拉伯世界共和制政体的旗帜和推动阿拉伯世界统一进程的核心。是否立即加入阿拉伯联合共和国,成为伊拉克国内不同政治派别争执的焦点。持纳赛尔主义立场的独立党和持泛阿拉伯主义的复兴党认为,伊拉克作为国家只是英国殖民统治的产物,缺乏历史和经济社会的基础,阿拉伯世界的统一是阿拉伯世界复兴的前提条件,亦是反对殖民

---

① Marr,P., *The Modern History of Iraq*, p. 158.

主义和实现经济社会进步的客观需要,主张立即加入阿拉伯联合共和国,其中独立党强调埃及在阿拉伯联合共和国中的主导作用,复兴党强调叙利亚与伊拉克的特殊联系。民族民主党强调伊拉克国家利益至上和主权完整的政治原则,主张实行自由资本主义的经济模式和多党制的政治模式,反对加入埃及主导的阿拉伯联合共和国。共产党在库尔德人以及什叶派阿拉伯人中具有较大的政治影响,持反对纳赛尔主义和泛阿拉伯主义的立场。[1]

　　阿卜杜勒·卡里姆·嘎希姆具有逊尼派阿拉伯人和什叶派库尔德人混合血统的家庭背景,强调伊拉克国家利益至上的政治原则,与民族民主党立场接近,对于伊拉克是否加入埃及主导的阿拉伯联合共和国持谨慎的态度。阿卜杜勒·萨拉姆·阿里夫作为伊拉克纳赛尔主义的代表人物和复兴党的盟友,强调推动阿拉伯世界统一进程的政治原则,主张立即加入阿拉伯联合共和国。[2] 1958 年 7 月 20 日,阿卜杜勒·萨拉姆·阿里夫率领伊拉克政府代表团访问埃及,擅自与纳赛尔讨论伊拉克加入阿拉伯联合共和国,并且将阿卜杜勒·卡里姆·嘎希姆称作"伊拉克的纳吉布"。同年 9 月,阿卜杜勒·卡里姆·嘎希姆解除阿卜杜勒·萨拉姆·阿里夫的内阁职务,任命阿卜杜勒·萨拉姆·阿里夫为驻联邦德国大使。10 月,阿卜杜勒·萨拉姆·阿里夫在巴格达被捕,并被判处终身监禁。继阿卜杜勒·萨拉姆·阿里夫之后,原民族兄弟会党领导人拉希德·阿里·吉拉尼成为阿卜杜勒·卡里姆·嘎希姆的挑战者。拉希德·阿里·吉拉尼曾经长期流亡开罗,与纳赛尔交往甚密,亦持泛阿拉伯主义立场,在逊尼派阿拉伯人中具有广泛的政治影响。1958 年 12 月,拉希德·阿里·吉拉尼被捕并被判处死刑。[3] 此后,阿卜杜勒·卡里姆·嘎希姆依靠参谋总长艾哈迈德·萨利赫·阿布迪和军队将领的支持,强调伊拉克共和国的双重民族性,邀请穆斯塔法·巴尔扎尼回国重建库尔德民主党,增加民族民主党的内阁席位,扩大与伊拉克共产党的政治合作,旨在抗衡泛阿拉伯民族主义和纳赛尔主义。[4]

　　1959 年 3 月,在纳赛尔政权的操纵下,属于逊尼派阿拉伯人的复兴党军队将领阿卜杜勒·瓦哈卜·沙瓦夫、纳兹姆·塔巴贾里和里法特·哈吉·希里发动叛乱,一度控制伊拉克北部的摩苏尔,遭到伊拉克政府的镇压。[5] 同年 10 月,包括萨达姆·侯赛因在内的复兴党成员试图谋杀阿卜杜勒·卡里姆·嘎希姆未果。随后,阿卜杜勒·卡里姆·嘎希姆政权开始清洗伊拉克境内的复兴党势

①　Marr,P. , *The Modern History of Iraq* , p. 161.
②　Tripp,C. , *A History of Iraq* , pp. 151-152.
③　Marr,P. , *The Modern History of Iraq* , pp. 159-162.
④　Yapp,M. E. , *The Near East Since the First World War* , p. 234.
⑤　Marr,P. , *The Modern History of Iraq* , pp. 162-163.

力,迫使复兴党退出伊拉克政坛。① 与此同时,民族民主党作为阿卜杜勒·卡里姆·嘎希姆政权打击纳赛尔主义者和复兴党的重要盟友,政治影响进一步扩大,其在内阁的席位明显增加。1960 年 5 月,民族民主党出现分裂,穆罕默德·哈迪德辞去党内职务,组建国家进步党,成为新的合法政党。②

阿卜杜勒·卡里姆·嘎希姆以及民族民主党与纳赛尔主义者、复兴党之间的权力角逐,为共产党提供了必要的发展空间。1958 年 7 月君主制政权垮台后,侯赛因·拉迪领导的共产党恢复在伊拉克国内的公开政治活动,拥有成员3000 人。③ 1959 年,共产党得到空前的发展,支持者达到 2.5 万人,成为最重要的和组织最完善的非议会政党。④ 共产党在支持阿卜杜勒·卡里姆·嘎希姆政权的同时,致力于下层民众的政治动员,倡导激进的土地改革,创建民兵组织"民众抵抗力量",控制工会联合会、妇女联合会和学生联合会,迫使政府承认农民协会的合法地位。⑤ 1959 年 3 月摩苏尔叛乱期间,共产党反对泛阿拉伯主义,支持阿卜杜勒·卡里姆·嘎希姆政府。摩苏尔叛乱平息后,共产党逐渐扩大在伊拉克北部城市基尔库克的政治影响。基尔库克的石油工人大都具有库尔德人血统,构成共产党的重要社会基础。⑥ 同年 4 月,农民协会联合会在巴格达举行成立大会,来自共产党的卡兹姆·法尔胡德出任主席。在全部 3577 个农民协会中,2267 个农民协会处于共产党的控制之下。5 月,共产党在巴格达举行民众示威,要求允许共产党进入内阁和举行议会选举,与民族民主党组织的示威民众发生激烈冲突。⑦ 7 月,共产党在基尔库克组织民众举行示威,引发库尔德人与土库曼人之间的暴力冲突。随后,阿卜杜勒·卡里姆·嘎希姆政府指责共产党制造骚乱,镇压共产党组织的民众示威,进而取缔工会和农民协会。⑧

1960 年 1 月,阿卜杜勒·卡里姆·嘎希姆政府颁布新的结社法,允许在承认国家统一的前提下组建政党,军人、政府官员和学生不得加入政党,内务部负责批准成立政党和解散政党。与此同时,伊拉克共产党分裂为侯赛因·拉迪领导的左翼共产党和达乌德·赛伊格领导的右翼共产党;后者得到官方的支持,

中东史

---

① Tripp,C. , *A History of Iraq*, p. 158.

② Marr,P. , *The Modern History of Iraq*, pp. 167-168.

③ Yapp,M. E. , *The Near East Since the First World War*, p. 234.

④ Tripp,C. , *A History of Iraq*, p. 157.

⑤ Haj,S. , *The Making of Iraq*, p. 121.

⑥ Marr,P. , *The Modern History of Iraq*, p. 165.

⑦ Haj,S. , *The Making of Iraq*, p. 124.

⑧ Marr,P. , *The Modern History of Iraq*, p. 160.

成为新的合法政党。[1] 逊尼派政治家努尔曼·阿卜杜勒·拉扎格·萨马里在什叶派阿亚图拉穆赫辛·哈吉姆的支持下组建伊斯兰党,什叶派政治家穆罕默德·巴基尔·萨德尔创立达瓦党,成为伊拉克政坛新的非法政党。[2] 伊斯兰党和达瓦党的诞生,标志着现代伊斯兰主义在伊拉克的兴起,进而形成宗教政治与世俗政治的尖锐对立。

库尔德人是中东地区在人数上仅次于阿拉伯人、土耳其人、波斯人的第四大民族,大都分布在土耳其东部、伊朗西北部和伊拉克东北部。库尔德语属于印欧语系的分支,库尔德人自称是古代米底人的后裔,扎格罗斯山区被库尔德人视作祖居的家园。[3] 伊拉克境内的库尔德人祖居东北部山区,大都属于逊尼派穆斯林,处于游牧和半游牧状态,沿袭传统的部落组织,与土耳其和伊朗境内的库尔德人具有密切的亲缘关系。奥斯曼帝国时期,伊拉克北部摩苏尔省的大多数人口具有库尔德人血统。伊拉克北部的库尔德人人数众多,分布集中,传统部族组织根深蒂固,加之群山纵横的地理环境,离心倾向超过伊朗和土耳其境内的库尔德人,长期处于相对自治的状态。[4] 一战后期,库尔德人试图摆脱奥斯曼帝国的统治,进而寻求英军的支持。一战结束后,英国当局拒绝承认库尔德人的自治地位,委派印度人和阿拉伯人进入基尔库克、苏莱曼尼耶和阿尔比勒,统治库尔德人地区,库尔德人与巴格达之间的矛盾由此萌生。[5] 1922 年初,土耳其政府提出对于原属奥斯曼帝国的摩苏尔省的主权要求,出兵进入库尔德人地区,库尔德人乘机发动叛乱,迫使英国殖民当局允许库尔德人成立自治政府。1925 年 7 月,国际联盟通过决议,将摩苏尔省划归伊拉克,同时承认摩苏尔省的库尔德人享有充分自治的权利。[6] 1926 年 6 月,土耳其政府与英国及伊拉克签署边界条约,放弃对于摩苏尔省的主权要求。[7] 1930 年英伊同盟条约签署后,摩苏尔省的库尔德人在土耳其政府的支持下发动叛乱,试图脱离伊拉克王国,建立库尔德人的国家,遭到英国殖民当局的镇压。[8]

伊拉克境内的库尔德人与苏菲派纳格什班迪教团以及卡迪里耶教团具有

① Marr,P. , *The Modern History of Iraq* , p. 167.

② Tripp,C. , *A History of Iraq* , p. 160.

③ Stansfield,G. R. V. , *Iraq:People,History,Politics* , p. 64.

④ Peretz,D. , *The Middle East Today* , p. 432.

⑤ Stansfield,G. R. V. , *Iraq:People,History,Politics* , p. 40.

⑥ Tripp,C. , *A History of Iraq* , p. 54, p. 59.

⑦ Elliot,M. , *Independent Iraq:The Monarchy and British Influence 1941-1958* , p. 6.

⑧ Tripp,C. , *A History of Iraq* , p. 67.

密切的宗教政治联系。① 伊拉克王国建立初期,库尔德人自治运动的领导人是卡迪里耶教团首领马哈茂德,属于苏莱曼尼耶的巴尔精吉家族。自 30 年代起,摩苏尔地区巴尔占家族的纳格什班迪教团首领穆斯塔法·巴尔扎尼取代巴尔精吉家族的马哈茂德,成为库尔德人自治运动的领导人。1946 年,穆斯塔法·巴尔扎尼在苏联政府的支持下创建库尔德民主党。库尔德民主党不同于传统的卡迪里耶教团和纳格什班迪教团,系库尔德人的世俗政治组织。② 1947 年以后,穆斯塔法·巴尔扎尼流亡苏联,其与库尔德民主党的联系中断,伊卜拉欣·艾哈迈德成为库尔德民主党的领导人。1958 年政变后,库尔德民主党与阿卜杜勒·卡里姆·嘎希姆政权一度建立良好的合作关系,穆斯塔法·巴尔扎尼甚至应邀访问巴格达,库尔德民主党的报纸《哈巴特》(斗争)获准公开发行。1961 年1 月,库尔德民主党获准成为合法政党,致力于在伊拉克国家统一的框架内实现库尔德地区的自治。同年 8 月,穆斯塔法·巴尔扎尼要求阿卜杜勒·卡里姆·嘎希姆结束独裁统治和承认库尔德地区的自治权利,双方的关系随之破裂。9 月,阿卜杜勒·卡里姆·嘎希姆政府大举进攻穆斯塔法·巴尔扎尼领导的库尔德人武装,取缔库尔德民主党。库尔德民主党随后宣布加入穆斯塔法·巴尔扎尼领导的库尔德人武装,组成库尔德人的反政府联盟。③

1959 年 2 月,伊拉克政府在莫斯科与苏联政府签署为期 7 年的经济技术合作协议,苏联政府向伊拉克提供 5.5 亿卢布(约合 4800 万第纳尔)的贷款,援助伊拉克建设 43 个工业项目。同年 3 月,阿卜杜勒·卡里姆·嘎希姆宣布退出巴格达条约,结束与西方世界的合作,实行亲苏的外交政策。巴格达条约总部随后迁往土耳其首都安卡拉,改称中央条约组织。1960 年,苏联政府再次提供1.8 亿卢布(约合 1580 万第纳尔)的贷款,援助伊拉克政府发展钢铁、电力、纺织、石油、铁路和农业,接受 800 名伊拉克学生赴苏联留学。与此同时,伊拉克开始建立与苏联的密切军事交往,从苏联进口军事装备。④

阿卜杜勒·卡里姆·嘎希姆政权与埃及主导的阿拉伯联合共和国之间处于紧张的状态;伊拉克政府称纳赛尔是新的"尼罗河法老",开罗政府则称阿卜杜勒·卡里姆·嘎希姆是"伊拉克的分裂者"⑤。1961 年 6 月,英国政府宣布废除 1899 年协议,结束科威特作为英国保护地的地位。同年 7 月,阿卜杜勒·卡

---

① Stansfield,G. R. V. , *Iraq:People,History, Politics*, p. 66.
② Yapp,M. E. , *The Near East Since the First World War*, p. 79.
③ Marr,P. , *The Modern History of Iraq*, pp. 177-178.
④ 同上,pp. 164-165。
⑤ 同上,p. 165。

里姆·嘎希姆发表广播讲话,宣布科威特作为奥斯曼帝国时期巴士拉省的属地,构成伊拉克不可分割的组成部分,进而提出对于科威特的领土要求。随后,英国政府将科威特问题提交联合国安理会讨论。与此同时,埃及主导的阿拉伯国家联盟宣布承认科威特的主权国家地位,接纳科威特作为阿拉伯国家联盟成员国,承诺向科威特提供保护。8月,英军撤出科威特,阿拉伯国家联盟出兵进驻科威特。伊拉克政府中断与阿拉伯国家联盟的合作,召回承认科威特的诸多阿拉伯国家的大使。阿卜杜勒·卡里姆·嘎希姆政权在阿拉伯世界陷入进一步的孤立状态。[1]

阿卜杜勒·卡里姆·嘎希姆政权退出巴格达条约组织和实行亲苏外交政策,导致土耳其、伊朗与伊拉克之间关系的急剧恶化。伊朗的巴列维王朝作为美国的政治盟友,开始支持穆斯塔法·巴尔扎尼领导的库尔德人反政府武装,阿拉伯河的主权归属则是伊朗与伊拉克之间矛盾的焦点。[2] 根据1937年伊拉克政府与伊朗政府签署的协议,阿拉伯河的主航道属于伊拉克,阿巴丹港口周围8公里的水域划归伊朗,伊朗军舰可以经阿拉伯河进出阿巴丹港。1959年12月,阿卜杜勒·卡里姆·嘎希姆宣布废除1937年协议,进而提出对于阿巴丹港周围水域的主权要求,伊朗则要求按照阿拉伯河主航道划分国界。1961年,伊拉克内阁首次正式将波斯湾改称阿拉伯湾,亦引起伊朗的强烈不满。[3]

复兴党政权的兴起

1944年,叙利亚的知识分子在大马士革创建复兴党。复兴党系世俗色彩的阿拉伯民族主义政党,主要创始人是东正教徒米切尔·阿弗拉格以及逊尼派穆斯林萨拉赫丁·比塔尔和阿拉维派的扎吉·阿尔苏兹。1953年,米切尔·阿弗拉格领导的复兴党与阿克拉姆·豪拉尼领导的阿拉伯社会主义党合并组建复兴阿拉伯社会主义党,简称复兴党。此后,复兴党的政治影响逐渐扩大,在叙利亚、黎巴嫩和伊拉克建立分支机构。复兴党的领导机构称民族委员会,民族委员会成员来自阿拉伯世界的诸多地区即国家,下辖若干地区委员会。大马士革是复兴党的中心所在;1954年,复兴党获得叙利亚议会的16个席位。复兴党持泛阿拉伯主义社会主义的政治立场,谴责殖民主义和犹太复国主义,阿拉伯民

① Tripp,C.,*A History of Iraq*,p.166.

② 同上,p.164。

③ Marr,P.,*The Modern History of Iraq*,p.180.

族利益至上和阿拉伯世界的统一构成复兴党的基本纲领。^① 如同埃及的纳赛尔主义一样,复兴阿拉伯社会主义作为复兴党的意识形态,明显区别于马克思主义,强调私有制的合法地位,否认阶级斗争的理论与实践。^②

伊拉克的复兴党组织始建于 1951 年,来自纳西里耶的什叶派工程师福阿德·里卡比是伊拉克复兴党的早期领导人。^③ 1952 年,伊拉克的复兴党得到大马士革的复兴党总部的承认,成为复兴党在伊拉克的分支机构。^④ 伊拉克复兴党创建初期,约有成员 50 人;1955 年,伊拉克复兴党成员增至近 300 人,多为什叶派阿拉伯人,亦有少量逊尼派阿拉伯人。50 年代,伊拉克复兴党的活动范围包括巴格达、纳西里耶、拉马迪、纳杰夫、卡尔巴拉和巴士拉。1957 年,复兴党与独立党、民族民主党、共产党共同组建统一民族阵线,成为反对派阵营的新兴成员。^⑤ 复兴党不同于君主制时代的诸多议会政党,在下层民众中具有广泛的社会基础。

1952—1958 年,复兴党的成员主要来自青年学生。1958 年伊拉克共和国建立后,复兴党开始在军人中扩大影响。1959 年 10 月,复兴党暗杀阿卜杜勒·卡里姆·嘎希姆未遂,福阿德·里卡比出逃,复兴党进入低谷状态,许多复兴党成员遭到监禁和流放。1959 年底,在米歇尔·阿弗拉格的指派下,兼有库尔德人和阿拉伯人血统的逊尼派穆斯林阿里·萨利赫·萨阿迪秘密返回伊拉克,重建复兴党。^⑥ 纳赛尔主义的代表人物阿卜杜勒·萨拉姆·阿里夫是阿里·萨利赫·萨阿迪和复兴党的重要政治盟友,来自提克里特的逊尼派阿拉伯人艾哈迈德·哈桑·巴克尔和费萨尔·哈比卜以及来自纳西里耶的什叶派阿拉伯人哈兹姆·贾瓦德、来自鲁麦萨的什叶派阿拉伯人塔里布·沙比卜成为伊拉克复兴党的核心人物,提克里特则是复兴党的重要据点。^⑦

阿卜杜勒·卡里姆·嘎希姆执政期间,伊拉克政治生活的突出现象在于国家权力的高度集中。阿卜杜勒·卡里姆·嘎希姆无意与诸多政党分享权力,拒绝实行代议制和举行议会选举,取缔反对派政党,实行新闻管制,解散共产党控制的民众组织,法德勒·阿拔斯·马赫达维主持的军事法庭则是阿卜杜勒·卡

中
东
史

---

① East,R. & Joseph,T., *Political Parties of Africa and the Middle East*, p.129.
② Sluglett,M. F., *Iraq Since 1958:from Revolution to Dictatorship*, p.89.
③ Tripp,C., *A History of Iraq*, p.143.
④ Haj,S., *The Making of Iraq 1900-1963*, p.92.
⑤ Sluglett,M. F., *Iraq Since 1958*, p.90.
⑥ Tripp,C., *A History of Iraq*, p.162.
⑦ Marr,P., *The Modern History of Iraq*, p.184.

里姆·嘎希姆独裁统治和排斥异己的御用工具,进而形成恐怖的政治气氛。1962 年,复兴党秘密组织数千人的民兵武装,开始筹划军事政变。[1]

　　1963 年 2 月,阿里·萨利赫·萨阿迪领导的伊拉克复兴党发动军事政变,成立革命指挥委员会,处死阿卜杜勒·卡里姆·嘎希姆,推举来自拉马迪的逊尼派军官阿卜杜勒·萨拉姆·阿里夫上校出任总统。复兴党控制的革命指挥全国委员会作为最高权力机构,主导国家机器,负责任免内阁成员。复兴党占据内阁 21 个职位中的 12 个职位,其中艾哈迈德·哈桑·巴克尔出任内阁总理,阿里·萨利赫·萨阿迪出任副总理兼内务部长,萨利赫·马赫迪·阿马什出任国防部长。1963 年 8 月,复兴党创建三万余人的国民卫队,作为铲除政敌的准军事组织。[2] 阿卜杜勒·萨拉姆·阿里夫的支持者主要来自伊拉克的纳赛尔主义者,包括武装部队代理参谋总长阿卜杜勒·拉赫曼·阿里夫、共和国卫队司令赛义德·斯莱比和空军司令阿里夫·阿卜杜勒·拉扎克。[3] 阿卜杜勒·萨拉姆·阿里夫来自拉马迪的朱麦拉部落,其组建的共和国卫队成员招募于朱麦拉部落,装备精良,驻守巴格达,作为制约国民卫队的武装力量。[4]

　　1963 年 3 月,复兴党在叙利亚发动政变。同年 4 月,伊拉克和叙利亚的复兴党与埃及政府举行谈判,讨论签署埃及、伊拉克、叙利亚组建阿拉伯联邦的协议。7 月,纳赛尔与复兴党关系恶化,合并计划流产。与此同时,伊拉克复兴党内部逐渐分裂,形成阿里·萨利赫·萨阿迪为首的激进派和塔里布·沙比卜和哈兹姆·贾瓦德为首的温和派;阿里·萨利赫·萨阿迪为首的激进派持马克思主义立场,主张实行社会主义改革和农业合作化,强调工人阶级的主导地位,塔里布·沙比卜和哈兹姆·贾瓦德为首的温和派则主张实现诸多政治势力的广泛联合,强调权力分享的政治原则,旨在扩大新政权的社会基础。1963 年 10 月,复兴党在大马士革举行第六次大会,选举阿里·萨利赫·萨阿迪出任复兴党伊拉克地区委员会的领导人。同年 11 月 11 日,复兴党伊拉克地区委员会在巴格达召开会议,选举产生复兴党伊拉克地区委员会的领导机构,哈兹姆·贾瓦德出任复兴党伊拉克地区委员会主席,阿里·萨利赫·萨阿迪被逐出伊拉克,复兴党内部激进派与温和派之间矛盾激化。11 月 12 日,米切尔·阿弗拉格自叙利亚抵达巴格达,拒绝承认此前选举产生的复兴党伊拉克地区委员会领导机构,引起复兴党内部温和派的强烈不满。11 月 18 日,总统阿卜杜勒·萨拉

　　① Marr,P. , *The Modern History of Iraq*, p. 175, p. 185.
　　② Yapp,M. E. , *The Near East Since the First World War*, p. 238.
　　③ Marr,P. , *The Modern History of Iraq*, p. 190.
　　④ Tripp,C. , *A History of Iraq*, p. 176.

姆·阿里夫宣布武装部队接管复兴党主导的内阁,扣押米切尔·阿弗拉格,解散复兴党激进派控制的国民卫队,由纳赛尔主义者和复兴党军官共同组建新内阁,艾哈迈德·哈桑·巴克尔出任副总统,来自提克里特的复兴党军官塔希尔·叶赫亚和哈尔丹·提克里提分别出任内阁总理和国防部长。1964 年初,阿卜杜勒·萨拉姆·阿里夫相继解除艾哈迈德·哈桑·巴克尔的副总统职务和哈尔丹·提克里提的国防部长职务。[①] 此后,纳赛尔主义者取代复兴党成为伊拉克政坛的主导力量。

伊拉克的纳赛尔主义者强调伊拉克人的阿拉伯民族属性和阿拉伯世界的统一性,致力于伊拉克与埃及合并的政治进程,可谓埃及纳赛尔主义的逻辑延伸。然而,伊拉克的纳赛尔主义者并非独立的政党,长期处于松散的状态,缺乏强有力的政治核心、完整的政治组织和明确的政治纲领,纳赛尔主义的支持者主要来自拉马迪、提克里特和摩苏尔的逊尼派阿拉伯人。[②] 另一方面,伊拉克具有不同于埃及的特定国情;逊尼派无疑构成纳赛尔主义的重要社会基础,库尔德人和什叶派阿拉伯人则长期抵制纳赛尔主义的理论和实践。

阿卜杜勒·萨拉姆·阿里夫政权建立后,推行相对温和的外交政策,在延续亲苏外交政策的基础上,缓解由于退出巴格达条约与西方世界日趋紧张的外交关系,同时承认科威特的主权独立,摆脱在阿拉伯世界的孤立局面。[③] 1964年 1 月,阿卜杜勒·萨拉姆·阿里夫访问埃及。同年 4 月,伊拉克共和国颁布临时宪法。6 月,阿卜杜勒·萨拉姆·阿里夫宣布伊拉克共和国实行一党制,随后创建阿拉伯社会主义联盟。[④] 7 月,伊拉克政府颁布国有化法令,扩大经济领域的政府干预。12 月,伊拉克政府和埃及政府共同宣布成立包括两国总统、总理和内阁成员在内的联合政治委员会,负责合并的筹备工作,同时扩大两国之间的军事合作。[⑤] 1965 年 9 月,阿卜杜勒·萨拉姆·阿里夫改组内阁,由亲纳赛尔政权的阿里夫·阿卜杜勒·拉扎克出任总理兼国防部长,阿卜杜勒·拉赫曼·巴扎兹出任副总理。9 月 16 日,阿里夫·阿卜杜勒·拉扎克趁阿卜杜勒·萨拉姆·阿里夫前往摩洛哥出席阿拉伯国家峰会之机发动政变,被赛义德·斯莱比控制的共和国卫队平息,阿卜杜勒·拉赫曼·巴扎兹出任内阁总理。[⑥] 阿

① Marr,P. , *The Modern History of Iraq*, pp. 188-191.

② 同上，p. 183。

③ 同上，p. 186。

④ Yapp,M. E. , *The Near East Since the First World War*, p. 240.

⑤ Marr,P. , *The Modern History of Iraq*, p. 193.

⑥ Tripp,C. , *A History of Iraq*, p. 182.

中
东
史

卜杜勒·萨拉姆·阿里夫指责纳赛尔支持政变,巴格达与开罗之间的关系随之破裂。此后,阿卜杜勒·萨拉姆·阿里夫放弃阿拉伯主义和社会主义的立场,强调伊拉克国家利益至上的政治原则,宣布结束国有化,鼓励发展私人经济,解散军人主导的革命指挥委员会,推行民主化改革。1966 年 4 月,阿卜杜勒·萨拉姆·阿里夫死于空难,其弟阿卜杜勒·拉赫曼·阿里夫继任总统。[1]

1963 年 2 月阿卜杜勒·卡里姆·嘎希姆政权垮台后,库尔德人与巴格达之间的关系一度出现转机。政府军解除对于库尔德人地区的经济封锁,开始撤出库尔德人地区。与此同时,穆斯塔法·巴尔扎尼与伊拉克政府举行谈判,要求伊拉克政府承认库尔德地区的自治权利,允许库尔德人在苏莱曼尼耶、基尔库克、阿尔比勒以及北部油田划定自治区域并组建自治的立法机构和行政机构,由库尔德人出任伊拉克共和国副总统。复兴党主导的内阁无意满足穆斯塔法·巴尔扎尼的要求,谈判破裂,双方再度进入战争状态。库尔德民主党武装控制伊拉克北部 13500 平方公里的乡村和 100 万库尔德人,伊拉克政府军占据库尔德地区的主要城市苏莱曼尼耶、基尔库克和阿尔比勒。1964 年 2 月,阿卜杜勒·萨拉姆·阿里夫与穆斯塔法·巴尔扎尼秘密会晤,双方达成停火协议。然而,在库尔德民主党内部,伊卜拉欣·艾哈迈德和贾拉勒·塔拉巴尼持强硬立场,拒绝接受停火条件,进而与持温和立场的穆斯塔法·巴尔扎尼分道扬镳。同年 6 月,库尔德民主党举行大会,伊卜拉欣·艾哈迈德和贾拉勒·塔拉巴尼宣布脱离库尔德民主党,创建库尔德人爱国联盟,成为叙利亚政府支持的库尔德人政治组织。[2] 1965 年初,伊拉克政府军与库尔德人之间战火再起。穆斯塔法·巴尔扎尼领导的库尔德民主党得到伊朗政府的支持,伊拉克政府军的攻势逐渐陷入被动局面。[3]

1966 年 4 月阿卜杜勒·萨拉姆·阿里夫死后,阿卜杜勒·拉赫曼·巴扎兹领导的内阁试图强化文官政治,增加经济投资,削减军费支出,削弱军方的政治影响。同年 5 月,阿卜杜勒·拉赫曼·巴扎兹内阁与穆斯塔法·巴尔扎尼领导的库尔德民主党签署和平协议,承认伊拉克共和国的双重民族性,承诺在议会民主制的框架内给予库尔德人充分的自治权利。阿卜杜勒·拉赫曼·巴扎兹推行的改革举措以及怀柔库尔德人的政策,引起军方将领的不满。1966 年 8 月,迫于军方的压力,阿卜杜勒·拉赫曼·巴扎兹辞职,什叶派军官纳吉·塔里布出任总理,组建军方主导的内阁。伊拉克政府与库尔德民主党签署的和平协

① Marr,P. , *The Modern History of Iraq*, p. 196, p. 197.

② 同上, p. 187, pp. 198-199。

③ Yapp,M. E. , *The Near East Since the First World War*, p. 246.

议夭折,双方恢复交战状态。1967 年 5 月,阿卜杜勒·拉赫曼·阿里夫罢免纳吉·塔里布,自任内阁总理。同年 7 月,塔希尔·叶赫亚出任内阁总理。①

1964 年 2 月,复兴党在大马士革召开第七次大会,正式开除阿里·萨利赫·萨阿迪,艾哈迈德·哈桑·巴克尔进入复兴党革命指挥委员会,成为复兴党伊拉克地区委员会的领导人。萨达姆·侯赛因受艾哈迈德·哈桑·巴克尔的委托,负责重建复兴党伊拉克地区组织。同年 9 月,复兴党暗杀阿卜杜勒·拉赫曼·阿里夫未遂,艾哈迈德·哈桑·巴克尔和萨达姆·侯赛因一度入狱。②

1966 年 2 月,复兴党的大马士革总部出现分裂,米切尔·阿弗拉格被叙利亚复兴党开除。伊拉克复兴党支持米切尔·阿弗拉格,遂与叙利亚复兴党分道扬镳。1966 年 9 月,伊拉克复兴党选举新的领导机构,艾哈迈德·哈桑·巴克尔当选总书记,萨达姆·侯赛因当选副总书记。③ 1967 年第三次中东战争后,纳赛尔政权危机四伏,纳赛尔主义逐渐走向低谷。与此同时,复兴党在伊拉克的政治影响迅速扩大,复兴党成员达到 5000 人。④

1968 年初,复兴党领导人通过共和国卫队旅长萨阿顿·贾伊丹的引见,与阿卜杜勒·拉赫曼·阿里夫政权的军事情报局局长阿卜杜勒·拉扎格·纳伊夫和共和国卫队司令伊卜拉欣·达乌德密谋发动政变。⑤ 1968 年 4 月,包括 5 名复兴党成员在内的 13 名退役军官致信阿卜杜勒·拉赫曼·阿里夫,要求罢免塔希尔·叶赫亚的总理职务,改组内阁,遭到拒绝。⑥ 7 月 17 日,阿卜杜勒·拉扎格·纳伊夫、伊卜拉欣·达乌德和萨阿顿·贾伊丹在复兴党的支持下发动政变,控制巴格达,阿卜杜勒·拉赫曼·阿里夫流亡国外。次日,复兴党总书记艾哈迈德·哈桑·巴克尔出任总统,政变的发动者阿卜杜勒·拉扎格·纳伊夫和伊卜拉欣·达乌德分别出任内阁总理和国防部长,复兴党成员萨利赫·马赫迪·阿马什出任内务部长,哈尔丹·提克里提出任武装部队参谋总长兼空军司令,萨阿顿·贾伊丹出任共和国卫队司令。⑦ 7 月 30 日,复兴党再次发动政变,阿卜杜勒·拉扎格·纳伊夫和伊卜拉欣·达乌德分别改任驻外大使,艾哈迈德·哈桑·巴克尔出任总统、内阁总理兼武装部队总司令,哈尔丹·提克里提

① Tripp,C. , *A History of Iraq*, pp. 187-188.

② 同上, p. 189。

③ Marr,P. , *The Modern History of Iraq*, p. 207.

④ Yapp,M. E. , *The Near East Since the First World War*, p. 241.

⑤ Tripp,C. , *A History of Iraq*, p. 190.

⑥ Marr,P. , *The Modern History of Iraq*, p. 209.

⑦ Tripp,C. , *A History of Iraq*, p. 191.

出任国防部长兼武装部队副总司令,阿卜杜勒·卡里姆·舍赫里出任外交部长。[①]

艾哈迈德·哈桑·巴克尔来自提克里特的阿布·纳绥尔部落,出身农民家庭,1938年毕业于军事学院,1958年加入复兴党,同年参加自由军官发动的政变,1963年曾经出任阿卜杜勒·萨拉姆·阿里夫政权的内阁总理。艾哈迈德·哈桑·巴克尔领导的复兴党政权,主要支持者是分布在伊拉克西北部的逊尼派阿拉伯部族。提克里特人的权力垄断,构成艾哈迈德·哈桑·巴克尔政权的明显特征。复兴党革命指挥委员会5名成员中,3人来自提克里特;总统、内阁总理和国防部长的职位均由提克里特人把持,尚未出任政府职务的复兴党副总书记萨达姆·侯赛因亦来自提克里特。另一方面,艾哈迈德·哈桑·巴克尔政权具有军人政治的浓厚色彩,总统、内阁总理、国防部长、内务部长以及革命指挥委员会的全体成员均为复兴党军官。[②] 尽管复兴党标榜阿拉伯民族主义和倡导阿拉伯世界的统一进程,然而艾哈迈德·哈桑·巴克尔领导的复兴党政权明确强调伊拉克至上的国家主义原则。[③] 艾哈迈德·哈桑·巴克尔政权的建立,标志着伊拉克共和国的历史进入复兴党统治的时代。一党制的独裁、政治局势的空前稳定和经济社会的长足进步,构成复兴党执政时代的主要特征。

艾哈迈德·哈桑·巴克尔政权建立后,致力于清洗复兴党军官、排斥政治异己和强化独裁统治。1969年11月,艾哈迈德·哈桑·巴克尔改组复兴党革命指挥委员会,革命指挥委员会成员由5人增至15人,文职人员取代复兴党军官成为革命指挥委员会的主体,塔哈·亚辛·拉马丹和伊扎特·伊卜拉欣进入革命指挥委员会,萨达姆·侯赛因出任革命指挥委员会副主席。艾哈迈德·哈桑·巴克尔政权建立初期,面临来自以国防部长哈尔丹·提克里提和内务部长萨利赫·马赫迪·阿马什为首的复兴党军官的挑战和威胁。1970年4月,哈尔丹·提克里提和萨利赫·马赫迪·阿马什出任副总统,哈马德·什哈卜和萨阿顿·贾伊丹分别出任国防部长和内务部长。同年10月,哈尔丹·提克里提被解除副总统职务。次年3月,哈尔丹·提克里提在科威特死于暗杀。1971年9月,萨利赫·马赫迪·阿马什亦被解除副总统职务,改任驻苏联大使。与此同时,复兴党内部诸多资深成员,包括萨拉赫·欧麦尔·阿里、阿卜杜拉·萨鲁姆·萨马里、沙菲格·卡马里和阿卜杜勒·卡里姆·舍赫里,相继被艾哈迈

———————

① Marr,P. , *The Modern History of Iraq*, p.212.

② 同上, pp.219-220, p.212。

③ Tripp,C. , *A History of Iraq*, p.193.

德·哈桑·巴克尔解除职务。① 1973 年 6 月，来自什叶派的复兴党情报机构首脑纳迪姆·卡扎尔政变未遂，遭到处决。随后，萨达姆处决超过 30 名高级军官，逮捕大批反对派成员。巴克尔兼任国防部长，萨阿顿·沙吉尔和巴尔赞·塔克里提接管复兴党情报机构。②

1970 年 7 月，艾哈迈德·哈桑·巴克尔领导的复兴党政权颁布临时宪法。1970 年临时宪法规定，伊拉克共和国由阿拉伯民族和库尔德民族共同组成，伊拉克共和国的宗旨是在社会主义的基础上实现阿拉伯世界的统一；复兴党是伊拉克共和国的执政党，复兴党革命指挥委员会是伊拉克共和国的最高权力机构，负责制定法律、保卫国家安全和批准国家财政预算；革命指挥委员会主席兼任伊拉克共和国总统，统率武装部队；内阁执行革命指挥委员会的决定，内阁成员由革命指挥委员会主席任免；伊斯兰教是伊拉克共和国的官方宗教，其他宗教信仰受国家和政府的保护；自然资源和主要的生产资料实行国家所有；国家实行免费的教育和医疗制度。③

60 年代后期，穆斯塔法·巴尔扎尼领导的库尔德民主党得到伊朗、以色列和美国的支持，贾拉勒·塔拉巴尼领导的库尔德人爱国联盟则与复兴党保持密切的联系。1968 年 7 月，3 名库尔德人获准进入艾哈迈德·哈桑·巴克尔领导的内阁，其中 2 人来自库尔德民主党，1 人来自库尔德人爱国联盟；艾哈迈德·哈桑·巴克尔试图利用穆斯塔法·巴尔扎尼与贾拉勒·塔拉巴尼之间的矛盾，控制库尔德人。同年 8 月，库尔德民主党成员辞去内阁职务。12 月，伊拉克政府与穆斯塔法·巴尔扎尼领导的库尔德民主党武装爆发战争。④ 1970 年 3 月，伊拉克政府与穆斯塔法·巴尔扎尼达成停火协议，伊拉克政府首次正式承认库尔德地区的自治权利，承诺在库尔德人居多的地区设立特别行政区，由库尔德人出任伊拉克共和国副总统，库尔德语与阿拉伯语同为库尔德地区的官方语言，库尔德人武装并入伊拉克军队，穆斯塔法·巴尔扎尼和库尔德民主党中止与伊朗的联系，协议将在四年后即 1974 年生效。⑤ 1974 年 3 月，伊拉克政府宣布库尔德人问题的和平方案。根据该方案，库尔德地区以阿尔比勒作为首府，选举产生库尔德地区的立法会议，库尔德地区的行政机构即执行委员会由立法会议选举产生，伊拉克总统有权任命和罢免执行委员会主席，有权解散立法会议，伊拉克政府控制库尔德地区的外交、军事、石油、财政预算。库尔德民主党

① Marr，P.，*The Modern History of Iraq*，pp. 214-216.
② Tripp，C.，*A History of Iraq*，p. 209.
③ Marr，P.，*The Modern History of Iraq*，pp. 214-215.
④ Tripp，C.，*A History of Iraq*，p. 199.
⑤ Marr，P.，*The Modern History of Iraq*，p. 222.

拒绝接受伊拉克政府提出的和平方案,双方再度爆发战争,伊拉克政府军的五分之四投入库尔德地区的战争。[1] 1975 年 3 月,伊拉克政府与伊朗政府共同发表阿尔及尔宣言,伊拉克政府接受伊朗政府提出的阿拉伯河划分方案,伊朗政府停止支持库尔德民主党并关闭伊朗与伊拉克库尔德地区的边境。随后,伊拉克军队攻占库尔德地区,穆斯塔法·巴尔扎尼和库尔德民主党武装以及约 15 万库尔德人难民逃入伊朗境内。[2] 与此同时,伊拉克政府开始在阿尔比勒筹建库尔德人自治机构,库尔德人塔哈·穆希丁·马阿鲁夫出任伊拉克副总统。此后,约 50 万库尔德人迁至伊拉克南部的什叶派地区,亦有大批的逊尼派阿拉伯人移入北部库尔德地区特别是基尔库克油田区。库尔德人自治机构的管辖范围,不足伊拉克库尔德地区总面积的二分之一;阿拉伯人居多的基尔库克省以及靠近伊朗边境的山区处于伊拉克政府的直接控制之下。[3] 伊拉克政府不断投资库尔德地区的开发建设,密切库尔德地区与巴格达之间的联系和交往,强化对于库尔德人的控制。[4]

君主制时代,伊拉克政府长期实行亲西方的外交政策。伊拉克共和国建立后,实行亲苏的外交政策;与此同时,伊拉克政府的石油国有化政策,导致伊拉克与西方的关系逐渐恶化。1972 年 4 月,苏联部长会议主席柯西金访问巴格达,与伊拉克政府签署为期 15 年的友好条约。1975 年起,伊拉克与西方的外交关系逐渐改善,与苏联之间的关系随之趋于冷淡。[5]

1971 年 11 月英军撤出波斯湾后,伊朗军队随即占领阿布·穆萨岛和大小通布岛,进而提出对于阿拉伯河的主权要求。随后,伊拉克政府宣布断绝与伊朗之间的外交关系,驱逐南部自称具有伊朗血统的什叶派约 4 万人。1973 年第四次中东战争期间,伊拉克一度与伊朗恢复外交关系。1975 年伊拉克政府与伊朗政府发表阿尔及尔宣言后,巴格达与德黑兰之间的关系一度改善。[6]

伊拉克与叙利亚同属新月地带的阿拉伯国家,具有特殊的地缘政治联系。1966 年,复兴党出现分裂,伊拉克与叙利亚之间的关系急剧恶化。70 年代,伊拉克与叙利亚构成苏联在中东最重要的政治盟友,然而两国关系并未因此得到改善。伊拉克政府于 1974 年指责叙利亚支持库尔德人的反政府活动,1976 年指责叙利亚入侵黎巴嫩和驱逐巴勒斯坦解放组织。1977 年萨达特访问耶路撒

[1] Yapp, M. E., *The Near East Since the First World War*, p. 246.

[2] Tripp, C., *A History of Iraq*, pp. 212-213.

[3] Sluglett, M. F. & Sluglett, P., *Iraq Since 1958: from Revolution to Dictatorship*, p. 187.

[4] Tripp, C., *A History of Iraq*, p. 214.

[5] Ochsenwald, W., *The Middle East: A History*, p. 655.

[6] Tripp, C., *A History of Iraq*, p. 211.

冷和签署埃以和平协议后,伊拉克与叙利亚之间的紧张关系逐渐缓解。1978 年 10 月,伊拉克政府与叙利亚政府发表民族行动联合宪章,伊拉克与叙利亚的合并重新提上议事日程。[①]

萨达姆政权的内外政策

70 年代中期,萨达姆·侯赛因逐渐取代艾哈迈德·哈桑·巴克尔,成为复兴党政权的核心人物。萨达姆·侯赛因 1937 年出生于提克里特的贫困农民家庭,1957 年加入复兴党,1959 年曾经参与暗杀阿卜杜勒·卡里姆·嘎希姆。[②] 1979 年 7 月,艾哈迈德·哈桑·巴克尔辞职,萨达姆·侯赛因成为伊拉克共和国总统、复兴党地区委员会总书记、革命指挥委员会主席和武装部队司令,伊扎特·伊卜拉欣出任革命指挥委员会副主席和复兴党地区委员会副总书记,塔哈·拉马丹出任内阁第一副总理。[③]

1980 年 3 月,议会选举法颁布;根据议会选举法,议会实行一院制,由 250 名议员组成,议员选举产生,任期 4 年;全国划分为 59 个选区,年满 18 岁的伊拉克公民享有选举权,年满 25 岁的伊拉克公民享有被选举权;议会与复兴党革命指挥委员会共同行使立法权,负责讨论国家政策、监督政府机构、批准财政预算和国际条约。[④] 同年 6 月,伊拉克举行自 1958 年成立以来的首次议会选举,复兴党革命指挥委员会成员纳伊姆·哈达德当选议长。[⑤]

1968 年复兴党政权建立后,伊拉克政治生活的突出变化在于国家职能的强化、复兴党势力的膨胀、一党制统治模式的形成、政党政治与政府政治的合一。萨达姆于 1979 年掌握国家权力以后,大规模清洗政治异己,重组复兴党,控制武装力量,完善情报机构和安全机构,旨在强化个人独裁。如同纳赛尔时代的埃及和阿萨德时代的叙利亚一样,萨达姆政权建立后的伊拉克兼有独裁与稳定的双重特点。从某种程度上可以说,萨达姆时代极度膨胀的个人独裁既是长期以来伊拉克政治生活的逻辑延伸,亦是伊拉克实现国家统一和社会整合的客观需要。萨达姆凌驾于社会和民众之上,成为伊拉克统一和主权的象征。

自 70 年代开始,伊拉克复兴党建立起庞大的组织体系。复兴党的基层组织称作哈勒卡,由 3—7 名复兴党成员组成;若干哈勒卡组成菲尔卡,若干菲尔

中
东
史
—

---

① Tripp,C.,*A History of Iraq*,p. 219.

② Yapp,M. E.,*The Near East since the First World War*,p. 242.

③ Marr,P.,*The Modern History of Iraq*,pp. 228-229.

④ East,R. & Joseph,T.,*Political Parties of Africa and the Middle East*,p. 126.

⑤ Marr,P.,*The Modern History of Iraq*,p. 232.

卡组成舒尔巴;省级的复兴党组织称作法尔,由若干舒尔巴组成;复兴党地区委员会相当于复兴党的伊拉克全国委员会,与革命指挥委员会同为伊拉克复兴党的最高领导机构。[1] 1974 年 1 月召开的复兴党大会,选举产生 13 人组成的地区委员会。1977 年 1 月,复兴党地区委员会成员增至 21 人。1977 年 9 月,复兴党地区委员会的全部成员均被任命为革命指挥委员会的成员,两者合一。[2] 伊拉克共和国总统由革命指挥委员会成员选举产生,总统负责任免内阁成员。议会处于复兴党的控制之下,形同虚设,只是象征性的国家权力机构。[3] 1968 年,复兴党成员约 0.5 万人。1978 年,复兴党成员达到 5 万人,复兴党控制的民兵亦有 5 万人之多。[4] 1976 年,复兴党声称拥有 1 万名党员和 50 万名支持者;80 年代初,复兴党党员增至 2.5 万,支持者增至 150 万。[5]

武装力量是复兴党政权控制社会的重要工具。军费在政府财政预算中所占的比例,1958 年伊拉克共和国建立初期仅为 7%,1966 年增至 13%,1974 年达到 19%。伊拉克军队的员额,1958 年为 5 万人,1966 年为 8 万人,1974 年增至 20 万人,1988 年两伊战争结束时达到 95 万人。[6]

艾哈迈德·哈桑·巴克尔于 1971 年 11 月颁布民族行动宪章,随后成立复兴党主导的伊拉克民族进步阵线。1972 年 4 月柯西金访问巴格达后,伊拉克共产党取得合法的政治地位,加入民族进步阵线。[7] 1975 年,库尔德民主党加入民族进步阵线。1978 年,共产党与复兴党之间的关系逐渐恶化。1979 年,共产党退出民族进步阵线,共产党领导人大都流亡国外,在贝鲁特、大马士革和欧洲从事反对复兴党的政治活动。[8] 民族进步阵线名为复兴党与其他政治派别合作的政治组织,实则处于复兴党的控制之下,构成复兴党一党制独裁统治的政治工具。工会、农民联合会和妇女联合会,亦是复兴党政权控制民众的政治工具。[9] 90 年代末,伊拉克妇女联合会有分支机构 222 个,成员达到 150 万人。[10]

自 1975 年起,复兴党政权实行温和的外交政策,特别是致力于改善与伊朗以及海湾君主国的关系。1975 年,伊拉克与阿曼建交。1978 年,伊拉克恢复援

① Sluglett, M. F. & Sluglett, P. , *Iraq Since 1958 : from Revolution to Dictatorship* , p. 184.

② Marr, P. , *The Modern History of Iraq* , p. 226.

③ Tripp, C. , *A History of Iraq* , p. 226.

④ Yapp, M. E. , *The Near East Since the First World War* , p. 241.

⑤ Sluglett, M. F. & Sluglett, P. , *Iraq Since 1958 : from Revolution to Dictatorship* , p. 185.

⑥ Yapp, M. E. , *The Near East Since the First World War* , p. 246.

⑦ Tripp, C. , *A History of Iraq* , p. 208.

⑧ Marr, P. , *The Modern History of Iraq* , p. 238.

⑨ Tripp, C. , *A History of Iraq* , p. 227.

⑩ Cardosa, A. V. , *Iraq at the Crossroads* , New York 2007, p. 117.

助南也门。戴维营协议的签署导致埃及在阿拉伯世界的地位一落千丈,伊拉克的地位随之明显上升,俨然成为阿拉伯世界政治舞台的核心。1978 年 11 月,伊拉克提议召开阿拉伯国家峰会,共同抵制埃及与以色列签署戴维营协议。与此同时,伊拉克宣布放弃与巴勒斯坦内部阿布·尼达尔领导的极端势力的政治合作,支持阿拉法特和巴解组织主流派别。1979 年 6 月,萨达姆访问约旦,成为 1959 年以来首位访问约旦的伊拉克领导人,两国签署军事、经济和政治合作协议。①

巴格达的复兴党政权尽管曾经应巴列维国王的请求于 1978 年 10 月将霍梅尼驱逐出境,却于 1979 年 2 月巴列维王朝垮台后一度对德黑兰政府持相对友好的态度。② 1979 年 6 月,复兴党政权镇压伊拉克境内什叶派阿拉伯人的反政府示威,软禁什叶派反政府领导人穆罕默德·巴基尔·萨德尔,巴格达与德黑兰之间的关系骤然紧张。同年 10 月,复兴党政权要求伊朗归还波斯湾水域的阿布·穆萨岛和大小通布岛。③ 1980 年 9 月,萨达姆宣布废除 1975 年伊拉克政府与伊朗政府共同签署的阿尔及尔协议,恢复对于阿拉伯河的主权要求。随后,伊拉克军队进入两伊边境中部的争议地区宰因·卡乌斯,两伊战争爆发。④

伊拉克与伊朗之间的矛盾由来已久。自公元前 6 世纪起,两河流域长期处于波斯阿黑门尼德王朝和萨珊王朝的统治之下。伊斯兰教诞生后,巴士拉、库法和巴格达的阿拉伯统治者主宰伊朗高原和波斯人的命运亦长达数百年。16 世纪以后,逊尼派的奥斯曼帝国与什叶派的萨法维王朝之间长期处于战争状态,伊拉克成为双方角逐的主要战场。1847 年,在英国和俄国的干预下,奥斯曼帝国与伊朗恺伽王朝签署厄尔祖鲁姆协议,划定阿拉伯河水域的主权归属。1937 年,伊拉克政府与伊朗巴列维王朝再次签署协议,双方分享阿拉伯河的主权。⑤ 伊拉克北部的库尔德人地位、伊朗西南部胡齐斯坦省的阿拉伯人地位问题、阿拉伯河以及波斯湾水域诸岛屿的主权归属,构成伊拉克与伊朗之间矛盾的焦点。阿拉伯人与波斯人之间的民族对立、逊尼派穆斯林与什叶派穆斯林之间的教派分歧、复兴党政权的世俗阿拉伯主义与霍梅尼倡导的现代伊斯兰主义两种意识形态之间的明显差异,亦是加剧两伊之间矛盾冲突的重要因素。萨达特出访耶路撒冷以后,伊拉克在阿拉伯世界日益提高的政治地位、伊斯兰革命

① Marr,P., *The Modern History of Iraq*, pp. 244-245.
② Tripp,C., *A History of Iraq*, pp. 220-221.
③ Marr,P., *The Modern History of Iraq*, p. 293.
④ Tripp,C., *A History of Iraq*, p. 233.
⑤ Stansfield,G. R. V., *Iraq:People,History,Politics*, pp. 100-101.

后伊朗国内的动荡局势、两伊之间力量对比的变化和海湾霸权的角逐,成为促使复兴党政权发动两伊战争的重要原因。

两伊战争初期,伊拉克军队在伊朗西南部的胡齐斯坦长驱直入,伊朗处于明显的被动状态。1982 年春季,伊朗军队全面反攻,收复此前丧失的大部分领土,伊拉克军队伤亡惨重。同年 6 月,复兴党政府提出停火建议,遭到伊朗方面的拒绝。[①] 此后,两伊战争进入消耗战的阶段,交战双方陷于相持的状态。两伊战争期间,阿拉伯世界和西方国家普遍支持伊拉克政府,极力遏制霍梅尼政权输出伊斯兰革命,萨达姆俨然是海湾阿拉伯国家的捍卫者,伊朗则处于相对孤立的国际环境。1987 年 7 月,联合国安理会通过 598 号决议,要求交战双方实现停火。伊拉克政府宣布接受 598 号决议,伊朗政府则拒绝接受 598 号决议。[②] 1988 年 7 月,伊朗政府宣布接受联合国第 598 号决议。同年 8 月,双方全线停火,两伊战争结束。[③]

长达 8 年的两伊战争,导致伊拉克经济的严重衰退。两伊战争期间,伊朗尚能依靠石油出口支撑战争费用,石油日产量维持在 150－200 万桶的水平。由于伊朗封锁霍尔木兹海峡以及叙利亚关闭巴尼亚斯的输油管道,伊拉克只能通过输油管道经土耳其出口石油,石油日产量仅 100 万桶。[④] 与此同时,伊拉克的石油年收入从 1980 年的 260 亿美元下降为 1982 年的 90 亿美元和 1983 年的 70 亿美元,外汇储备从 1980 年的 300 亿美元下降为 1983 年的 30 亿美元。石油收入的锐减,迫使伊拉克政府向西方国家和海湾阿拉伯国家特别是沙特阿拉伯和科威特举债。1983 年,伊拉克政府的外债达到 250 亿美元。[⑤] 1980－1988年,伊拉克方面约 25 万人死于战争,6 万人被俘,南部重镇巴士拉和港口城市法奥遭到严重的破坏,经济损失超过 4000 亿美元。[⑥] 1988 年两伊战争结束时,伊拉克政府的外债总额高达 800 亿美元,石油收入却不足 1980 年的二分之一。[⑦]

长达 8 年的两伊战争导致伊拉克经济形势急剧恶化,物资严重短缺,通货膨胀率居高不下,失业率上升。1990 年,伊拉克石油收入的二分之一用于偿还战争期间的外债。然而,国际市场油价大幅下跌,1990 年 6 月跌至每桶 11 美

---

① Tripp,C. , *A History of Iraq*, p. 236.

② Sluglett,M. F. & Sluglett,P. , *Iraq Since 1958：from Revolution to Dictatorship*, p. 271.

③ Tripp,C. , *A History of Iraq*, p. 239.

④ Ochsenwald,W. , *The Middle East：A History*, p. 658.

⑤ Tripp,C. , *A History of Iraq*, p. 235.

⑥ 同上,pp. 220-221。

⑦ Marr,P. , *The Modern History of Iraq*, p. 293.

元,伊拉克石油收入锐减,经济重建进程步履维艰。萨达姆声称,伊拉克与伊朗之间的战争乃是阿拉伯民族与波斯人的战争,是伊拉克保卫海湾阿拉伯国家免遭伊朗入侵的战争,而沙特阿拉伯和科威特则是两伊战争的直接受益者,呼吁海湾主要产油国沙特阿拉伯和科威特削减石油产量,进而要求沙特阿拉伯和科威特将两伊战争期间向伊拉克提供的 400 亿美元贷款改为赠与,帮助伊拉克实现经济重建。伊拉克政府宣传部长塔里格·阿齐兹声称,无数伊拉克青年在保卫阿拉伯世界的战争中流淌的鲜血足以偿还海湾国家提供的援助。然而,伊拉克方面的要求遭到沙特阿拉伯和科威特的拒绝。① 与此同时,萨达姆开始将战争的矛头指向科威特。

1990 年 7 月 31 日,由伊扎特·伊卜拉欣、萨阿敦·哈马迪和阿里·哈桑·马吉德组成的伊拉克政府代表团与科威特政府代表团在吉达举行会晤,无果而终。② 1990 年 8 月 2 日,伊拉克军队入侵科威特,科威特埃米尔贾比尔·萨巴赫以及约 30 万科威特人逃往沙特阿拉伯。随后,萨达姆宣布科威特并入伊拉克的版图,成为伊拉克的第 19 个省,任命阿里·哈桑·马吉德为科威特省长。③ 与此同时,科威特王室在沙特阿拉伯建立流亡政府,寻求国际社会的支持。

两伊战争期间,伊拉克曾经得到阿拉伯世界和包括美国在内的西方国家的普遍支持。科威特战争爆发后,大多数阿拉伯国家、欧盟、美国、苏联以及邻国土耳其、伊朗强烈谴责巴格达的复兴党政权,只有巴勒斯坦、约旦、苏丹和也门支持萨达姆。1990 年 8 月 6 日,联合国安理会通过 661 号决议,谴责伊拉克入侵科威特,宣布对伊拉克实行经济制裁。④ 1990 年 11 月 29 日,安理会通过第 678 号决议,对伊拉克实行石油禁运,中断伊拉克通往土耳其和沙特阿拉伯的输油管道,授权联合国成员国采取一切手段迫使伊拉克在 1991 年 1 月 15 日前无条件撤出科威特。⑤ 1991 年 1 月 17 日,美国主导的联合国多国部队开始大规模的沙漠风暴行动。同年 2 月 25 日,"沙漠风暴"行动结束,伊拉克军队撤出科威特。⑥

① Tripp,C.,*A History of Iraq*,p. 233.
② Stansfield,G. R. V.,*Iraq:People,History,Politics*,pp. 100-101.
③ Tripp,C.,*A History of Iraq*,p. 236.
④ Sluglett,M. F. &Sluglett,P.,*Iraq Since 1958:from Revolution to Dictatorship*,p. 271.
⑤ Tripp,C.,*A History of Iraq*,p. 239.
⑥ Ochsenwald,W.,*The Middle East:A History*,p. 658.

海湾战争后的国际制裁与国内局势

科威特战争后,伊拉克经历联合国和国际社会的长期制裁。1991 年 4 月,联合国安理会通过第 687 号决议,要求伊拉克政府必须承认 1963 年划定的伊科边境,伊科边境地带派驻联合国观察员并设立非军事区,伊拉克政府必须在国际社会监督下销毁大规模杀伤性武器,伊拉克政府向科威特支付战争赔偿,国际社会不得向伊拉克提供武器和军事技术。随后通过的联合国安理会第 688 号决议,谴责萨达姆政权镇压国内什叶派和库尔德人,宣布在北纬 36 度即阿尔比勒以南建立禁飞区。同年 5 月,联合国武器核查人员进入伊拉克。①

1994 年 11 月,萨达姆宣布承认科威特的主权和独立,放弃对于科威特的领土要求,承认 1993 年 5 月联合国划定的伊科边界线。1996 年,伊拉克政府接受联合国安理会 986 号决议。根据该决议,伊拉克政府每 6 个月出口 20 亿美元的石油,用于进口人道主义物资。② 1998 年,联合国安理会通过 1153 号决议,允许伊拉克政府每 6 个月出口 52 亿美元的石油,用于进口人道主义物资。1999 年,伊拉克政府每 6 个月出口石油的数额增至 83 亿美元。③ 1996 年至 2002 年,伊拉克政府累计出口石油 642 亿美元,用于进口人道主义物资、向科威特支付战争赔款和支付联合国核查机构的相关费用。④

1999 年 12 月,联合国安理会通过 1284 号决议,要求伊拉克政府配合联合国恢复在伊拉克的武器核查,遭到拒绝。伊拉克政府宣布,联合国必须无条件解除对于伊拉克的经济制裁,否则不允许联合国武器核查人员进入伊拉克。与此同时,伊拉克极力改善与欧洲和阿拉伯国家的关系,打破美国的封锁,取得一定成效。2000 年 3 月,约 2000 名伊拉克人赴麦加朝觐。随后,伊拉克政府宣布重新启用巴格达民用机场,继而恢复通往法国、俄罗斯、叙利亚和也门的民航班机,运送人道主义物资。2000—2001 年,伊拉克与巴林、卡塔尔、阿联酋恢复外交关系,改善与叙利亚的经济交往。2000 年底,共和党在美国大选中胜出。布什政府调整对伊政策,扶植伊拉克国内的反对派势力,试图颠覆萨达姆政权,代之以亲美政权。⑤ 2001 年 2 月,布什政府开始实施对伊空中打击。

① Tripp,C. , *A History of Iraq* , p. 235.

② Inati, S. C. , *Iraq: Its History, People and Politics* , New York 2003, p. 221.

③ Ochsenwald,W. , *The Middle East: A History* , p. 660.

④ Sluglett,M. F. & Sluglett,P. , *Iraq Since 1958: from Revolution to Dictatorship* , p. 273.

⑤ Stansfield,G. R. V. , *Iraq: People, History, Politics* , p. 125.

80 年代末,如同中东诸多国家一样,伊拉克亦曾经历民主化的政治实践。1989 年 4 月,伊拉克召开新的国民议会,政治改革成为国民议会讨论的焦点。1990 年 7 月,国民议会通过新宪法。新宪法包括引进多党制的政党制度,解散革命指挥委员会,将革命指挥委员会的原有权力移交国民议会。新宪法的宗旨,在于削弱复兴党和革命指挥委员会的权力,强化总统的个人权力。伊拉克军队入侵科威特,导致政治改革进程的中断。1991 年初海湾战争结束后,政治改革进程重新启动,属于什叶派的萨阿敦·哈马迪和穆罕默德·哈姆扎·祖拜迪先后出任内阁总理,库尔德人塔哈·亚辛·拉马丹出任副总统,基督徒塔里格·阿齐兹出任副总理。与此同时,萨达姆宣布推进政治自由化进程,解除党禁,实行多党制,承诺举行多党制议会选举。1991 年 3 月革命指挥委员会颁布的法令规定,超过 150 名年满 25 岁的伊拉克公民即可组建政党,禁止成立教派政党、民族政党和区域政党,任何政党不得接受境外的资助。① 1994 年 5 月,萨达姆兼任内阁总理。1995 年 10 月,伊拉克举行首次直接选举,萨达姆以 99.96％的选票连任总统。②

　　1990 年 9 月,伊拉克反对派人士在大马士革成立伊拉克民族行动委员会,领导人是伊雅德·阿拉维。伊拉克民族行动委员会系沙特阿拉伯政府支持的政治组织,试图策划在伊拉克国内发动军事政变,颠覆萨达姆政权。③ 1991 年 3 月,伊拉克 19 个反对派政治组织的代表在贝鲁特召开会议,协商推翻萨达姆政权的策略。1992 年 6 月,伊拉克的反对派组织在维也纳召开会议,成立包括逊尼派阿拉伯人、什叶派阿拉伯人和库尔德人的伊拉克国民大会,旨在实现内部和解和加强相互合作。同年 10 月,伊拉克反对派组织在伊拉克北部城市阿尔比勒附近的萨拉赫丁选举 174 人组成的议会和 25 人组成的执行委员会,什叶派政治家艾哈迈德·沙拉比出任执行委员会主席。④ 然而,伊拉克国民大会内部派系林立,矛盾错综复杂,缺乏统一的政治立场和行动纲领。库尔德民主党和库尔德爱国联盟作为最大的反政府组织,宿怨极深。1995 年,艾哈迈德·沙拉比领导的国民大会执行委员会与库尔德爱国联盟武装共同对抗伊拉克政府军,导致库尔德民主党领导人的强烈不满;后者指责艾哈迈德·沙拉比和国民大会执行委员会偏袒库尔德爱国联盟,进而寻求伊拉克政府军的支持。1996 年,伊拉克政府军进入库尔德人地区,平息伊拉克国民大会的反政府活动。⑤

---

① Stansfield,G. R. V. , *Iraq:People,History, Politics*, p. 126.

② Tripp,C. , *A History of Iraq*, pp. 252-253.

③ Stansfield,G. R. V. , *Iraq:People,History,Politics*, p. 127.

④ Tripp,C. , *A History of Iraq*, p. 253.

⑤ 同上, p. 262。

伊拉克是伊斯兰教什叶派的发源地。然而,逊尼派阿拉伯人长期主导伊拉克的政治舞台。什叶派阿拉伯人尽管人数居多,却处于从属逊尼派阿拉伯人的政治地位。君主制时代后期,曾经有 4 名什叶派阿拉伯人出任伊拉克政府的内阁首相。伊拉克共和国建立后,亦曾吸收什叶派阿拉伯人进入内阁,旨在扩大新政权的社会基础。1977 年,复兴党地区委员会和内阁成员 38 人,其中 8 人来自什叶派阿拉伯人。进入 80 年代,复兴党政权中什叶派阿拉伯人的数量进一步增多。[①] 尽管如此,逊尼派阿拉伯人始终把持军政要职,凌驾于什叶派阿拉伯人之上,尤其是在国家政权的核心层面排斥什叶派阿拉伯人的政治参与。逊尼派阿拉伯人与什叶派阿拉伯人之间的教派对立,深刻影响着伊拉克的政治制度和政治生活,进而形成教派政治的浓厚色彩。由于复兴党具有世俗政治的明显特征,什叶派阿拉伯人与逊尼派阿拉伯人之间的权力角逐表现为宗教政治与世俗政治的激烈对抗。

1969 年 4 月,伊朗政府宣布废除 1937 年与伊拉克签署的双边条约,要求根据阿拉伯河主航道划分边界。艾哈迈德·哈桑·巴克尔试图劝说伊拉克的什叶派宗教领袖阿亚图拉穆赫辛·哈吉姆公开谴责伊朗政府,遭到拒绝。随后,艾哈迈德·哈桑·巴克尔驱逐约 2 万名自称具有伊朗血统的伊拉克人。同年 6 月,穆赫辛·哈吉姆号召什叶派阿拉伯人举行从纳杰夫前往巴格达的游行示威。巴格达安全机构以充当以色列间谍的罪名,逮捕穆赫辛·哈吉姆之子赛义德·马赫迪·哈吉姆,进而没收纳杰夫的什叶派瓦克夫,关闭什叶派的宗教学校,直至清洗什叶派的政府官员。[②] 复兴党与什叶派阿拉伯人之间的矛盾由此骤然加剧。

1970 年穆赫辛·哈吉姆死后,阿亚图拉穆罕默德·巴基尔·萨德尔成为什叶派阿拉伯人反对派势力的政治领袖,纳杰夫和卡尔巴拉则是什叶派反政府活动的中心所在。霍梅尼于 60 年代末 70 年代初流亡纳杰夫期间,倡导现代伊斯兰主义的意识形态和创建伊斯兰国家的政治理念,进而于 1974 年创建什叶派阿拉伯人的政治组织达瓦党。[③] 始建于 1958 年的什叶派秘密政治组织纳杰夫欧莱玛协会成员,包括穆罕默德·巴基尔·萨德尔,构成达瓦党的主要来源。[④] 1974 年底,复兴党安全机构逮捕数十名什叶派反对派人士,其中 5 人被秘密处

① Stansfield,G. R. V. , *Iraq:People,History, Politics*, p. 149.

② Tripp,C. , *A History of Iraq*, pp. 280-281.

③ Simons,G. , *Iraq:From Sumer to Post-Saddam*, New York 2004, pp. 83-84.

④ Yapp,M. E. , *The Near East Since the First World War*, pp. 457-458.

决。1977 年 2 月,什叶派阿拉伯人在纳杰夫和卡尔巴拉举行反政府的示威活动,遭到镇压,约 2000 人被捕,8 人被处决,15 人被判处终身监禁。[①] 1978 年 10 月,复兴党政府应巴列维国王的请求,将霍梅尼驱逐出境。1979 年 2 月巴列维王朝覆灭后,伊拉克的什叶派反政府势力得到霍梅尼和德黑兰政府的支持。1979 年 6 月,复兴党政权软禁穆罕默德·巴基尔·萨德尔,引发纳杰夫、卡尔巴拉、库法和巴格达等地爆发什叶派阿拉伯人的抗议活动,5000 人被捕。同年 10 月,什叶派宗教学者协会颁布宗教法令,承认什叶派穆斯林诉诸暴力反抗复兴党政权的合法性。1980 年 3 月,伊拉克政府取缔达瓦党。4 月,什叶派反对派在巴格达谋杀革命指挥委员会成员塔里格·阿齐兹未遂。随后,安全机构在纳杰夫逮捕并处死穆罕默德·巴基尔·萨德尔,是为伊拉克历史上首次处死什叶派宗教领袖。与此同时,阿亚图拉阿布·嘎希姆·霍伊在纳杰夫遭到软禁,约 4 万名自称伊朗血统的什叶派穆斯林遭到驱逐,其财产被政府没收。[②] 1982 年秋,伊拉克的什叶派反政府组织在德黑兰成立“伊斯兰革命最高会议”,穆罕默德·巴基尔·哈吉姆出任主席。1983 年 5 月,哈吉姆家族成员 90 人在伊拉克遭到逮捕,其中 6 人被复兴党处死。[③]

伊拉克的什叶派阿拉伯人并非浑然一体,而是在诸多方面存在明显差异。复兴党政权亦极力分化什叶派阿拉伯人,明确区分伊拉克土著血统的什叶派与自称具有伊朗血统的什叶派,强调伊拉克土著血统的什叶派之伊拉克国家属性和阿拉伯民族属性。与此同时,什叶派阿亚图拉阿布·嘎希姆·霍伊拒绝接受霍梅尼倡导的现代伊斯兰主义和创建伊斯兰国家的政治理念,主张远离政治的伊斯兰教信仰。[④] 什叶派温和势力的另一代表人物阿里·卡绥夫·基塔尔则公开谴责霍梅尼,支持复兴党政权。[⑤] 两伊战争期间,伊拉克的国家利益制约着逊尼派与什叶派之间的矛盾冲突。伊拉克的什叶派阿拉伯人与逊尼派阿拉伯人同样遭受战争的伤痛,构成伊拉克军队的重要兵源。萨达姆亦强调伊朗是全体伊拉克人的共同敌人,呼吁逊尼派阿拉伯人和什叶派阿拉伯人同仇敌忾,进而对什叶派阿拉伯人采取相应的怀柔政策。[⑥]

1991 年 3 月初,伊拉克南部城市巴士拉、阿马拉、纳西里耶、纳杰夫、卡尔巴拉相继爆发什叶派的反政府起义;与此同时,数千名伊斯兰武装人员自伊朗境

① Cardosa, A. V., *Iraq at the Crossroads*, p. 21.
② Simons, G., *Iraq: From Sumer to Post-Saddam*, p. 35, p. 52.
③ Ochsenwald, W., *The Middle East: A History*, p. 661.
④ Tripp, C., *A History of Iraq*, pp. 275-276.
⑤ Marr, P., *The Modern History of Iraq*, pp. 282-283.
⑥ Tripp, C., *A History of Iraq*, p. 202.

内进入伊拉克南部,支持什叶派起义者。然而,伊拉克南部的什叶派起义局限于城市的范围,缺乏统一的政治组织,乡村民众大都持观望的态度。3月底,阿亚图拉阿布·嘎希姆·霍伊迫于压力,宣布支持伊拉克政府,呼吁什叶派民众停止反政府活动。什叶派起义遭到共和国卫队的残酷镇压,超过5万人逃往沙特阿拉伯境内,亦有数千人逃往伊朗境内,更多的人逃入南部沼泽。此后,什叶派反政府组织与复兴党政权之间的矛盾再度加剧。什叶派阿亚图拉阿布·嘎希姆·霍伊、阿里·卡绥夫·基塔尔和阿亚图拉阿里·希斯塔尼相继于1991年和1994年被复兴党安全机构软禁,阿亚图拉阿布·嘎希姆·霍伊之子穆罕默德·塔吉于1994年遭到暗杀,阿亚图拉穆尔塔达·布鲁杰尔迪、阿亚图拉阿里·贾拉维和阿亚图拉穆罕默德·萨迪格·萨德尔相继于1998年和1999年遭到暗杀。[1]

70年代后期开始,复兴党政权在北部库尔德地区实行怀柔政策。1980年,实行自治的库尔德地区选举产生50人组成的地方议会。此间,许多库尔德人任职于巴格达的中央政府,库尔德民主党、库尔德革命党和进步库尔德人运动一度作为合法政治组织加入复兴党主导的民族进步阵线。[2]

1976年12月,库尔德民主党出现分裂,以马哈茂德·奥斯曼为首的反巴尔扎尼派宣布脱离库尔德民主党。1979年10月,穆斯塔法·巴尔扎尼死于美国。随后,库尔德民主党举行大会,选举穆斯塔法·巴尔扎尼之子马苏德·巴尔扎尼出任库尔德民主党主席,强调武装斗争、反对复兴党政府、支持霍梅尼和伊朗革命的政治原则。然而,1978—1979年,库尔德民主党的主要攻击目标并非巴格达的复兴党政府,而是库尔德爱国联盟;库尔德爱国联盟支持伊朗国内的反政府组织伊朗库尔德民主党,伊拉克的库尔德民主党则支持伊朗政府,反对伊朗库尔德民主党。[3]

1980年两伊战争爆发后,在伊朗政府的支持下,伊拉克的库尔德民主党再次反叛;贾拉勒·塔拉巴尼领导的库尔德爱国联盟则致力于与伊拉克政府的谈判,试图争取将基尔库克并入库尔德人自治区。[4] 1984年,贾拉勒·塔拉巴尼领导的库尔德爱国联盟与巴格达的复兴党政府一度达成临时停火协议,重开谈判。[5] 1985年1月,萨达姆拒绝库尔德自治地区实行财政独立、军事独立以及

① Tripp, C., *A History of Iraq*, pp. 203-204.
② Dekmejian, R. H., *Islam in Revolution: Fundamentalism in the Arab World*, p. 121.
③ Sluglett, M. F. & Sluglett, P., *Iraq Since 1958: from Revolution to Dictatorship*, pp. 198-199.
④ Yapp, M. E., *The Near East Since the First World War*, p. 247.
⑤ Marr, P., *The Modern History of Iraq*, p. 236.

将基尔库克油田划归库尔德自治地区的要求,谈判破裂。随后,库尔德斯坦爱国联盟转向寻求德黑兰的支持,进而在伊朗政府的努力下与库尔德民主党建立反政府同盟。[①]

1987年3月,萨达姆任命阿里·哈桑·马吉德负责平息北部库尔德人的反叛。同年4月,阿里·哈桑·马吉德开始在库尔德地区使用化学武器。1988年初,随着两伊战争接近尾声,伊拉克政府军大举进攻库尔德人反政府武装。阿里·哈桑·马吉德在库尔德人地区采取焦土战术,再次使用化学武器,同年3月占领库尔德爱国联盟总部。8月,库尔德民主党反政府武装停止抵抗,伊拉克政府军控制整个库尔德人地区。此间,库尔德人地区80%的村庄被毁,6万人丧生。[②]

1991年3月,在南部什叶派起义的同时,北部库尔德地区爆发起义,库尔德民主党和库尔德爱国联盟组成伊拉克库尔德阵线,占领基尔库克及其周边的油田,俘获政府军9000人。[③] 随后,共和国卫队平息起义,近200万库尔德人逃往伊朗边境和土耳其边境。同年4月,联合国安理会通过688号决议,在北纬36度即阿尔比勒以南划定禁飞区。1991年10月,伊拉克政府军被迫撤出库尔德地区。此后,马苏德·巴尔扎尼领导的库尔德民主党控制阿尔比勒为中心的库尔德地区北部,贾拉勒·塔拉巴尼领导的库尔德爱国联盟控制以苏来曼尼亚为中心的库尔德地区南部,库尔德地区形成南北对峙的局面。[④] 1992年5月,库尔德人地区举行议会选举。同年6月,库尔德地方议会和联合政府在阿尔比勒成立,库尔德民主党和库尔德爱国联盟分享议会席位和联合政府职位。[⑤] 然而,库尔德民主党和库尔德爱国联盟依旧各自为政,议会和联合政府形同虚设。与此同时,伊拉克政府对库尔德地区实行经济封锁,加剧了库尔德地区的动荡局势。1993年12月,土耳其政府支持的库尔德民主党与伊朗政府支持的库尔德爱国联盟之间爆发武装冲突。1994年12月,贾拉勒·塔拉巴尼领导的库尔德爱国联盟武装占领阿尔比勒,马苏德·巴尔扎尼领导的库尔德民主党武装退守伊土边境地区。1996年夏,伊朗军队进入库尔德爱国联盟控制的地区,追剿伊朗库尔德民主党武装,伊拉克库尔德民主党谴责库尔德爱国联盟并寻求巴格达的支持。随后,伊拉克政府军3万人进入库尔德地区,协助库尔德民主党武装

① Tripp,C.,*A History of Iraq*,p. 204.

② 同上,pp. 244-245。

③ 同上,p. 247。

④ 同上,pp. 255-256, pp. 270-271。

⑤ Anderson, L. & Stansfield, G.,*The Future of Iraq*:*Dictatorship*,*Democracy or Division*,p. 172.

中东史

夺取阿尔比勒。1998 年 9 月,库尔德民主党和库尔德爱国联盟在美国的斡旋下签署华盛顿协议,双方实现停火,然而库尔德地区的形势并无明显的变化。[①]

经济与社会的进步

自 19 世纪中叶起,伊拉克的交通环境逐渐改善,现代交通体系初步建立。1835 年,蒸汽船开始航行于底格里斯河和幼发拉底河水域。[②] 1869 年苏伊士运河通航后,欧洲开通前往波斯湾水域的定期航线,伊拉克与欧洲之间的贸易交往明显扩大。1870 年,第一艘英国商船经苏伊士运河抵达波斯湾港口城市巴士拉。[③] 巴格达铁路始建于奥斯曼帝国末期;20 世纪 30 年代,自巴士拉经巴格达至基尔库克的铁路建成通车,公路长度超过 7000 公里,其中铺面公路达到 1000公里,伊拉克南部与北部之间的联系进一步密切。[④]

随着交通环境的逐渐改善和现代交通体系的初步建立,伊拉克的经济生活开始出现变动的迹象。南部港口城市巴士拉取代北部自摩苏尔通往阿勒颇和大马士革的传统商路,成为伊拉克产品进入国际市场的主要贸易枢纽。19 世纪后期,伊拉克的进出口贸易额急剧上升,羊毛和谷物取代椰枣成为伊拉克主要的出口商品,英国取代印度成为伊拉克最重要的贸易对象。1864 年,伊拉克的进出口贸易额分别为 29 万英镑和 9 万英镑。1880—1913 年,伊拉克的进口贸易额从 79 万英镑增至 317 万英镑,出口贸易额从 94 万英镑增至 270 万英镑。1888－1913 年,伊拉克经海路出口的椰枣从 39800 吨增至 67800 吨,小麦从11500 吨增至 17700 吨,大麦从 10800 吨增至 6.7 万吨。[⑤] 1861－1913 年,伊拉克年出口谷物从 14 万英镑增至 800 万英镑。[⑥] 进出口贸易额的上升,特别是农作物出口的增长,反映出自 19 世纪后期开始伊拉克农业生产的长足进步和农业市场化程度的提高,封闭和自给的传统农业模式逐渐衰落。国际市场的扩大以及交往环境的改善,构成导致自 19 世纪后期开始伊拉克农业生产长足进步和促使传统农业模式逐渐衰落的直接动力。

君主制时代后期,伊拉克政府逐渐增加农业投资。1951 年,政府财政预算中的农业投资为 6500 万第纳尔(折合 1.8 亿美元);1955 年,政府财政预算中的

①　Tripp, C., *A Histroy of Iraq*, pp. 272-274.

②　Yapp, M. E., *The Near East Since the First World War*, p. 247.

③　Marr, P., *The Modern History of Iraq*, p. 236.

④　Tripp, C., *A History of Iraq*, p. 258, p. 260.

⑤　Owen, R., *The Middle East in the World Economy 1800-1914*, pp. 182-183, p. 275.

⑥　Sluglett, M. F. & Sluglett, P., *Iraq Since 1958: from Revolution to Dictatorship*, p. 3.

农业投资增至 5 亿第纳尔(折合 14 亿美元)。50 年代,伊拉克发展董事会将农业作为首要的投资领域,农业投资约占投资总额的五分之二,主要是投资兴建水利设施。伊拉克的农业生产严重依赖底格里斯河和幼发拉底河的灌溉,水利设施对于农业生产具有至关重要的作用。一战之前,伊拉克的主要水利设施只有辛迪耶水坝。二战前夕,幼发拉底河中游的哈巴尼耶水坝初步建成。[①] 至 1958 年,巴格达附近的萨尔萨尔水坝、拉马迪附近的幼发拉底河水坝以及北部库尔德人地区扎卜河流域的杜坎水坝和迪亚拉河上游的达尔班迪坎水坝相继完工。[②]

　　农业投资增加和水利设施建造的直接结果是耕地面积的扩大。1913 年,伊拉克的耕地面积约为 160 万杜诺姆(1 杜诺姆约合 1000 平方米)。[③] 君主制时代,推广机械灌溉,耕地面积明显扩大,1943 年为 900 万杜诺姆,1953 年增至 1370 万杜诺姆,1958 年达到 1600 万杜诺姆。[④] 与此同时,农作物的种植结构出现明显的变化。谷物和椰枣是伊拉克最重要的传统农作物,长期构成出口国际市场的主要商品。[⑤] 进入 30 年代,经济作物的播种面积逐渐扩大,棉花产量从 1935 年的 5000 包增至 1939 年的 19000 包,烟草产量从 1930 年的 21 吨增至 1939 年的 6000 吨。[⑥] 在北部和中部地区,棉花取代谷物和椰枣成为最重要的农作物。[⑦]

　　在君主制时代的伊拉克,农作物产量的提高主要是通过扩大耕地面积和增加农民劳动强度;农民大都沿袭传统的耕作方式,采用牲畜牵引的木犁和手工收割。[⑧] 君主制时代后期,随着农产品市场的扩大和农业市场化程度的提高,农业机械逐渐推广。1952—1958 年,包括拖拉机和联合收割机在内的大型农业机械的保有量从 275 台增至 3181 台。巴格达周围的机耕地产,1952 年为 781 处,1958 年增至 2219 处。[⑨] 复兴党政权建立后,农业生产的机械化程度进一步提高。70 年代中期,拖拉机的保有量增至 1.4 万台,拖拉机与耕地的比例为 1∶280 公顷;1982 年,拖拉机的保有量达到 3 万台,拖拉机与耕地的比例为 1∶180

① Hershlag,Z. Y. , *Introduction to the Modern Economic History of the Middle East* , p. 266.

② Marr,P. , *The Modern History of Iraq* , p. 130.

③ Owen,R. , *The Middle East in the World Economy 1800-1914* , p. 273.

④ Haj,S. , *The Making of Iraq 1900-1963* , p. 36.

⑤ Issawi,C. , *An Economic History of the Middle East and North Africa* , p. 31.

⑥ Hershlag,Z. Y. , *Introduction to the Modern Economic History of the Middle East* , p. 267.

⑦ Haj,S. , *The Making of Iraq 1900-1963* , p. 51.

⑧ Marr,P. , *The Modern History of Iraq* , p. 131.

⑨ Haj,S. , *The Making of Iraq 1900-1963* , p. 51.

公顷。[1]

在 19 世纪的伊拉克,奥斯曼帝国的苏丹只是名义上的最高土地所有者,部族拥有对于土地的实际支配权。米扎特帕夏于 1869—1872 年出任巴格达总督期间,引入奥斯曼帝国 1858 年颁布的土地法,推行非国有化的地权政策,向从属于部族的农民征纳赋税,试图塑造小农作为新的纳税人阶层,排斥部族支配土地的传统权力,进而扩大政府的赋税来源。由于部族传统的根深蒂固和部族舍赫的抵制,米扎特帕夏的改革举措成效甚微。1914 年一战前夕,伊拉克 80% 的土地系奥斯曼帝国的米里,名义上处于国有的状态。[2]

君主制时代,伊拉克的地权运动表现为国家土地所有权的衰落、部族土地支配权的削弱和私人土地所有权的扩展,大量的国有土地和部族共有地演变为私人地产,而地权运动的逻辑结果是土地兼并的加剧和大地产的膨胀。伊拉克的大地产主要分布在南部的什叶派地区,最典型的大地产集中于阿马拉和库特两省。在 1951 年的阿马拉省,8 个最大的舍赫家族拥有全部耕地的 53%,19% 的耕地属于另外 18 个舍赫家族。1952 年,库特省超过 50 万英亩的耕地成为穆希亚部落亚辛家族和拉比尔部落阿米尔家族的私人地产。[3] 在巴格达省,官僚和商人竞相购置地产,进而加入大地产主的行列。1958 年,伊拉克共有土地所有者 25 万余户,耕地面积约为 3215 万杜诺姆,其中地产面积不足 1 杜诺姆的农户 2.3 万户,占农户总数的 9.12%,占有全部耕地的 0.03%;地产面积超过 2 万杜诺姆的大地产主 128 户,占农户总数的 0.05%,占有全部耕地的 19.12%;地产面积超过 5 万杜诺姆的大地产主 33 户,占农户总数的 0.01%,占有全部耕地的 9.8%;地产面积超过 10 万杜诺姆的大地产主 8 户,占农户总数的 0.003%,占有全部耕地的 4.43%。[4] 另据相关资料统计,1958 年,耕地面积超过 1 千杜诺姆的大地产主 2480 户,约占土地所有者总数的 1%,拥有耕地 1770 万杜诺姆,占伊拉克全部私人地产的 55%,其中 49 个最大的地产主拥有耕地 540 万杜诺姆,占伊拉克全部私人地产的 17%[5];相比之下,耕地面积不足 50 杜诺姆的小土地所有者,占土地所有者总数的 73%,却只拥有全部私人地产的 6%,60 万农户处于无地的状态。[6]

---

① Marr,P. , *The Modern History of Iraq*, p. 259.

② Yapp,M. E. , *The Making of the Modern Near East 1792-1923*, p. 143.

③ Sluglett,M. F. & Sluglett,P. , *Iraq Since 1958 : from Revolution to Dictatorship*, pp. 31-32.

④ Marr,P. , *The Modern History of Iraq*, p. 136.

⑤ Gerber. H. , *The Social Origins of the Modern Middle East*, p. 95.

⑥ Beinin,J. , *Workers and Peasants in the Modern Middle East*, p. 120.

国家土地所有制的衰落和部族共同所有权的削弱,导致农民地位的日趋恶化。随着地权的运动和土地兼并的加剧,越来越多的部族成员逐渐丧失共同支配土地的传统权利,转化为依附于地主的分成制农民。1958 年革命前夕,分成制农民占伊拉克南部乡村农户总数的 53%,占伊拉克中部乡村农户总数的 30%,占伊拉克北部乡村农户总数的 17%。在分成制的条件下,农民缴纳的实物地租通常占全部收成的 30%～50%。① 在地主提供机械灌溉的土地,分成制农民缴纳的实物地租甚至超过全部收成的七分之五。②

君主制时代,国王和达官显贵拥有大量的地产,地主阶级操纵国家机器,土地构成维系政府与社会精英的主要纽带。土地兼并的加剧和大地产的膨胀无疑不利于扩大政府财源和增加国家的岁入,分成制的传统租佃方式严重阻碍着现代经济的发展。然而,议会长期处于大地产主的控制之下,议会颁布的法律和政府推行的举措极力维护地主阶级的既得利益,土地改革的相关法案屡遭否决。③ 进入 50 年代,君主制政府开始着手实施土地改革,主要是向无地农民分配国有荒地,旨在缓解乡村普遍的贫困状态和农民的不满情绪,消除潜在的政治隐患。1952 年,在库特省分配国有荒地 210 万杜诺姆。至 1958 年,约 5.3 万农户获得政府分配的国有荒地。④

1958 年阿卜杜勒·卡里姆·嘎希姆政权建立后,废除君主制时代颁布的耕作者权利义务法和部族仲裁法,否定农民依附于地主的传统地位,强调公民服从国家的法律原则,旨在强化政府对于部族的控制。⑤ 1958 年 9 月,阿卜杜勒·卡里姆·嘎希姆政权通过土地改革法案,宣布土地改革的目的在于废除封建生产关系和解放农民。⑥ 阿卜杜勒·卡里姆·嘎希姆政权通过的土地改革法案,参照 1952 年埃及土地改革的模式,规定私人占有耕地的最高限额为人工灌溉的耕地(水浇地)1000 杜诺姆或自然灌溉的耕地(雨浇地)2000 杜诺姆,超过最高限额的私人土地由政府征购,政府发行 20 年期限的公债作为对于征购地主土地的补偿;政府征购的土地按照人工灌溉土地 30－60 杜诺姆和自然灌溉土地 60－120 杜诺姆的单位面积出售给农民,农民支付的地价为征购价加 20%的手续费和 3%的利息,在 20 年内偿还;土地的征购和分配在 5 年内完成,由内阁成立专门机构负责监管;农民购置政府出售的土地后,必须加入农业合作社;

① Sluglett,M. F. & Sluglett,P. , *Iraq Since 1958:from Revolution to Dictatorship*, p. 34.

② Peretz,D. , *The Middle East Today*, p. 432.

③ Gerber. H. , *The Social Origins of the Modern Middle East*, p. 95

④ Marr,P. , *The Modern History of Iraq*, p. 132.

⑤ 同上,p. 170。

⑥ Haj,S. , *The Making of Iraq*, p. 121.

租种地主土地的农民所得不应少于全部收成的 55%～70%；宗教地产瓦克夫不在土地改革的范围之内。① 根据 1958 年土地改革法的规定，需要重新分配的耕地共计 850 万杜诺姆。② 至 1963 年政变前夕，政府共计征购 450 万杜诺姆土地，其中 150 万杜诺姆土地出售给农民。③ 由于缺乏相应的执行机构和政府提供的低息贷款，土地的购买者主要是中等农民，无地农民购买者寥寥无几。阿卜杜勒·卡里姆·嘎希姆政权实行土地改革的目的，在于铲除君主制时代传统秩序的社会基础。然而大地产主依旧控制乡村社会和农业生产，无地农民的境况并未得到明显的改善。④ 1963 年阿卜杜勒·萨拉姆·阿里夫政权建立后，继续推行土地改革；1963－1966 年，政府征购耕地共计 510 万杜诺姆，其中 100 万杜诺姆耕地出售给 4.6 万户农民，280 万杜诺姆耕地作为国有土地出租农民耕种。1966－1968 年，政府征购耕地共计 350 万公顷，其中 140 万公顷分配给农民。⑤ 1970 年 5 月，艾哈迈德·哈桑·巴克尔政权颁布第 117 号法令，再次宣布实行土地改革，降低私人占有土地的最高限额；超过最高限额的私人土地，政府不再实行征购政策，无偿没收。⑥ 1975 年伊拉克政府平息库尔德人反叛后，土地改革的范围延伸到北部地区，400 万杜诺姆超过最高限额的私人耕地被政府没收。至此，自 1958 年开始的土地改革共计重新分配耕地约占伊拉克全部耕地的二分之一。至 1981 年，26.4 万户农民通过土地改革而获得耕地共计 1000 万杜诺姆。⑦

阿卜杜勒·卡里姆·嘎希姆政权、阿卜杜勒·萨拉姆·阿里夫政权和艾哈迈德·哈桑·巴克尔政权的土地改革，导致伊拉克地权分布的明显变化。至 1973 年，地产超过 200 杜诺姆的农户占农户总数的 1.6%，占有全部耕地的 26.4%，地产不足 40 杜诺姆的农户占农户总数的 62%，占有全部耕地的 23%；与此同时，40－200 杜诺姆的中等地产主呈上升趋势，占农户总数的 27.5%，占有全部耕地的 51%。⑧ 1958 年，拥有土地的农户仅占农户总数的 15%；1971 年，在全部 400 万农户中，95% 的农户拥有土地。⑨ 60 年代实行的土地改革主

---

① Marr,P. , *The Modern History of Iraq*, p. 170.

② Owen,R. , *A History of Middle East Economies in the Twentieth Century*, Harvard 1999, p. 164.

③ Marr,P. , *The Modern History of Iraq*, p. 171.

④ Tripp,C. , *A History of Iraq*, p. 155.

⑤ Owen,R. , *A History of Middle East Economies in the Twentieth Century*, p. 165.

⑥ Marr,P. , *The Modern History of Iraq*, p. 240.

⑦ Owen,R. , *A History of Middle East Economies in the Twentieth Century*, p. 167.

⑧ Marr,P. , *The Modern History of Iraq*, p. 278.

⑨ Yapp,M. E. , *The Near East Since the First World War*, p. 236.

要局限于大地产相对集中的南部,70年代的土地改革范围延伸到中部和北部地区。与此同时,合作社的数量呈明显上升的趋势。1968年,伊拉克共有合作社473个,加入合作社的农民为6.3万户。[①] 1979年,合作社达到2000个,加入合作社的农民达到35.5万户。[②] 70年代初,复兴党政权推行国有化的经济举措,创办集体农庄和国营农场。1972年,建成集体农庄6处,耕地面积2.4万杜诺姆,加入集体农庄的农民490户。1976年,集体农庄增至79处,耕地面积53.4万杜诺姆,加入集体农庄的农民达到9850户。1981年,复兴党政权废除集体农庄发展纲领,鼓励私人投资农业领域,在国有耕地创办合资性质的农业公司。此后,集体农庄数量锐减,至1983年仅剩17处集体农庄,集体农庄成员749户。[③] 1987年,复兴党政权宣布解散国营农场。[④] 80年代初,国有土地约占全部耕地的50%。1989年,88%的耕地属于私人所有,11%的耕地由政府出租私人经营,只有1%的耕地由政府直接经营。[⑤]

土地改革尽管导致地权的明显变化,加速封建主义生产关系的衰落进程,却未能成为促进农业生产的积极因素。80年代初,伊拉克的耕地面积约2200万杜诺姆,年均播种面积占耕地总面积的60%;农业构成劳动力总量最大的经济部门,占全部劳动力的42%。[⑥] 然而,由于农业投资的不足,加之城市化进程导致农业劳动力的严重短缺,农业生产长期停滞不前,农作物产量增长缓慢,明显落后于人口增长的速度。根据相关资料的统计,1964—1982年,主要农作物小麦、大麦和水稻的总产量仅从161.4万吨增至203万吨,棉花产量从2.9万吨下降为1.4万吨。1958年,伊拉克尚可出口谷物;进入60年代,伊拉克逐渐由出口谷物变为进口谷物。1961年,伊拉克开始停止出口大麦,国内市场40%的小麦和水稻来自进口。1974—1981年,谷物进口增长2.5倍。1982年,谷物进口占伊拉克进口货物总额的15%。[⑦]

1912年,英国、荷兰和德国共同组建土耳其石油公司,开始在奥斯曼帝国的摩苏尔省勘探石油。一战结束后,德国退出土耳其石油公司,法国和美国相继

① Marr,P. , *The Modern History of Iraq*, p. 241.

② Owen,R. , *A History of Middle East Economies in the Twentieth Century*, p. 167.

③ Marr,P. , *The Modern History of Iraq*, pp. 241-242.

④ Yapp,M. E. , *The Near East Since the First World War*, p. 236.

⑤ Hopkins,N. S. & Ibrahim,S. E. , *Arab Society:Class,Gender,Power and Development*, Cairo 1997, p. 368.

⑥ Owen,R. , *A History of Middle East Economies in the Twentieth Century*, p. 169.

⑦ Marr,P. , *The Modern History of Iraq*, p. 260, p. 171, p. 259.

加入土耳其石油公司。1925 年,根据国际联盟通过的决议,摩苏尔省划归伊拉克,土耳其石油公司遂改称伊拉克石油公司。[①] 1927 年,伊拉克石油公司在摩苏尔省的基尔库克发现石油。1931 年,伊拉克政府与伊拉克石油公司签署协议,伊拉克石油公司获得在整个伊拉克东北部地区勘探和开采石油的权利。[②] 伊拉克石油公司的石油年产量,1932 年为 12.2 万吨,1935 年为 366.4 万吨,1945 年为 460.7 万吨,1950 年为 647.9 万吨。[③] 基尔库克油田自 1934 年开始经输油管道向地中海东岸港口城市海法和的黎波里出口石油。二战结束后,伊拉克石油公司开始在伊拉克南部沿海勘探石油,1949 年建成祖拜尔油田,1953 年建成鲁麦拉油田。1958 年,伊拉克石油公司在伊拉克北部和南部共计拥有 8 处油田,其中北部的基尔库克油田和南部的鲁麦拉油田规模最大。1960 年,南部鲁麦拉油田的石油产量达到 25 万桶,占伊拉克石油总产量的 25%。[④]

伊拉克石油公司的股份,分别属于英国—伊朗石油公司、荷兰壳牌石油公司、法国石油公司、美国新泽西标准石油公司和摩比尔石油公司。[⑤] 伊拉克的石油工业长期处于外国资本的控制之下,具有明显的外向性。1952 年,伊拉克政府与外国资本控制的伊拉克石油公司签署协议,伊拉克石油公司的利润由伊拉克政府与伊拉克石油公司实行五五制对半分成。[⑥] 1958 年阿卜杜勒·卡里姆·嘎希姆政权建立后,致力于实现石油国有化的战略目标。伊拉克政府与伊拉克石油公司自 1959 年初举行谈判,1961 年 10 月达成协议,伊拉克石油公司继续拥有北部基尔库克油田的股份,伊拉克政府将南部的鲁麦拉油田收归国有。同年 11 月,伊拉克国家石油公司宣布成立。[⑦] 1969 年,艾哈迈德·哈桑·巴克尔领导的伊拉克政府与苏联政府签署协议,苏联政府承诺援助伊拉克政府在南部沿海勘探油田和开采石油,在波斯湾港口城市法奥兴建炼油厂。[⑧] 1972 年,伊拉克政府将伊拉克石油公司及其控制的北部基尔库克油田收归国有,伊拉克的石油国有化进程宣告结束。[⑨]

石油的开采导致伊拉克政府岁入结构的明显变化。伊拉克王国建立初期,土地税构成政府岁入的主要来源,约占政府岁入的 40%;1958 年,土地税在伊

---

① Ochsenwald,W., *The Middle East:A History*, p.443.

② Tripp,C., *A History of Iraq*, p.71.

③ Owen,R., *A History of Middle East Economies in the Twentieth Century*, p.248.

④ Marr,P., *The Modern History of Iraq*, pp.128-129.

⑤ 同上, p.129。

⑥ Elliot,M., *Independent Iraq:The Monarchy and British Influence 1941-1958*, p.32.

⑦ Marr,P., *The Modern History of Iraq*, p.174.

⑧ Tripp,C., *A History of Iraq*, p.207.

⑨ Ochsenwald,W., *The Middle East:A History*, p.654.

拉克政府岁入中所占的比例下降为 2%。① 相比之下,伊拉克石油公司的利润分成,30 年代初约占伊拉克政府岁入的 20%,50 年代初达到伊拉克政府岁入的40%,1958 年在伊拉克政府岁入中所占的比例接近 70%。② 二战结束后,伊拉克石油产量明显提高;1951—1958 年,伊拉克石油产量增长 4 倍。③ 伊拉克政府从伊拉克石油公司所得的利润分成,1945 年为 230 万第纳尔(折合 644 万美元),1950 年为 530 万第纳尔(折合 1484 万美元),1952 年为 3740 万第纳尔(折合 1.47 亿美元),1958 年为 8000 万第纳尔(折合 2.24 亿美元)。④ 1958 年伊拉克共和国建立后,特别是 1972 年伊拉克石油公司收归国有后,伊拉克政府的石油收入呈进一步上升的趋势。1958—1968 年,伊拉克的石油日产量从 73 万桶增至 150 万桶。1968—1979 年,石油日产量从 150 万桶增至 340 万桶。1975—1979 年,伊拉克石油产量的年均增长率达到 52%,超过科威特年均 20%的增长率、沙特阿拉伯年均 35%的增长率和伊朗年均 42%的增长率。⑤ 伊拉克政府的石油收入,1971 年为 8.4 亿美元,1978 年增至 102 亿美元。⑥ 1979 年两伊战争前夕,伊拉克成为海湾地区仅次于沙特阿拉伯的第二大石油生产国,伊拉克政府的石油收入达到 210 亿美元,政府岁入的 90%和外汇收入的 98%来自石油出口。⑦ 1980 年,伊拉克政府的石油收入达到 265 亿美元。⑧ 自两伊战争爆发以后,伊拉克石油产量大幅下降,政府财政收入锐减。80 年代末,伊拉克已经探明的石油储量为 1150 亿桶,约占全球石油储量的 11%,仅次于沙特阿拉伯的2600 亿桶,位居世界第二。1990 年 7 月入侵科威特前夕,伊拉克石油产量达到顶峰,日产石油 350 万桶。海湾战争结束后,伊拉克石油日产量下降为 50 万桶。1996 年联合国石油换食品计划实施后,伊拉克石油产量逐渐增加;1999—2001 年,石油日产量达到 250 万桶。⑨

伊拉克的传统手工业包括烟草加工业、纺织业和食品加工业,主要满足国内市场的需要。自 19 世纪中叶开始,随着椰枣出口的增长,椰枣加工业的规模呈明显扩大的趋势。椰枣加工业大都分布于巴士拉地区,普遍采用手工加工和

中
东
史
—

---

① Yapp, M. E., *The Near East Since the First World War*, p. 76.

② Haj, S., *The Making of Iraq 1900-1963*, p. 72.

③ Tripp, C., *A History of Iraq*, p. 128.

④ Owen, R., *A History of Middle East Economies in the Twentieth Century*, p. 162.

⑤ Marr, P., *The Modern History of Iraq*, pp. 252-253.

⑥ Owen, R., *A History of Middle East Economies in the Twentieth Century*, p. 260.

⑦ Yapp, M. E., *The Near East Since the First World War*, p. 237.

⑧ Owen, R., *A History of Middle East Economies in the Twentieth Century*, p. 166.

⑨ Cardosa, A. V., *Iraq at the Crossroads*, p. 2.

作坊经营的传统模式。[①]

伊拉克王国建立后,现代工业渐露端倪。位于巴格达的卡兹米耶区,阿兹拉·雅尔库卜公司和法塔赫公司分别始建于 1926 年和 1929 年,主要向政府提供官服和军服,采用半机械化生产,是伊拉克最早的现代纺织企业。1932 年英国托管统治结束后,伊拉克政府鼓励发展现代工业。1935 年,伊拉克政府创办工业银行,负责提供中短期的工业投资贷款。工业银行的资本,创办初期不足 100 万第纳尔,1952 年增至 300 万第纳尔,1958 年达到 800 万第纳尔。[②] 然而,由于国内市场的狭小和国外工业品的竞争,伊拉克政府的工业化举措效果甚微,工业发展步履维艰。[③] 二战结束后,工业化进程逐渐加快。1948 年,萨利赫·伊卜拉欣在巴格达创办现代化的纺织厂。50 年代初,法塔赫公司引进欧洲的新式纺织设备,现代纺织企业从巴格达扩展到摩苏尔和基尔库克。1948 年,工业银行与法塔赫公司共同投资兴建大型水泥厂,结束水泥完全依靠进口的历史。至 1956 年,水泥业的私人投资超过 700 万第纳尔,年产水泥 80 万吨,不仅供应国内市场,而且开始出口国际市场。[④] 50 年代中期,伊拉克工业企业共计 22460 家,从业人员约 9 万人,其中规模超过 10 人的工业企业 727 家,从业人员 4.4 万人,占工业企业总数的 3.2% 和从业人员总数的 50%。[⑤] 君主制时代地主阶级的统治严重阻碍着工业化的长足进步,农业和水利建设构成政府投资的主要领域,私人的工业投资长期局限于日常消费品的加工领域,主要经济部门农业和石油业分别处于地主和外国资本的控制之下,农业的主导地位和工业发展的滞后导致经济结构的明显失衡状态。

自 1958 年开始,伊拉克的工业化经历长足的进步。不同于君主制时代地主阶级操纵的旧政权,共和制时代的新政权代表新兴资产阶级的利益,强调工业优先的基本原则,削减农业投资,工业投资在政府财政预算中所占的比例逐年上升。1952—1956 年,农业投资总额 5340 万第纳尔,占政府财政预算比例的 34.4%;工业投资总额 3100 万第纳尔,占政府财政预算比例的 19.9%。1961—1965 年,农业投资总额 1.13 亿第纳尔,占政府财政预算比例的 20.0%;工业投资总额 1.67 亿第纳尔,占政府财政预算比例的 29.4%。1975—1980 年,农业投资总额 23.7 亿第纳尔,占政府财政预算比例的 14.6%;工业投资总额 49.4

① Haj,S.,*The Making of Iraq 1900-1963*,p. 60.

② 同上,p. 58,p. 62。

③ Hershlag,Z. Y.,*Introduction to the Modern Economic History of the Middle East*,p. 270.

④ Haj,S.,*The Making of Iraq 1900-1963*,pp. 63-64.

⑤ Marr,P.,*The Modern History of Iraq*,p. 132.

亿第纳尔,占政府财政预算比例的30.3％。① 另据统计,1954－1969 年,农业在国内生产总值中所占的比例从22.6％下降为17.2％,工业在国内生产总值中所占的比例从5.8％上升为9.3％。② 另一方面,新政权长期奉行国家资本主义和国有化的经济发展战略,旨在通过扩大政府的经济干预推动工业化进程。1964 年 7 月,伊拉克政府颁布国有化法令,政府收购私人经营的金融机构和 30家大型工业企业,成立伊拉克国家石油公司。③ 70 年代复兴党政权建立后,进一步推行激进的经济社会改革,强调政府的经济干预和进口替代的工业化模式,工业化进程明显加快,工业生产的规模随之不断扩大。1962－1981 年,工业企业总数从21377 家增至31462 家,从业人员从12.1 万人增至24.1 万人,其中超过 10 人的大型企业从 1186 家增至 1449 家,从业人员从 77690 人增至 17.7万人。1981 年,超过 10 人大型企业数量占全部工业企业总数的 4.6％,从业人员占从业人员总数的 73.3％,产值占工业总产值的 71.3％。④ 国有化政策无疑是构成推动工业化进程的有力杠杆,国有经济在国内生产中所占的比例从 1968年的31％上升为 1977 年的 80％。1972－1982 年,超过 10 人的工业企业从1289 家增至1384 家,从业人员从11.6 万人增至17.3 万人,产值从 2.36 亿第纳尔增至 15.21 亿第纳尔,其中国有企业从 182 家增至 270 家,从业人员从 7.1万人增至 13.4 万人,产值从 1.72 亿第纳尔增至 11.11 亿第纳尔。⑤ 国有企业在国内生产总值中所占的比例,1968 年为 31％,1977 年增至 80％。⑥ 两伊战争以后,伊拉克政府逐渐放弃国有化和对于经济的直接干预,推行自由化的经济政策,解除政府的价格限制,出售国有企业,开放国内市场,鼓励私人投资。⑦1989 年,政府出售 70 家大型企业,涉及建筑材料、采矿、食品加工和轻工业品制造领域。在服务业、交通运输业、房地产业和农业领域,私人经济亦获得长足的发展。⑧

20 世纪伊拉克社会结构的突出变化,在于游牧人口与定居人口此消彼长的明显趋势。奥斯曼帝国统治下的巴士拉、巴格达和摩苏尔三省人口,1867 年共

① Marr,P. , *The Modern History of Iraq* , p. 250.

② Sluglett, M. F. & Sluglett, P. , *Iraq Since 1958 : from Revolution to Dictatorship* , p. 221.

③ Owen,R. , *A History of Middle East Economies in the Twentieth Century* , pp. 165-166.

④ Marr,P. , *The Modern History of Iraq* , pp. 256-257.

⑤ Sluglett, M. F. & Sluglett, P. , *Iraq Since 1958 : from Revolution to Dictatorship* , p. 233.

⑥ Yapp, M. E. , *The Near East Since the First World War* , p. 244.

⑦ Long, D. E. & Reich, B. , *The Government and Politics of the Middle East and North Africa* , Boulder 1995 , p. 105.

⑧ Hopkins, N. S. & Ibrahim, S. E. , *Arab Society : Class, Gender, Power and Development* , p. 368.

计 125 万,1890 年共计 183 万,1905 年增至 250 万。1919 年,巴士拉、巴格达和摩苏尔三省人口 269 万,其中巴士拉省人口 78 万,巴格达省人口 136 万,摩苏尔省人口 55 万。伊拉克王国建立后,人口数量呈继续增长的趋势,1930 年达到 282 万。[①] 人口数量的增长与游牧经济的衰落以及定居化程度的提高表现为同步的过程。1867 年,在巴士拉,巴格达和摩苏尔三省的总人口中,游牧人口约占 35%,定居人口约占 41%。1905 年,巴士拉、巴格达和摩苏尔三省的游牧人口所占的比例下降为 17%,定居人口所占的比例上升为 59%。1930 年,游牧人口仅占在伊拉克总人口的 7%,乡村定居人口在总人口中所占的比例达到 68%。[②]

20 世纪伊拉克社会结构的另一突出变化,表现为城市化的长足进步。极权政治的膨胀、工业化进程、民主化的滞后、乡村普遍的贫困与落后以及由此形成的城乡之间经济社会发展的非同步性抑或不平衡性,是改变人口分布和导致乡村人口流向城市的主要原因。1933 年,伊拉克总人口约为 330 万,其中城市人口仅 50 万。[③] 二战结束后,特别是 1958 年伊拉克共和国建立后,城市化进程明显加快。1957—1970 年,伊拉克的总人口从 630 万增至 944 万,其中城市人口从 245 万增至 545 万,城市人口在总人口中所占的比例从 39% 上升为 58%,乡村人口从 385 万增至 399 万,乡村人口在总人口中所占的比例从 61% 下降为 42%。1970—1980 年,伊拉克的总人口从 944 万增至 1320 万,其中城市人口从 545 万增至 912 万,城市人口在总人口中所占的比例从 57.8% 上升为 69%。1977—1980 年,城市人口年均增长率为 6.1‰,乡村人口年均增长率为 −2.9‰。[④] 1921 年,伊拉克的主要城市巴格达人口约 20 万,巴士拉和摩苏尔的人口各约 5 万。[⑤] 1947—1957 年,巴格达的人口从 51 万增至 79 万;1956 年,9.2 万人居住在旧城东郊的棚户区。[⑥] 阿卜杜勒·卡里姆·嘎希姆执政期间,改造巴格达东郊的棚户区,兴建巴格达新城区,时称"革命城",后改称萨达姆城。[⑦] 1962—1975 年,巴格达人口增长 2 倍,巴格达棚户区人口增长 9 倍。[⑧] 1965 年,巴格达、巴士拉、摩苏尔、基尔库克、纳杰夫的人口均超过 10 万,另有人

① Owen,R. ,*The Middle East in the World Economy 1800-1914*, p. 273.

② Yapp,M. E. ,*The Making of the Modern Near East 1792-1923*, p. 144.

③ Hershlag,Z. Y. ,*Introduction to the Modern Economic History of the Middle East*, p. 238.

④ Sluglett,M. F. & Sluglett,P. ,*Iraq Since 1958:from Revolution to Dictatorship*, p. 227, p. 246.

⑤ Yapp,M. E. ,*The Near East Since the First World War*, p. 69.

⑥ Sluglett,M. F. & Sluglett,P. ,*Iraq Since 1958:from Revolution to Dictatorship*, p. 34.

⑦ Marr,P. ,*The Modern History of Iraq*, p. 170.

⑧ Sluglett,M. F. & Sluglett,P. ,*Iraq Since 1958:from Revolution to Dictatorship*, p. 247.

口超过 5 万而不足 10 万的中等城市 7 个。① 1977 年,巴格达人口 300 万,巴士拉人口 40 万,摩苏尔人口 30 万,基尔库克人口 20 万。② 1983 年,巴格达的人口达到 400 万,巴士拉和摩苏尔的人口均超过 100 万。③ 1947—1982 年,巴格达的人口在伊拉克总人口中所占的比例从 10％上升为 27％,在伊拉克城市人口中所占的比例从 30％上升为 55％。④

自 1950 年起,伊拉克人均年收入呈明显上升的趋势。根据世界银行的统计,1950 年,伊拉克人均年收入为 30 第纳尔(折合 84 美元);1970 年,伊拉克人均年收入为 104 第纳尔(折合 291 美元);1979 年,伊拉克人均年收入达到 826 第纳尔(折合 2313 美元)。⑤ 20 世纪 70 年代,复兴党统治下的伊拉克经历经济社会的长足进步,可谓伊拉克现代化进程中的黄金时代。物价稳定,失业率明显下降。

教育的发展和医疗环境的改善,集中体现 20 世纪伊拉克社会生活的长足进步。政府控制的石油收入,构成推行福利政策和改善福利环境的财政基础。君主制时代初期,伊拉克采用法国的教育模式,初等学校学生 8000 人,中等学校学生 200 人。30 年代,引进美国的教育模式,初等学校学生 34000 人,中等学校学生 2000 人。1958 年,中等学校学生达到 74000 人,高等学校学生达到 3500 人。⑥ 二战结束前,高等学校仅有始建于 1908 年的法学院、始建于 1923 年的高等师范学院、始建于 1927 年的医学院、始建于 1936 年的药学院和始建于 1942 年的工程学院。二战结束后,君主制政府于 1946 年创建女子学院,1947 年创建商学院,1949 年创建艺术与科学学院,1952 年创建农业学院,1957 年创建巴格达大学。⑦

君主制时代,教育和卫生事业的投资相对有限。1958 年,教育和卫生投资仅占政府财政预算的 14％。1958 年伊拉克共和国建立后,教育和卫生事业长足发展。教育和卫生投资在政府财政预算中所占的比例,1962 年占 27％,1974 年占 22％,1975 年占 16％,1981 年占 11％。教育和卫生的投资尽管在政府财政预算中所占的比例呈波动的状态,然而绝对投资额无疑呈大幅上升的趋势。⑧

---

① Marr,P. , *The Modern History of Iraq*, p. 271.
② Sluglett,M. F. & Sluglett,P. , *Iraq Since 1958：from Revolution to Dictatorship*, p. 246.
③ Yapp,M. E. , *The Near East Since the First World War*, p. 232.
④ Marr,P. , *The Modern History of Iraq*, p. 271.
⑤ Owen,R. , *A History of Middle East Economies in the Twentieth Century*, p. 168.
⑥ Yapp,M. E. , *The Near East Since the First World War*, p. 76.
⑦ Marr,P. , *The Modern History of Iraq*, p. 138.
⑧ 同上, pp. 248-249。

奥斯曼帝国统治末期,伊拉克的文盲率高达 99.5%。1957 年,文盲率为 81.7%。1974 年,政府实行免费教育。1978 年,复兴党政权推行强制性的扫盲运动,所有 15—45 岁的伊拉克人必须接受扫盲教育。1981 年,200 万人通过扫盲考试。80 年代初,文盲率下降为不足 50%。[1] 尽管如此,直至 1958 年,教育的进步局限于城市和男性的范围,文盲率高达 85%。[2] 复兴党政权的另一突出的教育成就是女性教育的发展。1970—1979 年,初级学校女性学生从 31.8 万增至 116.6 万,中等学校女性学生从 8.9 万增至 27.8 万,高等学校女性学生从 0.9 万增至 2.9 万。与此同时,女性就业率明显提高。1980 年,女性教师占教师总数的 46%,女性医生占医生总数的 29%,女性药剂师占药剂师总数的 70%,女性职员占政府职员总数的 16%,女性工人占工人总数的 14%。1968—1980 年,女性在非农业劳动力中所占的比例从 7% 增至 19%。[3] 1993 年,女性占服务业从业人员的 79%,占技术领域从业人员的 43.9%,占政府职员的 12.7%。[4]

1958—1983 年,初等学校的在校学生从 41.6 万人增至 260 万人,中等学校的在校学生从 5.1 万人增至 99.8 万人,高等学校的在校学生从 0.6 万人增至 12.3 万人。[5] 1958 年,适龄儿童的初级学校入学率为 60%,适龄青年的中等学校入学率不足 20%;1980 年,适龄儿童的初级学校入学率达到 100%,适龄青年的中等学校入学率达到 60%。1958—1990 年,文盲率由 85% 下降为 10%。[6] 1958—1982 年,医院从 123 家增至 198 家,增长率 60%,床位从 9200 张增至 24772 张,增长率 250%,医生从 1190 人增至 4661 人。医生与人口的比例,1960 年为 1∶5270,1980 年为 1∶1790。[7]

自 80 年代开始,伊拉克经历两伊战争和海湾战争,直至 2003 年被美军占领。此间,伊拉克经济长期处于萧条状态,社会生活水准急剧下降。1980—1997 年,伊拉克的总人口从 1320 万增至 2160 万,国内生产总值从 539 亿美元下降为 81 亿美元,人均国内生产总值从 4083 美元下降为 375 美元。[8] 80 年代后期,伊拉克年均进口民用消费品 46 亿美元;90 年代前期,伊拉克年均进口民

① Schaffer,D. , *The History of Nations：Iraq*, pp. 160-161.

② Yapp,M. E. , *The Near East Since the First World War*, p. 76.

③ Schaffer,D. , *The History of Nations：Iraq*, San Diego 2004, pp. 162-163.

④ Cardosa,A. V. , *Iraq at the Crossroads*, p. 116.

⑤ Marr,P. , *The Modern History of Iraq*, p. 261.

⑥ Yapp,M. E. , *The Near East Since the First World War*, p. 245.

⑦ Marr,P. , *The Modern History of Iraq*, pp. 263-264.

⑧ Inati,S. C. , *Iraq：Its History,People and Politics*,p. 228.

用消费品下降为 5.3 亿美元。两伊战争和海湾战争,特别是 90 年代国际社会的经济制裁,导致伊拉克出现严重的通货膨胀,第纳尔大幅贬值。伊拉克第纳尔与美元的兑换率,两伊战争爆发前的 70 年代为 1：3.2,1995 年为 3000：1。1990 年 7 月至 1995 年 8 月,物价上涨约 5 千倍,其中粮食价格上涨超过 1 万倍。①

二、叙利亚

叙利亚共和国的诞生

中东史

"叙利亚"一词始见于希腊化的塞琉古王朝时期,系希腊人和罗马人对于地中海东岸和陶鲁斯山以南地区的称谓。叙利亚在阿拉伯世界旧称沙姆;"沙姆"一词在阿拉伯语中意为左侧或北方之地,泛指阿拉伯半岛以北、陶鲁斯山以南的广大地区,包括叙利亚、黎巴嫩、约旦和巴勒斯坦一带。② 奥斯曼帝国解体后,地中海东岸和陶鲁斯山以南地区处于西方列强的控制之下,叙利亚的称谓恢复使用。

叙利亚与伊拉克同为古代闪米特文明的重要发源地,叙利亚的古代文明可以追溯到公元前 2000 年的腓尼基时代。希腊人和罗马人统治的时代,叙利亚具有地中海文明的浓厚色彩。地处巴拉达河畔的大马士革堪称世界上最古老的城市之一,《圣经》"旧约"曾经提及亚伯拉罕时代的大马士革,古典时代建造的城市遗迹至今依稀可见。伊斯兰教兴起后,叙利亚被纳入阿拉伯人和伊斯兰教的世界,大马士革成为倭马亚哈里发国家的首都。大马士革的倭马亚清真寺始建于倭马亚时代,堪称叙利亚伊斯兰教的象征。十字军东征期间,来自西欧的基督徒一度占领叙利亚沿海地区;1187 年,阿尤布王朝苏丹萨拉丁在赫淀战役中击败十字军,标志着十字军统治叙利亚时代的结束。此后,叙利亚处于马木路克王朝的统治之下。1260 年,马木路克苏丹伯拜尔斯在艾因·贾鲁特击败蒙古军队,进而迫使蒙古军停止西征的步伐。奥斯曼帝国时代,叙利亚划分为北部的阿勒颇省和南部的大马士革省,隶属于伊斯坦布尔的苏丹。

1516—1918 年,叙利亚处于奥斯曼帝国的统治之下,缺乏明确的政治框架

---

① Inati,S. C. ,*Iraq：Its History，People and Politics*，pp. 215-218，p. 223.

② Hopwood,D. ，*Syria 1945-1986；Politics and Society*，London 1988，p. 1.

和疆域基础。一战结束后，叙利亚脱离奥斯曼帝国。1919 年 7 月，叙利亚第一届国民大会在大马士革发表决议，宣布建立具有完整主权的立宪君主制国家，反对西方殖民列强的委任统治，反对锡安主义，反对分割巴勒斯坦和黎巴嫩的政治企图。[①] 1920 年 3 月，叙利亚第二届国民大会在大马士革召开，宣布建立包括大马士革、阿勒颇以及黎巴嫩、巴勒斯坦和外约旦在内的叙利亚王国，迎请麦加的沙里夫侯赛因之子费萨尔出任国王。同年 4 月，协约国在意大利签署圣雷莫协议，将叙利亚和黎巴嫩置于法国的保护之下，将巴勒斯坦、外约旦和伊拉克置于英国的保护之下。7 月，法军进入大马士革，废黜费萨尔。[②] 1922 年，国际联盟宣布黎巴嫩脱离叙利亚，授权法国在叙利亚实行委任统治，规定法国委任统治当局在三年内制定宪法和组建政府。[③]

法国委任统治时期，叙利亚隶属于贝鲁特的法国高级专员，利凡特军团构成法国委任统治当局控制叙利亚的主要军事力量。20 年代，叙利亚和黎巴嫩共有法国官员 350 人、法国军官 1000 人和法国侨民 3000 人。利凡特军团的士兵来自非洲的法属殖民地以及土著人口中的基督徒和什叶派穆斯林，1921 年达到 7 万，1924 年削减为 1.5 万。[④] 法国高级专员在叙利亚实行分而治之的统治政策，根据教派的分布格局将叙利亚划分为逊尼派穆斯林人数居多的大马士革省和阿勒颇省以及阿拉维派人数居多的拉卡提亚省和德鲁兹派人数居多的德鲁兹省，实行联邦制的政治制度，给予阿拉维派和德鲁兹派广泛的自治权利。1924 年，大马士革省与阿勒颇省合并。[⑤]

1928 年 4 月，叙利亚选举产生立宪会议，哈希姆·阿塔斯当选立宪会议主席。立宪会议拟定的宪法草案主要内容包括：实行共和制，黎巴嫩和巴勒斯坦属于叙利亚共和国的组成部分，伊斯兰教作为叙利亚共和国的官方信仰。法国委任统治当局拒绝接受立宪会议拟定的宪法草案，解散立宪会议。[⑥] 1930 年，法国委任统治当局单方面颁布叙利亚宪法。1932 年，叙利亚共和国成立，穆罕默德·阿里·阿比德出任总统。1936 年 9 月，法国委任统治当局与叙利亚政府签署条约，法国承认叙利亚共和国的统一和独立，同时保留在叙利亚的驻军权，条约有效期 25 年。随后，拉卡提亚省和德鲁兹省宣布并入叙利亚共和国，哈希

---

① Khater,A. F., *Sources in the History of the Modern Middle East*, pp. 201-202.

② Ochsenwald,W., *The Middle East：A History*, p. 434.

③ Yapp,M. E., *The Near East Since the First World War*, p. 86.

④ 同上，p. 88。

⑤ Peretz,D., *The Middle East Today*, p. 403.

⑥ Ochsenwald,W., *The Middle East：A History*, p. 438.

姆·阿塔斯出任叙利亚共和国总统。①

1939 年初,法国政府宣布中止 1936 年条约,恢复在叙利亚的委任统治,接管叙利亚政府。1940 年法国战败后,叙利亚处于轴心国的控制之下。1941 年,盟军占领大马士革。1943 年 8 月,叙利亚恢复宪法,舒克里·库瓦特里当选叙利亚共和国总统。1944 年,叙利亚政府对轴心国宣战,法国、美国、英国和苏联则相继承认叙利亚共和国的主权独立。1945 年二战结束后,叙利亚成为联合国的创始国之一。②

议会民主制框架下的多党政治

叙利亚共和国诞生于奥斯曼帝国的废墟之上,叙利亚共和国的疆域系西方殖民列强瓜分势力范围的结果。叙利亚的国家制度缘起于法国委任统治时期,法国委任统治当局于 1930 年颁布的宪法长期构成叙利亚共和国议会民主制的法律基础。根据 1930 年宪法,叙利亚实行议会制和共和制的政治制度;议会作为最高立法机构,采用一院制,设 60 个议会席位(1943 年增至 124 个议会席位),议员分别代表不同的地区和教派,任期 4 年;总统由议会选举产生,政府总理和内阁成员由总统任命;年满 20 岁的男性公民享有选举权,年满 30 岁的男性公民享有被选举权(1943 年改为年满 18 岁的全体公民享有选举权和被选举权)。③ 议会选举构成议会民主制框架下国家权力更替的重要政治形式,诸多政党的权力角逐则是议会民主制框架下政治生活的突出现象。

叙利亚的现代政党自法国委任统治时期初露端倪。传统秩序的衰落,无疑是现代政党滋生和成长的土壤。法国委任统治的历史环境和尖锐的民族矛盾,赋予诸多政党以民族主义的浓厚色彩和鲜明的时代特征。实现民族的解放和建立具有完整主权的独立国家,成为法国委任统治时期诸多政党共同的政治目标。

民族阵线是法国委任统治时期最具影响的政党和叙利亚现代政党的原型,始建于 1928 年立宪会议选举期间。民族阵线系逊尼派阿拉伯人的世俗民族主义政治组织,成员主要是来自大马士革和阿勒颇的土地贵族、商人、奥斯曼帝国时代的旧官僚和新兴知识界人士。民族阵线缺乏明确的政治纲领和严密的组

①　Yapp,M. E. , *The Near East Since the First World War* , p. 94.

②　Ochsenwald,W. , *The Middle East:A History* , p. 471.

③　Torrey,G. T. , *Syrian Politics and the Military 1945-1958* , Ohio 1964, pp. 35-38.

织形式,具有浓厚的传统色彩和明显的松散倾向。① 民族阵线主导的立宪会议曾经起草叙利亚的第一部宪法,引进欧洲的宪政模式,强调国家主权、议会选举、法律平等和宗教信仰自由的现代政治原则。② 1943 年 8 月,叙利亚举行法国委任统治结束后的首次选举,民族阵线获得议会的绝大多数席位,民族阵线领导人舒克里·库瓦特里当选总统。③ 二战结束后,民族阵线逐渐解体,分裂为民族党和人民党,其中舒克里·库瓦特里、贾米勒·马尔达姆和法里斯·胡里领导的民族党代表大马士革以及叙利亚南部土地贵族和商人的利益,哈希姆·阿塔斯领导的人民党代表阿勒颇以及叙利亚北部土地贵族和商人的利益。④

叙利亚共产党始建于 1930 年,创始人是来自大马士革的库尔德人哈立德·巴克达什。叙利亚共产党倡导马克思主义的意识形态,支持者主要来自北部的库尔德人和亚美尼亚人。⑤ 1954 年,叙利亚共产党获得合法地位,成为阿拉伯世界第一个具有合法地位的共产党。在同年举行的议会选举中,叙利亚共产党领导人哈立德·巴克达什进入议会。⑥ 1958 年叙利亚与埃及合并以后,叙利亚共产党遭到取缔。阿萨德执政时期,叙利亚共产党恢复合法地位。⑦

二战末期,埃及的穆斯林兄弟会开始在叙利亚建立分支机构,倡导伊斯兰主义的政治原则和激进的社会改革,在巴扎商人、手工业者和城市下层民众中具有广泛的影响。⑧ 1949 年,穆斯林兄弟会在叙利亚的分支机构创立伊斯兰社会主义阵线。⑨

1945 年,来自哈马的阿克拉姆·豪拉尼创建阿拉伯社会主义党,代表青年军官和乡村农民的利益,强调阿拉伯民族主义和社会主义的政治原则,主张铲除封建主义和改善农民境况,倡导激进的经济社会改革。复兴党始建于 1941 年,创始人是基督徒米歇尔·阿弗拉格和逊尼派穆斯林萨拉赫丁·比塔尔。1946 年,复兴党召开第一次大会,强调世俗的阿拉伯民族主义和激进的民粹主义,反对殖民主义和帝国主义。⑩ 复兴党以统一、自由和社会主义三项原则作为意识形态的基本纲领,主张超越教派之间的狭隘界限、实现阿拉伯世界的广泛

---

① Yapp,M. E. , *The Near East Since the First World War* , p. 98.

② Hopwood,D. , *Syria 1945-1986* , p. 81.

③ Peretz,D. , *The Middle East Today* , p. 410.

④ Hopwood,D. , *Syria 1945-1986* , p. 81.

⑤ 同上, p. 84。

⑥ Peretz,D. , *The Middle East Today* , p. 415.

⑦ Hopwood,D. , *Syria 1945-1986* , p. 85.

⑧ Yapp,M. E. , *The Near East Since the First World War* , p. 102.

⑨ Hopwood,D. , *Syria 1945-1986* , p. 84.

⑩ 同上,p. 83, p. 88。

政治联合和建立自由民主的政治制度,强调发展国有经济和改善民众的物质生活,倡导土地改革和社会公正。1952年,阿拉伯社会主义党与复兴党合并组建复兴阿拉伯社会主义党(简称复兴党),进而形成严密的组织体系。复兴党在理论上具有泛阿拉伯主义的浓厚色彩,长期致力于超越国家界限的政治活动。复兴党于1952年召开的第二次大会明确规定,复兴党民族委员会是复兴党在阿拉伯世界的最高领导机构,下设若干地区委员会作为复兴党在阿拉伯世界各国的执行机构。1954—1958年,复兴党成为影响阿拉伯世界诸多国家和地区的重要政治组织;复兴党以大马士革作为总部所在地,同时在伊拉克、约旦和黎巴嫩建立分支机构。复兴党成员分别属于穆斯林和基督徒的不同教派,具有不同的社会背景,体现超越传统家族势力、地区利益和教派分歧之狭隘界限的聚合倾向。[①] 复兴党持左翼政治立场,在知识界和青年军官以及城市下层、乡村民众和宗教少数派的中间具有广泛的影响,逐渐成为叙利亚政坛举足轻重的政治力量。[②] 50年代初,复兴党与叙利亚共产党结成政治同盟。1955年以后,复兴党支持埃及的纳赛尔政权,其与叙利亚共产党之间的同盟关系逐渐破裂。[③]

1947年7月,叙利亚举行独立后的首次大选,民族党获得24个议会席位,成为议会第一大党,舒克里·库瓦特里连任叙利亚共和国总统,贾米勒·马尔达姆出任政府总理,法里斯·胡里当选议会议长。[④]

1948年5月,第一次中东战争爆发,叙利亚军队战败,引发国内民众对于舒克里·库瓦特里总统和贾米勒·马尔达姆内阁的强烈不满。同年11月,叙利亚民众举行罢工和示威。12月,舒克里·库瓦特里总统宣布国家进入紧急状态,哈立德·阿兹姆接替贾米勒·马尔达姆出任总理,组建新内阁。1949年3月,武装部队参谋总长侯斯尼·扎伊姆上校发动军事政变,逮捕总统舒克里·库瓦特里和总理哈立德·阿兹姆,取缔包括民族党、人民党和复兴党在内的诸多政党。同年6月,侯斯尼·扎伊姆通过全民公决的方式,以99.98%的得票率当选总统,穆赫辛·巴拉兹出任内阁总理。侯斯尼·扎伊姆1894年出生在阿勒颇的地主家庭,具有库尔德人血统,毕业于伊斯坦布尔的军事学院,法国委任

---

① Ma'oz,M. & Yaniv,A. , *Syria Under Assad：Domestic Constraints and Regional Risks*, London 1986, p. 23.

② Hopwood,D. , *Syria 1945-1986*, p. 83.

③ Peretz,D. , *The Middle East Today*, p. 414.

④ Hopwood,D. , *Syria 1945-1986*, p. 32.

统治时期长期在叙利亚担任军职。[1] 侯斯尼·扎伊姆具有阿拉伯民族主义的鲜明立场,强调阿拉伯民族利益的至高无上,主张通过叙利亚与伊拉克的合并实现新月地带阿拉伯世界的统一。[2] 侯斯尼·扎伊姆当政后,邀请土耳其军官负责改组叙利亚军队,按照贝鲁特美国大学的模式改造大马士革大学,给予叙利亚妇女以选举权,废除奥斯曼帝国时期贝伊和帕夏的贵族称谓,颁布世俗刑法、民法和商法取代伊斯兰教法,推广西服取代阿拉伯人的传统服饰,倡导西方现代生活方式,宣布叙利亚将采用土耳其的模式建设发达的现代世俗国家。侯斯尼·扎伊姆曾经声称:"如果给我五年的时间,我将使叙利亚如同瑞士一样繁荣和开明。"[3]侯斯尼·扎伊姆发动的军事政变首开叙利亚共和国军人政治的先例,侯斯尼·扎伊姆则被时人视作叙利亚的凯末尔。[4]

1949 年 8 月,来自阿勒颇的军官穆罕默德·萨米·辛纳维上校发动第二次军事政变,逮捕并处死侯斯尼·扎伊姆,哈希姆·阿塔斯出任临时政府总理,阿拉伯社会主义党领导人阿克拉姆·豪拉尼出任教育部长,复兴党领导人米歇尔·阿弗拉格出任农业部长,民族党领导人的哈立德·阿兹姆出任国务部长,人民党领导人的纳兹姆·库德斯出任外交部长。同年 11 月,叙利亚举行总统和议会选举,哈希姆·阿塔斯当选总统,人民党获得全部 114 个议会席位中的 51 席,民族党获得 13 席,复兴党和叙利亚社会民族党各获 1 席,独立人士和其余小党获得剩余席位,鲁什迪·基希耶当选议长。新政府持亲伊拉克的外交立场;在人民党主导的议会支持下,叙利亚内阁与伊拉克政府举行谈判,着手推动两国合并的进程。[5]

1949 年 12 月,来自哈马的军官阿迪卜·什沙克里少将发动第三次军事政变,逮捕穆罕默德·萨米·辛纳维,民族党领导人哈立德·阿兹姆出任内阁总理。1950 年 5 月,哈立德·阿兹姆辞职,人民党领导人纳兹姆·库德斯出任内阁总理。1951 年 3 月,纳兹姆·库德斯辞职,哈立德·阿兹姆出任内阁总理。同年 7 月,人民党组织民众举行罢工,抵制民族党主导的政府,迫使哈立德·阿兹姆辞职,独立人士哈桑·哈基姆出任内阁总理。12 月,哈桑·哈基姆辞职,来自人民党的马阿鲁夫·达瓦里比出任内阁总理。不同于哈立德·阿兹姆、纳兹姆·库德斯和哈桑·哈基姆,马阿鲁夫·达瓦里比寻求人民党、民族党和穆斯

① Moubayed, S. M. , *Damascus Between Democracy and Dictatorship* , Maryland 2000,p. 8,p. 38, pp. 18-19.

② Yapp, M. E. , *The Near East Since the First World War* , p. 40.

③ Moubayed, S. M. , *Damascus Between Democracy and Dictatorship* , pp. 35-36.

④ Peretz, D. , *The Middle East Today* , p. 412.

⑤ Moubayed, S. M. , *Damascus Between Democracy and Dictatorship* , pp. 53-56.

林兄弟会的支持,拒绝与军方合作。阿迪卜·什沙克里再次发动政变,推翻马阿鲁夫·达瓦里比领导的内阁,解散议会,总统哈希姆·阿塔斯被迫辞职。1952 年 1 月,阿迪卜·什沙克里宣布实行党禁,解散民族党、人民党、穆斯林兄弟会和共产党。1952 年 8 月,阿迪卜·什沙克里创建阿拉伯解放运动作为广泛动员民众的政治组织,阿拉伯民族主义、推动经济发展和实现社会进步是阿拉伯解放运动的基本纲领。1953 年 7 月,叙利亚颁布新宪法,实行总统制。在随后举行的全民公决中,阿迪卜·什沙克里获得 99.6% 的选票,正式出任总统,兼任政府总理。①

"阿迪卜·什沙克里是叙利亚第一个真正的军事独裁者……他将军人带入政治舞台,却未能建立起稳定和得到广泛承认的政府体系。"②1954 年 2 月,阿迪卜·什沙克里政权垮台,军人独裁结束,文官政治取代军人政治,哈希姆·阿塔斯出任总统,民族党领导人萨布里·阿萨里出任内阁总理,恢复宪政,解除党禁,解散阿拉伯解放运动。同年 6 月,萨布里·阿萨里辞职,独立人士赛义德·加兹出任内阁总理。③ 在 1954 年 9 月举行的议会选举中,人民党获得 30 个议会席位,复兴党获得 22 个议会席位,民族党获得 19 个议会席位,独立候选人获得 64 个议会席位,法里斯·胡里出任内阁总理。④ 1955 年 8 月,叙利亚议会举行总统选举,舒克里·库瓦特里当选总统,萨布里·阿萨里出任总理。⑤

叙利亚与以色列长期处于战争的状态。1955 年初巴格达条约组织建立后,叙利亚面临新的安全隐患。1955 年 10 月,叙利亚与埃及签署军事合作协议,旨在共同对抗以色列和巴格达条约组织的威胁。⑥ 1957 年,土耳其军队进驻叙利亚边境的土方一侧,威胁叙利亚,叙利亚被迫求助埃及军队协助防御。⑦ 1958 年 2 月,叙利亚与埃及正式合并,成立阿拉伯联合共和国,纳赛尔出任总统,舒克里·库瓦特里出任副总统。此后 3 年,纳赛尔政权在叙利亚推行埃及化的改革举措,解散政党,实施国有化和土地改革。1961 年 9 月,来自大马士革的逊尼派军官阿卜杜勒·卡里姆·纳赫拉维中校发动政变,驱逐埃及官员,废除国有化和土地改革的相关政策,阿拉伯联合共和国宣告解体。⑧ 同年 11 月,叙利亚

---

① Moubayed,S. M., *Damascus Between Democracy and Dictatorship*, p. 60, pp. 74-75, pp. 77-78, p. 84, p. 91.

② Hopwood,D., *Syria 1945-1986*, pp. 35-36.

③ Moubayed,S. M., *Damascus Between Democracy and Dictatorship*, p. 91.

④ Hopwood,D., *Syria 1945-1986*, p. 37.

⑤ Ochsenwald,W., *The Middle East:A History*, p. 638.

⑥ Hopwood,D., *Syria 1945-1986*, p. 37.

⑦ Peretz,D., *The Middle East Today*, p. 419.

⑧ Yapp,M. E., *The Near East Since the First World War*, p. 252.

颁布临时宪法。12月,叙利亚举行议会选举,人民党获得 32 个议会席位,民族党获得 20 个议会席位,复兴党获得 18 个议会席位,穆斯林兄弟会获得 10 个议会席位,来自阿勒颇的人民党领导人纳兹姆·库德斯当选总统,马阿鲁夫·达瓦里比出任政府总理。[①] 传统土地贵族和城市商人重新主导叙利亚的政治舞台,左翼政治势力遭到排斥。

叙利亚位于尼罗河流域、幼发拉底河－底格里斯河流域和阿拉伯半岛之间,地处阿拉伯世界的核心区域,在阿拉伯世界具有举足轻重的地位和影响。叙利亚尽管教派林立,长期缺乏明确和稳定的政治疆域,却有强烈的民族主义传统。倭马亚时代是叙利亚人备感骄傲的时代,倭马亚王朝的创立者穆阿威叶则是叙利亚人心目中的民族英雄。自 19 世纪中叶起,西方的基督教传教士开始在叙利亚兴办教会学校。至 1914 年一战爆发前夕,仅法国传教士在叙利亚创办的教会学校便达到 500 所之多,学生人数超过 5 万。[②] 与此同时,现代西方文化逐渐传入,阿拉伯民族主义随之萌生于叙利亚的古老土地,大马士革和阿勒颇成为阿拉伯民族主义的重要发源地,大马士革则被誉为阿拉伯世界"跳动的心脏"[③]。从复兴阿拉伯民族文化到争取阿拉伯民族的政治独立,构成阿拉伯民族主义演进的历史轨迹。19 世纪后期,东正教徒纳绥夫·雅兹吉、萨利姆·塔格拉、雅库布·萨鲁夫和马龙派基督徒布特鲁斯·布斯塔尼、法里斯·什德雅格致力于阿拉伯文学的创作和阿拉伯文化的复兴,倡导自由平等和宗教宽容,是叙利亚早期阿拉伯民族主义的代表人物。20 世纪初,青年土耳其党人推行强化中央集权的政治改革和泛土耳其主义的意识形态,加剧了叙利亚阿拉伯人与土耳其人之间的矛盾,进而导致阿拉伯民族主义的日趋高涨。1913 年,阿拉伯人大会在巴黎召开,出席者主要是来自叙利亚的基督徒和穆斯林。阿拉伯人大会倡导在奥斯曼帝国的框架内争取阿拉伯省区的自治权利和阿拉伯语的官方地位,标志着阿拉伯民族主义从文化领域向政治领域的延伸。[④] 一战结束后,阿拉伯民族主义进一步演变为反对法国委任统治和争取民族独立的政治运动。日趋高涨的阿拉伯民族主义,超越诸多教派的狭隘界限,成为维系叙利亚人的社会纽带。在包括大马士革、阿勒颇、贝鲁特和耶路撒冷的大叙利亚范围内建立领土完整的主权国家,进而实现新月地带阿拉伯人的政治统一,是两次

---

① Peretz,D. , The Middle East Today , p. 422.

② Yapp,M. E. , The Making of the Modern Near East 1792-1923 , pp. 201-202.

③ Zisser,E. , Asad's Legacy：Syria in Transition , New York 2001, p. 2.

④ Yapp,M. E. , The Making of the Modern Near East 1792-1923 , p. 203, p. 209.

世界大战之间叙利亚阿拉伯民族主义运动的重要目标。

奥斯曼帝国统治时代,逊尼派阿拉伯贵族拥有大量地产,控制巴扎和城市工商业活动,盘根错节,根深蒂固,构成联结伊斯坦布尔的苏丹政府与叙利亚土著民众的中间环节。叙利亚的逊尼派贵族延续传统的部族形式,具有浓厚的地域色彩,贵族政治通常表现为地域之间的权力角逐,尤其是南部中心城市大马士革与北部中心城市阿勒颇长期处于对立的状态。两次世界大战之间,法国委任统治当局实行分而治之的统治政策,强化德鲁兹派和阿拉维派以及非穆斯林的自治地位,助长叙利亚内部民族同一性与教派差异性之间错综交织的矛盾对抗,加剧叙利亚社会结构的支离破碎。1920 年 7 月法军占领大马士革后,法国政府按照穆斯林和基督徒之不同教派的人口分布,将叙利亚划分为大马士革、阿勒颇、拉塔基亚和德鲁兹山区四个省,其中南部城市霍姆斯和哈马并入大马士革省,北部城市伊斯肯德伦和代尔祖尔并入阿勒颇省。① 法国委任统治当局一方面沿袭奥斯曼帝国时代的政治传统,寻求逊尼派阿拉伯贵族的支持,另一方面给予阿拉维派和德鲁兹派以广泛的自治权利,尤其是依靠阿拉维派和德鲁兹派提供兵源。法国委任统治当局实行分而治之的统治政策,目的在于借助叙利亚内部的教派冲突和离心倾向,遏制逊尼派阿拉伯贵族,削弱日趋高涨的阿拉伯民族主义运动。

议会民主制时代,来自大马士革和阿勒颇的逊尼派贵族长期主导叙利亚的政治舞台,极力削弱阿拉维派和德鲁兹派以及非穆斯林群体的自治地位和离心倾向,解除教派武装,试图整合支离破碎的社会结构。相比之下,乡村民众和宗教少数派作为弱势社会群体,长期游离于政治舞台的边缘地带。1947—1949年,阿拉维派的议会席位由 7 席下降为 4 席,德鲁兹派的议会席位由 5 席下降为 3 席,基督徒各教派的席位由 19 席下降为 14 席,犹太人、库尔德人、土库曼人和塞加西亚人则被排除于议会之外。1953 年,总统阿迪卜·什沙克里宣布取消依据教派人数划分议会席位的选举原则,废止法国委任统治时期阿拉维派和德鲁兹派享有的特殊法律地位和自治权利,以统一的国家法律取代传统的宗教法律和教派法律,明确叙利亚共和国的阿拉伯民族性。② 然而,民族党和人民党作为主要的议会政党,代表逊尼派传统土地贵族和商业贵族的既得利益,排斥下层民众以及阿拉维派和德鲁兹派的政治参与和权力分享,具有精英政治的浓厚色彩,缺乏广泛的社会基础。议会民主制时代的突出现象,在于乡村依附于城市、下层民众依附于传统贵族、宗教少数派依附于逊尼派,由此形成逊尼派传

---

① Yapp,M. E. , *The Near East Since the First World War* , p. 88.

② Ma'oz,M. , *Syria Under Assad* , p. 21.

统城市贵族的财富垄断和权力垄断。议会民主制时代的突出现象,在于城市与乡村的对立、传统贵族与下层民众的对立、逊尼派与宗教少数派的对立。议会民主制的实质,在于逊尼派传统城市贵族的统治。传统经济秩序的延续和下层民众普遍的依附状态,构成传统贵族垄断国家权力的历史基础。

复兴党政权的建立与阿萨德时代的内外政策

1963 年 3 月 8 日,齐亚德·哈里里上校在复兴党和纳赛尔主义者的支持下发动军事政变,接管哈立德·阿兹姆领导的内阁,组建革命指挥委员会作为最高权力机构。革命指挥委员会由 20 人组成,其中 12 人系复兴党成员,其余成员大都系纳赛尔主义者,鲁阿维·阿塔斯出任革命指挥委员会主席。[1] 随后成立的内阁处于复兴党的控制之下,复兴党叙利亚地区委员会主席萨拉赫丁·比塔尔出任总理,军事政变的领导人齐亚德·哈里里出任国防部长和参谋总长。[2]

在现代化的历史背景下,军事政变作为国家权力的更替形式,既是政治动员和民众广泛政治参与之严重滞后的逻辑结果,亦是新兴政治精英挑战传统政治精英之权力垄断和推动经济社会改革进程的必要环节。1963 年复兴党政权建立前,加入军队和复兴党是下层民众和宗教少数派步入仕途和角逐政坛的仅有方式。现代化进程中的军人政权往往具有明显的激进色彩和民粹主义倾向,构成挑战传统贵族之权力垄断和推行经济社会改革的重要力量,包含政治革命的历史特征。复兴党的社会基础,在于反对传统贵族垄断权力和财富的中下层激进势力和包括乡村民众以及宗教少数派在内的边缘化弱势群体。复兴党政权起源于军事政变,军人与政党的密切结合是复兴党的突出特征。复兴党政权的建立,作为叙利亚现代化进程中经济秩序和社会结构剧烈变革的逻辑结果,标志着新兴势力挑战传统秩序的政治走向。新旧势力的剧烈消长、精英与民众的尖锐对立以及教派之间的权力角逐,导致议会民主制时代的政治动荡。民族同一性与教派差异性的错综交织,深刻地影响着议会民主制时代叙利亚的政治生活。政治的激进化和军人的政治化,既是议会民主制时代叙利亚政治生活的突出现象,亦是长期处于边缘地位的下层民众和宗教少数派角逐国家权利和否定传统贵族之精英政治的重要形式。

1963 年复兴党政权的建立构成叙利亚共和国政治演变的重要分水岭。1963—1970 年的复兴党政权可谓叙利亚的"雅各宾派政权";"新一代复兴党领

---

[1] Ismeal,T. Y. , *Middle East Politics Today*:*Government and Civil Society*, p. 244.

[2] Hopwood,D. , *Syria 1945-1986*, p. 44.

导人的目标,并非只是通过政变夺取政权,而是发动一场革命"①。议会民主制的衰落和威权政治的确立、复兴党内部领导层的新旧更替、逊尼派军人与宗教少数派军人之间的激烈角逐、阿拉维派复兴党军人的政治崛起,构成此间政治生活的核心内容。复兴党的统治,不仅标志着叙利亚政治模式的变革,而且掀开叙利亚经济社会领域自上而下的深刻变革和现代化进程的崭新一页。

复兴党与纳赛尔主义者皆持阿拉伯民族主义的立场,主张推动阿拉伯世界的统一进程。然而,复兴党主张叙利亚在阿拉伯世界的统一进程中与埃及平分秋色,建立叙利亚与埃及之间的松散政治联盟,纳赛尔主义者则强调埃及和纳赛尔政权在阿拉伯世界的主导地位,主张恢复阿拉伯联合共和国,实现叙利亚与埃及的重新合并。② 1963 年 7 月,复兴党军事委员会主席爱敏·哈菲兹上校接替齐亚德·哈里里出任国防部长和参谋总长。叙利亚的纳赛尔主义者在阿勒颇发动暴乱,遭到镇压。随后,复兴党控制的政府清洗纳赛尔主义者,叙利亚与埃及之间的关系随之恶化。③ 复兴党由此确立在叙利亚政坛的主导地位,复兴党军人开始取代传统贵族成为新兴的政治精英。

1963 年 10 月,复兴党民族委员会在大马士革召开第六次大会。会议期间,复兴党内部形成明显的意见分歧。以复兴党总书记米歇尔·阿弗拉格、内阁总理萨拉赫丁·比塔尔和军方将领爱敏·哈菲兹为代表的元老派代表逊尼派城市中产阶级的利益,持相对保守的政治立场,具有阿拉伯民族主义的明显倾向,强调统一高于自由和社会主义作为复兴党三大基本原则的核心,倡导议会民主的政治制度,主张温和的经济社会改革和中立的外交政策,致力于推动叙利亚与伊拉克的统一进程。阿拉维派复兴党成员萨拉赫·贾迪德、哈菲兹·阿萨德、穆罕默德·乌姆兰以及德鲁兹派、伊斯马仪派军官作为复兴党内部的新兴势力,代表乡村和下层民众以及宗教少数派的利益,持激进的政治立场,强调叙利亚国家利益至上的基本原则,强调阶级斗争和社会主义的政治革命作为复兴党的首要任务,主张实现一党制的政治制度和亲苏的外交政策,倡导国有化、土地改革和农业合作化,致力于铲除传统贵族的经济基础。④ 复兴党民族委员会第六次大会以后,复兴党元老派的影响明显削弱,左翼激进派逐渐成为复兴党内部的主导势力。

1964 年 4 月,复兴党政权颁布新的临时宪法。根据 1964 年临时宪法,叙利

① Antoun,R. T. & Quataert,D. ,*Syria*:*Society*,*Culture and Polity*, New York 1991, p. 33.

② Hinnebusch,R. ,*Syria*:*Revolution from Above*, London 2001, p. 48.

③ Hopwood,D. ,*Syria 1945-1986*, p. 45.

④ Hinnebusch,R. ,*Syria*:*Revolution from Above*, p. 49.

亚实行民主社会主义共和制的国家制度,伊斯兰教是叙利亚的官方宗教,伊斯兰教法构成国家的立法基础,国家革命会议取代革命指挥委员会作为国家最高权力机构。① 1965 年 4 月,复兴党民族委员会召开第八次大会,米歇尔·阿弗拉格被迫辞去复兴党总书记的职务,爱敏·哈菲兹以及萨拉赫·贾迪德、哈菲兹·阿萨德成为叙利亚政坛的核心人物,国家政权处于复兴党激进势力的控制之下。②

1966 年 2 月,阿拉维派复兴党军事将领萨拉赫·贾迪德、穆罕默德·乌姆兰和哈菲兹·阿萨德发动政变,爱敏·哈菲兹以及米歇尔·阿弗拉格和萨拉赫丁·比塔尔遭到囚禁,进而被开除复兴党。③ 逊尼派复兴党成员努尔丁·阿塔斯和尤素夫·祖尔因分别出任总统和政府总理;阿拉维派军人控制复兴党地区委员会和武装部队,成为叙利亚政坛的主导势力。④ 此后,叙利亚复兴党与伊拉克复兴党分道扬镳,阿拉伯世界的复兴党组织逐渐形成两大派系,其中黎巴嫩、约旦和巴勒斯坦的复兴党处于叙利亚的控制之下。1969 年,复兴党政权修改宪法,明确规定一党制的政治制度,复兴党成为叙利亚的唯一合法政党。⑤

1966—1970 年,萨拉赫·贾迪德与哈菲兹·阿萨德之间展开激烈的权力角逐;萨拉赫·贾迪德主张推行激进的内外政策,哈菲兹·阿萨德持相对温和的政治立场。⑥ 1967 年爆发第三次中东战争,叙利亚战败,戈兰高地被以色列占领。此后,复兴党内部激进派与温和派之间矛盾凸显。1968 年,复兴党地区委员会召开大会,讨论以色列占领戈兰高地后的国际形势和外交政策;国防部长哈菲兹·阿萨德主张放弃激进的外交政策,缓和与持保守立场的海湾阿拉伯产油国之间的关系,换取海湾阿拉伯产油国的经济援助,同时缓和与伊拉克、约旦之间的关系,进而与伊拉克、约旦的武装力量共同组成反对以色列的东方阵线。1969 年,叙利亚面临严峻的经济形势,外汇短缺,农业歉收,财源枯竭,无力负担庞大的国防开支;哈菲兹·阿萨德主张实行有限的经济自由化改革,鼓励私人投资和发展私人经济,向私人承包商出租国有土地,进而振兴国内经济。⑦ 1970 年 11 月,哈菲兹·阿萨德发动政变,出任政府总理。⑧ 叙利亚由此进入哈菲

① Peretz, D., *The Middle East Today*, p. 424.
② Hopwood, D., *Syria 1945-1986*, p. 46.
③ 同上, p. 47。
④ Hinnebusch, R., *Syria: Revolution from Above*, p. 52.
⑤ Peretz, D., *The Middle East Today*, p. 426.
⑥ Yapp, M. E., *The Near East Since the First World War*, p. 256.
⑦ Hinnebusch, R., *Syria: Revolution from Above*, p. 59.
⑧ Ma'oz, M., *Syria Under Assad*, p. 25.

兹·阿萨德执政的时代。

哈菲兹·阿萨德 1928 年出生于拉塔基亚的阿拉维派贫困农民家庭,早年从军,崇尚世俗阿拉伯民族主义,1947 年加入复兴党,1951 年进入霍姆斯军事学院。60 年代初,阿萨德与萨拉赫·贾迪德、穆罕默德·乌姆兰等人共同组建复兴党军事委员会,参与 1963 年军事政变。复兴党政权建立后,阿萨德成为复兴党新兴激进派别的核心人物之一,进入革命指挥委员会,先后出任空军司令和武装部队参谋总长。[①] 阿萨德在诸多方面与纳赛尔颇具相似之处。1970 年纳赛尔逝世后,阿萨德成为纳赛尔的继承者和阿拉伯民族主义的核心人物。

1971 年 2 月,复兴党任命组建新一届议会。同年 3 月,阿萨德通过全民公决的方式当选总统。1972 年 3 月,阿萨德创建民族进步阵线,出任民族阵线主席。[②] 1973 年 3 月,复兴党起草的新宪法经全民公决批准。[③]

议会民主制时代,叙利亚经历长期的政治动荡,权力更迭频繁,现代化进程的方向表现为明显的不确定性。1970 年阿萨德政权的建立,掀开叙利亚共和国历史的崭新一页;极权政治的膨胀、自上而下的改革举措、新旧势力的剧烈消长、经济社会的长足进步和国际地位的空前提高,构成阿萨德时代的鲜明特征。

阿萨德政权建立后,致力于所谓正确的运动。阿萨德在 1971 年召开的复兴党民族委员会第十一次大会上声称,新政权无意改变民族社会主义的既定路线,1970 年政变的目的在于使复兴党通过正确的运动回到正确的道路,进而动员一切力量解放被以色列占领的土地。所谓正确的运动,即在复兴党倡导的民族主义和社会主义框架下,纠正此前复兴党政权的诸多激进举措,减少对苏联和东欧的依赖,扩大与西方以及持保守立场的阿拉伯产油国之间的关系,重建宪政秩序,释放政治犯,实现政治自由和社会稳定,推行相对温和的经济社会政策,放弃所谓的社会主义改造,鼓励发展私人经济,积极吸引国外投资,减少政府对于外贸和进口的限制,改善国内经济形势。[④] 阿萨德推行的所谓正确的运动,与萨达特政权推行的纠偏运动颇多相似之处,具有相对温和的政治倾向,旨在扩大新政权的社会基础。与此同时,阿萨德一改阿拉维派的传统,参加逊尼派清真寺的聚礼活动,赴麦加朝觐,试图淡化教派界限,缓解逊尼派与阿拉维派之间的宗教对立,争取穆斯林主流势力对于阿拉维派的宗教认同。1972 年,黎

---

① Hopwood,D. , *Syria 1945-1986* , p. 55.

② Perthes,V. , *The Political Economy of Syria Under Asad* , New York 1995, p. 136.

③ Ismeal,T. Y. , *Middle East Politics Today:Government and Civil Society* , p. 249.

④ Perthes,V. , *The Political Economy of Syria Under Asad* , p. 41.

巴嫩的什叶派领导人穆萨·萨德尔颁布宗教法令,宣布接纳阿拉维派作为什叶派穆斯林。[1] 然而,1973 年宪法在规定复兴党的执政地位的同时,并未规定伊斯兰教作为叙利亚的官方宗教,只是规定伊斯兰教是总统个人的宗教信仰。[2]

阿萨德时代,叙利亚政治制度的核心可谓"绝对总统制"(Absolute Presidency)抑或"总统制形式的君主制"(Presidential Monarchy)。根据 1973 年宪法,叙利亚共和国实行总统制,总理和内阁对总统负责,省长和地方政府亦对总统负责,各级政府职位根据教派人数比例分配[3];总统由复兴党地区委员会推荐人选,经议会正式提名,通过全民公决的方式选举产生,任期 7 年,可连选连任;总统兼任复兴党总书记和武装部队最高统帅,有权任免副总统、政府总理和内阁部长,有权否决议会通过的法案和解散议会;宪法修正案须经议会四分之三的多数通过并经总统批准。[4] 阿萨德作为唯一的总统候选人,于 1971 年、1978 年、1985 年和 1991 年连续四次当选总统;在 1985 年和 1991 年的总统选举中,阿萨德获得 99.9% 的选票。[5] 阿萨德当政期间,国防、外交、经济战略和国内安全的决策权处于总统的操纵和控制之下。1983 年,阿萨德任命 3 名副总统,其中里法阿特·阿萨德掌管武装部队和安全机构,阿卜杜勒·哈里姆·哈达姆负责政治事务,祖哈伊尔·马沙里卡控制复兴党。[6]

1973 年宪法规定,叙利亚共和国议会实行一院制,设 195 个议会席位;1990 年,议会席位增至 250 个。[7] 根据 1973 年宪法,议员选举产生,任期 4 年,代表工人和农民的议员不得少于议员总数的 51%;年满 18 岁的公民享有选举权,年满 25 岁的公民享有被选举权;议会的主要权力包括提名总统候选人、通过立法和批准政府财政预算。[8] 议会在理论上具有广泛的权力,构成阿萨德时代宪政和民主的外在形式,实际上处于复兴党的操纵和控制之下,缺乏必要的自主地位和制约政府的法律职能,议会所讨论的议题局限于政府的具体政策和民众的经济社会生活,不得涉及国家制度,不得批评总统以及总统制定的基本政策,与海湾诸国的协商会议如出一辙。议会从属于总统,议会选举只是象征性的表决机构和总统制极权政治的点缀。1973 年宪法规定,议会选举实行多党制,然而

① Zisser,E., Asad's Legacy:Syria in Transition, p. 9.

② Hinnebusch,R., Syria:Revolution from Above, p. 66.

③ Zisser,E., Asad's Legacy:Syria in Transition, p. 27.

④ East,R. & Joseph,T., Political Parties of Africa and the Middle East, p. 283.

⑤ Peretz,D., The Middle East Today, p. 426.

⑥ Yapp,M.E., The Near East Since the First World War, p. 261.

⑦ Perthes,V., The Political Economy of Syria Under Asad, p. 168.

⑧ East,R. & Joseph,T., Political Parties of Africa and the Middle East, p. 283.

复兴党主导的民族进步阵线预先分配议会席位,民族进步阵线以外的政党不得参与议会席位的竞选,复兴党长期占据议会的多数席位。独立候选人构成非政党组织的议员来源,在 1973 年的议会选举中获得三分之一的席位,1977 年获得不足五分之一的议会席位,1981 年未能进入议会,1986 年获得 35 个议会席位。自 70 年代中期开始,议会完全丧失制约政府的职能,游离于国家决策权力的边缘地带;议会法案均由政府提交,而政府提交的法案从未遭到议会的否决。[①] 1990 年,议会席位由 195 席增至 250 席,独立候选人获得三分之一的议会席位,复兴党的议会席位从 66% 下降为 54%;然而,独立候选人大都系阿萨德的支持者。复兴党议员与独立候选人议员的主要区别在于,前者大都来自包括政府、复兴党和国有企业在内的官方机构,后者大都来自商人、知识界、部族长老和教界人士,具有非官方的政治色彩。1994 年的议会构成亦大体如此。政府经济干预的削弱和私人经济的发展,是导致议会构成变化和独立候选人席位增加的重要原因。[②]

政府总理和内阁部长由总统根据复兴党指挥委员会提名任命产生,负责执行总统和复兴党制定的方针政策。政府总理由复兴党指挥委员会成员担任,约二分之一的部长亦来自复兴党,内阁处于复兴党的控制之下。随着国家权力的强化,政府机构日渐扩大,政府职能日渐完善。80 年代,政府雇员占从业人口的五分之一。[③] 1970—1990 年,政府雇员人数增长 5 倍。1970 年,政府雇员为 13.6 万人;1991 年,政府雇员达到 68.5 万。[④]

自 1963 年开始,复兴党分裂为叙利亚阵营与伊拉克阵营;大马士革和巴格达皆设有复兴党民族委员会,分别作为叙利亚复兴党和伊拉克复兴党在阿拉伯世界的领导机构,进而形成分庭抗礼的局面。叙利亚复兴党与伊拉克复兴党的分裂,导致阿拉伯世界的复兴党分裂为亲叙利亚的复兴党与亲伊拉克的复兴党。20 世纪末,随着萨达姆政权的衰落,大马士革的复兴党民族委员会在阿拉伯世界的政治影响逐渐扩大,约旦、黎巴嫩和巴勒斯坦的复兴党与叙利亚的联系日益密切。[⑤] 另一方面,自 1963 年开始,叙利亚的复兴党由民间色彩的反对党和动员民众参与的政治组织转变为官方色彩的执政党和国家控制民众社会的御用政治工具,进而形成自上而下的领导机构和官僚化的组织体系。

进入 70 年代以后,复兴党的组织体系进一步完善,复兴党主导的民族进步

① Perthes,V. , *The Political Economy of Syria Under Asad* , pp. 169-170, p. 167.

② Yapp,M. E. , *The Near East Since the First World War* , p. 460.

③ Hinnebusch,R. , *Syria:Revolution from Above* , p. 78, p. 84.

④ Perthes,V. , *The Political Economy of Syria Under Asad* , p. 141.

⑤ Zisser,E. , *Asad's Legacy:Syria in Transition* , pp. 26-27.

阵线成为国家驾驭社会和控制民众的重要政治工具。阿萨德于 1970 年政变后出任复兴党地区委员会总书记,1971 年兼任复兴党民族委员会总书记。1971 年召开的复兴党大会通过新的章程,修改复兴党中央机构的选举制度和集体领导制度,明确规定阿萨德在复兴党内部的绝对领导地位,强化复兴党自上而下的政治原则。[①] 阿萨德政权实行多党制的政党制度,左翼政党构成合法的政党。1972 年 3 月,阿萨德创建复兴党主导的政党联盟,名为民族进步阵线,作为叙利亚民众政治参与的外在形式和国家与社会之间沟通的渠道,旨在联合各种进步和爱国的政治力量,凝聚民众社会,扩大国家的政治基础。[②] 民族进步阵线除复兴党外,包括叙利亚共产党、阿拉伯社会主义联盟、社会主义联盟运动、民主社会主义联盟党、阿拉伯社会主义运动五个左翼政党;其中,阿拉伯社会主义联盟系纳赛尔主义政治组织,始建于 1961 年的社会主义联盟运动、始建于 1974 年的民主社会主义联盟党和始建于 1964 年的阿拉伯社会主义运动均脱胎于复兴党。[③] 纳赛尔主义者、共产主义者、阿拉伯社会主义者作为"进步的反对派",加入复兴党主导的民族进步阵线。[④] 复兴党与加入民族进步阵线的诸政党保持良好的政治合作;加入民族进步阵线的诸政党具有合法的地位,参与议会选举,出任内阁职位。[⑤] 进步民族阵线以外的一切政治组织及其政治活动均被视作非法,非法政治组织和政治活动交由特别军事法庭审理。阿萨德时代的叙利亚缺乏纯粹民间的社会组织,尚无真正意义的公民社会可言。[⑥] 民族进步阵线的领导机构由 18 人组成,其中 10 人来自复兴党,8 人来自其他五个左翼政党。[⑦] 民族进步阵线章程规定,复兴党总书记兼任民族进步阵线主席。[⑧] 1973 年宪法规定,复兴党作为叙利亚共和国的执政党和叙利亚人民的先锋队,在民族进步阵线中居领导地位。[⑨] 1973 年,复兴党主导的民族进步阵线首次参与议会竞选,获得三分之二的议会席位。1990 年,复兴党主导的民族进步阵线获得议会 250 个席位中的 166 个席位。[⑩]

　　阿萨德时代的复兴党与埃及纳赛尔时代的阿拉伯社会主义联盟颇多相似

① Perthes, V., *The Political Economy of Syria Under Asad*, p. 155.

② Zisser, E., *Asad's Legacy: Syria in Transition*, p. 27.

③ Perthes, V., *The Political Economy of Syria Under Asad*, p. 163.

④ Hinnebusch, R., *Syria: Revolution from Above*, p. 66.

⑤ Yapp, M. E., *The Near East Since the First World War*, p. 262.

⑥ Ismeal, T. Y., *Middle East Politics Today: Government and Civil Society*, p. 254.

⑦ Hopwood, D., *Syria 1945-1986*, p. 56.

⑧ Perthes, V., *The Political Economy of Syria Under Asad*, p. 140.

⑨ Ismeal, T. Y., *Middle East Politics Today: Government and Civil Society*, p. 249.

⑩ Peretz, D., *The Middle East Today*, p. 427.

之处,体现农民、工人、官僚和军人的广泛政治联合。另一方面,复兴党长期控制国家权力,垄断军政要职,政党政治与政府政治错综交织,加入复兴党则是民众步入仕途的必经之路。复兴党民族委员会与复兴党地区委员会的联席会议即复兴党中央委员会构成复兴党的最高领导机构,包括 90 名成员,其中 21 名成员组成指挥委员会,作为核心权力机构,下设若干职能组织;中央委员会和指挥委员会成员选举产生,任期 4 年。[1] 1971 年,复兴党修改章程,以阿萨德的个人领导权取代集体领导权。此后,复兴党逐渐形成自上而下的组织体系。70 年代初,复兴党大会选举中央委员会和指挥委员会。1980 年,复兴党大会选举中央委员会,由中央委员会选举指挥委员会。[2] 1985 年召开的复兴党大会明确规定,复兴党民族委员会和复兴党地区委员会的领导机构即中央委员会成员由阿萨德任命。[3] 阿萨德时代,复兴党演变为官僚化的国家机构;1983 年,复兴党的活动经费为 1.29 亿叙镑,其中 80% 来自政府的财政预算。与此同时,复兴党成员急剧增多,1963 年仅数百人,1966 年约 0.8 万人,1971 年增至 6.5 万人,1979年达到 37.3 万人。[4] 自 1966 年开始,复兴党的活动范围从城市向乡村的逐渐延伸,导致复兴党的社会构成发生相应的变化,城市下层和乡村民众取代中产阶级成为复兴党的社会基础,复兴党的政治纲领随之经历从温和向激进的转变。工商业领域的国有化和农业领域的土地改革,一方面排斥城市商业贵族和乡村土地贵族,另一方面强化复兴党与城市下层民众、乡村农民之间的广泛政治联盟。80 年代,复兴党形成完整的组织体系,包括 11163 个称作“哈勒卡”的基层单位、1395 个称作“菲尔卡”的支部、154 个称作“舒尔巴”的区域委员会和18 个称作“法尔”的省级委员会,军队内部亦有相应的复兴党组织。复兴党的各级组织构成地方层面的权力核心,负责监督复兴党方针政策的实施,进而构成动员民众和控制社会的政治工具。80 年代,复兴党成员达到 50 万人,主要来自教师、学生、政府雇员、农民和工人;换言之,复兴党成员主要来自中下层社会群体,其中超过 60% 来自农民和工人。进入 80 年代,复兴党的内部选举采取自上而下的提名方式,进而形成自上而下的控制模式,自下而上的竞选方式随之废止。[5] 1984 年,复兴党成员达到 53.7 万人,其中学生约占 50%,工人和农民占14%,政府雇员占 9%,教师占 7.5%。1992 年,复兴党成员超过 100 万人,其中军人占 10%。包括工会、农会、学生联合会、青年联合会、妇女联合会以及各种

① Zisser,E., *Asad's Legacy:Syria in Transition*, p. 26.

② Perthes,V., *The Political Economy of Syria Under Asad*, pp. 155-156.

③ Ismeal,T. Y., *Middle East Politics Today:Government and Civil Society*, p. 253.

④ Perthes,V., *The Political Economy of Syria Under Asad*, p. 156, p. 154.

⑤ Hinnebusch,R., *Syria:Revolution from Above*, pp. 80-82.

职业性协会在内的诸多民众组织,缺乏必要的自治地位和独立性,内部结构亦实行自上而下的原则,具有半官方的色彩,处于复兴党的操纵和控制之下。1992年,工会联盟的成员共计54万人,主要来自国营企业,私人企业的工会成员约占工会联盟成员总数的四分之一。①

阿萨德政权具有军人政治的浓厚色彩。安全机构既是绝对总统制政治体制的忠诚捍卫者,亦是国家控制社会的重要政治工具。叙利亚的武装部队,1970年为8万人,1985年增至40万人。内务警察主要来自阿拉维派,90年代初约10万人。② 安全机构下属部门的雇员人数,约占叙利亚从业人员总数的五分之一。③ 阿萨德时代,叙以之间的战争状态以及以色列对于戈兰高地的占领需要叙利亚保持相应的武装力量。然而,叙利亚武装力量的任务"不仅在于保卫国土,更在于保卫政权"④。

阿萨德时代,叙利亚的国家政权呈金字塔的结构,阿萨德、阿拉维派和复兴党依次主导政治舞台和政治生活。阿拉维派作为叙利亚的宗教少数派,长期位于社会底层,议会民主制时代游离于政治舞台的边缘。阿联期间,复兴党遭到取缔,复兴党组织在叙利亚的多数地区遭到破坏,却在拉塔基亚得以延续,阿拉维派的复兴党成员在叙利亚军队中尤其具有相当的势力和影响。阿萨德政权建立后,阿拉维派在叙利亚政坛异军突起,阿拉维派的复兴党军人成为国家核心的权力集团。阿萨德时代,逊尼派军官不足叙利亚军官总数的四分之一,相比之下,阿拉维派军官超过叙利亚军官总数的二分之一,内务警察和情报人员亦大都来自阿拉维派。⑤ 复兴党中央委员会的18名军人中,12名系阿拉维派军人。⑥ 70年代至80年代初,阿萨德的胞弟里法阿特·阿萨德是仅次于总统的二号人物,阿萨德的女婿阿德南·马赫鲁夫控制总统卫队。此外,特种部队司令阿里·哈伊达尔、情报局长穆罕默德·胡里、军事情报局长阿里·杜巴以及第1师师长伊卜拉欣·萨费、第3师师长沙菲格·法耶德、第9师师长阿德南·巴德尔·哈桑,均系阿拉维派。90年代末,来自阿拉维派的阿里·阿斯兰取代逊尼派军官西克马特·什哈比出任武装部队参谋总长。⑦

① Perthes,V. , *The Political Economy of Syria Under Asad* , p.155, p.173.

② 同上,p.147。

③ Hinnebusch,R. A. , *Authoritarian Power and State Formation in Ba'thist Syria* , Westpoint 1990, p.29.

④ Perthes,V. , *The Political Economy of Syria Under Asad* , p.148.

⑤ Yapp,M. E. , *The Near East Since the First World War* , p.256, p.262.

⑥ Ismeal,T. Y. , *Middle East Politics Today:Government and Civil Society* , p.253.

⑦ Hinnebusch,R. , *Syria:Revolution from Above* , p.70.

阿萨德政权可谓叙利亚史无前例的独裁政权,家族政治、教派政治与政党政治的三位一体以及军人政治浓厚色彩则是阿萨德独裁政权的突出特征。然而,阿萨德政权并非阿拉维派的教派政权,占人口多数的逊尼派在叙利亚的政治舞台依旧发挥举足轻重的作用;来自逊尼派下层的复兴党军人崛起于60年代,构成阿萨德政权的政治盟友。阿萨德政权的副总统阿卜杜勒·哈里姆·哈达姆和祖哈尔·马沙里卡、总理穆斯塔法·米鲁以及外交部长法鲁格·沙尔、国防部长穆斯塔法·塔拉斯、参谋总长西克马特·什哈比,均为逊尼派的复兴党成员。[1] 在复兴党的领导层内部,逊尼派占43.4%,阿拉维派占37.7%。[2] 1963—1978年的内阁成员中,逊尼派占58.2%,阿拉维派占20%,德鲁兹派占10.6%,伊斯马仪派占6.5%,基督徒占4.7%。[3] 阿萨德政权的支持者亦来自包括基督徒、德鲁兹派和伊斯马仪派在内的诸多宗教少数派,以及70年代以来形成的逊尼派新兴资产阶级。[4] 诸多新兴阶层超越教派界限的广泛联盟,构成阿萨德政权的社会基础。另一方面,阿拉维派并非浑然一体,而是处于裂变的状态,存在传统与现代的对立。60年代末萨拉赫·贾迪德与阿萨德之间的角逐,以及80年代初阿萨德与里法阿特·阿萨德之间的矛盾,可谓阿拉维派内部对立冲突的缩影。政治利益超越教派的狭隘界限,决定着国家的体制和权力的分配。大马士革而非拉塔基亚,构成阿萨德政权的重心所在。阿萨德政权无疑凌驾于教派之上,成为叙利亚国家利益的象征。[5]

阿萨德政权的建立根源于叙利亚现代化进程中新旧经济社会秩序的此消彼长和新旧政治力量的激烈对抗,阿萨德政权的独裁统治与凯末尔主义和纳赛尔主义之威权政治颇有异曲同工之处。阿萨德政权具有军人政权、复兴党政权、阿拉维派政权、官僚资产阶级政权和国家资本主义的多重内涵,阿萨德时代的叙利亚经历自上而下的深刻革命。以牺牲政治层面的自由和民主作为代价实现新旧秩序的更替和推动从传统社会向现代社会的过渡,构成阿萨德时代自上而下之革命进程的实质所在。阿萨德政权具有国家和民族的深厚根基,体现叙利亚诸多教派的广泛政治联合,国家利益和民族尊严的至高无上是阿萨德政权遵循的基本政治准则。叙利亚与以色列之间的长期军事对抗,特别是1973年中东战争,提升了复兴党政权在叙利亚国内的凝聚力。如同纳赛尔是埃及主

---

① Zisser,E. , *Asad's Legacy:Syria in Transition* , p. 20.

② Perthes,V. , *Syria:Revolution from Above* , p. 71.

③ Hinnebusch,R. , *Syria:Revolution from Above* , p. 71.

④ Zisser,E. , *Asad's Legacy:Syria in Transition* , p. 20.

⑤ Hinnebusch, R. , *Syria:Revolution from Above* , p. 96,p. 95.

权和独立的象征,阿萨德成为叙利亚国家利益的象征[①]。

复兴党政权建立前,穆斯林兄弟会与复兴党均为政治反对派,在诸多方面持相似的立场。复兴党执政后,穆斯林兄弟会与复兴党分道扬镳。在埃及,爱资哈尔清真寺与政府之间保持密切的合作关系,持亲政府的立场,在埃及穆斯林社会具有广泛的社会影响。相比之下,叙利亚并无诸如爱资哈尔的权威宗教机构,欧莱玛在诸多方面与政府处于若即若离的状态。阿萨德政权建立后,复兴党内部的权力斗争逐渐平息。与此同时,穆斯林兄弟会代表的伊斯兰主义与复兴党代表的世俗主义之间的矛盾对立日渐加剧,进而构成威胁阿萨德政权的主要政治力量。复兴党政权具有浓厚的世俗色彩,宗教政治构成挑战复兴党世俗政权的重要形式。

叙利亚的穆斯林兄弟会始建于 1935 年的阿勒颇,支持者主要来自社会中下层的逊尼派穆斯林。1944 年,叙利亚穆斯林兄弟会总部从阿勒颇移至大马士革。1945－1961 年,穆斯塔法·萨巴伊出任叙利亚穆斯林兄弟会的总训导师。[②] 穆斯塔法·萨巴伊持民族主义的政治立场,曾因反对法国殖民统治和号召解放巴勒斯坦而身陷囹圄。继穆斯塔法·萨巴伊之后,伊萨姆·阿塔尔于1961 年出任叙利亚穆斯林兄弟会总训导师。60 年代中期,来自哈马乡村棉农家庭的麦尔旺·哈达德致力于反对复兴党政权的暴力活动,成为叙利亚穆斯林兄弟会的核心人物。1975 年,阿德南·萨阿德、赛义德·哈瓦和阿里·萨德尔成为穆斯林兄弟会的新一代领导人,侯斯尼·阿布成为穆斯林兄弟会军事组织的核心人物。[③]

叙利亚的穆斯林兄弟会与埃及的穆斯林兄弟会联系密切,亦曾与埃及的穆斯林兄弟会具有相似的政治境遇。1963 年复兴党执政后,叙利亚穆斯林兄弟会遭到取缔,成为叙利亚最重要的非法反对派政治组织。叙利亚北部是穆斯林兄弟会的主要活动范围,阿勒颇是穆斯林兄弟会的据点所在。1964 年,穆斯林兄弟会在叙利亚北部城市哈马发动叛乱,遭到政府的镇压。[④]

70 年代中期,伊斯兰主义在中东诸国呈明显的上升趋势,穆斯林兄弟会的政治影响随之迅速扩大。叙利亚穆斯林兄弟会的成员,1975 年不足千人,1978年达到 3 万人。[⑤] 70 年代末,穆斯林兄弟会的支持者大都来自城市下层和中产

---

① Hinnebusch, R., *Syria: Revolution from Above*, p. 66.

② Dekmejian, R. H., *Islam in Revolution: Fundamentalism in the Arab World*, p. 106.

③ Hinnebusch, R., *Syria: Revolution from Above*, p. 94.

④ Yapp, M. E., *The Near East Since the First World War*, p. 263.

⑤ Dekmejian, R. H., *Islam in Revolution: Fundamentalism in the Arab World*, p. 112.

阶级,清真寺、巴扎和大学校园成为穆斯林兄弟会的主要活动场所。专制、腐败、通货膨胀、失业率上升和贫富分化加剧导致民众对于复兴党世俗统治的强烈不满,伊斯兰教提供了发泄不满的渠道。伊斯兰主义的反政府活动,开始于清真寺的宣讲,进而演变为民众示威和暴力冲突。作为非法的反对派政治组织,叙利亚穆斯林兄弟会的目标是,对异教徒阿拉维派主导的复兴党统治发动圣战,推翻阿萨德政权和阿拉维派的统治,建立伊斯兰政体,实行多党选举基础上的议会宪政制度,恢复伊斯兰教法的权威地位,保证司法独立,保护宗教少数派的信仰自由,限制政府的经济干预,以私人所有制为基础的自由经济取代国有化经济,通过天课和慈善的形式缩小贫富差别。① 穆斯林兄弟会与阿萨德政权的对立,兼有逊尼派与阿拉维派之间教派矛盾以及民众与国家之间政治矛盾的双重色彩,包含宗教与世俗之抗争、逊尼派与阿拉维派之抗争、民主与专制之抗争的政治内容。

　　1976 年,穆斯林兄弟会在叙利亚北部发动骚乱。1979 年,63 名阿拉维派军官在阿勒颇遭到穆斯林兄弟会的暗杀。阿萨德政权一度采取怀柔政策,控制通货膨胀,惩治腐败,承诺给予反对派更大的政治空间,改组内阁,来自逊尼派的阿卜杜勒·拉乌夫·卡兹姆出任总理。1980 年春,在伊朗革命的影响下,叙利亚穆斯林兄弟会发起组建“伊斯兰阵线”和“解放叙利亚国家联盟”,采取进一步的激进行动,控制阿勒颇,进而波及哈马、霍姆斯、伊德里卜、拉塔基亚、代尔祖尔等地,诸多社会阶层和政治组织加入穆斯林兄弟会主导的反政府阵营。② 与此同时,政府开始采取强硬的政策。1982 年,穆斯林兄弟会在北部城市阿勒颇、哈马和霍姆斯等地发动反叛。③ 复兴党政府出兵 1.2 万人,历时两个星期,平息穆斯林兄弟会的反叛。④ 在穆斯林兄弟会反叛中心的哈马,30％的建筑物被毁,死亡人数超过万人。⑤

　　阿萨德政权致力于改善与其他阿拉伯国家之间的外交关系,逐渐打破叙利亚在阿拉伯世界的孤立状态,旨在共同对抗以色列和收复 1967 年中东战争后被以色列占领的戈兰高地。1970 年 12 月,叙利亚与埃及、利比亚签署的黎波里

---

① Hinnebusch,R. , *Syria:Revolution from Above*, p. 96, p. 95.

② 同上,p. 99。

③ Dekmejian,R. H. , *Islam in Revolution:Fundamentalism in the Arab World*, p. 109.

④ Posusney, M. P. &Angrist, M. P. , *Authoritarianism in the Middle East:Regimes and Resistance*, Boulder 2005, p. 50.

⑤ Perthes,V. , *The Political Economy of Syria Under Asad*, p. 137.

宪章,致力于共同组建阿拉伯联邦。① 与此同时,阿萨德政权试图联合约旦、黎巴嫩、巴勒斯坦,组建大叙利亚联邦。1973 年,叙利亚恢复与约旦的外交关系。1976 年,叙利亚出兵黎巴嫩。1977 年,叙利亚与约旦、黎巴嫩、巴勒斯坦解放组织签署军事、经济、文化领域的合作协议。② 1978 年埃及与以色列签署和平协议后,叙利亚作为阿拉伯世界最重要的"前线国家",从海湾国家获得累计 150 亿美元的经济援助。③ 1983 年,阿萨德授意组建巴勒斯坦阵线,作为抗衡阿拉法特领导的巴勒斯坦解放组织和主导巴勒斯坦形势的政治工具。1985 年以色列军队撤出黎巴嫩后,叙利亚军队长期进驻黎巴嫩,黎巴嫩处于叙利亚的控制和影响之下。④

另一方面,叙利亚与其他诸多阿拉伯国家之间存在复杂的矛盾。叙利亚与伊拉克长期角逐新月地带的霸权,幼发拉底河水源的分配亦是影响叙伊关系的重要因素。1966 年,叙利亚复兴党与伊拉克复兴党分道扬镳,两国之间的关系急剧恶化。两伊战争期间,叙利亚成为唯一支持伊朗的阿拉伯国家,叙利亚在阿拉伯世界再度陷入孤立的境地,尤其是海湾国家向叙利亚提供的经济援助明显减少。1973—1978 年,阿拉伯世界向叙利亚提供的官方援助年均 6 亿美元。1978 年在巴格达召开的阿拉伯联盟峰会,承诺未来 10 年中每年向叙利亚提供 18 亿美元的援助。两伊战争爆发后,阿拉伯世界向叙利亚实际提供的援助下降为年均 6.7 亿美元,至 1989 年停止提供援助。此间,叙利亚从伊朗获得约 10 亿美元的援助。⑤

叙利亚具有强烈的民族主义传统和反西方倾向,是战后唯一拒绝接受美国经济援助的中东国家。冷战时代,叙利亚是苏联在阿拉伯世界的重要盟国;美国政府抨击叙利亚支持国际恐怖主义,英国政府指责叙利亚涉嫌参与策划希斯罗机场的空难事件并于 1986 年中断与叙利亚的外交关系,阿萨德政权则坚持明确的反美立场。⑥ 冷战时代结束后,阿萨德政权采取灵活的外交政策,叙利亚与与美国及西方世界的关系逐渐改善。1990—1991 年海湾战争期间,叙利亚支持联合国通过的相关决议,出兵参加美国主导的多国部队,进而从西方世界和海湾国家获得丰厚的政治资本和经济回报。⑦

---

① Ismeal, T. Y. , *Middle East Politics Today: Government and Civil Society*, p. 249.

② Yapp, M. E. , *The Near East Since the First World War*, pp. 264-265.

③ Ismeal, T. Y. , *Middle East Politics Today: Government and Civil Society*, p. 255.

④ Peretz, D. , *The Middle East Today*, p. 428.

⑤ Perthes, V. , *The Political Economy of Syria Under Asad*, p. 34.

⑥ Ismeal, T. Y. , *Middle East Politics Today: Government and Civil Society*, p. 257.

⑦ Peretz, D. , *The Middle East Today*, p. 428.

叙以关系是影响叙利亚外交政策的核心内容,恢复 1967 年第三次中东战争前的叙以边界和以色列归还于 1967 年占领的戈兰高地则是叙利亚政府与以色列举行和平谈判的前提条件。阿萨德政权建立后,叙利亚国内局势趋于稳定,国际地位明显提高,其在中东地区的政治影响随之扩大。叙利亚与以色列之间长期处于军事对抗的状态,阿萨德时代的防务支出约占叙利亚政府财政预算的三分之一。叙利亚的武器进口,1970−1977 年年均 5.7 亿美元,1978 年为 9 亿美元,1979 年增至 20 亿美元,80 年代前期达到年均 28 亿美元,80 年代后期下降为年均 14 亿美元,90 年代再度呈增长的趋势。[①] 尽管从其他阿拉伯国家特别是海湾国家和利比亚获得相应的资助,数额巨大的军费开支依然构成叙利亚政府的沉重经济负担,进而影响叙利亚经济社会的发展和现代化的进程。

80 年代末,阿萨德政权面临新的国际环境和国内环境所带来的挑战。自 1986 年起,国际市场石油价格下跌,海湾国家提供的经济援助随之减少,进而对叙利亚的经济形势产生严重的负面影响。90 年代初苏联的解体、东欧政治的剧变和冷战的结束,迫使叙利亚开始寻求西方世界的支持。进入 90 年代,叙利亚国内出现改变现行政治制度的民众呼声,民主化进程暗流涌动,穆斯林兄弟会死灰复燃,阿萨德政权的独裁统治面临严峻的挑战。[②]

1991 年 12 月,阿萨德第四次当选总统。1992 年 3 月,阿萨德总统发表讲话,强调叙利亚的政治制度是建立在叙利亚历史和文化基础之上的民主制,叙利亚的民主制尚有进一步改善的空间,然而西方模式的民主制无疑不适应叙利亚的国情。阿萨德声称,叙利亚的现行民主制度将随着政治、经济、社会和文化的发展而不断完善,民主制并非随意进口和出口的商品,每个国家皆有自己的历史和文化传统,亦有自己的政治制度。与此同时,阿萨德政权逐渐调整国内政策,放松对于民众生活的诸多限制,安全机构减少对于民主生活的监督,扩大议会的权限,允许非复兴党成员进入议会,承诺扩大与伊斯兰主义者的政治对话,旨在扩大政治基础,试图满足民众日益高涨的政治要求,实现国内的政治稳定。[③]

进入 90 年代,阿萨德政权调整世俗化政策,资助建立宗教学校和清真寺,给予宗教学校和清真寺相应的自治地位,解除宗教图书的发行限制。与此同时,政府在反对伊斯兰教政治化的前提下,改变对穆斯林兄弟会的强硬立场,释

中
东
史

---

① Perthes,V. , *The Political Economy of Syria Under Asad* , p. 31.

② Peretz,D. , *The Middle East Today* , p. 429.

③ Zisser,E. , *Asad's Legacy:Syria in Transition* , p. 181, pp. 183-184.

放 80 年代初入狱的穆斯林兄弟会成员,允许教界作为独立人士参加议会的竞选。1991 年 12 月,2864 名政治犯获释。1993 年 3 月,600 名政治犯获释。1993 年 11 月,554 名政治犯获释。1995 年 11 月,5300 名囚犯获释,其中包括 1200 名政治犯。阿勒颇的著名伊斯兰主义者阿卜杜勒·法塔赫,自 1963 年复兴党执政起长期流亡沙特阿拉伯,从事反政府的政治活动,1976—1982 年担任叙利亚穆斯林兄弟会的总训导师,1982 年以后放弃政治活动,在吉达大学著书立说。1995 年 12 月,阿卜杜勒·法塔赫获准返回叙利亚,定居于阿勒颇,1996 年夏再次移居沙特阿拉伯,1997 年 2 月去世,葬于麦地那。阿卜杜勒·法塔赫死后,阿萨德发去唁电,宗教部长和阿勒颇市长代表阿萨德慰问阿卜杜勒·法塔赫的家属,阿萨德甚至有意派总统专机将阿卜杜勒·法塔赫的遗体运回叙利亚下葬,赢得阿卜杜勒·法塔赫家属的感激。阿萨德的怀柔举措,旨在缓解政府与穆斯林兄弟会领导人之间的矛盾。90 年代后期,阿萨德政权与阿拉伯世界的伊斯兰主义组织之间的联系和交往日渐频繁。访问大马士革的伊斯兰主义组织领导人包括黎巴嫩真主党总书记哈桑·纳斯鲁拉和精神领袖侯赛因·法兹拉亚、苏丹伊斯兰运动领导人哈桑·图拉比、巴勒斯坦哈马斯领导人艾哈迈德·亚辛。约旦伊斯兰行动阵线领导人伊斯哈格·法拉罕于 1997 年 1 月访问大马士革,与复兴党签署合作协议。① 大马士革俨然成为阿拉伯世界伊斯兰主义的国际中心,共同反对以色列成为叙利亚复兴党政府与伊斯兰主义组织广泛联合的政治基础。

90 年代,叙利亚议会的权限和影响逐渐扩大,进而成为缓解国内矛盾的减压阀。1990 年 5 月,叙利亚举行议会选举,议员人数从 195 人增至 250 人,占议会席位 40% 的 84 个席位分配给持中立政治倾向的独立候选人,其余 166 个席位分配给民族进步阵线的诸多政党。相比之下,1986 年的议会选举中,只有不足 20% 的议会席位即 35 个席位分配给独立候选人。1994 年 8 月产生的议会和 1998 年 11 月产生的议会,独立候选人均为 83 席。与此同时,政府允许独立候选人组成竞选联盟。②

90 年代阿萨德政权推行的新经济政策,导致新富人阶层即资产阶级和商人的崛起。新富人主要来自逊尼派的城市精英,1963 年复兴党政权建立后长期处于经济生活的边缘地带,90 年代成为举足轻重的社会阶层。新富人阶层是 90 年代新经济政策的受益者,亦是阿萨德政权的政治盟友,构成议会独立候选人的主要来源。议会之独立候选人席位比例的提高,反映出 90 年代新经济政策

---

① Zisser,E.,*Asad's Legacy:Syria in Transition*,p.200,p.184,p.196,p.202.

② 同上,p.186。

所催生的新富人阶层的崛起。新富人阶层尽管政治权力和政治影响十分有限，却渴望稳定的政治形势和宽松的经济环境，支持政府稳定社会的政治举措。来自教界的独立候选人亦大都持温和的政治立场，强调伊斯兰教的宽容性和非暴力性，与阿萨德政权广泛合作，进而区别于激进的伊斯兰主义者和穆斯林兄弟会。[①]

70—80年代，国家主义占主导地位，政府和国有企业构成主要的就业领域，从业者普遍依附于国家，自治的民间群体和所谓的公民社会微乎其微。90年代新经济政策的逻辑结果，在于民众逐渐脱离国家和政府的趋势，进而催生公民社会的成长壮大。换言之，国有经济面临困境是私人经济得以复兴的前提条件，国有经济的削弱提供了私人经济拓展的空间；另一方面，私人经济的复兴以及由此产生的竞争导致国有经济的进一步衰落，而政治环境的相对宽松提供了民众权利拓展的空间。

经济参与的进程与政治参与的进程两者之间具有内在的逻辑联系，经济参与的扩大无疑导致政治参与扩大的历史趋势。国家主义时代，服务于国家利益抑或官方利益的需要是政府制定经济政策的基本准则，土地改革和国有化举措集中体现国家利益抑或官方利益的至高无上。相比之下，在非国有化的条件下，民间利益抑或民众利益逐渐取代国家利益抑或官方利益，成为影响经济政策和经济生活的主要因素。非国有化运动的逻辑结果是私人投资的增长和民众经济参与的扩大，而民众经济参与扩大的逻辑结果则是民众政治参与的扩大、民主化运动的高涨和极权政治的衰落。伴随着新经济政策的实施和自由化的经济改革，官僚阶层逐渐转化为新兴资产阶级。与此同时，包括工人和农民在内的下层民众作为新经济政策和自由化经济改革的牺牲品，逐渐由阿萨德政权的支持者转化为政治舞台的边缘群体，进而成为极端主义滋生的温床。

阿萨德政权无意从根本上放弃极权统治、推动民主化进程和实现民众政治参与，只是推行政治减压的相应举措，吸收新阶层进入复兴党主导的政府机构，作为民主化改革的替代，旨在适应变动的经济社会秩序，维持经济社会秩序变动进程中的政治稳定。在90年代的叙利亚，司法、新闻和职业性协会依然处于政府的控制之下，亦无多党制的议会竞选，民主化程度明显不及同时期的埃及。[②]

1984年，阿萨德总统与掌管武装部队和安全机构的副总统里法阿特·阿萨德之间爆发激烈的权力角逐。阿萨德挫败里法阿特·阿萨德的政治阴谋，继而

① Zisser, E., *Asad's Legacy: Syria in Transition*, p. 187.

② Hinnebusch, R., *Syria: Revolution from Above*, p. 108.

指定长子巴希勒·阿萨德作为总统的继承人选。1985 年起,里法阿特·阿萨德先后流亡法国和西班牙寻求政治避难,直至 1992 年返回叙利亚。1994 年,巴希勒·阿萨德遭遇车祸,意外身亡。2000 年 5 月,叙利亚复兴党举行大会,确定巴沙尔·阿萨德作为阿萨德总统的继承人。[①]

2000 年 6 月,阿萨德逝世。阿萨德的逝世,标志着阿拉伯世界一个时代的结束。阿萨德是 20 世纪高举泛阿拉伯主义的最后旗手,阿萨德的逝世结束了 20 世纪实现阿拉伯世界统一的最后梦想。阿萨德以牺牲政治自由作为代价,致力于实现叙利亚社会的整合和国家的稳定,致力于推动叙利亚在经济社会层面的现代化进程,致力于捍卫叙利亚的国家利益和阿拉伯民族的利益。阿萨德与同时期的埃及总统萨达特和穆巴拉克、伊拉克总统萨达姆不乏相似之处,亦有明显的不同。阿萨德逝世后,叙利亚实现平稳的权力过渡。2000 年 7 月,巴沙尔·阿萨德在全民公决中获得 97.29％的支持率,正式当选叙利亚总统。[②]

经济与社会的进步

叙利亚与欧洲基督教世界的交往由来已久。拉塔基亚自 17 世纪种植烟草,出口欧洲市场。[③] 进入 19 世纪以后,欧洲基督教诸国相继在叙利亚设立领事馆,叙利亚与欧洲基督教世界之间的经济交往明显扩大,农产品出口迅速增长。[④] 农业生产的市场化进程表现为经济作物种植面积的扩大和产量的提高,生丝、棉花和烟草构成叙利亚出口欧洲基督教世界的主要商品。1861－1880 年,叙利亚的生丝年产量从 96 万公斤增至 247 万公斤;1913 年,叙利亚的生丝产量达到 562 万公斤,占叙利亚出口商品的四分之一。棉花主要种植于阿勒颇与沿海之间的山区,1885 年产量 100 万公斤,20 世纪初达到 200 万公斤,其中三分之一经伊斯肯德伦出口欧洲市场。与此同时,欧洲基督教世界的工业品经伊斯肯德伦和拉塔基亚等沿海港口进入叙利亚市场,叙利亚与欧洲基督教世界诸国之间的贸易额呈明显上升的趋势。另一方面,由于特定的自然环境,沿海地区的农业市场化程度明显高于内陆地区,由此形成沿海与内陆之间经济生活的巨大差异。沿海地区的农作物呈多元化结构,包括烟草、橄榄、柠檬和棉花在内的经济作物在农作物中所占的比例较高。相比之下,内陆地区的农作物呈相

---

① Ismeal,T. Y., *Middle East Politics Today: Government and Civil Society*, p. 253.

② 同上,p. 252。

③ Owen,R. , *The Middle East in the World Economy 1800-1914*, p. 29.

④ Yapp,M. E. , *The Making of the Modern Near East 1792-1923*, p. 132.

对单一结构,普遍种植包括小麦和大麦在内的粮食作物。[①]

　　法国委任统治时期,叙利亚农业的进步主要表现为阿勒颇商人投资北部内陆平原、推广农业机械和扩大棉花的播种面积;相比之下,东北部的贾吉拉位于幼发拉底河左岸,地广人稀,封闭落后,农业长期处于停滞不前的状态。[②] 40年代后期,叙利亚北部阿勒颇和其他城市的商人投资开发贾吉拉地区,推广农业机械,增加棉花的播种面积,扩大货币关系和雇佣劳动,现代农业随之初露端倪。[③] 自50年代起,叙利亚政府成立国有土地开发公司,增加农业投资,引进灌溉机械,开发贾吉拉地区;贾吉拉地区的耕地面积,1942年约2万公顷,50年代中期增至40万公顷。[④] 此后,贾吉拉成为叙利亚的新兴谷仓,代尔祖尔一带种植的棉花主要销往国际市场。[⑤] 1968年,叙利亚政府效仿埃及在尼罗河上游建造的阿斯旺高坝,在幼发拉底河流域建造塔布卡水坝。1973年,塔布卡水坝合拢,水坝之上形成巨大的湖泊,名为阿萨德湖。1978年,塔布卡水坝竣工,预计灌溉面积达到64万公顷。80年代中期,叙利亚政府在幼发拉底河右岸兴建引水工程,预计灌溉面积超过30万公顷。叙利亚的耕地面积,1938年为175万公顷,1953年增至360万公顷,1969年达到590万公顷。[⑥] 1980年,叙利亚的耕地面积达到620万公顷,约占国土面积的31%,其中三分之二的耕地播种谷物,四分之一的耕地播种棉花。[⑦] 耕地面积的迅速增长,明显缓解了城市承受的人口压力。

　　叙利亚的农业生产主要分布在四个区域。一是南起黎巴嫩边境、北至土耳其边境的沿海平原,主要农作物是包括水果、橄榄、烟草和棉花在内的经济作物。二是奥伦特河谷,亦称加卜河谷。三是主要城市大马士革、霍姆斯、哈马、阿勒颇所在的中部平原和幼发拉底河谷,主要农作物是谷物、水果和棉花。四是东北部的贾吉拉,主要农作物是谷物和棉花。[⑧] 1946—1980年,叙利亚的小麦播种面积从88万公顷增至149万公顷,大麦播种面积从37万公顷增至92万公顷,棉花播种面积从3万公顷增至19万公顷,果蔬播种面积从18万公顷增

中
东
史

---

　① Owen, R., *The Middle East in the World Economy 1800-1914*, p.156, p.250, p.260, p.247, p.29.

　② Peretz, D., *The Middle East Today*, p.416.

　③ Antoun, R. T. & Quataert, D., *Syria: Society, Culture and Polity*, p.64.

　④ Yapp, M. E., *The Near East Since the First World War*, p.100.

　⑤ Hinnebusch, R., *Syria: Revolution from Above*, p.26.

　⑥ Hopwood, D., *Syria 1945-1986: Politics and Society*, p.108, p.105.

　⑦ Ma'oz, M., *Syria Under Assad*, p.38, p.48.

　⑧ Ma'oz, M. & Yaniv, A., *Syria Under Assad: Domestic Constraints and Regional Risks*, pp.46-47.

至 38 万公顷。1943—1980 年,小麦年产量从 60 万吨增至 145 万吨,大麦年产量从 28 万吨增至 63 万吨。[①]

1972 年以前,农产品占叙利亚出口商品的二分之一以上,其中棉花占出口商品的三分之一。1974 年以后,石油取代棉花,成为最重要的出口商品。1980年,农产品仅占出口商品的 13%。进入 80 年代,国际市场油价下跌,国内市场石油需求增长,农产品特别是棉花再度成为重要的出口商品。1968—1973 年,皮棉年产量超过 20 万吨,1976 年下降为 15 万吨,1980 年仅为 12 万吨。此后,皮棉产量逐渐上升,1983 年皮棉年产量增至 19 万吨,其中出口皮棉 13 万吨。[②]

奥斯曼帝国统治时期,城市商人和部族舍赫占有大量土地,普遍采用分成制的租佃方式。法国委任统治当局将大量的国有土地和部族土地赠与城市商人和部族舍赫作为私人地产,农民丧失传统的土地公用权,乡村社会的贫富差距随之明显扩大。据相关资料的统计,法国委任统治时期,土地贵族仅占人口总数的 2%,却占有全部农业收入的 50%,耕种土地的贫困农民约占人口总数的 80%,仅占有全部农业收入的 25%。[③] 叙利亚独立初期,土地贵族垄断国家权力,操纵议会,维护传统的土地制度,耕作者依旧处于贫困的状态。

叙利亚大规模的土地改革开始于阿联时期。1959 年颁布的土地改革法规定,私人占有的人工灌溉耕地不得超过 80 公顷,私人占有的自然灌溉耕地不得超过 300 公顷,超过规定的部分由政府征购,以人工灌溉耕地 8 公顷和自然灌溉耕地 30 公顷为单位向农民出售,农民从政府购置的耕地不得出售和出租,必须由购地者本人耕种,购地者必须加入政府创办的合作社。1963 年复兴党政权建立后,进一步限制私人地产,规定私人占有的人工灌溉耕地不得超过 50 公顷,私人占有的自然灌溉耕地不得超过 200 公顷。[④]

叙利亚共和国土地改革的主要目的在于铲除旧秩序的社会基础,进而强化国家和政府在乡村农业领域的主导地位。土地改革的直接结果则是地权结构的剧烈变化,即大地产的衰落和中等地产的明显上升趋势。至 1969 年,4500 户大地产主的 150 万公顷耕地被政府征购,约占当时全部耕地的 17%;10 万户小农获得政府征购的 44.5 万公顷耕地以及政府在加卜河流域开垦的 43.2 万公

① Owen,R., *A History of Middle East Economies in the Twentieth Century*, p. 258.

② Ma'oz, M. & Yaniv, A., *Syria Under Assad: Domestic Constraints and Regional Risks*, pp. 49-50.

③ Hinnebusch,R., *Syria:Revolution from Above*, p. 21.

④ Yapp,M. E., *The Near East Since the First World War*, pp. 257-258.

顷耕地。[①] 根据相关资料的统计,土地改革前的 1952 年,占有耕地超过 100 公顷的大地产主约占农户总数的 1%,超过 100 公顷的大地产占全部耕地的 50%;占有耕地 10—100 公顷的中等地产主约占农户总数的 9%,10—100 公顷的中等地产占全部耕地的 37%;占有耕地不足 10 公顷的小农约占农户总数的 30%,不足 10 公顷的小地产占全部耕地的 13%;无地农民约占农户总数的 60%。土地改革后的 1970 年,占有耕地超过 100 公顷的大地产主约占农户总数的 0.5%,超过 100 公顷的大地产占全部耕地的 17.7%;占有耕地 10—100 公顷的中等地产主约占农户总数的 15.3%,10—100 公顷的中等地产占全部耕地的 58.7%;占有耕地不足 10 公顷的小地产主约占农户总数的 48%,不足 10 公顷的小地产占全部耕地的 23.6%;无地农民约占农户总数的 36%。[②] 1980 年,政府颁布新的土地法,进一步限制私人地产的面积,42700 公顷土地被政府征购,由农民租种。[③]

土地改革的相关举措是乡村的合作化进程。至 1982 年,约三分之一的耕地和三分之二的农户纳入合作社的范围。[④] 官僚化的合作社通过物价控制、信贷发放和农产品购销政策干预农业生产,进而取代传统的土地贵族,成为联结国家与农民的纽带和政府控制乡村社会的政治工具。与此同时,传统土地贵族经历普遍的衰落过程,分成制的租佃方式逐渐废止,农民随之开始摆脱依附状态。然而,土地改革并未直接导致农业的进步和贫困农民经济境况的改善。小农地产面积有限,财力匮乏,投资严重不足,加之政府控制作物播种和规定收购价格,农民往往入不敷出,债台高筑,直至沦为雇工,或流入城市而导致农业劳动力的严重缺失。相比之下,中等农户投资土地,购置农业机械,采用现代经营模式,提高产量和市场化程度,成为土地改革的受益者,直至取代在外地主成为主导乡村社会的新兴阶层和复兴党政权的社会基础。

阿萨德时代,地权结构渐趋稳定。[⑤] 阿萨德政权实行国有农业与私人地产并重的二元政策,一方面延续复兴党的合作化政策,扶植和巩固小农经济,另一方面鼓励私人投资农业,推广资本主义的经营方式,扩大农业雇佣关系,推动农业的市场化进程。自 70 年代开始,国有农业、私人地产以及政府与私人合作投资的农业公司构成农业生产的主要形式,新兴农业资产阶级成为政府发展农业

---

① Perthes, V. , *The Political Economy of Syria under Asad* , p. 81.

② Hinnebusch, R. , *Syria:Revolution from Above* , p. 120.

③ Perthes, V. , *The Political Economy of Syria Under Asad* , p. 81.

④ Hopwood, D. , *Syria 1945-1986* , p. 106.

⑤ Perthes, V. , *The Political Economy of Syria Under Asad* , p. 82.

生产的重要合作伙伴。[1]

自 19 世纪开始，西方工业品的倾销导致叙利亚的工业生产呈不断萎缩的状态。大马士革和阿勒颇的织机数量，19 世纪 60 年代初超过 10000 锭，19 世纪 70 年代末下降为不足 5000 锭。[2] 20 世纪初，叙利亚的工业生产水平明显落后于埃及和土耳其，亦不及沿海的黎巴嫩地区。1914 年，叙利亚和黎巴嫩的工业劳动力仅占全部劳动力的 10％～15％，工业生产局限于传统的食品加工业和纺织业。[3]

法国委任统治统治结束后，叙利亚的工业化进程逐渐启动。1945－1954 年，叙利亚新建工业企业 37 家。50 年代前期，工业生产的年均增长率达到 12％。[4] 然而，议会民主制时代，传统土地贵族长期控制国家机器，农业构成政府投资的首要领域，工业投资增长缓慢，工业的进步主要表现为消费品生产的增长，基础工业发展缓慢。1960 年，叙利亚政府成立计划部，负责制定国民经济发展计划。1961－1965 年即第一个五年计划期间，农业投资占政府投资总额的 60％。[5] 复兴党政权建立后，致力于进口替代的工业发展模式，不断强化政府的经济干预，政府的工业投资呈明显的上升趋势。1966－1970 年第二个五年计划，依靠苏联和东欧阵营的贷款和经济援助，投资发展石油化学工业、钢铁工业、电力工业和基础设施以及大型水利灌溉项目。1971－1975 年第三个五年计划，重点建设幼发拉底河水利工程，旨在扩大耕地面积、吸收剩余劳动力和提高发电量。[6] 60 年代末，复兴党政府投资的工业项目包括哈马的面粉厂、霍姆斯的化肥厂、阿勒颇的拖拉机厂、拉塔基亚的发电设备制造厂，以及为数众多的纺织厂和食品加工厂。1970 年，国有企业雇佣工人达到 5.7 万人，占全部工业劳动力的三分之一。[7] 阿萨德时代，继续推行工业优先的经济发展战略，进一步增加政府的工业投资，鼓励私人投资工业领域，积极引进国外投资。70 年代，包括化工、钢铁和机械制造在内的现代工业发展迅速。1971 年，工业产值首次在国内生产总值中超过农业产值所占的比例。[8] 1970－1978 年，工业生产的年均增

① Hinnebusch，R.，*Syria：Revolution from Above*，p. 115.

② Owen，R.，*The Middle East in the World Economy 1800-1914*，p. 172.

③ Hershlag，Z. Y.，*Introduction to the Modern Economic History of the Middle East*，p. 268.

④ Hinnebusch，R.，*Syria：Revolution from Above*，p. 26.

⑤ Owen，R.，*A History of Middle East Economies in the Twentieth Century*，p. 153.

⑥ Hinnebusch，R.，*Syria：Revolution from Above*，p. 55.

⑦ Perthes，V.，*The Political Economy of Syria Under Asad*，p. 40.

⑧ Yapp，M. E.，*The Near East Since the First World War*，p. 259.

长率达到 13.6%。电力装机容量,1950 年为 100 万千瓦,1974 年增至 1400 万千瓦,80 年代达到 4000 万千瓦。[1]

70 年代,叙利亚政府在苏联的援助下建成即自大马士革至约旦首都安曼的铁路、自西部港口城市塔尔图斯经霍姆斯至北部内陆城市阿勒颇的铁路、自西部港口城市拉塔基亚经阿勒颇至东北部边境城市卡米什里的铁路以及自阿勒颇经拉卡至东北部中心城市代尔祖尔的支线铁路。[2] 铁路通车里程,1968 年为 850 公里,1980 年增至 2000 公里。铺面公路长度,1968 年为 8000 公里,1980 年增至 17000 公里。拉塔基亚港始建于 1952 年,进入 70 年代,航运功能进一步完善。塔尔图斯港始建于 1970 年,成为叙利亚最大的港口。巴尼亚斯港始建于 70 年代末,是叙利亚出口石油的主要通道。[3]

石油开采是叙利亚的重要工业部门。1959 年,一家西德石油公司在叙利亚东北部的苏韦迪耶建成第一座油井。1964 年,叙利亚政府将石油工业收归国有。1968 年,叙利亚建成自东北部油田至西部港口城市塔尔图斯的输油管道,开始向国际市场出口石油。1975 年,叙利亚政府开始与罗马尼亚、南斯拉夫、法国、加拿大、美国的多家石油公司合资开采石油。[4] 1986 年,在东北部的代尔祖尔建成第二座油田。叙利亚的石油日产量,70 年代初不足 12 万桶,80 年代中期增至 20 万桶,90 年代初达到 58 万桶。自 70 年代开始,石油取代棉花成为叙利亚主要的出口商品,石油和石油产品在叙利亚出口总额中所占的比例呈明显上升的趋势。1970 年,叙利亚出口总额 2.03 亿美元,其中石油和石油产品出口额 0.34 亿美元;1992 年,叙利亚出口总额 31 亿美元,其中石油和石油产品出口额 21.51 亿美元。[5]

工业化的进程导致产业结构的相应变化。农业产值在国内生产总值中所占的比例,1953—1959 年平均为 35.1%,1960—1973 年平均为 26.6%,1974—1980 年平均为 19.9%。1970—1991 年,农业劳动力人数在全部劳动力中所占的比例从 51.0% 下降为 28.2%,工业劳动力在全部劳动力中所占的比例从 20.8% 上升为 25%。[6] 1956—1984 年,农业产值在国内生产总值中所占的比例从 38.3% 下降为 19.7%,工业产值所占的比例从 11.8% 上升为 16.0%。[7]

中东史

---

① Ma'oz,M. , *Syria Under Assad* , p. 54.

② Ma'oz,M. & Yaniv,A. , *Syria Under Assad:Domestic Constraints and Regional Risks* , p. 58.

③ Hopwood,D. , *Syria 1945-1986* , p. 112.

④ Ma'oz,M. , *Syria Under Assad* , p. 51.

⑤ Perthes,V. , *The Political Economy of Syria Under Asad* , p. 25, p. 30.

⑥ Ma'oz,M. , *Syria Under Assad* , p. 45, p. 42.

⑦ Owen,R. , *A History of Middle East Economies in the Twentieth Century* , p. 257.

工业化的水平和工业在国民经济中所占的比例并非衡量经济发展和现代化进程的唯一标准,不同的自然环境和经济资源构成影响和制约工业化进程的首要因素。耕地面积的有限与人口的膨胀之间的矛盾是埃及经济社会生活的突出现象,亦是加速埃及工业化进程的重要动力。相比之下,叙利亚具有较为充足的耕地、水源和发展农业的良好环境,农业在国民经济中长期占据举足轻重的地位,劳动力结构相对稳定,城市人口的增长速度亦相对缓慢。根据相关资料的统计,农业产值在国内生产总值中所占的比例,1970 年为 20%,1990 年为 21%;包括制造业、石油矿产业和建筑业在内的工业产值在国内生产总值中所占的比例,1970 年为 25%,1990 年为 24%。农业劳动力在全部劳动力中所占的比例,1970 年为 51.0%,1981 年下降为 26.0%,1991 年上升为 28.2%;包括制造业、石油矿产业和建筑业在内的工业劳动力在全部劳动力中所占的比例,1970 年为 20.8%,1981 年上升为 35.2%,1991 年下降为 24.7%。[1] 产业工人大都属于国有企业,从属于政府。私人企业通常规模较小,工人处于分散的状态,从属于私人企业主。工业化进程的相对缓慢以及特定的工业结构,决定着产业工人和工会力量的软弱状态。

议会民主制时代,私人经济占主导地位,国有经济成分微乎其微。复兴党政权建立后,致力于工业化的经济发展战略,强调进口替代的工业发展模式,政府经济干预的扩大和主要工业部门的国有化成为推动工业化进程的重要举措。1963 年底,复兴党民族委员会召开第六次大会,决定在主要工业部门、金融财政、基础设施、对外贸易以及部分国内贸易领域实行国有化的政策,旨在铲除旧制度的经济基础。[2] 1964 年,复兴党政府首先在金融和贸易领域实行国有化。1965 年初,国有化的范围扩大到制造业、加工业和石油矿产业领域,复兴党政府将超过 100 家工业企业收归国有。[3]

复兴党政权推行的国有化举措,导致国有经济在国民经济中所占的比例明显提高,尤其是政府投资上升为工业投资的主要形式。1965 年,国有工业企业的劳动力约占全部工业劳动力的四分之一,国有商业控制进出口贸易的40%。[4] 1963 年,私人资产约 3.55 亿叙镑,国有资产约 1.7 亿叙镑,私人资产显然构成资产占有的主要形式;1976 年,私人资产增至 6.55 亿叙镑,国有资产增

① Perthes,V. , *The Political Economy of Syria Under Asad* , p.26.

② 同上, p.37。

③ Hopwood,D. , *Syria 1945-1986* , p.110.

④ Perthes,V. , *The Political Economy of Syria Under Asad* , p.40.

至 12.6 亿叙镑,国有资产的增长幅度远远超过私人资产的增长幅度,国有资产取代私人资产成为资产占有的主要形式。① 70 年代,私人企业与国有企业在国内工业生产总值方面可谓平分秋色,然而私人企业规模较小,经营分散,98% 的私人企业雇佣劳动力不足 10 人。1984 年,国有企业的劳动力约占全部工业劳动力的三分之一,产值则占工业生产总值的 78%。②

复兴党执政前的 1953—1963 年,国内生产总值年均增长 4.6%。相比之下,复兴党政权建立后,经济增长速度明显加快;国内生产总值的年均增长率,1963—1969 年为 5.5%,1970—1975 年为 8.2%,1977—1980 年为 6.8%。③ 国内生产总值,1970 年为 234 亿叙镑,1980 年增至 518 亿叙镑,1983 年达到 655 亿叙镑。④ 国有化和工业化进程,无疑构成推动经济增长的有力杠杆。然而,政府经济干预和国有化政策存在明显的弊端,生产成本过高,投入产出比率失衡,投资渠道单一,资本积累不足,市场活力匮乏。进入 80 年代,政府经济干预和国有化的弊端逐渐显现;国内生产总值的年均增长率,1980—1983 年下降为 4.7%,1983—1987 年甚至出现负增长。⑤ 经济的增长速度落后于人口的增长速度,民众生活水准呈下降趋势。1986—1987 年,通货膨胀率达到 100%。经济形势的恶化,促使政府开始推行非国有化和自由化的经济政策。⑥

自 80 年代末开始,政府实行新的经济政策,逐渐放宽对于私人经济的限制,鼓励私人投资旅游业和农业,旨在增加收入和提高就业率,实现经济繁荣,投资结构随之出现相应的变化。⑦ 政府投资在国内投资中所占的比例,1970 年约为 40%,1975—1985 年约为 50%,90 年代初下降为 25%。⑧ 与此同时,私人投资和私人经济在国民经济中所占的比例均呈明显上升的趋势。1975—1986 年,国有企业固定资本总额从 62 亿叙镑增至 103 亿叙镑,国有企业资本总额所占的比例从 72% 下降为 60%;私人企业固定资本总额从 24 亿叙镑增至 70 亿叙镑,私人企业固定资本总额所占的比例从 28% 上升为 40%。⑨ 1981 年,私人企

---

① Hinnebusch,R. , Syria: Revolution from Above , p. 125.

② Niblock,T. & Murphy,E. , Economic and Political Liberalization in the Middle East , pp. 181-182.

③ Hinnebusch,R. , Syria: Revolution from Above , p. 128.

④ Ma'oz,M. & Yaniv,A. , Syria Under Assad : Domestic Constraints and Regional Risks , p. 43.

⑤ Hinnebusch,R. , Syria: Revolution from Above , p. 130.

⑥ Yapp,M. E. , The Near East Since the First World War , p. 461.

⑦ Hinnebusch,R. , Syria: Revolution from Above , p. 134.

⑧ Perthes,V. , The Political Economy of Syria Under Asad , p. 61.

⑨ Harik,I. and Sullivan,D. J. , Privatization and Liberalization in the Middle East , Indiana 1992, p. 133.

业共计 22 万家,其中雇佣劳动力超过 10 人的私人企业 890 家;1988 年,私人企业总数增至 37 万家,其中雇佣劳动力超过 10 人的私人企业达到 1800 家。[1] 然而,私人投资不同于政府投资;政府的投资领域主要是现代工业和基础设施建设,私人投资大都热衷于进出口贸易和房地产开发以及其他非生产性领域,工业投资数额有限,私人工业企业规模较小,轻工业领域的私人企业居多。自 80 年代初至 90 年代初,私人经济的从业人员数量增长一倍,其中 60% 从事商业;1992 年,私人工业企业平均雇佣劳动力不足 3 人。[2]

1990 年,政府制定新的经济发展战略,削减补助金,贬值货币,放松进出口贸易的限制。[3] 1991 年,政府颁布投资法,旨在进一步吸引国内投资和国外投资,标志着自由化经济改革进入新的阶段。私人获准投资包括制造业在内的国有经济控制领域,私人投资自 1963 年以来首次超过政府投资。[4] 1993 年,登记投资项目约 700 项,其中 300 项属于工业项目,其余 400 项大都属于服务业项目。[5] 1994 年,私人投资 474 个项目,共计 17.8 亿美元。至 1998 年,根据投资法批准的投资项目达到 1494 个,预计投资总额 85 亿美元,预计提供 10 个万就业岗位。然而,投资项目主要分布在大马士革和阿勒颇周围,乡村和边缘地区的投资项目寥寥无几。与此同时,政府放宽进口贸易的限制,进口额 1989 年 20 亿美元,1991 年 27.6 亿美元,1993 年 46.7 亿美元。[6]

1987—1989 年,国内生产总值年均增长率为 4.9%;1990—1994 年,国内生产总值年均增长率达到 8%。[7] 此间,通货膨胀率呈下降趋势,贸易逆差明显缓解。80 年代中期,国有企业劳动力在工业和建筑业占全部劳动力的 40%;90 年代初,国有企业劳动力不足工业和建筑业全部劳动力的 30%,私人企业产值在国内生产总值中所占的比例超过 50%。[8] 然而,90 年代的私人投资长期处于政府的控制之下,尚无私人银行和证券市场。政府投资在石油、金融和基础设施建设领域独占鳌头,私人经济在旅游业、农业和商业领域的影响日益扩大。90 年代前期,基础设施的政府投资大幅增加;水电、交通、教育和卫生的政府财政预算投资,1992 年为 362.5 亿叙镑(约合 32.3 亿美元),1993 年达到 607.5

① Niblock,T. & Murphy,E., *Economic and Political Liberalization in the Middle East*, p. 193.
② Perthes,V., *The Political Economy of Syria Under Asad*, pp. 60-61.
③ Ismeal,T. Y., *Middle East Politics Today:Government and Civil Society*, p. 255.
④ Hinnebusch,R., *Syria:Revolution from Above*, p. 134.
⑤ Perthes,V., *The Political Economy of Syria Under Asad*, p. 60.
⑥ Zisser,E., *Asad's Legacy:Syria in Transition*, p. 189.
⑦ Hinnebusch,R., *Syria:Revolution from Above*, p. 135.
⑧ Perthes,V., *The Political Economy of Syria Under Asad*, p. 59.

亿叙镑(约合 64 亿美元),约占预算投资总额的 51%。与此同时,军费在财政预算中所占的比例从 1992 年的 29%下降为 1993 年的 23%。90 年代末,叙利亚经济增长速度逐渐减缓,政府的控制导致私人投资严重不足,国内生产总值年增长率不足 1%,民众生活水准下降。经济形势的恶化加剧民众的不满,新闻媒体和国民议会激烈抨击政府的经济政策,称叙利亚是"官僚制的世界冠军"[1]。

政府控制下的有限自由化改革,是 90 年代叙利亚经济生活的突出特征。政府和官僚阶层成为受益者以及政府和官僚阶层与新兴资产阶级分享成果,是推行自由化经济改革的宗旨和前提条件。政府与私人的合资企业,形成政府与私人投资者之间的共同利益。90 年代的自由化经济改革,其范围、深度和速度均处于政府的操纵和控制之下,旨在延续国家对于经济生活的主导作用。究其原因,首先是避免国有企业的雇员成为改革的牺牲品而新兴资产阶级作为潜在的政治对手成为改革的受益者,其次是下层民众构成复兴党政权的社会基础而保护下层民众的既得利益构成复兴党政权之合法性的重要来源,第三是国有企业作为政府主要的财源需要得到相应的保护,第四是与以色列军事对抗的国际环境需要政府控制国民经济命脉,第五是私人投资的主要领域局限于非生产性领域而基础工业依然需要政府投资。

法国委任统治初期,包括黎巴嫩在内的大叙利亚人口约 250 万。[2] 自 50 年代起,叙利亚的人口增长速度逐渐加快,1955 年约为 400 万,1965 年增至 560 万,1975 年达到 720 万。[3] 1986 年,叙利亚人口超过 1000 万。[4] 1993 年,叙利亚人口增至 1400 万。[5] 1950 年以前,叙利亚人口主要分布在沿海平原以及南部中心城市大马士革和北部中心城市阿勒颇周围。1950 年以后,叙利亚的人口分布发生变化,东北部幼发拉底河流域哈萨卡、拉卡、代尔祖尔地区的人口呈明显上升的趋势。1960 年,拉卡 33%的人口和哈萨卡 18%的人口系外来的移民。1972 年,叙利亚总人口 670 万,其中大马士革和阿勒颇两省人口 290 万,占总人口的 44%;1980 年,叙利亚总人口增至 898 万,其中大马士革和阿勒颇两省人口 360 万,在总人口中所占的比例下降为 40%。[6] 另一方面,不同教派的分布区域亦经历明显的变化。城市化的进程逐渐打破乡村和教派的孤立和封闭状态,

① Zisser, E., *Asad's Legacy: Syria in Transition*, pp. 189-193.

② Hershlag, Z. Y., *Introduction to the Modern Economic History of the Middle East*, p. 237.

③ Grunwald, K. & Ronall, J. O., *Industrialization in the Middle East*, p. 27.

④ Yapp, M. E., *The Near East Since the First World War*, p. 260.

⑤ Perthes, V., *The Political Economy of Syria Under Asad*, p. 23.

⑥ Ma'oz, M. & Yaniv, A., *Syria Under Assad: Domestic Constraints and Regional Risks*, p. 37.

导致诸多教派人口的移动趋势。来自乡村和分别属于不同教派的人口脱离传统的生活环境而融入城市,祖居山区的阿拉维派和德鲁兹派人口移居逊尼派人口居多的城市成为叙利亚社会生活的突出现象。阿拉维派是叙利亚最重要的什叶派分支,其称谓源于什叶派伊玛目阿里,意为阿里派,亦称努赛里派。叙利亚的阿拉维派包括沙姆绥耶、嘎马里耶、穆尔什迪耶三个支派,分别属于哈亚廷、哈达丁、马塔维拉、卡勒比耶四个部族;1966 年发动政变的阿拉维派将领穆罕默德·乌姆兰、萨拉赫·贾迪德和哈菲兹·阿萨德分别属于哈亚廷部族、哈达丁部族和马塔维拉部族。[1] 阿拉维派成员的人数约占叙利亚什叶派穆斯林总数的四分之三,主要分布在西部城市拉塔基亚附近的安萨里耶山区(亦称阿拉维山区)。哈马原本是典型的逊尼派城市;复兴党政权建立后,哈马的阿拉维派人口比例急剧上升。拉塔基亚曾经是逊尼派和基督徒聚居的城市,1945 年有逊尼派穆斯林 18500 人和基督徒 6400 人;阿萨德当政期间,大批阿拉维派人口自安萨里耶山区即阿拉维山区涌入拉塔基亚,拉塔基亚俨然成为叙利亚阿拉维派的大本营。德鲁兹派祖居黎巴嫩山区,19 世纪后期移居豪兰山区,豪兰山区遂改称德鲁兹山区。叙利亚境内 80％的德鲁兹派成员生活在德鲁兹山区,德鲁兹派成员占德鲁兹山区人口的 90％。[2] 复兴党执政期间,德鲁兹派自豪兰山区即德鲁兹山区移居大马士革,聚居于大马士革的贾拉马纳区、希纳耶区和阿什拉菲耶区;至 80 年代,叙利亚德鲁兹派人口的约三分之一生活在大马士革及其周围地区。[3]

城市化是现代化进程中的普遍现象,城市化进程与工业化进程通常表现为同步的状态,而乡村社会的变化与城市化进程之间亦具有内在的逻辑联系。一战前夕,奥斯曼帝国统治下的大叙利亚人口约 400 万,大马士革、阿勒颇、贝鲁特和耶路撒冷是大叙利亚地区的主要城市。[4] 法国委任统治初期,不包括黎巴嫩和巴勒斯坦在内的叙利亚人口共计 220 万,城市人口为 50 万,其中大马士革人口 17.5 万,阿勒颇人口 20 万,霍姆斯和哈马人口各约 5 万。[5] 1947 年,叙利亚总人口共计 300 万,其中 20％生活在 10 万人以上的城市。叙利亚共和国建立后,总人口年均增长 2.7‰,城市人口年均增长 4.7‰;城市人口的增长速度明显高于总人口的增长速度,而人口的流动则是城市人口增长的主要原因。[6]

① Yapp,M. E. ,*The Near East Since the First World War*, p. 255.

② Peretz,D. ,*The Middle East Today*, p. 405.

③ Ma'oz,M. & Yaniv,A. ,*Syria Under Assad :Domestic Constraints and Regional Risks*, p. 37.

④ Owen,R. ,*The Middle East in the World Economy 1800-1914*, p. 244.

⑤ Yapp,M. E. ,*The Near East Since the First World War*, p. 85.

⑥ Ma'oz,M. & Yaniv,A. ,*Syria Under Assad :Domestic Constraints and Regional Risks*, p. 71.

1960 年，叙利亚的城市人口在总人口中所占的比例仅为 36.8％。1963 年复兴党执政以后，叙利亚的城市化水平逐渐提高；城市人口在总人口中所占的比例，1970 年增至 43.3％，1985 年达到 50.6％。[①] 1986 年，叙利亚总人口 1000 万，其中 38％ 生活在 10 万人以上的城市。[②] 尽管如此，叙利亚的城市化程度依然低于中东其他主要国家。直至 80 年代，大马士革、阿勒颇和霍姆斯是城市人口超过乡村人口的仅有省份；在其他省份，乡村人口普遍超过城市人口。[③] 工业化进程的缓慢无疑是制约城市化进程的重要因素；另一方面，叙利亚乡村的人均耕地面积超过高于中东其他主要国家，地广人稀的生存环境对叙利亚的城市化进程产生深刻的影响。以埃及为例，1947 年，五口之家的平均耕地面积为 1.31 公顷；1971 年，五口之家的平均耕地面积为 0.84 公顷；进入 80 年代，乡村人均耕地面积继续呈下降的趋势，城市面临巨大的人口压力。相比之下，叙利亚耕地面积，1953 年 175 万公顷，1969 年 590 万公顷，1980 年 620 万公顷，人均耕地面积较大，城市化压力有限。[④] 进入 90 年代，叙利亚的城市化进程逐渐加快，城市人口在总人口中所占的比例达到 70％。[⑤] 大马士革的人口，1970 年约 80 万，1990 年增至 150 万。[⑥]

产业结构的变化和城市化的进程导致游牧经济的衰落，游牧人口数量随之呈下降趋势。1930 年，叙利亚的游牧人口为 36 万，占总人口的 12.8％；1960 年，叙利亚的游牧人口下降为 21 万，仅占总人口的 4.7％。叙利亚东部沙漠和幼发拉底河上游曾经是游牧部落主宰的世界，50 年代叙利亚政府在贾吉拉地区大规模的垦殖和开发则是导致贝都因人绝对数字和相对比例下降的主要原因。[⑦]

60 年代是叙利亚社会结构变化的重要分水岭。复兴党执政期间自上而下的改革举措，导致叙利亚的社会结构经历深刻的变化。市场化、工业化、城市化的长足进步以及土地改革政策的实施和政府职能的不断完善，否定着传统社会的封闭状态。从属于国家的政府雇员规模呈上升趋势，从 50 年代末的 2.2 万人增至 70 年代的 25 万人，80 年代达到 47 万人。1960－1970 年，小农阶层在

---

① Saqqaf，A. Y.，*The Middle East City：Ancient Traditions Confront a Modern World*，New York 1987.

② Ma'oz，M. & Yaniv，A.，*Syria Under Assad：Domestic Constraints and Regional Risks*，p. 72.

③ Antoun，R. T.，*Syria：Society，Culture and Polity*，p. 2.

④ Ma'oz，M. & Yaniv，A.，*Syria Under Assad：Domestic Constraints and Regional Risks*，p. 38.

⑤ Perthes，V.，*The Political Economy of Syria Under Asad*，p. 23.

⑥ Ochsenwald，W.，*The Middle East：A History*，p. 645.

⑦ Ma'oz，M. & Yaniv，A.，*Syria Under Assad：Domestic Constraints and Regional Risks*，p. 38.

总人口中所占的比例从 27.4% 上升为 41.5%,城市工商业贵族在总人口中所占的比例从 2.2% 下降为 0.7%,乡村土地贵族在总人口中所占的比例从 4.5% 下降为 0.6%,乡村无地农民在总人口中所占的比例从 20.5% 下降为 8.9%。[①] 自 80 年代末开始,新经济政策的实施导致政府官僚逐渐转化为经营企业的资产阶级,进出口贸易的扩大导致中间商阶层的兴起,城市化的进程导致建筑承包商势力的膨胀,工业化的进程导致产业工人队伍的壮大,机械化和农业商品化导致分成制的衰落和现代农业雇佣关系的扩大,市场化的进程加剧人口的移动和瓦解传统社会的封闭状态。新旧阶层的消长和社会的整合作为市场化、工业化和城市化进程的逻辑结果,构成叙利亚现代化进程中社会变革的突出现象。

教育事业的进步是现代化进程在社会生活领域的重要内容。19 世纪中叶以前,传统的宗教教育是叙利亚仅有的教育模式。19 世纪后期,西方传教士创办的教会学校初露端倪。一战前夕,叙利亚有 77 所俄国教会创办的私立学校和 14 所德国教会创办的私立学校。[②] 法国委任统治时期,叙利亚的学校教育具有法国化的浓厚色彩,教会和慈善机构创办的私立学校居多。大马士革大学始建于 1923 年,是叙利亚的第一所大学,包括医学院和法学院。1940 年,叙利亚共有中等学校 17 所,其中官办中等学校 7 所,在校学生共计 4000 人;官办初等学校 450 所,在校学生 50000 人,相比之下,私立初等学校相当于官办初等学校的三倍。[③] 直至 1944 年,6—12 岁的学龄儿童入学率不足四分之一,13 所官办中等学校的在校学生不足 5000 人,国民的文盲率为 80%。[④] 叙利亚独立后,教育事业经历长足的进步。1956 年,官办中等学校增至 258 所,在校学生超过 60000 人。[⑤] 复兴党政权建立后,城乡之间的差别逐渐缩小,精英教育逐渐发展为民众教育,教育资源的分配日趋均衡,乡村教育环境明显改善。教育预算在政府财政支出中所占的比例,40 年代后期为 13.4%,50 年代后期为 14.5%,70 年代中期为 18.6%,80 年代初为 18%。政府拨付的教育经费,1972 年为 2.66 亿叙镑,1981 年增至 29.68 亿叙镑。[⑥] 1964—1977 年,学校在校学生和教师人数增长一倍,学龄儿童入学率从 58% 提高为 85%;1960—1970 年,小学毕业生

---

① Hinnebusch, R., *Syria: Revolution from Above*, p. 56.

② Issawi, C., *The Fertile Crescent 1800-1914: A Documentary Economic History*, p. 31.

③ Yapp, M. E., *The Near East Since the First World War*, p. 102.

④ Hopwood, D., *Syria 1945-1986*, p. 121.

⑤ Yapp, M. E., *The Near East Since the First World War*, p. 102.

⑥ Ma'oz, M., *Syria Under Assad*, p. 41.

在乡村人口中所占的比例从不足 10％增至超过 20％。[①] 1963—1981 年,各类学校的在校学生总数从 74 万增至 221 万。[②] 70 年代初至 90 年代初,国民的文盲率从 50％下降为 25％,其中女性的文盲率从 75％下降为 40％。[③] 1963—1968 年,大马士革大学的学生人数增长一倍;1968 年大马士革大学的在校学生中,来自社会下层的学生约占 40％,来自乡村的学生约占 50％,父辈曾经接受高等教育的学生仅占大马士革大学在校学生的 6％。[④] 80 年代初,叙利亚政府在北部城市阿勒颇、西部城市拉塔基亚和东部城市代尔祖尔创办新的大学。大学在校学生人数,1964 年为 2.6 万,1983 年增至 11 万。[⑤] 教育事业的进步,构成促进社会流动、变动社会结构和加速下层民众崛起的重要杠杆。

三、黎巴嫩

黎巴嫩共和国的兴起

黎巴嫩地区曾经是古代腓尼基人的家园;腓尼基人是古代世界的著名商人,腓尼基人创造的字母文字在世界文化史上占有重要的地位。古典时代,黎巴嫩地区长期处于希腊人和罗马人的统治之下;公元 395 年,罗马帝国分裂,黎巴嫩地区隶属于东罗马帝国的叙利亚行省。伊斯兰教兴起后,黎巴嫩地区的土著居民与阿拉伯人逐渐同化。自 1516 年起,黎巴嫩被纳入奥斯曼帝国的版图。黎巴嫩山区是马龙派基督徒和德鲁兹派穆斯林的共同家园,伊斯坦布尔的苏丹承认马龙派基督徒和德鲁兹派穆斯林在黎巴嫩山区享有自治的权利。奥斯曼帝国统治时期,黎巴嫩山区的马龙派基督徒与德鲁兹派穆斯林长期处于对立的状态;其中,马龙派基督徒大都生活在黎巴嫩山区的北部,德鲁兹派穆斯林主要分布在黎巴嫩山区的南部。

马龙派系叙利亚地区的基督教分支,信奉基督一性论,拒绝承认基督教官方信条三位一体说,创始人是公元 4 世纪末 5 世纪初的基督教隐修士马龙,曾被拜占廷帝国视作异端,公元 7 世纪后期自叙利亚移居黎巴嫩山区。马龙派自

---

① Antoun,R. T. , *Syria: Society, Culture and Polity*, pp. 36-37.

② Ma'oz,M. , *Syria Under Assad*, p. 41.

③ Perthes,V. , *The Political Economy of Syria Under Asad*, p. 23.

④ Hinnebusch,R. , *Syria: Revolution from Above*, pp. 55-56.

⑤ Antoun,R. T. , *Syria: Society, Culture and Polity*, p. 37.

称腓尼基人的后裔,十字军东征以后承认罗马教皇的宗主地位,进而与罗马教会建立密切的联系。[1] 16 世纪末,奥斯曼帝国在黎巴嫩山区设立埃米尔封邑,是为近代黎巴嫩国家的前身。17 世纪初,德鲁兹派贵族法赫尔丁在罗马教廷和意大利商人的支持下控制黎巴嫩山区。1635 年,奥斯曼帝国军队攻入黎巴嫩山区,处死法赫尔丁。17 世纪末至 18 世纪中叶,黎巴嫩山区处于大马士革以及沿海城市西顿、阿克的奥斯曼帝国帕夏的直接控制之下。18 世纪末 19 世纪初,德鲁兹派穆斯林与马龙派基督徒在黎巴嫩山区激烈角逐。[2] 1843 年,奥斯曼帝国将黎巴嫩山区划分为马龙派控制的北部行政区和德鲁兹派控制的南部行政区。1849 年,法国与奥斯曼帝国签署协议,伊斯坦布尔的苏丹承认马龙派处于法国的保护之下。此后,法国与马龙派之间的关系逐渐密切,黎巴嫩山区成为法国在东地中海进行贸易扩张的主要据点。19 世纪 50 年代,马龙派的活动范围开始从黎巴嫩山区北部延伸到南部的德鲁兹派地区,进而导致什哈卜家族为首的马龙派基督徒与马安家族为首的德鲁兹派穆斯林之间爆发大规模内战,1 万人死于战乱,10 万人无家可归。1861 年,奥斯曼帝国与法国、英国、俄国、奥地利、普鲁士政府在贝鲁特召开国际会议。根据贝鲁特会议签署的协议,奥斯曼帝国在黎巴嫩山区约 4000 平方公里的范围内设立黎巴嫩桑贾克,作为奥斯曼帝国的行政区域,直接隶属于伊斯坦布尔的苏丹;黎巴嫩桑贾克西侧的沿海城市贝鲁特、的黎波里、阿克、西顿和提尔隶属于贝鲁特桑贾克,黎巴嫩桑贾克东侧的巴勒贝克和贝卡谷地隶属于大马士革桑贾克;黎巴嫩桑贾克在承认伊斯坦布尔苏丹宗主权的前提下享有充分自治的地位,由基督徒出任地方长官,按照教派的原则划分权力,处于欧洲列强的保护之下。[3] 19 世纪 60 年代,黎巴嫩山区的居民分别属于基督徒和穆斯林的不同教派,其中马龙派基督徒约 23 万人,东正教徒 5.4 万人,德鲁兹派 5 万人,希腊天主教徒 3.4 万人,逊尼派和什叶派穆斯林 3 万人。[4] 黎巴嫩桑贾克的协商会议,根据不同教派的人口比例选举产生,设 12 个席位,其中马龙派占据 4 个席位,德鲁兹派占据 3 个席位,东正教占据 2 个席位,希腊天主教、什叶派和逊尼派各占 1 个席位。[5]

一战前夕,黎巴嫩山区人口约 40 万,其中五分之四是基督徒,五分之一是穆斯林;马龙派是黎巴嫩山区最大的基督教派别,约占黎巴嫩山区基督徒总数

① Zamir,M.,*The Formation of Modern Lebanon*,London 1985,p. 8.

② Taraboulsi,F.,*A History of Modern Lebanon*,London 2007,p. 3,pp. 7-8,pp. 9-10.

③ Zamir,M.,*The Formation of Modern Lebanon*,pp. 8-9.

④ Miller,W.,*The Ottoman Empire 1801-1913*,p. 305.

⑤ Sharabi,H. B.,*Government and Politics of the Middle East in the Twentieth Century*,Connectucut 1987,p. 106.

的 60％。一战期间,黎巴嫩山区丧失原有的自治地位,加之饥荒和瘟疫流行,人口锐减。一战结束后,包括黎巴嫩山区在内的大叙利亚摆脱奥斯曼帝国的统治,继而形成权力真空的状态。英国与法国在大叙利亚地区展开激烈角逐,巴勒斯坦的犹太人和黎巴嫩山区的马龙派基督徒分别成为英国和法国争夺对于大叙利亚地区控制权的政治工具。1918 年 10 月,费萨尔亲王在大马士革成立阿拉伯王国政府;1920 年 3 月,费萨尔亲王被拥立为阿拉伯王国国王。此间,黎巴嫩山区的穆斯林要求实现与穆斯林人数居多的叙利亚合并,进而提高自身的政治地位。马龙派主导的基督徒主张黎巴嫩山区脱离叙利亚和大马士革的穆斯林政权,削弱穆斯林在黎巴嫩山区的政治影响,寻求在北起的黎波里和阿克、南至哈斯巴耶和拉沙耶、东起贝卡谷地、西至提尔、西顿和贝鲁特的范围内建立法国保护下的基督教国家。[①]

1920 年 4 月,法国正式行使对于黎巴嫩的委任统治权,继而任命组建包括 15 人的黎巴嫩地方行政会议,其中马龙派 6 人,希腊东正教 3 人,逊尼派穆斯林和什叶派穆斯林各 2 人,德鲁兹派和希腊天主教各 1 人。法国委任统治下的黎巴嫩行政区,最初局限于马龙派基督徒居住的黎巴嫩山区的范围。1920 年 9 月,逊尼派穆斯林人数居多的西部沿海城市贝鲁特、的黎波里、西顿、提尔,以及什叶派穆斯林人数居多、穆斯林与希腊东正教徒混居的东部贝卡谷地,正式并入黎巴嫩行政区,名为大黎巴嫩,是为黎巴嫩共和国的雏形。[②] 与原有的黎巴嫩山区相比,大黎巴嫩的人口构成发生明显的变化;基督徒在总人口中所占的比例下降为 55％,马龙派仅占总人口的三分之一。[③] 此后,基督徒、逊尼派和什叶派的三足鼎立,逐渐取代德鲁兹派与马龙派的南北对峙。1922 年 3 月,选举产生的黎巴嫩议会取代法国委任统治当局任命组成的黎巴嫩行政会议,议会席位依旧按照教派划分。1925 年,在法国委任统治当局的授意下,黎巴嫩议会起草宪法,承认黎巴嫩处于法国保护国的地位。与此同时,法国委任统治当局开始向黎巴嫩政府移交权力。1926 年 5 月,黎巴嫩议会通过 1925 年拟定的宪法草案,黎巴嫩共和国宣告成立。1926 年宪法规定,黎巴嫩共和国实行总统制,总统由议会选举产生,任期 6 年,有权任免总理和内阁部长,有权否决议会通过的法案和解散议会。[④] 随后,法国委任统治当局任命希腊东正教徒查理·达巴斯作为黎巴嫩共和国总统。1929 年,查理·达巴斯再度出任总统。1933 年,法国委

① Yapp,M. E. , *The Near East Since the First World War*, p. 104.

② Peretz,D. , *The Middle East Today*, p. 365.

③ Yapp,M. E. , *The Near East Since the First World War*, p. 105.

④ Hitti,P. K. , *A Short History of Lebanon*, New York 1965, pp. 220-221.

任统治当局任命哈比卜·萨阿德取代查理·达巴斯作为总统。1936年,黎巴嫩议会选举埃米勒·埃德出任总统。[1] 1936年11月,法国高级专员德·马特尔与黎巴嫩总统埃米勒·伊迪签署协议,法国承认黎巴嫩共和国的独立地位,保留在黎巴嫩的永久驻军权。[2]

黎巴嫩共和国缘起于法国委任统治当局划定的大黎巴嫩行政区,包括马龙派在内的基督徒与包括德鲁兹派在内的穆斯林各占人口的半数。[3] 1922年,黎巴嫩人口为63万;1932年,黎巴嫩人口增至86万。[4] 根据1932年的统计,在黎巴嫩共和国的总人口中,基督徒约占52%,穆斯林约占48%,其中29%属于马龙派,22%属于逊尼派,19%属于什叶派,10%属于希腊东正教,7%属于德鲁兹派,6%属于希腊天主教。[5] 马龙派基督徒主要分布在中北部山区和贝鲁特东区,逊尼派穆斯林主要分布在沿海城市的黎波里和西顿以及贝鲁特西区,什叶派穆斯林主要分布在贝卡谷地和南部乡村,德鲁兹派主要分布在南部山区。[6] 马龙派强调其与西方列强以及罗马教会之间的宗教文化联系,是法国委任统治当局控制黎巴嫩的主要政治盟友。希腊东正教是仅次于马龙派的第二大基督教派,信众分布于黎巴嫩和叙利亚的诸多地区,强调黎巴嫩与叙利亚之间的密切历史渊源和文化同一性,具有泛叙利亚主义和泛阿拉伯主义的明显倾向,20世纪阿拉伯民族主义的杰出人物安吞·萨阿达、米歇尔·阿弗拉格和乔治·哈巴什皆系希腊东正教徒。[7] 在穆斯林内部,逊尼派和什叶派普遍持亲叙利亚的政治立场。相比之下,德鲁兹派尽管反对马龙派的权力垄断,却支持黎巴嫩独立,长期抵制叙利亚的政治影响。[8]

马龙派、逊尼派和什叶派在黎巴嫩共和国的政治舞台上长期处于三足鼎立的状态,政治生活具有浓厚的教派色彩。黎巴嫩共和国建立初期,总统和内阁总理均为基督徒,其中总统出自希腊东正教徒,内阁总理出自马龙派。自1934年起,总统由马龙派出任;自1937年起,总理由逊尼派出任,议长由什叶派出任。1943年,教派之间达成协议,基督徒与穆斯林在议会中的席位分配比例为

① Kanaan,C. B. , *Lebanon 1860-1960：A Century of Myth and Politics*, London 2007, pp. 134-135.

② Taraboulsi,F. , *A History of Modern Lebanon*, London 2007, pp. 100-101.

③ Gaspard,T. , *A Political Economy of Lebanon 1948-2002*, p. 49.

④ Owen,R. , *A History of Middle East Economies in the Twentieth Century*, p. 64.

⑤ Kanaan,C. B. , *Lebanon 1860-1960：A Century of Myth and Politics*, London 2007, p. 135.

⑥ Yapp,M. E. , *The Near East Since the First World War*, p. 109.

⑦ Ismeal,T. Y. , *Middle East Politics Today：Government and Civil Society*, p. 263.

⑧ Yapp,M. E. , *The Near East Since the First World War*, p. 106.

6：5，内阁成员中马龙派与逊尼派各有 2—3 人，什叶派、德鲁兹派、希腊东正教徒和希腊天主教徒各有 1 人。[①]

贵族政治是法国委任统治时期黎巴嫩政治生活的突出现象。逊尼派穆斯林贵族大都具有奥斯曼帝国的政治背景和城市商业的经济背景，代表人物包括西顿的苏勒赫家族、贝鲁特的萨拉姆家族以及的黎波里的卡拉米家族、基斯尔家族和阿扎卜家族；其中，基斯尔家族的穆罕默德于 1926—1932 年出任议长，阿扎卜家族的哈伊尔丁于 1937 年成为首任穆斯林总理。什叶派贵族大都具有乡村和大地产主的背景，代表人物包括南部山区的阿萨德家族和贝卡谷地的哈马达家族。德鲁兹派贵族亦大都具有传统的经济社会背景，代表人物包括阿尔斯兰家族和琼布拉特家族。相比之下，基督教贵族大都具有西方的文化背景而非奥斯曼帝国的背景，兼有乡村和城市的背景。希腊天主教贵族米歇尔·什哈和萨利姆·塔格拉从事银行业，希腊东正教贵族佩特洛·特拉德从事商业贸易。马龙派贵族多为乡村的地产主，代表人物包括埃米勒·埃德和比沙拉·胡里。[②] 马龙派政党宪政集团和国家集团始建于 1932 年，是法国委任统治时期黎巴嫩政治舞台的主导势力。宪政集团的领导人是马龙派贵族比沙拉·胡里，持阿拉伯民族主义的立场，主张扩大与叙利亚民族主义组织的联系。国家集团的领导人是马龙派贵族埃米勒·埃德，持亲法的立场，1936—1941 年出任黎巴嫩总统。[③]

1941 年 6 月，盟军占领黎巴嫩。同年 7 月，戴高乐领导的自由法国政府任命法尔德·纳杰什为总统，萨米·苏勒赫为内阁总理。11 月，自由法国政府宣布放弃在黎巴嫩的委任统治。1943 年 9 月，黎巴嫩议会选举马龙派政党宪政集团领导人比沙拉·胡里为总统，逊尼派贵族里亚德·苏勒赫出任内阁总理。[④] 比沙拉·胡里与里亚德·苏勒赫达成口头协议，是为不成文的民族宪章。根据民族宪章，黎巴嫩是独立、统一和主权完整的阿拉伯国家，马龙派放弃寻求法国支持的立场，穆斯林亦放弃与叙利亚合并的努力；基督徒与穆斯林依据 1932 年的人口统计，按照 6：5 的比例划分议会席位；总统和武装部队司令职位属于马龙派基督徒，总理职位属于逊尼派穆斯林，议长职位属于什叶派穆斯林，副议长职位属于希腊东正教徒，武装部队参谋总长职位属于德鲁兹派。1944 年，美国和苏联正式承认黎巴嫩的主权和独立，黎巴嫩加入阿拉伯国家联盟。1946 年

① Yapp, M. E. , *The Near East Since the First World War*, p. 109.

② 同上, pp. 110-111。

③ Peretz, D. , *The Middle East Today*, p. 373.

④ Taraboulsi, F. , *A History of Modern Lebanon*, p. 106.

12 月,法军撤出黎巴嫩。[1]

战后黎巴嫩共和国的政治走向

黎巴嫩是最早建立共和政体的阿拉伯国家。战后的黎巴嫩共和国沿袭1926 年宪法和 1943 年民族宪章确定的政治框架,采用西方模式的宪政制度。阿拉伯世界的诸多国家,战后普遍经历威权政治的现代化进程。相比之下,黎巴嫩政党林立,政治自由,可谓政治环境最宽松的阿拉伯国家。教派基础上的国家权力分配原则和议会框架下的多党制构成战后黎巴嫩政治制度和政治生活的突出现象,议会选举则是战后黎巴嫩国家权力更替的基本形式。黎巴嫩宪法并未对国教或官方宗教作出明确的规定,然而宗教的影响无疑渗透到黎巴嫩社会生活和政治舞台的各个角落。基督徒与穆斯林长期按照教派人口比例划分议会席位,体现黎巴嫩政治生活的教派原则。1926 年议会初建之时,设 44 个席位。1943 年的民族宪章规定,议会 24 个席位属于基督徒,20 个席位属于穆斯林。1957 年,议会设 66 个席位,其中 36 个席位属于基督徒,30 个席位属于穆斯林。1958 年,议会席位增至 99 个,基督徒和穆斯林分别占据 54 个席位和45 个席位,其中 30 个席位属于马龙派,20 个席位属于逊尼派,19 个席位属于什叶派,11 个席位属于希腊东正教派,6 个席位属于德鲁兹派,6 个席位属于希腊天主教派,4 个席位属于亚美尼亚东正教派,1 个席位属于亚美尼亚天主教派,1个席位属于基督教新教,1 个席位属于其他人数较少的基督教派。[2]

黎巴嫩社会犹如教派镶嵌的马赛克,呈支离破碎的状态。社会成员分别从属于不同的教派,教派内部的聚合性与教派之间的排异性是黎巴嫩社会的突出特征。黎巴嫩长期实行多党制的政治制度,教派林立的社会结构是制约政党政治的重要因素。诸多政党具有浓厚的教派色彩,通常局限于代表特定教派的政治利益,缺乏超越教派界限的广泛社会基础。教派政治与政党政治的错综交织,长期构成黎巴嫩政治生活的明显特征。马龙派政党国家集团和宪政集团始建于法国委任统治时期,战后长期活跃于黎巴嫩的政治舞台。社会进步党始建于 1949 年,系德鲁兹派政党,领导人是卡迈勒·琼布拉特,反对西方殖民主义,支持纳赛尔主义和巴勒斯坦解放事业,主张改善教育、医疗、住房和就业环境,倡导公共领域的国有化,具有明显的世俗色彩和左翼倾向。[3] 国家自由党始建

---

① Peretz,D. , *The Middle East Today*, p. 374, p. 376.

② Ochsenwald,W. , *The Middle East:A History*, p. 629.

③ Peretz,D. , *The Middle East Today*, p. 384.

于 50 年代末,系马龙派政党,领导人是卡米勒·查蒙,持亲西方的立场,倡导自由经济,代表马龙派上层的利益。长枪党始建于 1936 年,系马龙派政党,领导人是皮埃尔·杰马耶勒,持亲西方的立场,反对阿拉伯民族主义,抵制叙利亚的影响和干预,强调黎巴嫩国家利益高于阿拉伯民族利益的原则,代表马龙派中下层的利益。阿拉伯民族运动始建于 1960 年,系逊尼派政党,具有泛阿拉伯主义的浓厚色彩,持亲埃及的立场,强调埃及在阿拉伯世界的领导地位。[①] 民族党系希腊东正教徒安吞·萨阿德于 1932 年创建的政党,主张实现黎巴嫩与叙利亚的合并,具有世俗色彩和暴力倾向,战后初期一度活跃于黎巴嫩的政治舞台,40 年代末遭到取缔,长期处于非法地位。[②] 黎巴嫩共产党始建于 1924 年,成员来自什叶派、逊尼派、德鲁兹派穆斯林以及基督徒,与民族党同为黎巴嫩最重要的世俗政党,法国委任统治时期系叙利亚共产党的分支组织,处于非法状态,1944 年起脱离叙利亚共产党,1948 年遭到黎巴嫩官方的取缔,1970 年恢复合法地位。[③]

黎巴嫩共和国的政治基础,是教派之间的权力分享和政府权力的限制。战后诸多阿拉伯国家威权政治的逻辑结果,是国家权力的强化和社会局势的相对稳定。相比之下,战后黎巴嫩政治生活的突出现象,是国家权力的软弱和社会局势的长期动荡。1947 年,黎巴嫩举行独立后的首次选举,马龙派政党宪政集团领导人比沙拉·胡里当选总统。马龙派议员卡米勒·查蒙和德鲁兹派议员卡迈勒·琼布拉特创建社会民族阵线,成为议会的主要反对党。1952 年,比沙拉·胡里辞职,卡米勒·查蒙当选总统。此后,卡米勒·查蒙拒绝卡迈勒·琼布拉特提出的社会改革和宪政改革方案,社会民族阵线解体。[④]

50 年代的黎巴嫩经历空前的经济繁荣,但同时出现了黎巴嫩国内贫富差距的扩大和社会矛盾的加剧;首都贝鲁特和黎巴嫩山区的基督徒成为经济繁荣的最大受益者,南部穆斯林人数居多的地区经济增长速度相对落后。另一方面,卡米勒·查蒙依靠马龙派贵族的支持,致力于强化总统的威权政治,不断削弱总理的权力和议会的地位,排斥穆斯林的政治参与和权力分享,导致穆斯林与基督徒之间教派对立的进一步加深。与此同时,卡米勒·查蒙放弃中立的立场,推行亲西方的外交政策。1953 年,美国向黎巴嫩提供 600 万美元的军事援助和经济援助。1954 年,黎巴嫩向美国提供空军基地。1955 年,黎巴嫩与美国

① Yapp,M. E. , *The Near East Since the First World War* , pp. 112-113.
② Hopwood,D. , *Syria 1945-1986* , p. 82.
③ Peretz,D. , *The Middle East Today* , p. 385.
④ 同上,p. 375。

签署长期经济合作协议。1956年苏伊士战争结束后,卡米勒·查蒙置阿拉伯国家峰会通过的决议于不顾,拒绝与英法断绝外交关系。①

1958年2月埃及与叙利亚合并后,黎巴嫩的穆斯林普遍希望加入阿联,遭到卡米勒·查蒙和马龙派基督徒的反对。同年3月,黎巴嫩反对派举行示威和罢工,抗议卡米勒·查蒙推行的内外政策,要求卡米勒·查蒙辞去总统职位。5月,反对派控制黎巴嫩四分之三的地区,军方则持中立的立场,拒绝镇压反对派。7月,美国海军陆战队进驻贝鲁特。9月,卡米勒·查蒙下台,福阿德·什哈卜出任总统,穆斯林与马龙派基督徒实现和解,美军撤出贝鲁特,黎巴嫩放弃加入阿联。②

此后,黎巴嫩出现相互对立的两大政治派系。卡米勒·查蒙领导的民族自由党、雷蒙·伊迪领导的国家集团党和皮埃尔·杰马耶勒领导的长枪党代表商业贵族和马龙派的利益,持保守和亲西方的立场,构成黎巴嫩政坛的右翼派系。福阿德·什哈卜领导的民主集团、拉希德·卡拉米领导的民主阵线和卡迈勒·琼布拉特领导的民族阵线代表新兴中产阶级和知识界以及穆斯林的利益,持阿拉伯民族主义的立场,主张推行激进的政治改革和经济社会改革,要求重新分配国家权力,构成黎巴嫩政坛的左翼派系。③ 福阿德·什哈卜执政期间,放弃亲西方的立场,实行中立的外交政策,改善与其他阿拉伯国家的关系,组建中央银行、计划委员会和社会保险基金会,颁布信贷与货币法,强化政府的经济干预,增加政府的基础设施投资和福利事业投资,兴建利塔尼河水利工程,发展公共卫生和教育事业,改善包括南部山区和贝卡谷地北部在内的贫困地区以及什叶派和德鲁兹派贫困人口的生活环境。④ 福阿德·什哈卜执政期间,政府雇员增长1倍,不同教派在政府的任职比例发生相应的变化。马龙派占黎巴嫩人口总数29%,卡米勒·查蒙执政期间拥有超过二分之一的政府职位,福阿德·什哈卜执政期间在政府职位中所占的比例下降为不足三分之一。⑤

1964年8月查理·希路当选总统后,延续福阿德·什哈卜的内外政策。1965年11月,查理·希路颁布新的经济社会发展计划,投资2.72亿里亚尔,用于改善民主住房环境和发展教育卫生事业。此间,马龙派和逊尼派长期控制议会和政府,政治生活具有浓厚的贵族色彩,什叶派游离于政治舞台的边缘。

① Taraboulsi,F.,*A History of Modern Lebanon*,pp. 128-130.

② 同上,p. 134, p. 137。

③ Peretz,D.,*The Middle East Today*,pp. 380-381.

④ Yapp,M.E.,*The Near East Since the First World War*,p. 266.

⑤ Taraboulsi,F.,*A History of Modern Lebanon*,p. 140.

1970 年,来自黎巴嫩北部、持右翼立场的马龙派贵族苏莱曼·弗朗基耶当选总统。[1]

黎巴嫩毗邻叙利亚和以色列,位于叙利亚与以色列之间的缓冲地带。阿以之间的矛盾冲突,特别是叙利亚与以色列之间的战争状态,构成制约黎巴嫩现代化进程的重要外部因素。尤其是巴勒斯坦难民的涌入,明显改变黎巴嫩国内教派之间的力量对比,进而深刻影响着黎巴嫩的政治生活。

自第一次中东战争开始,巴勒斯坦难民不断移居黎巴嫩境内。1948 年,黎巴嫩境内的巴勒斯坦难民约 10 万人,约占黎巴嫩总人口的 10%,分布在贝鲁特周围的难民营。[2] 此后三次中东战争,导致更多的巴勒斯坦难民涌入黎巴嫩境内。70 年代,黎巴嫩境内的巴勒斯坦难民约 37 万人,分布在 17 处难民营,成为黎巴嫩国内举足轻重的社会群体和政治势力。[3]

叙利亚、约旦和黎巴嫩是接受巴勒斯坦难民的主要国家。然而,叙利亚境内的巴勒斯坦难民长期处于叙利亚政府的控制之下,约旦政府于 1970 年驱逐巴勒斯坦解放组织,平息巴勒斯坦难民的政治骚乱。相比之下,黎巴嫩缺乏强有力的政府和军队,无法约束巴勒斯坦难民和巴解民兵武装。1948－1973 年,阿以之间经历 4 次大规模的战争。黎巴嫩尽管毗邻以色列,地处阿以战争的前沿,却长期保持中立的立场,是以色列周边地区唯一没有卷入阿以战争的阿拉伯国家。1964 年巴勒斯坦解放组织成立后,黎巴嫩境内的巴勒斯坦难民营成为巴勒斯坦解放组织的军事训练营地。自 1968 年起,巴勒斯坦解放组织将黎巴嫩南部作为军事基地,袭击黎以边境以色列一方的目标,引发以色列对黎巴嫩的军事报复,导致黎以之间的紧张状态。

巴勒斯坦难民大都属于逊尼派穆斯林,巴勒斯坦难民的涌入和巴勒斯坦武装组织的建立,导致黎巴嫩国内政治天平的失衡,加剧了黎巴嫩国内基督徒与穆斯林之间的矛盾,巴勒斯坦难民成为黎巴嫩国内矛盾的焦点。黎巴嫩政府拒绝给予 1948 年以后移居黎巴嫩的巴勒斯坦难民以黎巴嫩公民的身份,试图维持黎巴嫩国基督徒与穆斯林之间的平衡。与此同时,围绕巴勒斯坦难民问题,黎巴嫩国内逐渐分裂为明显对立的政治派别。黎巴嫩的基督徒大都主张对巴勒斯坦难民和巴解武装采取强硬的政策,限制巴勒斯坦解放组织在黎巴嫩境内的活动,包括逊尼派和什叶派以及德鲁兹派在内的穆斯林则普遍同情巴勒斯坦解放组织。1968 年,黎巴嫩政府与巴勒斯坦解放组织签署开罗协议,黎巴嫩政

① Taraboulsi,F. , *A History of Modern Lebanon* , pp. 144-145 , p. 155.

② Gaspard,T. , *A Political Economy of Lebanon 1948-2002* , p. 235.

③ Ismeal,T. Y. , *Middle East Politics Today:Government and Civil Society* , p. 264.

府承认巴勒斯坦难民在黎巴嫩境内享有自治的地位。[①] 此后,巴勒斯坦难民营俨然成为黎巴嫩境内的国中之国,参与黎巴嫩国内的教派冲突,尤其是与马龙派长期处于对立状态,进而改变黎巴嫩国内基督徒与穆斯林之间的力量对比。1969 年,马龙派主导的黎巴嫩安全部队与卡迈勒·琼布拉特领导的德鲁兹派激进势力以及巴勒斯坦解放组织发生流血冲突。在随后举行的开罗会议上,马龙派与德鲁兹派达成妥协,巴勒斯坦解放组织承诺停止干预黎巴嫩内部事务。[②] 1970 年,巴勒斯坦解放组织总部从安曼迁至贝鲁特,巴解武装组织亦从约旦移入黎巴嫩境内,黎巴嫩南部的黎以边境地带成为巴勒斯坦武装组织攻击以色列的主要据点,黎巴嫩南部的什叶派和德鲁兹派则是巴勒斯坦解放组织的政治盟友。至 1974 年,黎巴嫩境内的巴勒斯坦武装组织达到 1 万人的规模。巴勒斯坦武装组织与皮埃尔·杰马耶勒领导的马龙派军事组织长枪党之间的冲突时有发生,黎巴嫩濒临内战的边缘。[③]

1975 年 4 月 13 日,一辆客车在贝鲁特东区遭到袭击,28 名乘客被杀,其中大都是巴勒斯坦人。马龙派长枪党宣布对此事负责,引发巴勒斯坦武装组织与马龙派长枪党之间的暴力冲突。[④] 德鲁兹派民兵公开支持巴勒斯坦武装组织,黎巴嫩内战爆发。拉希德·索尔赫领导的内阁垮台,总统苏莱曼·弗朗基耶指定努尔丁·里法伊组建新政府。此后,黎巴嫩内战的范围逐渐扩大,苏莱曼·弗朗基耶、皮埃尔·杰马耶勒、卡米勒·查蒙和查拜尔·卡希斯创立右翼基督徒政党联盟黎巴嫩阵线,卡迈勒·琼布拉特组建左翼穆斯林政党联盟黎巴嫩民族运动,马龙派长枪党主导的基督徒武装与德鲁兹派主导的穆斯林武装形成截然对立的两大阵营,巴勒斯坦难民普遍支持黎巴嫩民族运动。在首都贝鲁特,黎巴嫩阵线控制基督徒聚居的东区,黎巴嫩民族运动控制穆斯林聚居的西区。[⑤] 1976 年 1 月,长枪党民兵进攻贝鲁特郊区的巴解组织营地受挫,被迫退守北部山区。[⑥] 与此同时,黎巴嫩政府军出现分裂,逊尼派将领艾哈德·哈提卜宣布成立阿拉伯黎巴嫩军,支持黎巴嫩民族运动,进而卷入穆斯林与基督徒的内战。[⑦]

黎巴嫩与叙利亚具有密切的地缘政治联系,是叙利亚抗衡以色列的重要屏

---

① Peretz,D.，*The Middle East Today*，pp. 387-388.

② Yapp,M. E.，*The Near East Since the First World War*，p. 268.

③ Ochsenwald,W.，*The Middle East：A History*，p. 630.

④ Taraboulsi,F.，*A History of Modern Lebanon*，p. 183.

⑤ Ismeal,T. Y.，*Middle East Politics Today：Government and Civil Society*，pp. 269-270.

⑥ Yapp,M. E.，*The Near East Since the First World War*，p. 269.

⑦ Peretz,D.，*The Middle East Today*，p. 390.

障。1976年2月,叙利亚总统阿萨德提出黎巴嫩基督徒与穆斯林和解方案,旨在避免黎巴嫩国家的分裂和排斥以色列对黎巴嫩事务的干预。和解方案的内容包括:黎巴嫩基督徒与穆斯林的议会席位实行5∶5的分配原则,取代原有的6∶5的分配原则;内阁总理由议会选举,取代原有的总统任命制度;废除政府公职的教派分配原则;中止1969年开罗会议对于黎巴嫩境内巴勒斯坦人所做的限制。阿萨德提出的和解方案得到总统苏莱曼·弗朗基耶以及马龙派的赞同;然而,卡迈勒·琼布拉特领导的德鲁兹派以及巴勒斯坦武装组织在军事上占据明显的优势,拒绝接受和解方案。1976年5月,叙利亚军队进入黎巴嫩,支持总统苏莱曼·弗朗基耶、马龙派武装和黎巴嫩阵线,攻击德鲁兹派民兵以及巴勒斯坦武装组织,黎巴嫩内战的形势急转直下。[1]

　　1976年6月,黎巴嫩、叙利亚、埃及、巴解组织、沙特阿拉伯和科威特在利雅得召开六方会议,签署停火协议,组建阿拉伯维和部队,进入黎巴嫩监督停火协议的实施,同时接受黎巴嫩阵线的建议,将黎巴嫩划分为相对独立的四个自治区域,即包括西顿在内的黎巴嫩南部作为什叶派控制区,贝鲁特作为基督徒与穆斯林混合居住区,贝鲁特以北的沿海地带作为马龙派控制区,包括的黎波里在内的东北部作为逊尼派控制区。[2] 同年9月,黎巴嫩举行大选,伊亚斯·萨尔吉斯当选总统,内战告一段落。[3] 10月,以叙利亚为主的阿拉伯维和部队3万人进入黎巴嫩,驻扎黎巴嫩北部和首都贝鲁特,巴解武装移至黎巴嫩南部。[4]

　　黎巴嫩内战貌似基督徒与穆斯林之间的教派冲突,却有深层的社会背景。长期以来,基督徒主导黎巴嫩的经济生活,穆斯林大都处于相对贫困和落后的状态;黎巴嫩南部与北部以及贝鲁特西区与东区的诸多差异,集中体现穆斯林与基督徒之间的贫富分化。另一方面,基督徒在黎巴嫩的政治舞台亦占据上风,穆斯林尽管人数居多,却在国家权力和议会席位的分配方面处于下风。黎巴嫩内战的真正起因,并非信仰的差异和意识形态的分歧,而是穆斯林与基督徒之间贫富分化的加剧和权力的角逐。不同教派之间的对立和冲突,作为黎巴嫩国内矛盾的外在形式,提供了导致内战的直接诱因。特定的地缘政治环境导致包括叙利亚、以色列和伊朗在内的诸多外部势力的介入,而外部势力的干预加剧着黎巴嫩国内错综复杂的矛盾冲突。黎巴嫩在内战中遭受人力和物力的巨大损失,黎巴嫩的教派分布亦由于内战而出现明显的变化,叙利亚则是黎巴

① Yapp,M. E. , *The Near East Since the First World War*, pp. 269-270.

② Peretz,D. , *The Middle East Today*, p. 392.

③ Yapp,M. E. , *The Near East Since the First World War*, p. 270.

④ Ismeal,T. Y. , *Middle East Politics Today:Government and Civil Society*, p. 271.

嫩内战的最大赢家。1975—1976年的内战可谓黎巴嫩共和国政治生活和现代化进程的重要转折点，黎巴嫩由此进入动荡的时代。

1975—1976年内战结束后，黎巴嫩西部的贝卡谷地成为叙利亚在黎巴嫩的主要军事基地。总统伊亚斯·萨尔吉斯和黎巴嫩政府持亲叙利亚的立场，系叙利亚操纵黎巴嫩事务的政治工具。皮埃尔·杰马耶勒之子巴希尔·杰马耶勒继任长枪党和马龙派的领导人，持亲美和亲以色列的立场，控制贝鲁特东区和北部沿海地区，抗衡穆斯林和叙利亚支持的黎巴嫩政府。与此同时，卡麦勒·琼布拉特之子瓦里德·琼布拉特领导的德鲁兹派民兵和巴解组织武装在黎巴嫩南部的势力呈明显上升的趋势。

1978年3月，以色列出兵2.5万人入侵黎巴嫩，进攻黎巴嫩南部的巴解武装，占领利塔尼河以南地区。[1] 同年6月，以色列从黎巴嫩南部撤军。根据联合国第425号决议，联合国维和部队进驻黎以边境的安全区。[2] 1979年，在以色列的支持下，萨阿德·哈达德领导的希腊天主教民兵在黎以边境成立所谓"自由黎巴嫩政府"，作为黎以边境的缓冲区，俨然是黎巴嫩境内的国中之国。[3]

1982年6月，以色列军队再次入侵黎巴嫩，占领黎巴嫩南部，直至进入贝鲁特，迫使巴解武装撤出贝鲁特西区，分别转移到其他的阿拉伯国家，巴解组织总部迁往突尼斯。然而，仍有40万巴勒斯坦人留居黎巴嫩，分布在黎巴嫩境内的10个难民营。以色列的入侵导致黎巴嫩国内政治力量的对比出现明显的变化，持亲以色列立场的马龙派和长枪党成为黎巴嫩国内最具实力的政治派别，以色列扶植的马龙派和长枪党领导人巴希尔·杰马耶勒出任总统。同年9月，巴希尔·杰马耶勒遭暗杀身亡，其兄阿明·杰马耶勒继任总统。随后，马龙派和长枪党武装攻占贝鲁特的萨布拉难民营和沙提拉难民营，巴勒斯坦难民死伤无数。[4]

1983年初，黎巴嫩分裂为两大阵营：抵抗以色列军入侵的阵营与支持以色列军占领的阵营。在贝鲁特、黎巴嫩山区、南部和贝卡谷地，黎巴嫩民族抵抗阵线不断袭击以色列占领军。[5] 1983年5月，总统阿明·杰马耶勒和黎巴嫩政府与以色列签署协议，双方宣布结束自1948年以来的战争状态，以色列军队撤出黎巴嫩，同时在黎巴嫩南部设立850平方公里的安全区，约占黎巴嫩总面积的

[1]　Peretz, D. , *The Middle East Today*, p. 393.

[2]　Ismeal, T. Y. , *Middle East Politics Today: Government and Civil Society*, p. 272.

[3]　Peretz, D. , *The Middle East Today*, p. 393.

[4]　Taraboulsi, F. , *A History of Modern Lebanon*, pp. 220-221.

[5]　同上, p. 221。

十分之一。然而，以色列要求叙利亚军队撤出贝卡谷地，遭到叙利亚政府的拒绝。[1]

1982年以色列入侵黎巴嫩的目的是解除黎巴嫩境内的巴解武装，迫使叙利亚从黎巴嫩撤军，扶植马龙派和长枪党主导的亲以色列政府。[2] 然而，1983年5月黎以协议签署后，总统阿明·杰马耶勒和黎巴嫩政府面临来自逊尼派、什叶派、德鲁兹派以及马龙派内部的挑战，无力控制国内局势，遂逐渐放弃亲以色列的立场，开始寻求叙利亚的支持。1985年6月，以色列完成从黎巴嫩的撤军，黎以边境地带的安全区交由萨阿德·哈达德领导的马龙派武装南黎巴嫩军控制，黎巴嫩的中北部地区依旧处于叙利亚军队的控制之下。[3]

1975—1976年的内战和1982年的以色列入侵，导致黎巴嫩政治秩序的剧烈变动。什叶派的政治崛起和黎巴嫩政治秩序的重建，成为80年代以来黎巴嫩现代化进程的突出现象。

什叶派祖居黎巴嫩南部乡村和贝卡谷地，分成制佃农居多。城市化的进程不断改变着黎巴嫩教派人口的分布格局；70年代，黎巴嫩南部约40%的什叶派农民和贝卡谷地约25%的什叶派农民离开祖居的乡村，移入城市，贝鲁特成为新的什叶派聚居地。进入80年代，什叶派人口增至100万，占黎巴嫩总人口的三分之一，超过马龙派和逊尼派，成为黎巴嫩人口最多的教派。[4] 然而，"基督徒和逊尼派穆斯林长期主导黎巴嫩政坛，什叶派穆斯林构成游离于黎巴嫩社会边缘的贫困群体"[5]。与此同时，什叶派开始活跃于黎巴嫩的政治舞台。

什叶派武装组织阿麦勒运动始建于1975年内战期间，在黎巴嫩南部和贝鲁特西区的什叶派下层民众中具有广泛的政治影响。"阿麦勒"一词在阿拉伯语中本意为"希望"，阿麦勒运动的前身是什叶派阿亚图拉穆萨·萨德尔于1974年7月创建的被剥夺者运动。穆萨·萨德尔出生于伊朗，60年代初移居黎巴嫩。1969年，伊斯兰什叶派最高会议成立，穆萨·萨德尔出任主席。穆萨·萨德尔代表黎巴嫩南部的什叶派穆斯林，呼吁政府增加在南部什叶派地区的投资，改善南部什叶派地区的经济社会状况，主张建立自由和公正的秩序。[6] 1980年4月，纳比·贝里出任阿麦勒运动总书记。阿麦勒运动的基本纲领是，复兴

① Yapp,M. E., *The Near East Since the First World War*, p. 272.

② Peretz,D. , *The Middle East Today*, p. 396.

③ Yapp,M. E. , *The Near East Since the First World War*, p. 273.

④ 同上，p. 274。

⑤ Davidson,L. , *Islamic Fundamentalism*, p. 66.

⑥ Taraboulsi,F. , *A History of Modern Lebanon*, p. 178, p. 181.

什叶派伊斯兰教,强化国家权力,废除教派基础的权力分配体制,改善下层民众的经济状况和社会地位,实现社会公正,密切与叙利亚的联系,支持伊朗伊斯兰革命,反对以色列对黎巴嫩南部的入侵和占领。[①] 80 年代初,阿麦勒运动得到叙利亚政府的支持,发展为黎巴嫩最具实力的民兵组织和举足轻重的政治力量。阿麦勒运动与德鲁兹派民兵结成政治同盟,抗衡马龙派和长枪党主导的黎巴嫩政府,同时与巴解武装激烈角逐黎巴嫩南部的控制权。[②] 1983 年 4 月,阿麦勒运动召开第五次大会,制定明确的政治目标,即寻求黎巴嫩的政治统一,解放以色列占领的利塔尼河以南的黎巴嫩领土。1984 年 9 月,纳比·贝里加入黎巴嫩民族团结政府。1985 年 4 月,阿麦勒运动与德鲁兹派民兵击败逊尼派民兵,控制贝鲁特西区。[③]

1982 年以色列入侵期间,阿麦勒运动内部出现分裂,以阿拔斯·穆萨维为首的阿麦勒运动激进派反对阿麦勒运动领导人纳比·贝里与政府合作的温和立场,另立伊斯兰阿麦勒运动,随后改称真主党。真主党崇尚霍梅尼主义,强调什叶派欧莱玛在政治领域的主导地位,倡导暴力原则和殉教思想,主张废除基督徒和逊尼派穆斯林主导的政治秩序,建立伊斯兰政体和全面实施伊斯兰教法。[④] 真主党深受伊朗伊斯兰革命的影响,得到伊朗政府和伊朗革命卫队的支持,亦接受叙利亚政府的援助。[⑤] 真主党总部位于巴勒贝克,在贝卡谷地建立训练营地,在贝鲁特等地设立真主党分支机构,与德鲁兹派民兵、阿麦勒运动结成同盟,抗衡马龙派和长枪党武装。80 年代后期,真主党取代阿麦勒运动,成为黎巴嫩最重要的什叶派政党和武装组织。[⑥]

黎巴嫩共和国建立初期,基督徒的人数多于穆斯林的人数,逊尼派穆斯林的人数多于什叶派穆斯林的人数,马龙派是人数最多的教派,逊尼派次之,什叶派再次之。此后数十年间,基督徒的人口增长相对稳定,穆斯林的人口增长迅速,基督徒与穆斯林的人口比例经历明显的变化过程。1975 年,基督徒在总人口中所占的比例下降为 40%,穆斯林在总人口中所占的比例上升为 60%,其中什叶派超过总人口的 30%,马龙派占 25%,逊尼派占 20%,德鲁兹派占 10%。1983 年,黎巴嫩总人口 357.5 万,包括基督徒 152.5 万和穆斯林 205 万,分别占总人口的 42.6% 和 57.3%,其中马龙派基督徒 90 万,占总人口的 25%,逊尼派

① Yapp,M. E. , *The Near East Since the First World War*, p. 275.

② Peretz,D. , *The Middle East Today*, p. 394.

③ Yapp,M. E. , *The Near East Since the First World War*, p. 275.

④ Davidson,L. , *Islamic Fundamentalism*, p. 66.

⑤ Taraboulsi,F. , *A History of Modern Lebanon*, p. 229.

⑥ Yapp,M. E. , *The Near East Since the First World War*, p. 275.

穆斯林 75 万,占总人口的 21％,什叶派穆斯林 110 万,占总人口的 31％。① 教派人口比例的变化,挑战着国家权力的传统分配原则。尤其是人数居多的什叶派,普遍要求实行政治改革,变动马龙派主导的国家权力分配原则,分享更多的国家权力。1983 年,黎巴嫩各教派在日内瓦举行会议,同意增加穆斯林的议会席位,却未能就削减总统权力达成共识。1984 年 9 月,黎巴嫩民族团结政府决定将议会席位从 99 席增至 122 席,穆斯林与基督徒平分议会席位,不同教派之间的议会席位划分依然悬而未决。1985 年 12 月,黎巴嫩各教派签署大马士革协议,同意在 1 年内结束内战和解散民兵组织,在 3 年过渡期后废除国家权力的教派分配原则,削减总统权力,扩大总理权力。然而,总统阿明·杰马耶勒拒绝批准大马士革协议。② 1988 年 9 月,阿明·杰马耶勒任期届满,总统位置空缺,马龙派将领米歇尔·奥恩自任总理,控制贝鲁特东区,萨利姆·胡斯在黎巴嫩议会和叙利亚的支持下亦以总理的身份组建内阁,控制贝鲁特西区,黎巴嫩陷入政治危机。③

　　1989 年 10 月,62 名黎巴嫩议员在沙特阿拉伯的塔伊夫举行会议,签署阿拉伯国家联盟起草的民族和解宪章,在维持原有政治框架的基础上,将议会席位由 99 席增至 108 席,基督徒与穆斯林平分议会席位,逊尼派与什叶派各占穆斯林议会席位的二分之一,废除长期以来基督徒与穆斯林之 6：5 的议会席位分配原则,其他政府职位亦由基督徒与穆斯林平分;总统依旧由议会选举马龙派基督徒出任,任期 6 年,总理和内阁成员由总统任命,然而总理和内阁不再对总统负责,而是改为对议会负责,总统颁布的法令必须与总理共同签署;议长的任期由 1 年延长为 4 年,强化议会对于政府的监督权力;解除教派武装;叙利亚军队继续驻扎在黎巴嫩,负责维持黎巴嫩的国内秩序。④ 塔伊夫协议的赢家是逊尼派,马龙派则是塔伊夫协议的输家,什叶派关于废除教派权力分配原则的要求遭到否决。同年 11 月,黎巴嫩议会选举马龙派的雷恩·穆阿瓦德出任总统,任命逊尼派的萨利姆·胡斯出任总理。数日后,雷恩·穆阿瓦德死于暗杀,马龙派的伊亚斯·哈拉维出任总统,宣布解散米歇尔·奥恩领导的军人内阁,任命埃米德·拉胡德为武装部队司令。然而,米歇尔·奥恩在伊拉克政府的支持下拒绝承认塔伊夫协议和黎巴嫩新政府,继续控制贝鲁特东区和总统府。1990 年 8 月,黎巴嫩议会根据塔伊夫协议的主要内容,通过宪法修正案。同年

　　① Richards, A. & Waterbury, J., *A Political Economy of the Middle East*, Boulder 1990, p. 97.

　　② Taraboulsi, F., *A History of Modern Lebanon*, p. 226.

　　③ Yapp, M. E., *The Near East Since the First World War*, p. 278.

　　④ Peretz, D., *The Middle East Today*, p. 398.

10月,叙利亚军队和黎巴嫩政府军攻占贝鲁特东区,米歇尔·奥恩政权垮台,奥马尔·卡拉米组建新的联合政府,包括马龙派6人、逊尼派6人、什叶派6人、希腊东正教徒4人、希腊天主教徒3人、德鲁兹派3人和亚美尼亚人2人。[1] 1991年,黎巴嫩政府解除各教派政党的民兵武装,控制巴勒斯坦难民营,只有叙利亚和伊朗支持的真主党获准在南部保留民兵武装。[2] 自1975年爆发的内战,至此结束。

塔伊夫协议签署后,总统的地位明显削弱,总理和内阁逐渐取代总统成为国家权力的重心所在。"总统尽管依然是国家元首、国家统一的象征和宪法的监护者,实际上丧失了原有的大部分行政权力。总统依然出席内阁会议,却失去否决内阁决议的权力;以往,总统主持内阁会议,内阁不得在总统缺席的情况下通过任何决议。内阁总理以往由总统任命,现在却由总统与议会协商决定人选,总统必须接受议会多数票的表决结果。内阁取代总统行使解散议会的权力,总统必须与内阁总理共同签署法令而不得单独签署法令。"[3]1990年12月,奥马尔·卡拉米当选总统。1992年,议会通过选举法修正案,议会席位由108席增至128席,穆斯林和基督徒各占64席,其中马龙派36席,什叶派27席,逊尼派27席,希腊东正教14席,希腊天主教6席,德鲁兹派8席,亚美尼亚人6席,其他少数派4席。[4] 同年10月,黎巴嫩举行1972年以来的首次议会选举,拉菲克·哈里里出任总理。[5] 阿麦勒运动获得17个议会席位,成为议会第一大党,阿麦勒运动领导人纳比·贝里出任议长,哈桑·纳斯鲁拉领导的真主党获得14个议会席位。[6] 1998年,埃米勒·拉胡德当选总统,任命萨里姆·豪斯为内阁总理。[7] 2000年10月,拉菲克·哈里里再度出任内阁总理。

经济与社会的进步

黎巴嫩山区和沿海平原人口稠密,耕地匮乏,农民大都种植经济作物,粮食供应长期依赖于外部市场。17世纪初,法赫尔丁将桑树种植技术和生丝加工技术引入黎巴嫩山区。与此同时,法赫尔丁驱逐黎巴嫩山区的什叶派穆斯林,鼓

① Yapp, M. E., *The Near East Since the First World War*, p. 278, p. 465.

② Taraboulsi, F., *A History of Modern Lebanon*, p. 243.

③ 同上,p. 245。

④ Yapp, M. E., *The Near East Since the First World War*, p. 466.

⑤ Ochsenwald, W., *The Middle East: A History*, p. 636.

⑥ Yapp, M. E., *The Near East Since the First World War*, p. 466.

⑦ Ismeal, T. Y., *Middle East Politics Today: Government and Civil Society*, p. 281.

励马龙派基督徒移民黎巴嫩山区种植桑树和加工生丝。此后，生丝成为黎巴嫩山区出口国际市场的重要商品；农民普遍种植桑树，养殖蚕茧。商人收归蚕茧，雇佣手工业者加工生丝。① 进入 19 世纪，在黎巴嫩山区以及贝卡谷地和沿海平原，桑树种植面积超过 2 万公顷，桑树总数达到 4000 万株，其中黎巴嫩山区的桑树种植面积 1.4 万公顷，桑树 2800 万株。② 自 19 世纪中叶起，生丝构成黎巴嫩山区出口国际市场的主要商品，生丝的出口成为沟通黎巴嫩山区与国际市场的主要贸易纽带。随着国际市场生丝价格的不断上涨，黎巴嫩山区生丝的产量明显增长。黎巴嫩山区的生丝加工企业，1850 年不足 10 家，1880 年增至近百家。③ 黎巴嫩山区的生丝加工企业大都由土著商人经营，亦有少量企业由法国人经营。1827 年，34 家出口欧洲市场的生丝加工企业中，21 家属于土著商人；1862 年，44 家生丝加工企业中，33 家属于土著商人。④ 1867 年，生丝加工企业 67 家，其中规模最大的 7 家属于法国商人。1885 年，生丝加工企业 105 家，其中 5 家属于法国商人；生丝加工企业雇佣 15000 名工人，其中 12000 人为女工；生丝加工企业的工人主要来自基督徒，其中马龙派 8500 人，天主教徒和东正教徒各 2500 人。⑤ 贝鲁特的生丝出口额，1850 年约 240 万法郎，1857 年增至 979 万法郎，增长幅度达到 400％。黎巴嫩山区是大叙利亚最重要的生丝产地；19 世纪 60 年代，大叙利亚五分之四的生丝来自黎巴嫩山区，其中三分之一出口法国。19 世纪末，约占黎巴嫩山区人口二分之一的 5 万农户种桑养蚕，约 45％的耕地种植桑树，生丝的出口占黎巴嫩山区出口额的 50％。⑥ 桑树种植面积的扩大导致谷物种植面积的减少，三分之二的粮食和饲料依赖于贝卡谷地和叙利亚内陆的供应。⑦ 生丝产量的增长导致流通领域的活跃和交换关系的扩大，货币地租逐渐取代传统的实物地租。随着生丝加工规模的扩大，纺织业亦经历长足的进步。19 世纪 80 年代，黎巴嫩山区约有 30 家纺织工场，雇佣纺织工人 4200人。二战前夕，黎巴嫩的 900 家工业企业雇佣工人约 20000 人，其中丝织企业雇佣工人达到 14000 万人，约占黎巴嫩全部劳动力的 12％。⑧

黎巴嫩是市场化程度和经济开放化程度最高的阿拉伯国家，有"中东瑞士"

① Taraboulsi，F.，*A History of Modern Lebanon*，p. 8.

② Kedourie，E. & Haim，S. G.，*Essays on the Economic History of the Middle East*，London 1988，p. 21.

③ Owen，R.，*The Middle East in the World Economy 1800-1914*，p. 157.

④ Gaspard，T.，*A Political Economy of Lebanon 1948-2002*，p. 45

⑤ Taraboulsi，F.，*A History of Modern Lebanon*，p. 46.

⑥ Owen，R.，*The Middle East in the World Economy 1800-1914*，p. 155，p. 157，p. 249.

⑦ Taraboulsi，F.，*A History of Modern Lebanon*，p. 46.

⑧ Gaspard，T.，*A Political Economy of Lebanon 1948-2002*，pp. 45-51.

的美誉。① 二战结束后的半个世纪,诸多阿拉伯国家经历大规模的国有化和工业化进程,工业生产增长迅速。相比之下,黎巴嫩未曾经历国有化的进程,政府的经济干预微乎其微,自由资本主义和市场调节构成经济增长的基本框架,经济发展主要表现为农业在国民经济中的地位明显下降和包括商业、金融业和旅游业在内的服务业在国民经济中的地位迅速上升,工业的增长速度呈相对稳定的状态。根据相关资料的统计,1956 年,黎巴嫩国内收入的三分之二来自金融业、商业和其他服务业领域,20%来自农业,13%来自工业。② 另据统计,1950—1997 年,黎巴嫩的总人口从 144.3 万增至 400.5 万,人均国内生产总值从 229美元增至 3911 美元,其中 1950—1974 年年均增长 3%;与此同时,农业劳动力在全部劳动力中所占的比例从 55%下降为 15%,农业产值在国内生产总值中所占的比例从 20%下降为 6%,工业劳动力在全部劳动力中所占的比例从 11%上升为 15%,工业产值在国内生产总值中所占的比例从 14%上升为 15%,服务业劳动力在全部劳动力中所占的比例从 34%上升为 70%,服务业产值在国内生产总值中所占的比例从 66%上升为 79%。黎巴嫩工业化进程的另一明显特征是,工业企业规模有限,中小企业数量居多。1955 年,黎巴嫩共有工业企业7946 家,其中雇佣劳动力不足 5 人的小企业占全部企业数量的 77%,雇佣劳动力 5—49 人的中等企业占全部企业数量的 22%,雇佣劳动力 50 人以上的大企业占全部企业数量的 1%;1955 年,工业企业雇佣劳动力总数 50827 人,其中小企业雇佣的劳动力占 33%,中等企业雇佣的劳动力占 39%,大企业雇佣的劳动力占 29%。1998 年,黎巴嫩共有工业企业 22025 家,其中雇佣劳动力不足 5 人的小企业占全部企业数量的 74%,雇佣劳动力 5—49 人的中等企业占全部企业数量的 38%,雇佣劳动力 50 人以上的大企业占全部企业数量的 2%;1998 年,工业企业雇佣劳动力总数 141923 人,其中小企业雇佣的劳动力占 40%,中等企业雇佣的劳动力占 40%,大企业雇佣的劳动力占 20%。③ 乡村剩余劳动力的有限、自由主义的市场体系、西方工业品的倾销和国家权力的软弱,明显制约着黎巴嫩的工业化进程。

黎巴嫩的基督徒与欧洲基督教世界之间的密切交往由来已久。19 世纪至20 世纪初,数以万计的黎巴嫩基督徒移居欧洲。始建于 1866 年的贝鲁特美国大学和始建于 1875 年的法国圣约瑟夫大学,则是西方文化在黎巴嫩得以广泛

① Gaspard,T. , *A Political Economy of Lebanon 1948-2002* , p. 67.

② Owen,R. , *A History of Middle East Economies in the Twentieth Century* , p. 158.

③ Gaspard,T. , *A Political Economy of Lebanon 1948-2002* , p. 69, p. 94.

传播的重要据点。^① 由于特定的地理位置和长期动荡的政治局势,黎巴嫩人移居海外者甚多,散居世界各地的黎巴嫩人数量远远超过留居本土的黎巴嫩人。二战结束后,移居欧洲的黎巴嫩基督徒纷纷投资国内市场,成为促进黎巴嫩经济繁荣的重要因素。1950—1974 年,黎巴嫩国民收入年均增长 3%～4%;其中,1950—1964 年,黎巴嫩国民收入年均增长 7%。^② 1975 年内战爆发之前,黎巴嫩是阿拉伯世界非产油国中人均收入最高的国家。^③

黎巴嫩基督徒长期控制以商业为主的服务业,构成经济实力雄厚的社会群体;什叶派穆斯林大都以务农为生,或徘徊于城市的边缘地带,在经济方面处于明显的弱势地位。^④ 50 年代末,基督徒与穆斯林在工业领域所占的投资比例为 10∶2,在金融业所占的投资比例为 11∶2,在服务业所占的投资比例为 16∶2。1973 年,基督徒与穆斯林在工业所占的投资比例为 67.5∶32.5,在商业所占的投资比例为 75.5∶24.5,在金融业的投资比例为 71∶29。相比之下,以什叶派为主的穆斯林与基督徒在工人中所占的比例为 75∶25。商业构成黎巴嫩举足轻重的经济部门,马龙派商人是黎巴嫩最重要的社会阶层。与此同时,农业投资严重不足,乡村和农民长期处于贫困落后的状态。70 年代初,贝鲁特的人均年收入高达 803 美元,南部乡村的人均年收入仅为 151 美元;64% 的小学、73% 的中学和 100% 的大学分布在贝鲁特和黎巴嫩山区。贝鲁特人口占总人口的 27%,拥有 65% 的医生,而南部地区人口占总人口的 18%,仅有 5.5% 的医生,贝卡谷地人口占总人口的 13%,仅有 3% 的医生。另一方面,贝鲁特在战后经历明显的城市化进程,贝鲁特周围的乡村逐渐演变为城郊的贫民区。基督徒主要分布在贝鲁特西郊,25 万什叶派穆斯林以及众多的巴勒斯坦难民生活在贝鲁特东郊。黎巴嫩的什叶派穆斯林原本大都生活在南部乡村;至 70 年代,超过四分之三的什叶派穆斯林涌入城市,城郊的贫民区成为什叶派穆斯林新的家园。^⑤ 富庶的城市与贫困的乡村之间以及发达的北部与落后的南部之间形成鲜明的贫富对比,进而提供了教派冲突之深层的经济社会背景。1990 年内战结束后,黎巴嫩的经济重建进程步履维艰。1993—2002 年,国内生产总值年均增长 3.7%,远远低于 1975 年内战爆发前的 6.2%,政府财政赤字严重,失业率居高不下,社会局势依然处于动荡的状态。^⑥

---

① Gaspard,T. , *A Political Economy of Lebanon 1948-2002* , p. 46.

② Owen,R. , *A History of Middle East Economies in the Twentieth Century* , p. 160.

③ Peretz,D. , *The Middle East Today* , p. 361.

④ Yapp,M. E. , *The Near East Since the First World War* , p. 114.

⑤ Taraboulsi,F. , *A History of Modern Lebanon* , pp. 161-162.

⑥ Gaspard,T. , *A Political Economy of Lebanon 1948-2002* , p. 213.

四、约旦

约旦哈希姆王国的形成

约旦原系巴勒斯坦的组成部分，与叙利亚、黎巴嫩同属所谓的沙姆地区。约旦是具有悠久文明的土地，《圣经》曾经提及约旦河东岸的早期国家摩雅王国。[①] 公元前后，闪米特人的一支奈伯特人在约旦谷地南部创建国家，控制阿拉伯半岛西部与地中海东岸之间的贸易通道长达400年之久。奈伯特人的国都皮特拉开凿于山岩之间，遗迹至今犹存。公元2世纪初，罗马帝国征服奈伯特人的国家，约旦谷地及其周边区域成为罗马帝国的阿拉比亚行省。公元7世纪初伊斯兰教兴起后，约旦河西岸和东岸地区长期隶属于大马士革和巴格达的哈里发国家。16世纪初，包括约旦在内的沙姆地区被纳入奥斯曼帝国的版图。

16世纪初至19世纪初，奥斯曼帝国统治下的外约旦即约旦河东岸地区处于定居文明的边缘地带，人烟稀少，经济落后，血缘传统根深蒂固，部族势力泛滥，公共权力微乎其微，约旦人称之为黑暗时代。19世纪60年代，奥斯曼帝国逐渐强化对于外约旦的直接控制，外约旦北部的定居点阿杰隆和萨勒特分别被纳入叙利亚的豪兰行政区和巴勒斯坦的纳布卢斯行政区。90年代，奥斯曼帝国设立卡拉克行政区，管辖卡拉克和萨勒特两处定居点，隶属于大马士革省。自1878年起，奥斯曼帝国在外约旦推行移民政策，将来自外高加索地区的塞加西亚人和车臣人安置于安曼、苏韦拉和纳乌尔一带，进而扩大外约旦的定居范围。萨勒特曾经是外约旦最大的定居点；20世纪初希贾兹铁路开通后，安曼逐渐取代萨勒特成为外约旦的定居中心。[②]

一战期间，哈希姆家族的首领侯赛因于1916年发动阿拉伯大起义，控制包括麦加和亚喀巴在内的希贾兹地区。一战结束后，奥斯曼帝国丧失陶鲁斯山以南地区的疆域。1918年10月，侯赛因之子费萨尔被拥立为阿拉伯王国的国王，外约旦隶属于大马士革的阿拉伯王国。1920年4月，西方列强签署圣雷莫协议，奥斯曼帝国在陶鲁斯山以南地区的领土分别置于英国和法国的委任统治之

---

① Salibi, K. S., *The Modern History of Jordan*, London 1993, p. 8.

② Robins, P., *A History of Jordan*, Cambridge 2004, pp. 5-6, p. 9, p. 10, p. 11.

下,其中叙利亚和黎巴嫩成为法国的势力范围,伊拉克和巴勒斯坦成为英国的势力范围,外约旦隶属于巴勒斯坦的英国高级专员。同年 8 月,英国高级专员赫尔伯特·萨缪尔将英国委任统治的巴勒斯坦划分为两个部分,约旦河以西地区称巴勒斯坦,由英国委任统治当局直接管理,约旦河以东地区称外约旦,实行阿拉伯人自治制度;外约旦自治区包括萨勒特、阿杰隆和卡拉克三个行政区,以萨勒特作为外约旦自治区的行政中心。不久,阿杰隆行政区分裂为阿杰隆、伊尔比德、迈扎尔和杰拉什四个行政区,卡拉克行政区分裂为卡拉克、塔菲拉、瓦迪穆萨三个行政区。1920 年 10 月,费萨尔的胞兄阿卜杜拉携随从数百人自麦加抵达马安。1921 年 3 月,英国委任统治当局邀请阿卜杜拉在安曼出任外约旦自治区的埃米尔(1921—1951 年在位),约旦王国由此初露端倪。[①]

20 世纪初,外约旦人口约 20 万,其中 90% 系信奉伊斯兰教的阿拉伯人,另有少量信奉伊斯兰教的塞加西亚人和车臣人以及阿拉伯血统的基督徒。贝都因人占外约旦人口的一半以上,分别属于胡维塔特部落、萨赫尔部落和阿德万部落;定居人口分布于包括萨勒特、伊尔比德、卡拉克在内的 12 个城镇和约 200处村庄,安曼则是塞加西亚人的定居点。外约旦的防务和财政处于英国委任统治当局的控制之下,英国委任统治当局发放的补助金是外约旦自治政府的主要财源,阿卜杜拉亲王俨然是英国委任统治当局的政治工具。英国军官指挥的阿拉伯军团始建于 1923 年,由英国委任统治当局提供军费。阿拉伯军团的兵源,最初主要是定居的农民,30 年代开始招募贝都因人。阿拉伯军团构成外约旦地区的主要军事力量,主要任务是遏制游牧部落的越境活动、防范沙特家族的军事威胁和保卫伊拉克—约旦—巴勒斯坦通道的安全。阿拉伯军团的人数,1939年为 1600 人,二战期间达到 8000 人。[②]

1922 年,阿卜杜拉亲王要求英国委任统治当局承认外约旦的独立地位,遭到英国委任统治当局的拒绝。1923 年 5 月,英国委任统治当局承诺外约旦在未来数年后获得独立。1925 年,英国委任统治当局将希贾兹北部的马安和亚喀巴划入外约旦自治区。[③] 1928 年 2 月,阿卜杜拉亲王与英国委任统治当局达成协议,阿卜杜拉政府负责外约旦的内政和司法事务,英国委任统治当局掌管外约旦的财政、军事和外交事务。[④] 同年 4 月,阿卜杜拉亲王颁布约旦政府组织法和选举法,规定立法会议设 22 个席位,其中 6 个席位属于内阁成员,其余席位实

---

① Robins, P. , *A History of Jordan*, p. 14, p. 16.

② Yapp, M. E. , *The Near East Since the First World War*, p. 140, p. 142.

③ 同上, p. 143。

④ Peretz, D. , *The Middle East Today*, p. 344.

行间接选举,年满 18 岁的男性公民享有选举权,基督徒拥有 3 个席位,塞加西亚人拥有 2 个席位,贝都因人拥有 2 个席位,内阁首相主持立法会议;埃米尔有权任免首相和内阁成员,有权召开和解散立法会议。[①] 1929 年,阿卜杜拉亲王在安曼组建国民大会、立法会议和具有内阁职能的执行会议。[②] 1932 年,在英国委任统治当局的干预下,外约旦与伊拉克、叙利亚之间的边境线最终划定。[③]

1946 年 3 月,英国政府与阿卜杜拉亲王签署协议,正式承认外约旦独立,同时保留英国对于外约旦军事、财政和外交事务的控制权,继续掌管阿拉伯军团。同年 5 月,外约旦埃米尔国改称外约旦哈希姆王国。1947 年,外约旦哈希姆王国颁布宪法,实行议会君主制,议会由上下两院组成,下院 20 名议员选举产生,上院 10 名议员由国王任命,首相和内阁对国王负责。[④] 1948 年第一次中东战争期间,阿拉伯军团占领耶路撒冷东区和巴勒斯坦南部。第一次中东战争结束后,外约旦哈希姆王国吞并根据联合国协议划归巴勒斯坦阿拉伯人的约旦河西岸地区,同时更名为约旦哈希姆王国。1950 年,约旦哈希姆王国在约旦河西岸和东岸举行议会选举,组建新政府。[⑤] 1955 年,约旦哈希姆王国加入联合国。[⑥]

侯赛因国王的统治

1951 年 7 月,阿卜杜拉国王在耶路撒冷的阿克萨清真寺遇刺身亡。同年 9 月,阿卜杜拉之子塔拉勒(1951—1952 年在位)继承王位。1952 年 1 月,塔拉勒国王颁布宪法。根据 1952 年宪法,约旦哈希姆王国实行君主立宪制,国王有权颁布法律、任免首相、解散议会和统率武装部队;议会采取两院制,上院议员由国王任命,下院议员选举产生,年满 18 岁的男性公民享有选举权,年满 30 岁的男性民享有被选举权,议员任期 4 年;首相和内阁对议会负责。[⑦] 1950—1963 年,下院设 40 个席位,东岸和西岸各占 20 个席位。1963 年,下院席位增至 60 个,东岸和西岸各占 30 个席位。议会选举处于政府的控制之下,政党为数甚少且屡遭取缔,议会两院俨然是国王的御用工具。1952 年以前,来自约旦河西岸的巴勒斯坦贵族长期主导约旦的政治舞台。1952 年以后,来自约旦河东岸的贵

① Wilson,R., *Politics and the Economy in Jordan*, London 1991, p.186.
② Robins,P., *A History of Jordan*, p.36.
③ Yapp,M. E., *The Near East Since the First World War*, p.143.
④ Wilson,R., *Politics and the Economy in Jordan*, pp.186-187.
⑤ Ochsenwald,W., *The Middle East:A History*, p.539.
⑥ Peretz,D., *The Middle East Today*, p.347.
⑦ Wilson,R., *Politics and the Economy in Jordan*, p.188.

族逐渐取代巴勒斯坦贵族的地位。[①]

1952 年 5 月,塔拉勒退位,移居欧洲。同年 8 月,约旦议会推举塔拉勒的长子侯赛因即位(1952—1999 年在位)。1953 年 5 月,侯赛因年满 18 岁,开始亲政。[②] 1955 年 12 月,英国政府向侯赛因国王施加压力,试图迫使约旦加入巴格达条约组织。1956 年 1 月,约旦民众举行示威,反对加入巴格达条约组织。与此同时,埃及、叙利亚和沙特阿拉伯政府承诺向约旦提供经济援助,取代英国政府向约旦提供的补助金。侯赛因国王迫于国内民众和阿拉伯世界的压力,拒绝加入巴格达条约组织,解除英军上校格拉布的阿拉伯军团司令职务,阿里·阿布·努瓦尔接替格拉布。[③] 在同年 10 月举行的议会选举中,阿拉伯民族主义者主导的民族社会主义阵线赢得议会下院的多数席位,民族社会主义阵线领导人苏莱曼·纳布尔斯出任内阁首相。[④] 1957 年 2 月,苏莱曼·纳布尔斯内阁与埃及、叙利亚签署军事合作协议,废除 1946 年签署的约英协议,拒绝接受英国政府发放的补助金。[⑤] 同年 4 月,侯赛因国王依靠贝都因人部落贵族的支持,解除苏莱曼·纳布尔斯的首相职务,指定伊卜拉欣·哈希姆出任首相,同时宣布解散反对派控制的议会,取缔政党和工会,实行军事管制。[⑥]

1958 年阿联成立后,阿拉伯世界形成共和制与君主制的明显对立。面临纳赛尔主义的挑战和威胁,侯赛因国王实行亲美的外交政策,极力强化君主政治,议会、内阁和安全机构成为执行国王旨意、控制民众社会的御用工具。阿拉伯军团作为约旦主要的军事力量,1948 年第一次中东战争后约有兵员 1.2 万人,1956 年增至 2.5 万人。国民卫队始建于 1951 年,兵源主要来自巴勒斯坦人,负责约旦的边境防务,1956 年规模达到 3 万人。贝都因人组成的阿拉伯军团与巴勒斯坦人组成的国民卫队之间长期处于紧张的状态,军人哗变时有发生。1967 年,阿拉伯军团与国民卫队合并组建国防军,处于王室成员的直接控制之下,兵员 5.5 万人,1970 年增至 6.5 万人。[⑦]

1951—1989 年,国王任命首相,内阁更替频繁,每届内阁平均不足 1 年。然而,如同伊拉克、叙利亚和黎巴嫩一样,约旦内阁成员的来源相对稳定。直至 50 年代末,包括伊卜拉欣·哈希姆、萨米尔·里法伊、陶菲格·阿布·胡达和赛义

① Yapp, M. E. , *The Near East Since the First World War*, p. 295.

② Salibi, K. S. , *The Modern History of Jordan*, p. 177.

③ Yapp, M. E. , *The Near East Since the First World War*, p. 296.

④ Salibi, K. S. , *The Modern History of Jordan*, p. 190.

⑤ Peretz, D. , *The Middle East Today*, pp. 352-353.

⑥ Yapp, M. E. , *The Near East Since the First World War*, p. 296.

⑦ 同上, p. 297。

德·穆夫提在内的贵族长期控制最重要的内阁职位,陶菲格·阿布·胡达出任首相长达12年。伊卜拉欣·哈希姆、萨米尔·里法伊和陶菲格·阿布·胡达来自西岸的巴勒斯坦,赛义德·穆夫提系来自东岸的塞加西亚人。至1958年,巴勒斯坦贵族在约旦政坛逐渐衰落;陶菲格·阿布·胡达死于1956年,伊卜拉欣·哈希姆死于1958年,萨米尔·里法伊于1959年退出内阁。[①]

约旦王国最初的版图局限于约旦河东岸的所谓外约旦地区。第一次中东战争结束后,约旦政府控制东耶路撒冷和约旦河西岸,亦有大批巴勒斯坦难民涌入约旦河东岸地区。自1950年起,约旦王国境内的巴勒斯坦人在数量上超过约旦河东岸原有的约旦人,由此形成二元性的人口结构。50—60年代,巴勒斯坦人与约旦人在约旦议会下院和内阁中可谓平分秋色,巴勒斯坦人在约旦王国的政治舞台具有举足轻重的地位和影响。另一方面,巴勒斯坦人与约旦人之间存在明显的经济社会差异。超过三分之一的巴勒斯坦人生活在城市,约二分之一的巴勒斯坦人从事非农业的经济活动。相比之下,约旦河东岸的约旦人大都从事游牧活动,沿袭传统的部落组织,处于相对封闭的状态。巴勒斯坦人生活的约旦河西岸占约旦国土面积的6%,人口稠密,经济发达;约旦人生活的约旦河东岸占约旦国土面积的94%,地广人稀,经济落后。[②]

自50年代开始,约旦的人口分布经历明显的变化,约旦河东岸逐渐取代约旦河西岸成为人口分布和经济社会的重心所在。1949年,约旦人口的三分之一分布在约旦河东岸,三分之二分布在约旦河西岸。1961年,约旦170万人中,超过二分之一分布在约旦河东岸,首都安曼人口达到43.3万;相比之下,分布在约旦河西岸的人口仅占约旦总人口的不足二分之一。1967年中东战争后,约旦人口分布进一步改变,35万人从约旦河西岸移入约旦河东岸。1967—1989年,另有6.5万人从约旦河西岸的以色列占领区移入约旦河东岸。1979年,约旦河东岸人口为210万,相当于1967年中东战争前夕约旦河东岸和西岸的人口总和。另一方面,约旦自50年代开始经历贝都因人的定居化进程和城市化的长足进步。贝都因人的数量,从1949年的20万下降为1961年的5.6万。1967年中东战争前夕,城市人口超过总人口的二分之一。1989年,约旦总人口增至300万,其中三分之二分布在城市,安曼人口达到近100万。与此同时,约旦的人口构成发生变化。1949年第一次中东战争以前,约旦人口主要是约旦河东岸

---

① Yapp,M. E. , *The Near East Since the First World War* , p. 295.

② Peretz,D. , *The Middle East Today* , p. 349.

的部落民。80 年代,巴勒斯坦移民占约旦总人口的二分之一。[①]

1967 年第三次中东战争期间,以色列占领东耶路撒冷和约旦河西岸,30 万巴勒斯坦难民进入约旦河东岸。[②] 此后,埃及、叙利亚和伊拉克支持的巴解组织在约旦境内的巴勒斯坦难民营建立民兵武装,巴解组织在约旦的政治影响随之迅速扩大,巴解组织主流派别法塔赫俨然成为约旦的国中之国,其与约旦政府之间的矛盾日渐加剧。第三次中东战争后,伊拉克在约旦境内驻军 1.2 万人,叙利亚在约旦境内驻军 0.6 万人,构成巴解民兵的潜在政治盟友。[③] 1970 年夏,埃及政府与巴解组织的关系破裂,成为约旦政府铲除巴解武装的契机。1970 年 6 月至 1971 年 7 月,侯赛因国王借助贝都因人的力量,驱逐巴解武装,进而取缔约旦境内的巴解组织基地,迫使巴解组织总部移至黎巴嫩,伊拉克和叙利亚驻军亦撤出约旦。[④] 1972 年,侯赛因国王试图在约旦河东岸和西岸巴勒斯坦地区建立阿拉伯联合王国,以安曼作为首都,以耶路撒冷作为约旦河西岸巴勒斯坦地区的首府,遭到以色列、巴解组织和阿拉伯世界的反对。[⑤] 1974 年,在摩洛哥首都拉巴特召开的阿拉伯国家联盟峰会宣布承认巴解组织作为巴勒斯坦解放事业的唯一合法代表,支持巴解组织在西岸和加沙建立巴勒斯坦国。1988 年 7 月,侯赛因国王正式宣布约旦政府放弃对于西岸的主权和领土要求,承认巴解组织是巴勒斯坦人民的唯一合法代表。[⑥] 尽管如此,巴勒斯坦人在约旦河东岸的约旦王国约占总人口的二分之一,约旦政府依然面临巴勒斯坦问题的巨大压力。[⑦]

约旦政府于 1948 年吞并约旦河西岸巴勒斯坦地区以后,遭到阿拉伯世界的广泛谴责。与此同时,约旦政府极力寻求西方国家的支持和援助。1957 年,美国政府向约旦提供 1000 万美元的经济援助,美约关系进一步密切。1958 年 2 月,在美国政府的授意下,同属哈希姆家族的约旦国王侯赛因与伊拉克国王费萨尔宣布组建阿拉伯联邦,伊拉克国王费萨尔出任阿拉伯联邦国王,旨在抗衡埃及主导的阿拉伯联盟共和国。1958 年 7 月,伊拉克爆发革命,推翻君主制,阿拉伯联邦随之夭折。伊拉克的新政权持亲埃及的外交政策,建立共和制,反对

① Yapp, M. E. , *The Near East Since the First World War*, pp. 291-292.

② Bligh, A. , *The Political Legacy of King Hussein*, Sussex 2002, p. 96.

③ Yapp, M. E. , *The Near East Since the First World War*, p. 298.

④ Robins, P. , *A History of Jordan*, pp. 130-132.

⑤ Peretz, D. , *The Middle East Today*, p. 357.

⑥ Salibi, K. S. , *The Modern History of Jordan*, pp. 268-269.

⑦ Peretz, D. , *The Middle East Today*, p. 357.

约旦的君主制政体,约旦丧失其在阿拉伯世界最重要的政治盟友。[1] 由于在阿拉伯世界长期处于孤立状态,约旦政府严重依赖西方国家的支持和援助,进而导致其对以色列采取相对软弱的外交政策,侯赛因国王则被约旦民众和阿拉伯世界视作帝国主义和犹太复国主义的帮凶。1967 年 5 月,国王侯赛因迫于约旦民众和阿拉伯世界的压力,在开罗与纳赛尔签署约埃共同防务协议。[2] 1973 年第四次中东战争期间,约旦政府保持中立。1991 年,约旦政府与以色列开始在马德里举行和谈。1994 年 10 月,约旦与以色列签署和平协议,内容包括平均分配约旦河水源,搁置边界争议,约旦继续收留 150 万巴勒斯坦难民,约旦与以色列扩大经济合作。[3] 约以和平协议的签署,标志着约旦外交政策的明显转变。1995 年 1 月,以色列利库德集团领导人内塔尼亚胡访问安曼。同月,约旦与巴解组织签署协议,双方之间的紧张关系初步缓解。1995 年 4 月,约旦政府与以色列签署旅游合作协议。1996 年 1 月,侯赛因国王访问以色列。[4]

约旦哈希姆王国初期,一度实行多党制。自 1957 年起,侯赛因国王实行党禁。1971 年,侯赛因国王创建约旦国家联盟,作为唯一合法的政党,自任主席,旨在遏制纳赛尔主义、阿拉伯复兴社会主义和巴勒斯坦民族主义的政治倾向。约旦国家联盟于 1972 年改称阿拉伯民族联盟,1976 年解散。[5] 由于长期实行党禁,议员均为独立人士,持亲政府的立场。

约旦议会下院最初设 40 个席位,来自约旦河东岸和约旦河西岸的议员各占 20 个席位。1967 年,议会下院增至 60 个席位,来自约旦河东岸和约旦河西岸的议员各占 30 个席位。1974 年,阿拉伯联盟峰会宣布巴解组织是巴勒斯坦人的唯一合法政治组织。随后,侯赛因国王解散由约旦河西岸和约旦河东岸共同选举产生的议会下院。[6] 1978 年 4 月,根据首相穆达尔·巴德兰和国王首席顾问沙里夫·阿卜杜勒·哈米德的建议,侯赛因国王指定 60 名政界精英组成国家协商会议,作为发表不同政见的论坛。国家协商会议的成员包括反对派和商人代表。1984 年 1 月,侯赛因宣布恢复原有的议会,国家协商会议解散。[7]

80 年代末,约旦经济衰退,失业率上升,第纳尔贬值,政府财政赤字,物价大

① Peretz,D. , *The Middle East Today* , p. 353.
② Ochsenwald,W. , *The Middle East:A History* , pp. 550-551.
③ Peretz,D. , *The Middle East Today* , p. 358.
④ Robins,P. , *A History of Jordan* , p. 191.
⑤ Peretz,D. , *The Middle East Today* , p. 357.
⑥ Yapp,M. E. , *The Near East Since the First World War* , p. 294.
⑦ Robins,P. , *A History of Jordan* , p. 154.

幅上涨,民众生活水准下降,国内局势日趋动荡。1989 年 4 月,南部城市马安发生骚乱,继而波及卡拉克、绍巴克、塔菲拉和萨勒特,巴勒斯坦人居多的首都安曼相对平静。此间,约旦民众举行抗议,谴责首相扎伊德·里法伊领导的内阁独裁腐败,要求罢免首相、解散内阁、惩治腐败、举行议会选举、取缔新闻审查。侯赛因国王被迫取消访美行程,解除扎伊德·里法伊的首相职务,组成军方将领沙里夫·扎伊德·沙克尔作为首相的新内阁,进而平息骚乱。[①]

1989 年 11 月,约旦举行自 1967 年以来的首次议会选举,选民局限于约旦河东岸地区,全国划分为 21 个选区,下院席位增至 80 个(2001 年,议会下院增至 104 个席位)。政府为支持王室的少数派群体划定特殊的议会席位,包括贝都因人的 6 个席位、基督徒的 9 个席位,塞加西亚人和车臣人的 3 个席位。[②] 由于约旦政府实行党禁,议会下院席位采用独立候选人的竞选方式。[③] 结果,反对派获得下院的 45 个席位,其中包括穆斯林兄弟会获得的 20 个席位、其他伊斯兰主义者获得的 14 个席位和世俗左翼反对派获得的 13 个席位,亲政府的右翼势力获得议会下院的 35 个席位。[④] 妇女于 1974 年获得选举权,1989 年获得被选举权。妇女约占选民总数的 50％,12 名妇女参与竞选,均未进入议会下院。[⑤] 随后,侯赛因国王改组内阁,持保守立场的右翼政治家穆达尔·巴德兰出任首相,10 名下院议员进入 25 人组成的内阁。迫于议会的压力,新内阁推行自由化举措,放宽新闻审查,恢复曾经遭到取缔的约旦作家协会,释放政治犯,承诺进一步惩治腐败。与此同时,穆达尔·巴德兰邀请 3 名穆斯林兄弟会成员和 2 名伊斯兰主义阵营的独立人士进入内阁,旨在扩大内阁的政治基础,削弱伊斯兰主义的反政府倾向。[⑥] 穆达尔·巴德兰内阁执政 6 个月后,侯赛因国王任命持改革立场的塔希尔·马斯里出任首相,组成更具自由化倾向的新内阁,伊斯兰主义者退出内阁。

1991 年 6 月,侯赛因国王指定来自不同政治群体的 60 人,在艾哈迈德·欧贝达的主持下,起草国民宪章,旨在规定自由化进程的政治框架。在侯赛因国王的召集下,社会各界代表 2000 人进行讨论,通过国民宪章。国民宪章在强调君主制政体的前提下,承诺扩大国民的政治参与范围和议会的权力,明确伊斯

① Robins,P. , *A History of Jordan* , pp. 169-170.

② Ryan,C. R. , *Jordan in Transition : from Hussein to Abdullah* , Boulder 2002, pp. 20-21.

③ Yapp,M. E. , *The Near East Since the First World War* , p. 294.

④ Ghadbian,N. , *Democratization and the Islamist Challenge in the Arab World* , Boulder 1997, p. 122.

⑤ Ryan,C. R. , *Jordan in Transition : from Hussein to Abdullah* , p. 22.

⑥ Robins,P. , *A History of Jordan* , pp. 172-173.

兰教法作为立法的基础,解除 1963 年以来的党禁,结束 1967 年以来的军事管制,放松新闻审查。[1] 1992 年 9 月,议会批准国民宪章作为 1952 年宪法的补充,同时通过政党法,确立多党制的政党制度。1993 年 8 月,约旦修改选举法,选民由一人多票改为一人一票。[2] 同年 11 月,约旦举行 1956 年以来的首次多党议会选举,22 个政党参与下院席位的竞争,包括 3 名妇女在内的 534 个候选人竞选 80 个议会下院席位。投票率从 1989 年的 41%增至 1993 年的 47%。[3] 穆斯林兄弟会获得 16 个议会席位,伊斯兰主义独立人士获得 5 个议会席位。[4] 1993 年,女性首次进入议会。[5] 1993－1997 年的议会下院中,政党占 35 个席位,独立候选人占 45 个席位;政党政治的不成熟性由此可见。[6] 90 年代,议会尽管无法控制内阁,却对内阁形成明显的制约。

90 年代,约旦的议会政治、选举政治和政党政治日渐活跃,民主化进程随之启动。与此间许多的阿拉伯国家一样,约旦的民主化主要表现为自上而下的过程。迫于国内外形势和民众的压力,侯赛因国王在维持原有的基本政治制度和政治秩序的前提下,推行有限的民主化改革举措,旨在扩大统治基础和缓解政治压力。所谓的民主化改革,只是释放政治压力的安全阀,民主化进程表现为摇摆不定的状态。50－60 年代,约旦国内的政治反对派主要是具有浓厚世俗色彩的纳赛尔主义者、社会主义者和复兴党。进入 90 年代,伊斯兰主义作为政治反对派,在约旦国内政坛呈明显的上升趋势,穆斯林兄弟会的分支组织伊斯兰行动阵线成为约旦议会最重要的反对派政党,阿拉伯复兴社会党在约旦的政治舞台亦相当活跃。1994 年起,随着国内反对派日趋活跃,政治改革和民主化进程出现逆向运动的趋势。1997 年夏季,政府再次限制民众自由机会,强化新闻监督。9 月,政府关闭 15 家报社。1997 年 11 月,举行新的议会下院选举;由于缺乏必要的自由氛围和反对 1994 年约旦政府与以色列签署的和平协议,包括 4 个世俗左翼政党和伊斯兰行动阵线在内的 10 个反对派政党宣布抵制选举,投票率仅为 44%。选举的结果是,保守派在议会下院占据多数,议员大都来自独立候选人,只有 5 个席位属于政党,伊斯兰主义者作为独立候选人获得 6 个席位,左翼独立候选人获得 4 个席位。17 名妇女参与竞选,无人进入议会。政党政治呈削弱的趋势,反对派席位呈下降的趋势,民众政治参与呈逆向运动的趋

① Robins,P.，*A History of Jordan*，pp.174-175.

② Peretz,D.，*The Middle East Today*，p.358.

③ Ryan,C.R.，*Jordan in Transition：from Hussein to Abdullah*，pp.27-28，p.26.

④ Robins,P.，*A History of Jordan*，p.189.

⑤ Yapp,M.E.，*The Near East Since the First World War*，London 1996，p.473.

⑥ Ryan,C.R.，*Jordan in Transition：from Hussein to Abdullah*，p.28.

势。据统计,包括伊斯兰行动阵线和独立候选人在内的伊斯兰主义者占据的议会下院席位,1989 年为 34 席,1993 年下降为 22 席,1997 年仅有 6 席;世俗左翼反对派占据的议会下院席位,1989 年为 13 席,1993 年下降为 7 席,1997 年亦仅有 6 席;相比之下,保守派占据的议会下院席位,1989 年为 33 席,1993 年上升为 22 席,1997 年达到 68 席。① 此后,伊斯兰行动阵线为代表的反对派政党将政治活动的空间由议会移至非议会领域,保守派成为控制议会的主要政治力量。尽管如此,与 1989 年以前的军事管制相比,自 1989 年起的多党政治和议会选举以及相对宽松的舆论环境无疑标志着约旦政治生活的长足进步。

1962 年,侯赛因国王指定长子阿卜杜拉作为王储。1965 年,侯赛因国王的胞弟哈桑取代阿卜杜拉出任王储。1999 年 1 月,侯赛因国王再次指定阿卜杜拉取代哈桑出任王储。② 同年 7 月,约旦举行阿卜杜拉国王即位后的首次地方选举。伊斯兰行动阵线作为最大的反对派政党,回归议会选举的政治框架,参与地方选举,获得扎尔卡和卢萨法的市长职位,同时获得伊尔比德地方议会 11 个席位中的 4 个席位、安曼地方议会 20 个席位中的 5 个席位、马代巴地方议会 11 个席位中的 6 个席位。③

经济与社会的进步

约旦在地理上构成阿拉伯高原的延伸,谷地、山区和沙漠自西向东呈平行和错落的地貌状态。约旦河发源于外黎巴嫩山,自北向南流入死海,是约旦的主要淡水来源。约旦谷地北起约旦河支流雅姆克河,南至亚喀巴湾,水源充足,人口稠密,农业发达,城市众多。东部沙漠位于阿拉伯沙漠与伊拉克沙漠之间,水源匮乏,地广人稀,贝都因人居多。④

约旦河东岸旧称外约旦,面积近 10 万平方公里。奥斯曼帝国统治下的外约旦地处叙利亚与阿拉伯半岛之间,1908 年建成的希贾兹铁路构成联结外约旦与周边地区的主要纽带。20 年代初,外约旦的人口约为 20 万,游牧人口与定居人口各占二分之一。1925 年马安和亚喀巴并入外约旦后,外约旦人口增至 30 万。30 年代末,外约旦地区人口超过 1 万的城市只有 4 处,人口超过 2 万的城

① Ryan,C. R. , *Jordan in Transition ：from Hussein to Abdullah*, p. 18, p. 31, p. 30, p. 34, p. 37.

② Bligh,A. , *The Political Legacy of King Hussein*, pp. 208-209.

③ Ryan,C. R. , *Jordan in Transition：from Hussein to Abdullah*, p. 99.

④ Robins,P. , *A History of Jordan*, pp. 5-6.

市为萨勒特和安曼。[①] 1948 年第一次中东战争前,外约旦人口达到 40 万。第一次中东战争结束后,约旦河西岸并入约旦王国,约旦王国的总人口增至 135 万。[②] 1967 年,包括约旦河西岸和东岸在内的约旦王国总人口达到 170 万。与此同时,约旦的人口构成经历明显的变化,游牧人口数量减少,城市人口数量呈上升的趋势。1949－1961 年,游牧人口从 20 万下降为 5.6 万。1952－1962 年,东岸主要城市安曼人口从 19 万增至 29 万,伊尔比德人口从 9 万增至 14 万,萨勒特人口从 4 万增至 7 万,西岸主要城市耶路撒冷人口从 9 万增至 11 万,纳布卢斯人口从 5 万增至 18 万,杰宁人口从 4 万增至 9 万。[③] 1967 年第三次中东战争爆发前,包括东岸和西岸在内的约旦城市人口超过人口总数的二分之一。1967 年第三次中东战争后,以色列占领约旦河西岸,大批巴勒斯坦人从约旦河西岸进入约旦河东岸。1952 年,约旦河东岸人口为 59 万,其中 36％为城市人口,64％为乡村人口;1994 年,约旦河东岸人口增至 410 万,其中 78.6％为城市人口,21.4％为乡村人口。1952 年,约旦河东岸主要城市安曼人口不足 11 万,伊尔比德人口 2.3 万;1994 年,安曼人口超过 130 万,伊尔比德人口 38 万,扎尔卡人口 61 万。[④]

外约旦曾经是阿拉伯世界经济最落后的地区之一,贝都因人的游牧活动举足轻重,现代工业微乎其微。根据 1933 年的统计,外约旦的耕地面积为 460 万杜诺姆。[⑤] 二战爆发前夕,耕地面积占外约旦面积的 5.1％,灌溉面积占全部耕地的 5.6％;超过 80％的耕地播种谷物,烟草和水果的种植面积约占全部耕地的 20％,小麦年产量约 10 万吨,大麦年产量约 5 万吨。[⑥] 1951－1967 年是约旦经济的繁荣时期,约旦河谷的灌溉农业、旅游业、轻工业和采矿业出现长足的进步。政府投资兴修水利,引雅姆克河水灌溉约旦河东岸约 4 万英亩的土地。[⑦] 60 年代初,约旦政府制定第一个国民经济五年发展计划,旨在增加国内生产总值,提高国民生活水准,降低失业率,减少对进口商品的依赖。政府投资 3.56 亿美元,其中农业投资占三分之一,用于改善约旦河谷的灌溉环境,扩大耕地面积,调整农作物结构,提高农业市场化水平。第一个五年计划亦包括投资电力

① Owen,R., *A History of Middle East Economies in the Twentieth Century*, p. 62.

② Yapp,M. E., *The Near East Since the First World War*, p. 140.

③ Robins,P., *A History of Jordan*, p. 85.

④ Winckler,O., *Population Growth and Migration in Jordan 1950-1994*, Sussex 1988, p. 104, p. 106, p. 107.

⑤ Owen,R., *A History of Middle East Economies in the Twentieth Century*, p. 62.

⑥ Hershlag,Z. Y., *Introduction to the Modern Economic History of the Middle East*, pp. 267-268.

⑦ Peretz,D., *The Middle East Today*, p. 354.

和矿产业,开辟扎尔克工业区,改造亚喀巴港口,兴建新的铁路和公路,发展教育和卫生事业。然而,五年计划的制定和实施并不意味着政府经济干预的扩大。政府推行混合经济,鼓励私人投资,特别是工业领域的私人投资。[①] 1960—1967年,约旦的国内生产总值年均增长率达到9%,人均收入超过埃及和叙利亚。此间,约旦国内生产总值的40%、工业产值的50%、耕地面积的25%、60%的果蔬产品、超过三分之一的谷物和牲畜来自约旦河西岸[②];作为约旦重要财源的旅游资源,90%亦位于约旦河西岸。[③] 1967年第三次中东战争后,以色列占领约旦河西岸,约旦经济遭受重创,尤其是农业和旅游业收入锐减;约30万巴勒斯坦难民自约旦河西岸和加沙地带涌入约旦河东岸,加重了约旦河东岸的经济负担。[④] 进入70年代,约旦经济逐渐恢复。1974—1982年,约旦国内生产总值年均增长率增至10%,增长速度仅次于沙特阿拉伯而超过其他的阿拉伯国家。1982年以后,国内生产总值年增长率下降为3%。[⑤]

约旦的经济部门主要是农业和商业,小农和商人为数众多,私人经济发达。然而,约旦耕地有限,水源匮乏,农业长期处于落后的状态,国内的农产品供应主要依赖于国际市场的进口。约旦的工业发展亦相对落后,工业化进程缓慢,矿产资源主要是磷和钾,工业产品主要是水泥和化肥,主要工业企业属于国有。[⑥] 1978年,工业产值占国民生产总值的15.5%,工业劳动力占全部劳动力的6.3%。[⑦]

约旦的经济支柱,一是西方和阿拉伯世界提供的援助,二是对海湾国家的劳务输出。是为决定约旦外交政策的重要因素。约旦的经济发展长期依赖国外的援助,进而形成食利国的浓厚色彩。1956年以前,约旦的外援主要来自英国对于阿拉伯军团的资助。此后,美国取代英国,成为向约旦提供外援的主要西方国家。1954—1961年,约旦政府财政支出的58.6%来自西方的援助。1962—1966年,约旦政府财政支出的48.3%来自西方的援助。60年代中期,约旦是世界上人均接受外援数额最高的国家,每年人均接受外援达到36.5美元,超过以色列的人均28.6美元。1967年第三次中东战争后,约旦与其他阿拉伯国家之间的关系逐渐改善,进而获得沙特阿拉伯、科威特和利比亚等阿拉伯产

① Robins,P. , A History of Jordan , pp. 112-113.

② Owen,R. , A History of Middle East Economies in the Twentieth Century , p. 189.

③ Robins,P. , A History of Jordan , pp. 124-125.

④ Owen,R. , A History of Middle East Economies in the Twentieth Century , p189.

⑤ Yapp,M. E. , The Near East Since the First World War , p. 292.

⑥ Ryan,C. R. , Jordan in Transition: from Hussein to Abdullah , p. 49.

⑦ Owen,R. , A History of Middle East Economies in the Twentieth Century , p. 191.

油国提供的经济援助。1959—1966 年,阿拉伯世界向约旦提供的援助年均2500 万第纳尔(折合 7500 万美元);1967 年,阿拉伯世界向约旦提供的援助增至 5000 万第纳尔(折合 15000 美元)。1974—1978 年,美国和阿拉伯产油国向约旦提供的援助年均 1.23 亿第纳尔(折合 3.69 亿美元);1979—1982 年,约旦获得的国际援助年均达到 3.72 亿第纳尔(折合 11.2 亿美元)。① 另据统计,1967—1972 年,在约旦政府接受的外援总额中,9.44％来自英国,52.9％来自美国,6.43％来自阿拉伯世界;1973—1985 年,在约旦政府接受的外援总额中,3.7％来自英国,8.5％来自美国,85.1％来自阿拉伯世界。②

第三次中东战争以后国外援助的增长,导致国有经济规模的扩大和政府雇员人数的增长。自 70 年代起,政府的经济干预逐渐扩大。1974 年,约旦内阁增设供应部,负责稳定市场,规定商品价格,发放生活必需品补助金。与此同时,基础设施和资金密集型企业的投资呈上升的趋势。③ 1970—1985 年,政府雇员的人数从 2.7 万增至 7.4 万,增长幅度达到 200％。国有经济规模的扩大和政府雇员人数的增长,导致民众对于国家的依附状态。然而,政府雇员主要来自约旦河东岸的土著人口,巴勒斯坦人的就业范围大都局限于私人经济领域,两者之间存在明显的就业差异。④

约旦具有良好的教育基础,国民受教育程度较高;约旦境内的约旦人和巴勒斯坦人成为海湾国家技术工人的重要来源,劳务输出构成约旦重要的外汇来源。约旦尽管并非产油国,却是阿拉伯世界石油经济繁荣的间接受益者。70 年代中期,海湾地区的约旦人以及来自约旦境内的巴勒斯坦人约为 84 万;自 70 年代后期开始,海湾地区的约旦人以及来自约旦境内的巴勒斯坦人数量逐渐减少,1990 年约为 76 万,1995 年下降为约 20 万。约旦通过劳务输出赚取的外汇收入,1973 年为 4470 万美元,1984 年增至 124000 万美元,80 年代后期至 90 年代初期一度下降,1993 年达到 104000 万美元。与此同时,大批埃及人和苏丹人进入约旦的劳动力市场,提供低收入的体力劳动。约旦的外籍劳动力数量,1990 年为 16 万,1995 年增至 25 万。⑤ 劳务输出与劳务输入的长期并存,构成约旦经济社会生活的突出现象。⑥ 此外,黎巴嫩内战爆发后,许多国际金融机构从黎巴嫩移至约旦。两伊战争期间,约旦的亚喀巴成为伊拉克从国外进口商品

① Owen,R. , *A History of Middle East Economies in the Twentieth Century*, p. 187, p. 189.

② Wilson,R. , *Politics and the Economy in Jordan*, p. 65.

③ Robins,P. , *A History of Jordan*, pp. 144-145.

④ 同上, p. 144。

⑤ Winckler,O. , *Population Growth and Migration in Jordan 1950-1994*, p. 99, p. 79, p. 100.

⑥ Ryan,C. R. , *Jordan in Transition:from Hussein to Abdullah*, p. 40.

的主要港口。①

经济的发展推动了教育事业的进步。1941 年,外约旦有官办学校 73 所,私立学校 92 所,其中包括官办中学 4 所,私立中学 2 所。② 1950—1965 年,在校学生从 10 万人增至 30 万人,适龄儿童入学率高居阿拉伯诸国的首位。③ 1962 年,侯赛因国王在安曼创办约旦大学。④ 1976 年,侯赛因国王在伊尔比德创办雅姆克大学。⑤ 1985 年,约旦国内高等学校学生达到 5 万人,另有 6 万人在海外留学。⑥

约旦尽管并非产油国,却与海湾地区的石油经济以及国际市场的石油价格密切相关。一方面,约旦政府的财政严重依赖于海湾产油国提供的政府援助。另一方面,海湾地区的劳务输出构成约旦重要的外汇来源。1981 年,国际市场的油价达到顶峰,继而大幅跌落。1982 年以后,约旦国内局势动荡,财政赤字严重,政府投资和私人投资均呈下降趋势,第纳尔贬值,失业率上升,经济增长率再度下降,1985—1989 年甚至出现负增长,1988 年外债高达 80 亿美元。⑦

1989 年 2 月,约旦政府迫于国内经济形势的恶化和财政危机的加剧,与国际货币基金组织签署协议,承诺调整经济政策,换取国际货币基金组织提供1.25 亿美元的贷款和世界银行提供 1 亿美元的贷款。⑧ 同年 4 月,约旦政府迈出经济改革的第一步:提高燃料价格 30%。海湾战争后,伊拉克受到国际社会的制裁,约旦丧失最重要的贸易伙伴。不仅如此,超过 30 万约旦人从海湾返回国内,对约旦的经济形势产生严重的负面影响。1992 年,约旦政府被迫再次与国际货币基金组织签署协议,实行紧缩货币的财政政策、冻结政府和国有企业工资标准、削减生活必需品的补助金、贬值第纳尔。与此同时,约旦政府开始调整经济结构,废除进口许可制度,降低进口关税标准,开放国内市场,推行非国有化的经济战略,鼓励私人投资。1994 年 6 月,政府宣布实行税制改革,取缔消费税,代之以交易税,旨在增加政府的财政收入。⑨ 1995 年,约旦政府颁布投资促进法,鼓励私人投资和吸引国外投资。1996 年,约旦政府与国际货币基金组织合作,再次调整经济政策,取消生活必需品补助金。1997 年,约旦政府开辟免

① Yapp, M. E., *The Near East Since the First World War*, p. 293.

② 同上,p. 141。

③ Peretz, D., *The Middle East Today*, p. 354.

④ Yapp, M. E., *The Near East Since the First World War*, p. 293.

⑤ Ochsenwald, W., *The Middle East: A History*, p. 567.

⑥ Yapp, M. E., *The Near East Since the First World War*, p. 293.

⑦ Owen, R., *A History of Middle East Economies in the Twentieth Century*, p. 191.

⑧ Ryan, C. R., *Jordan in Transition: from Hussein to Abdullah*, p. 52.

⑨ Joffé, E. G. H., *Jordan in Transition*, London 2002, p. 228, p. 230.

税工业区,旨在改善投资环境。① 1997 年底,约旦政府废止外国人不得在约旦企业拥有 50％以上股份的法律。约旦的国有经济开始于 20 年代的建国初期。约旦的主要国有企业,包括水泥公司、电力公司、磷矿公司、钾矿公司、化肥公司、铁路公司、航空公司和电信公司。90 年代末,非国有化改革进程开始启动,政府向私人出售国有企业股份,允许私人收购国有企业。② 1999 年阿卜杜拉二世即位后,经济改革的步伐明显加快。2000 年,约旦加入世界贸易组织,与美国签署自由贸易协议。2001 年,约旦加入欧洲自由贸易协会,进一步密切与欧盟的经济联系。③ 尽管如此,约旦经济形势并未出现明显的好转,失业率居高不下,贫困状况依然严峻,民众生活水准无明显提高,基尼系数上升。

五、巴勒斯坦

锡安主义兴起之前的巴勒斯坦

巴勒斯坦的古代居民是迦南人。迦南人操闪米特语,其故乡应为阿拉伯半岛。考古发掘证明,早在公元前 3000 年,迦南人已经在巴勒斯坦的加沙一带居住生活。《圣经·旧约》因此将巴勒斯坦称作"迦南地",古代文献亦称巴勒斯坦为"迦南人之乡"。迦南人在巴勒斯坦从事农业和工商业活动,考古学家曾经在古埃及第一王朝的陵墓中发现迦南人制造的陶器。公元前 2000 年代中期,迦南人生活的巴勒斯坦成为埃及的法老与赫梯人角逐霸权的战场。此间,埃及文化传入巴勒斯坦,迦南人创造的文字反映出古代埃及象形文字的影响。公元前 2000 年代后期,腓力斯丁人入侵巴勒斯坦,与迦南人逐渐融合。腓力斯丁人似乎来自爱琴海地区,《圣经·旧约》称腓力斯丁人的故乡是迦斐托(据研究者推测,应为克里特岛)。"巴勒斯坦"一词,即源于"腓力斯丁"的音译。

大约在公元前 1200 年,犹太人的祖先希伯莱人进入巴勒斯坦,分为以色列部落联盟和犹太部落联盟。公元前 1000 年左右,希伯莱人在巴勒斯坦建立统一的国家,继而分裂为以色列王国和犹太王国。公元前 722 年,亚述帝国灭亡以色列王国。公元前 586 年,新巴比伦王国灭亡犹太王国。公元前 6 世纪,新

---

① Ryan,C. R. , *Jordan in Transition：from Hussein to Abdullah* , p. 56.

② Joffé,E. G. H. , *Jordan in Transition* , p. 232.

③ Ryan,C. R. , *Jordan in Transition ： from Hussein to Abdullah* , p. 117.

巴比伦王国灭亡，巴勒斯坦处于波斯帝国的统治之下。公元前 4 世纪波斯帝国灭亡后，希腊人统治巴勒斯坦。公元前 63 年，罗马人征服巴勒斯坦。罗马人统治期间，实行高压政策，数十万犹太人遭到杀戮，余者大都流散他乡，留居巴勒斯坦的犹太人所剩无几。

阿拉伯人征服后，巴勒斯坦经历阿拉伯化和伊斯兰化的过程，直至成为阿拉伯穆斯林新的家园。倭马亚时代，包括巴勒斯坦在内的叙利亚地区由哈里发直接治理。阿拔斯王朝建立后，包括巴勒斯坦在内的叙利亚成为哈里发国家的重要省区。巴勒斯坦的著名城市耶路撒冷，阿拉伯语为古德斯，意为圣城，曾经是先知穆罕默德传布启示之初穆斯林礼拜的朝向所在。另据《古兰经》第 17 章，先知穆罕默德曾经于 622 年徙志前夕的一个夜晚自麦加来到耶路撒冷，继而经历"升宵"的奇迹。穆斯林因此将耶路撒冷视作伊斯兰教的圣地之一。耶路撒冷的重要标志性建筑，是萨赫莱清真寺（亦称岩石清真寺）和阿克萨清真寺（亦称远寺），始建于倭马亚王朝哈里发马立克当政期间。萨赫莱清真寺和阿克萨清真寺气势宏伟，犹如耶路撒冷的两颗明珠，是伊斯兰世界闻名遐迩的宗教建筑。

巴勒斯坦的犹太人作为吉玛人处于哈里发国家的保护之下，享有自治的权利，人数逐渐增多。罗马人统治时期，禁止犹太人进入耶路撒冷；阿拉伯人征服后，犹太人获准在耶路撒冷居住。公元 11 世纪塞尔柱突厥人统治时期，约 30 万犹太人生活在巴勒斯坦。十字军东征期间，巴勒斯坦的犹太人再次经历浩劫，人口锐减。西班牙的犹太人旅行家本杰明于 1169 年游历巴勒斯坦，发现犹太人仅存数千人。[①] 十字军东征结束后，穆斯林实行宗教宽容政策，犹太人从北非和欧洲移居巴勒斯坦，长期与阿拉伯人和睦相处。

奥斯曼帝国统治时期，巴勒斯坦并非独立的行政区域。巴勒斯坦南部称耶路撒冷桑贾克，隶属于伊斯坦布尔的苏丹，包括耶路撒冷、雅法、加沙和希布伦诸地。巴勒斯坦中部称纳布卢斯桑贾克，隶属于大马士革省，包括纳布卢斯、杰宁、图勒凯姆诸地。巴勒斯坦北部称阿克桑贾克，隶属于贝鲁特省，包括阿克、海法、太巴列、萨菲德、那撒勒诸地。[②] 20 世纪初，巴勒斯坦约有 60 万阿拉伯人，大都信奉逊尼派伊斯兰教，亦有少量阿拉伯人信奉基督教。[③] 一战结束时，巴勒斯坦共有定居人口约 70 万，另有游牧人口约 5 万；其中穆斯林占总人口的 80%，基督徒和犹太人各占总人口的 10%。穆斯林主要分布在乡村从事农业，

① Sachar，H. M.，*A History of Isreal*，New York 1996，p. 18.

② Yapp，M. E.，*The Near East Since the First World War*，p. 116.

③ Peretz，D.，*The Middle East Today*，p. 282.

大都属于逊尼派,少量穆斯林属于什叶派和德鲁兹派。基督徒主要包括东正教徒和天主教徒,大都生活在耶路撒冷以及其他基督教圣城。[①]

奥斯曼帝国统治时期,巴勒斯坦的犹太人数量呈缓慢增长的趋势。15世纪末16世纪初,西班牙实行宗教迫害政策,大批犹太人逃离伊比利亚半岛,其中一部分移居巴勒斯坦。18世纪初,在十字军遗弃的城市萨菲德,犹太人达到1.6万人。1837年,萨菲德毁于地震,残存的犹太人移居耶路撒冷和希布伦。耶路撒冷是犹太人古代圣殿的所在地,希布伦相传是犹太人古代国王大卫的诞生地。1776年,约0.2万犹太人生活在耶路撒冷。1890年,约0.15万犹太人生活在希布伦。[②] 1914年一战爆发前夕,巴勒斯坦的犹太人达到8.5万人,主要分布于犹太教圣城耶路撒冷、希布伦、萨菲德和太巴列,约1.2万人生活在43个新购置的农业定居点。[③]

锡安主义的兴起与犹太人的移民运动

犹太人与巴勒斯坦具有特殊的情结,这种情结渗透于犹太教的教义和仪式之中。在犹太人看来,作为"应许之地"的巴勒斯坦胜过异乡的宫殿,巴勒斯坦的空气赋予犹太人以智慧和力量。自罗马时代开始,犹太人被逐出巴勒斯坦,流散世界各地。在中世纪的欧洲,基督教占据统治地位,犹太人作为异教徒,备受基督徒的歧视,不得出任官职和拥有土地。[④] 19世纪初,约50万犹太人生活在西欧各地。随着现代民族国家在西欧的兴起,犹太人逐渐获得与基督徒同等的公民身份。然而,西欧现代民族国家的世俗化进程排斥和否定着犹太教的传统法律以及犹太人传统的自治地位。19世纪中叶,生活在东欧的犹太人约300万,占世界犹太人总数的75%。[⑤] 东欧的犹太人主要分布在俄国,屡遭沙皇政府的迫害,生存环境恶劣。锡安主义[⑥]的兴起与西欧现代民族国家的世俗化改革具有内在的逻辑联系,亦是东欧统治者迫害犹太人的逻辑结果。

锡安主义作为19世纪欧洲民族主义运动的组成部分,可谓具有浓厚犹太教色彩的民族主义,犹太教的拉比则是锡安主义运动的先驱。19世纪初,塞尔

---

① Yapp,M. E. , *The Near East Since the First World War*, pp. 116-117.

② Sachar,H. M. , *A History of Isreal*, pp. 19-20.

③ Peretz,D. , *The Middle East Today*, p. 282.

④ 同上,p. 277。

⑤ Sachar,H. M. , *A History of Isreal*, p. 4.

⑥ 锡安指锡安山,位于耶路撒冷城内,相传是耶和华居住的圣地。锡安主义特指犹太复国主义。

维亚的犹太教拉比阿尔卡来率先倡导犹太人重建圣地的家园。19 世纪中叶,东普鲁士的犹太教拉比卡里斯切尔著书立说,强调回归圣地巴勒斯坦和移居古代家园耶路撒冷是拯救犹太人和犹太教的唯一途径。19 世纪后期,俄国和波兰的犹太人开始创立秘密组织,宣传锡安主义的思想纲领。1884 年,来自俄国的犹太人医生利奥·平斯克在德国城市卡特维兹发起召开锡安主义大会,34 个锡安主义组织的代表出席会议,决定共同资助犹太人移居巴勒斯坦,随后在敖德萨成立锡安主义组织的总部。① 锡安主义运动的奠基人是布达佩斯的西奥多·赫茨尔。1896 年,赫茨尔出版《犹太人国家》一书,首倡通过建立犹太人的国家,保障犹太人的权利。② 赫茨尔认为,犹太人受迫害和受歧视的问题,并非宗教问题和社会问题,而是民族问题,犹太人是"一个没有土地的民族",犹太人应当获得土地,建立自己的国家,应当将巴勒斯坦或阿根廷作为犹太人的家园,建立犹太人国家。赫茨尔的观点得到东欧犹太人的广泛响应。1897 年 8 月,西奥多·赫茨尔在瑞士的巴塞尔召开第一次世界锡安主义大会,来自 117 个锡安主义组织的 197 名犹太人代表出席会议,成立锡安主义组织世界犹太复国主义协会,发表巴塞尔宣言,呼吁犹太人在巴勒斯坦重建家园,进而掀开了锡安主义运动的序幕。③ 1905 年,锡安主义者在巴塞尔召开第七次大会,确定巴勒斯坦作为犹太人的新家园。1911 年召开的第十次锡安主义者大会,决定在巴勒斯坦广泛购置土地,安置更多的犹太人移民。④ 1917 年 11 月,英国外交大臣贝尔福致信锡安主义组织领导人,支持犹太人在英国政府托管下的巴勒斯坦建立国家,是为贝尔福宣言。⑤

　　1918 年一战结束后,奥斯曼帝国在巴勒斯坦的统治权力不复存在。1920 年召开的圣雷莫会议,将巴勒斯坦划入英国的势力范围。1922 年,国际联盟宣布巴勒斯坦处于英国的委任统治之下。英国委任统治时期,犹太人移民的迅速增长成为巴勒斯坦的突出现象。

　　犹太人向巴勒斯坦的移民运动称作"耶里亚";"耶里亚"在希伯莱语中意为"升华",犹太人回归巴勒斯坦被视作升华的过程。第一次耶里亚发生于 1882—1903 年,2.5 万犹太人自俄国和波兰移居巴勒斯坦。第二次耶里亚发生于 1904—1914 年,3.5 万犹太人自东欧移居巴勒斯坦。第三次耶里亚发生于

---

① Sachar,H. M. , *A History of Isreal* , pp. 6-7, p. 16.

② Goldschmidt,A. , *A Concise History of the Middle East* , Boulder 1991, p. 242.

③ Gelvin,J. L. , *The Modern Middle East:A History* , Oxford 2005, p. 217, p. 208.

④ Sachar,H. M. , *A History of Isreal* , pp. 65-66.

⑤ Goldschmidt,A. , *A Concise History of the Middle East* , p. 245.

1919—1923年,2.7万犹太人自俄国移居巴勒斯坦。第四次耶里亚发生于1924—1926年,6.3万犹太人自波兰移居巴勒斯坦。第五次耶里亚发生于1932—1939年,17.5万犹太人自波兰和德国移居巴勒斯坦。[1] 犹太人的移民运动,导致巴勒斯坦人口结构的明显变化。英国委任统治时期,巴勒斯坦的人口结构经历明显的变化过程。1918年英军占领初期,巴勒斯坦有阿拉伯人56万,犹太人5.5万。[2] 1922年,巴勒斯坦有阿拉伯人66.6万,犹太人8.4万。[3] 1936年,巴勒斯坦犹太人共计40万,其中28万属于移民。[4] 另据资料统计,1931年,巴勒斯坦总人口为106万,其中阿拉伯人86万,占总人口的82%,犹太人17万,占总人口的16%;1936年,巴勒斯坦总人口为139万,其中阿拉伯人98万,占总人口的71%,犹太人38万,占总人口的28%;1941年,巴勒斯坦总人口为164万,其中阿拉伯人112万,占总人口的68%,犹太人49万,占总人口的30%;1946年,巴勒斯坦总人口为194万,其中阿拉伯人131万,占总人口的67%,犹太人60万,占总人口的31%。[5]

　　犹太人移民最初大都生活在巴勒斯坦的乡村,由锡安主义组织创办的基金会提供资助,购置阿拉伯人地主的土地,从事农业生产。至1948年5月以色列建国前夕,犹太人共计购置巴勒斯坦2600万杜诺姆耕地中的200万杜诺姆耕地,主要分布在沿海平原、约旦河西岸、死海周围和加沙地带。[6] 自第四次耶里亚开始,巴勒斯坦的犹太人移民逐渐由农业移民转变为城市移民,越来越多的犹太人移民投资工商业领域,城市移民成为犹太人移民的主要形式。1924—1929年,耶路撒冷和海法的犹太人数量增长一倍。[7] 特拉维夫在一战末期只是雅法附近一处2000人的小镇,1939年成为15万人的重要城市,号称世界上唯一纯粹犹太人的城市。1936年,四分之三的犹太人移民生活在巴勒斯坦的城市。[8] 1930—1937年,巴勒斯坦的犹太人企业从6000家增至14000家,雇佣劳动力人数从1.9万人增至5.5万人。[9] 1939年二战爆发前夕,巴勒斯坦的犹太人约45万,其中20%从事农业,20%从事制造业,其余60%从事服务业。[10] 犹

第八章　新月地带诸国的现代化进程

① Bregman, A. , *A History of Isreal*, New York 2003, p. 8, p. 10, p. 20, p. 23, p. 26.

② Sachar, H. M. , *A History of Isreal*, p. 118.

③ Owen, R. , *A History of Middle East Economies in the Twentieth Century*, p. 57.

④ Yapp, M. E. , *The Near East Since the First World War*, p. 117.

⑤ Cleveland, W. L. , *A History of the Modern Middle East*, p. 255.

⑥ Yapp, M. E. , *The Near East Since the First World War*, p. 120.

⑦ Sachar, H. M. , *A History of Isreal*, p. 155.

⑧ Ochsenwald, W. , *The Middle East: A History*, p. 451.

⑨ Sachar, H. M. , *A History of Isreal*, p. 190.

⑩ Owen, R. , *A History of Middle East Economies in the Twentieth Century*, p. 59.

太人的移民运动,直接推动了巴勒斯坦的工业化和城市化进程。

犹太人移民在巴勒斯坦购置的土地大都获得锡安主义基金会的资助,经济生活具有浓厚的公有色彩。犹太人移民在巴勒斯坦建立的社团组织称作伊术夫,类似于奥斯曼帝国时期的米勒特,处于英国委任统治当局的保护之下,在诸多方面处于自治的地位。在伊术夫内部,选举产生的议会行使政府的权力。哈加纳和伊尔贡是伊术夫的武装组织;哈加纳始建于1920年,二战结束时人数达到6万。[①] 犹太人移民的另一重要组织是称作希斯塔德鲁特的劳工联盟,始建于1920年;劳工联盟规定,犹太人雇主只能雇用犹太人,不得雇用阿拉伯人。伊术夫作为犹太人的移民社团,实行多党制的政治制度;大卫·本—古里安领导的工党长期占据主导地位,控制哈加纳和希斯塔德鲁特。[②] 1929年,犹太人移民成立议会,查伊姆·魏兹曼出任议会主席。[③]

阿拉伯人与犹太人的矛盾冲突

奥斯曼帝国统治时期,巴勒斯坦的阿拉伯人主要分布在北起杰宁、南至希布伦的内陆山区,从事农业生产。19世纪末,巴勒斯坦的阿拉伯人开始从内陆山区移居沿海平原。[④] 英国委任统治时期,阿拉伯人大都生活在巴勒斯坦北部和中部的乡村,从事农业生产,采用分成制的租佃方式,耕种在外地主的土地。巴勒斯坦南部的荒漠,生活着少量的贝都因人。根据1936年的统计,巴勒斯坦的67万阿拉伯人系分成制农民,分布在850个村庄,近30万阿拉伯人生活在城市,大都从事建筑业、服务业和传统手工业。1947年,巴勒斯坦的阿拉伯人约三分之一生活在城市,三分之二生活在乡村约800处村庄,另有贝都因人7万。巴勒斯坦阿拉伯人的土地,二分之一属于小农,二分之一属于在外地主。[⑤]

巴勒斯坦的阿拉伯人具有贵族政治的历史传统。城市是阿拉伯贵族的家园,在巴勒斯坦的阿拉伯人社会具有广泛的政治影响。中部城市纳布卢斯的哈迪家族和塔乌坎家族、西北部城市阿克的哈利法家族和舒凯里家族均为显赫一时的阿拉伯城市贵族,拥有大量的土地。奥斯曼帝国时期,耶路撒冷最具影响的阿拉伯贵族是哈立德家族、阿拉姆家族、侯赛因家族和纳沙什布家族。英国委任统治时期,侯赛因家族和纳沙什布家族均与英国当局保持良好的政治合

① Ochsenwald,W. , *The Middle East:A History* , p. 533.

② Yapp,M. E. , *The Near East Since the First World War* , p. 119.

③ Ochsenwald,W. , *The Middle East:A History* , p. 455.

④ Owen,R. , *A History of Middle East Economies in the Twentieth Century* , p. 57.

⑤ Yapp,M. E. , *The Near East Since the First World War* , p. 120, p. 118.

作;侯赛因家族的卡迈勒、穆罕默德·爱敏和穆萨·卡兹姆相继担任耶路撒冷的穆夫提,纳沙什布家族的拉吉卜长期担任耶路撒冷市长。[1]

英国委任统治时期巴勒斯坦的阿拉伯人政党亦普遍具有贵族政治的浓厚色彩,政党政治构成诸多贵族家族角逐权力的政治形式。巴勒斯坦阿拉伯党始建于1935年,处于侯赛因家族的控制之下。民族保卫党始建于1934年,处于纳沙什布家族的控制之下。改革党始建于1935年,系哈立德家族控制的政党。独立党始建于1932年,系哈迪家族控制的政党。诸多阿拉伯人政党普遍具有阿拉伯民族主义的浓厚色彩,致力于巴勒斯坦阿拉伯人的政治独立;其中侯赛因家族和哈迪家族持亲叙利亚的立场,纳沙什布家族和哈立德家族持亲外约旦的立场。与此同时,诸多阿拉伯人政党均持反对锡安主义和抵制犹太人移民巴勒斯坦的立场,具有阿拉伯民族主义的明显倾向。1936年,诸多政党共同组建巴勒斯坦阿拉伯人最高委员会,作为代表巴勒斯坦阿拉伯人利益的政治机构。[2]

1920年夏,赫尔伯特·萨缪尔出任英国委任统治当局的高级专员。同年10月,赫尔伯特·萨缪尔组建巴勒斯坦协商会议,包括11名政府官员和10名民间人士,其中穆斯林4人,基督徒3人,犹太人3人。1922年8月,赫尔伯特·萨缪尔承诺成立巴勒斯坦地方议会和阿拉伯人政府;由于阿拉伯人拒绝与英国委任统治当局合作,抵制地方议会选举,赫尔伯特·萨缪尔的计划夭折。1925年,普鲁摩尔出任巴勒斯坦高级专员,扩大阿拉伯人的自治权力,试图平息阿拉伯人的反英情绪。1928年,约翰·查恩斯勒出任巴勒斯坦高级专员,限制犹太人移居巴勒斯坦和在巴勒斯坦购置土地。[3]

进入30年代,阿拉伯人与犹太人之间的矛盾逐渐加剧。1936年4月,巴勒斯坦的阿拉伯人举行罢工,抗议英国委任统治和锡安主义,进而演变为暴力冲突,大马士革、开罗和巴格达民众亦举行示威,声援巴勒斯坦的阿拉伯人。[4] 1937年,英国政府建议阿拉伯人与犹太人在巴勒斯坦实行分治。英国政府的分治方案得到犹太人的支持,却遭到阿拉伯人的反对。[5] 1938年,英国政府邀请来自埃及、伊拉克、约旦、沙特、也门、巴勒斯坦的阿拉伯人代表与来自英国、美国、法国等地的犹太人代表在伦敦召开会议,建议限制犹太人移民和建立巴勒斯坦自治政府,遭到双方的拒绝。1939年,英国政府发表白皮书,主张未来5年

① Yapp,M. E. , *The Near East Since the First World War*, pp. 121-122.

② 同上, p. 122。

③ 同上, pp. 125-126, p. 128。

④ 同上,p. 130。

⑤ Polk,W. R. , *The Arab World Today*, Harvard 1991, p. 171.

允许 7.5 万犹太人移居巴勒斯坦,然后关闭犹太人移民巴勒斯坦的大门;禁止阿拉伯人与犹太人之间的土地交易;10 年后成立自治政府。然而,英国政府的白皮书再次遭到双方的拒绝。1942 年,锡安主义者在伦敦发表比勒特莫尔宣言,要求在巴勒斯坦成立犹太人的联邦。[①]

二战期间,移居巴勒斯坦的犹太人数量剧增。纳粹的屠杀提供了犹太人移民巴勒斯坦的直接动力,犹太人移民数量的增长导致巴勒斯坦阿拉伯人与犹太人之间的力量对比。锡安主义者将犹太人移民视作在巴勒斯坦建立犹太人国家的重要步骤,阿拉伯人则将犹太人移民视作莫大的威胁。犹太人的移民高潮,导致阿拉伯人与犹太人之间矛盾的加剧。至二战结束时,巴勒斯坦已经处于战争的边缘。

1946 年 5 月,英美联合调查委员会建议,允许 10 万欧洲犹太人难民移居巴勒斯坦,在巴勒斯坦建立联合国监督之下的双重民族国家。阿拉伯人和犹太人均持反对的态度;阿拉伯人反对犹太人移居巴勒斯坦,犹太人要求在巴勒斯坦建立自己的国家。[②] 1947 年 2 月,英国政府将巴勒斯坦问题提交联合国。同年 5 月,锡安主义的代表出席联合国特别会议,要求在巴勒斯坦和外约旦建立犹太人的国家。[③] 8 月,联合国特别委员会提交报告,建议将巴勒斯坦划分为三个部分,即阿拉伯人的国家、犹太人的国家和联合国监管的耶路撒冷,其中阿拉伯人的国家包括 72.5 万阿拉伯人和 1 万犹太人,犹太人的国家包括 49.8 万犹太人和 40.7 万阿拉伯人,联合国监管的耶路撒冷包括 10 万犹太人和 10.5 万阿拉伯人。11 月,联合国大会以 33 票赞成、13 票反对和 10 票弃权的表决结果通过决议,在巴勒斯坦实行阿以分治,1.25 万平方公里的土地划归阿拉伯人的国家,1.45 万平方公里的土地划归犹太人的国家。1948 年 5 月 14 日,本—古里安在特拉维夫宣布成立以色列国。[④]

巴勒斯坦解放运动

1948 年 5 月 15 日即以色列国宣布建立的次日,第一次中东战争爆发。1949 年 1 月,以色列与埃及、叙利亚、伊拉克、约旦诸国签署停战协议。第一次中东战争结束后,以色列军队占领联合国 1947 年决议划归阿拉伯人的巴勒斯

① Ochsenwald,W. , *The Middle East:A History* , p. 458, p. 472.

② Yapp,M. E. , *The Near East Since the First World War* , p. 135.

③ Chtterji,N. C. , *A History of Modern Middle East* , New Delhi 1987, p. 75.

④ Polk,W. R. , *The Arab World Today* , Harvard 1991, p. 177, p. 179, p. 182.

坦地区 6000 平方公里,除 15 万阿拉伯人留居以色列占领区外,外约旦控制的约旦河西岸有阿拉伯人 40 万,埃及控制的加沙地带有阿拉伯人 5 万,70 万阿拉伯人逃离家园,沦为难民。[1] 根据联合国难民事务署的登记数字,巴勒斯坦难民总数,1950 年第一次中东战争结束初期约 96 万,1967 年 5 月第三次中东战争爆发前夕增至 134 万。第三次中东战争期间,以色列军队占领约旦河西岸和加沙地带,65 万阿拉伯人留居约旦河西岸的以色列占领区,35 万阿拉伯人留居加沙地带的以色列占领区,另有 30 万阿拉伯人逃往周边的阿拉伯国家。[2] 根据1987 年联合国难民事务署的登记数字,巴勒斯坦难民总数为 219 万,其中 84 万分布在约旦境内即约旦河东岸,28 万分布在黎巴嫩境内,26 万分布在叙利亚境内,其余难民分布在以色列占领的约旦河西岸和加沙地带。[3] 另据统计,1987年大起义前夕,祖居巴勒斯坦的阿拉伯人后裔共计 460 万,其中生活在以色列境内的巴勒斯坦人 71.8 万,约旦河西岸的巴勒斯坦人 86 万,加沙地带的巴勒斯坦人 56.4 万,约旦境内的巴勒斯坦人 120 万,黎巴嫩境内的巴勒斯坦人 27万,叙利亚境内的巴勒斯坦人 24 万,海湾地区的巴勒斯坦人 50 万。[4] 1990 年,祖居巴勒斯坦的阿拉伯人后裔共计 578 万,其中 12.6％生活在以色列境内,18.6％生活在约旦河西岸,10.8％生活在加沙地带,31.6％生活在约旦境内,5.7％生活在黎巴嫩境内,5.2％生活在叙利亚境内,15.5％生活在海湾国家及其他地区。2000 年,祖居巴勒斯坦的阿拉伯人后裔共计 776 万,其中 11.8％生活在以色列境内,17.8％生活在约旦河西岸,10.8％生活在加沙地带,33.5％生活在约旦境内,6.0％生活在黎巴嫩境内,5.3％生活在叙利亚境内,14.8％生活在海湾国家及其他地区。[5] 以色列政府拒绝接纳巴勒斯坦难民回归家园,亦不肯向逃离家园的巴勒斯坦难民支付赔偿。巴勒斯坦难民既是阿以冲突的直接结果,更是中东和平进程的巨大障碍。

1964 年 1 月,在开罗召开的第一届阿拉伯国家首脑会议,决定成立巴勒斯坦解放组织。同年 5 月,在东耶路撒冷召开的巴勒斯坦人国民大会,宣布成立巴勒斯坦解放组织,选举艾哈迈德·舒凯里出任巴勒斯坦解放组织执行委员会主席,创建巴勒斯坦解放军,通过《巴勒斯坦国民宪章》。巴勒斯坦解放组织的基本纲领是,强调巴勒斯坦是阿拉伯世界不可分割的组成部分,拒绝接受贝尔

① Yapp,M. E. , *The Near East Since the First World War* , p. 301.

② Peretz,D. , *The Middle East Today* , p. 359.

③ Yapp,M. E. , *The Near East Since the First World War* , p. 302.

④ Gilbar,G. G. , *Population Dilemmas in the Middle East* , London 1997 , p. 12

⑤ Kamrava,M. , *The Modern Middle East: A Political History Since the First World War* , p. 225.

福宣言和联合国分治决议,拒绝承认以色列国,致力于通过武装斗争的方式解放巴勒斯坦。1967 年 12 月,叶海亚·哈穆达接替艾哈迈德·舒凯里,出任巴勒斯坦解放组织执行委员会主席。[1]

　　巴勒斯坦解放组织系巴勒斯坦阿拉伯人的世俗政治组织,包括埃及、叙利亚、伊拉克等阿拉伯国家支持的诸多派别,政治立场各异,兼有温和色彩和激进倾向。"巴勒斯坦民族解放运动"简称法塔赫,始建于 1959 年,强调武装反抗以色列和解放巴勒斯坦的政治原则。第三次中东战争后,法塔赫在约旦河东岸建立训练营地,袭击以色列占领的约旦河西岸,政治影响逐渐扩大,成为巴解组织的主流派别。与此同时,基督徒乔治·哈巴什创立的"解放巴勒斯坦人民阵线"和基督徒纳伊夫·哈瓦特马创立的"解放巴勒斯坦民众民主阵线"成为巴解组织内部持激进立场的重要派别。[2] 1969 年 2 月,在开罗召开的巴解全国委员会第五次大会,改组巴解执行委员会,法塔赫领导人亚希尔·阿拉法特当选巴解执行委员会主席。[3] 1970 年,巴解组织与约旦政府之间的关系恶化,巴解总部从约旦移至黎巴嫩,黎巴嫩南部成为巴解武装袭击以色列的主要据点。1975 年起,巴解武装卷入黎巴嫩内战。1982 年,以色列军队入侵黎巴嫩,迫使巴解武装退出黎巴嫩南部。1983 年 12 月,巴解总部自贝鲁特移至突尼斯。[4]

　　1973 年在阿尔及尔召开的阿拉伯国家峰会和 1974 年在拉巴特召开的阿拉伯国家峰会,正式承认巴解组织是巴勒斯坦解放事业的唯一合法代表。与此同时,巴解组织调整战略目标,在强调对于整个巴勒斯坦地区享有主权的前提下,致力于在约旦河西岸和加沙地带建立巴勒斯坦国。1974 年,巴解组织得到伊斯兰会议组织成员国和不结盟国家组织成员国的承认,巴解组织的代表以观察员的身份出席联合国大会。1988 年,美国政府承认巴解组织的合法地位,巴解组织宣布接受联合国 181 号决议、242 号决议、338 号决议和承认以色列的合法存在,约旦政府宣布放弃对于约旦河西岸以色列占领区的领土要求。同年 10 月,巴解组织在阿尔及尔宣布在东耶路撒冷、约旦河西岸和加沙地带建立巴勒斯坦国。1989 年 4 月,阿拉法特出任巴勒斯坦国总统。[5]

　　1987 年 12 月,以色列占领下的约旦河西岸、加沙地带和耶路撒冷爆发巴勒斯坦人的起义。1988 年 2 月,巴勒斯坦的穆斯林兄弟会成员在加沙地带创建

[1]　Gelvin,J. L. , *The Modern Middle East :A History* , Oxford 2005 , p. 274.

[2]　Yapp,M. E. , *The Near East Since the First World War* , p. 306.

[3]　Polk,W. R. , *The Arab World Today* , p. 242.

[4]　Yapp,M. E. , *The Near East Since the First World War* , p. 305.

[5]　同上,p. 307.

"伊斯兰抵抗运动",阿拉伯语中简称哈马斯。[1] 哈马斯的领导人是艾哈迈德·亚辛,分支机构遍布加沙地带、约旦河西岸和耶路撒冷等地。哈马斯具有伊斯兰主义的浓厚色彩,反对与以色列的政治妥协,主张诉诸暴力的方式,解放被以色列占领的巴勒斯坦领土,直至消灭以色列。哈马斯的口号是:"安拉是我们的目标,《古兰经》是我们的宪法,使者是我们的榜样,圣战是我们的道路,为主道而战是我们最崇高的愿望。"[2]哈马斯的前身,是 1973 年艾哈迈德·亚辛在加沙地带发起的"伊斯兰文化复兴运动",采用穆斯林兄弟会的民众动员模式,系非政治性的民间宗教组织。1987—1990 年巴勒斯坦人与以色列政府激烈对抗的政治环境,导致哈马斯转变为激进的政治组织,致力于反对以色列占领的圣战。"伊斯兰圣战组织"即吉哈德亦形成于 1987—1990 年巴勒斯坦人的起义期间,政治纲领近似于哈马斯,更具暴力色彩。进入 90 年代,随着巴解组织与以色列的和平谈判,哈马斯和吉哈德等激进组织开始挑战巴解组织的政治权威,其与巴解主流法塔赫之间的矛盾日渐加剧。奥斯陆协议签署后,巴解组织开始在加沙和杰里科组建 1948 年以来巴勒斯坦人第一个自治政府,遭到哈马斯和其他伊斯兰主义组织的抵制。[3]

六、以色列

以色列的政党政治与议会选举

1948 年 5 月,以色列国宣告成立,组建临时政府。1949 年 1 月,来自 9 个政党的 120 名成员组成立宪会议。同年 2 月,以色列颁布临时宪法。根据 1949 年临时宪法,以色列采用共和制政体;总统由议会选举产生,任期 5 年,可连任两届;议会实行一院制,设 120 个席位,议员任期 4 年;议会选举实行多党制,议员候选人必须是注册登记的政党成员,政党注册必须具备超过 1500 人的署名,获得选票超过 1.5% 的政党方可进入议会,议会席位在政党之间分配;议会第一大党的领导人出任总理,内阁成员由总理任命,总理和内阁成员对议会负责,内

① Bregman,A.,*A History of Isreal*,p. 218.

② Davidson,L.,*Islamic Fundamentalism*,p. 69,p. 70.

③ Yapp,M. E.,*The Near East Since the First World War*,pp. 475-477.

阁成员同时具有议员的资格。[①]

以色列政治制度的突出特征,在于议会的广泛权力。在中东地区,只有土耳其议会可与以色列议会相提并论。以色列的议会制度,导致发达的选举政治和为数众多的议会政党。自1948年建国开始,多党制的议会竞选长期构成以色列政治生活的核心内容,阿以关系与中东和平进程则是议会竞选的焦点所在。往往有超过20个政党参与议会竞选,约15个政党进入议会。[②] 以色列的众多政党,可以划分为左翼政党、右翼政党、宗教政党和其他政党。1969年以前,左翼政党占据议会二分之一的席位,右翼政党占据四分之一的议会席位,宗教政党和其他政党亦占据四分之一的议会席位。1977年开始,宗教政党和其他政党依然占据四分之一的议会席位;然而,持左翼立场的工党占据的议会席位呈下降的趋势,右翼政党利库德集团占据的议会席位呈上升的趋势。

工党是以色列政坛最重要的左翼政党,在阿以冲突与中东和平进程的问题上持相对温和的立场。工党的前身是始建于1905年的青年工人党。1930年,青年工人党改称巴勒斯坦工人党。1968年,巴勒斯坦工人党改称工党。工党的社会基础是来自东欧的犹太人移民,以色列劳工联盟希斯塔德鲁特是支持工党的主要民间组织。[③] 1930年,工党成员约6千人;1948年,工党成员超过4万人。[④] 1949—1977年,工党构成以色列议会第一大党,工党领导人则是以色列政坛的核心人物。1949年,以色列举行建国后的首次议会选举,工党获得46个席位,工党领导人本—古里安出任内阁总理,组成工党主导的多党联合政府。1951年,工党在议会选举中获得45个席位,本—古里安再度出任内阁总理,组成工党主导的多党联合政府。1953年,本—古里安辞职,莫什·沙雷出任内阁总理。[⑤] 1955年,工党在议会选举中获得40个席位,本—古里安第三次出任内阁总理,组成工党主导的多党联合政府。1959年,工党在议会中获得47个席位,本—古里安第四次出任内阁总理,组成工党主导的多党联合政府。1961年,工党在议会选举中获得42个席位,本—古里安第五次出任内阁总理,组成工党主导的多党联合政府。1963年,本—古里安辞职,列维·埃什科尔出任内阁总理。1965年,工党在议会选举中获得45个席位,列维·埃什科尔出任内阁总理,组成工党主导的多党联合政府。1969年,工党在议会选举中获得56个席

① East,R. & Joseph,T. , *Political Parties of Africa and the Middle East*, p.134.

② Yapp,M. E. , *The Near East Since the First World War*, p.284.

③ 同上,p.286。

④ Medding,P. Y. , *Mapai in Israel：Political Organization and Government in a New Society*, London 1972, p.15.

⑤ Bregman,A. , *A History of Isreal*, p.63, p.76, p.81.

位,戈尔达·梅厄出任内阁总理,组成工党主导的多党联合政府。1973 年,工党在议会选举中获得 51 个席位,伊扎克·拉宾出任内阁总理,组成工党主导的多党联合政府。[①] 1949—1977 年工党执政期间,来自俄罗斯和波兰的欧裔移民主导内阁,占据 80% 的内阁职位;包括伊扎克·拉宾在内的土著犹太人占据内阁职位的 10%,亚非裔移民亦占据内阁职位的 10%。此间,工党领导层内部经历新旧两代的更替。本—古里安、列维·埃什科尔和戈尔达·梅厄系工党第一代领导人,发迹于英国委任统治时期;达扬、佩雷斯和伊戈尔·阿伦系工党第二代领导人,发迹于阿以战争时代,与以色列军方关系密切。[②]

解放运动始建于 1948 年,自由党始建于 1961 年。1964 年,解放运动与自由党合并,组建加哈尔集团。1973 年,加哈尔集团改称利库德集团,构成以色列政坛最重要的右翼政党。[③] 利库德集团反对工党倡导的以土地换和平的政治原则,拒绝归还 1967 年第三次中东战争期间以色列占领的阿拉伯人土地,强调包括约旦河西岸和加沙地带在内的整个巴勒斯坦地区具有不可分割性,主张改善"落后群体"即亚非裔犹太人的经济社会状况。[④] 利库德集团领导人亦主要来自欧裔移民,然而亚非裔移民构成支持利库德集团的重要社会基础。[⑤] 第三次中东战争以后,亚非裔犹太人移民数量的迅速增长,导致工党与利库德集团之间力量对比的变化。1977 年 5 月,以色列举行议会选举,工党获得 32 个席位,利库德集团获得 43 个席位;利库德集团取代工党成为议会第一大党,利库德集团领导人贝京出任内阁总理,组成利库德集团主导的多党联合政府。[⑥] 以色列政坛由此进入工党与利库德集团分庭抗礼的时期。

1981 年,以色列举行议会选举,利库德集团与工党平分秋色,利库德集团获得 37.1% 的选票和 48 个议会席位,工党获得 36.6% 的选票和 47 个议会席位。由于工党拒绝与利库德集团合作,贝京领导的利库德集团与其他右翼政党组成多党联合政府。[⑦] 1983 年,贝京辞职,沙米尔出任利库德集团领导人和内阁总理。在 1984 年举行的议会选举中,超过 70% 的亚非裔犹太人支持利库德集团,超过 70% 的欧裔犹太人支持工党,利库德集团与工党再度平分秋色,利库德集团获得 41 个议会席位,工党获得 44 个议会席位,利库德集团与工党组成联合

① East, R. & Joseph, T. , *Political Parties of Africa and the Middle East*, p.132.
② Yapp, M. E. , *The Near East Since the First World War*, p.285.
③ 同上, p.284。
④ Peretz, D. , *The Middle East Today*, p.316.
⑤ Yapp, M. E. , *The Near East Since the First World War*, p.287.
⑥ Bregman, A. , *A History of Isreal*, p.166.
⑦ Peretz, D. , *The Middle East Today*, p.325.

政府,分别占据 12 个内阁职位,工党领导人佩雷斯与利库德集团领导人沙米尔轮流出任内阁总理。1988 年,以色列举行议会选举,利库德集团获得 40 个席位,工党获得 39 个席位,利库德集团与工党再度组成联合政府,沙米尔出任内阁总理。1990 年,利库德集团与工党联合政府解体,利库德集团与其他右翼政党组成联合政府。1992 年,以色列举行议会选举,工党获得 44 个席位,利库德集团获得 32 个席位,工党领导人伊扎克·拉宾出任内阁总理,组成工党主导的多党联合政府。① 1996 年,以色列议会修改选举法,内阁总理由选民直接选举,利库德集团获得 32 个议会席位,工党获得 34 个议会席位,利库德集团领导人内塔尼亚胡以微弱的优势当选内阁总理,组成利库德集团主导的右翼政党联合政府。② 1999 年,工党获得 26 个议会席位,利库德集团获得 19 个议会席位,工党领导人巴拉克当选内阁总理,组成工党主导的左翼政党联合政府。③ 2001 年 2 月,利库德集团领导人沙龙以获得 62.5% 选票的绝对优势当选内阁总理,组成包括利库德集团和工党在内的多党联合政府。④

锡安主义具有浓厚的宗教色彩,犹太人的明显特征在于犹太教的共同信仰。以色列国的建立可谓锡安主义的逻辑结果,以色列的宗教与国家之间联系密切,政治生活具有犹太教的浓厚色彩。犹太教拉比在教育和司法领域具有广泛的影响,宗教学校和宗教法庭长期延续。犹太教政党长期处于合法地位,强调犹太教法律在以色列国家的统治地位,构成以色列政治生活的突出特征。早期的犹太教政党,主要是始建于 1903 年的精神中心党、始建于 1912 年的以色列正教党、始建于 1922 年的精神中心工人党和始建于 1925 年的以色列正教工人党。1949 年,精神中心党、精神中心工人党、以色列正教党与以色列正教工人党组成竞选联盟,获得 12% 的议会选票。1955 年,精神中心党与精神中心工人党以及以色列正教党与以色列正教工人党分别组成议会竞选联盟,获得 13.8% 的议会选票。1956 年,精神中心党与精神中心工人党合并组建国家宗教党,以色列正教党与以色列正教工人党合并组建宗教阵线。⑤ 1949—1977 年,工党作为议会第一大党,与宗教政党长期保持政治合作,宗教政党成员多次加入工党主导的多党联合政府。1977 年起,工党与利库德集团在议会竞选中平分秋色,宗教政党作为第三势力构成影响以色列政治生活的重要因素。宗教政党大都持保守的立场,支持利库德集团为首的右翼政党,要求实行犹太教法的统治,

---

① Ochsenwald,W. , *The Middle East：A History*, p. 569, p. 571.

② Bregman,A. , *A History of Isreal*, p. 254.

③ Ochsenwald,W. , *The Middle East：A History*, p. 572.

④ Bregman,A. , *A History of Isreal*, p. 277.

⑤ Sachar,H. M. , *A History of Isreal*, pp. 377-378.

强调犹太教信仰作为获得以色列公民权利的先决条件,反对"以土地换和平"的政治原则,主张将第三次中东战争以后占领的阿拉伯土地纳入以色列的版图。在 1977 年的议会选举中,宗教政党获得 15% 的选票。[①] 在 1999 年的议会选举中,宗教政党获得 27 个议会席位。[②]

以色列的社会结构与经济生活

以色列是典型的移民国家,1948 年以色列国的建立可谓犹太人移民巴勒斯坦的逻辑结果。1948 年以色列建国后,犹太人向巴勒斯坦的移居过程进入新的阶段。以色列建国初期,犹太人移民主要是来自东欧纳粹集中营的大屠杀幸存者。英国委任统治时期,犹太人移民的数量为年均 1.8 万;以色列建国后的最初三年,犹太人移民的数量为月均 1.8 万。1948 年 5 月至 1949 年底,34 万犹太人移居以色列。[③] 1950 年 7 月,以色列议会颁布《回归法》,赋予世界各地的所有犹太人享有移居以色列和成为以色列公民的权利。[④]《回归法》形式上源于犹太教的相关宗教信条,旨在满足以色列建国初期的客观需要。《回归法》的颁布,提供了犹太人移居以色列的法律基础,进而敞开了犹太人移居以色列的大门。

1948—1953 年是犹太人移居以色列的第一个高峰。1948 年,10 万犹太人移居以色列。1949 年,25 万犹太人移居以色列。1948—1951 年,以色列新增犹太人移民 68.7 万,以色列的犹太人总数达到 140 万。[⑤] 1948 年,以色列的犹太人约占世界犹太人总数的 6%;1953 年,以色列的犹太人在世界犹太人总数中所占的比例上升为 13%。[⑥] 此间,相当数量的犹太人移民被以色列政府安置于 1948 年中东战争后阿拉伯人遗弃的城市,更多的犹太人移民生活在称作麦阿巴拉的新定居点。至 1952 年底,以色列政府兴建 113 处新定居点,安置犹太人移民 25 万。[⑦] 1954—1957 年是犹太人移居以色列的第二个高峰时期;1954 年移居以色列的犹太人为 1.8 万,1955 年移居以色列的犹太人为 3.7 万,1956 年移

第八章 | 新月地带诸国的现代化进程

---

① Yapp,M. E. , *The Near East Since the First World War*, p. 289.

② Ochsenwald,W. , *The Middle East:A History*, p. 572.

③ Sachar,H. M. , *A History of Isreal*, p. 395.

④ Bregman,A. , *A History of Isreal*, p. 75.

⑤ Owen,R. , *A History of Middle East Economies in the Twentieth Century*, p. 178.

⑥ Sachar,H. M. , *A History of Isreal*, p. 403.

⑦ Bregman,A. , *A History of Isreal*, p. 72.

居以色列的犹太人为 5.6 万,1957 年移居以色列的犹太人为 7.2 万。[1] 1948 年建国之初,以色列约有人口 80 万。[2] 1958 年,本—古里安宣布,以色列人口达到 200 万。[3] 1961—1964 年是犹太人移居以色列的第三个高峰,此间移居以色列的犹太人达到近 20 万。[4] 1993 年,包括东耶路撒冷和戈兰高地在内的以色列总人口达到 400 万,其中 83% 是犹太人。大批移民的涌入,构成以色列犹太人数量增长的主要原因。[5]

以色列人口数量的增长,形成住房和就业的巨大压力,进而导致犹太人移民的逆向运动。1948—1973 年,移居以色列的犹太人与自以色列移居海外的犹太人比例为 6:1;1973—1989 年,移居以色列的犹太人与自以色列移居他国的犹太人比例为 3:1。1948—1952 年,约 4 万犹太人自以色列移居海外。至 1989 年,共计约 50 万犹太人自以色列移居海外,其中大都移居美国和西欧诸国。[6]

自 19 世纪末至战后初期,移居巴勒斯坦的犹太人主要来自欧洲诸国。以色列建国初期,犹太人移民大都是来自东欧纳粹集中营的大屠杀幸存者。是为以色列的欧裔犹太人(即德系犹太人),称作"阿什肯纳兹"。进入 50 年代,欧裔犹太人的移民数量逐渐下降,称作"塞法尔迪"的亚非裔犹太人移民数量呈明显上升的趋势。亚非裔犹太人主要来自穆斯林人数居多的阿拉伯世界、土耳其、伊朗、阿富汗以及南亚的印度。1939 年,约 170 万犹太人生活在上述地区,占世界犹太人总数的 11%。[7] 1948—1950 年,约 5 万犹太人自也门移居以色列。1950—1951 年,超过 12 万犹太人自伊拉克移居以色列。[8] 1954—1957 年,移居以色列的犹太人主要来自北非的突尼斯和摩洛哥;至 1958 年,自突尼斯和摩洛哥移居以色列的犹太人达到 16 万。[9] 60 年代中期,分布在中东地区的犹太人大都移居以色列。[10] 1948 年,亚非裔犹太人仅占以色列总人口的 11%;[11]1967

① Sachar, H. M. , *A History of Isreal*, p. 415.

② Yapp, M. E. , *The Near East Since the First World War*, p. 280.

③ Ochsenwald, W. , *The Middle East:A History*, p. 544.

④ Sachar, H. M. , *A History of Isreal*, p. 516.

⑤ Yapp, M. E. , *The Near East Since the First World War*, p. 280.

⑥ 同上,p. 281。

⑦ Sachar, H. M. , *A History of Isreal*, p. 397.

⑧ Bregman, A. , *A History of Isreal*, p. 72.

⑨ Sachar, H. M. , *A History of Isreal*, p. 415.

⑩ Yapp, M. E. , *The Near East Since the First World War*, p. 280.

⑪ Peretz, D. , *The Middle East Today*, p. 328.

年,亚非裔犹太人超过欧裔犹太人,占以色列犹太人总数的 55％。[1] 80 年代,约 70 万犹太人自苏联移居以色列。[2] 1990 年苏联解体后,另有 40 万犹太人自前苏联境内移居以色列。[3] 2000 年,来自埃塞阿比亚的犹太人移民达到 5 万人。[4]

　　称作"阿什肯纳兹"的欧裔犹太人与称作"塞法尔迪"的亚非裔犹太人分别来自不同的社会环境,在诸多方面存在明显的差异。先期移居巴勒斯坦的欧裔犹太人构成以色列建国的主导力量,长期控制以色列的议会、政府和经济活动。相比之下,亚非裔犹太人大都在 1947 年建国之后移居以色列,处于以色列国家和社会的边缘地带。欧裔犹太人普遍具有良好的教育背景,经济境况较好;亚非裔犹太人大都缺乏良好的教育背景,经济境况较差。50 年代,欧裔犹太人移民大都被安置于北部原有的城市,亚非裔犹太人则被安置于乡村和南部内格夫沙漠边缘的新定居点。[5] 60 年代之前,以色列的犹太人以欧裔犹太人居多,犹太人内部尚无明显的贫富差距。进入 60 年代,特别是第三次中东战争以后,亚非裔犹太人的数量逐渐超过欧裔犹太人,亚非裔犹太人与欧裔犹太人之间的贫富差距日趋扩大。1960－1973 年,亚非裔犹太人的人均年收入不及欧裔犹太人的二分之一。[6] 1967 年,约占以色列总人口 20％的 12 万户犹太人处于贫困状态,其中 83％系亚非裔犹太人。60 年代后期,83％的欧裔犹太人平均每 2 人拥有 1 间住房;相比之下,只有 49％的亚非裔犹太人达到同样的居住标准。1969 年,亚非裔犹太人在以色列劳动力总数中所占的比例高达 34％,在政府职员和白领中所占的比例却分别只有 16％和 19％。[7] 尽管如此,议会民主制的政治框架,提供了亚非裔犹太人角逐政坛进而改善经济社会境况的重要条件。自 70 年代开始,亚非裔犹太人在以色列政坛的影响逐渐扩大。1969－1981 年,工党的亚非裔犹太人支持率从 51％下降为 25％,利库德集团的亚非裔犹太人支持率从 32％上升为 60％。1977 年和 1981 年,亚非裔犹太人普遍支持利库德集团,导致工党在议会竞选中的失败。[8]

　　农业是以色列的重要经济部门。生活在乡村的犹太人,40 年代末约 12 万,

第八章｜新月地带诸国的现代化进程

---

① 　Sachar, H. M. , *A History of Isreal*, p. 538.

② 　Bregman, A. , *A History of Isreal*, p. 225.

③ 　Peretz, D. , *The Middle East Today*, p. 328.

④ 　Bregman, A. , *A History of Isreal*, p. 230.

⑤ 　同上, p. 94。

⑥ 　Yapp, M. E. , *The Near East Since the First World War*, p. 281.

⑦ 　Sachar, H. M. , *A History of Isreal*, p. 540.

⑧ 　Peretz, D. , *The Middle East Today*, p. 329.

占以色列犹太人总数的 18%,50 年代末约 33 万,占以色列犹太人总数的 22%。以色列犹太人耕种的土地,40 年代末为 160 万杜诺姆,50 年代末增至 390 万杜诺姆。1966 年,以色列控制区共有 61.6 万乡村居民和 834 处农业定居点,其中犹太人 34 万,占据 729 处农业定居点,耕地总面积为 450 万杜诺姆。[①] 50 年代,以色列从国际市场进口所需粮食的 50%。60 年代中期,以色列生产的粮食基本满足国内需要,开始出口棉花、水果和蔬菜。[②] 1964 年,农产品出口约占出口商品总额的三分之一。[③]

基布兹和莫沙夫是以色列乡村农业生产的基本模式。1947 年,生活在巴勒斯坦的犹太人共有 176 个基布兹和 58 个莫沙夫。1959 年,以色列乡村共有 229 个基布兹和 264 个莫沙夫。以色列建国前夕,生活在基布兹的犹太人占犹太人农业人口的三分之二,生活在莫沙夫的犹太人占犹太人农业人口的三分之一。1960 年,生活在基布兹的犹太人数量增长一倍,生活在莫沙夫的犹太人数量增长三倍。1965 年,229 个基布兹共有犹太人 7.8 万,336 个莫沙夫共有犹太人 12 万。[④]

进入 60 年代,工业化长足进步。50 年代末,工业劳动力 26 万人,约占全部劳动力的四分之一。1950—1969 年,工业产值增长 3 倍。[⑤] 与此同时,农业生产的比重逐渐下降。1948 年,农业劳动力约占全部劳动力的 20%。1980 年,农业劳动力仅占全部劳动力的 6%。[⑥]

以色列经济发展的重要内容之一,是内格夫地区的开发。内格夫位于以色列南部,方圆 1.2 万平方公里,约占以色列国土面积的 45%,水源匮乏,人烟稀少。60 年代,以色列政府在内格夫地区开凿河渠,改善内格夫地区的生存环境,兴建定居点,安置犹太人移民。至 1967 年,内格夫地区的基布兹和莫沙夫达到 57 个,农业人口 5.5 万,开垦荒地 14 万公顷。与此同时,以色列政府在内格夫地区发展现代工业和采矿业。60 年代中期,内格夫地区年产石油 18.8 万吨,铜矿年产量达到 50 万吨,亚喀巴湾北侧的埃拉特成为内格夫地区的主要港口。[⑦]

1948—1970 年,以色列的国民生产总值年均增长 10%,人均收入年均增长 5%。国外资金的流入是以色列经济迅速增长的主要原因。1967 年以前,海外

① Sachar,H. M. , *A History of Isreal*, p. 409, p. 517.

② Ochsenwald,W. , *The Middle East : A History*, p. 543.

③ Sachar,H. M. , *A History of Isreal*, p. 517.

④ 同上, p. 518。

⑤ Sachar,H. M. , *A History of Isreal*, p. 528.

⑥ Yapp,M. E. , *The Near East Since the First World War*, p. 284.

⑦ Sachar,H. M. , *A History of Isreal*, pp. 522-523.

犹太人向以色列提供的援助每年为 2 亿美元;1967—1973 年,海外犹太人向以色列提供的援助达到每年 7 亿美元。① 1952 年 9 月,以色列与联邦德国政府在荷兰签署协议,联邦德国政府承诺在此后 14 年向以色列支付 30 亿马克(折合 7.5 亿美元)的赔偿。② 美国是向以色列提供援助的主要西方国家。1967 年以前,美国向以色列提供的援助每年为 0.5 亿美元。1949—1965 年,海外犹太人和美国政府提供的援助,以及联邦德国政府提供的经济赔偿,超过 60 亿美元。③ 1967—1986 年,美国向以色列提供的援助共计 30 亿美元,其中 12 亿经济援助,18 亿军事援助,美国政府的援助相当于海外犹太人援助的 5 倍。以色列经济发展的另一重要原因,在于持续的移民所提供的廉价劳动力和广泛的市场需求。1973 年以后,犹太人移民逐渐减少,阿拉伯人成为新的廉价劳动力来源。1975 年,约旦河西岸和加沙地带约四分之一的阿拉伯劳动力受雇于以色列的犹太人企业,主要从事建筑业。④

以色列经济生活的突出特征在于政府广泛的经济干预,政府投资和国有经济在国民经济中占举足轻重的地位。1983 年起,以色列政府实行紧缩通货的政策,减少公共支出,降低生活必需品的补助金发放标准。⑤ “以色列政府对于经济的干预程度超过几乎所有的民主国家,希斯塔德鲁特在以色列经济社会生活中占据举足轻重的地位”。1955 年,希斯塔德鲁特控制以色列全部劳动力的 35%。1960 年,国有经济的雇佣劳动力占雇佣劳动力总数的 60%。⑥ 1981 年,30% 的劳动力受雇于政府和国有企业。1982 年,以色列政府通过税收占有国民收入的 50%,国家土地署控制以色列全部土地的 92%。1981 年,30% 的劳动力受雇于政府和国有企业。⑦

阿以之间的战争状态是制约以色列经济发展的关键因素,庞大的军费支出构成以色列政府沉重的财政负担。1967—1973 年,以色列的军费支出达到 60 亿美元。第三次中东战争以后,阿拉伯国家共同抵制以色列。埃及关闭苏伊士运河,封锁蒂朗海峡,切断以色列南部港口埃拉特与红海之间的通道。伊拉克关闭通往海法的输油管道,迫使以色列从伊朗和墨西哥湾购买高价石油。⑧ 进

① Yapp,M. E. , *The Near East Since the First World War* , p. 282.

② Bregman,A. , *A History of Isreal* , p. 78.

③ Owen,R. , *A History of Middle East Economies in the Twentieth Century* , p. 178.

④ Yapp,M. E. , *The Near East Since the First World War* , p. 282.

⑤ 同上，p. 283。

⑥ Sachar,H. M. , *A History of Isreal* , pp. 412-413.

⑦ Yapp,M. E. , *The Near East Since the First World War* , p. 284.

⑧ Ochsenwald,W. , *The Middle East：A History* , p. 543.

入 70 年代,以色列经济增长速度下降。1970—1980 年,以色列经济年增长率为 2%。1982—1983 年,增长率为零。① 1977—1983 年,以色列的通货膨胀率从 34% 上升为 140%。80 年代中期,以色列陷入严重的经济危机,通货膨胀率接近 400%,股票市场崩溃,以色列货币舍克尔贬值,外债高达 230 亿美元,失业率上升,进出口贸易逆差超过 40 亿美元。自 1984 年起,以色列政府推行经济改革,大幅削减财政预算和生活必需品的补助金,控制公共开支,冻结物价,提高税率。此后,以色列经济形势逐渐好转,通货膨胀率 1986 年下降为 20%,1987 年下降为 16.5%,财政赤字 1985 年下降为 13.2%,1987 年下降为 2.8%。② 90 年代,以色列实行国有企业的非国有化改革,公共支出在政府财政收入中所占比例由 1985 年的 75% 下降为 2000 年的 55%。1985—1995 年,以色列经济年均增长 2%;90 年代末,经济年均增长率降至 1%。1987—1997 年,出口额从 70 亿美元增至 210 亿美元,军火出口构成以色列对外贸易的重要内容。③

1948 年以色列建国初期,82% 的犹太人生活在城市;其中,52% 的犹太人分布在特拉维夫、海法和耶路撒冷三大城市,30% 的犹太人分布在其他的城市。1968 年,89% 的犹太人生活在城市;其中,35% 的犹太人分布在特拉维夫、海法和耶路撒冷三大城市,54% 的犹太人分布在其他的城市。④ 相比之下,以色列控制区的阿拉伯人经历明显的城市化进程。1948 年,以色列控制区的阿拉伯人中,约四分之一生活在城市。1989 年,以色列控制区的阿拉伯人中,90% 生活在城市。⑤

1948 年第一次中东战争后,留居以色列控制区的阿拉伯人为 15.6 万,其中 60% 生活在加列利地区,20% 生活在约旦边境地区,7% 生活在海法,7% 生活在内格夫地区。⑥ 1987 年,以色列境内的阿拉伯人共计 79.36 万,其中穆斯林 61.75 万,基督徒 10.3 万,德鲁兹派 7.61 万。⑦ 联合国通过的阿以分治决议和以色列临时宪法,赋予以色列控制区的阿拉伯人与犹太人同等的权利。在理论上,以色列控制区的阿拉伯人享有参与议会选举的权利、组建政党的权利、言论自由的权利、使用阿拉伯语的权利,可以受雇于政府和司法等公职机构,在个人

① Yapp, M. E. , *The Near East Since the First World War*, p. 283.

② Owen, R. , *A History of Middle East Economies in the Twentieth Century*, pp. 184-185.

③ Ochsenwald, W. , *The Middle East : A History*, p. 570.

④ Sachar, H. M. , *A History of Isreal*, p. 517.

⑤ Ochsenwald, W. , *The Middle East : A History*, p. 564.

⑥ Sachar, H. M. , *A History of Isreal*, p. 383.

⑦ Gilbar, G. G. , *Population Dilemmas in the Middle East*, p. 18.

事务方面享有司法自治的权利,卡迪、伊斯兰教法庭和瓦克夫享有合法地位。然而,阿以之间长期处于战争状态,直接影响着以色列控制区阿拉伯人的实际境况。1950 年 3 月,以色列议会通过法案,赋予犹太人占有阿拉伯人遗弃的土地和财产的合法权利。① 以色列政府长期推行种族歧视和种族隔离的政策,驱逐边境地带所谓安全区的阿拉伯人,剥夺阿拉伯人的私人土地,限制阿拉伯人的行动自由,禁止阿拉伯人加入以色列军队,排斥阿拉伯人的政治参与。以色列的国旗和国歌具有犹太教的浓厚色彩;阿拉伯人在诸多方面无法与犹太人相提并论,成为以色列的二等公民。

第一次中东战争后,阿拉伯人聚居的约旦河西岸和加沙地带经济形势急剧恶化。1948—1952 年,由于大量难民的涌入,约旦河西岸人口增长 60%。加沙地带原有人口 7—9 万;第一次中东战争后,超过 20 万难民涌入加沙。由此导致的后果是,失业率上升,工资下降,民众生活长期依赖于联合国和阿拉伯世界的经济援助。在 1966 年的约旦河西岸,农业产值占国民生产总值的 27%,工业产值占国民生产总值的 9%,建筑业产值占国民生产总值的 6%,服务业产值占国民生产总值的 56%。在 1966 年的加沙地带,农业是最重要的经济部门,农业劳动力占全部劳动力的三分之一,农业收入占国民总收入的 26.3%;柑橘是加沙地带的主要农作物,柑橘园占耕地面积的 37%,柑橘出口额占出口总额的 90%。②

1967 年第三次中东战争后,约旦河西岸和加沙地带处于以色列的占领之下,经济生活严重依赖于以色列,以色列货币谢克尔成为约旦河西岸和加沙地带的主要货币。巴勒斯坦的劳务人员只能在白天进入以色列境内,夜间必须返回约旦河西岸和加沙地带。以色列商品可以自由进入约旦河西岸和加沙地带的市场,巴勒斯坦的商品进入以色列市场则受到严格的限制。1991 年,以色列军营和包括 25 万人的 150 个犹太人定居点占据约旦河西岸三分之二的空旷地区,以色列当局控制约旦河西岸超过 70% 的水源。尽管如此,约旦河西岸和加沙地带的人均收入呈明显增长的趋势,60 年代中期至 80 年代中期年均增长 6%。境外劳务是约旦河西岸和加沙地带阿拉伯人的重要收入来源;1974 年,约旦河西岸三分之一的劳动力和加沙地带 40% 的劳动力从事境外劳务,主要是在以色列从事劳务。进入 80 年代,海湾产油国成为巴勒斯坦境外劳务的另一重要去处,境外劳务的比例随之提高。1980 年,约旦河西岸 45% 的劳动力和加沙地带 54% 的劳动力从事境外劳务。1987 年,约旦河西岸 52% 的劳动力和加沙

---

① Bregman,A., *A History of Isreal*, p.73.

② Owen,R., *A History of Middle East Economies in the Twentieth Century*, pp.194-195.

地带 58% 的劳动力从事境外劳务。境外劳务的经济结构,导致约旦河西岸和加沙地带服务业的长足发展。与此同时,劳动力的短缺和土地的丧失导致农业呈下降趋势。1967—1987 年,农业产值仅占西岸和加沙地带总产值的 5%～6%。1970—1987 年,农业劳动力在西岸劳动力中所占的比例从 42% 下降为 16%,在加沙地带劳动力中所占的比例从 27% 下降为 11%。[①]

中东和平进程

所谓中东和平进程,特指阿以双方全面结束战争状态的历史进程。1977 年 6 月,利库德集团领导人贝京出任以色列总理。同年 8 月,贝京在访问罗马尼亚期间,通过齐奥塞斯库总统邀请埃及总统萨达特访问以色列。9 月,以色列外长达扬与埃及副总理哈桑·托哈米在摩洛哥首都拉巴特秘密会晤,商讨萨达特总统访问以色列的相关事宜。[②] 11 月,萨达特总统访问耶路撒冷,在以色列议会发表演讲,呼吁在以色列军队撤出被占阿拉伯领土和承认巴勒斯坦人权利的基础上全面实现阿以和平。[③] 萨达特是首位访问以色列的阿拉伯国家领导人,萨达特总统访问耶路撒冷标志着阿以关系的重大转折,中东和平进程的序幕由此掀开。

1978 年 9 月,在美国总统卡特的斡旋下,埃及总统萨达特与以色列总理贝京在戴维营达成初步协议,埃以之间首先结束战争状态,暂时搁置巴勒斯坦地位、耶路撒冷归属和戈兰高地问题的争议。1979 年 3 月,萨达特总统与贝京总理在华盛顿正式签署协议,以色列政府承诺在 1982 年以前将第三次中东战争期间占领的西奈半岛归还埃及,埃及政府宣布与以色列建立外交关系并向以色列开放苏伊士运河和蒂朗海峡,联合国维和部队进驻埃以边界监督和平协议的执行。[④] 戴维营协议和华盛顿协议的签署,奠定了中东和平进程的重要政治基础。

1984 年,利库德集团与工党组成联合政府,致力于推动以色列与约旦的和平进程。1987 年 4 月,时任以色列外长的工党领导人佩雷斯与约旦国王侯赛因签署伦敦协议,双方同意在接受联合国第 242 号决议和第 338 号决议的基础上举行和谈。1994 年 5 月,拉宾与侯赛因国王在伦敦举行秘密会晤。同年 7 月,

---

① Owen,R., *A History of Middle East Economies in the Twentieth Century*, p.196.

② Bregman,A., *A History of Isreal*, p.171.

③ Ochsenwald,W., *The Middle East:A History*, p.566.

④ 同上,p.566。

拉宾与侯赛因国王在华盛顿发表共同宣言，双方正式结束战争状态。10 月，双方签署和平协议，建立外交关系。①

叙利亚是阿拉伯世界毗邻以色列的重要国家。1991 年马德里和会结束后，拉宾领导的以色列政府开始寻求与叙利亚政府举行和谈。叙利亚政府坚持以色列必须遵守联合国 242 号决议即从戈兰高地撤军作为先决条件，以色列政府坚持以和平换和平作为谈判的基础。1992 年，拉宾领导的以色列政府作出让步，试图通过从戈兰高地撤军换取双方的永久和平。②

1999 年 12 月，美国总统克林顿、以色列总理巴拉克与叙利亚外长法鲁格·沙拉在白宫就领土、安全、水资源、外交关系、经济合作等问题举行三方会谈。2000 年 1 月，巴拉克率领的以色列代表团与法鲁格·沙拉率领的叙利亚代表团再次在美国举行会谈。叙利亚要求以色列归还戈兰高地直至死海沿岸，遭到以色列的拒绝。随后，巴拉克提出建议，以色列军队撤出 1967 年占领的戈兰高地，同时用其他土地换取叙利亚放弃获得死海沿岸土地及水源的要求，作为实现叙以关系正常化的条件。2000 年 3 月，克林顿与阿萨德在日内瓦举行会谈，然而阿萨德拒绝接受巴拉克的建议。③

1967 年战争后，以色列占领包括约旦河西岸和加沙地带在内的整个巴勒斯坦，宣布耶路撒冷是以色列国的永久首都。在约旦河西岸，1967—1974 年，4425 处巴勒斯坦人房屋被毁；1987—1999 年，2399 处巴勒斯坦人房屋被毁。此间，14.5 万巴勒斯坦人无家可归。另一方面，自 70 年代起，以色列政府不断在以军占领的约旦河西岸和耶路撒冷东区兴建犹太人定居点。④ 至 1982 年，生活在约旦河西岸定居点的犹太人达到 2.5 万，生活在耶路撒冷东区定居点的犹太人达到 6.5 万。⑤ 1997 年，加沙地带有犹太人定居点 14 处，定居者 6100 人；戈兰高地有犹太人定居点 32 处，定居者 17000 人；约旦河西岸有犹太人定居点 107 处，定居者 16.1 万人；东耶路撒冷有犹太人定居者超过 20 万人。1997—1999 年，以色列人在以军占领区建成房屋 7350 处，在建房屋 2510 处。2000 年，40 万犹太人居住在以军占领区。⑥

① Bregman, A. , *A History of Isreal*, pp. 213-214, p. 251.

② 同上，p. 244。

③ 同上，pp. 265-267。

④ Gelvin, J. L. , *The Modern Middle East：A History*, Oxford 2005, p. 273.

⑤ Ochsenwald, W. , *The Middle East：A History*, p. 566.

⑥ Kamrava, M. , *The Modern Middle East：A Political History Since the First World War*, pp. 235-236.

以色列政府在约旦河西岸和耶路撒冷东区兴建定居点的政策,导致巴勒斯坦人的反抗。1991 年 10 月,美国、俄罗斯、沙特阿拉伯、以色列、叙利亚和巴解组织的代表在马德里召开会议,初步确定以色列政府与巴解组织举行和谈的政治框架。1992 年,以色列的工党政府与巴解组织的代表在伦敦和奥斯陆进行非官方的秘密接触,继而在华盛顿首先就加沙的地位问题举行正式和谈。[①] 1993 年 5 月,以色列政府与巴解组织的代表在奥斯陆达成协议,双方同意此后 5 年作为过渡期,由巴解组织组建临时过渡政府,负责管理第三次中东战争后以色列军队占领的约旦河西岸和加沙地带,直至在约旦河西岸和加沙地带举行大选,暂时搁置耶路撒冷归属问题的争议。[②] 同年 9 月,以色列总理拉宾与巴解组织领导人阿拉法特在美国的戴维营签署和平协议,以色列政府同意巴解组织在加沙地带和约旦河西岸城市杰里科组建自治政府,以色列政府与巴解组织正式相互承认对方的合法地位,是为加沙—杰里科自治协议,亦称奥斯陆协议。奥斯陆协议签署后,俄罗斯、中国和一些阿拉伯国家与以色列建立外交关系。1994 年 5 月,拉宾与阿拉法特在埃及共同发表开罗宣言,以色列政府将分阶段向巴解组织移交约旦河西岸和加沙地带的行政权力,直至完成从约旦河西岸和加沙地带的撤军行动。同年 7 月,阿拉法特和巴解组织领导机构自突尼斯移至加沙地带,筹建巴勒斯坦自治政府。1995 年 10 月,以色列军队撤出除希布伦外的约旦河西岸 6 座城市。[③]

1996 年 5 月,内塔尼亚胡出任以色列总理,拒绝接受奥斯陆协议,中东和谈陷入停滞状态。同年底,内塔尼亚胡领导的以色列政府与巴解组织签署希布伦协议,以色列政府承诺将 10 万巴勒斯坦人生活的希布伦大部分城区移交巴解组织,希布伦的小部分城区和 400 处犹太人定居点继续处于以色列政府的保护之下;与此同时,以色列政府承诺释放巴勒斯坦囚犯和通过谈判解决巴勒斯坦的永久地位问题,巴解组织承诺修改巴勒斯坦民族宪章,删除其中反对以色列的内容、扩大与以色列的安全合作、制止巴勒斯坦人的反以暴力活动、没收巴勒斯坦人的非法武器。1997 年 1 月,以色列议会以 87 票赞成、17 票反对和 15 票弃权的表决结果通过希布伦协议。1997 年 2 月,内塔尼亚胡政府决定在耶路撒冷西南部巴以双方存在争议的哈尔霍马地区修建 6500 座住房作为犹太人的定居点。随后,哈马斯在耶路撒冷发动炸弹袭击,以色列政府则宣布冻结执行第

① Bregman, A. , *A History of Isreal* , p. 240.
② Gelvin, J. L. , *The Modern Middle East: History* , p. 275.
③ Bregman, A. , *A History of Isreal* , p. 249, p. 252.

二次奥斯陆协议并试图暗杀约旦境内的哈马斯领导人哈立德·马沙勒。[1]

　　1998 年 10 月,内塔尼亚胡与阿拉法特在美国签署怀伊协议,以色列政府承诺继续从约旦河西岸撤军,巴解组织承诺制止巴勒斯坦人的暴力袭击,双方恢复关于巴勒斯坦永久地位的谈判。1999 年 5 月,时任以色列总理的工党领导人巴拉克与阿拉法特在埃及签署沙姆沙伊赫备忘录,批准怀伊协议,制定巴以和谈的时间表。2000 年 7 月,美国总统克林顿邀请巴拉克与阿拉法特在戴维营举行会晤,巴拉克试图通过进一步归还领土实现与巴勒斯坦的永久和平,阿拉法特则要求建立独立的巴勒斯坦国、解决难民回归问题、控制约旦河西岸和加沙、明确耶路撒冷东区作为巴勒斯坦国首都,双方谈判破裂。[2] 2000 年 9 月,沙龙视察耶路撒冷的圣殿山,引发巴勒斯坦人的第二次起义。2001 年 2 月,巴拉克辞职,沙龙以 62% 的选票当选以色列总理。沙龙放弃长期以来的巴以和谈,致力于高压政策,对于约旦河西岸和加沙的巴勒斯坦控制区采取军事打击,巴以局势骤然紧张。[3]

第八章　新月地带诸国的现代化进程

---

① Bregman, A. , *A History of Isreal*, pp. 255-257.

② 同上,p. 260, p. 264, p. 271。

③ Ochsenwald, W. , *The Middle East: A History*, pp. 578-579.

第九章　阿拉伯半岛诸国的现代化进程

一、沙特阿拉伯

瓦哈卜教派运动与早期沙特国家

阿拉伯半岛作为伊斯兰教的发源地,在先知穆罕默德和麦地那哈里发时代曾经出现过历史的辉煌。倭马亚王朝建立以后,伊斯兰世界的政治重心逐渐转移。除希贾兹的两座圣城即麦加和麦地那以外,阿拉伯半岛的绝大部分地区重新成为贫瘠和荒凉的去处。由于闭塞的地理位置、恶劣的自然环境和落后的生产技术,阿拉伯半岛经济和社会的发展进程长期处于相对停滞的状态。"自从中世纪以来,直到19世纪和20世纪初,阿拉伯半岛几乎没有出现明显的变化。纳季德、哈萨和希贾兹的绝大多数人口分别从事两种传统的经济活动,即绿洲农业和畜牧业。"[①]

1800年,阿拉伯半岛的人口估计约100万,穆斯林居绝对多数,其中逊尼派大都生活在西部和北部,什叶派主流派别十二伊玛目派生活在海湾一带的巴林和哈萨,什叶派分支栽德派生活在也门内陆,哈瓦立及派分支伊巴迪叶派生活在阿曼,此外亦有少量的犹太人和印度教商人。[②]

浩瀚的沙漠决定了游牧活动的广泛分布,地广人稀则是沙漠牧场的突出现象。只有在零星点缀的绿洲,人口分布相对稠密。依靠地下水源的灌溉农业是绿洲经济的基本模式,而近乎原始的灌溉技术限制着耕地面积的扩大和农作物

---

① Vassiliev, A. , *The History of Saudi Arabia* , New York 2000, p. 30.

② Yapp, M. E. , *The Making of the Modern Near East 1792-1923* , p. 174.

产量的提高。绿洲农业处于极不稳定的状态;持续的干旱和地下水源的枯竭,足以导致耕地的荒芜和绿洲的消失,直至对农业形成毁灭性的影响,进而驱使绿洲人口背井离乡。

骆驼和羊群是阿拉伯半岛最重要的畜牧业产品。骆驼可谓阿拉伯半岛沙漠经济的象征,只有牧养骆驼的阿拉伯人才被视作真正的贝都因人。"骆驼在沙漠之中如此重要,以至于一旦骆驼消失,(生活在沙漠之中的)所有人将不复存在。"[1]随着季节的变化,贝都因人驱赶骆驼,奔走于沙漠牧场,追逐水草。牧养羊群的阿拉伯人常被称作"沙维叶",他们往往徘徊于沙漠边缘,间或从事农耕,处于半游牧半定居的状态,具有游牧与定居的双重倾向。

在阿拉伯半岛,贝都因人与定居者之间往往缺乏严格的界限,两者之间的转换现象十分普遍。自然环境的变化是选择游牧抑或定居以及决定游牧与定居转换现象的首要因素,迁徙则是游牧与定居两种经济活动和生活方式的转换得以实现的基本途径。

简陋的手工业作为辅助性的经济活动,长期存在于阿拉伯半岛的游牧社会。在面积较大和人口较多的绿洲,一定程度上形成手工业者的分工生产,包括铁匠、珠宝匠、木匠、瓦匠、鞋匠、裁缝等。铁匠大都是刀剑的制造者和修理者,构成最重要的手工业者群体;在阿拉伯语中,"铁匠"一词常被用来称呼所有的工匠。与其他诸多地区相比,阿拉伯半岛的手工业者大都处于分散状态,尚无行会形式的行业性组织。

阿拉伯半岛缺乏严格意义上的城市,所谓的城市在绝大多数情况下等同于绿洲,至于麦加作为非绿洲的城市只是特例。游牧群体的自给自足程度不及农业社会,需要通过交换获得定居地区的粮食和手工业产品。所谓的绿洲城市,其主要功能是为游牧群体与定居人口的产品交易提供相应的场所。炎热的夏季是阿拉伯半岛最重要的交易季节,物物交易是阿拉伯半岛基本的贸易方式。来自四面八方的贝都因人通常在固定的时日汇聚于绿洲集市,用牲畜、乳品和毛皮换取粮食、衣物、武器和其他生活用品。此外,埃及的稻米、谷物和蔗糖,印度的稻米和香料,也门的谷物和咖啡以及叙利亚的干果,在阿拉伯半岛的游牧地区亦有广泛的市场需求。

阿拉伯人分别属于各自的部落,血缘关系以及共同的经济利益特别是牧场和水源的共有权构成维系部落制度的基本纽带。阿纳宰部落、舍迈尔部落、哈里德部落、盖哈丹部落、阿治曼部落、穆泰尔部落、哈尔卜部落和阿泰巴部落,是

---

[1]　Vassiliev, A., *The History of Saudi Arabia*, p. 32.

18 世纪阿拉伯半岛的主要游牧部落。每个部落按照父系的原则划分为若干居住区域,家族构成基本的财产占有单位。原始公有制的经济传统长期延续,个人财产支配权相对微弱。在部落内部,舍赫作为家长式的首领和经济活动的组织者,决定部落的迁徙,分配牧场、水源和各个家族的宿营地。另一方面,舍赫亦是部落内部各个家族之间矛盾纠纷的仲裁者,是执行部落习俗的监督者。在部落之间,舍赫代表整个部落的利益,决定战争与媾和。麦吉里斯即部落会议是部落内部的咨议机构,体现原始民主制的政治原则;舍赫做出的重要决定必须得到麦吉里斯的支持,部落成员有权在麦吉里斯发表意见。对于舍赫和麦吉里斯的决定表示异议的部落成员,只能选择离开部落。部落的军事首领称作阿济德。"每个部落除舍赫之外都有自己的军事首领,而舍赫与军事首领两种职位同属一人的情况极为少见……舍赫如果参加战斗,必须服从军事首领;而当战斗结束和返回宿营地以后,军事首领的权力不复存在,舍赫则恢复其原有的地位。"[1]

　　游牧地区实行部落对于牧场和水源的共同支配权和独占权。每个部落分别控制各自的游牧范围,同时排斥其他部落的进入。实力强大的部落拥有相对稳定的牧场和水源,保持较为完整的血缘体系。相比之下,弱小的部落由于缺乏相对稳定的牧场和水源,难以维持较为完整的血缘体系,往往分散于各地,依附于实力强大的部落。至于定居者生活的绿洲,血缘组织的完整程度和重要性不及沙漠牧场中的游牧部落,进而形成较为明显的贫富分化和社会对立。

　　绿洲往往处于游牧部落的保护之下,贝都因人以征收贡赋作为条件保护绿洲的安全。实力强大的游牧部落往往可以控制方圆数百公里的地区,向多处绿洲提供保护,成为绿洲的实际统治者。亦有少数强有力的绿洲统治者,向周边区域的贝都因人征纳贡赋。

　　游牧与定居的转换,导致部落的共同支配权和独占权在绿洲农业区域的延伸。游牧部落将所控制的绿洲土地租给定居的农民耕种而收取地租的现象存在于阿拉伯半岛的许多地区,由此形成封建性质的租佃关系。在诸多绿洲的内部,亦有许多地主将土地租给无地的农民耕种,采取实物分成制的剥削形式。然而,在阿拉伯半岛,农民固着于土地的程度相对有限。"农民如果不喜欢土地的主人,可以离开主人的土地,寻找另外的去处。"[2]

　　贝都因人的部落内部存在不平等的现象。在阿纳宰部落,贫困的贝都因人家庭往往只有数峰骆驼,富裕的贝都因人家庭则有数十峰骆驼,而个别的舍赫

---

[1]　Vassiliev, A. , *The History of Saudi Arabia* , p. 51.

[2]　同上,p. 39。

家庭所拥有的骆驼可达数百峰之多。富裕的贝都因人将骆驼和羊群租给贫困的贝都因人牧养，提供相应的保护，收取幼驼、羊羔和其他畜牧产品，由此形成依附性的经济关系和社会关系。在某些地区，依附性的经济关系和社会关系从部落内部延伸到部落之间，弱小的部落被迫依附于强大的部落，通过缴纳贡赋作为条件寻求后者的庇护。然而，部落内部的贫富分化并不明显，拥有马匹往往构成贝都因人财富和地位的主要标志，舍赫及其家眷的生活与普通的贝都因人相比并无明显的差异。贝都因人普遍处于贫困状态，食物匮乏现象十分严重。"大部分的贝都因人每天的食物不超过 6 盎司。在纳季德和希贾兹，每个贝都因人每天只能依靠六七颗椰枣浸泡以驼乳而艰难度日，少许的粮食会使贝都因人感到极大的满足。对于普通的贝都因人而言，只有在重要节日的宴席之中才有肉食。"①

　　奴隶制是阿拉伯半岛由来已久的社会现象。奴隶主要来自东非和中非，麦加是阿拉伯半岛重要的奴隶贸易中心。在希贾兹一带，普遍存在使用奴隶的习俗。在其他地区，使用奴隶只是富有者的奢侈现象。"在阿纳宰部落，每个舍赫每年购买五六名男奴隶以及若干女奴隶"；其他的贝都因人部落亦存在类似的情况。奴隶劳动用于牧养牲畜、耕种土地和手工业生产的现象并不多见，家内服侍是奴隶劳动的主要内容。在 18 世纪的阿拉伯半岛，奴隶制主要表现为家长奴隶制的形态；奴隶与主人生活在同一家庭之中，在许多方面与自由人并无明显的区别，有时甚至可以继承主人的遗产。另一方面，奴隶的释放是阿拉伯社会的普遍现象，奴隶身份的世袭并不多见，游牧地区尤为明显。被释放的奴隶称作"阿赫德"（阿拉伯语中意为"仆人"），大都从事手工业或充当小商贩。阿纳宰部落的一个舍赫"有超过 50 顶帐篷，住着被他释放的奴隶。他不再对这些被释放的奴隶提出经济上的要求，他们被视作自由人。但是，他要求这些被释放的奴隶将女儿嫁给自己新买来的男奴。这些被释放的奴隶如果在劫掠中获得数量可观的战利品，他可以要求他们献给自己一峰强壮的骆驼，而后者不会拒绝这样的要求。②尽管如此，奴隶被释放以后，由于缺乏诸如牧场和耕地等生计来源，尚不足以与自由的阿拉伯部落民平起平坐，往往依附于贝都因人中的统治者。

　　自 16 世纪初开始，阿拉伯半岛被纳入奥斯曼帝国的版图。1517 年，奥斯曼帝国占领阿拉伯半岛西部的希贾兹；1550 年，奥斯曼帝国占领阿拉伯半岛东部

①　Vassiliev, A., *The History of Saudi Arabia*, p. 43.
②　同上，p. 49, p. 50。

的哈萨。奥斯曼帝国对于希贾兹的统治,是其对于埃及统治的延伸;奥斯曼帝国对于哈萨的统治,则是其对于伊拉克统治的延伸。在希贾兹和哈萨之外的其他诸多地区,特别是位于阿拉伯半岛中央地带的纳季德高原,奥斯曼帝国并未建立有效的控制。广袤的沙漠瀚海是贝都因人的世界;诸多的游牧部落犹如一盘散沙,只是在名义上承认奥斯曼苏丹的宗主权和接受伊斯坦布尔的赐封,血缘群体与依附关系长期并存,部落传统根深蒂固,部落习惯法盛行于贝都因人的游牧世界,原始民主制的传统与舍赫的权力错综交织,政治生活徘徊于野蛮与文明之间。

奥斯曼帝国统治时期,哈奈菲派是伊斯坦布尔的苏丹所推崇的官方教法学派,其他的教法学派亦处于合法地位。苏菲教团构成奥斯曼帝国境内穆斯林民间信仰的主要载体,圣徒崇拜则是苏菲教团宗教活动的重要内容。18世纪的阿拉伯半岛在诸多方面与伊斯兰教诞生前夕的查希里叶时代颇显相似,迷信充斥各地,离经叛道者比比皆是,圣徒崇拜尤为盛行,而圣门弟子和历代先贤的陵墓构成圣徒崇拜的主要去处。贝都因人尽管自称穆斯林,却对伊斯兰教的信仰知之甚少。[①] "瓦哈卜派兴起前夕,大多数人沉迷于邪恶……人们崇拜圣徒,抛弃了一神的信仰……人们乞求圣徒赐予好运和帮助自己摆脱逆境"[②]。

瓦哈卜派的创始人伊本·瓦哈卜(1703—1792年)属于纳季德的塔米姆部落,该部落的成员分布在纳季德的诸多绿洲。伊本·瓦哈卜出生于阿伊纳绿洲的一个宗教学者家庭,祖父苏莱曼早年师从罕百里派学者艾哈迈德·穆罕默德·穆什里夫,曾经在阿伊纳绿洲担任卡迪,其父阿卜杜勒·瓦哈卜于1713年承袭父职,1726年被阿伊纳绿洲的埃米尔罢免后移居侯莱米拉。伊本·瓦哈卜自幼谙熟"泰夫绥勒"(即经注学)和"哈迪斯"(即圣训学),10岁时已经能够背诵《古兰经》全文。伊本·瓦哈卜在青年时代游历麦加、麦地那、巴士拉、巴格达、伊斯法罕和库姆等地,深受伊本·泰米叶[③]和罕百里派教法的影响,耳闻目睹偏离经训的恶习陋俗。1738年,伊本·瓦哈卜返回阿伊纳绿洲,著书立说,矢志革除多神信仰和圣徒崇拜诸项弊端,阐释一神崇拜的思想,恢复早期伊斯兰教的"正确道路"。1744年,伊本·瓦哈卜迫于阿伊纳绿洲埃米尔的压力,移居纳季

---

① Wynbrandt, J., *A Brief History of Saudi Arabia*, New York 2004, p. 114.

② Vassiliev, A., *The History of Saudi Arabia*, p. 70.

③ 伊本·泰米叶是14世纪的叙利亚学者,承袭罕百里派的思想传统,反对背离经训的创制,抨击艾什尔里和安萨里的理性主义以及苏菲派的神秘主义和圣徒崇拜的宗教实践具有异教色彩和异端倾向,主张正本清源和回归经训,恢复早期伊斯兰教的信仰秩序,坚持"认主独一"的原则,同时主张重建早期哈里发时代的政治秩序,实行哈里发的民主选举原则,实现穆斯林人人平等的宗教原则,服从遵循教法的政府和反对背离教法的统治者,被誉为"罕百里教法学派的权威"和"伊斯兰世界原教旨主义的先驱"。

德中部绿洲德拉伊叶（位于今沙特阿拉伯首都利雅得附近）。[1]

伊本·瓦哈卜遵循伊本·泰米叶的神学思想，主张正本清源和返璞归真，摒弃穆斯林宗教生活中的陋习恶俗，坚持一神崇拜的信仰原则即"万物非主，唯有安拉"，强调安拉是唯一的创造者、主宰者、毁灭者和受崇拜者。伊本·瓦哈卜认为，偏离正道的宗教异端包括以下诸种行为：遇到灾难时向安拉以外的受造物祈祷，向安拉以外的受造物求助，通过先知或圣徒祈求安拉的喜悦，祈求安拉以外受造物的保护，以安拉以外的受造物名义起誓，参拜坟墓和向亡灵祈求。伊本·瓦哈卜否认安拉与信士之间存在任何形式的中介环节，禁止求助于所谓的圣徒或亡灵的佑护，强调恪守宗教功修和缴纳天课的必要性，强调对背离经训者发动圣战，主张净化伊斯兰教，将崇拜圣徒和圣墓以及向圣徒献祭的宗教习俗视作异端。伊本·瓦哈卜声称："无论崇拜何人或何物，无论崇拜的对象是国王、先知、苏菲圣徒、先贤陵墓或者树木，均系崇拜偶像的行为。"[2]在伊本·瓦哈卜看来，真正的伊斯兰教已经被世人遗忘，由此导致精神的堕落、政治的混乱和经济的萧条；净化信仰、清除异端和恢复伊斯兰教的本来面目，是使世人摆脱沉迷于罪恶的必要途径。[3]

与此同时，伊本·瓦哈卜承袭伊本·泰米叶的政治思想，在坚持安拉独一之信仰原则的基础上，强调宗教与国家的同一性，强调宗教是国家的基础而国家是宗教实践的保障。瓦哈卜派具有明显的极端倾向，认为拒绝该派思想的穆斯林皆为"卡菲勒"即异教徒，犹如查希里叶时代的多神崇拜者。相比之下，瓦哈卜派对持一神信仰的犹太人和基督徒较为宽容。先知穆罕默德时代的宗教实践，即宽容"有经典的人"而苛求多神崇拜者必须放弃原有信仰和皈依伊斯兰教，构成瓦哈卜派极端倾向的历史依据和理论源泉。

伊本·瓦哈卜在教义学方面主张接受《古兰经》和"圣训"中关于安拉的描述，反对人为的解释和猜测。伊本·瓦哈卜认为，描述至高无上的安拉，要用安拉及其使者穆罕默德所做的不曲解、不渎神、不变形、不比拟的描述，不允许否定安拉自我描述的那些属性，不允许用受造者的属性来比拟安拉的属性。在教法学方面，伊本·瓦哈卜强调《古兰经》和"圣训"是立法的源泉，同时反对因袭传统和盲从中世纪的教法学家和宗教权威。[4]

伊本·瓦哈卜主张整肃风尚，净化心灵，禁止高利贷和巧取豪夺，禁止饮

---

① Beling, W. A., *King Faisal and the Modernisation of Saudi Arabia*, London 1980, p. 17.

② Esposito, J. L., *Islam and Politics*, p. 36

③ Helms C. M., *The Cohesion of Saudi Arabia*, London 1981, p. 84.

④ 同上，p. 89。

酒、吸烟、赌博、奢侈、淫秽,反对宗教仪式中的音乐舞蹈内容,反对身着华丽衣饰和佩戴金银首饰。① 瓦哈卜派并未直接攻击苏菲派。然而,瓦哈卜派反对所谓的创制,主张正本清源、回归经训和崇尚早期伊斯兰教的宗教实践,无疑从理论上否定苏菲派的诸多信仰原则。② 瓦哈卜派反对使用念珠、吟唱、高声诵读、舞蹈和齐克尔,而这些习俗构成苏菲派宗教实践的重要内容。

伊本·瓦哈卜的追随者自称"艾赫勒·塔乌希德"或"穆瓦希德",阿拉伯语中意为"一神崇拜者"或"认主独一者";瓦哈卜派运动则被伊本·瓦哈卜的追随者称作"达瓦·纳季迪耶",阿拉伯语中意为"来自纳季德的呼唤"③。宗教狂热构成瓦哈卜派的显著特征,圣战则是瓦哈卜派之宗教狂热的外在形式。伊本·瓦哈卜与其追随者通过严格的宗教仪式建立起密切的主从联系,致力于圣战是瓦哈卜派的首要宗教义务。

伊本·瓦哈卜的宗教政治思想包含回归传统和批判现实的双重倾向,其实质在于借助回归传统的外在形式批判现实的宗教秩序,抑或将宗教传统的回归作为否定现实宗教秩序的理论依据。瓦哈卜派倡导的宗教革命,即反对圣徒崇拜、夷平圣墓和否定现存的宗教秩序,构成18世纪阿拉伯半岛社会革命和政治革命的先导和理论工具。

18世纪的德拉伊叶是纳季德中部一处面积不大的定居点,居民包括农民、商人、手工业者、欧莱玛和奴隶,总数不超过70户。④ 沙特家族通常被视作阿拉伯半岛北部牧养骆驼的贝都因人阿纳宰部落的分支,亦有资料提及沙特家族于15世纪中叶自盖提夫绿洲移居纳季德高原的德拉伊叶,真实情况则无从考证。⑤ 自1726年开始,沙特家族的伊本·沙特(1726—1765年在位)成为德拉伊叶的统治者,征收贡赋,保护绿洲免遭外界的攻击。

1744年,伊本·瓦哈卜自阿伊纳移居德拉伊叶。"伊本·沙特欢迎伊本·瓦哈卜的到来,承诺保护伊本·瓦哈卜,并说:'这是属于你的绿洲。以安拉的名义,如果纳季德的所有人都来反对你,我们也不会放弃对于你的保护。'伊本·瓦哈卜说:'你是德拉伊叶的首领和智者。我要求你向我发誓,对异教徒进行圣战。如果答应这个条件,你将成为埃米尔而我将成为宗教的掌管者。'"⑥伊

---

① Helms C. M. , *The Cohesion of Saudi Arabia* , p. 89.

② Esposito,J. L. , *Islam and Politics* , p. 36.

③ Helms C. M. , *The Cohesion of Saudi Arabia* , p. 83.

④ Al-Rasheed,M. , *A History of Saudi Arabia* , Cambridge 2002, p. 15.

⑤ Beling,W. A. , *King Faisal and the Modernisation of Saudi Arabia* , p. 16.

⑥ Al-Rasheed,M. , *A History of Saudi Arabia* , p. 17.

本·沙特承诺支持伊本·瓦哈卜和对异教徒发动圣战,瓦哈卜家族与沙特家族由此形成宗教政治联盟。[1] 教俗合一的政治制度在纳季德始露端倪,净化信仰的宗教思想成为伊本·沙特家族对外扩张的舆论工具,圣战与天课则是瓦哈卜—沙特家族扩大影响的两大支柱。伊本·沙特的长子阿卜杜勒·阿齐兹娶伊本·瓦哈卜之女为妻,姻亲关系成为巩固瓦哈卜家族与沙特家族之宗教政治联盟的重要手段。[2] 随着瓦哈卜家族与沙特家族之宗教政治联盟的建立,瓦哈卜派运动进入新的发展阶段,德拉伊叶逐渐成为纳季德的政治中心和宗教中心。

伊本·瓦哈卜与沙特家族结盟之后,积极争取纳季德地区其他部落首领的支持,瓦哈卜派的追随者日渐增多,从纳季德各地汇聚于德拉伊叶。在伊本·瓦哈卜的追随者看来,瓦哈卜派的反对者即是伊斯兰教的敌人和圣战的对象。沙特家族无力供养日益增多的瓦哈卜派追随者,圣战成为开辟财源的主要途径。伊本·沙特作为伊玛目获得战利品的五分之一,其余战利品由瓦哈卜派战士分享。通过圣战的方式,瓦哈卜派开始向沙特家族提供丰厚的物质回报。1758 年,瓦哈卜派控制利雅得绿洲,利雅得成为继德拉伊叶之后瓦哈卜派的另一重要据点。1765 年,伊本·沙特战死,其子阿卜杜勒·阿齐兹(1765—1803年在位)承袭父位。[3]

沙特家族的军事扩张与瓦哈卜派的宗教宣传相辅相成。每当沙特家族占领一处,瓦哈卜派的传教师随即进入并宣传"真正的信仰"。至 18 世纪 80 年代,瓦哈卜派与沙特家族基本完成纳季德的统一。纳季德诸地原有的埃米尔和舍赫尽管依旧控制各自的绿洲和牧场,却不得不向德拉伊叶的埃米尔缴纳天课以示顺从。1788 年,伊本·瓦哈卜与阿卜杜勒·阿齐兹共同指定阿卜杜勒·阿齐兹之子沙特作为德拉伊叶的埃米尔继承人。此后,瓦哈卜派和沙特家族以纳季德作为基地,将攻击目标指向纳季德以东的哈萨。1793 年,瓦哈卜派战士降服哈里德部落,控制哈萨,纳季德以东地区的战事结束。1797 年,卡塔尔承认德拉伊叶埃米尔国的统治权,随后巴林亦向德拉伊叶的埃米尔缴纳天课。1801年,瓦哈卜派战士攻入伊拉克,占领什叶派圣地卡尔巴拉,伊玛目侯赛因清真寺长期以来聚集的财宝成为瓦哈卜派的战利品。1790 年之前,纳季德的瓦哈卜—沙特家族联盟与希贾兹的沙里夫家族之间并未发生直接的冲突,瓦哈卜派成员则多次获准进入麦加。1790 年以后,双方矛盾逐渐加剧,军事冲突时有发生。

① Aarts,P. , *Saudi Arabia in the Balance:Political Economy,Society,Foreign Affairs* , London 2005, p. 14.

② Champion,D. , *The Paradoxical Kingdom:Saudi Arabia and the Momentum of Reform* , London 2003, p. 22.

③ Schwartz,S. , *The Two Faces of Islam* , New York 2004,p. 75.

瓦哈卜派战士攻入希贾兹,1802 年占领塔伊夫,1803 年占领麦加,1804 年占领麦地那,继而占领阿西尔。[①]

1792 年伊本·瓦哈卜死后,沙特家族的阿卜杜勒·阿齐兹继承瓦哈卜派教长职位。瓦哈卜派欧莱玛继续控制司法、教育和宗教生活,沙特家族在政治领域的势力和影响日趋扩大。[②] 1803 年,阿卜杜勒·阿齐兹在德拉伊叶清真寺遭到什叶派穆斯林的暗杀,其子沙特(1803—1814 年在位)承袭父位。[③] 沙特当政期间,瓦哈卜派运动达到顶峰,德拉伊叶埃米尔国的势力范围几乎囊括整个阿拉伯半岛,成为"自先知以来阿拉伯半岛上最大的国家"。1807 年起,德拉伊叶的埃米尔沙特主持每年一度的朝觐仪式,伊斯坦布尔的苏丹对于两座圣城的统治权力不复存在。控制麦加的朝觐活动,既为瓦哈卜派宗教思想在伊斯兰世界的广泛传布创造了条件,亦为沙特家族提供了丰富的财源。

建立在瓦哈卜派运动基础之上的德拉伊叶埃米尔国具有明显的世俗目的,即角逐权力和争夺财源。圣战取代劫掠,天课取代贡赋,成为德拉伊叶埃米尔国的主要财源。瓦哈卜派关于净化信仰的宗教宣传,则是德拉伊叶埃米尔国实现其世俗目的之舆论工具。德拉伊叶埃米尔国尚无职业化的常备军,所有的成年男子均为征募对象。当需要采取军事行动即发动圣战时,德拉伊叶的埃米尔派出使者前往各地,通知部落舍赫提供战士。[④] 遵循《古兰经》的相关规定,战利品的五分之一属于德拉伊叶的埃米尔,其余五分之四归瓦哈卜派战士,骑兵的份额是步兵的份额的两倍。

德拉伊叶埃米尔国争夺财源的手段,首先是通过圣战的形式劫掠拒绝接受瓦哈卜派宗教学说和顺从沙特家族的阿拉伯人,骆驼、羊群和绿洲农作物是劫掠的主要目标。德拉伊叶埃米尔国争夺财源的另一重要手段,是征收贡赋,而接受瓦哈卜派宗教思想和承认沙特家族统治权力的部落和绿洲构成缴纳贡赋的基本群体。德拉伊叶埃米尔国在争夺财源方面不仅沿袭传统的模式,而且依据《古兰经》的相关规定创立崭新的模式即在全体臣民的范围内征纳天课。

瓦哈卜派的兴起并未改变阿拉伯半岛的传统社会结构,部落势力犹存。德拉伊叶埃米尔国控制诸多的地区和部落,控制的方式不尽相同。接受瓦哈卜派的宗教思想、缴纳天课和致力于对异教徒的圣战,构成诸多地区和部落效忠于

① Schwartz,S.,*The Two Faces of Islam*,New York 2004, p. 75, pp. 77-78.

② Aarts,P.,*Saudi Arabia in the Balance:Political Economy,Society,Foreign Affairs*, p. 13.

③ Schwartz,S.,*The Two Faces of Islam*, p. 76.

④ Vassiliev,A.,*The History of Saudi Arabia*, p. 132.

德拉伊叶埃米尔国的基本模式。沙特家族向各地派遣穆夫提和卡迪,宣传瓦哈卜派的宗教思想,依据《古兰经》、"圣训"和罕百里派教法行使司法权力和仲裁纠纷,则是德拉伊叶埃米尔国控制诸多地区和部落的重要手段。德拉伊叶埃米尔国极力废止部落社会血亲复仇的传统习俗,代之以赎金的支付,强调一切纠纷须由国家裁决。上述举措可谓整合社会的必要手段,而其形式与先知穆罕默德时代如出一辙。

德拉伊叶埃米尔国强调宗教立国和宗教治国的政治原则,瓦哈卜家族与沙特家族的宗教政治联盟以及瓦哈卜派欧莱玛的广泛政治参与构成德拉伊叶埃米尔国的明显特征。德拉伊叶埃米尔国初期,伊本·瓦哈卜拥有绝对的宗教权威,既是宗教学者和宗教法官,亦是圣战的组织者和政治生活的重要参与者。利雅得攻陷以后,伊本·瓦哈卜逐渐退出世俗领域,致力于宗教思想的宣传。

德拉伊叶的埃米尔致力于国家秩序的建立和实现社会的稳定,保障道路的安全,保护商旅驼队,惩罚劫掠的行为。曾经有一个伊朗的朝觐者,在苏白伊的贝都因人宿营地逗留期间,包裹被偷走,遂向阿卜杜勒·阿齐兹投诉;阿卜杜勒·阿齐兹吩咐该地的舍赫将物品送还已经回到伊朗的受害者,并且要求说出窃贼的名字,否则将舍赫囚禁并予以财产的罚没。"旅行者在经过游牧地区时不再像此前那样缴纳通行税。旅行者,无论来自也门还是帖哈麦,来自希贾兹还是巴士拉,来自巴林、阿曼还是叙利亚,都无需携带武器,无需恐惧旅途中遇到抢劫或袭击……旅行者只需畏惧安拉,而无需畏惧窃贼或强盗。"[1]

绿洲的居民是德拉伊叶埃米尔国完善统治秩序和稳定社会环境的最大受益者。他们的农田不再受到游牧部落的袭击。"绿洲的农民在春季将牲畜赶到草场而无需看管……直到春季结束以后,这些牲畜回到绿洲,耕种土地。"[2]上述的描述固然有夸张之处,然而德拉伊叶国家致力于保障道路、保护财产、废止陈规陋习和鼓励贸易交往的倾向显而易见。德拉伊叶成为阿拉伯半岛的重要贸易中心,贸易的发展为德拉伊叶埃米尔国提供了丰富的财源。

兴起于纳季德高原的德拉伊叶埃米尔国在诸多地区建立的统治只是昙花一现。辽阔的幅员和恶劣的环境,构成德拉伊叶埃米尔国行使统治权力的明显自然障碍。在也门、希贾兹、阿西尔、马斯喀特和哈德拉毛,德拉伊叶埃米尔的统治权力鞭长莫及。另一方面,德拉伊叶埃米尔国缺乏稳固的社会基础,军事扩张是德拉伊叶埃米尔国赖以存在的重要条件,战利品的劫掠和分享构成联结

① Vassiliev, A., *The History of Saudi Arabia*, p. 129.
② 同上, p. 129。

埃米尔与部落舍赫的纽带。一旦军事扩张停止,贝都因人部落则各行其是,德拉伊叶的埃米尔和瓦哈卜派的欧莱玛无法驾驭广大的地区,统一的政权势必走向崩溃。

1811 年 8 月,埃及统治者穆罕默德·阿里的军队奉奥斯曼帝国苏丹的命令从海路和陆路进入希贾兹。1811 年 10 月,埃及军队占领延布。1811 年 12 月,埃及军队在瓦迪萨弗拉被瓦哈卜派战士击溃。1812 年秋季,埃及军队发动新的攻势,占领瓦哈卜派战士防守的麦地那。1813 年 1 月,埃及军队占领吉达。瓦哈卜派战士撤出麦加和塔伊夫,埃及军队征服希贾兹。①

1813 年秋,穆罕默德·阿里赴麦加朝觐,要求与麦加沙里夫贾里卜分享吉达的贸易收入,并且试图通过加里卜获得贝都因人的游牧产品,遭到拒绝。穆罕默德·阿里随后囚禁贾里卜,代之以叶海亚·苏鲁尔,后者成为穆罕默德·阿里控制的傀儡,希贾兹和麦加的收入成为穆罕默德·阿里的重要财源。

1814 年春,沙特死于德拉伊叶,其子阿布杜拉(1814—1818 年在位)即位,希贾兹、阿曼和巴林摆脱沙特家族的控制,德拉伊叶埃米尔国濒临灭亡。1815 年初,瓦哈卜派在巴萨勒集结两万兵力,旋即败于穆罕默德·阿里的军队,德拉伊叶埃米尔国的军事力量丧失殆尽。

1818 年 4 月,穆罕默德·阿里之子伊卜拉欣攻陷德拉伊叶,瓦哈卜—沙特家族政权灭亡,埃及人成为纳季德的统治者。包括阿布杜拉在内的沙特家族和瓦哈卜家族成员以及纳季德贵族约 400 人被流放至埃及,德拉伊叶被伊卜拉欣夷为平地。1819 年初,阿布杜拉在伊斯坦布尔被奥斯曼帝国苏丹处死。② 1819 年夏,伊卜拉欣离开德拉伊叶,返回麦地那。穆罕默德·阿里的目的是控制希贾兹的两座圣城以及红海水域,却无力长期统治广袤的阿拉伯沙漠。埃及军队在撤出纳季德时,将所存财物劫掠一空。此后,部族仇杀再起,商路中断,定居人口受害尤为严重。通过统一国家的政治框架寻求经济和社会发展的演进趋势,随着德拉伊叶埃米尔国的灭亡而出现逆转。

1819 年,穆罕默德·米沙里·穆阿马尔(1819—1820 年在位)被伊卜拉欣任命为纳季德的统治者,驻节德拉伊叶。在阿拉伯半岛东部的哈萨一带,马吉德·阿拉亚尔拥有广泛的权力。与此同时,沙特家族的后裔图尔吉的势力在纳季德逐渐兴起,进而开始挑战穆罕默德·米沙里·穆阿马尔的地位。不久,图

① Schwartz,S., *The Two Faces of Islam*, p. 80.
② Champion,D., *The Paradoxical Kingdom：Saudi Arabia and the Momentum of Reform*, p. 28.

尔吉夺取德拉伊叶和利雅得,穆罕默德·米沙里·穆阿马尔战败身亡。1820年秋,穆罕默德·阿里的军队重新占领德拉伊叶和利雅得,图尔吉逃走。埃及军队在纳季德处死大量的反叛者,绿洲遭到洗劫,农田遭到严重的破坏,许多人逃离家园。

1823年,图尔吉在达瓦希尔部落苏戴尔家族的支持下东山再起,重返纳季德的政治舞台,频频袭扰埃及军队。纳季德民众与埃及军队之间的矛盾,提供了沙特家族重新崛起的社会基础。1824年,埃及军队被迫退往希贾兹,图尔吉进入利雅得,以瓦哈卜派伊玛目(1824—1834年在位)自居,控制纳季德诸地,是为利雅得埃米尔国。[1] 利雅得埃米尔国沿袭德拉伊叶埃米尔国的传统,致力于瓦哈卜派信仰的传播和疆域的拓展。然而,利雅得埃米尔国避免与领有希贾兹和两座圣城的埃及穆罕默德·阿里家族发生直接的冲突,其扩张的目标主要是波斯湾沿岸地区。1830年,图尔吉的支持者与纳季德以东的贝都因人部落联盟发生战事,图尔吉取胜,哈萨成为沙特家族的属地。此后,巴林和阿曼亦被纳入利雅得埃米尔国的版图。"至1833年,整个沿波斯湾地区隶属于瓦哈卜派政权并缴纳贡赋。"[2]随着沙特家族的复兴和利雅得埃米尔国的建立,纳季德及其周边地区的政治秩序逐渐恢复,社会趋于稳定。

图尔吉统治期间,沙特家族内部出现激烈的权力角逐。1831年,沙特家族成员米沙里发动叛乱,旋即失败。1834年,利雅得埃米尔国的奠基人图尔吉在利雅得死于暗杀,米沙里在瓦哈卜家族的支持下控制利雅得。不久,图尔吉的长子费萨尔(1834—1838年、1843—1865年在位)从巴林返回利雅得,处死米沙里,承袭父职。1837年,由于费萨尔拒绝向伊斯坦布尔的苏丹缴纳贡赋,埃及军队自希贾兹进入纳季德。1838年,费萨尔被埃及军队捕获并被押往开罗。1840年,埃及军队撤离阿拉伯半岛,纳季德再度陷于政治真空的状态。1841年,沙特家族的后裔阿布杜拉·苏奈延在瓦哈卜派的支持下占领利雅得。1843年,费萨尔自埃及返回纳季德,阿布杜拉·苏奈延兵败身亡。此后二十余年间,纳季德处于费萨尔的统治之下。[3]

"费萨尔当政的第二个阶段即1843—1865年是第二沙特国家的黄金时代。第二沙特国家在疆域上明显不及第一沙特国家,国家机构亦相当落后,然而却得到阿拉伯半岛及周边势力的广泛承认,进而构成从'革命的瓦哈卜派运动'到

① Beling,W. A. , *King Faisal and the Modernisation of Saudi Arabia* , p. 22.

② Vassiliev,A. , *The History of Saudi Arabia* , p. 165.

③ Beling,W. A. , *King Faisal and the Modernisation of Saudi Arabia* , p. 24.

'瓦哈卜派国家'的中间环节。"①此间,瓦哈卜派逐渐成为纳季德及其周边地区占主导地位的宗教思想,为诸多阿拉伯人部落所普遍接受。

费萨尔当政时期,埃及的穆罕默德·阿里家族与伊斯坦布尔的苏丹之间矛盾加剧,冲突迭起,无暇顾及阿拉伯半岛。另一方面,德拉伊叶埃米尔国灭亡以后,阿拉伯半岛东部沿海成为英国殖民者的蚕食目标。利雅得的埃米尔以苏丹的臣属自居,向伊斯坦布尔缴纳贡赋,避免与控制希贾兹的沙里夫家族发生直接对抗,同时在阿拉伯半岛东部发动一系列攻势。利雅得的埃米尔将阿拉伯半岛的波斯湾沿岸地区视作自己的疆域,并且向英国使臣表示:"阿拉伯半岛的土地,从科威特经过盖提夫到阿曼一带,都是安拉赐予我们的礼物。"②1844 年,哈萨被利雅得埃米尔国吞并。1850 年,费萨尔的军队占领卡塔尔。此后数年,利雅得埃米尔国与英国在阿曼展开激烈角逐,长期控制马斯喀特和佐法尔。

利雅得埃米尔国沿袭德拉伊叶埃米尔国的传统,实行教俗合一的政治体制。与德拉伊叶埃米尔国相比,利雅得埃米尔国时期,瓦哈卜派欧莱玛的影响明显削弱,沙特家族势力膨胀,埃米尔集世俗权力与宗教权力于一身。与此同时,费萨尔将利雅得和中部诸地交由长子阿布杜拉掌管,将南部诸地交由次子沙特掌管,将北部诸地交由三子穆罕默德掌管。

在军事方面,利雅得埃米尔国实行民军制度,战时从绿洲和游牧部落招募战士,兵器自备,分享战利品的五分之四,其中骑兵的战利品相当于步兵战利品的两倍。埃米尔另有 200 人的卫队,由奴隶和释奴组成。

利雅得埃米尔国的税收制度与德拉伊叶埃米尔国亦无明显的区别。根据"圣训"的规定,农民缴纳天课:自然灌溉的土地缴纳收成的 10%,人工灌溉的土地缴纳收成的 5%;贝都因人缴纳 2.5%~5% 的牲畜;商人缴纳收入的 2.5%;穷人免交天课。此外的财源包括朝觐税、马斯喀特和巴林等地缴纳的贡赋以及埃米尔的私产。国家的财富与埃米尔的私人财富之间尚无区别。岁入的支出,扣除埃米尔的私人开销,一半用于军事,另一半用于公共费用。贡赋的缴纳主要采取实物的形式,某些地区亦有货币的缴纳。货币并无划一的形式,流通媒介包括英国货币、奥斯曼货币、波斯货币和印度货币等各种货币。

1865 年费萨尔死后,长子阿布杜拉(1865—1870 年、1876—1884 年在位)即位,次子沙特、三子穆罕默德和四子阿卜杜勒·拉赫曼欲与阿布杜拉分庭抗礼,

---

① Champion, D., *The Paradoxical Kingdom: Saudi Arabia and the Momentum of Reform*, p. 31.

② Vassiliev, A., *The History of Saudi Arabia*, p. 185.

阿曼一带的伊巴迪叶派亦在英国的支持下举兵反叛，利雅得国家走向分裂。1870 年秋，沙特联合阿治曼部落、穆拉部落，击败阿布杜拉的军队，占领哈萨。1871 年，沙特攻占利雅得，阿布杜拉逃往南部盖哈丹部落地区。1875 年沙特（1870—1875 年在位）死后，阿卜杜勒·拉赫曼（1875—1876 年在位）成为利雅得的埃米尔。1876 年，阿卜杜拉重返利雅得，恢复权位。1880 年，阿卜杜勒·拉赫曼之子阿卜杜勒·阿齐兹出生。此人后来成为沙特阿拉伯的首位国王，西方人称之为伊本·沙特。

阿布杜拉当政时期，在纳季德与希贾兹之间，最重要的势力来自以哈伊勒为中心的舍迈尔山区。舍迈尔山区的统治者拉希德家族首领塔拉勒向利雅得缴纳贡赋，同时在舍迈尔山区以及哈伊巴尔、泰马、焦夫诸地行使广泛的权力。利雅得埃米尔国的统治基础在于定居人口，哈伊勒政权的统治基础则是游牧部落；利雅得埃米尔国与瓦哈卜派密切相关，哈伊勒政权则表现为明显的世俗倾向。"塔拉勒的支持者认为自己首先是舍迈尔人，其次是一神崇拜者。"[1]1868 年塔拉勒死后，其弟米塔布成为哈伊勒的统治者。不久，米塔布被塔拉勒之子班达尔所杀，班达尔成为哈伊勒的统治者。1872 年，班达尔被其叔父穆罕默德·阿布杜拉所杀，后者统治舍迈尔山区。1872—1897 年穆罕默德·阿布杜拉当政时期，承认奥斯曼帝国苏丹的宗主权，拓展疆域，哈伊勒政权的势力达到顶峰。1884 年和 1891 年，来自舍迈尔山区的军队两次攻陷利雅得，利雅得埃米尔国灭亡，纳季德遂被纳入哈伊勒政权的版图。[2] 利雅得埃米尔国灭亡后，舍迈尔山区的哈伊勒成为阿拉伯半岛内陆诸地的政治中心，诸多绿洲和部落相继依附于哈伊勒的统治者，阿卜杜勒·拉赫曼（1889—1891 年在位）举家逃往科威特，寻求萨巴赫部落的庇护。[3]

沙特王国的兴起

19 世纪末期的阿拉伯半岛处于严重分裂的状态。拉希德家族建立的哈伊勒政权作为阿拉伯半岛内陆最重要的政治势力，控制北起叙利亚边境、南至阿曼的广大地区。哈伊勒政权沿袭阿拉伯人部落联盟的传统形式，诉诸劫掠和袭击以及征纳贡赋的手段，无力整合分散的血缘群体和实现阿拉伯半岛的社会进步。另一方面，哈伊勒政权依附于伊斯坦布尔的苏丹，俨然是苏丹控制阿拉伯

① Vassiliev，A.，*The History of Saudi Arabia*，p. 196.

② Schwartz，S.，*The Two Faces of Islam*，p. 91.

③ Aarts，P.，*Saudi Arabia in the Balance：Political Economy，Society，Foreign Affairs*，p. 18.

半岛内陆诸地的政治工具。希贾兹亦处于奥斯曼帝国的控制之下,奥斯曼帝国军队驻扎于希贾兹的诸多地区,人口构成复杂,逊尼派和什叶派以及苏菲教团和各种教法学派长期并存。麦加的沙里夫家族作为圣族后裔在希贾兹具有广泛的宗教政治影响,且与奥斯曼帝国保持良好的合作关系,接受伊斯坦布尔苏丹的赐封。哈萨位于科威特与特鲁希尔之间,是阿拉伯半岛东部最重要的农业绿洲和贸易区域,亦是纳季德的贝都因人获取定居产品的主要来源。哈萨的定居人口大都信奉什叶派伊斯兰教,被纳季德的瓦哈卜派视作异端。自 17 世纪开始,哈萨的主要势力是哈里德部落。瓦哈卜派兴起以后,沙特家族取代哈里德部落而成为哈萨的统治者。19 世纪后期开始,哈萨被纳入奥斯曼帝国伊拉克总督的管辖范围。此外,什叶派的分支宰德派政权控制也门,什叶派易德利斯王朝控制希贾兹与也门之间的阿西尔地区,波斯湾沿岸的科威特、巴林、卡塔尔、特鲁希尔、马斯喀特和阿曼处于英国的保护之下。20 世纪初,英国与奥斯曼帝国在阿拉伯半岛展开激烈角逐。沙特家族成为英国在阿拉伯半岛最重要的政治盟友,英国保护下的科威特则是沙特家族问鼎阿拉伯半岛政治舞台的出发地。

　　1902 年,沙特家族首领阿卜杜勒·拉赫曼之子阿卜杜勒·阿齐兹即伊本·沙特(1902—1953 年在位)率领四十余人自科威特出发,返回纳季德,成为利雅得的新埃米尔。伊本·沙特出生于 1876 年,其母属于达瓦希尔部落的苏戴尔家族。[1] 1904 年,伊本·沙特率军进入嘎希姆,从拉希德家族手中夺取欧奈宰和布赖代,继而击败支持拉希德家族的奥斯曼帝国军队。[2] 1906 年,伊本·沙特的追随者与拉希德家族的军队再度发生激战,拉希德家族的军队败绩,嘎希姆被纳入利雅得埃米尔国的版图。1911 年,伊本·沙特与英国达成协议,哈萨成为利雅得埃米尔的属地,伊本·沙特承认利雅得埃米尔国作为英国的保护国,承认英国有权在阿拉伯半岛开采矿产资源。1913 年,伊本·沙特率领 300人击败奥斯曼帝国的军队,占领胡富夫,控制东部沿海。1914 年,奥斯曼帝国与利雅得埃米尔国签署协议,奥斯曼帝国承认沙特家族在纳季德的统治权,伊本·沙特承诺不与其他国家建立同盟,不允许其他国家的军队进入纳季德。同年,英国与奥斯曼帝国签订协议,双方划定各自在阿拉伯半岛的势力范围;协议规定,自卡塔尔经阿拉伯半岛腹地至亚丁和也门一线为界,该线以北包括纳季德和哈萨在内属奥斯曼帝国的势力范围,该线以南属英国的势力范围。[3] 然而,

---

①　Armstrong,H. C., *Lord of Arabia—Ibn Saud*, Harmondsworth 1938, p. 21.

②　Howarth,D., *The Desert King:A Life of Ibn Saud*, London 1964, pp. 37-38.

③　McLoughlin,L., *Ibn Saud:Founder of a Kingdom*, New York 1993, pp. 24-36, pp. 45-46.

一战的爆发使该协议未能生效。

一战爆发初期,利雅得的埃米尔伊本·沙特致信麦加的沙里夫、哈伊勒的埃米尔和科威特的舍赫,建议召开四方会议,协调立场。然而,四方立场完全不同:哈伊勒的埃米尔支持奥斯曼帝国,希贾兹的沙里夫和科威特的舍赫支持英国,纳季德则是奥斯曼帝国与英国争夺的对象。1915 年,利雅得埃米尔国与英国签订盖提夫条约。根据条约,英国承认纳季德、哈萨、盖提夫、朱拜勒一带作为利雅得埃米尔国的辖地,向伊本·沙特赠送 1000 支步枪和 20000 英镑,并向伊本·沙特支付每月 5000 英镑的补助金,伊本·沙特承诺不与其他国家建立同盟,不允许其他国家的军队进入自己的属地,保证不侵扰处于英国保护下的科威特、巴林、卡塔尔和阿曼。[①]

早在一战前夕,麦加的沙里夫侯赛因开始与英国政府暗中接触,试图得到英国的支持,摆脱奥斯曼帝国的控制。1915 年,协约国在中东战场处于被动局面,争取阿拉伯人的支持至关重要。英国政府开始策划叙利亚、伊拉克和希贾兹诸地阿拉伯人反抗奥斯曼帝国的统治。1915 年,侯赛因与英国谈判,以建立北起陶鲁斯山、南至波斯湾、东起扎格罗斯山、西到红海的大阿拉伯国家作为条件,发动反抗奥斯曼帝国统治的起义。1916 年 6 月,侯赛因在麦加宣布起义,自立为大阿拉伯王国的国王,驱逐驻守希贾兹的奥斯曼帝国军队。侯赛因起义之初,英国试图拉拢伊本·沙特加入希贾兹的侯赛因阵营和进攻奥斯曼帝国在阿拉伯半岛的支持者拉希德家族。然而,利雅得的埃米尔无意从属于麦加,态度暧昧。侯赛因自立为大阿拉伯王国的国王之后,伊本·沙特表示抗议,并且试图与侯赛因谈判划定纳季德与希贾兹的边界。[②]

1918 年一战结束后,英国成为影响阿拉伯半岛的主要外部势力,阿拉伯半岛形成希贾兹、纳季德、舍迈尔山区、阿西尔和也门五大政治区域。英国奉行的政策,是通过分而治之的方式控制整个阿拉伯半岛。在阿拉伯半岛内部,利雅得的埃米尔与麦加的沙里夫之间的矛盾冲突日益加剧,纳季德与希贾兹之间的图拉巴成为双方争夺的焦点。1919 年 5 月,麦加的沙里夫侯赛因之子阿卜杜拉率军占领图拉巴绿洲,旋即败于追随沙特家族的伊赫瓦尼战士。[③]

1921 年初,伊本·沙特召集纳季德的舍赫和欧莱玛,宣布放弃利雅得埃米尔的称谓,采用纳季德及其属地的苏丹的称谓,利雅得埃米尔国遂改称纳季德苏丹国。1921 年 8 月,伊本·沙特率军占领哈伊勒,拉希德人投降,纳季德苏丹

①　McLoughlin, L., *Ibn Saud : Founder of a Kingdom*, p. 46.

②　同上, pp. 51-52.

③　同上, p. 62。

国成为阿拉伯半岛最重要的政治力量。随后,纳季德苏丹国将攻击矛头指向阿西尔和希贾兹。[1]

阿西尔地处希贾兹与也门之间,雨量相对充沛,农业发达,人烟稠密,人口构成复杂,兼有阿拉伯半岛土著部族两大分支阿德南人和盖哈丹人的后裔,亦有众多的非洲裔黑人,系逊尼派以及什叶派的十二伊玛目派和伊斯马仪派杂居之处,阿布哈、吉赞和纳季兰是阿西尔地区的主要城市。阿西尔原本处于什叶派政权易德利斯王朝的统治之下,麦加的沙里夫与也门的什叶派政权宰德王朝亦在阿西尔长期角逐。一战前夕,阿西尔从属于奥斯曼帝国。一战爆发后,奥斯曼帝国军队撤离阿西尔,阿西尔地区的许多部落表示效忠于伊本·沙特,纳季德苏丹国遂派遣欧莱玛进入阿西尔地区宣传瓦哈卜派宗教思想。1922年,纳季德苏丹国的军队进入阿西尔,占领首府阿布哈。[2]

希贾兹与纳季德之间的矛盾由来已久,双方长期处于对峙状态,战事时有发生。一战结束后,麦加的沙里夫侯赛因拒绝接受凡尔赛和约,抗议该和约将叙利亚划归法国和将巴勒斯坦划归英国,其与英国的关系逐渐恶化。1924年初,侯赛因在麦加自称哈里发,遭到伊斯兰世界的普遍抵制,地位日趋孤立,力量削弱。与此同时,由于英国停止向沙特家族支付补助金,纳季德苏丹国经济拮据,急需开辟新的财源,觊觎麦加的朝觐税和吉达的贸易税。1924年8月,纳季德苏丹国的军队攻入希贾兹,占领塔伊夫。10月,麦加的沙里夫侯赛因被迫宣布退位,逃往塞浦路斯,其子阿里即位,纳季德苏丹国的军队占领麦加。1926年1月,伊本·沙特在麦加被拥立为希贾兹的国王,进而改称希贾兹国王与纳季德及其属地的苏丹。[3] 1927年5月,英国与伊本·沙特签署吉达条约,取代双方于1915年签订的盖提夫条约。根据吉达条约,英国政府承认伊本·沙特作为希贾兹与纳季德及其属地的国王,伊本·沙特承认英国政府扶植的费萨尔作为伊拉克国王和阿卜杜拉作为外约旦埃米尔,承认英国对于海湾诸国的保护权。[4] 1932年,纳季德苏丹国正式改称沙特王国。[5]

伊本·沙特于1902年夺取利雅得和重新立国以后,沿袭早期沙特国家的

---

① McLoughlin, L. , *Ibn Saud : Founder of a Kingdom* , p. 64.

② Armstrong, H. C. , *Lord of Arabia—Ibn Saud* , p. 195.

③ McLoughlin, L. , *Ibn Saud : Founder of a Kingdom* , p. 79, p. 84.

④ "国王"在阿拉伯语中称作"马立克",而"马立克"一词显然与伊斯兰教的传统称谓不符,原本系异教统治者的称谓。1932年沙特家族之采用国王的称谓,系自伊斯兰教产生以来首次出现于阿拉伯半岛。

⑤ Polk, W. R. , *The Arab World Today* , p. 146.

传统,尊奉瓦哈卜派伊斯兰教作为官方意识形态,恢复沙特家族与瓦哈卜家族的宗教政治联盟,旨在扩大新政权的社会基础。瓦哈卜派之强调顺从安拉和顺从伊玛目以及严格恪守宗教功修的信仰原则,成为伊本·沙特驾驭贝都因人部落和控制民众进而强化国家权力的重要工具。瓦哈卜派欧莱玛援引先知时代的历史实践以及查希里叶和徙志的宗教概念,强调迁徙是摆脱蒙昧状态和获得真正信仰的必经之路,呼唤民众走出沙漠和走向定居,进而阐述了伊赫瓦尼运动的理论基础。

伊赫瓦尼是阿拉伯语兄弟一词的复数音译,特指告别游牧生活而移入具备完整宗教功能之定居点的贝都因人。伊赫瓦尼运动起源于瓦哈卜派的宗教宣传,亦得到沙特家族的大力支持。自1910年开始,瓦哈卜家族的伊本·阿卜杜勒·拉提夫委派门徒弟子前往各地传布瓦哈卜派的宗教思想;后者称作穆陶威,阿拉伯语中意为协调人,是伊本·沙特角逐权力的重要支持者。一神崇拜、恪守教法、顺从长官和同胞互助,成为伊赫瓦尼运动的思想纲领。所谓的伊赫瓦尼来自纳季德地区不同的部落,承认沙特家族作为新兴伊斯兰国家权力的拥有者,承认伊本·沙特作为瓦哈卜派的伊玛目。[1] 伊赫瓦尼的成员在接受瓦哈卜派的宗教宣传以后,告别游牧传统,走出沙漠牧场,选择定居的生活方式,进而献身于利雅得埃米尔国的圣战事业。迁徙、定居、务农和圣战,构成伊赫瓦尼运动的基本环节。

伊赫瓦尼的迁徙开始于1912年底。穆泰尔部落的贝都因人自愿放弃追逐水草的游牧生活,移入嘎希姆地区的一处称作艾尔塔维耶的河谷,建造房屋,耕种土地,是为伊赫瓦尼的最初定居点。[2] 1918年,纳季德开始出现伊赫瓦尼派的定居点。1920年,伊赫瓦尼的定居点增至52处。1923年,伊赫瓦尼的定居点达到72处。1929年,伊赫瓦尼的定居点约为120处,包括阿纳宰部落7处,舍迈尔山区16处,哈尔卜部落22处,穆泰尔部落12处,阿太白部落15处,苏巴伊部落3处,苏胡勒部落3处,盖哈丹部落8处,达瓦希尔谷地4处,哈里德部落2处,阿治曼部落14处,阿瓦兹姆部落2处,哈吉尔部落4处,穆拉部落4处,希泰姆部落3处,扎菲尔部落1处。[3] 至1930年,伊赫瓦尼的定居点超过200处,生活在伊赫瓦尼定居点的贝都因人约15万。[4]

伊赫瓦尼的定居点作为瓦哈卜派的宗教据点和利雅得埃米尔国的兵源所

① Helms C. M. , *The Cohesion of Saudi Arabia*, p. 130.

② Chatty, D. , *Nomadic Societies in the Middle East and North Africa*, Leiden 2006, p. 843.

③ Vassiliev, A. , *The History of Saudi Arabia*, p. 228.

④ Abir, M. , *Saudi Arabia in the Oil Era: Regime and Elites; Conflict and Collaboration*, London 1988, p. 5.

在,大都分布在纳季德的中部和北部,通常建立在水源周围和适于农业的绿洲,平均人口千余人。伊本·沙特向定居者提供财物、种子、农具和建筑材料以及保卫信仰的武器,同时以伊玛目的名义派遣众多的穆陶威前往伊赫瓦尼的定居点宣传瓦哈卜派的宗教思想,执行教法,仲裁纠纷。伊赫瓦尼运动的定居化主要通过自愿的方式,1918年以后诉诸强制的定居化现象亦时有发生。定居者区分为从事圣战者与从事生产者,前者多为贝都因人,后者则往往是农民、手工业者和小商人,前者的地位高于后者。移入定居点的伊赫瓦尼在告别游牧生活的同时,摒弃相互劫掠和血族仇杀的传统陋习,严格尊奉教法,恪守宗教功修,向沙特家族缴纳天课。① 作为与其他穆斯林抑或多神教徒的区别,他们披戴白色头巾,修剪胡须,所穿长衫只及膝盖而不似其他人覆盖整个腿部。伊赫瓦尼禁止音乐,禁止饮用咖啡,禁止吸烟,禁止饮用含有酒精的饮品,禁止身着丝绸和其他华丽的服饰,禁止赌博和占卜。②

伊赫瓦尼战士崇尚圣战,追随伊本·沙特,自1918年起成为沙特家族对外征服的核心力量。瓦哈卜派宗教思想的传播无疑导致狂热的宗教情感和激进的宗教实践,战利品则是伊赫瓦尼获取财富的主要途径。伊赫瓦尼运动的兴起,改变了纳季德与拉希德人以及希贾兹之间军事力量的对比。沙特家族、瓦哈卜派与伊赫瓦尼的三位一体,构成伊本·沙特角逐权力和拓展疆域的有力工具。1921年,伊本·沙特在伊赫瓦尼战士的支持下击败拉希德家族,夺取哈伊勒。1924年,4千名伊赫瓦尼战士攻入希贾兹,占领塔伊夫、麦加和麦地那。"伊赫瓦尼成为阿拉伯半岛的'白色恐怖'……伊本·沙特依靠伊赫瓦尼的支持,平息了诸多贝都因人部落的反抗,建立了前所未有的统治秩序。"③

伊赫瓦尼运动具有明显的双重倾向,既是沙特家族对外扩张的工具,亦是沙特国家集权政治的障碍。希贾兹征服以后,伊赫瓦尼运动逐渐进入失控状态,伊赫瓦尼战士成为沙特家族难以驾驭的潜在威胁和沙特国家集权政治的首要障碍,双方之间的矛盾骤然加剧。1924年底,伊本·沙特不得不要求瓦哈卜派的欧莱玛发布新的富图瓦即宗教法令,强调伊玛目对于圣战的绝对领导权,同时援引"信仰不能强迫"的启示和相关的教法,宽恕尚未加入伊赫瓦尼运动的游牧者和定居者,试图约束伊赫瓦尼战士。然而,伊赫瓦尼战士无视伊本·沙特的禁令,不仅在希贾兹肆意劫掠,屡屡袭击前往麦加的朝觐者,而且深入约

---

① Helms C. M. , *The Cohesion of Saudi Arabia* , p. 137, pp. 140-141, p. 131.

② Chatty, D. , *Nomadic Societies in the Middle East and North Africa* , p. 844.

③ Vassiliev, A. , *The History of Saudi Arabia* , p. 229.

旦、科威特和伊拉克境内劫掠财物,直至与英国保护下的诸多地区发生冲突。[1]

由于特定的自然环境、居无定所的游牧经济和根深蒂固的部落习俗以及奥斯曼帝国和英国统治的历史传统,沙特阿拉伯与其邻国之间的边境线相对模糊,诸多地区的边界划分长期以来存在争议,形成所谓的中立地带,进而构成影响国际关系的潜在政治隐患。1925 年,英国与伊本·沙特签署条约,划定纳季德苏丹国与英国保护下的约旦、科威特、伊拉克之间的边界,规定游牧部落未经允许不得跨越边界,贝都因人的传统利益由此受到严重损害。[2] 伊赫瓦尼战士认为,边界的划定剥夺了劫掠战利品的财源,而伊本·沙特对于什叶派穆斯林采取相对宽容的政策亦背离瓦哈卜派的宗教原则。伊赫瓦尼战士与沙特家族之间的矛盾逐渐加剧,直至分道扬镳。1927 年底开始,伊赫瓦尼战士频繁袭击科威特和伊拉克边境地带。[3] 1928 年,伊赫瓦尼的首领费萨尔·杜维什、苏勒坦·侯麦德和宰丹·希斯兰甚至密谋推翻沙特家族的政权,瓜分纳季德、希贾兹和哈萨。1929 年,伊本·沙特发动攻势,在艾尔塔维耶附近的希比拉击败伊赫瓦尼战士,平定反叛。此后,伊赫瓦尼战士被并入国民卫队,伊赫瓦尼运动告一段落。[4]

早期沙特国家即德拉伊叶埃米尔国和利雅得埃米尔国的统治,属于传统范畴的历史现象。游牧及绿洲农业的经济生活、血缘群体的社会结构、瓦哈卜派宗教思想的传播、纳季德人的圣战、贡赋和天课的岁入形式、教俗合一的政治制度,构成德拉伊叶埃米尔国和利雅得埃米尔国的基本特征。1902 年沙特家族的重新崛起和 1932 年沙特王国的建立,可谓德拉伊叶埃米尔国和利雅得埃米尔国的逻辑延伸。

伊本·沙特在夺取利雅得和复兴沙特家族政权的初期,沿袭早期沙特国家的政治传统,采用埃米尔的称谓;奥斯曼帝国称伊本·沙特为阿卜杜勒·阿齐兹帕夏,英国人则称伊本·沙特为舍赫阿卜杜勒·阿齐兹。1921 年,伊本·沙特自称纳季德及其属地的苏丹。麦加征服以后,伊本·沙特改称希贾兹国王与纳季德及其属地的苏丹。1932 年,伊本·沙特正式采用沙特国王的称谓,沙特王国由此诞生。1933 年,伊本·沙特指定其次子沙特(阿卜杜勒·阿齐兹的长子图尔基死于 1919 年)作为沙特王国的王储。[5]

① Howarth,D. , *The Desert King:A Life of Ibn Saud* , p. 134.

② Al-Rasheed,M. , *A History of Saudi Arabia* , p. 47.

③ McLoughlin,L. , *Ibn Saud:Founder of a Kingdom* , p. 88.

④ Howarth,D. , *The Desert King:A Life of Ibn Saud* , p. 162, p. 165.

⑤ Huyette,S. S. , *Political Adaptation in Saudi Arabia* , Boulder 1985, p. 57.

沙特王国建立初期,希贾兹与纳季德之间存在着明显的区域性差异。希贾兹是伊斯兰教的摇篮,长期处于奥斯曼帝国的统治之下,具有定居文明的悠久传统,加之作为麦加和麦地那两座圣城的所在,与外部世界交往广泛,经济相对富庶,而毗邻麦加的吉达则是红海沿岸最重要的港口城市。另一方面,希贾兹深受奥斯曼帝国正统信仰和官方意识形态的影响,尊奉沙菲仪派教法,强调不同教派的兼容并蓄,具有宽容的宗教倾向。相比之下,纳季德地处阿拉伯半岛内陆,可谓贝都因人的世界,是阿拉伯半岛最闭塞的去处,与外部世界相对隔绝,社会组织和人口构成颇显单一,生活贫困,游牧经济盛行,沿袭着阿拉伯半岛传统的社会组织和政治结构,血缘关系根深蒂固,民众从属于各自部落的舍赫,部落首领由部落成员推举产生,部落传统的延续抵制着沙特家族的国家权力,父死子继的权力传承习俗尚不存在。① 另一方面,纳季德是瓦哈卜派的故乡和沙特国家的发源地,瓦哈卜派的意识形态作为国家权力削弱血缘传统和否定部落权力的政治工具,长期占据统治地位,排斥其他诸多教法学派,宗教生活颇具极端倾向。"希贾兹与纳季德只是分享共同的王权,就法律和司法体系而言则是两个完全不同的独立国家。"②

伊本·沙特统治着疆域辽阔的国家。"国王在沙漠地区通过部落的舍赫统治着贝都因人,在城镇和乡村通过地方长官统治着定居的臣民。舍赫依然采用传统的方式由部落成员推举产生,地方长官则由国王直接任命"③。国王的身边有许多来自其他阿拉伯国家和英国的幕僚,包括埃及人哈菲兹·瓦赫巴、伊拉克人阿卜杜勒·拉赫曼和拉希德·法鲁恩、叙利亚人尤素夫·亚辛、黎巴嫩人福阿德·哈姆扎、英国人约翰·菲尔比。④ 伊本·沙特时代,沙特王国的突出现象是地方离心倾向与中央集权的此消彼长。君主制度的建立和国家机构的完善,无疑提供了沙特王国克服地方离心倾向和强化中央集权的政治形式。统治者的称谓与其权力的性质之间无疑具有某种程度的内在联系;称谓的改变,意味着沙特王国诸多区域的初步整合。从希贾兹地方政权机构的延续到利雅得内阁的建立,构成伊本·沙特时代沙特王国政治生活的核心内容。

早在1924年麦加征服以后,伊本·沙特明确规定麦加享有自治的权利,保留麦加原有的地方政权机构。选举产生的咨议机构即麦吉里斯·艾赫利由麦加的欧莱玛、商人和贵族组成,行使广泛的自治权力,麦地那、吉达、塔伊夫和延

---

① Huyette,S. S. , *Political Adaptation in Saudi Arabia* , p. 49.

② Vassiliev,A. , *The History of Saudi Arabia* , p. 293.

③ Howarth,D. , *The Desert King:A Life of Ibn Saud* , pp. 115-116.

④ Rezas,A. , *The Political Economy of Saudi Arabia* , Washington 1984, p. 16.

布诸地亦获准享有自治地位。在此基础上,伊本·沙特实行希贾兹与纳季德各自为政的分治政策。1926 年,伊本·沙特颁布敕令,明确规定"希贾兹王国应当被视作具有明确边界线的整体,不可以任何方式加以分割。希贾兹应当是设有咨议机构的君主国和伊斯兰国家,自主处理其内外事务……圣城麦加是希贾兹王国的首都……希贾兹王国的最高权力属于伊本·沙特国王陛下"[①]。与此同时,麦加的麦吉里斯·艾赫利改称麦吉里斯·舒拉,成员由选举产生改为国王任命。1932 年起,费萨尔亲王代表伊本·沙特国王,在麦加主持麦吉里斯·欧扎拉,行使政府职权,负责管理希贾兹地区的司法、朝觐、宗教、财政和外交。是为沙特王国内阁的原型。[②]

20 世纪 30 年代,利雅得宫廷的麦吉里斯既是沙特王国的中央政府,亦是纳季德的地方政府。国王主持利雅得宫廷的麦吉里斯,每天召开两次会议,主要成员包括沙特家族成员以及瓦哈卜派欧莱玛和部落谢赫。[③] 至 40 年代,宫廷麦吉里斯的机构不断增加,权限逐渐扩大,利雅得随之成为沙特王国的政治中心。1953 年 10 月,伊本·沙特国王在临终前颁布敕令,在利雅得成立沙特王国大臣会议,作为沙特王国的内阁。伊本·沙特颁布的敕令,明确规定大臣会议的人员组成、权限范围、运作程序和组织机构。根据伊本·沙特颁布的敕令,大臣会议的首相由国王兼任,国王不在时由王储兼任;国王任命大臣会议的主要成员,决定出席大臣会议的人选;大臣会议负责制定和执行国家政策,批准国际条约,任免政府官吏;大臣会议成员对国王负责;大臣会议的决议须经国王批准方可生效,国王有权否决大臣会议的决议。[④] 利雅得的大臣会议作为沙特王国的内阁,不同于麦加的麦吉里斯·舒拉,处于国王的直接控制之下。从希贾兹地方政权机构的延续到利雅得大臣会议的组建,标志着沙特王国君主制度的确立。官僚机构的完善,构成沙特王国君主制度的政治工具。

20 世纪初,沙特家族政权的对外交往局限于海湾诸国的范围,由伊本·沙特亲自掌管。1927 年,伊本·沙特与英国签署吉达协议,废除 1915 年双方签署的盖提夫协议,英国承认伊本·沙特的国家在希贾兹、阿西尔、纳季德和哈萨诸地的主权和独立地位,伊本·沙特则承认英国与海湾国家及亚丁保护国的特殊关系。此后,沙特家族相继与苏联、英国、荷兰、法国、土耳其、德国、伊朗、波兰、美国、意大利、埃及等国建立外交关系。1930 年,伊本·沙特在希贾兹设立外交

① Vassiliev, A. , *The History of Saudi Arabia* , p. 295.
② Huyette, S. S. , *Political Adaptation in Saudi Arabia* , p. 56.
③ McLoughlin, L. , *Ibn Saud : Founder of a Kingdom* , pp. 116-117.
④ Al-Farsy, F. , *Modernity and Tradition : the Saudi Equation* , Cambridge 2000 , pp. 49-50.

部,委派王子费萨尔掌管,吉达成为外国使团的主要驻地。① 外交关系的广泛建立,标志着沙特家族政权与外部世界交往的扩大。

新兴的沙特王国犹如规模庞大的部落联盟,沙特家族垄断国家要职,国王伊本·沙特俨然成为凌驾于社会之上的家族首领。伊本·沙特时代的沙特王国,沿袭传统的经济活动与社会组织,畜牧业和绿洲农业构成基本的经济部门,贝都因人数量居多,血缘群体广泛存在,地域关系与血缘关系错综交织。地域关系无疑是沙特王国赖以存在的社会基础,血缘关系延续的结果则是沙特王国之血缘政治的浓厚色彩。由于缺乏完善的政府机构和官僚体系,加之原始民主制的政治习俗根深蒂固,诸多部族舍赫具有举足轻重的地位,部族群体构成地方行政区划的基本框架。姻亲关系作为血缘政治的逻辑延伸,具有特定的历史内涵。沙特家族借助于联姻的形式,与诸多部族建立政治联盟,进而实现国家权力与部族社会的密切结合。广泛的姻亲关系,导致沙特家族的庞大规模。伊本·沙特妻妾成群,子嗣众多。沙特家族内部诸多分支的权力角逐,以及伊本·沙特直系成员的政治核心化与旁系成员的政治边缘化倾向,构成沙特王国政治生活的突出现象。

沙特王国起源于瓦哈卜派宗教思想的传播和圣战的实践,天课和战利品构成国家岁入的主要形式。沙特家族依据《古兰经》和“圣训”的相关规定,分享战利品的五分之一,同时向贝都因人、农民和商人征纳天课。1925 年,伊本·沙特颁布法令,规定贝都因人凡拥有骆驼 5 峰、羊 40 只或牛 30 头者,皆须以实物或货币的形式缴纳天课;农民耕种自然灌溉的土地者缴纳收成的 10%,耕种人工灌溉的土地者缴纳收成的 5%;商人缴纳收入的 2.5%。② 地方长官和部落舍赫的首要职责,是在牧场和绿洲征纳天课。此外,沙特家族向什叶派以及包括基督徒和犹太人在内的非穆斯林征收人丁税。征服希贾兹以后,征纳于麦加的朝觐税和红海港口城市吉达的关税成为沙特王国最重要的岁入来源。1932 年,沙特王国设立财政部,聘用埃及人、叙利亚人、伊拉克人和黎巴嫩人,统一掌管全国财政税收,监督朝觐事务、农业生产、公共建设和交通运输以及包括石油和矿产开采在内的其他经济活动。自 1934 年起,沙特王国开始制定财政预算,岁入来源依次为朝觐税、关税、矿产收入和天课,主要用于王室开支,军事开支和行政开支。③

① Rezas,A. , *The Political Economy of Saudi Arabia* , p. 16.

② Vassiliev,A. , *The History of Saudi Arabia* , p. 304.

③ Niblock,T. , *State,Society and Economy in Saudi Arabia* , London 1982, p. 46.

沙特王国作为德拉伊叶埃米尔国和利雅得埃米尔国的逻辑延伸,长期奉行宗教立国与宗教治国的政治原则。早在 1926 年占领麦加以后,伊本·沙特宣布瓦哈卜派伊斯兰教作为包括希贾兹和纳季德诸地在内的沙特王国的官方信仰。瓦哈卜家族与沙特家族的宗教政治联盟,构成沙特王国政治生活的突出现象。血缘政治与宗教政治的错综交织,构成沙特王国政治制度的明显特征。瓦哈卜派的宗教政治学说,无疑是沙特王国驾驭社会和控制民众的意识形态。捍卫瓦哈卜派信仰和伊斯兰教法的神圣地位,则是沙特家族统治权力的理论基础。伊本·沙特既是沙特王国的国王,亦是瓦哈卜派的伊玛目,兼有世俗和宗教的双重权力。与此同时,宗教学者即欧莱玛作为经训的诠释者和教法的执行者,构成联系国家与民众的中介和纽带,具有广泛的政治影响。瓦哈卜派教法极力强调信仰至上的宗教原则,排斥和否定部落习惯法和血族仇杀的传统习俗,成为沙特王国约束部族势力进而实现社会整合的政治工具。

石油时代沙特阿拉伯经济社会的发展

沙特阿拉伯具有极其丰富的石油资源。2000 年,沙特阿拉伯已探明的石油储藏量为 2600 亿桶,约占世界石油储藏量的四分之一。[①] 如同古代的阿拉伯人伴随着伊斯兰教的产生而经历了从野蛮向文明过渡的深刻历史变革,石油的开采和石油经济的急速发展促使沙特阿拉伯逐渐告别传统社会,进而构成沙特阿拉伯现代化进程的重要开端。自 20 世纪初开始,随着石油资源的开发利用,沙特阿拉伯摆脱了长期以来的贫困状态,社会面貌焕然一新。

早在 1923 年,一家英国公司以每年支付 2000 英镑作为条件,获准在哈萨 3 万平方公里的范围内勘探矿产和开采石油,然而一无所获,两年后中止勘探。1930 年,伊本·沙特邀请美国商人查尔斯·克莱因派遣技术人员进入哈萨勘探水源和矿产资源。[②] 1932 年,美国工程师卡尔·推特切尔在波斯湾沿岸的宰赫兰发现石油。1933 年,沙特王国与美国加利福尼亚标准石油公司签署关于勘探和开采石油的协议;协议规定,美国加利福尼亚标准石油公司拥有在沙特阿拉伯东部约 100 万平方公里范围内的油田勘探权和石油开采权,期限 60 年,美方在协议生效之后向沙特政府提供 5 万英镑的贷款,每年向沙特政府支付 0.5 万英镑的租金。[③] 随后,美国加利福尼亚标准石油公司成立加利福尼亚—阿拉伯

① Cordesman, A. H., *Saudi Arabia Enters the Twenty-First Century*, Connecticut 2003, p. 12.

② Al-Farsy, F., *Modernity and Tradition: the Saudi Equation*, pp. 105-106.

③ Knauerhase, R., *The Saudi Arabian Economy*, New York 1975, p. 161.

标准石油公司，负责沙特阿拉伯境内的油田勘探和石油开采。1938年，达曼油田开始产油。1939年，沙特阿拉伯开始出口石油。[1] 同年，美国加利福尼亚标准石油公司获得沙特阿拉伯境内另外20万平方公里范围内的油田勘探权和石油开采权。1944年，加利福尼亚—阿拉伯标准石油公司改称阿拉伯美国石油公司，经营哈萨地区的四大油田，即达曼油田、阿布·哈兹里叶油田、阿布·盖伊格油田和盖提夫油田。1948年，阿拉伯美国石油公司与新泽西标准石油公司及摩比尔石油公司合并，共同经营沙特阿拉伯境内的石油开采和销售，旨在对抗英国伊朗石油公司和荷兰壳牌石油公司。1949年，沙特政府与美国太平洋西部石油公司签署协议，开发沙特阿拉伯与科威特之间的所谓中立地带。1957年，沙特政府与日本石油公司签署开发协议，进一步开发所谓的中立地带。1951年，阿拉伯美国石油公司在海湾大陆架发现世界上最大的近海油田塞法尼耶油田和最大的陆地油田加沃尔油田。[2]

1938年，沙特阿拉伯的石油年产量为50万桶。[3] 二战期间，由于局势动荡，沙特阿拉伯的石油产量增长缓慢。二战结束后，世界经济复苏，石油在国际市场上供不应求，沙特阿拉伯的石油年产量明显扩大，从1945年的2130万桶增至1948年的14290万桶和1952年的30190万桶。20世纪60—70年代是沙特阿拉伯石油生产的高峰阶段，石油年产量从1962年的59980万桶上升至1974年的31亿桶。[4] 进入80年代以后，沙特阿拉伯的石油生产处于低谷状态，1983—1989年的石油年产量始终不足200000万桶，1985年的石油年产量只有11亿桶。[5]

二战结束后，沙特阿拉伯的石油产量急剧攀升。然而，根据战前签署的租让制协议，阿拉伯美国石油公司向沙特政府支付的油田使用费仅为每吨1.66美元。1948年，双方签署新的协议，油田使用费增至每吨2.4美元。极度丰厚的利润流入阿拉伯美国石油公司的手中，沙特政府从租让石油开采权中所得到的回报微乎其微。自40年代末开始，沙特政府效法委内瑞拉的模式，力图提高在石油开采方面与外国石油公司的分成比率。1950年，沙特政府颁布法令，实行五五分成制的原则，要求在其境内开采石油的外国公司支付全部利润的二分之一作为所得税。1950—1957年间，沙特政府根据五五分成制而获得的石油收入增长一倍。尽管如此，石油收入的分配仍然明显不利于沙特政府。阿拉伯美

① Al-Rasheed,M. , *A History of Saudi Arabia*, p. 93.

② Knauerhase,R. , *The Saudi Arabian Economy*, pp. 163-164.

③ Wynbrandt, J. , *A Brief History of Saudi Arabia*, p. 198.

④ Vassiliev, A. , *The History of Saudi Arabia*, p. 401.

⑤ Wilson,P. W. & Graham,D. F. , *Saudi Arabia :the Coming Storm*, New York 1994, p. 207.

国石油公司在沙特阿拉伯开采石油的成本,比在美国开采石油的成本低 10 倍,比在委内瑞拉开采石油的成本低 5 倍。[1] 1957 年,沙特政府与日本的阿拉伯石油公司签署协议,采用合营制的方式,该石油公司向沙特政府支付 56％的利润和 20％的油田使用费。1960 年,石油输出国组织成立,制定统一的石油政策,进而逐步收回石油公司控制的定价权和定产权。

1962 年,沙特政府成立石油部。70 年代初,沙特政府采取参股的方式,逐步收回石油资源的主权。1972 年,沙特阿拉伯、卡塔尔、科威特、阿联酋、伊拉克五个波斯湾主权国家与西方石油公司签署"纽约参股总协议"。根据该协议,沙特政府自 1973 年起在阿拉伯美国石油公司中参股 25％,1978 年以后逐年增股 5％,1982 年达到 51％的控制股权。1974 年,沙特阿拉伯政府与阿拉伯美国石油公司签署新的协定,沙特政府向石油公司支付 5 亿美元作为赔偿,换取该公司 60％的股份。1976 年,沙特政府与阿拉伯美国石油公司达成协议,收购该石油公司的全部股份。1980 年,沙特阿拉伯的石油国有化最终完成。1986 年,阿拉伯美国石油公司结束在美国注册的历史,正式成为在沙特阿拉伯注册的石油公司。[2]

早期沙特国家的岁入,主要来自战利品的劫掠和天课的征纳。希贾兹征服以后,朝觐税和贸易税以及天课和人丁税构成沙特国家岁入的基本来源,朝觐经济对于沙特政府的财政状况具有举足轻重的影响。1932 年,沙特王国的岁入总额为 1200 万里亚尔,其中 60％来自于朝觐税。[3] 自 20 世纪 30 年代起,油田的发现和石油的开采,导致沙特王国岁入结构的明显变化。油田的租让和石油公司的利润分享成为沙特王国的首要岁入来源,石油产量的提高与沙特王国的岁入增长呈同步状态。相比之下,朝觐经济在沙特王国财政岁入中所占的比例不断下降。二战结束以后,沙特阿拉伯的石油产量逐年提高,沙特王国的财政岁入随之急剧上升,而石油收入在沙特王国的财政岁入中占有压倒优势的地位。沙特王国的石油收入,1950 年为 5670 万美元,1960 年增至 33370 万美元;1974 年,沙特王国的石油收入达到 225 亿美元。[4]

石油经济与国际环境之间的联系十分密切,第四次中东战争则是沙特阿拉伯石油经济发展的转折点。1973 年 7 月,石油输出国组织决定提高石油价格的

① Vassiliev, A., *The History of Saudi Arabia*, p. 332.

② Al-Rasheed, M., *A History of Saudi Arabia*, p. 112.

③ Al-Yassini, A., *Religion and State in the Kingdom of Saudi Arabia*, Boulder 1985, p. 62.

④ Mackey, S., *The Saudis: Inside the Desert Kingdom*, Boston 1987, pp. 6-7.

11.9％。1973 年 10 月,10 个阿拉伯产油国在科威特召开会议,决定削减月产量 5％,并且提高石油价格的 17％,对美国实行石油禁运,直至中东冲突得到解决。[1] 此后,国际市场的石油价格持续上升,沙特阿拉伯的石油收入则从 1973 年的 43.4 亿美元增至 1974 年的 225.7 亿美元,1980 年达到 848.7 亿美元。[2]

80 年代初,国际市场石油价格急剧下跌,沙特政府大幅削减石油产量。1981－1986 年,沙特阿拉伯的石油日产量由 980 万桶下降至 500 万桶,石油收入亦由 1018 亿美元下降为 135 亿美元。石油产量的下降和石油出口的减少,导致沙特阿拉伯国民经济的严重萎缩。1982－1986 年,沙特阿拉伯的财政收入减少 32％。[3] 沙特阿拉伯的国内生产总值,1982 年突破 4000 亿里亚尔;1986 年下降为 2710 亿里亚尔。[4] 进入 90 年代,国际市场石油价格趋于平稳,沙特阿拉伯的石油产量再度回升。

沙特阿拉伯的财政部成立于 1932 年,然而沙特王国财政制度长期处于十分落后的状态,实物交易构成基本的贸易形式,货币体系混乱,沙特政府发行的里亚尔与各种外国货币充斥于流通领域。二战结束以后,石油产量的提高和石油收入的急剧增长,促使沙特政府建立相应的财政金融体系。1951 年,沙特政府与美国签署协议,启动财政金融改革的进程,逐渐形成预算程序和关税体系。1952 年,沙特政府成立货币署作为国家的中央银行。货币署的总部位于吉达,在麦加、麦地那和达曼设有分支机构,相继聘用美国人和巴基斯坦人主持,负责稳定货币汇率和支持财政预算以及规范商业银行和保障国家资金储备。货币署实施货币改革,发行新式铸币里亚尔,含金 0.2 克,与原有银币的比价为 1：40,与美元的比价为 3.75：1。1961 年,货币署发行正式纸币。[5] 1957 年,沙特阿拉伯加入国际货币基金组织。60 年代中叶,沙特阿拉伯成立吉达国家商业银行、利雅得银行和农业信贷银行,金融体系逐渐完善。

国王沙特(1953—1964 年在位)在 1953 年即位时声称:"先父在位时致力于疆域的拓展,本人即位以后将致力于改善民众的福利、教育和医疗条件。"国王沙特当政期间,财政支出开始呈福利化的倾向,基础设施和社会保障的资金投入逐渐增加。1955 年,沙特政府投资兴建利雅得经麦地那至吉达的铁路。1956 年,沙特政府投资改建希贾兹铁路。1955 年,建成自吉达经麦加、塔伊夫、利雅

---

[1] Vassiliev, A., *The History of Saudi Arabia*, p. 393.

[2] Wilson, P. W. & Graham, D. F., *Saudi Arabia: the Coming Storm*, p. 177.

[3] Long, D. E., *The Kingdom of Saudi Arabia*, Florida 1997, p. 72.

[4] Al-Rasheed, M., *A History of Saudi Arabia*, p. 149.

[5] Vassiliev, A., *The History of Saudi Arabia*, p. 403.

得、哈萨至达曼的公路,公路总里程由 300 公里增至数千公里,医院、学校和港口的建设速度亦明显加快。[1]

自 60 年代起,沙特政府的财政支出结构逐渐发生变化,用于经济和社会发展的财政支出比例呈上升趋势。1961 年,沙特政府成立最高计划委员会,负责起草经济发展计划和监督经济项目的执行情况。1965 年,最高计划委员会改称中央计划委员会。60 年代,沙特政府开始在运输、卫生、教育、农业、贝都因人定居化以及水力灌溉方面制定相应的财政预算。1970 年,沙特政府开始制定和实施五年发展计划。第一个五年计划(1970－1974 年)的预算投资为 92 亿美元,用于基础设施诸如铁路、公路、机场、港口、电力和通讯设施的建设以及公共福利事业的支出。第二个五年计划(1975－1979 年)的预算投资为 1490 亿美元,用于发展建筑业、电力、钢铁和制造业,建立西部工业中心延布和东部工业中心朱拜勒,扩大耕地面积,增加农作物产量,加速城市化进程,改善社会福利,实行免费医疗、教育和补贴住房。第三个五年计划(1980－1984 年)的预算投资为 2500 亿美元,后改为 1800 亿美元,其中用于教育、卫生和住房补贴的财政支出占预算总额的 14.7%。第四个五年计划(1985－1989 年)的预算投资为 1400 亿美元,强调调整经济结构,减少对于石油生产的过度依赖,发展制造业,提高经济自给的程度,鼓励私人投资国有项目的建设。第五个五年计划(1990－1994 年)的预算投资为 1000 亿美元,明显增加公共福利的支出,着重扩大社会服务,同时进一步调整经济结构,支持非石油经济的发展,扩大私人投资的领域和私人经济的成分,缩小各地区之间的差距;根据该计划,石油和天然气的产值在国内生产总值中所占的比例将下降至 20%,非石油领域工业企业的产值在国内生产总值中所占比例将上升为 43.3%。福利性财政支出的增长和福利化的财政政策,成为沙特家族争取民众支持和稳定社会的重要手段。

在沙特王国的政府财政预算中,用于国防和安全领域的支出始终占据重要的地位。1967 年以前,国防和安全领域的财政支出占预算总额的三分之一。1967 年以后,国防和安全领域的财政支出增至预算总额的五分之二。沙特政府的军费开支在财政预算中所占的比例远远高于包括美国在内的所有北约国家,而仅次于与以色列处于战争状态的中东诸国。另一方面,自 60 年代末开始,沙特王室将大量资金存入美国和欧洲银行。据统计,沙特王室成员存入美国和欧洲银行的资金,1969 年为 7.85 亿美元,1973 年为 48 亿美元,1976 年达到 496 亿美元。[2]

---

[1]　Wilson,P. W. & Graham,D. F. , *Saudi Arabia :the Coming Storm* , p. 175.

[2]　Vassiliev,A. , *The History of Saudi Arabia* , p. 404.

沙特阿拉伯的经济生活,明显受制于自然环境,严重依赖自然资源。在前石油时代,畜牧业构成沙特阿拉伯最重要的生产部门,绿洲农业次之。与畜牧业及绿洲农业相比,传统手工业规模甚小。进入石油时代以后,石油生产的规模迅速扩大,诸多现代工业部门随之兴起。

石油时代,石油工业无疑是沙特阿拉伯最重要的现代工业部门。然而,在石油资源国有化之前,沙特阿拉伯境内的石油公司长期处于外国资本的控制之下,聘请外籍管理人员,大量雇用外籍劳动力以及哈萨地区的什叶派穆斯林,采用西方企业的经营模式,俨然是国中之国。"直至 70 年代,石油是沙特阿拉伯经济的基础和唯一采用现代技术装备的发达部门。然而,石油开采几乎完全处于外国资本特别是美国资本的控制之下,属于相对孤立的经济部门,并未构成国民经济的有机组成部分。"[1]

尽管如此,石油工业的发展毕竟带动了诸多产业部门的相应发展。自 50 年代开始,建材制造业和建筑业兴起于东部的哈萨油田区,大都由沙特阿拉伯的承包商经营,为外国石油公司提供相应服务。哈萨油田区的承包商,1944 年只有 2 家,1947 年增至 107 家,1955 年超过 200 家。[2] 日渐增多的承包商雇佣数以千计的工人,与外国石油公司合作,参与建设穿越阿拉伯半岛的石油管道、公路、铁路、宰赫兰机场、达曼港口以及石油公司的住宅、学校和医院。

20 世纪 60 年代,沙特阿拉伯的现代工业进一步发展,石油化学工业的发展构成沙特阿拉伯工业化的主要内容。1960 年,沙特政府开始与外国石油公司探讨在石油化学工业领域的合作。1962 年,沙特政府颁布保护和发展工业的法令,取消机器设备和工业原材料以及半成品的进口关税。同年,沙特政府成立石油与矿产开发总公司,负责发展石油化学工业。该公司从阿拉伯美国石油公司赎买吉达炼油厂,并且与其他外国公司合作建设化工厂和冶炼厂,生产肥料、农药、塑料和冶金制品。1963 年,沙特阿拉伯的商业部改称商业与工业部,统一管理国内工业生产。1965 年,成立与西方合资经营的沙特阿拉伯化肥公司。

费萨尔(1964—1975 年在位)当政期间,沙特阿拉伯在非石油领域的现代产业,主要是建材制造业和食品加工业。吉达是希贾兹最大的工业城市,60 年代末生产饮料、纸张、建筑材料、日用化学品等。1971 年,沙特阿拉伯共有非石油工业企业 188 家,大都规模较小,企业平均资本为 110 万里亚尔。只有水泥业

---

① Vassiliev, A. , *The History of Saudi Arabia* , p. 409.

② 同上, p. 405。

达到一定的规模,产量从 1957 年的 3 万吨增至 1972 年的 91 万吨。[1] 70 年代初,吉达的水泥厂雇佣工人近千名。非石油企业的存在和发展,严重依赖于政府的财政补贴、原料的进口和外籍劳动力的使用。原材料价格的昂贵、交通的不便、市场的有限、技术的薄弱和国内熟练劳动力的缺乏,制约着沙特阿拉伯非石油领域的工业发展。所谓的工业化进程,对于沙特阿拉伯人口分布和职业结构的变化影响甚微。

1975 年国王哈里德(1975—1982 年在位)即位后,沙特政府对于发展石油化学工业的支持力度明显加大。1976 年,沙特政府成立基础工业公司,生产乙烯、甲醇和尿素。1979 年,尿素产量达到近 30 万吨,出口国际市场。进入 80 年代,东部港口城市朱拜勒和西部港口城市延布成为沙特阿拉伯最重要的工业中心。朱拜勒工业区位于达曼以北 80 公里处,占地面积 900 平方公里,人口超过4 万,包括 900 家大中企业,生产钢铁、肥料、塑料等工业产品。延布工业区位于吉达以北 350 公里处,占地面积 150 平方公里,人口 1.9 万,包括 5 家大型石油化工企业。[2] 朱拜勒和延布于 1986 年建成投产的石油化工企业,年产尿素 50万吨、甲醇 125 万吨、乙烯 160 万吨、聚乙烯 86 万吨。[3] 朱拜勒和延布的工业原料和燃料来自石油和天然气,工业和生活用水则来自海水淡化。朱拜勒的海水淡化项目日产淡水 2035 亿加仑,延布的海水淡化项目日产饮用水 2500 万加仑。[4] 1992 年,沙特阿拉伯的非石油领域工业企业超过 2000 家,雇用劳动力17.5 万人。[5]

石油经济时代,石油工业长期构成沙特阿拉伯经济生活的首要基础,决定着沙特阿拉伯在国际舞台上的重要地位。然而,在沙特阿拉伯的国内生产总值中,石油生产所占的比例无疑呈下降的趋势,非石油领域的经济部门所占的比例逐年上升。沙特政府的工业发展计划,旨在强化制造业,实现工业结构的多元化,减少国民经济对于石油生产的依赖。沙特工业发展基金会作为沙特政府的下属机构,成立于 1974 年。1974—1984 年,沙特工业发展基金会共计向 788个工业项目提供贷款,其中仅电力企业的贷款投资达到 363 亿里亚尔。[6]

1960 年,沙特阿拉伯共有制造业企业 877 家,从业者 5527 人,平均每家企业雇用从业者 7 人,大都属于手工生产。1979 年,沙特阿拉伯共有制造业企业

① Vassiliev, A. , *The History of Saudi Arabia* , p. 406.

② Masood, R. , *Industrialization in Oil-Based Economies* , New Delhi 1984, p. 112.

③ 张俊彦主编:《中东国家经济发展战略研究》,第 158 页。

④ Niblock, T. , *State, Society and Economy in Saudi Arabia* , p. 240.

⑤ Long, D. E. , *The Kingdom of Saudi Arabia* , p. 89.

⑥ Al-Farsy, F. , *Modernity and Tradition : the Saudi Equation* , p. 172.

898 家,工人 48123 人,平均每家企业 53 名工人,个别大型企业达到数千人。①
1982－1992 年,食品加工业企业从 277 家增至 296 家,工人从 15702 人增至
21498 人;纺织和服装加工业企业从 29 家增至 52 家,工人从 2881 人增至 4700
人;皮革加工业企业从 7 家增至 77 家,工人从 519 人增至 5830 人;木材加工业
企业从 60 家增至 130 家,工人从 3672 人增至 8645 人;造纸及印刷出版业企业
从 110 家增至 303 家,工人从 5150 人增至 33953 人;化工企业从 251 家增至
393 家,工人从 18318 人增至 30762 人;陶瓷业企业从 6 家增至 11 家,工人从
1416 人增至 3405 人;建材业企业从 464 家增至 542 家,工人从 31003 人增至
35743 人;金属加工业企业从 490 家下降为 49 家,工人从 30444 人下降为 2457
人;其他制造业企业从 19 家增至 21 家,工人从 698 人增至 1932 人;制造业企业
总数从 1741 家增至 1874 家,工人从 109919 人增至 148725 人。1970 年,石油
工业产值为 90 亿里亚尔,占国内生产总值的 54.3%,非石油经济部门产值为
76 亿里亚尔,占国内生产总值的 45.7%。1990 年,石油工业产值增至 907 亿里
亚尔,在国内生产总值中所占的比例下降为 29.8%,非石油经济部门产值增至
2133 亿里亚尔,在国内生产总值中所占的比例上升为 70.2%。②

　　尽管如此,沙特阿拉伯的工业化程度长期落后于其他诸多的阿拉伯国家。
60 年代后期,沙特阿拉伯的制造业产值只占国内生产总值的 2%。1989 年,沙
特阿拉伯的制造业产值占国内生产总值的 8.4%,低于巴林的 10.8%、科威特
的 14.5%、约旦的 12.1%、北也门的 13.8%、阿联酋的 8.5%、南也门的 10.9%,
仅略高于阿曼的 4.3%。阿拉伯世界工业化程度最高的国家是摩洛哥,制造业
在国内生产总值中所占的比例达到 26%。③ 由于国内生产的不足,沙特阿拉伯
的工业品长期依赖从国外进口,美国、日本、英国、德国、意大利和法国的工业品
充斥于沙特阿拉伯的国内市场。

　　沙特阿拉伯 80% 的土地属于称作"米里"的国有土地,游牧部落则是国有土
地的主要使用者。游牧部落成员共同使用的牧场称作"迪拉";每个部落拥有自
己的迪拉,有时则移入其他部落的迪拉。农业区域的氏族公有地称作"穆沙
阿",属于氏族成员的共同财产,约占全部耕地的六分之一,主要分布在纳季德
和东部省。国家赏赐的土地称作"伊克塔";伊克塔的领有者常以分成制的形式
出租他人,甚至可以出售、转让或馈赠,但是伊克塔的国有性质不可改变。私人

---

　　① 张俊彦主编:《中东国家经济发展战略研究》,第 160 页。

　　② Al-Farsy,F.,*Modernity and Tradition：the Saudi Equation*,pp.170-171,p.137.

　　③ Wilson,P.W.& Graham,D.F.,*Saudi Arabia：the Coming Storm*,p.221.

所有的土地称作"穆勒克"，主要分布在阿西尔等农业发达的地区。宗教地产称作"瓦克夫"，不得转让或出售，亦不得被政府没收。1956 年，瓦克夫在阿西尔占耕地的 5%，在希贾兹占耕地的 10%，在纳季德占耕地的 15%。[①] 长期以来的人口高死亡率，以及氏族部落之共同继承和内婚制的传统习俗，阻止着地产的分割和地权的转移。

　　沙特阿拉伯长期保留封建农业的经济模式，租佃关系广泛存在。60 年代，超过 60% 的耕地处于出租的状态。在阿西尔和希贾兹，出租的耕地约占耕地总面积的 70%～80%。伊克塔、穆沙阿、穆勒克和瓦克夫均可出租，租佃期限通常为 5 年。耕地的出租主要采用实物分成制的形式。在大多数情况下，分成制的原则是：地主提供土地、水源和种子，有时亦提供住所。在一些地区存在如下的规定：如果佃户整年耕作，使用自己的牲畜、肥料和农具，自己提供食物和住所，需要缴纳谷物收成的 50% 或椰枣收成的 75%；如果佃户一无所有而只能提供劳动力，需要缴纳谷物收成的 80% 或椰枣收成的 95%。一般情况下，地租的份额取决于土地的肥沃程度、水源的状况和所处的位置。如果产量歉收，佃户需要向地主借贷和寻求帮助，进而依附于地主。[②]

　　由于沙特阿拉伯的特定自然环境，水源具有特殊的意义。通常情况下，土地的使用权并不包括水源的使用权，后者可以买卖、租用和继承。因此，佃户需要为使用水源支付另外的费用。只有在阿西尔和希贾兹，地权与水权处于合一的状态。在定居地区，用水的规定相当复杂，包括轮换用水和限时用水，涉及灌溉季节的长度和用水的数量，水源的分配由专人负责。地产主有权在私人地产上打井；如在国有土地上打井取水，则需要官方允许；牧场的水源属于部落共有。

　　沙特阿拉伯土地贫瘠，水源匮乏，不利于农业的发展。70 年代初，全国可耕地 52.5 万公顷，约占国土面积的 0.2%～0.3%，其中自然灌溉的耕地 40.4 万公顷，人工灌溉的耕地 12.1 万公顷。[③] 在阿西尔和希贾兹南部，农业生产主要依靠自然灌溉，而在其他地区，农业生产则大都需要人工灌溉。[④] 阿西尔的主要农作物是高粱、小麦和苜蓿，嘎希姆和利雅得的主要农作物是小麦、果蔬和椰枣，东部省的主要农作物是果蔬。[⑤] 70 年代初，沙特阿拉伯共有地产 70352 处，其中 33242 处面积不足 0.5 公顷，占地产总数的 47.3%；13661 处地产面积为

　　① Vassiliev, A. , *The History of Saudi Arabia* , p. 414.

　　② 同上。

　　③ Looney, R. E. , *Economic Development in Saudi Arabia* , Connecticut 1990 , p. 86.

　　④ Knauerhase, R. , *The Saudi Arabian Economy* , p. 111.

　　⑤ Johany, A. D. , *The Saudi Arabian Economy* , London 1986 , pp. 111-112.

0.5—1公顷,占地产总数的 19.4%;超过 10 公顷的大地产约 3500—5000 处,占地产总数的 4.5%～7%。耕地不足 1 公顷的农户占全部农户的 67%,收入微薄,生活艰辛,大都需要依靠租种他人土地维持生活。耕地 2—5 公顷的中等农户占全部农户的 10.7%,年收入为 3000—5000 里亚尔,足以维持相对稳定的家庭生活,却不足以更新经营方式和购置现代化农具。耕地超过 5 公顷的大地产主约占全部农户的 10%,而大地产的总面积则占全部耕地的 60%。大地产主多为王室成员、教俗贵族、商人和官吏,居住于城市,沿袭传统的分成制经营模式,将土地交由佃户耕种,收取地租,用于购置房宅和消费品,投资生产领域、采用集约的经营方式和现代生产技术者为数甚少。1968—1985 年,沙特政府实行无偿分配国有荒地的经济政策,无偿分配国有荒地共计 71 万公顷,分配的对象包括个体农民、农场和农业公司。沙特政府曾经在塔伊夫、麦地那和布赖代等地建立农业合作组织,负责发放农业贷款,提供种子、农具和化肥以及储存和出售农产品。然而,农业合作组织在沙特阿拉伯并未得到推广。在阿西尔、希贾兹和东部省等人口相对稠密的地区以及纳季德,农民大都自己耕种土地。在嘎希姆和舍迈尔山区,普遍使用农业雇工。在纳季德,土地往往由妇女耕种,男子则主要从事贸易、建筑和游牧活动。沙特阿拉伯的人均国内生产总值,1964年为 460 美元,1974 年达到 1300 美元;相比之下,农民的人均生产总值,1964年为 80 美元,1974 年为 105 美元,增长甚微,农产品的二分之一需要进口。[①]

自 1973 年起,沙特政府实行农产品价格补贴政策,即低价供应包括种子、化肥、农药、农业机械在内的农业生产资料和高价收购农产品。1973—1986 年,沙特政府共计发放农业补贴 191 亿里亚尔,其中小麦补贴数量最大,达到 91 亿里亚尔,占农业补贴总额的 47%。另据统计,1970—1997 年,农业补贴占政府发放财政补贴的 55%。[②] 另一方面,沙特政府提供无息农业贷款,其中短期贷款为一年,中期贷款为十年,另以优惠条件提供 25 年的长期贷款。1975—1986年,发放短期和中期无息农业贷款共计 205 亿里亚尔,其中中期贷款 201 亿里亚尔,占贷款总额的 98%,贷款对象主要是种植小麦的农场。沙特政府实行的农业补贴政策和无息农业贷款政策,旨在鼓励农业领域的私人投资、推广农业机械、扩大耕地面积和提高粮食产量,进而改变乡村人口的流向和缓解城市面临的压力,改善国内劳动力的就业状况,促进经济结构的多元化。自 70 年代中期开始,沙特阿拉伯的农业生产出现较大的发展。1970 年,农业劳动力占全部劳动力的 40%;1985 年,农业劳动力占全部劳动力的比例下降为 14%。与此同

①　Vassiliev,A.，*The History of Saudi Arabia*，p. 404.

②　Cordesman,A. H.，*Saudi Arabia Enters the Twenty-First Century*，p. 303.

时,农业生产的年增长率,1970—1975 年为 3.6％,1975—1980 年为 5.4％,1980—1985 年达到 8.7％。沙特阿拉伯的耕地面积,1986 年达到 570 万公顷,1990 年增至 740 万公顷。农作物的单位面积产量明显提高,其中小麦的公顷产量从 1975 年的 1.3 吨增至 1985 年的 3.6 吨,机械化农场的小麦公顷产量达到 4.3 吨。[①] 沙特阿拉伯的小麦产量,1978 年为 3300 吨,1982 年为 24 万吨,1984 年增至 134 万吨,1988 年达到 330 万吨。[②] 1990 年,沙特阿拉伯的小麦产量为 370 万吨,椰枣产量为 54 万吨。[③] 1970—1989 年,沙特阿拉伯蔬菜和水果的年产量,亦从 70 万吨增至 260 万吨。[④] 农业产值在国内生产总值中所占的比例,1985 年为 3.3％,1990 年增至 6.6％。沙特阿拉伯国内每年消费的谷物约 100 万吨,其余出口国外。与此同时,农业生产逐渐纳入市场经济的体系,大型农场遍布乡村,农业生产的机械化程度明显提高。80 年代中叶,农场总数达到 1500 个农场,主要分布在哈拉德、哈伊勒、瓦迪达瓦希尔、嘎希姆、泰布克和东部地区。[⑤] 由于沙特阿拉伯的谷物生产需要国家投入大量资金,成本昂贵,每吨的成本相当于进口小麦的 5—6 倍,因此谷物出口导致国家严重的经济损失。[⑥] 进入 90 年代,政府限制农业补助金的发放,谷物产量呈下降趋势。1992—1996 年,小麦播种面积从 90.7 万公顷下降为 26.8 万公顷,小麦年产量从 400 万吨下降为 120 万吨。[⑦]

沙特阿拉伯现代化进程的突出现象,是传统游牧经济的衰落和贝都因人的定居化趋势。沙特政府采取的定居化政策,最初表现为伊赫瓦尼运动,军事扩张和掠夺战利品构成促使贝都因人告别游牧生活的基本手段。1925 年,沙特王室颁布法律,废除部落对于其活动区域内之生活资源即牧场和水源的传统独占权,旨在建立国家对于部落社会的直接控制。[⑧] 沙特王国建立后,国家机构的完善和政府职能的强化迫使游牧群体逐渐放弃对于定居人口的劫掠,伊斯兰教法的广泛推行亦成为国家秩序否定部落传统的重要手段。

油田的勘探和石油的开采,对于贝都因人无疑产生巨大的影响。自 30 年

① 《亚非研究》,第二辑,第 167—168 页,第 170 页,第 172 页。
② Wilson,P. W. & Graham,D. F.,*Saudi Arabia:the Coming Storm*,p. 223.
③ Al-Farsy,F.,*Modernity and Tradition:the Saudi Equation*,p. 192.
④ Vassiliev,A.,*The History of Saudi Arabia*,pp. 455-456.
⑤ Al-Farsy,F.,*Modernity and Tradition:the Saudi Equation*,p. 189.
⑥ Vassiliev,A.,*The History of Saudi Arabia*,p. 456.
⑦ Cordesman,A. H.,*Saudi Arabia Enters the Twenty-First Century*,pp. 303-304.
⑧ Niblock,T.,*State,Society and Economy in Saudi Arabia*,p. 192.

代起,石油公司首先雇用贝都因人充当向导,继而雇用贝都因人充当非熟练工人。驾驶汽车是贝都因人向往的职业,汽车运输的出现开始排斥作为阿拉伯半岛传统交通工具的"沙漠之舟",骆驼的经济价值急剧下降。[①] 不仅如此,石油公司在油田附近钻探水井,吸引贝都因人聚集于水井的周围,直至促使贝都因人放弃游牧生活而转入定居,房屋、清真寺、学校和商店随之出现于贝都因人在油田附近的营地。二战结束以后,石油财富的膨胀和国内市场对于农牧产品需求的急剧扩大,打破了贝都因人封闭的经济活动和生活方式,促使贝都因人卷入商品经济的潮流。城市的发展加速了游牧群体的定居化进程,许多贝都因人在城市找到了新的生存空间。

20 世纪初,纳季德地区的总人口为 210 万,其中贝都因人占 62%,定居者占 38%。[②] 1932 年,包括纳季德和希贾兹在内的沙特阿拉伯总人口为 520 万,其中贝都因人占 58%,定居者占 42%。[③] 50 年代末 60 年代初,严重的干旱导致牧场萎缩,牲畜数量锐减,游牧经济遭受重创,贝都因人的绝对数量和相对数量均明显下降。与此同时,沙特政府在瓦迪希尔汗、哈拉德和加卜林等地实施大农业项目,采用新的农业技术和农业机械,吸引贝都因人弃牧从耕。根据 1965 年的统计,沙特阿拉伯的定居人口在数量上已经超过游牧人口,游牧人口约占沙特阿拉伯总人口的 30%;其中,在最重要的游牧地区纳季德,贝都因人约占人口总数的 50%,而在定居生活相对发达的希贾兹,贝都因人仅占人口总数的 20%。[④] 至 80 年代中期,贝都因人仅占全部人口的 5%,定居者和半定居者占全部人口的 95%,超过 50% 的人口居住在主要城市。[⑤]

自 60 年代起,沙特政府采取新的定居化政策。根据 1968 年沙特国王颁布的法律,政府将小块土地分给贝都因人家庭作为耕地,三年之后即为私产并可进入流通领域。在哈伊勒地区,政府向舍迈尔部落成员分配的小块地产约为 20 英亩,由银行向农民提供贷款,用于购置必要的农业生产资料。[⑥] 1968 年法律可谓前述之 1925 年法律的延续,旨在否定部落土地所有权和扩大私人土地所有权,加速土地的私有化和市场化进程,推动贝都因人的定居化进程,进而削弱

---

① Johany, A. D., *The Saudi Arabian Economy*, p. 109.

② 尼·伊·普罗申:《沙特阿拉伯》,人民出版社 1973 年,第 6—7 页。

③ Akkad, A. A., *Development of Indigenous Manpower in Saudi Arabia*, Colorado 1983, p. 111.

④ Vassiliev, A., *The History of Saudi Arabia*, p. 421.

⑤ Abir, M., *Saudi Arabia in the Oil Era: Regime and Elites; Conflict and Collaboration*, p. XVIII.

⑥ Niblock, T., *State, Society and Economy in Saudi Arabia*, p. 194.

传统部落组织的社会影响。

直到二战结束之前,牧养骆驼构成贝都因人的基本经济活动,沙漠深处则是牧养骆驼的主要空间,至于羊群的牧养则意味着力量的软弱和地位的低下。自 50 年代起,羊的市场需求不断扩大,导致骆驼的数量明显减少,许多贝都因人放弃牧养骆驼,代之以牧养羊群,进而走出沙漠深处。60 年代中叶,纯粹牧养骆驼的贝都因人只有 20—30 万。[①] 60 年代末,牧养羊群取代牧养骆驼,成为贝都因人财富和力量的象征。羊群牧养规模的扩大导致游牧部落的裂变。牧养骆驼的贝都因人依然在沙漠深处追逐水草,牧养羊群的贝都因人则走向定居世界的边缘地带,进而形成新的社会组合。从牧养骆驼向牧养羊群的过渡,改变了游牧群体的分布范围,加速了贝都因人的定居化进程,部落内部的血缘关系随之削弱。随着经济活动的变化和游牧部落的裂变以及国家机构的完善和国家职能的强化,贝都因人逐渐从依赖于传统部落组织转向依赖于政府和地域组织,其思想观念亦发生相应的变化。

70 年代以后,贝都因人的定居化进程明显加快,沙漠牧场的封闭状态不复存在。一方面,越来越多的贝都因人走出沙漠深处,移入定居世界的边缘,徘徊于游牧与定居之间,处于半游牧状态;在城市和绿洲的周围,贝都因人的住所日渐增多。另一方面,更多的贝都因人告别游牧生活,移入城市,接受定居的生活方式。现代产业的兴起,特别是石油开采规模的扩大,吸引着大批的贝都因人。充当军人、警察和政府雇员以及卡车司机,亦成为贝都因人定居于城市之后的首选职业。城市良好的物质环境和优厚的收入,吸引贝都因人离开沙漠和告别游牧活动,进而与传统的社会组织分道扬镳。

沙特政府长期以来向诸多游牧部落发放补助金,换取贝都因人的支持。随着石油收入的增长,沙特政府发放的补助金准逐渐提高。50 年代,沙特政府发放的补助金仅仅局限于部落贵族。60 年代初,超过 50 万贝都因人成为补助金的发放对象。60 年代后期至 70 年代,补助金的发放范围进一步扩大。[②] 补助金的发放强化了政府对于贝都因人的控制,导致游牧部落对于政府的进一步依赖。如同麦地那哈里发时代年金的发放构成贝都因人从游牧走向定居的中间环节一样,沙特政府发放的补助金削弱了贝都因人对于传统游牧经济的依赖,进而加速了贝都因人定居化的过程。贝都因人不断离开沙漠牧场,移入城市,享受现代的生活方式,部落成员之间的血缘联系随之淡化。在某种意义上可以说,石油经济的发展,通过补助金发放的形式,对于贝都因人和游牧社会产生广

---

① Vassiliev, A. , *The History of Saudi Arabia*, p. 421.

② 同上, p. 424。

泛的影响。尽管如此,贝都因人的部落传统并未完全消失,其社会影响依然存在。贝都因人即使离开沙漠牧场移入城市以后,依然维持着家族的纽带,按照家族的形式聚居一处,依托传统的血缘关系寻求互助。公共活动无疑属于男人的特权,女性就业者寥寥无几;然而,妇女在家族的内部事务方面具有举足轻重的地位。社会成员的家族义务,往往被视作高于公共义务抑或国家义务。血缘关系的排斥和否定,则是沙特阿拉伯现代化进程的重要内容和区别于其他中东国家的明显特征。

沙特阿拉伯现代化进程的明显特征,在于石油资源的国有化和石油作为首要财富的国家所有制,石油生产长期采用国有的模式。沙特家族沿袭阿拉伯人的传统习俗,援引伊斯兰教关于财产支配权的相关规定,将急剧增长的石油财富据为己有。沙特家族对于国家权力的垄断无疑是沙特阿拉伯石油资源国家所有制的前提条件,而通过国家所有制的形式支配丰厚的石油收入则是沙特家族垄断国家权力和控制民众的物质基础。沙特阿拉伯的私人经济相对软弱,进而形成民众对于国家和政府的严重依赖。私人资本由于在国内无利可图,大量流入海外市场。

自70年代开始,沙特政府积极推行石油替代的经济政策,同时实行优惠政策,鼓励私人投资工业和基础建设,经济结构随之出现相应的变化,民间资本逐渐扩大。1972年和1978年颁布的法令规定,沙特阿拉伯境内的外国企业必须与沙特阿拉伯人合资经营。支持和保护私人经济的发展,构成沙特政府的基本政策。尽管如此,民间资本仍然以中介性的商业、金融业和地产开发作为首要的投向,投资技术密集型和资本密集型企业的沙特阿拉伯人为数尚少。1985年,法赫德国王在900人参加的沙特阿拉伯商人大会上宣布新的经济政策,进一步鼓励发展非石油领域的经济部门,同时采取多项保护性措施支持私人投资和扶植民间经济,旨在调整产业结构,建立多元化的国民经济体系,减少国家对于石油收入的依赖。此后,沙特阿拉伯的私人资本逐渐回流。1975年,沙特阿拉伯共有私人企业1181家,包括958家沙特阿拉伯人的独资企业,资产总额为22亿里亚尔。1986年,沙特阿拉伯的私人企业增至7000家,包括5406家沙特阿拉伯人的独资企业,资产总额达到681亿里亚尔。[①] 1989年,从海外市场流入国内的私人资本达到82亿美元。1991年,从海外市场流入国内的私人资本增至141亿美元。与此同时,沙特阿拉伯的私人经济出现增长的趋势。私人企业的产值在沙特阿拉伯的国民生产总值中所占的比例,1992年达到35%,1995

① Vassiliev, A. , *The History of Saudi Arabia* , p. 455.

中
东
史

年增至 48％。① 另据统计，2000 年，沙特阿拉伯非石油领域的生产总值共计 3704 亿里亚尔，其中私人企业产值为 2637 亿里亚尔，国有企业产值为 1067 亿里亚尔。② 尽管沙特政府依旧垄断石油生产和控制国家的经济命脉，私人经济无疑开始成为沙特阿拉伯经济舞台的重要力量。

现代工业的兴起、政府职能的完善和贝都因人的定居化，导致沙特阿拉伯人从业结构的相应变化，传统经济部门农业和畜牧业人口呈下降趋势，城市人口逐渐增长。据统计，1960—1985 年，农业和畜牧业劳动力在沙特阿拉伯全部劳动力中所占的比例由 71％下降为 48％。③ 与此同时，非农牧业的从业人口呈上升趋势，包括政府机构和军队在内的国家公职成为吸引沙特阿拉伯人的主要从业领域，而现代产业诸如石油业和制造业领域的从业者人数有限。女性从业的主要领域是医院、幼儿园和女子学校，从业者寥寥无几。70 年代中期开始，沙特政府采取多项措施，鼓励沙特阿拉伯人加入现代经济建设的行列，然而效果甚微。传统社会结构的延续和政府的福利化政策，无疑影响沙特阿拉伯人的劳动力流向。本土劳动力资源的严重匮乏与劳动力结构的外籍化，构成石油时代沙特阿拉伯经济社会领域的突出现象。

50—60 年代，沙特阿拉伯的外籍劳动力主要是来自也门、阿曼、巴勒斯坦和埃及的阿拉伯移民，其中来自也门的移民人数达到百万之众。自 70 年代开始，外籍劳动力的来源出现变化，来自阿拉伯世界的移民比例逐渐下降，来自南亚和东南亚以及欧洲的移民人数呈上升趋势。70 年代初，外籍移民在麦加、麦地那和塔伊夫占 15％—20％，在利雅得占 23％，在吉达占 35％。70 年代中叶，在获得合法身份的外籍移民中，阿拉伯移民占 75％，包括南亚和东南亚在内的其他亚非国家移民占 23％，欧洲移民占 2％。④ 1975 年，沙特阿拉伯人在全部农业劳动力中占 90.6％，在储运业劳动力中占 70.2％，在石油工业劳动力中占 57％，而在制造业劳动力中仅占 18.6％，在建筑业劳动力中仅占 15％。⑤ 1975—1985 年，沙特阿拉伯的劳动力总数由 175 万人增至 270 万人，其中本土劳动力由 102 万人增至 140 万人，而外籍劳动力由 73 万人增至 130 万人，外籍

① Long, D. E., *The Kingdom of Saudi Arabia*, p. 89.

② Ramady, M. A., *The Saudi Arabian Economy: Policies, Achievements and Challenges*, New York 2005, p. 28.

③ Vassiliev, A., *The History of Saudi Arabia*, p. 458.

④ 同上，p. 458。

⑤ Al-Yassini, A., *Religion and State in the Kingdom of Saudi Arabia*, p. 116.

劳动力的增长幅度远远超过本土劳动力的增长幅度。[1] 1997 年,沙特阿拉伯境内的外籍劳动力约为 900 万人,占私人企业劳动力人数的十分之九。[2] 外籍劳动力在沙特阿拉伯经济中的特殊地位,构成沙特阿拉伯现代化区别于其他国家的明显特征。外籍劳动力人数的增长,一方面反映了沙特阿拉伯现代经济的发展,另一方面反映了沙特阿拉伯国内人口与经济构成的二元状态。80-90 年代,沙特阿拉伯国内人口的失业率急剧上升。沙特阿拉伯国内人口出生率和增长率的居高不下固然是导致失业率急剧上升的内在因素,而外籍劳动力的大量流入亦是影响沙特阿拉伯国内人口就业形势的重要外在因素。

沙特阿拉伯的城市化进程,根源于石油经济的发展、传统经济社会秩序的瓦解和人口流向的改变。人口的增长与工业的长足发展,与沙特阿拉伯城市化进程表现为同步的状态。劳动力分布领域的改变,则是沙特阿拉伯城市化进程的重要基础。1956 年,沙特阿拉伯总人口约为 450 万,其中农牧业人口占78%,而城市人口仅占 22%。自 60 年代开始,沙特阿拉伯的城市化进程逐渐加快。1960-1985 年,农牧业劳动力在全部劳动力中所占的比例从 71% 下降为48%,非农牧业劳动力在全部劳动力中所占的比例从 29% 上升为 52%。[3]

城市化进程的重要标志,是城市人口的增长。沙特阿拉伯的城市人口主要分布在三大城市群,一是包括吉达、麦加、麦地那和塔伊夫在内的西部城市群,二是包括达曼、胡巴尔和盖提夫在内的东部城市群,三是中部的首都利雅得。[4]沙特阿拉伯的首都利雅得,20 世纪 40 年代约有人口 4 万,1974 年增至 67 万,1986 年达到 130 万。沙特阿拉伯西部最大的港口城市吉达,20 世纪 40 年代约有人口 3 万,1974 年增至 57 万,1986 年达到 103 万。希贾兹的宗教圣城麦加,20 世纪 40 年代约有人口 8 万,1974 年增至 37 万,1986 年达到 67 万。希贾兹的另一宗教圣城麦地那,20 世纪 40 年代约有人口 2 万,1974 年增至 20 万,1986 年达到 35 万。希贾兹的著名旅游城市塔伊夫,20 世纪 40 年代约有人口0.5 万,1974 年增至 28 万,1986 年达到 51 万。东部省的首府胡富夫,20 世纪40 年代约有人口 3 万,1974 年增至 24 万,1986 年达到 35 万。[5] 80 年代初,北部城市布赖代和哈伊勒的人口分别达到 18.4 万和 9.2 万,阿西尔地区的主要

---

[1] Niblock,T., *State,Society and Economy in Saudi Arabia*, p. 211.

[2] Champion,D., *The Paradoxical Kingdom:Saudi Arabia and theMomentum of Reform*, p. 196.

[3] Vassiliev,A., *The History of Saudi Arabia*, p. 421, p. 458.

[4] Roberts,M. H. P., *An Urban Profile of the Middle East*, p. 102.

[5] Al-Ankary,K. M., *Urban and Rural Profile in Saudi Arabia*, Berlin 1989, p. 4.

城市纳季兰人口达到 6 万。[1] 包括达曼、宰赫兰和盖提夫在内的波斯湾沿岸新兴石油工业城市区,1965 年约有人口 9 万,1986 年人口增至 65 万。[2]

城市化进程的另一重要标志,是城乡人口比例的变化。城市人口在沙特阿拉伯总人口中所占的比例,1950 年为 10%,1963 年增至 15%,1974 年达到 45%;1985 年,沙特阿拉伯的总人口为 1100 万,其中城市人口占 75%。9 个最大城市的人口占沙特阿拉伯总人口的 31%,拥有全国工业企业的 96%。[3] 1995 年,沙特阿拉伯总人口 1490 万,79% 生活在城市,21% 生活在 100 万人口以上的大城市;2000 年,沙特阿拉伯总人口 2200 万,86% 生活在城市,25% 所说自 100 万人口以上的大城市。[4]

城市人口的急剧增长,是沙特阿拉伯城市化进程的突出现象。人口流向的改变和外来移民的进入,构成沙特阿拉伯城市人口急剧增长的首要因素。70 年代初,东部重要石油城市达曼和胡拜尔的新增人口中,90% 以上系外来移民;首都利雅得以及西部重要城市塔伊夫和吉达的新增人口中,80% 以上系外来移民;希贾兹的宗教圣城麦加和麦地那的新增人口中,50% 以上亦属外来移民。[5] 贝都因人的定居化和外籍劳动力的广泛使用,构成沙特阿拉伯城市外来移民的主要来源。外来移民的大量涌入,导致城市人口由单一构成转变为多元构成,进而对城市的经济社会生活产生深刻的影响。

在传统的城市,封建性质的庇护关系和传统的血缘关系广泛存在,居住的区域和住所的格局具有浓厚的家族色彩。家族首领与同一家族的成员聚居一处;房屋的上层是妇女和儿童的住所,下层是男人活动的空间;社会活动是内容的特权,妇女的活动空间受到严格的限制。相比之下,在 70 年代以后的城市,居住区域的家族色彩明显淡化;新城区不断扩大,新式的别墅取代传统的家族式住所。然而,城市居民在就业层面依旧沿袭家族的传统,浓厚的家族色彩构成沙特阿拉伯经济生活的突出特征。

20 世纪初的阿拉伯半岛,宗教教育占主导地位,宗教学校构成基本的教育形式,主要讲授《古兰经》、"圣训"、伊斯兰教法以及相关宗教知识,卡迪的培养则是宗教学校的主要目的。1926 年,伊本·沙特在希贾兹组建教育董事会,委派埃及人哈菲兹·瓦赫巴主持,聘请埃及教师,开设现代世俗课程,世俗教育初

[1] Vassiliev, A., *The History of Saudi Arabia*, p. 459.

[2] Al-Ankary, K. M., *Urban and Rural Profile in Saudi Arabia*, p. 8.

[3] 同上, p. 10, p. 8.

[4] Cordesman, A. H., *Saudi Arabia Enters the Twenty-First Century*, p. 232.

[5] Blake, G. H. & Lawless, R. I., *The Changing Middle East City*, London 1980, p. 59.

露端倪。① 1954 年,沙特政府成立教育部,取代希贾兹的教育董事会,引进现代教育模式,实行 6 年制初等教育和 6 年制中等教育。

1950 年,沙特阿拉伯有 50 所乡村学校、90 所初等学校和 10 所中等学校,各类学生总计 15600 人。1952 年,学生总数达到 55000 人。初等学校每周授课 28 节,其中宗教课程占 80%,世俗课程包括地理、绘图和外语。② 自 60 年代起,世俗教育迅速扩大,聘用外籍教师和讲授现代课程的世俗学校明显增多。60 年代初,沙特政府聘用的外籍教师约 2000 人。至 70 年代初,外籍教师的人数增长 10 倍。1969 年,各类学校共计 3100 所;1983 年,各类学校超过 1.4 万所。③ 前石油时代,男性适龄儿童入学率为 61%,女性适龄儿童入学率为 39%;1990 年,男性适龄儿童入学率上升为 80%,女性适龄儿童入学率上升为 48%。各类学校在校学生总数,1970 年 54.7 万,2000 年 480 万,其中中等学校学生人数从 7.7 万增至 180 万,高等学校学生人数从 7000 人增至 38.7 万人。1970—1999 年,男性中学毕业生由 2437 人增至 68643 人,女性中学毕业生由 369 人增至 98145 人,男性大学毕业生由 795 人增至 21229 人,女性大学毕业生由 13 人增至 21721 人。1980 年,成年男性的文盲率为 33%,成年女性的文盲率为 67%;2000 年,成年男性的文盲率下降为 17%,成年女性的文盲率下降为 33%。④

沙特阿拉伯的学校教育最初局限于男性的范围。国王沙特当政期间,女性的受教育权逐渐得到社会的承认。1956 年,第一所女子学校创办于布赖代。⑤ 1960 年,王储费萨尔创办女性教育董事会,由利雅得的大穆夫提负责监管。70 年代以后,女子学校遍布各地,女性学生人数明显增多。沙特阿拉伯长期实行男女分校制度,男性教师通过闭路电视向女性学生授课。进入 80 年代,女性学生在人数方面与男性学生逐渐持平。1969 年,各类学校 3100 所,其中男性学校占 85%,女性学校占 15%。⑥ 1989 年,沙特阿拉伯共有各类学校 16797 所,其中男性学校占 54%,女子学校占 46%。⑦ 然而,女子学校不同于男性学校,处于宗教机构和欧莱玛的监管之下,主要开设宗教课程。女子学校的学生在就业方面亦受到严格的限制,主要任职于女子学校和女子医院,就业程度远远低于

① Abir, M., *Saudi Arabia in the Oil Era*:*Regime and Elites*:*Conflict and Collaboration*, p. 34.

② Vassiliev, A., *The History of Saudi Arabia*, p. 310.

③ Askari, H., *Saudi Arabia's Economy*:*Oil and the Search for Economic Development*, London 1990, p. 159.

④ Cordesman, A. H., *Saudi Arabia Enters the Twenty-First Century*, p. 7, p. 232.

⑤ Masood, R., *Industrialization in Oil-Based Economies*, p. 62

⑥ Askari, H., *Saudi Arabia's Economy*:*Oil and the Search for Economic Development*, p. 166.

⑦ Vassiliev, A., *The History of Saudi Arabia*, p. 462.

男性。[1]

　　1949 年和 1952 年,教育董事会在麦加创办伊斯兰学院和师范学院,首开沙特阿拉伯高等教育的先河,同时开设宗教课程与世俗课程。瓦哈卜派的大穆夫提随后在利雅得创办伊斯兰法学院和阿拉伯语言学院,不仅讲授宗教课程,而且增设世俗课程,旨在抗衡教育董事会,维持在教育领域的垄断地位。[2] 1957 年,国王沙特创办利雅得大学,采用埃及的教学模式,聘用埃及教师,讲授世俗课程。利雅得大学的学生人数,1958 年仅 21 人,1975 年增至 5600 人。1980 年,利雅得大学改称国王沙特大学。1983 年,国王沙特大学另辟女子分校,并在阿西尔和德拉伊叶设立新校区。1961 年,沙特政府与瓦哈卜派欧莱玛共同创办麦地那伊斯兰大学,作为伊斯兰世界的国际性教育机构,旨在取代纳赛尔政权控制的爱资哈尔大学。麦地那伊斯兰大学 90％的教师和绝大部分学生来自其他穆斯林国家,70 年代开始成为伊斯兰复兴运动的重要阵地。1963 年,阿拉伯美国石油公司在宰赫兰创办石油矿产学院,1975 年改称石油矿产大学,采用美国的教育模式,主要聘用美国教师,使用英语授课,学生人数由 1974 年的 1000 人增至 1985 年 6000 人。石油矿产大学是沙特阿拉伯典型的世俗高等学校,约占半数的学生来自哈萨的什叶派穆斯林。国王费萨尔大学创办于 1974 年,校区位于胡富夫和达曼,主要面向东部地区的农民和游牧群体以及朱拜勒工业区,设立农学、医学和兽医专业,学生人数由 1980 年的 1430 人增至 1985 年的超过 5000 人。1974 年,瓦哈卜派欧莱玛在利雅得创办伊玛目伊本·沙特伊斯兰大学,是为纳季德地区瓦哈卜派保守势力的主要阵地。1980 年,伊玛目伊本·沙特伊斯兰大学在阿西尔的阿布哈增设分校。1985 年,伊玛目伊本·沙特伊斯兰大学的学生总数约 9000 人,其中 20％来自国外,而该校设立的初级学校和中等学校另有学生 15000 人。[3] 乌姆·库拉大学创办于 1980 年,校区位于麦加,主要培养法官、伊玛目和教师,面向希贾兹地区的土著人口,区别于国际性的麦地那大学。1983 年,该校有学生 6000 人,其中四分之一来自国外。1972—1980 年,在校大学生总数从 9500 人增至 4.8 万人。[4] 1990 年,沙特阿拉伯的大学在校学生总数超过 10 万人。[5]

① Abir,M. , *Saudi Arabia in the Oil Era：Regime and Elites；Conflict and Collaboration*, p. 37.

② 同上, p. 36。

③ 同上, p. 43。

④ Rezas,A. , *The Political Economy of Saudi Arabia*, p. 48.

⑤ Abir,M. , *Saudi Arabia in the Oil Era：Regime and Elites；Conflict and Collaboration*, pp. 42-47.

沙特王国建立初期,在沙漠牧场和定居绿洲,血缘联系的广泛存在与血族传统的根深蒂固明显制约着社会成员的分化和裂变,贝都因人、农民与城市居民的相互依存构成社会结构的基本模式,经济活动与生活方式的差异则是构成区分不同社会阶层的首要标志。

自 30 年代末开始,油田的勘探和石油的开采导致沙特阿拉伯经济活动与生活方式的深刻变化。石油工业的发展,吸引来自不同血缘群体的阿拉伯人告别传统的经济活动和生活方式,走出沙漠牧场和定居绿洲,聚居于油田的所在地,进而融入崭新的地域社会。40 年代,石油公司雇用约 10000 名沙特阿拉伯人,主要是非熟练工人。50 年代,石油公司的沙特阿拉伯人中约三分之二成为熟练工人或半熟练工人,其中 44 人在公司担任重要职位,3000 人进入管理层。1964 年,在石油公司的 13000 名长期雇员中,沙特阿拉伯人占 80%。1970 年,在石油公司的 10000 名长期雇员中,沙特阿拉伯人占 83%。许多沙特阿拉伯人成为工程技术人员。1952 年,在石油公司的沙特阿拉伯人中,非熟练工人的比例占 96.9%,熟练工人的比例占 3%,工程技术人员和管理人员的比例仅占 0.1%。1974 年,在石油公司的沙特阿拉伯人中,非熟练工人的比例下降为 26.1%,熟练工人的比例上升至 59.4%,工程技术人员和管理人员的比例达到 14.5%。[①] 70 年代以来,沙特政府致力于推动非石油领域的工业化进程,冶金、电力和制造业企业的生产规模明显扩大,从业人数呈明显上升的趋势。伴随着石油经济的发展和工业化的长足进步,现代产业工人悄然崛起,成为区别于传统社会成分的崭新社会阶层。

1947 年,沙特政府颁布劳动法,用于规范雇工人数超过 10 人的企业。根据该劳动法,工人每天工作不得超过 8 小时,每周工作不得超过 6 天,另外每年享受 10 天公假和 5 天带薪病假,禁止雇用 10 岁以下的童工,工人的日工资不得低于 5 里亚尔,雇主可以随意解雇工人而无需任何理由。随着工人数量的增多和雇佣关系的扩大,劳资双方不断发生劳动纠纷。1950 年,沙特政府在财政部设劳动署。1961 年,沙特政府设劳动与社会事务部。负责解决劳动纠纷的仲裁委员会包括两名成员,分别由雇主和政府指定,却无工人的代表,如果仲裁委员会的两名成员意见不一,则由沙特政府指定最高仲裁者。然而,1947 年颁布的劳动法并未赋予工人组织工会的权利,1956 年颁布的相关法令则明确禁止工人的罢工活动。1969 年,沙特政府颁布新劳动法。新劳动法禁止男女工人一同工作,雇工年龄不得低于 13 岁,实行免费医疗和工伤赔偿,建立国家保险制度。新劳动法还规定,雇工人数超过 100 人的企业中,沙特阿拉伯人必须达到 75%

① Vassiliev, A., *The History of Saudi Arabia*, p. 425.

的比例,其工资总额不得少于全部工资的 51%。^① 新劳动法的局限性十分明显;绝大多数沙特阿拉伯人受雇于不足 10 人的企业,因此不受新劳动法约束。在很大程度上,新劳动法只是一纸空文,并无实际意义。此外,新劳动法依旧禁止工人组织工会和举行罢工。

20 世纪后期,中产阶级开始登上沙特阿拉伯的历史舞台,成为区别于传统教俗贵族的新兴社会力量。所谓的中产阶级,包括现代意义的工商业者、政府雇员和知识界。沙特阿拉伯的中产阶级成分复杂,地位各异,政治立场和价值取向不尽相同。70 年代以来,沙特政府积极调整产业结构,鼓励私人投资,扶植民营经济,现代工商业者人数呈上升趋势。与此同时,政府雇员由 1970 年的 12 万人增至 1980 年的 30 万人,成为中产阶级的重要组成部分。^② 伴随着现代教育的发展,每年约有数以万计的青年学生毕业于名目繁多的高等学校,中产阶级的规模不断扩大。60—70 年代,中产阶级主要来自开放程度较高的希贾兹和东部省。进入 80 年代以后,越来越多的纳季德人亦加入中产阶级的行列。80 年代中叶,政府雇员 20 万人,工商业者联合会(前身是希贾兹商会)成员 10 万人,构成所谓中产阶级的重要来源。中产阶级的上层大都与沙特政府及王室成员联系密切,甚至通过联姻的方式与沙特家族融为一体,地位显赫,在进出口贸易、建设项目承包以及房地产、金融业和服务业独占鳌头。他们与沙特家族在诸多方面具有共同的利益,构成沙特家族政权的重要社会基础,政治立场相对保守。然而,中产阶级中的绝大多数缺乏王室支持的政治背景,无缘分享国家权力,长期处于政治舞台的边缘地带。社会成分的复杂与社会地位的明显差异,加剧了中产阶级的政治脆弱性。

石油时代沙特阿拉伯的政治制度与政治生活

伊本·沙特当政期间,沙特王国的经济生活与社会结构尚未出现明显的变化,血缘政治与地域政治并存,部族传统与国家制度错综交织。另一方面,沙特王国的诸多区域在伊本·沙特当政期间存在明显的差异,游牧世界与定居社会之间的矛盾由来已久,纳季德的沙特王室与希贾兹的宗教政治机构长期表现为二元倾向。石油经济时代,政治生活的国家化与社会的整合构成沙特王国的重要历史任务。君主制度的强化无疑是沙特王国克服血缘传统与地域差异的政治杠杆,官僚机构的完善则是强化君主制度进而实现政治生活国家化与整合社

---

① Vassiliev, A., *The History of Saudi Arabia*, pp. 430-431, p. 432.

② Wilson, P. W. & Graham, D. F., *Saudi Arabia:the Coming Storm*, p. 24.

会的重要手段。自 20 世纪 50 年代开始,石油产量的迅速提高导致沙特王室财政收入的急剧增长。财富的增长促使政治生活的长足发展,构成沙特王室强化君主制度和完善官僚机构的物质基础。

1953 年,伊本·沙特在弥留之际授意成立大臣会议,指定王储沙特出任大臣会议首相,沙特王国内阁政治的序幕由此掀开。[①] 1954 年,沙特国王颁布《大臣会议条例》,内容如下:一、大臣会议由国王、王储、各部大臣以及国王顾问组成,国王兼任大臣会议首相并亲自主持大臣会议,王储兼任大臣会议副首相;二、大臣会议兼有立法职能和行政职能,是最高立法机构和政府机构;三、大臣会议的决议采用投票表决的方式,大臣会议的决议须经国王批准方可生效。[②] 1958 年,沙特国王颁布敕令,修订《大臣会议条例》,规定王储兼任首相,主持大臣会议,决定大臣会议的人选,大臣会议负责制定国家的政策以及政府预算和财政计划,统辖地方政府,大臣决议需经三分之二成员的批准方可生效,国王有权否决大臣会议的决议。[③] 1964 年,费萨尔国王再次修订《大臣会议条例》,明确规定国王兼任大臣会议首相,大臣会议直接对国王负责。[④]

大臣会议的最初机构,包括始建于 1930 年的外交部、始建于 1931 年的财政部和始建于 1946 年的国防部。国王沙特当政期间,大臣会议增设内务部、教育部、农业部、交通部、商业与工业部、卫生部。[⑤] 60 年代,大臣会议增设石油与矿产资源部、劳动与社会事务部、朝觐与瓦克夫事务部、通讯部、司法部。70 年代,大臣会议增设公共工程与住房部、工业与能源部、邮电部、计划部、高等教育部、市政与乡村事务部。[⑥] 1975 年,大臣会议增设公共工程与住房部、市政与乡村事务部、高等教育部、工业与电力部、邮电部、计划部;是为沙特王国历史上规模最大的大臣会议。[⑦]

大臣会议最初每月召开例会。1970 年起,大臣会议改为每周例会,由国王授权王储兼第一副首相主持。20 世纪 50 年代,大臣会议由 9 人组成,其中 8 人出自沙特家族。自 60 年代开始,大臣会议中的非沙特家族成员逐渐增多。1962 年,沙特国王任命 5 名沙特家族成员和 6 名非沙特家族成员组成大臣会议,试图通过改变权力分配的方式缓解日趋加剧的政治矛盾。然而,大臣会议

① Huyette,S. S., *Political Adaptation in Saudi Arabia*, p. 60, p. 65.

② Al-Farsy,F., *Saudi Arabia:A Case Study in Development*, p. 93.

③ Huyette,S. S., *Political Adaptation in Saudi Arabia*, pp. 166-171.

④ Al-Farsy,F., *Saudi Arabia:A Case Study in Development*, pp. 97-98.

⑤ Beling,W. A., *King Faisal and the Modernisation of Saudi Arabia*, pp. 77-78.

⑥ Al-Yassini,A., *Religion and State in the Kingdom of Saudi Arabia*, p. 66.

⑦ Al-Farsy,F., *Modernity and Tradition:the Saudi Equation*, p. 54.

的关键职位仍由沙特家族成员把持,司法大臣、宗教大臣和教育大臣来自瓦哈卜家族。1975 年 10 月,法赫德国王改组大臣会议,增设住房与公共工程部、市政与乡村事务部、高等教育部、工业与电力部、通信部、计划部。[①] 新的大臣会议由 26 人组成,其中王室成员 8 人,非王室成员 18 人。与费萨尔当政期间相比,在法赫德当政期间的大臣会议中,非王室成员的势力呈上升趋势。[②] 另一方面,沙特王国明确强调国王与国家的一致性,大臣会议的所有成员必须以安拉的名义宣誓效忠伊斯兰教信仰,宣誓效忠国王和国家。[③] 大臣会议实行立法、司法和行政三位一体的权力原则,兼有议会、最高法院和内阁的三重功能,负责制定除伊斯兰教法之外的其他诸项法律,同时行使司法权力和履行政府职责。

伊本·沙特当政期间,沙特王国划分为希贾兹和纳季德及其属地两大行政区域,下辖若干埃米尔区。1963 年,沙特王国颁布《省区条例》,正式实行省区制度,设立纳季德、哈萨、希贾兹和阿西尔四大省区。除四大省区之外,另设北方边境省,管辖伊拉克、约旦边境地区的贝都因人。70 年代中叶,沙特王国修改省区制度,设立 18 个省。省区总督由内政大臣提名,大臣会议推荐,国王任命。总督的人选主要出自沙特家族及其盟友苏戴尔家族,他人无权染指。省区制度的建立,标志着沙特王国官僚机构的进一步完善和政府权力的广泛延伸。

二战结束初期,沙特王国开始组建新式的国防军,聘请埃及军官和英美军官负责训练。自 50 年代起,沙特王国在国防军之外另建国民卫队;国民卫队战士称"穆贾希丁"即圣战者,配备新式武器,领取高额军饷,驻扎于东部油田、希贾兹的两座圣城和北部边境。国防军来自沙特王国的各个地区和各个阶层,国民卫队则由伊赫瓦尼战士和效忠于国王的部族组成。国防军和国民卫队的高级军官均为沙特王室的成员。1965 年,沙特王国的武装力量约 4 万人,其中国防军和国民卫队各 2 万人。1979 年,国防军增至 8 万人,国民卫队增至 4 万人。[④] 国防军和国民卫队无疑是沙特王国君主政治的重要工具,尤其是国民卫队以掌管国内安全和镇压反叛势力作为首要职责,长期处于王储阿卜杜拉的直接开始之下。

血缘联系的衰落无疑是沙特阿拉伯现代化进程的突出现象。贝都因人的定居化与工业的长足进步构成导致血缘关系衰落和地域关系扩大的深层经济

① Al-Farsy,F. , *Saudi Arabia:A Case Study in Development* , p. 99.
② Abir,M. , *Saudi Arabia in the Oil Era:Regime and Elites;Conflict and Collaboration* , p. 137.
③ Vassiliev,A. , *The History of Saudi Arabia* , p. 445.
④ 同上, pp. 442-443。

背景,君主制的确立与官僚机构的完善则是促使社会结构深刻变革的政治杠杆。尽管如此,直至石油经济时代,传统的血缘组织长期残存,血缘联系构成维系社会成员的重要纽带,进而产生广泛的政治影响。血缘群体在诸多地区构成行政区划的原型,部族首领的家族世袭依然是普遍存在的社会现象,国王通常被民众视作"舍赫中的舍赫"。血缘传统的残存与血缘联系的广泛影响,导致沙特王国之家族政治的浓厚色彩。1975 年费萨尔去世时,沙特家族成员占据内阁一半的职位以及所有的省长职位,亦有许多沙特家族成员在军队和国民卫队中担任要职。[①] 沙特家族的权力垄断,是沙特家族的权力垄断,沙特王国长期延续家族社会的血缘传统,进而形成家族政治的浓厚色彩。由王室重要成员组成的王室长老委员会协商确定王位的更替,明显体现沙特王国政治生活的家族色彩。王室的统一是沙特家族政权赖以维持的重要条件,王室内部诸多派系的权力制约与王室成员的权力分享构成王室统一的政治基础。换言之,沙特王国的家族政治根源于血缘传统的家族社会,而家族政治以及沙特家族成员的权力分享无疑构成制约君主政治的重要因素。

沙特阿拉伯的政治制度与政治生活具有浓厚的宗教色彩,沙特家族政治与瓦哈卜派官方宗教政治的密切结合构成沙特王国的重要政治基础。沙特家族的权力垄断无疑是沙特王国政治制度的实质所在,瓦哈卜派的官方宗教政治学说则是沙特家族垄断国家权力进而控制社会和驾驭民众的意识形态和舆论工具。官方宗教政治的强化,构成沙特阿拉伯的现代化进程区别于土耳其、埃及以及巴列维时代伊朗之现代化进程的明显特征。

沙特国家起源于瓦哈卜派运动,瓦哈卜派欧莱玛长期构成沙特王国举足轻重的政治势力,沙特家族与瓦哈卜派欧莱玛长期保持广泛的合作关系,沙特政府的诸多改革举措亦曾得到瓦哈卜派欧莱玛的认可。然而,沙特王国的瓦哈卜派欧莱玛不同于伊朗的什叶派欧莱玛,缺乏相应的教阶制度和必要的宗教地产,处于沙特家族的控制之下,系沙特家族的御用政治势力。另一方面,沙特王国的官方宗教政治与巴列维时代伊朗的世俗政治颇有异曲同工之处,皆为强化君主制度和排斥民众政治参与的政治工具。沙特王国之政治制度与政治生活的宗教色彩,并不意味着瓦哈卜派欧莱玛的神权统治。在国家权力的核心领域,沙特家族长期凌驾于瓦哈卜派欧莱玛之上,后者的权力长期局限于宗教的范围。

---

① Aburish,S. K. , *The Rise, Corruption and Coming Fall of the House of Saud*, New York 1996, p. 49.

自 50 年代开始,瓦哈卜派欧莱玛逐渐被纳入国家体系,成为领取薪俸的政府官吏,进而从属于沙特家族的最高权力。1962 年,费萨尔在著名的"十点纲领"中宣布筹建司法部,作为大臣会议的组成部分。1970 年,沙特王国的司法部在利雅得正式成立,国王任命的司法部长取代瓦哈卜派欧莱玛的最高首领大穆夫提,成为掌管司法权力的最高长官。司法部的成立,标志着沙特家族的统治权力在瓦哈卜派欧莱玛控制的传统领域得到广泛的延伸。1971 年,费萨尔宣布组建欧莱玛长老会议,作为官方瓦哈卜派的最高宗教机构,由大穆夫提主持,负责批准王位继承,制定宗教政策和发布宗教法令,监督政府的施政举措。欧莱玛长老会议的设立,"标志着沙特历史上舍赫时代的结束"[①]。扬善惩恶委员会作为官方瓦哈卜派的重要机构,始建于 20 世纪 20 年代,隶属于大穆夫提,负责监督宗教法律的实施和宗教功修的履行。80 年代末期,扬善惩恶委员会拥有宗教警察两万余人,成为瓦哈卜派欧莱玛控制社会的重要工具。

20 世纪 60 年代,具有浓厚世俗色彩与共和制倾向的阿拉伯民族主义思潮风行一时,构成挑战沙特王国君主制度的外部政治隐患。埃及的纳赛尔政权强调反对君主制的政治原则,试图输出共和革命,颠覆阿拉伯世界的君主政权。费萨尔则极力倡导宗教至上的意识形态,奉行伊斯兰主义的政治原则,强调非世俗化的现代化道路抑或伊斯兰教框架内的现代化模式,抵制纳赛尔主义的渗透,进而削弱埃及在阿拉伯世界的政治影响。1961 年,埃及伊斯兰主义者与沙特政府及瓦哈卜派欧莱玛共同创办麦地那伊斯兰大学,宣传伊斯兰主义的宗教政治思想,抗衡纳赛尔政权控制的爱资哈尔大学。1962 年,沙特政府资助创办伊斯兰世界联盟,总部设在麦加,抗衡埃及政府控制的阿拉伯国家联盟。

进入 70 年代以后,伊斯兰复兴运动日趋高涨,挑战现存政治秩序成为伊斯兰复兴运动的明显特征,强化官方宗教政治则是沙特家族遏制作为民间宗教政治的伊斯兰复兴运动和维护传统政治秩序的重要手段。1982 年,伊本·沙特的第八子法赫德国王(1982—2005 年在位)即位后,沙特家族进一步扩大与瓦哈卜派欧莱玛之间的政治合作,提高瓦哈卜派欧莱玛的地位和薪俸,支持瓦哈卜派欧莱玛关于捍卫沙特王国之传统信仰和生活方式的宗教宣传,赋予瓦哈卜派欧莱玛控制的扬善惩恶委员会以及宗教警察以广泛的政治权力,强化实施宗教法律,重申妇女必须头戴面纱的宗教戒律,限制妇女就业,关闭违背教法的视听场所。利雅得、麦加和麦地那的伊斯兰大学规模空前扩大;至 90 年代初,利雅得、麦加和麦地那的伊斯兰大学学生人数约占沙特阿拉伯国内大学生总数的四分

① Champion, D., *The Paradoxical Kingdom: Saudi Arabia and the Momentum of Reform*, p. 59.

之一。① 与此同时,沙特政府授意官方欧莱玛宣传伊斯兰教的温和性、沙特家族的宗教性和反叛政府的非法性,宣称沙特家族是伊斯兰教的捍卫者、沙里亚的执行者、圣城的监护者和国家财富的管理者,进而向民众灌输如下的思想:"狂热分子留长胡须,游手好闲,仅仅热衷于礼拜和斋戒,以虔诚的穆斯林自居。这不是伊斯兰教,而是教士的模仿。(真正的穆斯林)应当通过劳作而享受舒适的生活。应当娶妻生子,努力工作,去国外旅行。应当履行拜功和斋功,诵读《古兰经》,遵循教法的规定。这是先知指引的道路。"②1986 年,法赫德国王甚至放弃陛下的称谓,以"两座圣城的仆人"自居。③

沙特阿拉伯的现代化进程之区别于土耳其、埃及和伊朗的特征之一在于具有非殖民主义的历史背景。长期处于封闭状态的沙特阿拉伯明显缺乏殖民主义时代形成的诸多遗产,传统的经济活动与社会结构以及瓦哈卜派的宗教政治思想根深蒂固,外部影响微乎其微。油田的发现无疑开辟了沙特阿拉伯现代化进程的崭新时代;石油经济的兴起打破了沙特阿拉伯的封闭状态,进而提供了沙特阿拉伯与国际社会广泛交往的重要纽带。自二战结束以后,随着外籍移民的不断涌入,现代政治思潮在沙特阿拉伯始露端倪,新兴社会阶层逐渐登上沙特阿拉伯的历史舞台,进而导致现代模式的政治运动。从世俗民众运动的兴起到现代伊斯兰主义的高涨,标志着沙特阿拉伯民众运动的长足发展。民众运动与王室内部权位角逐的错综交织,构成沙特阿拉伯政治生活的重要内容。

沙特阿拉伯之现代模式的政治运动,首先表现为世俗色彩的民众运动。50 年代阿拉伯世界的特定政治环境,尤其是纳赛尔主义影响的扩大和世俗政治势力的成长,构成沙特阿拉伯国内世俗民众运动兴起的外部条件。1953 年夏,宰赫兰油田的石油工人自发成立工会组织,要求阿拉伯美国石油公司增加工资、取消种族歧视、改善工人的劳动环境和生活环境,同时要求沙特政府承认工会的合法地位,遭到拒绝。同年 10 月,东部油田约 2 万名工人举行罢工,迫使阿拉伯美国石油公司作出让步,承诺增加工资 12%~20%并初步改善石油工人的劳动环境和生活环境,然而沙特政府拒绝承认工会具有合法地位。④ 1956 年爆发的第二次中东战争,导致诸多阿拉伯国家掀起新的民族主义浪潮,进而波及沙特阿拉伯。1956 年 6 月 9 日,国王沙特巡视宰赫兰油田,阿拉伯美国石油公

中东史

① Aarts,P. , *Saudi Arabia in the Balance:Political Economy,Society,Foreign Affairs*, p. 29.

② Al-Yassini,A. , *Religion and State in the Kingdom of Saudi Arabia*, p. 128.

③ Abir,M. , *Saudi Arabia in the Oil Era:Regime and Elites:Conflict and Collaboration*, p. 193.

④ Vassiliev,A. , *The History of Saudi Arabia*, p. 336.

司的工人举行示威。示威者高呼反对帝国主义的口号,要求沙特政府关闭沙特阿拉伯境内的美军基地、承认工会的合法地位、增加工资、缩短劳动时间、保障工人权利、取消种族歧视。6 月 11 日,国王沙特颁布法令,禁止工人举行示威和成立工会,逮捕示威者。6 月 17 日,石油工人举行总罢工,要求制定宪法和实行宪政,要求沙特政府承认民众享有组建政党和工会的合法权利,要求释放政治犯,遭到沙特政府的残酷镇压。

1953 年和 1956 年石油工人举行的两次罢工,无疑开辟了沙特阿拉伯现代模式之民众运动的先河。1953 年的罢工,主要局限于经济层面和福利性要求。相比之下,1956 年罢工期间,石油工人的要求开始从经济层面延伸到政治层面,具有阿拉伯民族主义的浓厚色彩和民众政治参与的初步倾向。从经济层面的福利性要求发展为政治层面的权力角逐,是中东诸国现代化进程中工人运动的普遍现象。然而,由于石油经济的外向性和石油工人的外籍性以及沙特阿拉伯政治生活的宗教性,世俗领域的工人运动缺乏广泛的社会基础,政治影响微乎其微。

伴随着世俗民众运动的兴起,具有民族主义、宪政主义和社会主义倾向的世俗政治组织在沙特阿拉伯逐渐萌生。"民族改革阵线"始建于 1953 年罢工期间,反对帝国主义和西方石油公司对于沙特阿拉伯的控制和束缚,强调沙特阿拉伯的民族独立和国家主权,主张制定宪法,实行政党政治和选举政治基础上的宪政制度,实行新闻自由和结社自由,保障民众的权利,发展民族经济,废除奴隶制,加强与其他阿拉伯国家以及社会主义国家的广泛合作。[①] 1956 年,沙特政府取缔"民族改革阵线",逮捕"民族改革阵线"的主要成员,"民族改革阵线"的残余势力被迫逃亡埃及、叙利亚和黎巴嫩。"阿拉伯半岛人民联盟"始建于 1956 年罢工期间,深受纳赛尔主义的影响,与埃及政府联系密切。1958 年,"阿拉伯半岛人民联盟"的领导人纳赛尔·赛义德发表致国王沙特的公开信,主张举行议会选举、制定宪法和实行宪政,呼吁沙特政府承认民众的结社权和罢工权,保障民众的新闻自由和言论自由,释放政治犯,反对歧视什叶派穆斯林,废除奴隶制,关闭宰赫兰的美国军事基地。[②] "民族解放阵线"始建于 1958 年,具有社会主义的政治倾向,反对帝国主义和犹太复国主义,废除与西方国家缔结的军事条约,关闭外国军事基地,实行民主制度,保障民众的基本权利,发展公有制经济,实现石油开采的国有化,扩大与苏联以及其他社会主义国家的交

---

① Vassiliev, A., *The History of Saudi Arabia*, p. 339.

② Shaw, J. A., *Saudi Arabian Modernization*, Washington 1982, p. 102.

往。[①] 1975 年,"民族解放阵线"更名为"沙特阿拉伯共产党",强调政治民主、信仰自由和司法公正,构成沙特阿拉伯政坛的左翼派别。上述世俗政治组织在不同程度上具有纳赛尔主义的政治色彩,体现纳赛尔主义的政治影响,与沙特阿拉伯的传统社会结构和政治环境不符,长期处于沙特阿拉伯政治舞台的边缘。

石油经济的兴起和发展在沙特阿拉伯的现代化进程中具有举足轻重的影响,石油资源的开发利用构成沙特阿拉伯的经济命脉。沙特政府的财政收入主要来自石油的出口,而不是来自征纳于民间的赋税,沙特家族与民众社会之间似乎并无明显的经济对立。另一方面,沙特政府长期实行福利化的财政政策,不断扩大福利性的财政支出,旨在笼络民众和稳定社会。尽管如此,沙特家族垄断国家权力和支配国家财富的特权地位,与现代化进程中民众力量的崛起和民众广泛政治参与的客观要求无疑存在根本的矛盾对立。费萨尔当政期间,沙特政府开始推行自上而下的现代化改革举措,沙特阿拉伯的经济社会领域随之经历深刻的变革。哈立德国王即位以后,变动的经济社会环境与相对滞后的政治秩序之间的矛盾逐渐显现。

直至 70 年代初期,沙特阿拉伯石油产量的增长速度相对缓慢。自 1973 年开始,国际市场的油价持续上涨,沙特阿拉伯进入石油经济的繁荣时代,石油产量逐年攀升,从 1973 年的日产 760 万桶增至 1980 年的日产 990 万桶。[②] 与此同时,沙特政府的石油收入从 1973 年的 43.4 亿美元增至 1980 年的 848.7 亿美元。[③] 进入 80 年代,国际市场的石油价格急剧下跌,由 1980 年的每桶超过 40 美元跌至 1986 年的每桶不足 10 美元,沙特政府随之大幅度削减石油产量。1981－1986 年,沙特阿拉伯的石油日产量由 980 万桶下降至 500 万桶[④],石油收入亦由 1018 亿美元下降为 135 亿美元。[⑤] 石油产量的下降和石油出口的减少,导致沙特阿拉伯国民经济的严重萎缩。沙特政府制定的第三个五年计划(1980－1984 年),最初预计投资 2500 亿美元,后减少为 1800 亿美元。第四个五年计划(1985－1989 年)的投资总额降至 1400 亿美元,第五个五年计划(1990－1994 年)的投资总额只有 1000 亿美元。沙特阿拉伯的国内生产总值,1982 年突破 4000 亿里亚尔;1986 年下降为 2710 亿里亚尔。[⑥] 1986 年 3 月

---

① Al-Yassini,A.,*Religion and State in the Kingdom of Saudi Arabia*,p.122.

② Long,D.E.,*The Kingdom of Saudi Arabia*,p.72.

③ Wilson,P.W.& Graham,D.F.,*Saudi Arabia:the Coming Storm*,p.177.

④ Long,D.E.,*The Kingdom of Saudi Arabia*,p.72.

⑤ Wilson,P.W.& Graham,D.F.,*Saudi Arabia:the Coming Storm*,p.177.

⑥ Al-Rasheed,M.,*A History of Saudi Arabia*,p.149.

11 日,法赫德国王在电视讲话中宣布:由于石油价格的下跌和石油产量的减少,沙特政府无法制定年度性的财政预算,只能逐月确定财政收支。[1] 1995 年,王储阿卜杜拉公开承认,沙特阿拉伯石油经济的繁荣时代已经结束。[2]

石油经济的繁荣时代,沙特政府依靠丰厚的石油收入,长期实行福利性的财政政策,实行免费的医疗和教育,发放住房补贴和生活必需品的价格补贴,改善就业环境,作为争取民众支持和缓解社会矛盾的重要手段。沙特阿拉伯的诸多社会阶层,成为石油经济繁荣的共同受益者。进入 80 年代以来,由于石油产量的剧烈波动,沙特政府面临严重的财政赤字,被迫压缩投资,停建诸多建设项目,经济萧条,失业率居高不下,福利性财政支出亦明显削减,加之沙特家族垄断国家权力和支配国家财富,政治腐败导致经济腐败,贫富分化不断加剧,不满情绪在诸多社会群体逐渐蔓延,政治形势日趋严峻。是为诸多反对派势力崛起于沙特阿拉伯政治舞台的深层背景。

50—60 年代,沙特阿拉伯的民众运动主要表现为世俗色彩的罢工和世俗政治组织的萌生。自 70 年代开始,现代伊斯兰主义逐渐兴起,进而成为沙特阿拉伯政治生活的崭新内容。1979 年朱海曼·欧泰比及其追随者占领麦加的克尔白清真寺和哈萨省的什叶派骚乱,掀开了沙特阿拉伯现代伊斯兰主义民众运动的序幕。

朱海曼·欧泰比系 20 年代伊赫瓦尼战士的后裔,曾经就读于麦地那的伊斯兰大学,深受现代伊斯兰主义的影响。[3] 1974 年,朱海曼·欧泰比离开麦地那,前往纳季德诸地,传布新伊赫瓦尼派的宗教政治思想,抨击沙特家族政权,谴责纳季德的官方欧莱玛是沙特家族收买的御用工具,与沙特家族沆瀣一气,预言出自古莱西部落的马赫迪即将复临人间,净化伊斯兰教和拯救民众。1978 年,朱海曼·欧泰比及其同伴 98 人在利雅得被捕入狱,6 周后获释。[4] 1979 年 11 月 20 日,朱海曼·欧泰比及其追随者约 1000 人强行占领圣城麦加的克尔白清真寺,宣称其同伴穆罕默德·阿卜杜拉·盖哈丹尼是净化伊斯兰教和拯救民众的马赫迪,进而挑战沙特家族的宗教政治权威,抨击沙特家族的腐败和专制以及沙特政府的亲美政策。[5] 随后,利雅得的官方瓦哈卜派欧莱玛发布富图瓦

① Vassiliev,A. , *The History of Saudi Arabia* , p. 453.

② Champion,D. , *The Paradoxical Kingdom:Saudi Arabia and the Momentum of Reform* , p. 141.

③ Niblock,T. , *Saudi Arabia:Power,Legitimacy and Survival* , New York 2006, p. 78.

④ Abir,M. , *Saudi Arabia in the Oil Era:Regime and Elites:Conflict and Collaboration* , pp. 150-151.

⑤ Aarts,P. , *Saudi Arabia in the Balance:Political Economy,Society,Foreign Affairs* , p. 27.

即宗教法令,援引《古兰经》的相关启示,指责朱海曼·欧泰比及其追随者占领克尔白清真寺系亵渎信仰的叛教行为,授权沙特政府镇压叛教者。12 月 5 日,沙特政府重新控制克尔白清真寺,穆罕默德·阿卜杜拉·盖哈丹尼被杀。随后,朱海曼·欧泰比及其追随者 63 人被沙特政府处死。[①]

几乎在麦加事件发生的同时,哈萨省的什叶派穆斯林发动骚乱,与朱海曼·欧泰比及其追随者遥相呼应。哈萨省是沙特阿拉伯的主要产油区,亦是沙特王国境内什叶派穆斯林的主要聚集区。70 年代末,什叶派穆斯林约占沙特阿拉伯人口总数的十分之一,构成阿拉伯美国石油公司从业人员的二分之一。沙特政府尊奉瓦哈卜派伊斯兰教作为官方信仰,什叶派穆斯林备受歧视,处于沙特阿拉伯社会的边缘地带。根据沙特政府的规定和瓦哈卜派欧莱玛发布的宗教法令,什叶派穆斯林不得在政府以及国防军和国民卫队担任公职,不得与瓦哈卜派穆斯林通婚,不得公开举行什叶派的宗教仪式和相关庆典活动,其社会地位甚至不及基督徒和犹太人。[②] 70 年代末期,“阿拉伯半岛伊斯兰革命组织”成为哈萨省什叶派穆斯林反对沙特政府的主要政治组织。该组织与伊朗的现代伊斯兰主义联系密切,崇尚霍梅尼的思想,代表沙特王国境内什叶派穆斯林的宗教政治利益。[③] 1979 年 11 月 28 日,哈萨省的什叶派穆斯林不顾沙特政府和瓦哈卜派欧莱玛的禁令,庆祝什叶派的重要宗教节日阿舒拉日,进而演变为政治示威。什叶派穆斯林高举霍梅尼的画像,高呼反美口号,支持伊朗的伊斯兰革命,要求在哈萨成立什叶派的伊斯兰共和国,遭到国民卫队的镇压,数十人死伤,数百人被捕。[④]

1990 年伊拉克军队占领科威特后,官方教界迫于压力,颁布宗教法令,授权沙特政府允许美军进驻。[⑤] 海湾战争期间沙特政府与美国之间的密切合作以及西方军队的进驻,引发沙特阿拉伯国内由来已久的不满情绪,国家意志与民众意志的差异和对立充分体现。相当数量的沙特阿拉伯人反对沙特政府支持西方军队进攻伊拉克军队,认为沙特政府寻求异教徒保护的行为违背伊斯兰教的原则,进而质疑沙特政府的合法性。麦加乌姆·库拉大学教授萨法尔·哈瓦里公开声称:海湾战争的实质“并非国际社会反对伊拉克,而是西方国家反对伊斯兰教……伊拉克占领科威特,随后将是美国占领沙特阿拉伯。真正的敌人不是

---

① Aarts,P. , *Saudi Arabia in the Balance*:*Political Economy*,*Society*,*Foreign Affairs*, p. 27.

② Al-Rasheed,M. , *A History of Saudi Arabia*, pp. 146-147.

③ Shaw,J. A. , *Saudi Arabian Modernization*, p. 102.

④ Abir,M. , *Saudi Arabia in the Oil Era*:*Regime and Elites*:*Conflict and Collaboration*, p. 155.

⑤ Aarts,P. , *Saudi Arabia in the Balance*:*Political Economy*,*Society, Foreign Affairs*, p. 30.

伊拉克,而是西方"①。1991年1月,瓦哈卜派的大穆夫提阿卜杜勒·阿齐兹·巴兹再次颁布宗教法令,强调对萨达姆进行圣战的合法性。② 然而,官方瓦哈卜派欧莱玛的宗教法令并未缓解沙特阿拉伯国内的政治危机。沙特政府的亲美政策成为民众攻击的矛头所指,沙特家族的权力垄断则是社会矛盾的焦点所在。沙特政府面临严峻的政治形势,挑战沙特家族统治地位的政治风暴逐渐形成。

1990年10月,科威特流亡贵族在吉达召开会议,商讨科威特战后重建问题,宣布科威特将在战后举行自由大选,恢复议会和宪政,实行民主。在随后举行的议会选举中,科威特的反对派获得议会50个席位中的36个席位,6名反对派领导人加入新组建的内阁。与此同时,巴林和阿曼亦相继启动政治改革的进程。1993年4月,也门举行自由大选,妇女获得与男子相同的选举权和被选举权,超过50个政党角逐议会的301个席位,并且规定总统任期不得超过两届。周边国家的政治形势,深刻影响沙特阿拉伯的政治生活。

石油经济的繁荣时代,沙特阿拉伯的反对派政治势力长期处于政治舞台的边缘地带。自海湾战争开始,反对派政治势力呈明显上升的趋势,成为沙特阿拉伯政治舞台的突出现象。在沙特阿拉伯的特定环境下,议会政治和政党政治尚无从谈起,世俗政治反对派缺乏广泛的社会基础,现代伊斯兰主义和民间宗教政治运动成为挑战沙特家族政治和官方宗教政治的主要形式。

70年代末期,现代伊斯兰主义主要表现为捍卫信仰的倾向,具有希贾兹的地域色彩。进入90年代,现代伊斯兰主义逐渐从宗教领域延伸到政治领域,旨在否定君主制的合法性和沙特家族的统治地位。与此同时,现代伊斯兰主义在新兴社会阶层产生广泛的宗教政治影响,其支持者大都来自中产阶级和城市下层民众,尤其表现为纳季德的地域背景。另一方面,官方的瓦哈卜派伊欧莱玛强调伊斯兰教的温和性,沙特政府则将奉行现代伊斯兰主义的宗教政治反对派称作背离经训教诲的伊斯兰极端主义者。沙特政府和官方媒体极力强调伊斯兰教的温和性与激烈抨击所谓伊斯兰极端主义的事实,表明民间宗教政治与官方宗教政治之间的矛盾对立日趋尖锐。

1990年12月,中产阶级首先发难,作为"忠于国王的臣民"公开递交致国王法赫德的所谓世俗请愿书。该请愿书由43名商人和知识分子签名,援引《古兰经》和"圣训"以及伊斯兰教法的相关内容,呼吁召开协商会议和地方议会,给予

---

① Wilson,P. W. & Graham,D. F., *Saudi Arabia：the Coming Storm*, p. 64.

② Aarts,P., *Saudi Arabia in the Balance：Political Economy，Society，Foreign Affairs*, p. 29.

民众以相应的政治权利,扩大民众的政治参与。①

1991 年 5 月,伊玛目伊本·沙特伊斯兰大学的教授阿卜杜拉·图瓦吉里向沙特政府递交所谓的宗教请愿书。请愿书包括如下内容:第一,成立协商会议作为决定国家政策的最高机构,议会成员应当具有广泛的代表性,议会应当独立行使权力而不受其他因素的干预和控制;第二,成立教法监护委员会,保证所有的法律法规与沙里亚的一致性,废除与沙里亚不符的法律法规;第三,整顿吏治,清除腐败,实现司法公正,保证公民享有平等的权利和地位;第四,实行官员的问责制,罢免所有腐败官员和不称职官员;第五,保证公共财富在各个阶层和社会群体之间的公平分配,取消税收,减免民众负担,禁止挥霍国家岁入,禁止非法垄断,所有银行不得实行高利制即超过法定标准的利率;第六,建设强大的国防力量,发展国防工业;第七,新闻媒体的宣传报道应当与国家的宗教政策保持一致;第八,外交政策必须坚持国家利益和伊斯兰教的立场;第九,发展伊斯兰教事业;第十,合并司法机构,保障司法独立;第十一,保障人权,在教法允许的范围内保障妇女的权利。② 该请愿书的签名者约 400 人,分别来自世俗中产阶级和瓦哈卜派欧莱玛诸多阶层,包括瓦哈卜派宗教领袖阿卜杜勒·阿齐兹·本·巴兹,预示着作为沙特家族立国基础之宗教政治联盟出现裂痕。请愿书的递交掀起民众请愿运动的浪潮,其令法赫德国王和沙特家族震惊的程度甚至超过伊拉克入侵科威特的消息。③

1992 年 9 月,反对派再次递交请愿书,即所谓的建议备忘录。与 1991 年 5 月递交的请愿书相比,建议备忘录在诸多方面更具激进色彩。建议备忘录长达 45 页,内容涉及经济、政治、社会和宗教领域,着重谴责沙特家族统治下腐败现象的泛滥、经济秩序的混乱、公共财富的挥霍、失业率的上升、贫富分化的加剧、司法公正的缺乏、宗教传统的崩坏和道德的堕落。建议备忘录要求遵循沙里亚的原则,回归伊斯兰的道路,改革政治体制,打破沙特家族的权力垄断,提高欧莱玛的政治地位,惩治腐败,保障人权,实行新闻自由和言论自由,创办伊斯兰银行,结束西方异教国家的驻军。④ 建议备忘录的签名者百余人,既有世俗知识界精英,亦有瓦哈卜派的欧莱玛,其中多数具有纳季德的地域背景。大穆夫提阿卜杜勒·阿齐兹·巴兹主持的欧莱玛长老委员会作为官方瓦哈卜派的最高权威机构通过沙特新闻社发表声明,批评反对派受境外势力指使,歪曲事实和

---

① Kechichian,J. A. , *Succession in Saudi Arabia* , New York 2001, pp. 193-196.

② Jerichow,A. , *The Saudi File:People,Power,Politics*, Surrey 1998, pp. 53-54.

③ Niblock,T. , *Saudi Arabia:Power,Legitimacy and Survival* , p. 95.

④ Dekmejian,R. H. , *Islam in Revolution:Fundamentalism in the Arab World* , p. 145.

妖言惑众。欧莱玛长老委员会由 17 人组成,其中 7 人"由于健康的原因"而拒绝在谴责反对派的声明上签名,随后被法赫德国王罢免职位。①

"保卫合法权益委员会"创建于 1993 年 5 月,是 90 年代沙特阿拉伯最重要的宗教政治反对派组织。该组织的 5 名创建者是教育专家哈米德·苏莱法、退休法官阿卜杜拉·苏莱曼·马萨里、教法学家阿卜杜拉·阿卜杜勒·拉赫曼、大学教授阿卜杜拉·哈米德和阿卜杜拉·图瓦吉里。该组织的创建者声称,其宗旨是依据经训和沙里亚的原则,实现社会公正和保障个人权益,而无意成为反对政府的政党。②"沙里亚赋予穆斯林以义不容辞的责任,保护被压迫者,实现社会公正……我们的宗旨是保护被压迫者,实现社会公正,保卫沙里亚赋予的权利。"③尽管如此,官方欧莱玛发表声明,谴责该委员会是违背伊斯兰教原则的非法组织。随后数日,该委员会的重要成员穆罕默德·马萨里和萨阿德·法基赫以及约 20 名该委员会的支持者相继被捕,旋即被沙特政府驱逐出境。1994 年 4 月,"保卫合法权益委员会"在伦敦重建,通过网络与沙特国内的支持者广泛联系,进而由非官方的人权组织演变为公开反对法赫德国王和沙特政府的政治组织。该组织谴责沙特政府的政治腐败和侵犯人权,主张建立独立于国王和政府的司法体系,强调财富分配的平等原则,实行伊斯兰立场的外交政策,强化国防力量。该组织认为,批评和建议作为公民的权利和义务,源于《古兰经》的规定,应当给予公民以言论自由的权利。该组织将欧莱玛区分为"觉醒的欧莱玛"与"出卖信仰的欧莱玛",批评官方欧莱玛已经堕落为沙特家族的卫道士,呼吁官方欧莱玛履行捍卫经训的神圣职责,停止背离宗教原则而迎合政府。1996 年 3 月,该组织发生分裂,穆罕默德·马萨里继续领导"保卫合法权益委员会",倡导温和色彩的政治改革。萨阿德·法基赫创建"阿拉伯伊斯兰改革运动",反对沙特家族的权力垄断,强调伊斯兰框架内的政治改革和非官方欧莱玛在沙特阿拉伯政治生活中的主导作用,成为激进倾向的宗教政治反对派组织。④萨阿德·法基赫认为,现存的协商会议并不符合伊斯兰教的舒拉原则,协商会议应当成为高于国王和政府的政治权威,国王和政府应当对协商会议负责,欧莱玛的职责不应当局限于信仰的领域,而应当在政治领域发挥积极的作用。⑤

90 年代初期,宗教政治反对派的政治活动主要表现为非暴力的民众请愿和

---

① Champion, D. , *The Paradoxical Kingdom: Saudi Arabia and the Momentum of Reform*, p. 224.

② Fandy, M. , *Saudi Arabia and the Politics of Dissent*, New York 1999, pp. 118-119.

③ Wilson, P. W. & Graham, D. F. , *Saudi Arabia : the Coming Storm*, p. 78.

④ Fandy, M. , *Saudi Arabia and the Politics of Dissent*, p. 127, p. 141.

⑤ Al-Rasheed, M. , *A History of Saudi Arabia*, pp. 179-183.

创建温和色彩的政治组织。然而,沙特政府采取高压的政策,一方面强化新闻审查和舆论控制,另一方面实行警察政治,动辄对宗教政治反对派成员实施刑罚。1992－1994年,沙特政府掀起大肆迫害宗教反对派的政治浪潮。内务部长纳耶夫宣布,110名沙特王国公民由于从事威胁国家安全的政治活动而被政府逮捕;反对派则称,被捕者超过千人。① 著名瓦哈卜派宗教学者萨勒曼·奥达和萨法尔·哈瓦里遭到囚禁,沙特阿拉伯宗教政治反对派的重要成员欧萨玛·本·拉登被沙特政府取消公民资格。② 90年代,沙特王国的死刑案例逐年上升。沙特政府处决的因犯,1990年仅15例,1995年增至192例,其中不乏作为非刑事犯罪者的政治犯。2000年的国际人权组织白皮书宣称:沙特阿拉伯是世界上死刑率最高的国家之一;在过去的20年,共有1163人被沙特政府处死,而实际数字可能不止如此。③ 沙特政府采取的高压政策,导致国内政治气氛的日趋恐怖,激进政治反对派的暴力活动随之增多。1995年11月13日,美国驻利雅得军事机构发生汽车炸弹袭击事件,导致5名美国人死亡,37名美国人受伤。随后,名为"阿拉伯半岛伊斯兰改革运动圣战派"的极端组织声称对利雅得爆炸事件负责,要求美军撤出沙特阿拉伯。1996年6月25日,宰赫兰机场附近的胡巴尔美军机构遭到汽车炸弹袭击,19名美国人丧生,373人受伤。④ 1995年11月利雅得发生的炸弹爆炸事件和1996年6月胡巴尔发生的炸弹爆炸事件,标志着政治反对派开始诉诸暴力手段。

沙特阿拉伯激进政治反对派的代表人物是欧萨玛·拉登。1979年苏军入侵阿富汗以后,欧萨玛·拉登潜入阿富汗,建立称作"盖伊达"的基地组织,开展抗击苏军的活动。海湾战争期间,欧萨玛·拉登反对美军进驻沙特阿拉伯,抨击沙特政府的亲美政策。1993年,沙特政府宣布冻结欧萨玛·拉登的银行资产。1994年,沙特政府取消欧萨玛·拉登的沙特阿拉伯国籍。⑤ 此间,欧萨玛·拉登辗转巴基斯坦和苏丹,1996年进入阿富汗,继而发表声明,宣布对占领沙特阿拉伯的美国政府宣战,抨击沙特家族实行独裁专制和背离伊斯兰教的信仰,呼吁穆斯林发动针对沙特家族的圣战。"阿拉伯半岛的每个部落都有义务发动圣战,解放被占领的土地。"⑥

---

① Wynbrandt, J., *A Brief History of Saudi Arabia*, New York 2004, p. 262.

② Al-Rasheed, M., *A History of Saudi Arabia*, p. 175.

③ Champion, D., *The Paradoxical Kingdom: Saudi Arabia and the Momentum of Reform*, p. 279.

④ Cordesman, A. H., *Saudi Arabia Enters the Twenty-First Century*, p. 188, p. 191.

⑤ 同上, p. 211。

⑥ Aarts, P., *Saudi Arabia in the Balance: Political Economy, Society, Foreign Affairs*, p. 278.

1962 年 10 月,王储费萨尔以大臣会议首相的名义颁布"十点纲领",阐述基本的施政框架,承诺筹建国家协商会议(majlis al-shura al-watani),依据经训的教诲、沙里亚的原则和正统哈里发的传统制定《基本法》,创办省区协商会议,完善地方政府机构,设立司法部,保障司法独立,完善司法体系,保障伊斯兰框架内的言论自由。[①] 1962 年 11 月,费萨尔宣布:"沙特阿拉伯的政府适应社会的进步而经历着逐渐完善的过程。国王的政府相信,目前需要依据《古兰经》和'圣训'的原则以及正统哈里发的实践,制定基本法,以规范国家的管理,规范政府的基本原则,规范统治者与被统治者之间的关系,规范国家的权力,保障民众的基本权利,诸如在伊斯兰教和公共政策的框架内的言论自由。"[②]所谓的"十点纲领"无疑包含着宪政制度的基本要素,"十点纲领"的颁布标志着沙特王国政治民主化进程的缘起。

然而,费萨尔无意改革沙特王国的政治体制和实现民众广泛的政治参与,所谓的"十点纲领"只是其与国王沙特角逐权力的政治手段。1964 年 10 月费萨尔即位以后,沙特家族内部的权力角逐告一段落,政治改革的进程随之搁置,"十点纲领"中关于政治改革的诸项承诺未能得到兑现。费萨尔明确宣布,沙特王国的现行政治制度不可更改;沙特王国不需要新的宪法,因为《古兰经》是最好的宪法。费萨尔在尽管在"十点纲领"中承诺保障民众的言论自由,却在即位后不久实行更加严格的新闻审查制度。与此同时,沙特政府不断强化安全机构,旨在遏制反对派政治势力。国民卫队作为沙特政府控制民众的主要安全力量,由阿卜杜拉亲王直接统领,规模明显扩大。费萨尔当政期间颁布新的反罢工法,将对于煽动和组织罢工者的惩处由此前的监禁 3—5 年延长为监禁 10—15 年。[③] 60 年代,苏联在中东诸国影响的扩大、纳赛尔主义的风行和共和制革命的高潮,严重威胁沙特王国的君主制度,促使沙特政府走上亲美的道路,与美国的广泛合作以及寻求美国的保护成为沙特政府的基本外交政策。

费萨尔当政期间,一方面致力于在经济社会层面推动沙特阿拉伯的现代化进程,另一方面不断强化沙特家族的权力垄断和独裁统治。沙特政府的诸多举措,与伊朗巴列维时代的白色革命以及埃及的纳赛尔主义颇具异曲同工之处。经济社会秩序的剧烈变化与政治制度的相对滞后之间的逆向运动,构成费萨尔

① Abir, M., *Saudi Arabia in the Oil Era : Regime and Elites ; Conflict and Collaboration*, p. 94.

② Wilson, P. W. & Graham, D. F., *Saudi Arabia : the Coming Storm*, p. 52.

③ Abir, M., *Saudi Arabia in the Oil Era : Regime and Elites ; Conflict and Collaboration*, p. 97, p. 99.

时代沙特阿拉伯现代化进程的突出现象。自70年代开始现代伊斯兰主义的兴起和民众政治运动的高涨,则是剧烈变动的经济社会秩序与相对滞后的政治制度尖锐对立的逻辑结果,集中体现沙特王国深刻的政治危机。

1979年麦加事件发生以后,政治改革再次提上议事日程。1980年1月,王储法赫德宣布,即将筹建国家协商会议和制定基本法,国家协商会议将与大臣会议共同行使国家权力,地方政府亦将重新组建,以保证民众的政治参与。同年3月,国王哈里德宣布成立由欧莱玛和内阁大臣组成的8人委员会,委派内政大臣纳耶夫亲王主持,负责筹建国家协商会议、制定基本法和改组地方政府;国家协商会议包括50—70人,由沙特政府任命产生,分别代表不同社会阶层,参与制定基本法。①

1984年底,法赫德国王在会见伦敦《星期天时报》记者时宣布,沙特政府正在筹建国家协商会议,国家协商会议的成员由沙特政府任命产生,国家协商会议的主要职责是通过表达民众意见和监督政府的方式,实现民众的政治参与。1985年4月,法赫德国王再次承诺成立国家协商会议。②

1992年3月,法赫德国王主持召开大臣会议,正式颁布基本法、国家协商会议法和地方组织法,实行有限的政治改革。③ 基本法明确规定:沙特阿拉伯是具有完整主权的国家,阿拉伯语是沙特阿拉伯的官方语言,伊斯兰教是沙特阿拉伯的官方信仰,《古兰经》和"圣训"是沙特阿拉伯的永久性宪法,利雅得是沙特阿拉伯的首都,沙特阿拉伯实行君主制的政治制度,国家的统治权力属于沙特王国的创立者伊本·沙特的子孙。④ 根据基本法,国家的根本职责是保护私有财产、捍卫伊斯兰教信仰、执行伊斯兰教法和保障沙里亚赋予的公民权利,国王拥有最高司法权和行政权,兼任大臣会议首相,有权任免副首相和大臣会议成员,有权解散大臣会议。根据基本法,沙特阿拉伯实行有限的司法独立和三权分立,而国王决定法官的人选和任期,是立法、司法和行政机构的最高裁决者。⑤国家协商会议法规定:国家协商会议由60人组成(1997年改为90人,2001年增至120人),国家协商会议的成员由国王任命,任期4年,负责讨论国民经济与社会发展计划、解释法律和监督政府财政预算的执行情况,国家协商会议的决议须经国王批准方可生效,国王有权解散国家协商会议和决定国家协商会议

中
东
史

---

① Abir,M.,*Saudi Arabia in the Oil Era:Regime and Elites:Conflict and Collaboration*, p. 168.

② 同上, p. 199。

③ Kechichian,J. A.,*Succession in Saudi Arabia*, pp. 203-206.

④ Khater,A. F.,*Sources in the History of the Modern Middle East*, pp. 267-268.

⑤ Long,D. E.,*The Kingdom of Saudi Arabia*, p. 40.

的运作程序。地方组织法将沙特阿拉伯划分为 13 个省区,省区长官称作"埃米尔",由内务部推荐而由国王正式任命,隶属内务部大臣,掌管省区内部的行政、财政、司法权力;省区设地方议会,行使资政的权力,省区长官兼任地方议会主席。[①]

法赫德国王于 1992 年颁布的基本法不同于中东其他国家在现代化进程中制定的宪法,沿袭沙特阿拉伯的传统政治制度,旨在通过法律的形式强化君主制和沙特家族的统治地位,并未涉及诸如保障公民权利、司法独立、议会选举以及组建工会和政党的现代政治准则。基本法规定的国家制度,尚未突破传统政治的基本框架。[②]

1992 年 9 月,法赫德国王任命前司法大臣穆罕默德·伊卜拉欣主持筹建国家协商会议。1993 年 8 月,法赫德国王正式任命协商会议 61 名成员,协商会议成员主要包括部族首领和官方欧莱玛,其中约 40% 来自纳季德,约 30% 来自希贾兹,10% 来自阿西尔、7% 来自哈萨,1 人具有什叶派的教派背景,反对派和妇女则被排除在外。[③] 国家协商会议分为 8 个专门委员会,会议的程序和内容受到严格控制。法赫德明确强调协商会议仅仅具有咨询的功能,沙特阿拉伯将延续君主制的政治制度,不会接受西方的民主政体;协商会议遵循伊斯兰教的协商原则,是民众政治参与的基本形式。1994 年,协商会议召开会议 29 次,讨论议题 45 项。1995 年,法赫德国王首次向协商会议提交政府预算报告。据沙特政府统计,第一届协商会议 4 年间召开会议 103 次,通过决议 133 项。1997 年 7 月召开第二届协商会议,成员由 60 人增至 90 人。1999 年 7 月,协商会议的专门委员会由 8 个增至 11 个。2001 年召开第三届协商会议,成员由 90 人增至 120 人。[④]

制定基本法和成立国家协商会议无疑构成沙特王国政治改革的核心内容,石油经济时代经济社会的剧烈变革、民众运动的日趋高涨以及沙特王室内部的权力角逐则是促使沙特王国推行政治改革的动因所在。然而,所谓的基本法纯系国王授意制定,徒具宪法的形式,却无宪法的实质。不仅如此,基本法强调君主制作为沙特王国的基本政治制度,强调沙特家族在国家政治生活中的核心地位,排斥民众广泛的政治参与。与基本法同时出笼的国家协商会议,表现为自

① Jerichow, A., *The Saudi File: People, Power, Politics*, pp. 35-40.
② 同上, pp. 126-127。
③ Al-Rasheed, M., *A History of Saudi Arabia*, p. 174.
④ Cordesman, A. H., *Saudi Arabia Enters the Twenty-First Century*, pp. 148-150.

上而下的过程,缺乏选举程序和必要的独立性,处于沙特王室的操纵之下,无法成为制约王权和实现民众政治参与的政治机构,形同虚设,与法国历史上的三级会议颇显雷同。基本法和国家协商会议的宗旨,在于巩固现存的政治秩序和强化君主制度,而不是改变现存的政治秩序、限制王权和实现民主。法赫德国王则明确声称:"其他国家采用的民主制度并不适合海湾国家的国情。伊斯兰教是我们的社会和政治法律,是规范社会、经济和政治制度的宪法。"①基本法和国家协商会议的宗旨,在于巩固现存的政治秩序,而不是改变现存的政治秩序。内阁作为国家权力的中枢机构,处于沙特家族的控制之下:国王法赫德兼任内阁首相,王储阿卜杜拉任第一副首相兼国民卫队司令,苏勒坦亲王任第二副首相兼国防大臣,沙特·费萨尔亲王任外交大臣,纳伊夫亲王任内务大臣,穆提卜亲王任公共工程与住房大臣。②前英国驻沙特阿拉伯大使因此指出,90年代沙特王国的政治制度依旧沿袭伊本·沙特当政期间的传统模式。"在名义上,政策和措施由内阁即大臣会议讨论,并由大臣会议予以批准或否决。而在实际上,政策和措施的批准或否决的权力属于国王,大臣会议唯有遵从国王的意旨,坦诚的争执几乎是不可能的"。另一研究者认为:为数不多的资深王室成员负责制定沙特阿拉伯的国家政策,程序表现为自上而下的和不公开的特点。90年代,国际社会亦有许多非官方的人权组织批评沙特王国的司法机构缺乏必要的独立地位而从属于国王和政府,特别是内务部和司法部,指责国王随意任免法官和设立特别法庭。"司法机构实际上只是行政机构的一个部门,而行政机构是沙特王国唯一的权力机构"。无论行政机构还是司法机构,皆处于王室成员的操纵和控制之下,而王室成员和显贵家族凌驾于法律之上。③

　　90年代的沙特阿拉伯,反对派政治势力无疑呈明显上升的趋势,反对派政治影响不断扩大,政治风暴的诸多征兆日趋显见,民众力量的崛起与沙特家族的独裁统治之间的激烈抗争则是政治风暴的源头所在。90年代初自上而下的官方政治改革和国家协商会议的建立,显然不足以平息民众广泛的政治不满。然而,沙特阿拉伯的政治反对派来源各异,成分复杂,政治立场差异甚大。世俗政治反对派与宗教政治反对派错综交织,却因缺乏明确的政治纲领以及奇里斯马式的政治领袖,难以形成广泛和稳定的政治联盟,是为90年代的沙特阿拉伯区别于巴列维王朝覆灭前夕之伊朗的不同之处。现代伊斯兰主义的滥觞能否

　　① Wilson,P. W. & Graham,D. F. , *Saudi Arabia:the Coming Storm* , p. 73.

　　② Cordesman,A. H. , *Saudi Arabia Enters the Twenty-First Century* , p. 144.

　　③ Champion,D. , *The Paradoxical Kingdom:Saudi Arabia and the Momentum of Reform* ,
p. 289, p. 285.

转化为政治革命,尚无法确定。

二、海湾诸国

海湾地区的历史沿革

海湾地区具有悠久的历史传统,海湾地区的古代文明可以追溯到公元前
3500 年两河流域南部的苏美尔时代以及公元前 2700 年伊朗高原西南部的埃兰
时代。在历史的长河中,阿拉伯人创造的文明与波斯人创造的文明交相辉映。
发达的商业贸易是海湾地区经济生活的重要内容,海湾地区北侧的巴士拉和海
湾地区西侧的西拉夫曾经是古代世界的著名商埠。自新航路开辟以后,葡萄
牙、荷兰、法国和英国的商船相继驶入海湾水域,欧洲人逐渐取代阿拉伯人和波
斯人成为海湾贸易的主宰者。

葡萄牙人于 15 世纪末到达马斯喀特,1514 年占领霍尔木兹,继而控制巴
林。此后,葡萄牙人与奥斯曼帝国以及波斯萨法维王朝在印度洋水域激烈角
逐。1517 年,葡萄牙人的舰队在吉达败于奥斯曼帝国的舰队,被迫退出红海水
域。17 世纪初,波斯萨法维王朝国王阿拔斯一世的军队击败葡萄牙人,占领巴
林,夺取霍尔木兹。1660 年,阿曼的亚阿里巴部落赶走葡萄牙人,夺取马斯喀
特。17 世纪末,亚阿里巴部落赶走波斯人,夺取巴林。18 世纪前期,波斯的统
治者纳迪尔沙重新占领巴林和马斯喀特,控制海湾的东西两侧。18 世纪中叶,
索哈尔的统治者和阿曼阿布·赛义德王朝的创始人艾哈迈德·本·赛义德赶
走波斯人,夺取马斯喀特。[1]

自 18 世纪起,英国东印度公司的势力开始进入海湾,海湾东侧的港口城市
布什尔成为英国东印度公司驻海湾专员的所在地。19 世纪,英国东印度公司的
势力延伸到自科威特至亚丁的整个阿拉伯半岛东部和南部边缘。英国殖民当
局通过与地方统治者签署保护性协议,逐渐控制海湾水域以及印度洋与欧洲之
间的贸易通道。[2] 至一战结束时,海湾俨然成为英国在东方的内湖。然而,海湾
地区并非英国的殖民地,亦非处于英国当局的委任统治之下。英国殖民当局与
海湾地方统治者签署的条约,局限于外交的层面,旨在排斥其他列强插手海湾

---

[1] Zahlan, R. S. , *The Making of the Modern Gulf States*, London 1998, pp. 11-12.

[2] Sharabi, H. B. , *Government and Politics of the Middle East in the Twentieth Century*, p. 256.

事务。英国殖民当局在海湾地区并未引入触及传统秩序的经济社会改革,而是极力寻求与海湾地方统治者的政治合作,扶植海湾地区的君主制,强化海湾君主统治民众和驾驭社会的权力。英国殖民当局在海湾地区实行分而治之的政策,导致海湾地区长期处于分裂的局面。1971年特鲁希尔条约的终止,标志着英国主宰海湾地区的时代落下帷幕。继英国之后,美国逐渐成为影响海湾地区的主要外部势力。

海湾地区蕴藏着丰富的石油资源。石油的发现和石油经济的繁荣,构成海湾国家兴起和发展的重要基础。自20世纪30年代,石油工业在海湾地区悄然崛起。石油的开采提供了海湾地区与国际社会交往的纽带,海湾地区的经济生活开始融入世界市场。石油经济的发展和繁荣,导致海湾地区的深刻历史变革。伴随着石油财富的增长,海湾诸国相继崛起,海湾地区的传统秩序逐渐解体,现代化进程随之启动。

海湾诸国地处相似的自然环境,相互之间具有密切的历史渊源,蕴藏丰富的石油资源和根深蒂固的血缘传统构成海湾诸国的共同特征。海湾诸国现代化进程中政治生活的突出现象,是传统部落贵族与王室之间力量对比的剧烈消长以及国家职能的不断完善和威权政治的逐渐强化。石油时代,海湾诸国延续君主制的政治制度,科威特的萨巴赫家族、巴林的哈利法家族、卡塔尔的萨尼家族、阿联酋和阿布扎比的纳赫延家族、阿曼的阿布·赛义德家族长期垄断国家权力和经济命脉。海湾诸国的统治者凭借丰厚的石油收入,不断强化君主制度,普遍实行党禁,排斥民众的政治参与。

海湾地区沙漠居多,居无定所的游牧活动盛行。"阿拉伯人的沙漠如同公海一般,商旅驼队和游牧部落宛若在海面移动的船只。"[1]由于特定的自然环境,海湾诸国长期以来缺乏明确和稳定的边界线。两次世界大战之间,随着海湾地区石油的发现和开采,作为海湾大国的沙特阿拉伯、伊拉克和伊朗开始觊觎海湾小国的领土,边界争端不断。英国的"保护",使得海湾小国免遭兼并的厄运。80年代,海湾地区风云变幻,沙特阿拉伯与海湾诸国成立海湾合作委员会,建立集体安全与防御体制,旨在共同抵御伊朗和伊拉克的军事威胁。进入90年代,海湾诸国放弃不结盟的外交立场,积极寻求美国和西方世界的保护,巴林成为美国第五舰队的总部所在地。然而,海湾国家并非实行一致的外交政策。两伊战争期间,科威特支持伊拉克而中断与伊朗的外交关系,阿联酋和阿曼则始终保持与伊朗的外交关系。伊拉克军队占领科威特期间,阿联酋、卡塔尔和巴林

---

[1]　Zahlan,R.S.,*The Making of the Modern Gulf States*, p. 24.

中断与伊拉克的外交关系,阿曼则依然保持与伊拉克的外交关系。①

科威特国位于阿拉伯半岛的东北部和海湾的西北部,地处海湾大国伊拉克与沙特阿拉伯之间,毗邻阿拉伯河出海口,国土面积约 1.8 万平方公里。根据 1998 年的官方统计,科威特总人口为 223.7 万,其中本土公民占 34%,外籍人口占 66%。科威特本土公民系阿拉伯人,信奉伊斯兰教,其中超过 80% 属逊尼派穆斯林,余者为什叶派穆斯林。

科威特国的创立者是欧特布部落的萨巴赫家族,系阿纳宰部落的分支。欧特布部落祖居阿拉伯半岛中部的纳季德高原,包括从事农业的定居者和追逐水草的贝都因人。17 世纪末,欧特布部落的定居者约 30 个家族为躲避饥荒,自纳季德高原的哈达尔一带迁至阿拉伯半岛东北部的海湾沿岸,依附于哈立德部落。"科威特"一词在阿拉伯语中意为"小城堡";科威特作为地名出现于 19 世纪 40 年代,最初特指哈立德部落建立的城堡。②

18 世纪中叶,兴起于纳季德高原的瓦哈卜派击败哈立德部落,欧特布部落萨巴赫家族趁机夺取科威特城,创建科威特埃米尔国,第一任埃米尔是萨巴赫家族的舍赫萨巴赫·本·贾比尔(1752—1756 年在位)。1756 年萨巴赫·本·贾比尔死后,其子阿卜杜拉继任埃米尔,是为阿卜杜拉一世(1756—1814 年在位)。此间,同属欧特布部落的萨巴赫家族与哈利法家族日趋对立,哈利法家族遂离开科威特,移居卡塔尔半岛,直至进入巴林,萨巴赫家族的统治地位进一步巩固。③

1775 年,阿卜杜拉一世与英属东印度公司签署贸易协议,进而寻求英属东印度公司的保护。第五代埃米尔阿卜杜拉二世(1866—1892 年在位)当政期间,科威特转而寻求奥斯曼帝国的支持,于 1871 年接受奥斯曼帝国苏丹的赐封。④与此同时,科威特与巴士拉之间的贸易联系逐渐密切,法奥地区的枣椰林成为科威特埃米尔的重要财源。⑤ 1896 年,萨巴赫家族的穆巴拉克在英属东印度公司的支持下夺取埃米尔的权位,成为科威特的第七代埃米尔(1896—1915 年在位)。此后,科威特逐渐放弃与奥斯曼帝国之间的从属关系,其与英属东印度公司以及沙特家族之间的关系进一步密切。1899 年,穆巴拉克与英国政府签署协

① Ismeal,T. Y. ,*Middle East Politics Today:Government and Civil Society*,p. 346.
② Al-Dekhayel,A. ,*Kuwait:Oil,State and Political Legitimation*,London 2000,p. 1.
③ Crystal,J. ,*Kuwait:The Trasformation of an Oil State*,Boulder 1992,p. 9.
④ 同上,p. 11.
⑤ Zahlan,R. S. ,*The Making of the Modern Gulf States*,p. 35.

议,科威特与英国政府正式建立保护关系。①

1915 年穆巴拉克死后,其子贾比尔(1915—1917 年在位)和萨利姆(1917—1921 年在位)相继即位。萨利姆当政期间,萨巴赫家族支持和庇护阿治曼部落,试图抗衡沙特家族,导致科威特与沙特家族之间的关系急剧恶化。1920 年,科威特与沙特伊赫瓦尼战士在贾拉赫发生军事冲突。1921 年萨利姆死后,贾比尔之子艾哈迈德(1921—1950 年在位)即位。1922 年,在英国政府的干预下,科威特与沙特划定边界线,进而确定科威特国家的疆域。②

1950 年艾哈迈德死后,萨利姆之子阿卜杜拉即位,是为阿卜杜拉三世(1950—1965 年在位)。1961 年 6 月,科威特与英国签署新的条约,终止 1899 年协议,英国政府承认科威特的完整主权,科威特成为第一个获得独立的海湾国家。同年 7 月,科威特加入阿拉伯国家联盟。1963 年 5 月,科威特加入联合国。1965 年阿卜杜拉三世死后,萨利姆之子萨巴赫即位,是为萨巴赫三世(1965—1977 年在位)。1968 年 5 月,科威特政府宣布废除 1961 年与英国政府签署的条约。③

卡塔尔国位于阿拉伯半岛的东部和海湾的西侧,毗邻沙特阿拉伯和阿拉伯联合酋长国,与巴林隔海相望,由卡塔尔半岛以及邻近的十余处岛屿组成,国土面积约 1 万平方公里。根据 1999 年的统计,卡塔尔人口约 68 万,主要分布在首都多哈和乌姆赛义德工业区。卡塔尔的本土居民占总人口的 25%,外籍人口占总人口的 75%。卡塔尔的本土居民绝大多数为阿拉伯人,信奉逊尼派伊斯兰教。

卡塔尔半岛的古代居民是迦南人和腓尼基人,其后是阿拉伯人和波斯人。公元 7 世纪,伊斯兰教传入卡塔尔半岛。10 世纪,伊斯兰教什叶派分支卡尔马特派一度统治卡塔尔。16 世纪初,葡萄牙人占领卡塔尔半岛。16 世纪中叶,卡塔尔半岛被纳入奥斯曼帝国的版图。

大约在 18 世纪,塔米姆部落的萨尼家族自阿拉伯半岛内陆移至卡塔尔半岛东部的多哈和瓦克拉赫,依附于欧特布部落的哈利法家族。19 世纪中叶,萨尼家族摆脱哈利法家族的控制,在卡塔尔半岛建立埃米尔国,穆罕默德·萨尼成为卡塔尔埃米尔国的第一任埃米尔(1868—1876 年在位)。穆罕默德·萨尼死后,其子嘎希姆·穆罕默德继任埃米尔(1876—1913 年在位)。19 世纪后期

① Crystal, J., *Kuwait: The Trasformation of an Oil State*, p. 12.

② 同上, pp. 15-16。

③ Al-Dekhayel, A., *Kuwait: Oil, State and Political Legitimation*, p. 2.

奥斯曼帝国军队占领阿拉伯半岛东部的哈萨以后,嘎希姆·穆罕默德曾经接受伊斯坦布尔苏丹的赐封。[1] 1902 年沙特家族占领利雅得后,嘎希姆·穆罕默德与沙特家族结盟,接受瓦哈卜派信仰,共同对抗奥斯曼帝国的威胁。

嘎希姆·穆罕默德死后,其子阿卜杜拉·嘎希姆即位(1913－1949 年在位)。阿卜杜拉·嘎希姆当政期间,卡塔尔面临沙特家族的威胁,遂寻求英国的支持,于 1916 年与英国政府签署保护协议,卡塔尔成为英国的保护地。1949 年,阿卜杜拉·嘎希姆退位,其子阿里·阿卜杜拉即位(1949－1960 年在位)。1960 年,阿里·阿卜杜拉退位,其子艾哈迈德·阿里即位(1960－1972 年在位),哈利法·哈马德出任首相,推行政府机构改革和司法改革。[2] 1970 年,卡塔尔颁布临时宪法,成立内阁和协商会议。1971 年,卡塔尔宣布独立,加入阿拉伯国家联盟和联合国。[3]

"巴林"一词在近代以前泛指阿拉伯半岛东侧巴士拉与阿曼之间的地区,1783 年起特指哈利法家族统治的国家。[4] 巴林国系海湾西侧的岛国,西距沙特阿拉伯 24 公里,南距卡塔尔 28 公里,共有 36 座岛屿,总面积约 700 平方公里。巴林的主要岛屿包括阿瓦勒岛(亦称巴林岛)、穆哈拉格岛和西特拉岛。阿瓦勒岛是巴林第一大岛,面积 578 平方公里,占巴林总面积的 85％,首都麦纳麦以及几乎所有的可耕地和油田均位于该岛。穆哈拉格岛是巴林第二大岛,巴林第二大城市穆哈拉格以及国际机场位于该岛。根据 1997 年的统计,巴林总人口为62.6 万,其中本土人口占 63％,外籍人口占 37％。巴林地处阿拉伯世界与伊朗之间,人口构成明显区别于其他海湾国家,兼有逊尼派与什叶派以及阿拉伯人与伊朗人的双重色彩。

巴林曾经是古代海湾地区的重要贸易中心。伊斯兰教诞生前夕,巴林处于波斯萨珊王朝的统治之下。632 年,巴林被纳入哈里发国家的版图。新航路开辟以后,巴林一度成为葡萄牙人在海湾地区的殖民据点。1602－1782 年,巴林处于伊朗萨法维王朝的统治之下。18 世纪后期,阿拉伯人欧特布部落的哈利法家族离开科威特,移居卡塔尔半岛西北部的祖巴拉赫。1783 年,哈利法家族在其首领艾哈迈德·哈利法的率领下占领巴林,赶走萨法维王朝的军队。此后,哈利法家族在巴林建立埃米尔国,艾哈迈德·哈利法(1783－1796 年在位)成为

---

① Al-Dekhayel,A., *Kuwait:Oil,State and Political Legitimation*, p.100.

② 同上,p.103。

③ Yapp,M.E., *The Near East Since the First World War*, p.374.

④ Al-Khalifa,S.A.K., *Bahrain Through the Ages the History*, London 1993, p.13.

巴林埃米尔国的第一任埃米尔。①

　　巴林埃米尔国建立初期,哈利法家族缺乏明确的权位继承制度,内讧不已。1869 年伊萨·阿里(1869—1923 年在位)即位后,确立埃米尔的长子继承制度。② 1880 年和 1892 年,英国殖民当局与伊萨·阿里两次签署协议,哈利法家族接受英国殖民当局的保护,巴林成为英国的保护地。1923 年,迫于英国殖民当局的压力,伊萨·阿里退位,其子哈马德·伊萨即位(1923—1942 年在位)。此后,英国殖民当局强化对于巴林的控制,推行司法、行政和财政改革,首开海湾地区政治改革的先河。③ 1942 年,哈马德·伊萨之子萨勒曼·哈马德即位(1942—1961 年在位)。④ 1958 年,萨勒曼·哈马德指定其长子伊萨·萨勒曼作为王储。1961 年 12 月,伊萨·萨勒曼即位(1961—1999 年在位),成为巴林第十一任埃米尔。⑤ 1968 年,英国宣布未来 3 年关闭其在巴林的军事基地,结束与巴林之间的保护关系。⑥

　　伊朗在海湾地区具有举足轻重的地位和影响,长期坚持对于包括巴林在内的海湾周边地区的领土要求。1957 年,伊朗国王巴列维宣布巴林系伊朗的第十四个省。⑦ 1968 年英国宣布结束与巴林之间的保护关系以后,巴林、卡塔尔、阿布扎比和迪拜试图组建统一国家,旨在共同对抗来自伊朗的威胁。巴林的经济实力不及卡塔尔、阿布扎比和迪拜,却有最发达的政府体系和最多的人口。巴林要求在新的统一国家中占据主导地位,遭到卡塔尔、阿布扎比和迪拜的拒绝,谈判破裂。1970 年初,通过英国政府的斡旋,巴列维国王建议巴林在联合国的监督下举行全民公决,决定巴林的主权归属。⑧ 1971 年 8 月,巴林宣布独立。

　　阿拉伯联合酋长国地处阿拉伯半岛东南部的卡塔尔半岛与霍尔木兹海峡之间,毗邻卡塔尔、沙特阿拉伯和阿曼,包括阿布扎比、迪拜、沙迦、阿治曼、乌姆盖万、哈伊马角和富查伊拉 7 个酋长国,其中阿布扎比、迪拜、沙迦、阿治曼、乌姆盖万、哈伊马角位于波斯湾南岸,富查伊拉位于阿曼湾北岸。阿拉伯联合酋长国总面积 8.36 万平方公里,其中阿布扎比面积 6.73 万平方公里,占全国总

①　Lawson, F. H. , *Bahrain: The Modernization of Autocracy*, pp. 27-28, p. 29.

②　Zahlan, R. S. , *The Making of the Modern Gulf States*, p. 98.

③　Yapp, M. E. , *The Near East Since the First World War*, p. 203.

④　Zahlan, R. S. , *The Making of the Modern Gulf States*, p. 67.

⑤　Lawson, F. H. , *Bahrain: The Modernization of Autocracy*, p. 74.

⑥　Zahlan, R. S. , *The Making of the Modern Gulf States*, p. 71.

⑦　Peretz, D. , *The Middle East Today*, p. 496.

⑧　Zahlan, R. S. , *The Making of the Modern Gulf States*, pp. 71-72.

面积的 86.7%。根据 1997 年的统计,阿拉伯联合酋长国总人口为 280 万,其中本土居民占 24%,外籍人口占 76%。阿拉伯联合酋长国的本土居民多为阿拉伯人,大都信奉逊尼派伊斯兰教,什叶派穆斯林仅在迪拜占人口多数。

海湾南岸自卡塔尔半岛至霍尔木兹海峡之间的狭长地区,与阿曼具有密切的历史渊源。19 世纪中叶,在英国殖民当局的干预下,海湾南岸以及阿曼湾北岸脱离阿曼,成为英国殖民当局的保护地,统称特鲁希尔阿曼("特鲁希尔"是英语"休战"一词的音译)。英国殖民当局保护时期,海湾南岸以及阿曼湾北岸逐渐形成阿布扎比、迪拜、沙迦、阿治曼、乌姆盖万、哈伊马角和富查伊拉诸酋长国。

特鲁希尔的阿拉伯人大都属于亚斯部落和嘎瓦绥姆部落。阿布扎比的统治者是阿布·法拉赫家族即纳赫延家族,属于亚斯部落的分支。英国殖民当局保护时期,嘎瓦绥姆部落的势力逐渐削弱,亚斯部落的势力逐渐扩大。阿布扎比酋长扎耶德·哈利法当政时期(1855—1909 年在位),亚斯部落的势力达到顶峰,阿布扎比成为特鲁希尔地区的中心所在。然而,纳赫延家族作为阿布扎比的统治者,缺乏明确的权位继承制度。1909 年扎耶德·哈利法死后,阿布扎比陷入混乱。扎耶德·哈利法生有七子,长子哈利法·扎耶德放弃酋长的权位继承,次子塔赫努恩·扎耶德即位(1909—1912 年在位)。塔赫努恩·扎耶德死后,扎耶德的五子哈姆丹·扎耶德即位(1912—1922 年在位)。1922 年,哈姆丹遇害身亡,苏勒坦·扎耶德即位(1922—1926 年在位)。1926 年,苏勒坦死于家族内讧,萨克尔·扎耶德即位(1926—1928 年在位)。1928 年,萨克尔死于家族内讧,哈利法·扎耶德拥立苏勒坦·扎耶德之子沙赫布特·苏勒坦即位(1928—1966 年在位)。沙赫布特即位后,其母萨拉玛召集诸子发誓,不得觊觎埃米尔的权位。沙赫布特·苏勒坦在位长达 38 年,家族内讧至此告一段落,阿布扎比经历空前稳定的时期。1966 年,沙赫布特·苏勒坦退位,扎耶德·苏勒坦取代沙赫布特·苏勒坦,成为阿布扎比的埃米尔(1966 年至今在位)。沙赫布特·苏勒坦当政期间,延续传统的秩序。扎耶德·苏勒坦即位后,致力于改革阿布扎比的传统秩序,进而开启现代化的先河。[①]

1833 年,亚斯部落分裂,马克土姆家族在其酋长马克土姆·布提(1833—1852 年在位)的率领下离开阿布扎比,移居迪拜。1894 年,马克土姆·哈沙尔出任迪拜的酋长(1894—1906 在位)。迪拜的马克土姆家族与阿布扎比的纳赫延家族同属亚斯部落。然而,纳赫延家族具有贝都因人的传统,马克土姆家族具有商业和城市的浓厚色彩。阿布扎比疆域辽阔,迪拜的疆域局限于迪拜城市

---

① Zahlan, R. S., *The Making of the Modern Gulf States*, pp. 108-109, p. 111.

的范围。马克土姆·哈沙尔当政期间,鼓励发展商业贸易,迪拜开始成为海湾地区的重要商埠。自 1912 年起,迪拜实行父子相袭的权位继承制度,赛义德·马克土姆(1912—1958 年在位)和拉希德·赛义德(1958—1990 年在位)相继出任迪拜酋长。①

沙迦的统治者是嘎希姆家族,属于嘎瓦绥姆部落的分支。嘎希姆家族的酋长苏勒坦·萨克尔(1803—1866 年在位)当政期间,统治范围包括沙迦城、富查伊拉、哈伊玛角、阿曼湾的凯勒巴、宰德绿洲、阿布·穆萨岛、大小通布岛。然而,嘎希姆家族的酋长缺乏明确的权位继承制度。苏勒坦·萨克尔死后,家族内讧,沙迦逐渐衰落。1921 年,哈伊玛角以及大小通布岛脱离沙迦。1936 年,阿曼湾的凯勒巴脱离沙迦。1952 年,富查伊拉脱离沙迦。1965 年,萨克尔·苏勒坦被罢免,哈立德·穆罕默德取代萨克尔·苏勒坦出任沙迦酋长(1965—1972 在位)。1972 年,哈立德·穆罕默德之子苏勒坦·穆罕默德即位(1972 年至今在位)。②

哈伊玛角原为沙迦酋长国的一部分,统治者亦为嘎希姆家族。1921 年,哈伊玛角以及大小通布岛正式脱离沙迦,成为英国保护的特鲁希尔国家。沙迦的第一任酋长是苏勒坦·萨利姆(1919—1948 年在位)。1948 年,苏勒坦·萨利姆被嘎希姆家族罢免,萨克尔·穆罕默德即位(1948 年至今在位)。③

阿治曼的统治者是阿布·胡莱班家族,属于努埃米部落的分支。阿治曼酋长国的范围局限于阿治曼城,面积 60 平方公里,距沙迦城 8 公里。1928—1981 年,阿布·胡莱班家族的酋长拉希德·侯麦德统治阿治曼。1981 年,阿布·胡莱班家族的侯麦德·拉希德即位(1981 年至今在位)。④

乌姆盖万酋长国的面积约 480 平方公里,统治者是穆阿拉家族。自 1929 年起,穆阿拉家族的酋长艾哈迈德·拉希德(1929—1981 年)长期统治乌姆盖万。现任埃米尔是拉希德·艾哈迈德(1981 年至今在位)。⑤

富查伊拉位于阿曼的巴提纳沿海,并非严格意义上的海湾国家。富查伊拉的统治者是萨尔奇家族,属于萨尔奇部落的分支,富查伊拉的居民亦大都属于萨尔奇部落。1952 年,富查伊拉脱离沙迦,加入特鲁希尔体系。1938 年,穆罕默德·哈马德(1938—1975 年在位)出任富查伊拉酋长。1975 年穆罕默德·哈马德死后,其子哈马德·穆罕默德即位(1975 年至今在位),兼任联邦农业和渔

① Zahlan, R. S., *The Making of the Modern Gulf States*, pp. 111-112.
② 同上,pp. 115-117。
③ 同上,pp. 120-121。
④ 同上,p. 121。
⑤ 同上,p. 121。

中东史

业部长。①

1971 年 7 月,阿布扎比、迪拜、沙迦、阿治曼、乌姆盖万和富查伊拉的诸酋长达成协议,宣布成立阿拉伯联合酋长国。同年 12 月,阿拉伯联合酋长国颁布临时宪法。1972 年 2 月,哈伊马角酋长国加入阿拉伯联合酋长国。

阿曼苏丹国位于阿拉伯半岛东南部、阿曼湾西侧和阿拉伯海北侧,毗邻阿拉伯联合酋长国、沙特阿拉伯和也门,北端的飞地穆珊达姆角扼守霍尔木兹海峡,国土面积 31 万平方公里,是阿拉伯半岛仅次于沙特阿拉伯和也门的第三大国。根据 1997 年的统计,阿曼总人口 226 万,绝大多数为信奉伊斯兰教的阿拉伯人。阿曼苏丹国的居民主要分布在哈贾尔山区和沿海平原,哈贾尔山区具有定居农业的悠久传统,盛行哈瓦利及派的分支伊巴迪叶派,沿海平原的居民主要从事商业贸易活动,逊尼派穆斯林大都分布在沿海地区。② 据 1996 年统计,伊巴迪叶派穆斯林占阿曼总人口的四分之三,逊尼派穆斯林占阿曼总人口的四分之一。③ 人迹罕至的鲁卜哈利沙漠阻挡着阿曼与阿拉伯半岛内陆的联系,形成阿曼经济社会生活的浓厚海洋色彩,阿曼湾和阿拉伯海成为阿曼与外部世界之间的主要交往通道。

阿曼内陆地区曾经与阿黑门尼德王朝之间存在一定的联系,称作卡纳特的灌溉工程反映出古代波斯对于阿曼内陆农业生产的影响。④ 大约在公元 1 世纪,阿拉伯人移入阿曼,逐渐形成南方阿拉伯人的辛纳乌部落联盟和北方阿拉伯人的加菲尔部落联盟。公元 7 世纪初,伊斯兰教传入阿曼。此后,辛纳乌部落联盟尊奉哈瓦立及派伊斯兰教,加菲尔部落联盟尊奉逊尼派伊斯兰教。⑤ 754年,伊斯兰教哈瓦利及派的分支伊巴迪叶派建立阿曼伊玛目国。阿曼的伊玛目是哈瓦利及派穆斯林选举产生的精神领袖,阿曼内陆山区的奈兹瓦绿洲是阿曼伊玛目国传统的宗教政治中心。⑥ 自阿拔斯时代开始,哈瓦利及派的诸多分支在阿拉伯世界逐渐销声匿迹,却在阿曼内陆延续至今。相对孤立的地理位置,是伊巴迪叶派在阿曼得以长期盛行的重要条件。

16 世纪初,葡萄牙人进入印度洋,占领包括马斯喀特在内的阿曼沿海地区,

① Zahlan,R. S. ,*The Making of the Modern Gulf States*,pp. 122-123.

② 同上,p. 125。

③ Hopkins, N. S. & Ibrahim, S. E. , *Arab Society：Class, Gender, Power and Development*, p. XV.

④ Allen,C. H. , *Oman：The Modernization of the Sultanat*,Boulder 1987,p. 23.

⑤ Owtram,F. , *A Modern History of Oman*,London 2004,p. 42.

⑥ Zahlan,R. S. , *The Making of the Modern Gulf States*,p. 125.

马斯喀特成为葡萄牙人在印度洋海域的重要贸易据点。17世纪初,纳绥尔·穆尔什德在阿曼内陆山区建立亚阿里巴伊玛目国(1624—1749年),都于奈兹瓦绿洲的鲁斯塔格。1650年,纳绥尔·穆尔什德之子苏勒坦·赛义夫赶走葡萄牙人,夺取马斯喀特,进而控制西印度洋水域。[1] 1714年苏勒坦·赛义夫二世死后,辛纳乌部落联盟与加菲尔部落联盟之间爆发内战,波斯人作为加菲尔部落联盟的盟友趁机占领阿曼沿海。1744年,索哈尔的统治者艾哈迈德·赛义德赶走波斯人。[2] 1749年,艾哈迈德·赛义德出任伊巴迪叶派的伊玛目(1749—1783年在位),建立阿布·赛义德王朝。艾哈迈德·赛义德死后,其子赛义德·艾哈迈德(1783—1792年在位)继任伊玛目。[3] 1792年,伊玛目赛义德·艾哈迈德被其子哈马德·赛义德废黜;后者采用赛义德的称谓,执掌朝政,迁都马斯喀特,前者沿袭伊玛目的称谓,留居奈兹瓦。[4] 苏勒坦·艾哈迈德(1792—1804年在位)当政期间,都城自鲁斯塔格迁至马斯喀特,改称马斯喀特苏丹国。19世纪初赛义德·苏勒坦(1804—1856年在位)当政期间,赛义德家族的势力达到顶峰,马斯喀特苏丹国领有阿曼沿海和东非岛屿桑给巴尔,致力于印度洋海域的商业贸易活动。[5] 1856年赛义德·苏勒坦死后,赛义德家族内讧。1861年,桑给巴尔脱离马斯喀特苏丹国。1964年,桑给巴尔并入坦桑尼亚。苏伊士运河开通后,西方的蒸汽船频繁往返于地中海与印度洋之间,阿曼人在印度洋水域的传统航运和贸易逐渐衰落。[6]

　　1645年,亚阿里巴伊玛目国的纳绥尔·穆尔什德与英国东印度公司签署最早的贸易协议,由此开始阿曼与英国东印度公司的贸易交往。1798年,迫于瓦哈卜派和沙特家族的威胁,苏勒坦·艾哈迈德与英国殖民当局签署协议,寻求英国殖民当局的保护。[7] 费萨尔·图尔基(1888—1913年在位)当政期间,马斯喀特苏丹国正式加入特鲁希尔体系,接受英国殖民当局的保护。[8]

　　自18世纪末马斯喀特苏丹国建立伊始,阿曼内陆山区另立伊巴迪叶派伊玛目国,长期与赛义德家族分庭抗礼。阿布·赛义德王朝与英国殖民当局的交往,加剧了鲁斯塔格与马斯喀特之间的矛盾。1868年,鲁斯塔格的伊巴迪叶派

[1] Owtram,F., *A Modern History of Oman*, pp. 44-45.

[2] Allen,C. H., *Oman: The Modernization of the Sultanat*, p. 38.

[3] Owtram,F., *A Modern History of Oman*, p. 45.

[4] Zahlan,R. S., *The Making of the Modern Gulf States*, p. 126.

[5] Ochsenwald,W., *The Middle East: A History*, p. 680.

[6] Zahlan,R. S., *The Making of the Modern Gulf States*, p. 16, p. 127.

[7] Owtram,F., *A Modern History of Oman*, pp. 34-35.

[8] Zahlan,R. S., *The Making of the Modern Gulf States*, p. 128.

政权一度占领马斯喀特。1871 年,阿布·赛义德王朝恢复在马斯喀特的统治。苏丹塔伊穆尔·费萨尔(1913—1932 年在位)当政期间,马斯喀特苏丹国组建内阁,设立财政部、司法部和宗教部,招募俾路支人组建常备军。1920 年,在英国殖民当局的干预下,马斯喀特苏丹国与伊巴迪叶派伊玛目国签署希卜条约,马斯喀特苏丹国放弃对阿曼内陆地区的主权要求,承认伊巴迪叶派伊玛目国的独立。[①]

赛义德·塔伊穆尔系塔伊穆尔·费萨尔的次子,出生于 1910 年,曾经留学印度和伊拉克,1929 年出任内阁首相。1932 年,苏丹塔伊穆尔·费萨尔退位,赛义德·塔伊穆尔(1932—1970 年在位)即位。[②] 1932—1952 年,赛义德·塔伊穆尔致力于摆脱英国殖民当局的控制、争取阿曼的政治独立。与此同时,赛义德·塔伊穆尔改组内阁,设立财政部、内务部、司法部和外交部,任命阿布·赛义德家族成员出任地方长官,旨在完善政府的职能和强化苏丹的个人权力。

1954 年,伊巴迪叶派伊玛目穆罕默德·阿卜杜拉·哈里里病逝,贾里卜·阿里被推举为新的伊玛目。贾里卜·阿里放弃与苏丹赛义德·塔伊穆尔的合作政策,寻求沙特阿拉伯政府的支持,抗衡马斯喀特政府。1955 年 12 月,英国支持的马斯喀特苏丹国军队攻陷奈兹瓦,伊玛目贾里卜·阿里被囚禁,其弟塔里布·阿里逃往沙特阿拉伯,建立抵抗组织"阿曼解放运动"。1957 年,"阿曼解放运动"在沙特阿拉伯政府的支持下进入阿曼,夺取奈兹瓦,恢复伊巴迪叶派伊玛目国。1959 年,伊巴迪叶派伊玛目国战败,马斯喀特苏丹国占领阿曼内陆山区。[③] 1965 年,阿曼南部佐法尔省的反政府武装组织"佐法尔解放阵线"发动叛乱,攻击马斯喀特的苏丹独裁政权,阿曼再度陷入内战。佐法尔的战争成为阿拉伯半岛的政治焦点,结束英国的殖民统治和推翻君主制以及合理分配石油资源是佐法尔革命的核心内容。反政府武装得到南也门和伊拉克以及古巴、中国、苏联的支持,马斯喀特政权得到英国以及伊朗、约旦的支持。1970 年 7 月,马斯喀特发生政变,苏丹赛义德·塔伊穆尔被迫退位,其子卡布斯·赛义德(1970 年至今在位)继任苏丹,马斯喀特苏丹国改称阿曼苏丹国。1975 年,佐法尔革命失败,阿曼内战结束。[④]

---

① Owtram, F., *A Modern History of Oman*, p. 48, pp. 63-64, p. 50.

② Allen, C. H., *Oman Under Qaboos: from Coup to Constitution 1970-1996*, London 2000, p. 2.

③ 同上, pp. 17-18, p. 21。

④ Zahlan, R. S., *The Making of the Modern Gulf States*, pp. 131-132.

君主制的国家制度与民众政治的崛起

萨巴赫家族是科威特的统治者,血缘关系构成维系萨巴赫家族成员的纽带,萨巴赫家族会议决定科威特埃米尔的人选以及萨巴赫家族内部的其他重大事务。然而,萨巴赫家族内部并非浑然一体,而是划分为不同的支系,分别处于不同的地位。萨巴赫家族最重要的支系,是第七代埃米尔穆巴拉克之子贾比尔和萨利姆的直系后裔,即贾比尔系和萨利姆系。1915 年穆巴拉克死后,其子萨利姆和贾比尔两人的直系后裔轮流出任科威特埃米尔。相比之下,1896 年遭到穆巴拉克谋杀的萨巴赫家族成员贾拉赫和穆罕默德的后裔长期流亡海外,直至 50 年代获准返回科威特。[①]

萨巴赫家族的权位继承,兼有父死子继与兄终弟及的双重习俗。1962 年颁布的宪法明确规定,科威特埃米尔必须出自萨巴赫家族贾比尔系和萨利姆系,埃米尔必须在即位一年内指定王储人选。同年,埃米尔阿卜杜拉三世指定与其同属萨利姆系的胞弟萨巴赫出任王储。1966 年,埃米尔萨巴赫三世指定贾比尔系的贾比尔·艾哈迈德出任王储。贾比尔·艾哈迈德(1977－2006 年在位)于 1977 年即位,1978 年指定萨利姆系的萨阿德·阿卜杜拉出任王储。[②]

科威特的政府部门可以追溯到 19 世纪末 20 世纪初穆巴拉克当政期间。1899 年,穆巴拉克设立关税署,是为科威特第一个政府机构。艾哈迈德·贾比尔(1921－1950 年在位)即位后,于 1936 年设立市政署,1938 年设立卫生署和财政署。二战结束后,随着石油经济的发展和财政岁入的增长,科威特的政府机构进一步扩大。埃米尔阿卜杜拉于 1952 年设立建设委员会,1954 年设立最高执行委员会。1959 年,埃米尔阿卜杜拉任命 10 个政府部门的首脑,均为萨巴赫家族成员。1961 年 8 月,科威特成立最高舍赫会议,由萨巴赫家族成员组成,取代最高执行委员会。1962 年 1 月,正式成立 14 名大臣组成的第一届内阁,内阁首相为王储萨巴赫·萨利姆。[③] 逊尼派穆斯林在内阁成员中占绝对多数,什叶派穆斯林出任内阁职务者甚少。石油时代的特定背景下,政府的主要任务是分配财富而非聚敛财富;是为科威特政府的明显特征。

科威特的权力核心是萨巴赫家族会议,内阁长期处于萨巴赫家族的控制之下。根据 1962 年颁布的科威特宪法,内阁对埃米尔负责,首相和大臣由埃米尔

① Crystal,J. , *Kuwait:The Trasformation of an Oil State* , p. 94.

② 同上, pp. 94-95。

③ Assiri,A. R. , *The Government and Politics of Kuwait* , Kuwait 1996, pp. 27-29.

中东史

任免。1962—1988 年,共计 209 人次进入科威特内阁,其中 73 人次属于萨巴赫家族成员。[①] 萨巴赫家族成员在内阁中所占的比例,60 年代超过四分之三,80 年代下降为不足二分之一。90 年代中期的第 16 届内阁,共有大臣 15 人,其中 4 人来自萨巴赫家族。[②] 然而,包括外交部、内务部、国防部和交通部在内的内阁主要职位始终由萨巴赫家族成员垄断,内阁首相由王储兼任。1987 年,科威特 22 个内阁大臣和 4 个省长中,7 个大臣和 3 个省长系萨巴赫家族成员。[③] 科威特宪法的核心原则是,埃米尔服从宪法,民众服从埃米尔。[④]

哈利法家族是巴林的统治者。哈利法家族与萨巴赫家族同属欧特布部落,然而巴林与科威特的权位继承制度存在明显的差异。哈利法家族统治的巴林自 1869 年起长期实行埃米尔的长子继承制,直至 1973 年写入宪法。[⑤] 巴林政府始建于 20 世纪 50 年代中期。1955 年,巴林埃米尔萨勒曼·哈马德(1942—1961 年在位)任命 9 人组成劳工委员会,哈利法家族的阿里·穆罕默德出任主席。1956 年,巴林成立 11 人组成的行政会议,主席和 6 名成员来自哈利法家族,3 名成员来自富商,负责除财政和外交以外的行政事务。1970 年 1 月,埃米尔伊萨·萨拉曼(1961—1999 年在位)宣布成立 13 人组成的内阁,取代原有的行政会议,哈利法家族成员垄断内阁要职。70 年代末,埃米尔的胞弟哈利法·萨勒曼出任首相,埃米尔之子哈马德·伊萨出任国防大臣,埃米尔的族弟穆罕默德·哈利法、穆罕默德·穆巴拉克、阿卜杜勒·阿齐兹·穆罕默德和伊萨·穆罕默德分别出任内务大臣、外交大臣、教育大臣和劳动与社会事务大臣。[⑥] 直至 80 年代,内阁要职依旧属于哈利法家族;1987 年,巴林内阁大臣 16 人中,7 人来自哈利法家族。[⑦] 埃米尔主持的家族会议,负责哈利法家族的内部事务,掌管哈利法家族的共有财产即王室地产,仲裁哈利法家族内部的纠纷。[⑧] 现任埃米尔是伊萨·阿里(1869—1923 年在位)的长孙伊萨·萨勒曼(1999 年至今在位),王储是伊萨·萨勒曼之子哈马德·伊萨。[⑨]

萨尼家族是卡塔尔的统治者。卡塔尔宪法明确规定,国家最高权力属于萨尼家族。1970 年,卡塔尔成立内阁和协商会议。萨尼家族成员垄断内阁要职,

① Al-Dekhayel, A., *Kuwait: Oil, State and Political Legitimation*, p. 51.
② Assiri, A. R., *The Government and Politics of Kuwait*, p. 42.
③ Yapp, M. E., *The Near East Since the First World War*, p. 372.
④ Ismeal, T. Y., *Middle East Politics Today: Government and Civil Society*, p. 354.
⑤ Zahlan, R. S., *The Making of the Modern Gulf States*, p. 98.
⑥ Lawson, F. H., *Bahrain: The Modernization of Autocracy*, p. 78, p. 79, p. 75.
⑦ Yapp, M. E., *The Near East Since the First World War*, p. 372.
⑧ Lawson, F. H., *Bahrain: The Modernization of Autocracy*, p. 75.
⑨ Zahlan, R. S., *The Making of the Modern Gulf States*, p. 98.

协商会议成员由埃米尔任命产生。内阁首相最初由埃米尔兼任,后改为由王储兼任。1987 年,内阁大臣 15 个人,其中 8 人来自萨尼家族。萨尼家族的权位继承不同于科威特和巴林,埃米尔由萨尼家族会议推举产生。1972 年,萨尼家族会议废黜埃米尔艾哈迈德·阿里,推举王储兼首相哈利法·哈马德(1972—1995 年在位)出任埃米尔。1995 年,哈利法·哈马德之子哈马德·哈利法(1995 年至今在位)即位,成为卡塔尔的第九任埃米尔。1996 年,埃米尔哈马德·哈利法颁布法令,规定埃米尔实行父子相袭的继承制度。现任王储贾希姆·哈马德系埃米尔哈马德·哈利法的三子。①

阿拉伯联合酋长国的社会结构具有浓厚的血缘色彩,长期延续家族世袭的政治传统。阿布扎比的酋长属于纳赫延家族,迪拜的酋长属于马克土姆家族,沙迦和哈伊马角的酋长属于嘎希姆家族,阿治曼的酋长属于阿布·胡莱班家族,乌姆盖万的酋长属于穆阿拉家族,富查伊拉的酋长属于萨尔奇家族。根据 1971 年 12 月颁布的临时宪法,阿拉伯联合酋长国实行酋长制基础上的联邦制,设最高会议、总统、联邦内阁和议会。最高会议由加入联邦的各酋长国酋长组成,作为国家权力的核心机构,负责选举联邦总统和副总统、任免联邦内阁总理,其中阿布扎比和迪拜的酋长拥有否决权。总统任期 5 年,兼任最高会议主席,有权任免联邦内阁总理;自 1971 年以来,阿布扎比酋长出任总统,迪拜酋长出任副总统。联邦内阁始建于 1973 年,联邦内阁成员主要来自酋长家族,即纳赫延家族、马克土姆家族、嘎希姆家族、阿布·胡莱班家族、穆阿拉家族和萨尔奇家族。联邦内阁成员最初由各酋长提名人选,1977 年以后改为由总理提名人选。自 1979 年起,联邦内阁总理由迪拜酋长和副总统兼任。② 1987 年,内阁 25 人中,11 人来自酋长家族。③ 议会系咨议机构,设 40 个席位,议员由酋长任命产生,其中阿布扎比和迪拜酋长分别任命 8 名议员,沙迦和哈伊马角酋长分别任命 6 名议员,阿治曼、乌姆盖万和富查伊拉酋长分别任命 4 名议员。④

阿拉伯联合酋长国不同于海湾其他国家的特点在于联邦制的国家制度。阿拉伯联合酋长国成立后,阿布扎比酋长主导的联邦与其余各酋长国之间的权力分配经历此消彼长的过程。扎耶德总统于 1973 年解散酋长国政府,1976 年组建联邦军队,1980 年成立中央银行。尽管存在其余酋长国的抵制,联邦的权力无疑呈逐渐强化的趋势。⑤

① Zahlan,R. S.,*The Making of the Modern Gulf States*, p. 104, p. 102.
② 同上, p. 114。
③ Yapp,M. E.,*The Near East Since the First World War*, p. 374.
④ Ochsenwald,W.,*The Middle East:A History*, p. 679.
⑤ Yapp,M. E.,*The Near East Since the First World War*, pp. 374-375.

阿曼苏丹国的苏丹来自阿布·赛义德家族。1970 年 7 月,阿曼苏丹卡布斯·赛义德(1970 年至今在位)即位。同年 8 月,赛义德·塔里格出任首相。1971 年 12 月,赛义德·塔里格辞职。1972 年 1 月,苏丹卡布斯组建新的内阁,卡布斯·赛义德兼任首相和外交、国防、财政大臣。1979 年 5 月,阿曼政府改组;内阁成员 24 人中,11 人来自阿布·赛义德家族,苏丹卡布斯·赛义德继续兼任首相和外交、国防、财政大臣,两名副首相以及马斯喀特省长、佐法尔省长、内务大臣、司法大臣均出自阿布·赛义德家族成员,内阁其余成员大都来自部落贵族和商人。1975 年,阿曼颁布政府组织法,明确规定内阁成员由苏丹任命。[1] 1996 年 11 月颁布的基本法规定,阿曼苏丹由图尔基·赛义德·苏勒坦的男性后裔继承,拥有统治国家的最高权力,首相和内阁成员由苏丹任命。[2]"阿曼至尽依然是世界上为数不多的绝对君主制国家。苏丹无需与任何政府机构协商而颁布法令,有权否决内阁的任何决定"。苏丹卡布斯·赛义德当政期间,阿曼政府的规模不断扩大。1996 年,阿曼政府雇佣的公职人员为 7.8 万人,约占阿曼从业人员总数的四分之一,其中阿曼人 5.3 万,外籍雇员 2.5 万。[3]

阿曼苏丹国在海湾和南阿拉伯地区长期奉行中立的外交政策。另一方面,阿曼苏丹国在国际舞台实行亲西方的外交政策。1979 年戴维营协议签署后,阿曼和摩洛哥是依旧与埃及保持外交关系的仅有的两个阿拉伯国家。1980 年,阿曼与美国签署安全合作协议,成为第一个与美国签署安全合作协议的海湾国家。1993 年奥斯陆协议和华盛顿协议签署后,阿曼与以色列开始正式的外交往来。1995 年,以色列政府在马斯喀特建立贸易代表处。1980 年,阿曼与美国签署军事合作协议,成为第一个与美国签署军事协议的海湾国家。两伊战争期间,阿曼为美英提供后勤基地。1990 年伊拉克入侵科威特后,阿曼成为美英的重要军事基地。[4]

科威特民众政治参与的萌芽可以追溯到 20 世纪前期,商人构成科威特民众政治参与的重要社会基础。1918 年,科威特商人要求成立麦吉里斯,作为限制埃米尔个人权力和保护民众权利的国家机构。1921 年萨利姆死后,萨巴赫家族会议拥立贾比尔之子艾哈迈德(1921—1950 年在位)即位。迫于科威特商人的压力,艾哈迈德于 1921 年 6 月成立包括 12 名成员的协商会议,作为商人和

① Allen,C. H. , *Oman Under Qaboos*:*from Coup to Constitution 1970-1996*, pp. 35-36, p. 38, p. 39.

② Owtram,F. , *A Modern History of Oman*, pp. 182-183.

③ Allen,C. H. , *Oman Under Qaboos*:*from Coup to Constitution 1970-1996*, pp. 41-42.

④ Zahlan,R. S. , *The Making of the Modern Gulf States*, p. 133.

民众实现政治参与的官方机构。① 协商会议成员并非选举产生，而是由埃米尔任命产生，无立法权，仅行使建议权和协商权。同年 8 月，协商会议解散。②

30 年代后期，支持巴勒斯坦的民族主义运动波及阿拉伯世界。科威特的埃米尔艾哈迈德迫于英国政府的压力，禁止支持和参与声援巴勒斯坦的民众运动，导致科威特民众的不满，商人成为反对派的核心。1938 年初，科威特商人发起请愿示威，抨击萨巴赫家族的专制和腐败，要求分享石油收入和扩大政治参与，进而迫使埃米尔成立麦吉里斯和推行政治改革。1938 年因此被科威特人称作麦吉里斯之年。③ 同年 6 月，来自 150 个商人家族的代表选举 14 人组成第一届麦吉里斯，王储阿卜杜拉·萨利姆（即 1950—1965 年在位的埃米尔阿卜杜拉三世）出任麦吉里斯主席。④ 同年 7 月，埃米尔批准麦吉里斯起草的基本法，授权麦吉里斯监督政府预算、司法、安全、教育、社会福利和批准涉外条约。⑤ 与此同时，科威特商人首次组建政党，名为民族阵线。⑥ 麦吉里斯系商业贵族把持的政治机构；贝都因人和约占总人口四分之一的什叶派穆斯林以及逊尼派下层民众被排斥于麦吉里斯之外，成为支持埃米尔的社会力量。⑦ 同年 12 月，埃米尔依靠贝都因人和什叶派穆斯林的支持，解散第一届麦吉里斯。⑧ 随后，来自 400 个商人家族的代表选举 20 人组成第二届麦吉里斯，其中 12 人系第一届麦吉里斯的成员。埃米尔要求修改基本法，剥夺麦吉里斯的立法权，遭到麦吉里斯成员的拒绝。1939 年 3 月，埃米尔解散第二届麦吉里斯，成立协商会议，任命 14 名协商会议成员，其中 4 人来自萨巴赫家族，由阿卜杜拉·萨利姆·出任协商会议主席。⑨

50 年代，科威特再次爆发民众政治运动，要求重新召开麦吉里斯。与 1921 年和 1938 年商人主导的民众政治运动相比，包括知识分子和来自埃及、巴勒斯坦、黎巴嫩、伊拉克的外籍石油工人在内的新兴社会群体成为 50 年代挑战传统政治秩序的重要力量。反对派代表人物艾哈迈德·哈提卜持阿拉伯民族主义立场，创办国家文化俱乐部，继而成立科威特民主联盟，标志着现代政治组织，

① Zahlan, R. S., *The Making of the Modern Gulf States*, p. 33, p. 36.

② Assiri, A. R., *The Government and Politics of Kuwait*, p. 87.

③ Zahlan, R. S., *The Making of the Modern Gulf States*, pp. 36-37.

④ Assiri, A. R., *The Government and Politics of Kuwait*, p. 89.

⑤ Zahlan, R. S., *The Making of the Modern Gulf States*, pp. 37-38.

⑥ Crystal, J., *Kuwait: The Trasformation of an Oil State*, p. 19.

⑦ Zahlan, R. S., *The Making of the Modern Gulf States*, p. 38.

⑧ Crystal, J., *Kuwait: The Trasformation of an Oil State*, pp. 19-20.

⑨ Assiri, A. R., *The Government and Politics of Kuwait*, pp. 90-91.

初露端倪。①

　　1961 年 12 月,科威特举行立宪会议选举。登记选民人数 11288 人,候选人 73 人,投票率 90％。全国共设 10 个选区,每个选区选举 2 人,选举 20 人组成立宪会议;是为科威特独立后首次民众政治参与。② 1962 年 11 月,立宪会议颁布宪法。根据 1962 年宪法,科威特实行议会选举制,自 1920 年起科威特居住者的后裔享有公民权,其中年满 21 岁的男性公民享有选举权,年满 30 岁的男性公民享有被选举权③;议会设 20 个席位(1971 年增至 50 个席位),议员任期 4 年。④ 1963 年 1 月,科威特举行第一届议会(1963－1966 年)选举,登记选民人数 16889 人,候选人 205 人,投票率 85％。⑤ 科威特实行党禁,议会选举采用独立竞选方式。议员包括萨巴赫家族成员、商人、知识分子、什叶派和贝都因人。第一届议会期间,艾哈迈德·哈提卜和贾希姆·卡塔米作为议会反对派的代表人物,屡屡批评内阁的相关政策。⑥ 1964 年 12 月,科威特组成第三届内阁,萨巴赫·萨利姆·萨巴赫出任首相。由于内阁成员大都兼有商人的双重身份,违背宪法 131 款的规定,引发议会多数成员的抵制。议会要求内阁成员或辞去官职,或放弃经商。然而,根据宪法,内阁对埃米尔负责,国民议会无权决定内阁人选和解散内阁。议员拒绝出席议会,以示抗议,直至迫使埃米尔解散内阁,授权萨巴赫·萨利姆·萨巴赫重新组阁和提名内阁人选,议会抵制的内阁成员落选。1967 年 1 月,科威特举行第二届议会(1967－1970 年)选举,登记选民人数 26796 人,候选人 222 人,投票率 65.6％;由于政府操纵选举,反对派议员人数明显减少。1971 年 1 月选举产生的第三届议会(1971－1974 年),登记选民人数 40246 人,候选人 183 人,投票率 51.6％⑦;反对派仅获得 4 个席位,反对派代表人物艾哈迈德·哈提卜落选。尽管如此,议会于 1973 年否决政府与石油公司签署的协议,要求政府持进一步的激进立场和实现石油国有化。⑧ 1975 年 1 月,举行第四届议会选举,登记选民人数 52993 人,候选人 257 人,投票率 60.1％。第四届议会(1975－1976 年)要求内阁呈送政府计划,遭到拒绝,议会与内阁由此形成对立。1976 年 8 月,埃米尔萨巴赫解散第四届议会。⑨

①　Zahlan,R. S. , *The Making of the Modern Gulf States* , p. 41.

②　Assiri,A. R. , *The Government and Politics of Kuwait* , pp. 97-98.

③　Peretz,D. , *The Middle East Today* , p. 494.

④　Zahlan,R. S. , *The Making of the Modern Gulf States* , p. 49.

⑤　Assiri,A. R. , *The Government and Politics of Kuwait* , p. 97.

⑥　Crystal,J. , *Kuwait:The Trasformation of an Oil State* , p. 96.

⑦　Assiri,A. R. , *The Government and Politics of Kuwait* , pp. 91-92, p. 97.

⑧　Crystal,J. , *Kuwait:The Trasformation of an Oil State* , p. 97.

⑨　Assiri,A. R. , *The Government and Politics of Kuwait* , p. 97, p. 93.

60—70 年代,科威特与黎巴嫩是阿拉伯世界仅有的两个新闻自由的国家。1976 年,科威特取消新闻自由,实行高压政策。[①] 1979 年伊朗巴列维王朝的覆灭和伊斯兰共和国的建立,深刻影响着科威特的政治形势,宗教政治亦呈明显的上升趋势。进入 80 年代,科威特政坛开始出现动荡的局面;民众不满于政府的经济社会发展政策,议会与内阁之间矛盾加剧。与此同时,伊斯兰主义者取代世俗阿拉伯民族主义者,成为科威特政坛最重要的政治反对派。两伊战争期间,科威特政府支持伊拉克政府,引发约占总人口三分之一的什叶派穆斯林的不满,由此导致逊尼派伊斯兰主义者与什叶派伊斯兰主义者的不同政治倾向。逊尼派伊斯兰主义者大都采用合法和相对温和的形式;相比之下,什叶派伊斯兰主义者往往具有亲伊朗的政治背景,支持伊朗伊斯兰革命,暴力活动频繁。

1981 年 2 月,科威特举行第五届议会选举,登记选民人数 41953 人,候选人 447 人,投票率 89.8%[②];5 名伊斯兰主义者和 3 名世俗阿拉伯民族主义者代表反对派进入议会,什叶派席位从 10 个下降为 4 个,亲政府的贝都因人获得 23 个席位。第五届议会(1981—1984 年)继续发出反对派的声音,要求修改宪法,改变议会与政府之间的权力分配,抨击政府的国家安全政策和新闻管制政策以及政府官员的腐败行为。[③]

1985 年 2 月,科威特举行第六届议会选举,登记选民人数 56848 人,候选人 231 人,投票率 85.1%。[④] 科威特政府给予世俗反对派以更大的政治空间,旨在削弱伊斯兰主义在议会的势力和影响。在政府的操纵和干预下,贝都因人获得超过一半的议会席位,民族主义者的席位亦进一步增多。艾哈迈德·哈提卜和贾希姆·卡塔米返回议会,再次成为议会反对派的核心人物。与此同时,伊斯兰主义者获得的议会席位明显减少,哈立德·苏勒坦和伊萨·沙辛落选,阿卜杜拉·纳菲斯进入议会。第六届议会(1985—1986 年)的反对派,包括伊斯兰主义者和世俗民族主义者,多次否决政府议案,抨击内阁官员直至萨巴赫家族成员。1985 年,议会反对派调查政府财政、油田安全和股票市场腐败案,迫使司法大臣萨勒曼·杜尔吉辞职,石油大臣阿里·哈利法、交通大臣伊萨·马兹迪、财政大臣贾希姆·胡拉菲、教育大臣哈桑·伊卜拉欣多次遭到抨击。1986 年 7 月,内阁迫于议会反对派的压力而集体辞职。随后,埃米尔贾比尔宣布解散第六届议会。[⑤]

① Peretz,D. , *The Middle East Today*, p. 494.

② Assiri,A. R. , *The Government and Politics of Kuwait*, p. 97.

③ Crystal,J. , *Kuwait:The Trasformation of an Oil State*, p. 98.

④ Assiri,A. R. , *The Government and Politics of Kuwait*, p. 97.

⑤ Crystal,J. , *Kuwait:The Trasformation of an Oil State*, p. 98, p. 99, p. 96.

80 年代末,科威特的民主化运动日渐高涨,自由化改革始露端倪,政治环境出现宽松的迹象。国际形势的变化,特别是苏东剧变,成为影响科威特的重要外部因素。1989 年底,反对派举行集会,采取请愿的方式,要求埃米尔恢复议会选举和保障公民权利。最初,埃米尔同意会见反对派代表,却拒绝接受反对派的要求。11—12 月,反对派举行集会,进而与警察发生冲突。[①] 12 月中,在请愿书签名的民众达到 30000 人,约占科威特登记选民人数的 48%。[②] 1990 年 1 月,反对派人士艾哈迈德·贾拉拉赫发表专栏文章"罗马尼亚的教训",要求新闻自由和重新启动民主化进程,警告政府遏制民主将重蹈齐奥塞斯库的覆辙和受到人民的惩罚。与此同时,政府的立场开始软化。埃米尔发表电视讲话,表示赞同政治参与和议会选举,呼吁以对话取代对抗。同年 4 月,埃米尔贾比尔被迫让步,承诺实行政治改革和举行国民会议选举,呼吁以对话取代对抗。[③] 国民会议包括 75 人,其中 50 人选举产生,25 人由埃米尔指定。[④] 同年 6 月,科威特举行国民会议选举,登记选民人数 62123 人,候选人 348 人,投票率 62.3%,反对派宣布抵制选举。[⑤]

1990 年伊拉克军队占领期间,萨巴赫家族和科威特政府流亡国外,诸多民间政治组织作用凸显,进而形成此后民主化进程的社会基础。1991 年 2 月,伊拉克军队撤出科威特,埃米尔贾比尔恢复在科威特的统治权力。在同年 4 月组建的新内阁中,萨巴赫家族成员由海湾战争前的 9 人减少为 4 人,增加 13 名新的内阁成员。[⑥]

1992 年 10 月,科威特举行第七届议会选举,登记选民人数 81440 人,候选人 278 人,投票率 83.2%。[⑦] 反对派共计获得 35 个议会席位[⑧],其中什叶派的伊斯兰民族联盟获得 3 个席位,赛拉菲叶的伊斯兰民众集团获得 3 个席位,穆斯林兄弟会的伊斯兰宪政运动获得 3 个席位,商人的宪政联盟获得 1 个席位,前议会反对派成员组成的议会联盟获得 11 个席位,自由派和世俗民族主义的科威特民主论坛获得 2 个席位,独立人士获得 12 个席位。[⑨] 第七届议会(1992—1995 年)期间,民众与埃米尔之间的矛盾再度加剧,议会成为挑战埃米

① Crystal,J., *Kuwait:The Trasformation of an Oil State*, p. 117.

② Assiri,A. R., *The Government and Politics of Kuwait*, p. 96.

③ Crystal,J., *Kuwait:The Trasformation of an Oil State*, p. 121, p. 118, p. 119.

④ East,R. & Joseph,T., *Political Parties of Africa and the Middle East*, p. 147.

⑤ Assiri,A. R., *The Government and Politics of Kuwait*, p. 97.

⑥ Zahlan,R. S., *The Making of the Modern Gulf States*, p. 54.

⑦ Assiri,A. R., *The Government and Politics of Kuwait*, p. 97.

⑧ Tetreault,M. A., *Politics and Society in Contemporary Kuwait*, New York 2000, p. 128.

⑨ Assiri,A. R., *The Government and Politics of Kuwait*, pp. 101-102.

尔和萨巴赫家族的重要政治舞台,多数议员要求限制埃米尔的权力。[1] 与此同时,内阁则对议会的权力提出质疑,进而上诉宪法法院。[2]

1996 年 10 月,科威特选举产生第八届议会(1996—1999 年),反对派议员人数明显减少。[3] 1999 年 5 月,埃米尔宣布解散议会。随后,埃米尔颁布法令,给予妇女选举权以削弱反对妇女享有选举权的逊尼派伊斯兰主义的影响,承诺推行经济社会改革以争取民众的支持,试图通过增加内阁成员中的反对派人数以缓解议会与内阁之间的矛盾。然而,在同年 7 月举行的第九届议会选举中,反对派再次获胜,其中独立候选人获得 37 个席位,什叶派的伊斯兰民族联盟获得 2 个席位,科威特民主论坛获得 2 个席位,伊斯兰民众集团获得 3 个席位,伊斯兰宪政运动获得 6 个席位。埃米尔此前颁布的法令,包括给予妇女选举权的法令,遭到议会的否决。[4]

90 年代的议会选举标志着科威特民主化进程的启动,反对派开始成为影响科威特政坛的重要力量。然而,科威特长期实行党禁,反对派组织无法取得合法的政治地位,独立候选人在议会占据多数。另一方面,科威特的反对派并非浑然一体,主要反对派政治组织国家宪政阵线、穆斯林兄弟会、伊斯兰联盟、伊斯兰宪政运动、伊斯兰遗产复兴协会、全国伊斯兰联合会和科威特民主论坛分别具有逊尼派和什叶派的教派色彩,强调世俗主义和伊斯兰主义的不同政治倾向,政治立场各异,政治力量分散。[5] 与此同时,国家权力依旧处于萨巴赫家族的控制之下。议会无疑构成民众参与的政治框架;然而议会权力有限,无权决定国家元首和内阁人选,仿佛是反对派的论坛,只能发出批评政府的声音。

巴林毗邻科威特,巴林的统治者哈利法家族与科威特的统治者萨巴赫家族同属欧特布部落,巴林与科威特的传统经济均为珍珠捕捞业和商业,商人在巴林和科威特皆有举足轻重的地位和影响。然而,巴林与科威特的社会结构和政治制度不尽相同,巴林的民众政治参与程度不及科威特。

巴林民众的政治参与,经历从民族主义运动到民主化运动的演变过程。1923 年,巴林的逊尼派民众召开国民大会,要求被废黜的埃米尔伊萨·阿里重新执政,反对英国殖民当局干涉巴林的内部事务,首开民众政治参与的先河。逊尼派主导的国民大会试图争取什叶派民众的支持;然而,逊尼派与什叶派之

中东史

---

[1]　Peretz,D., *The Middle East Today*, p. 495.

[2]　Zahlan,R. S., *The Making of the Modern Gulf States*, p. 56.

[3]　同上,p. 56。

[4]　Tetreault,M. A., *Politics and Society in Contemporary Kuwait*, pp. 228-229, pp. 230-232, p. 236.

[5]　East,R. & Joseph,T., *Political Parties of Africa and the Middle East*, p. 149.

间存在明显的教派对立,什叶派大都持亲英的立场,寻求英国政府的保护。①

30—40 年代,哈利法家族依靠新的石油收入和英国的支持,不断巩固其在巴林的统治地位。二战期间,哈利法家族不断强化对于经济领域的控制,尤其在进出口贸易领域排斥地方商人。与此同时,随着珍珠捕捞业和传统贸易的衰落,巴林商人被迫依附于哈利法家族和英国当局,其与哈利法家族以及英国当局之间的矛盾逐渐加剧。进入 50 年代,反对英国的殖民统治和哈利法家族的独裁统治成为巴林民众政治运动的核心内容。② 1953 年 10 月,逊尼派和什叶派的 120 名代表选举包括商人、工人和欧莱玛在内的 8 人组成高级执行委员会,其中 4 人来自逊尼派,4 人来自什叶派。③ 高级执行委员会要求举行议会选举、引进新的刑法和民法、建立工会和世俗法庭。1954 年 10—11 月,高级执行委员会在麦纳麦组织逊尼派和什叶派集会,两次集会的参加者均超过万人。同年 12 月,高级执行委员会组织大罢工。④ 1955 年夏,高级执行委员会宣布成立工会联盟。1956 年 3 月,高级执行委员会与埃米尔达成妥协,高级执行委员会放弃选举议会的要求,埃米尔承认高级执行委员会的合法地位,高级执行委员会更名为国家统一委员会。11 月,埃米尔宣布进入紧急状态,取缔国家统一委员会,逮捕和囚禁国家统一委员会成员。此后 10 年,巴林处于紧急状态之下。1965 年 3 月,石油公司解雇数百名工人,引发新的骚乱,学生首次加入示威者的行列。反对派组成进步力量国家阵线,号召举行总罢工,要求改善工人的境况,解除紧急状态,直至遭到政府的镇压。⑤

1972 年 6 月,埃米尔伊萨·萨勒曼宣布召开立宪会议。然而,在伊萨·萨勒曼看来,宪政制度并不意味着民众主权和民主政治,而统治者与臣民之间的协商即传统的舒拉是民众参与的最佳形式。埃米尔只是"将宪法视作自己赐予臣民的礼物,表达君主的仁慈"。1972 年 12 月,巴林举行立宪会议选举;全国划分为 19 个选区,选举 22 人,另由埃米尔任命逊尼派商人 5 人和什叶派商人 3 人,以及内阁大臣 12 人,共同组成 42 人的立宪会议。⑥ 1973 年 12 月,立宪会议颁布宪法。根据 1973 年宪法,巴林实行议会君主制,议会设 42 个席位,其中 30 个席位选举产生,12 个席位由埃米尔任命;年满 20 岁的男性公民享有选举权;

①　Zahlan,R. S. , *The Making of the Modern Gulf States*, p. 63.

②　Lawson,F. H. , *Bahrain:The Modernization of Autocracy*, p. 60.

③　Khuri,F. I. , *Tribe and State in Bahrain*, Chicago 1980, p. 202.

④　Lawson,F. H. , *Bahrain:The Modernization of Autocracy*, pp. 62-63.

⑤　Zahlan,R. S. , *The Making of the Modern Gulf States*, pp. 70-71.

⑥　Lawson,F. H. , *Bahrain:The Modernization of Autocracy*, pp. 87-88.

议会无立法权。① 1973 年 12 月,巴林举行第一届议会选举,2.7 万名男性公民选举议会 30 名议员。议会内部形成人民集团与宗教集团的对立。人民集团继承国家统一委员会的传统,持左翼和世俗立场,强调阿拉伯民族主义和社会主义,得到包括逊尼派和什叶派在内的工人、学生、知识分子的支持。宗教集团具有浓厚的宗教色彩,强调伊斯兰教的地位和作用,得到什叶派农民的支持。1975 年 8 月,议会否决埃米尔颁布的国家安全法令以及埃米尔与美国政府达成的军事基地使用权的协议。随后,埃米尔解散议会,议会与政府合并。②

巴林独立后,哈利法家族长期垄断国家权力,控制内阁要职,宪法和议会形同虚设,埃米尔主持的哈利法家族长老会议则是巴林政治生活的中枢机构。与此同时,逊尼派商人构成内阁的重要来源,在麦纳麦、穆哈拉格、里法伊、阿尔西德、西特拉和基德·哈夫斯六个主要城市的市政会议亦有一定的影响。相比之下,什叶派穆斯林占巴林人口的多数,长期游离于政治舞台的边缘地带,无缘分享国家权力,进而形成与逊尼派穆斯林之间的明显对立,构成最重要的政治反对派。自 70 年代末开始,现代伊斯兰主义在巴林的影响逐渐扩大,麦纳麦的什叶派贫民区成为现代伊斯兰主义的秘密据点,什叶派穆斯林的反政府示威活动日渐频繁,形成宗教政治与世俗政治的尖锐对立。③ 巴林的什叶派尽管大都系阿拉伯人,却与伊朗具有密切的宗教和政治联系。伊朗伊斯兰革命爆发后,德黑兰电台呼吁巴林的什叶派穆斯林推翻哈利法家族的统治,巴林的什叶派穆斯林与逊尼派穆斯林之间的关系骤然紧张。④ 1979 年 8 月,什叶派穆斯林在麦纳麦举行示威,支持伊朗伊斯兰共和国和巴勒斯坦解放运动。1980 年,什叶派穆斯林举行示威,抗议伊拉克政府处死达瓦党的创始人穆罕默德·巴基尔·萨德尔,直至与警察发生冲突。⑤

70 年代,工人运动构成议会框架外民众政治参与的主要形式。1972 年、1974 年和 1976 年,巴林连续发生工人罢工和示威,要求提高工资、组建工会和实行政治改革。与此同时,包括巴林民众阵线、民族解放阵线和复兴党分支机构在内的左翼政治组织在巴林始露端倪。1979 年,巴林民众阵线与民族解放阵线谈判合并;1981 年 1 月,双方发表共同政治宣言,要求恢复议会制政府和组建独立工会。⑥

---

① Peretz, D. , *The Middle East Today*, p. 496.

② Zahlan, R. S. , *The Making of the Modern Gulf States*, pp. 73-74.

③ Lawson, F. H. , *Bahrain: The Modernization of Autocracy*, p. 77, p. 83.

④ Zahlan, R. S. , *The Making of the Modern Gulf States*, p. 75.

⑤ Lawson, F. H. , *Bahrain: The Modernization of Autocracy*, p. 86.

⑥ 同上, pp. 84-85.

1991 年海湾战争后,巴林民众上书埃米尔伊萨·萨勒曼,要求重新召开议会和扩大议会权限。[1] 1992 年 12 月,埃米尔伊萨·萨勒曼宣布建立协商会议,包括任命产生的 30 名成员,任期 4 年,埃米尔伊萨·萨勒曼出任协商会议主席。1994 年初,巴林再次爆发要求扩大政治参与的民众运动,2.5 万人参加请愿活动并签名上书埃米尔,要求恢复议会选举,实行宪政,保障公民权利,改善民众生活,释放政治犯。1996 年,埃米尔伊萨·萨勒曼宣布协商会议成员由 30 人增至 40 人,扩大资助会议的权限。此间,埃米尔伊萨·萨勒曼于 1991 年和 1995 年两次与美国签署安全协议,美国政府成为哈利法家族政权的重要盟友。埃米尔伊萨·萨勒曼的亲美政策和独裁统治导致巴林民众的强烈不满和反美情绪的高涨,哈利法家族与巴林民众之间的关系日趋紧张,暴力事件明显增多。[2] 1999 年伊萨·萨勒曼死后,其子哈马德·伊萨(1999 年至今在位)即位,尝试推行民主化改革。2002 年举行地方选举,2003 年举行议会选举,妇女与男子获得同样的选举权。2003 年,哈马德·伊萨采用国王的称谓,巴林埃米尔国改称巴林王国。[3]

海湾战争后,卡塔尔和阿曼的传统政治秩序开始出现衰落的迹象。1992 年,卡塔尔民众采取请愿的形式,要求举行议会选举和赋予议会以立法权。[4] 1995 年埃米尔哈马德即位后,推行政治改革,修改宪法,明确划分宫廷与内阁的权限,给予妇女选举权。[5] 1999 年,多哈举行地方选举,妇女和男子同样享有选举权和被选举权;是为卡塔尔历史上的首次选举。[6] 2003 年,卡塔尔颁布新宪法,规定议会三分之二的席位选举产生,三分之一的席位由埃米尔任命。[7] 阿曼于 1981 年 10 月成立协商会议,协商会议的 43 名成员(1983 年增至 55 名成员)由苏丹指定,包括政府官员、商人和部落贵族,任期 2 年。[8] 协商会议设立 5 个专门委员会,每年召开 3 次,每次会期 3 天(1985 延长为 5—7 天)。协商会议无立法权,协商内容限于经济社会领域的问题。协商会议按照阿曼的教派人口比例划分席位,其中伊巴迪叶派成员占 54.5%,逊尼派成员占 29.5%,什叶派成员占 16%。1993 年,协商会议成员增至 80 人,任期延长为 3 年,其中部分成员

① Yapp,M. E. , *The Near East Since the First World War* , p. 497.

② Zahlan,R. S. , *The Making of the Modern Gulf States* , pp. 78-79, p. 80.

③ Ochsenwald,W. , *The Middle East : A History* , p. 670.

④ East,R. & Joseph,T. , *Political Parties of Africa and the Middle East* , p. 223.

⑤ Zahlan,R. S. , *The Making of the Modern Gulf States* , p. 104.

⑥ Ochsenwald,W. , *The Middle East : A History* , p. 676.

⑦ Aarts,P. , *Saudi Arabia in the Balance : Political Economy , Society , Foreign Affairs* , p. 262.

⑧ Owtram,F. , *A Modern History of Oman* , p. 165.

改为选举产生,妇女获准参与协商会议的竞选,是为海湾国家所绝无仅有。协商会议主席由苏丹任命,两名副主席和专门委员会主席由协商会议成员选举产生。新的协商会议行使有限的权力,标志着民众初步的政治参与。1996 年 11 月,阿曼苏丹卡布斯颁布基本法;是为阿曼的第一部宪法,国家和政府依然处于苏丹的控制之下。[①]

石油时代经济社会的发展

20 世纪初,海湾地区总人口约 75 万,其中科威特、巴林和卡塔尔人口约 17 万,自阿布扎比至哈伊玛角的特鲁希尔诸国人口约 8 万,马斯喀特和阿曼人口约 50 万。[②] 海湾地区的人口大都处于定居状态,游牧人口仅占少数。科威特是海湾地区最大的城市,约有人口 3.5 万;巴林的麦纳麦和穆哈拉格亦是海湾地区的重要城市,各有人口超过 2 万。[③]

海湾地区背靠沙漠,面向海洋,经济活动具有明显的海洋色彩。20 世纪初,海湾地区的居民主要从事珍珠捕捞业、捕鱼业、造船业、商业、手工业和农业。珍珠捕捞业是海湾地区的典型经济部门,珍珠构成海湾地区出口国际市场的主要商品。海湾地区的珍珠分布于北起科威特南至哈伊玛角的辽阔水域,约 2000 只帆船和 40000 人从事珍珠捕捞业。[④] 珍珠捕捞业通常处于商人的控制之下,水手与商人之间普遍存在债务性的依附关系。[⑤] 巴林是海湾最重要的珍珠产地,珍珠是巴林最重要的出口商品,超过二分之一的巴林男性劳动力从事珍珠捕捞业。[⑥] 20 世纪 20 年代,海湾地区的珍珠年出口额超过百万美元,贸易税成为海湾诸国统治家族的主要财源。进入 30 年代,由于西方的经济萧条和日本人工养殖珍珠的竞争,国际市场珍珠价格下跌,海湾地区的珍珠捕捞业逐渐衰落,珍珠捕捞船数量锐减,造船业急剧萎缩。[⑦] 海湾地区的另一典型经济活动是发达的转运贸易。海湾地区的商船航行于伊拉克、伊朗以及印度和东非之间的海域,贩运木材、布匹、香料、蔗糖、咖啡、稻米、椰枣、军火、黄金,进而与周边国

① Allen,C. H. , *Oman Under Qaboos:from Coup to Constitution 1970-1996*, pp. 49-50, p. 56, p. 57, p. 220.

② Owen,R. , *A History of Middle East Economies in the Twentieth Century*, p. 76.

③ Yapp,M. E. , *The Near East Since the First World War*, p. 201.

④ Owen,R. , *A History of Middle East Economies in the Twentieth Century*, p. 79.

⑤ Crystal,J. , *Kuwait:The Trasformation of an Oil State*, p. 32.

⑥ Al-Khalifa,S. A. K. , *Bahrain Through the Ages the History*, p. 349.

⑦ Owen,R. , *A History of Middle East Economies in the Twentieth Century*, p. 82.

家形成广泛的交往。[1]

20 世纪 30 年代,巴林、科威特、卡塔尔、阿曼、迪拜、沙迦、哈伊玛角、阿布扎比相继与西方石油公司签署协议,出让石油勘探权。与此同时,加利福尼亚标准石油公司成立巴林石油公司和加利福尼亚阿拉伯标准石油公司,伊拉克石油公司成立卡塔尔石油公司和特鲁希尔石油公司,英伊石油公司成立科威特石油公司。[2]

巴林是最早发现石油的海湾国家,亦是二战爆发前唯一出口石油的海湾国家。1930 年,美国加利福尼亚标准石油公司与得克萨斯公司组建巴林石油公司。同年,巴林石油公司与哈利法家族埃米尔签署协议,开始在阿瓦勒岛中部勘探石油。[3] 1932 年,巴林石油公司建成第一口油井,石油日产量超过 9000 桶,海湾地区的石油时代由此拉开序幕。[4] 1934 年,巴林石油公司开始出口石油。自 1935 年起,巴林的石油产量大幅度增长。1937－1940 年,巴林石油年产量超过 100 万吨。[5] 1937 年,巴林炼油厂建成。随着石油的开采和石油产量的提高,石油收入成为巴林政府的主要财政来源。巴林政府从巴林石油公司获得的岁入,1933 年为 0.9 万美元,1936 年超过 17 万美元,1940 年达到 100 万美元。[6] 1952 年,哈利法家族与巴林石油公司达成协议,实行五五制的利润分成。巴林政府的石油收入,1950 年为 160 万美元,1951 年增至 280 万美元,1952 年达到 630 万美元。[7] 30－60 年代,巴林石油公司生产原油超过 3.15 亿桶,约占巴林石油总储量的三分之一到二分之一。60 年代中期,巴林政府财政收入的 75％来自石油。[8] 1963 年,阿拉伯美国石油公司在沙特阿拉伯港口城市达曼以北 40 公里的阿布萨费发现石油。根据 1958 年巴林与沙特阿拉伯签署的协议,阿布萨费划归沙特阿拉伯,阿布萨费的石油资源则由两国平分。1965 年 12 月,阿布萨费油田开始生产原油,石油收入的 50％属于阿拉伯美国石油公司,25％属于沙特阿拉伯政府,25％属于巴林政府。1968 年,巴林政府石油收入的一半以上来自阿布萨费油田。[9] 1974 年,哈利法家族的埃米尔与巴林石油公司签署

① Assiri, A. R. , *The Government and Politics of Kuwait*, p. 127.

② Owen, R. , *A History of Middle East Economies in the Twentieth Century*, p. 84, p. 85.

③ Lawson, F. H. , *Bahrain: The Modernization of Autocracy*, p. 38.

④ Zahlan, R. S. , *The Making of the Modern Gulf States*, p. 64.

⑤ Lawson, F. H. , *Bahrain: The Modernization of Autocracy*, p. 48.

⑥ Owen, R. , *A History of Middle East Economies in the Twentieth Century*, p. 86.

⑦ Lawson, F. H. , *Bahrain: The Modernization of Autocracy*, p. 59.

⑧ Al-Kuwari, A. K. , *Oil Revenues in the Gulf Emirates*, Boulder 1978, p. 76.

⑨ Lawson, F. H. , *Bahrain: The Modernization of Autocracy*, p. 95, p. 93.

协议,巴林政府收购巴林石油公司的全部股权。1976 年,巴林政府成立国家石油公司。石油产量和国际市场石油价格的提高,导致石油收入的大幅增长。1970 年,巴林的石油产量为 2800 万桶,出口石油收入 2.1 亿美元。1990 年,巴林的石油产量下降为 1500 万桶,出口石油收入却上升为 21.3 亿美元。[①]

1913 年,英国地质学家进入科威特勘探石油。1932 年,英伊石油公司与美国海湾石油公司联合组建科威特石油公司。1934 年 12 月,科威特埃米尔艾哈迈德与科威特石油公司签署开发石油的协议,期限为 75 年。科威特石油公司于 1938 年在布尔干发现石油,1946 年开始出口石油。此后,科威特石油产量急剧上升:1946 年 590 万桶,1950 年 12570 万桶,1955 年 40270 万桶,1960 年 61910 万桶,1965 年 86150 万桶,1970 年 109060 万桶,1975 年 76070 万桶,1980 年 60727 万桶,1985 年 38736 万桶。科威特政府最初按照每桶 13 美分的固定比例获得石油公司的利润分成,低于同时期沙特阿拉伯、伊朗和伊拉克政府每桶 22 美分的利润分成标准。1946 年,科威特政府的石油收入仅为 7.6 万美元。1951 年,科威特政府与科威特石油公司签署新的协议,参照沙特阿拉伯和委内瑞拉的模式,实行五五制利润分成。1955 年,科威特政府的石油收入增至 2.5 亿美元。1972 年,科威特政府的石油收入超过 10 亿美元。[②] 70 年代初,科威特石油公司控制科威特 90% 的石油生产。1974 年,科威特政府收购科威特石油公司 40% 的股权。同年,科威特政府与沙特阿拉伯政府共同成立阿拉伯石油公司,科威特政府持有该公司 60% 的股权。1976 年,科威特政府收购科威特石油公司其余 60% 的股权。[③] 1970 年,科威特的石油产量超过 10 亿桶,石油收入 15.8 亿美元;1990 年,科威特的石油产量下降为 4.3 亿桶,石油收入上升为 63.9 亿美元。[④] 1985 年,科威特政府的财政收入共计 23.45 亿第纳尔(1 第纳尔折合 3.40 美元),其中来自石油的收入为 20.95 亿第纳尔。1990 年,科威特的政府财政收入共计 22.31 亿第纳尔,其中来自石油的收入为 19.42 亿第纳尔。[⑤]

卡塔尔于 1939 年发现石油。1949 年,卡塔尔石油产量为 75 万桶,同年开始出口石油。1970 年,卡塔尔的石油产量为 1.3 亿桶,出口石油收入 2.3 亿美

① Owen,R., *A History of Middle East Economies in the Twentieth Century*, p. 267.

② Crystal,J., *Kuwait:The Transformation of an Oil State*, p. 17, p. 39, p. 40, pp. 38-39.

③ Al-Dekhayel,A., *Kuwait:Oil,State and Political Legitimation*, p. 25.

④ Owen,R., *A History of Middle East Economies in the Twentieth Century*, pp. 266-267.

⑤ Crystal,J., *Kuwait:The Transformation of an Oil State*, p. 45.

元。1990 年,卡塔尔的石油产量增至 1.5 亿桶,出口石油收入增至 148 亿美元。[1]

　　30 年代末,伊拉克石油公司开始在阿布扎比、迪拜、沙迦、哈伊玛角勘探石油。1958 年,伊拉克石油公司的子公司阿布扎比石油公司在阿布扎比海域发现石油。1960 年,阿布扎比内陆亦发现石油。1962 年,阿布扎比石油公司开始向国际市场出口石油。[2] 1965 年,阿布扎比埃米尔沙赫布特与阿布扎比石油公司实行五五制的利润分成。迪拜于 1967 年发现石油,1969 年出口石油。[3] 1970 年,阿布扎比和迪拜的石油产量为 2.8 亿桶,出口石油收入 5.2 亿美元;1990 年,阿拉伯联合酋长国的石油产量增至 7.7 亿桶,出口石油收入增至 148 亿美元。[4]

　　1963 年,阿曼内陆发现石油。1967 年,阿曼开始向国际市场出口石油。[5] 同年,苏丹赛义德·塔伊穆尔与阿曼石油公司签署协议,实行五五制的利润分成。1976 年,阿曼政府拥有阿曼石油公司 60% 的股权。石油开采规模的扩大导致阿曼政府财政收入的增长。1966—1976 年,阿曼政府的岁入从 600 万美元增至 14 亿美元。1985 年,石油和天然气收入占阿曼政府财政收入的 47% 和外汇收入的 90%。[6] 1990 年,阿曼的石油产量达到 2.5 亿桶,出口石油收入 28.7 亿美元。[7]

　　1961 年独立以后,科威特的国家职能逐渐强化,政府机构逐渐扩大。与此同时,科威特政府不断扩大经济领域的干预范围,包括石油在内的主要经济部门处于政府的控制之下。科威特国家石油公司始建于 1960 年,1965 年政府持 60% 的股份,1975 年政府持 100% 的股份。石油化学工业公司始建于 1963 年,1965 年政府持 80% 的股份,1975 年政府持 100% 的股份。科威特油轮公司始建于 1957 年,1975 年政府持 49% 的股份,1980 年政府持 100% 的股份。此外,西方资本控制的科威特石油公司始建于 1934 年,1975 年收归国有;美国独立石油公司始建于 1948 年,1980 年收归国有。科威特与沙特阿拉伯于 1958 年共同

---

① Owen,R., *A History of Middle East Economies in the Twentieth Century*, p. 87, p. 202, pp. 266-267.

② Owen,R., *A History of Middle East Economies in the Twentieth Century*, p. 84, p. 202.

③ Ochsenwald,W., *The Middle East:A History*, pp. 677-678.

④ Owen,R., *A History of Middle East Economies in the Twentieth Century*, pp. 266-267.

⑤ 同上,p. 202。

⑥ Yapp,M. E., *The Near East Since the First World War*, p. 375.

⑦ Owen,R., *A History of Middle East Economies in the Twentieth Century*, pp. 266-267.

成立阿拉伯石油公司,1975年科威特政府持有该公司60％的股份。1979年,科威特政府成立科威特石油集团,拥有科威特国家石油公司、石油化学工业公司、科威特油轮公司。另一方面,科威特政府在诸多股份制公司所持有的股份亦呈上升的趋势。1986年,政府持有科威特投资公司64％的股份,持有科威特国外承包公司95％的股份,持有海湾保险公司73.7％的股份,持有瓦拉卜保险公司57.9％的股份,持有五家工业公司超过50％的股份,持有商业银行35％的股份,持有海湾银行32％的股份,持有科威特与中东银行20％的股份。1986年,政府持有科威特运输公司100％的股份,持有阿拉伯联合航运公司92.5％的股份。[①] 国家资本主义构成科威特现代化进程中经济发展的主要形式,是为萨巴赫家族政权的经济基础。国家资本主义与君主制的结合,构成科威特现代化进程的基本模式。

科威特的私人经济尽管处于国民经济的边缘地带,亦长期保持活跃的态势,构成国有经济的重要补充形式。科威特宪法在规定公共资源和自然资源属于国家的基础上,强调私人经济与国有经济之间的公平合作,保护私人财产不受侵犯。与此同时,科威特政府对私人经济实行自由放任的政策,保护私人经济和商人利益,加速私人资本的积累过程。[②] 非石油经济的发展,提供了私人经济的广阔空间。

科威特的私人经济分布于制造业、金融业、房地产业、建筑业和商业诸多领域。私人制造业企业兴起于60年代初,包括食品加工厂、建材厂和家具厂,规模较小。市场的有限、原材料的短缺和劳动力的匮乏,限制着私人制造业的发展。舒艾巴工业区始建于1964年,舒韦赫工业区始建于70年代初,是科威特私人制造业企业的主要分布区域。1964—1973年,国家信贷银行向私人制造业企业提供59笔贷款,总额200万第纳尔。1974—1986年,科威特工业银行向私人制造业企业提供贷款371笔,总额2.95亿第纳尔。私人金融业包括银行、保险公司、投资公司和股票市场。1961年独立前,科威特只有两家金融机构,即始建于1947年的英国中东银行和始建于1952年的科威特国家银行。80年代初,科威特的金融机构包括中央银行、股票市场、8家商业银行、3家专业银行、5家保险公司、18家投资公司,其中股票市场、5家商业银行、1家专业银行、3家保险公司和16家投资公司属于私人金融机构。自50年代开始,随着石油经济的发展和城市人口的膨胀,房地产业和现代服务业呈明显上升的趋势,进而成为

①　Al-Dekhayel, A., *Kuwait:Oil, State and Political Legitimation*, p. 6, p. 26, p. 8, p. 9.
②　同上,p. 163。

私人投资的重要领域。[①]

石油时代，海外投资构成科威特经济生活的重要内容。英国和美国是科威特海外投资的主要对象，西班牙、德国和日本亦是科威特海外投资的重要目标。[②] 70 年代，萨巴赫家族成为伦敦股票市场最大的股票持有者。[③] 自 80 年代起，海湾投资的收益构成科威特的主要财源之一。1987 年，科威特石油收入 54 亿美元，海外投资收入 63 亿美元。据估计，科威特的海外投资总额超过 1000 亿美元。[④]

自 20 世纪 30 年代起，随着石油的开采和石油收入的增长，巴林的经济市场化程度逐渐提高，农产品的消费日益依赖于从印度进口的谷物、从东非进口的食糖以及从伊拉克和沙特阿拉伯进口的椰枣。二战期间，哈利法家族加强对于经济领域的控制和干预，尤其在进出口贸易领域排斥地方商人。1938－1945 年，政府岁入从 370 万卢比（约合 150 万美元）增至 560 万卢比（约合 226 万美元）。二战结束后，西方商人开始进入海湾市场，与巴林商人建立广泛的贸易联系，西方商品充斥于巴林的市场。与此同时，哈利法家族推行关税改革，提高进口税征纳标准。1950 年 1 月，政府颁布新的关税标准，普通商品的进口税从 2％提高为 5％，奢侈品的进口税从 2％提高为 10％，而哈利法家族和石油公司进口的商品免征关税。[⑤]

巴林的石油资源相对有限，非石油领域的经济成分在国民经济中占有较高的比例。自 60 年代开始，巴林政府推行石油替代的经济战略，吸引国外投资，大力发展面向国际市场的制造业、轻工业、农业、金融业和航运业，进而形成在海湾地区独具特色的经济结构。50 年代，巴林的制造业仅有船舶修造厂和造纸厂以及其他轻工业企业数家。1962 年，政府在米纳·苏勒曼开辟自由贸易区。1964 年，政府在米纳·苏勒曼自由贸易区建立出口加工品免税区，旨在发展面向国际市场的外向型工业。1966－1968 年，巴林经历非石油工业的长足发展，建成大规模和资金密集型工业企业多家，引进国外技术和设备，雇佣外籍劳动力；是为巴林工业化的重要阶段。英国与巴林商人合股的渔业公司始建于 1966 年，拥有 8 艘现代渔船，在海湾北部水域作业，产品销往欧洲、日本和美国。巴林政府与英国铝业公司合资的铝厂始建于 1969 年，从澳大利亚进口铝矿石，设

① Al-Dekhayel,A., *Kuwait:Oil,State and Political Legitimation*, p. 158, p. 177p. 159, p. 160, p. 160.

② Crystal,J., *Kuwait:The Trasformation of an Oil State*, p. 52.

③ Peretz,D., *The Middle East Today*, p. 493.

④ Crystal,J., *Kuwait:The Trasformation of an Oil State*, p. 52.

⑤ Lawson,F. H., *Bahrain:The Modernization of Autocracy*, p. 51, p. 53, p. 55, p. 59.

计能力为年加工 9 万吨铝,出口国际市场。1972 年,巴林建成油漆厂和大型船坞。进入 80 年代,巴林经历新的工业化浪潮,合资建成阿拉伯钢铁公司、海湾铝业公司和海湾石油工业公司;其中,阿拉伯钢铁公司年生产能力 400 万吨,海湾铝业公司年生产能力 4 万吨,海湾石油工业公司日产甲醇和氨达到千吨。制造业在国内生产总值中所占的比例,1970 年 0.9%,1975 年 10.5%,1983 年12.7%。制造业劳动力所占的比例,1965 年 0.8%,1982 年 11.7%。1975 年,巴林政府实行金融业开放政策,引进国外金融机构。至 1983 年,境外金融机构的资金总额达到 627 亿美元。与此同时,巴林传统经济部门农业呈下降趋势,耕地面积逐年减少,农产品进口逐年增长。农业在国内生产总值中所占的比例,1970 年为 0.9%,1983 年为 1.2%。农业劳动力在全部劳动力中所占的比例,1965 年为 8.7%,1982 年为 2.6%。[1]

阿拉伯联合酋长国的迪拜是海湾地区最重要的国际贸易中心,拥有海湾地区最大的国际空港和完善的现代金融体系,俨然是阿拉伯世界的威尼斯。[2]

赛义德·塔伊穆尔当政期间,阿曼经济拮据,政治保守,社会封闭,传统秩序根深蒂固。自 1970 年苏丹卡布斯即位后,阿曼的现代化进程逐渐启动。70 年代,"发展的独裁模式"构成推动阿曼现代化进程的杠杆。苏丹卡布斯政府致力于推行开放政策,鼓励私人的经济参与和国外投资,与国际社会建立广泛的联系,阿曼逐渐走出传统的封闭状态。石油经济的发展和政府财政收入的增长,构成阿曼政府推行现代化举措的物质基础。1975 年以后,阿曼的政治局势趋于稳定,经济社会领域出现长足的进步。90 年代,阿曼的国内生产总值年增长 5%,石油日产量达到 90 万桶。[3] 尽管如此,阿曼仍然是海湾地区最落后的国家,多数人口生活在乡村,从事传统的农业和畜牧业。直至 1970 年赛义德·塔伊穆尔退位时,阿曼几乎无现代工业可言。1975 年,阿曼仅有 10 家现代工业企业。80－90 年代,阿曼政府开辟工业园区,鼓励私人投资工业企业。1975 年,政府与私人共同投资兴建马特拉面粉厂,政府拥有 60% 的股份。阿曼水泥公司自 1977 年开始兴建,1984 年建成投产,政府拥有 100% 的股份。莱苏特水泥公司位于佐法尔,政府拥有 20% 的股份。1975 年,政府在奈兹瓦和鲁斯塔格投资兴建椰枣加工厂。1996 年,阿曼共有工业企业 1416 家,其中雇佣劳动力不足10 人的企业 1072 家;工业企业雇佣劳动力 26408 人,其中阿曼人 4035 人,仅占16%,低于阿曼政府雇员中阿曼人所占的 35% 的比例。1996 年,工业产值仅占

---

① Lawson,F. H. , *Bahrain:The Modernization of Autocracy* , pp. 93-111.

② Zahlan,R. S. , *The Making of the Modern Gulf States* , p. 113.

③ Ochsenwald,W. , *The Middle East:A History* , p. 682.

国内生产总值的 10%。阿曼的主要农作物是椰枣,主要的畜牧业产品是羊和骆驼。苏丹卡布斯即位后,阿曼的农业生产呈持续的上升趋势。1970—1990 年,农作物年产量从 18.1 万吨增至 69.9 万吨。1976—1993 年,农作物年产值从 1230 万里亚尔增至超过 1 亿里亚尔。1970—1993 年,出口农作物总值从 32 万里亚尔增至 1000 万里亚尔。然而,水源的匮乏严重制约着阿曼的农业发展;农业区域主要分布于巴提奈沿海和佐法尔的萨拉拉平原,耕地仅占国土面积的 0.1%。[①]

海湾诸国地广人稀,现代劳动力资源严重匮乏。随着石油经济的发展,海湾诸国的人口呈急剧增长的趋势。外籍劳动力的涌入,导致海湾诸国的社会结构发生明显的变化。本土人口与外籍人口的长期并存,以及本土人口与外籍人口在诸多方面的明显差异,构成海湾诸国社会结构的突出特征。

1957 年,科威特总人口为 20.6 万,其中科威特本土人口占总人口的 55%,外籍人口占总人口的 45%。[②] 1961 年,科威特总人口为 32 万,其中科威特人占 50.3%,外籍人口占 49.7%。[③] 1980 年,科威特总人口 135.6 万,其中本土人口占总人口的 41.5%,外籍人口占总人口的 58.5%。[④] 1985 年,科威特总人口约 170 万,其中科威特人占 40.1%,外籍人口占 59.9%。[⑤] 1990 年,科威特总人口增至 214 万,其中科威特本土人口 83 万,占总人口的 38.6%,外籍人口 131 万,占总人口的 61.4%。[⑥] 1995 年,科威特总人口 157.6 万,其中科威特人 65.6 万,占总人口的 41.6%,外籍人口 92 万,占总人口的 58.4%。[⑦] 在卡塔尔和阿拉伯联合酋长国,外籍人口在总人口中所占的比例甚至高于科威特。根据 1980 年的统计,卡塔尔总人口为 20 万,其中本土人口 5.2 万,占总人口的 26%,外籍人口 14.8 万,占总人口的 74%;阿拉伯联合酋长国总人口为 55.8 万,其中本土人口 9.7 万,占总人口的 17.5%,外籍人口 46.1 万,占总人口的 82.5%。[⑧] 巴林亦有相当数量的外籍人口。巴林的外籍人口在总人口中所占的比例,1965 年为 21%,1971 年增至 17.5%,1976 年达到 24%。[⑨] 1980 年,巴林总人口为 35.9

① Allen,C. H. , *Oman Under Qaboos:from Coup to Constitution 1970-1996*, pp. 139-152.

② Crystal,J. , *Kuwait:The Trasformation of an Oil State*, p. 83.

③ Al-Dekhayel,A. , *Kuwait:Oil,State and Political Legitimation*, p. 36.

④ Owen,R. , *A History of Middle East Economies in the Twentieth Century*, p. 268.

⑤ Al-Dekhayel,A. , *Kuwait:Oil,State and Political Legitimation*, p. 36.

⑥ Crystal,J. , *Kuwait:The Trasformation of an Oil State*, p. 83.

⑦ Assiri,A. R. , *The Government and Politics of Kuwait*, p. 139.

⑧ Owen,R. , *A History of Middle East Economies in the Twentieth Century*, p. 268.

⑨ Lawson,F. H. , *Bahrain:The Modernization of Autocracy*, p. 18.

万,其中本土人口 24.3 万,占总人口的 67.6%,外籍人口 11.6 万,占总人口的 32.4%。然而,巴林外籍人口的数量始终未超过本土人口的数量。阿曼是海湾地区外籍人口比例最低的国家。1980 年,阿曼总人口为 90 万,其中本土人口 63.5 万,占总人口的 70.6%,外籍人口 26.5 万,占总人口的 29.4%。① 进入 90 年代,外籍人口的比例呈明显的上升趋势。②

海湾诸国的外籍人口来源各异,包括阿拉伯血统的外籍人口、非阿拉伯血统的亚非裔外籍人口和欧美裔外籍人口。80 年代以前,海湾诸国的外籍人口大都来自阿拉伯世界和伊朗。在 1975 年的科威特,阿拉伯血统的外籍人口 41.9 万,占科威特总人口的 42.2%,非阿拉伯血统的外籍人口 10.7 万,占科威特总人口的 10.3%。③ 进入 80 年代,来自南亚和东南亚的外籍人口呈明显上升的趋势。④ 另一方面,外籍人口境况各异,西方人大都从事白领职业,具有较高的社会地位,阿拉伯人次之,来自南亚和东南亚的外籍劳动力普遍从事建筑业和服务业,收入微薄,处于外籍人口的底层。1985 年,科威特的外籍人口共计 101.6 万,其中阿拉伯人 64.3 万,占总人口的 37.9%,非阿拉伯人 37.3 万,占总人口的 22%。⑤ 90 年代初,海湾诸国的总人口约 460 万,其中 270 万系外籍人口;在科威特、卡塔尔和阿联酋,外籍人口的数量远远超过本土人口的数量。⑥

海湾诸国的外籍人口大都属于非熟练劳动力,主要从事服务业和建筑业,与本土居民之间联系甚少,普遍处于相对孤立的社会地位。在 1957—1993 年的科威特,外籍劳动力的 44% 从事服务业,18% 从事建筑业。⑦ 1971 年,巴林外籍人口在服务业和建筑业的从业人员中所占的比例分别为 59.4% 和 54.2%;1981 年,巴林外籍人口在服务业和建筑业的从业人员中所占的比例分别上升为 92.9% 和 92.5%。⑧ 在 1993 年的阿曼,外籍劳动力的 24% 从事服务业,24% 从事建筑业。⑨

海湾诸国的本土人口尽管数量有限,然而社会结构不尽相同。统治家族垄

---

① Owen,R. , *A History of Middle East Economies in the Twentieth Century*, p. 268.

② Ochsenwald,W. , *The Middle East:A History*, p. 682.

③ Crystal,J. , *Kuwait:The Trasformation of an Oil State*, p. 85.

④ Mohammed,N. S. A. , *Population and Development of the Arab Gulf States*, Hampshire 1988, pp. 5-6.

⑤ Crystal,J. , *Kuwait:The Trasformation of an Oil State*, p. 85.

⑥ Zahlan,R. S. , *The Making of the Modern Gulf States*, p. 4.

⑦ Mohammed,N. S. A. , *Population and Development of the Arab Gulf States*, p. 21, p. 9.

⑧ Lawson,F. H. , *Bahrain:The Modernization of Autocracy*, p. 19.

⑨ Mohammed,N. S. A. , *Population and Development of the Arab Gulf States*, p. 9.

断国家权力和石油财富,凌驾于社会之上,长期处于特权地位,明显区别于非统治家族的本土公民。另一方面,石油经济时代现代化进程的启动,导致诸多部族之间贫富分化的加剧,新旧社会阶层经历着此消彼长的过程。此外,逊尼派穆斯林与什叶派穆斯林之间存在明显的教派差别;逊尼派穆斯林大都持阿拉伯民族主义的立场,什叶派穆斯林则与海湾大国伊朗具有千丝万缕的联系。什叶派穆斯林来源复杂,兼有阿拉伯人和伊朗人,大都属于社会下层,普遍处于相对贫困的状态。

商人是科威特最重要的社会阶层。前石油时代,商业贸易构成科威特人的主要经济活动和萨巴赫家族的主要财源,商人在科威特社会占有举足轻重的地位。"商人利用缴纳赋税的方式表达自己的政治观点,抑或商人通过财富交换政治权力。"[1]进入石油时代,科威特的商业贸易规模明显扩大。与此同时,科威特商人逐渐从传统商人转化为现代商业资产阶级。随着福利社会的建设和国内消费市场的扩大,进口贸易和服务业长足进步,包括金融家、房地产开发商、进出口中间商和国外代理商在内的商业资产阶级成为联结国内市场与国际市场的重要纽带,进而产生广泛的政治影响。1962—1988 年,科威特 32 个商人家族拥有 208 家公司和商号;此间,科威特内阁非萨巴赫家族成员共计 136 人,其中 68 人来自上述 32 个商人家族中的 18 个家族。新兴中产阶级是科威特另一重要的社会阶层,包括政府职员、知识界和现代企业管理人员,80 年代构成科威特本土从业者的主体,1985 年占科威特本土从业者总数的 51%。科威特的社会下层包括小商人、农民、贝都因人、渔民,为数有限。[2] 此外,超过本土人口80%的逊尼派穆斯林与不足本土人口 20%的什叶派穆斯林之间存在明显的教派对立;科威特社会上层主要来自逊尼派穆斯林,什叶派穆斯林大都属于科威特本土人口中的弱势群体。[3]

巴林是科威特的邻国,统治巴林的哈利法家族与统治科威特的萨巴赫家族均为欧特布部落的分支。然而,科威特的人口构成具有明显的同源性,社会结构具有浓厚的部族色彩,称作迪瓦尼耶的部族会议构成联结国家与民众的重要纽带。[4] 相比之下,巴林的人口构成却表现为明显的多元性。不同的岛屿生活着不同的社会群体,相互之间联系甚少;诸多岛屿的人口分布,加剧巴林社会构成的差异性。巴林的大商人包括纳季德人和哈瓦拉人两部分,其中纳季德人系

---

① Crystal,J. , *Kuwait:The Trasformation of an Oil State* , p. 18.

② Al-Dekhayel,A. , *Kuwait:Oil,State and Political Legitimation* , p. 51, p. 49.

③ Crystal,J. , *Kuwait:The Trasformation of an Oil State* , p. 77.

④ 同上 ,p. 66。

来自纳季德的逊尼派阿拉伯人,人数较少,哈瓦拉人系来自伊朗的逊尼派阿拉伯人,人数较多。小商人和土著的农民、渔民、手工业者构成巴林社会的下层群体,包括来自科威特的逊尼派阿拉伯人以及来自哈萨的什叶派阿拉伯人和伊朗人。前石油时代,巴林的耕地大都处于哈利法家族的控制之下,政府岁入主要来自哈利法家族的地产。巴林的富商与哈利法家族联系密切,前石油时代控制珍珠捕捞业,进入石油时代以后转而经营房地产业、建筑业和金融业,充当石油公司的中间商。自50年代起,巴林富商成为哈利法家族的盟友和伙伴,具有广泛的政治影响。麦纳麦、穆哈拉格、里法伊、阿尔西德、西特拉和基德·哈夫斯是巴林的6个主要城市,设有市政会议;市政会议的主席均为哈利法家族的成员,其余成员大都来自富商阶层。商会由富商组成,亦是富商阶层影响政府决策的重要机构。阿里·法克鲁、尤素夫·艾哈迈德·什拉维和塔里格·阿卜杜勒·拉赫曼长期出任内阁大臣,堪称巴林富商的代表人物。[1] 另一方面,巴林是海湾地区唯一的什叶派穆斯林占人口多数的国家;什叶派穆斯林超过巴林总人口的三分之二,逊尼派穆斯林不足巴林总人口的三分之一。[2] 然而,逊尼派伊斯兰教在巴林长期占据统治地位,哈利法家族和大多数富商均属逊尼派穆斯林,其中哈利法家族以及与其同时移居巴林的欧特布部落分支鲁马希家族、穆萨拉姆家族、达瓦希尔家族尊奉马立克派教法,纳季德人尊奉罕百里派教法,哈瓦拉人尊奉沙菲仪派教法。什叶派穆斯林主要是土著的农民、渔民、手工业者和石油工人,属于什叶派的十二伊玛目派,多数尊奉欧苏里派教法,少数尊奉阿赫巴尔派教法,普遍处于相对贫困的状态。[3] 种族差异、教派分歧与阶级对立错综交织,构成巴林社会结构的突出现象。

海湾诸国在石油时代经历城市化的长足发展。1960—1990年,科威特的总人口从30万增至210万,城市人口在总人口中所占的比例从72%上升为96%。[4] 60年代末,阿布扎比、迪拜、沙迦、阿治曼、乌姆盖万、哈伊马角和富查伊拉的总人口不足18万,其中阿布扎比4.6万人,迪拜5.9万人,沙迦3.2万人,阿治曼0.4万人,乌姆盖万0.4万人,哈伊马角2.4万人,富查伊拉1万人,城市人口约占总人口的37%。1975年,阿拉伯联合酋长国总人口增至65.4万,其中阿布扎比23.6万人,迪拜20.7万人,沙迦8.8万人,阿治曼2.2万人,

① Lawson,F. H. , *Bahrain:The Modernization of Autocracy*, p. 10, p. 5, p. 7, p. 77.

② Hopkins, N. S. & Ibrahim, S. E. , *Arab Society:Class, Gender, Power and Development*, p. XV.

③ Lawson,F. H. , *Bahrain:The Modernization of Autocracy*, p. 4.

④ Owen,R. , *A History of Middle East Economies in the Twentieth Century*, p. 274.

乌姆盖万 1.7 万人,哈伊马角 5.7 万人,富查伊拉 2.6 万人。[1] 1990 年,阿拉伯联合酋长国的总人口达到 160 万,城市人口在总人口中所占的比例上升为 78%。[2] 90 年代初,阿拉伯联合酋长国约 80% 的人口生活在阿布扎比、迪拜和沙迦 3 个主要城市。[3] 1959 年,巴林总人口为 14.3 万,其中乡村人口 3.1 万,城市人口 11.2 万,8.9 万人生活在麦纳麦和穆哈拉格两大城市。1981 年,巴林总人口增至 35 万,其中乡村人口 5 万,城市人口 30 万,18.3 万人生活在麦纳麦和穆哈拉格两大城市。[4] 1990 年,卡塔尔总人口约 50 万,其中超过 22 万人生活在首都多哈。[5] 阿曼是最晚发现石油的海湾国家,亦是海湾地区唯一的农业国,外籍人口数量有限,城市人口在总人口中所占的比例最低;1960—1990 年,阿曼的总人口从 50 万增至 160 万,城市人口在总人口中所占的比例从 4% 上升为 11%。[6] 1985 年,阿曼首都马斯喀特的人口只有 5 万。[7]

自战后以来,随着石油经济的发展,海湾诸国政府的石油收入急剧增长,福利国家和食利社会的建设成为海湾诸国现代化进程的突出现象。征纳赋税构成国家政权的重要职责;相比之下,海湾诸国普遍实行公民免纳赋税的政策。

科威特政府长期致力于推行诸如免费医疗和教育、发放生活必需品补贴和提供无息住房贷款的全民性福利政策,旨在以满足民众的福利要求取代民众扩大政治参与的要求,以福利化取代民主化,以福利国家取代民主国家。与此同时,服务业以及医疗和教育事业长足进步,医院和学校的数量明显增多。[8] 科威特的现代世俗学校始建于 20 世纪初;科威特商人于 1912 年创办的穆巴拉克学校和 1921 年创办的艾哈迈德学校,首开科威特现代世俗教育的先河。[9] 1936 年,科威特政府成立教育署。1945 年,政府创办的世俗学校 17 所,学生人数 3635 人。[10] 1956 年,政府实行划一的教育体制,形成 4 年制的小学、4 年制的初级中学和 4 年制的高级中学。1966 年,成立科威特大学,实行 4 年制。[11] 60 年代初,科威特各类学校增至 104 所,教师总数增至 0.3 万人,学生总数增至 6 万

[1] Roberts, M. H. P., *An Urban Profile of the Middle East*, p. 130.

[2] Owen, R., *A History of Middle East Economies in the Twentieth Century*, p. 276.

[3] Ochsenwald, W., *The Middle East : A History*, p. 680.

[4] Lawson, F. H., *Bahrain : The Modernization of Autocracy*, p. 12.

[5] Peretz, D., *The Middle East Today*, p. 498.

[6] Owen, R., *A History of Middle East Economies in the Twentieth Century*, p. 275.

[7] Yapp, M. E., *The Near East Since the First World War*, p. 376.

[8] Crystal, J., *Kuwait : The Trasformation of an Oil State*, p. 23.

[9] Al-Dekhayel, A., *Kuwait : Oil, State and Political Legitimation*, p. 58.

[10] Crystal, J., *Kuwait : The Trasformation of an Oil State*, p. 69.

[11] Al-Dekhayel, A., *Kuwait : Oil, State and Political Legitimation*, p. 58.

人。1966 年,科威特政府创办科威特大学。80 年代末,科威特各类学校达到 642 所,教师总数达到 2.8 万人,学生总数达到 37.3 万人。[1]

科威特的公共卫生机构始建于 20 世纪初。第一家医务所始建于 1911 年,第一家医院始建于 1912 年,均为西方开设的教会医疗机构。1936 年,科威特成立公共卫生署。第一家政府创办的医院始建于 1949 年,最初拥有 50 张病床,1950 年增至 100 张病床。1961 年独立后,医疗事业进一步发展,公共卫生机构的服务范围逐渐扩大。1967—1971 年的第一个五年计划,科威特政府全面实行免费医疗的福利政策,卫生事业投资 3300 万第纳尔。1976—1981 年的第二个五年计划,建成五家新的医院,卫生事业投资 13300 万第纳尔。1986—1990 年的第三个五年计划,进一步改善医疗条件,卫生事业投资 2.2 亿第纳尔。1953—1962 年,各类医疗机构从 50 家增至 192 家;1986 年,各类医疗机构达到 961 家。1964—1974 年,病床数量从 2605 张增至 3896 张;1985 年,病床数量达到 6226 张。1962—1976 年,医务人员数量从 2340 人增至 6224 人;1986 年,医务人员数量达到 13661 人。[2]

住房政策和居住条件的改善,亦是科威特建设福利社会的重要内容。1962—1985 年,政府的住房投资累计 28.16 亿第纳尔;其中 1962—1974 年累计投资 1.94 亿第纳尔,1975—1985 年累计投资 26.23 亿第纳尔。1954—1989 年,政府新建住房累计 63560 套;其中,1954—1975 年累计新建住房 20883 套,1976—1989 年累计新建住房 42677 套。优先向低收入家庭提供廉价住房,是科威特政府住房政策的基本准则。1954—1985 年,政府向低收入家庭提供住房 31472 套;其中 1954—1975 年 20883 套,1976—1985 年 10589 套。[3]

苏丹卡布斯·赛义德即位初期,阿曼的教育主要是初等教育和扫盲教育。1970 年,政府兴建 13 所小学,其中 3 所是女子小学,教师包括阿曼人以及约旦人和埃及人,另有 700 名儿童在阿布扎比和迪拜等地就学。1972 年,兴建 4 所初中,包括 3 所男子初中和 1 所女子初中,招收学生 146 人。1973 年兴建第一所男子高中,1974 年兴建第一所女子高中。1986 年,建成苏丹卡布斯大学,包括教育与宗教学院、工学院、理学院、农学院、医学院、艺术学院、商业与经济学院。1993 年,苏丹卡布斯大学的学生达到 3600 人,其中女性占 65%。私立高等学校包括始建于 1995 年的行政学院和始建于 1996 年的现代商业与科学学

---

① Crystal,J., *Kuwait:The Trasformation of an Oil State*, pp. 57-59.

② Al-Dekhayel,A., *Kuwait:Oil,State and Political Legitimation*, p. 105, p. 107, pp. 113-114, p. 118, p. 119, p. 122.

③ 同上, pp. 147-149。

院。苏丹卡布斯·赛义德在位期间,阿曼的卫生事业亦经历长足的进步。1996年,阿曼建成综合医院 48 所,专科医院 5 所,卫生中心 114 所。位于首都马斯喀特的胡布拉皇家医院拥有 629 张床位和先进的医疗设备。阿曼卫生领域的从业者主要来自外籍人口;1996 年,只有 8％的医生、11％的护士和 14％的药剂师来自阿曼本土人口。阿曼政府于 1971 年成立妇女协会,1985 年成立妇女儿童事业董事会;其中,阿曼妇女协会下设 13 个分支机构,阿曼妇女儿童事业董事会下设 7 个职业培训中心。1994 年,妇女在政府雇员总数中所占的比例达到20％,大都任职于教育部和卫生部。金融和旅游业亦雇佣相当数量的妇女,1500 名妇女拥有自己的企业。[①]

三、也门

北也门

也门是古代世界定居生活的重要发源地,人类在也门的定居生活可以追溯到约 4 万年前,也门首都萨那相传系诺亚之子塞姆所建。也门亦是阿拉伯半岛最早进入文明时代的地区,古代文明可以追溯到米奈—赛伯邑人和希米叶尔人建立的国家。公元 6 世纪,埃塞俄比亚人和波斯人相继统治也门。公元 7 世纪,伊斯兰教传入也门。896 年,什叶派分支栽德派在也门内陆山区建立伊玛目国。[②] 16 世纪前期,奥斯曼帝国将扩张的矛头指向红海和印度洋水域,占领亚丁、塔兹和萨那,也门被纳入奥斯曼帝国的版图。奥斯曼帝国统治期间,沿海平原的逊尼派穆斯林尊奉伊斯坦布尔的苏丹和沙菲仪派教法,内陆山区的穆斯林追随什叶派分支栽德派伊玛目,与奥斯曼帝国分庭抗礼。[③] 1904 年,栽德派穆斯林拥立叶赫亚·穆罕默德·穆台瓦基勒出任伊玛目(1904－1948 年在位)。1911 年,奥斯曼帝国苏丹与栽德派伊玛目叶赫亚·穆罕默德·穆台瓦基勒签署协议,栽德派穆斯林承认奥斯曼帝国在也门的宗主地位,奥斯曼帝国承认栽德

① Allen,C. H. , *Oman Under Qaboos:from Coup to Constitution 1970-1996*, pp. 166-167, pp. 170-172, pp. 176-177.

② Colburn,M. , *The Republic of Yemen:Development Challenges in the 21st Century*, London 2002, p. 11, p. 13.

③ Dresch,P. , *A History of Modern Yemen*, Cambridge 2000, p. 9.

派穆斯林也门北部的内陆山区享有自治的权利。① 1918 年一战结束后,奥斯曼帝国的军队撤出也门,栽德派伊玛目叶赫亚·穆罕默德·穆台瓦基勒在萨那建立穆台瓦基勒王朝,正式脱离奥斯曼帝国,占据也门北部和中部地区,进而提出对于阿西尔和也门南部的领土要求。② 阿西尔位于希贾兹与也门之间,长期处于什叶派分支伊德利斯派的控制之下。1924 年,沙特家族与栽德派伊玛目爆发战争,沙特家族吞并阿西尔山区,栽德派伊玛目占领阿西尔沿海。1934 年,沙特王国吞并阿西尔沿海。根据随后签署的协议,沙特王国将荷台达归还栽德派伊玛目国,承认栽德派伊玛目国作为独立的主权国家,栽德派伊玛目国放弃对于阿西尔的领土要求。③ 同年,栽德派伊玛目国与英国政府签署协议,双方暂时搁置亚丁和也门南部领土归属的分歧,英国政府正式承认栽德派伊玛目国为独立的主权国家。随后,也门伊马目国改称也门王国,政治疆域随之确定。④

栽德派国家的权位传承缺乏严格的家族世袭制度,伊玛目由栽德派穆斯林推举赛义德家族成员即所谓的圣裔出任。栽德派国家实行教俗合一的政治制度,伊玛目兼有宗教和世俗的最高权力。在也门的栽德派国家,伊玛目至少在理论上处于至高无上的地位,对于臣民拥有生杀予夺的权力。"未经伊玛目的允许,也门人不得离开自己的国家,甚至不得随意旅行"。栽德派伊玛目统治的也门,划分为萨那、伊卜、塔伊兹、荷台达、哈贾和萨达六省,称作纳伊卜的省长代表伊玛目行使统治权力。⑤ 也门内陆山区作为栽德派政权的核心据点,地理位置闭塞,经济和社会生活长期处于停滞落后的状态。穆台瓦基勒王朝的政府官员主要来自伊玛目所属的哈米德家族以及少量叙利亚籍的奥斯曼贵族,伊玛目的权力局限于城市的范围,乡村地区处于部落舍赫的控制之下,天课以及贸易税和过境税构成基本的税收形式,缺乏常备军。⑥

自 30 年代开始,栽德派伊玛目与部落舍赫之间的权力角逐不断加剧,具有现代思想的新兴知识阶层亦初露端倪。在埃及穆斯林兄弟会的影响下,新兴知识阶层于 30 年代在亚丁组建"自由也门运动",1944 年在开罗成立自由也门党,代表人物是艾哈迈德·穆罕默德·努尔曼和穆罕默德·马哈茂德·祖巴里。⑦

① Yapp,M. E. , *The Near East Since the First World War*, p. 194.

② Ismeal,T. Y. , *Middle East Politics Today:Government and Civil Society*, pp. 397-398.

③ Sharabi,H. B. , *Government and Politics of the Middle East in the Twentieth Century*, p. 250.

④ Ochsenwald,W. , *The Middle East:A History*, p. 685.

⑤ Sharabi,H. B. , *Government and Politics of the Middle East in the Twentieth Century*, p. 245, p. 244.

⑥ Yapp,M. E. , *The Near East Since the First World War*, pp. 194-195.

⑦ 同上,p. 195。

自由也门党反对栽德派伊玛目叶赫亚的独裁统治,要求制定宪法,建立议会君主制,实现也门南北的统一。[①] 1948 年,伊玛目叶赫亚·穆罕默德·穆台瓦基勒在首都萨那死于暗杀,其子艾哈迈德被栽德派部落舍赫拥立为新的伊玛目(1948－1962 年在位)。伊玛目艾哈迈德当政期间,沿袭伊玛目叶赫亚·穆罕默德·穆台瓦基勒的保守传统,奉行独裁专制的统治政策。50 年代,纳赛尔主义和复兴社会主义的政治思想传入也门,成为也门反对派的意识形态。1961 年,自由也门党在埃及政府的支持下成立自由军官组织。1962 年 9 月艾哈迈德死后,其子穆罕默德·巴基尔继任伊玛目。随后,也门自由军官领导人阿卜杜拉·萨拉勒发动政变,宣布废除君主制即伊玛目制,成立阿拉伯也门共和国,自任总统。[②]

1963－1967 年,北也门的共和派与君主派经历长达 5 年的内战。共和派成员来自军官、市民和知识界,大都属于逊尼派穆斯林,得到埃及政府的支持。君主派成员来自伊玛目马哈茂德·巴基尔为首的传统部落贵族,大都属于栽德派穆斯林,得到沙特阿拉伯以及约旦和英属亚丁政权的支持。[③] 1967 年第三次中东战争后,埃及军队撤出北也门,阿卜杜拉·萨拉勒政权垮台。1970 年,在埃及和沙特阿拉伯的干预下,北也门的内战双方达成妥协,君主派放弃恢复伊玛目制,栽德派部落贵族延续原有的统治地位。[④]

1971 年,北也门举行大选,阿卜杜勒·拉赫曼·伊尔亚尼出任总统,栽德派部落贵族控制议会、地方政府和武装部队。[⑤] 1974 年 6 月,在沙特阿拉伯政府的支持下,武装部队司令伊卜拉欣·哈姆迪发动政变,废除 1971 年宪法,解散议会和内阁,自任革命指挥委员会主席。[⑥] 1977 年,伊卜拉欣·哈姆迪死于暗杀,武装部队副司令艾哈迈德·侯赛因·贾什米上校继任革命指挥委员会主席。[⑦] 1978 年 6 月,艾哈迈德·侯赛因·贾什米遭暗杀身亡,北也门恢复总统制,取消革命指挥委员会,议会选举阿里·阿卜杜拉·萨利赫出任总统。[⑧] 阿里·阿卜杜拉·萨利赫执政期间,推行威权政治,致力于强化国家职能和削弱栽德派部落贵族的传统势力。1979 年,阿里·阿卜杜拉·萨利赫颁布征兵法,

① Sharabi, H. B., *Government and Politics of the Middle East in the Twentieth Century*, p. 246.
② Ochsenwald, W., *The Middle East: A History*, p. 690.
③ Ismeal, T. Y., *Middle East Politics Today: Government and Civil Society*, p. 398.
④ Ochsenwald, W., *The Middle East: A History*, p. 691.
⑤ Yapp, M. E., *The Near East Since the First World War*, p. 361.
⑥ Ochsenwald, W., *The Middle East: A History*, p. 692.
⑦ Ismeal, T. Y., *Middle East Politics Today: Government and Civil Society*, p. 399.
⑧ Ochsenwald, W., *The Middle East: A History*, p. 692.

实行募兵制,扩大常备军的规模,组建国民卫队。1982年,阿里·阿卜杜拉·萨利赫创建人民大会,作为唯一合法的官方政党。[1] 1988年,阿里·阿卜杜拉·萨利赫连任北也门总统。[2]

南也门

亚丁位于也门南端,距曼德海峡160公里,扼守红海与印度洋水域的航运通道。16世纪初,葡萄牙人试图占领亚丁,未果。1538年,奥斯曼帝国军队占领亚丁。1802年,英国东印度公司与亚丁的统治者签署协议,获得亚丁港的使用权和亚丁土地的租借权。1839年,英军占领亚丁。此后,英国殖民当局通过订立保护性协议,控制也门南部沿海地区,建立东亚丁保护区和西亚丁保护区,隶属于英属印度政府[3];其中,东亚丁保护区包括5个苏丹国和2个舍赫国,西亚丁保护区包括7个苏丹国、6个舍赫国、2个埃米尔国和1个部落联盟。[4] 1869年苏伊士运河开通后,红海成为沟通大西洋、地中海与印度洋的主要通道,亚丁则成为联结英属埃及与英属印度之间直至英国本土与英属东南亚殖民地之间的航运枢纽,堪称阿拉伯海域的直布罗陀。[5] 英国占领初期,亚丁居民仅有千余人。一战结束时,亚丁居民增至5万,主要是来自也门北部、非洲东部、印度和英国的移民,大都从事转运贸易和运输业;包括亚丁、东亚丁保护区和西亚丁保护区在内的南也门人口约50万,农民居多。[6] 1937年,亚丁正式成为英国殖民地,脱离英属印度政府,隶属于伦敦的殖民地事务部。[7]

二战结束后,英国殖民当局在南也门推行所谓的宪政改革,于1947年成立16人组成的立法会议,由英籍总督出任立法会议主席,立法会议成员由英国殖民当局指定。1958年,英国殖民当局改革立法会议,实行选举,选民局限于具有一定财产的男性亚丁居民。[8] 1959年,英国殖民当局操纵西亚丁保护区诸国成立南阿拉伯酋长国联邦。1962年,英国殖民当局操纵成立包括西亚丁保护区和东亚丁保护区诸国在内的南阿拉伯联邦。1963年,亚丁加入南阿拉伯联邦。[9]

① Yapp,M. E. , *The Near East Since the First World War*, p. 363.

② Ochsenwald,W. , *The Middle East：A History*, p. 692.

③ Ismeal,T. Y. , *Middle East Politics Today：Government and Civil Society*, p. 397.

④ Ochsenwald,W. , *The Middle East：A History*, p. 686.

⑤ Peretz,D. , *The Middle East Today*, p. 489.

⑥ Yapp,M. E. , *The Near East Since the First World War*, p. 196.

⑦ Ismeal,T. Y. , *Middle East Politics Today：Government and Civil Society*, p. 397.

⑧ Peretz,D. , *The Middle East Today*, p. 489.

⑨ Ochsenwald,W. , *The Middle East：A History*, p. 686.

1967 年,英军撤出亚丁,南阿拉伯联邦解体,南也门独立。

北也门地理位置闭塞,传统经济社会秩序根深蒂固,血缘关系盛行,栽德派的神权政治构成维系诸多部落的纽带。相比之下,南也门地理位置具有明显的开放性,与外部世界交往频繁。英国殖民统治时期,新兴社会阶层逐渐萌生。二战结束后,南也门民众争取独立的政治运动日渐高涨,现代政治组织始露端倪。"亚丁协会"成立于 1950 年,代表亚丁阿拉伯商人的利益和要求,强调"亚丁是亚丁人的亚丁",主张摆脱英国殖民当局的统治和实现亚丁的自治,同时反对亚丁与南也门其他地区的统一。"亚丁工人协会"成立于 1956 年,代表亚丁工人以及其他新兴社会阶层的利益和要求,主张实现也门的独立和南北也门的统一。60 年代初,"民族阵线"成为南也门独立运动的政治核心。"民族阵线"全称"解放被占领的南也门民族阵线",始建于 1963 年,强调反对帝国主义、封建主义和资本主义的政治纲领,倡导纳赛尔主义的意识形态,得到埃及政府的支持。1967 年,英国殖民当局向"民族阵线"移交权力,南也门人民共和国宣告成立,"民族阵线"成为南也门人民共和国的执政党,"民族阵线"总书记盖哈丹·穆罕默德·沙阿比出任总统。[①]

1969 年 6 月,"民族阵线"激进派领导人阿卜杜勒·法塔哈·伊斯梅尔和萨利姆·鲁巴伊·阿里发动政变,盖哈丹·穆罕默德·沙阿比被解除职务,鲁巴伊出任总统,伊斯梅尔出任执政党"民族阵线"总书记,穆罕默德·阿里·哈伊塔姆出任政府总理。新政权改组国家机构,成立由总统、内阁总理和执政党"民族阵线"总书记组成的总统委员会,建立高度集权的政治模式,推行激进的经济社会改革举措,实行国有化和土地改革,取消传统特权,强调男女平等。1970 年11 月,新政权颁布宪法,南也门人民共和国更名为也门人民民主共和国,强调国家代表所有劳动者的利益,以民族民主革命和社会主义建设作为基本目标。与此同时,新政权着力强化政府职能,推行世俗行政法律,禁止部族仇杀,解除部族武装,按照地域原则划分行政区域,取缔部族联合会,旨在削弱部落习惯法和传统教法的影响,实现社会整合。[②]

1975 年 10 月,执政党"民族阵线"与左翼政党人民先锋党(即南也门复兴党)、人民民主联盟(即南也门共产党)组建政党联盟,伊斯梅尔出任总书记,鲁巴伊出任副总书记。[③] 此后,"民族阵线"内部逐渐形成伊斯梅尔领导的激进派与鲁巴伊领导的温和派之间的对立。1978 年 6 月,鲁巴伊遭到暗杀,伊斯梅尔

---

① Yapp, M. E., *The Near East Since the First World War*, pp. 199-200.

② 同上, p. 367。

③ Ismeal, T. Y., *Middle East Politics Today:Government and Civil Society*, p. 401.

出任总统委员会主席兼总理。同年 10 月，"民族阵线"与左翼政党人民先锋党、人民民主联盟正式合并，名为也门社会党，作为新的执政党和唯一的合法政党，伊斯梅尔出任总书记。也门社会党的领导机构包括中央委员会、政治局和书记处，拥有党员 2.6 万人，工会、妇女联合会和青年联合会成为也门社会党控制的民众组织。① 也门社会党的宗旨是坚持马克思列宁主义和科学社会主义的意识形态，依靠工人、农民和一切劳动者，实现也门的社会主义革命。随后成立最高人民委员会作为国家的最高权力机构和立法机构，伊斯梅尔出任最高人民委员会主席团主席，同时撤销总统委员会。伊斯梅尔身兼执政党领袖和国家元首，形成政党政治与政府政治高度合一的极权制度。② 1980 年 4 月，伊斯梅尔下台，阿里·纳绥尔出任也门社会党总书记、最高人民委员会主席和政府总理。1985 年，哈伊达尔·阿塔斯接替阿里·纳绥尔的总理职务。1986 年 1 月，阿里·纳绥尔政权垮台，哈伊达尔·阿塔斯出任最高人民委员会主席，亚辛·努曼出任总理，阿里·萨利姆·比德出任也门社会党总书记，南也门政坛形成三足鼎立的格局。③

也门的统一

南也门于 1967 年 11 月独立后，宣布两年内实现南北也门的统一，遭到北也门政府的拒绝。1972 年 10 月，在阿拉伯国家联盟的斡旋下，南也门政府与北也门政府签署开罗协议，宣布南北也门将逐步实现合并，建立共和政体的统一国家。同年 12 月，南也门领导人鲁巴伊与北也门领导人伊尔亚尼在利比亚首都的黎波里发表的黎波里宣言，宣布成立也门共和国，萨那作为也门共和国的首都，南北也门的统一进程由此开始启动。④ 1979 年 2 月，南北也门之间爆发边境冲突。同年 3 月，南也门政府与北也门政府签署科威特协议，双方达成和解，统一进程再次启动。1981 年，南也门政府颁布也门统一宪法草案。1988 年，南也门政府与北也门政府签署协议，共同开发南也门边境城市沙卜瓦与北也门边境城市马里卜之间的油田。1989 年 11 月，北也门总统阿里·阿卜杜拉·萨利赫访问亚丁，与南也门执政党也门社会党总书记阿里·萨利姆·比德商讨统一事宜。1990 年 4 月，南也门政府与北也门政府签署萨那协议，决定南

---

① Yapp, M. E., *The Near East Since the First World War*, p. 368.

② Ismeal, T. Y., *Middle East Politics Today: Government and Civil Society*, p. 403.

③ Yapp, M. E., *The Near East Since the First World War*, p. 370.

④ Peretz, D., *The Middle East Today*, pp. 487-488.

北也门正式统一。① 根据萨那协议,南北也门建立统一的国家机构,北也门执政党也门社会党与南也门执政党全国人民大会平分统一后的国家权力,5人组成的总统委员会作为最高国家权力机构,也门社会党和全国人民大会继续分别控制也门北部和南部的武装力量,1992年举行议会选举。②

1990年5月22日,南北也门正式合并,也门共和国宣告成立。随后,南北也门议会选举5人组成的总统委员会作为此后30个月过渡期也门共和国的最高权力机构,总统委员会中3人来自北也门,2人来自南也门,北也门总统萨利赫和南也门总统比德分别出任总统委员会主席和副主席;过渡政府由39人组成,其中17人来自北也门,22人来自南也门,南也门最高人民委员会主席哈伊达尔·阿塔斯出任过渡政府总理。③ 过渡期的临时议会由北也门议会的159名议员和南也门议会的111名议员以及总统委员会任命的31人共同组成,萨那作为也门共和国的政治首都,亚丁作为也门共和国的经济首都。④ 1991年5月,也门共和国宪法草案通过全民公决,明确规定主权在民的政治原则,全民公决和议会选举作为实现民众主权的基本形式。根据1991年宪法,也门共和国实行总统制和议会选举制;总统委员会由全体公民选举产生,任期5年,有权任命内阁总理、批准法律和解散议会;议会是国家立法机构,实行一院制,设301个席位,议员由全体公民选举产生,任期4年;年满18岁的公民享有选举权,年满25岁的公民享有被选举权。⑤ 1991年颁布的"政党法"规定,也门共和国实行多党制的政党制度,法官、军人和外交人员不得加入政党,任何政党均不得控制武装组织和采取暴力活动,不得违背伊斯兰教法和接受国外的政治资助,禁止组建地域性政党、部落政党和教派政党。2001年,也门举行全民公决,通过宪法修正案,总统任期由5年改为7年,议会任期由4年改为6年。

也门共和国是迄今为止阿拉伯半岛唯一采用共和制政体和实行多党选举制的国家,是为也门区别于阿拉伯半岛诸君主国的明显特征。然而,如同阿拉伯半岛的诸君主国一样,也门社会具有根深蒂固的血缘传统,部落为数众多,分布广泛。诸多部落各有排他性的活动范围和生存空间,部落之间处于相对隔绝的状态。哈希德部落联盟包括7个部落,巴基勒部落联盟包括14个部落,分别

---

① Ismeal, T. Y. , *Middle East Politics Today:Government and Civil Society*, p. 404.
② Yapp, M. E. , *The Near East Since the First World War*, p. 493.
③ Ismeal, T. Y. , *Middle East Politics Today:Government and Civil Society*, p. 405.
④ Peretz, D. , *The Middle East Today*, p. 492.
⑤ East, R. & Joseph, T. , *Political Parties of Africa and the Middle East*, p. 304.

控制也门内陆的北部和中部,长期处于对立状态。① 也门南部最重要的部落联盟是马兹希只部落联盟,包括 4 个部落,亦称南也门的哈希德部落联盟。②

1993 年 5 月,也门共和国举行议会选举,首开阿拉伯半岛诸国多党选举的先河。超过 50 个政党和 3400 人(其中包括女性 50 人)参与议会竞选,8 个政党获得议会席位。其中,萨利赫领导的全国人民大会获得 123 个席位,北也门栽德派哈希德部落联盟首领和穆斯林兄弟会长老阿卜杜拉·侯赛因·阿赫马尔领导的伊斯兰改革集团获得 62 个席位,比德领导的也门社会党获得 56 个席位,穆贾希德·阿布·舒阿里卜领导的复兴党获得 7 个席位,阿卜杜拉·侯赛因·阿赫马尔当选议会议长。③ 伊斯兰改革集团系哈希德部落联盟阿赫马尔家族首领阿卜杜拉·侯赛因·阿赫马尔和也门穆斯林兄弟会领导人阿卜杜勒·马吉德·肯达尼于 1990 年创建的政党,兼有部落主义与伊斯兰主义的双重色彩,支持者主要来自也门北部以及亚丁的下层民众,强调沙里亚作为立法的唯一基础,持亲沙特阿拉伯的立场,反对也门社会党的意识形态和左翼激进政策,支持萨利赫领导的全国人民大会党。也门复兴党系伊拉克复兴党的分支组织,支持全国人民大会和伊斯兰改革党。议会的反对派政党,包括栽德派宗教贵族艾哈迈德·沙米领导的真理党、与流亡国外的反对派联系密切的人民力量联盟、持纳赛尔主义立场的统一党、亚丁民族主义者于 60 年代创建的也门人联盟。④ 在同时举行的总统委员会选举中,全国人民大会和伊斯兰改革集团分别获得 2 个席位,也门社会党获得 1 个席位,萨利赫当选总统委员会主席,比德当选总统委员会副主席。⑤ 全国人民大会党、也门社会党和伊斯兰改革党组成联合政府,哈伊达尔·阿塔斯出任总理。⑥

也门北部与南部长期经历不同的发展道路,在诸多方面存在明显的差异。北也门面积有限,人口众多;南也门幅员辽阔,人口数量有限。另一方面,北也门部族势力盘根错节,栽德派穆斯林占据主导地位,宗教传统根深蒂固,长期持右翼政治立场,与西方世界以及沙特阿拉伯关系密切;南也门地域关系发达,逊尼派穆斯林占据主导地位,世俗化倾向明显,长期持左翼政治立场,与苏联以及其他社会主义国家关系密切。也门共和国成立后,萨利赫和全国人民大会主导

① Khoury,P. S. & Kostiner,J. , *Tribes and State Formation in the Middle East*, London 1991, p. 256.

② Colburn,M. , *The Republic of Yemen:Development Challenges in the 21st Century*, p. 18.

③ Peretz,D. , *The Middle East Today*, p. 492.

④ Norton,A. R. , *Civil Society in the Middle East*, Leiden 1996, p. 292.

⑤ Dresch,P. , *A History of Modern Yemen*, p. 194.

⑥ Ismeal,T. Y. , *Middle East Politics Today:Government and Civil Society*, p. 407.

国家政治生活,比德领导的也门社会党主张南北也门平分国家权力。1993 年选举后,比德和也门社会党拒绝加入萨那政府,也门共和国面临严重的政治危机。[1] 南也门人大都指责萨利赫总统及其家族垄断国家权力。在也门北部,哈希德部落联盟支持萨利赫总统,巴基勒部落联盟支持比德和也门社会党。[2] 1994 年 4 月,也门爆发内战。同年 5 月,比德宣布南也门脱离也门共和国,成立也门民主共和国,也门共和国随之分裂为亚丁政权和萨那政权。在阿拉伯世界,埃及、叙利亚以及包括沙特阿拉伯在内的海湾合作委员会成员国支持比德和亚丁政权,伊拉克、约旦和苏丹支持萨利赫和萨那政权。同年 7 月,萨那政权出兵占领亚丁,比德逃亡国外,也门内战结束。

亚丁政权与萨那政权的内战结束后,也门南北之间的政治平衡不复存在。1994 年 9 月,全国人民大会党主导的议会通过宪法修正案,明确规定伊斯兰教法是国家立法的基础,废除总统委员会制,实行总统制。[3] 同年 10 月,全国人民大会党总书记萨利赫出任总统,全国人民大会党副总书记阿卜杜勒·阿齐兹·加尼出任总理。全国人民大会党与伊斯兰改革党组成联合政府,也门社会党被排斥于内阁之外,成为在野党。[4] 1995 年 6 月,阿卜杜勒·卡里姆·埃里亚尼当选全国人民大会总书记。同年 8 月,议会修改政党法,限制组建新的政党,全国人民大会党作为执政党的地位进一步强化。在 1997 年举行的议会选举中,12 个政党参与竞选,全国人民大会党获得 188 个席位,成为议会第一大党,独立组成内阁。伊斯兰改革党获得 53 个席位,成为议会最大的在野党。[5] 也门社会党抵制选举,无缘进入议会。萨利赫总统邀请来自南部的独立人士法拉杰·加尼姆出任内阁总理,推举伊斯兰改革党领导人阿卜杜拉·侯赛因·阿赫马尔出任议长。1998 年,法拉杰·加尼姆辞职,全国人民大会总书记阿卜杜勒·卡里姆·埃里亚尼出任内阁总理。

也门社会党退出联合政府后,全国人民大会党与伊斯兰改革党之间的关系逐渐经历从合作到矛盾的变化过程。与此同时,也门社会党改组领导机构,阿里·萨利赫·奥贝德出任总书记。新的也门社会党扩大在北部的政治影响,发起成立反对党联盟,呼吁推进政治民主化的进程,得到伊斯兰改革党的支持。

1999 年 9 月举行总统选举。也门社会党总书记阿里·萨利赫·奥贝德作为反对党联盟推举的总统候选人,由于未能获得 10% 的议员的支持,被排斥于

---

①　Ismeal,T. Y. , *Middle East Politics Today:Government and Civil Society* , p. 407.

②　Yapp,M. E. , *The Near East Since the First World War* , p. 494.

③　Sidahmed,A. S. & Ehteshahmi,A. , *Islamic Fundamentalism* , p. 221.

④　Ismeal,T. Y. , *Middle East Politics Today:Government and Civil Society* , p. 408.

⑤　Dresch,P. , *A History of Modern Yemen* , p. 209.

竞选之外。与此同时,执政党提名南也门前总统盖哈丹·穆罕默德·沙阿比之子纳吉布与萨利赫共同作为总统候选人。根据官方的统计,选民投票率为66%,萨利赫以96.3%的选票连任总统。① 2001年,议会设立上下两院,上院议员由总统任命,议会进一步处于总统的控制之下。②

1990年,海湾危机爆发,伊拉克军队占领科威特。也门作为当时的联合国安理会非常任理事国,一方面谴责伊拉克军队入侵科威特,另一方面反对美国为首的多国部队武力打击伊拉克,导致美国以及沙特阿拉伯等海湾国家的不满,在国际社会一度陷入孤立。③ 90年代末,也门逐渐改善与美国以及海湾阿拉伯国家的关系。1999年,也门恢复与科威特的外交关系。同年,也门与邻国阿曼签署协议,正式划定两国边界。2000年,也门与沙特阿拉伯签署协议,正式划定两国边界。④

经济的发展与社会的进步

也门具有农耕文明的悠久传统,堪称阿拉伯半岛的谷仓。也门内陆发达的灌溉工程和台田系统在古代世界名闻遐迩;马里卜水坝高16米,宽680米,灌溉面积9600公顷,见证了也门古代农业的繁荣。⑤ 内陆山谷以及东部沿海是也门主要的农作区域,普遍种植包括高粱、黍稷、玉米、小麦和大麦在内的粮食作物,内陆山谷的咖啡和鸦片以及东部沿海的烟草和棉花构成也门典型的经济作物,咖啡的出口则是也门几乎唯一的外汇来源。直到20世纪中期,90%的家庭从事农业生产,家庭构成农业生产的基本单位,普遍采用传统的农具和耕作技术。在内陆山区的北部和中部,小地产流行。在内陆省区的南部和东部沿海,大地产居多,普遍采用分成制的租佃方式;农民缴纳的实物地租,约占收成的三分之一到三分之二不等。⑥ 东部沙漠以及东南部的哈德拉毛地区构成贝都因人的世界,居无定所的游牧经济长期占据主导地位。西起红海南端、东至阿曼边境的也门南部,气候炎热干燥,降水稀少,可耕地无几。20世纪初,也门总人口约300万～400万,其中农业人口占85%,游牧人口占5%;城市人口占总人口

① Al-Rasheed, M., *Counter-Narratives: History, Contemporary Society and Politics in Saudi Arabia and Yemen*, New York 2004, pp. 251-252.

② Ochsenwald, W., *The Middle East: A History*, p. 694.

③ Dresch, P., *A History of Modern Yemen*, p. 185.

④ Ochsenwald, W., *The Middle East: A History*, p. 694.

⑤ Colburn, M., *The Republic of Yemen: Development Challenges in the 21st Century*, p. 12.

⑥ Beaumont, P. & McLachlan, K., *Agriculture Development in the Middle East*, pp. 241-244.

的 10％,主要城市包括内陆山区的萨那和塔伊兹以及东部沿海的荷台达、南部沿海的亚丁。①

栽德派伊玛目国统治时期,自给自足的传统农业依旧构成北也门最重要的经济部门,社会生活处于封闭的状态,血缘关系根深蒂固,工业化和城市化进程缓慢,外籍人口微乎其微。伊玛目叶赫亚当政期间,北也门政府的岁入主要来自宗教税和土地税,贸易税不足岁入总额的四分之一。1962 年,栽德派伊玛目国寿终正寝,北也门陷入内战。1970 年内战结束后,北也门开始进入经济发展的崭新阶段。1970—1977 年,北也门的年国民生产总值增长一倍,经济作物的播种面积不断扩大,农业市场化程度明显提高。与此同时,政府财政赤字加剧,1982 年达到国民生产总值的 30％。② 1950—1980 年,农业劳动力所占的比例从 86％下降为 69％,工业劳动力所占的比例从 6％上升为 9％,服务业劳动力所占的比例从 8％上升为 22％。1965—1985 年,北也门的城市人口比例从 5％增至 19％。③ 1990 年也门统一前,首都萨那的人口不足 50 万。④ 1999 年,萨那人口达到 128 万。⑤

英国殖民统治时期,亚丁与东、西亚丁保护区之间在经济社会方面存在明显的差异。自 1967 年独立后,南也门政府推行激进的经济社会政策,在工业、贸易、金融和交通运输领域实行国有化,强化政府的经济干预,不断增加工业投资。1970 年,南也门政府颁布土地改革法案,旨在否定传统的部族土地支配权。根据土地改革法案,私人占有土地的最高限额为水浇地 8.5 公顷和雨浇地 17公顷⑥,2.6 万户土地改革的受益者加入政府控制的合作社。⑦ 进入 80 年代,南也门执政党也门社会党开始推行经济改革,削减国有经济,减少政府的经济干预,发展私人经济,鼓励私人投资,吸引国外投资。1950—1980 年,农业劳动力所占的比例从 75％下降为 41％,工业劳动力所占的比例从 12％上升为 18％,服务业劳动力所占的比例从 13％上升为 41％。南也门的城市化水平略高于北也门;1965—1985 年,南也门城市人口比例从 30％增至 37％。⑧ 80 年代末,城市

① Yapp,M. E. , *The Near East Since the First World War*,p. 193.

② Owen,R. , *A History of Middle East Economies in the Twentieth Century*,p. 83, pp. 220-221.

③ Richards,A. & Waterbury,J. , *A Political Economy of the Middle East*,p. 74, p. 264.

④ Yapp,M. E. , *The Near East Since the First World War*,194, p. 365.

⑤ Colburn,M. , *The Republic of Yemen:Development Challenges in the 21st Century*,p. 75.

⑥ Lofgern,H. , *Food,Agriculture and Economic Policy in the Middle East and North Africa*, Oxford 2003 ,p. 266.

⑦ Ochsenwald,W. , *The Middle East:A History*,p. 687.

⑧ Richards,A. & Waterbury,J. , *A Political Economy of the Middle East*,p. 74, p. 264.

人口占总人口的 38%，首都亚丁的人口 35 万。[1] 1999 年，亚丁人口达到 45 万。[2]

自 70 年代起，也门的教育水平逐渐提高。在北也门，各类学校从 1970 年的 700 所增至 1985 年的 5000 所，国民识字率从 1962 年的 2.5% 增至 1985 年的 13%，1971 年创建萨那大学。在南也门，学生总数从 1967 年的 6.5 万人增至 1980 年的 27 万人，识字率从 1967 年的 20% 增至 1980 年的 40%，1975 年创建亚丁大学。[3] 另据 1998 年的统计，也门的男性识字率达到 69%，女性识字率达到 35%。[4]

中世纪的也门长期处于与世隔绝的封闭状态。自 17 世纪起，欧洲列强与印度洋海域之间的经济交往逐渐扩大，也门沿海地区随之经历贸易的初步活跃，亚丁成为英国殖民当局的重要贸易据点。进入 19 世纪，也门成为埃及穆罕默德·阿里王朝、奥斯曼帝国与英国角逐的场所。20 世纪 60 年代栽德派伊玛目政权垮台后，也门与国际社会的交往进一步密切。与此同时，农业在也门经济生活中所占的比例呈下降的趋势。60 年代初，农业劳动力约占全部劳动力的 70%～90%，农业产值亦占国民生产总值的 70%～90%。80 年代初，农业劳动力在全部劳动力中所占的比例下降为三分之二，农业产值不足国民生产总值的二分之一。[5]

20 世纪 80 年代以前，北也门和南也门是阿拉伯半岛仅有的两个非产油国家。然而，海湾地区的石油开采影响着也门的经济社会生活，也门成为沙特阿拉伯和海湾诸国外籍劳动力的重要来源。自 70 年代起，也门劳动力大量涌入沙特阿拉伯和海湾地区。80 年代，北也门向沙特阿拉伯和海湾诸国输出劳动力约 55 万人，年均赚取外汇收入 10 亿美元；南也门向沙特阿拉伯和海湾诸国输出劳动力 20 万人，年均赚取外汇收入 1.8 亿美元。[6] 对海湾地区的劳动力输出，构成联结也门与国际市场的纽带和桥梁。劳动力输出规模的扩大和外汇收入的增长，导致也门货币关系的扩大和经济市场化的长足发展。

然而，劳动力输出所换取的外汇收入，大都并非投资生产领域，而是用于购置耕地和日常生活消费品；劳动力输出规模的扩大，导致国内地价上涨、通货膨胀和进口贸易增长。另一方面，也门劳动力的输出导致国内劳动力的短缺，对

① Yapp, M. E., *The Near East Since the First World War*, p. 366.
② Colburn, M., *The Republic of Yemen: Development Challenges in the 21st Century*, p. 75.
③ Yapp, M. E., *The Near East Since the First World War*, p. 364, p. 366.
④ Colburn, M., *The Republic of Yemen: Development Challenges in the 21st Century*, p. 68.
⑤ Beaumont, P. & McLachlan, K., *Agriculture Development in the Middle East*, p. 246.
⑥ Owen, R., *A History of Middle East Economies in the Twentieth Century*, p. 220.

于农业生产形成负面的影响。也门耕地面积,1961 年为 1740 万公顷,1998 年为 1768 万公顷,耕地面积增长无几,尤其是劳动力密集型和价格低廉的农作物播种面积明显减少,粮食产量大幅下降。也门农产品的出口额,1961 年为 2958 万美元,1971 年为 1216 万美元,1981 年为 2364 万美元,1991 年为 4298 万美元,1999 年为 6320 万美元。相比之下,也门农产品的进口额,1961 年为 4965 万美元,1971 年为 5772 万美元,1981 年为 80414 万美元,1991 年为 76511 万美元,1999 年为 77164 万美元。另据统计,1970—1980 年,粮食作物进口额增长 10 倍。① 以上数字表明,自 70 年代起,也门的农业经历明显的变化;农产品出口额的大幅下降和进口额的大幅增长,一方面反映出经济市场化的长足进步,另一方面反映出农业生产的相对停滞状态。

与南也门相比,1970—1983 年的北也门农业更具市场性和开放性。与此同时,北也门的农业自给化程度明显下降。1970—1980 年,水果自给率从 88％下降为 44％,肉类自给率从 98％下降为 59％,乳类自给率从 95％下降为 57％,蛋类自给率从 100％下降为 50％,谷物自给率从 88％下降为 69％,蔬菜自给率从 100％下降为 94％。1983 年起,北也门政府强化对于市场的干预,限制农产品进口,实行农作物生产的财政补贴,致力于提高农产品的自给率。1998 年,也门的谷物自给率下降为 25％,乳类自给率下降为 47％,蔬菜自给率下降为 93％。另一方面,水果自给率上升为 97％,肉类自给率上升为 86％,蛋类自给率上升为 79％。② 农产品自给率下降的趋势并未得到明显的改变。

1984 年,也门东部发现石油。③ 1987 年,也门开始向国际市场出口石油。1990 年,也门的石油日产量达到 20 万桶。④ 90 年代末,也门石油日产量约 40 万桶,石油收入占政府财政预算的 60％。⑤

1990 年,沙特阿拉伯和海湾诸国停止向也门提供经济援助,沙特阿拉伯政府驱逐境内的 80 万也门人,导致也门外汇收入锐减,国内失业率达到 40％,经济形势恶化。⑥ 1994 年内战结束后,也门政府的外债高达 80 亿美元,通货膨胀率上升为 65％,贫富分化加剧。90 年代中期,占总人口 10％的赤贫阶层收入不

---

① Lofgern,H., *Food,Agriculture and Economic Policy in the Middle East and North Africa*, p. 273, p. 269, p. 270.

② 同上,p. 278。

③ Yapp,M. E., *The Near East Since the First World War*, p. 364.

④ Ochsenwald,W., *The Middle East:A History*, p. 693.

⑤ Dresch,P., *A History of Modern Yemen*, p. 205.

⑥ Ochsenwald,W., *The Middle East:A History*, p. 693.

足国民总收入的 1.5%,占总人口 10%的富人收入超过国民总收入的 50%。①

统一后的也门成为阿拉伯半岛人口最多的国家,同时也是阿拉伯半岛最贫困的国家。2000 年,也门共和国总人口为 1870 万,其中 76%生活在乡村,是中东地区乡村人口比例最高的国家。② 尽管如此,传统的经济社会秩序逐渐衰落;经济的市场化、社会的开放化和公共权力的国家化,导致血缘关系的削弱和部族社会的解体,也门经历着新旧阶层此消彼长和社会整合的转变过程。

---

① Ismeal,T. Y. , *Middle East Politics Today*:*Government and Civil Society* , p. 410.

② Colburn,M. , *The Republic of Yemen*:*Development Challenges in the 21st Century* , p. 49.

第十章　土耳其共和国的现代化进程

一、土耳其共和国的兴起与凯末尔主义的现代化实践

土耳其共和国的建立与凯末尔时代的政党政治

青年土耳其党革命包含民族主义和民主主义的双重倾向,恢复宪政制度和抵御西方列强构成青年土耳其党革命的基本目标。"统一与进步委员会领导的青年土耳其党革命,通常被视作土耳其的雅各宾派革命。"[①]青年土耳其党的政治实践不仅体现奥斯曼帝国行将就木之际新旧秩序的激烈对抗,而且与土耳其共和国的建立两者之间具有内在的逻辑联系。青年土耳其党建立的军事独裁不可与阿卜杜勒·哈米德的君主专制同日而语,所谓"统一与进步协会以反对哈米德二世的专制统治开始,又以建立自己的独裁统治而告结束"亦非历史的讽刺。[②] 青年土耳其党执政期间,奥斯曼帝国的传统政治秩序遭受重创,苏丹制度和哈里发制度名存实亡。正是在青年土耳其党执政期间剧烈动荡的政治环境之中,奥斯曼帝国让位于土耳其共和国。青年土耳其党的政治实践,构成从奥斯曼帝国向土耳其共和国过渡的中间环节。

1918—1923 年是土耳其历史上的英雄时代,也是土耳其人争取民族独立的时代。土耳其人的家园面临被肢解的危急局面,土耳其人与西方列强之间的民族矛盾异常尖锐。深刻的民族矛盾导致土耳其民族主义运动的高涨,安纳托利

---

① Balkan,N.,*The Politics of Permanent Crisis:Class,Ideology and State in Turkey*,New York 2002, p.5.

② 彭树智主编:《中东史》,高等教育出版社 2001 年,第 31 页。

亚高原成为土耳其国家重建和民族复兴的政治舞台。

1919年5月,凯末尔在黑海南岸城市萨姆松召开东部各省保卫主权大会,进而与西方列强支持的伊斯坦布尔苏丹政府分庭抗礼。1919年7月,凯末尔在安纳托利亚高原东部城市厄尔祖鲁姆发出倡议,呼吁捍卫国家的领土完整和主权独立。1919年9月,凯末尔在安纳托利亚中部城市锡瓦斯召开安纳托利亚与鲁梅利亚主权保卫大会,宣布筹建新的民族政府。

1919年12月,伊斯坦布尔召开的帝国议会通过国民公约,明确支持凯末尔发出的倡议。1920年4月,伊斯坦布尔的苏丹宣布解散帝国议会,帝国议会的成员纷纷从伊斯坦布尔逃往安卡拉,旋即召开新的土耳其大国民议会,成立大国民议会政府,凯末尔当选为大国民议会政府主席。安纳托利亚内陆成为土耳其共和国诞生的摇篮,安卡拉成为土耳其人民族解放运动的政治核心,凯末尔则成为土耳其人的民族英雄和土耳其共和国的缔造者。1921年,希腊军队从伊兹密尔攻入安卡拉以西50公里的萨卡利亚河流域。1922年,土耳其人发动反攻,夺取伊兹密尔,收复小亚细亚半岛和色雷斯东部。1923年7月,土耳其大国民议会与西方列强及希腊签署洛桑和约,明确划定土耳其与希腊、法国委任统治地叙利亚、英国委任统治地伊拉克之间的边界线,取消西方列强在土耳其的治外法权。[①]

1920年4月,凯末尔在安卡拉主持召开大国民议会;大国民议会具有广泛的代表性,来自伊斯坦布尔的106名奥斯曼帝国议会议员和安纳托利亚内陆腹地选举产生的232名议员出席。根据凯末尔的提议,大国民议会选举11名议员组成内阁。1921年9月,大国民议会通过"基本组织法",作为土耳其国家的临时宪法。"基本组织法"规定,土耳其的国家主权属于土耳其人民,议会行使最高立法权和行政权,议会议员由土耳其国民选举产生,议会议长由议会议员选举产生,土耳其政府和武装力量对议会负责,议会议长兼任内阁总理和武装力量司令,伊斯兰教为土耳其的国教。[②] 凯末尔宣称:"土耳其大国民议会拥有立法权和行政权,是决定国家和民族命运的权力机构","大国民议会是土耳其的最高权力机构……大国民议会政府是土耳其共和国的唯一代表","大国民议会不属于哈里发,而是属于土耳其人民。"[③]1923年,土耳其议会颁布法律,废除苏丹制。议会宣布:"在伊斯坦布尔的那种依靠个人统治权形式的政府,1920年3月16日不复存在,至此已经永远成为历史";哈里发的职位属于奥斯曼王室,

① Palmer,A., *The Decline and Fall of the Ottoman Empire*, pp. 248-249, p. 253, p. 257, p. 263.

② Dodd,C. H., *Politics and Government in Turkey*, Berkeley 1969, pp. 39-40.

③ Aksan,A., *Quotations from Mustafa Kemal*, Ankara 1982, p. 33, p. 37, p. 39.

中东史

哈里发只能依靠土耳其国家而存在,应由议会遴选"奥斯曼王室中最属品学兼优的人"出任。[①]

1923 年 10 月,土耳其举行大选,凯末尔当选为首任总统,伊斯梅特·伊诺努出任总理,定都安卡拉。1924 年 3 月,议会宣布废除哈里发制度,驱逐末代哈里发阿卜杜勒·马吉德二世和苏丹家族成员出境。[②] 同年 4 月,议会颁布新宪法即 1924 年宪法,取代奥斯曼帝国颁布的 1876 年宪法和 1909 年宪法,正式宣布土耳其国家实行共和制的政体形式,大国民议会为兼有立法和行政双重职能的国家最高权力机构,官方语言为土耳其语,首都为安卡拉,伊斯兰教为土耳其共和国的国教。1924 年宪法规定,议会实行一院制,议员选举产生,任期 4 年,可连选连任;总统由议会选举产生,任期 4 年,总统任命总理,统率三军,议会通过的法律须经总统批准方可生效,总统有权在 10 天内要求议会重新审定已经通过的法律;内阁对议会负责,政府无权解散议会;每 2 万人选举议员一名,年满 18 岁的男性公民具有选举权,年满 30 岁的男性公民具有被选举权;议员不得兼任政府职务和军队职务;司法独立;所有公民享有同等的法律地位,宗教信仰自由,私有财产受法律保护。1928 年,议会修改宪法,删除伊斯兰教作为土耳其共和国国教的内容。[③] 1934 年,议会再次修改宪法,赋予妇女以选举权和被选举权;1935 年,17 名妇女当选为议会议员。1938 年,凯末尔主义的六项主张正式列入土耳其共和国宪法。

与奥斯曼帝国颁布的 1876 年宪法和 1909 年宪法相比,土耳其共和国于 1924 年颁布的宪法强调立法权与行政权的合一,总统取代议会成为国家权力的核心。极权政治在共和政体的形式下进一步强化,一党制的政党制度成为凯末尔时代极权政治的逻辑延伸。1923 年 11 月,凯末尔在安纳托利亚和鲁美利亚保卫权益协会的基础上创建人民党;1924 年,人民党改称共和人民党。[④] 共和人民党初创之时,包括城市与乡村、传统与现代以及宗教与世俗的诸多社会成分抑或社会阶层,具有民族主义的浓厚色彩,是典型的民族主义政党和实践民族主义的政治工具,可谓土耳其民族主义的象征。尖锐的民族矛盾和高涨的民族解放运动,决定了共和人民党之民族主义的政治倾向。共和人民党的基本纲领包括:全部政权集中于国家,议会是国家最高权力机构,保卫国家安全,改革司法制度和诉讼程序,发展国民经济,健全政府体制,鼓励私人投资经济建设。[⑤]

① B. 路易斯:《现代土耳其的兴起》,第 270 页。

② Geyikdagi, M. Y., *Political Parties in Turkey*, New York 1984, p. 43.

③ Bonne, A., *State and Economics in the Middle East*, pp. 70-71.

④ Dodd, C. H., *Politics and Government in Turkey*, p. 44.

⑤ Heper, M., *Political Parties and Democracy in Turkey*, London 1991, p. 513.

1924 年颁布的土耳其宪法集中体现了共和人民党的政治纲领,凯末尔主义的六项主张成为共和人民党的意识形态,建立共和政体的世俗民族国家则是凯末尔主义的核心内容。

土耳其共和国建立初期,库尔德人与土耳其人之间存在尖锐的矛盾,经历激烈的冲突。库尔德人以游牧为主,长期保留传统的部落组织。一战期间,库尔德人构成支持苏丹的重要军事力量。亚美尼亚人和俄国的威胁,曾经是土耳其人与库尔德人结盟的政治基础。一战结束后亚美尼亚人的迁徙和俄国的崩溃,意味着土耳其人与库尔德人面临的共同威胁不复存在,库尔德人与土耳其人之间的矛盾随之加剧,由此形成库尔德人日渐强烈的民族主义倾向。1918年,"库尔德人复兴协会"在伊斯坦布尔成立。独立战争期间,库尔德人支持凯末尔领导的抵抗运动。1923 年土耳其共和国成立后,库尔德人占全国人口的20%。然而,凯末尔和土耳其政府并未兑现独立战争期间的承诺和赋予库尔德人以自治的地位。凯末尔倡导的以土耳其人为基础的土耳其化统治政策,无疑损害了库尔德人的民族利益。自 1924 年起,库尔德人与土耳其政府的关系日趋恶化。1925 年 2 月,库尔德人在安纳托利亚高原东部的迪亚巴克尔发动叛乱,要求恢复哈里发制度和伊斯兰教法,试图建立独立的库尔德人国家,遭到伊斯梅特·伊诺努政府的残酷镇压。①

1924 年,共和人民党内部出现严重的政治分歧。凯末尔及伊斯梅特·伊诺努代表的左翼势力与侯赛因·劳夫领导的右翼温和派形成明显的对立状态。1924 年 11 月,侯赛因·劳夫领导的 22 名右翼温和派议员宣布脱离共和人民党,组建进步共和党,获得政府批准。② 进步共和党倡导西方国家的自由民主模式,主张权力制衡和保障公民自由的原则,反对凯末尔实行的极权政治以及国家主义和政府干预的经济政策,强调鼓励私人投资和吸引国外投资,具有改良主义的浓厚色彩。③ 1925 年 3 月,议会颁布《维护秩序法》,给予政府以平息国内叛乱和打击政治反对派的广泛权力。1925—1927 年两年间,超过 500 人被根据《维护秩序法》建立的特别法庭判处死刑。④ 1925 年 6 月,进步共和党由于涉嫌参与库尔德人的叛乱,遭到政府取缔,土耳其共和国进入一党制时代。⑤ 此后20 年间,土耳其共和国的合法政治反对派不复存在,共产主义和库尔德民族主

① Atasoy,Y. , *Turkey,Islamists and Democracy* , p. 44.

② Aksan,A. , *Quotations from Mustafa Kemal* , p. 57.

③ Karpat,K. H. , *Turkey's Politics:The Transiton to A Multi-Party System* , Princeton 1959, p. 46.

④ Atasoy,Y. , *Turkey,Islamists and Democracy* , p. 45.

⑤ Aksan,A. , *Quotations from Mustafa Kemal* , p. 91.

义构成土耳其共和国境内主要的非法政治势力。

1930 年 8 月,凯末尔委托共和人民党的温和派成员费特希·奥克亚尔组建新的政党,取名自由共和党,作为民主政治的点缀和制约总理伊斯梅特·伊诺努的政治工具。[1] 费特希·奥克亚尔 1903 年毕业于伊斯坦布尔军事学院,1907 年加入"统一与进步委员会",1913 年当选奥斯曼帝国议员,1918 年创立奥斯曼人民党,1921 年出任安卡拉政府的内务部长,1923 年 8 月和 1924 年 11 月两度出任内阁总理。自由共和党的纲领包括:奉行共和主义、世俗主义和自由主义,反对政府的经济垄断,主张降低税收和稳定货币政策,增加农业信贷,鼓励民间投资和吸引国外投资,实行直接选举,保障公民言论自由,保障妇女权益。费特希·奥克亚尔尽管长期追随凯末尔,却与伊斯梅特·伊诺努积怨甚深。自由共和党作为议会反对党,激烈抨击伊斯梅特·伊诺努政府的经济政策。在宣布成立后的 12 天内,1.3 万人申请加入自由党。自由共和党于 1930 年 8 月创建初期,仅占据议会的 15 个席位。同年 10 月的议会选举中,自由共和党获得 502 个席位中的 30 个席位。[2] 1930 年 11 月,自由共和党迫于共和人民党的压力而在成立 99 天之后宣告解散。[3] 是为凯末尔时代一党制极权政治的插曲。

1931 年,共和人民党召开第三次大会,通过党纲和党章,确定共和人民党与土耳其国家机构的重合关系,共和人民党主席兼任共和国总统,副主席兼任内阁总理。1935 年,共和人民党召开第四次大会,决定实行共和人民党与政府机构的一体化,共和人民党总书记兼任政府的内政部长,共和人民党地方组织的负责人兼任省长。[4] 政党政治与政府政治浑然一体;凯末尔等同于共和人民党而共和人民党等同于土耳其共和国,成为凯末尔时代土耳其政治制度的明显特征。所谓的"一个政党,一个民族,一个领袖",构成凯末尔主义的基本政治原则。[5]

1931 年,凯末尔建立所谓的"人民园地"和"人民之家",作为从属于共和人民党的民间组织。"人民园地"包括 479 个分支机构,"人民之家"包括 4322 个分支机构。[6] "人民园地"和"人民之家"的宗旨是,宣传共和人民党的基本纲领和凯末尔主义的意识形态,在文化、教育、卫生和社会福利诸多层面控制民众,

---

[1] Heper, M., *Political Parties and Democracy in Turkey*, p. 84.

[2] Weiker W. F., *Political Tutelage and Democracy in Turkey*, Leiden 1973, p. 74, p. 71, p. 80, p. 77, p. 115.

[3] Schick, I. C. & Tonak, E. A., *Turkey in Transition*, Oxford 1987, p. 87.

[4] Dodd, C. H., *Politics and Government in Turkey*, p. 44.

[5] Ahmad, F., *The Turkish Experiment in Democracy 1950-1975*, London 1977, p. 7.

[6] Weiker, W. F., *The Modernization of Turkey*, New York 1981, p. 4.

进而构建联结城市与乡村的纽带。

1938 年 6 月,议会通过《集会结社法》,禁止以家族、社团、氏族、种族和阶级的名义集会结社和建立其他政治组织。1938 年 11 月凯末尔去世后,共和人民党宣布凯末尔为该党"永远的领袖",伊斯梅特·伊诺努则以共和人民党"终身主席"的身份出任总统。1939 年 6 月,共和人民党召开第五次大会,实行政党组织与政府机构的分离。[①] 伊斯梅特·伊诺努时代,沿袭凯末尔时代极权主义的政治模式,总统操纵政党和议会,控制内阁,政党、议会和内阁构成极权政治的御用工具。

凯末尔主义的理论与实践

坦泽马特时代,奥斯曼帝国的官方意识形态是奥斯曼主义。奥斯曼主义强调苏丹的统治地位与奥斯曼帝国境内不同民族和宗教群体的政治一致性,即奥斯曼帝国的所有臣民不论宗教和语言的差异而皆须忠实于伊斯坦布尔的苏丹和共同捍卫奥斯曼帝国的领土。奥斯曼主义形成于 19 世纪中叶奥斯曼帝国的社会环境,伊斯坦布尔的苏丹对于奥斯曼帝国境内诸多民族的绝对统治构成奥斯曼主义的政治基础。19 世纪后期,随着巴尔干地区及北非领土的不断丧失,奥斯曼帝国的亚洲色彩和伊斯兰教色彩逐渐加强。阿卜杜勒·哈米德采用哈里发的称谓,由保守的欧莱玛和苏菲派教团舍赫所倡导的伊斯兰政治理论在奥斯曼帝国的影响日渐扩大,奥斯曼主义逐渐让位于泛伊斯兰主义。泛伊斯兰主义强调包括突厥人、阿拉伯人、波斯人、库尔德人、阿富汗人和印度人在内的伊斯兰教诸民族的共同利益,试图重建温麦和强调伊斯兰教的广泛实践,抵御西方基督教国家的威胁。泛伊斯兰主义的思想根源于 19 世纪后期西方列强对于伊斯兰世界的侵略和瓜分,体现穆斯林反抗西方侵略的思想情感,争取民族独立的政治斗争表现为反抗异教统治的历史形式,奥斯曼帝国苏丹阿卜杜勒·哈米德则是泛伊斯兰主义运动的积极推动者。诸多伊斯兰教国家相继沦为殖民地的社会现实,促使分布在不同地区的穆斯林将争取独立和振兴伊斯兰世界的希望寄托于伊斯坦布尔的苏丹,是为泛伊斯兰主义兴起的政治基础。20 世纪初,随着奥斯曼帝国的崩溃,泛伊斯兰主义逐渐退出历史舞台。继奥斯曼主义和泛伊斯兰主义之后的大土耳其主义兴起于 19 世纪末和 20 世纪初,其核心思想是主张突厥人的广泛政治联合以及土耳其人的特权地位。青年土耳其党执政期间,曾经将大土耳其主义奉为官方意识形态,强制推行土耳其化的政策,否

① Weiker W. F. , *Political Tutelage and Democracy in Turkey*, p. 193.

认奥斯曼帝国境内非土耳其人各民族的自治权,实施高压的民族政策。[1]

奥斯曼主义、泛伊斯兰主义和大土耳其主义形成于奥斯曼帝国的政治框架之中,伊斯坦布尔的苏丹对于奥斯曼帝国境内诸多民族的统治构成奥斯曼主义、泛伊斯兰主义和大土耳其主义赖以存在的前提条件。19世纪末和20世纪初,包括希腊人、塞尔维亚人、保加利亚人和亚美尼亚人在内的非穆斯林以及信仰伊斯兰教的阿尔巴尼亚人和阿拉伯人相继走上争取民族独立解放的道路,奥斯曼帝国的崩溃成为不可抗拒的历史潮流,奥斯曼主义、泛伊斯兰主义和大土耳其主义随之相继销声匿迹。继奥斯曼主义、泛伊斯兰主义和大土耳其主义衰落之后,具有现代民族国家色彩的土耳其民族主义逐渐萌生,操土耳其语和信仰伊斯兰教成为所谓土耳其民族的特定内涵,安纳托利亚则被视作土耳其民族的祖国和家园。奥斯曼帝国寿终正寝之际尖锐激烈的民族矛盾,塑造了土耳其民族主义的政治思想。传统疆域的丧失和人口构成的改变,提供了奥斯曼主义演变为土耳其民族主义的客观物质基础。新兴的土耳其共和国诞生于奥斯曼帝国的废墟之上;1927年,土耳其血统的穆斯林构成土耳其共和国总人口的97.3%,是为土耳其民族主义和土耳其共和国的民族基础。[2] 凯末尔主义的政治实践,可谓土耳其民族主义思想的逻辑延伸。

在凯末尔时代的土耳其,民族被视为具有共同的语言、政治疆域、文化传统和意识形态的社会共同体,明显区别于奥斯曼帝国时代的米勒特即宗教共同体。凯末尔宣传的民族主义,强调世俗的民族忠诚取代传统意义上与温麦及哈里发制度相联系的宗教忠诚,进而阐述现代民族国家的政治理论。凯末尔的民族主义思想,其实质在于放弃传统的奥斯曼主义、泛伊斯兰主义和大土耳其主义,强调土耳其民族主义,强调土耳其共和国的单一民族性,强调土耳其民族与土耳其共和国的一致性,旨在强化新兴的土耳其共和国的社会与政治凝聚力。"民族主义的构想和实行,首先着眼于与民族国家的建立和巩固紧密相关的政治目的"[3]。凯末尔于1921年声明,自己是"在为土耳其人民进行奋斗,不是为超出民族边疆以外的不论根据宗教或种族来规定的任何更加模糊、更加广泛的实体进行战斗"。凯末尔宣称,"土耳其大国民议会政府做出一项坚定的、积极的、具体的政策,而这样做的目的正是为了保全生命和独立……在规定的民族疆界之内"[4]。土耳其语言学会成立于1926年,强调土耳其语是人类最悠久的

---

① Landau, J. M., *Exploring Ottoman and Turkish History*, London 2004, pp. 22-23, p. 27.

② Shaw, S. J. & Shaw, E. K., *History of the Ottoman Empire and Modern Turkey*, vol. 2, p. 375.

③ K. H. 卡尔帕特:《当代中东的政治和社会思想》,第470页。

④ B. 路易斯:《现代土耳其的兴起》,第371—372页。

语言和诸多其他语言的源头，着力推广土耳其语，消除阿拉伯语、波斯语的传统影响。① 1928 年 11 月，土耳其政府宣布采用拉丁字母，取代阿拉伯字母和波斯字母，作为土耳其文字的书写形式。1929 年，土耳其政府禁止所有出版物使用阿拉伯字母和波斯字母，新的拉丁字母成为强制推行的法定字母。② 土耳其字母的拉丁化，标志着新兴的土耳其共和国与奥斯曼帝国文化传统的决裂，构成至关重要的西化举措。土耳其字母拉丁化的强制实施，则是凯末尔时代极权政治的体现和标志。土耳其历史学会成立于 1931 年，强调土耳其人具有悠久的历史传统和文化根基，宣称祖居中亚的突厥人曾经在亚欧大陆核心地带的安纳托利亚、爱琴海和美索不达米亚创造了灿烂的古代文明，宣称匈奴首领阿提拉和蒙古首领成吉思汗皆为传播突厥文化的使者，宣称苏美尔人及赫梯人与突厥人之间具有内在的文化传承关系，旨在弘扬土耳其民族的辉煌历史。③ 土耳其人与阿拉伯人习俗相似，原本大都有名无姓，常以父名或出生地作为姓氏的替代。1934 年，土耳其政府推行新的姓氏制度，议会将"阿塔图尔克"（意为"土耳其之父"）作为凯末尔家族的专用姓氏，凯末尔的正式称谓遂由穆斯塔法·凯末尔改作凯末尔·阿塔图尔克。④

共和主义作为凯末尔主义的政治基础，缘起于 19 世纪至 20 世纪初奥斯曼帝国的政治环境。坦泽马特时代，共和主义的政治理念在奥斯曼帝国初露端倪。19 世纪后期，青年奥斯曼党的代表人物纳米克·凯末尔声称，共和制起源于早期伊斯兰时代的政治实践，共和制的建立是实现民众主权的前提条件，美国和法国的政治制度则是共和制的典范。然而，青年奥斯曼党无意否定苏丹制，其所倡导的所谓共和制实为民众主权基础上的宪政君主制。⑤ 1876 年宪法的颁布和议会的召开，开辟了奥斯曼帝国宪政运动的先河。1908 年青年土耳其党的革命，标志着奥斯曼帝国宪政制度的广泛实践。凯末尔的共和主义思想，在继承坦泽马特时代特别是青年土耳其党革命之政治理念的基础上，强调否定奥斯曼帝国传统的苏丹制度和米勒特制度，建立共和制。自 1923 年起，共和主义构成土耳其的基本政治原则，反对传统的君主政治、宣传民众主权的政治思想与强调共和制度则是土耳其政治生活的核心内容。"人民的声音便是安拉的

---

① Shaw, S. J. & Shaw, E. K., *History of the Ottoman Empire and Modern Turkey*, vol. 2, pp. 376-377.

② Zurcher, E. J., *Turkey: A Modern History*, p. 197.

③ Atasoy, Y., *Turkey, Islamists and Democracy*, p. 40.

④ Shaw, S. J. & Shaw, E. K., *History of the Ottoman Empire and Modern Turkey*, vol. 2, p. 386.

⑤ Landau, J. M., *Ataturk and the Modernization of Turkey*, Boulder 1984, p. 27.

声音"①。1924年宪法规定：土耳其所有的人民,无论其宗教和种族如何,就其身份而言,均属土耳其人;所有土耳其人在法律面前一律平等,任何团体、等级、家族和个人的特权均在被取消和禁止之列。根据1924年宪法,年满18岁和30岁的男性公民分别享有选举权和被选举权。② 1930年,土耳其妇女获得地方议会的选举权和被选举权;1934年,土耳其妇女获得大国民议会的选举权和被选举权。③ 与此同时,凯末尔强调民众的整体利益高于一切,淡化土耳其社会的阶级差异、宗教差异和民族差异,禁止以阶级、宗教和民族作为基础的政治活动,尤其是社会主义和共产主义活动,强调共和人民党代表土耳其社会诸多阶层和群体的共同利益。1931年,凯末尔宣称:"我们的基本准则是,土耳其共和国的人民并非划分为不同的阶级,而是由不同职业阶层组成的共同体。"④

民众主义的历史内涵,在于实现民众主权的政治原则,倡导民众在法律上的平等地位,强调国家与民众之间双向承担的责任和义务。1920年8月,凯末尔表示:"权力应当直接交付给人民,并保持在人民手中","如果我们一定要给我们的政府下一个社会学上的定义的话,我们就把它叫做'人民政府'……我们是不幸的民族,正在努力拯救自己的生命和独立……我们是遵循这样一种原则的人,即它将使我们能够为了保全这项权利和确保我们的独立,为了反对企图粉碎我们国家的帝国主义和企图吞并我们国家的资本主义而进行全民性的斗争……这就是我们的政府赖以维持的基础。"⑤1921年,《基本组织法》明确规定议会是"人民的唯一真正代表,是立法和行政两项权力的保持者"⑥。土耳其共和国建立后,民众主义表现为共和主义的逻辑结果,主权在民构成民众主义的核心内容,大国民议会以及共和人民党则是民众主义的政治载体。然而,在凯末尔时代的土耳其,社会处于国家的操纵和控制之下,民众生活缺乏必要的政治空间,民众主义具有明显的虚构性。根据凯末尔的民众主义,土耳其社会包括不同的职业群体,却不存在阶级的差异,民众具有共同的政治利益和经济诉求;共和人民党作为唯一合法的政党,代表诸多职业群体的共同利益。⑦

奥斯曼帝国实行教俗合一的政治制度,欧莱玛构成奥斯曼帝国传统秩序的

① B. 路易斯:《现代土耳其的兴起》,第491页。

② Shaw, S. J. & Shaw, E. K. , *History of the Ottoman Empire and Modern Turkey*, vol. 2, pp. 378-379.

③ Hourani, A. , *The Modern Middle East:A Reader*, pp. 370-371.

④ Ozbudun, E. , *The Political Economy of Income Distribution in Turkey*, New York 1979, p. 38.

⑤ Aksan, A. , *Quotations from Mustafa Kemal*, p. 34.

⑥ B. 路易斯:《现代土耳其的兴起》,第267页,第490页,第492页。

⑦ Karpat, K. H. , *Turkey's Politics:The Transiton to A Multi-Party System*, p. 52.

重要社会基础,官方伊斯兰教理论则是捍卫奥斯曼帝国的精神支柱。16 世纪中叶苏莱曼大帝死后,苏丹权力日趋衰微,欧莱玛逐渐成为制约苏丹独裁统治的政治隐患。自塞里姆三世和马哈茂德二世推行新政举措开始,极权政治日渐强化,所谓的世俗化成为排斥欧莱玛和巩固苏丹统治地位的重要举措。1918—1923 年民族解放战争期间,民族矛盾尖锐,教界与世俗民众同仇敌忾,保卫苏丹和伊斯兰教成为争取民众抵抗列强的政治口号。1920 年 4 月召开的第一届大国民议会中,教界议员 73 人,占议员总数的 20%。同年 5 月,安卡拉的 152 名穆夫提联名发布富图瓦即宗教法令,谴责伊斯坦布尔的苏丹屈从西方列强,呼吁穆斯林支持凯末尔领导的民族解放战争。[①] 1921 年 9 月,议会授予凯末尔以"加齐"("圣战者")的称号。1922 年 11 月苏丹穆罕默德六世出逃后,安卡拉的穆夫提再次发布富图瓦,授权大国民议会选举新的哈里发作为穆斯林的宗教领袖。[②] 民族解放战争胜利后,民族矛盾逐渐缓解,世俗化进程再次启动。以民众主权取代安拉主权和废止教俗合一的国家制度,成为凯末尔时代世俗化改革的政治形式。"凯末尔主义者的宗教政策的基础是政教分离主义,而不是非宗教论;其目的不是要消灭伊斯兰教,而是要使伊斯兰教与政府分离——停止宗教及其阐释人在政治、社会及文化事业中具有的权力,使宗教的权力局限于信仰及礼拜方面。"[③]

　　早在 1517 年奥斯曼帝国征服埃及以后,苏丹塞里姆一世宣布废黜马木路克在开罗拥立的阿拔斯家族末代哈里发穆台瓦基勒,自称哈里发,俨然成为伊斯兰世界和逊尼派穆斯林的宗教领袖,首开奥斯曼帝国哈里发制度的先河。[④] 哈里发制度是传统伊斯兰教神权政治的象征和教俗合一国家体制的外在形式,欧莱玛阶层则是哈里发制度的诠释者和传统神权政治的捍卫者。凯末尔的世俗主义,强调国家与宗教机构的分离,旨在削弱教界对于国家的政治影响。废除哈里发制度和进一步排斥欧莱玛阶层,构成凯末尔时代世俗化的首要内容。1924 年 3 月,凯末尔在议会宣布,必须"把伊斯兰信仰从数世纪以来惯于充任政治工具的地位中拯救出来,使其得到纯洁与提高"[⑤]。随后,议会连续通过三项法令,废除哈里发制度,将奥斯曼王室成员驱逐出境;罢免大穆夫提,撤销教法与宗教基金部,关闭宗教法庭,宗教法官即卡迪纳入世俗司法体系,成立隶属于政府的宗教事务管理局,负责任免教职人员、管理教产和解释教法;取缔欧莱玛

① Toprak,B.,*Islam and Political Development in Turkey*,Leiden 1981,p. 65.

② Geyikdagi,M. Y.,*Political Parties in Turkey*,p. 41.

③ B. 路易斯:《现代土耳其的兴起》,第 434 页。

④ Toprak,B.,*Islam and Political Development in Turkey*,p. 43.

⑤ B. 路易斯:《现代土耳其的兴起》,第 276 页。

控制的宗教学校,取消宗教课程,所有学校纳入政府的管辖范围,实行单一的世俗教育,旨在强化政府对于宗教活动,宗教场所和教职人员的管理。[1]

苏菲教团作为伊斯兰教的民间形式,具有完整的组织结构和严密的等级体系,在奥斯曼帝国的历史上具有广泛的宗教影响和社会影响。奥斯曼帝国末期,包括麦乌拉维教团、拜克塔什教团和纳格什班迪教团在内的诸多苏菲教团同情青年土耳其党,反对阿卜杜勒·哈米德的独裁统治。独立战争期间,苏菲教团构成支持凯末尔和民族解放运动的重要社会力量。[2] 土耳其共和国建立后,苏菲教团表现出抵制凯末尔主义极权化和世俗化的政治倾向,支持库尔德人发动叛乱。"1925 年的叛乱曾经被说成是库尔德民族运动或分离运动。但是考虑到运动的领导人是托钵僧以及所公开宣布的目标,看来政府认为这是由于反对世俗化改革而引起的一次宗教反作用的说法,似乎是不无理由的。"[3]1925年库尔德人叛乱平息之后,政府颁布第 677 号法令,取缔苏菲教团,关闭苏菲道堂,禁止使用舍赫和德尔维什等苏菲派称谓和举行相关的宗教仪式。[4]

同年,政府提倡以西方礼帽取代奥斯曼帝国时期盛行的菲兹帽即圆形礼拜帽,限制伊斯兰教服饰,以土耳其语取代阿拉伯语作为清真寺宣礼的语言;由于抵制政府的法令,7500 人被捕,660 人被处死。[5] 1926 年,议会宣布采用欧洲公元历法,取代传统伊斯兰历法,同时引进瑞士民法、意大利刑法和德国商法,禁止宗教婚姻和一夫多妻制,取消穆斯林与非穆斯林之间的婚姻限制,赋予婚姻以自由和平等的原则,废除贝伊和帕夏等奥斯曼帝国时期的贵族称谓。[6] 1926年颁布的刑法规定"滥用宗教、宗教情绪、或在宗教上被认为神圣之物,借以在人民中间进行不拘任何形式的煽动,直至发生危害国家安全之行动者,或为此目的而集会结社者",必须追究刑事责任;不得组织以宗教或宗教情绪为基础的政治社团,不得在规定的宗教场所之外举行宗教活动。[7] 1928 年 4 月,议会修改宪法,删除伊斯兰教作为土耳其国家宗教和官方意识形态的内容,标志着凯末尔时代世俗化改革在政治层面的终结。[8]

凯末尔时代世俗主义的核心内容,是国家体制的世俗化和官方意识形态的

① Geyikdagi, M. Y. , *Political Parties in Turkey*, pp. 43 44.

② Toprak, B. , *Islam and Political Development in Turkey*, p. 47.

③ B. 路易斯:《现代土耳其的兴起》,第 431 页。

④ Atasoy, Y. , *Turkey, Islamists and Democracy*, p. 37.

⑤ Zurcher, E. J. , *Turkey: A Modern History*, p. 181.

⑥ Shaw, S. J. & Shaw, E. K. , *History of the Ottoman Empire and Modern Turkey*, vol. 2, p. 385.

⑦ B. 路易斯:《现代土耳其的兴起》,第 435 页。

⑧ Dodd, C. H. , *Politics and Government in Turkey*, p. 42.

非宗教化,强调土耳其不存在官方的宗教抑或国家的宗教,强调宗教信仰的个人化和非政治化,强调公共生活的非宗教化和国家对于宗教机构的绝对控制。教界在 1920 年第一届大国民议会占据 20% 的席位,1923 年第二届为 7 席,1927 年第三届为 4 席,1931 年和 1935 年的第四届和第五届为 3 席,1939 年第六届为 2 席,1943 年第七届为 1 席。[1] 凯末尔时代倡导的"世俗主义并非国家与宗教的分离,其实质在于创立作为世俗国家机构组成部分的官方伊斯兰教"。"清真寺处于宗教事务局的控制之下,教职人员成为政府即世俗官僚机构的雇员"。政府操纵的宗教机构亦曾编写教科书,告诫穆斯林"必须热爱自己的国家,遵守国家的法律,服从政府官员的管理,掌握现代科学技术"[2]。凯末尔时代的世俗主义实践,导致土耳其世俗教育的长足进步。1923—1940 年,乡村学校的数量从 5062 所增至 11040 所,增长一倍;教师总数从 12458 人增至 28298 人,增长 133%;学生总数从 352668 人增至 1050159 人,增长 300%。1927 年,识字率为 10.6%;1940 年,识字率达到 22.4%。1933 年,奥斯曼大学改称伊斯坦布尔大学。1936 年,创办安卡拉大学。1923—1940 年,高等学校从 9 所增至 20 所,教师从 328 人增至 1013 人,学生从 2914 人增至 12147 人。[3]

国家主义作为凯末尔主义的经济原则,于 1929 年首次提出,1931 年列入共和人民党纲领。共和人民党在 1931 年的宣言中对于国家主义曾做如下的阐释:"尽管考虑到私人事业和私人活动仍是我们的基本主张,我们的主要政策之一是促使国家积极关心于涉及民族的一般性和重大利益的问题,特别是有关经济的问题,以便能在尽可能短的时期内,把我们的国家和民族导向繁荣。"所谓的国家主义即强调政府在经济领域的主导作用,是凯末尔时代一党制极权主义的政治原则在经济领域的逻辑延伸。国家主义的广泛实践,提供了一党制极权主义政治原则的物质保障。"关于'国家接管一切'的理论,在像土耳其这样一个国家里,已经成为一种司空见惯的事情,并且对于统治者或被统治者来说,又都是十分合乎他们继承的传统和习惯的。在集权的、官僚式的和家长式的凯末尔主义政权看来,由国家来指导和管理经济生活的这些想法,是处于统治地位的上层阶级拥有的权力、特权和职能的自然而明显的延伸。"[4] 国家主义不同于社会主义,其核心内容是在私有制的前提下实现国家对于经济活动的广泛干预,旨在促进国民经济的发展,强调政府在经济领域特别是工业化进程中的主

---

① Toprak,B. , *Islam and Political Development in Turkey*, p. 71.

② Atasoy,Y. , *Turkey, Islamists and Democracy*, p. 38.

③ Shaw,S. J. & Shaw, E. K. , *History of the Ottoman Empire and Modern Turkey*, vol. 2, p. 387.

④ B. 路易斯:《现代土耳其的兴起》,第 301 页,第 496 页。

导作用。另一方面,国家主义并非私人经济的国有化,强调私人经济与国有经济的长期并存和相得益彰。国家主义的实质在于国家资本主义,扶持基础薄弱的民族工业和加速土耳其的工业化进程则是凯末尔时代国家主义经济政策的核心内容。1935 年,凯末尔对于国家主义的经济政策做出如下说明:"我们正在实行的中央集权下的经济统制,是由土耳其本身的需要促成的,是一种特有的制度。它意味着,在承认私人企业是主要基础的同时,也认识到许多活动没有开展起来,国家必须被赋予对经济的控制,以应付一个很大的国家和一个伟大民族的一切需求……国家要在尽可能短的时间内开展某些尚未由私人企业开展的经济活动,结果它成功地这样做了……我们选择遵循的道路是一种区别于经济自由主义的体制。"①1937 年,凯末尔政府发布第 3125 号法令,对国家主义做出如下的解释:"在经济和制造业领域,私人投资感到困难时,以国家经营的形式及更大的力量来从事,即在允许私人经营的同时,凡关系到公共生活及国家的和更高的利益所及的行业,由国家经营。"国家主义的主要举措包括:制定和执行国民经济发展计划,保护关税,国家投资,实施进口替代政策,加强外汇管理。国家主义的宗旨,是服务于民族主义和极权主义的需要。

　　凯末尔主义的广泛实践,导致土耳其的城市社会在诸多方面发生变化,官员、知识分子和企业主阶层构成新政权的重要社会基础。然而,构成土耳其人口主体的乡村民众依旧沿袭传统的习俗,凯末尔主义的影响微乎其微。在土耳其乡村,传统宗教服饰原本并不多见,妇女头戴面纱亦不流行,识文断字者则寥若晨星;凯末尔主义世俗化改革的诸多举措对于乡村生活并无明显影响。新法律禁止一夫多妻制,然而一夫多妻的现象在土耳其乡村屡见不鲜。30 年代,政府试图在乡村推广世俗教育。然而,在全部 4 万个自然村中,只有 5 千个自然村建立世俗学校。新建的世俗学校大都规模较小,往往是每所学校只有一名教师。②

　　1935 年,共和人民党召开第四次大会,明确规定凯末尔主义的核心内容,即民族主义、共和主义、世俗主义、民众主义、国家主义和革命主义作为共和人民党的纲领和"基本的和不可改变的原则"。1937 年,凯末尔主义的六项纲领被纳入宪法,成为土耳其共和国的官方意识形态。③ 凯末尔主义遂被称作"土耳其人的宗教",成为土耳其共和国早期现代化阶段的指导思想和基本纲领。

　　研究者常将凯末尔主义的核心内容归结为共和主义,认为凯末尔政权充分

---

①　K. H. 卡尔帕特:《当代中东的政治和社会思想》,第 511 页。

②　Zurcher,E. J. , *Turkey:A Modern History* , p. 202.

③　Ahmad,F. , *The Turkish Experiment in Democracy 1950-1975* , p. 4

肯定共和制。① 实际情况不然。凯末尔主义形成于一战结束后西方列强瓜分奥斯曼帝国领土和土耳其民族面临生死存亡的特定历史环境,尖锐的民族矛盾和深刻的民族危机构成凯末尔时代的突出现象。新兴的土耳其共和国诞生于凯末尔领导的民族解放运动,创建独立的主权国家是土耳其民族解放运动的首要目标。土耳其共和国的建立符合土耳其民族的根本利益,凯末尔俨然成为土耳其民族尊严和国家主权的象征。凯末尔主义的核心内容在于民族主义的政治思想;凯末尔时代极权主义的政治实践,既是奥斯曼帝国后期政治变革的历史结果,亦是土耳其共和国建立过程中民族主义高涨的逻辑延伸。"民族主义成了新土耳其共和国的意识形态。共和主义、民粹主义、现世主义、中央集权下的经济统制和改良主义在1931年被正式宣布为增补原则,并吸收进1937年的宪法。它们仅仅是民族主义的必然结果。"②另一方面,极权政治的强化构成凯末尔时代土耳其共和国政治生活的核心内容,共和人民党的权力垄断集中体现着凯末尔时代土耳其共和国的极权主义政治倾向。如果说青年土耳其党与法国大革命期间的雅各宾派颇多相似之处,那么凯末尔主义则是土耳其现代化进程中的波拿巴主义。"就阿塔图尔克在共和国里的地位来说,他似乎可以同拿破仑和克伦威尔相并列","凯末尔在国民议会中的重新当选,只不过是一种形式而已。事实上,他享有终身任命,拥有像任何一位苏丹所拥有的大权,并且能够随意任免国务总理以及各部的部长"③。换言之,伴随着土耳其民族解放运动的高涨和土耳其共和国的建立,凯末尔主义的思想内涵经历了深刻的变化;从民族主义到极权主义的发展,构成凯末尔主义演进的历史轨迹。

现代化无疑是土耳其共和国历史发展的基本方向,凯末尔时代诸多改革举措的宗旨在于推动土耳其共和国的现代化进程,而极权政治则是特定历史条件下土耳其现代化改革的客观需要和推动土耳其现代化进程的有力杠杆。凯末尔之作为土耳其国父的个人魅力和绝对权威,构成极权政治得以实践的重要条件。凯末尔主义之官方意识形态的地位,则是凯末尔时代极权政治的产物和表现。苏丹制度的废除和哈里发制度的终结以及其后的一系列世俗化举措,无疑包含着宗教政治衰落和世俗政治强化抑或从神权向俗权转变的历史内容。然而,土耳其共和国的世俗化进程与政治民主化进程并未表现为同步的趋向。所谓的世俗主义和国家主义旨在服务于民族主义和极权主义的政治需要,而革命主义则集中体现凯末尔时代土耳其共和国的剧烈政治变革。凯末尔时代一党

---

① 王京烈主编:《当代中东政治思潮》,当代世界出版社2003年,第107页,第112页。
② K. H. 卡尔帕特:《当代中东的政治和社会思想》,第462页。
③ B. 路易斯:《现代土耳其的兴起》,第508页,第391页。

制的政治实践与共和主义之主权在民的政治理念大相径庭,所谓的共和主义和民众主义尚徒具虚名,只是凯末尔美化个人的政治口号抑或土耳其共和国政治生活的发展方向,并非"凯末尔主义中最重要的组成部分"①。

凯末尔时代工业化进程的启动

1914 年一战爆发前夕,奥斯曼帝国的领土包括小亚细亚半岛、色雷斯、伊拉克、叙利亚、巴勒斯坦和阿拉伯半岛,总人口约 2000 万。一战结束后,伊拉克、叙利亚、巴勒斯坦和阿拉伯半岛相继脱离奥斯曼帝国。小亚细亚半岛的人口,1800 年约 600 万,一战前夕增至 1750 万;数百万穆斯林自黑海北岸、高加索山区和巴尔干半岛移入奥斯曼帝国境内,构成小亚细亚半岛人口增长的主要因素。② 穆斯林移民的涌入导致小亚细亚半岛人口结构的明显改变,非穆斯林在小亚细亚半岛所占的比例急剧下降。一战期间,小亚细亚半岛人口锐减,人口死亡率为 20%,其中穆斯林死亡人数为 250 万,亚美尼亚人死亡约为 60－80 万,希腊人死亡约 30 万。③ 不仅如此,一战期间及战后初期,数十万亚美尼亚人自小亚细亚半岛移居苏联及其他国家,亦有大量希腊人离开小亚细亚半岛。根据洛桑和约,小亚细亚半岛的希腊东正教徒移居希腊,穆斯林从希腊移居小亚细亚半岛。洛桑和约实施的直接后果是小亚细亚半岛人口减少 10%,小亚细亚半岛的人口构成随之进一步改变,亚美尼亚人从 130 万下降为 10 万,希腊人从 180 万下降为 12 万,而穆斯林在全部人口中所占的比例由 80% 增至 98%。1923 年土耳其共和国建立之初,小亚细亚半岛及色雷斯地区的人口为 1320 万,土耳其语和库尔德语成为小亚细亚半岛的两种主要语言,希腊人、亚美尼亚人、叙利亚基督徒、西班牙犹太人、塞加西亚人和阿拉伯穆斯林成为小亚细亚半岛的残存人口。④ 城市人口所占的比例,由战前的 25% 下降为战后的 18%。⑤ 奥斯曼帝国境内小亚细亚半岛及色雷斯的人口,1900 年 1396 万,1914 年增至 1570 万。1927 年,包括小亚细亚半岛及色雷斯在内的土耳其共和国人口下降为 1365 万。此后,土耳其共和国人口始终呈上升的趋势。⑥

① 彭树智:"凯末尔和凯末尔主义",《历史研究》1981 年第 5 期。

② Yapp,M. E. , *The Making of the Modern Near East 1792-1923* , p. 122.

③ Zurcher,E. J. , *Turkey:A Modern History* , p. 171.

④ Shaw,S. J. & Shaw, E. K. , *History of the Ottoman Empire and Modern Turkey* , vol. 2, p. 373.

⑤ Zurcher,E. J. , *Turkey:A Modern History* , p. 171, p. 172.

⑥ Hale,W. , *The Political and Economic Development of Modern Turkey* , London 1981, p. 18.

19世纪苏丹政府所谓发展工业的一系列举措,并未触及奥斯曼帝国的基本经济结构。1910年,农业构成安纳托利亚最重要的经济部门,农作物播种面积550万公顷,其中90％的耕地播种谷物,农作物年产值2000万土镑。奥斯曼帝国灭亡前夕的1913年,制造业、采矿业、建筑业和运输业产值占国民生产总值的17％,而农业产值占国民生产总值的56％。① 由于缺乏关税的保护,西方工业品倾销于奥斯曼帝国的市场,传统手工业濒临崩溃。1913年,奥斯曼帝国棉花产量的80％出口国际市场,而80％的棉纱、90％的棉纺织品和60％的毛纺织品依靠从国外进口。② 安纳托利亚西部的主要城市伊斯坦布尔、布尔萨、伊兹密尔、乌萨克、马尼萨和班迪尔马,1913－1915年只有264家工业企业,其中55.4％的企业从事纺织和食品加工,工业年产值630万土镑;在全部264家企业中,214家属于私人企业,22家属于国有企业,28家属于国家与私人合作经营的企业;264家企业雇用的工人,1913年为16309人,1915年为13485人。③ 另据1921年的统计,奥斯曼帝国境内(不包括处于外国占领下的主要工业城市伊斯坦布尔、伊兹密尔、阿达纳和布尔萨)共有3.3万家企业,雇用劳动力7.6万人,平均每家企业雇用劳动力2.3人。④ 工业企业规模之小,由此可见。直至20世纪20年代中期,农业产值占国民生产总值的40％～50％,工业产值占国民生产总值的17％～18％。⑤ 奥斯曼帝国末期,现代意义的经济部门,包括铁路、矿山开采和金融机构,大都处于外国资本的控制之下。希腊人和亚美尼亚人在工业领域占举足轻重的地位,其中希腊人控制工业资本的50％和工业劳动力的60％,亚美尼亚人控制工业资本的20％和工业劳动力的15％;相比之下,信奉伊斯兰教的土耳其人仅控制工业资本的15％和工业劳动力的15％。⑥ 土耳其共和国初期,政府实施移民政策,希腊人和亚美尼亚人数量锐减,工业深受影响。建立于奥斯曼帝国废墟之上的土耳其共和国,仍然是典型的传统农业国,工业基础十分薄弱。

土耳其共和国建立初期,不同于政治、社会和文化领域的激进政策,新政府致力于推行相对温和的经济政策。1923年2－3月,土耳其政府在伊兹密尔召开全国经济大会,参加者包括农民、工人、企业主和商人的代表3000余人。会议期间,农民要求废除传统的什一税,工人要求享有组建工会的合法权利和保

① Owen,R., *The Middle East in the World Economy 1800-1914*, p.190.
② Hale,W., *The Political and Economic Development of Modern Turkey*, p.36, p.37.
③ Owen,R., *The Middle East in the World Economy 1800-1914*, p.189.
④ Lockman,Z., *Workers and Working Classes in the Middle East*, New York 1994, p.137.
⑤ Owen,R., *The Middle East in the World Economy 1800-1914*, p.191.
⑥ Atasoy,Y., *Turkey,Islamists and Democracy*, p.51.

护自身的权益,企业主要求提高关税和保护国内市场,商人呼吁限制非穆斯林少数民族在外贸领域的特权。[1] 伊兹密尔大会初步确定土耳其共和国经济发展的基本方向,即发展现代民族工业、保护关税、鼓励私人投资和吸收外国投资。与此同时,共和人民党制定九点纲领,核心内容是采取混合所有制结构,发展进口替代型工业,强调政府在投资领域的主导作用。[2] 凯末尔宣布,在法律允许的框架内,允许外国公司和商人在土耳其的投资行为。与此同时,以经济部长马哈穆特·伊萨特·波兹库尔特为代表的"新土耳其经济学派"阐释了 20 年代土耳其共和国的基本经济政策,即奉行国家主义与自由主义的双重经济原则,实行国有经济与非国有经济并存以及民族资本与外国资本并存的混合结构,提高关税和限制进口,保护民族工业,强调国家在信贷和工业领域的主导地位。[3]

20 年代的国有经济投资,首先是国有铁路的建设。土耳其共和国在 1923 年建立之时,共有 4100 公里铁路,均由外国资本控制,分布于安纳托利亚西部沿海地区,连接伊斯坦布尔、伊兹密尔、科尼亚、阿德纳和安卡拉,而安纳托利亚东部广大地区尚无现代交通网络。由于交通不便,安纳托利亚西部沿海工业城市的农产品供应严重依赖国际市场;伊斯坦布尔从北美经海路进口的粮食价格甚至低于来自安纳托利亚东部的粮食价格。[4] 土耳其共和国建立之后,采用政府投资的方式,在安纳托利亚中东部兴建铁路,连接安卡拉、锡瓦斯、厄尔祖鲁姆和迪亚巴克尔,内陆农作物产地与沿海农产品市场之间的流通环境因此得到明显的改善。1923—1929 年,铺设铁路 800 公里。1929 年,新增 800 公里铁路开始铺设。1924 年,政府决定购买外国铁路公司在土耳其境内自伊斯坦布尔至阿达纳和自梅尔辛至阿达纳两条线路的运营权。然而,直至 20 年代末,仍有 2300 公里铁路由外国资本控制,主要分布于色雷斯和伊兹密尔地区。[5]

1924 年,土耳其成立第一家私人银行商业银行,拥有资产 100 万里拉,其中 25 万里拉属于凯末尔的个人资产,共和人民党重要成员杰拉尔·拜亚尔出任总经理。1930 年,商业银行存款达到 4500 万里拉,投资达到 3230 万里拉,建设两座制糖厂,同时经营伊斯坦布尔的航运业。1925 年,土耳其政府投资 2000 万里拉,成立工矿业银行,接管土耳其共和国从奥斯曼帝国继承的数家纺织厂,并且投资私人经营的纺织厂、玻璃厂、粮食加工厂、制糖厂和发电厂。1930 年,工矿

① Landau,J. M. , *Ataturk and the Modernization of Turkey*, pp. 154-155.

② Zurcher,E. J. , *Turkey:A Modern History*, p. 203.

③ Landau,J. M. , *Ataturk and the Modernization of Turkey*, p. 154.

④ Hale,W. , *The Political and Economic Development of Modern Turkey*, p. 36.

⑤ Landau,J. M. , *Ataturk and the Modernization of Turkey*, p. 157.

业银行的工业投资达到 640 万里拉。①

20 年代,土耳其的大多数企业依旧处于手工劳动和分散经营的落后状态。根据 1927 年的统计,全国共有 65245 家企业,雇用劳动力 256855 人,约占全国人口的 2%,其中雇用劳动力超过 10 人的企业仅占全部企业的 3%,而雇用劳动力 1—3 人的企业占全部企业的 78%,采用机械动力和机器加工的企业只有 2822 家,其余企业采用传统的手工劳动。1927 年,雇用劳动力超过 4 人的企业 13683 家,属于 10941 个企业主,其中 10259 个企业主是土耳其人,642 个企业主是外国人。② 1927 年,土耳其政府制定"工业发展法",对采用机械动力和雇用工人超过 5 人的国内企业实行优惠政策,由政府免费提供 10 公顷的工业用地,免征机器和建筑材料的进口税,政府机构必须优先购买国产工业品。③ "工业发展法"的颁布,明显促进了制糖业、纺织业和水泥制造业的增长速度。1929 年,洛桑条约期满,土耳其政府立即制定新的关税政策,征收 40% 的进口税,旨在限制工业品进口,发展进口替代工业。④

30 年代,土耳其政府放弃相对温和的自由主义经济政策,推行激进的国家主义经济政策,大力发展国有经济,强调工业优先发展的原则,扩大政府对于工业生产的干预和投资,旨在加速工业化的进程。克服 1929—1933 年西方经济危机对于土耳其经济的负面影响,是土耳其实行国家主义的直接原因。总理伊斯梅特·伊诺努声称:"在经济领域采取国家主义政策,我认为首要的是应当视为一种防卫措施。若干世纪以来,由于我们的失误,长期遭到在工业上不平等的侵略。在新时代,我们为了从险恶的形势下得到拯救,使国家得到安全,最要紧的使经济免于崩溃。因此,在经济上采取国家主义是我们在谋求发展的道路上所使用的防卫措施。"⑤1931 年 5 月,在共和人民党大会上,国家主义成为新的经济政策和凯末尔主义的组成部分。⑥ 然而,凯末尔主义的国家主义并非社会主义,私人所有制依然构成土耳其的经济基础。

所谓的国家主义,亦被称作"现代形式的重商主义"⑦,旨在通过政府干预经济的形式实现资本积累,推动民族工业的发展,扩大工业生产的规模和改变工业生产的结构,进而构成土耳其共和国工业化早期阶段的基本形式。作为国家

① Hale,W. , *The Political and Economic Development of Modern Turkey*, p. 42

② Karpat,K. H. , *Social Change and Politics in Turkey*, p. 54.

③ Ramazanoglu,H. , *Turkey in the World Capitalist System*, Hants 1985, pp. 58-59.

④ Hale,W. , *The Political and Economic Development of Modern Turkey*, p. 43.

⑤ 杨兆钧:《土耳其现代史》,云南大学出版社 1990 年,第 108 页。

⑥ Schick,I. C. & Tonak,E. A. , *Turkey in Transition*, p. 89.

⑦ Hale,W. , *The Political and Economic Development of Modern Turkey*, p. 55.

主义经济政策的外在形式,土耳其政府于 30 年代参照苏联的模式制定第一个五年计划和第二个五年计划,重点发展化学工业、钢铁工业、造纸工业、棉纺织业、制糖业、采矿业、电力工业、机器制造业和交通运输业。[1] 土耳其的国家主义政策,强调民族经济和工业优先的基本原则,旨在实现私人工业企业与国有工业企业的同步发展,而国有银行则是国家参与经济建设和保证政府投资的重要手段,1932 年创办的农业银行、1933 年创办的苏美尔银行和 1935 年创办的赫梯银行则是国家主义在金融领域的集中体现。苏美尔银行、赫梯银行和农业银行作为国有银行,不仅收购外国银行控制的铁路、矿山、企业和公共设施,支持国有经济,而且积极参与非国有领域的经济活动。至 30 年代末,苏美尔银行控制冶铁业的 100%、炼钢业的 80% 和水泥业的 55%,赫梯银行控制煤炭开采的 100% 和铜矿开采的 100%,农业银行按照政府核算的成本,统一收购和销售农产品,进而控制农业领域。[2]

1923—1929 年,土耳其共和国的人口呈缓慢上升趋势,由 1258 万增至 1424 万。此间,农业生产由于战乱结束而逐渐恢复。1924—1929 年,棉花产量从 70 吨增至 3773 吨,羊毛产量从 400 吨增至 763 吨,生丝产量从 2 吨增至 31 吨。1924—1929 年,工业生产亦有进步,水泥年产量从 24000 吨增至 72800 吨,煤炭年产量从 70 万吨增至 98.5 万吨。[3] 1927—1930 年,糖产量从 5162 吨增至 95192 吨。1924—1930 年,农业产值平均年增长率为 11.4%;相比之下,同期工业生产的平均年增长率为 8.6%,增长速度明显落后于农业生产。[4] 30 年代,国家主义的广泛实践明显加速了土耳其工业化的进程。至 1946 年,糖的年产量达到 9.9 万吨,水泥年产量达到 32.5 万吨,棉纱年产量达到 2.8 万吨,纸张的年产量达到 1.5 万吨,煤炭年产量达到 30.7 万吨,发电厂装机容量达到 24.8 万千瓦。1923—1946 年,铁路从 4086 公里增至 7585 公里;1924—1929 年,新建铁路 783 公里;1929—1939 年,新建铁路 2455 公里;1927—1946 年,铁路货运能力从 91.9 万吨增至 810 万吨。[5] 1927—1940 年,公路从 22000 公里增至 41000 公里。[6] 1929—1939 年,农业生产的平均年增长率仅为 5.1%,工业生产的平均年增长率则达到 11.1%;农业生产在国内生产总值中所占比例从43.2%

①　Atasoy,Y.,*Turkey,Islamists and Democracy*,p. 57.

②　Ramazanoglu,H.,*Turkey in the World Capitalist System*,p. 63.

③　Weiker W. F.,*Political Tutelage and Democracy in Turkey*,p. 27.

④　Shaw,S. J. & Shaw,E. K.,*History of the Ottoman Empire and Modern Turkey*,vol. 2,pp. 389-390.

⑤　Weiker W. F.,*Political Tutelage and Democracy in Turkey*,p. 272,p. 283.

⑥　Shaw,S. J. & Shaw,E. K.,*History of the Ottoman Empire and Modern Turkey*,vol. 2,p. 395.

下降至 37.3%，工业生产在国内生产总值中所占比例从 11.8%上升为 18%。①

大型现代企业与传统小手工业生产的长期并存，构成 30 年代土耳其经济生活的突出特征。直到 30 年代末期，传统的小手工业依然占制造业产值的 60%，占制造业劳动力的 80%。传统的小手工业基本上属于非国有经济成分，而大型现代企业主要依靠政府投资建设。30 年代无疑是土耳其现代化进程中国家主义的典型阶段，然而国有经济的广泛发展并未导致私人经济的普遍衰落。1933－1939 年，经济领域的私人投资占 50%－65%，投资比例超过政府投资。② 使用机器和受益于"工业发展法"的大型私人企业，1932 年为 1473 家，1939 年为 1144 家，1941 年为 1052 家，虽然在数量上有所减少，但是产值和规模明显扩大。③ 1939 年，非国有企业生产棉纺织品的 65%、毛纺织品的 40%、制革业产品的 38%和水泥的 45%，国有企业则几乎垄断人造丝绸、纸张、钢铁和化工产品的制造。④

农业的缓慢发展与土地改革的初步举措

奥斯曼帝国长期实行国家土地所有制的经济制度，土地和农民处于国家的控制之下；广泛存在的小所有制和小农经济，构成土耳其共和国从奥斯曼帝国继承的重要历史遗产。另一方面，自 19 世纪开始，西方工业品的倾销和商业资本的侵蚀不断瓦解着奥斯曼帝国的传统经济秩序，自给自足的封闭状态逐渐被打破，农业生产的市场化进程随之启动。包括伊斯坦布尔在内的沿海地区非农业经济的发展和非农业人口的增加，特别是欧洲诸国工业化进程中对于农产品的广泛需要，构成安纳托利亚农业生产市场化的重要诱因。伊斯坦布尔周围的马尔马拉沿岸、伊兹密尔周围的爱琴海沿岸、梅尔辛周围的东地中海沿岸以及安纳托利亚铁路沿线地区，市场化的农业生产尤为发达。⑤ 根据奥斯曼帝国于 1910 年发布的官方统计数字，在沿海的阿达纳、艾丁、哈尔普特和伊兹密尔四个省，超过五分之一的耕地播种经济作物，构成主要的农作物出口地区。⑥

青年土耳其党执政期间，战乱频仍，人口锐减，农业生产遭到严重破坏。土耳其共和国建立之后，政治局势趋于稳定，农业生产逐渐恢复。1924 年，土耳其

① Landau,J. M. , *Ataturk and the Modernization of Turkey*, pp. 162-163.

② Hale,W. , *The Political and Economic Development of Modern Turkey*, p. 59.

③ Karpat,K. H. , *Social Change and Politics in Turkey*, p. 56.

④ Hale,W. , *The Political and Economic Development of Modern Turkey*, p. 59.

⑤ Schick,I. C. & Tonak,E. A. , *Turkey in Transition*, p. 271.

⑥ Owen,R. , *The Middle East in the World Economy 1800-1914*, p. 200.

中
东
史

政府设立农业部,引进农业机械,扩大耕作面积,改良农作物品种,引进茶和甜菜等新作物,规范土地租佃关系。农业银行发放的农业贷款,1924 年为 1700 万里拉,1930 年增至 3600 万里拉。在安纳托利亚高原,耕地所占的比例从 1917 年的 4.86% 增至 1924 年的 10.20%,至 1940 年上升为 12.25%。1923—1929年,农作物产量增长 115%,包括马铃薯、甜菜和棉花在内的经济作物增长幅度尤为明显,出口欧洲各国,农产品的年平均出口率为 20%。1927 年,土耳其的棉花出口率达到 41%,烟草出口率达到 62%。1929—1933 年世界经济危机期间,农产品市场急剧萎缩,对于土耳其农业产生严重的负面影响,其中棉花出口价格下跌 48%,烟草出口价格下跌 50%。[①]

30 年代,土耳其政府实行国家主义和进口替代型经济政策,导致农作物种植结构发生改变,经济作物逐渐让位于粮食作物。1934—1941 年,谷物种植面积从 655 万公顷增至 820 万公顷,蔬菜种植面积从 41 万公顷增至 43 万公顷,棉花种植面积从 25 万公顷增至 33 万公顷,马铃薯种植面积从 5.5 万公顷增至 7.3 万公顷。[②] 1927—1940 年,小麦产量增长 205%,大麦产量增长 260%,玉米产量增长 482%。政府向农民支付高于市场的收购价格,鼓励农民种植谷物。20 年代,土耳其粮食的 20% 需要依靠进口。30 年代初,土耳其不再从国外进口粮食;30 年代后期,甚至开始出口粮食。[③]

土地改革是中东诸国现代化进程中的普遍现象,土耳其共和国亦不例外。凯末尔声称:"首先,必须使我国不再存在没有土地的农民。比这更要紧的是制定一项法令,阻止土地的兼并,使土地的大小足以养活农民一家。有必要按土地的肥沃程度和地区内人口的密集程度对土地拥有的数量实行限制。"[④]凯末尔时代的土地改革,主要是有偿分配国有土地和移民过程中出现的无主土地,涉及范围相对有限。1927—1929 年,政府向无地农民分配国有土地 73 万公顷。1934—1938 年,政府再次向无地农民分配国有土地 150 万公顷。[⑤] 根据 30 年代的统计数字,地产超过 500 公顷的大地产主 418 户,占农户总数的 0.02%,占有耕地 640 万公顷,占全部耕地的 3.70%;地产 50—500 公顷的中等地产主 5764户,占农户总数的 0.23%,占有耕地 1720 万公顷,占全部耕地的 9.96%;地产不足 50 公顷的农民 249 万户,占农户总数的 99.75%,占有耕地 1.49 亿公顷,

① Schick,I. C. & Tonak,E. A. , *Turkey in Transition* , p. 274, p. 273.

② Shaw,S. J. & Shaw, E. K. , *History of the Ottoman Empire and Modern Turkey*,vol. 2, p. 389.

③ Schick,I. C. & Tonak,E. A. , *Turkey in Transition* , p. 274.

④ K. H. 卡尔帕特:《当代中东的政治和社会思想》,第 514 页。

⑤ Toprak,B. , *Islam and Political Development in Turkey* , p. 70.

占全部耕地的 86.34%。① 直到二战结束时，仍有 300 万农户缺乏足够的土地，按照分成制的传统方式租种土地。②

二、战后土耳其经济与社会的进步

农业的进步

凯末尔时代，土耳其政府长期奉行国家主义的经济政策，强调工业优先的基本原则，农业发展速度相对缓慢。二战结束后，土耳其政府的经济政策逐渐由国家主义转变为自由主义，强调农业在土耳其现代化进程中的基础作用，优先考虑农民的利益，向农民提供低息贷款，通过政府购销而保持农产品的较高价格。50 年代可谓土耳其共和国历史上的农业革命阶段，农业生产出现空前繁荣的状态。国际市场农产品价格的上涨，以及民主党政府的相关政策，诸如增加农业的信贷投资、政府对于农产品实行价格保护、推广农业机械和开垦荒地，提供了土耳其农业发展的良好环境。农业银行以及各种信贷机构提供的农业贷款，1950 年为 8.1 亿里拉，1955 年增至 28.56 亿里拉，1960 年达到 47.56 亿里拉。1950—1959 年，主要农产品价格增长近一倍。农业领域的公共建设投资在全部公共建设投资中所占的比例，1950 年为 15.4%，1959 年增至 27.9%。③

战后土耳其农业的进步，首先表现为耕地面积的扩大。土耳其的耕地面积（包括播种地和休耕地），1948 年为 1390 万公顷；1956 年增至 2245 万公顷，1959 年达到 2294 万公顷。④ 50 年代的 10 年间，耕地面积共计增加 930 万公顷，增长幅度达到 67%。⑤ 与此同时，土耳其的土地利用形式出现明显的变化：1950—1960 年，农田所占全国土地的比例从 18.7% 上升至 29.9%，牧场所占全国土地的比例则从 48.7% 下降至 36.9%。⑥

耕地面积扩大的直接原因，是拖拉机的推广使用和农业机械化程度的提高。凯末尔时代，农民主要使用包括木犁和铁犁在内的传统农具耕种土地，耕

① Schick,I. C. & Tonak,E. A. , *Turkey in Transition*, p. 287.

② Zurcher,E. J. , *Turkey:A Modern History*, p. 219.

③ Hale,W. , *The Political and Economic Development of Modern Turkey*, p. 95.

④ Ahmad,F. , *The Turkish Experiment in Democracy 1950-1975*, p. 135.

⑤ Schick,I. C. & Tonak,E. A. , *Turkey in Transition*, p. 281.

⑥ Hale,W. , *The Political and Economic Development of Modern Turkey*, p. 96.

作效率低下,农作物产量增长缓慢。1927 年,21.1 万农户使用铁犁,118.7 万农户使用木犁。[1] 1936 年,土耳其全国仅有拖拉机 961 台;1948 年,土耳其全国仅有拖拉机 1756 台,播种机 6171 台,联合收割机 1291 台。[2] 自 50 年代起,农业生产的机械化程度逐渐提高,农业机械投资的 75% 用于购置拖拉机,拖拉机的数量呈明显上升的趋势,1952 年为 31415 台,1954 年为 37743 台,1956 年为 43727 台,1958 年为 42527 台,1960 年为 42136 台,1970 年为 105865 台,1980 年为 435000 台[3];1990 年为 692454 台,1997 年达到 775442 台。[4] 1955 年,播种机为 16600 台,联合收割机为 8600 台。1960 年,播种机为 38270 台,联合收割机为 11130 台。1965 年,播种机为 47880 台,联合收割机为 15340 台。[5] 1977 年,播种机为 14 万台,联合收割机为 2 万台。[6] 农业机械化程度的提高,直接表现为机耕面积的增加。1948 年,耕地总面积为 1390 万公顷,其中机耕面积仅 10 万公顷,机耕面积不足耕地总面积的 1%。1950 年,耕地总面积为 1450 万公顷,其中机耕面积 120 万公顷,机耕面积约占耕地总面积的 9%。1960 年,耕地总面积为 2330 万公顷,其中机耕面积 320 万公顷,机耕面积约占耕地总面积的 14%。1970 年,耕地总面积为 2430 万公顷,其中机耕面积 790 万公顷,机耕面积约占耕地总面积的 33%。1972 年,耕地总面积为 2510 万公顷,其中机耕面积 1020 万公顷,机耕面积约占耕地总面积的 40%。[7]

化学化和水利化亦是农业生产力水平提高的重要标志。1950 年,化肥投入量为 4.2 万吨,施肥面积仅占全部播种面积的 0.04%。1960 年,化肥投入量为 10.7 万吨,施肥面积占全部播种面积的 0.07%。至 1975 年,化肥投入量为 370 万吨,施肥面积在全部播种面积中所占的比例达到 34%。1950 年,农药投入量为 950 吨。1960 年,农药投入量为 2.3 万吨。1975 年,农药投入量达到 6.2 万吨。1950 年,农田灌溉面积为 80 万公顷,占全部耕地面积的 0.6%。1960 年,农田灌溉面积为 117.7 万公顷,占全部耕地面积的 5.1%。至 1975 年,农田灌溉面积为 223.2 万公顷,在全部耕地面积中所占的比例达到 9.5%。[8] 1990 年,农田灌溉面积增至 390 万公顷;1997 年,农田灌溉面积达到 455.5 万公顷。[9]

[1] Ozbudun,E. , *The Political Economy of Income Distribution in Turkey*, p. 37.

[2] Karpat,K. H. , *Social Change and Politics in Turkey*, p. 68.

[3] Schick,I. C. & Tonak,E. A. , *Turkey in Transition*, p. 281.

[4] Lovatt,D. , *Turkey Since 1970*, New York 2001, p. 44.

[5] Karpat,K. H. , *Social Change and Politics in Turkey*, p. 68.

[6] Hale,W. , *The Political and Economic Development of Modern Turkey*, p. 178.

[7] Aresvik,O. , *The Agricultural Development of Turkey*, New York 1975, p. 78.

[8] Weiker, W. F. , *The Modernization of Turkey*, p. 199.

[9] Lovatt,D. , *Turkey Since 1970*, p. 44.

耕地面积扩大和农业技术进步的结果,是农作物产量的明显提高。1955年以前,农作物的平均年增长率长期徘徊于1.5%。1955—1960年,农作物的平均年增长率增至3.9%。1960—1965年,农作物的平均年增长率达到4.5%。[1] 主要粮食作物小麦的播种面积由1950年的448万公顷增至1970年的860万公顷,1990年达到942万公顷,小麦的年产量由1950年的387万吨增至1970年的1008万吨,1990年达到2000万吨;大麦的播种面积由1950年的190万公顷增至1970年的259万公顷,1990年达到332万公顷,大麦的年产量由1950年的205万吨增至1970年的325万吨,1990年达到730万吨;玉米的播种面积由1950年的59万公顷增至1970年的65万公顷,1990年下降为52万公顷,玉米的年产量由1950年的85万吨增至1970年的104万吨,1990年达到210万吨。[2] 主要经济作物棉花的播种面积由1950年的45万公顷增至1970年的53万公顷,1997年达到72万公顷,棉花的年产量由1950年的12万吨增至1970年的40万吨,1997年达到83万吨;甜菜的播种面积由1950年的5万公顷增至1970年的12万公顷,1997年达到47万公顷,甜菜的年产量由1950年的89万吨增至1970年的425万吨,1997年达到1840万吨;烟草的播种面积由1950年的13万公顷增至1970年的33万公顷,1997年下降为29万公顷,烟草的年产量由1950年的9万吨增至1970年的15万吨,1997年达到29万吨。[3]

土耳其的耕地在全部国土面积中所占的比例,1960年为29.9%,1976年为31.0%。[4] 换言之,60—70年代,耕地面积并未出现明显的增长趋势;此间农作物产量的增长,主要在于农业技术的进步和土地利用率的提高。主要农作物小麦的单位面积产量,1925年为每公顷344公斤,1950年为每公顷865公斤,1960年为每公顷1097公斤,1980年为每公顷1829公斤,1997年为每公顷1997公斤;棉花的单位面积产量,1925年为每公顷437公斤,1950年为每公顷264公斤,1960年为每公顷283公斤,1980年为每公顷744公斤,1997年为每公顷1152公斤;甜菜的单位面积产量,1925年为每公顷1752公斤,1950年为每公顷16781公斤,1960年为每公顷21608公斤,1980年为每公顷25119公斤,1997年为每公顷39424公斤;烟草的单位面积产量,1925年为每公顷849公斤,1950年为每公顷785公斤,1960年为每公顷735公斤,1980年为每公顷1024公斤,1997年为每公顷988公斤。[5] 另据资料统计,大麦的单位面积产量,

---

[1] Schick, I. C. & Tonak, E. A., *Turkey in Transition*, p. 282.

[2] 《帕尔格雷夫世界历史统计》,亚洲、非洲和大洋洲卷(1750—1993),第218—225页。

[3] Lovatt, D., *Turkey Since 1970*, p. 45.

[4] Hale, W., *The Political and Economic Development of Modern Turkey*, p. 174.

[5] Lovatt, D., *Turkey Since 1970*, p. 46.

1948 年为每公顷 1186 公斤,1960 年增至每公顷 1304 公斤,1975 年达到每公顷 1731 公斤,1948－1975 年单位面积产量增长超过 50％;马铃薯的单位面积产量,1948 年为每公顷 6909 公斤,1960 年增至每公顷 8750 公斤,1975 年达到每公顷 13911 公斤,1948－1975 年单位面积产量增长超过 100％。[1]

在耕地面积扩大、农业机械推广、农业技术进步和农作物产量增长的基础之上,战后土耳其的农作物结构发生明显的变化,经济作物的增长幅度加快,农业生产的市场化程度随之提高。1950 年,粮食作物的播种面积为 825 万公顷,产量为 780 万吨,经济作物的播种面积为 85 万公顷,产量为 180 万吨。1960 年,粮食作物的播种面积为 1300 万公顷,产量为 1520 万吨,经济作物的播种面积为 129 万公顷,产量为 650 万吨;1970 年,粮食作物的播种面积为 132 万公顷,产量为 159 万吨,经济作物的播种面积为 1320 万公顷,产量为 750 万吨。粮食作物在农业生产总值中所占的比例,1950－1952 年为 44.64％,1973－1975 年降至 37.40％;相比之下,经济作物在农业生产总值中所占的比例,1950－1952 年为 17.38％,1976－1975 年增至 23.72％。根据相关的统计,土耳其农产品的市场化比率,1950 年为 33.5％,1960 年达到 46.7％,1970 年增至 64.6％。另据 1970 年的统计,土耳其谷物产品的市场化比率为 32％,棉花、烟草、甜菜和茶的市场化比率超过 99％。值得注意的是,地产的规模与农业市场化的程度两者之间具有一定的内在联系。1970 年,面积不足 2 公顷的地产,小麦和大麦的市场化比率平均为 7.2％和 5.2％;相比之下,面积超过 100 公顷的地产,小麦和大麦的市场化比率平均达到 76.18％和 64.50％。[2] 尽管如此,随着从内向型经济模式到外向型经济模式的转变,包括棉花、烟草和干果在内的传统农产品在出口商品总额中所占的比例呈明显下降的趋势。传统农产品在出口商品总额中所占的比例,1960 年为 76.0％,1980 年下降为 57.4％,1997 年下降为 8.8％。与此同时,工业品在出口商品总额中所占的比例,1960 年为 17.9％,1980 年上升为 36.0％,1997 年上升为 89.6％。[3]

乡村社会与土地改革

1945 年,乡村人口占土耳其总人口的 83％,分布在超过 4 万个村落之中。[4]

① Weiker, W. F. , *The Modernization of Turkey*, p. 198.

② Schick, I. C. & Tonak, E. A. , *Turkey in Transition*, p. 279, p. 280.

③ Lovatt, D. , *Turkey Since 1970*, p. 48.

④ Karpat, K. H. , *Turkey's Politics：The Transiton to A Multi-Party System*, p. 99.

1945 年以后，土耳其经济社会领域的突出现象，是乡村人口增长速度的相对缓慢以及乡村人口在总人口中所占比例的下降。据统计，土耳其的乡村人口，1950 年为 1570 万，占总人口的 75.0%；1960 年为 1890 万，占总人口的 68.1%；1970 年为 2190 万，占总人口的 61.5%；1980 年为 2510 万，占总人口的 56.1%。[①] 另一方面，乡村与城市之间的联系逐渐密切，农业进一步融入市场化的经济体系，乡村传统的封闭状态随之削弱。1968 年，四分之三的村社与公路相连或毗邻公路。1960 年，73% 的村社建有学校；1968 年，建有学校的村社增至 88%；1972 年，五年制学校取代三年制学校成为乡村学校的基本模式。1968 年，约有一半的村社至少每周可以读一次报纸。收听广播的村民从 1962 年的 19% 增至 1968 年的 40%，乡村的收音机数量从 1965 年的每千人 28 部增至 1975 年的每千人 58 部。1968 年，约一半的村社设有医疗机构。[②]

经济的市场化无疑是现代化的基础层面，而自给自足的农业生产与乡村社会的封闭状态则是制约经济市场化进程的明显障碍。农业的发展与乡村社会的进步，导致农业与非农业的经济活动之间以及乡村与城市之间形成稳定和密切的经济联系，进而构成经济市场化的重要环节。在理论上，出租土地的地产主、自给自足的自耕农和租种土地的无地农民构成乡村社会的基本要素。然而，实际情况十分复杂。土地改革是土耳其现代化进程中长期存在的历史现象，而地权分布与地产结构则直接影响土地改革的相关政策。

从 1923 年开始，土耳其共和国经历了缓慢的土地改革进程。土耳其政府曾经多次制定土地改革的相关政策，20 年代和 30 年代以及 1945 年和 1964 年颁布的法律均提及土地改革，内容包括农业税的改革、瓦克夫地产的国有化、向移民以及部分无地农民有偿分配国有土地。1945 年土地改革法颁布前，99.75% 的乡村农户拥有土地不足 50 公顷，土地不足 50 公顷的农户占有全部耕地的 86.34%；另一方面，土地超过 50 公顷的农户约 6000 户，占有全部耕地的 13.66%。[③]

1945 年 5 月，议会审议新的土地改革法案。根据新的土地改革法案，500 哈（约合 50 公顷）的私人地产应向耕种土地的贫困农民出售；在人口稠密的地区，分成制农民和佃户的份地应由 20 哈分割为 5 哈；政府向农民发放期限 20 年的无息贷款，用于购置土地和相关农具。[④]"据估计，大约占农村人口三分之

① Schick, I. C. & Tonak, E. A., *Turkey in Transition*, p. 297.
② Weiker, W. F., *The Modernization of Turkey*, p. 53.
③ Schick, I. C. & Tonak, E. A., *Turkey in Transition*, p. 275.
④ Zurcher, E. J., *Turkey: A Modern History*, p. 219.

一的将近五百万人,将从这些法律中得到好处,如果全部得以实现的话,那将是推行一项主要的革命,从而把土耳其变成为一个独立小农的小土地所有者的国家"[1]。然而,该项法案遭到来自各个方面的激烈抨击,被迫修改为向贫困农民出售的土地局限于国有土地,私人地产未被纳入土地改革的范围。[2] 1950 年,政府征购的地产规模起点由 500 哈提高为 5000 哈。到 1951 年,只有 16.2 万哈土地分给农民,其中只有 3600 哈属于私人地产[3],仅 3.3 万户农民从国家获得土地。[4]

民主党尽管在 40 年代后期反对共和人民党制定的土地改革法案,却在 1950—1960 年执政期间推行土地改革;此间,31.2 万户农民从国家获得土地。[5] 1973 年,议会通过新的土地改革法,计划将 320 万哈即全部耕地的 11.5% 纳入重新分配的范围,向 54 万户贫困农民提供耕地,其中 83 万哈来自私人地产的征购,其余来自国有土地的出售,同时规定私人合法地产的最高限额,即灌溉耕地(水浇地)不得超过 30—100 哈,非灌溉耕地(雨浇地)不得超过 47—200 哈,视不同地区而实行不同的标准。然而,上述诸多法律和政策大都只是一纸空文。至 1977 年宪法法院废止新土地改革法为止,只有 1200 户无地农民获得 2.3 万哈耕地。[6] 土耳其共和国的大地产多数分布于安纳托利亚高原的东南部,主要采用传统的小生产和分成制租佃制;在西部的爱琴海沿岸、黑海沿岸和色雷斯地区,传统模式的大地产为数较少,中等地产居多,大都采用雇佣劳动和现代经营方式,具有商品经济的明显特征。[7] 因此,土地改革的阻力主要来自安纳托利亚东南部。

土耳其共和国乡村社会的主要特征,在于小所有制的广泛存在和大地产数量的相对有限。1937 年,地产不足 2 公顷的贫困农户约 40 万户,占全部农户的 38.8%;地产 2—5 公顷的自耕农约 30 万户,占全部农户的 27.7%;地产 5—20 公顷的富裕农户约 27 万户,占全部农户的 26.3%;地产超过 20 公顷的大地产主约 7 万户,占全部农户的 7.0%。1952 年,地产不足 2 公顷的贫困农户约 77 万户,占全部农户的 30.6%;地产 2—5 公顷的自耕农约 80 万户,占全部农户的

① B. 路易斯:《现代土耳其的兴起》,第 500—501 页。
② Atasoy,Y. , *Turkey,Islamists and Democracy* , p. 66.
③ Hale,W. , *The Political and Economic Development of Modern Turkey* , pp. 63-64.
④ Keyder,C. , *State and Class in Turkey* , p. 126.
⑤ 同上。
⑥ Schick,I. C. & Tonak,E. A. , *Turkey in Transition* , p. 275.
⑦ 同上, p. 297。

31.5%;地产5—20公顷的富裕农户约81万户,占全部农户的32.2%;地产超过20公顷的大地产主约14万户,占全部农户的5.7%。1963年,地产不足2公顷的贫困农户约127万户,占全部农户的40.9%;地产2—5公顷的自耕农约86万户,占全部农户的27.8%;地产5—20公顷的富裕农户约85万户,占全部农户的27.5%;地产超过20公顷的大地产主约11万户,占全部农户的3.7%。①另据统计,1963年,地产不足10公顷的农户在乡村人口中所占的比例,1937年为85.3%,1952年为82.0%,1963年为86.8%,1970年为89.8%。1963年,地产不足5公顷的贫困农户213万户,占农户总数的68.6%,占有全部耕地的25.0%;地产5公顷以上20公顷以下的中等农户85万,占农户总数的27.6%,占有全部耕地的42.0%;地产超过20公顷的富裕农户和大地产主11.5万,占农户总数的3.8%,占有全部耕地的33.0%。1970年,地产不足5公顷的贫困农户232万户,占农户总数的75.0%,占有全部耕地的31.3%;地产5公顷以上20公顷以下的中等农户67万,占农户总数的21.9%,占有全部耕地的47.5%;地产超过20公顷的富裕农户和大地产主9万,占农户总数的3.1%,占有全部耕地的21.2%。地产超过50公顷的大地产主,1952年占农户总数的1.5%,占有全部耕地的24.8%,1963年占农户总数的0.5%,占有全部耕地的13.2%,1970年占农户总数的0.4%,占有全部耕地的6.0%。② 以上数字表明,中小地产的面积呈上升趋势,大地产主的数量和大地产的面积均呈下降的趋势。

　　1950—1981年,农户总数从2322391户增至5563110户,其中拥有土地的农户从1985645户增至3844861户,无地农户从336764户增至1718244户,无地农户所占的比例从14.5%上升为30.9%。换言之,1950—1981年,农户总数增长140%,拥有土地的农户增长94%,无地农户增长410%。③ 1973年,无地农户和地产不足1哈的农户占农户总数的25.8%,占有全部耕地的2.5%,地产1哈以上5哈以下的农户占农户总数的44.8%,占有全部耕地的18.8%,地产5哈以上20哈以下的农户占农户总数的24.4%,占有全部耕地的38.7%,地产超过20哈的农户占农户总数的4.7%,占有全部耕地的40.0%。④ 1991年,地产超过50哈的大地产主占农户总数的0.92%,占耕地总面积的17.1%;地产10—50哈的中等地产主占农户总数的14.04%,占耕地总面积的40.80%;地产不足10哈的小农占农户总数的84.86%,占耕地总面积的46.40%,其中

① Schick, I. C. & Tonak, E. A., *Turkey in Transition*, p. 283, p. 276.

② Aresvik, O., *The Agricultural Development of Turkey*, p. 37.

③ Eralp, A., *The Political and Socioeconomic Transformation of Turkey*, London 1993, p. 125.

④ Hale, W., *The Political and Economic Development of Modern Turkey*, p. 184.

地产超过 1 哈而不足 10 哈的小农占农户总数的 68.96％,占耕地总面积的 40.70％。① 以上数字表明,20 世纪后期,土耳其的地产分布依然呈分散的状态,中小地产占主导地位。

60 年代土耳其乡村的突出现象,是地产不足 2 公顷的小农户大都将土地出租给地产超过 5 公顷的大地产主和中等地产主,在不改变所有权的前提下由大地产主和中等地产主集中经营,而小农户将地产出租以后往往移入城市抑或在乡村从事非农业性劳动,由此形成所有权与耕作权的分离。直至 70 年代,上述现象依然延续。②

与同时期的埃及、伊朗、伊拉克相比,土耳其现代化进程的突出现象是未曾经历大规模的土地改革。土耳其乡村的地权分布与地产结构处于相对稳定的状态,小农经济在土耳其乡村长期占据主导地位。由此出现的问题是,土地改革与现代化进程之间具有怎样的内在联系,即土地改革是否构成实现农业生产发展和乡村社会变革的必要条件。在理论上,土地改革的经济根源,在于特定的地权分布与地产结构,即小农经济的普遍衰落与大地产的广泛发展;高度发达的极权政治,则是土地改革得以实践的前提条件。埃及、伊朗和伊拉克的大规模土地改革发生于纳赛尔时代、巴列维时代和复兴党统治时期;大规模的土地改革既是否定乡村社会的传统模式和促进农业生产发展的重要环节,亦是极权政治自城市向乡村广泛延伸的历史形式。换言之,埃及、伊朗和伊拉克的大规模土地改革与地权分布的严重不平等状态以及极权政治之间具有内在的逻辑联系。与埃及、伊朗、伊拉克相比,土耳其乡村的贫富分化程度较低,亦未形成高度发达的极权政治,土地改革的相关政策和历史进程独具特色。

工业化的长足进步

自共和国建立开始,工业化构成土耳其经济发展的战略基础,工业生产尤其是制造业经历明显的发展过程。20 年代和 30 年代初,土耳其工业基础薄弱,发展速度相对缓慢。据统计,土耳其的工业企业,1927 年为 470 家,1930 年为 1255 家,1932 年为 1473 家,且私营企业居多,规模较小,技术落后,集中于食品加工、纺织和采矿业等传统部门。凯末尔时代后期,国家主义成为发展工业的主要举措。至 1950 年,建立起数以百计的国有企业,雇用工人约 7.6 万,其中

---

① Engelmann,K. E. & Pavlakovic,V., *Rural Development in Eurasia and the Middle East*, p. 249.

② Schick,I. C. & Tonak,E. A., *Turkey in Transition*, p. 285.

食品加工业、纺织业和重工业各占三分之一。据统计,1930年,土耳其年产纺织品0.4万米,水泥7.3万吨,糖1.3万吨;1940年,土耳其年产纺织品4.7万米,水泥28.4万吨,糖9.5万吨,铁0.8万吨;1950年,土耳其年产纺织品10万米,水泥30万吨,糖13.7万吨,铁5.9万吨。[①]

二战以后,土耳其政府的基本经济政策是发展进口替代型工业,强调发展民族工业。政府采取的举措,包括工业品价格补贴、工业减税、限制进口、对欧美工业品征收高关税以及控制汇率,旨在消除外国工业品对于本国工业品的竞争。发展进口替代工业的重要形式,是建立合资企业,由外资提供技术和原材料,本国提供资金和劳动力。伊斯坦布尔以及伊兹密尔和阿达纳成为土耳其主要的工业中心。进入70年代,工业品基本自给,农矿产品出口国际市场。

自50年代开始,工业化长足进步,工业品产量迅速增长,现代工业部门趋于成熟。1950—1960年,工业生产总值增长一倍;1962—1973年,工业生产总值增长三倍;1973—1977年,工业生产总值增长50%。出口工业品从1960年的13%增至1975年的35%。[②] 1962—1978年,钢铁年产量从45万吨增至295万吨,拖拉机年产量从2574台增至15000台,汽车年产量从3051辆增至79061辆,水泥年产量从232万吨增至1529万吨,玻璃年产量从2.2万吨增至16万吨,化肥年产量从16.4万吨增至261.6万吨,毛纺织品年产量从2100万米增至5600万米,棉纺织品年产量从53300万米增至133700万米。[③]

土耳其的能源严重依赖于石油。70年代国际市场石油价格的上涨,对于土耳其经济产生破坏性影响,导致严重的财政赤字和通货膨胀。70年代初,土耳其的通货膨胀率为20%,1979年升至90%。[④] 1979年,土耳其政府以减少进口限制、削减补助金,提高物价和削减政府开支作为条件,从国际货币基金会和世界银行获得18亿美元的贷款。进入80年代,土耳其政府放弃进口替代型的工业发展模式,制定新的经济发展战略,鼓励私人经济,扩大市场经济,建立自由经济区,寻求国际市场,外向型的经济模式逐渐成熟。

20世纪20年代和50年代初,土耳其政府曾经两度推行自由主义和市场化的经济发展战略,均因货币贬值、通货膨胀、支付失衡和财政赤字而宣告失败。此外的大部分时期,内向型进口替代和政府干预的工业化和经济发展模式构成

中东史

---

① Weiker, W. F. , *The Modernization of Turkey* , p. 187, p. 186.

② 同上，p. 188。

③ Hale, W. , *The Political and Economic Development of Modern Turkey* , p. 193.

④ Zurcher, E. J. , *Turkey:A Modern History* , p. 281.

土耳其政府的基本经济政策。自 80 年代初开始,土耳其逐渐放弃市场保护政策和政府干预政策,实施自由化的经济政策,贬值货币,提升利率,冻结工资,吸引国外投资,鼓励出口,放宽进出口贸易和货币限制,提高出口竞争力,旨在缓解贸易赤字、改善支付平衡和抑制通货膨胀。[1] 与此同时,政府致力于改造国有企业。1981 年,38 家大型国有企业,16 家盈利,22 家亏损。自 1984 年起,政府取消国有企业享有的优惠和补贴政策,实行国有企业与私人企业的公平竞争,发售国有企业的证券和股票,取消私人投资的限制,扩大私人投资领域。[2]

80 年代的新经济政策,导致进出口贸易的迅速增长。出口额在国民生产总值中所占的比例,1977－1979 年仅为 3.8％,1983－1986 年上升为 13.6％。1981－1986 年,国民生产总值年均增长 5.1％。[3] 相比之下,1980－1987 年,出口额年均增长 22％;1979－1988 年,出口额从 23 亿美元增至 117 亿美元。[4] 1980－1985 年,进口额年均增长 16％。1980－1986 年,进口额在国民生产总值中所占的比例从 15％增至 21％。1979－1987 年,出口额从 23 亿美元增至 102 亿美元。[5] 伴随着进出口贸易的增长,出口商品结构经历明显的变化;工业品出口额呈持续上升的趋势,构成 80 年代外向型经济长足发展的突出现象。1979 年,农产品占出口商品总额的 60％;1988 年,农产品在出口商品总额中所占的比例下降为 20％。[6] 工业品的出口额,1963 年为 620 万美元,占出口总额的 1.7％,1973 年为 22150 万美元,占出口总额的 16.8％,1980 年增至 78200 万美元,占出口总额的 26.9％,1987 年达到 672490 万美元,占出口总额的 66％。1980－1985 年,工业品出口额年均增长 44％,纺织品、皮革制品、化工制品、钢铁是增长幅度较快的出口产品;1980－1986 年,纺织品在出口商品中所占的比例从 15％增至 25％。[7]

在土耳其共和国现代化的进程中,政治层面之一党制向多党制的转变与经济层面之国家主义向自由主义的转变表现为同步的倾向。然而,由于在一党制时代政府对于经济的干预程度相对有限,国有化程度较低,私人经济长期占据重要的地位,因此在多党制取代一党制的过程中并未出现明显的和大规模的非

① Barkey,H. J. , *The State and the Industrialization Crisis in Turkey*, Boulder 1990, p. 175.

② 张俊彦主编:《中东国家经济发展战略研究》,42 页。

③ Nas,T. F. , *Liberalization and the Turkish Economy*, New York 1988, p. 12, p. 11.

④ Zurcher,E. J. , *Turkey:A Modern History*, p. 310.

⑤ Aricanli,T. , *The Political Economy of Turkey*, New York 1990, p. 24, p. 60.

⑥ Zurcher,E. J. , *Turkey:A Modern History*, London 1993, p. 310.

⑦ Aricanli,T. , *The Political Economy of Turkey*, p. 63, p. 23.

国有化运动。所有制的混合结构,即私人经济与国有经济的长期并存,构成土耳其共和国工业化进程的突出特征。另一方面,多党制时期,国有资本经历了与国内私人资本以及外国资本融合的过程,进而在国有经济领域形成一定程度的混合所有制。不仅如此,私人经济资金匮乏,技术落后,其在工业领域的投资存在诸多局限;相比之下,国有经济资金雄厚,技术先进,尽管在体制上存在种种弊端,却在推动工业化的进程中具有不可替代的作用,尤其在冶金和化工领域独占鳌头,进而与私人经济长期并存。

50 年代,土耳其政府强调自由主义的经济政策,鼓励民间资本和外国资本投资工业领域。1954 年,土耳其政府颁布外国投资法即第 6224 号法令,向外国投资者提供诸多的优惠条件,吸引外国投资者。来自美国、联邦德国、法国和意大利的投资者接踵而至,现代工业部门成为外国投资者首选的投资领域。尽管如此,在 50 年代的土耳其,国有经济依然占据重要的地位。国有企业大都属于基础工业和采矿业,规模庞大,私人资本无力收购亦难以控制。[①]

中
东
史

在土耳其,铁路构成国有经济的重要形式,而公路则与私人经济密切相关抑或更具民间色彩。凯末尔时代,政府投资的重要领域是铁路建设,联结城市和工业中心是铁路运输的主要内容。相比之下,公路建设进展缓慢,乡村长期处于封闭状态,农产品的运输受到严重的制约。二战以后,私人经济成分明显扩大,铁路建设趋于停顿,公路建设成为发展交通运输的主要形式。1940—1960 年,铁路仅从 7381 公里增至 7895 公里,而公路则从 41582 公里增至 61542 公里。[②]

1961 年颁布的宪法,强调发展私人经济与国有经济的共同发展,强调市场经济与计划经济的有机结合,强调国家在金融领域的主导地位。自 60 年代开始,土耳其政府连续制定 1963—1967 年、1968—1972 年和 1973—1977 年三个五年计划,加强经济领域的宏观控制。国有经济的投资领域,集中在基础设施建设以及冶金和化工等资金和技术密集的大型企业。私人经济的投资领域,主要是诸如食品加工和纺织业等日常消费品生产领域的中小企业。

土耳其共和国建立初期,政府强调私人经济。私营企业主要分布于爱琴海和马尔马拉海沿岸,国有企业则分布于安纳托利亚内陆地区。在 30—40 年代的国家主义时期,政府致力于发展国有经济,私人经济的发展相对缓慢。实行国家主义和发展国有经济的主要目的,是促进工业化、民族化、官僚化和极权化。二战以后,私人经济逐渐发展。超过 10 人的私人企业,1951 年为 660 家,

---

① Hale,W., *The Political and Economic Development of Modern Turkey*, p.88.

② Weiker,W.F., *The Modernization of Turkey*, p.204.

1953 年增至 1159 家,1960 年达到 5284 家;与此同时,上述私人企业雇用工人的平均数从 25 人增至 33 人。① 自 60 年代开始,土耳其政府采取多项积极措施,包括对于投资新兴产业者的减税政策和进口设备的关税优惠政策、进口工业品的高额关税以及低息贷款,鼓励发展私人工业,私人企业的发展速度明显加快,私人企业的产值急剧增长,私人企业的产业结构结构出现相应的变化。

据相关资料统计,1950 年,共有国有企业 103 家,固定资本占制造业全部固定资本的 54.4%,雇用劳动力 7.6 万人,产值占制造业总产值的 58.3%;私人企业 2515 家,固定资本占制造业全部固定资本的 45.6%,雇用劳动力 8.7 万人,产值占制造业总产值的 41.7%。1954 年,共有国有企业 146 家,固定资本占制造业全部固定资本的 59.4%,雇用劳动力 8.6 万人,产值占制造业总产值的 50.5%;私人企业 3704 家,固定资本占制造业全部固定资本的 40.6%,雇用劳动力 13.1 万人,产值占制造业总产值的 49.5%。1958 年,共有国有企业 195 家,固定资本占制造业全部固定资本的 57%,雇用劳动力 11.8 万人,产值占制造业总产值的 45%;私人企业 4926 家,固定资本占制造业全部固定资本的 43%,雇用劳动力 17.3 万人,产值占制造业总产值的 55%。② 1950 年,国有企业平均雇用劳动力 738 人,私人企业平均雇用劳动力 40 人;1976 年,国有企业平均雇用劳动力 640 人,私人企业平均雇用劳动力 83 人。③

1963—1967 年,政府投资占工业企业投资总额的 32.7%,私人投资占工业企业投资总额的 67.3%;1973—1977 年,政府投资占工业企业投资总额的 43.4%,私人投资占工业企业投资总额的 56.6%。1963 年,国有企业在工业生产总值中占 52.7%,私人企业在工业生产总值中占 47.3%;1977 年,国有企业在工业生产总值中占 29.7%,私人企业在工业生产总值中占 70.3%。1975 年,在食品与烟草行业,国有企业的产值占 48%,私人企业的产值占 52%;在纺织业,国有企业的产值占 15%,私人企业的产值占 85%;在石油与化工行业,国有企业的产值占 58%,私人企业的产值占 42%;在冶金行业,国有企业的产值占 9%,私人企业的产值占 51%;在机械制造业,国有企业的产值占 12%,私人企业的产值占 88%。④ 另据资料统计,1973 年,固定资产投资总额为 534 亿里拉,其中政府投资 251 亿里拉,占投资总额的 46.8%,私人投资 293 亿里拉,占投资总额的 53.2%;1980 年,固定资产投资总额为 8640 亿里拉,其中政府投资 4820

① Weiker,W. F. , *The Modernization of Turkey*, p. 188.

② Hale,W. , *The Political and Economic Development of Modern Turkey*, p. 91.

③ Weiker,W. F. , *The Modernization of Turkey*, p. 192.

④ Hale,W. , *The Political and Economic Development of Modern Turkey*, p. 196, p. 197.

亿里拉,占投资总额的 55.8%,私人投资 3820 亿里拉,占投资总额的44.2%；1985 年,固定资产投资总额为 55547 亿里拉,其中政府投资 32284 亿里拉,占投资总额的 58.1%,私人投资 23257 亿里拉,占投资总额的 41.9%；1988 年,固定资产投资总额为 255240 亿里拉,其中政府投资 116410 亿里拉,占投资总额的47.5%,私人投资 128830 亿里拉,占投资总额的 52.5%。[1]

1970 年,国有企业占企业总数的 5.26%,私人企业占企业总数的 94.73%；国有企业雇佣的工人占工人总数的 36.8%,私人企业雇佣的工人占工人总数的63.2%；国有企业产值占工业总产值的 54.3%,私人企业产值占工业总产值的45.7%。1980 年,国有企业占企业总数的 4.68%,私人企业占企业总数的95.31%；国有企业雇佣的工人占工人总数的 36.5%,私人企业雇佣的工人占工人总数的 63.5%；国有企业产值占工业总产值的 40.4%,私人企业产值占工业总产值的 59.6%。1990 年,国有企业占企业总数的 4.62%,私人企业占企业总数的 95.37%；国有企业雇佣的工人占工人总数的 24.4%,私人企业雇佣的工人占工人总数的 75.6%；国有企业产值占工业总产值的 31.3%,私人企业产值占工业总产值的 68.7%。1993 年,国有企业占企业总数的 3.84%,私人企业占企业总数的 96.15%；国有企业雇佣的工人占工人总数的 21.8%,私人企业雇佣的工人占工人总数的 78.2%；国有企业产值占工业总产值的 25.6%,私人企业产值占工业总产值的 74.4%。[2]

以上数字表明,二战以后,国有与私有混合型的经济结构长期并存,国有企业与私人企业平分秋色；国有企业数量较少而规模较大,私人企业数量较多而规模较小；国有企业与私人企业在固定资本与工人数量之间的比例方面明显不同,国有企业技术设备含量较高而私人企业劳动力含量较高；国有企业在资金、技术和生产规模方面占据优势,私人企业的生产效益和市场竞争力则高于国有企业；国有企业的投入产出率较低,私人企业的投入产出率较高；国有企业的规模及在工业总产值中所占的比例呈逐渐下降的趋势,私人企业的规模及在工业总产值中所占的比例呈逐渐上升的趋势。尽管如此,国有企业依然在土耳其工业生产领域长期占据举足轻重的地位。

产业结构的转变与城市化的发展趋势

土耳其共和国初建之时,满目疮痍,百废待兴。凯末尔时代,经济的发展主

──
中
东
史
──

① Nas,T. F. , *Economics and Politics of Turkish Liberalization*, London 1992, p. 50.
② Lovatt,D. , *Turkey Since 1970*, p. 57.

要表现为农业生产的恢复和工业化进程的启动。30 年代,政府强调国家主义的经济原则和工业优先的经济政策,工业成为政府投资的主要领域。最初的两个五年计划着力发展基础工业;农业生产的恢复和农业产值的增长,主要得益于耕地面积的扩大,并非由于政府的投资和生产条件的改善。1930—1939 年,国内生产总值年均增长率为 6%,其中农业产值年均增长率为 5%,工业产值年均增长率为 11%。[1] 1923 年,农业产值在国内生产总值中所占的比例为 39.8%,工业产值在国内生产总值中所占的比例为 15.8%,服务业产值在国内生产总值中所占的比例为 41.7%。1940 年,农业产值在国内生产总值中所占的比例为 38.7%,工业产值在国内生产总值中所占的比例为 22.3%,服务业产值在国内生产总值中所占的比例为 38.4%。[2] 1950 年,农业产值在国民生产总值中所占的比例为 37.3%;工业产值在国民生产总值中所占比例为 16.5%。[3] 1935 年,农业劳动力在全部劳动力中所占的比例为 81.8%,非农业劳动力在全部劳动力中所占的比例为 18.2%;1950 年,农业劳动力在全部劳动力中所占的比例为 85.7%,非农业劳动力在全部劳动力中所占的比例为 14.3%。[4] 以上数字表明,凯末尔时代,土耳其的产业结构尚未出现明显的变化。

自 50 年代起,土耳其的工业化进程明显加快,农业在国民经济中所占的地位逐渐下降,产业结构随之改变。根据土耳其政府制定的第三个五年计划即 1963—1967 年国民经济发展计划,农业投资预计占投资总额的 17.7%,实际占投资总额的 13.9%,工业投资预计占投资总额的 16.9%,实际占投资总额的占 20.4%。根据第四个五年计划即 1968—1972 年国民经济发展计划,农业投资预计占投资总额的 15.2%,实际占投资总额的 11.1%,工业投资预计占投资总额的 22.4%,实际占投资总额的占 26.8%。根据第五个五年计划即 1973—1977 年国民经济发展计划,农业投资预计占投资总额的 11.7%,实际占投资总额的 11.8%,工业投资预计占投资总额的 31.1%,实际占投资总额的占 28.2%。[5] 第三个五年计划即 1963—1967 年期间,农业年均增长率为 3.7%,工业年均增长率为 10.6%。第四个五年计划即 1968—1972 年期间,农业年均增长率为 3.6%,工业年均增长率为 9.9%。第五个五年计划即 1973—1977 年期

① Schick, I. C. & Tonak, E. A., *Turkey in Transition*, p. 312.

② Heper, M., *Strong State and Economic Interest Groups: The Post-1980 Turkish Experience*, Berlin 1991, p. 122.

③ Schick, I. C. & Tonak, E. A., *Turkey in Transition*, p. 312.

④ Hale, W., *The Political and Economic Development of Modern Turkey*, pp. 75-77, p. 64.

⑤ Lovatt, D., *Turkey Since 1970*, p. 16.

间,农业年均增长率为 3.3%%,工业年均增长率为 9.9%。[1]

1950—1960 年,农业产值的年增长率为 5.4%,工业产值的年增长率为 8.3%,服务业产值的年增长率为 6.7%。1960—1978 年,国内生产总值的平均年增长率为 6.2%。其中,在 60 年代,农业产值的年增长率为 2.0%,工业产值的年增长率为 10.5%,服务业产值的年增长率为 6.7%;至 70 年代,农业产值的年增长率为 3.8%,工业产值的年增长率为 7.6%,服务业产值的年增长率为 7.5%。[2] 1963—1970 年,国内生产总值年均增长 6.4%,其中农业产值年均增长 2.6%,工业产值年均增长 10.4%;1971—1977 年,国内生产总值年均增长 7.2%,其中农业产值年均增长 4.3%,工业产值年均增长 10.1%。1984 年,国内生产总值增长率为 6.1%,其中农业产值增长率为 3.6%,工业产值增长率为 5.5%。[3] 1960—1978 年,农业产值从 268 亿里拉增至 450 亿里拉,在国内生产总值中所占的比例从 37.9% 下降为 21.4%;工业产值从 112 亿里拉增至 535 亿里拉,在国内生产总值中所占的比例从 15.9% 上升为 25.5%;服务业产值从 303 亿里拉增至 1040 亿里拉,在国内生产总值中所占的比例从 42.7% 上升为 49.6%。[4] 1980 年,农业产值在国内生产总值中所占的比例为 21.1%,工业产值在国内生产总值中所占的比例为下降为 30.2%,服务业产值在国内生产总值中所占的比例为 45.6%;1987 年,农业产值在国内生产总值中所占的比例为 17.1%,工业产值在国内生产总值中所占的比例为 36.5%,服务业产值在国内生产总值中所占的比例为 44.8%。[5] 1997 年,农业产值在国内生产总值中所占的比例为 17%,工业产值在国内生产总值中所占的比例为 30%。[6] 以上数字表明,自 50 年代起,土耳其的经济增长主要表现为非农业经济部门的迅速发展,工业和服务业的增长幅度明显超过农业的增长幅度。;至 70 年代后期,工业产值和服务业产值在国内总产值中所占的比例均已超过农业产值。[7]

产业结构变化的重要标志是劳动力分布状态的变化。1950—1973 年,农业劳动力年均增长 0.75%,工业劳动力年均增长 4.07%。其中,1950—1963 年,农业劳动力年均增长 1.44%,工业劳动力年均增长 3.88%;1963—1968 年,农

① Weiker, W. F. , *The Modernization of Turkey*, p. 185.

② Ozbudun, E. , *The Political Economy of Income Distribution in Turkey*, p. 92.

③ Lovatt, D. , *Turkey Since 1970*, p. 18, p. 19.

④ Ozbudun, E. , *The Political Economy of Income Distribution in Turkey*, p. 92.

⑤ Heper, M. , *Strong State and Economic Interest Groups: The Post-1980 Turkish Experience*, p. 122.

⑥ Lovatt, D. , *Turkey Since 1970*, p. 7.

⑦ Hale, W. , *The Political and Economic Development of Modern Turkey*, pp. 130-131, p. 109, p. 129.

业劳动力年均增长 0.22％,工业劳动力年均增长 3.73％;1968－1973 年,农业劳动力年均增长－0.52％,工业劳动力年均增长 4.91％。[1] 1950 年,农业劳动力在全部劳动力中所占的比例为 85.7％,工业劳动力在全部劳动力中所占的比例为 7.4％。1960 年,农业劳动力在全部劳动力中所占的比例下降为 74.9％,工业劳动力在全部劳动力中所占的比例上升至 9.6％。[2] 1976 年,农业劳动力在全部劳动力中所占的比例下降为 59％,工业劳动力在全部劳动力中所占的比例上升至 13％。[3] 1980 年,农业劳动力在全部劳动力中所占的比例下降为 57.6％,工业劳动力在全部劳动力中所占的比例上升至 15.9％。[4]

奥斯曼帝国末期,人口增长处于停滞状态:战争的频繁、局势的动荡、边界的改变和人口的移动,构成导致人口增长速度缓慢的重要因素。奥斯曼帝国末期的 1900 年,生活在小亚细亚半岛及色雷斯的人口为 1396 万;相比之下,1927 年土耳其共和国的总人口仅为 1365 万。[5] 此后 20 年间,土耳其共和国的人口增长尽管呈上升趋势,然而增长幅度有限。另一方面,1927 年,乡村人口共计 1140 万,规模超过万人的城市人口共计 220 万,规模超过万人的城市人口在总人口中所占的比例为 16.4％;1950 年,乡村人口共计 1710 万,规模超过万人的城市人口共计 390 万,规模超过万人的城市人口在总人口中所占的比例为 18.5％。[6] 此间,乡村人口年均增长1.7‰,城市人口年均增长 2.4‰[7];城市人口的增长速度与总人口的增长速度相差无几,城市化水平低于同时期的中东国家埃及和伊朗。

自 50 年代以后,土耳其的人口增长速度明显加快,从 1950 年的 2100 万增至 1970 年的 3485 万,1990 年达到 5610 万。[8] 市场经济的成长密切了乡村与城市之间的经济联系,产业结构的深刻变化导致人口分布的相应变化,工业化的长足进步加速了土耳其的城市化进程。尽管政府在战后实行优先发展农业的政策和大幅度增加农业投资,50 年代仍然出现乡村人口流向城市的明显趋势,

第十章——土耳其共和国的现代化进程——

① Ozbudun, E., *The Political Economy of Income Distribution in Turkey*, p. 92.

② Hale, W., *The Political and Economic Development of Modern Turkey*, p. 99.

③ Weiker, W. F., *The Modernization of Turkey*, p. 184.

④ Tachau, F., *Turkey: the Politics of Authority, Democracy and Development*, New York 1984, p. 95.

⑤ Hale, W., *The Political and Economic Development of Modern Turkey*, p. 18.

⑥ Saqqaf, A. Y., *The Middle East City: Ancient Traditions Confront a Modern World*, p. 307.

⑦ Danielson, M. N., *The Politics of Rapid Urbanization: Government and Growth in Modern Turkey*, New York 1985, p. 27.

⑧ 《帕尔格雷夫世界历史统计》,亚洲、非洲和大洋洲卷(1750－1993),第 61－66 页。

约 150 万人离开土地,其中 60 万人移入四个最大的城市。1950 年以前,乡村人口向城市的流动具有明显的季节性;1950 年以后,移入城市的乡村人口大都转化为常驻居民。[1]

伴随人口的增长、产业结构的改变和工业化的长足进步,土耳其的城市化程度迅速提高。1950 年,土耳其总人口为 2094.7 万,其中城市人口为 524.4 万,占总人口的 25.0%;1960 年,土耳其总人口为 2775.5 万,其中城市人口为 886 万,占总人口的 31.9%;1970 年,土耳其总人口为 3660.5 万,其中城市人口为 1369.1 万,占总人口的 38.5%;1980 年,土耳其总人口为 4473.7 万,其中城市人口为 1964.5 万,占总人口的 43.9%;1984 年,土耳其总人口为 4881.2 万,其中城市人口为 2260 万,占总人口的 46.3%。[2] 1997 年,城市人口在土耳其总人口中所占的比例达到 65%。[3]

1950 年,土耳其总人口的年增长率为 1.7‰,城市人口年增长率为 2.7‰;1965 年,土耳其总人口的年增长率为 2.7‰,城市人口年增长率为 6‰;1975 年,土耳其总人口的年增长率为 2.5‰,城市人口年增长率为 6‰。[4] 另据统计,1950—1975 年,土耳其人口年均增长率 2.7‰。[5] 此间,尽管乡村人口出生率高于城市 40%,然而乡村人口年均增长率仅为 1.3‰,城市人口年均增长率高达 6.0‰[6],其中规模超过 10 万人的大城市人口年均增长 7.4‰。[7] 大量乡村人口移入城市,无疑是城市人口增长速度高于乡村人口增长速度的直接原因。据统计,1970 年,超过 60% 的城市人口,其出生地系其他省份,属于外来移民。

城市化进程加快的突出表现,是城市规模的扩大。20 年代,人口超过 10 万的城市只有伊斯坦布尔和伊兹密尔;40 年代,人口超过 10 万的城市亦只有伊斯坦布尔、伊兹密尔和安卡拉,另有人口 5—10 万的城市 6 个,人口 2.5—5 万的城市 21 个。1955 年,人口超过 10 万的城市增至 6 座,人口 5—10 万的城市增至 11 座,人口 2.5—5 万的城市增至 26 座。1960 年,人口超过 10 万的城市增至 9 个,人口 5—10 万的城市增至 18 个,人口 2.5—5 万的城市增至 30 个。[8]

① Keyder,C. , *State and Class in Turkey*, p135, p. 137.

② Saqqaf,A. Y. , *The Middle East City:Ancient Traditions Confront a Modern World*, p. 313.

③ Karpat,K. H. , *Studies on Turkish Politics and Society*, Leiden 2004, p. 7.

④ Hale,W. , *The Political and Economic Development of Modern Turkey*, p. 26.

⑤ Danielson,M. N. , *The Politics of Rapid Urbanization:Government and Growth in Modern Turkey*, p. 6.

⑥ Ozbudun,E. , *The Political Economy of Income Distribution in Turkey*, p. 269.

⑦ Tachau,F. , *Turkey:the Politics of Authority,Democracy and Development*, p. 148.

⑧ Karpat,K. H. , *Social Change and Politics in Turkey*, p. 74.

1940 年,城市的平均规模为 3.3 万人;1975 年,城市的平均规模达到 5.7 万人。[1] 1950—1980 年,规模超过 10 万人的城市从 5 座增至 29 座;1980 年伊斯坦布尔、安卡拉和伊兹密尔三大城市人口占城市总人口的 36%,其余规模超过 10 万人的城市人口占城市总人口的 27%。[2] 安卡拉的人口由 1950 年的 29 万增至 1970 年的 124 万,1990 年达到 256 万。伊斯坦布尔的人口由 1950 年的 98 万增至 1970 年的 214 万,1990 年达到 622 万。伊兹密尔的人口由 1950 年的 23 万增至 1970 年的 52 万,1990 年达到 176 万。阿达纳的人口由 1950 年的 12 万增至 1970 年的 35 万,1990 年达到 92 万。[3] 1997 年,人口超过 50 万的城市达到 10 个,其中伊斯坦布尔 900 万人,安卡拉 360 万人,伊兹密尔 310 万人,布尔萨 190 万人,阿达纳 160 万人。[4] 土耳其的大城市主要分布于西部经济发达的色雷斯、马尔马拉、爱琴海和地中海沿岸,城市化进程的加快意味着土耳其的人口分布自中东部高原内陆农业地区向西部工业地区及伊斯坦布尔、伊兹密尔和阿达纳诸多大城市的人口移动。相比之下,黑海沿岸和安纳托利亚东部及东南部的贫困地区没有人口超过 20 万的城市,16 个城市中只有 5 个城市人口在 10 万至 20 万之间。[5]

作为人口迅速增长和工业化长足进步的历史结果,城市化导致社会结构的相应变化,塑造着崭新的社会阶层。一方面,现代产业工人逐渐崛起,成为举足轻重的社会势力。另一方面,乡村移民居住的棚户区逐年扩大,城市贫困人口急剧膨胀。城市的棚户区房屋,1945 年约 1 万处,棚户区人口占城市总人口的 1.4%;1950 年约 10 万处,棚户区人口占城市总人口的 12.8%。[6] 1969 年,棚户区的人口占安卡拉城市居民的 65%,占伊斯坦布尔和阿达纳城市居民的 45%,占伊兹密尔、厄尔祖鲁姆和萨姆松城市居民的 35%。[7] 1975 年,城市的棚户区房屋达到 80 万处,棚户区的人口超过 400 万,占城市总人口的 26.6%。[8] 在安卡拉,棚户区目前已经占据整个市区面积的二分之一。[9] 城市社会日趋尖锐的贫富对立,加之传统秩序的崩坏导致从乡村移入城市的下层民众处于无助的状

①　Tachau,F. , *Turkey:the Politics of Authority,Democracy and Development* , p. 148.

②　Danielson,M. N. , *The Politics of Rapid Urbanization:Government and Growth in Modern Turkey* , p. 27, p. 6.

③　《帕尔格雷夫世界历史统计》,亚洲、非洲和大洋洲卷(1750—1993),第 42—43 页。

④　Sayari,S. , *Politics,Parties and Elections in Turkey* , Boulder 2002, p. 73.

⑤　Hale,W. , *The Political and Economic Development of Modern Turkey* , pp. 26-27.

⑥　Ozbudun,E. , *The Political Economy of Income Distribution in Turkey* , p. 273.

⑦　Tachau,F. , *Turkey:the Politics of Authority,Democracy and Development* , p. 150.

⑧　Ozbudun,E. , *The Political Economy of Income Distribution in Turkey* , p. 273.

⑨　Zurcher,E. J. , *Turkey:A Modern History* , p. 283.

态,以及严重的失业现象,提供了激进势力和极端倾向滋生的土壤。

三、战后土耳其的政党政治与政治变迁

一党制时代的结束

　　凯末尔主义与共和人民党统治的社会基础是新兴的官僚资产阶级。凯末尔时代土耳其的现代化实践主要局限于城市的范围,涉及乡村的改革举措甚少。凯末尔时代,约占总人口 80% 的乡村农民,生活境况以及卫生条件和教育水平没有得到明显的改善。以现代化重要内容之一的电气化为例:1923—1943年,发电量增长 10 倍,然而电力供应仅仅覆盖城市地区;直到 1953 年,在全国约 4 万个自然村中,通电的自然村只有 10 个。另一方面,凯末尔时代,政府直接控制乡村和农民;宪兵和税吏遍布各地,成为农民憎恨的对象。凯末尔主义的世俗化政策,不仅损害传统教界的既得利益,而且导致官方思想与民间信仰的严重对立,进而在意识形态方面切断了连接国家与民众的重要纽带。二战期间,土耳其政府为保证必要的军费来源,实行通货膨胀的货币政策,干预市场价格,增加税收,强化国家主义的经济政策,导致城市民众特别是工商业资产阶级的普遍不满。政府在二战期间征收农产品税和降低农产品价格的政策,导致乡村地主阶层的强烈反对。[①] 在一党制的历史条件下,民众对于政府的不满直接表现为反对共和人民党统治地位的政治倾向。

　　凯末尔时代,土耳其共和国的政治模式在于政府、共和人民党与凯末尔的三位一体。凯末尔作为克里斯玛式的统治者,具有不可替代的绝对权力。1938年凯末尔死后,克里斯玛式的政治人物不复存在,共和人民党内部发生裂变,政府、共和人民党与个人独裁三位一体的政治模式出现危机的征兆。二战期间,国际形势急剧恶化。土耳其尽管宣布中立,却始终面临严重的外部威胁。特定的国际环境和尖锐的民族矛盾,制约着共和人民党内部的裂变,一党制的政治体制得以延续。二战结束之后,国际形势趋于缓和,土耳其内部的政治对立逐渐加剧,议会开始成为诸多政治群体角逐权力的重要舞台。

　　早在 1944 年 11 月,伊斯梅特·伊诺努在大国民议会发表演说,开始强调宪法赋予的议会权力,允诺实行民主政治和承认反对派政党的合法存在,旨在

中
东
史

---

① Zurcher,E. J. , *Turkey:A Modern History* , p. 215 , pp. 216-217.

缓解日益加剧的国内矛盾,共和人民党对于国家权力的垄断出现松弛的迹象。1945 年 5 月,议会审议新的土地分配法案。审议期间,新的土地分配法案尽管得到总统伊斯梅特·伊诺努的支持,却在议会内部引发明显的分歧和尖锐的对立,土耳其政坛开始出现反对派的声音。① 同年 6 月,共和人民党议员阿德南·门德列斯、凯拉勒·拜亚尔、拉菲克·科拉尔坦和福阿德·科普鲁卢向议会提交"四人备忘录",要求执政党即共和人民党尊重 1924 年宪法规定的民主原则,保障宪法赋予的公民权利,修改与民主原则不符的法律条文。"四人备忘录"尽管遭到共和人民党的拒绝,却在诸多社会阶层得到广泛的赞同。② 福阿德·科普鲁卢在随后发表的文章中,指责一党独裁背离民主制的政治原则,抨击共和人民党政府滥用权力,呼吁强化议会对于政府的制约功能。③ 7 月,伊斯坦布尔的企业家努里·德米拉格创立战后第一个反对派政党国家发展党,主张实行自由主义和发展私人经济。④ 11 月,伊斯梅特·伊诺努在议会表示,土耳其民主制的主要瑕疵是缺乏反对派政党,应当采用直接选举取代间接选举,废除限制自由和民主的若干法律条款,允许持不同政见者组建反对党。⑤ 伊斯梅特·伊诺努声称,允许反对党的存在"是发展我国政治生活的正当途径,而且也是促进民族福利和政治成熟的更带建设性的办法。我们必须尽自己最大的努力,来防止因政治上见解不同而形成同胞之间的彼此敌视"。⑥ 1946 年 1 月,被共和人民党开除的议员阿德南·门德列斯、拉菲克·科拉尔坦、福阿德·科普鲁卢和辞去共和人民党议员职务的凯拉勒·拜亚尔创建民主党,强调政府控制港口、铁路、电力、水力、矿业和林业的必要性,同时反对国有企业的特权地位。⑦ 同年 5 月,共和人民党召开第六次大会,实行党内的民主化改革,废除党内领袖的终身制,规定共和人民党主席选举产生和任期 4 年的组织原则,同时宣布 1946 年 7 月举行议会选举,取消间接选举,实行直接选举。⑧

　　1946 年 7 月举行的议会选举,在土耳其共和国的历史上首次由执政党和反对党共同参与,投票率为 85％。⑨ 执政的共和人民党在大选中获胜,赢得议会 465 个席位中的 396 个席位,民主党作为反对党赢得 62 个议会席位,独立候选

① Ozbudun,E. , *Contemporary Turkish Politics* , Boulder 2000, p. 14.
② Karpat,K. H. , *Turkey's Politics:The Transiton to A Multi-Party System* , pp. 145-146.
③ Atasoy,Y. , *Turkey,Islamists and Democracy* , p. 67.
④ Zurcher,E. J. , *Turkey:A Modern History* , p. 220.
⑤ Ozbudun,E. , *Contemporary Turkish Politics* , p. 15.
⑥ Ahmad,F. , *The Turkish Experiment in Democracy 1950-1975* , p. 9.
⑦ Hale,W. , *The Political and Economic Development of Modern Turkey* , p. 60.
⑧ Karpat,K. H. , *Turkey's Politics:The Transiton to A Multi-Party System* , pp. 153-154.
⑨ Karpat,K. H. , *Studies on Turkish Politics and Society* , p. 107.

人赢得 7 个席位。① 根据民主党的说法，该党实际获得的席位是 279 个。共和人民党试图争取民主党加入内阁，作为自己的执政伙伴，遭到民主党的拒绝。② 共和人民党庞大的分支机构和广泛的政治势力，特别是选举程序的缺陷，明显影响了 1946 年 7 月的选举结果。另一方面，民主党与共和人民党在基本纲领上并无本质的区别；凯末尔主义的民族主义和世俗主义以及对于左翼势力的排斥，构成共和人民党和民主党共同的政治原则。反对共和人民党的诸多社会群体，成为支持民主党的主要政治力量。尽管如此，1946 年 7 月的大选毕竟开辟了执政党与反对党角逐议会席位的先河，进而标志着土耳其共和国的政治民主化进入新的历史阶段。

1947 年 1 月，民主党召开第一次大会，发表自由宪章，肯定凯末尔在实现民族独立和改造社会方面的历史功绩，宣布致力于民主政治的建设，在 1920 年民族宪章的基础上完成凯末尔的未竟事业。③ 会议期间，民主党主席凯拉勒·拜亚尔明确提出著名的三项要求，即修改选举法、总统与执政党主席职位分离、废除违背宪法和民主原则的相关法律条款。④

1947 年 7 月，伊斯梅特·伊诺努宣布，承认反对派政党的合法地位以及反对派政党与共和人民党的平等地位，赋予工人组织工会的合法权利。伊斯梅特·伊诺努声称："在一个多党制的国家里，总统应该置身于政党政治之上，应该是一个无党派的国家元首，并且对于各个政党都负有同样的义务。"⑤随后，伊斯梅特·伊诺努与共和人民党政府总理佩克尔、民主党主席凯拉勒·拜亚尔发表联合声明，宣布政党组织与政府机构的分离。⑥ 一党制的政党制度由此退出土耳其的历史舞台。

1946 年，共和人民党政府起草新的五年计划，沿袭凯末尔时代的原则，继续实行国家主义的经济政策，提交议会审议。民主党议员反对共和人民党的国家主义政策，要求限制政府对于经济领域的直接干预，发展私人经济，少数激进的民主党议员甚至将国家主义比作法西斯主义的残余。1947 年 1 月，伊斯坦布尔商人成立"伊斯坦布尔商人联合会"，批评国家主义阻碍经济进步，支持民主党的自由主义纲领。1947 年 11 月，共和人民党政府修改新的五年计划，强调自由主义的经济原则，争取加入国际货币基金会和获得西方的经济援助，强调发展

---

① Heper, M. , *Political Parties and Democracy in Turkey*, London 1991, p. 121.

② Zurcher, E. J. , *Turkey: A Modern History*, p. 222.

③ 同上，p. 223。

④ Schick, I. C. & Tonak, E. A. , *Turkey in Transition*, p. 105.

⑤ Ozbudun, E. , *Contemporary Turkish Politics*, pp. 16-17.

⑥ Karpat, K. H. , *Turkey's Politics: The Transiton to A Multi-Party System*, p. 192.

农业和轻工业以及公路建设,同时拒绝了民主党关于出售国有企业的要求。[1]
共和人民党与民主党的基本纲领进一步趋同。

1950 年 2 月,议会修改选举法。同年 5 月,土耳其举行新一届的议会选举。
1950 年议会选举的突出特点在于自由和公平的选举环境,首次实行选民的直接
选举取代已往的间接选举,由司法机关取代行政机关监督选举程序,采用秘密
投票和公开计票的原则。[2] 在全国 890 万选民中,795 万选民参加投票,投票率
为 89%。大选结果是,民主党获得 424 万张选票,占选票总数的 53.3%,共和
人民党获得 318 万张选票,占选票总数的 39.7%;根据土耳其的选举制度,民主
党获得议会 487 个席位中的 408 个席位,共和人民党获得议会 69 个席位,民族
党获得 1 个席位,独立候选人获得 9 个席位。[3]

1950 年民主党取代共和人民党而成为执政党的根本原因,在于诸多传统社
会阶层与新兴社会群体的广泛支持。"农村豪门、农民、新兴商业阶级和旧宗教
阶级,这些大概便是 1950 年支持民主党的最重要的分子。"[4]伊斯梅特·伊诺努
结束了长达 14 年的总理生涯和长达 12 年的总统生涯,共和人民党失去执政党
的地位而成为议会中占据少数席位的反对党。民主党的第一任主席凯拉勒·
拜亚尔当选为土耳其共和国的第三任总统,拉菲克·科拉尔坦当选议长,阿德
南·门德列斯以民主党新主席的身份出任内阁总理。[5]

自 1876 年至 1950 年,奥斯曼帝国和土耳其共和国先后经历 14 次议会选
举,其中只有第二次宪政革命期间的 1908 年、1912 年和 1919 年以及战后 1946
年、1950 年五次选举出现多党竞选的局面,只有 1950 年的选举出现执政党向在
野党移交权力的政治变动。"1950 年的选举结果颇具戏剧性。作为共和国创立
者的政党在选举中落败,反对党却以 83.8% 的选票获得选举的胜利"[6]。1950
年的议会选举,可谓土耳其现代政治史的重要分水岭,标志着土耳其现代化进
程中政治层面的深刻变革和政治民主化的长足进步。从 1946 年多党政治的合
法化到 1950 年议会选举的民主化,在短短的四年时间中通过和平的方式实现
政治领域的历史性转变,在发展中国家堪称绝无仅有。不同政党之间通过议会
选举的形式实现权力的和平移交,成为此后土耳其共和国政治生活的基本原
则。官方政治与民间政治趋于一致,民众的选择成为国家权力的合法来源。

---

① Zurcher,E.J. , *Turkey:A Modern History* , p.225.
② Ozbudun,E. , *Contemporary Turkish Politics* , p.17.
③ Heper,M. , *Political Parties and Democracy in Turkey* , p.121.
④ B.路易斯:《现代土耳其的兴起》,第 334 页。
⑤ Schick,I.C.& Tonak,E.A. , *Turkey in Transition* , p.107.
⑥ Sayari,S. , *Politics,Parties and Elections in Turkey* , p.2.

多党制的政治实践

50年代,伴随着普选制的完善与多党制的政治实践,总统权力逐渐削弱,议会成为国家政治生活的核心舞台。1950年大选之后的议会,其人员构成与凯末尔时代存在明显的区别。新议会的成员更加年轻,与所在的选区联系更加密切;更多的议员不具有官僚和军人的政治背景,因而更加富于民间色彩抑或非政府倾向。另一方面,国家、政党与社会三者之间的关系在50年代发生明显的变化。共和人民党执政时期,政府机构与共和人民党组织在某种程度上处于重合的状态,共和人民党成为国家控制社会的政治工具。1950年民主党执政以后,国家、政党与社会之间的传统模式遭到否定,政党政治与政府政治逐渐分离。

民主党在取得执政地位之前,可谓民众意志的代言人和民主政治的象征。1950年民主党在大选中获胜后,安卡拉的教界人士曾经表示:"感谢安拉让我们从共和人民党的统治下获得解放。"民主党议员亦公开宣称:"凯末尔是象征独立的总统,伊诺努是象征独裁的总统,而拜亚尔是象征自由的总统。"民主党内阁的建立标志着土耳其共和国进入新的历史阶段,阿德南·门德列斯领导的民主党内阁被视作代表民众意志的第一届政府。[①] 然而,民主党在取代共和人民党成为执政党以后,排斥政治异己的专制倾向逐渐显现,其对于共和人民党的限制程度甚至超过共和人民党执政时期对于民主党的限制程度。1950年的议会选举无疑是土耳其现代化进程中政治层面的重要分水岭,然而,民主党执政时期,土耳其的民主政治在诸多方面仍有待成熟,甚至出现逆向的变化。不可将民主党与共和人民党之间的权力角逐简单归结为民主与专制的抗争。在不同的历史时代抑或历史条件下,在从专制向民主过渡的进程中,共和人民党与民主党所扮演的角色经历了变化的过程。此类现象在中东诸多国家普遍存在。因此,研究政党政治,不仅需要分析其社会基础和政治纲领,更需要分析该政党在不同历史环境下特别是由非法组织转变为合法组织以及由反对党转变为执政党之历史进程中的政治实践。

民主党执政期间,其与共和人民党之间的关系始终处于紧张的状态。民主党自称是民众意志的代言人,负有实现社会转型的历史使命,同时希望共和人民党成为顺从自己的合作伙伴。共和人民党作为凯末尔主义的象征,长期以来在官僚和军队中具有较大的影响,尽管丧失执政的地位,仍然不失为土耳其政

---

① Geyikdagi, M. Y., *Political Parties in Turkey*, p. 74.

坛举足轻重的政治势力,加之拥有雄厚的财力支撑,构成挑战民主党执政地位的潜在威胁。1951年,民主党政府取缔共和人民党的重要外围组织"人民园地"和"人民之家"。1953年,民主党控制的议会通过决议,将共和人民党以及"人民园地"和"人民之家"的财产收归政府,旨在打击共和人民党的势力和削弱共和人民党作为反对党的政治影响。[①]

50年代前期是土耳其经济的繁荣时期,也是民主党执政的黄金时期。民主党政府强调农业在土耳其现代化进程中的重要作用,优先考虑农民的利益,向农民提供低息贷款,高价收购农产品,积极推广农业机械。[②] 民主党政府推行的政策促进了土耳其经济的发展,尤其是农业产值增长迅速,农民成为新经济政策的最大受益者。农业的巨大进步换来了农民对于民主党政府的广泛支持,经济政策的成功保证了民主党在新一届议会选举中的胜利。1954年5月举行大选,登记选民1026万人,投票者910万人,投票率达到88.6%。大选的结果是,民主党获得515万张选票,占选票总数的56.6%,超过1950年大选时获得的53.3%的选票,共和人民党获得316万张选票,占选票总数的34.8%,少于1950年大选时获得的39.9%的选票。民主党在议会中的席位从420个增至505个,共和人民党的议会席位从63个降至31个。[③] 此外,奥斯曼·布鲁克帕希领导的民族党获得4.8%的选票和5个议会席位。[④]

50年代中叶开始,土耳其经济增长速度下降。1950—1955年,财政赤字额增长8倍。1950—1958年,里拉与美元的兑换比率由2.8∶1上升为10∶1,通货膨胀率由3%上升为20%。1960年,外债高达15亿美元,约占当年国民生产总值的四分之一。[⑤] 经济形势的恶化导致社会不满的加剧,民主党政府的支持率随之下降。1950年以前共和人民党执政期间,民主党挑战共和人民党执政地位的主要手段是自由主义的竞选纲领。然而,50年代中叶以后,随着经济形势的恶化和社会不满的加剧,民主党政府逐渐放弃自由主义政策,趋向于极权主义的政治立场,不断强化对于社会和民众的控制,直至形成阿德南·门德列斯的独裁统治,民主化进程出现逆转的趋势。1955年9月,民主党政府与英国及希腊谈判解决塞浦路斯的未来政治地位,土耳其民众举行一系列的抗议活动,伊斯坦布尔和安卡拉等地出现骚乱,政府宣布在伊斯坦布尔、安卡拉和伊兹密

① Zurcher,E. J. , *Turkey:A Modern History*, p. 233.

② 同上,p. 234。

③ Shaw, S. J. & Shaw, E. K. , *History of the Ottoman Empire and Modern Turkey*, vol. 2, pp. 406-407.

④ Zurcher,E. J. , *Turkey:A Modern History*, p. 234.

⑤ 同上,p. 239。

尔三大城市实行军事管制。同年 12 月,反对阿德南·门德列斯独裁统治的部分议员宣布脱离民主党,成立自由党。此后,自由党与共和人民党、民族党共同构成议会内部的反对党。① 1956 年夏,阿德南·门德列斯援引 1940 年的《国家安全法》,控制市场物价和物资供应,强化新闻管制,取缔政治集会,民主党政府的极权主义倾向进一步加强。② 1956 年 8 月,共和人民党总书记卡希姆·古里克遭到监禁。1957 年 4 月,工会联盟遭到取缔。同年 7 月,民族党领导人奥斯曼·布鲁克帕希被司法机构逮捕。民主党政府的高压政策导致反对派政党的联合趋势;议会反对党共和人民党、自由党和民族党试图建立竞选联盟,共同挑战民主党的执政地位。1957 年 9 月初,福阿德·科普鲁鲁宣布退出民主党,加入反对派阵营。来自反对派的巨大压力,迫使民主党政府决定提前举行大选。与此同时,民主党政府颁布法令,禁止不同政党建立竞选联盟。③

　　1957 年 9 月底,土耳其举行大选。登记选民 1210 万人,投票者 934 万人,投票率仅为 77.15%,低于 1950 年 89.06% 的投票率和 1954 年 88.75% 的投票率。④ 民主党尽管再次获得议会选举的胜利,却丧失了原有的绝对优势,仅获得 437 万张选票,占选票总数的 47.3%,赢得 424 个议会席位。相比之下,反对党呈上升趋势,共和人民党获得 375 万张选票,占选票总数的 40.6%,赢得 178 个议会席位,自由党获得 3.8% 的选票和 4 个议会席位,共和民族党获得 7.2% 的选票和 4 个议会席位。⑤

　　50 年代后期,阿德南·门德列斯的独裁统治导致军方的强烈不满。1957 年 12 月,9 名军官涉嫌反对政府,在伊斯坦布尔遭到逮捕,民主党政府与军方之间的关系开始出现恶化的征兆。⑥ "1959—1960 年政府针对反对派所采取的镇压性手段,仅仅是企图遏止要求变革的不断高涨的潮流的绝望挣扎。"⑦1959 年 5 月,共和人民党议员与民主党议员在议会发生激烈冲突。1960 年 4 月,民主党控制的议会决定成立专门委员会,调查政治反对派,共和人民党议员旋即退出议会,以示抗议。在伊斯坦布尔和安卡拉,学生举行示威,反对民主党的一党

① Schick,I. C. & Tonak,E. A. , *Turkey in Transition*, p. 113.
② Zurcher,E. J. , *Turkey:A Modern History*, pp. 241-242.
③ Schick,I. C. & Tonak,E. A. , *Turkey in Transition*, p. 115.
④ Karpat,K. H. , *Studies on Turkish Politics and Society*, p. 94.
⑤ Ahmad,F. , *The Turkish Experiment in Democracy 1950-1975*, p. 57.
⑥ 同上,p. 156。
⑦ K. H. 卡尔帕特:《当代中东的政治和社会思想》,第 467 页。

制专政,民主党政府随后宣布在这两座城市实现军事管制。[①] 同年 5 月,军方发动政变,占领安卡拉和伊斯坦布尔的政府机构,解散议会,逮捕包括阿德南·门德列斯在内的民主党官员,宣布成立由 38 名军官组成的国家统一委员会作为行使立法权和行政权的最高机构,推举前陆军司令杰马尔·古尔赛勒出任国家元首、内阁总理兼国防部长。[②] 6 月,由发动政变的军官控制的国家统一委员会指定法学教授拟定新宪法草案,阐述军事政变和政权更替的法律基础,宣布民主党政府违背宪法。9 月,民主党遭到取缔。[③] 1961 年 1 月,国家统一委员会解除政治活动禁令,允许政党参与选举,进而召开 292 人组成的制宪会议,邀请诸多政党和社会各界的代表参加制宪会议。1961 年 7 月,举行新宪法的全民公决,635 万人支持,支持率为 61.7%,393 万人反对,反对率为 38.3%,另有 241 万人弃权,新宪法获得通过。[④]

　　1924 年颁布的所谓第一共和国宪法,首次确定共和制的基本政治制度,强调主权在民的民主政治原则,赋予公民广泛的法律自由和政治自由,议会构成共和制和民主政治的外在形式。然而,在凯末尔时代,政治制度与政治实践之间不尽吻合,而是存在明显的差异,政治生活的突出特征表现为共和人民党的权力垄断。1937 年,凯末尔主义的六项原则作为共和人民党的基本纲领被列入宪法。50 年代民主党执政期间,公民的法律地位和政治地位发生变化,多党制的政党制度助长着政治舞台的多元化倾向。政治生活的进步,导致修改宪法以适应新的政治环境的客观需要。1961 年颁布的宪法,一方面沿袭 1924 年宪法的政治框架和凯末尔主义六项原则规定的基本发展方向,另一方面强调权力的平衡与国家机构的制约原则,明确规定立法权属于议会而行政权属于总统和内阁。[⑤] 选举程序不受政府干预,由独立于政府的最高选举委员会和地方选举委员会监督实施。议会根据政党在大选中获得的选票数量分配议员席位,总统与政党分离的原则成为 1961 年宪法区别于 1924 年宪法的显著特征。[⑥]

　　根据 1961 年宪法,作为立法机构的议会实行两院制,议会下院包括 450 名议员,议员产生于直接选举,按照各省的选民人数分配名额,任期 4 年;议会上院包括选举产生的 150 名议员和总统任命的 15 名议员,任期 6 年,每 2 年改选

① Schick,I. C. & Tonak,E. A. , *Turkey in Transition* , p. 118.

② Karpat,K. H. , *Studies on Turkish Politics and Society* , p. 48.

③ Zurcher,E. J. , *Turkey:A Modern History* , p. 254.

④ Karpat,K. H. , *Studies on Turkish Politics and Society* , p. 119.

⑤ Dodd,C. H. , *Politics and Government in Turkey* , p. 116.

⑥ Karpat,K. H. , *Studies on Turkish Politics and Society* , p. 121.

其中的三分之一。^①议会上院有权以三分之二的多数票否决议会下院决议,旨在强化议会内部的权力制约。^②新宪法规定,总统由议会选举产生,任期 7 年,不得连选连任;总统当选以后,须脱离原有政党和军籍,终止议员资格;总理由大选中获多数票的政党领袖担任,内阁对议会负责;议会的正副议长由议员选举产生,不得参与政党活动。^③议会选举由最高选举委员会和地方选举委员会实施监督,政府不得干预选举程序。^④根据新宪法,设立独立行使司法权力的宪法法院,负责裁决议会通过的法律法规是否符合宪法原则,同时确认大学的自主地位、新闻媒体的独立地位和社会舆论的充分自由,充分保障公民权利。^⑤新宪法还规定,成立国家安全委员会,由总统领导,成员包括武装部队参谋总长为首的军方将领和政府总理以及相关的内阁部长,掌管国家的安全事务。与 1924年宪法相比,1961 年宪法赋予民众更多的政治自由,左翼势力和右翼势力在政治舞台取得平等的地位。此外,1961 年宪法规定土地改革和保障公民权利的诸项内容,承认工人享有结社权和罢工权,成立国家计划委员会负责制定国民经济的长期发展计划,旨在克服民主党执政时期国民经济的混乱状况。"1961 年宪法创造了土耳其共和国前所未有、即使在当代世界亦不多见的民主和法律框架,旨在限制国家权力的膨胀和促进公民社会的繁荣。"^⑥

1960 年的军事政变和其后两年间的军人统治,是土耳其政治民主化进程的重要阶段。军人的干预并未导致政治民主化进程的中断和独裁政权的建立,亦未改变战后土耳其政治民主化的发展方向,而是构成进一步否定凯末尔时代绝对主义传统和一党制政治模式的重要杠杆。军人政权在土耳其政治民主化进程中的主要贡献,在于颁布 1961 年宪法、实行两院制议会和设立宪法法院。1961 年宪法的制定和实施以及议会的改组和宪法法院的设立,标志着土耳其民主化进程的长足发展,政党制度进一步成熟,多党制的政治生活空前繁荣。政党政治的多元化,特别是共和人民党与正义党的分庭抗礼,成为 60 年代土耳其政治生活的核心内容。

1961 年 10 月,土耳其举行议会选举,共有 14 个政党参加竞选。登记选民

① Landau,J. M. , Ozbudun, E. & Tachau,F. , *Electoral Politics in the Middle East* , California 1980, p. 15.

② Ahmed,F. , *The Making of Modern Turkey* , London 1993, p. 129.

③ Dodd,C. H. , *Politics and Government in Turkey* , pp. 118-119.

④ Shaw,S. J. & Shaw, E. K. , *History of the Ottoman Empire and Modern Turkey* , vol. 2, p. 417.

⑤ Dodd,C. H. , *Politics and Government in Turkey* , p. 120.

⑥ Schick,I. C. & Tonak,E. A. , *Turkey in Transition* , p. 130.

1291 万人,投票者 1052 万人,投票率为 81%。共和人民党获得 372 万张选票,占选票总数的 36.7%,赢得议会下院 173 个席位,在民主党的基础上重新组建的正义党获得 353 万张选票,占选票总数的 34.8%,赢得议会下院 158 个席位,在自由党的基础上重新组建的新土耳其党获得 139 万张选票,占选票总数的 13.7%,赢得议会下院 65 个席位,持保守立场的民族党获得 142 万张选票,占选票总数的 14%,赢得议会下院 54 个席位。议会上院的议员按照一省一席的多数票制产生,共和人民党获得议会上院 36 席,正义党获得议会上院 70 席,新土耳其党获得议会上院 28 席,民族党获得议会上院 16 席。杰马尔·古尔赛勒当选为土耳其共和国总统,国家统一委员会成员成为议会上院的终身议员。[1] 1961 年的议会选举结果表明,共和人民党与民主党的继承者正义党之间的角逐依然主导土耳其的政治舞台。新宪法赋予的政治自由并未导致右翼政党和伊斯兰政党的兴起,左翼的土耳其工人党亦未获得进入议会的足够选票。[2] 1962 年 11 月 13 日,杰马尔·古尔赛勒宣布解散国家统一委员会,结束军方对于国家的控制,土耳其由此进入第二共和国时期。

50 年代,土耳其的政治生活具有两党制的浓厚色彩;在 1950 年、1954 年和 1957 年的议会选举中,民主党与共和人民党分享超过 90% 的选票和 98% 的议会席位,阿德南·门德列斯领导的民主党作为议会多数党长期垄断内阁职位。相比之下,1961—1977 年,共和人民党与民主党的继承者正义党尽管依旧构成最重要的两大政党,然而其政治影响力无疑呈下降的趋势,在此间 5 次选举中仅获得 73% 的选票和 80% 的议会席位。[3] 与此同时,诸多小党的政治影响力逐渐上升,进而与两大政党组建联合政府和分享内阁职位。选举政治的完善,提供了政党政治长足进步和多党制政党政治日渐成熟的基本框架。

1961—1965 年,土耳其政治生活的突出现象是多党联合政府的建立和内阁的频繁更替。1961 年议会选举之后,共和人民党与正义党组成联合政府,伊斯梅特·伊诺努出任总理。1962 年 6 月,正义党退出联合政府,共和人民党与另外两个议会政党即新土耳其党和民族党组建新的联合政府。1963 年 12 月初,共和人民党领导的联合政府垮台,伊斯梅特·伊诺努辞职,正义党组阁,拉吉卜·古姆斯帕拉出任内阁总理。12 月底,正义党内阁垮台,共和人民党重新执政。1965 年 10 月举行大选,登记选民 1368 万人,投票者 975 万人,投票率为 71.3%。正义党获得 492 万张选票,占选票总数的 52.9%,赢得议会下院 450

① Dodd,C. H. , *Politics and Government in Turkey*, p. 55.

② Zurcher,E. J. , *Turkey:A Modern History*, p. 259.

③ Sayari,S. , *Politics,Parties and Elections in Turkey*, p. 11, p. 13.

个席位中的 240 个席位,共和人民党获得 268 万张选票,占选票总数的28.7%,赢得议会下院 134 个席位,民族党获得 58 万张选票,占选票总数的 6.3%,赢得议会下院 31 个席位,新土耳其党获得 35 万张选票,占选票总数的 3.7%,赢得议会下院 19 个席位,土耳其工人党获得 28 万张选票,占选票总数的 3%,赢得议会下院 14 个席位。[1] 1965—1969 年,正义党作为议会多数党单独组阁;土耳其政坛继 20—40 年代的共和人民党和 50 年代的民主党时代之后,进入正义党的时代。1969 年大选,登记选民 1479 万人,投票者 952 万人,投票率为64.3%。正义党获得 423 万张选票,占选票总数的 46.5%,赢得议会下院 256 个席位,共和人民党获得 249 万张选票,占选票总数的 27.4%,赢得议会下院 143 个席位,信任党获得 60 万张选票,占选票总数的 6.6%,赢得议会下院 15 个席位,新土耳其党获得 20 万张选票,占选票总数的 2.2%,赢得议会下院 6 个席位,土耳其工人党获得 24 万张选票,占选票总数的 2.7%,赢得议会下院 2 个席位,民族党获得 29 万张选票,占选票总数的 3.2%,赢得议会下院 6 个席位。[2] 正义党作为议会多数党再次单独组阁。1965—1971 年,正义党成为土耳其政坛的主导力量,正义党领袖苏莱曼·德米雷尔长期担任内阁总理,土耳其政坛此间处于相对稳定的状态。

土耳其政党政治的源头可以追溯到奥斯曼帝国末期即 19 世纪末 20 世纪初。青年土耳其党革命期间和凯末尔时代,政党政治对于土耳其的政治生活产生广泛和深刻的影响。自二战结束后,多党制的议会选举标志着土耳其的政党政治进入新的发展阶段。1923—1950 年,共和人民党是土耳其唯一合法的执政党。共和人民党的裂变,开启了战后土耳其多党制政党政治的先河。

50 年代,土耳其的政党政治表现为两党制的政党模式,民主党与共和人民党分别作为执政党和反对党长期处于分庭抗礼的局面。1950 年、1954 年和 1957 年的三次大选中,民主党和共和人民党获得超过 90% 的选票,占据 98% 的议会席位。然而,50 年代的民主党作为执政党长期垄断国家权力,排斥政治异己,日渐独裁,具有非民主化的明显倾向。1960 年的军人政变具有否定民主党之权力垄断和政治独裁的积极作用,可谓推动土耳其民主化进程的历史杠杆。第二共和国时期,政党政治构成诸多社会群体和利益集团分享国家权力的基本形式。尽管如此,60—70 年代,土耳其的政党政治依然具有两党制的浓厚色彩,

---

① Schick, I. C. & Tonak, E. A., *Turkey in Transition*, pp. 126-128.

② Shaw, S. J. & Shaw, E. K., *History of the Ottoman Empire and Modern Turkey*, vol. 2, pp. 406-407.

共和人民党与正义党主导政坛。1961—1977年的5次大选中,共和人民党和正义党作为土耳其政坛的两大政党,平均获得73%的选票,平均占据议会下院80%的席位。[1] 1961—1965年可谓共和人民党执政时代,1965—1971年则是正义党执政时代。1971年的军人政变,宣告正义党执政时代的结束。

随着民主党时代的结束,共和人民党重新登上土耳其的政治舞台。始建于1923年的共和人民党,直至40年代末期以前具有明显的极权倾向,是凯末尔主义得以付诸实践的政治工具。自50年代开始,在多党制的历史条件下,共和人民党的思想纲领和内部结构发生深刻的变化,从强调极权主义和国家主义转变为倡导民主政治和私人经济,激进的政治倾向随之逐渐让位于温和的政治色彩。[2] 进入60年代,共和人民党主张发展农业生产,实行土地改革,缩小城乡之间的差别,鼓励私人经济,增加投资,限制进口,保护民族工业,实行矿产和石油资源的国有化,强调国家主权和民族独立,同时保持自二战结束后形成的与西方世界的同盟关系。[3] 60年代前期,共和人民党在土耳其政坛占据主导地位,持相对温和的政治立场,主张发展混合经济,实行公平税制和土地改革,完善工人的社会保险,旨在争取中下层民众的支持。60年代中期,布伦特·埃杰维特倡导的中左立场成为共和人民党的政治纲领;共和人民党俨然是土耳其政坛之中左翼政治势力的象征,区别于正义党的中右翼政治形象。1966年10月,共和人民党举行第十八次大会,布伦特·埃杰维特当选共和人民党总书记。1972年5月,伊斯梅特·伊诺努辞职,布伦特·埃杰维特当选共和人民党主席。[4] 60年代后期,共和人民党丧失在土耳其政坛的主导地位,1965年和1969年两次议会选举中均落后于代表中右翼政治势力的正义党。1973年,共和人民党在议会选举中再度胜出,获得33%的选票和议会下院185个席位,成为议会的多数党。[5]

作为正义党前身的民主党,其政治纲领与共和人民党并无根本的区别。在多党制的历史条件下,民主党与共和人民党作为主宰土耳其政坛的两大主要政党,分别属于中右翼与中左翼政治派别,均表现为相对温和的政治倾向。民主党与共和人民党的交替执政,体现了多党制时代土耳其政治生活的温和色彩。1950年民主党赢得议会选举的首要原因在于农民的支持。民主党在执政期间亦采取相应的倾斜政策,实行相对宽松的宗教政策,增加清真寺数量,恢复宗教广播和宗教学校,尤其是在经济领域增加乡村的资金投入,发展乡村道路和公

---

① Sayari,S. , *Politics,Parties and Elections in Turkey* , p. 11 , p. 13.

② Heper,M. , *Political Parties and Democracy in Turkey* , p. 107.

③ Weiker,W. F. , *The Modernization of Turkey* , p. 124.

④ Ahmad,F. , *The Turkish Experiment in Democracy 1950-1975* , p. 254, p. 316.

⑤ Heper,M. , *Political Parties and Democracy in Turkey* , p. 110.

共设施,进口农业机械,保障农产品的价格。民主党内阁因此被时人称作"乡村的政治机器"①。50年代中期以后,民主党政府财政赤字加剧,外债大幅上升,进而导致严重的通货膨胀,引发民众的广泛不满。50年代末,民主党倾向于极权政治,极力削弱军人、官僚和知识分子,促使后者倒向共和人民党一方。1960年9月,民主党遭到取缔。1961年2月,民主党的支持者创建正义党。1962年12月,正义党召开第一次大会,前武装部队参谋总长拉吉卜·古姆斯帕拉当选主席。② 1964年12月,正义党召开第二次大会,苏莱曼·德米雷尔当选主席。③ 正义党系城市工商业者与乡村地主以及宗教界的政治联盟,沿袭民主党的政治传统,强调自由主义政策,鼓励发展私人经济和吸引外国投资,主张削减中央政府的权力和扩大地方政府的自治权力,在政府垄断的经济部门推动非国有化的进程,降低税收,发展现代农业,促进包括教育和卫生在内的社会福利事业,具有中间偏右的倾向和伊斯兰教的色彩。④ 在1961年大选中,正义党获得35%的选票。1965年大选中,正义党获得52.8%的选票。1969年,正义党获得46.5%的选票。1973年,正义党获得29.8%的选票。1977年,正义党获得36.9%的选票。1965年和1969年,正义党连续两次赢得议会选举,成为议会的多数党。⑤ 1977年,正义党再次赢得大选,获得36.9%的选票和议会下院189个席位,成为土耳其的第一大政党。⑥

1970年2月,正义党出现分裂,以内切梅廷·埃尔巴坎为首的部分议员脱离正义党,创建民族秩序党。1971年5月,宪法法院取缔民族秩序党。1972年10月,内切梅廷·埃尔巴坎在原民族秩序党的基础上创建救国党。救国党作为"沉默的穆斯林多数"的政党和民族秩序党的翻版,具有浓厚的伊斯兰教色彩,持右翼政治立场,倡导工业化的经济发展战略,强调弘扬伊斯兰教与推动现代化进程之间的同步性和内在逻辑联系,主张社会公正和维护弱势群体的利益,反对土耳其加入欧洲经济共同体,强调限制外资企业以保护民族经济,强调限制大企业主以保护小规模的地方工业。救国党与苏菲派努尔库教团和纳格什班迪教团保持良好的合作关系,支持者来自相对落后的内陆省区和宗教氛围浓

---

① Weiker,W. F. , *The Modernization of Turkey*, p. 129.

② Heper,M. , *Political Parties and Democracy in Turkey*, p. 139.

③ Dodd,C. H. , *Politics and Government in Turkey*, pp. 147-148.

④ Sayari,S. , *Politics,Parties and Elections in Turkey*, p. 46.

⑤ Weiker,W. F. , *The Modernization of Turkey*, p. 131.

⑥ Heper,M. & Evin,A. , *State,Democracy and the Military:Turkey in the 1980's*, New York 1988, p. 91.

厚的社会群体。① 1973 年的议会选举中,救国党赢得 12％的选票和议会下院 48 个席位,进而成为土耳其议会的第三大党。② 1977 年的议会选举中,救国党获得的选票从 12％下降为 8.6％,所占有的议会下院席位从 48 个减少为 24 个。③

民族党系民主党内部的反对派势力于 1948 年创建的政党,持右翼保守的政治立场,1953 年由于反对凯末尔主义而被取缔。民族党于 1954 年改称共和民族党,继而与农民党合并,改称共和农民民族党,领导人是奥斯曼·布鲁克帕希。④ 1962 年 6 月,包括奥斯曼·布鲁克帕希在内的 29 名议员脱离共和农民民族党,重建民族党。⑤ 民族党尽管在 1965 年大选中只获得不足 2.2％的选票,却是其后 15 年中在土耳其政坛产生重要影响的政治力量。阿尔帕斯兰·图尔克斯于 1964 年加入民族党,1965 年当选民族党主席,进而将民族党改造成具有战斗性和暴力色彩的右翼政党。阿尔帕斯兰·图尔克斯于 1967 年在"九盏灯"一文中阐述了民族党的意识形态,即民族主义、理想主义、道德、社会责任、科学思想、争取自由、保护农民、发展、工业化。1969 年,民族党在阿达纳召开大会,正式更名为民族行动党,进而放弃世俗的传统,强调伊斯兰教作为土耳其的民族遗产,将伊斯兰教作为扩大民众动员的政治工具。阿尔帕斯兰·图尔克斯宣称:"我们作为土耳其人,犹如(中亚的)腾格里山;我们作为穆斯林,犹如(麦加附近的)希拉山,土耳其和伊斯兰教是我们的原则。"⑥1969—1974 年,民族行动党游离于政坛的边缘地带。1969 年,民族行动党首次参加议会竞选,获得 3.2％的选票和议会下院 1 个席位。1973 年,民族行动党再次参加议会竞选,获得 3.4％的选票和议会下院 3 个席位。1975 年,民族行动党与正义党、救国党共同组成联合政府,其政治影响逐渐扩大。1977 年,民族行动党获得 6.4％的选票和议会下院 16 个席位。⑦

新土耳其党创建于 1961 年 2 月,包括领导人埃克莱姆·阿里坎在内的核心成员大都来自始建于 1957 年的自由党。新土耳其党强调世俗主义的政治原则,反对国家主义和政府干预的经济政策,主张发展私人经济、鼓励国外投资和扩大自由贸易,支持石油国有化和土地改革。⑧

① Schick,I. C. & Tonak,E. A. , *Turkey in Transition*, pp. 229-230.

② Geyikdagi,M. Y. , *Political Parties in Turkey*, p. 105, p. 121.

③ Heper,M. & Evin,A. , *State,Democracy and the Military:Turkey in the 1980's*, p. 91.

④ Geyikdagi,M. Y. , *Political Parties in Turkey*, p. 92.

⑤ Dodd,C. H. , *Politics and Government in Turkey*, p. 156.

⑥ Rubin,B. , *Political Parties in Turkey*, London 2002, p. 27.

⑦ Heper,M. & Evin,A. , *State,Democracy and the Military:Turkey in the 1980's*, p. 91.

⑧ Dodd,C. H. , *Politics and Government in Turkey*, pp. 154-155.

土耳其最早出现的左翼政党,是土耳其社会主义党。土耳其社会主义党具有明显的亲苏倾向,主张产业工人的革命,曾经被土耳其政府取缔。60 年代,最具影响的左翼激进政党是土耳其工人党。土耳其工人党于 1961 年由左翼知识分子创建,主要活动区域是伊斯坦布尔、安卡拉和伊兹密尔,领导人是穆罕默德·阿里·艾伊巴尔。土耳其工人党是 60 年代土耳其政坛中具有合法地位的左翼政党,代表产业工人的利益,在知识分子中亦有一定的影响,强调马克思主义和社会主义的意识形态,倡导土地改革,主张工业、矿产业和石油的国有化,主张土耳其在外交政策方面的独立地位和摆脱美国的控制。[①] 然而,在土耳其工人党内部,亦存在温和派与激进派的严重分歧。1965 年大选时,土耳其工人党在许多地区建立起分支机构,赢得 3% 的选票和议会下议院 15 个席位。在 1969 年举行的议会选举中,土耳其工人党赢得 2.7% 的选票和议会下院 2 个席位。[②] 1971 年,土耳其宪法法院宣布取缔土耳其工人党,理由是该党阴谋颠覆国家。随后,土耳其工人党领导人遭到逮捕和囚禁。[③]

尽管正义党承袭民主党的政治传统,然而苏莱曼·德米雷尔政府与阿德南·门德列斯政府在诸多方面存在明显的差异,极权和独裁的倾向明显削弱。1961 年宪法强调司法独立,增设宪法法院,保障公民权利的法律体制进一步完善,新闻媒体和大学获得自治的地位,政府权力处于法律和社会舆论的制约之下。然而,进入 70 年代,苏莱曼·德米雷尔领导的正义党内阁面临诸多的压力和挑战,财政赤字,通货膨胀严重,失业率上升,政局动荡。1971 年 3 月,军方再次介入政治,要求建立强有力的政府,按照"凯末尔主义的精神"实施改革,稳定日益恶化的政治局势,结束混乱状态。苏莱曼·德米雷尔被迫辞职,共和人民党右翼成员尼哈特·埃里姆出任总理,承诺恢复秩序,推行经济社会改革,包括制定新的土地改革法案、征收土地税、采矿业国有化和保护民族工业。[④] 同年 4 月,军方宣布实行军事管制,打击左翼和右翼极端势力,取缔土耳其工人党和民族秩序党。[⑤] 1972 年 4 月,尼哈特·埃里姆辞职,与正义党长期合作的信任党领导人费里特·梅伦出任总理,组建新内阁。[⑥]

1973 年 4 月,军方归还国家权力,议会选举退役将领法赫里·克鲁图尔克

① Dodd,C. H. , *Politics and Government in Turkey* , pp. 150-151.

② Weiker,W. F. , *The Modernization of Turkey* , p. 137.

③ Tursan, H. , *Democratisation in Turkey* , p. 137.

④ Ahmad,F. , *The Turkish Experiment in Democracy 1950-1975* , p. 288.

⑤ Zurcher,E. J. , *Turkey:A Modern History* , p. 272.

⑥ Ahmad,F. , *The Turkish Experiment in Democracy 1950-1975* , p. 305.

出任总统。① 同年 10 月举行议会选举,登记选民 1680 万人,投票人数 1122 万,投票率 66.8%。布伦特·埃杰维特领导的共和人民党获得 357 万张选票,得票率 33.3%,获得议会下院 186 个席位,苏莱曼·德米雷尔领导的正义党获得 320 万张选票,得票率 29.8%,获得议会下院 149 个席位,救国党获得 127 万张选票,得票率 12%,获得议会下院 48 个席位。② 1974 年 1 月,共和人民党与救国党组成联合内阁,布伦特·埃杰维特出任总理,内切梅廷·埃尔巴坎出任副总理。1974 年 9 月,布伦特·埃杰维特辞职。1975 年 4 月,苏莱曼·德米雷尔领导的正义党邀请救国党、民族行动党与正义党共同组建新的内阁。③

1977 年 6 月举行议会选举,8 个政党参加竞选,共和人民党获得 41.4% 的选票和议会下院 213 个席位,正义党获得 36.9% 的选票和议会下院 189 个席位;此外,救国党获得议会下院 24 个席位,民族行动党获得议会下院 16 个席位。④ 正义党与救国党、民族行动党组成联合内阁,苏莱曼·德米雷尔出任总理。1978 年 1 月,苏莱曼·德米雷尔内阁辞职,布伦特·埃杰维特组成共和人民党及独立人士的内阁。1979 年 10 月,布伦特·埃杰维特辞职,苏莱曼·德米雷尔出任总理,由正义党和独立人士组成新的内阁。⑤

70 年代后期,土耳其国内经济形势日趋恶化。国民生产总值的实际年增长率,1975 年为 8.0%,1976 年下降为 7.7%,1977 年下降为 4.0%,1978 年下降为 3.0%,1979 年下降为 -0.3%,1980 年下降为 -0.7%。1977 年,失业率为 15%;1980 年,失业率上升为 20%。与此同时,通货膨胀率逐年上升,1976 年为 16%,1977 年为 24%,1978 年为 44%,1979 年为 60%。1980 年,安卡拉的通货膨胀率达到 140%。⑥ 经济形势的恶化导致社会局势的动荡,来自左翼和右翼激进组织的政治暴力呈上升的趋势。1977 年,230 人死于政治暴力。⑦ 1978—1979 年,2500 人死于政治暴力。1980 年 1—8 月,2000 人死于政治暴力。⑧

经济形势的恶化无疑是政治暴力泛滥的根源,而政治暴力的泛滥导致军方的政治介入。1980 年 9 月,军方第三次接管国家政权,解散议会和内阁,取缔政

① Ahmad,F. , *The Turkish Experiment in Democracy 1950-1975* , p. 309.

② Geyikdagi,M. Y. , *Political Parties in Turkey* , p. 104.

③ Ahmad,F. , *The Turkish Experiment in Democracy 1950-1975* , p. 336, p. 348.

④ Sayari,S. , *Politics,Parties and Elections in Turkey* , p. 35.

⑤ Zurcher,E. J. , *Turkey:A Modern History* , p. 275.

⑥ Geyikdagi,M. Y. , *Political Parties in Turkey* , p. 134, p. 135, p133.

⑦ Zurcher,E. J. , *Turkey:A Modern History* , p. 276.

⑧ Geyikdagi,M. Y. , *Political Parties in Turkey* , p. 133.

党和工会组织,宣布全国进入紧急状态。总参谋长科南·埃夫伦出任国家元首,军人控制的国家安全委员会成为最高权力机构,退役将领布伦特·乌鲁苏出任内阁总理。[①] 军人政府沿袭苏莱曼·德米雷尔时期的经济政策和外交政策,致力于政治秩序的重建,排斥和遏制左翼政治派别和极端右翼势力民族行动党。1981 年 10 月,国家安全委员会授意筹建立宪会议和拟定新宪法,同时宣布废除所有政党和没收政党财产。1982 年 1 月,科南·埃夫伦宣布,新的宪法草案将于 1982 年夏季由国家安全委员会审查并举行全民公决,议会选举将于 1983 年底举行。[②] 1982 年 7 月,国家安全委员会公布新的宪法草案。

新的宪法草案依旧规定总统由议会选举产生,同时赋予总统以广泛的权力,包括任命政府总理和内阁成员、任命宪法法院法官、任命武装部队参谋总长、任命议会上院四分之一的议员、主持国家安全会议、解散议会、宣布紧急状态,总统取代议会成为国家权力的核心。[③] 根据 1961 年宪法,总统作为国家元首,超越党派的界限,象征土耳其共和国的最高利益,却无实际上的行政权力;相比之下,根据 1982 年宪法草案,总统的行政权力明显扩大,进而形成总统与内阁相互制约的二元行政体制。[④] 新的宪法草案区别于 1961 年宪法的另一方面是,限制新闻自由、结社自由和个人权利,强调公民的个人权利不得违背国家利益和公共秩序。[⑤] 同时颁布的新政党法和新选举法对于政党活动予以限制,规定所有合法政党必须在超过半数的省区设立分支机构,只有在大选中获得选票超过 10% 的政党可以加入议会和拥有议会席位。[⑥]

1982 年 10 月,新的宪法草案通过国家安全委员会的审查。1982 年 11 月,在强制的气氛中举行新宪法的全民公决;1722 万人投票赞成新宪法,支持率为 91.37%,163 万人投票反对新宪法,反对率为 8.31%。[⑦] 根据全民公决通过的新宪法,科南·埃夫伦出任总统,任期 7 年。1983 年 4 月,国家安全委员会宣布解除党禁。[⑧] 同年 6 月,新建政党超过 14 个,其中包括前正义党领导人苏莱曼·德米雷尔创建的正确道路党、前总统伊斯梅特·伊诺努之子埃尔达勒·伊诺努创建的社会民主党、图尔古特·厄扎尔创建的祖国党、退役将领图尔古

———中东史———

① Zurcher,E. J. , *Turkey:A Modern History* , pp. 292-293.

② Ahmed,F. , *The Making of Modern Turkey* , p. 185, p. 186.

③ Heper,M. , *Politics in the Third Turkish Republic* , Boulder 1994, p. 178.

④ Heper,M. & Evin,A. , *State,Democary and the Military:Turkey in the 1980's* , p. 37.

⑤ Heper,M. , *Politics in the Third Turkish Republic* , pp. 71-72.

⑥ Geyikdagi,M. Y. , *Political Parties in Turkey* , pp. 147-148.

⑦ Karpat,K. H. , *Studies on Turkish Politics and Society* , p. 141.

⑧ Ahmed,F. , *The Making of Modern Turkey* , p. 188.

特·苏纳尔普创建的民族民主党和内切德特·卡勒普创建的民粹党。1985年，民粹党与社会民主党合并，改称社会民主民粹党。1986年，民族民主党解散，其主要成员分别加入祖国党和正确道路党。与此同时，前共和人民党领导人布伦特·埃杰维特创建民主左翼党。①

1983年10月，土耳其举行议会选举，投票率为92.27％，获准参加竞选的政党包括持中右立场的民族民主党、持中左立场的民粹党和持中间立场的祖国党，其中民族民主党和民粹党得到军方的支持。② 1983年议会选举的结果是，祖国党获得45.6％的选票和议会下院211个席位，民粹党获得30.8％的选票和议会下院117个席位，民族民主党获得23.6％的选票和议会下院71个席位。③ 祖国党作为执政党组成新一届内阁，祖国党主席图尔古特·厄扎尔出任总理。

图尔古特·厄扎尔政府时期，文官政治重新取代军人政治，随之开始了新的民主化进程。1983年6月，前正义党领导人苏莱曼·德米雷尔创建正确道路党。该党自称是50年代的民主党和60—70年代的正义党的延续，强调捍卫民族利益、保障公民权利和实现社会公正，同时坚持世俗主义的政治原则，进而区别于伊斯兰主义政党。图尔古特·厄扎尔领导的祖国党亦具有民族主义的浓厚色彩，强调维护民族独立和国家主权，倡导自由民主的政治原则和宽松的政治环境，主张扩大地方政府的自治权力；祖国党强调市场化和出口外向型的经济原则，主张扩大投资渠道，鼓励私人投资，吸引国外投资，反对政府的经济干预和进口替代的经济发展模式。④ 正确道路党和祖国党均为80年代主导土耳其政坛的右翼政党。相比之下，社会民主民粹党继承共和人民党的政治传统，系左翼政党，强调推动工业化进程和政府必要的经济干预，反对垄断，主张通过税收政策缓解贫富差距，扩大就业，降低失业率，支持者主要来自城市中下层和知识界。⑤ 繁荣党始建于1984年，系救国党的延续，强调推动民主化进程、繁荣经济和实现社会公正，主张摒弃国家主义，倡导伊斯兰的发展模式。⑥

1987年11月举行议会选举，7个政党参加竞选，其中包括共和人民党分裂后组建的民主左翼党和社会民主民粹党。图尔古特·厄扎尔领导的祖国党赢

---

① Finkel, A. & Sirman, N. , *Turkish State*, *Turkish Society*, London 1990, pp. 106-107.

② Sayari, S. , *Politics*, *Parties and Elections in Turkey*, p. 16.

③ Heper, M. , *Politics in the Third Turkish Republic*, p. 55.

④ Heper, M. , *Political Parties and Democracy in Turkey*, p. 194, p. 156.

⑤ Eralp, A. , *The Political and Socioeconomic Transformation of Turkey*, p. 42.

⑥ Ozbudun, E. , *Contemporary Turkish Politics*, p. 87.

得 36.2% 的选票和议会下院 292 个席位,埃尔达勒·伊诺努领导的社会民主民粹党赢得 24.7% 的选票和议会下院 99 个席位,苏莱曼·德米雷尔领导的正确道路党赢得 19.1% 的选票和议会下院 59 个议会席位。此外,布伦特·埃杰维特领导的民主左翼党获得 8.5% 的选票,埃伊库特·埃迪巴里领导的改革民主党获得 0.8% 的选票,内切梅廷·埃尔巴坎领导的繁荣党获得 7.1% 的选票,阿尔帕斯兰·图尔克斯领导的民族行动党获得 2.8% 的选票,均未达到进入议会所需的 10% 的选票,未能赢得议会席位。祖国党作为议会下院的多数党继续执政。①

1989 年 10 月,议会选举图尔古特·厄扎尔接替科南·埃夫伦,出任土耳其共和国第八届总统。土耳其共和国的历届总统大都具有军方背景抑或从军经历,图尔古特·厄扎尔则是继凯拉勒·拜亚尔之后选举产生的第二位文职总统。1989 年图尔古特·厄扎尔当选总统,"可谓土耳其共和国民主化进程的分水岭"②。按照土耳其宪法的相关规定,图尔古特·厄扎尔退出祖国党,议长伊尔迪里姆·阿克布鲁特继任祖国党主席和内阁总理。③ 1989—1990 年,土耳其政府开始实施自由化和保障人权的政策。1991 年,宣布扩大议会成员,实行总统的直接选举,允许在非官方的范围内使用库尔德语,删除宪法 141 款、142 款和 163 款关于禁止阶级和宗教的政治活动。④ 1991 年 7 月,总统图尔古特·厄扎尔邀请新当选的祖国党主席马苏德·耶尔马兹出任内阁总理。⑤

1950—1960 年是民主党主导政坛的时代,1960—1980 年系共和人民党与正义党平分秋色的时代。1980—1990 年,祖国党在土耳其政坛独领风骚,取得 1983 年和 1987 年两次大选的胜利,成为继 50 年代的民主党和 60 年代的正义党之后第三个议会多数党和单独组阁的政党。进入 90 年代,伊斯兰复兴运动日渐高涨,伊斯兰政党异军突起,进而挑战世俗政党在土耳其政坛的主导地位。与此同时,政党政治出现明显的变化,诸多小党在议会选举中的政治空间呈扩大的趋势,议会非多数党的联合组阁再次成为土耳其政坛的突出现象。在 1991 年、1995 年和 1999 年三次大选中,获得议会席位的政党数量明显增加;正确道路党、繁荣党和民主左翼党尽管先后成为议会下院第一大党,然而得票率分别

① Finkel, A. & Sirman, N., *Turkish State, Turkish Society*, p. 124.

② Heper, M., *Politics in the Third Turkish Republic*, p. 187.

③ Rubin, B., *Political Parties in Turkey*, p. 49.

④ Zurcher, E. J., *Turkey: A Modern History*, p. 305.

⑤ Heper, M., *Political Leaders and Democracy in Turkey*, p. 184.

仅为 27.1%、21.4% 和 22.2%。①

　　1991 年 10 月举行议会选举,6 个政党参加竞选,正确道路党赢得 27.3% 的选票和议会下议院 178 个席位,祖国党赢得 23.9% 的选票和 115 个议会席位,社会民主民粹党赢得 20.7% 的选票和 88 个议会席位,民族行动党和繁荣党组成的竞选联盟赢得 16.6% 的选票和 62 个议会席位,民主左翼党赢得 11% 的选票和 7 个议会席位。② 正确道路党与议会第三大党社会民主民粹党组成联合政府,苏莱曼·德米雷尔出任总理,推行经济私有化和政治民主化。1992 年,政府颁布法令,取缔对于政党的诸多限制,共和人民党复出,丹尼泽·拜克尔当选共和人民党主席。③ 1993 年 4 月,图尔古特·厄扎尔病逝;同年 6 月,苏莱曼·德米雷尔出任总统,同时退出正确道路党,塔恩苏·齐莱尔作为正确道路党的新主席,出任政府总理。

　　1995 年 12 月,前民族秩序党领导人内切梅廷·埃尔巴坎创建的繁荣党在大选中胜出,赢得 21.4% 的选票和议会下议院 158 个席位,成为土耳其第一大党。持中右翼立场的祖国党和正确道路党分别获得 19.7% 的选票和 19.2% 的选票,持中左翼立场的民主左翼党和共和人民党分别获得 14.6% 的选票和 10.7% 的选票,成为议会少数党。④ 民族行动党获得 8.6% 的选票,未能达到进入议会下院所需的 10% 的选票。⑤ 温和政党选票比例的下降和议会下院席位的减少以及激进政党选票比例的上升和议会下院席位的增多,反映出土耳其国内政治氛围的变化。1996 年 3 月,祖国党与正确道路党组成联合政府,祖国党主席马苏德·耶尔马兹出任总理。同年 6 月,祖国党与正确道路党联合政府解体,繁荣党与正确道路党组成联合政府,繁荣党主席内切梅廷·埃尔巴坎出任总理。⑥ 1997 年 6 月,内切梅廷·埃尔巴坎领导的联合政府辞职,祖国党与民主左翼党组成新的联合政府,祖国党主席马苏德·耶尔马兹出任总理。⑦

　　在 1999 年的议会选举中,民主左翼党赢得 22% 的选票和议会 136 个席位,民族行动党赢得 18% 的选票和议会 129 个席位,成为新一届议会的主要政党,而在繁荣党基础上组建的贤德党以及祖国党和正确道路党分别赢得 15.4%、13.2%、12.0% 的选票和议会下院 20.2%、15.6%、15.5% 的席位,成为新一届

①　Sayari,S. , *Politics,Parties,and Elections in Turkey* , p. 18.

②　Heper,M. , *Politics in the Third Turkish Republic* , p. 55.

③　Zurcher,E. J. , *Turkey:A Modern History* , p. 306.

④　Ozbudun,E. , *Contemporary Turkish Politics* , p. 87, p. 76.

⑤　Rubin,B. , *Political Parties in Turkey* , p. 29.

⑥　Heper,M. , *Political Leaders and Democracy in Turkey* , p. 185.

⑦　Sayari,S. , *Politics,Parties and Elections in Turkey* , p. 38.

议会中的少数党。总统苏莱曼·德米雷尔授权民族左翼党、民族行动党和祖国党组成联合政府，民族左翼党主席布伦特·埃杰维特出任总理。[1]

1998年，土耳其宪法法院取缔繁荣党，雷赛普·埃尔杜安和阿卜杜拉·居尔为首的繁荣党支持者创建贤德党。[2] 2001年6月，贤德党被宪法法院取缔。雷赛普·埃尔杜安创建正义与发展党，延续繁荣党和贤德党的传统，兼有世俗主义与伊斯兰主义的双重色彩。2002年11月，埃尔杜安领导的正义与发展党获得34.5%的选票，德尼泽·巴伊卡尔领导的共和人民党获得19%的选票，雷赛普·埃尔杜安出任内阁总理。其余政党由于未能获得10%的选票，均被排斥于议会之外。[3]

工业化进程与工人运动具有内在的逻辑联系，工业化进程构成工人运动的历史基础，而工人运动的影响则往往取决于特定的政治制度和政治环境。1871—1908年，奥斯曼帝国发生罢工共计24次，政治影响微乎其微。1908年，青年土耳其党颁布宪法，承认工人享有组建工会的合法权利。此后，工会组织渐露端倪。凯末尔时代，工业化的进程导致工人数量的增长，1924年宪法亦承认工人享有组建工会的权利。然而，由于特定的政治模式，工会长期处于共和人民党的控制之下，工人和工会的政治参与程度低下。1947年颁布的劳动法，强调工会活动的非政治化原则，将工会的活动局限于经济和社会领域。[4]

多党制的政治实践无疑是民众广泛政治参与的外在形式，完善的社会组织和广泛的社会动员则是多党制政治实践的逻辑结果。自50年代起，多党制的政治模式为民众的政治参与提供了广阔的空间，进而导致工会数量的急剧增长和工人政治参与程度的明显提高，工人逐渐成为政党政治和普选政治的重要砝码。1950年，土耳其工人总数约为37.4万，其中工会成员为7.8万人，分别属于88个工会，工人加入工会的比率为20.9%。1950年大选中，工人成为民主党的重要支持者。50年代民主党执政期间，工人境况得到改善，工会数量增长5倍，工会人数增长3倍。"土耳其工会联盟"成立于1952年7月，直至50年代末长期从属于民主党政府。自50年代末开始，"土耳其工会联盟"逐渐成为独立于政党和政府的社会组织，进而从依附于民主党政府转变为支持反对派共和人民党。1960年，土耳其工人总数达到82.5万，其中工会成员为28.3万人，分

① Sayari,S., *Politics,Parties and Elections in Turkey*, p.38.
② Rubin,B., *Political Parties in Turkey*, p.68.
③ Karpat,K. H., *Studies on Turkish Politics and Society*, p.26.
④ Schick,I. C. & Tonak,E. A., *Turkey in Transition*, p.309, p.312, p.315.

别属于 432 个工会,工人加入工会的比率为 34.3%。[①] 1961 年宪法明确规定国家保护工人的权利,承认罢工是工人的基本权利。1963 年,颁布新的劳动法,工会组织进一步发展。1970 年,土耳其工会增至 717 个,工会成员超过 200 万人。1977 年,工会数量达到 863 个,工会成员接近 400 万人。[②] 另一方面,自 1961 年罢工合法化开始,工人罢工次数呈上升趋势。1963 年,出现 8 次罢工,罢工人数为 1500 人。1970 年,出现罢工 72 次,罢工人数增至 2.1 万人。1980 年,出现罢工 220 次,罢工人数增至 3.4 万人。1990 年,出现罢工 458 次,罢工人数达到 16.6 万人。[③] 罢工次数的上升和罢工人数的增长,表明土耳其政治民主化进程的长足进步和民众政治参与程度的明显提高。

1967 年,"土耳其工会联盟"出现分裂,形成持温和立场的"土耳其工会联盟"与具有激进倾向的"革命者工会联盟"。前者强调维护工人的经济和社会权益,其成员主要来自国有企业;后者强调工人的政治参与,其成员主要来自私营企业。具有激进倾向的工会组织"革命者工会联盟"取得合法地位,表明工会组织的发展进入崭新的时期。工会组织和罢工的合法化,构成沟通民众意志与国家意志的重要纽带,标志着土耳其的政治民主化进入新的阶段。70 年代,工会的成员占工人总数的二分之一,其中 70%～75% 的工会成员属于温和立场的土耳其工会联盟,20%～25% 属于激进倾向的革命者工会联盟,另有少量工会成员属于保守的国家主义者工会联盟。[④]

土耳其的工商业者组织,主要包括"手工业者行会联合会"、"企业家协会"、"工商业联合会"和"土耳其企业家与商人联盟"。"手工业者行会联合会"由为数众多的手工业者行会组成,代表传统小手工业者的利益。土耳其的手工业者行会,1950 年为 253 个,1955 年为 1460 个,1960 年达到 2745 个,1965 年增至 3578 个。1978 年,土耳其的手工业者共计 300 万人,其中 50% 属于"手工业者行会联合会"。手工业者行会具有悠久的历史传统和广泛的社会功能,与诸多政党政治联系密切,是支持政党政治的重要社会势力。"企业家协会"成立于 1961 年。1971 年,"企业家协会"包括 1000 家较大的企业,这些企业雇用约 35 万工人。[⑤] "工商业联合会"属于半官方组织,包括雇用工人超过 10 人的所有企业和商家。"土耳其企业家与商人联盟"是 1971 年成立于伊斯坦布尔的民间组织,代表大企业家、大商人、银行家和保险经纪人的利益。

① Schick,I. C. & Tonak,E. A. , *Turkey in Transition*, p. 316.
② Weiker,W. F. , *The Modernization of Turkey*, p. 90, p. 88.
③ Beinin,J. , *Workers and Peasants in the Modern Middle East*, p. 161.
④ Weiker,W. F. , *The Modernization of Turkey*, p. 88.
⑤ 同上, p. 93, p. 95.

土耳其的政治民主化进程经历从社会上层和精英政治向社会下层和民众政治的扩展以及从城市范围的政治参与向乡村地区的政治动员的延伸,日趋完善的政党政治则是土耳其现代化进程中的突出现象和明显特征。一党制时代,土耳其的现代化主要局限于上层精英社会和城市的范围。从一党制向多党制的过渡,标志着土耳其政治民主化的长足进步。多党制的广泛政治实践,作为土耳其政治民主化的外在形式,构成推动土耳其的现代化进程从上层精英社会向下层民众社会延伸以及从城市向乡村延伸的有力杠杆。民众意志与国家意志借助于多党制的广泛政治实践而逐渐统一;主要的全国性政党往往反映民众的普遍利益,次要的局部性政党则通常反映特殊社会群体的特定利益。多党制的政治实践与民众的政治动员以及民众广泛的政治参与两者之间无疑具有密切的内在联系,而民众政治参与程度的提高导致国家政策的相应改变。现代化从城市向乡村的延伸、农业的发展和农民地位的改善,以及相对宽松的宗教政策等诸多内容,均为多党制时期民主化的政治实践尤其是普选活动的政治需要之逻辑结果。

在多党制的历史条件下,政党政治成为土耳其民众政治参与的基本形式,周期性的议会选举构成民众政治参与的主要环节。根据相关统计,1950 年议会选举的投票率为 89.3%,其中左翼温和派获得 39.9%的选票,右翼温和派获得53.3%的选票,右翼激进派获得 3.3%的选票。1965 年议会选举的投票率为71.3%,其中左翼激进派获得 3.0%的选票,左翼温和派获得 28.7%的选票,右翼温和派获得 56.6%的选票,右翼激进派获得 8.4%的选票。1977 年议会选举的投票率为 72.4%,其中左翼激进派获得 0.5%的选票,左翼温和派获得41.4%的选票,右翼温和派获得 40.7%的选票,右翼激进派获得 15.0%的选票。[①] 以上左翼温和派主要是代表中左翼政治势力的共和人民党,右翼温和派主要是代表中右翼政治势力的民主党及其政治延伸组织正义党,左翼激进派主要来自土耳其劳动党,右翼激进派包括救国党和民族行动党。

土耳其现代政党政治的发展,主要表现为中右翼的民主党→正义党→祖国党→正确道路党与中左翼的共和人民党→社会民主民粹党→民主左翼党两大势力的此消彼长。50−60 年代的选票分布表明,多党制时代宽松的政治环境与温和的政治生活两者之间具有内在的逻辑联系;温和派构成土耳其政坛的主导势力,两党制则是土耳其政党政治的基本框架,共和人民党与民主党及其政治延伸正义党平分秋色,右翼温和派略占上风。激进和极端的政治势力,包括马

---

① Weiker,W. F. , *The Modernization of Turkey*, pp.144-145.

克思主义、伊斯兰主义和法西斯主义等,处于国家权力的边缘地带。由此形成相对宽松的政治环境。通货膨胀的加剧、失业率的上升和库尔德人的地位,构成土耳其政府面临的主要问题。自 70 年代开始,激进势力在土耳其政坛呈上升趋势,开始挑战温和派共和人民党和正义党在土耳其政坛的主导地位,欠发达的乡村地区和城市棚户区的下层民众构成激进政治势力的重要社会基础。在 1991 年举行的大选中,右翼温和派阵营获得 51.0% 的选票,左翼温和派阵营获得 31.6% 的选票,持激进政治立场的伊斯兰政党获得 16.9% 的选票。在 1995 年举行的大选中,右翼温和派阵营获得 38.8% 的选票,左翼温和派阵营获得 25.3% 的选票,持激进政治立场的伊斯兰政党获得 29.6% 的选票。在 1999 年举行的大选中,右翼温和派阵营获得 26.4% 的选票,左翼温和派阵营获得 30.9% 的选票,持激进政治立场的伊斯兰政党获得 35.2% 的选票。在 2002 年举行的大选中,右翼温和派阵营获得 23.5% 的选票,左翼温和派获得 21.8% 的选票,持激进政治立场的伊斯兰政党获得 46.2% 的选票。另据资料统计,1983—2002 年,右翼温和派阵营所获得的选票在全部选票中的比例从 30.5% 下降为 21.8%,左翼温和派阵营所获得的选票在全部选票中的比例从 68.4% 下降为 23.5%。[①] 选票分布的变化,反映出 90 年代土耳其国内政治氛围的变化。

伊斯兰主义的复兴

所谓的世俗主义和伊斯兰主义,均为历史现象。世俗主义与伊斯兰主义的矛盾对抗和此消彼长,根源于特定的历史环境。奥斯曼帝国时代,伊斯坦布尔的统治者采用苏丹和哈里发的双重称谓,兼有世俗与宗教的最高权力,宗教色彩的政治生活与教俗合一的政治制度构成奥斯曼帝国的明显特征。传统的伊斯兰教与奥斯曼帝国的统治秩序具有共同的利益和密切的内在联系,进而构成奥斯曼帝国的官方意识形态和伊斯坦布尔的苏丹统治民众的政治工具,欧莱玛作为官方的伊斯兰教学者则被纳入奥斯曼帝国的政府体系。另一方面,派系繁杂的苏菲教团构成穆斯林的民间宗教组织,苏菲教团的德尔维什与官方伊斯兰教的欧莱玛貌合神离。第二次宪政运动期间,诸多苏菲教团支持青年土耳其党的政治革命。1918 年一战结束后,苏菲派拜克塔什教团、麦乌拉维教团和纳格什班迪教团支持凯末尔领导的土耳其民族独立战争,诸多苏菲教团的德尔维什加入 1920 年召开的第一届议会。1923 年土耳其共和国建立后,共和人民党主

---

① Tursan,H.,*Democratisation in Turkey*,p. 221,p. 245.

宰政坛，推行绝对的世俗化政策，严格控制宗教活动，取缔苏菲教团，关闭宗教法庭和宗教学校，神职人员被完全纳入政府体系，教俗关系空前恶化。

土耳其共和国现代化进程的早期阶段，政治层面的变化并未表现为民众广泛的政治参与和民主化的进程，而是表现为独裁统治的加强和极权化的倾向，世俗化则构成政治极权化的同步现象。绝对的世俗化根源于绝对主义的政治模式，服务于绝对主义的政治需要，构成凯末尔时代极权政治的重要手段。"土耳其共和国的世俗主义，其实质并非在于宗教与政治的分离，而是旨在强化国家对于宗教的控制，进而将宗教作为国家控制社会的政治工具。"[1]极权政治的发展和自上而下的一系列经济社会改革举措，构成此间现代化的基本线索和主要内容。二战结束以后，作为极权政治时代经济社会深刻变革的逻辑结果，绝对主义的政治模式逐渐衰落，民主化进程随之启动。建立在多党制基础之上的政党政治和议会政治，构成土耳其共和国政治民主化进程的外在形式。多党制议会选举的历史条件下，诸多政党极力争取宗教群体的选票支持，导致土耳其政治领域的非世俗化倾向，现代伊斯兰主义随之登上土耳其的政治舞台。伊斯兰复兴运动的高涨，标志着民众广泛的政治参与。

1945—1960年，土耳其的伊斯兰主义主要表现为文化的复兴。二战结束后，共和人民党政府逐渐放松对于宗教活动的限制。1946年和1947年，来自伊斯坦布尔的议员哈姆杜拉·苏菲·坦里奥沃尔和来自布尔萨的议员巴哈·帕尔斯先后向议会和共和人民党大会建议在公立世俗学校开设宗教课程，旨在抵御共产主义思想的传播，引发议会及共和人民党内部的激烈争论，土耳其政坛开始出现伊斯兰主义的呼声。[2] 自1949年起，宗教学校和宗教课程逐渐恢复，安卡拉大学设立伊斯兰教经学院，宗教出版物增加，礼拜者剧增，朝觐者人数亦呈上升趋势。[3]

凯末尔时代，世俗化的改革举措主要局限于城市的范围，乡村依旧保留伊斯兰教的浓厚色彩，是为伊斯兰主义得以登上土耳其政治舞台的社会基础。1950年大选构成土耳其共和国政治生活的重要转折点，政治参与由城市民众延伸到乡村社会，世俗主义的削弱抑或非世俗化的倾向则是乡村社会政治参与的逻辑结果。战后初期，执政的共和人民党坚持世俗主义的政治原则，民主党亦反对改变国家政治生活的世俗基础。1950年民主党执政以后，在沿袭共和人民党的世俗主义原则和捍卫国家政权世俗性质的同时，实行相对宽容的宗教政

① Balkan, N., *The Politics of Permanent Crisis: Class, Ideology and State in Turkey*, p. 107.

② Geyikdagi, M. Y., *Political Parties in Turkey*, p. 67.

③ Zurcher, E. J., *Turkey: A Modern History*, p. 244.

策,扩大宗教教育,增设宗教课程,兴办宗教学校,政府拨款修缮原有的清真寺和建造新的清真寺,恢复阿拉伯语作为清真寺的宣礼语言,电台播放阿拉伯语的《古兰经》,允许穆斯林妇女披戴宗教头饰,鼓励私人基金赞助穆斯林的宗教活动,开放苏菲派圣徒陵墓。[1] 1957 年议会选举期间,民主党声称执政 7 年中新建清真寺 1.5 万处,承诺将使伊斯坦布尔成为第二个麦加,使清真寺的宣礼塔像工厂的烟囱一样众多,同时指责共和人民党奉行的世俗化政策侵犯民众的宗教自由和背离伊斯兰教的信仰。[2] 1950—1960 年民主党执政的 10 年间,政府财政预算中的宗教经费从 300 万里拉增至 4000 万里拉。[3] 1960—1964 年,新建清真寺 6000 余处。1960—1968 年,宗教学校的教师人数增长 4 倍,从 300 人增至 1200 人,宗教学校的学生人数增长 8 倍,从 4500 人增至 38000 人。[4] 民主党为争取宗教势力的支持,承认宗教信仰与社会发展的非矛盾性,允许宗教自治组织如兄弟会的合法存在。相对宽容的宗教政策,成为民主党争取民众支持和竞选议会席位的有力工具。

1925 年凯末尔政府平息库尔德人叛乱以后,苏菲教团遭到取缔,苏菲教团的宗教活动被迫转入地下。1950—1960 年民主党执政期间,苏菲教团的政治影响逐渐扩大。1946 年,苏菲教团创立的民间宗教组织仅有 11 个,宗教组织在民间组织中所占的比例为 1.3%。1950 年,苏菲教团创立的民间宗教组织增至 154 个,宗教组织在民间组织中所占的比例上升为 7.1%。1955 年,苏菲教团创立的民间宗教组织达到 1088 个,宗教组织在民间组织中所占的比例上升为 15.8%。1960 年,苏菲教团创立的民间宗教组织共计 5104 个,宗教组织在民间组织中所占的比例上升为 29.7%。[5] 在 1954 年和 1957 年两次大选中,苏菲教团的信众大都表现为支持民主党的政治立场,民主党政府的内阁总理门德列斯则被苏菲教团的舍赫赛义德·努尔西誉为"伊斯兰教的倡导者"[6]。由此可见,民主化程度的提高、政治环境的宽松与伊斯兰主义的兴起表现为同步的趋势,三者之间具有明显的内在逻辑联系。

1961 年宪法沿袭 1924 年宪法的世俗主义政治原则,明确限制宗教活动。然而,进入 60 年代,多党政治日趋完善,多党联合政府成为土耳其政治生活的突出现象,政治环境进一步宽松,伊斯兰主义的复兴遂由文化领域逐渐延伸至

---

[1] Geyikdagi,M. Y. , *Political Parties in Turkey*, p. 77.

[2] Karpat,K. H. , *Studies on Turkish Politics and Society*, p. 81.

[3] Atasoy,Y. , *Turkey,Islamists and Democracy*, p. 73.

[4] Landau,J. M. , *Exploring Ottoman and Turkish History*, p. 138.

[5] Toprak,B. , *Islam and Political Development in Turkey*, p. 82

[6] Atasoy,Y. , *Turkey,Islamists and Democracy*, p. 74.

政治领域,苏菲教团恢复合法地位,诸多具有伊斯兰教色彩的政党相继建立。70 年代,正义党政府和共和人民党政府均对伊斯兰主义持温和的态度。1970 年建立的民间组织"启蒙的熔炉",成员来自商界、教育界和政界,致力于打破左翼知识分子在政治、社会和文化领域的垄断地位,主张依据伊斯兰教的原则改造土耳其社会,强调土耳其文化的源泉在于具有 2500 年历史的突厥传统和具有 1300 年历史的伊斯兰教传统。清真寺数量在 80 年代明显增加,至 1990 年达到 7.5 万处,仅伊斯坦布尔一处便有清真寺近 1800 处,教职人员由 1979 年的约 5 万人增至 1989 年的超过 8 万人。[①] 1979 年,土耳其约有 200 个宗教基金会;1987 年,宗教基金会增至 1258 个。1970 年,宗教学校约 100 所,在校学生 4 万余人;1988 年,宗教学校超过 700 所,在校学生达到 24 万人。[②] 与此同时,教科书以及广播电视中的宗教内容日益丰富,伊斯兰出版物发行量扩大,多处苏菲派圣地重新开放,宗教服饰随处可见,甚至内阁成员亦频繁参加宗教活动。80 年代末期,伊斯兰主义与世俗主义争论的焦点,是关于妇女披戴面纱的合法性。伊斯兰主义者从尊重人权的角度出发,主张取消关于妇女披戴面纱的禁令。1989 年,土耳其政府颁布法律,解除关于妇女披戴面纱的禁令。

多党制时代土耳其伊斯兰主义的政治组织,大体包括三种类型:非法的伊斯兰极端主义组织、具有合法地位的苏菲派教团和伊斯兰政党。其中,非法的伊斯兰极端主义组织主要是穆斯林兄弟会、伊斯兰解放党、真主党、圣战组织以及土耳其伊斯兰解放军、土耳其伊斯兰解放阵线、土耳其伊斯兰解放同盟等。这些非法的极端组织大都受伊朗伊斯兰革命的影响,采取暴力恐怖的政治方式,在一定程度上具有超国界的政治倾向。[③]

土耳其伊斯兰主义政治复兴的主要力量是具有合法地位的苏菲教团。土耳其的苏菲教团,一部分坚持传统主义,奉行非政治化的宗教原则,具有浓厚的神秘主义色彩,另一部分崇尚现代伊斯兰主义,强调宗教政治化的信仰原则,具有明显的政治倾向性。凯末尔时代,一党制政府对于宗教势力采取高压政策,苏菲教团的政治活动主要表现为秘密的政治宣传和非法的武装叛乱。多党制时代,苏菲教团参与土耳其政治生活的首要方式是与诸多的合法政党建立密切的联系,进而借助于政党政治的形式阐述和宣传相应的宗教政治纲领。

① Ahmed,F. , *The Making of Modern Turkey*, p. 221.

② Tapper,R. , *Islam in Modern Turkey*, London 1991, pp. 146-147.

③ Karmon,E. , *Radical Islamic Political Groups in Turkey*, *Middle East Review of International Affairs*, vol. 1,No. 4.

拜克塔什教团是 13 世纪末 14 世纪初的呼罗珊人拜克塔什在小亚细亚创建的苏菲教团。自 15 世纪开始,拜克塔什教团逐渐形成完整的宗教组织和严格的信仰体系,社会影响随之扩大,1925 年被凯末尔政府取缔。拜克塔什教团的主要特征,在于浓厚的什叶派色彩,崇拜什叶派伊马目阿里,直至将伊玛目阿里与先知穆罕默德相提并论。麦乌拉维教团是 13 世纪著名神秘主义诗人麦乌拉纳·贾拉伦丁·鲁米在小亚细亚创建的苏菲教团,科尼亚是麦乌拉维教团的中心所在。旋转舞是麦乌拉维教团最具特色的宗教仪式,麦乌拉维教团的成员因此被称作"舞蹈的苦行僧"。土耳其最具影响力的教团,是纳格什班迪教团。该教团系塔吉克人穆罕默德·白拉丁·纳格什班德于 14 世纪创建于中亚的布哈拉,15 世纪传入安纳托利亚。纳格什班迪教团于 1925 年因涉嫌参与库尔德人叛乱而遭到取缔,50 年代逐渐取得合法地位。纳格什班迪教团是典型的逊尼派教团,明显区别于具有什叶派浓厚色彩的拜克塔什教团。纳格什班迪教团长老穆罕默德·扎希德·科特库于 1958—1980 年任伊斯坦布尔的伊斯坎德尔帕夏清真寺伊马目,与包括内切梅廷·埃尔巴坎和图尔古特·厄扎尔在内的土耳其政坛精英来往密切,长期支持民族秩序党和救国党,致力于伊斯兰教育的发展,伊斯坎德尔帕夏清真寺则成为纳格什班迪教团的重要据点。[1] 1980 年穆罕默德·扎希德·科特库死后,纳格什班迪教团转向支持祖国党和繁荣党。纳格什班迪教团具有现代伊斯兰主义的政治倾向,主张恢复伊斯兰教法,重建伊斯兰教的统治,抵制西方影响。努尔朱教团是纳格什班迪教团的重要分支,形成于 20 世纪 60 年代,尊奉库尔德学者赛义德·努尔西(1876—1960 年)作为教团的奠基人和精神领袖,强调神秘主义的信仰方式,政治立场相对温和。努尔朱教团于 50 年代支持民主党,60—70 年代支持正义党和救国党,80—90 年代支持正确道路党和祖国党。苏莱曼哲教团亦属纳格什班迪教团的分支,由苏莱曼·希勒米·图纳罕(1888—1959 年)创立,反对凯末尔主义、世俗化和共和制,具有明显的极端倾向,支持正义党和祖国党。[2]

与诸多伊斯兰极端主义组织和苏菲教团相比,具有合法地位的伊斯兰政党普遍表现为温和的政治倾向,承认现存的政治秩序和社会制度。多党制时代的第一个伊斯兰政党是伊斯兰民主党,始建于 1951 年初,创始人是切弗特·里法特·阿提尔罕,持反对犹太复国主义的立场,6 个月后遭到取缔。[3] 民族行动党兴起于 60 年代,创建者是阿尔帕斯兰·图尔克斯,宣传泛伊斯兰主义的政治思

① Atasoy,Y. , *Turkey,Islamists and Democracy* , p. 82.
② Eralp,A. , *The Political and Socioeconomic Transformation of Turkey* , pp. 52-56.
③ Rubin,B. , *Political Parties in Turkey* , p. 63.

想,谴责凯末尔的世俗主义。60年代中叶,苏莱曼·德米雷尔领导的正义党带有浓厚的伊斯兰教色彩,伊斯兰主义与世俗主义的抗争构成正义党与共和人民党角逐政坛的重要内容。1970年初,内切梅廷·埃尔巴坎创建民族秩序党。苏莱曼·德米雷尔领导的正义党与努尔库教团长期保持良好的合作关系;相比之下,内切梅廷·埃尔巴坎领导的民族秩序党得到穆罕默德·扎希德·科特库和纳格什班迪教团的支持。[①] 民族秩序党在强调民族、宗教与历史之间内在联系的基础上,倡导民主制度,反对"利用世俗主义原则作为迫害宗教的手段",声称"离开思想和信仰的自由,则民主政权无法存在",主张限制大商业资产阶级,抵制西方资本主义,主张恢复伊斯兰教作为官方意识形态的地位,实施伊斯兰教法,重振伊斯兰道德。1971年,民族秩序党由于"寻求恢复神权政治秩序",与宪法抵触,遭到土耳其宪法法院的取缔。[②]

救国党成立于1972年10月,由内切梅廷·埃尔巴坎的追随者创建。救国党是"沉默的穆斯林多数"的政党和民族秩序党的翻版[③],强调土耳其民族主义与伊斯兰教信仰的结合,谴责政治腐败和社会不公。救国党认为,土耳其民族面临道德的危机,而"道德的危机来自信仰的危机"。救国党声称,"伊斯兰教不是土耳其民族落后的原因。伊斯兰教是具有高尚道德的宗教,在历史上散发出光芒,开辟通往文明的道路"[④]。救国党主张振兴民族精神和物质生活、实现民族凝聚、发展工业、完善工业体系和建立公正的税收体制,抨击大资产阶级,强调社会公正,反对高利贷,宣传伊斯兰社会主义思想,声称"穆罕默德是最早的社会主义者",穆罕默德在麦地那创立的温麦则是"社会主义的萌芽","土耳其成为强国的前提条件是回归伊斯兰教和伊斯兰文明"[⑤]。1973年,救国党首次参加议会选举,获得11.8%的选票和议会下院48个席位,加入共和人民党组成的联合政府。1977年议会选举中,救国党获得8.5%的选票和议会下院16个席位,加入苏莱曼·德米雷尔领导的联合政府。[⑥] 救国党的支持者主要来自经济相对落后的东部和中部地区,乡村民众和城市下层居多。据统计,救国党在1973年大选中获得的选票,67.2%来自乡村,32.8%来自城市;救国党在1977年大选中获得的选票,63.2%来自乡村,36.8%来自城市。另据统计,救国党于

① Rubin,B. , *Political Parties in Turkey* , p. 64.

② Landau,J. M. , *Exploring Ottoman and Turkish History* , pp. 144-145

③ Toprak,B. , *Islam and Political Development in Turkey* , p. 96.

④ K. H. 卡尔帕特:《当代中东的政治和社会思想》,第535页。

⑤ Toprak,B. , *Islam and Political Development in Turkey* , p108, p. 125.

⑥ Balkan,N. & Savran,S. , *The Politics of Permanent Crisis: Class, Ideology and State in Turkey* , p. 111.

1973 年获得的议会下院 48 个席位中,18 个席位来自东安纳托利亚诸选区,16 个席位来自中安纳托利亚诸选区;相比之下,只有 7 个席位来自马尔马拉海沿岸的伊斯坦布尔选区,5 个席位来自黑海沿岸诸选区,1 个席位来自地中海沿岸诸选区,1 个席位来自爱琴海沿岸诸选区;救国党于 1977 年获得的议会下院 24 个席位中,13 个席位来自东安纳托利亚诸选区,6 个席位来自中安纳托利亚诸选区;相比之下,只有 3 个席位来自马尔马拉海沿岸的伊斯坦布尔选区,1 个席位来自黑海沿岸诸选区,1 个席位来自地中海沿岸诸选区,爱琴海地区无人进入议会。[1] "1973 年和 1977 年的大选结果表明,救国党的选票主要来自发展速度最快的地区和相对弱小的地区;在后一种情况下救国党赢得选票可能与伊斯兰教的传统情感有关,而在前一种情况下,救国党则得到了包括小商人和手工业者在内的受到排挤的选民的支持,他们丧失了先前的地位。"[2]1981 年,救国党亦因与世俗主义的政治原则抵触而被宪法法院取缔。

进入 80 年代,土耳其政府推行新经济政策,导致贫富差距扩大和失业率上升。1980－1988 年,失业率从 16.4％上升为 22.9％,失业人口总数从 280 万上升为 480 万。[3] 1987－1994 年,占总人口 80％的中下层群体的收入呈下降的趋势,占总人口 20％的富裕阶层的收入呈上升的趋势,由此产生的结果是贫富差距的扩大。据统计,占总人口 20％的富裕阶层在国民总收入中所占的比例,1987 年为 49.9％,1994 年上升为 54.9％。相比之下,占总人口 20％的贫困阶层在国民总收入中所占的比例,1987 年为 5.2％,1994 年下降为 4.9％。与此同时,中东部内陆地区与西部沿海地区之间经济发展水平的差距亦进一步扩大。[4] 经济社会环境的变化导致政治生活的相应变化,进而加剧伊斯兰政党与世俗政党之间的角逐。

繁荣党成立于 1983 年,1987 年由内切梅廷·埃尔巴坎出任主席。繁荣党强调土耳其人的民族独立、民族意识和民族利益,强调自由民主的政治原则。"解放、民主意识和民族跃进",是繁荣党倡导的基本纲领。繁荣党具有浓厚的伊斯兰教色彩,强调伊斯兰教的意识形态,反对教俗分离,抨击贫富分化,主张恢复伊斯兰教法,完善民族经济,建立福利性的经济制度、公正的社会秩序和自由的政治环境,保护劳动者的福利和权益,缩小贫富差距,实行独立的外交政策,实现地区发展的平衡,捍卫土耳其的民族利益,谋求民众的最大利益。[5] 繁

① Toprak,B. , *Islam and Political Development in Turkey*, p. 111, p. 114, p. 121.
② Schick,I. C. & Tonak,E. A. , *Turkey in Transition*, p. 229.
③ Lovatt,D. , *Turkey Since 1970*, p. 26.
④ Atasoy,Y. , *Turkey, Islamists and Democracy*, p. 168.
⑤ Heper, M. & Evin, A. , *State, Democracy and the Military : Turkey in the 1980's*, p. 129.

荣党反对国家控制宗教的政治原则,主张修改 1982 年宪法的第 24 款,即任何人不得以宗教规范作为国家之社会的、经济的、政治的和法律的基础,任何人不得利用宗教实现政治目的。繁荣党的社会基础是城市和乡村的下层民众;"从某种意义上讲,繁荣党扮演着'第二精英'的角色,在城市移民、中低收入群体和库尔德人中具有相当大的影响"①。1987 年议会选举中,繁荣党获得 7.5% 的选票,未能赢得议会席位。1991 年议会选举中,繁荣党获得 13% 的选票和议会下院 61 个席位。1994 年,土耳其举行地方选举,繁荣党在全国 72 个城市中的 26 个城市获胜,其中包括伊斯坦布尔和安卡拉。1995 年议会选举中,繁荣党获得 21.4% 的选票和议会下院 158 个席位,成为土耳其的第一大党。1996 年 1 月,繁荣党主席内切梅廷·埃尔巴坎受命组阁。1998 年,宪法法院取缔繁荣党,贤德党取而代之。1999 年,作为繁荣党继承者的贤德党获得 15.4% 的选票。②

伊斯兰主义的复兴,与战后土耳其现代化进程的长足发展呈同步的趋势,具有广泛的社会基础,包括诸多传统社会势力和新兴社会群体。"土耳其伊斯兰复兴运动是伴随着资本主义发展进程而产生发展的。它在不发达地区捍卫占主导地位的社会经济群体的利益,在较发达地区则代表了受资本主义急速发展的消极影响而出现的个人或群体的抗议运动。"③土耳其早期的伊斯兰主义政党,主要代表"安纳托利亚那些在以伊斯坦布尔作为据点的现代部门的冲击下寻求保护的店主、手工业者以及小商人"的利益和要求。④ 相比之下,"繁荣党诉诸社会福利、社会公正和政治自由……进而试图接近政府职员和工人,以便在将来使他们成为自己的支持者"⑤。然而,土耳其伊斯兰复兴运动和诸多伊斯兰政党的领导人大都缺乏宗教的身世,而是出自世俗的阶层,具有中产阶级的社会背景,普遍受过良好的世俗教育。以 1973 年大选中的救国党为例,参与竞选议会席位的 450 名救国党成员中,自由职业者占 33.7%,公职人员占 19.2%,工商界人士占 21.2%,而教界仅占 2.8%;当选议员的 48 名救国党成员中,自由职业者占 55.8%,公职人员占 20.7%,工商界人士占 10.4%,而教界仅占 12.4%。⑥ 如同埃及的穆斯林兄弟会一样,土耳其的诸多伊斯兰组织强调保障弱势群体的利益,致力于慈善互助事业和社会救济活动,在社会中下层民众中具有广泛的影响。另一方面,土耳其的伊斯兰主义和宗教政治不同于伊朗,缺

中
东
史

---

① Ozbudun,E.，*Contemporary Turkish Politics*，p. 91.

② Sayari,S.，*Politics,Parties and Elections in Turkey*，p. 93，p. 92，p. 94.

③ Toprak,B.，*Islam and Political Development in Turkey*，pp. 118-119.

④ Ahmed,F.，*The Making of Modern Turkey*，p. 161.

⑤ Heper,M. & Evin,A.，*State,Democracy and the Military:Turkey in the 1980's*，p. 129.

⑥ Toprak,B.，*Islam and Political Development in Turkey*，pp. 105-106.

乏众望所归的宗教领袖和完整严密的组织体系,无论是极端主义组织和苏菲教团还是伊斯兰政党皆各行其是,难以形成否定世俗政治的广泛社会基础和政治影响。

　　不同于赛义德·库特卜和霍梅尼阐述的现代伊斯兰主义,土耳其的诸多伊斯兰政党无意建立伊斯兰教法至上抑或教法学家统治下的神权政体。内切梅廷·埃尔巴坎和雷赛普·埃尔杜安均强调建立幸福的社会作为其最终目标,而完善选举基础上的民主制是实现其最终目标的手段和工具。诸多伊斯兰政党在经济方面强调区别于资本主义和社会主义的伊斯兰主义,反对资本主义的贫富差距和社会主义的政府干预,倡导私有制和市场经济基础上的公正分配秩序。诸多伊斯兰政党指责世俗政党使土耳其在政治上成为西方的仆从国,在经济上成为国际货币基金组织的奴隶。与形形色色的世俗政党相比,诸多伊斯兰政党不仅表现为浓厚的宗教色彩,更具有鲜明的阶级倾向。诸多伊斯兰政党的社会基础,在于弱势和边缘的社会群体。[①] 诸多伊斯兰政党的所谓激进性,根源于其社会基础的边缘性。宗教政党与世俗政党的消长,体现民众政治与精英政治的尖锐对立。

　　有学者认为,"从世界范围看,拥护还是反对土耳其革命所确立的政教分离、世俗主义原则,事实上已成为区分进步与保守的重要标志"[②];亦有学者认为,伊斯兰复兴运动的兴起是世俗政权之"容忍乃至鼓励的结果"[③]。实际情况并非如此。从奥斯曼帝国时代教俗合一的政治模式,到凯末尔时代世俗政治的一元倾向,直至战后伊斯兰主义复兴的历史条件下宗教政治与世俗政治的抗争,构成土耳其政治现代化进程的历史轨迹。从伊斯兰文化的复兴到伊斯兰政治的复兴,则是战后土耳其伊斯兰主义复兴的基本线索。现代化进程中政治层面的核心内容,无疑是民主政治挑战极权政治。所谓伊斯兰主义的兴起和伊斯兰复兴运动的滥觞,其实质并非回归先知穆罕默德时代的社会秩序和重建早期伊斯兰教的信仰体系,而是民众借助于宗教的形式质疑官方政策和挑战现存政治秩序。70 年代世俗政治的危机,导致 80 年代政治和社会生活的宗教化倾向。80 年代宗教势力的泛滥以及非世俗化的潮流,则与政治生活的民主化进程呈同步的趋势。换言之,世俗主义垄断地位的不复存在和宗教势力的扩大,构成政治多元化的产物和体现。由于世俗主义的膨胀与凯末尔时代的极权政治密切相关,战后伊斯兰主义的兴起作为多党制政治实践的伴随现象和政治自由化的

---

① Ozbudun, E. , *Contemporary Turkish Politics*, p.88, p.89, p.91.
② 曲洪:《当代中东政治伊斯兰:观察与思考》,第 204 页。
③ 杨灏城:《当代中东热点问题的历史探索:宗教与世俗》,第 226 页。

逻辑结果,构成民众广泛政治参与和民主政治挑战极权政治的外在形式。90 年代,伊斯兰复兴运动趋于高涨,伊斯兰主义成为土耳其政治生活中举足轻重的政治要素和政治力量。世俗政党与伊斯兰主义政党的权力角逐,集中体现战后土耳其政治生活多元化与政治制度民主化的历史走向。

战后土耳其伊斯兰复兴运动的突出特征在于明显的温和色彩,宗教政治与世俗政治并未表现为尖锐的对抗和激烈的冲突,尤其是没有形成否定现存政治秩序和重建伊斯兰政体的政治纲领。相反,宗教政党与世俗政党的广泛合作,构成土耳其政党政治与政治生活的明显特征。然而,土耳其的宗教反对派之所以"采取温和的低姿态的方式,强调在不改变现行政治体制的前提下积极参与政治进程",其原因并非"所面对的是一个得到大多数人民拥护的、以武装力量为后盾的、强大的国家政权,力量对比悬殊"和"善于伪装"[①]。历史经验充分表明,统治模式决定反抗模式。伊朗巴列维国王时期独裁专制的政治制度和政治氛围,无疑是导致宗教政治与世俗政治之间尖锐对立和激烈冲突的根源所在。相比之下,土耳其多党制的政治体制和相对宽松的政治氛围,决定了土耳其伊斯兰主义和宗教政治的议会形式与温和倾向。

---

① 曲洪:《当代中东政治伊斯兰:观察与思考》,第 191 页,第 204 页。

结束语　伊斯兰教诞生以来中东历史的回顾与思考

一、伊斯兰传统文明的基本特征

教俗合一的国家形态

伊斯兰传统文明形成于中世纪的特定社会环境,个体生产、自然经济、超经济的强制和广泛的依附状态以及思想的束缚构成伊斯兰传统文明的历史基础,伊斯兰教的诞生和阿拉伯人从野蛮向文明的演进历程则是深刻影响伊斯兰传统文明的重要因素。

先知穆罕默德时代的阿拉伯半岛处于原始社会的野蛮状态,信仰的转变和伊斯兰教的诞生揭开了阿拉伯人建立国家和步入文明时代的帷幕,而公共权力由宗教生活向世俗领域的延伸则是这一过程的核心内容。《古兰经》屡屡强调安拉至上和顺从使者的信仰原则,进而阐述国家权力的政治理论,将尚且鲜为人知的崭新政治概念引入阿拉伯半岛氏族部落的社会体系。先知穆罕默德作为安拉的使者而凌驾于氏族部落之上,不仅负有传布启示的神圣使命,而且行使驾驭社会的世俗权力。先知穆罕默德在麦地那创立的温麦,无疑是《古兰经》所阐述的政治思想和社会理念得以逐步实践的逻辑结果。从宗教意义的顺从到世俗行为的约束,标志着国家权力通过温麦的形式始露端倪。教俗合一的温麦作为伊斯兰国家的原生形态,构成伊斯兰传统文明的基本政治框架。

在中世纪欧洲的基督教诸国,宗教权力与世俗权力长期并立,教会与国家自成体系,分庭抗礼。至于华夏文明及其周边区域,世俗权力极度膨胀,皇权至上的政治体制贯穿封建社会的历史进程。相比之下,教权与俗权的密切结合构成伊斯兰世界传统政治制度的突出现象,宗教与政治长期处于浑然一体的状态则是伊斯兰传统文明区别于中世纪的基督教文明以及华夏文明的显著特征。

　　根据传统伊斯兰教的政治理论,宗教是国家的基础,温麦作为伊斯兰国家的外在形式起源于安拉的意志。温麦兼有国家与教会的双重功能,教会与国家则被穆斯林视作同一概念。超越宗教界限和纯粹世俗范畴的政治行为与温麦的原则大相径庭,并无存在的空间。捍卫伊斯兰教法的神圣地位是伊斯兰国家的目的,维护穆斯林的宗教利益则是伊斯兰国家至高无上的政治准则。在传统伊斯兰世界教俗合一的特定历史条件下,宗教学说与政治理论错综交织;宗教学说构成政治理论的前提,政治理论则体现为宗教学说的延伸和补充。与此同时,政治群体往往体现为宗教派别,政治对抗通常采取教派运动的形式,政治斗争的首要方式便是信仰的指责。形式各异的教派运动皆有相应的政治基础、政治目的和政治手段,反映不同的社会群体之间政治利益的矛盾对抗。

　　传统伊斯兰教认为,安拉是温麦的主宰,是世人的君王,沙里亚则是安拉意志的体现和安拉规定的法度,是先于国家的秩序和尽善尽美的制度,芸芸众生只有遵循沙里亚的义务,绝无更改沙里亚的权力,即使哈里发亦不可随意立法,而必须服从沙里亚的约束。另一方面,伊斯兰世界的传统理论强调君权神授和君权至上的政治原则,强调君主的统治权力和臣民的从属地位;统治者是其臣民的牧人,他将为自己的行为和臣民的行为对安拉负责,而选择统治者和惩罚统治者的权力只属于安拉。至于臣民享有的权利,在伊斯兰世界的传统政治理论中则缺乏明确的阐述。所谓臣民终止顺从统治者和反抗统治者的相关规定往往只是理论上的虚构和道义上的制约,现实意义微乎其微,而忠君思想则是传统伊斯兰政治理论的实质所在。

　　麦地那哈里发时代,古老的阿拉伯半岛刚刚告别野蛮的秩序而初入文明的社会,独尊安拉的共同信仰尚未完全取代阿拉伯人的血缘联系,氏族部落的传统势力根深蒂固,原始民主制的残余和权位继承的非世袭传统深刻地影响着穆斯林的政治生活。特定的历史条件决定了麦地那哈里发国家的共和政体,财产占有状况的相对平等、浓厚的部族色彩和强烈的民主倾向则是麦地那哈里发时代的鲜明特征。麦地那哈里发时代末期,穆斯林内部的贫富差距日渐扩大,社会对立日趋加剧,共和政体陷入深刻的危机。穆阿威叶即位后,在伊斯兰世界首开哈里发家族世袭的先河,伊斯兰国家的政治制度随之由共和制转变为君主制。阿拔斯王朝建立后,沿袭倭马亚时代君主制的政治传统,历任哈里发皆系阿拔斯家族的成员。阿拔斯哈里发国家具有浓厚的宗教色彩,阿拔斯哈里发的统治权力被认为是来自安拉的赐予。哈里发每逢朝廷典礼和宗教节日皆身着据称是先知穆罕默德遗物的斗篷,并在宫中聘用宗教学者依据经训阐述的原则制定统治政策和进行神学宣传,以示其权力的合法与地位的神圣。哈里发不仅自居为伊斯兰教和伊斯兰世界的捍卫者,而且被视作全体穆斯林的宗教领袖,集教俗权力于一身,凌驾于社会之上,处于神圣不可侵犯的地位。对于哈里发的任何冒犯,都被视作宗教意义的亵渎。

继哈里发国家之后统治中东长达 6 个世纪之久的奥斯曼帝国采用君主制政体,苏丹的权位继承遵循奥斯曼家族世袭的政治原则。伊斯坦布尔的苏丹凌驾于臣民之上,象征着奥斯曼帝国的统治。另一方面,奥斯曼帝国沿袭哈里发时代教俗合一的历史传统,政治生活具有浓厚的宗教色彩。伊斯坦布尔的苏丹自诩为"信士的长官",俨然是阿拔斯王朝哈里发的继承人,兼有世俗与宗教的最高权力。保卫伊斯兰世界的疆域、统率穆斯林对基督教世界发动圣战和维护伊斯兰教法的神圣地位,是奥斯曼帝国苏丹的首要职责。奥斯曼帝国尊奉逊尼派伊斯兰教作为官方的意识形态,哈奈菲派教法构成官方法律制度的基础。沙里亚位于奥斯曼帝国法律体系的顶点,规定穆斯林的个人行为以及穆斯林与非穆斯林的相互关系,直至规定社会秩序和国家制度,具有至高无上的地位和不可侵犯的神圣性。萨法维王朝亦强调伊斯兰教的神权原则,尊奉什叶派伊斯兰教作为官方意识形态,实行教俗合一的政治制度。萨法维王朝的国王自称伊玛目家族的后裔和"安拉在大地的影子",兼有什叶派宗教领袖与世俗君主的双重权力。什叶派伊斯兰教的官方宗教学说赋予萨法维国王以神圣的外衣,成为萨法维王朝驾驭社会和统治民众的重要工具。

国家所有制的土地制度

伊斯兰传统文明的显著特征,表现为经济领域的国有倾向;国家土地所有制的长期存在,构成中古时代中东历史的突出现象。国有土地的赐封导致社会成员之间深刻的经济对立,构成伊斯兰世界封建关系的重要内容。国有土地的经济制度与私人支配土地的经济现实之间的矛盾运动,贯穿中东封建社会的历史进程。

伊斯兰传统文明脱胎于阿拉伯半岛的野蛮状态;氏族部落社会特有的原始公社土地所有制,构成伊斯兰世界土地制度演变的起点。在前伊斯兰时代的阿拉伯半岛,原始公有制的财产关系广泛存在,土地无论作为耕地抑或作为牧场皆由血缘群体成员共同支配。先知穆罕默德时代,阿拉伯半岛的土地关系发生深刻的变化。《古兰经》规定一切土地皆属安拉及其使者所有,进而阐述了国家土地所有制的经济原则。血缘群体诚然在大多数情况下依旧构成世袭占有土地的基本单位,而先知穆罕默德至少在理论上开始超越血缘群体的狭隘界限,获得支配土地的最高权力,作为"凌驾于所有这一切小的共同体之上的总和的统一体表现为更高的所有者或唯一的所有者"。《古兰经》阐述的国家土地所有制,根源于阿拉伯半岛的客观物质环境,构成原始公有制的土地关系在文明时代的历史延续。先知穆罕默德时代依据《古兰经》的相关启示所征纳的天课,不仅具有宗教意义,而且是国家权力得以实现的重要形式,其实质在于宗教形式下租税的合一。"国家既作为土地所有者,同时又作为主权者而同直接生产者相对立"。

先知穆罕默德时代,斐伊作为土地关系的崭新形式在阿拉伯半岛始露端倪。斐伊特指安拉赐予其使者的土地,引申意义为国家直接支配的耕地。麦地那哈里发时代,穆斯林开始走出阿拉伯半岛,伊斯兰世界进入大规模对外扩张的发展阶段。麦地那哈里发国家的对外扩张主要表现为军事占领的过程,而军事占领直接导致地权性质的改变。麦地那哈里发国家根据《古兰经》规定的相关原则,沿袭阿拉伯半岛的传统和先知穆罕默德的先例,在被征服地区广泛实行国家土地所有制;所有被征服的土地皆被视作斐伊,成为哈里发国家的公产和全体穆斯林的共同财源。欧默尔规定:穆斯林战士不得将被征服者作为奴隶据为己有,亦不得随意侵吞他们的财产或通过其他形式加以奴役;安拉赐予的土地必须留给被征服者继续耕种,向他们征收贡税并由全体穆斯林共同享用。贡税关系的广泛确立,不仅体现哈里发国家的统治权在被征服地区的存在,而且构成哈里发国家的土地所有权"借以实现的经济形式"。哈里发国家在沿袭拜占廷帝国和波斯帝国原有农作方式的基础之上,通过贡税的形式,在全体穆斯林与被征服人口之间建立起封建性质的土地关系。迪万制度和年金的分配,体现了全体穆斯林对于被征服地区直接生产者的剩余劳动的集体占有。

伊克塔是哈里发时代伊斯兰世界土地制度的重要形式,本意为地产的赐封,源于《古兰经》的相关启示,国家土地所有制构成地产赐封的前提条件,斐伊则是地产赐封的基本来源。先知穆罕默德时代,伊克塔首先表现为耕作权利的赐封,荒地居多,面积较小,处于自耕状态,受封者即为直接生产者,而耕种土地构成受封者获取生活资料的基本方式。先知穆罕默德时代,更多的伊克塔表现为土地收成之份额的赐封。土地收成之份额的赐封不同于耕作权利的赐封,导致受封者与直接生产者之间深刻的经济对立。倭马亚王朝建立以后,特别是阿拔斯时代,伊克塔作为军事封邑日渐盛行。在塞尔柱人统治下的西亚和自阿尤布王朝至马木路克时代的埃及,军事伊克塔制的发展达到顶峰。作为军事封邑的伊克塔系土地受益权的赐封而非土地所有权的赐封,兼有国家公田与民间私田的双重性质,处于国有与私有之间的过渡状态。受封者无权以个人的名义支配土地,仅以享用封地的岁入作为目的,具有非世袭性和非等级性。伊克塔的频繁更换,诚然是国家控制受封者的有效手段,却无疑排斥着地权私人化与地产市场化的进程。

　　奥斯曼帝国沿袭哈里发国家的历史传统,援引伊斯兰教的相关原则,实行国家土地所有制。奥斯曼帝国的国家土地所有权,起源于奥斯曼帝国作为征服者的统治权。伊斯坦布尔的苏丹至少在理论上拥有全国的土地,以提供兵役作为条件将土地作为封邑授予穆斯林贵族。国家对于土地的绝对控制是封邑制度赖以存在的前提条件,封邑面积的增减与国家土地所有制的兴衰表现为同步的状态。封邑的耕作者系隶属国家的佃农,处于政府的保护之下,世代享有土地的耕作权,地租的征纳标准、征纳时间和征纳方式均由苏丹确定,封邑的领有者无权更改。封邑的领有者并无土地的所有权,只是土地收成的享用者,未经国家允许不得出售和转让土地或将土地赠与他人。所有封邑均由苏丹直接赏赐,并由中央政府登记造册,贵族内部的等级分封则被严格禁止。尽管封邑的领有者试图获得苏丹的允准,将封邑传与子嗣,然而封邑的世袭显然缺乏必要的法律依据,提供相应的兵役则是领有封邑的前提条件。封邑制度作为国家土地所有制的逻辑延伸,不仅是奥斯曼帝国军事制度的重要基础,而且构成奥斯曼帝国经济社会制度的突出特征。

穆斯林与非穆斯林的社会对立

　　传统伊斯兰世界强调伊斯兰国家统治区域与非伊斯兰国家统治区域之间的差异,同时明确区分伊斯兰国家统治区域内的穆斯林臣民与非穆斯林臣民。穆斯林与非穆斯林的长期并存,构成传统伊斯兰世界社会生活的显著特征。穆斯林与非穆斯林之间的广泛对立,贯穿传统伊斯兰世界的历史进程。吉玛人的长期存在和米勒特制度的实践,集中体现伊斯兰世界穆斯林与非穆斯林之间的对立状态。

　　穆斯林与非穆斯林之间的社会对立,缘起于先知穆罕默德时代阿拉伯人自野蛮向文明过渡的历史进程中社会结构的深刻变革,是先知穆罕默德时代阿拉伯社会宗教矛盾的集中体现和穆斯林圣战实践的直接结果。《古兰经》严格区分多神崇拜的阿拉伯人与一神信仰的犹太人和基督徒,将前者称作"以物配主的人",而将后者称作"有经典的人";"以物配主的人"只能在皈依与死亡之间做出选择,"有经典的人"则可通过缴纳贡税作为条件换取穆斯林的保护。先知穆罕默德去世后,哈里发国家征服阿拉伯半岛以外的广大区域,非穆斯林臣民数量剧增,犹太人和基督徒作为"有经典的人"无疑处于哈里发国家的保护之下,琐罗亚斯德教徒亦被纳入被保护者的行列。

　　吉玛人是所谓的"有经典的人"之宗教概念在现实领域的逻辑延伸,特指在伊斯兰国家的疆域内通过订立契约的形式接受保护的非穆斯林臣民。保护与依附之间无疑具有内在的逻辑联系;吉玛人作为被伊斯兰国家保护的社会群体,长期处于依附和从属的地位。哈里发时代,伊斯兰国家援引《古兰经》的相关启示,承认吉玛人在缴纳人丁税的条件下保留原有的宗教信仰,进而赋予吉玛人相对的自由和有限的自治权利,同时禁止吉玛人出任官职,将吉玛人排斥于政坛和征战领域之外。吉玛人不得享有与穆斯林同等的政治权利,吉玛人担任国家官职进而对穆斯林行使权力被视作非法。伊斯兰世界在理论上必须执行伊斯兰教法,然而伊斯兰教法在大多数情况下仅仅局限于规范穆斯林的社会行为,哈里发国家通常允许犹太人和基督徒沿袭各自原有的宗教法律,其司法仲裁诉诸各自的宗教首领。但是,吉玛人如果涉及与穆斯林之间的诉讼,必须依据伊斯兰教法予以裁决;穆斯林法庭在裁决时,往往拒绝接受吉玛人的誓言和所提供的证据。《古兰经》承认奴隶存在的合法地位,而吉玛人却不得拥有穆斯林作为奴隶。伊斯兰教法允许吉玛人改奉伊斯兰教,却禁止穆斯林改奉其他宗教,禁止基督徒和犹太人改奉除伊斯兰教外的其他宗教。伊斯兰教法禁止吉玛人娶穆斯林妇女为妻,却允许穆斯林娶吉玛人之女为妻。吉玛人尽管享有保留原有宗教信仰的权利,其宗教活动却常受种种限制,宗教迫害的现象亦时有发生。然而,法律规定与社会现实常常不尽吻合,差异甚大。综观哈里发时代的伊斯兰世界,穆斯林对吉玛人的歧视和迫害的程度十分有限,宗教宽容则是此间伊斯兰世界社会生活之区别于基督教世界的明显特征。

伊斯兰世界的吉玛人与中世纪西欧的农奴作为封建时代的社会成分,均处于依附的状态。然而,伊斯兰世界的吉玛人与中世纪西欧的农奴所处的历史环境存在明显的差异。在伊斯兰世界,吉玛人从属于国家而不是依附于作为个体的穆斯林。相比之下,中世纪西欧的农奴制根源于特定的地租形态,存在于公权私化的政治环境;农奴承担劳役制地租,从属于封建庄园的领主。另一方面,穆斯林与吉玛人之间的对立具有浓厚的宗教色彩,农奴制度则表现为明显的世俗倾向。

奥斯曼帝国疆域辽阔,社会构成表现为明显的多元状态,语言、民族、经济活动和生活方式诸多方面差异甚大,不同的宗教信仰则是区分诸多社会群体的基本标志。奥斯曼帝国的统治者沿袭哈里发时代形成的吉玛人制度,实行所谓的米勒特制度,进而将臣民划分为穆斯林、希腊人、亚美尼亚人和犹太人四大群体。米勒特作为宗教政治群体,并不具有民族的内涵。换言之,每个米勒特包含不同的民族成分,相同的民族却由于信仰的差异而分别属于不同的米勒特。米勒特制度的实质,在于苏丹与诸多宗教群体首领抑或伊斯兰教贵族与非穆斯林贵族的权力分享。奥斯曼帝国实行的米勒特制度,构成伊斯坦布尔的苏丹统治臣民的重要政治基础。向奥斯曼帝国缴纳人丁税,是非穆斯林诸米勒特区别于穆斯林米勒特的主要标志。基督徒和犹太人在缴纳人丁税的条件下,享有一定程度的自治权利,处于二等臣民的地位。穆斯林与基督徒、犹太人的居住空间错综交织,分别遵从各自的宗教法律,操各自的传统语言,恪守各自的生活习俗,隶属于各自的宗教首领,相安无事。穆斯林男子与非穆斯林女子之间的通婚现象随处可见;非穆斯林女子嫁给穆斯林男子后,可保留原有的宗教信仰,但是所生的子女则被视作穆斯林。然而,奥斯曼帝国坚持伊斯兰教统治的传统原则,穆斯林贵族垄断国家权力,非穆斯林不得担任政府官职,不承担兵役,不得分享国家权力。诸多宗教社团俨然是奥斯曼帝国境内的国中之国,诸多宗教的文化传统在奥斯曼帝国长期延续,进而导致奥斯曼帝国社会结构之浓厚的多元色彩。

二、中东现代化进程的历史轨迹

现代化的历史内涵

所谓的世界历史,无疑是人类社会不断走向解放的漫长过程。如若从宏观角度审视世界历史,不难发现,人类社会在走向解放的漫长过程中先后历经两次深刻的转变。人类社会的第一次解放,发生于自野蛮向文明过渡的历史阶段,其核心内容在于原本仅仅从属于氏族部落和作为"整体的肢体"的个人逐渐摆脱血缘群体的束缚,成为独立存在的社会成员;是为文明化。人类社会的第二次解放,发生于自传统文明向现代文明过渡的历史阶段,其核心内容在于独立存在的社会成员逐渐摆脱依附状态而走向自由的时代;是为现代化。

现代化的历史进程包含诸多因素的矛盾运动,其实质在于所有制的变革和社会形态的更替。个体生产、自然经济、乡村农业的统治地位、社会生活的封闭状态、广泛的超经济强制、普遍的依附倾向和思想的束缚无疑是传统社会的基本要素,所谓的现代化主要表现为从个体生产向社会化生产的转变、从自然经济向商品经济的转变、从农本社会向工业社会的转变、从封闭向开放的转变、从奴役向自由的转变、从专制向民主的转变。生产的社会化、经济的市场化、工业化、城市化、人身的自由化、社会秩序的法治化、政治生活的民主化和意识形态的个性化构成现代化的普遍趋势和基本方向,生产的进步、经济的发展和财富的增长则是现代化的深层物质基础。

所谓的现代化即从传统文明向现代社会的过渡无疑是世界历史发展的客观规律,中东地区的现代化则是世界现代化进程的重要组成部分。世界现代化进程的终极目标无疑具有同一性,然而不同国家的现代化道路却不尽相同,可谓异曲同工,殊途同归。中东现代化的特定内涵在于封建主义的衰落、传统秩序的解体和资本主义的长足发展,传统的封建主义与新兴的资本主义两者之间的矛盾运动贯穿中东现代化的进程。伊斯兰传统文明与中东现代化进程两者之间具有内在的逻辑联系和历史联系。西方的冲击固然构成深刻影响中东地区现代化进程的外部因素,而伊斯兰传统文明的特定历史背景从根本上决定着中东现代化进程之区别与其他诸多地区现代化进程的特殊道路。土地所有制的非国有化运动、穆斯林与非穆斯林之间社会界限的淡化和法律地位的趋同、现代民族国家的兴起以及民族主义、极权主义与国家资本主义的广泛实践,标志着中东现代化进程的长足进步。

中东现代化进程的启动

自 15 世纪开始,传统的农本社会在西方基督教世界逐渐衰落。伴随着统一民族国家的形成、重商主义的实践和工业革命的完成,西方基督教世界迅速崛起,实力剧增。相比之下,中东伊斯兰世界的历史进程处于停滞的状态,农本社会长期延续。西方的崛起和中东历史的相对停滞状态,导致基督教世界与伊斯兰世界之间力量对比的失衡。西方基督教世界的崛起,无疑标志着现代文明的诞生。中东伊斯兰世界的停滞状态,其特定内涵在于传统秩序的根深蒂固。文明的落差导致西方冲击的历史浪潮,现代化进程随之自西方基督教世界向中东伊斯兰世界逐渐延伸。

中东伊斯兰世界的现代化进程缘起于西方的冲击,特定的国际环境构成中东伊斯兰世界现代化进程中至关重要的外部因素。工业革命导致扩大产品市场和增加原料供应的迫切需要,是为西方列强之世界性扩张的内在根源。进入19 世纪,西方列强的战争威胁促使奥斯曼帝国的苏丹、埃及的帕夏和恺伽王朝的国王致力于自上而下的新政举措,中东伊斯兰世界的现代化进程由此拉开序幕。

中东伊斯兰世界的统治者推行新政的初衷,无疑是强化君主制度和维护传统秩序,进而应对西方基督教世界的崛起和由此形成的外部威胁。新政举措所涉及的范围,亦大都局限于上层建筑和器物层面。然而,推行新政的主观目的与客观后果不尽吻合,两者之间存在明显的悖论倾向。所谓新政的核心内容是组建新军;组建新军的直接原因是战争的需要,而组建新军的前提条件则是筹措巨额的军费。新政期间，中东伊斯兰世界的统治者极力寻求扩大财源的途径，旨在增加岁入，保证军饷的支付和军事装备的购置。传统社会与新政期间的统治者皆具有聚敛财富和增加岁入的强烈需求，而两者聚敛财富和增加岁入的方式却迥然不同。在传统社会，自给自足的自然经济占主导地位，农业构成基本的经济部门，占有土地则是聚敛财富和增加岁入的首要来源。新政期间，中东伊斯兰世界的统治者相继兴办现代工业，推行重商主义的经济政策，获取货币取代占有土地成为时尚，传统社会的冰山开始出现溶化的迹象。

19 世纪以前，中东伊斯兰世界与西方基督教世界之间并非处于隔绝的状态，而是存在一定程度的相互交往。伊斯兰世界与西方基督教世界之间的交往，通常表现为战争的形式，亦包含有限的商业贸易，传统手工业产品是中东伊斯兰世界输出欧洲基督教世界的主要商品。进入 19 世纪以后，中东伊斯兰世界与西方基督教世界之间的贸易交往呈明显上升的趋势。西方列强往往通过战争的手段，强迫奥斯曼帝国及恺伽王朝签署一系列的不平等条约，进而向中东伊斯兰世界倾销廉价工业品。西方工业品的倾销导致中东伊斯兰世界经济领域的深刻变化，货币关系的扩大、地租形态的转换、农作物结构的调整、农产品出口的急剧增长和农业生产市场化程度的明显提高构成此间中东伊斯兰世界经济生活的突出现象，中东伊斯兰世界的传统手工业则由于西方廉价工业品的竞争而趋于衰落。自 19 世纪中叶开始，中东伊斯兰世界与西方基督教世界之间的交往逐渐由贸易领域扩展至投资领域，西方列强在中东诸地直接投资，筑路建厂。与此同时，西方列强通过提供高息贷款的方式，控制中东伊斯兰世界的经济命脉，西方货币充斥于中东伊斯兰世界的流通领域。至 19 世纪后期，中东伊斯兰世界逐渐沦为西方工业国的农产品供应地和工业品市场，传统经济秩序濒临崩溃，自给自足的封闭状态亦不复存在。

19 世纪的奥斯曼帝国和恺伽王朝无疑呈日渐衰落的趋势。然而，奥斯曼帝国和恺伽王朝的衰落不同于哈里发国家的解体。哈里发国家的解体发生于传统文明的框架之内，根源于传统社会内部诸多因素的矛盾运动。相比之下，奥斯曼帝国和恺伽王朝的衰落发生于从传统文明向现代文明过渡的特定历史条件下，既是传统社会诸多因素矛盾运动的结果，亦与近代欧洲的崛起和西方的冲击具有内在的逻辑联系。财政岁入的日渐枯竭、对外战争的接连失利、地方离心倾向的增长和王权的式微，尽管构成奥斯曼帝国和恺伽王朝衰落的历史链条，却未触及中东伊斯兰世界传统秩序的深层根基，而仅仅局限于上层建筑和器物层面。近代欧洲的崛起和西方的冲击不仅加速着奥斯曼帝国和恺伽王朝的衰落，而且催生着中东伊斯兰世界之现代文明的兴起。西方廉价工业品的倾销和国际分工的扩大，导致中东伊斯兰世界经济社会领域的剧烈变革，构成瓦解中东伊斯兰世界传统秩序的催化剂。中东伊斯兰世界逐渐丧失传统时代的自主地位,卷入资本主义的世界体系,进而成为西方列强的原料供应地和工业品市场,经济社会生活随之从封闭状态走向开放。奥斯曼帝国和恺伽王朝的衰落并非意味着中东伊斯兰世界的全面衰落,而是包含新旧经济秩序的更替、新旧社会势力的消长、新旧思想的冲突、民主与独裁的抗争等现代化进程中的特有现象,体现中东伊斯兰世界的长足进步。奥斯曼帝国和恺伽王朝衰落的实质在于中东伊斯兰世界传统秩序的解体和新旧社会形态的更替,而奥斯曼帝国的崩溃和恺伽王朝的寿终正寝构成中东伊斯兰世界现代化进程的重要历史内容,标志着中东伊斯兰世界之新生的开始。

中东伊斯兰世界的现代化进程发端于奥斯曼帝国统治下的小亚细亚半岛和埃及,继而向新月地带和伊朗高原逐步扩展,直至延伸到阿拉伯半岛。自 20 世纪 30 年代开始,西方石油公司在波斯湾沿岸发现石油,由此掀开阿拉伯半岛历史进程的崭新一页。如同古代的阿拉伯人伴随着伊斯兰教的产生而经历从野蛮向文明过渡的深刻历史变革,石油的发现促使阿拉伯半岛告别传统社会,进而步入现代化的历史阶段。石油时代的到来,缘起于西方经济对于能源供应的严重依赖。石油的开采以及石油经济的迅速发展,则是联结阿拉伯半岛与现代文明的纽带和桥梁。伴随着石油财富的增长,阿拉伯半岛的传统秩序逐渐解体,现代化进程随之启动。石油经济的繁荣,成为阿拉伯半岛现代化进程的重要物质基础。

现代民族国家的兴起与绝对主义的现代化模式

现代化的主体是具有完整主权的民族国家,民族主义的广泛实践构成实现生产进步、经济发展和财富增长进而使民众获得自由和尊严的前提条件。综观世界历史,各个地区由于具体条件的差异而在现代化的进程中经历了不同的发展道路,然而民族主义的兴起和民族国家的形成却是现代化进程中普遍存在的历史现象和不可或缺的必要环节。

16—17 世纪,宗教改革在西欧诸国风行一时,否定教会的权威和排斥罗马教廷的传统势力是宗教改革的宗旨所在。民族教会的建立包含着民族主义的政治实践,世俗化构成推动西欧地区民族独立和民族国家兴起的重要举措。1775—1783 年美国独立战争堪称西方民族革命的典型范例,英国殖民统治的结束导致北美地区现代化的长足发展。相比之下,中东伊斯兰世界现代化的早期阶段与西方的冲击密切相关。西方的冲击固然推动了中东伊斯兰世界农业生产的市场化和初步的工业化进程,促进了中东伊斯兰世界商品经济的发展和货币关系的扩大,加速了中东伊斯兰世界传统经济结构和社会秩序的衰落。但是,殖民侵略和殖民统治作为西方冲击的历史形式,对于中东伊斯兰世界的现代化进程具有十分严重的消极影响。殖民主义的实质在于宗主国对于殖民地财富的掠夺;西方列强的殖民侵略和殖民统治导致中东诸国长期缺乏完整的主权和独立的国际地位,在政治上从属于西方,在经济上依附于西方,是束缚中东诸国经济社会进步的枷锁和制约中东诸国现代化长足发展的障碍。

自由在传统社会原本是相对于奴役状态的法律概念,在现代社会成为与公民权密切相关的政治概念。自由与民主可谓现代文明的两大主题,主权在民与宪法至上构成现代民族国家的政治基础。中东诸国的现代化进程尽管一度包含西化的倾向,然而所谓的西化只是西方制度的扩张和西方殖民主义的逻辑延伸,诸如议会和宪政等西方制度的移植并未根本改变中东诸国的历史进程,亦未带来真正意义的自由和民主。西方列强的殖民侵略和殖民统治无疑是中东伊斯兰世界走向自由和解放的历史障碍,民族的解放和国家的独立则是中东伊斯兰世界现代化进程得以长足发展的前提条件。特定的历史环境导致中东伊斯兰世界与西方列强之间的尖锐对立;随着民族矛盾的加剧,中东伊斯兰世界的民族解放运动日趋高涨。在尼罗河流域、安纳托利亚高原、新月地带和阿拉伯半岛,诸多主权国家相继崛起于奥斯曼帝国的废墟之上。民族主义的广泛胜利,标志着中东伊斯兰世界的现代化进程步入崭新的发展阶段。

中东伊斯兰世界现代化进程的突出现象,在于民族主义与民主主义的错综交织和此消彼长。民族主义运动与民主主义运动皆属政治层面的历史运动,两者的共同之处在于权力的角逐,不同之处在于前者表现为民族之间的尖锐对抗,而后者表现为民族国家内部诸多阶层和群体之间的激烈冲突。世界历史的进程贯穿着人类不断走向解放的主题;民族主义胜利的结局是民族的解放,民主主义运动的目标则是实现民众的解放。民族主义与民主主义具有内在的逻辑联系,民族主义的胜利是真正实现经济进步和财富增长进而使民众获得权利、自由和尊严的前提条件。中东伊斯兰世界现代化进程中的政治思潮和政治运动,从奥斯曼主义到凯末尔主义、从纳赛尔主义到复兴阿拉伯社会主义、从伊斯兰现代主义到现代伊斯兰主义,无不具有民族主义的浓厚色彩。从民族解放运动的胜利到民主化运动的高涨构成中东伊斯兰世界的现代化进程在政治层面的历史轨迹,绝对主义的现代化模式抑或所谓"发展的独裁模式"则是联结民族解放运动与民主化进程的中间环节。

绝对主义的现代化模式根源于现代化进程中新旧经济秩序和社会势力的深刻对立,极权政治的强化和政府广泛的经济干预构成绝对主义现代化模式的核心要素。凯末尔当政期间的土耳其、纳赛尔当政期间的埃及、礼萨汗和巴列维国王当政期间的伊朗、沙特家族统治下的沙特阿拉伯、侯赛因当政期间的约旦、萨达姆当政期间的伊拉克和阿萨德当政期间的叙利亚，均为绝对主义现代化模式的典范。国家利益和民族尊严的至高无上，堪称诸多绝对主义国家遵循的首要准则。经济社会领域自上而下的深刻变革，标志着绝对主义时代现代化的长足进步。经济的发展与民众政治参与的排斥以及财富的增长与贫富分化的加剧，构成绝对主义时代现代化进程的普遍现象。以牺牲政治层面的自由和民主作为代价推动新旧经济社会秩序的更替，则是绝对主义时代现代化模式的实质所在。民族主义、极权主义与国家资本主义三重倾向的错综交织，构成此间中东诸国现代化的明显特征。凯末尔、纳赛尔、礼萨汗和巴列维、侯赛因、萨达姆、阿萨德和沙特家族的统治，无不体现民族主义、极权主义和国家资本主义的广泛实践。摆脱从属于西方的政治地位和依附于西方的经济地位，进而争取民族解放和主权独立，是中东诸国现代化历史进程的客观需要。极权主义作为民族主义的逻辑延伸，构成从传统的君主专制向现代民主政治过渡的中间环节。从民族主义的胜利到极权主义的实践，标志着中东诸国现代化进程中政治领域的深刻革命。国家资本主义亦被称作现代形式的重商主义，其核心内容是在私有制的前提下实现政府在经济领域的广泛干预。国家资本主义既是极权主义的经济基础，亦是否定封建生产关系的有力杠杆。民族主义的高涨构成国家资本主义的逻辑起点，极权主义的政治实践则是国家资本主义的先决条件。

绝对主义时代，宪法规定的政治制度与现实的政治生活大相径庭，总统和国王凌驾于宪法和议会之上，主权在民、自由平等和保障公民权利的相关条款只是欺骗民众的美丽谎言，形同虚设的议会和政府操纵的选举则是独裁专制的点缀和遮羞布。绝对主义时代的统治者大都致力于塑造平静和稳定的政治氛围，极权政治的强化与平静稳定的政治氛围具有内在的逻辑联系。然而，绝对主义时代的极权政治不同于传统社会的君主专制，亦区别于现代社会的民主政治，具有明显的悖论倾向。绝对主义时代自上而下的改革举措，其主观目的在于强化极权政治，而客观后果却与主观目的大相径庭。随着传统经济秩序的瓦解、工业化的长足发展、交换关系的扩大和市场化程度的提高，新旧社会势力此消彼长，民主化运动的客观物质基础日渐成熟。

政治的稳定通常表现为两种基本的历史模式，一种是通过排斥民众参与和强化独裁专制而实现的传统政治稳定，另一种是通过否定独裁专制和扩大民众参与而实现的现代政治稳定。现代化进程在政治层面的历史运动，表现为传统政治稳定的衰落和现代政治稳定的逐渐确立，剧烈的政治动荡则是联结传统政治稳定与现代政治稳定的必要阶段。绝对主义时代之政治氛围的平静和稳定无疑是政治风暴的前奏，变动的经济社会秩序与明显滞后的政治制度之间的深刻矛盾则是政治风暴的源头所在。脆弱的政治基础和内在的悖论倾向,是绝对主义时代的极政政治区别于传统君主政治和现代民主政治的明显特征。独裁的铁幕只能掩盖和压制社会矛盾和政治对抗,却不能消除社会矛盾和政治对抗。在独裁的铁幕掩盖下,社会矛盾和政治对抗不断加剧。民众力量的增强导致民众的政治崛起,民众的政治崛起挑战着绝对主义的极权统治,进而形成民主与专制激烈抗争的动荡局面。

政治层面之现代化进程的核心内容在于民众政治参与的扩大和政治民主化程度的提高,而政党政治的演变则是中东诸国政治现代化进程的重要内容。绝对主义时代,中东诸国大都采取一党制或一党独大的政党制度,奉行自上而下的政治原则,政党内部缺乏必要的政治民主,政党政治与政府政治浑然一体。包括凯末尔当政期间土耳期的人和人民党、纳赛尔当政期间埃及的阿拉伯社会主义联盟、巴列维国王当政期间伊朗的新伊朗党和复兴党、阿萨德当政期间叙利亚的复兴党和萨达姆当政期间伊拉克的复兴党在内的诸多政党,皆非广泛体现民众意志的政治组织,只是独裁者控制社会和排斥民众政治参与的御用工具,民众长期徘徊于政治舞台的边缘地带。

工业化的演进趋势

中东伊斯兰世界工业化进程的源头,可以追溯到新政期间创办的官营企业。19 世纪前期埃及帕夏穆罕默德·阿里和奥斯曼帝国苏丹马哈茂德二世的新政举措,首开中东伊斯兰世界工业革命的先河。新军的组建和战争的需要无疑是创办官营企业的直接诱因,军火制造业和造船业则是新政期间最重要的官营企业。继官营军事工业创办之后,民间投资兴办现代工业者不断增多,然而其经营领域往往局限于纺织业和食品加工业以及其他日用消费品制造业。与此同时,传统手工业呈衰落的趋势,手工工匠逐渐丧失独立的经济地位,转化为新兴现代工业企业的雇佣劳动力。殖民主义时代,中东伊斯兰世界长期处于从属西方列强的经济地位,农产品的输出和西方工业品的倾销构成中东伊斯兰世界与欧洲基督教世界经济交往的核心内容。殖民主义的实质在于宗主国对于殖民地财富的掠夺,而殖民侵略和殖民统治的直接后果是中东伊斯兰世界的畸形经济发展。由于殖民主义时代的特定历史环境,中东伊斯兰世界的现代民族工业处境艰难,发展速度缓慢,工业投资长期落后于农业投资。

进入 20 世纪,中东伊斯兰世界的民族解放运动日趋高涨,诸多主权国家相继诞生。伴随着殖民主义时代的结束,中东伊斯兰世界的民族工业获得长足的发展。此间,中东诸国大都奉行国家资本主义的经济原则,强调进口替代的工业化发展模式,极力扶持基础薄弱的民族工业。民族主义的胜利可谓国家资本主义的逻辑起点,西方资本的国有化政策掀开国家资本主义的序幕。政府广泛的经济干预、国内市场的保护和工业优先的原则,标志着中东诸国国家资本主义的广泛实践。由于人口的迅速增长与耕地面积扩大的相对滞后两者之间矛盾凸显,人均耕地面积下降,工业化成为缓解人口增长压力和摆脱贫困状态的必要途径。国家资本主义时代,政府投资取代西方投资和国内民间投资,成为中东诸国工业投资的首要形式。政府投资的领域主要是基础设施建设、重工业和技术资金密集型企业,国有化进程则是政府广泛干预和政府投资扩大的逻辑结果。国家资本主义尽管不无弊端,却是推动中东诸国工业化进程的有力杠杆。工业投资的增长、工业基础的扩大、工业结构的日趋完善、工业生产总量的明显增长以及传统工业与现代工业的此消彼长,集中体现中东诸国工业化的长足进步。

在中东特定的历史条件下,国家资本主义的经济发展模式与极权主义的政治模式具有内在的逻辑联系,体现极权主义的政治模式在经济领域的延伸。国家资本主义的经济发展模式服务于极权主义的政治需要,国家资本主义的广泛实践构成极权主义的重要物质基础,而极权主义的削弱与国家资本主义的衰落往往表现为明显的同步过程。20世纪后期,中东诸国政府相继推行以自由化和非国有化改革为主要内容的新经济政策,私人投资明显增长,私人经济呈逐渐上升的趋势,市场经济日趋成熟。尽管如此,国有经济在中东诸国并未销声匿迹。私人经济尽管经营方式灵活,却因资金匮乏,技术落后,其在工业领域的投资存在诸多局限。相比之下,国有经济资金雄厚,技术先进,虽然体制方面存在种种弊端,却在推动工业化的进程中具有不可替代的作用,进而与私人经济长期并存。与此同时,中东诸国政府相继设立经济特区和自由贸易区,吸引国外投资,寻求扩大国际市场,外向型的出口开放逐渐取代内向型的进口替代而成为中东诸国工业化的普遍趋势。进口替代的经济发展模式尽管构成中东诸多主权国家推动工业化进程的重要阶段,毕竟包含着相对封闭的明显倾向。从进口替代的内向型经济发展模式转变为出口开放的外向型经济发展模式,标志着中东诸国工业化开始步入新的发展阶段,经济市场化的程度随之进一步提高。然而,20世纪后期中东诸国推行的经济改革,其广度、深度和速度大都处于政府的操纵和控制之下,旨在延续国家对于经济生活的主导作用。政府和官僚阶层成为直接受益者以及政府和官僚阶层与新兴资产阶级分享成果,是自上而下推行自由化经济改革的宗旨和前提条件。政府与私人的合资企业,形成政府与私人投资者之间的共同利益。官僚资产阶级逐渐摆脱国家资本主义的经济框架而开始转化为自由资产阶级,亦官亦商者甚多,官商勾结现象严重。包括财政收支平衡、通货膨胀加剧、失业率上升和下层民众生活水准下降在内的诸多问题,并未由于新经济政策和自由化改革的实施而得到有效的解决。

地权的演变与乡村农业的发展

国家土地所有制起源于先知穆罕默德时代的阿拉伯半岛,从哈里发时代直至奥斯曼帝国和萨法维王朝统治时期长期延续,构成中东伊斯兰世界传统文明的重要特征。国有土地的赐封导致社会成员之间的深刻经济对立,国家土地所有制与小农个体生产的结合集中体现中东伊斯兰世界封建性质的经济关系。国家土地所有权与私人支配土地的经济现实两者之间的矛盾运动,贯穿中东封建社会的历史进程。

进入 19 世纪,随着商品经济的发展和货币关系的扩大,中东伊斯兰世界的地权形态出现明显的变化,国家土地所有制逐渐衰落。19 世纪 30 年代,奥斯曼帝国废除封邑制,全面实行包税制;包税制的推广排斥着国家对于土地的支配和控制,进而构成国有土地转化为民间地产的中间环节。1858 年,奥斯曼帝国颁布《农业法》,农民租种国有土地的经营自主权明显扩大,直至获得租种国有土地的交易权,地权的非国有化程度进一步提高。在尼罗河流域,穆罕默德·阿里王朝的统治者赛义德废除国家垄断农业生产和农产品专卖的规定,赋予租种国有土地的农民享有自主经营直至抵押和继承的广泛权利,允许民间购置国有土地,推广货币税。在恺伽王朝统治下的伊朗,王室土地和贵族封邑自 19 世纪中叶开始逐渐减少,私人支配的民间地产不断增加,封邑的领有者开始演变为地产的所有者。

地权形态与乡村农业具有密切的内在联系。国家土地所有制的统治地位通常与自给自足的自然经济以及广泛的超经济强制密切相关,其明显特征在于地权分布状态的相对稳定,进而构成遏制土地兼并的重要手段。商品经济发展和农业生产市场化进程的逻辑结果,则是地权的剧烈运动。土地作为商品进入流通领域,瓦解着国家土地所有制赖以存在的基础。地权的非国有化运动无疑是经济市场化的重要内容,其直接后果在于土地兼并的加剧和私人大地产的膨胀。失去土地进而被迫出卖劳动力的农民人数呈明显上升的趋势,乡村社会的贫富差距明显扩大。另一方面,地权的非国有化运动和日趋加剧的土地兼并,决定了地主阶级在乡村农业领域的统治地位和在国家政治生活中的广泛影响。农民作为依附于地主的弱势群体,处于政治生活的边缘地带,无缘分享国家权力,其与地主之间的矛盾对抗日趋尖锐。

尼罗河流域、新月地带、伊朗高原和安纳托利亚高原是中东主要的农业区域。20 世纪中叶,土地改革成为上述地区现代化进程中普遍经历的现象。纳赛尔当政期间,埃及政府于 1952 年、1961 年和 1969 年三次颁布土地改革法令。伊朗国王巴列维长期致力于所谓的白色革命,而土地改革构成白色革命的核心内容。复兴党执政期间,叙利亚和伊拉克政府亦曾颁布土地改革的相关法律。中东诸国现代化进程中的土地改革不同于传统社会之国家随意没收或无偿征用私人地产的模式,强调保护私人财产的基本原则,根据乡村地权的分布状况,限制私人地产的占有规模,超过规定限额的土地由政府统一收购,向缺少土地的农民出售。

土地改革的经济根源,在于地权非国有化运动的条件下土地兼并的加剧、小农经济的衰落、私人大地产的膨胀和贫富差距的扩大。高度发达的极权政治,则是土地改革得以实践的前提条件。中东诸国政府推行的土地改革,旨在通过地权的改变,削弱在外地主的传统势力,缓解乡村社会的贫富对立,强化国家对于乡村和农业的直接控制。土地改革期间建立的合作社通过物价控制、信贷发放和农产品购销政策干预农业生产,进而取代传统的土地贵族,成为联结国家与农民的纽带和政府控制乡村社会的政治工具。合作社的广泛建立,标志着乡村官僚化程度的明显提高和国家权力在乡村社会的广泛延伸。与此同时,传统土地贵族经历普遍的衰落过程,分成制的租佃方式逐渐废止,农民随之开始摆脱依附状态。然而,土地改革并未直接导致贫困农民经济境况的明显改善。小农地产面积有限,财力匮乏,投资严重不足,加之政府控制作物播种和规定收购价格,农民往往入不敷出,债台高筑,直至沦为雇工,或流入城市而导致农业劳动力的严重缺失。相比之下,中等农户投资土地,购置农业机械,采用现代经营模式,提高产量和市场化程度,成为土地改革的受益者。

尽管如此,土地改革无疑构成中东诸国现代化进程的重要环节。经济的市场化无疑是现代化的基础层面,封闭的乡村社会与自给自足的农业生产则是制约经济市场化进程的障碍。大规模的土地改革导致乡村地权分布状况的明显变化,采用封建生产方式经营地产的在外地主阶层由于地权的转移和地产的丧失而呈普遍衰落的趋势,人身依附关系日趋松弛,传统社会结构濒临崩溃。随着地权的趋于分散,相当数量的农民获得必要的生产资料,小农经济广泛发展,农民的自主经营权进一步扩大,农业投入明显增加。小农经济本身并不体现资本主义的生产关系,而是存在于诸多社会形态。然而,在从传统社会向现代社会过渡的历史条件下,小农经济的发展无疑意味着对封建生产关系的排斥,进而成为资本主义生产关系滋生和成长的沃土。土地改革期间小农经济的上升趋势,作为乡村社会和农业领域实现深刻变革的逻辑起点,既是削弱封建地主阶级和封建主义生产方式的重要杠杆,亦是资本主义生产关系在乡村社会和农业领域得以确立的前提条件。土地改革期间,政府通过广泛建立农业合作社,向农民直接发放农业贷款,干预农业生产,实行农产品的征购代销,国家与农民之间初步形成资本主义的经济关系,进而促使国家资本主义在乡村社会和农业领域逐渐延伸。另一方面,由于资本主义性质的农场和农业公司以及机耕土地不在土地改革的范围之内,越来越多的在外地主放弃传统的分成租佃制,采用现代经营方式,推广使用农业机械,扩大雇佣关系,农产品的市场化程度逐渐提高。与此同时,政府通过减免税收的相关政策,吸引在外地主改变资金投向,促使在外地主从投资土地转向投资企业,进而转化为新兴资产阶级,工业化进程随之加快。土地改革期间乡村社会结构的变革、新旧势力的消长、农民的解放和农业的发展,标志着中东现代化的长足进步。

与埃及、伊朗、叙利亚和伊拉克相比,土耳其现代化进程的突出现象是没有经历大规模的土地改革。土耳其政府在凯末尔时代推行的土地改革,主要是有偿分配国有土地和移民过程中出现的无主土地,涉及范围相对有限。土耳其议会在 40 年代和 50 年代颁布的土地改革法案,亦流于形式。由此出现的问题是,土地改革与现代化进程之间具有怎样的内在联系,即土地改革是否构成实现农业生产发展和乡村社会变革的必要条件。在理论上,土地改革的经济根源,在于特定的地权分布与地产结构,即小农经济的普遍衰落与大地产的广泛发展;高度发达的极权政治,则是土地改革得以实践的前提条件。埃及、伊朗、叙利亚和伊拉克的大规模土地改革均发生于极权政治膨胀的时代,既是否定乡村社会的传统模式和促进农业生产发展的重要环节,亦是极权政治自城市向乡村广泛延伸的历史形式。换言之,埃及、伊朗、叙利亚和伊拉克的大规模土地改革与地权分布的严重不平等状态以及极权政治之间具有内在的逻辑联系。与埃及、伊朗、伊拉克相比,土耳其乡村的地权分布与地产结构处于相对稳定的状态,小农经济在土耳其乡村长期占据主导地位,贫富分化程度较低,加之缺乏高度发达的极权政治,土地改革的相关政策和历史进程独具特色。

政治民主化进程亦是影响乡村社会和农业生产的重要因素。绝对主义时代的突出现象,是推行工业优先的经济政策和高比例的工业投资,现代化进程主要表现为工业的长足发展和城市的剧烈扩张。相比之下,土地改革尽管导致地权的变化,加速封建主义生产关系的衰落进程,在一定程度推动了农业的发展。由于农业投资的相对不足,加之城市化进程导致农业劳动力的严重短缺,农业生产仍然是长期停滞不前,农作物产量增长缓慢,乡村社会处于现代化的边缘地带,城乡发展水平明显失衡,农民普遍的贫困状态成为制约中东诸国经济社会发展的重要因素。随着政党政治和选举政治的日臻成熟,增加农业投入、提高农产品价格、维护农民利益和改善乡村的生活境况成为诸多政党扩大政治影响和争夺选票的重要手段。现代化从城市向乡村的延伸、农业的发展和农民地位的改善构成政党政治和选举政治日臻成熟的逻辑结果,农业与工业的发展以及城市与乡村的社会进步逐渐出现和谐的趋势。

社会生活的变迁

在传统伊斯兰世界,不同的宗教信仰决定着相应的法律地位。穆斯林与非穆斯林之间广泛的社会对立,构成传统伊斯兰文明的显著特征。1839 年颁布的"花厅御诏",正式承认包括穆斯林、基督徒和犹太人在内的帝国臣民享有同等的法律地位。坦泽马特时代,奥斯曼帝国在沿袭传统宗教法律框架的同时,开始尝试世俗的立法实践,引进世俗法律,废除原本由非穆斯林缴纳的人丁税,打破宗教界限征募士兵,建立世俗法庭,兴办世俗学校,非穆斯林获准出任政府官职,穆斯林与非穆斯林之间的社会界限日趋淡化,诸多宗教群体之间的法律地位日渐趋同,米勒特制度随之解体。

19 世纪末至 20 世纪初,中东伊斯兰世界与西方列强之间的矛盾日趋尖锐。与此同时,中东伊斯兰世界内部的宗教隔阂逐渐缓解,民族意识不断增强,世俗民族主义应运而生,穆斯林与非穆斯林宗教群体借助于世俗民族主义的历史形式实现广泛的政治联合。1882 年奥拉比兵变期间,反对英国的殖民侵略成为埃及穆斯林与科普特派基督徒的共同目标;兵变期间的著名口号"埃及是埃及人的埃及",强调埃及人超越宗教界限而共同致力于埃及的政治解放,具有世俗民族主义的历史内涵。1922 年,图坦哈门陵墓被成功发掘,法老主义以及其后的基督教传统和伊斯兰教信仰均被视作埃及新国家的重要历史遗产,传统的回归和古老民族的再生成为时尚的思潮。土耳其共和国的缔造者凯末尔亦明确强调世俗的民族忠诚取代传统意义上与温麦和哈里发制度相联系的宗教忠诚,强调以顺从国家取代顺从宗教作为土耳其公民的首要义务。1924 年颁布的土耳其宪法规定:土耳其所有的人民,无论其宗教和种族如何,就其身份而言,均属土耳其人;所有土耳其人在法律面前一律平等,任何团体、等级、家族和个人的特权均在被取消和禁止之列。1928 年,土耳其国民议会修改宪法,甚至删除伊斯兰教作为土耳其共和国国教的内容。

城市化是现代化进程中的普遍现象。自 19 世纪开始,中东伊斯兰世界的人口数量呈持续上升的趋势,而城市人口的增长速度明显高于乡村人口的增长速度,城市人口在总人口中所占的比例不断提高。城市化进程与工业化进程通常表现为同步的状态,而乡村社会的变化与城市化进程之间亦具有内在的逻辑联系。传统伊斯兰世界具有农本社会的典型特征,城市通常处于经济舞台的边缘地带,城市工商业构成乡村农业的延伸和补充。伴随着工业化进程的启动,中东伊斯兰世界的城市内涵出现明显的变化,传统城市逐渐演变为现代城市,城市随之成为经济生活的中心舞台,城市与乡村的交往迅速扩大。农业的长足进步和农产品市场化程度的提高无疑是城市化进程的深层物质基础,人口的迅速增长、产业结构的剧烈变化和人口流向的明显改变则是推动城市化进程的直接原因。绝对主义的历史条件下极权政治的膨胀、民主化进程的滞后、乡村普遍的贫困落后状态以及由此形成的城乡之间经济社会发展的非同步性,亦是改变人口分布和导致乡村人口流向城市的重要原因。

在现代化的历史阶段,中东伊斯兰世界的人口数量明显攀升,而耕地面积的增长速度相对缓慢,由此形成日趋严重的社会矛盾,工业化则成为缓解人口压力和社会矛盾的有效途径。随着人身依附关系的日渐松弛,越来越多的乡村人口离开土地,移入城市,导致城市人口的急剧膨胀,劳动力市场不断扩大,进而提供了工业化进程中的充足人力资源。然而,中东诸国的工业化进程往往滞后于城市化进程,城市人口的失业率长期居高不下,城市社会的贫富差距不断扩大。现代化无疑伴随着财富增长的过程,然而财富的增长本身并不能带来现代的社会。伴随着财富的急剧增长,财富的分布表现为明显的不平衡倾向。财富的增长与财富合理分配的社会愿望两者之间的矛盾日渐凸显,成为中东伊斯兰世界现代化进程中的突出现象。城市下层民众由于缺乏必要的生活保障而普遍处于无助的状态,激进情绪和极端倾向蔓延,构成中东诸国政府的政治隐患。福利性的社会政策,则是海湾诸多君主国缓解社会矛盾的重要举措。

现代化进程中新旧经济秩序的更替,导致社会秩序的剧烈变动和新旧社会阶层的此消彼长。市场化程度的提高瓦解着传统社会的封闭状态,资本主义的生产方式塑造着新兴的资产阶级,工业化的长足进步导致现代产业工人队伍的迅速壮大。国家权力的强化和政府职能的完善助长着社会生活的官僚化趋势,20世纪后期的新经济政策加速着政府官僚转化为资产阶级的进程。传统的巴扎商人和手工工匠沦为现代化进程的牺牲品,其经济实力和社会地位已非往日可比。土地改革无疑是削弱乡村封建主义的有力杠杆,在外地主作为传统社会举足轻重的社会阶层日趋衰落,农民随之逐渐摆脱依附状态。城市化进程的加快导致棚户区的扩张,而棚户区的扩张体现城市下层民众的艰辛生活状况,标志着城市贫富分化的加剧。在海湾地区,石油的开采和石油经济的繁荣加速着游牧人口定居化趋势,外籍劳动力的爆炸性增长成为社会生活的突出现象。

中东伊斯兰世界的社会构成不仅具有部族差异和教派差异的浓厚色彩,而且存在明显的阶级差异。部族对立、教派冲突与阶级矛盾的错综交织和此消彼长,集中体现中东经济社会秩序的剧烈变革。中东诸多国家的宪法明确禁止组建阶级性的政党,凯末尔主义和纳赛尔主义亦强调超阶级的政治倾向,缘起于社会下层的激进政治运动只是被视作争取社会公正的运动,然而阶级斗争并未销声匿迹。在现代化的历史背景下,新旧经济秩序的消长和社会结构的裂变排斥和否定着传统的部族社会和教派社会,社会分化的扩大和贫富差距的加剧助长着社会成员的阶级对立。诸多新兴的政治运动尽管依旧具有部族对立和教派对立的色彩,无疑包含阶级斗争的崭新内容。

宪政制度与民主化进程

中东伊斯兰世界的传统政治制度,建立在传统经济秩序和社会结构的基础之上,其突出特征在于君主的至高无上和臣民的绝对顺从,国家与民众之间表现为明显的对立状态。自 19 世纪开始,随着传统经济秩序的解体和新旧社会势力的消长,中东伊斯兰世界的传统政治制度丧失赖以存在的物质基础,摇摇欲坠。与此同时,西方现代政治思想逐渐传入中东伊斯兰世界,自由和民主成为民众追逐的时尚和潮流。智力的觉醒和西方宪政制度的移植,集中体现中东伊斯兰世界政治领域的深刻历史变革。

客观物质环境的变化导致意识形态的相应变化。伴随着传统社会的衰落、西方文化的传播和现代世俗教育的发展,新兴知识分子渐露端倪,进而登上中东伊斯兰世界的政治舞台。新兴知识分子尽管来源各异,却分享共同或相近的政治理念,崇尚西方现代政治文化,强调主权在民和宪法至上的政治原则,积极倡导司法独立和权力制约,主张实行普选制和议会制,实现公民平等和保障公民权益,进而初步阐述了宪政制度的理论框架。

智力的觉醒与政治秩序的变动之间具有密切的内在联系,西方现代政治思想的广泛传播构成中东伊斯兰世界宪政运动缘起的前提条件,而西方宪政制度的移植堪称中东伊斯兰世界西化实践的政治典范。19 世纪末 20 世纪初,奥斯曼帝国、伊朗恺加王朝和埃及穆罕默德·阿里王朝的统治者相继颁布宪法,召开议会,标志着中东伊斯兰世界逐渐进入宪政时代。然而,西方的宪政制度根源于西方特定的历史进程即资本主义的发展和资产阶级的政治崛起,是西方经济社会深刻变革的逻辑结果,与资产阶级之登上历史舞台和问鼎政坛表现为同步的状态,通常表现为自下而上的过程。相比之下,19 世纪末 20 世纪初的中东伊斯兰世界处于现代化进程的早期阶段,传统农业依然占据主导地位,封建土地所有制广泛存在,工业化进程步履维艰,新兴资产阶级羽翼未丰,尚不足以与传统势力角逐政坛和分庭抗礼,西方宪政制度的移植表现为自上而下的过程,具有明显的历史缺陷。包括立宪制、代议制、普选制和政党政治在内的政治形式,并未给中东伊斯兰世界带来真正意义的政治民主,所谓民众的权利仅仅源于统治者的恩赐。经济社会发展水平的严重滞后,加之殖民侵略和殖民统治的特定历史环境,决定了现代政治模式在中东伊斯兰世界的扭曲状态。所谓的民主政治缺乏必要的经济社会基础,尚属无源之水,徒具形式。所谓宪政制度的实质,在于借助现代政治的外在形式维护传统社会统治阶级的既得利益。尽管如此,宪政时代颁布的宪法毕竟包含着诸如自由平等和权力制约的现代政治要素,君主政治与议会政治的二元状态构成宪政时代政治生活的明显特征,议会选举则为新兴社会势力问鼎政坛和角逐国家权力提供了有限的政治空间。宪法的颁布和宪政制度的初步实践,标志着中东伊斯兰世界的现代化进程开始步入现代政治模式与传统政治模式激烈抗争的历史阶段。

传统社会政治模式的特有现象在于民众意志与国家意志之间的深刻对立,包含依附与强制的明显倾向,而民众意志与国家意志之间的深刻对立通常表现为民众与国家之间的暴力冲突。农民战争贯穿中国传统社会的历史进程,规模之大堪称举世无双;此起彼伏的农民战争固然与其贫困的生活境况不无联系,更是中国传统社会之专制主义极度膨胀的特定政治环境下民众意志与国家意志深刻对立的逻辑结果。相比之下,民众意志与国家意志的趋于吻合无疑是现代化进程的重要组成部分,而民众广泛的政治参与构成民众意志与国家意志趋于吻合的历史基础。民众广泛的政治参与,根源于现代化进程中经济社会领域的深刻变革。农业的统治地位和自然经济的广泛存在,构成传统政治模式赖以存在的客观物质环境。工业化的发展、市场化程度的提高和交换关系的扩大,排斥着依附与强制的传统倾向,进而导致传统政治模式的衰落和现代政治模式的逐渐成熟。民众政治参与的程度,决定着相应的政治制度和国家政策,进而体现民众作为社会主体之解放的程度。政治民主化进程的实质,在于民众通过广泛政治参与而获得政治的解放。议会政治、政党政治和选举政治的日臻完善,构成联结民众社会与国家权力的桥梁和纽带。

政党政治根源于现代化进程的特定历史环境。诸多政党皆有相应的经济基础和社会基础,反映不同社会阶层的政治利益和政治要求。另一方面,诸多政党的政治纲领和政治立场在现代化的进程中并非处于静止不变的状态。现代化进程中新旧社会势力的此消彼长决定着诸多政党之政治纲领和政治立场的相应变化,不同社会阶层之间的力量对比决定着政党政治的模式和走向。19世纪末20世纪初,包括青年奥斯曼党、青年土耳其党和华夫托党在内的诸多政党相继建立,现代政党政治随之在中东伊斯兰世界始露端倪。早期的政党政治兴起于中东伊斯兰世界与西方列强深刻对立的历史环境,尖锐的民族矛盾决定诸多早期政党具有民族主义的明显政治倾向,争取民族解放和实现主权独立构成诸多早期政党的共同政治目标。另一方面,诸多早期政党普遍表现为贵族政治的浓厚色彩和排斥下层民众政治参与的保守立场,系社会上层操纵议会选举和角逐权力的政治工具。进入 20 世纪后期,随着民族解放运动的胜利、现代主权国家的日渐成熟和经济社会秩序的剧烈变革,民主与专制的抗争成为中东诸多国家政治生活的核心内容,政党政治的演变集中体现民主化的长足进步。随着一党制的衰落和多党制的初步实践,多党制政党政治基础之上的选举政治和议会政治开始成为不同的社会群体角逐权力的政治形式,政治生活的多元格局日渐凸显。

现代化进程中政治领域的突出现象,在于社会上层的贵族与社会下层的民众之间尖锐的政治对立。贵族政治与民众政治的此消彼长,标志着现代化进程中政治层面的运动轨迹。随着传统经济秩序的衰落和社会裂变的加剧,下层民众悄然崛起,进而登上中东伊斯兰世界的政治舞台。早期议会政治的非民众性导致下层民众政治参与的非议会性,超越议会的政治框架则是下层民众政治参与的突出特征。自由主义时代穆斯林兄弟会在埃及的滥觞,可谓下层民众之政治崛起和政治参与的典范,集中体现民众政治与贵族政治的激烈抗争。

多党制的政治实践标志着民众政治参与的扩大,争取民众的支持构成诸多政党的基本准则。在多党制的条件下,民众上升为政治舞台的重要角色,议会选举则是实现民众广泛政治参与的基本途径。诸多政党通过议会选举角逐国家权力,政党政治与政府政治日渐分离,国家、政党与社会的关系随之改变,民众的选择成为权力合法性的唯一来源,民众意志与国家意志趋于吻合。主权在民的政治原则和民众广泛的政治参与,提供了民众意志与国家意志趋于吻合的历史基础。民众意志通过国家意志而得以体现,构成民众意志与国家意志趋于吻合的外在形式。

由于历史背景和社会环境的差异,中东诸国的民主化进程表现为明显的不同步性。土耳其自 1950 年起通过议会选举的形式实现不同政党之间的权力更替,率先实现政治领域的历史性转变,国家权力的合法性来源于民众的选择成为此后政治生活的基本准则。伊朗 1979 年伊斯兰革命标志着以君主制为核心的传统政治制度寿终正寝,伊斯兰共和国的建立和普选制的广泛实践奠定了民众广泛参与的政治框架。埃及在萨达特当政期间经历一党制向多党制的转变,阿拉伯社会主义联盟作为唯一合法的政党不复存在,多党制政治进程的启动导致民众政治参与的相应扩大。伊拉克自 80 年代末亦曾解除党禁,尝试引进多党制的政党制度,标志着民主化的初步政治实践。80 年代末 90 年代初,约旦颁布《国民宪章》,规定自由化进程的政治框架,承诺扩大民众的政治参与范围,恢复议会选举和多党制的政党制度,民主化进程随之启动。80 年代末 90 年代初科威特的民众政治运动,开辟了海湾地区民主化进程的先河;巴林和卡塔尔的民主化运动作为科威特民主化运动的延伸,标志着海湾诸国民主化运动的高涨。90年代沙特阿拉伯的政治改革,主要表现为《基本法》的颁布和协商会议的召开。1990年南北也门合并后,也门共和国成为阿拉伯半岛唯一实行共和制政体的国家,首开阿拉伯半岛诸国多党制议会选举的先河。叙利亚于90年代调整国内政策,吸收新阶层进入复兴党主导的政府机构,允许非复兴党成员进入国民议会;国民议会的权限和影响逐渐扩大,进而成为缓解国内矛盾的减压阀。然而,诸多阿拉伯国家的民主化进程通常局限于自上而下的政治改革,旨在缓解社会矛盾和释放政治压力。

世俗主义与伊斯兰主义

世俗化一词源于欧洲基督教世界,特指宗教生活的非政治化,强调宗教生活与政治生活的分离原则。世俗化并非孤立存在的社会现象,而是与相应的历史环境密切相关。在中世纪的欧洲基督教世界,教会与国家长期并立,宗教生活具有浓厚的政治色彩,宗教权力与世俗权力处于二元状态,罗马教廷和天主教会可谓最具影响的政治势力和传统秩序的集中体现。由于特定的历史背景,旨在否定教会权威和摆脱教廷控制的宗教改革构成欧洲基督教世界现代化进程的重要内容;世俗化进程集中体现世俗与宗教之间的权力争夺,包含民族解放和民众解放的明显倾向,与现代化的进程呈同步发展的趋势。

所谓的世俗化并非欧洲基督教世界的特有现象,亦曾存在于中东伊斯兰世界的现代化进程中。中东伊斯兰世界的世俗化,缘起于西方冲击的历史时代,具有明显的西化倾向,其主要举措包括引进西方的世俗法律,兴办西方模式的世俗教育,关闭宗教法庭,取缔宗教学校,剥夺宗教地产,削弱宗教势力的自主地位。自上而下的世俗化改革,长期伴随着中东诸国的现代化进程。与欧洲基督教世界的世俗化相比,中东伊斯兰世界的世俗化并非严格遵循宗教生活与政治生活的分离原则,而是强调国家和政府对于教界的绝对控制,表现为宗教机构的官僚化和宗教思想的官方化。世俗化改革往往与极权政治的膨胀表现为同步的状态,包含权力模式重新构筑的政治倾向,系官方强化控制民众社会进而建立极权政治的必要举措,其实质在于极权政治自世俗领域向宗教领域的延伸。官僚化的教界和宗教机构处于政府的控制之下,并未脱离政治领域和丧失政治功能,而是成为极权政治的御用工具。国家意志与民众意志的差异,往往表现为官方宗教学说与民众宗教思想的对立和冲突。官方化的宗教学说极力维护现存政治秩序的合法地位,无异于麻痹民众的精神鸦片。

通常认为,宗教改革是基督教世界的特有现象,基督教通过宗教改革而由传统的意识形态转变为适应现代社会的意识形态,至于伊斯兰教则未曾经历过宗教改革,系传统范畴的保守意识形态,是制约伊斯兰世界社会进步的负面因素,而所谓"宗教对抗国家"则是伊斯兰世界现代化进程中的难题。实际情况并非如此。众所周知,社会存在决定社会意识,社会存在的变化必然导致社会意识的相应变化。诸多宗教尽管根源于特定的社会现实,却非处于静止的状态,而是在历史的长河中经历着沧海桑田的变化,尤其是在不同的时代伴随着性质各异的思想变革过程。

马克思主义经典作家认为,阶级社会的诸多宗教作为阶级对抗的产物和体现,具有双重的社会功能。一方面,阶级社会的宗教是阶级统治的工具,是统治阶级维护统治秩序和压迫民众的精神枷锁,是"人民的鸦片"。另一方面,在阶级社会,"宗教里的苦难既是现实的苦难的表现,又是对这种现实的苦难的抗议。宗教是被压迫生灵的叹息"。在特定的历史条件下,宗教为民众反抗现实的苦难提供神圣的外衣,进而构成社会革命的外在形式。至于理性通过神性的扭曲形式而得以体现和发扬,在历史长河中亦非鲜见。自 19 世纪开始,伊斯兰世界逐渐步入从传统社会向现代社会过渡的历史阶段,温麦作为教俗合一的国家形态不复存在,世俗民族国家相继建立,世俗化风行一时。极权政治作为"发展的独裁模式"无疑是伊斯兰世界诸多新兴世俗民族国家现代化进程中的普遍现象,而排斥民众的政治参与构成世俗民族国家之极权政治的明显特征。在世俗民族国家之极权政治的历史条件下,独裁政府长期操纵议会选举,排斥世俗政党的政治参与,直至取缔非官方的世俗政党,禁止民众的自由结社,世俗反对派政治势力往往缺乏必要的立足之处,宗教几乎是民众反抗的仅存空间,宗教的狂热则是民众发泄不满和寄托希望的首要形式,清真寺随之取代议会而成为反抗世俗极权政治的主要据点。

宗教与政治的结合并非传统政治特有的和唯一的历史模式,而宗教与政治的分离亦非从传统政治模式向现代政治模式转变的必要条件和必然过程,所谓的世俗化进程与现代化进程并非表现为同步的趋势。现代化的历史进程在政治层面的核心内容无疑是民主化的历史运动,其实质在于民众广泛的政治参与和权力分享。民主化的政治进程取决于经济社会领域的深刻变革,而不是取决于宗教信仰和意识形态。至于所谓的世俗化,其特定内涵在于宗教生活的非政治化,并非政治现代化的必要组成部分。综观人类社会的演进历程,世俗政治在诸多地区的传统社会构成普遍存在的历史现象。换言之,世俗政治并非现代社会的特有现象,神权政治亦非仅仅属于传统社会。强调现代化进程与世俗化进程两者之间的必然联系,进而将世俗化视作现代化的重要标志,用世俗化的程度衡量现代化的发展水平,实属令人费解。

进入 20 世纪,伴随着民族解放运动的胜利、诸多主权国家的建立和民族矛盾的缓解,民主化运动在中东伊斯兰世界日趋高涨。与此同时,现代伊斯兰主义在中东伊斯兰世界悄然崛起,构成下层民众广泛政治参与和民主政治挑战极权政治的重要外在形式。现代伊斯兰主义的宗教政治思想不同于教界传统的政治理论。传统教界作为伊斯兰世界传统社会势力的重要组成部分,是传统社会秩序的既得利益者,其与世俗政权之间尽管不无矛盾,却大都局限于传统秩序的框架,无意倡导民主政治。传统教界的政治理论集中体现传统社会的客观物质环境,强调传统秩序的合法地位,是维护传统社会秩序的舆论工具。相比之下,现代伊斯兰主义强调《古兰经》和"圣训"的基本原则以及早期伊斯兰教的历史实践,崇尚先知穆罕默德时代和麦地那哈里发国家的社会秩序,强调真正的伊斯兰教并非远离政治的个人信仰和僵化的神学理论,而是革命的意识形态和民众利益的体现,其核心内容在于借助回归传统的宗教形式而倡导平等和民主的政治原则,进而构成扩大民众政治参与和挑战世俗极权政治的意识形态。现代伊斯兰主义貌似复古,实为借助于回归传统的宗教形式,强调公众参与和公民权利,抨击世俗色彩的极权政治,其基本思想已与教界传统的政治理论相去甚远,无疑属于现代宗教政治理论的范畴,颇具革命的倾向。现代伊斯兰主义的兴起,根源于中东伊斯兰世界现代化进程中社会的裂变和诸多因素的矛盾运动,集中体现世俗极权政治的条件下民主与专制的激烈抗争。现代伊斯兰主义的宗教理论,可谓"被压迫生灵的叹息"与被剥夺权利之下层民众的政治宣言。现代伊斯兰主义的滥觞,标志着崭新的政治文化借助于宗教的神圣外衣在伊斯兰世界初露端倪。现代伊斯兰主义蕴涵着民众政治动员的巨大潜力,现代伊斯兰主义运动的实质在于借助宗教的形式否定传统政治模式进而扩大民众的政治参与和实现民众的权力分享。现代伊斯兰主义的政治理念与现代民主政治并非截然对立,两者之间亦非存在必然的悖论。所谓宗教与世俗的对抗,在中东诸国并非"现代化的难题",亦非体现传统与现代之间的矛盾冲突,而是包含民主政治与极权政治激烈抗争的明显倾向。将现代伊斯兰主义的兴起视作传统的回归抑或现代化进程的逆向运动即所谓反现代化的看法,显然存在商榷的余地。

统治模式决定民众的反抗模式,特定的政治环境塑造着相应的政治理论和政治实践。中东诸国的政治制度与政治环境不尽相同,政治民主化进程参差不齐,现代伊斯兰主义的宗教政治实践亦表现各异。南亚和埃及是现代伊斯兰主义的重要发源地。早在 1926 年,印度的穆斯林学者阿布·阿拉·毛杜迪首倡现代伊斯兰主义的革命原则和暴力倾向,宣称伊斯兰教是革命的意识形态和革命的实践,其宗旨是摧毁当今世界的社会秩序而代之以崭新的社会秩序。继赛义德·毛杜迪之后,埃及人哈桑·班纳和赛义德·库特布相继阐述现代伊斯兰主义的宗教政治思想,穆斯林兄弟会的宗教政治实践构成埃及现代伊斯兰主义运动的外在形式。穆斯林兄弟会的社会基础是徘徊于政治舞台边缘地带的下层民众,支持者遍及城市和乡村。埃及自70年代起经历国家资本主义向自由资本主义的演进,贫富分化明显加剧,下层民众的不满情绪日趋高涨,伊斯兰教反对贫富不均和倡导社会平等的信仰原则随之广泛传播。宗教政治挑战世俗政治抑或所谓的宗教对抗国家,成为萨达特时代埃及政治的突出现象。以安拉的统治取代"法老"的统治以及实践《古兰经》的信仰原则和重建先知时代的神权秩序,则是穆斯林兄弟会挑战现存政治秩序的基本纲领。穆斯林兄弟会的著名思想家赛义德·库特布之颇具革命性的现代伊斯兰主义理论,无疑是纳赛尔当政期间极权政治和高压政策的产物。后纳赛尔时代的埃及,民主化进程逐渐启动,极权政治出现衰落的征兆,穆斯林兄弟会的政治立场随之日趋温和,议会竞选的积极参与成为穆斯林兄弟会之主流势力角逐政坛的首要方式。在巴列维国王统治下的伊朗,极权政治的膨胀和绝对主义的高压政策导致现代伊斯兰主义之极端和激烈的政治倾向。阿里·沙里亚蒂和霍梅尼阐述的现代伊斯兰主义宗教政治思想,可谓巴列维当政期间的伊朗之极权政治和高压政策的逻辑结果。伊斯兰革命的胜利和所谓的"头巾取代王冠",埋葬了伊朗君主独裁的传统政治制度,进而为伊朗民主政治的发展开辟了崭新的道路。自80年代开始,伊斯兰复兴运动在土耳其趋于高涨,现代伊斯兰主义的政治影响不断扩大。然而,土耳其长期实行多党制的政治体制,政治环境相对宽松,宗教政治与世俗政治的权力角逐在土耳其并未表现为尖锐的对抗和激烈的冲突,尤其是没有形成否定现存政治秩序和重建伊斯兰政体的激进政治纲领。政党政治的活跃、议会政治的完善和选举政治的成熟,决定了土耳其现代伊斯兰主义的温和色彩。宗教政党在土耳其的合法政治活动,以及宗教政党与世俗政党的广泛合作,构成土耳其政治生活的明显特征。

本书引用的参考文献

一、中文部分

1.《古兰经》,马坚译,中国社会科学出版社1978年。

2.《古兰经译解》,王静斋译,上海永祥印书馆1946年。

3. 阿宝斯·艾克巴尔·奥希梯扬尼:《伊朗通史》,叶奕良译,经济日报出版社1997年。

4. 艾哈迈德·爱敏:《阿拉伯伊斯兰文化史》,第1册,纳忠译,商务印书馆1982年。

5. 艾哈迈德·爱敏:《阿拉伯伊斯兰文化史》,第2册,朱凯、史希同译,纳忠审校,商务印书馆1990年。

6. 艾哈迈德·爱敏:《阿拉伯伊斯兰文化史》,第3册,向培科、史希同、朱凯译,纳忠审校,商务印书馆1991年。

7. 艾哈迈德·爱敏:《阿拉伯伊斯兰文化史》,第4册,朱凯译,纳忠审校,商务印书馆1995年。

8. 艾哈迈德·爱敏:《阿拉伯伊斯兰文化史》,第5册,史希同译,纳忠审校,商务印书馆2001年。

9. F. 布罗代尔,《15—18世纪的物质文明、经济和资本主义》,第三卷,施康强、顾良译,三联书店1993年。

10. C. 布罗克尔曼:《伊斯兰各民族与国家史》,孙硕人等译,商务印书馆1985年。

11. R. H. 戴维森:《从瓦解到新生》,张增健等译,学林出版社1996年版。

12. H. 戈特沙尔克:《震撼世界的伊斯兰教》,阎瑞松译,陕西人民出版社1987年。

13. S. P. 亨廷顿:《变动社会中的政治秩序》,王冠华等译,三联书店1989年。

14. K. H. 卡尔帕特:《当代中东的政治和社会思想》,陈和丰等译,中国社会科学出版社1992年版。

15. J. M. 肯尼迪:《东方宗教与哲学》,董平译,浙江人民出版社1988年。

16. N. 库尔森:《伊斯兰教法律史》,吴云贵译,中国社会科学出版社1986年。

17. B. 路易斯:《历史上的阿拉伯人》,马贤等译,中国社会科学出版社1979年。

18. B. 路易斯:《现代土耳其的兴起》,范中廉译,商务印书馆 1982 年版。

19. B. 路易斯:《中东:激荡在辉煌的历史中》,郑之书译,中国友谊出版公司 2000 年版。

20. 马赫德维:《伊朗外交四百五十年》,元文琪译,商务印书馆 1982 年。

21.《马克思恩格斯全集》,人民出版社 1973 年。

22.《马克思恩格斯选集》,人民出版社 1972 年。

23. S. F. 马茂德:《伊斯兰教简史》,吴云贵等译,中国社会科学出版社 1981 年。

24. H. 马赛:《伊斯兰教简史》,王怀德、周祯祥译,商务印书馆 1978 年。

25. 马苏第:《黄金草原》,耿昇译,青海人民出版社 1998 年。

26. 穆罕默德·礼萨·巴列维:《白色革命》,中译本见热拉德·德·维利埃:《巴列维传》,张许萍、潘庆龄译,商务印书馆,1986 年。

27. 穆罕默德·胡泽里:《穆罕默德传》,秦德茂、田希宝译,宁夏人民出版社 1983 年。

28.《帕尔格雷夫世界历史统计》,亚洲、非洲和大洋洲卷(1750—1993),B. R. 米切尔编,贺力平译,经济科学出版社 2002 年。

29. 彭树智主编:《中东史》,高等教育出版社 2001 年版。

30. 尼·伊·普罗申:《沙特阿拉伯》,张广达译,人民出版社 1973 年。

31. 曲洪:《当代中东政治伊斯兰:观察与思考》,中国社会科学出版社 2001 年版。

32. 唐大盾等:《非洲社会主义:历史·理论·实践》,世界知识出版社 1988 年。

33. 谢·亚·托卡列夫:《世界各民族历史上的宗教》,魏庆征译,中国社会科学出版社 1985 年。

34. 王京烈主编:《当代中东政治思潮》,当代世界出版社 2003 年版。

35. P. 希提:《阿拉伯通史》,马坚译,商务印书馆 1979 年。

36.《亚非研究》,北京大学出版社。

37. 杨灏城:《当代中东热点问题的历史探索:宗教与世俗》,人民出版社 2000 年版。

38. 杨灏城、江淳:《纳赛尔和萨达特时代的埃及》,商务印书馆 1997 年。

39. 杨兆钧:《土耳其现代史》,云南大学出版社 1990 年版。

40. 伊本·胡尔达兹比赫:《道里邦国志》,宋岘译,中华书局 1991 年。

41.《伊本·白图泰游记》,马金鹏译,宁夏人民出版社 1985 年。

42. 张俊彦主编:《中东国家经济发展战略研究》,北京大学出版社 1987 年。

43. 周南京、梁英明:《近代亚洲史资料选辑》下册,商务印书馆 1985 年。

二、阿拉伯文部分

1. 阿卜杜勒·阿齐兹·苏莱曼·努瓦德:《埃及现代史》,开罗 1985 年。

2. 哈桑·穆阿尼斯:《古代中世纪的阿拉伯国家与文明》,科威特 1978 年。

3. 贾瓦德·阿里:《前伊斯兰时代的阿拉伯史》,开罗 1965 年。

4. 穆罕默德·穆斯塔法·齐亚德:《阿拉伯世界的历史与文明:古代与伊斯兰时代》,开罗 1964 年。

5. 赛义德·阿卜杜勒·阿齐兹·萨利姆:《阿拉伯史:从伊斯兰教的兴起到倭马亚王朝的衰落》,亚历山大 1973 年。

6. 泰伯里:《历代先知与君王史》,开罗 1908 年。

7. 伊本·阿西尔:《历史大全》,开罗 1884 年。

三、英文部分

1. Aarts, P., *Saudi Arabia in the Balance: Political Economy, Society, Foreign Affairs*, London 2005.

2. Abir, M., *Saudi Arabia in the Oil Era: Regime and Elites; Conflict and Collaboration*, London 1988.

3. Abrahamian, E., *Iran: Between Two Revolutions*, Princeton 1982.

4. Abrahamian, E., *Khomeinism: Essays on the Islamic Republic*, California 1993.

5. Abrahamian, E., *A History of Modern Iran*, Cambridge 2008.

6. Abu Yusuf, *Kitab al-Kharaj*, Cairo 1933.

7. Aburish, S. K., *The Rise, Corruption and Coming Fall of the House of Saud*, New York 1996.

8. Adams, R. H., *Development and Social Change in Rural Egypt*, New York 1986.

9. Afary, J., *The Iranian Constitutional Revolution (1906-1911)*, New York 1996.

10. Afshar, H., *Iran: A Revolution in Turmoil*, London 1985.

11. Ahmad, F., *The Turkish Experiment in Democracy 1950-1975*, London 1977.

12. Ahmad, K. J., *Heritage of Islam*, Lahore 1956.

13. Ahmed, F., *The Making of Modern Turkey*, London 1993.

14. Ahmed, M., *Egypt in the 20th Century*, London 2003.

15. Ahsan, M., *Social Life Under the Abbasids 786-902*, London 1979.

16. Akkad, A. A., *Development of Indigenous Manpower in Saudi Arabia*, Colorado 1983.

17. Aksan, A., *Quotations from Mustafa Kemal*, Ankara 1982.

18. Al-Ankary, K. M., *Urban and Rural Profile in Saudi Arabia*, Berlin 1989.

19. Al-Baladhuri, *Kitab Futuh al-Buldan*, New York 1968.

20. Al-Dekhayel, A., *Kuwait: Oil, State and Political Legitimation*, London 2000.

21. Al-Farsy, F., *Modernity and Tradition: the Saudi Equation*, Cambridge 2000.

22. Al-Farsy, F., *Saudi Arabia: A Case Study in Development*, London 1982.

23. Al-Ghonemy, M. R., *Egypt in the Twenty-First Century*, London 2003.

24. Al-Khalifa, S. A. K., *Bahrain Through the Ages the History*, London 1993.

25. Al-Kuwari, A. K. , *Oil Revenues in the Gulf Emirates* , Boulder 1978.

26. Al-Mikawy, N. , *Institutional Reform and Economic Development in Egypt* , Cairo 2002.

27. Al-Rasheed, M. , *A History of Saudi Arabia* , Cambridge 2002.

28. Al-Rasheed, M. & Vitalis, R. , *Counter-Narratives: History, Contemporary Society and Politics in Saudi Arabia and Yemen* , New York 2004.

29. Al-Suyuti, J. , *History of the Caliphs* , Karachi 1977.

30. Al-Yassini, A. , *Religion and State in the Kingdom of Saudi Arabia* , Boulder 1985.

31. Ali, A. , *A Short History of the Saracens, from the Earliest Times to the Destruction of Baghdad* , New Delhi 1977.

32. Ali Khan, M. , *Muhammad the Final Messenger* , Delhi 1980.

33. Alizadeh, P. , *The Economy of Iran; Dilemmas of an Islamic State* , New York 2000.

34. Allen, C. H. , *Oman: The Modernization of the Sultanate* , Boulder 1987.

35. Allen, C. H. , *Oman Under Qaboos: from Coup to Constitution 1970-1996* , London 2000.

36. Amid, M. J. , *Agriculture, Poverty and Reform in Iran* , London 1990.

37. Amin, C. M. , *The Modern Middle East; A Sourcebook for History* , Oxford 2006.

38. Amirahmadi, H. , *Revolution and Economic Transition: The Iranian Experience* , New York 1990.

39. Amjad, M. , *Iran: From Royal Dictatorship to Theocracy* , New York 1989.

40. Anderson, L. & Stansfield, G. , *The Future of Iraq: Dictatorship, Democracy or Division* , New York 2004.

41. Ansari, A. M. , *Modern Iran Since 1921: The Pahlavis and After* , London 2003.

42. Antoun, R. T. & Quataert, D. , *Syria; Society, Culture and Polity* , New York 1991.

43. Aresvic, O. , *The Agricultyral Development of Turkey* , New York 1975.

44. Aricanli, T. , *The Political Economy of Turkey* , New York 1990.

45. Arjomand, S. A. , *The Turban for the Crown: the Islamic Revolution in Iran* , New York 1988.

46. Armstrong, H. C. , *Lord of Arabia-Ibn Saud* , Harmondsworth 1938.

47. Arnold, T. W. , *Preaching of Islam* , London, 1935.

48. Ashtor, E. , *A Social and Economic History of the Near East in the Middle Ages* , Berkeley 1976.

49. Ashtor, E. , *The Medieval Near East; Social and Economic History* , London 1978.

50. Askari, H. , *Saudi Arabia's Economy; Oil and the Search for Economic Development* , London 1990.

51. Assiri, A. R. , *The Government and Politics of Kuwait* , Kuwait 1996.

52. Atasoy, Y. , *Turkey, Islamists and Democracy* , London 2005.

53. Avery, P., Hambly, G. & Melville, C., *The Cambridge History of Iran*, Cambridge 1975.

54. Ayrout, H. H., *The Egyptian Peasant*, London 1963.

55. Ayubi, N. N., *The State and Public Policies in Egypt Since Sadat*, Oxford 1991.

56. Azimi, F., *Iran: The Crisis of Democracy*, New York 1989.

57. Badawi, M. A. Z, *The Reformers of Egypt*, London 1978.

58. Baer, G., *A History of Landownership in Modern Egypt 1800-1950*, London 1962.

59. Baer, G., *Studies in the Social History of Modern Egypt*, Chicago 1969.

60. Baker, R. W., *Egypt's Uncertain Revolution Under Nasser and Sadat*, Harvard 1978.

61. Baker, R. W., *Sadat and After: Struggles for Egypt's Political Soul*, London 1990.

62. Baktiari, B., *Parliamentary Politics in Revolutionary Iran: the Institutionalization of Factional Politics*, Florida 1996.

63. Balkan, N., *The Politics of Permanent Crisis: Class, Ideology and State in Turkey*, New York 2002.

64. Banani, A., *The Modernization of Iran: 1921-1941*, Stanford 1961.

65. Baraka, M., *The Egyptian Upper Class Between Revolutions 1919-1952*, London 1998.

66. Bari, Z., *Modern Egypt: Culture, Religion and Politics*, Delhi 2004.

67. Barkey, H. J., *The State and the Industrialization Crisis in Turkey*, Boulder 1990.

68. Bashiriyeh, H., *The State and Revolution in Iran (1962-1982)*, Kent 1984.

69. Bayat, A., *Street Politics: Poor People's Movement in Iran*, New York 1997.

70. Bayat, M., *Iran's First Revolution: Shi'ism and the Constitutional Revolution of 1905-1909*, Oxford 1991.

71. Beattie, K. J., *Egypt during the Nasser Years*, Boulder 1994.

72. Beattie, K. J., *Egypt during the Sadat Years*, New York 2000.

73. Beaumont, P. & McLachlan, K., *Agriculture Development in the Middle East*, London 1985.

74. Beeri, E., *Army Officers in Arab Politics and Society*, London 1970.

75. Beinin, J., *Workers and Peasants in the Modern Middle East*, Cambridge 2001.

76. Beling, W. A., *King Faisal and the Modernisation of Saudi Arabia*, London 1980.

77. Belyaeve, E. A., *Arabs, Islam and the Arab Caliphate*, London 1969.

78. Benard, C., *The Government of God: Iran's Islamic Republic*, New York 1984.

79. Blake, G. H. & Lawless, R. I., *The Changing Middle East City*, London 1980.

80. Bligh, A., *The Political Legacy of King Hussein*, Sussex 2002.

81. Bonine, M. E., *Population, Poverty and Politics in Middle East Cities*, Florida 1997.

82. Bonne, A. , *State and Economics in the Middle East* , London 1998.

83. Botman, S. , *Egypt from Independence to Revolution 1919-1952* , New York 1991.

84. Bregman, A. , *A History of Isreal* , New York 2003.

85. Bulliet, R. W. , *Conversion to Islam in the Medieval Period* , Harvard 1979.

86. Bury, J. B. , *The Cambridge Medieval History* , New York 1924.

87. Bush, R. , *Economic Crisis and the Politics of Reform in Egypt* , Boulder 1999.

88. Bush, R. , *Counter-Revolution in Egypt's Countryside: Land and Farmers in the Era of Economic Reform* , New York 2002.

89. Cardosa, A. V. , *Iraq at the Crossroads* , New York 2007.

90. Champion, D. , *The Paradoxical Kingdom: Saudi Arabia and the Momentum of Reform* , London 2003.

91. Chatterji, N. C. , *A History of Modern Middle East* , New Delhi 1987.

92. Chatty, D. , *Nomadic Societies in the Middle East and North Africa* , Leiden 2006.

93. Chehabi, H. E. , *Iranian Politics and Religious Modernism: The Liberation Movement of Iran Under the Shah and Khomeini* , London 1990.

94. Clarke, J. I. & Fisher, W. B. , *Populations of the Middle East and North Africa* , New York 1972.

95. Clawson, P. & Rubin, M. , *Eternal Iran: Continuity and Chaos* , New York 2005.

96. Cleveland, W. L. , *A History of the Modern Middle East* , Boulder 2004.

97. Colburn, M. , *The Republic of Yemen: Development Challenges in the 21st Century* , London 2002.

98. Commander, S. , *The State and Agricultural Development in Egypt Since 1973* , London 1987

99. Cooper, M. , *The Transformation of Egypt* , Baltimore 1982.

100. Cordesman, A. H. , *Saudi Arabia Enters the Twenty-First Century: The Military and International Security Dimensions* , Connecticut 2003.

101. Cromer, *Modern Egypt* , London 1908.

102. Crone, P. , *Slaves on Horses, the Evolution of the Islamic Polity* , Cambridge 1980.

103. Crone, P. , *Mecca Trade and the Rise of Islam* , Oxford 1987.

104. Cronin, S. , *The Making of Modern Iran: State and Society Under Riza Shah 1921-1941* , London 2003.

105. Crystal, J. , *Kuwait: The Trasformation of an Oil State* , Boulder 1992.

106. Daly, M. W. , *The Cambridge History of Egypt* , Cambridge 1998.

107. Daniel, E. L. , *The History of Iran* , London 2001.

108. Danielson, M. N. , *ThePolitics of Rapid Urbanization: Government and Growth in Modern Turkey* , New York 1985.

109. Dareini, A. A. , *The Rise and Fall of The Pahlavi Dynasty* , Dehli 1999.

110. Davidson,L. ,*Islamic Fundamentalism* ,London 1998.

111. Dekmejian,R. H. ,*Islam in Revolution：Fundamentalism in the Arab World* , New York 1995.

112. Devereux,R. ,*The First Ottoman Constitutional Period* ,Baltimore 1963.

113. Dixon,A. A. ,*The Umayyad Caliphate 684-705* ,London 1971.

114. Dodd,C. H. ,*Politics and Government in Turkey* ,Berkeley 1969.

115. Dodd,C. H. ,*The Crisis of Turkish Democracy* ,North Yorkshire 1983.

116. Donner,F. M. ,*The Early Islamic Conquest* ,Princeton 1981.

117. Downes,M. ,*Iran's Unresolved Revolution* ,Aldershot 2002.

118. Dresch,P. ,*A History of Modern Yemen* ,Cambridge 2000.

119. Dunne,M. D. ,*Democracy in Contemporary Egyptian Political Discourse* ,Amsterdam 2003.

120. Dyer,G. ,*Class,State and Agricultural Productivity in Egypt* ,London 1997.

121. East, R. & Joseph, T. , *Political Parties of Africa and the Middle East* , Essex 1993.

122. Ehteshami,A. ,*After Khomeini：The Iranian Second Republic* ,London 1995.

123. Elliot, M. , *Independent Iraq：The Monarchy and British Influence 1941-1958* , London 1996.

124. Engelmann,K. E. & Pavlakovic,V. ,*Rural Development in Eurasia and the Middle East* ,Washington 2001.

125. Engineer,A. A. ,*The Origin and Development of Islam* ,Bombay 1980.

126. Eralp,A. ,Tuney, M. & Yesilada, B. ,*The Political and Socioeconomic Transformation of Turkey* ,London 1993.

127. Esposito,J. L. ,*Islam and Development：Religion and Sociopolitical Charge* ,New York 1980.

128. Esposito,J. L. ,*Islam and Politics* ,New York 1984.

129. Esposito,J. L. ,*Iran at the Crossroads* ,New York 2001.

130. Fadil,M. A. ,*Development, Income Distribution and Social Change in Rural Egypt 1952-1970* ,New York 1975.

131. Fadil,M. A. ,*The Political Economy of Nasserism* ,Cambridge 1980.

132. Fahmy,N. S. ,*The Politics of Egypt：State-Society Relation* ,London 2002.

133. Fandy,M. ,*Saudi Arabia and the Politics of Dissent* ,New York 1999.

134. Farazmand,A. ,*The State, Bureaucracy and Revolution in Modern Iran* ,New York 1989.

135. Fardust,H. ,*The Rise and Fall of The Pahlavi Dynasty* ,Dehli 1999.

136. Finkel,A. & Sirman,N. ,*Turkish State, Turkish Society* ,London 1990.

137. Fischer,M. M. J, *Iran：From Religious Dispute to Revolution* ,Harvard 1980.

138. Floor, W. , *Traditional Crafts in Qajar Iran* (*1800-1925*), California 2003.

139. Foran, J. , *Fragile Resistance : Social Transformation in Iran from 1500 to the Revolution*, Boulder 1993.

140. Foran, J. , *A Century of Revolution Social Movements in Iran*, Minnesota 1994.

141. Frye, R. N. , *The Golden Age of Persia, the Arabs in the East*, London 1975.

142. Gadalla, S. M. , *Land Reform in Relation to Social Development Egypt*, Missouri 1962.

143. Gaspard, T. , *A Political Economy of Lebanon 1948-2002*, Leiden 2003.

144. Gelvin, J. L. , *The Modern Middle East : A History*, Oxford 2005.

145. Gerber. H. , *The Social Origins of the Modern Middle East*, Boulder 1987.

146. Geyikdagi, M. Y. , *Political Parties in Turkey*, New York 1984.

147. Ghadbian, N. , *Democratization and the Islamist Challenge in the Arab World*, Boulder 1997.

148. Gibb, H. A. R. , *The Muhammedism*, London 1949.

149. Gibb, H. A. R. , *Studies on the Civilization of Islam*, London 1962.

150. Gilbar, G. G. , *Population Dilemmas in the Middle East*, London 1997.

151. Gilman, A. , *The Saracens, from the Earliest Times to the Fall of Baghdad*, London 1988.

152. Glubb, J. , *The Great Arab Conquest*, London 1963.

153. Goitein, S. D. , *Studies in Islamic History and Institution*, Leiden 1963.

154. Goldschmidt, A. , *Modern Egypt*, Boulder 1988.

155. Goldschmidt, A. , *A Concise History of the Middle East*, Boulder 1991.

156. Gordon, M. S. , *The Rise of Islam*, Westport 2005.

157. Gran, P. , *Islamic Roots of Capitalism : Egypt 1760-1840*, Texas 1979.

158. Grunebaum, G. E. , *Medieval Islam*, Chicago 1961.

159. Grunebaum, G. E. , *Classical Islam*, London 1970.

160. Grunwald, K. & Ronall, J. O. , *Industrialization in the Middle East*, New York 1960.

161. Haj, S. , *The Making of Iraq 1900-1963*, New York 1997.

162. Hale, W. , *The Political and Economic Development of Modern Turkey*, London 1981.

163. Hamilton, A. , *The Middle East Problem*, London 1909.

164. Harik, I. & Sullivan, D. J. , *Privatization and Liberalization in the Middle East*, Indiana 1992.

165. Hasan, N. , *The Role of the Arab Tribes in the East During the Period of the Umayyad*, Baghdad 1976.

166. Heikal, M. , *The Return of the Ayatollah : The Iranian Revolution from Mossadeq*

to Khomeini,London 1981.

167. Helms,C. M. ,*The Cohesion of Saudi Arabia*,London 1981.

168. Heper,M. & Evin,A. ,*State*,*Democrary and the Military*:*Turkey in the 1980's*, New York 1988.

169. Heper,M. ,*Political Parties and Democracy in Turkey*,London 1991.

170. Heper,M. ,*Strong State and Economic Interest Groups*:*The Post-1980 Turkish Experience*,Berlin 1991.

171. Heper,M. ,*Politics in the Third Turkish Republic*,Boulder 1994.

172. Heper,M. ,*Political Leaders and Democracy in Turkey*,Maryland 2002.

173. Hershlag,Z. Y. ,*Introduction to the Modern Economic History of the Middle East*, Leiden 1980.

174. Hershlag,Z. Y. ,*The Contemporary Turkish Economy*,London 1988.

175. Hill,D. R. ,*The Termination of Hostilities in the Earli Arab Conquest 634-656*, London 1971.

176. Hinnebusch,R. A. ,*Egyptian Politics Under Sadat*,Cambridge 1985.

177. Hinnebusch,R. A. ,*Authoritarian Power and State Formation in Ba'thist Syria*, Westpoint 1990.

178. Hinnebusch,R. ,*Syria*:*Revolution from Above*,London 2001.

179. Hiro,D. ,*Holy Wars*:*The Rise of Islamic Fundamentalism*,New York 1989.

180. Hitti,P. K. ,*A Short History of Lebanon*,New York 1965.

181. Hodgson,G. S. ,*The Venture of Islam*,Chicago 1974.

182. Holt,P. M. ,Lambton, A. K. S. & Lewis,B. ,*The Cambridge History of Islam*, Cambridge 1970.

183. Hooglund,E. J. ,*Land and Revolution in Iran 1960-1980*,Texas 1982.

184. Hooglund,E. ,*Twenty Years of Islamic Revolution*:*Political and Social Transition in Iran Since 1979*,New York 2002.

185. Hopkins,N. S. & Ibrahim,S. E. ,*Arab Society*:*Class*,*Gender*,*Power and Development*,Cairo 1997.

186. Hopwood,D. ,*Egypt*:*Politics and Society 1945-1984*,Boston 1985.

187. Hopwood,D. ,*Syria 1945-1986*:*Politics and Society*,London 1988.

188. Hourani,A. ,*A History of the Arab Peoples*,London 1991.

189. Hourani,A. ,*The Modern Middle East*:*A Reader*,London 1993.

190. Howarth,D. ,*The Desert King*:*A Life of Ibn Saud*,London 1964.

191. Hoyland,R. ,*Muslims and Others in Early Islamic Society*,Hants 2004.

192. Humphreys,R. S. ,*Islamic History*:*A Framework for Inquiry*,Princeton,1991.

193. Hussein,M. ,*Class Conflict in Egypt 1945-1970*, New York 1973.

194. Husain,S. A. ,*Arab Administration*,Lahore 1966.

195. Husain, S. A. , *The Glorious Caliphate* , Lucknow 1974.

196. Huyette, S. S. , *Political Adaptation in Saudi Arabia : A Study of the Council of Ministers* , Boulder 1985.

197. Ibn Khaldun, *The Muqaddimah* , Princeton 1980.

198. Ibn Taymiyya, *Al-Siyasa al-Shar'iyya* , Beirut 1966.

199. Ikram, K. , *The Egyptian Economy 1952-2000* , Abingdon 2006.

200. Imamuddin, S. M. , *A Political History of the Muslims* , Dacca 1970.

201. Imber, C. , *The Ottoman Empire : 1300-1650* , New York 2002.

202. Inalcik, H. , *The Ottoman Empire : the Classical Age 1300-1600* , New York 1973.

203. Inalcik, H. , *Studies in Ottoman Social and Economic History* , Hampshire 1985.

204. Inalcik, H. , *An Economic and Social History of the Ottoman Empire* , vol. I : 1300-1600 , Cambridge 1994.

205. Inati, S. C. , *Iraq : Its History , People and Politics* , New York 2003.

206. Ismeal, T. Y. , *Middle East Politics Today : Government and Civil Society* , Florida 2001.

207. Issawi, C. , *The Economic History of the Middle East 1800-1914* , Chicago 1966.

208. Issawi, C. , *An Economic History of the Middle East and North Africa* , New York 1982.

209. Issawi, C. , *The Fertile Crescent 1800-1914 : A Documentary Economic History* , Oxford 1988.

210. Jafri, S. H. M. , *Origins and Early Development of Shi'a Islam* , Tehran 1989.

211. Jahanbakhsh, F. , *Islam , Democracy and Religious Modernism in Iran 1953-2000* , Leiden 2001.

212. Jahanbegloo, R. , *Iran : Between Tradition and Modernity* , Oxford 2004.

213. Jaydan, J. , *History of Islamic Civilization* , New Delhi 1978.

214. Jerichow, A. , *The Saudi File : People , Power , Politics* , Surrey 1998.

215. Joffé, E. , *G. H. , Jordan in Transition* , London 2002.

216. Johany, A. D. , *The Saudi Arabian Economy* , London 1986.

217. Johnson, A. J. , *Reconstructing Rural Egypt* , New York 2004.

218. Kamrava, M. , *The Political History of Modern Iran : From Tribalism to Theocracy* , Connecticut 1992.

219. Kamrava, M. , *The Modern Middle East : A Political History Since the First World War* , Berkeley 2005.

220. Kanaan, C. Boueiz. , *Lebanon 1860-1960 : A Century of Myth and Politics* , London 2007.

221. Karmon, E. , *Radical Islamic Political Groups in Turkey* , *Middle East Review of International Affairs* , vol. 1 , No. 4.

222. Karpat, K. H. , *Turkey's Politics : The Transiton to A Multi-Party System* , Princeton 1959.

223. Karpat, K. H. , *Social Change and Politics in Turkey* , Leiden 1973.

224. Karpat, K. H. , *Studies on Ottoman Social and Political History* , Leiden 2002.

225. Karpat, K. H. , *Studies on Turkish Politics and Society* , Leiden 2004.

226. Karshenas, M. , *Oil, State and Industrialization in Iran* , Cambridge 1990.

227. Kassem, M. , *Egyptian Politics : The Dynamics of Authoritarian Rule* , Boulder 2004.

228. Katouzian, H. , *The Political Economy of Modern Iran* , London 1981.

229. Katouzian, H. , *State and Society in Iran : The Eclipse of the Qajars and the Emergence of the Pahlavis* , London 2000.

230. Kazemi, F. , *Poverty and Revolution in Iran* , New York 1980.

231. Kazemi, F. & Waterbury, J. , *Peasants and Politics in the Modern Middle East* , Florida 1991.

232. Kechichian, J. A. , *Succession in Saudi Arabia* , New York 2001.

233. Keddie, N. R. , *Iran : Religion, Politics and Society* , London 1980.

234. Keddie, N. R. , *Roots of Revolution : An Interpretive History of Modern Iran* , New York 1981.

235. Keddie, N. R. , *Modern Iran : Roots and Results of Revolution* , Yale 2003.

236. Kedourie, E. & Haim, S. G. , *Essays on the Economic History of the Middle East* , London 1988.

237. Kennedy, H. , *The Early Abbasid Caliphate* , Princeton 1981.

238. Kennedy, H. , *The Prophet and the Age of the Caliphate* , London 1986.

239. Kepel, G. , *Muslim Extremism in Egypt : The Prophet and Pharaoh* , Berkeley 1993.

240. Kerr, M. , *The Arab Cold War : Gamal Abdul Nasir and His Revals* , Oxford 1971.

241. Keyder, C. , *State and Class in Turkey* , London 1987.

242. Khater, A. F. , *Sources in the History of the Modern Middle East* , Boston 2004.

243. Khoury, P. S. & Kostiner, J. , *Tribes and State Formation in the Middle East* , London 1991.

244. Khuri, F. I. , *Tribe and State in Bahrain* , Chicago 1980.

245. Kienle, E. , *A Grand Delusion, Democracy and Economic Reform in Egypt* , London 2001.

246. Kister, M. J. , *Mecca and Tamim* , *Journal of Economic and Social History of the Orient* , 1965.

247. Knauerhase, R. , *The Saudi Arabian Economy* , New York 1975.

248. Kremer, A. F. , *The Orient Under the Caliphs* , London 1923.

249. Kurzman, C. , *The Unthinkable Revolution in Iran* , Harvard 2004.

250. Lambton, A. K. S. , *State and Government in the Medieval Islam* , Oxford 1985.

251. Landau, J. M. , Ozbudun, E. & Tachau, F. , *Electoral Politics in the Middle East:
Issue, Voters and Elites* , California 1980.

252. Landau, J. M. , *Ataturk and the Modernization of Turkey* , Boulder 1984.

253. Landau, J. M. , *Exploring Ottoman and Turkish History* , London 2004.

254. Lapidus, M. A. , *A History of Islamic Societies* , Cambridge 1988.

255. Lassner, J. , *The Shape of Abbasid Rule* , Princeton 1980.

256. Lawson, F. H. , *Bahrain: The Modernization of Autocracy* , Boulder 1989.

257. Lenczowski, G. , *Iran Under the Pahlavis* , Stanford 1978.

258. Levy, R. , *The Social Structure of Islam* , Cambridge 1965.

259. Lewis, B. , *Islam, from the Prophet Muhammed to the Capture of Constantinpole* ,
London 1976.

260. Lewis, G. , *Modern Turkey* , New York 1974.

261. Lia, B. , *The Society of the Muslim Brothers in Egypt 1928-1942* , Oxford 1998.

262. Lindsay, J. E. , *Daily Life in the Medieval Islamic World* , Westport 2005.

263. Lockman, Z. , *Workers and Working Classes in the Middle East* , New York 1994.

264. Lofgern, H. , *Food, Agriculture and Economic Policy in the Middle East and North
Africa* , Oxford 2003.

265. Lokkegaard, F. , *Islamic Taxation in the Classic Period* , Copenhagen 1950.

266. Lombard, M. , *The Golden Age of Islam* , North Holland 1975.

267. Long, D. E. & Reich, B. , *The Government and Politics of the Middle East and
North Africa* , Boulder 1995.

268. Long, D. E. , *The Kingdom of Saudi Arabia* , Florida 1997.

269. Looney, R. E. , *Economic Development in Saudi Arabia: Consequences of the Oil
Price Decline* , Connecticut 1990.

270. Lovatt, D. , *Turkey Since 1970* , New York 2001.

271. Mabro, R. , *The Egyptian Economy: 1952-1972* , Oxford 1974.

272. Mabro, R. , *The Industrialization of Egypt 1939-1973* , Oxford 1976.

273. Macfie, A. L. , *The End of the Ottoman Empire 1908-1923* , London 1998.

274. Mackey, S. , *The Saudis: Inside the Desert Kingdom* , Boston 1987.

275. Majd, M. G. , *Resistance to the Shah: Landowners and Ulama in Iran* , Florida 2000.

276. Mansfield, P. , *A History of the Middle East* , London 1991.

277. Ma'oz, M. & Yaniv, A. , *Syria Under Assad: Domestic Constraints and Regional
Risks* , London 1986.

278. Marr, P. , *The Modern History of Iraq* , Boulder 1985.

279. Marr, P. , *Egypt at the Crossroads: Domestic Stability and Regional Role* , Washington 1999.

280. Marsot, A. L. S. , *Egypt in the Reign of Muhammed Ali* , Cambridge 1984.

281. Martin, V. , *Creating an Islamic State: Khomeini and the Making of a New Iran* , London 2000.

282. Masood, R. , *Industrialization in Oil-Based Economies* , New Delhi 1984.

283. McDermott, A. , *Egypt: From Nasser to Mubarak* , London 1988.

284. McLoughlin, L. , *Ibn Saud: Founder of a Kingdom* , New York 1993.

285. Medding, P. Y. , *Mapai in Israel: Political Organization and Government in a New Society* , London 1972.

286. Menashri, D. , *Post-revolutionary Politics in Iran: Religion, Society and Power* , London2001.

287. Metz, H. C. , *Egypt: A Country Study* , Washington 1991.

288. Mez, A. , *The Renaissance of Islam* , Patna 1937.

289. Milani, M. M. , *The Making of Iran's Islamic Revolution* , Boulder 1994.

290. Miller, W. , *The Ottoman Empire 1801-1913* , Cambridge 1913.

291. Miskawayh, *Tajarib al-Umam* , Oxford 1921.

292. Moaddel, M. , *Class, Politics, and Ideology in the Iranian Revolution* , New York 1993.

293. Moghadam, F. E. , *From Land Reform to Revolution: The Political Economy of Agricultural Development in Iran 1962-1979* , London 1996.

294. Mohammed, N. S. A. , *Population and Development of the Arab Gulf States* , Hampshire 2003.

295. Morgan, D. , *Medieval Persia 1040-1797* , New York 1988.

296. Morony, M. G. , *Manufacturing and Labour in the Classical Islamic World* , Hampshire 2003.

297. Moslem, M. , *Factional Politics in Post-Khomeini Iran* , New York 2002.

298. Moubayed, S. M. , *Damascus Between Democracy and Dictatorship* , Maryland 2000.

299. Muir, W. , *Annals of the Early Caliphate* , London, 1913.

300. Muir, W. , *The Caliphate, Its Rise, Decline and Fall* , Edinburgh 1963.

301. Najem, T. P. & Hetherington, M. , *Good Governance in the Middle East oil Monarchies* , London 2003.

302. Najmabadi, A, *Land Reform and Social Change in Iran* , Salt Lake City 1987.

303. Nas, T. F. , *Liberalization and the Turkish Economy* , New York 1988.

304. Nas, T. F. , *Economics and Politics of Turkish Liberalization* , London 1992.

305. Nashat, G. , *The Origins of Modern Reform in Iran: 1870-1880* , Illinois 1982.

306. Nattagh, N. , *Agriculture and Regional Development in Iran* , Cambridge 1986.

307. Niblock, T. , *State, Society and Economy in Saudi Arabia* , London 1982.

308. Niblock, T. & Murphy, E. , *Economic and Political Liberalization in the Middle*

East,London 1993.

309. Niblock,T. ,*Saudi Arabia：Power,Legitimacy and Survival*,New York 2006.

310. Nizam al-Mulk,*Siyasat Nama*,Paris 1891.

311. Norton,A. R. ,*Civil Society in the Middle* East,Leiden 1996.

312. Ochsenwald,W. ,*The Middle East：A History*,Boston 2003.

313. O'Leary,L. ,*Arabia before Muhammed*,London 1927.

314. Omar,F. ,*The Abbasid Caliphate 750-786*,Baghdad 1969.

315. Osborn,R. D. ,*Islam Under the Arabs*,London 1876.

316. Owen,R. ,*The Middle East in the World Economy 1800-1914*,London 1993.

317. Owen,R. ,*A History of Middle East Economies in the Twentieth Century*,Harvard 1999.

318. Owtram,F. ,*A Modern History of Oman*,London 2004.

319. Ozbudun,E. ,*The Political Economy of Income Distribution in Turkey*,New York 1979.

320. Ozbudun,E. ,*Contemporary Turkish Politics*,Boulder 2000.

321. Palmer,A. ,*The Decline and Fall of the Ottoman Empire*,London 1993.

322. Parsa,M. ,*Social Origins of Iranian Revolution*,London 1989.

323. Pellat,C. ,*The Life and Works of Jahiz*,London 1969.

324. Peretz,D. ,*The Middle East Today*, London 1994.

325. Perthes,V. ,*The Political Economy of Syria Under Asad*, New York 1995.

326. Polk,W. R. ,*The Arab World Today*,Harvard 1991.

327. Posusney,M. P. & Angrist,M. P. ,*Authoritarianism in the Middle East：Regimes and Resistance*,Boulder 2005.

328. Quataert,D. ,*The Ottoman Empire 1700-1922*,Cambridge 2005.

329. Radwan,S. ,*Capital Formation in Egyptian Industry and Agriculture 1882-1967*, London 1974.

330. Rahnema,S. ,*Iran after the Revolution：Crisis of an Islamic State*,London 1995.

331. Ramady,M. A. ,*The Saudi Arabian Economy：Policies,Achievements and Challenges*,New York 2005.

332. Ramazani,R. K. ,*Iran's Revolution*,Indiana 1990.

333. Ramazanoglu,H. ,*Turkey in the World Capitalist System*,Hants 1985.

334. Rezas,A. ,*The Political Economy of Saudi Arabia*,Washington 1984.

335. Richards,A. ,*Egypt's Agricultural Development 1800-1980*,Boulder 1982.

336. Richards,A. ,*Food,States and Peasants：Analyses of the Agrarian Question in the Middle East*,Bouder 1986.

337. Richards, A. & Waterbury, J. , *A Political Economy of the Middle East*, Boulder 1990.

338. Richmond,J. C. B. ,*Egypt 1798-1952:Her Advance Towards a Modern Identity*, London 1977.

339. Rivkin,M. D. ,*Land Use and the Intermediate-Size City in Developing Countries: With case Studies of Turkey,Brazil,and Malaysia*,New York 1976.

340. Roberts,M. H. P. ,*An Urban Profile of the Middle East*,London 1979.

341. Robins,P. ,*A History of Jordan*,Cambridge 2004.

342. Rodinson,M. ,*Muhammed*,New York, 1968.

343. Roy,O. ,*The Failure of Political Islam*,London 1994.

344. Rubin,B. ,*Political Parties in Turkey*,London 2002.

345. Rubin,B. ,*Islamic Fundamentalism in Egyptian Politics*,New York 2002.

346. Rubin,U. ,*The Life of Muhammad*,Hampshire 1998.

347. Ryan,C. R. ,*Jordan in Transition:from Hussein to Abdullah*,Boulder 2002.

348. Sachar,H. M. ,*A History of Isreal*,New York 1996.

349. Saeed,J. ,*Islam and Modernization*,Connecticut 1994.

350. Salibi,K. S. ,*The Modern History of Jordan*,London 1993.

351. Saqqaf,A. Y. ,*The Middle East City:Ancient Traditions Confront a Modern World*,New York 1987.

352. Sarwar,H. G. ,*The Origin and Development of Islam*,New Delhi 1988.

353. Saunders,J. J. ,*A History of Medieval Islam*,London 1978.

354. Sayari,S. ,*Politics,Parties and Elections in Turkey*,Boulder 2002.

355. Schacht,J. ,*The Legacy of Islam*,Oxford 1974.

356. Schaffer,D. ,*The History of Nations:Iraq*,San Diego 2004.

357. Schick,I. C. & Tonak,E. A. ,*Turkey in Transition*,Oxford 1987.

358. Schirazi, A. ,*Islamic Development Policy:The Agrarian Question in Iran*, Boulder 1993.

359. Schirazi,A. ,*The Constitution of Iran:Politics and the State in the Islamic Repoblic*,London 1997.

360. Schwartz,S. ,*The Two Faces of Islam*,New York 2004.

361. Shaban,M. A. ,*The Abbasid Revolution*,Cambridge 1970.

362. Shaban,M. A. ,*Islamic History,A New Interpretation 600-750*,Cambridge 1971.

363. Shaban,M. A. ,*Islamic History,A New Interpretation 750-1055*,Cambridge 1976.

364. Shakoori,A. ,*The State and Rural Development in Post-Revolution in Iran*,New York 2001.

365. Sharbatoghlie, A. ,*Urbanization and Regional Disparities in Post-Revolutionary Iran*,Boulder 1991.

366. Sharabi, H. B. ,*Government and Politics of the Middle East in the Twentieth Century*,Connectucut 1987.

本书引用的参考文献

367. Shariati, A. , *Awaiting the Religion of Protest*, Tehran 1991.

368. Sharon, M. , *Black Banners from the East*, *the Establishment of the Abbasid State*, Jerusalem 1983.

369. Shaw, J. A. , *Saudi Arabian Modernization*, Washington 1982

370. Shaw, S. J. & Shaw, E. K. , *History of the Ottoman Empire and Modern Turkey*, vol. 1: *Empire of the Gazis*: *The Rise and Decline of the Ottoman Empire 1280-1808*, Cambridge 1976.

371. Shaw, S. J. & Shaw, E. K. , *History of the Ottoman Empire and Modern Turkey*, vol. 2: *Reform*, *Revolution and Republic*: *The Rise of Modern Turkey 1808-1975*, Cambridge 2002.

372. Shoufany, E. , *Al-Riddah and the Muslim Conquest of Arabia*, Toronto 1972.

373. Sidahmed, A. S. & Ehteshahmi, A. , *Islamic Fundamentalism*, Boulder 1996.

374. Siddiqi, A. H. , *The Origins and Development of Muslim Institutions*, Karachi 1962.

375. Siddiqi, M. Y. M. , *Development of Islamic State and Society*, Lahore 1956.

376. Siddiqi, M. Y. M. , *Organization of Government Under the Prophet*, Delhi 1987.

377. Simons, G. , *Iraq*: *From Sumer to Post-Saddam*, New York 2004.

378. Sluglett, M. F. & Sluglett, P. , *Iraq Since 1958*: *From Revolution to Dictatorship*, London 1990.

379. Springborg, R. , *Mubarak's Egypt*: *Fragmentation of the Political Order*, Boulder 1989.

380. Stansfield, G. R. V. , *Iraq*: *People*, *History*, *Politics*, Cambridge 2007.

381. Strange, G. , *The Lands of the Eastern Caliphate*, Cambridge 1905.

382. Tachau, F. , *Turkey*: *the Politics of Authority*, *Democracy and Development*, New York 1984

383. Tapper, R. , *Islam in Modern Turkey*, London 1991.

384. Terry, J. J. , *Cornerstone of Egyptian Political Power*: *The Wafd 1919-1952*, London 1982.

385. Tetreault, M. A. , *Politics and Society in Contemporary Kuwait*, New York 2000.

386. Tignor, R. L. , *State*, *Private Enterprise*, *and Economic Change in Egypt*, Princeton 1984.

387. Toprak, B. , *Islam and Political Development in Turkey*, Leiden 1981.

388. Torrey, G. T. , *Syrian Politics and the Military 1945-1958*, Ohio 1964.

389. Traboulsi, F. , *A History of Modern Lebanon*, London 2007.

390. Treydte, K. P. & Ule, W. , *Agriculture in the Near East*, Bonn 1973.

391. Tripp. C. , *Egypt under Mubarak*, London 1989.

392. Tripp, C. , *A History of Iraq*, Cambridge 2002.

393. Turnbull, S. , *The Ottoman Empire 1326-1699* , New York 2003.

394. Tursan, H. , *Democratisation in Turkey* , Brussel 2004.

395. Udovitch, A. L. , *The Islamic Middle East 700-1900 : Studies in Economic and Social History* , Princeton 1981.

396. Vali, A. , *Pre-Capitalist Iran* , London 1993.

397. Vassiliev, A. , *The History of Saudi Arabia* , New York 2000.

398. Vatikiotis, P. J. , *The History of Modern Egypt : From Muhammad Ali to Mubarak* , Baltimore 1991.

399. Wagstaff, J. M. , *The Evolution of the Middle East Landscapes* , New Jersey 1985.

400. Warriner, D. , *Land Reform and Development in the Middle East : A Study of Egypt , Syria and Iraq* , Oxford 1957.

401. Waterbury, J. , *The Egypt of Nasser and Sadat : The Political Economy of Two Regimes* , Princeton 1983.

402. Watt, W. M. , *Muhammed at Mecca* , Oxford 1953.

403. Watt, W. M. , *Muhammed at Medina* , Oxford 1956.

404. Watt, W. M. , *Muhammad , Prophet and Statesman* , London 1961.

405. Watt, W. M. , *The Majesty That Was Islam , the Islamic World 661-1100* , London 1974.

406. Watt, W. M. , *Muhammed's Mecca* , Edinburgh 1988.

407. Watt, W. M. , *Early Islam* , Edinburgh 1990.

408. Weiker. W. F. , *Political Tutelage and Democracy in Turkey* , Leiden 1973.

409. Weiker, W. F. , *The Modernization of Turkey* , New York 1981.

410. Wellhausen, J. , *The Arab Kingdom and Its Fall* , London 1973.

411. Wendell, C. , *Five Tracts of Hasan Al-Banna* , Berkeley 1978.

412. Wheelock, K. , *Nasser's New Egypt* , New York 1960.

413. Wickham, C. R. , *Mobilizing Islam : Religion , Activism and Political change in Egypt* , New York 2002.

414. Wilson, P. W. & Graham, D. F. , *Saudi Arabia : the Coming Storm* , New York 1994.

415. Wilson, R. , *Politics and the Economy in Jordan* , London 1991.

416. Winckler, O. , *Population Growth and Migration in Jordan 1950-1994* , Sussex 1988.

417. Wright, R. , *The Last Great Revolution* , New York 2000.

418. Wynbrandt, J. , *A Brief History of Saudi Arabia* , New York 2004.

419. Yahya b. Adam, *Kitab al-Kharaj* , Leiden 1967.

420. Yapp, M. E. , *The Making of the Modern Near East 1792-1923* , London 1987.

421. Yapp, M. E. , *The Near East Since the First World War* , London 1996.

422. Yeor, B. , *The Dhimmis , Jews and Christians Under Islam* , London 1985.

本书引用的参考文献

423. Yizraeli, S. , *The Remaking of Saudi Arabia* , Tel Aviv 1997.

424. Zabih, S. , *Iran Since the Revolution* , London 1982.

425. Zahlan, R. S. , *The Making of the Modern Gulf States* , London 1998.

426. Zamir, M. , *The Formation of Modern Lebanon* , London 1985.

427. Zisser, E. , *Asad's Legacy : Syria in Transition* , New York 2001.

428. Zurcher, E. J. , *Turkey : A Modern History* , London 1993.

429. Zurcher, E. J. , *Political Opposition in the Early Turkish Republic* , Leiden 1991.

中

东

史